AVRIL

INDISPENSABLE

- Semez les nouvelles pelouses (30 g/m2).
- Fertilisez les rosiers avec un engrais spécifique contenant de la magnésie.
- Coupez les chaumes desséchés des graminées et la vigne vierge.
- Taillez les arbustes de printemps défleuris.
- Désherbez les massifs, si possible en arrachant à la main les nouvelles pousses, dès leur apparition.

À FAIRE

- Scarifiez les pelouses qui ont besoin de retrouver un peu d'éclat. Fertilisez, roulez.
- Il est encore temps de semer les annuelles à croissance rapide (clarkia, cosmos, etc.).
- Semez les légumes peu frileux (carottes, betteraves) en pleine terre.
- Plantez en sol léger les bulbes et tubercules à floraison estivale (glaïeul, dahlia, bégonia).
- Buttez les asperges et fertilisez le sol avec du fumier décomposé enrichi d'algues marines.

SI VOUS AVEZ LE TEMPS

- Éliminez les écoulements de gomme sur les arbres fruitiers à noyaux.
- Divisez les grosses touffes de primevères.
- Plantez les arbustes de terre de bruyère.
- Coupez les tiges florales fanées des tulipes et des narcisses. Autour des massifs, découpez à la bêche les bordures de la pelouse.
- Autour des massifs, découpez à la bêche les bordures de la pelouse.

MAI

INDISPENSABLE

- Plantez les fleurs dans les massifs d'été.
- Décorez les bacs et les jardinières du balcon avec des annuelles et des plantes saisonnières.
- Tondez le gazon une fois par semaine.
- Taillez les haies régulières à la fin du mois dans les régions de climat doux.
- Surveillez vos fruitiers.
- Arrosez toutes les cultures par temps sec.

À FAIRE

- Arrachez les bulbes défleuris et transplantez-les dans un coin discret du jardin.
- Pensez à désherber la pelouse et enlever les mauvaises herbes du jardin
- Repiquez en place le plant provenant des semis du mois dernier. Continuez les semis.
- Plantez le muguet défleuri à l'ombre fraîche.
- Supprimez les drageons de lilas et de noisetier.
- Surveillez les attaques de pucerons, d'oïdium, de rouille..., traitez dès l'apparition des premiers symptômes.

SI VOUS AVEZ LE TEMPS

- Surveillez l'apparition des limaces dans les massifs.
- Greffez les arbres fruitiers que vous aimez.
- Plantez les nénuphars et les plantes de bassin.
- Désherbez et réparez les dallages et pavages.

JUIN

INDISPENSABLE

- Arrosez systématiquement par temps chaud.
- Continuez les semis en les échelonnant.
- Fertilisez les jardinières et balconnières.
- Taillez les arbustes défleuris pour les rajeunir.
- Plantez les bulbes d'automne (colchique, crocus safran, cyclamen de Naples).
- Désherbez soigneusement tous les massifs.

À FAIRE

- Éclaircissez les fruits en surnombre.
- Éliminez les gourmands qui apparaissent au pied des rosiers. Traitez contre les pucerons.
- Plantez des herbes aromatiques et officinales.
- Ombrez et aérez la véranda et la serre.
- Réduisez les pousses volubiles de la glycine des 2/3 de leur longueur.
- Installez des filets de protection pour protéger les petits fruits des oiseaux (groseilles et framboises).
- Construisez les murets, posez les dallages, la clôture et la pergola, installez le bassin.

SI VOUS AVEZ LE TEMPS

- Réalisez un compost avec les déchets végétaux.
- Pincez les jeunes pousses de pommier et de poirier au-dessus de la quatrième feuille.
- Pulvérisez régulièrement de la bouillie bordelaise sur la vigne.
- Semez les dernières annuelles dans les massifs.

ENTRETIEN & TRAVAUX GÉNÉRAUX — **ARBRES & ARBUSTES** — **PLANTES EN POTS**

LE TRUFFAUT

La nouvelle encyclopédie du jardin

OUVRAGE COLLECTIF PLACÉ SOUS LA DIRECTION DE

Patrick Mioulane
Avec la collaboration de **Catherine Delvaux et Catherine Maillet**

RÉDACTEURS

Catherine Delvaux, Catherine Maillet, Serge Schall, Jean-Baptiste Duchêne
Conseiller de la rédaction et relecture chez TRUFFAUT
Marc Gueguen

LAROUSSE

Direction de la publication : **Isabelle Jeuge-Maynart** et **Ghislaine Stora**
Directrice éditoriale : **Catherine Delprat**
Édition et coordination : **Edi +** et **Agnès Dumoussaud** assistée de **Maria Céglia**
Relecture et correction : **Laurence Alvado**
Conception graphique : **Émilie Laudrin** et **Jacqueline Gensollen-Bloch**
Maquette : **J^{2}Graph/Jacqueline Gensollen-Bloch**
Couverture : **Véronique Laporte**
Fabrication : **Donia Faiz**

CRÉDITS PHOTOGRAPHIQUES DE LA COUVERTURE ET DE LA JAQUETTE

1re de couverture (de gauche à droite et de haut en bas) : © Tatiana Volgutova/Shutterstock, © Heller Joachim/Shutterstock, © u_l_a/ Shutterstock, © Yann Avril/Biosphoto, © fotolotos/Shutterstock (et dos), © GWI/Tony Cooper/MAP.

1re de couverture, dos et 4e de couverture : © Philippe Giraud/Biosphoto (fond vert), © Amili /Shutterstock (petites branches et arbuste, bd).

4e de couverture (2 ph. en haut) : © Le Scanff-Mayer, © J. S. Sira/GAP/Biosphoto.

Et aussi en 4e de jaquette (4 ph. en bas, de haut en bas) : © Le Scanff-Mayer, © Laura.h/Shutterstock, © Le Scanff-Mayer (2 ph.).

1re de jaquette : © Philippe Giraud/Biosphoto (fond vert [bd] et dans le « 20 »), © Tatiana Volgutova/Shutterstock (dans le « a » de ans), © fotolotos/Shutterstock (dans le « n » de ans), © B & G Média/Biosphoto (dans le « S » de ans).

ISBN : 978-2-035-90287-0

LE TRUFFAUT

La nouvelle encyclopédie du jardin

actuel • pratique • connecté

LAROUSSE

Sommaire

Comment utiliser le Truffaut ?

VOUS VOULEZ CRÉER OU AMÉNAGER VOTRE JARDIN, VOTRE TERRASSE OU VOTRE BALCON… **SELON VOS BESOINS** (JARDIN À L'OMBRE, EN PLEIN SOLEIL, EN PENTE, AU BORD DE LA MER…) ET **SELON VOS ENVIES** (JARDIN AU NATUREL, EXOTIQUE, FLEURI…) : REPORTEZ-VOUS AUX **80 MODÈLES** PRÉSENTÉS DANS CET OUVRAGE (JARDINS D'AGRÉMENT, POTAGERS ET VERGERS, BALCONS ET TERRASSES).

1 Pour chacun des 80 modèles de jardins, **une première double-page,** organisée autour d'une grande photo, montre le type de résultat à obtenir avec les plantes conseillées et les gestes à connaître pour réussir.

Une grande photo centrale donne de l'inspiration à travers un exemple de jardin à réaliser sur ce thème.

Des idées en plus pour élargir vos choix.

Les rubriques Autour de la photo, une dizaine de rubriques numérotées portent sur les points clés du thème. Amorcées en quelques lignes, elles seront développées sur les pages suivantes.

Notre sélection de plantes Les plantes idéales à sélectionner, bien adaptées à ce type de jardin.

Nos conseils d'experts Les gestes de jardinage pour réussir (plantation, aménagements, techniques…)

C'est bon pour la planète Un conseil de jardinage écologique ou un geste éco-citoyen pour préserver la nature (flore et faune).

Et si ? Les réponses à des questions spécifiques et à des problèmes de jardinage courants.

2 Une **deuxième double-page** complète et détaille toutes les rubriques annoncées sur les pages précédentes (techniques, gestes, aménagements, botanique…)

Des réponses précises aux questions que l'on se pose avant de se lancer dans la création d'un jardin.

Un accès rapide à l'information En un coup d'œil, on repère le numéro de la rubrique à lire pour avoir plus d'informations sur le sujet retenu.

Les conseils des experts Truffaut pour mieux connaître les plantes et découvrir les techniques de base du jardinage.

Pour trouver rapidement toutes les informations dont vous avez besoin

3 Pour chaque thème, à la suite des « modèles » et des « techniques », des **fiches plantes illustrées** détaillent les conseils de culture et d'utilisations des plantes recommandées.

L'application Truffaut Encore plus d'informations avec l'appli Truffaut, permettant l'accès à ***80 vidéos*** réparties dans tout l'ouvrage.

800 fiches plantes permettent de choisir les plantes adaptées à votre jardin et de les entretenir avec succès.

Pour chaque plante, les principales espèces et variétés recommandées, portant à ***plus de 6 000*** le nombre d'arbres, arbustes, fleurs, légumes, fruits… présentés dans cet ouvrage.

Des renvois aux autres plantes recommandées ailleurs dans ce livre pour d'autres modèles, et qui peuvent convenir aussi, élargissant votre choix.

Les pictogrammes utilisés dans les fiches plantes

- Hauteur
- Largeur
- F Période de semis/plantation (potager)
- J Période de récolte
- A Période de semis/plantation et de récolte (potager)
- Soleil
- Mi-ombre
- Ombre
- Toutes expositions
- A Annuelle
- BI Bisannuelle
- V Vivace
- B Bulbeuse
- P Persistant
- SP Semi-persistant
- C Caduque
- Température minimale

Encore plus d'infos grâce à l'application TRUFFAUT + : *80 vidéos accessibles en un seul clic*

Dès que vous voyez ce symbole apparaître près d'une photo, cela signifie que vous pouvez visionner instantanément une vidéo en rapport avec le thème concerné : conseils techniques ou informations complémentaires.

Comment procéder

1 **Téléchargez gratuitement** l'application Truffaut + sur l'*App Store* ou sur *Google Play.*

2 Lancez **l'application**.

3 Positionnez **votre smartphone** au-dessus de la page où figure le bandeau annonçant une vidéo

4 Visionnez les **contenus enrichis** s'affichant instantanément sur votre écran.

Le digne héritier d'un monument de l'horticulture

L'authenticité est la mère des grandes réussites. La prestigieuse enseigne de jardineries qui a fait de Truffaut une marque incontournable dans l'univers du jardin s'appuie sur des racines solides et profondes, ancrées par une belle saga familiale consacrée aux plantes, à l'horticulture et aux jardins. Comme d'autres grands noms devenus des labels célèbres à l'oreille des jardiniers tels : Clause, Delbard ou Vilmorin, Truffaut est un patronyme attaché à une vraie famille d'horticulteurs. L'aventure a commencé en 1824 avec Charles Truffaut (1795-1865). Elle s'est inscrite dans l'histoire avec Georges Truffaut (1872-1948). Horticulteur, botaniste, jardinier, découvreur, sélectionneur, grainetier et, surtout, vulgarisateur – il a consacré sa vie à améliorer et à faire connaître les plantes et les techniques. Il a créé de nombreux jardins et lancé *Jardinage,* la première revue grand public sur le sujet. Son nom reste aussi associé à la décoration du domaine de Claude Monet à Giverny, devenu mondialement célèbre.

L'insatiable besoin d'apprendre, de comprendre, d'expérimenter, d'améliorer et de transmettre qui animait Georges Truffaut est le même qui stimule depuis plus de vingt ans l'équipe créatrice de l'encyclopédie *Le Truffaut*, l'ouvrage de référence réalisé par les Éditions Larousse pour le jardinier amateur, consacré numéro un de la littérature horticole et jardin et vendu à plus d'un million d'exemplaires.

Les siècles ont passé, l'esprit pionnier est resté, mais les techniques et le regard sur le jardin ont évolué. Perpétuant la volonté novatrice chère à Georges Truffaut, ce nouvel opus de l'encyclopédie qui porte son nom s'inscrit résolument dans notre époque avec ses technologies avancées et son interconnexion permanente. Tout en conservant les connaissances de base de l'environnement propre au jardin, nous les avons intégrées dans les pratiques nouvelles du jardinage d'aujourd'hui. Nous avons aussi sélectionné avec rigueur les meilleures obtentions végétales afin de réduire les interventions de soins et d'entretien. Enfin, nous avons créé l'un des tout premiers « livres connectés », puisque vous pourrez, au fil des pages, associer aux textes des vidéos lisibles sur votre smartphone.

Réunissant toutes les bases utiles et nécessaires à la réussite d'un jardin, ce livre promoteur des meilleures plantes et des techniques les plus respectueuses de l'environnement s'inscrit résolument dans l'esprit fondateur de Georges Truffaut et nous en sommes fiers !

l'année du jardinier

Janvier

À FAIRE

- *Éclaircissez les grands arbres trop touffus ou faites appel à une entreprise spécialisée dans l'élagage doux.*
- *Décompactez toutes les parcelles inoccupées en incorporant un fertilisant à base de fumiers et d'algues.*
- *Enveloppez les pots dans du plastique bulles maintenu par du voile d'hivernage pour leur éviter d'éclater sous l'action du gel.*
- *Nettoyez les branches de pommiers atteintes par le chancre, en grattant jusqu'au bois sain.*

Vidéo « Mon jardin en janvier »

INDISPENSABLE

- Continuez la taille des arbres fruitiers à pépins commencée en décembre (pommier, poirier).
- Protégez les plantes fragiles. Recouvrez-les avec un voile ou de la paille dès que la température descend sous les – 5 °C.
- Secouez la neige qui pèse sur les branches des conifères et des arbustes persistants.
- Mettez en jauge dans une tranchée les plantes qui vous sont livrées par temps de gel : attendez un redoux pour les planter.
- Buttez le pied des rosiers buissons avec 20 cm de terre pour protéger le point de greffe du gel pour les planter plus tard.
- Par temps doux, découvrez les protections hivernales qui habillent les plantes gélives et aérez le plus possible la serre et la véranda.

SI VOUS AVEZ LE TEMPS

- Bouturez les arbustes à petits fruits (groseillier, cassissier, framboisier).
- Plantez des primevères et des pensées.
- Buttez les asperges avec de la terre légère.
- Vérifiez les attaches des rosiers grimpants.
- Désinfectez terrines, poteries et tuteurs.

Février

À FAIRE

- *Plantez les rosiers, c'est la bonne période.*
- *Plantez les griffes d'asperge, les caïeux d'ail et les bulbes d'échalote dans un sol sableux.*
- *Semez les pois de senteur et les capucines dans un endroit abrité et bien exposé du jardin, uniquement dans les régions de climat doux.*
- *Taillez hortensias et Hydrangea, en éliminant les branches âgées de plus de trois ans.*
- *Mettez à germer les plants de pommes de terre dans une cave légèrement chauffée.*

Nettoyez soigneusement tous les outils.

INDISPENSABLE

- Taillez les rosiers buissons et grimpants remontants dans la seconde quinzaine du mois lorsqu'il ne gèle pas.
- Taillez la vigne par beau temps, ainsi que les arbustes à petits fruits (groseillier, framboisier).
- Plantez des pensées dans les jardinières. Pensez à terminer la taille fruitière avant le 15 du mois.

Vidéo « Mon jardin en février »

Commencez les premiers semis

SI VOUS AVEZ LE TEMPS

- Plantez les lis dans les terres très légères.
- Nettoyez soigneusement tous les outils.
- Commencez les premiers semis de légumes primeurs sous châssis ou tunnel plastique.
- Enlevez les feuilles qui pourrissent au pied des plantes sensibles au froid.
- Sur le balcon ou la terrasse, prenez le temps de vérifier l'état des treillages et armatures.
- Divisez les souches de rhubarbe.

*Télécharger l'application Truffaut +, voir p. 6-7

Mars

À FAIRE

- *Plantez les artichauts et les pommes de terre précoces dans un sol riche mais léger.*
- *Terminez pour la fin du mois les plantations des arbres présentés à racines nues.*
- *N'oubliez pas de praliner les racines.*
- *Préparez le sol pour les semis du mois prochain.*
- *Effectuez une première tonte du gazon.*
- *Réduisez l'encombrement des conifères en forme libre (taille légère).*

INDISPENSABLE

- Dans les massifs, semez en pleine terre les fleurs annuelles rustiques (clarkia, souci, nigelle, cosmos, etc.).
- Semez en pleine terre : épinard, fève, pois.
- Terminez la taille de la vigne et des pêchers.
- Procédez à la grande toilette du jardin.
- Taillez le buddléia, le chèvrefeuille, la clématite.

SI VOUS AVEZ LE TEMPS

- Plantez les premières plantes aromatiques dans des jardinières placées dans un lieu abrité.
- Commencez le rempotage des bonsaïs d'extérieur et terminez le ligaturage.
- Semez carotte et radis à forcer, laitue de printemps, tomate, aubergine, poivron, melon dans une miniserre à la maison.
- Faites réviser la tondeuse. Changez la lame.
- Divisez les grosses touffes de plantes vivaces.

Vidéo « Mon jardin en mars »

Pensez au pralinage !

Avril

À FAIRE

- *Scarifiez les pelouses qui ont besoin de retrouver un peu d'éclat. Fertilisez, roulez.*
- *Il est encore temps de semer les annuelles à croissance rapide (clarkia, cosmos, etc.).*
- *Semez les légumes peu frileux (carottes, betteraves) en pleine terre.*
- *Plantez en sol léger les bulbes et tubercules à floraison estivale (glaïeul, dahlia, bégonia).*
- *Buttez les asperges et fertilisez le sol avec du fumier décomposé enrichi d'algues marines.*

INDISPENSABLE

- Semez les nouvelles pelouses (30 g/m^2).
- Fertilisez les rosiers avec un engrais spécifique contenant de la magnésie.
- Coupez les chaumes desséchés des graminées et la vigne vierge.
- Taillez les arbustes de printemps défleuris.

Fertilisez les rosiers.

Coupez les chaumes desséchés des graminées.

Vidéo « Mon jardin en avril »

SI VOUS AVEZ LE TEMPS

- Éliminez les écoulements de gomme sur les arbres fruitiers à noyaux.
- Divisez les grosses touffes de primevères.
- Plantez les arbustes de terre de bruyère.
- Coupez les tiges florales fanées des tulipes et des narcisses.
- Autour des massifs, découpez à la bêche les bordures de la pelouse.

*Télécharger l'application Truffaut +, voir p. 6-7

Mai

À FAIRE

- *Arrachez les bulbes défleuris et transplantez-les dans un coin discret du jardin.*
- *Repiquez en place le plant provenant des semis du mois dernier. Continuez les semis.*
- *Plantez le muguet défleuri à l'ombre fraîche.*
- *Supprimez les drageons de lilas et de noisetier.*

INDISPENSABLE

- Plantez les fleurs dans les massifs d'été.
- Décorez les bacs et les jardinières du balcon avec des annuelles et des plantes saisonnières.
- Tondez le gazon une fois par semaine.
- Taillez les haies régulières à la fin du mois dans les régions de climat doux.
- Arrosez toutes les cultures par temps sec.

Vidéo « Mon jardin en mai »

SI VOUS AVEZ LE TEMPS

- Plantez les nénuphars et les plantes de bassin.
- Posez ou réparez les dallages et pavages.

Juin

À FAIRE

- *Éclaircissez les fruits en surnombre.*
- *Éliminez les gourmands qui apparaissent au pied des rosiers. Traitez contre les pucerons.*
- *Plantez des herbes aromatiques et officinales.*
- *Ombrez et aérez la véranda et la serre.*
- *Réduisez les pousses volubiles de la glycine des 2/3 de leur longueur.*
- *Installez des filets de protection pour protéger les petits fruits des oiseaux (groseilles et framboises).*
- *Construisez les murets, posez les dallages, la clôture et la pergola, installez le bassin.*

Vidéo « Mon jardin en avril »

Désherbez les massifs.

Plantez du basilic.

INDISPENSABLE

- Arrosez systématiquement par temps chaud.
- Continuez les semis en les échelonnant.
- Fertilisez les jardinières et balconnières.
- Taillez les arbustes défleuris pour les rajeunir.
- Plantez les bulbes d'automne (colchique, crocus safran, cyclamen de Naples).
- Désherbez soigneusement tous les massifs.

SI VOUS AVEZ LE TEMPS

- Réalisez un compost avec les déchets végétaux.
- Pincez les jeunes pousses de pommier et de poirier au-dessus de la quatrième feuille.
- Pulvérisez régulièrement de la bouillie bordelaise sur la vigne.
- Semez les dernières annuelles dans les massifs.

*Télécharger l'application Truffaut +, voir p. 6-7

Juillet

À FAIRE

- *Pulvérisez régulièrement sur la vigne de la bouillie bordelaise.*
- *Buttez les haricots pour économiser l'arrosage.*
- *Semez les bisannuelles (myosotis, pâquerette).*
- *Taillez les tomates en ne laissant que trois ou quatre bouquets de fleurs sur la tige principale.*
- *Palissez les plantes grimpantes sans les étrangler.*
- *Fertilisez une fois par semaine toutes les plantes en pots sur le balcon.*

INDISPENSABLE

- Arrosez les massifs de fleurs, les arbres et arbustes nouvellement plantés, de préférence le soir, « à la fraîche ». Limitez les arrosages sur la pelouse, si elle jaunit, elle reverdira en septembre.
- Tondez la pelouse souvent, pas trop court.
- Divisez et replantez les grosses touffes d'iris.
- Désherbez soigneusement allées et massifs.
- Semez en place les légumes d'automne : épinard, mâche, navet, radis noir, etc.

Vidéo « Mon jardin en juillet »

SI VOUS AVEZ LE TEMPS

- Effeuillez la vigne pour exposer les grappes au soleil, ce qui améliorera la qualité du raisin.
- Semez du cerfeuil et du persil à l'ombre.
- Plantez les bulbeuses d'automne (colchique).
- Taillez les pousses trop longues de vigne vierge.

Août

À FAIRE

- *Complétez les massifs avec des plantes d'arrière-saison : reine-marguerite, célosie, etc.*
- *Binez pour décroûter la surface du sol, ce qui permet à l'eau d'arrosage de bien pénétrer.*
- *Taillez la lavande après avoir récolté les fleurs, mais sans trop réduire le feuillage.*
- *Plantez tous les types de choux et les poireaux.*
- *Cessez pour un mois les apports d'engrais dans les jardinières et les potées du balcon.*
- *Taillez les Actinidia (kiwi) en coupant toutes les pousses latérales à quatre feuilles.*

Vidéo « Mon jardin en août »

Installez un système d'arrosage automatique.

INDISPENSABLE

- C'est le bon moment pour acheter et planter les nouvelles variétés d'iris.
- Arrosez quotidiennement le jardin et le balcon si la température dépasse les 25 °C.
- Taillez les rosiers non remontants (anciens), en réduisant de moitié les pousses défleuries.
- C'est l'époque idéale pour tailler les haies régulières.
- Installez un système d'arrosage automatique sur le balcon (goutte-à-goutte) et programmez celui du jardin avant de partir en vacances.

SI VOUS AVEZ LE TEMPS

- Nettoyez les plantations d'artichauts.
- Bouturez les arbustes à feuillage persistant.
- Tuteurez les grandes vivaces d'automne (phlox, asters, hélianthus), ainsi que les dahlias et les glaïeuls.
- Éliminez régulièrement les fleurs fanées pour prolonger la durée des massifs.

*Télécharger l'application Truffaut +, voir p. 6-7

Septembre

À faire

- *Terminez les boutures d'arbustes.*
- *Bouturez les pélargoniums et les fuchsias.*
- *Taillez court les arbustes d'été défleuris.*
- *Plantez conifères et rhododendrons.*

Indispensable

- Rénovez les vieilles pelouses (scarification, fertilisation, aération), semez les nouvelles.
- Remplacez les fleurs d'été déjà fanées par des plantes plus tardives, ou même d'automne.
- Effectuez la toilette générale de rentrée dans tout le jardin et sur le balcon.
- Désherbez bien.
- Plantez les vivaces rustiques et les bisannuelles.
- C'est le début des grandes récoltes.
- Préparez le local de conservation des fruits à pépins.
- Désormais, il fait plus froid, les arrosages doivent s'effectuer le matin.

Vidéo « Mon jardin en septembre »

Si vous avez le temps

- Effeuillez les tomates pour les faire mûrir.
- Achetez les premiers bulbes de printemps, en commençant pas les espèces les plus précoces.
- Semez les annuelles rustiques (nigelle, pavot, coquelicot).
- Plantez des fraisiers sur un film de paillage.
- Installez un système d'éclairage dans le jardin.

Octobre

À FAIRE

- *Commencez les plantations à la fin du mois.*
- *Plantez ou transplantez les arbustes de terre de bruyère et les conifères avant les gelées.*
- *Semez sous abri (tunnel, châssis) les choux, carottes et salades de printemps.*
- *Faites une dernière tonte de la pelouse : n'hésitez pas à tondre assez court.*
- *Commencez à nettoyer le feuillage des vivaces fanées comme les pivoines et les phlox.*

lantez les bulbes de printemps.

INDISPENSABLE

- Plantez les bulbes à fleurs de printemps (tulipes, narcisses, crocus, jacinthes, muscarisE).
- Éliminez les plantes fanées dans les jardinières et remplacez-les par des espèces d'automne.
- Taillez légèrement les arbustes à floraison estivale (*Caryopteris*, *Althaea*, *Fuchsia*, etc.) pour bien former leur silhouette.
- Ramassez régulièrement les feuilles mortes et compostez-les.

Vidéo « Mon jardin en octobre »

SI VOUS AVEZ LE TEMPS

- Vérifiez les attaches des nouvelles plantations.
- Plantez maintenant une rhubarbe dont vous récolterez les tiges dans un an.
- Terminez le semis des annuelles rustiques (capucine, souci, lavatère, etc.) avant le 15.
- Préparez à l'avance les trous de plantation.
- Arrachez les racines de chicorées 'Witloof' et forcez-les en cave pour produire les endives.

***Télécharger l'application** Truffaut +, **voir p. 6-7**

Novembre

À FAIRE

- *Plantez des bulbes de printemps dans le gazon : crocus, perce-neige, narcisses...*
- *Vérifiez quotidiennement l'état des fruits en conservation. Éliminez ceux qui sont tachés.*
- *Rabattez toutes les vivaces qui brunissent.*
- *Éclaircissez les grands arbres pour les aérer et reconstituer une silhouette équilibrée.*
- *Faites blanchir les endives et les céleris.*

Si vous avez le temps

- Élaguez les arbres à pépins de formes libres (plein vent) pour équilibrer et aérer la forme.
- Terminez le ramassage des feuilles mortes.
- Compostez celles qui ne sont pas malades.
- Plantez l'ail dans les terrains sableux.
- Plantez des chrysanthèmes en fleur pour donner de la couleur au jardin.
- Bêchez superficiellement (béquillez) le sol autour des arbustes dans les massifs.
- Protégez les espèces fragiles avec leurs propres feuilles ou par des lits de paille et de tourbe.

Vidéo « Mon jardin en novembre »

Indispensable

- C'est l'époque idéale pour planter tous les arbres et arbustes.
- Décompactez toutes les parcelles libres, en apportant un fertilisant à décomposition lente.
- Scarifiez et terreautez une pelouse abîmée.
- Rentrez les géraniums et les plantes fragiles.
- Récoltez et brûlez les fruits momifiés.
- Paillez la mâche pour la récolter tout l'hiver.

Décembre

À FAIRE

- *Continuez la plantation si le temps le permet.*
- *Buttez les choux, les pissenlits et les poireaux.*
- *Protégez les camélias des vents froids.*
- *Plantez primevères et pensées sur le balcon.*
- *Rangez la tondeuse pour l'hiver dans un endroit sec, non poussiéreux et hors gel.*
- *Brossez les troncs couverts de lichens.*
- *Enveloppez la ramure des rosiers tiges et pleureurs dans un paillasson protecteur.*
- *Améliorez le sol par des chaulages et des apports de matière organique décomposée.*

Vidéo « Mon jardin en décembre »

INDISPENSABLE

- Protégez toutes les plantes fragiles avec des paillis, des manchons, des films, des voiles.
- Taillez les arbres fruitiers à pépins (taille trigemme), en commençant par les poiriers.
- Placez l'installation d'arrosage hors gel.

SI VOUS AVEZ LE TEMPS

- Bouturez à bois sec les arbustes caducs.
- Plantez les kiwis (1 mâle pour 5 femelles).
- Protégez les jeunes arbres des lapins en enveloppant la base du tronc dans du grillage.
- Semez des noyaux et des pépins de fruits exotiques pour obtenir des petites plantes.
- Taillez grossièrement les rosiers à 50 cm du sol.

*Télécharger l'application Truffaut +, voir p. 6-7

Wein
Wein

Les bases du jardinage

La nature comment ça marche ?

Le Climat

On considère comme climat moyen de la France toute la zone de l'Île-de-France, de l'Orléanais et de la Touraine. Il s'agit de régions où s'équilibrent les influences océaniques et continentales. Elles sont comme une base zéro pour les indications de périodes culturales et pour les dates des travaux au jardin.

Le climat océanique

- Influencé par les courants marins, c'est un équilibre entre douceur et humidité. Les amplitudes thermiques annuelles sont faibles et les précipitations réparties tout au long de l'année. Toutes les régions côtières de l'Ouest bénéficient de ce climat. En raison de l'absence de barrières naturelles, l'influence océanique se fait également sentir jusqu'à une centaine de kilomètres à l'intérieur des terres. À titre d'exemple, Brest est soumise à l'influence d'un climat océanique avec une moyenne de températures de 7 °C en janvier et de 17 °C en août.
- **Ce climat permet de cultiver une large palette de plantes,** notamment des espèces délicates. Une exposition abritée des vents suffit pour créer un microclimat favorable à la culture de végétaux d'origine subtropicale.

Avance ou retard de la végétation par rapport à la zone de référence

CLIMATS	AVANCE	RETARD
Océanique	7 à 10 jours d'avance	
Continental		10 à 20 jours de retard
Méditerranéen	5 à 20 jours d'avance	
Montagnard		Jusqu'à un mois de retard

La durée moyenne de l'insolation estivale par régions

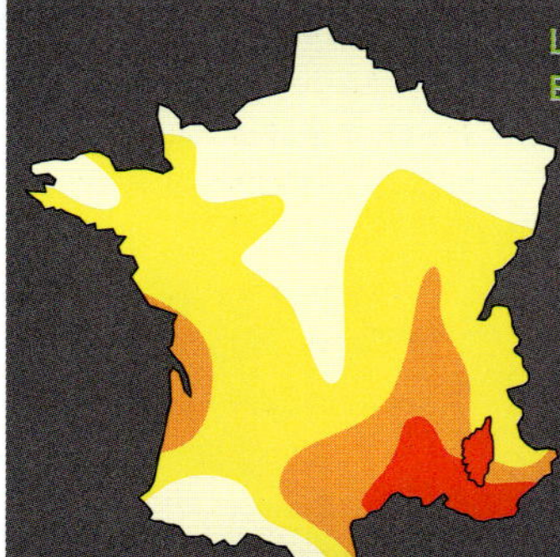

600 heures
700 heures
800 heures
900 heures

La date moyenne de la dernière gelée par zones

1er mars
15 mars
1er avril
15 avril

Le climat méditerranéen

- Considérées comme privilégiées, les zones côtières bordant la Méditerranée sont pourtant soumises à rude épreuve. Un été torride et sec, un hiver doux, mais souvent pluvieux, avec des vents dominants très violents. La moyenne des températures hivernales à Marseille est proche de 8 °C. Elle atteint 25 °C en août. Ce type de climat n'est pas spécifique à nos contrées. Il se rencontre aussi dans la région du Cap, en Afrique du Sud, et en Nouvelle-Zélande.
- Sous un climat méditerranéen, les méthodes et les périodes de culture sont différentes en raison de l'avance considérable de la végétation au printemps et de sa très brève période de repos. Bon nombre d'espèces exotiques peuvent être plantées si on les installe à l'abri des vents : cactées, plantes grasses, palmiers, agrumes, bougainvillées.

Le climat montagnard

- Ce climat se caractérise par la longueur de l'hiver et la présence prolongée d'un manteau de neige ou d'un sol gelé. On le rencontre au-delà de 500 m d'altitude, et plus on s'élève, plus ses particularités s'accentuent. Les précipitations y sont supérieures à la moyenne. L'été est court et rarement très chaud, ponctué d'orages violents. Les différences de température avec les zones de plaine sont sensibles, puisque l'on perd en moyenne 1 °C chaque fois que l'on s'élève de 300 m.
- Il faut cultiver des plantes d'altitude, qui se sont adaptées, ou des annuelles à pousse rapide, car la saison de culture est courte.

Le réchauffement climatique, une réalité

Les quatre instituts les plus avancés dans le domaine du réchauffement planétaire – l'institut Goddard de la NASA et la National Oceanic and Atmospheric Administration aux États-Unis, le Hadley Center au Royaume-Uni et l'agence météorologique japonaise – indiquent tous un réchauffement de l'ordre de 0,5 °C depuis 1970 et d'environ 1 °C pour le dernier siècle. Tous montrent aussi que la dernière décennie est la plus chaude jamais mesurée depuis 1880. Ces changements climatiques ont d'ailleurs conduit en France à la création en 2008 de l'Observatoire des saisons, projet initié en 2006 par un groupement de recherche du CNRS (www.gdr2968.cnrs.fr).

Le climat continental

• Typique des régions d'Europe centrale, il se caractérise par de grandes différences de température entre l'hiver et l'été, et des saisons bien marquées. L'essentiel des précipitations est concentré sur l'hiver, avec une période d'enneigement non négligeable. Toute la moitié est de notre pays se trouve sous l'influence de ce type de climat. La Champagne, l'Alsace, la Franche-Comté, l'Auvergne... sont des exemples caractéristiques. Les températures peuvent atteindre – 20 °C au cœur de l'hiver et dépasser 30 °C en plein été.

• **Il faudra prévoir des protections hivernales** sous forme de voiles, lits de paille ou de feuilles mortes, et un système d'arrosage efficace en été. Il est impératif de choisir des plantes rustiques sous ces climats. Les fleurs à bulbes, les arbustes caducs et les fruitiers y réussissent bien.

Les narcisses fleurissent en moyenne 15 jours plus tôt qu'il y a 20 ans.

Conséquences du réchauffement pour le jardinier

• Les dates de floraison des lilas, des rosiers, de l'épine noire ou des noyers se sont décalées au fil du temps.
• Il faut avancer les « saints de glace » (11, 12 et 13 mai) de plusieurs semaines et noter qu'ils ont perdu de leur virulence. En moyenne, le dernier jour de gel se produit 2 semaines plus tôt aujourd'hui qu'il y a 20 ans, et 3 semaines plus tôt que dans les années 1960. Ce décalage s'observe partout, quelle que soit l'altitude.
• Chose impensable il y a 50 ans, on arrive à cultiver dehors, au nord de la Loire, dans les endroits abrités du moins, des oliviers, des jasmins, des bananiers, des melons, des abricotiers, quelques passiflores et agrumes, certaines sauges réputées fragiles, comme la sauge ananas. Les glaïeuls restent en terre et refleurissent.
• Jardineries et pépinières proposent désormais un grand choix de plantes adaptées à la sécheresse, à l'instar de ce qui se fait depuis plus de 20 ans à San Francisco.

Les Cycles naturels

TOUT LE MONDE CONNAÎT LES CYCLES DES SAISONS, DU PRINTEMPS À L'HIVER. MAIS QUAND ON EST JARDINIER, IL FAUT COMPRENDRE LES PHÉNOMÈNES PHYSIOLOGIQUES DES PLANTES DÉCLENCHÉS PAR LES MODIFICATIONS DES JOURS, POUR FAIRE LES BONS GESTES AU BON MOMENT.

Comprendre les saisons

Il faut comprendre les cycles naturels, car agir à contre-saison est toujours facteur de risque pour les végétaux. Le jaunissement d'une plante au printemps, par exemple, n'a pas la même signification que son jaunissement en été ou en automne. Des jeunes pousses tendres et vertes qui apparaissent au printemps ne sont pas forcément aussi désirables en octobre...

Mise en route printanière

Le printemps est le temps du réveil.

- **Réveil de la végétation**, dû à la hausse des températures et à l'allongement de la durée des jours. Mais ce réveil est aussi sous le contrôle de plusieurs gènes, qui régulent l'horloge biologique des plantes. Il est important d'accompagner cette croissance sans la devancer : pas la peine d'apporter des engrais rapides trop tôt, par exemple, quand les racines n'ont pas encore repris toute leur activité.
- **Réveil des micro-organismes du sol**, qui se mettent à avoir besoin d'eau. Par conséquent, s'il ne pleut pas suffisamment, le sol s'assèche plus vite qu'en hiver. Il faut donc surveiller et se tenir prêt à arroser.
- **Réveil des hivernants :** escargot, papillon citron, crapaud, hérisson, abeilles. Pensez à laisser de la pâtée pour chat dans un coin du jardin, si vous avez des hérissons, et à planter ou accueillir des fleurs précoces pour soutenir les premiers pollinisateurs.

Le magnolia, l'un des arbustes de printemps les plus précoces.

Activité estivale

L'été est la saison où la luminosité est la plus forte, les jours longs, la photosynthèse fonctionne à plein.

- **Les graines mûrissent** dans leurs capsules, les fruits grossissent, les bulbes de printemps produisent des bulbilles, les branches poussent encore. Quelques arrosages sont nécessaires.
- **Les plantes méditerranéennes se mettent au repos.** Elles ont accompli leur cycle, produit leurs graines. Pas la peine d'essayer de les réveiller par des engrais ou des arrosages.

Les gestes écologiques en été

- N'arrosez pas votre gazon en été, même si vous le voyez jaunir. Il ne meurt pas, les graminées qui le composent se mettent en dormance pour traverser la mauvaise saison. Il reverdira à la première pluie, et vous aurez économisé des mètres cubes d'eau.
- En revanche, vous pouvez arroser les massifs de fleurs, mais abreuvez la terre en profondeur une fois toutes les semaines, voire tous les 15 jours, en posant le tuyau sous le paillage, plutôt qu'un peu tous les soirs en surface. Si vous n'avez pas paillé, il est indispensable de le faire après avoir arrosé copieusement.

L'été est la grande saison des floraisons qui correspond à la période active de reproduction des plantes.

Un peu d'étymologie

Printemps : vient du latin *primus tempus*, qui signifiait littéralement « premier temps » et avait aussi le sens de « bonne saison ».

Été : sa racine étymologique indo-européenne, *aidh*, avait le sens de « brûler ». Preuve qu'il y a plusieurs milliers d'années, les étés pouvaient aussi être caniculaires !

Automne : le mot vient du latin *augeo*, qui veut dire « augmenter », et le terme *autumnus*, qui en découle directement, signifiait « la saison qui est augmentée, enrichie » ! Belle métaphore pour parler de l'abondance des récoltes !

Hiver : le mot vient du latin *hiems*, « période de mauvais temps ».

Production automnale

L'automne est le temps des récoltes et la préparation à l'hiver. Ce que nous appelons les récoltes représente pour les plantes la dispersion de leurs graines, vitale à la survie de leur espèce.

La fructification du cornouiller intervient en fin d'été et se prolonge en automne.

- **Les arbres fruitiers** entourent leurs graines d'une pulpe sucrée pour que les animaux (et les hommes) viennent les manger, puis les disperser. S'il fait sec, n'arrosez donc pas trop, pour ne pas gorger les fruits d'eau.
- **Les annuelles** finissent de faire mûrir leurs graines avant de mourir. Elles n'ont plus vraiment besoin d'arrosage. Pour les annuelles en pot, on peut continuer à supprimer les fleurs fanées, pour les empêcher justement de faire leurs graines et les « obliger » à poursuivre leur floraison.
- Les tissus verts des **arbres et arbustes** se transforment en bois en début d'automne, pour passer l'hiver. C'est le moment de bouturer de nombreuses espèces. Pas la peine d'arroser beaucoup. En fin d'automne, les feuilles changent de couleur et c'est d'ailleurs durant les années les plus sèches que les couleurs des feuilles sont les plus vives.

« Faux repos » hivernal

- **Le froid correspond à la fin de la dormance** de certaines graines et bulbes. Quand on conserve ses graines, il faut donc leur faire subir une phase de « vernalisation », dans le bas du réfrigérateur.
- **Les arbres caducs se protègent** en perdant leurs feuilles et en entrant en dormance. Les plantes persistantes sont plus vulnérables, car elles continuent à transpirer : il ne faut pas oublier de les arroser, surtout celles qui sont en pot.
- **Les racines poussent** (lentement mais sûrement) malgré le froid : les plantations d'automne donnent toujours un temps d'avance aux plantes, au printemps suivant.

La lumière, le soleil, l'air

SANS LA LUMIÈRE DU SOLEIL, IL N'Y AURAIT PAS DE PRODUCTION VÉGÉTALE, PAS D'OXYGÈNE SUR TERRE, ET DONC PAS DE VIE ANIMALE. LE MÉCANISME « MAGIQUE » QUI PERMET DE TRANSFORMER L'ÉNERGIE DU SOLEIL EN MATIÈRE ORGANIQUE S'APPELLE LA « PHOTOSYNTHÈSE » ET ELLE EST RÉALISÉE PAR LES PLANTES.

La photosynthèse

- Sans rentrer dans les détails complexes de ce processus, retenez que la photosynthèse, c'est l'utilisation par la plante du gaz carbonique de l'air (CO_2), de l'eau (H_2O) et de la lumière du milieu pour fabriquer des glucides. Ces glucides vont servir au développement de la plante : fabrication de tissu végétal, de tiges, de feuilles, de fleurs, de graines… Le gaz carbonique est dit « fixé » ou « emprisonné » par la plante. Et les sucres produits sont en partie stockés sous forme d'amidon.
- Dans les feuilles, des petites structures, les chloroplastes, contiennent les pigments verts de la chlorophylle qui captent l'énergie solaire. En fait, sur chaque millimètre carré d'une feuille, il y a un demi-million de chloroplastes ! Autrement dit, une véritable usine de panneaux solaires!

Ce sont les pigments verts de la chlorophylle qui captent l'énergie solaire.

Les plantes s'adaptent à l'ombre

Il existe des milieux particuliers, où un faible pourcentage de la lumière solaire parvient jusqu'au sol : ce sont les sous-bois, qu'ils soient de nos régions tempérées ou de zones tropicales. Les plantes ont su s'adapter à ces milieux peu lumineux et un œil averti peut observer ces adaptations.

- Les plantes de sous-bois ont une croissance lente qui ne leur demande que très peu d'énergie (et donc très peu de lumière).
- Elles orientent leurs feuilles de manière à capter le maximum de lumière, face aux rayons.
- Elles disposent leurs feuilles dans l'espace de façon à ce qu'aucune ne se superpose, minimisant ainsi l'auto-ombrage.
- Certaines feuilles se gaufrent, augmentant ainsi leur surface foliaire, pour capter plus de lumière.

1. Feuille d'hosta
2. Feuille de lupin
3. Feuilles de bergénia ; ses grandes feuilles lui permettent de mieux absorber la lumière.

Pourquoi les feuilles rougissent-elles ?

Les feuilles contiennent des pigments verts (c'est la chlorophylle), mais aussi d'autres pigments cachés : les carotènes (orange) et les xanthophylles (jaune), ou encore les anthocyanes (bleu, rose, violet). En été, la chlorophylle masque tout. Mais à l'automne, la lumière diminue et la chlorophylle disparaît. Les autres pigments deviennent visibles. Et les feuilles nous apparaissent orange, jaunes, rouges, violettes.

- D'autres développent des feuilles gigantesques (alocasias, colocasias, bergénias, fougères).
- En milieu tropical, on trouve beaucoup de lianes : si la lumière ne vient pas jusqu'aux plantes, ce sont elles qui vont la chercher en se hissant sur les branches des arbres.
- On y voit aussi des plantes aux curieuses couleurs : bleu acier, rouge... C'est une manière de capter d'autres longueurs d'onde de lumière.

L'air, un gaz universel

- L'air est le mélange gazeux qui constitue l'atmosphère terrestre. Il est composé en majorité d'azote (entre 78 et 79 %), d'oxygène (environ 21 %), de gaz carbonique (environ 0,03 %) et de différents gaz rares : argon, hélium, krypton, néon, xénon. L'air renferme aussi un pourcentage variable de vapeur d'eau, de l'hydrogène et de l'ozone. Un litre d'air pèse 1,293 g.
- L'air est utilisé par tous les êtres vivants pour la respiration, se traduisant par une consommation d'oxygène (O_2) et un rejet de gaz carbonique (CO_2). Grâce à la photosynthèse, les plantes sont capables de prélever le gaz carbonique de l'air et de produire de l'oxygène. Elles jouent donc un rôle épurateur de l'air de tout premier ordre.

Décroûtage d'un sol compacté

Oïdium sur un mahonia

L'air dans le sol

Un sol en bonne santé contient une bonne proportion d'air. Les sols tassés, compactés en contiennent beaucoup moins et les problèmes que l'on y rencontre sont nombreux :

- retard notable à la levée des graines ;
- plants de tailles variables ;
- lignes de semis irrégulières ;
- système racinaire peu profond et peu développé ;
- formation d'une croûte de battance ;
- mauvaise décomposition de la matière organique à la surface du sol.

Pour y remédier, décompactez la terre avec une grelinette. Veillez aussi à ne pas marcher sur les endroits que vous avez décompactés. Ajouter deux fois par an de la matière organique rend le sol plus léger.

L'air trop humide ou trop sec

- Un air trop sec peut nuire à certaines plantes. C'est le cas des plantes d'intérieur en hiver, qui supportent mal l'atmosphère de nos intérieurs. Pour pallier ce phénomène, le mieux est de les cultiver sur un lit de billes d'argile humides en permanence.
- Un air trop humide, à l'inverse, peut aussi poser des problèmes. Le plus fréquent est l'apparition de l'oïdium sur les courgettes, melons, concombres, petits pois. Il se manifeste par des taches circulaires blanches et poudreuses qui s'étendent. Les feuilles se rabougrissent, se dessèchent, le plant s'affaiblit. Les spores du champignon sont transmises par l'air entre 10 et 32 °C (avec un optimum de 27 °C), et de préférence quand l'atmosphère est humide (plus de 50 % d'humidité). Notez cependant que certaines souches se développent aussi par temps sec.

l'eau, ressource précieuse

PRÉCIEUSE, INDISPENSABLE, NÉCESSAIRE, VITALE, MAIS AUSSI COÛTEUSE... LES ADJECTIFS NE MANQUENT PAS QUAND ON ÉVOQUE L'EAU. SANS UNE GESTION RIGOUREUSE DE CETTE RESSOURCE, PAS DE JARDIN DURABLE.

LE PREMIER CONSTITUANT DE LA VIE

Association de deux atomes d'hydrogène et d'un atome d'oxygène (H_2O), l'eau est le constituant principal de la matière vivante. L'eau n'est pas un élément inerte. C'est avant tout un solvant surpuissant, dans lequel se dissolvent des gaz (CO_2 entre autres, chlore), des éléments chimiques (fer, magnésium, calcium...). Tous ces éléments proviennent pour l'essentiel du lessivage du sol par les eaux de pluie.

L'eau abrite de plus des micro-organismes en quantités importantes (bactéries, protozoaires, algues...). Il arrive que ces micro-organismes prolifèrent, en été, quand les conditions sont propices (chaleur, hygrométrie...). Quand ce sont des bactéries, elles forment ce voile irisé que l'on voit parfois à la surface des bassins. Quand ce sont les algues qui se développent en excès, l'eau se remplit de filaments verts : ce sont les fameuses algues vertes.

ARGILE OU SABLE... DES ARROSAGES DIFFÉRENTS

- On considère qu'une terre argileuse retient jusqu'à 150 l d'eau/m^2, tandis qu'un sol sableux n'en garde que 20 l. Seuls 20 à 30 % de cette eau sont immédiatement assimilables par les plantes. Un sol sableux doit donc être arrosé plus souvent (mais en petites quantités) qu'une terre argileuse, qui retient beaucoup d'eau à la fois.
- Si votre terre est sableuse, un bon moyen de lui donner plus de capacité de rétention d'eau est d'ajouter deux fois par an, au printemps et à l'automne, une couche de 20 cm de matière organique bien décomposée (compost).

Conseil du Jardinier

Des pompes végétales

Certaines plantes sont de véritables pompes naturelles, tant elles sont capables d'extraire l'eau du sol. On les utilise d'ailleurs en lagunage. Au jardin, elles peuvent devenir fort utiles pour assécher des zones trop humides. Parmi ces plantes, citons *Miscanthus sinensis*, les bambous (*Phyllostachys aurea, Sasa palmata, Arundinaria murielae*), les saules, *Cornus alba* et *C. stolonifera*, les fougères (*Matteucia struthiopteris, Osmunda regalis*).

L'eau dans le sol

Les plantes succulentes stockent l'eau dans leurs feuilles.

Le sol se comporte comme une éponge naturelle pour assurer l'alimentation en eau de tout le couvert végétal. C'est ce que les agronomes appellent la « capacité de rétention en eau » ou le « pouvoir absorbant ». Une terre compacte retient plus d'eau qu'une terre sableuse, aux grains épais, qui est donc par nature drainante.

L'important, c'est la quantité disponible pour les plantes, que l'on nomme aussi « réserve utile ». Il s'agit de la masse d'eau que le sol permet aux végétaux de puiser. Au-delà d'un certain seuil, les minéraux ne laissent plus s'échapper l'eau, et la terre devient aride.

Les plantes s'adaptent !

Pour conserver l'eau, les plantes ont développé d'incroyables adaptations.

- **Elles stockent l'eau** dans leurs différents organes : les racines, qui deviennent tubéreuses (dahlias, cannas), les feuilles (succulentes), les troncs (baobab).
- **Elles développent d'épais épidermes** et les feuilles deviennent coriaces (yuccas, agaves).
- **Elles réduisent la surface de leurs feuilles** au minimum, pour éviter de transpirer. À l'extrême, les feuilles deviennent des **épines** (cactées). Et ces épines les protègent également contre les animaux qui, eux aussi, sont à la recherche de végétaux pleins d'eau.
- **Elles se mettent au repos** pendant la saison sèche : c'est le cas de beaucoup de plantes méditerranéennes et des graminées de nos pelouses qui jaunissent en été.

L'eau dans les plantes

- Tous les végétaux sont majoritairement constitués d'eau, avec des différences selon les parties de la plante. L'eau entre pour 60 % dans la constitution des tissus ligneux (le bois) et pour 80 % dans la masse des feuilles. Les fruits juteux, comme les tomates, sont constitués de 95 % d'eau ! Les graines, en apparence très sèches, renferment entre 10 et 15 % d'eau.
- La plante absorbe de l'eau par ses racines, véritables pompes naturelles. L'eau transporte alors les éléments fertilisants, c'est la sève brute, ou sève montante. Transformées par l'action de la photosynthèse, les matières nutritives sont transportées, sous forme liquide, au niveau de chaque cellule, par la sève élaborée, ou sève descendante.
- La plante perd de l'eau par transpiration, à travers les pores (lenticelles) de ses feuilles et de ses tissus souples.

La vie sur Terre n'existerait pas sans cette mince couche vivante et complexe, qui joue tant de rôles : support, ancrage, recyclage, nourrissage, abri... Cela vaut la peine de s'y arrêter quelque peu...

Le Sol, un milieu vivant

C'est le sol qui ancre et nourrit les plantes. Mais c'est aussi le lieu où toute la matière organique qui tombe à terre est recyclée en éléments assimilables par les plantes. S'il n'était constitué que de matière minérale et organique, il ne pourrait remplir cette mission fondamentale.

Le sol, un double rôle

- C'est la partie vivante du sol qui lui permet de remplir la mission de recyclage de la matière organique. Et la dégradation de cette partie (par épandage de produits chimiques, bouleversement mécanique, tassement...) entraîne une baisse de la fertilité du sol.
- À l'image de la partie aérienne, le sol, lui aussi, est constitué d'une flore et d'une faune. La matière organique qui tombe au sol est d'abord fragmentée par la pédofaune, puis dégradée par la pédoflore.
- Pédofaune et pédoflore sont impliquées dans plusieurs écosystèmes qui forment des chaînes de vie complexes, interdépendantes.

Le travail des vers de terre dans le sol

Conseil du Jardinier

À la plantation, respectez l'ordre des couches

Les différents organismes vivent dans des couches bien précises du sol. Quand vous creusez un trou de plantation, séparez bien les différentes couches (reconnaissables à leur couleur) et remettez-les ensuite dans le même ordre.

La faune du sol, ou pédofaune

C'est elle qui est responsable des premières étapes de la décomposition de la matière végétale et animale : découpage, fragmentation, broyage, digestion, brassage, aération... Pour la classer, on l'a arbitrairement découpée en quatre groupes, en se référant à la taille des êtres vivants qui la composent.

- **Mégafaune** (de 8 cm à 1,60 m) : reptiles, mammifères, amphibiens.
- **Macrofaune** (de 4 mm à 8 cm) : vers de terre, mollusques, araignées. Les vers de terre sont très importants : ils transportent la matière organique du haut vers le bas, améliorent l'aération et la perméabilité des sols.
- **Mésofaune** (de 0,2 à 4 mm) : microarthropodes (collemboles, acariens).
- **Microfaune** (< 0,2 mm) : protozoaires, métazoaires, nématodes.

Mésofaune du sol

QU'EST-CE QUE LA RHIZOSPHÈRE ?

C'est la région du sol directement formée et influencée par les racines et les micro-organismes associés. La macroflore est constituée par l'ensemble des racines des plantes. Ces racines ne font pas que prélever les éléments nutritifs au bénéfice des plantes. Elles rejettent aussi dans le sol des composés (surtout azotés), dont se nourrissent les bactéries. De plus, elles ont un rôle dans la structure du sol. Les racines les plus profondes l'aèrent et, quand elles meurent, elles laissent des microcanaux dans lesquels circule la microfaune.

LA FLORE DU SOL, OU PÉDOFLORE

La fragmentation de la matière organique est due à l'action d'une suite d'êtres vivants qui ont chacun un rôle bien défini. Ces êtres vivants de petite taille constituent la microflore.

- **Les bactéries :** très nombreuses. Elles sont l'un des principaux acteurs de la vie du sol. C'est grâce à elles que la décomposition de la cellulose et de la lignine peut avoir lieu.
- **Les champignons :** ce sont les « moisissures » que l'on voit parfois dans les litières de feuilles mortes, en forêt. Certains champignons établissent des relations de symbiose avec les racines des plantes (on parle alors de « mycorhizes »).
- **Les algues :** ce sont les organismes vivants les moins connus du sol. Elles sont présentes sous forme d'êtres unicellulaires, proches des couches superficielles du sol, car elles ont besoin de la lumière du soleil pour réaliser leur photosynthèse.

La Chimie du sol

SI LA FLORE SPONTANÉE, L'APPARENCE, LA TEXTURE ET LE TOUCHER DE LA TERRE DONNENT DES INDICATIONS SUR SA NATURE PHYSIQUE, IL EST BON DE L'ANALYSER, EN PARTICULIER POUR CONNAÎTRE SA TENEUR EN ÉLÉMENTS FERTILISANTS.

Analyser sa terre

Seule une analyse approfondie de la terre permet d'en connaître la composition et les réactions chimiques en vue d'évaluer sa fertilité et de déterminer les améliorations nécessaires.

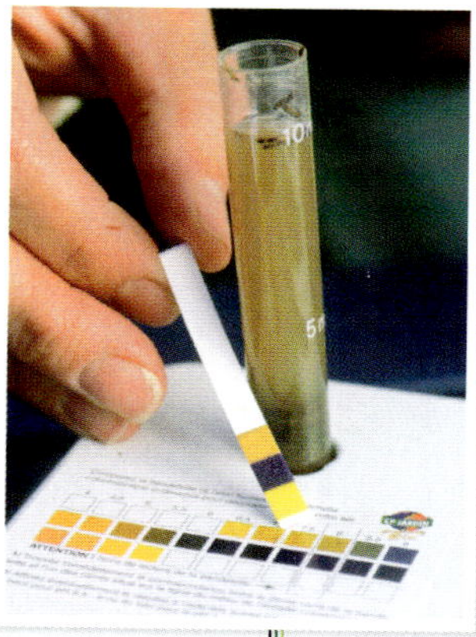

Confiez des échantillons de terre à un laboratoire spécialisé dans l'analyse agricole. Il pourra vous fournir un bilan détaillé de votre sol, indiquant même le pourcentage des principaux oligo-éléments. Pour obtenir une analyse assez précise, il convient d'effectuer des prélèvements de sol en plusieurs endroits du jardin. Mélangez ensuite les échantillons obtenus de manière aussi homogène que possible et, sans trop attendre, confiez au laboratoire environ 1 kg de terre. Il ne doit y avoir ni herbe, ni larves, ni même de cailloux pour que l'analyse se déroule dans les meilleures conditions.

Analysez vous-même votre terre

Bien que le résultat soit un peu moins précis, vous pouvez pratiquer vous-même l'analyse du sol grâce à des kits que l'on trouve facilement en jardinerie, à des prix très abordables. Il faut prélever de la terre dans plusieurs endroits du jardin ou du potager. Ces tests fonctionnent à partir de réactifs colorés, dont la teinte vire selon la présence de tel ou tel élément dans l'échantillon. Ce type de test est assez fiable en ce qui concerne le pH. Il peut aussi vous indiquer la richesse dans les principaux éléments fertilisants (N, P, K).

La plupart des fougères (1) se plaisent en sol acide, tandis que l'armoise (2) apprécie un sol calcaire (alcalin).

1

2

Zoom sur les oligoéléments

Ce sont des substances chimiques contenues en quantités infinitésimales dans le sol. Leur rôle est complexe, et sans eux, la plante se carence et dépérit.

- **Le magnésium** est un constituant primordial de la chlorophylle. Il agit aussi sur la floraison.
- **Le fer** sert à la synthèse de la chlorophylle. L'excès de calcaire empêche son assimilation.
- **Le bore** contribue à la formation des sucres et de la cellulose dans les tissus ; il manque souvent dans les sols calcaires.
- **Le zinc** intervient dans la croissance.
- **Le cuivre et le molybdène** participent à l'assimilation de l'azote et de la potasse.

L'azote, élément de base de la nutrition

L'azote (N) accélère la pousse des feuilles et des tiges. Il se trouve sous trois formes distinctes : l'azote organique, provenant directement de la décomposition des matières vivantes, l'azote ammoniacal, qui est le stade intermédiaire de la minéralisation, et l'azote nitrique, soluble et instable, qui seul peut être utilisé directement par les plantes.

Évitez les excès d'azote, qui font pousser excessivement les feuilles au détriment des fruits, par exemple.

C'est le potassium qui donne leur goût sucré aux fruits.

Le phosphore est l'élément majeur de la floraison.

L'acide phosphorique, important pour les racines et les fleurs

La plante absorbe le phosphore (P) sous forme d'acide phosphorique (H_3PO_4), obtenu par réaction avec l'eau de l'anhydride phosphorique (P_2O_5). Le phosphore joue un rôle important dans le développement du système racinaire de la plante. Il est l'élément majeur de la floraison, dont il hâte la précocité. C'est un agent favorable à la bonne fécondation et un élément de résistance naturelle aux maladies très important.

Le potassium, pour la qualité des fruits

Le potassium (K) est utilisé par les plantes sous forme d'oxyde de potassium (K_2O). Il favorise la formation des réserves et donne leur goût sucré aux fruits. C'est l'élément majeur de la qualité. Le potassium gère aussi l'accumulation des sucres sous forme d'amidon dans les grains, les tubercules et les racines. Il confère aussi leur rigidité aux tiges et joue un rôle dans la résistance aux maladies.

Les terres argileuses sont naturellement riches en potassium. En revanche, celles qui manquent de calcaire en sont pratiquement dépourvues.

Le pH du sol

- La terre, comme toute autre matière, réagit sur le plan chimique de manière neutre, alcaline (on dit aussi basique) ou acide. La mesure de cette réaction est indiquée par le pH, ou potentiel hydrogène. Le pH a une grande importance pour la nutrition des plantes, car c'est de lui que dépend la possibilité d'assimilation des éléments minéraux. En sol très acide, les éléments nutritifs ont tendance à se dissoudre dans l'eau du sol ou sont lessivés. Si le sol est très alcalin, en revanche, les nutriments sont bloqués et ne sont plus disponibles pour les plantes.
- Les meilleures terres de jardin affichent un pH proche de la neutralité ou une légère acidité. Sur l'échelle de mesure du pH, la neutralité parfaite est de 7. On considère toutefois qu'une terre est neutre quand son pH est compris entre 6,5 et 7,5. Au-dessus de 8, le sol est fortement basique. En dessous de 5, on se trouve dans des terres très acides qui conviennent, par exemple, aux rhododendrons.
- Pour obtenir une bonne mesure, il faut utiliser des échantillons de terre sèche. L'observation de la flore spontanée est également une indication valable : fougères en sol acide, armoise en sol basique...

Sols sableux, limoneux, argileux

Les sols diffèrent par leur texture et se distinguent par la taille des particules qui les composent. Tous comportent du sable, de l'argile et du limon, en différentes proportions.

Les sols sableux

Appelés aussi « sols siliceux », ils contiennent plus de 70 % de sable siliceux, aux grains plus ou moins fins (mais moins fins que les autres sols). On parle de sol léger pour caractériser ces sols qui se délitent facilement.

- **Inconvénients** : ils sont instables, car leurs particules légères s'envolent sous l'effet du vent. Très perméables, ils retiennent mal l'eau, qui passe au travers comme dans un filtre, entraînant sur son passage les matières minérales fertilisantes. C'est pourquoi les sols siliceux sont rarement fertiles et nécessitent un entretien permanent. En été, il faut les arroser souvent.

Conseil du Jardinier

Améliorer un sol sableux

Il faut avant tout apporter un maximum de matière organique (fumiers décomposés, compost), qui va jouer le rôle d'une éponge naturelle pour retenir l'eau et les éléments nutritifs. Arrosez peu, mais plus fréquemment qu'avec un sol argileux. Fertilisez pendant la période de végétation, avec des engrais à action rapide, assimilés tout de suite par les plantes, sans risque de lessivage.

- **Avantages** : ils sont faciles à travailler, car ils ne collent pas et les outils s'y enfoncent sans difficulté. Ils se réchauffent vite, ce qui améliore la précocité des cultures.

LA FLORE DES SOLS SABLEUX. Les plantes de sol sableux supportent bien la sécheresse. Ce sont, par exemple, la bruyère *(Calluna)*, le ciste, la lavande,

L'achillée (1) et la gaillarde (2) se plaisent en sol sableux.

le romarin, l'achillée, l'acanthe, le gypsophile, le pourpier, le yucca, la joubarbe, la gaillarde... Côté grands ligneux, la présence de bouleau, de pin maritime est significative.

Les sols limoneux

Ce sont des sols doux au toucher et poudreux lorsqu'ils sèchent. Les limons sont de fines particules dont la taille est intermédiaire entre les argiles et les grains de sable.

- **Inconvénients :** ils tendent à devenir trop compacts s'ils sont trop travaillés, perdant ainsi leur capacité à laisser l'eau s'infiltrer.
- **Avantages :** ils sont fertiles et faciles à travailler.

Il faut donc éviter de bêcher systématiquement, de tasser la terre et la protéger par des paillages.

Les sols argileux

Ils renferment de 30 à 45 % de sables très fins, agglutinés par de l'argile (une roche sédimentaire pâteuse, dont les particules ont des propriétés colloïdales). Elle coagule aussi le carbonate de chaux (calcaire), ce qui entraîne la formation de mottes. On parle de sol lourd pour caractériser ce type de terre qui se compacte facilement.

- **Inconvénients :** la terre argileuse est lourde, car gorgée d'eau, elle colle aux outils et est parfois difficile à travailler. Elle se réchauffe tardivement au printemps, entraînant des retards dans la végétation.
- **Avantages :** ce sont des sols riches et fertiles, surtout en potassium. Ils supportent un épisode de sécheresse s'ils ont été correctement arrosés.

LA FLORE DES SOLS ARGILEUX. Les espèces qui apprécient l'humidité et un peu d'acidité y sont les plus communes. Le liseron, la grande oseille, le pissenlit et le tussilage... Côté ligneux, les charmes et les hêtres sont fréquents, ainsi que les houx, les prunelliers, les églantiers, les pommiers, les poiriers.

Vous y cultiverez sans souci des rosiers, des amélanchiers, des weigélas, des millepertuis, des groseilliers à fleurs, des hellébores, des hostas, des alchémilles, des bergénias, des brunneras, des astrances, des miscanthus. Parmi les grimpantes, vous adopterez la clématite montana, le houblon doré, toutes les vignes vierges, l'hydrangéa grimpant. Ancolies, monnaies-du-pape et matricaires s'y ressèmeront à foison.

Les ancolies (1) et les hellébores (2) se plaisent en terre argileuse.

Conseil du Jardinier

Améliorer un sol argileux

Vous l'amenderez par des apports réguliers de matières organiques (paillage ou engrais verts), qui allègent la terre et l'enrichissent en humus. En cas d'humidité stagnante, ajoutez du sable grossier pour améliorer le drainage.

Le test de la boulette

Il existe un test simple pour identifier la texture d'un sol.

Ramassez une poignée de terre ni trop sèche, ni trop humide, et essayez de façonner une boule.

- Si vous n'arrivez pas à former une boule, si la terre se désagrège, elle ne contient pas assez de particules d'argile pour lier les grains de sable et la matière organique. C'est une **terre sableuse.**
- Si vous arrivez à former une boule, mais qu'elle se brise, vous avez une **terre limoneuse.**
- Si vous arrivez à former une boule et qu'elle se malaxe comme de la pâte à modeler sans s'effriter, c'est une **terre argileuse**.

Sols calcaires ou humifères

Les sols calcaires sont en général alcalins, tandis que les sols humifères sont plutôt acides. Il est bon de connaître son sol, car si la plupart des plantes s'accommodent d'un sol à peu près neutre, certaines sont plutôt acidophiles ou au contraire préfèrent les sols calcaires.

Les sols calcaires

Ils renferment de 12 à 30 % de carbonate de chaux, toujours associé à de l'argile.

- **Leurs inconvénients :** ce sont des terres compactes et collantes, difficiles à travailler quand elles sont mouillées. Ces terres crayeuses se dessèchent rapidement et se craquellent en été. De nombreux cailloux remontent en permanence à la surface et gênent le travail des outils. Ce sont des terres instables où la gelée pénètre en profondeur, surtout au printemps. La végétation y est donc tardive. Elles retiennent mal les éléments minéraux et sont donc assez pauvres. Le calcaire actif gênant l'assimilation du fer, il s'ensuit une chlorose (jaunissement du feuillage avec les nervures qui restent vertes).
- **Leurs avantages :** l'activité microbienne y est généralement intense, et si l'on sait les travailler, on peut en faire des terres riches. Le calcaire sert en effet d'aliment aux plantes. Il favorise la décomposition de la matière organique et permet l'assimilation de certains engrais.

LA FLORE DES SOLS CALCAIRES. Moutarde sauvage, coquelicot, bleuets, chardons, renoncule, trèfle blanc, camomille sauvage sont les plantes les plus communes en sol calcaire. Si le sol est riche en humus, on y trouvera des violettes. Les arbres sont représentés par le noyer, l'érable, le cerisier, le tilleul, le sorbier, l'aubépine. La présence de la clématite sauvage (*Clematis vitalba*) est significative d'un sol calcaire. Côté conifères, l'if est très fréquent.

Vous y planterez des choux, des cerisiers, des abricotiers, des noyers, des seringats, des lilas, des clématites, des plantes de rocaille, des chèvrefeuilles, des arbres de Judée, de la vigne et des amandiers dans le Sud. Côté vivaces, vous réussirez la majorité des œillets rustiques, les achillées, les roses trémières, les coréopsis, les pieds-d'alouette, les échinacées, les gaillardes, les héléniums, les hémérocalles.

La clématite sauvage (1) et l'hémérocalle (2) poussent bien en sol calcaire.

Conseil du Jardinier

Travailler une terre calcaire

- Apporter de la matière organique acide (terre de bruyère siliceuse), de l'humus et du fumier de bovins, pour retenir l'eau.
- Fertiliser régulièrement, car ces terres perdent vite leurs réserves (engrais verts bienvenus).
- Ne pas travailler trop profondément pour ne pas faire remonter les cailloux.

Les sols humifères

On pourrait les appeler terres de forêt, car ces sols se forment souvent sous le couvert des arbres. Constituées de la décomposition des matières organiques végétales, ces terres sont très riches en humus (au moins 20 %), le reste étant constitué de sable et d'argile. En général, leur réaction est acide. Elles sont toujours de couleur foncée. L'exemple le plus connu est le terreau qui provient de la transformation des débris végétaux.

- **Leurs inconvénients :** les terres qui se forment sur un sous-sol imperméable sont gorgées d'eau, car l'humus retient 100 % de son propre poids en eau. Ces terres, que l'on dit marécageuses, sont peu propices à la mise en culture sans un assainissement coûteux. Elles se dessèchent rapidement en été, d'où la nécessité de prévoir parfois des systèmes d'arrosage automatique.
- **Leurs avantages :** riche en carbonate et en azote organique, l'humus intervient de manière importante dans l'alimentation des plantes. Il agit comme une réserve nutritive en transformant la matière organique non assimilable par les plantes en éléments minéraux dont elles vont se nourrir. Les terres humifères se réchauffent rapidement et donnent une végétation précoce.

Les rhododendrons poussent en sol humifère et très acide.

LA FLORE DES SOLS HUMIFÈRES. Les terrains forestiers sont des terres humifères caractéristiques, où l'environnement est très fragile et instable. Les plus courantes sont les fougères, les bruyères, les genêts et, dans les zones très humides, la mousse, les plantes carnivores (*Drosera*), les joncs, les carex, les roseaux. Si l'humus s'associe à du sable, vous avez toutes les chances de rencontrer des colchiques et des cyclamens d'Europe, souvent des ronces. Dans les terres qui mêlent humus et argile, on trouve une végétation plus abondante, dominée par les aulnes, les saules et les peupliers. Si la saison est pluvieuse, les champignons se développent en abondance.

Vous y planterez, côté plantes ornementales, toutes les espèces dites « de terre de bruyère » (azalées, rhododendrons, camélias, mais aussi magnolias, érables japonais, skimmias, hamamélis, piéris, cléthras...), de même que les salades de toutes sortes.

Les sols acides

Les sols acides ont un pH généralement compris entre 4,5 et 6,5. On les reconnaît en premier lieu grâce aux plantes indicatrices : myrtille, digitale, fougère aigle, bruyère arborescente, ajonc et genêt, châtaignier, pins maritime et laricio, chêne-liège.

Ils se caractérisent par une activité biologique faible et une décomposition de la matière organique lente ; la litière formée par les feuilles et les aiguilles tombées s'accumule donc à la surface du sol. Peu d'éléments minéraux étant recyclés et donc absorbés par les racines, les arbres vont croître difficilement. En revanche, camélias, rhododendrons, cistes, houx, érables du Japon s'y plairont, tout comme, en sol légèrement acide, le céleri branche, les cornichons, les courgettes et courges, les épinards, les laitues, les melons, les piments, les pommes de terre.

La petite faune du jardin (1)

Une multitude de petits animaux vit dans les jardins. Dans une démarche de jardinage biologique, il faut bannir tout traitement, même ceux à base de produits naturels, toxiques pour les animaux à sang froid.

Les batraciens

Ils font de véritables razzias dans les populations d'insectes, à commencer par les moustiques.

- **Les grenouilles,** dont nos jardins accueillent 6 espèces.
- **Les crapauds,** dont on rencontre aussi 6 espèces, mangent vers, limaces et escargots.
- **Les salamandres** sont rares dans les jardins, car elles préfèrent les décombres.
- **Les tritons** font d'excellents hôtes du bassin, consommant des insectes.

Les coccinelles et autres dévoreuses

Les larves de coccinelles, mais aussi les formes adultes, sont de grandes consommatrices de pucerons – elles en dévorent jusqu'à 150 par jour. Vous pouvez faire des lâchers de larves au printemps, mais l'expérience montre que le seul fait de stopper les traitements insecticides suffit à les faire revenir. On trouve couramment des larves de *Harmonia axyridis* et *Adalia bipunctata*. Une autre espèce de coccinelle aux ailes atrophiées, 'Coccibelle', sélectionnée par l'Inra, reste plus longtemps sur la plante. Une autre coccinelle, *Cryptolaemus montrouzieri*, mange les cochenilles farineuses, quasiment impossibles à traiter chimiquement.

L'autre grande consommatrice de pucerons, mais aussi d'aleurodes, de thrips et d'œufs d'acariens est la **chrysope aux yeux d'or,** *Chrysoperla carnea*. On peut compter aussi sur le **syrphe,** *Episyrphus balteatus*, une petite guêpe inoffensive qui ressemble à une mouche, pour se régaler de pucerons.

D'autres insectes et auxiliaires utiles

On parle d'auxiliaires pour désigner tout un ensemble d'insectes et de petits animaux, prédateurs d'autres insectes et parasites qu'on cherche à limiter au jardin. Ils sont disponibles dans le commerce.

- De petites guêpes (*Encarsia formosa, Neodryinus typhlocybae*) pondent dans les aleurodes ou les larves de cicadelles, en particulier celles de la

La coccinelle (1) est une dévoreuse de pucerons, de même que la chrysope (2).

1

2

Abeilles et papillons sont des pollinisateurs de premier rang.

redoutable *Metcalfa pruinosa*, qui sévit dans le Sud, attaquant arbres, arbustes, fruitiers et vignes.

- **Des nématodes** [*Phasmarhabditis hermaphrodita, Heterorhabditis megidis*] parasitent les limaces ou les otiorhynques, ces coléoptères qui découpent le bord des feuilles des arbustes et dont la larve dévore les racines.

La gamme s'élargit toujours plus, et ces auxiliaires autrefois réservés aux professionnels sont désormais à disposition des particuliers ; punaises, vers nématodes, bactéries, acariens... se multiplient aussi sur les rayonnages.

Les araignées

Avec leurs 8 pattes, elles se distinguent des insectes qui n'en ont que 6. Mise à part cette distinction morphologique, elles sont des prédateurs redoutables de moustiques et de pucerons ailés (ceux qui fondent de nouvelles colonies) : leurs toiles sont autant de pièges à insectes. Et, hormis la malmignatte qui vit dans le Midi, les araignées de France sont inoffensives.

Les abeilles et autres pollinisateurs

On pense aux abeilles, bourdons et papillons en premier lieu, car on connaît leur importance dans la pollinisation des plantes, donc des rendements des récoltes. Lorsqu'elle visite les fleurs, l'abeille dépose involontairement sur le pistil le pollen dont les grains se sont accrochés à son abdomen velu. C'est ainsi qu'elle participe activement au « mariage des fleurs ». Il est bienvenu de semer et de planter des espèces mellifères pour les attirer et leur fournir de la nourriture.

Les reptiles

Ils peuvent rebuter, mais ce sont de grands consommateurs de rongeurs et de gros insectes.

- **Les serpents :** la couleuvre à collier, la couleuvre vipérine et la coronelle lisse sont des hôtes discrets et tout à fait tolérables. Par contre, la vipère est à chasser gentiment : qu'elle aille manger loin du jardin ! Tout comme la couleuvre de Montpellier, la couleuvre d'Esculape et le zaménis (couleuvre vert et jaune), serpents au caractère plutôt irascible.
- **Les lézards et les tarentes** sont paisibles et peureux. Ils habitent les rocailles et les murs bien exposés au soleil. L'orvet, en dépit de son aspect serpentiforme, est bel et bien un lézard, aussi utile que ses congénères à pattes. Totalement inoffensif, non venimeux, il mène une existence essentiellement souterraine et débarrasse le jardinier des limaces, cloportes et larves diverses.

La petite faune du jardin (2)

Oiseaux, rongeurs, petits carnivores et compagnie… tous participent à éliminer les indésirables au jardin, ceux qui viennent compromettre les récoltes. Ils mangent quantité d'insectes et de larves, et se dévorent quelquefois entre eux. On ne peut rêver mieux comme régulation.

Le hérisson

Le hérisson est une véritable bénédiction au jardin. Il ne fait aucun dégât et mange une quantité invraisemblable de limaces, escargots, vers blancs, larves… et puis on l'aime bien, même s'il semble avoir mauvais caractère : il souffle, gratte, grogne, renifle bruyamment. Pour le maintenir au jardin, il faut lui faire un abri sommaire – quelques fagots de bois suffisent ; en lui donnant à manger pour améliorer l'ordinaire avec de la pâtée pour chiens tous les soirs, vous pouvez l'apprivoiser très facilement. Mais pas d'excès, sinon il perdrait l'habitude de se nourrir seul. Attention, jamais de lait, contrairement à une idée reçue, cela le rend malade.

La musaraigne

Avec ses moustaches plantées sur son museau pointu, son pelage gris et sa longue queue, la musaraigne passe souvent pour une souris, et on la confond avec un rongeur. Petite erreur : elle est insectivore. Sous ce nom sont rassemblées plusieurs espèces, dont les plus petites ne pèsent pas plus de 2 à 3 g, et les plus grosses mesurent une dizaine de centimètres. Elle loge dans les interstices des murets et consomme de nombreuses larves d'insectes et de limaces. Il suffit de voir une musaraigne faire sa toilette à grand coup de pattes pour être définitivement sous le charme de ces petites bestioles.

Les oiseaux

Ce sont les plus visibles. Grands insectivores, ils peuvent manger jusqu'à leur propre poids en insectes tous les jours. De leur côté, chouettes et buses se nourrissent d'un nombre impressionnant de petits rongeurs.

Même en ville, vous pouvez observer plusieurs espèces courantes d'oiseaux faciles à identifier : accenteur mouchet, bergeronnette grise, chardon-

1. Mésange bleue
2. Grive musicienne
3. Chardonneret

Conseil du Jardinier

Aidez les oiseaux

Tout au long de l'année, les oiseaux se débrouillent seuls, mais en hiver, il est bon de leur donner un peu d'aide. Si vous n'avez pas planté suffisamment d'arbustes pour les nourrir de leurs fruits, disposez de petits tas de graines – on en trouve des assortiments en jardinerie. À placer toujours en hauteur pour éviter les chats et suffisamment loin de la maison pour ne pas les intimider.

neret élégant, fauvette à tête noire, grive musicienne, mésanges bleue, charbonnière, à longue queue, moineau domestique, étourneau sansonnet... sans oublier le rouge-gorge, le moins farouche, qui sautille à 1 m de vous quand vous jardinez, lorsque vous désherbez ou travaillez le sol.

Les chauves-souris

Même en ville, les chauves-souris sont nombreuses. On les reconnaît facilement à la tombée de la nuit à leur vol irrégulier. La plupart sont insectivores (il en existe une trentaine d'espèces en Europe) et capturent leurs proies en plein vol – les insectes nocturnes en font les frais. Le plus souvent, elles nichent dans les greniers, les combles, les granges. Oubliez les légendes de suceuses de sang ou de chauve-souris emmêlée dans les cheveux, et favorisez leur présence en plantant une végétation abondante faite d'arbres comme le saule, le tilleul et tous les fruitiers, dont les fleurs restent odorantes la nuit et attirent de nombreux insectes.

La taupe

En voilà une qui nous pose des problèmes. Qui a des taupes dans son jardin n'a qu'une idée, s'en débarrasser (et c'est tout sauf facile). Elle se nourrit essentiellement des lombrics qui font le bonheur des jardiniers, cisaille les grosses racines et chamboule les gazons qui, définitivement, ne seront jamais des greens anglais ! D'un autre côté, elle se nourrit aussi de limaces et de vers blancs... Il y a comme ça des arbitrages à mener au jardin !

Les petits carnivores

À la campagne, plus que dans les villes, plusieurs petits carnivores sont fréquents et, même s'ils détruisent une nichée de petits oiseaux à l'occasion, l'essentiel de leur régime est constitué de petits rongeurs (complété par des fruits). Laissez tranquilles la belette, le blaireau, le putois ou la fouine, tous vous débarrassent des mulots, des campagnols et des surmulots, ou rats d'égout. De plus en plus téméraire par nécessité, parce que son domaine se réduit à l'abord des villes, le renard se risque parfois jusqu'en ville (il a été identifié dans plusieurs arrondissements de Paris) pour faire les poubelles. Triste évolution pour un animal qui, habituellement, se nourrit de campagnols, mulots, ragondins, loirs, lérots...

Qu'est-ce qu'une plante ?

Une définition, pour commencer

Traditionnellement, les espèces vivantes sont réparties en deux groupes : les plantes et les animaux. Mais à la différence de ces derniers, les plantes sont composées de cellules qui synthétisent de la cellulose, molécule qui se retrouve dans une structure particulière, la paroi pectocellulosique, à l'extérieur de la membrane cellulaire. Ces cellules possèdent dans leur cytoplasme des chloroplastes qui leur permettent de réaliser la **photosynthèse**, mécanisme qui, grâce à la lumière, l'eau et l'air leur permet de synthétiser des sucres (même si certaines plantes parasites ont secondairement perdu cette capacité). Il existerait entre 300 000 et 330 000 espèces décrites. La plupart des plantes (mais pas toutes) portent des racines qui les fixent au sol, des tiges, des feuilles et généralement des fleurs.

Système racinaire du céleri

Le rôle des racines

Les racines sont l'élément important à vérifier lors de l'achat d'une plante. Il existe souvent deux types de racines sur une même plante : les plus grosses servent à ancrer la plante dans le sol (celles qui descendent verticalement dans le sol sont appelées « racines pivot »), les plus fines absorbent l'eau et les éléments nutritifs (on les appelle les « radicelles »). De la qualité des racines dépend la vigueur de la croissance. Certaines racines servent aussi d'organes de réserve (radis, betterave...).

La plante, une usine de production

Contrairement aux animaux, les plantes synthétisent de la matière organique par absorption de l'énergie lumineuse du soleil. C'est la « photosynthèse ». Des glucides sont produits à partir du dioxyde de carbone (CO_2), de l'air et de l'eau (H_2O), avec libération d'oxygène (O_2). C'est donc la photosynthèse qui main-

Connaître les types de plantes

PLANTE VIVACE	C'est une plante herbacée (non ligneuse), qui passe plusieurs hivers de suite dans un climat donné. Les parties aériennes peuvent disparaître ou non durant la mauvaise saison, mais la souche reste vivante.
ANNUELLE	Plante herbacée qui fait son cycle (germination, développement, floraison et production de graines) dans la même année.
BISANNUELLE	Plante herbacée qui réalise un cycle complet de développement sur 2 années.
PLANTE LIGNEUSE	Plante qui produit du bois.
PLANTE BULBEUSE	Plante qui produit des bulbes, organes de multiplication, composés d'une tige et de bourgeons miniaturisés et enveloppés dans de nombreuses feuilles modifiées, épaissies, nommées « écailles ».
PLANTE RHIZOMATEUSE	Plante qui possède des tiges souterraines poussant à l'horizontale sous la surface du sol, portant des bourgeons pouvant se développer verticalement.

L'été, les graines de la nigelle de Damas mûrissent dans une fructification sèche et déhiscente (qui s'ouvre).

tient constant le taux d'oxygène dans l'atmosphère terrestre et fournit toute la matière organique, ainsi que l'essentiel de l'énergie utilisée par la vie sur Terre. Les plantes stockent ces substances organiques dans le bois, les racines, les bulbes... pour une utilisation ultérieure.

Comprendre le nom des plantes

C'est le Suédois Carl von Linné (1707-1778) qui, le premier, a établi une classification des plantes ayant servi de base à la classification actuelle. Cette nomenclature donne d'abord le nom du genre, puis celui de l'espèce (font partie d'une même espèce les êtres vivants pouvant se reproduire entre eux). Vient ensuite, pour les espèces horticoles (obtenues par sélection), le nom du cultivar (variété). Genre et espèce s'écrivent en latin et italique, le premier avec une majuscule, le second sans. La variété s'écrit en romain, entre guillemets simples, et prend une majuscule. Exemple, pour la sauge pourpre : *Salvia officinalis* 'Purpurea'. *Salvia* est le genre, *officinalis* l'espèce et 'Purpurea' le nom de cultivar.

Deux modes de reproduction

Chez de nombreuses plantes, il existe deux modes de reproduction : la reproduction asexuée (on parle alors de multiplication végétative) et la reproduction sexuée (par les graines).

Bulbe de colchique

- **La reproduction asexuée** redonne des individus exactement semblables génétiquement à la plante de départ. Elle varie selon les espèces : fragmentation de la tige ou du rhizome (iris, misère...), production de bulbes (tulipe, jacinthe, colchique...) ou de stolons (fraisier, phalangère...), enracinement d'une portion de tige encore sur la plante et développement d'un bourgeon (marcottage aérien ou souterrain selon les cas).
- **La reproduction sexuée** consiste en la fusion de deux cellules sexuelles mâle et femelle produites par les plantes parents. On parle alors de fécondation. Il y a production d'une graine qui porte le patrimoine génétique des deux parents.

Être jardinier aujourd'hui

jardiner, un nouvel art de vivre

Jardiner est plus qu'un passe-temps. C'est aussi une manière d'appréhender le monde qui nous entoure, de développer des relations avec autrui, de partager, de s'intéresser à autre chose que soi.

Privilégier la détente et le plaisir

Jusqu'à l'après dernière guerre, jardiner était bien souvent une tâche plus qu'un plaisir. Le potager devait avant tout produire à grande échelle, et le jardin, faire-valoir des bâtiments, se devait d'être impeccable, puisqu'il reflétait la capacité du maître des lieux à bien tenir sa maison. Dans cet espace maîtrisé, il y avait peu de place pour la nature et l'improvisation. Mais 70 ans plus tard, la donne a changé. Le jardinier veut avant tout profiter de son jardin et minimiser les contraintes. Le potager, après une éclipse de 30 ans, est revenu, mais il est différent, bien plus petit, plus ludique. Jardiner est devenu un loisir, un art de vivre pour certains, un moyen de s'ouvrir aux autres, et le jardin est désormais un refuge. Grand changement aussi, il est devenu urbain : rebords de fenêtre, balcons et terrasses verdissent à vue d'œil.

Achat en fête de plantes

Être curieux

L'offre proposée par les jardineries s'est considérablement élargie, car le jardinier est devenu curieux de tout. Chaque année voit son lot de nouveautés arriver. Des plantes introuvables il y a 15 ans sont devenues courantes (*Calycanthus, Nandina…*), des légumes oubliés reviennent sur le devant de la scène (persil tubéreux, carottes colorées, oca du Pérou…), on trouve dans les rayons des curiosités (*Mertensia*, la plante-huître, *Cosmos atrosanguineus*, le cosmos chocolat…), les plantes exotiques ne sont plus introuvables (passiflores, bananiers, hibiscus tropicaux…).

Le calycanthus est devenu aujourd'hui une plante courante.

Être connecté

Internet est devenu un outil quasi indispensable pour le jardinier. Il trouve bien sûr plantes et graines en ligne, mais il peut aussi élargir ses connaissances grâce aux nombreux sites de plantes ou de jardinage et, surtout, grâce aux blogs des plus passionnés. C'est là qu'il trouve souvent l'information la plus pertinente, celle issue directement de l'expérience du terrain. Et celle-ci ne s'arrête pas aux frontières hexagonales. Suisses, Belges et Canadiens ne sont pas en reste ! Et pour les anglophones, les sites anglais et américains sont aussi une mine.

Changer de regard

Contrairement à ses grands-parents, le jardinier d'aujourd'hui accepte de mieux en mieux de partager son jardin avec la faune. Certains font mieux encore, qui accrochent des nichoirs, garnissent des mangeoires, bricolent des hôtels à insectes, construisent des abris pour les hérissons, installent un bassin… Ils acceptent d'avoir quelques dégâts au potager ou au jardin, car ils savent que c'est le prix à payer pour qu'un équilibre s'installe entre les insectes bénéfiques et les autres. Il ne peut y avoir de coccinelles au jardin s'il n'y a pas un minimum de pucerons, il ne peut y avoir de papillons s'il n'y a pas de chenilles…

Partager

Le jardinier d'aujourd'hui est avant tout un être de partage. Il partage ses expériences et ses coups de cœur *via* Facebook ou Pinterest, il partage ses graines et ses boutures lors des nombreuses fêtes ou trocs de plantes, ou *via* le réseau d'amis qu'il s'est constitué autour d'un blog. Il cultive aussi collectivement la terre : les jardins communautaires n'en finissent pas de séduire particuliers, associations et collectivités, spécialement en milieu urbain.

Les jardins communautaires sont l'occasion de partager le plaisir de jardiner et de progresser.

Être écoresponsable

- Changement majeur de ces 30 dernières années, le jardinier devient réticent à introduire des biocides (pesticides, herbicides, fongicides) dans son jardin. Il prend conscience de la pollution directe que ceux-ci engendrent.
- Il a compris que la terre n'est pas un simple support de culture, mais un organisme vivant constitué de milliers d'espèces différentes en équilibre les unes par rapport aux autres. De nombreux jardiniers ont changé leurs méthodes de travail de la terre. Le motoculteur, qui détruit une partie des vers de terre, n'est plus la solution miracle, il existe des alternatives au labour, surtout dans les terres légères, avec le décompactage à la grelinette, le zéro labour et le paillage.
- Le jardinier écoresponsable recycle la matière organique produite au jardin et dans sa cuisine (gazon, feuilles mortes, débris de taille des arbustes, mauvaises herbes). Le composteur est un élément essentiel au bon fonctionnement du jardin.
- Le jardinier d'aujourd'hui accueille la flore sauvage avec beaucoup moins de réticence qu'il y a 20 ans : les pâquerettes et les trèfles sont bienvenus dans la pelouse, les orties (dans un coin reculé du jardin) sont acceptées comme plantes-hôtes de certaines chenilles et comme ingrédient premier du purin d'ortie.

Abri pour insectes

Assurer la transmission

La génération issue de l'après-guerre a délaissé le jardin, synonyme de labeur, et n'a pas transmis son savoir à la génération suivante. Heureusement, cette génération « oubliée » s'y est mise seule dans les années 1980. Et depuis les années 1990, de nombreuses initiatives ont vu le jour (jardinage à l'école, semaine du jardinage pour les écoles, en mars). Et du matériel adapté aux enfants est désormais en vente en jardinerie (outils, kits de semis ludiques, jardinières, livres…).

l'environnement modifié du jardin

Le jardin, un milieu abrité

Les bâtiments, les haies, les grands arbres et même les massifs modifient considérablement le microclimat du jardin. Ils l'abritent des vents froids en hiver ou desséchants en été, délimitent des zones d'ombre le plus souvent sèche (pied des arbres, des murs, que la pluie atteint moins facilement). La maison apporte quelques degrés supplémentaires tout autour d'elle. On peut donc cultiver des plantes un peu plus frileuses que celles qui vivent dans la région, car on peut les abriter un peu dès que les températures chutent. À l'inverse, il peut exister dans le jardin des zones de courants d'air, des « couloirs » un peu plus froids, dus à l'ombre ou à la présence d'obstacles qui canalisent l'air, et les plantes situées sur ce trajet peuvent en souffrir. Tous ces facteurs font que l'environnement du jardin est différent de celui de la campagne alentour.

Une pluviométrie modifiée

Dans un jardin arrosé, la pluviométrie de l'endroit n'a plus rien à voir avec celle des alentours. Dans la plupart des régions (et surtout en terre sableuse), les plantes de nos jardins ne pourraient d'ailleurs pas se développer si elles ne bénéficiaient pas d'arrosages, même épisodiques, et la végétation serait totalement différente. Sachant qu'un arrosage efficace représente (très grossièrement) entre 5 et 10 l/m^2, une fois par semaine en moyenne, d'avril à septembre, pour 100 m^2, cela représente entre 500 et 1 000 l x 24 semaines, soit entre 12 000 et 24 000 l sur la saison !

La flore locale est bouleversée

Même les jardiniers qui acceptent des plantes indigènes dans leur jardin modifient la flore locale, en choisissant telle plante plutôt que telle autre, en éliminant systématiquement les espèces qui leur déplaisent, en rétablissant l'équilibre quand l'une d'elles se développe trop. Mais si l'on jardine, il est impossible de faire autrement ; sinon, le jardin connaîtrait l'évolution naturelle classique d'une friche en trois étapes : colonisation par les grandes herbes, apparition d'une strate arbustive (embroussaillement), puis boisement spontané. Sous certaines conditions bioclimatiques, la friche évolue vers la lande, la garrigue ou le maquis.

1. Les zones abritées d'un jardin créent un microclimat favorable à l'acclimatation de plantes frileuses.

2. Les plantes succulentes sont adaptées aux sols secs et aux zones ensoleillées.

Un jardin n'a rien de naturel

En poussant le trait, on peut dire que le jardin est une aberration écologique. Il rassemble en effet des végétaux venus des quatre coins de la planète et qui ne cohabitent, poussent et fleurissent que grâce à l'habileté du jardinier. Ce dernier impose des espèces exotiques dans un biotope où la végétation indigène est alors qualifiée de « mauvaise herbe » et souvent éliminée ; il modifie la nature du sol, la pluviométrie, pour faire pousser des espèces allogènes. Mais il reste un incomparable poumon vert et réserve de biodiversité.

La faune locale est modifiée

La modification de la faune locale suit la même logique que celle de la flore. Certaines espèces ne sont pas les bienvenues, car elles représentent un danger potentiel (vipères). D'autres sont éliminées par méconnaissance (couleuvres, taupes...), d'autres encore voient leur habitat détruit (zones humides, bois mort, tas de cailloux...). À l'inverse, le jardinier protège certains animaux (hérissons, oiseaux), qui voient alors leur population augmenter.

La terre est transformée

La terre est l'élément qui subit le plus de modifications dans un jardin. Elle est transformée à la fois dans sa nature, sa structure et sa richesse.

L'apport de terreau modifie la terre d'origine.

- **Sa nature.** L'exemple le plus extrême est celui de la création de fosses de terre de bruyère, pour pouvoir faire pousser des plantes de milieu acide (rhododendrons, camélias, piéris...). La terre d'origine est enlevée et remplacée par de la terre de bruyère naturelle ou reconstituée à base de tourbe. Les jardiniers qui privilégient une conduite naturelle du jardin évitent ces fosses. Mais la terre peut aussi être modifiée par les constructions. Lors des travaux de terrassement, la terre arable est dégagée et celle du sous-sol est remontée. Cette terre de remblai n'est pas propice à la culture.
- **Sa structure.** Le fait d'apporter de la matière organique (compost, fumier, paillage), année après année, et souvent d'ôter les pierres, enrichit la terre en humus et modifie sa structure. L'exemple le plus marquant est celui des vieux potagers, qui offrent une terre sombre, souple, grumeleuse à souhait.
- **Sa richesse.** Le jardinier, en apportant des amendements et des engrais, enrichit bien évidemment sa terre. Mais s'il nettoie chaque année son jardin, ôtant la matière organique sans la remplacer, il l'appauvrit.

Le port des plantes est remanié

Dans la nature, le vent se charge d'une grande partie de la « taille » des arbres et arbustes. Au jardin, les plantes sont taillées pour le pire... et le meilleur !

- **Le pire :** la taille radicale des arbres, avec des charpentières coupées en leur milieu (quand ce n'est pas le tronc).
- **Le meilleur :** les tailles douces et légères qui dégagent le centre des plantes pour laisser passer l'air et la lumière, et qui respectent la silhouette naturelle de l'arbre ou de l'arbuste.

Plantes sauvages ou cultivées ?

Pourquoi planter local ?

- Les espèces poussant spontanément sont déjà adaptées au sol et au climat.
- Elles font vivre une microfaune beaucoup plus riche. Un forsythia accueille au plus une demi-douzaine d'insectes ; un saule blanc, 260.
- Elles donnent des baies et des fruits dont la faune locale se nourrit : la viorne obier donne des fruits ; la boule de neige, sa version horticole, non.
- Elles fournissent du pollen et/ou du nectar aux insectes butineurs. Chez les variétés à pétales doubles ou triples, le nectar est inatteignable pour la trompe des insectes.
- Elles se fondent toujours dans le paysage et ne détonnent jamais, ce qui n'est pas le cas des prunus pourpres ou des thuyas. Adopter des espèces locales, c'est respecter l'identité d'une région et préserver ses paysages.

Oenothera speciosa

À éviter si possible

- Les onagres d'Amérique (*Oenothera speciosa* ou *O. berlandieri*) posent de graves problèmes : les morosphinx, ces papillons qui volent comme des oiseaux-mouches, sont friands de leur nectar. Mais leur trompe se coince dans la corolle, devenue piège mortel.
- Les arbres pourpres rendent les insectes clairs visibles pour les prédateurs. Ainsi, la chenille de la thécla du bouleau (petit papillon marron) se nourrit de feuilles de prunus. Sur nos cerisiers du Japon pourpres, les oiseaux les repèrent de loin !

Attention aux envahisseuses

Les espèces invasives, à cause de leur vigueur, du manque de parasites et de consommateurs, se développent anarchiquement. Il en résulte divers problèmes.

Identifier les espèces locales

La meilleure manière de faire connaissance avec les espèces de votre région, c'est de vous promener dans la campagne, avec un ouvrage sur la flore et un appareil photo, et d'observer les haies qui entourent les prés, les bords de chemin. Cette connaissance de la flore locale est primordiale.

Regardez aussi ce qui pousse dans les vieux jardins, examinez les friches, les endroits laissés à eux-mêmes : les espèces indigènes s'y installent toujours spontanément et rapidement. Dans les friches, vous pourrez même prélever des graines ou des boutures.

Conseil du Jardinier

MENTION SPÉCIALE AUX FRUITIERS

Les arbres fruitiers d'une région sont le résultat d'un très long processus de sélection par des générations de jardiniers. Notre patrimoine fruitier est très riche et totalement adapté à nos régions, et même nos microrégions. Il serait dommage de ne pas accueillir au moins quelques variétés du terroir.

Les dates de floraison et de maturation sont adaptées à la région. Inutile, par exemple, de planter une variété qui fleurira à un moment où les gelées sont encore probables. C'est un critère essentiel pour les amandiers, les pêchers, les cerisiers, dont les fleurs sont sensibles aux gelées tardives.

- Une perte de la biodiversité (elles étouffent leurs voisines).
- Une modification des écosystèmes (elles changent la nature du sol, la lumière, l'humidité du sol...). La faune sauvage est perturbée.
- Une modification de la circulation de l'eau en milieu humide. Elles sont capables d'assécher un étang, de ralentir un cours d'eau.

Haricot vert 'Velour'

SÉLECTIONNER POUR AMÉLIORER

Planter des espèces locales est souhaitable, mais il ne faut pas se priver des autres plantes. Les sélectionneurs nous proposent des variétés ornementales, potagères et fruitières de qualité. Ils ont repris le patrimoine génétique de nos vieilles variétés et l'ont amélioré pour supprimer les critères peu souhaitables : sensibilité aux maladies, manque de sucre, de rusticité, de vigueur.

- La fraise 'Mara des Bois', créée en 1992 par les par les pépinières Marionnet, nous a, avec son vrai goût de fraise de bois, réconciliés avec ce fruit.
- La vigne 'Perdin', créée en 1988, toujours par l'Inra, se passe de traitement.
- La pomme 'Ariane', créée par l'Inra (Institut national de la recherche agronomique) à partir, entre autres, de la fameuse 'Golden Delicious', résiste à la tavelure.
- Le haricot vert 'Velour', de Vilmorin, se pare d'une robe noire sans fil.
- La tomate 'Agora', de Vilmorin, résiste à l'éclatement. 'Phantasia' (obtention hollandaise) résiste au mildiou.
- Parmi les amandiers, 'Lauranne', obtenue en 1978 par l'Inra, est une variété autofertile à floraison tardive (mars). Elle échappe donc aux gelées de l'hiver et donne des récoltes plus régulières. Elle peut même se cultiver dans des régions un peu plus froides.

LES VARIÉTÉS HORTICOLES DES PLANTES INDIGÈNES

Un jardin d'espèces locales ne veut pas dire un jardin triste. Vous pouvez introduire des variétés horticoles de plantes sauvages que vous mélangerez aux variétés autochtones. Il existe de ravissants cultivars de sureau, de chèvrefeuille, d'achillée millefeuille, d'aubépine, de bugle rampant, de consoude, de lysimaque... Évitez d'introduire trop de fleurs doubles, car nectar et pollen sont inaccessibles pour les butineurs.

bien choisir ses végétaux

Bien choisir une plante en conteneur

La majorité des arbustes et des vivaces est vendue en godet ou en pot. On voit la partie aérienne, mais ce qui est le plus important, le système racinaire, est caché. Or, c'est avant tout un système racinaire vigoureux et sain que vous devez acheter. Une branche cassée n'est pas très importante en comparaison. Commencez par regarder si les racines sortent du pot. Si vous pouvez, renversez la plante et sortez la motte. Si la terre s'effrite, elle a été rempotée depuis peu ; si, au contraire, les racines tapissent le fond en tournant autour des parois, elle a trop attendu dans son pot. En général, dans ce cas, la surface du terreau est compacte, parfois couverte de mousse. L'idéal est une motte compacte, avec des racines vigoureuses, saines, mais qui n'ont pas encore tourné. Bien sûr, la partie aérienne doit être équilibrée, touffue mais pas trop, et saine.

Sortez la motte du pot pour vérifier l'état des racines.

Acheter à racines nues

Les racines nues, pour les arbustes, les rosiers et certaines vivaces aux racines charnues (hémérocalles, pivoines, astilbes, hostas, cimicifugas, géraniums, iris, liatrix, penstémons, rodgersias, achillées, alchémilles, darméras, graminées...), sont idéales pour des plantations entre novembre et mars. Ce sont des plantes vigoureuses, car elles ont poussé en pleine terre, et leur prix est inférieur à celui des plantes en pot. C'est d'ailleurs spécialement avantageux quand vous plantez une haie.

Graines ou plants ?

Les deux ont des avantages. Pour le prix d'un paquet de graines, vous pouvez faire pousser plusieurs barquettes de plants. Mais il vous faudra semer, surveiller, arroser, repiquer. En achetant des plants, vous vous exonérez de la délicate étape du semis. Mais le budget n'est pas le même. Les minimottes sont un bon compromis, mais on ne les trouve pas dans toutes les jardineries.

La vente par Internet permet d'accéder à une offre virtuellement illimitée.

Conseil du Jardinier

Le transport

Évitez de faire voyager une plante en plein hiver, dans une remorque ou sur le toit, sans aucune protection. Pour les persistantes, c'est une catastrophe, elles arrivent desséchées. Pour les plantes caduques, ce n'est pas bon non plus, car les branches sont malmenées dans le vent, les bourgeons s'abîment et l'écorce peut être blessée par les montants de la remorque. Resserrez les branches avec une ficelle et emballez la ramure dans plusieurs épaisseurs de voile d'hivernage. Ne laissez pas non plus les racines, nues ou en motte, à l'air. Emballez-les dans du plastique.

Les fêtes de plantes ont permis la vulgarisation d'espèces jadis rares.

Ce sont de jeunes plantules de quelques centimètres de haut, plantées dans des mottes individuelles. Elles ne demandent plus qu'une étape intermédiaire, un repiquage, avant d'être installées en pleine terre.

Où se fournir ?

- **En jardinerie.** L'offre est régulièrement renouvelée, les plantes sont entretenues par des professionnels, elles sont stockées dans des endroits adaptés aux végétaux, on a souvent le choix des tailles, on peut choisir sa plante, vérifier, si elle est en fleur, que la floraison est de la bonne couleur ou qu'elle est parfumée (intéressant pour les rosiers, les cyclamens, les camélias, les chèvrefeuilles, qui n'ont pas forcément tous la même intensité de parfum).
- **Chez un pépiniériste.** Il connaît bien ses plantes et la région, il a le temps de fournir de précieux conseils. Pour les arbres fruitiers, par exemple, c'est un vrai plus. Certains vendent des plantes rares, difficilement trouvables ailleurs.
- **Par correspondance.** Il existe quelques bons catalogues de VPC. On a le temps de choisir sur catalogue, de composer sur le papier le plan de ses massifs. Mais les photos « survendent » parfois les plantes et les plants fournis sont quequefois assez petits. L'expérience montre que les plants arrivent généralement bien emballés et en bonne condition.
- **Sur Internet.** L'offre est virtuellement illimitée, mais on n'a pas forcément de garantie sur le produit reçu, surtout quand cela vient de l'étranger.

Acheter ses plantes d'intérieur

Évitez d'acheter des plantes d'intérieur par grand froid, certaines supportent très mal le choc thermique entre la jardinerie et la maison. Les orchidées, en particulier, peuvent perdre rapidement tous leurs boutons. Si vous ne pouvez faire autrement, prévoyez plusieurs épaisseurs de papier journal et des voiles d'hivernage, et emballez vos plantes après les caisses.

Que penser des promotions ?

Seul votre œil et votre bon sens peuvent vous donner la réponse. Mais promotion n'est pas toujours synonyme de bas de gamme. Pour les enseignes et les commerçants, il s'agit de libérer de la place pour accueillir de nouvelles plantes de saison. Regardez si les plantes sont saines, si elles présentent des boutons floraux ou des bourgeons bien vigoureux. Une fleur fanée ou une branche cassée ne doivent pas vous freiner.

bien s'équiper

Le sécateur, l'outil de base

Ne lésinez pas sur la qualité de votre sécateur. Rien de plus frustrant qu'un outil qui hache les tiges, s'ouvre ou se ferme mal. Les sécateurs haut de gamme ont de plus des pièces qui se changent, gage de longévité. Prenez le modèle en main avant d'acheter, car il existe des sécateurs pour toutes les tailles de main, pour gaucher ou droitier. Certains sont aussi plus lourds que d'autres. Il existe deux types de sécateurs : ceux à lames franches, dites « croisantes » (une lame aiguisée glisse contre une lame incurvée), et ceux à enclume (une lame un peu plus épaisse vient buter sur un rebord droit, comme un couteau sur une planche à découper). Les premiers ont une coupe franche et nette, ils n'écrasent pas les tissus et sont adaptés aux bois verts. Les seconds, qui coupent des branches de plus gros diamètre, écrasent un peu les tissus et conviennent mieux au bois mort.

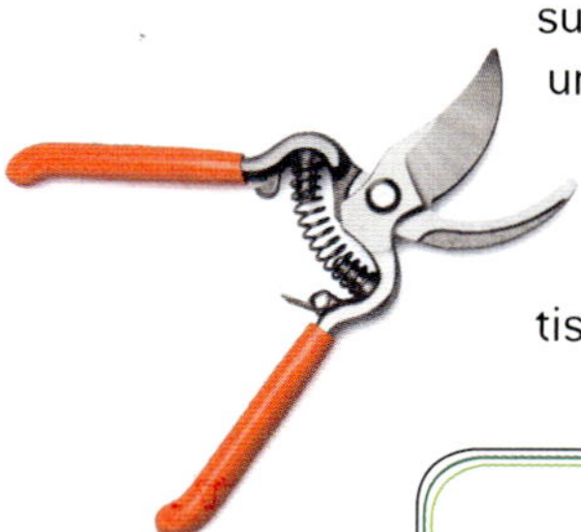

Connaître la taille de sa main

Sécateurs et gants existent en plusieurs tailles. Pour connaître la taille de votre main, mesurez-la à l'aide d'une règle. Posez-la bien à plat, doigts serrés, et mesurez sa largeur au niveau le plus large, sous la base des doigts.

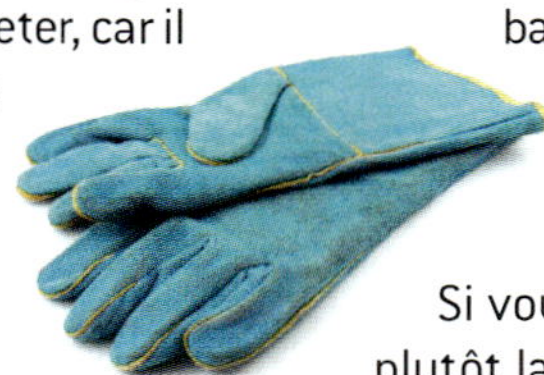

- Inférieure à 8,5 cm = taille S
- Entre 8,5 et 10 cm = taille M
- Supérieure à 10 cm = taille L

Si vous êtes entre deux tailles, choisissez plutôt la plus petite, ce sera plus confortable pour travailler.

Les protections de sécurité

Les gants sont indispensables. Ayez-en plusieurs paires, selon les travaux effectués. Portez des gants en cuir épais quand vous désherbez, débroussaillez. Pensez aussi à porter des lunettes de sécurité quand

Les outils indispensables

- **Bêche et fourche-bêche :** la première pour creuser des trous ou retourner une terre sableuse ; la seconde pour des terres plus collantes.
- **Râteau à feuilles** : pour nettoyer la pelouse, les graviers.
- **Serfouette :** pour déterrer les mauvaises herbes entre les plantes.
- **Coupe-branches** : pour tailler tous les rameaux de diamètre supérieur à 25 mm. Ceux à démultiplication sont les plus efficaces.
- **Plantoir** : indispensable pour tous les petits travaux (planter légumes ou vivaces, bulbes, annuelles dans les jardinières...).
- **Pelle à terreau** : particulièrement pratique pour manipuler les substrats.

Conseil du Jardinier

UNE NOUVELLE MANIÈRE DE BÊCHER

La grelinette a été inventée par André Grelin et le brevet a été déposé en 1963. Cet outil permet d'ameublir la terre sans la retourner, contrairement à une bêche, et préserve l'ordre des couches de terre et l'écosystème du sol. Il s'agit d'une fourche-bêche à plusieurs longues dents et deux manches, que l'on actionne sur le principe du levier. Le dos reste droit et l'on n'a pas à soulever et retourner les mottes. On trouve cet outil avec 3, 4 ou 5 dents. Il a donné naissance à des outils plus ou moins proches qui ont pris divers noms, selon les marques : fourche à bêcher, biobêche, biogriffe, biofourche, aérofourche...

vous passez la tondeuse, la débroussailleuse ou le coupe-bordure. Les projections de cailloux ou de petits morceaux de bois ne sont pas rares. En cas de gros travaux ou quand vous utilisez des outils électriques, il est conseillé de porter des chaussures de sécurité.

CHOISIR SA TONDEUSE

Tondeuse à batterie

- **La tondeuse manuelle**. Uniquement si vous n'avez que 50 m² de fin gazon. Elle est difficile à passer dès que l'herbe dépasse 8-10 cm.
- **La tondeuse à batterie**. Très pratique, elle est aussi performante qu'une tondeuse électrique. Sa seule limite est l'autonomie de la batterie. Si vous avez plus de 500 m² de pelouse, il est judicieux d'avoir deux batteries. Sachez qu'il faut les changer au bout d'un certain nombre de cycles (quelques centaines, selon les fabricants) et qu'elles sont assez chères.
- **La tondeuse électrique**. Elle est idéale pour des surfaces de gazon de 100 à 700-800 m². Elle démarre sans effort, elle est performante, moins bruyante et dix fois moins consommatrice d'énergie qu'une thermique. Seul et unique défaut, son fil qui devient vraiment gênant quand le jardin est parsemé d'obstacles. Les tondeuses électriques sur coussin d'air sont pratiques et maniables quand il y a des pentes, mais elles ne sont pas très performantes.
- **La tondeuse thermique.** Utile au-delà de 800-1 000 m². C'est la plus puissante. La plupart sont autotractées. Au-delà de 3 000 m², une tondeuse autoportée facilite le travail. Toutes sont à 4 temps et demandent du carburant sans plomb.

Broyeur

LE BROYEUR

Pour les jardiniers, il en existe deux types : le broyeur à lames (ou couteaux), doté de lames qui tournent à grande vitesse (2 000 tr/min) et hachent très fin, et le broyeur à rotor. Dans ce dernier, les branches sont écrasées contre une lame de compression. Il est beaucoup plus silencieux que le premier (il tourne plus lentement, 49 tr/min), mais le broyat obtenu est grossier. En cas de bourrage, on peut inverser le sens de rotation.

l'amélioration du sol

Les bonnes pratiques pour un sol vivant

- Évitez le travail du sol non indispensable. Bêchage et motoculteur bouleversent l'ordre des couches, détruisent les précieux vers de terre. Décompactez juste à la grelinette.
- Ne laissez pas le sol nu. Couvrez-le (paillage, compostage en surface, engrais vert, BRF...), pour protéger la faune du sol du dessèchement et des variations de température.
- Apportez les amendements en surface, en petites quantités et en plusieurs fois. Il faut laisser le temps à la nature de « digérer » cet apport.
- N'enfouissez pas la matière organique fraîche. Elle a besoin d'oxygène pour être décomposée par la pédofaune.
- Tenez compte de la nature du sol. Un sol pauvre, par exemple, n'aura pas de grandes capacités de transformation de la matière organique. Pas la peine de le « noyer » sous 40 cm de compost !
- Soyez persévérant. Il faut plusieurs années pour transformer le sol.

Améliorer la structure du sol

L'amendement permet à une terre d'être moins compacte, plus fine ou plus granuleuse, d'offrir une meilleure rétention de l'eau et des éléments fertilisants, de se dessécher moins rapidement l'été, d'être plus facile à travailler... Le but est d'aboutir à la presque mythique « terre franche », dont rêvent tous les jardiniers. Cette terre franche contient 65 % de sable, 20 % d'argile, 10 % de calcaire et 5 % d'humus. C'est en quelque sorte la terre idéale, un peu comme celle des grandes plaines limoneuses du nord de la France ou de certains très vieux potagers régulièrement entretenus.

L'humus

Les amendements organiques apportent avant tout de l'humus, qui est une terre noirâtre, grumeleuse, humide, issue de la décomposition de la matière organique. C'est la quantité d'humus qui conditionne la fertilité d'un sol. Il va décompacter l'argile et, à l'inverse, donner du corps aux terres légères en agglomérant les grains de sable. Il va agir comme

Ajout d'un amendement organique à la plantation

Les amendements composés

En théorie, on pourrait leur donner le nom de compost, puisque la définition de ce terme est « mélange de matières organiques de provenances différentes ». Mais leurs composants (fumier, tourbe, algues, écorces) les classent à part, car ils ont, en plus de leur rôle d'amélioration physique du sol, une influence sur la fertilisation. Ces produits s'utilisent à la dose moyenne de 500 g/m^2. Employés régulièrement, ils stimulent la croissance des plantes.

Conseil du Jardinier

Le compost

On englobe sous l'appellation de compost tous les produits de la décomposition de résidus végétaux. Vous réaliserez votre propre compost en entassant tontes de gazon, feuilles mortes, épluchures de légumes, branchages broyés, mauvaises herbes… en couches de 20 cm d'épaisseur environ, intercalées avec de la paille. Vous obtiendrez ainsi un compost utilisable en 8 à 12 mois, que vous incorporerez à la terre du jardin, à raison de 3 ou 4 pelletées/m².

Apport de compost

une éponge pour constituer des réserves d'eau et de nutriments et apporter une quantité importante de micro-organismes indispensables à la fertilité. Un sol riche en humus est un sol humifère ; il est de couleur sombre, il est frais, aéré.

Le BRF

BRF, ou Bois Raméal Fragmenté : ce sont des copeaux issus du broyage de petites branches vivantes (au maximum 7 cm de diamètre) de feuillus. Ces petites branches concentrent 80 % de tous les nutriments des arbres. On étale le BRF en automne et en hiver, en couche de 5 cm.

BRF

Ce BRF se décompose ensuite, comme le compost, à cette différence près que ce ne sont pas des bactéries qui font le travail, mais des champignons, seuls organismes capables de digérer la lignine, l'un des deux constituants du bois, avec la cellulose. En soulevant le BRF, on peut d'ailleurs vérifier que des mycéliums blancs colonisent les copeaux. Une multitude de petits organismes du sol (acariens, collemboles…) apparaissent ensuite pour se nourrir de ces mycéliums. Cette première étape dure quelques semaines à quelques mois.

Chaulage

Les champignons, pour se développer, puisent l'azote dans le sol. Les végétaux peuvent alors manquer d'azote. On appelle ce phénomène la faim d'azote. Par la suite, l'azote est restitué au sol et aux plantes sous la forme des déjections de la pédofaune qui va se développer et fabriquer l'équivalent d'un fumier. Le sol s'enrichit petit à petit en humus et en nutriments, il s'ameublit, s'assouplit.

Le chaulage

Quand le pH est trop bas (terre acide), on peut apporter de la chaux. Il ne faut pas abuser des chaulages qui, selon le dicton populaire, « enrichissent le père et ruinent le fils », car il y a un risque de déséquilibrer le pH et surtout les réserves d'azote. Les amendements calcaires accélèrent en effet certaines combinaisons chimiques, qui libèrent des quantités d'azote trop importantes pour que les plantes puissent les assimiler.

Les travaux de fond

MÊME SI L'ON DÉSIRE TOUCHER À LA TERRE LE MOINS POSSIBLE, IL Y A DES MOMENTS DANS LA VIE DU JARDIN OÙ L'ON EST OBLIGÉ DE TRAVAILLER LE SOL. AUTANT CONNAÎTRE LES QUELQUES OPÉRATIONS MAJEURES, OCCASIONNELLES OU RÉGULIÈRES, MAIS QUI SONT INDISPENSABLES.

Le bêchage

Le bêchage consiste à retourner la terre – c'est l'équivalent du labour agricole, qui se fait avec une charrue à plusieurs socs – en cassant la croûte superficielle du sol, ce qui permet à l'air et à l'eau d'y pénétrer. Le bêchage ameublit les terres argileuses en brisant les mottes. Il permet aussi de mettre à nu les racines des mauvaises herbes vivaces, ce qui facilite le désherbage en profondeur. Limitez la largeur du bêchage à 2-3 m et travaillez par bandes successives de 10 à 15 cm de large. On pratique deux types de bêchage, l'un à l'automne, l'autre au printemps.

- **Le bêchage d'automne** s'effectue en profondeur et sans casser les mottes. C'est le gel qui s'en charge durant l'hiver, ameublissant naturellement la couche arable.
- **Le bêchage de printemps** est plus superficiel et réalisé en émiettant bien les mottes. Il est utilisé pour la mise en culture immédiate.

Le griffage

Pratiqué après le labour, il permet de bien casser les mottes et d'ameublir la terre sur une vingtaine de centimètres de profondeur au maximum.

- On travaille en croix, c'est-à-dire en passant l'outil dans le sens de la longueur, puis de la largeur du terrain.
- Un griffage régulier nivelle aussi le terrain avant la plantation ou le semis.
- Il permet aussi d'enfouir les engrais. Dans les sols lourds, on griffe avec un croc à fumier (griffe à 4 dents orientées à 90° par rapport au manche). Dans une terre souple, une griffe à 3 dents (à 120°) est plus appropriée.

Le décompactage

- Dans les terres légères, sableuses, le bêchage n'est pas obligatoire, puisqu'il n'y a pas de mottes à casser

1. Bêchage à la bêche
2. Griffage au croc à fumier

Pour ou contre le motoculteur ?

Ceux qui jardinent au naturel préfèrent ne pas utiliser de motoculteur. Il bouleverse la couche supérieure du sol, où vivent les micro-organismes, et nuit à la fertilité en détruisant la pédofaune. L'action des fraises affine excessivement la terre. À la première pluie, une croûte se forme en surface et il faut biner. De plus, le poids de l'engin et les passages répétés créent sous la terre une « semelle de labour » compacte, qui est une barrière pour les racines.

et que la terre se travaille bien toute l'année.

- On se contente de décompacter la terre et de l'aérer. L'outil le plus pratique reste la grelinette ainsi que ses dérivés qui portent d'autres noms (voir p. 61). Ces outils respectent le dos, car on enfonce les dents dans le sol avec le pied et ce sont les bras qui actionnent les deux manches ; il n'est pas nécessaire de soulever la terre.

Épierrage

L'épierrage

Il s'effectue manuellement dans les sols très caillouteux, au cours des bêchages, des griffages, des ratissages, des plantations. On laisse au sol les cailloux de moins de 2 cm, car ils contribuent à son aération. Les plus gros sont éliminés, car ils rendent pénibles la plantation, le binage et le sarclage. De plus, ils émoussent vite les tranchants des lames des outils. Soyez patient, car les pierres remontent en permanence en surface. Il faut plusieurs années avant d'avoir épierré complètement un terrain. L'épierrage est spécialement conseillé au potager quand on veut faire pousser des légumes racines...

Décompactage à la grelinette

Le ratissage

C'est la dernière étape de la préparation de la terre, une fois que cette dernière est finement émiettée. Elle est surtout utile avant un semis, et spécialement un semis de gazon. C'est en ratissant que l'on élimine les derniers débris et que l'on nivelle finement. On travaille avec un râteau métallique classique. Les dents doivent être parallèles au sol, de manière à ne pas faire de trous, et elles ne doivent pas s'enfoncer de plus de quelques millimètres.

Le zéro bêchage

- Cette technique consiste à faire faire le travail de la terre (bêchage, passage du motoculteur) par les **micro-organismes du sol**. Les 10 premiers centimètres de terre sont très riches : 90 % de la vie y est concentrée ! Les champignons mycorhiziens échangent avec les plantes de l'eau et des nutriments contre des sucres. La microfaune (vers de terre, insectes, acariens, cloportes, araignées, collemboles, mille-pattes...) recycle les matières organiques, facilitant le travail des bactéries et des champignons, affine le sol, en mélange les particules et l'aère grâce aux galeries qu'elle creuse, puis le fertilise avec ses déjections. Tout travail, même peu profond, perturbe donc ces activités.
- Pour protéger la pédofaune, il est conseillé de laisser une **couverture permanente sur le sol** et de ne jamais mettre le sol « au repos ». Au potager, on fait se succéder cultures d'été et cultures d'hiver : par exemple, des fèves ou des pois semés en octobre après le potager d'été (courges, tomates, haricots, maïs doux, aubergine...). On peut aussi semer des engrais verts entre deux cultures : moutarde, radis, phacélie, vesce, féverole, avoine, seigle.

Les travaux de plantation

LA PLANTATION CONDITIONNE DIRECTEMENT L'AVENIR DE LA PLANTE. SI UN RATAGE EST PEU IMPORTANT POUR UNE ESPÈCE ANNUELLE, IL EST HORS DE QUESTION D'HYPOTHÉQUER LE FUTUR D'UN ARBRE OU D'UN ARBUSTE : LE PLUS GRAND SOIN PRÉSIDE À CETTE ÉTAPE.

Les différents conditionnements

Vous devez tenir compte de la présentation de la plante pour sa plantation.

- **Conteneurs et godets** : la majorité des végétaux sont vendus sous cette forme ; elle permet une plantation presque toute l'année, en dehors des périodes de gel. Les sujets en conteneurs sont produits dans leur pot, en partant d'une bouture, par exemple, ou reconditionnés lorsqu'ils sont sortis de terre en pépinière, puis élevés pour produire de nouvelles racines.
- **Racines nues** : cette présentation concerne surtout les arbustes (rosiers, fruitiers...), les arbres tiges et les grosses vivaces, comme les pivoines. On lui préfère souvent aujourd'hui une présentation en motte conditionnée. Mais cette formule a l'avantage d'être plus économique.
- **Plantes conditionnées** : on désigne par ce raccourci des arbustes (rosiers, fruitiers, grimpantes, à fleurs...) sortis de terre, dont les racines nues sont emmaillotées d'un manchon de tourbe humide, retenu par un filet. Pour la plantation, il faut les considérer comme des plantes à racines nues.
- **Motte** : les gros sujets (conifères, arbres...) cultivés en plein champ sont arrachés avec le bloc de terre entourant les racines. On ne peut les planter que pendant leur repos végétatif, en automne et en hiver.

Quelques conseils

- Considérez toujours les dimensions de la plante adulte, éloignez les arbres et les grands arbustes des constructions.
- Densifiez les plantations de plantes de haies, pour un résultat plus rapide, et des bulbes qui doivent donner un effet de masse.

	Plantation d'automne	Plantation de printemps
ARBRES ET ARBUSTES CADUCS	Pour un bon enracinement et un démarrage précoce au printemps.	En veillant bien aux arrosages en été.
ARBUSTES PERSISTANTS	Seulement dans les régions de climat doux.	En début de printemps.
FRUITIERS	Pour gagner un an sur la fructification.	Seulement les plus frileux, en climat doux.
GRIMPANTES	En particulier parce que ce sont des arbustes plus lents à s'installer.	Les espèces frileuses.
HAIES	Plantez dès le début de l'automne les espèces à feuillage persistant pour un rôle de brise-vent et de protection plus rapide.	
ROSIERS	Ils se montrent ensuite plus vigoureux, plus florifères et plus résistants aux maladies, et offrent une floraison plus précoce.	Ceux vendus fleuris en conteneurs. Soyez vigilant sur les arrosages.
BULBES	Les espèces à floraison printanière, en septembre-octobre.	En avril-mai, les espèces à floraison estivale.
VIVACES	Les espèces à floraison printanière.	En mars-avril, les espèces fleurissant en été.
ANNUELLES D'ÉTÉ		En mai, après les dernières gelées.
BISANNUELLES		En septembre-octobre

1. Agapanthe en conteneur

2. Rosier à racines nues

3. Pommier d'ornement en motte

- Si les racines semblent trop serrées, griffez la motte avec une fourchette pour les plants en godet, avec une griffe ou un couteau pour les plantes en conteneur : cela favorise le développement de nouvelles racines.
- Plantez de préférence en automne, la terre encore chaude provoque la formation de nouvelles racines. Évitez les périodes de gel ; l'idéal est un temps brumeux. Si vous ne pouvez pas planter immédiatement vos achats, stockez-les dans un endroit où ils seront protégés du froid (à la mauvaise saison) ou du soleil.
- Arrosez abondamment pour assurer un parfait contact entre les racines et la terre.

Griffez les racines pour les démêler ce qui favorisera la reprise.

Planter près d'une clôture

- La plantation d'un arbre ou d'un arbuste doit respecter des distances en limite de propriété prévues par les usages locaux et les règlements particuliers existants. Dans tous les cas, informez-vous auprès de vote mairie. En l'absence de règles locales, ce sont les règles générales qui s'imposent, à savoir 2 m si les plantations risquent de dépasser 2 m de haut et 50 cm pour les végétaux de moins de 2 m de haut à l'âge adulte.
- Si vous plantez sur la ligne qui sépare votre terrain de celui du voisin, il sera légalement en droit de considérer que la haie est mitoyenne, et donc qu'elle lui appartient en moitié.

Conseil du Jardinier

De l'utilité du pralinage

Le pralinage consiste à enrober les racines d'une plante avec un mélange boueux avant sa plantation. Il présente l'avantage de former une gaine protectrice autour des racines, favorise la cicatrisation, évite l'installation des parasites et des maladies, et limite le dessèchement des racines. Mais surtout, il favorise la reprise, assurant une continuité entre les racines et la terre, en accélérant la formation des radicelles. Il existe de nombreuses recettes de pralin, toutes à base de terre argileuse, additionnée de cendre, de bouse, de compost… Pour une efficacité accrue, laissez tremper les racines pendant 24 heures.

Cyclamen en godet

Plantation des végétaux en godet

- Faites tremper les plantes pendant 10 minutes dans une bassine d'eau.
- Pendant ce temps, creusez au transplantoir ou à la bêche un trou deux fois plus grand que la motte.
- Sortez la plante de son pot, démêlez superficiellement les racines avec les doigts.
- Installez la motte au fond du trou : le collet doit affleurer le sol.
- Vous pouvez ajouter une ou deux poignées de terreau avant de reboucher avec la terre d'origine.
- Tassez légèrement, puis arrosez copieusement.

Plantation des végétaux en conteneur

- Faites tremper le conteneur dans une bassine d'eau pendant quelques heures pour que la motte s'imbibe sur toute sa hauteur.
- Ouvrez un trou de deux à trois fois plus volumineux que la motte.
- Aidez-vous d'une règle pour positionner la motte bien horizontalement et laissez le collet de la plante au niveau de la surface.
- Rebouchez avec la terre d'extraction et ménagez une cuvette pour les arrosages. Après un premier arrosage abondant, complétez si nécessaire avec de la terre.

Conseil du Jardinier

Les bons outils

- **Le plantoir pointu** : reconnaissable à son extrémité pointue renforcée de métal, il sert au repiquage des plants à racines nues (surtout les légumes) et pour la plantation des petits bulbes (crocus, anémone, scille, oignon blanc...).
- **Le transplantoir** : cette « pelle » miniature est utilisée pour creuser des trous plus larges destinés à la mise en place des jeunes plants.
- **La bêche** : cet outil robuste sert surtout à retourner le sol, mais aussi à creuser les trous de plantation pour les arbres, arbustes et autres végétaux importants.

- Plantez les gros arbres légèrement en position surélevée car ils s'affaissent un peu sous leur propre poids.

Plantation des végétaux à racines nues

Cette présentation a le mérite de proposer des végétaux déjà forts, surtout pour les hautes-tiges, à un prix nettement moins élevé que les plantes en conteneur. C'est aussi un avantage pour les plantations d'arbustes en quantité (rosiers, lavandes, arbustes de haies...).

1. Imbibez la motte jusqu'à saturation.

2. Sortez la motte du pot sans l'abîmer.

3. Positionnez la motte entre 1 et 3 cm sous le niveau du sol..

1 2

1. Habillage des racines avant la plantation

2. Tuteurez l'arbre avant de recouvrir les racines avec la terre.

- Plantez toujours en période de repos de la plante (automne-hiver), lorsque les bourgeons sont dormants.
- Coupez les racines abîmées et éliminez les racines formées au niveau du bourrelet de greffe pour limiter la pousse de rejets. Habillez et pralinez (voir ci-dessous et p. 67).
- Plantez en respectant les consignes données pour les plantes en conteneur (voir p. 68).

Plantation des minimottes

Les minimottes ont un grand avantage : leur prix permet de réaliser les plantations en nombre. Leur plantation n'est pas plus délicate que pour les autres présentations, mais vous devez garder à l'esprit que, la plupart du temps, il s'agit de plantes horticoles produites sous abri ou sous serre. Il faut donc éviter de casser le rythme de culture, surtout en ce qui concerne les arrosages et la protection contre le froid et les vents. Cela dit, appliquez les consignes de plantation des plantes en godets.

Le tuteurage

- Toutes les plantes dont les tiges manquent de rigidité nécessitent d'être accrochées à un support. On parle de tuteurage quand il s'agit d'un piquet, d'une rame, d'un échalas. On adopte le terme de palissage quand la plante est attachée à un mur, un treillage, un grillage ou un filet à ramer. Le tuteurage est aussi nécessaire au moment de la plantation des jeunes arbres. Il faut penser à piquer le tuteur au fond du trou avant d'y installer la plante. De cette manière, celui-ci se trouve plus solidement ancré et il n'y a pas de risque d'abîmer les racines.
- Les plantes sont attachées avec différents types de liens souples. Les attaches en plastique crantées, très pratiques, s'adaptent à tous les diamètres de plantes et de tuteurs. Il existe aussi des colliers métalliques, capitonnés de mousse synthétique, surtout destinés aux arbres pour éviter de blesser leur écorce.

Habillé, borné et butté !

- Plus une plante est jeune et tendre, et plus elle est sensible au dessèchement. Lors du repiquage des plantules de légumes à racines nues (choux, poireaux et salades), supprimez un tiers du feuillage pour réduire la surface d'évaporation. C'est ce que l'on appelle « l'habillage » en langage jardinier.
- Lors de la transplantation des légumes à racines nues, utilisez le plantoir pour borner les plants. Enfoncez l'outil dans le sol et tassez la terre contre les racines.
- Dans une région soumise aux pluies et dans les sols lourds (pire encore lorsque les deux conditions sont réunies), cultivez les bulbes, les légumes, les vivaces sur une petite butte de terre de 15 cm pour évacuer le trop-plein d'eau.

Semer à l'extérieur

LE SEMIS EST LE MODE DE MULTIPLICATION LE PLUS SIMPLE SUR LE PLAN TECHNIQUE ET LE PLUS AVANTAGEUX SUR LE PLAN ÉCONOMIQUE. LA RÉUSSITE EST GARANTIE SI VOUS RESPECTEZ LES QUELQUES RÈGLES SUIVANTES.

BIEN PRÉPARER LA TERRE

On sème en extérieur, entre la mi-mars et le début septembre, fleurs et légumes rustiques, ou dont la durée de culture est courte.

- **Labourez** sur la hauteur d'un fer de bêche, émiettez les mottes, éliminez les cailloux et les racines des mauvaises herbes.
- **Incorporez au sol** un bon fertilisant organique à base de fumiers et d'algues variés (300 g/m^2).
- **Griffez** en profondeur avec un croc à fumier (4 dents) ou un cultivateur (de 3 à 5 dents) pour bien ameublir.
- **Ratissez** en tenant verticalement l'outil (comme un balai), de manière à laisser la surface aussi régulière que possible.
- **Roulez** pour donner de l'assise au sol s'il est très souple. Un rouleau rempli d'eau convient. Passez l'outil en long et en large sur la planche de culture. Une bonne fermeté du sol facilite la germination.

Un semoir permet de disperser les graines très régulièrement (pé-tsaï).

RÉUSSIR SES SEMIS EN LIGNE

- **Utilisez un semoir à main** pour économiser les graines et obtenir un semis homogène.
- Si la terre est lourde et humide, **épandez** au fond du sillon du sable de rivière fin sur 2 à 3 cm.
- **Recouvrez** le semis avec un terreau léger tamisé, puis tassez (plombez) avec le dos du râteau pour que les graines se trouvent bien au contact du sol.
- **Terminez par un arrosage** en pluie fine. Comptez 5 l/m^2.

Plombage d'un semis en ligne au potager.

LE SEMIS EN PÉPINIÈRE

Au jardin, on entend par pépinière une parcelle de bonne terre abritée du froid et des vents. On y sème pour obtenir des plants destinés à être repiqués ultérieurement. Elle peut se compléter d'un abri léger comme un tunnel plastique.

- C'est économique : tous les plants produits peuvent être repiqués.
- Les plants sont plus robustes : leur système racinaire est plus développé.
- Le calendrier de culture est souple : les plants peuvent attendre en pleine terre sans dommage.

On sème de nombreux légumes en pépinière, mais aussi célosie, coloquinte, datura, digitale, dolique, giroflée, gypsophile, impatiens, julienne des jardins...

Conseil du Jardinier

Pourquoi semer ?

- C'est une opération économique pour produire ses plants. Un sachet de graines est peu onéreux en regard de la quantité de semences qu'il contient, et donc de plants à venir. Mais évaluez toujours vos besoins : si vous désirez un seul plant de thym, mieux vaut l'acheter en godet que de vous lancer dans un semis.
- C'est un moyen de multiplier des variétés peu courantes de légumes anciens, les jardineries proposent un plus grand choix sous forme de sachets de graines qu'en plants poussés.

Que sème-t-on en place ?

Semis en poquets de haricots

Semez en place toutes les plantes de croissance rapide et qui ne craignent pas le froid : une fois semées, elles poussent tout de suite à l'endroit choisi.

- **Les légumes à semer en place** : betterave, carotte, cerfeuil, chicorée sauvage, chicorée witloof (endive), ciboulette, épinard, fève, haricot, laitue d'automne, mâche, navet, oignon, oseille, persil, pissenlit, pois, radis, salsifis, scorsonère, thym.
- **Les fleurs à semer en place** : adonide goutte de sang, alysse odorant, balsamine, belle-de-jour, capucine, centaurée annuelle, chrysanthème annuel, clarkia, cobée, coquelicot, cosmos, godétia, haricot d'Espagne, houblon du Japon, immortelle, julienne de Mahon, lavatère, lin, linaire, nigelle de Damas, pavot de Californie, pied-d'alouette annuel, pois de senteur, pourpier, réséda, souci, tournesol, zinnia…

Comment semer ?

- **Le semis à la volée** consiste à éparpiller de manière homogène les graines sur toute la surface.
- **Le semis en ligne**, principalement utilisé pour les légumes, consiste à déposer les semences au creux d'un sillon dont la profondeur dépend du diamètre ou des dimensions des graines. Le sillon est matérialisé par un cordeau bien tendu.
- **Le semis en poquets** concerne les graines les plus grosses (haricot, pois, fève, melon, capucine, pois de senteur…). Elles sont réparties dans le sillon ou dans des trous de plantation distants, à raison de 3 à 5 semences. Il est inutile d'éclaircir par la suite.

Après le semis

- Entretenez une bonne humidité du sol, sans excès, paillez et éliminez les mauvaises herbes.
- **Éclaircissez** dès que les plantules montrent de 2 à 4 vraies feuilles (sans compter les cotylédons) : les plants issus de semis sont toujours trop nombreux et se font concurrence. Éliminez aussi ceux qui sont mal formés et les plus chétifs.
- **Repiquez** les plantules semées en pépinière et sous abri soit en godet, soit en place définitive, selon la saison et l'espèce. Le premier repiquage se fait au stade 2 feuilles ; certains légumes nécessitent plusieurs repiquages.

Éclaircissage de laitue

Semer sous abri

MIEUX VAUT SEMER À L'ABRI DU GEL TOUTES LES PLANTES DONT LA RUSTICITÉ N'EST PAS TOTALE OU DONT LE CYCLE DE CULTURE EST LONG. CELA SUPPOSE UN INDISPENSABLE TRAVAIL DE REPIQUAGE UNE FOIS QUE LA PLANTULE A ATTEINT UN STADE DE DÉVELOPPEMENT SUFFISANT.

Les conditions de la réussite

- **L'abri idéal** est une serre ou une véranda avec une température maintenue autour de 10-15 °C ; une miniserre ou un tunnel plastique peuvent convenir. Pour des semis à l'intérieur de la maison, choisissez la pièce la moins chauffée et maintenez les cultures à proximité de la fenêtre.
- **Faites tremper les plus grosses graines**, celles qui sont entourées d'un tégument épais et coriace.
- Semez dans un **mélange pour semis léger**, il sera garant du bon développement de nombreuses radicelles.
- **Conservez l'humidité** au terreau en permanence, mais sans excès, et arrosez en pluie fine à l'aide d'un vaporisateur à main.

Recouvrez la semence avec du terreau tamisé.

Que semer sous abri ?

- **Les légumes à semer à l'abri** : céleri à côtes, céleri-rave, chicorée frisée et scarole, chou brocoli, chou de Bruxelles, chou-fleur, chou pommé, chou-rave, fenouil, laitue de printemps et d'été, pissenlit, poireau, poirée, romaine, tétragone.

Arrosage d'un semis d'ipomée

- **Les fleurs à semer à l'abri** : achillée, ancolie, camomille, célosie, datura, digitale, giroflée, gypsophile, héliotrope, impatiens, julienne des jardins, kochia, mimulus, muflier, myosotis, némésie, œillet, pâquerette, pavot, pensée, penstémon, pied-d'alouette vivace, reine-marguerite, rose trémière, rudbeckia annuel, sauge, scabieuse, silène, statice, tabac d'ornement, violette...

Les gestes pour réussir

- **Déposez au fond** du récipient une couche drainante de 3 cm d'épaisseur (billes d'argile expansée, gravillons ou tessons).
- **Remplissez** le pot ou la terrine jusqu'aux trois quarts de sa hauteur avec le substrat brut, puis terminez avec une fine couche filtrée sur un tamis à mailles moyennes.
- **Nivelez** avec une règle la surface de la terrine, puis tassez en douceur avec une petite planchette : les graines germent mieux sur une surface ferme.
- **Improvisez un semoir** avec une feuille de papier pliée. Déposez les graines dans la rigole obtenue. Tapotez ensuite dessous pour que les graines tombent à la surface de la terrine de manière homogène.
- **Recouvrez la semence** avec du terreau finement tamisé sur une épaisseur du double de celle des graines. Les semences très fines (bégonia, pétunia, tabac...) n'ont pas besoin d'être recouvertes.
- **Arrosez** votre semis à l'aide d'un pulvérisateur ou immergez la terrine aux trois quarts pendant une demi-heure.
- **Couvrez** avec un film plastique, une plaque de verre ou le dôme transparent d'une miniserre, après avoir noté sur une étiquette le nom de la plante et la date du semis.

Zoom sur les F1

Produit du croisement de deux lignées pures, l'hybride F1 réunit le meilleur de ses parents. D'une régularité étonnante, ces hybrides sont très productifs, incomparables pour composer un massif homogène ou parvenir tous à maturité en même temps. Mais la qualité se paye : le prix des F1 est de plusieurs fois celui des variétés classiques, dites « fixées ».

Conseil du Jardinier

Le substrat idéal

Le substrat idéal pour réussir les semis est un mélange par moitié de sable de rivière fin et de tourbe blonde. Vous pouvez aussi utiliser du terreau léger et de la vermiculite dans les mêmes proportions ou un terreau pour semis du commerce, que vous pourrez alléger avec un quart de sable pour éviter les risques de pourriture brutale des plantules (fonte des semis). Les plantules ne se développent pas correctement dans une terre saturée d'eau.

- **Maintenez la culture à l'étouffée** jusqu'à la levée des graines, en la découvrant au moins 4 heures par jour pour éviter qu'une ambiance confinée ne favorise la fonte des semis et l'étiolement des plantes.

Un repiquage tout en douceur

Repiquage de jeunes plants de zinnia en godet

- Les plantules des semis sont fragiles : aidez-vous d'une fourchette pour les extraire.
- **Faites un trou** à l'aide d'un crayon, suffisamment profond pour accueillir toute la longueur de la racine, il ne faut pas la courber.
- **Tassez** délicatement avec les doigts ou le crayon pour ramener le terreau contre la racine.
- **Arrosez** en pluie fine en plusieurs fois à l'aide d'un vaporisateur à main pour ne pas tout chambouler.

Minimottes, godets et compagnie

Chaque fois que vous le pouvez, semez dans des contenants individuels, vous vous affranchirez du repiquage et des manipulations des plants lors de la plantation ou du rempotage.

- Les minimottes présentées en plateau permettent d'avoir un peu de casse en semant plus que les besoins immédiats.
- Les pots de tourbe compressée sont directement plantés, ils se délitent dans le sol. C'est idéal pour les plants fragiles.
- Les pots de papier journal, de fabrication à l'ancienne, sont quasiment gratuits, une simple bande de papier enroulé sur un manche d'outil et fermé à la base permet de faire pousser des plantules. Attention seulement pour les semis rapides à lever.

La vermiculite

La vermiculite est une roche dont les grandes mines d'extraction se situent en Afrique du Sud. Sa structure est particulière, feuilletée.

- Elle a une texture légère et aérée.
- Elle possède une faculté de retenue et de restitution progressive de l'eau.
- Son pH est neutre à légèrement basique.
- Elle offre une bonne stabilité thermique, c'est par ailleurs un isolant utilisé dans les constructions.
- Elle est stérile, non toxique, sans odeur, facile à manipuler.

Utilisée à 20 % dans du terreau, elle favorise la production de radicelles nombreuses et homogènes.

bouturer

Technique de multiplication végétative, le bouturage consiste à prélever un fragment d'organe d'une plante (tige, feuille, racine, etc.) et à le placer dans des conditions un sujet plante identique à la plante mère (clone).

Bouturage à bois sec

On utilise un substrat très léger pour le bouturage.

Le principe du bouturage

Pour faire une bouture, il est possible de prélever un morceau de feuille, de tige ou de racine. La nouvelle plante sera identique à la plante mère. C'est une technique de clonage, du point de vue génétique. Elle aura le même port, la même floraison, ses fruits auront les mêmes qualités… À l'inverse, le semis génère beaucoup de différences, il « disperse les caractères », comme on dit en langage génétique, et il est une source de nouveautés.

Bouturage d'un origan avec hormone

Réussir ses boutures

- **Prélevez** toujours des boutures sur des parties saines de la plante, les plus robustes (ce qui ne veut pas dire les plus grosses).
- **Coupez** toujours sous un nœud, car les nouvelles racines se développent au niveau des bourgeons latéraux.
- Selon les espèces (voir plus loin), vous ferez des boutures herbacées sur les plantes en pleine croissance pour une reprise rapide, des boutures semi-aoûtées sur des plantes en léger ralentissement et surtout suffisamment robustes, ou encore des boutures sur bois sec.

Les différents types de bouturages

	Herbacée	Semi-aoûtée	Semi-aoûté	Sur bois sec
Quand ?	Au printemps, le plus souvent en mai-juin.	Entre mi-août et fin septembre.	Entre mi-août et fin septembre.	Après la chute des feuilles.
Quels organes ?	Nouvelles pousses déjà bien développées. L'avantage est une reprise rapide. En revanche, la bouture herbacée est très fragile et sujette au dessèchement.	Jeunes pousses qui sont en train de durcir pour prendre une texture ligneuse (bois).	Jeunes pousses qui sont en train de durcir pour prendre une texture ligneuse (bois).	Jeunes rameaux lignifiés prélevés à l'extrémité des tiges.
Comment faire ?	Après avoir arrosé, placez la culture sous une protection fermée (c'est la bouture à l'étouffée), pour maintenir un degré hygrométrique élevé qui empêchera les rameaux encore tendres de faner. Film plastique, bouteille d'eau minérale coupée en deux, miniserre chauffée conviennent bien.	À l'étouffée (voir ci-contre), dans une miniserre sans chauffage.	À l'étouffée (voir ci-dessus) dans une miniserre sans chauffage.	Les rameaux coupés et préparés sont mis en jauge au pied d'un mur orienté au nord, en attendant leur repiquage en pleine terre au printemps suivant.
Quelles plantes ?	Dahlia, chrysanthème, anthémis, œillet, millepertuis, spirée, seringat, weigélia, certains rosiers...	Géraniums, arbustes à feuillage persistant, thuyas, cyprès...	Géraniums, arbustes à feuillage persistant, thuyas, cyprès...	Arbres et arbustes caducs, peuplier, saule, hortensia, forsythia...

Le matériel

- Le sécateur, les ciseaux ou la lame de rasoir qui vont servir au prélèvement et à la préparation des boutures doivent être propres. Désinfectez-les de temps en temps à l'alcool à 90°.
- Optez pour un substrat léger fait d'un mélange de sable et de tourbe blonde à parts égales. Évitez les terreaux, ils favorisent les pourritures, car le temps d'enracinement est long comparé à celui d'un semis. Sinon, vous pouvez les alléger (vermiculite, perlite, tourbe, sable...).
- Des hormones de bouturage (auxines) en poudre ou en gel favorisent la production de racines. Il suffit de tremper la base des boutures avant le repiquage.

Bouturage de viola sous cloche

Chaleur indispensable

Chaleur et humidité sont apportées par un abri léger (châssis, serre, véranda, miniserre...), à aérer régulièrement pour éviter le confinement et le développement de pourritures. La bouture vivra de ses réserves dans ces bonnes conditions jusqu'à la sortie de ses racines. Veillez à ce que les boutures ne se trouvent pas en contact avec les parois sur lesquelles se concentre l'humidité qui les ferait pourrir. Sitôt que les racines pointent, vous devez démarrer leur sevrage, en aérant toujours plus, pour abaisser la température et l'hygrométrie, et préparer la sortie au grand air.

La reprise

Si une bouture ne se dessèche pas, si elle ne pourrit pas, c'est déjà un bon signe. Mais pour apprécier son évolution, vous pouvez délicatement la sortir et observer la formation d'un cal sous la forme d'un bourrelet à sa base : c'est le deuxième bon signe. Enfin, la reprise définitive se traduit par le gonflement des bourgeons et la naissance de nouvelles feuilles. À ce stade, ne tardez pas à repiquer ou à rempoter.

Les différentes boutures

Les boutures de rameaux

Différentes boutures

Ce sont les plus courantes pour multiplier les arbustes et les plantes herbacées.

LE BOUTURAGE SIMPLE se résume à couper la tige bien droite au-dessus et en dessous d'une feuille ou d'un œil (bourgeon).

- **Prélevez** un fragment d'une jeune branche (de 10 à 15 cm environ). Utilisez de préférence la partie médiane du rameau en éliminant la base, trop dure, et l'extrémité, trop tendre.
- **Éliminez les feuilles** sur les deux tiers du rameau, à partir de la base, et **piquez** directement la bouture dans le sol, sans autre préparation. Cette technique très simple concerne la plupart des plantes.
- **Réduisez** la surface des grandes feuilles, de moitié, pour limiter la perte d'eau par transpiration.

LE BOUTURAGE À TALON consiste à détacher le rameau avec un morceau d'écorce de la branche qui le supporte (entre 1 et 2 cm de longueur). Cette partie de bois plus dur permettra un meilleur enracinement de certains persistants comme le pyracantha, le houx, le céanothe, le thuya, le cyprès...

Les boutures de racines

Certaines plantes bourgeonnent directement sur les racines. Mettez cette caractéristique à profit pour bouturer le phlox, le lupin, le pavot, le soleil, l'acanthe, le crambe... On peut également bouturer ainsi certains arbres et arbustes, comme le lilas, le framboisier, l'aralia, le rhus, le paulownia, le céanothe...

- **Bouturez** pendant la période de végétation, en utilisant des racines assez jeunes, mais déjà bien fermes.
- **Coupez** des tronçons de 5 cm de long environ. Identifiez le sens de la bouture en coupant une des extrémités en biseau dans le cas d'un repiquage vertical à venir.

1. Bouturage de racines de pavot

2. Bouturage de tige d'un géranium

3. Bouture à talon

- **Repiquez** les plus gros morceaux verticalement dans un pot, en respectant le sens normal de la végétation.
- Posez les plus fines racines à plat à la surface d'une terrine remplie d'un substrat léger.

Les boutures de feuilles

Quelques espèces végétales, notamment les bégonias à feuillage et certaines plantes grasses, ont la faculté de produire de nombreux bourgeons directement sur leurs feuilles. La technique dépend de la forme des feuilles. Dans tous les cas, une ambiance humide, à l'étouffée, est préférable, ainsi qu'un mélange de sable et de tourbe, allégé avec de la vermiculite ou des billes de polystyrène.

LA TECHNIQUE DU « TRIANGLE DE NERVURES » (concerne *Begonia rex* et *B. massangeana*). Découpez la feuille en fragments présentant au moins un point de jonction entre deux nervures. Les boutures de 3 ou 4 cm de long seront piquées verticalement dans le substrat.

LA TECHNIQUE PAR « VIVIPARITÉ » (concerne certains agaves, les kalanchoés, *Asplenium bulbiferum, Tolmiea menziesii*). Certaines plantes produisent directement sur leurs feuilles des plantes miniatures déjà individualisées. Détachez-les et repiquez-les.

Bouturage dans l'eau

LE BOUTURAGE DANS L'EAU. Les papyrus, sansévéria, saintpaulia... s'enracinent spontanément au contact de l'eau.

Les boutures de tronçons de tiges

Cette technique, plus délicate, concerne surtout certaines plantes d'intérieur, comme les dracaena, dieffenbachia, yucca, philodendron, cordyline... Elle permet le rajeunissement des sujets trop dégarnis de la base.

- **Coupez** une branche ayant perdu la plupart de ses feuilles et tronçonnez-la en morceaux de 4 à 5 cm de long. Chacun doit présenter au moins 3 nœuds, c'est-à-dire les marques de l'emplacement des anciennes feuilles. Les racines vont se former sur ces petits renflements.
- **Incisez** légèrement l'écorce avec une lame de rasoir et appliquez de la poudre d'hormones sur cette partie.
- **Posez les tronçons à plat** sur un substrat humide et léger dans une terrine ou, mieux, dans une miniserre chauffante (25 °C). Chaque fragment sera enterré de moitié seulement. Comptez environ 30 % de réussite. L'hygrométrie doit être importante.

Le bouturage, un jeu d'enfant !

Quelques bouturages sont à la portée des enfants, voici deux ateliers à leur faire exécuter.

- **Coupez la couronne de feuilles d'un ananas,** avec une épaisseur de 1 cm de chair et d'écorce. Laissez la pulpe cicatriser à l'air libre 24 heures. Posez ensuite la couronne à plat sur du terreau. Arrosez et recouvrez d'un plastique hermétique. Maintenez une bonne humidité, et en 3 mois, la plante émettra de nouvelles feuilles, signe de la reprise. Rempotez alors.

- **Coupez les feuilles (bractées) d'une tige de papyrus** en formant une étoile de 10 cm de diamètre. Réduisez aussi la longueur du pétiole, puis plongez cette bouture dans une coupelle remplie d'eau, le pétiole dirigé vers le haut. Cette technique « tête en bas » ne s'applique à aucune autre plante, dont il faut d'ordinaire bien respecter le sens de végétation.

Marcotter

Cette technique consiste à faire s'enraciner une partie de plante alors qu'elle est encore attachée à la plante mère, contrairement au bouturage.

Qu'est-ce que le marcottage ?

Il s'agit de favoriser l'enracinement d'un rameau sans qu'il ait été séparé de la plante mère. Les chances de reprise sont meilleures que dans le cas du bouturage, dans la mesure où la nouvelle plante, tant qu'elle n'est pas sevrée, est alimentée par la plante mère. Comme tous les modes de multiplication végétative, il fournit une descendance conforme au modèle de départ sur le plan génétique. Cette méthode est surtout utilisée par les jardiniers amateurs, car le nombre de plants produits est faible ; les professionnels lui préfèrent le bouturage.

Notez que les variétés panachées ou dorées ne se reproduisent pas toujours fidèlement par marcotte : elles redonnent souvent un feuillage vert (on parle de phénomène de réversion, ou retour au type).

Le marcottage naturel

La méthode s'inspire de la faculté qu'ont certaines plantes à se marcotter toutes seules, au contact du sol, sans l'intervention humaine. Ces espèces drageonnantes ou stolonifères produisent ainsi leur descendance. Le cas le plus connu des jardiniers est celui du fraisier, mais l'hortensia grimpant, le lilas, le framboisier se marcottent naturellement aussi. Au jardin, il suffit de procéder au sevrage pour récupérer des plants tout prêts et de les repiquer en godet ou même directement en terre.

Le marcottage par couchage

C'est la méthode la plus simple, donc la plus répandue dans les jardins. Vous pouvez multiplier ainsi les céanothes, les viornes, les plumbagos, les bougainvillées, les hortensias grimpants... Les plantes doivent avoir des rameaux souples, ce sont donc souvent des grimpantes.

- Au printemps, choisissez une branche souple, effeuillez-la sur la partie médiane qui viendra au contact du sol et incisez l'écorce.
- Creusez un petit sillon de 5 à 7 cm de profondeur, qui accueillera la tige. Appliquez une hormone de bouturage en poudre sur les incisions. Enterrez cette portion de tige et maintenez-la par plusieurs cavaliers en U formés dans un solide fil de fer.
- Relevez à la verticale l'extrémité de la tige et tuteurez-la pour la maintenir en place.
- Arrosez et maintenez la terre humide, sans excès.
- À l'automne, vérifiez l'enracinement et sevrez.

Étapes du marcottage de fraisiers

1 Piquer le stolon dans un pot préalablement enterré.

2 Sevrer la marcotte lorsqu'elle est reprise

3 Arroser la marcotte.

1. Marcottage par couchage

2. Marcottage en pot

Deux variantes :

LE MARCOTTAGE EN POT

Ici, les tiges sont mises à enraciner dans des pots, ce qui permet d'éviter certaines courbures difficiles et d'utiliser des pousses situées dans la partie médiane de la plante. À pratiquer pour les clématites et la vigne.

Marcottage aérien

LE MARCOTTAGE AÉRIEN

Ce type de multiplication consiste à produire une nouvelle plante directement en hauteur, sur la plante mère. Ce marcottage est par excellence le moyen de multiplier les érables, mais aussi le lilas, l'aralia et beaucoup de plantes d'appartement comme le dieffenbachia ou le caoutchouc.

- À l'aide d'un greffoir, incisez une branche sur une longueur de 5 cm, sur un tronçon dépourvu de feuilles, de façon à pouvoir ôter un anneau d'écorce.
- Saupoudrez la partie démasquée d'hormone de bouturage.
- Dans un film plastique, formez un sachet que vous attacherez d'abord à la base de la marcotte. Remplissez-le de mousse humide (sphaigne, par exemple), puis attachez la partie haute du sac plastique.
- Dans ce manchon de mousse naissent les racines, en 2 à 3 mois. La marcotte est alors sevrée.

Le marcottage en cépée

Cette méthode est intéressante lorsque les plantes ne sont pas suffisamment souples pour se prêter au marcottage par couchage simple et pour les espèces qui produisent un grand nombre de rejets. Elle consiste à butter presque entièrement l'arbuste lorsqu'il est petit, ou sa base lorsqu'il est grand ou s'il s'agit d'un arbre. Marcottez ainsi bruyères, groseilliers, figuiers, noisetiers, cognassiers, pruniers, pommiers, laurier-sauce...

Pour exalter la production de rejets, vous pouvez rabattre la plante au printemps. À l'automne suivant, buttez sur une bonne hauteur avec un mélange de terreau, de tourbe, de sciure et de tout autre matériau léger. Humidifiez et attendez. À la fin du printemps suivant, les rejets seront racinés et sevrés.

Le marcottage en serpenteau

C'est une variante de la méthode par couchage, qu'on appelle aussi « marcottage en arceaux ». On procède de même, mais plusieurs fois le long d'une grande tige souple, pour obtenir plus de plants. Utilisez cette technique pour les glycines, les ronces à fruits, l'aristoloche, l'akébie, les bignones...

La division de touffe

C'EST LA MÉTHODE DE DIVISION VÉGÉTATIVE LA PLUS FACILE. ELLE PERMET D'OBTENIR UN GRAND NOMBRE DE PLANTS. C'EST AUSSI UNE FAÇON DE RÉGÉNÉRER LES PLANTES QUI FLEURISSENT OU PRODUISENT MOINS.

Les plantes concernées

Certaines espèces végétales ont un port ramassé, ne s'élèvent pas comme le font les grands arbustes et les arbres. Elles préfèrent coloniser l'espace à faible hauteur et croître en largeur ou en épaisseur. Elles produisent un grand nombre de bourgeons axillaires, proches les uns des autres, et poussent en touffe. C'est le cas de nombreuses plantes vivaces, fleuries ou non, de graminées, de plantes bulbeuses ou rhizomateuses, de petits arbustes ligneux, aromatiques... La division de leur touffe consiste à détacher de petites parties de la plante mère, ou à la fragmenter entièrement, pour obtenir des plants qui lui sont semblables en tous points. Ces éclats, dans le langage jardinier, portent déjà quelques racines, ce qui les distingue des boutures.

Et les plantes en pot ?

La division de touffe concerne aussi les plantes en pot lorsqu'elles se sentent à l'étroit dans leur contenant. Ne vous contenez pas de les rempoter en l'état, divisez-les et mettez en culture seulement les touffes les plus jeunes et les plus vigoureuses.

Un mode opératoire simple

- La période propice est celle de la croissance des plantes, à partir de la fin de l'hiver : ainsi, la reprise est immédiate.
- Lors d'une année normale, la terre est suffisamment humide, mais en cas de sécheresse hivernale ou

1. Division de touffe d'hémérocalle

2. Découpage à la bêche

Division d'un hosta

Conseil du Jardinier

MULTIPLIER SANS DIVISER

Prélevez directement des jeunes plants déjà enracinés qui poussent en périphérie des grosses touffes, en préservant la plante mère, qui reste alors en terre à sa place. Il suffit de déchausser la plante mère pour repérer le point d'attache des jeunes pousses, les détacher et reposer celle-ci. Multipliez de cette façon les espèces qui croissent par leur réseau de tiges souterraines ou rampantes, ou qui donnent de grosses touffes dont les rejets s'enracinent spontanément ou facilement.

si l'on opère plus tard dans la saison, mieux vaut imbiber le sol pour faciliter l'extraction des plantes.

- **Utilisez des outils** dont le fer est bien aiguisé et attaquez le sol largement au-delà de la périphérie de la touffe.
- Après avoir trié les plants à cultiver, **éliminez** ceux qui présentent des parties blessées et ceux qui sont chétifs.
- **Procédez à l'habillage** des plants, en réduisant la longueur des racines et celle de la partie aérienne pour les rééquilibrer et limiter les pertes d'eau par transpiration. Supprimez les racines et les rameaux en mauvais état.

Division des rhizomes d'iris

COMMENT PROCÉDER ?

- **Pour les vivaces volumineuses.** Les plantes vivaces robustes, poussant en grande touffe, sont extraites à l'aide d'une fourche-bêche ou d'une bêche. Elles sont ensuite fragmentées en insérant avec précaution le fer de la bêche entre les pousses pour éviter le plus possible les blessures. Multipliez ainsi les grandes graminées, les asters, les leucanthèmes...
- **Pour les plantes délicates.** Les vivaces à petit développement sont innombrables. Sortez-les de terre en plantant le fer de la bêche à 20 cm de la périphérie de la touffe. La division se fait simplement à la main, en s'aidant d'une serpette ou d'un sécateur à main pour couper les grosses racines. Procédez ainsi pour les petites vivaces herbacées, les petites bulbeuses ou rhizomateuses, les arbrisseaux.
- **Pour les plantes à racines charnues.** L'exemple le plus connu est celui des iris. Dégagez les racines, elles poussent à faible profondeur et, dans les massifs anciens, elles affleurent même la surface. Sortez les plantes et confectionnez des tronçons qui portent à la fois des racines et au moins une pousse ou un bourgeon.
- **Pour les plantes à rhizomes et à tubercules.** Vous pouvez diviser les plantes en séparant les rhizomes et les tubercules à la main ou à l'aide d'un couteau bien aiguisé, après avoir sorti les touffes. Comme pour les racines charnues, il est prudent de poudrer les sections avec du charbon de bois ou avec un fongicide pour éviter les pourritures. Divisez ainsi vos cannas, dahlias, bégonias tubéreux...

L'ŒILLETONNAGE

On assimile quelquefois l'œilletonnage à la division de touffe. Sur le strict plan de la définition, il répond plutôt à celle du bouturage. Mais dans la pratique, il se fait souvent sur des plants qui poussent en grosses touffes, comme l'artichaut.

arroser, les méthodes

Le bon arrosage

- Là où se trouve l'eau, les racines se développent. Arrosez donc en profondeur. Si vous arrosez superficiellement, les racines se développent en surface et la plante sera moins bien armée pour résister à la sécheresse.

Cuvette d'arrosage d'un pommier en automne

- Évitez de voir l'eau filer, faites des cuvettes pour la contenir près des plantes.
- Pour les arbres et les grands arbustes, n'arrosez pas au pied, mais à l'aplomb de la couronne, là où se trouvent les racines fonctionnelles. Faites une double cuvette pour contenir l'eau dans cette zone.
- Arrosez à l'arrosoir les plantes nouvellement installées pour leur donner une quantité suffisante.
- En été, arrosez le soir, car les plantes auront toute la nuit pour se réhydrater et affronter la chaleur de la journée suivante. De plus, cela limite les pertes d'eau par évaporation.

Conseil du Jardinier

Arroser en fonction de sa terre

Dans une terre sableuse, qui retient peu l'eau, arroser beaucoup ne sert à rien : l'eau file dans le sous-sol. Mieux vaut arroser plus souvent et moins à chaque fois. À l'inverse, dans une terre argileuse, il ne faudra pas hésiter à beaucoup mouiller, tout en espaçant les arrosages. En effet, la rétention en eau par le sol étant très forte, une plante peut paradoxalement souffrir de la soif alors que la terre contient encore 15 % d'humidité.

1. Manque d'eau : les extrémités des tiges et les jeunes feuilles flétrissent.

2. Il faut toujours arroser les rosiers au pied, sans mouiller le feuillage.

Utiliser la bonne technique

	DESCRIPTION	AVANTAGES	INCONVÉNIENTS
ASPERSION	L'eau est projetée en pluie. Toute la partie aérienne est mouillée.	Un arrosage des grandes surfaces en une seule fois, grâce à divers modèles d'arroseurs.	Il vaut mieux éviter de mouiller le feuillage de certaines plantes sensibles aux maladies cryptogamiques (tomates, rosiers, arbres fruitiers...). Consomme beaucoup d'eau.
RUISSELLEMENT	Il s'agit de conduire l'eau jusqu'aux plantes à travers un réseau de petits sillons. Pour le potager et le verger quand les plantes sont disposées en rangs réguliers.	Un arrosage directement au pied des plantes.	Il faut maintenir un système de canaux ou de sillons principaux et secondaires.
ARROSAGE AU PIED	On a le choix entre les systèmes de goutte-à-goutte, les tuyaux poreux qui laissent suinter l'eau, l'arrosoir ou tout simplement le tuyau.	Une distribution d'eau précise, plante par plante, ponctuelle et un feuillage qui reste à peu près sec. Si le débit est faible, il n'y a aucun risque de ruissellement.	Travail plus précis, mais qui demande plus de temps (vérification des goutteurs, déplacement des tuyaux microporeux, arrosage à la main).

Manque d'eau chez un sanvitalia

Comment savoir si une plante a soif ?

- **Observez le feuillage** : il devient plus terne, le limbe des feuilles se recourbe vers l'intérieur ou vers l'extérieur, les feuilles ne sont plus planes.
- **Regardez le port** de la plante : le manque d'eau entraîne une baisse de la turgescence des tissus et toute la plante prend un port retombant, les rameaux baissent la tête et l'ensemble de la plante semble fané.
- **La latitude à « revenir à la vie »** est très variable d'une espèce à l'autre. L'impatiens de Nouvelle-Guinée peut s'aplatir complètement et se gorger d'eau en une heure lorsque vous la trempez dans une bassine d'eau. Chez d'autres plantes, les dégâts sont irréversibles.
- En été, **considérez le moment de la journée**. Beaucoup de plantes présentent tous les symptômes du manque d'eau ; en fait, elles font le dos rond au plus fort de la chaleur. Arroser à ce moment-là ne sert à rien, car elles vivent au ralenti et ne puiseraient pas l'eau apportée.

Trop arrosée, la tomate se fend.

À quelle fréquence arroser ?

L'arrosage ne répond pas une quelconque arithmétique, il n'y a aucune règle ! La fréquence des arrosages dépend en premier lieu des besoins de l'espèce végétale, puis de la nature du sol ou du support de culture, enfin des conditions climatiques du moment.

- **Jetez un coup d'œil à la terre** : la disponibilité en eau se jauge à 30 cm de profondeur, donnez un coup de bêche pour l'apprécier.
- En été, **arrosez** une fois par semaine en profondeur, plutôt qu'un peu tous les jours.
- **Modulez** en fonction de la nature de votre sol.

Reconnaître un excès d'arrosage

Une plante fanée peut signaler, *a contrario*, un excès d'eau. Plus exactement, ses racines pourrissent et ne remplissent plus leur rôle dans l'alimentation en eau de la plante. Cela commence souvent par le jaunissement des feuilles, leur chute et le développement de pourritures dans le terreau ou la terre. Laissez ressuyer complètement, dépotez et rempotez dans un terreau neuf tout juste humide.

Arroser, le matériel

Les tuyaux pour l'arrosage de surface

Préférez les tuyaux armés, qui présentent une bonne rigidité, sont moins faciles à couder et plus solides. Ils sont soit tricotés, armés de fibres polyester en mailles extensibles, soit guipés et renforcés par des fibres de polyester croisées avec un maillage externe ou interne, plus résistants aux fortes pressions. Enfin, il existe des tuyaux tressés, un compromis entre les deux premiers, au maillage polyester renforcé. Les tuyaux microporeux laissent suinter l'eau et permettent un arrosage à faible débit.

Arrosage enterré

L'arrosage enterré

L'arrosage enterré est composé de plusieurs réseaux de canalisations souterraines, reliés à des arroseurs couvrant des surfaces circulaires ou des fractions de cercle. Les arroseurs affleurent le sol. Lors de la mise en eau, ils sont soulevés sous l'effet de la pression. À la fin de leur travail, ils se rétractent dans leur logement.

Goutte-à-goutte

Le goutte-à-goutte

Il est constitué d'un réseau enterré ou posé à la surface de tuyaux semi-rigides en polyéthylène, sur lesquels sont fichés les goutteurs. Il fonctionne à très basse pression et peut être complété par un programmateur et couplé à des brumisateurs pour l'arrosage des massifs. Surtout utile pour les arbustes, les haies et quelques cultures au potager (tomates, aubergines, poivrons...).

Les tuyaux microporeux

Fabriqué dans une matière poreuse, il laisse suinter de petites gouttes d'eau sur toute sa longueur. Comme il est souple, il est facile à couper et à poser. Il est surtout destiné aux cultures en lignes, comme c'est le cas au potager pour les haricots, les pois... Dans les massifs fleuris, vous pourrez le poser en le faisant sinuer entre les touffes de vivaces. Il fonctionne à très basse pression (0,5 bar environ) et vous pouvez le relier directement à un réservoir d'eau. Par contre si vous observez l'eau sortir à petits jets des parois du tuyau c'est que la pression est trop forte.

Les pompes

Pour les chanceux qui disposent d'une réserve d'eau souterraine ou d'un bassin de rétention, la distribution d'eau passe par une pompe. Elle sert aussi à augmenter la pression de certains gros arroseurs si l'alimentation du réseau est insuffisante.

Les pompes de surface permettent d'aspirer de l'eau jusqu'à une profondeur maximale de 7 m. Au-delà, il faut utiliser une pompe immergée d'une puissance importante.

Pour choisir sa puissance, tenez compte de la hauteur d'aspiration et de refoulement, ainsi que de la longueur de tuyau que vous devez dérouler. Prévoyez une marge.

Les arroseurs de surface

Le choix des arroseurs est vaste, mais on peut les résumer à 4 catégories.

TYPE	DESCRIPTION	SURFACE	AVANTAGES	DESTINATION
STATIQUES	Les plus simples : ils n'ont pas de mécanisme. La forme particulière de la chambre où arrive l'eau ainsi que la buse de sortie donnent la forme au jet.	La surface couverte est circulaire et limitée (de 2 à 3 m de diamètre environ).	Ils fonctionnent à très basse pression (à partir de 1 bar).	Vu la petite surface couverte, on les destine aux petits massifs.
ROTATIFS	Appelés aussi « tourniquets », ils sont munis de bras tournant sur un axe. La pression produit la rotation.	La dimension des bras ainsi que la hauteur du support de ces arroseurs conditionnent la superficie de travail. Elle peut atteindre 10 m de diamètre.	Ils sont munis à leur extrémité de buses orientables et réglables, pour une dispersion plus ou moins fine. Une pression de 1,5 bar est nécessaire.	On les utilise en particulier pour l'arrosage des massifs floraux.
OSCILLANTS	La rampe d'arrosage, perforée ou munie de buses, est soumise à un mouvement constant de va-et-vient, engendré par une turbine hydraulique qui fonctionne grâce au débit de l'eau.	La mise en marche est obtenue à partir d'une pression de 1 bar, mais 2 bars permettent une couverture optimale. La portée atteint 20 m de longueur sur 10 m de largeur.	Ces modèles peuvent se régler sur quatre à six zones différentes.	Ce sont les seuls à couvrir une superficie rectangulaire ou carrée, idéale pour les jardins structurés ou les potagers.
CANONS	Appelés aussi « cracheurs », ils sont les plus puissants. Ils lancent un jet de manière saccadée sur une distance pouvant dépasser 15 m de rayon.	Les modèles sur trépied peuvent couvrir jusqu'à 700 m^2, avec une pression de service de 3 bars au minimum.	Ils sont réglables par arcs de cercle, ce qui permet de couvrir des zones spécifiques avec précision.	Pour les pelouses et les massifs d'arbustes. Leur jet très puissant risquerait d'abîmer les fleurs.

Récupérer l'eau de pluie

Le principe est simple, l'eau ruisselant sur la toiture est canalisée vers les descentes de gouttières et stockée pour un usage ultérieur.

- La contenance des récupérateurs (de simples dispositifs à poser) varie de 200 à 2 000 l et ces dernières années, ils ont gagné en esthétique. Au-delà, vous devrez opter pour la citerne enterrée, de 5 à 10 m^3 de contenance, et l'équiper d'une pompe.
- En moyenne, pour arroser un jardin de moins de 50 m^2, prévoyez un modèle jusqu'à 500 l, pour un jardin de 100 m^2, un récupérateur de 500 à 1 000 l.
- De l'eau gratuite en abondance, l'idée est séduisante, mais pas toujours à portée de tous les jardiniers. Car si les moyennes nationales sont alléchantes, elles souffrent de grandes disparités. En moyenne, vous pourrez récupérer 600 l d'eau par mètre carré de toiture et par an. Mais des 40 l théoriquement récupérés en été, il ne reste rien dans le Sud, où les mois d'été sont complètement secs, et c'est à ce moment qu'on a le plus besoin d'eau.

Le paillage

Le philosophe Aristote disait : « La nature a horreur du vide », car il avait constaté que la terre ne reste jamais nue. Et en effet, paillage, paillis, mulch, mulching, litière, quel que soit le mot, tout est bon pour la couvrir.

Pourquoi pailler ?

- Le paillage conserve l'eau du sol en formant une barrière physique contre l'évaporation naturelle du sol et contre le vent qui assèche la terre. De plus, lors de sa décomposition, il se transforme en humus. Ce dernier crée des espaces lacunaires qui retiennent l'eau.
- Un paillis protège la terre de l'érosion due au vent et à la pluie.
- Pailler empêche la formation d'une « croûte de battance » qui se forme après de fortes pluies dans les sols fins et limoneux.
- Le paillage apporte une certaine stabilité thermique aux racines en empêchant le sol de chauffer fortement en été ou de se refroidir brusquement pendant la nuit.
- Il apporte aussi des éléments nutritifs (quand il est organique) en se décomposant petit à petit.
- Un paillis empêche les mauvaises herbes de germer ou de s'installer durablement.

Conseil du Jardinier

Que faut-il pailler ?

- Les succulentes et les plantes de rocaille apprécient des paillages minéraux (qui reproduisent leurs conditions naturelles de culture).
- Les bulbes à fleurs et ceux du potager aiment les sols un peu secs et préfèrent ne pas être paillés.
- En revanche, paillez le pied des jeunes haies et tout arbuste ou toute vivace nouvellement plantés, les fruitiers à l'aplomb de leur ramure ou sur tout le rang.
- Au potager, radis et navets ne se paillent pas. Les légumes qui restent longtemps en place (choux, artichauts...) apprécient spécialement le paillage.

Faites sécher les tontes de gazon avant de les utiliser comme paillage au pied des arbustes (ici un érable du Japon).

Le double paillis

Quand le paillage est constitué de matières peu décomposées (compost semi-mûr, bois broyé...), les plantes jaunissent un peu. Cela est dû à un manque d'azote (on parle de « faim » d'azote), car les bactéries qui décomposent la matière organique fraîche ont consommé les réserves disponibles. Pour éviter cela, on pratique le double paillis : on épand, sous le paillis, une couche de matériaux riches en azote : gazon, consoude, orties broyées, luzerne, fanes et racines de légumineuses (fèves, haricots, pois...).

Pailler dans les règles

- **Commencez par désherber** soigneusement la terre et extirpez toutes les racines de vivaces. Griffez pour niveler.

1. Paillis de paillette de chanvre

2. Paillis d'écorces de pin

3. Paillis de cosses de cacao

- **Arrosez bien** la terre si elle est sèche et veillez à ce que l'eau pénètre en profondeur.
- Déposez éventuellement une première et **fine couche de tontes de gazon** séchées, de feuilles et tiges d'orties (sans les racines), qui apporteront un peu de l'azote nécessaire aux bactéries qui décomposent la matière organique.
- **Déposez le paillis** en prenant soin de ne pas enterrer le collet des plantes, que vous dégagerez un peu à la main.
- Si le paillage est composé de feuilles mortes sèches, posez par-dessus quelques branches.

Les matériaux les plus courants

- **Compost** : à déposer, bien mûr, en couche de 10 cm, sur toutes les plantes, sauf celles de rocaille et les bulbes, décoratifs ou alimentaires. Durée : 4 mois.
- **Paillettes de chanvre** : faciles à étaler, en couche de 5 cm, partout (potager, jardin, rosiers, fruitiers, annuelles), car elles ont un pH neutre. Elles conviennent aussi aux plantes fragiles. Durée : 1 an.
- **Paillettes de lin** : à étaler partout en couche de 5 cm, spécialement sur les sols lourds, qu'elles allègent. Elles peuvent contenir des graines de lin qui redonnent de jolies fleurs bleues ; elles sont appréciées des merles et des moineaux qui les éparpillent. Durée : 6 mois à 1 an.
- **Écorces de pin** : sur les allées et les plantes de terre acide. À éviter sur tous les arbustes et surtout sur les rosiers qui végètent et jaunissent. Durée : 10 à 20 ans.
- **Cosses de cacao** : à étaler en couche de 3 à 5 cm, partout, spécialement sur les plantes ou légumes feuilles, car elles contiennent un peu d'azote. C'est un produit assez coûteux et qui dégage une curieuse odeur qui évoque le cacao, mais qui ne persiste pas. Elles prennent en masse à la première pluie et ne s'envolent pas. Attention : elles sont toxiques pour les chiens, car elles contiennent de la théobromine. Durée : 4 mois.

Un paillis spécial : le compostage de surface

Gagnez du temps sur l'évacuation des déchets de jardin : adoptez le compostage de surface, qui consiste à étaler ses déchets organiques à même la terre. En premier lieu, les mauvaises herbes (sans leurs racines), les débris du potager ou de taille, passés au broyeur, les tontes de gazon. Les micro-organismes du sol vont décomposer cette matière organique. Apportez des engrais azotés si les plantes jaunissent passagèrement (problème de faim d'azote).

Le paillage et les limaces

Le seul inconvénient du paillage, mineur au regard de tous ses avantages, est qu'il attire les limaces qui trouvent abri sous la matière organique. Pour limiter leurs populations, découvrez régulièrement une partie du sol pour les exposer aux oiseaux. Si vous avez des poules, c'est encore mieux (ne les lâchez que sur les parties sans légumes !). Récoltez régulièrement les gastéropodes à la main, après une bonne pluie.

bien utiliser les engrais

Les engrais naturels

- **Les engrais organiques.** Il s'agit de substances issues de matières animales (corne, sang, déchets de plumes, de poisson, guano) ou végétales (tourteaux, engrais verts, purin d'ortie et de consoude, algues…). Leur action est lente, car ils doivent être transformés par les micro-organismes du sol pour devenir assimilables.
- **Les engrais minéraux.** Ils peuvent être naturels ou chimiques. Ils proviennent de substances minérales naturelles puisées dans le sol, comme les gisements de potasse ou les phosphates naturels. Ils peuvent être simples (contenant un seul élément) ou composés (ils combinent plusieurs éléments).
- **Les engrais organo-minéraux.** Associant des substances minérales et organiques, ils ont une action progressive et présentent l'avantage d'être bien tolérés par les plantes (pas de risque de brûlure).

Apport d'engrais à la plantation

Les engrais de synthèse

Appelés « engrais chimiques », les engrais de synthèse sont les plus utilisés, parce que leur composition est connue, qu'ils permettent un dosage précis, avec des formulations adaptées aux besoins spécifiques des cultures. On trouve ainsi des engrais destinés aux plantes en pot, aux plantes de terre de bruyère, au gazon, aux tomates, aux fraisiers… Ils sont composés d'azote, de phosphore et de potasse en proportions variables, symbolisés par les trois lettres NPK. Ils peuvent être enrichis en oligoéléments et en substances de complément, comme la magnésie, pour une efficacité plus grande.

Les bonnes pratiques

- Ne surdosez pas. Pour les plantes en pot, le dosage standard est au maximum d'un arrosage sur deux, ou d'une fois par semaine.
- N'appliquez jamais d'engrais sur un sol sec, vous risqueriez de brûler les racines, ni en période hivernale, sauf les engrais de fond.
- N'apportez pas d'engrais sur les jeunes semis, les végétaux nouvellement rempotés ou plantés, les sujets affaiblis. Attendez en moyenne un mois.

Utiliser les engrais verts

Semez au début du printemps, pour enfouir l'engrais vert à la fin de l'été, ou semez en été, pour un enfouissement au début du printemps suivant. L'incorporation des engrais verts s'effectue en pleine période de floraison, les plantes possédant à ce moment un maximum de réserves nutritives. Le mieux est de semer des annuelles que vous faucherez à la tondeuse. Les Fabacées (luzerne, trèfle, pois…) vivent en symbiose avec des bactéries présentes dans les nodosités

La luzerne est un engrais vert qui se sème en mars-avril.

Conseil du Jardinier

Les engrais verts

Les engrais verts sont des plantes à croissance rapide que l'on coupe ou arrache à l'apogée de leur croissance et qu'on laisse au sol en paillage. C'est un moyen facile d'enrichir le sol en azote et en humus. C'est aussi une bonne façon de réaliser une jachère dans un potager ou de fertiliser un verger. Cette technique peut remplacer les apports de fumier sans les risques pathogènes qui lui sont associés. Elle n'est pas réservée aux « professionnels » et contribue à la gestion durable du jardin.

sur les racines et qui fixent l'azote atmosphérique. D'autres plantes sont aussi employées, comme la moutarde, le sarrasin, la navette ou le radis fourrager.

Quel engrais pour quel usage ?

- **Pour stimuler la croissance** des jeunes plantes : les engrais « coup de fouet » (de synthèse) contiennent de l'azote sous forme nitrique, vite assimilés. À utiliser au printemps, sans excès.
- **Pour nourrir vos plantes** toute la saison : les engrais à action prolongée (de fond) agissent jusqu'à 3 mois et plus. À la plantation.
- **Pour une application par an :** les engrais longue durée libèrent l'azote lentement dans le sol au fur et à mesure des besoins de la plante. À donner au printemps.

Les engrais double emploi

- **Les engrais antimousse,** destinés au gazon. Ils contiennent entre 20 et 30 % de sulfate de fer ajouté à un fertilisant azoté. La mousse est éliminée en même temps que la croissance du gazon est stimulée. Cela permet à ce dernier de reconquérir l'espace laissé libre par la mousse détruite. On les applique à la fin de l'hiver ou juste avant l'automne. Si le gazon est implanté dans une zone bien trop ombragée ou très humide, l'effet de ces produits est limité et il faudra sans cesse réintervenir. Le mieux est alors de laisser la mousse former un joli tapis vert… qui n'a pas besoin de tontes !
- **Les engrais bleuissants.** Ils sont réservés aux hortensias dont on souhaite obtenir des fleurs d'un bleu parfait. La matière fertilisante est additionnée d'oligoéléments qui bleuissent les fleurs (aluminium).
- **Les engrais reverdissants.** Destinés aux plantes de terre de bruyère et aux espèces qui craignent le calcaire (rosiers, poiriers…), ils contiennent, en plus des fertilisants, du chélate de fer, la seule matière efficace contre la chlorose. Ils permettent de maintenir des végétaux en bonne santé alors que la terre de culture n'est pas idéale.

Engrais reverdissant : idéal pour les rosiers

Excès d'engrais

tailler (1)

L'ART DE LA TAILLE EST MILLÉNAIRE.
LA COHABITATION AVEC LES ARBRES ET LES ARBUSTES IMPOSE EN EFFET DE SAVOIR JOUER DU SÉCATEUR ET DU COUPE-BRANCHES. MAIS NE PROCÉDEZ PAS AU HASARD, VOICI LES RÈGLES À SUIVRE.

LES RÈGLES D'OR D'UNE BONNE COUPE

Taillez en biseau à l'opposé d'un œil.

- **Taillez toujours au-dessus d'un bourgeon** (ou d'une feuille), à 5 mm environ. Plus près, vous risquez d'endommager le bourgeon, plus loin, il va rester un chicot de bois sec.
- **Coupez en biseau,** la partie basse du biseau étant située à l'opposé de l'œil, de manière à laisser l'eau de pluie s'écouler sans noyer le bourgeon.
- **Pour obtenir une coupe bien nette,** orientez le sécateur de telle manière que la lame glisse le long du bois qui reste sur la plante, la contre-lame étant située du côté du rameau coupé.

OÙ COUPER ?

- On dit souvent de tailler « à 2 yeux » ou « à 3 yeux ». Cela signifie qu'il faut couper au-dessus du deuxième ou troisième bourgeon (ou feuille), en comptant à partir de la base du rameau.
- Attention, le jardinage n'a rien à voir avec des mathématiques appliquées ! Le nombre d'yeux conservés est moins important que leur position sur la branche.
- Si vous désirez allonger une branche vers la droite, il faut couper au-dessus d'un œil orienté dans cette direction. Et vice-versa.

LA TAILLE À LA PLANTATION

Cette taille a aussi pour but d'équilibrer la plante afin qu'elle pousse par la suite de manière harmonieuse.

Réduisez la longueur de la ramure du quart au maximum, de même que pour les racines. Cela facilite la reprise en stimulant la repousse des parties taillées. Les professionnels parlent d'« habillage ». Vous devez « habiller » la ramure et les racines dans les mêmes proportions et en même temps, pour ne pas provoquer un déséquilibre entre la croissance souterraine et aérienne.

Conseil du Jardinier

DES LAMES AU TOP

Entretenez le fil des lames des sécateurs et ébrancheurs (biseau et contre-biseau) en redressant le fil à l'aide d'une pierre à aiguiser ou d'un affûteur à pastille de carbure de tungstène. N'utilisez jamais de lime pour affûter les lames. Démarrez à la base de l'angle de coupe et affûtez vers l'extérieur de la lame. Affûtez par petits coups légers, ne sciez pas ou ne frictionnez pas.

LA TAILLE DE FORMATION

Cette taille crée la silhouette de la plante. Vous pouvez, par exemple, former la ramure d'un arbre libre, en partant d'une simple pousse.

- Conservez les 3 branches latérales qui se développent à l'extrémité de la longue tige principale, au printemps. Toutes les autres sont éliminées à leur point de départ. Tuteurez le futur tronc afin qu'il reste bien vertical.
- Réduisez les 3 branches principales (charpentières) du tiers de leur longueur, l'hiver venu.
- Taillez pour ôter les pousses en surnombre et accorder toutes les longueurs, au cours de l'hiver de la troisième année.

LA TAILLE DE RAJEUNISSEMENT

- On élimine les vieux rameaux (écorce sombre) en laissant les plus jeunes (écorce verte).

1. Taille de plantation

2. Taille de formation d'un rosier

3. Taille de rajeunissement (recépage d'un thym)

- Dans le cas d'arbustes ou de rosiers laissés à l'abandon, il faut rabattre. Cela signifie une taille sévère à l'ébrancheur, en ôtant plus de la moitié de la longueur des rameaux.
- Dans certains cas, on recèpe, ce qui signifie que l'on taille toute la partie aérienne au ras du sol. Mais seules les espèces rejetant de la souche peuvent être traitées de cette façon, pas plus d'une fois tous les 5 ans.

La taille d'entretien

Dans tous les cas, il faut intervenir après la floraison.

- **Les arbustes de printemps** fleurissent sur des pousses de 1 à 3 ans. Ils se taillent tous les 2 ou 3 ans, selon leur rapidité de croissance. Privilégiez les nouveaux départs qui fleuriront l'année suivante et coupez les branches de plus de 3 ans à leur point de naissance.
- **Les arbustes à floraison estivale** fleurissent sur les pousses de l'année. Taillez en automne, en hiver ou tôt au printemps. Rabattez toutes les branches à 2 ou 3 yeux de leur point de départ. Cette taille sévère évite l'allongement des branches et l'aspect dégarni.
- **Sur les arbustes très vigoureux,** il faut aussi alléger la silhouette, c'est-à-dire éliminer les brindilles chétives et les branches en surnombre.
- **Supprimez aussi le bois mort,** dans un but esthétique et sanitaire. Sur les espèces caduques, opérez pendant la végétation afin de mieux repérer les parties à éliminer.
- **Éliminez les gourmands,** ces pousses sans intérêt, émises par le porte-greffe et qui épuisent la plante. On en voit souvent sur les rosiers. Vous devez les couper aussi près que possible de leur point de départ, sous terre si nécessaire, quitte à creuser un peu à leur base.

Taille d'un forsythia à la scie

La taille de transparence

Cette technique respecte la silhouette naturelle de la plante, mais la simplifie, l'équilibre. Après la taille, la structure principale de l'arbre (ses branches charpentières) doit être visible.

- Laissez passer la lumière. On y parvient en limitant le nombre de branches, en veillant à ce qu'elles ne se gênent pas et se trouvent dans des plans décalés.
- Éliminez systématiquement le bois mort, les parties sèches et abîmées, les brindilles.

tailler (2)

TOUTES LES PLANTES NE SE TAILLENT PAS DE LA MÊME FAÇON... ET L'ON TAILLE DIFFÉREMMENT SELON LES RÉSULTATS DÉSIRÉS. SACHEZ TAILLER AVEC DISCERNEMENT.

LES PLANTES QUI NE SE TAILLENT PAS

Les végétaux dont la croissance est assurée par un seul bourgeon terminal ne doivent pas être taillés. C'est le cas des palmiers, des bananiers, des cycas, des fougères arborescentes. Les formes les plus naines de conifères ne sont pas taillées en raison de leur croissance très lente. Il faut éviter aussi d'intervenir sur les arbres fruitiers à noyaux (hormis le pêcher), de même que sur les plantes de terre de bruyère, sauf lorsqu'une taille de structure est nécessaire.

Ainsi, les camélias n'ont en général guère besoin de taille, sauf pour leur conserver une silhouette harmonieuse et les nettoyer du bois mort. Il en va de même pour les rhododendrons. À noter cependant qu'ils peuvent être taillés très court au bout de nombreuses années, quand ils sont devenus trop dégingandés.

L'ÉLAGAGE

- C'est la taille des grands arbres, qui conjugue à la fois la formation de la silhouette et l'entretien général de la plante. Ne vous inspirez surtout pas de ce qui est souvent fait dans les villes avec les arbres d'alignement. La coupe au niveau du tronc abîme l'arbre et le défigure définitivement. En revanche, vous pouvez réduire la longueur de la ramure jusqu'à un tiers tous les ans, sans risque pour l'arbre, au contraire.
- Si vous faites appel à une entreprise spécialisée, choisissez un élagueur doux, qui respectera la silhouette et la charpente de l'arbre.

LA TAILLE DES TOPIAIRES

- Intervenez plusieurs fois dans l'année, mais laissez toujours un intervalle d'au moins 3 mois entre deux tailles importantes.
- Ne taillez pas en période de gel ou de canicule. Arrosez ensuite la plante et apportez-lui un engrais complet la semaine suivante.
- Maintenez toujours vos outils affûtés, vos lames propres (passées à l'alcool à brûler) entre deux plantes ou avant de ranger l'outil.
- Utilisez des tasseaux, des guides, des gabarits, des armatures pour vous guider.

LES BONS OUTILS

- **Pour les tailles quotidiennes :** le sécateur. Pour les branches de 1 à 3 cm de diamètre, utilisez un ébran-

1. Taille d'un buddléia à l'aide d'un sécateur-ébrancheur

2. Cisaille

3. Taille-haie

1. Élagage

2. Scie de jardinier

3. Ciseaux de jardin

La taille et la loi

- L'article 673 du Code rural précise : « Celui sur la propriété duquel avancent les branches des arbres, arbustes et arbrisseaux du voisin peut contraindre celui-ci à les couper. » Cela signifie que vous n'avez nul droit de prendre l'initiative de couper vous-même une branche qui vous gêne, ou d'abîmer un arbre.
- En passant outre, vous pouvez être poursuivi au titre de l'article R 40 du Code pénal. Il punit de 1 500 à 6 000 euros d'amende, et de 8 jours à 3 mois de prison, ceux qui « auront abattu, mutilé, coupé ou écorcé de manière à le faire périr, un arbre qu'ils savaient appartenir à autrui ».

cheur, sécateur manié à deux mains. Les modèles à démultiplication réduisent l'effort.

- **Pour les haies** : la cisaille ou le taille-haie. Pour couper les branches hautes sans utiliser d'échelle, prenez un échenilloir, sorte de sécateur monté sur un manche télescopique et actionné par une cordelette. Il peut couper 1 cm de diamètre.
- **Pour l'élagage** : la tronçonneuse ou l'élagueur pneumatique. Choisissez une tronçonneuse compacte et légère. Le croissant, sorte de serpe en demi-lune, reste l'outil classique. Monté sur un long manche, il permet de couper une branche de 3 à 4 cm de diamètre.

Pour une haie, taillez les bambous une fois par an.

La scie de jardinier à lame étroite et recourbée sectionne des branches plus importantes. Certains modèles sont montés sur un manche télescopique afin de pouvoir travailler depuis le sol. Une serpe ou une hachette permettent de débiter les branches déjà coupées.

- **Pour les topiaires** : les ciseaux de jardin constituent un bon compromis entre les ciseaux classiques et le sécateur (fait pour couper des bois durs et qui ne convient donc pas pour les pousses tendres des jeunes conifères).

La taille du buis

Taillez au printemps et en septembre. Procédez par temps nuageux. En effet, les feuilles intérieures n'ont jamais vu la lumière. La taille les expose brutalement au soleil... et elles grillent ! Si, le lendemain de la taille, le soleil brille, couvrez votre buis d'un voile de culture. Les tailles sévères sont réservées au printemps, pour que la plante ait le temps de faire de nouvelles pousses. En automne, on se contente d'une taille légère.

La taille des bambous

Les bambous peuvent se tailler une fois par an, pour faire des haies. Procédez en mai-juin, avec la cisaille ou le taille-haie. Coupez le chaume pour réduire la hauteur et les branches pour diminuer le volume. Les bambous nains se fauchent en mars. Quelques semaines plus tard, ils sortiront plus denses et plus beaux. Il est aussi possible de supprimer la moitié des chaumes les plus vieux tous les 2 ans, en fin d'hiver.

protéger, prévenir

En matière de lutte sanitaire, la prévention est toujours la meilleure méthode, la plus efficace, la moins coûteuse et surtout la moins polluante.

Les mesures de prévention

La désinfection des outils et des pots est primordiale..

• Un des principes de base est la **taille sanitaire**. Elle consiste à enlever les organes malades, à brûler les plantes attaquées et à aérer la ramure.

• Cette action est complétée par un **ramassage systématique des feuilles tombées**. Les champignons se conservent au cours de l'hiver sur et sous les feuilles desséchées. Il est donc préférable de ne pas utiliser ces feuilles pour la confection du compost.

• **Le ramassage des chenilles et des insectes** suffit parfois à stopper net leur développement.

• **Désinfectez les outils** avant de tailler, bouturer, greffer, ainsi que les pots et les terrines de semis.

• Assurez-vous du **bon état sanitaire** des plantes à l'achat.

• Respectez des **distances de plantation** confortables. Si l'air circule mal autour et à l'intérieur des plantes, cela concentre l'humidité et fournit des conditions favorables aux maladies.

Choisir les bonnes plantes

- Privilégiez les plantes rustiques. Les mieux adaptées au sol, à l'exposition et au climat du jardin sont moins susceptibles d'être agressées par des maladies ou des ravageurs.
- Choisissez les espèces et variétés naturellement résistantes aux maladies. Les nouveautés de légumes et de fruits sont souvent sélectionnées sur ce caractère.
- Diversifiez les plantations. Une biodiversité maximale limite l'impact des agressions parasitaires, surtout dans les haies et au potager.

Favoriser la bonne santé des plantes

- Renforcez l'équilibre et la richesse nutritive du sol. Amendez lors de chaque nouvelle plantation ou à un changement de terreau dans les pots.
- Supprimez les parties malades, mortes ou abîmées. Intervenez vite, toute blessure constituant un « nid à parasites » et favorisant les infestations.
- Ne mouillez pas le feuillage. Arrosez au pied, surtout les plantes les plus sensibles aux maladies

Reconnaître les carences

- Feuillage jaune-vert, taches rouges sur les nervures. **Manque d'azote** : purin d'ortie (coup de fouet) et engrais complet entre mars et juin (effet à long terme).
- Feuilles vert foncé séchant sans tomber. **Manque de phosphore** : apport de phosphate d'ammonium à l'automne.
- Plantes chétives, bords des feuilles enroulés. **Manque de potasse** : apport de cendres de bois à l'automne et en hiver, et de nitrate de potasse en mars.
- Limbes jaunes et nervures vertes. **Manque de magnésium** : apport d'un engrais riche en magnésie entre mars et juin.
- Feuilles jaune clair. **Sol trop calcaire** : antichlorose.

1. Carence en azote d'une bougainvillée

2. Carence en magnésium d'un hibiscus

3. Carence en potassium d'un rosier

Conseil du Jardinier

Les méthodes alternatives

On désigne sous ce terme des actions qui remplacent les traitements phytosanitaires dans les jardins.

- Planter des arbustes à baies et des fleurs à graines comestibles attire les oiseaux omnivores (alouette, grive, merle, mésange, rouge-gorge, rouge-queue, traquet…) qui dévorent durant l'été des quantités importantes d'insectes.
- Favoriser la présence des insectes utiles.
- Pratiquer la rotation des cultures au potager.
- Systématiser le compagnonnage des plantes : associez des fleurs et des légumes qui s'autoprotègent.
- Sédentariser les amis du jardinier (hérissons, coccinelles, syrphes, oiseaux, crapauds…).

Les oiseaux sont de grands consommateurs d'insectes. Les inviter au jardin avec des arbustes à baies est une méthode naturelle efficace.

cryptogamiques (champignons), tomates, rosiers, pommes de terre, vigne, phlox, asters…

Les signaux d'alerte

- **Un développement chétif** : sol, climat ou exposition inadaptés.

Chlorose de glycine

- **Le jaunissement global du feuillage** : attaque d'insectes piqueurs-suceurs ou conditions défavorables.
- **La décoloration partielle** : mildiou, virus (mosaïque) ou carence.
- **Le brunissement des feuilles ou d'un rameau** : maladie grave (bactériose, pourridié). Des symptômes similaires mais un peu plus rougeâtres traduisent une attaque d'acariens. Un brunissement localisé sur le bord ou la pointe des feuilles indique plutôt un excès d'arrosage ou d'engrais, voire une gelée tardive.
- **Le dessèchement.** Le limbe des feuilles brunit, sèche, devient cassant : insolation, excès d'engrais ou herbicide. S'il s'agit d'un rameau entier : insectes du bois.
- **La chute des feuilles.** Sans jaunissement ou décoloration, ni taches : exposition aux vents dominants.
- **La chute des boutons** : attaque d'un insecte ou pourriture grise (par temps humide), ou sol trop sec.
- **La chute des fleurs** : un manque d'arrosage ou coup de froid.
- **La chute prématurée des fruits.** Taches ou trous signalent la tavelure, la moniliose ou des insectes. Si les fruits sont sains, il s'agit de la « chute physiologique », l'arbre se débarrassant d'un excès de sa production.

Savoir arracher et replanter

- Une plante répétitivement malade est souvent une plante qui n'est pas à sa place. Il suffit parfois de la déplacer dans le jardin (plus au soleil, plus à l'ombre, plus d'espace, dans une terre différente…) pour qu'elle retrouve une seconde vie.
- Une exception pour les rosiers : certaines variétés sont parfois trop sensibles aux maladies. N'hésitez pas à arracher une plante que vous ne pouvez maintenir saine.

protéger, traiter

Les produit de traitement naturels restent des produits de traitement, qui ont une action sur la faune et la microfaune. On ne les emploie pas sans discernement ni précautions.

Les produits admis en bio

La bouillie bordelaise laisse un dépôt bleu.

- **Le soufre.** Il s'utilise en prévention contre l'oïdium et la tavelure des fruits (5 g/m^2). Traitez une fois par mois de février à septembre. Ne traitez pas quand la température excède 15 °C, le produit peut endommager les feuilles et les tiges tendres. Utilisez alors de la décoction de prêle.
- **Le cuivre.** Il est utilisé en solution dans une bouillie, dite « bordelaise ». Il est préventif, en traitement d'automne, après la chute des feuilles, puis en février-mars, avant l'éclosion des bourgeons, et curatif, durant la belle saison.
- **Les huiles.** On utilise l'huile de colza et de paraffine contre les insectes sur les troncs des fruitiers. Ces huiles endommagent la cuticule des insectes et obstruent leurs organes de respiration. On peut pulvériser pure l'huile de colza vendue pour la cuisine, en la mélangeant avec un peu de savon noir.
- **Le savon noir.** Dilué, il combat les insectes.

Les purins végétaux

- Les macérations, infusions et décoctions de plantes (ortie, prêle, consoude, fougère, absinthe, ail, camomille, sureau, tanaisie) n'ont jamais pu prouver scientifiquement leur efficacité. Mais leur teneur en oligoéléments et vitamines diverses joue un rôle éliciteur, qui renforce les défenses des plantes. On peut aussi observer un effet plus ou moins répulsif vis-à-vis de certains insectes, mais très variable selon les conditions.
- En revanche, les purins végétaux constituent d'excellents engrais organiques, faciles et pas chers à fabriquer. Attention : ne jamais les utiliser purs.

Une gestion citoyenne des produits

- Lisez attentivement l'étiquette pour respecter les doses et les conditions d'emploi.
- Ne versez jamais dans un fossé, dans l'évier ou dans les toilettes les produits inutilisés ou inutilisables, qu'ils soient bio ou non. Les emballages vides ne sont pas mis à la poubelle, mais déposés dans un

1. Plantes pour purin végétal

2. Préparation d'un purin de prêle

Zoom sur les pièges à phéromones

Il s'agit de molécules chimiques sécrétées naturellement par les insectes et qui sont des attractifs sexuels. La technique, que l'on nomme la « confusion sexuelle », consiste à disposer les phéromones sur une plaque de glu pour capturer les mâles qui ne peuvent donc plus se reproduire. Cette technique est utilisée pour les carpocapses, les processionnaires du pin et la mineuse du marronnier, ainsi que pour certains diptères (mouche méditerranéenne des fruits, mouche de l'olive).

centre de traitement qui les incinérera à 1 100 °C. L'énergie produite par cette combustion est transformée en électricité.

- Ne traitez pas de l'ouverture des premières fleurs jusqu'à la chute des dernières.

L'art de bien traiter

Une pulvérisation (soufre, cuivre, huiles blanches, savon noir...) exige le respect de quelques règles simples.

Filtrez bien les purins avant la pulvérisation.

- La lance doit être équipée d'une buse réglable, afin de permettre la formation de fines gouttelettes. Quand quelques gouttes ruissellent au bout des feuilles, suspendez la pulvérisation pour ne pas surdoser.
- Il ne doit pas y avoir de vent pour éviter la dérive du produit pulvérisé, pas de températures trop élevées non plus afin de ne pas brûler les feuilles, ni de rosée qui dilue les substances actives. S'il pleut dans les heures qui suivent le traitement, son effet sera annulé.
- La pulvérisation doit atteindre le revers des feuilles.

Les soins obligatoires

La loi fait obligation de traiter lorsqu'un ravageur se montre particulièrement virulent ou qu'une maladie met en péril la pérennité d'une culture. C'est le cas pour le charançon rouge du palmier (*Rhynchophorus ferrugineus*), la chrysomèle du maïs (*Diabrotica virgifera virgifera*), le feu bactérien du poirier (*Erwinia amylovora*), la cicadelle de la flavescence dorée (*Scaphoïdeus titanus*), qui atteint les vignes et bien d'autres encore.

La protection biologique intégrée

Matérialisé par l'abréviation PBI, ce terme désigne la régulation des ravageurs à l'aide d'auxiliaires, organismes vivants prédateurs ou parasites.

- **Les prédateurs.** Ils dévorent les insectes que l'on souhaite éliminer. C'est le cas des larves de coccinelles et de chrysopes, et de la cécidomyie *Aphidoletes aphidimyza*, utilisées contre les pucerons. On trouve aussi des punaises, *Macroglophus caliginosus*, qui dévorent les aleurodes (mouches blanches), et *Anthocoris nemoralis*, prédatrice des psylles. Des acariens (*Phytoseiulus persimilis*) se nourrissent des tétranyques (araignées rouges). La coccinelle *Cryptolaemus montrouzieri* est efficace sur les cochenilles farineuses.
- **Les parasites.** On devrait plutôt dire « parasitoïdes », car ils se développent dans un autre organisme qu'ils tuent, ce qui n'est pas le cas de tous les parasites. Il peut s'agir d'insectes qui pondent dans d'autres insectes (par exemple, *Aphelinus mali* sur les pucerons lanigères du pommier) ou de nématodes (vers microscopiques) utilisés contre les limaces (*Phasmarhabditis hermaphrodita*), les noctuelles, tipules et courtilières (*Steinernema carpocapsae*) ou les otiorhynques et les larves de hannetons (*Heterorhabditis bacteriophora*).

Savoir identifier ses ennemis, c'est la meilleure façon de choisir les parades adaptées pour s'en débarrasser au plus vite, et de la manière la plus durable possible.

Les ennemis et maladies

Les ennemis et maladies des feuilles

Acariens

Les feuilles se décolorent, jaunissent ou prennent un aspect plombé. On aperçoit parfois de très fines toiles entre les rameaux. La plante brunit totalement et dépérit très vite.

Responsables Les acariens, ou « araignées rouges », petits animaux rouge brique à jaune clair selon les espèces.

Gravité Sur les espèces herbacées, les attaques d'acariens peuvent être catastrophiques. Sur les arbres et les arbustes, seules les infestations répétées sont vraiment à redouter, car souvent fatales.

Conditions favorables Les températures supérieures à 20 °C et l'air sec.

Précautions Des brumisations régulières contrarient le développement des acariens, qui redoutent l'humidité.

Traitement naturel Sous abri, on peut utiliser deux acariens auxiliaires : *Phytoseiulus persimilis* et *Amblyseius californicus*.

Plantes sensibles Les pommiers, les agrumes, les charmes, les rosiers, les palmiers, les tilleuls, les épicéas et de nombreuses plantes à massif.

Période Juin à septembre.

Aleurodes

Les plantes deviennent collantes et cessent de pousser. Les feuilles se couvrent d'un champignon noir à l'aspect de suie : la fumagine.

Responsables Les aleurodes, ou « mouches blanches », insectes de petite taille (de 1 à 3 mm) extrêmement prolifiques.

Gravité Les plantes atteintes sont affaiblies et peu attrayantes. Sans traitement efficace, elles finissent par mourir d'épuisement sous les piqûres des insectes.

Conditions favorables Les aleurodes préfèrent les fortes chaleurs. C'est dans les serres chaudes ou dans les intérieurs qu'ils se trouvent le mieux.

Précautions Vérifiez au moment de l'achat d'une plante d'intérieur qu'elle soit parfaitement indemne de « mouche blanche ». Sortez les planches durant l'été.

Traitement naturel Piégez les aleurodes avec une plaque jaune vif enduite de glu ou pratiquez la lutte biologique avec *Encarsia formosa*, minuscule guêpe parasite, efficace sous abri. Vous pouvez aussi pulvériser une solution à base de savon noir, additionnée d'un peu d'huile végétale pour détruire les larves et les œufs.

Plantes sensibles Plantes herbacées, quelques arbustes (troène, hibiscus, lilas...). Plantes de la maison.

Période Mars à l'intérieur. Juin au jardin.

Alternariose

Des taches brunes au centre clair apparaissent sur les feuilles. Elles peuvent se couvrir, par temps humide, d'un feutrage brun. Les feuilles se dessèchent ou pourrissent, puis tombent.

Responsable Cette maladie cryptogamique, redoutable au potager et dans les massifs, est provoquée par divers champignons du genre *Alternaria*.

Attaque d'acariens sur des feuilles de haricot

Le miellat sucré des aleurodes attire les fourmis.

Attaque d'alternariose sur une orchidée

Taches d'anthracnose sur le noisetier

Une dentelle de feuilles due aux chenilles

Cochenilles farineuses

Gravité La maladie reste généralement limitée aux feuilles basses. Elle est dangereuse pour les semis.

Conditions favorables Un temps très humide et doux, avec des alternances de périodes humides et ensoleillées.

Précautions Coupez les premières feuilles atteintes. Au potager, évitez le retour chaque année d'une culture sensible sur la même planche. Utilisez si possible des variétés résistantes.

Traitement naturel Supprimez et brûlez les feuilles contaminées dès l'apparition des premiers symptômes, pour limiter l'extension de la maladie.

Plantes sensibles Les plantes potagères (céleri, carotte, persil, chou) et à massif (pélargonium, œillet, cinéraire, zinnia).

Période Avril à juin.

Anthracnose

De grandes plages brunes apparaissent sur les feuilles. Les tiges et les rameaux sont atteints. La plante s'affaiblit.

Responsable Les champignons qui provoquent cette maladie s'attaquent chacun à un groupe de plantes spécifique.

Gravité Cette maladie spectaculaire endommage peu les arbres, mais les jeunes plants de pois et de haricots touchés peuvent être détruits.

Conditions favorables Les printemps chauds et humides.

Précautions Utilisez des semences potagères traitées et des variétés résistantes.

Traitement naturel Sur les arbres, taillez les rameaux atteints. Ramassez les feuilles tombées et jetez-les. Arrachez et brûlez les haricots malades. À la fin de l'hiver, une pulvérisation de bouillie bordelaise est efficace sur les arbres.

Plantes sensibles Pois, haricot, melon, pomme de terre, tomate, cassis, fraisier, framboisier ; saule, platane, noyer.

Période Avril-mai.

Chenilles

L'épiderme des feuilles est perforé ou découpé.

Responsables Il s'agit de larves de papillons diurnes ou nocturnes, dont certaines attaquent les plantes de manière plus ou moins spécifique.

Gravité Sur les arbres ou les arbustes, les défoliations répétées épuisent fortement la plante (photosynthèse impossible).

Précautions Inspectez le feuillage régulièrement. Certaines chenilles se regroupent dans des nids au bout des branches (processionnaires, hyponomeutes) ; coupez et brûlez les nids. Éliminez les jeunes chenilles à la main (portez des gants).

Traitement naturel En automne, arrachez et brûlez les plantes herbacées infestées. Pensez à écraser les œufs. Vous pouvez aussi recourir à la lutte biologique avec des préparations à base de *Bacillus thuringiensis* (Bactospéine).

Plantes sensibles Presque toutes, surtout les arbres fruitiers, les pins.

Période Avril à juin.

Cochenilles

Les plantes deviennent collantes et se couvrent de fumagine. Les rameaux infestés se dessèchent. On peut constater la présence de cochenilles installées sous les feuilles, sur les pousses ou les branches, dont elles prélèvent la sève.

Responsables Les cochenilles sont des insectes piqueurs-suceurs recouverts d'une coque cireuse ou pulvérulente qui leur sert de carapace.

Gravité Un arbre ou un arbuste très atteint peut dépérir complètement.

Conditions favorables Les températures élevées et les atmosphères humides.

Précautions Coupez lors de la taille hivernale, puis brûlez les rameaux atteints. Éliminez les plantes trop infestées.

Traitement naturel En hiver, pulvérisez un anticochenille à base d'huile blanche. En mai-juin, quand les larves éclosent, faites deux pulvérisations d'un mélange de savon, d'huile et d'alcool, à une demi-heure d'intervalle. En cas d'attaque légère, supprimez les cochenilles une à une, avec l'ongle. Auxiliaires efficaces : *Metaphycus helvolus* ou *Cryptolaemus montrouzieri* (coccinelles).

Plantes sensibles Cornouiller, tilleul, groseillier, mûrier, houx, laurier-rose, camélia, figuier, fusain du Japon, lilas, sophora, pommier, poirier, hortensia, cactées, agrumes, olivier, palmiers...

Période Toute l'année (plantes d'intérieur). Juin à septembre (au jardin).

Limaces et escargots

Les épidermes foliaires et les jeunes pousses sont dévorés et marqués par une traînée brillante de mucus.

Responsables Plusieurs espèces de gastéropodes provoquent de graves nuisances aux cultures. Les plus redoutables vivent juste sous la surface du sol et sortent la nuit.

Gravité Les jeunes plants repiqués et les plantules issues de semis peuvent être entièrement détruits en une nuit.

Conditions favorables Forte humidité au niveau du sol, température de plus de 10 °C.

Précautions Protégez chaque jeune plante sous une bouteille en plastique. Pendant la journée, piégez limaces et escargots sous des abris (tuiles, planches), dans des récipients remplis de bière. Vous pouvez aussi mettre des feuilles de laitue devant les plantes fragiles ou planter des œillets d'Inde pour que les gastéropodes les dévorent.

Traitement naturel Épandez autour des plantes les plus menacées un antilimaces en granulés, comme le phosphate ferreux, qui se dégrade en substances inoffensives, ou pratiquez la lutte biologique avec des nématodes (*Phasmarhabditis hermaphrodita*). Carabes, grenouilles, crapauds, lézards, hérissons et poules sont des ennemis naturels.

Plantes sensibles Hostas, toutes espèces potagères et jeunes pousses florales.

Période Mars-avril, automne.

Maladie des taches noires

Les feuilles basses se couvrent de grosses taches noires bien rondes, puis le limbe jaunit et sèche rapidement, les feuilles tombent. Les pieds de rosiers peuvent perdre entièrement leur feuillage.

Responsable Le marsonia est une maladie due à un champignon microscopique appartenant au genre *Marsonina*.

Gravité Privées de leurs feuilles, les plantes s'affaiblissent progressivement.

Conditions favorables Des pluies régulières et des températures clémentes au printemps.

Précautions Privilégiez les variétés les moins sensibles (roses modernes). Paillez les plantes avec du terreau de feuilles ou du terreau avant le débourrement pour éviter que des spores hivernales ne jaillissent du sol.

Traitement naturel Enlevez impérativement les feuilles tombées et taillez les tiges contaminées. Éventuellement, traitez au soufre.

Plantes sensibles Surtout les rosiers, mais aussi le peuplier, le bouleau et l'érable.

Période Mars à septembre.

Mildiou

Des taches claires, huileuses, apparaissent sur les feuilles. Au revers, un léger feutrage blanc, dense, est visible. La lésion s'étend et se nécrose, puis petit à petit, la feuille se dessèche.

Responsable Le mildiou, maladie très répandue sur la vigne, la plupart des légumes et surtout la pomme de terre, mais rare sur les plantes ornementales.

Gravité La récolte est compromise, la plante fortement attaquée peut mourir.

Conditions favorables Une forte humidité de l'air et une température douce.

Précautions Ne plantez pas trop serré et évitez de cultiver les plantes sensibles dans les zones trop humides. Pour obtenir une bonne circulation de l'air autour de la plante, désherbez régulièrement. Observez des rotations de culture de 3 ans.

Traitement préventif À titre préventif, des applications régulières de bouillie bordelaise sont efficaces.

Traitement naturel Supprimez les feuilles contaminées et, si nécessaire, coupez les tiges atteintes.

Plantes sensibles La vigne, la tomate et la pomme de terre.

Période Avril à juin, automne.

Limace grise, redoutable au potager

Maladie des taches noires sur le rosier

Le mildiou de la vigne met la plante en péril.

Feutrage d'oïdium sur une feuille de mahonia

Attaque d'otiorhynques

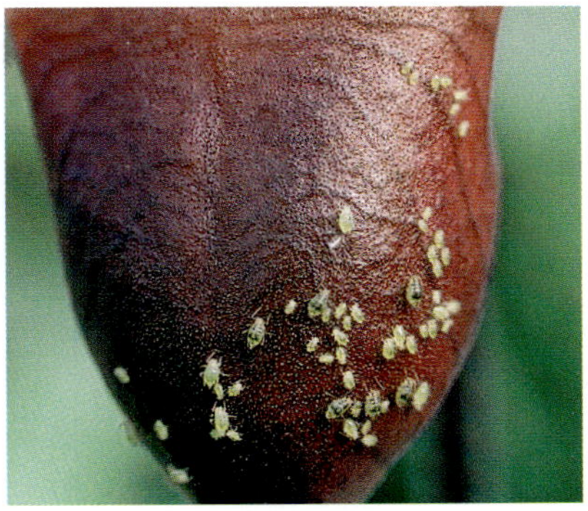

Sabot de Vénus attaqué par les pucerons verts

Oïdium

Un feutrage blanc grisâtre, d'aspect farineux, tapisse les feuilles, les nouvelles pousses et les boutons floraux. Les jeunes feuilles attaquées se déforment et dans certains cas se perforent.

Responsable Souvent appelé « maladie du blanc », l'oïdium est très fréquent. Chaque plante ou presque est attaquée par un oïdium plus ou moins spécifique.

Gravité Les arbres ou les arbustes peuvent être affaiblis, la floraison des rosiers est diminuée. Les plantes herbacées sont plus gravement touchées.

Conditions favorables Les ambiances confinées, une certaine fraîcheur (15 °C) et de l'air chargé d'humidité.

Précautions Arrosez et nourrissez bien les plantes ; paillez pour éviter la sécheresse du sol. Choisissez des variétés peu sensibles. Évitez l'excès d'engrais azoté, qui rend les plantes plus sensibles à la maladie.

Traitement naturel Rabattez les tiges contaminées au printemps et en été. Ramassez les feuilles mortes et brûlez-les.

Plantes sensibles Rosier, pommier, laurier-cerise, chêne, mahonia, fusain, lagerstroemia, berbéris, bégonia, phlox, aster, dahlia, vigne.

Période Mai à octobre.

Otiorhynques

Le bord des feuilles est découpé et elles se dessèchent subitement.

Responsable Ce sont des petits charançons (de 5 mm à 1 cm de long), aux mœurs nocturnes, qui provoquent sur les haies et en pépinière des dégâts considérables. Les adultes découpent le bord des feuilles tandis que les larves vivant dans le collet des plantes provoquent leur dessèchement.

Gravité Les larves, invisibles car elles se trouvent dans le sol, sont plus nuisibles que les adultes sur les feuilles.

Conditions favorables Les plantes élevées dans un mélange tourbeux, notamment en jardinières, sont plus facilement attaquées par les larves d'otiorhynques.

Précautions Lors de la décoration des jardinières, remplacez l'ancien terreau par du substrat neuf.

Traitement naturel La pulvérisation, le soir, au printemps et en automne, d'une solution de nématodes entomopathogènes (*Heterorhabditis megidis* et *Steinernema kraussei*) donne de bons résultats lorsque la température est comprise entre 13 et 25 °C.

Plantes sensibles Arbustes (troènes et lilas surtout) et quelques plantes annuelles et vivaces ; fraisiers.

Période Juin à septembre.

Pucerons

Les feuilles et les jeunes pousses se recroquevillent et s'enroulent. Du miellat s'écoule, sur lequel se développe la fumagine (risque de viroses).

Responsables Les pucerons, regroupés en colonies, sucent la sève des plantes. Ils sont noirs, verts, gris cendré, roses, jaunes ou mauves, et certains portent des ailes (femelles sexuées).

Gravité Les attaques sont spectaculaires, mais les plantes sont le plus souvent peu affectées. Toutefois, les pucerons transmettent des viroses, d'où la nécessité de les combattre avec constance.

Conditions favorables Après un hiver doux, les attaques sont plus virulentes.

Précautions Coupez et brûlez les jeunes pousses déformées par les piqûres.

Traitement naturel Les premières colonies s'éliminent facilement à la main ou au jet d'eau. De nombreux auxiliaires existent. Préférez *Adalia bipunctata*, coccinelle européenne, à *Harmonia axyridis*, espèce asiatique qui perturbe l'équilibre écologique. Ou utilisez la forme non volante 'Coccibelle'. La chrysope (*Chrysoperla lucasina*), insecte autochtone, est également à préconiser.

Plantes sensibles Quasiment aucun végétal n'est épargné par les pucerons.

Période Toute l'année, surtout d'avril à juin.

Rouilles

De petits points jaune orangé apparaissent sur le dessus des feuilles, des pustules en garnissent le revers. Les tissus se nécrosent et meurent.

Responsable Il s'agit d'in champignon microscopique.

Gravité Les plantes attaquées sont généralement peu affectées (chute prématurée des feuilles), mais deviennent vite inesthétiques.

Conditions favorables Temps chaud et humide, ambiance confinée.

Précautions Le champignon se conservant en hiver sur les feuilles tombées au sol, elles doivent être ramassées et brûlées pour éviter de transmettre la maladie.

Traitement naturel Ramassez les feuilles malades. Pour éviter la germination des spores, ne mouillez pas le feuillage en arrosant. Vous gagnerez aussi à améliorer la circulation de l'air autour de la plante.

Plantes sensibles Rosier, mahonia, buis, millepertuis, pervenche, chrysanthème, œillet, rose trémière, menthe, pélargonium, poireau, ail, saule, prunier, cytise, peuplier, haricot.

Période Mars à septembre.

Feuille de haricot couverte de pustules de rouille.

Thrips

Les feuilles attaquées prennent des reflets argentés et sèchent. Les fleurs sont parfois déformées.

Responsable Ces petits insectes, bruns, gris ou noirs, vivent cachés sous les feuilles et à l'intérieur des fleurs. Ils sont vraiment redoutables, car prolifiques.

Gravité En serre, les dégâts sont importants, voire catastrophiques. Au jardin, les plantes résistent plutôt mieux.

Conditions favorables La sécheresse et les fortes températures favorisent la reproduction des thrips.

Précautions Ne plantez pas de bulbes de glaïeuls attaqués, car les thrips se conservent en hiver entre leurs écailles. Coupez les feuilles attaquées et brûlez-les.

Traitement naturel En serre, utilisez l'acarien prédateur *Amblyseius cucumeris* (température optimale 25 °C). Au jardin, utilisez un mélange de savon noir liquide et d'huile de colza.

Plantes sensibles Tomate, pois, oignon, poireau, laurier-tin, lilas, troène, glaïeul, iris, reine-marguerite.

Période Mai à septembre.

Attaque de thrips sur de jeunes lilas.

Les ennemis et maladies des racines

Nématodes

La plante jaunit et flétrit. Sur les racines apparaissent de petites galles. Dans les cas extrêmes, les racines pourrissent et la plante meurt.

Responsables Du diamètre d'un cheveu, ces vers de 1 mm de long à peine vivent dans le sol ou dans les terreaux et se nourrissent des racines des plantes. Les attaques sont surtout fréquentes sur les cultures intensives.

Gravité Peu fréquentes, les infestations contaminent le sol pour plusieurs années.

Conditions favorables Les sols légers et humides, les zones riches en compost.

Précautions Les végétaux atteints doivent être arrachés, puis brûlés et non compostés. Pour les plantes fleuries et d'intérieur, utilisez un terreau du commerce sans le mélanger à la terre du jardin. Dans un sol contaminé, un labour profond en été détruit un grand nombre de nématodes. Un changement

Invisibles, les nématodes sévissent dans le sol.

Le phytophthora dessèche les rameaux.

Le pourridié des racines détruit la plante.

de la terre du massif ou de la planche est idéal.

Traitement naturel Une nouvelle voie s'ouvre avec des champignons : *Arthrobotrys irregularis* étrangle les nématodes avec ses filaments, *Paecilomyces lilacinus* perce la coque de l'œuf grâce aux enzymes que sécrètent ces mêmes filaments.

Plantes sensibles Presque toutes.

Période Toute la période de végétation.

Phytophthora

La plante semble manquer d'eau, ses feuilles se flétrissent ; elle peut se dessécher subitement. Sur les conifères, des rameaux fanent et brunissent en partant de la base de l'arbre. Les racines et le collet présentent une pourriture sèche.

Responsables Ce sont des champignons microscopiques, du même groupe que les mildious qui apparaissent sur les feuilles ; ceux-ci s'attaquent aux systèmes racinaires. Rares dans les jardins, ils se rencontrent fréquemment dans les cultures en pots, bacs, conteneurs, jardinières.

Gravité Il s'agit d'une des maladies les plus graves en pépinière. Les plantes atteintes meurent systématiquement.

Conditions favorables Les sols très humides, compacts, asphyxiants. Le phytophthora est assez rare en pleine terre.

Précautions Veillez à ce que le sol soit bien drainé. Assurez un bon système de drainage de la fosse de terre de bruyère. Ne plantez pas de conifères ou d'Éricacées dans un sol contaminé avant 5 ans. Évitez de pailler avec des écorces de pin.

Traitement naturel Seule la prévention est efficace.

Plantes sensibles Les plantes de terre de bruyère et les conifères cultivés en bacs.

Période Juin à septembre.

Pourridié racinaire

L'arbre contaminé ne pousse plus, ses branches dépérissent. Parfois, il se dessèche complètement. Un feutrage blanc à forte odeur de champignon apparaît à la base, sous l'écorce qui se décolle.

Responsables Cette maladie souterraine est provoquée par des champignons qui poussent au pied de leurs victimes, dont ils détruisent le système racinaire. L'armillaire couleur de miel est le plus fréquent.

Gravité Les plantes atteintes sont condamnées. La maladie peut gagner d'autres végétaux dans les environs.

Conditions favorables Les terres humides, étouffantes. Les attaques démarrent souvent sur une vieille souche, sur des arbres affaiblis ou porteurs de blessures sur les racines (faites attention lors du binage).

Précautions Nourrissez régulièrement les plantes et protégez leur base avec un paillage qui ne se compacte pas (minéral). Abattez tout arbre malade et arrachez la souche avec les racines. N'effectuez aucune plantation dans le sol contaminé. Une tranchée autour de l'arbre limite la propagation du champignon. Attendez 5 ans pour replanter.

Traitement naturel Seul un changement complet de la terre est valable, ainsi qu'une jachère.

Plantes sensibles Toutes, surtout les Rosacées et les Éricacées.

Période Mars à mai, septembre-octobre.

Taupin

La plante attaquée flétrit et se dessèche très rapidement. Les tubercules perforés pourrissent.

Responsable La larve du taupin, assez allongée et de forme cylindrique, est de teinte jaune. Elle est appelée « ver fil de fer » et vit de 5 à 7 ans dans le sol avant de devenir adulte. Elle mange les racines des plantes et pénètre même à l'intérieur du collet ou dans les tubercules.

Gravité Les attaques sont très localisées, mais les plantes atteintes sont presque toujours condamnées.

Conditions favorables Les vers fil de fer apprécient l'humidité et la richesse d'un sol humifère, souple et frais.

Précautions La rotation des cultures avec des plantes ignorées par les taupins : oignon, laitue, luzerne (engrais vert), tournesol réduisent les pullulations de vers fil de fer.

Traitement naturel *Metarhizium anisopliae* est un champignon entomopathogène des taupins, utilisé en Australie et au Canada, mais pas encore homologué en Europe, malgré d'excellents résultats obtenus sur le blé et les pommes de terre.

Le taupin commun est un gros coléoptère.

Le ver blanc ronge les racines au printemps.

Plantes sensibles Pomme de terre, salade, carotte, asperge, fraisier, légumineuses.

Période Juin à août.

Ver blanc

Morsures et trous, nettement plus gros que ceux provoqués par les « vers fil de fer ».

Responsable La larve du hanneton, appelée « ver blanc », est blanche avec l'extrémité du corps noirâtre. Elle vit dans le sol et se recourbe en arc dès qu'elle est exposée au jour. Elle vit 3 ans dans le sol et dévore les racines et les tubercules.

Gravité Les dégâts peuvent être importants. Les jeunes plantes atteintes sont souvent condamnées.

Conditions favorables C'est souvent à proximité des zones boisées où vivent les adultes que les attaques de vers blancs sont les plus fréquentes.

Précautions Des binages ou des sarclages répétés du printemps à l'été limitent les populations larvaires. Récoltez un maximum d'adultes pour les brûler.

Traitement naturel La lutte biologique se pratique de mi-juillet à mi-août, avec des arrosages de *Heterorhabditis bacteriophora*, nématodes parasites présentés comme une poudre à diluer. Le sol doit être humide et la température de 12 °C au moins.

Plantes sensibles Tous les végétaux herbacés du jardin (parfois les racines d'arbustes). Risques réels au potager.

Période Mars à septembre.

Les ennemis et maladies des tiges et des fleurs

Le bupreste provoque le brunissement des arbres attaqués.

Bupreste

Les branches se dessèchent subitement et brunissent. Sous l'écorce, une galerie sinueuse de 2 à 3 mm de large, garnie de sciure, est occupée par la larve.

Responsable Redoutables ravageurs, les larves plates et blanches des buprestes, coléoptères de couleur noire, creusent les troncs.

Gravité Les attaques sont très graves. Elles provoquent le dépérissement des conifères, et particulièrement des thuyas.

Conditions favorables Les haies monospécifiques sont les plus exposées.

Précautions Évitez de planter des haies de *Thuja plicata* 'Atrovirens' dans les régions infestées. Dès qu'un dessèchement survient, la branche doit être coupée, pour piéger la larve dans sa galerie.

Traitement naturel Il faut couper et brûler les branches desséchées avant l'été, afin que les insectes adultes n'aient pas le temps d'émerger de leurs galeries.

Plantes sensibles Les thuyas, chamaecyparis, juniperus, chênes.

Période Toute l'année.

Capricornes

Des dessèchements de branches peuvent survenir, mais le plus souvent, les capricornes sont repérables par des amas de sciure au pied des arbres ou de gros trous dans l'écorce. Certaines espèces attaquent les charpentes des maisons.

Responsable Ce sont des coléoptères reconnaissables à leur corps allongé et à leurs très longues antennes.

Gravité Très dommageables sur les vieux chênes, qui peuvent en mourir, les attaques de capricornes sont souvent plus localisées sur les autres arbres.

Conditions favorables Le capricorne du chêne ne s'installe que sur les arbres affaiblis, vieillissants ou malades.

Précautions Stimulez la vigueur des arbres (fertilisation, arrosage, amendements organiques, taille) pour renforcer leurs défenses naturelles.

Traitement naturel Aucun traitement direct n'est efficace lorsque les attaques sont décelées. Il faut couper et brûler les rameaux au plus vite.

Plantes sensibles Chêne, peuplier, noisetier, saule et eucalyptus.

Période Mars à septembre.

Le capricorne est un redoutable xylophage.

Le chancre peut détruire l'arbre entier.

Chancres

Des branches se dessèchent. L'écorce se craquelle, des bourrelets se forment, de petits points colorés peuvent apparaître. Sur les conifères, de la résine s'écoule par les parties blessées.

Responsables Ces champignons envahissent le bois vivant et le détruisent.

Gravité Très difficiles à soigner, ils peuvent entraîner la mort de l'arbre.

Conditions favorables Les blessures favorisent la pénétration des champignons.

Précautions Taillez les arbres sensibles, en l'absence de pluie, avec des outils désinfectés à l'alcool. Ne cultivez pas d'arbres sensibles en sol argileux, humide ou mal drainé.

Traitement naturel Sur un jeune arbre, curetez les chancres dès leur apparition et badigeonnez-les de mastic fongicide ; supprimez les branches malades en hiver. Sur les pommiers, appliquez de la bouillie bordelaise à la chute des feuilles.

Plantes sensibles Châtaignier, érable, marronnier, albizia, sophora, cyprès de Leyland, pin noir, séquoïa, pommier.

Criocères

Feuilles, puis tiges et fleurs sont dévorées par des larves très actives.

Responsables Ces jolis insectes, aux couleurs vives lorsqu'ils sont adultes, donnent naissance à des larves particulièrement voraces. Il en existe plusieurs espèces.

Gravité Les plantes attaquées peuvent être totalement détruites.

Précautions Les adultes, aisément visibles, peuvent être récoltés à la main et détruits dès leur apparition, avant qu'ils aient eu le temps de pondre. Agissez rapidement, car ils se laissent tomber à terre en cas de danger et ne sont plus accessibles. Éliminez tout déchet de culture où les criocères seraient susceptibles d'hiverner.

Traitement naturel Inspectez régulièrement les lis à partir d'avril pour les y traquer ; ramassez les adultes à la main et délogez les œufs et les larves au jet d'eau. Les pulvérisations d'huile de paraffine et de savon noir sont très efficaces et sans risque pour l'environnement.

Plantes sensibles Lis (surtout les lis blancs), fritillaires, asperges, graminées.

Période Mars à septembre.

Le criocère du lis est un coléoptère.

Attaque de feu bactérien sur un cotonéaster

Feu bactérien

Dès l'apparition des premières chaleurs, des rameaux ou des jeunes pousses se dessèchent brutalement. La tige ou le bois prend une teinte noire, huileuse. La plante paraît brûlée et meurt rapidement.

Responsable Provoquée par la bactérie *Erwinia amylovora*, cette maladie est redoutable, car elle s'étend rapidement et ne peut être soignée de manière curative.

Gravité Le feu bactérien est extrêmement dangereux, car la maladie est incurable et contagieuse sur les cultures.

Conditions favorables La pluie, le vent, les insectes, les plaies de taille contribuent à disséminer la maladie.

Précautions Lors des plantations, il faut privilégier les variétés résistantes disponibles. Renseignez-vous bien lors de l'achat.

Traitement naturel Coupez au plus vite les branches et les rameaux desséchés. Supprimez et brûlez les arbres ou les arbustes les plus atteints. Désinfectez les outils de taille à l'alcool à brûler. Éliminez les chancres.

Plantes sensibles Aubépine, cognassier du Japon, cotonéaster, pommier, poirier, pyracantha, sorbier, néflier, photinia.

Période Juin à août.

Le flétrissement de la clématite est très soudain.

Flétrissement

La plante attaquée flétrit brutalement, puis se dessèche.

Responsable Cette maladie cryptogamique, due à des champignons du genre *Ascochyta* et *Fusarium*, provoque aussi des taches noires.

Gravité La maladie reste heureusement localisée à une ou deux branches, atteignant rarement la totalité de la plante.

Conditions favorables Un sol compact, asphyxiant, humide.

Précautions Coupez les pousses flétries et mastiquez bien les plaies de taille. Drainez le sol. Après une forte attaque, évitez de cultiver d'autres plantes sensibles au même endroit pendant plusieurs années.

Traitement naturel Buttez les plantes malades. En cas d'attaque sévère, arrachez-les. Pour le flétrissement de la clématite, rabattez les pousses contaminées au niveau du sol. Si les symptômes se reproduisent, enlevez la terre sur une profondeur de 30 cm et détruisez la plante malade. Changez la terre et replantez.

Plantes sensibles Clématites (*Clematis jackmanii, C. montana*), mais aussi hortensia, lilas, pin, chrysanthème, abricotier.

Période Toute la durée de la végétation.

Fonte des boutures de géraniums

Fonte des semis et des boutures

Attaquée au niveau du collet, la plantule s'effondre subitement. Sur les boutures affectées, la base de la tige devient noire et ramollit.

Responsables Ces maladies au développement rapide ne touchent que les toutes jeunes plantes. De nombreux champignons provoquent les mêmes affections : *Phytophthora, Pythium, Botrytis...*

Gravité Des cultures entières peuvent être détruites. La progression de la maladie est très rapide.

Conditions favorables Les basses températures et la présence d'eau stagnante au pied des plantes, un sol compact.

Précautions Les terrines et les outils utilisés pour le rempotage doivent être désinfectés. Il est recommandé d'employer un terreau très léger et toujours neuf.

Traitement naturel Assurez un drainage efficace. Espacez bien les jeunes semis ou les boutures. Maintenez une bonne ventilation, indispensable pour réduire l'humidité favorisant la fonte.

Plantes sensibles Toutes les plantes.

Période Les toutes premières semaines après la levée des semis, le repiquage ou le bouturage.

Pourritre grise sur une fleur

Pourriture grise

Des taches brunes ou blanches apparaissent sur les boutons, les pétales ou les fruits, qui se couvrent ensuite d'un feutrage grisâtre caractéristique.

Responsable Un champignon très répandu, *Botrytis cinerea,* s'installe sur les tiges et les feuilles, mais c'est sur les fleurs et les fruits qu'il se montre le plus redoutable.

Gravité Les fleurs sont détruites, les fruits atteints sont irrécupérables et la pourriture se propage vite. Chez les plantes herbacées, la mort est certaine.

Conditions favorables Les excès d'humidité, les atmosphères confinées dans les serres ou les châssis peu aérés. Les plantations trop serrées.

Précautions Coupez les organes attaqués, desserrez les plantes. Réduisez les arrosages. Aérez les serres et les châssis. Évitez de mouiller le feuillage ou les fleurs lors des arrosages. Ne laissez pas les plantes mouillées dans un lieu confiné.

Traitement naturel Coupez les fleurs touchées et les parties mortes et blessées des plantes sensibles. Rabattez les parties infectées sur du tissu sain. Ne vaporisez pas.

Plantes sensibles Cyclamen, lis, pivoine et toutes les fleurs à massif ou en jardinières (surtout les grosses) ; plantes potagères (surtout les fraisiers et la vigne).

Période Juin à septembre.

Teigne

Les feuilles sont perforées, elles se décolorent et se dessèchent. Lorsque la larve atteint le fût, la pourriture du plant est possible, la plante est inconsommable.

Responsable Le « ver du poireau » vit souvent en groupe et s'attaque aux feuilles et à la tige. Ces larves de petits papillons sont réputées pour leur voracité.

Gravité Les plantes peuvent être entièrement détruites. La lutte est difficile.

Conditions favorables Les hivers doux favorisent les attaques précoces.

Précautions Surveillez bien la culture. Dès les premiers symptômes, coupez les feuilles atteintes. En cas de forte attaque sur de jeunes poireaux, rabattez les plants très court.

Traitement naturel Avant de repiquer les poireaux, plongez les racines et le fût dans un mélange par moitié de terre de jardin et de bouse de vache dilué dans l'eau ou dans un pralin du commerce.

Plantes sensibles Oignon, ciboulette, alliums d'ornement et surtout poireau.

Période Avril à octobre.

La larve de la teigne du poireau mine les tiges.

Vers gris

La base de la tige ou le collet sont dévorés, ce qui provoque leur flétrissement subit, puis la mort rapide de la plante.

Responsables Ces vers de couleur gris-marron sont les larves de papillons très communs, les noctuelles. De mœurs terricoles, ils vivent dans les premiers centimètres du sol, restant invisibles pour le jardinier.

Gravité Les végétaux atteints sont perdus et doivent être détruits. Attention, l'insecte passe très vite aux plantes voisines.

Conditions favorables Une terre sèche et irrégulièrement travaillée.

Précautions Des binages répétés parviennent à détruire les vers gris dans la partie superficielle du sol.

Traitement naturel En hiver, retournez la terre infestée pour exposer les chenilles aux prédateurs et au gel. Désherbez le terrain, les mauvaises herbes étant un endroit idéal pour la ponte.

Plantes sensibles Toutes les plantes à massif (vivaces ou saisonnières) et potagères (surtout piments et fraisiers).

Période Mars à septembre.

Le ver gris, larve de la noctuelle, est très vorace.

désherber

Le jardinier est bien obligé de jouer les gendarmes au jardin, car sinon, les plantes indésirables prendraient vite le dessus. Heureusement, il existe des techniques et des outils qui minimisent les efforts !

Désherber moins pour désherber mieux

Le désherbage est la tâche la plus répétitive au jardin. En pleine saison, des plantes comme le liseron poussent presque à vue d'œil. Il faut parfois passer toutes les 2 semaines dans les massifs. Heureusement, il existe des techniques pour freiner l'ardeur de ces indésirables.

- **N'attendez pas le mois de mai** pour commencer à désherber. À cette époque, les plantes ont développé de forts systèmes racinaires, d'autres ont déjà fait des graines. Commencez dès le mois de mars : on repère bien les mauvaises herbes, et elles s'arrachent facilement. Et faites un nettoyage en novembre, car les mauvaises herbes poussent aussi en hiver, à chaque redoux.
- **Travaillez « utile ».** Un coup de binette à ras du collet sectionne et détruit les annuelles, pas la peine de faire plus d'effort. Pour une vivace, cela ne suffit pas ! Il faut extirper la racine : le couteau désherbeur est parfait pour cela.

La rotogriffe, l'outil joker

Et la mousse ?

La mousse se développe dans les sols humides à tendance acide. Si vous la combattez avec du sulfate de fer, vous la détruisez à court terme, mais acidifiez aussi le sol à moyen et long terme... ce qui la fait proliférer de plus belle ! Préférez la solution mécanique, la scarification, qui extirpe la mousse et les débris végétaux entre les brins de gazon. Un sur-semis au printemps, dans les endroits les plus dégarnis, rend la pelouse suffisamment dense pour éloigner la mousse.

Le paillage, clé de voûte du zéro désherbage

Un paillis empêche le développement des mauvaises herbes au pied des arbres, des haies ou dans les massifs.

- Les matériaux grossiers (broyats de rameaux, feuilles mortes) sont à privilégier dans les massifs d'arbustes.
- Des produits plus fins (tontes, paillettes de lin, de chanvre, coques de cacao) conviennent mieux au pied des plantes herbacées.
- Les écorces sont décoratives, mais leur efficacité reste liée à l'épaisseur de la couche qui doit être de 5 à 10 cm. Elles sont parfaites dans les chemins.
- Les graviers conviennent dans les rocailles ou dans les jardins secs.

Que faire des mauvaises herbes ?

Les mauvaises herbes peuvent rejoindre le tas de compost, où elles se décomposeront assez rapidement. Prenez cependant la précaution de les faire sécher en plein soleil quelques jours, car certaines

Conseil du Jardinier

Le cas du liseron

Les racines du liseron des champs peuvent couvrir une zone de 3 m de large et plus, et elles ont des bourgeons internes, donnant de nouvelles racines ou de nouvelles pousses. Chaque tronçon de racine resté en terre redonne donc une plante, ce qui le rend difficile à éradiquer. Les désherbants tuent une partie des racines, mais ces dernières sont cloisonnées, et il reste toujours un tronçon vivant. Seul l'arrachage systématique sur plusieurs années en vient à bout.

vivaces peuvent repartir. On conseille parfois de ne pas composter celles qui sont montées en graines. Un compost qui chauffe correctement (50-60 °C et plus) détruit les graines. Si le vôtre ne chauffe pas suffisamment, il est plus prudent de ne pas y mettre les graines. Vous pouvez aussi choisir de laisser les mauvaises herbes, racines à l'air, au pied des plantes, où elles serviront de paillage.

Le faux semis

Avant de semer une pelouse, il faut débarrasser la terre des mauvaises herbes.

- Extirpez à la main (et avec la fourche-bêche) toutes les vivaces.
- Préparez ensuite le sol comme si vous alliez semer le gazon (épierrage, ratissage, roulage...). Par temps sec, vous pouvez même arroser légèrement.
- Attendez que toutes les graines présentes dans la terre germent. Un coup de binette rapide vous en débarrassera. Vous pourrez alors semer le gazon.

Les bons outils

- **Entre les légumes :** la binette. Elle travaille sur 4-5 cm de profondeur.
- **Sur une surface dure à mi-dure** (allée en terre) : la ratissoire à pousser. Avec ses côtés tranchants, elle se pousse sur toute la longueur du rang ou s'utilise en va-et-vient. Elle est moins fatigante que la binette.
- **Dans les gravillons :** le grattoir. Léger, maniable, il est parfait pour désherber les annuelles ou sous les haies. Il est aussi appelé « sarcloir ».
- **Pour les vivaces à longues racines :** le couteau à désherber. C'est la version moderne de la gouge à asperges, avec une lame plus courte. Idéal ponctuellement.
- **Dans les massifs :** la griffe-grattoir. Très maniable, la lame sectionne les annuelles, les 3 dents ramassent les débris et ameublissent la terre.
- **La rotogriffe :** avec ses 3 ou 4 dents placées hélicoïdalement et sa poignée type guidon de vélo inversé, elle permet de développer une force réelle, en restant le dos droit. Elle ne désherbe pas à proprement parler, mais ameublit la terre et déchausse les racines des mauvaises herbes qui s'extirpent plus facilement.

1. Sarclage à la binette

2. Ratissoire à pousser

3. Couteau désherbeur

Composter

Le compost est la clé de voûte d'un jardinage durable : rendre à la terre ce précieux humus permet de continuer à produire fruits, fleurs, légumes, feuilles et bois...

Le compost, indispensable recyclage

- Le compost favorise la croissance des végétaux.
- Il améliore la structure du sol, sa porosité, sa capacité de rétention d'eau, sa teneur en humus, que le sol soit argileux, limoneux ou sableux. C'est un amendement gratuit, disponible à tout moment, pas besoin d'aller en acheter !
- Il limite l'évaporation de l'eau du sol.
- Il favorise l'absorption des éléments nutritifs par les plantes, quel que soit le type de plantes : arbres, arbustes, vivaces, annuelles, légumes, fruitiers...
- Épandu en automne en couche de 10 à 20 cm, il protège aussi les racines du froid.
- Faire son compost réduit considérablement le volume de nos déchets ménagers, ce qui diminue la quantité à collecter, transporter, traiter. Les « biodéchets » représentent plus de 30 % du poids de notre poubelle grise, soit entre 45 et 60 kg/hab./an ! Ils ne sont plus incinérés, mais valorisés ! C'est un véritable geste écocitoyen.

Un bon compost est un compost aéré.

Les activateurs : utiles ou pas ?

Un activateur de compost accélère la décomposition. On l'ajoute au tas de compost pour accroître l'activité des micro-organismes ou pour augmenter leur population. Ce sont donc des engrais azotés, des complexes bactériens et enzymatiques ou des « micro-organismes efficaces » à l'état dormant, qui deviennent actifs en présence d'eau ou de nourriture. Du purin d'ortie ou une pelletée de compost mûr feront aussi l'affaire.

Ce qui n'est pas compostable

Toute matière animale, sauf les coquilles d'œufs (écrasées), car elle attire les rongeurs. Les litières d'animaux, sauf celles des herbivores, sont à bannir. Les tontes du gazon si ce dernier a reçu du désherbant ou des pesticides. Les plantes malades car les spores des champignons pathogènes peuvent ne pas être détruites si la chaleur est insuffisante. Les trognons de chou, les pommes de terre et tous les légumes racines doivent être hachés avant d'être mis sur le compost. Les noix de coco ne se décomposent pas, les noyaux d'avocat mettent un temps fou avant de disparaître.

Faire un bon compost

- **Équilibrez les déchets** « bruns », carbonés, et « verts », azotés. Les déchets « bruns » (tailles, branchages, feuilles mortes, cartons...), seuls, se compostent lentement. Les déchets verts (tontes, restes de légumes, de fruits, herbes...) se décomposent vite, mais seuls, ils se tassent et pourrissent par manque d'oxygène.
- **Aérez le tas,** décompactez et brassez-le une fois par mois. Isolez-le en hiver avec des cartons, pour conserver la chaleur. Surveillez l'excès ou le manque

1. Équilbrez les déchets.

2. Les fleurs fanées sont très bonnes pour le compost.

3. Aérez régulièrement le tas de compost.

d'humidité : un excès empêche l'aération, freine le compostage et entraîne de mauvaises odeurs. Pas assez d'humidité : les micro-organismes meurent et la décomposition s'arrête. Arrosez.

Les phases du compostage

Le compost se forme en deux temps :

- **La fermentation** : c'est la phase de décomposition de la matière organique. Les bactéries travaillent et la température du tas augmente (parfois jusqu'à 60 °C !). Le volume du tas diminue beaucoup.
- **La maturation** : la température se stabilise. Les champignons colonisent la matière et les micro-organismes de plus grande taille apparaissent : vers de terre, cloportes, mille-pattes décomposent à leur tour le bois devenu tendre.

Une idée originale : le composteur en branches tressées.

Les problèmes et leurs solutions

- **Odeurs désagréables** : cela peut venir d'un compost tassé, sans oxygène, trop humide. Retournez le tas, apportez des branchages entre chaque couche. Couvrez avec une feuille de plastique s'il pleut beaucoup, découvrez quand il fait sec.
Il peut aussi y avoir des matériaux verts en excès (trop d'azote donc). C'est ce qui arrive quand on met un gros paquet de tontes de gazon humides. Il faut les faire sécher en couche mince avant de les incorporer au compost. Démontez le tas et alternez une couche de compost, une couche de branchages ou de paille, de feuilles mortes, de cartons bruns déchirés. S'il y a des restes de viande, de poisson, ôtez-les et cantonnez-vous aux déchets végétaux.
- **Décomposition lente** : le compost est trop sec ou trop humide. Il manque de micro-organismes. Vérifiez la bonne humidité du compost : une poignée de compost pressée dans la main ne laisse quasiment pas échapper d'eau. Ajoutez plusieurs pelletées de compost ancien et mûr.
- **Présence de fourmis** : le compost est trop sec, arrosez.
- **Présence de moucherons** : il est trop humide. Ajoutez des feuilles mortes sèches, du bois sec, des cartons. Couvrez s'il pleut.

Le lombricompost

C'est le produit de la digestion des déchets organiques par les vers de compost dans un lombricomposteur. La dégradation de la matière est rapide, les vers stimulant la population microbienne. On peut installer le lombricomposteur à l'intérieur, il n'a pas d'odeurs. Le lombricompost est de couleur noire, grumeleux, avec une bonne odeur de terre fraîche. Il est directement assimilable par les végétaux. Il n'y a pas de risque de brûlure des jeunes pousses ou des racines, on peut l'utiliser pur ou mélangé au terreau.

Créer *et* aménager *son* jardin

Grands et petits jardins

Les Styles, les tendances

Nos jardins ne sont que le produit de notre volonté ou de notre créativité. Ils ont leur histoire, leurs évolutions, leurs modes...

L'histoire de nos jardins

- **Jardins médiévaux.** Le jardin est un lieu de production protégé par les murs du château. Dans les cloîtres se développent les « jardins de simples », jardins de plantes et d'herbes médicinales.
- **Jardins de la Renaissance.** Dès le XVIe siècle, de grands jardins au tracé géométrique apparaissent en France autour des châteaux et en Italie dans les palais florentins, prémices du futur jardin à la française.
- **Les parcs paysagers.** Prenant le contre-pied des jardins très architecturés de Le Nôtre, les Anglais s'inspirent du jardin chinois pour retrouver leur inspiration dans la nature. C'est l'époque des grands parcs paysagers qui préfigurent les jardins d'aujourd'hui.
- **Les jardins contemporains,** espaces de liberté et de créativité. C'est l'heure du mouvement, du dépaysement, de l'expression des cinq sens et d'un certain retour au naturel à peine domestiqué.

Jardins Renaissance du château de Villandry

Jardins contemporains

La petite histoire

C'est la religion qui a inventé le concept du jardin, non pas la chrétienté mais les anciens Égyptiens et les Mésopotamiens, qui ont été les premiers à clore des terrains dans l'enceinte des temples pour y cultiver fleurs, légumes et fruits offerts aux divinités. Le jardin privé ornemental a sans doute vu le jour à Thèbes, la célèbre cité de Haute-Égypte, à l'époque de grande prospérité commerciale du Nouvel Empire (1580-1085 av. J.-C.). Les riches marchands construisaient des propriétés somptueuses décorées de palmiers, d'arbres fruitiers et de bassins.

Harmonies à la japonaise

Les maîtres en matière d'inspiration naturelle sont les Japonais. Depuis le Xe siècle, ils subliment les imperfections de la nature pour leur donner une dimension artistique. Le jardin japonais évoque tous les éléments de la vie et des paysages naturels, ce qui lui confère

1 2

Conseil du Jardinier

Le jardin romantique

- Charles Bridgeman (1690-1738) fut le premier à bannir les plantes taillées. Il remplaça les murs par des fossés. Le jardin perdit ses clôtures devenant contigu avec la nature environnante.
- Lancelot Brown (1716-1783), maître jardinier à Hampton Court, intégra les grands parcs au paysage environnant. Surnommé « Capability » en raison de son talent, il est considéré comme le « Le Nôtre anglais ».
- Au XIXe siècle, les Anglais adoptèrent les feuillages et inventèrent la mixed-border, mélange de vivaces, de plantes aux feuillages colorés ou panachés, de rosiers et d'arbustes.

une dimension spirituelle. Bien adapté aux petites surfaces, il inspire nos paysagistes contemporains qui y trouvent, entre autres, le rapport harmonieux entre les matériaux inertes et le végétal.

Le naturel à l'anglaise

L'art du jardin à l'anglaise consiste à composer des massifs en forme de S, dont les demi-boucles présentent des dimensions inégales. Pour réussir un tel tracé, la première courbe doit mesurer au moins 20 m de diamètre et la seconde 10 m, ou vice-versa. Comme la superficie des jardins privés d'aujourd'hui se restreint de plus en plus, ce type de composition imposante est présent surtout dans les parcs ou les jardins publics. En revanche, on tend à « libérer l'espace » avec des plantations non conformistes qui laissent une place à la fantaisie du naturel.

Le jardin contemporain

- Le jardin contemporain mêle tous les styles, pioche le meilleur dans chacun et fait sa propre synthèse. Les courbes anglaises se mêlent aux lignes droites, les plantes taillées côtoient les végétations plus folles. Il recherche l'harmonie et s'inspire volontiers du style japonais, notamment pour la recherche de bien-être et le minimalisme.
- Ce jardin innove en termes d'environnement et d'écologie. La pelouse n'est plus forcément manucurée, elle accepte les pâquerettes, le trèfle, et même la mousse dans les zones ombragées. On voit fleurir des miniprairies colorées, les plantes sont moins sophistiquées et plus proches du type sauvage. Le jardinier se préoccupe de la santé des abeilles et veille à introduire des plantes mellifères, offrant pollen et nectar. Il est bien sûr totalement bio.
- Le jardin contemporain se veut le prolongement de la maison dont il devient complémentaire. La part belle est alors faite aux matériaux (terrasses, murets), aux meubles de jardin et aux accessoires (lumières, parasols, déco...). Il peut être extrêmement moderne, avec des couleurs vives et des matériaux pour les allées ou les accessoires innovants et variés : zinc, métal, bois, béton...

Pourquoi la ligne droite ?

Le jardin classique européen tire ses sources des créations orientales, elles-mêmes inspirées des jardins babyloniens. L'islam prohibant la représentation fidèle des êtres vivants, les jardins islamiques se découpent en parcelles géométriques. Il est probable que les croisades effectuées entre les XIe et XIIIe siècles aient eu une influence sur le découpage en carrés des jardins médiévaux, les Turcs étant déjà à l'époque des jardiniers experts.

*C*irculer

LES SENTIERS, ALLÉES, CHEMINS, PASSAGES PERMETTENT D'ENTRETENIR LE JARDIN, MAIS AUSSI D'EN PROFITER AU MIEUX. LEURS TRACÉS NE DOIVENT PAS ÊTRE LAISSÉS AU HASARD.

UN TRACÉ PRATIQUE

- Tenez compte des voies de passage. Commencez par l'allée qui va de la rue à l'entrée de la maison et au garage. Son tracé aboutit à un portail dans la clôture. C'est la position de ce dernier qui définit le tracé de l'allée. S'il se trouve face au garage, un tracé en ligne droite s'impose. Si le portail est décalé par rapport à l'axe de la maison ou à l'entrée du garage, envisagez une courbe.
- Privilégiez la perspective avec des allées rectilignes, c'est un point fort dans un petit jardin. Vous pouvez accentuer la perspective en réduisant la largeur de l'allée vers l'arrière-plan. Pour être perceptible sans choquer, la différence doit être de 10 % environ, soit de 30 cm pour une allée de 3 m de large et de 10 m de long. La réduction de largeur doit être symétrique de part et d'autre de l'axe central de l'allée, sinon vous obtenez un effet tronqué peu agréable.

Opus romain

LES BORDURES

- Finissez l'allée par une bordure. Il est préférable qu'elle se fonde dans le décor afin de ne pas souligner lourdement la présence de l'allée.
- Faites appel aux végétaux, c'est le plus simple. Une petite haie de buis taillé, des lavandes ou des santolines sont parfaites. Vous pouvez aussi utiliser des couvre-sols pour les petits sentiers ou les allées très larges. De cette manière, on perd la notion de contours et la construction fait corps avec les plantations.

LES BONNES DIMENSIONS D'UNE ALLÉE

- Pour circuler avec une tondeuse, une brouette, un motoculteur, comptez un minimum de 1,50 m de large. Veillez à ce que le sol soit bien stabilisé et le revêtement aussi régulier que possible. Si vous possédez une tondeuse autoportée (sur laquelle on s'assoit), une largeur de 2 m est un minimum.
- Les allées de circulation piétonne mesureront au minimum 80 cm de large. Les plus passantes

1. Briques

2. Calade de galets

3. Dalles de granit

1

2

3

Conseil du Jardinier

Matériaux naturels

- La pierre naturelle est le matériau le plus riche pour ce qui concerne la variété des formes, des textures, des couleurs… et des prix. Elle s'intègre dans tous les styles de jardins.
- Les pavés anciens en font des dallages remarquables. Mais ils coûtent fort cher, à moins de pouvoir les acquérir directement sur un chantier. Les pavés neufs demandent au moins 2 ans avant de se ternir et de s'intégrer vraiment bien dans le jardin. Les pavés présentent deux avantages : ils ne doivent pas obligatoirement être posés sur du béton et présentent une longévité exceptionnelle.

atteindront 1,50 m, de façon que deux personnes puissent s'y croiser sans se gêner. Veillez à la bonne régularité du revêtement. Les sentiers secondaires sont limités à 50 cm de large.

Les pas japonais

Au Japon, c'est le chemin qui mène à la maison de thé. On le parsème d'embûches avec des dénivelés, des blocs irréguliers… pour qu'une fois arrivé au but, on en goûte encore plus le calme et les délices. Occidentalisé, le pas japonais est un sentier ponctué de dalles irrégulières, espacées de la distance d'un pas (60 cm). Il peut traverser une pelouse, un massif, un bosquet. Très discret, il s'intègre parfaitement à l'environnement du jardin et offre de bonnes possibilités de plantations.

Les matériaux artificiels

- **La pierre reconstituée** est fabriquée à partir de poussières ou de fragments de pierre agglutinés par des résines. Ces matériaux ressemblent à des pierres naturelles et se patinent. Avantages : un prix deux fois moins élevé et une régularité d'épaisseur et de dimension des plaques qui facilite énormément la pose. D'une densité équivalente à celle de la pierre naturelle, elle est très résistante.
- **Le béton** est le matériau le moins cher. Les dalles de béton peuvent être brutes ou gravillonnées. Dans le premier cas, elles parviennent à se patiner au bout de 5 ou 6 ans pour prendre l'aspect d'une pierre grise, semblable à du grès. Les dalles en béton existent dans des formes standard. Les dalles gravillonnées conviennent surtout aux jardins modernes et aux petites surfaces, notamment aux sentiers. Il existe des dalles en béton teinté dans la masse, dont la finition se rapproche de celle de la terre cuite.
  Les pavés autobloquants sont aussi en béton. Il en existe de nombreux modèles, de formes et de couleurs variées. Faciles à poser grâce à leurs formes incurvées, ils représentent une solution économique pour un dallage couvrant une surface importante. On les pose en général sur sable.

Le gué

Le gué est un passage sur l'eau, plus discret qu'un pont mais tout aussi pratique. Il convient aux petits jardins et crée la liaison entre le bassin et son environnement. C'est un chemin de dalles composé de blocs solides de 40 cm de largeur au minimum, en pierre ou béton. Si la largeur du bassin est inférieure à 3 m, le gué paraîtra incongru, la solution la plus logique étant de contourner le plan d'eau.

Organiser et structurer

L'ORGANISATION DU JARDIN OBÉIT AUX MÊMES RÈGLES QUE CELLES QUI RÉGISSENT LES PIÈCES DE LA MAISON : UTILITÉ, FONCTIONNALITÉ, ESTHÉTIQUE… À VOUS DE JOUER !

Installer une clôture

- **Intégrez la construction à son environnement** et aux bâtiments alentour, en respectant le style régional. Ainsi, une balustrade en pierre de style florentin est incongrue à côté d'un pavillon de banlieue. Essayez de reproduire un élément de la maison en choisissant pour la clôture un bois de la même couleur que les volets ou des pierres identiques à celles de la façade.
- **Ne la surdimensionnez pas.** La clôture doit être proportionnée avec votre propriété et la maison.
- **Optez pour la légèreté.** La clôture souligne les contours du jardin. C'est une bordure élégante, comme le cadre d'un joli tableau. Limitez, par conséquent, sa hauteur et son ampleur. Même si vous souhaitez être complètement abrité, ne dépassez pas 1,80 m de haut dans la partie construite. Il vous suffira de la doubler d'une haie pour oublier les bruits de la ville ou le voisinage indésirable.

Clôture claustra en saule vivant

Installer un portail

- Portails et portillons gagnent à être posés en retrait de la clôture ou de façon désaxée, pour créer une rupture visuelle. Vérifiez que l'orientation du portail permet d'entrer et sortir de la propriété tout en bénéficiant d'une bonne visibilité sur les deux côtés de la route.
- Les dimensions du portail doivent être proportionnées avec le reste de la construction. Le maximum acceptable est un tiers de la longueur de la clôture. Sur une toute petite façade, il faudra vous résoudre à poser un portail de dimensions réduites ou à utiliser un modèle qui s'intègre complètement dans la clôture.

Surélever un massif

- Un muret crée un effet de relief intéressant ou permet de réaliser un massif de bonne terre dans un sol ingrat. Cette technique, très utilisée en Angleterre, permet d'augmenter le volume des plantations. Un massif surélevé permet aussi aux personnes âgées ou handicapées d'entretenir plus facilement leurs plantations.
- Le muret doit mesurer de 50 à 80 cm de haut et avoir une longueur d'au moins dix fois sa hauteur. Par exemple, il mesurera au minimum 5 m de long pour une hauteur de 50 cm. Ménagez des ouvertures tous les 2 m à la base de la construction afin que l'eau puisse s'écouler.

La tonnelle et la pergola

Tonnelle et pergola sont deux constructions à claire-voie, mais la pergola est plus imposante. Elle est faite de poutrelles et poteaux en bois.

Zoom sur les claustras

Il s'agit de clôtures ajourées, modulables par panneaux, que l'on utilise pour la décoration intérieure du jardin, les terrasses ou les grands balcons. Les claustras séparent, mais n'obstruent pas : le regard les traverse. On peut les habiller de plantes grimpantes. Plantez des espèces de vigueur moyenne comme les clématites à grandes fleurs, les chèvrefeuilles, les rosiers grimpants modernes ou les lianes annuelles (pois de senteur, cobée, capucine...).

- **La pergola** est presque toujours attenante à un mur en dur. Elle sert de transition entre la maison et le jardin, ombrageant un passage ou une terrasse dans les régions méditerranéennes, ou servant d'aire de dégagement semi-couverte dans les zones au climat moins clément.
- **La tonnelle** est composée de treillage ou de montants fins en métal. Couverte d'une végétation généreuse, elle forme un abri. Elle a une présence architecturale moins forte que la pergola parce que ses montants sont d'un faible diamètre. Sans une couverture végétale, l'œil la traverse sans s'y arrêter. La tonnelle est le plus souvent installée hors des axes principaux. On la repousse dans les angles du jardin ou à l'extrémité des allées.

Portail en fer forgé

Les bons matériaux pour clôture et portail

LE BOIS

- **Avantages :** ce matériau traditionnel prend toutes les formes, couleurs et dimensions.
- **Inconvénients :** peint, il s'écaille assez vite et nécessite un entretien. Préférez le bois naturel lasuré.

LE PLASTIQUE

- **Avantages :** entretien réduit à un simple nettoyage à l'éponge humide ou au nettoyeur haute pression. Aspect assez discret des résines haut de gamme.
- **Inconvénients :** souvent en PVC extrudé blanc ou blanc cassé, teinté dans la masse, qui ternit avec le temps. Son manque de rigidité limite les hauteurs et son efficacité protectrice.

LE FER FORGÉ

- **Avantages :** il est possible d'obtenir de très jolies choses en y mettant le prix. Ce matériau est bien travaillé par les artisans.
- **Inconvénients :** le rendu est un peu triste pour la plupart des modèles industriels. Et pour les modèles artisanaux... le prix constitue un frein ! Prévoir un ponçage complet, un traitement antirouille et une peinture tous les 10 ans, d'où un coût non négligeable.

GRILLAGE

- **Avantages :** pratique, rapide à installer, assez bon marché.
- **Inconvénients :** c'est le moins esthétique des matériaux, même si de gros progrès ont été réalisés. Réservez-le aux côtés du jardin et habillez-le de grimpantes.

Quand on aime jardiner, on finit toujours par vouloir plus... Les serres et les vérandas permettent de devancer, puis de prolonger la belle saison.

Véranda, le choix des matériaux

- **L'aluminium** offre des qualités de souplesse, de résistance, et il n'exige aucun entretien. Il est proposé en finition naturelle, anodisée (incolore, noir ou bronze) ou laquée (en blanc ou marron essentiellement, mais tous les coloris sont possibles pour les constructions sur mesure).
- **Le bois exotique**, dur, de type ipé, traité par imprégnation sous pression, présente l'avantage d'une ossature solide, esthétique et durable. Assurez-vous qu'il vient de forêts gérées.
- **L'acier reste l'apanage des très grandes vérandas.**
- **Le polycarbonate et le polymétacrylate**, moins esthétiques, mais légers et non coupants, garantissent une très bonne isolation et une excellente résistance aux chocs. Ils sont utilisés pour les toitures des vérandas de style moderne. Ces matériaux de double ou triple épaisseur garantissent aussi une bonne isolation thermique.

Installer une serre de jardin

- Construisez la serre dans un endroit dégagé, orienté est-ouest pour un ensoleillement régulier. Évitez les zones trop ventées. L'orientation plein sud (trop chaude) est à proscrire.
- Ne voyez pas trop petit ! 3 m de large au moins sont nécessaires, car il faut pouvoir travailler à l'aise. Comptez une surface minimale de 10 à 12 m², l'idéal étant de 15 à 20 m². La hauteur est souvent négligée par les fabricants. Pour que les plantes se développent en beauté, il faut que le faîtage atteigne au moins 3 m.

Le simple vitrage limite l'utilisation de la véranda en hiver.

Conseil du Jardinier

Les règles de construction d'une véranda

- À partir de 20 m², vous devez faire une demande de permis de construire. Dès qu'il est accordé, vous avez une année pour bâtir votre véranda.
- La forme et la structure de la véranda importent peu pour la culture de vos plantes, mais vous devez pouvoir y circuler à votre aise. Prévoyez une hauteur minimale de 2,50 m, l'idéal étant un faîtage de 3 à 4 m si vous souhaitez faire pousser des arbres tropicaux tels que les palmiers.
- Pour faciliter l'entretien (et limiter le coût), évitez les plans compliqués.
- Évitez l'exposition plein sud, trop chaude.

Les matériaux de la serre

BOIS

- **Avantages :** matériau chaud, esthétique.
- **Inconvénients :** il vieillit vite et se déforme en fonction de l'humidité et de la température. Les parties en bois doivent être enduites d'une lasure tous les 3 à 5 ans.

ALUMINIUM

- **Avantages :** léger et insensible à la corrosion, il ne nécessite pas d'entretien. Les usines fabriquent aujourd'hui des profilés qui intègrent les joints d'étanchéité. La technique de l'aluminium laqué permet de colorer les profilés pour un aspect plus décoratif. C'est le matériau le plus utilisé aujourd'hui, même par les professionnels.
- **Inconvénients :** l'aluminium permet quelques arrondis, mais il est moins décoratif que l'acier.

ACIER

- **Avantages :** il permet la réalisation de montants très décoratifs, d'une section inférieure à ceux en bois ou en aluminium, avec des arrondis, des torsades, des volutes, des rosaces et autres motifs superbes. Cela donne un aspect de légèreté à l'ensemble. Inspirés des serres du XIXe siècle, les modèles en acier sur mesure restent les plus beaux.
- **Inconvénients :** il rouille. Traité, galvanisé, puis couvert d'une peinture polyuréthane cuite au four, il résiste une dizaine d'années à la corrosion. Mais il faudra tôt ou tard envisager une rénovation.

Le vitrage des serres

- Beaucoup de serres ont remplacé le verre par le polycarbonate ou le métacrylate, matériaux synthétiques dotés d'une bonne transparence, plus légers que le verre et incassables. Mais à la longue, ils se ternissent. Utilisez-les dans les régions où la grêle est fréquente.
- Si on choisit du verre, 3 mm d'épaisseur sont suffisants. Les doubles vitrages garantissent une meilleure isolation. Les panneaux seront aussi grands que possible afin d'améliorer la luminosité.

Le saviez-vous ?

Les rayons solaires, radiations à ondes courtes (les ultraviolets, par exemple) pénètrent dans la serre, atteignent le sol et en relèvent la température. Les radiations se diffusent sous forme d'un rayonnement à grande longueur d'onde (infrarouge), arrêté par les vitres. Les calories sont donc piégées. La température s'élève, c'est le fameux « effet de serre » qui, dans l'atmosphère, est dû à la vapeur d'eau et au gaz carbonique de l'air.

Les équipements de la serre

- **Tablettes :** fixes ou démontables, en bois, en plastique ou en aluminium. Leur hauteur doit être de 75 à 80 cm et leur largeur de 1 m.
- **Étagères :** compléments des tablettes, moins larges, elles sont posées plus haut.
- **Chauffage :** non chauffée, une serre à simple vitrage montre une différence de température de 2 à 3 °C avec l'extérieur durant la nuit ou par temps très couvert, de 5 °C si elle est à double vitrage. Un chauffage est donc indispensable pour maintenir la serre hors gel.
- **Aération :** installez au moins deux vasistas pour réguler température et hygrométrie, et limiter les maladies cryptogamiques.

41 jardins pour tous les goûts et toutes les envies

Un jardin en pente

La pente est, à première vue, une contrainte. Mais autant l'apprivoiser et en tirer le meilleur. Elle réserve à qui sait s'y prendre de belles surprises et quelques avantages.

C'est quoi, un jardin en pente ?

C'est un jardin en dénivelé continu ou en paliers entrecoupés de terrasses. C'est un jardin plus coûteux à aménager et plus difficile à entretenir si rien n'est prévu pour minimiser le travail ... **1**

Construire un muret dans les règles

Retenir la terre par de petits murs est une solution esthétique mais lourde à mettre en œuvre. Il faut donc construire dans les règles ... **2**

C'est bon pour la planète : Comment fixer un talus ?

Lors de l'aménagement du jardin et à la plantation, il faut éviter de laisser le sol à nu. Mettez en œuvre dès le départ des techniques écologiques pour éviter que la terre ne soit emportée par les eaux de ruissellement ou le vent. Certaines enrichissent même, à terme, le sol ... **3**

Lutter contre l'érosion

En pente, le danger majeur est l'érosion de la terre. Certaines pratiques (en particulier d'arrosage et de labourage) permettent d'empêcher que la terre ne dégringole. Apprenez les « gestes qui sauvent » ! ... **4**

Trois matériaux pour retenir la terre

Plessis, planches de bois ou pierre, les avantages et inconvénients de chacun ... **5**

Le coin du curieux : La formule de Blondel

Saviez-vous qu'un architecte français du XVIIe siècle a mis au point une formule pour calculer les dimensions d'un escalier qui se monterait sans fatigue ? Et que cette formule est toujours d'actualité ? ... **6**

IDÉES

→ POURQUOI PAS... **Des plantes pour habiller les escaliers ?** Les escaliers, même ceux qui se veulent utiles, doivent s'intégrer au décor, s'y fondre. Rien de mieux que de les habiller de quelques plantes dont les racines s'infiltrent avec bonheur entre deux pierres... 7

et Si

- Je veux un escalier ? 8
- Je souhaite sécuriser mon escalier ? 9

Les Plantes idéales

★ **Des plantes à racines charnues et à rhizomes :** hémérocalles, iris...

★ **Des plantes traçantes** puissantes, efficaces couvre-sols de talus : millepertuis *(Hypericum calycinum)*, pervenches *(Vinca major* et *V. minor)*. Les lierres sont de bons fixateurs de sols, mais ne pas les laisser grimper aux arbres.

★ **Des arbustes bas** pour habiller la pente : chèvrefeuille arbustif rampant *(Lonicera nitida)*, buis, symphorine *(Symphoricarpos albus)*, *Kerria japonica*, à rabattre jusqu'au sol tous les 3-4 ans, genévriers rampants et conifères nains.

★ ***Rosa rugosa* et les « décorosiers »**, couvre-sols très décoratifs.

★ **Des couvre-sols très bas :** ibéris, phlox, véroniques, bugles, saponaires, sédums, joubarbes *(Sempervivum spp.)*, œillets deltoïdes pour des tapis vivaces très esthétiques.

★ **Agaves, yuccas, opuntias,** aux enracinements puissants, très traçants, en région méditerranéenne.

Les Règles

1. *Sur les talus, retenez la terre avec des plantes tapissantes à l'enracinement solide pour éviter l'érosion et le ravinement lors des fortes pluies.*
2. *Plantez sur un film biodégradable (en deux ans) afin que la végétation ait le temps de se développer pour jouer correctement son rôle.*
3. *Privilégiez les espèces à feuillage persistant pour maintenir une couverture végétale permanente.*
4. *Pensez à l'entretien, les zones très pentues sont peu accessibles aux tondeuses. Réduisez les surfaces de pelouse au minimum.*
5. *Au potager, installez les rangs de légumes perpendiculairement au sens de la pente en suivant le mouvement de la parcelle. Ainsi, chaque rang disposé parfaitement à l'horizontale retiendra mieux l'eau d'arrosage et constituera un « minipalier », réduisant ainsi les risques de ravinement.*

Un jardin en pente

1 C'est quoi, un jardin en pente ?

C'est un jardin dont le dénivelé offre plus de possibilités d'aménagement et de plantations qu'un terrain plat. Il est aussi plus difficile d'entretien, à cause de son accès et de sa circulation difficiles. La partie haute est toujours plus sèche que la zone inférieure. Elle se trouve aussi exposée à de légers courants d'air. On risque de trouver des flaques au bas du talus. Mais cet endroit est aussi mieux protégé des courants d'air et enrichi des sels minéraux et alluvions lessivés de la pente. Les jardins en pente ont aussi des microclimats un peu différents. Bien exposés, ils se réchauffent vite et présentent une végétation plus précoce. Orientés au nord, ils sont plus froids et tardifs.

2 Construire un muret dans les règles

Commencez à la base de la pente et nivelez un premier palier de 1,20 à 2 m de large. Édifiez ensuite le premier muret d'une hauteur de 60 à 80 cm. Remblayez le dos de l'ouvrage en creusant la première terrasse à flanc de talus. Adaptez la largeur de celle-ci de telle sorte que le second muret ne dépasse pas les 60 cm. Procédez ainsi jusqu'au haut du talus. Prévoyez des drains dans les murs.

3 C'est bon pour la planète : Comment fixer un talus ?

Pour fixer un talus, les plantes sont irremplaçables. Toutefois, les deux premières années, elles ne couvrent pas assez la terre pour la protéger. Il faut donc installer une bâche, faire des incisions et planter dedans. N'installez pas une bâche en plastique noir imputrescible, car des études ont montré qu'elle stérilisait la terre en dessous. Installez plutôt une toile de paillage biodégradable et compostable à terme. Il en existe en jute (70 %) et sisal (30 %), de 8 mm d'épaisseur (ou jute/bois, jute/chanvre), d'une durée de vie de 18 à 24 mois. Attention, les rouleaux peuvent atteindre 25 m de long pour 1 m de large et peser jusqu'à 1,2 kg/m^2... Faites-vous aider pour les charger et les décharger de la voiture !

4 Lutter contre l'érosion

La qualité des travaux de jardinage et d'entretien peut faire la différence quant à l'érosion.

Arroser sans éroder. En pente, une terre nue, voire pas assez plantée, se dégrade vite sous l'effet du ruissellement. L'érosion provoquée par la pluie et l'arrosage est l'un des facteurs les plus destructeurs des jardins en pente. Pour limiter ce processus, installez un arrosage goutte-à-goutte qui, en plus d'économiser l'eau, la diffuse au pied de chaque plante à faible débit et réduit ainsi le risque de créer des ravines.

Travailler la terre dans le bon sens. Les fines particules de terre d'un terrain légèrement en pente ou d'un talus sont entraînées vers le bas par l'eau de ruissellement ou les travaux du sol. Si vous devez la travailler, la labourer, commencez par le sommet, en veillant à toujours remonter la motte de terre vers le haut de la pente.

Une rocaille est un mini-jardin en pente.

5 TROIS MATÉRIAUX POUR RETENIR LA TERRE

LES PLESSIS. On installe des piquets (fer à béton) dépassant de 20-40 cm tous les 50 cm, sur lesquels on entrelace horizontalement des branches souples de noisetier ou châtaignier (marchands de matériaux, jardineries ou récupération personnelle).

- **Avantages :** peut se faire sans l'aide d'un professionnel ; esthétique ; à la mode.
- **Inconvénients :** ne convient que pour des petites retenues de terre ; matériau putrescible.

Plessis

LES PLANCHES EN BOIS. Les planches de coffrage, maintenues par des fers à béton, retiennent bien la terre.

- **Avantages :** facile et rapide à mettre en œuvre ; ne peuvent retenir que de petits volumes de terre.
- **Inconvénients :** finissent par se dégrader. Optez pour des essences à bois dense, comme le châtaignier, et limitez le contact avec la terre en disposant un feutre de jardin imputrescible pour protéger la paroi.

LA PIERRE. Les murets (➔ page ci-contre) sont la solution la plus esthétique et celle qui permet de vraiment structurer le jardin.

Rondins de bois : ils durent plus de dix ans.

- **Avantages :** solidité ; pérennité de la construction ; peut retenir des gros volumes de terre.
- **Inconvénients :** la mise en œuvre peut être compliquée si vous n'êtes pas bricoleur. Il faut prévoir un budget non négligeable.

6 *Le coin du curieux : La formule de Blondel*

Nicolas-François Blondel (1618-1686) est célèbre pour avoir le premier développé le calcul des dimensions idéales d'un escalier. La formule connue sous son nom (et toujours utilisée) est : M = 2 h + g. M est le pas (la distance franchie par le pied lors d'une marche normale sur un plan horizontal), que l'on estime entre 60 et 64 cm ; h est la hauteur de la marche et g sa profondeur (on l'appelle le giron). Autrement dit, 2 hauteurs de marche (h) + 1 giron (g) = [60 à 64 cm]. Jouer sur la longueur du giron permet ainsi d'adapter un escalier à son utilisateur.

IDÉES

7 POURQUOI PAS... DES PLANTES POUR HABILLER LES ESCALIERS ?

Les plantes capables de s'implanter entre les dalles et le long des marches des escaliers sont des plantes qui se ressèment seules. Il faut en effet que les graines se logent dans les interstices et s'y développent. Vous pouvez initier ces semis naturels en plantant ou semant la première année, non loin des marches, des ancolies, des érigerons, des violas, du thym, des pâquerettes, ou même des fraisiers des bois. Parmi les fougères, *Asplenium ceterach* et *A. trichomanes* se naturalisent facilement. Pensez aussi aux saxifrages et aux petits sédums, qui se multiplient facilement.

et Si

8 Je veux des **escaliers** ?

L'escalier donne le caractère du jardin. Intégrez-le dans le style de ce dernier en utilisant des matériaux que l'on retrouve dans les murets, les dallages et la maison. Ne dépassez pas 6 à 8 marches (on parle d'une « volée ») sans constituer un palier ou un décrochement. Habillez les marches d'un matériau antidérapant. Le plus simple consiste à faire des marches en bois, sur lesquelles vous clouez du simple grillage à poule.

9 Je souhaite **sécuriser** mon escalier ?

Installez une main courante (1,10 m de haut) qui épouse le profil de la construction. Les 45 cm mesurés à partir de la base doivent être infranchissables par un enfant. Dans le cas d'un barreaudage vertical, l'espacement maximal légal est de 11 cm. Éclairez les marches et les paliers par un simple balisage.

Un jardin venté

DIFFICILE PARFOIS D'ÉCHAPPER AU VENT ! IL EXISTE HEUREUSEMENT DES PARADES POUR CRÉER UN JARDIN QUI NE SOUFFRE PAS TROP DES HUMEURS TERRIBLES DE CET ÉLÉMENT NATUREL.

C'EST QUOI, UN JARDIN VENTÉ ?

C'est un jardin soumis à des vents fréquents, plus ou moins importants. C'est un jardin qui se dessèche, qui est en mouvement. C'est aussi un jardin sonore par le bruissement des feuillages et des tiges ... 1

Les feuilles se replient quand elles ont soif.

SACHEZ RECONNAÎTRE LES VENTS DOMINANTS

Les vents dominants façonnent la silhouette des arbres et arbustes. Ce sont eux aussi qui déracinent les arbres quand ils se déchaînent ... 2

C'est bon pour la planète : Un brise-vent accueillant

S'il faut installer une ceinture protectrice autour du jardin, autant choisir un brise-vent vivant, une haie d'arbustes composée d'espèces régionales, qui sera utile à plus d'un titre, à la fois garde-manger et abri pour la faune et la microfaune locale et filtre du vent ... 3

Arbousier

BIEN IMPLANTER UN BRISE-VENT

Savoir planter un brise-vent ne s'improvise pas. On demande à ces plantes des capacités de résistance mécanique supérieures aux autres. Et l'on veut en particulier un système racinaire à toute épreuve... 4

Le coin du curieux : Le vent bienveillant

Saviez-vous que le vent n'a pas que des effets négatifs sur les plantes et le jardin ? C'est, entre autres, l'un des pollinisateurs les plus actifs et l'un des disperseurs de graines les plus efficaces ... 5

DU VENT + DU SEL... MISSION IMPOSSIBLE ?

Vent plus embruns marins : quand les facteurs négatifs s'additionnent... Y a-t-il une solution ? Heureusement, oui. Certains végétaux résistent bien mieux que d'autres aux vents venus de la mer ... 6

IDÉES

→ POURQUOI PAS... **Utiliser des Plantes qui deviennent réellement intéressantes quand le Vent les anime ?** Certains végétaux ont des feuilles aux revers argentés, aux pétioles spécialement fins, qui n'attendent plus qu'un souffle d'air pour prendre vie ... **7**

LES STIPAS SONT LES GRAMINÉES LES PLUS FINES ET LES PLUS BELLES DANS LE VENT.

et Si

- Il y a eu un fort coup de vent ? **8**
- Je veux pailler ? **9**

Les Plantes idéales

★ On choisira en premier lieu **de solides plantes brise-vent :** *Arundo donax* (canne de Provence), *Chamaecyparis spp.* (faux cyprès, variétés hautes), *Eucalyptus gunnii* (gommier), et plus spécialement 'Azura' et 'France Bleu', *Miscanthus sinensis* (eulalie), *Pinus spp.* (pin), *Tamarix ramosissima* (tamaris d'été), *T. tetrandra* (tamaris de printemps) ou *Viburnum rhytidophyllum*.

★ Il faut aussi sélectionner **des plantes qui résistent au sec** puisque le vent est aussi desséchant que la chaleur : ➔ p. 204.

★ Côté ligneux, préférez **les espèces à croissance lente et au bois dur,** comme le chêne vert, le peuplier. *Sorbus domestica* est décoratif et insensible au vent.

★ Enfin, **toutes les graminées assez souples** pour ne pas casser sont les bienvenues. *Briza media* et *B. maxima* (amourette), *Calamagrostis* x *acutiflora, Hordeum jubatum, Pennisetum setaceum* 'Rubrum', *Stipa gigantea et S. tenuifolia* sont parmi les plus couramment utilisées.

LES RÈGLES

1. *Tuteurez et haubanez les jeunes arbres et arbustes pour éviter que le vent les déchausse. Plantez les tuteurs en oblique dans le sens opposé au vent dominant.*
2. *Veillez toujours à l'arrosage en cas de vent soutenu, surtout celui des persistants en hiver. Un paillis permet d'éviter le dessèchement en surface.*
3. *Pour les plantes en pot, ajoutez un peu de terreau argileux (type terreau à rosier) au substrat, pour conserver l'humidité plus longtemps.*
4. *Veillez à ce que le sol soit drainé en profondeur dans les régions venteuses, car si la saison est humide, l'implantation racinaire est fragilisée et les plantes tombent plus facilement en cas de tempête.*

Un jardin venté

1 C'est quoi, un jardin venté ?

C'est d'abord un jardin en conditions difficiles. Il se dessèche plus vite, car le vent entraîne l'évapotranspiration des feuilles et assèche le sol. Il déchire les feuilles de grande taille, casse les branches et a donc un effet réducteur sur la croissance des plantes. Il peut aussi inhiber la floraison : si l'un de vos arbustes fleurit mal, regardez s'il n'est pas en plein courant d'air. Déplacez-le ou installez un brise-vent à quelques mètres de lui.

2 Sachez reconnaître les vents dominants

Chaque jardin est un cas spécifique par l'orientation de la maison, la situation du terrain et la région (il existe plus de 600 vents régionaux !). Les jardins en hauteur sont plus exposés que les autres. Regardez les arbres alentour, vous distinguerez certainement une silhouette dissymétrique qui matérialise le sens des vents dominants. L'information a son importance au moment de planter les brise-vent et les grands arbres.

3 *C'est bon pour la planète : Un brise-vent accueillant*

Choisissez les plantes qui poussent naturellement dans votre région, le long des chemins. La haie poussera avec le minimum d'interventions, se fondra dans le paysage et surtout accueillera faune, microfaune et insectes utiles. Vous créerez alors un brise-vent doublement protecteur pour le jardin. Un bon brise-vent n'arrête pas le vent, mais le filtre : il doit avoir une porosité minimale de 50 %, ce qui ralentit le vent sur une distance de 15 à 25 fois sa hauteur (la porosité est le rapport entre la surface occupée par les vides et la surface totale). Comptez 2/3 de caducs et 1/3 de persistants. Parmi les bonnes plantes, *Arbutus unedo* (➔ **p. 882**), *Osmanthus heterophyllus* (➔ **p. 279**), tous deux persistants, *Cotinus coggygria* (arbre à perruques, ➔ **p. 454**), *Ilex aquifolium* (➔ **p. 476**), *Vitex agnus-castus* (arbre au poivre, ➔ **p. 387**), caducs.

4 Bien implanter un brise-vent

Il est de loin préférable de planter jeune, pour que les plantes s'installent solidement dans le sol. Les trois premières années, taillez très court les plantes exposées au vent pour qu'elles développent un système racinaire puissant leur permettant de s'ancrer efficacement dans le sol. Pour obliger les racines à plonger en profondeur, n'utilisez pas de système de goutte-à-goutte qui, en maintenant les premiers centimètres du sol toujours humides, n'incitent pas les radicelles à explorer plus bas. Arrosez plutôt rarement, mais abondamment, pour imbiber le sous-sol.

En bord de mer, plantez en étage, les plantes les plus basses côté front de mer. Des branches vont inévitablement se dessécher. Ne les retirez pas, elles participent à la cohésion de la haie et à son effet brise-vent. Plantez en quinconce, pour maximiser l'effet de filtre.

5 *Le coin du curieux : Le vent bienveillant*

Il participe efficacement à la **dispersion de graines** et de pollen. C'est le moyen qu'empruntent conifères, graminées, et de nombreux arbres forestiers : sapin, chêne, bouleau... On qualifie ces plantes d'anémophiles, littéralement « qui aiment le vent ». Ces plantes amies du vent forment le plus souvent une population dense et importante, ce qui augmente les chances d'une pollinisation réussie.

Le vent assèche aussi l'atmosphère, ce qui limite les maladies fongiques. Les jours de vent soutenu, s'il ne fait pas froid, aérez la véranda et la serre en entrouvrant portes et fenêtres.

6 DU VENT + DU SEL… MISSION IMPOSSIBLE ?

La majeure partie des graminées se sort de ce mauvais pas avec brio. Côté arbustes, les tamaris, les sureaux, la plupart des viornes caduques (et surtout *Viburnum carlesii* et *V. burkwoodii*), les viornes persistantes, dont le petit *V. harryanum* encore peu courant, ou *V. tinus,* le laurier-tin, *Vitex agnus-castus*, à la jolie et légère floraison bleue, et la grande majorité des hydrangéas. Pour les vivaces, citons les crocosmias, les agapanthes ou encore *Libertia ixioides*, au feuillage linéaire, un peu moins rustique car néo-zélandais. En bord de mer, plantez un brise-vent de tamaris, d'éléagnus et de pittosporums.

Miscanthus sinensis

Stipa gigantea

Stipa 'Wind Whisper'

Tamarix pentandra

et Si

8 il y a eu un fort coup de vent ?

Après un fort coup de vent, douchez (bassinez) le feuillage des plantes pour les réhydrater, mais aussi pour les débarrasser des poussières et des particules de pollution déposées par le souffle d'air. Nettoyez tout ce qui est tombé. Recoupez proprement toutes les branches brisées, pour faire des plaies de taille nette. Vous pouvez pulvériser du purin de prêle, pour donner un petit coup de pouce aux plantes.

9 Je veux pailler ?

Tout paillage trop léger ou trop fin est à proscrire. La paille s'envole au premier coup de vent. La parade est de poser un filet par-dessus ou des branches de noisetiers encore munies de leurs brindilles et de leurs feuilles. Les cosses de cacao doivent être arrosées tout de suite après l'épandage, pour les faire prendre en masse.

IDÉES

7 POURQUOI PAS… DES ARBRES QUI S'ANIMENT SOUS LE VENT ?

Certains arbres deviennent très intéressants à regarder quand la brise arrive.

- Les feuilles du peuplier tremble, *Populus tremula* (à réserver aux grands jardins, car il peut monter à plus de 20 m de haut), ont des revers argentés et de longs pétioles fins. La moindre brise les agite (d'où le nom de l'arbre), ce qui donne une sorte de tableau pointilliste scintillant.
- Les bouleaux *(Betula spp.)*, aux petites feuilles mouvantes, deviennent sonores au premier souffle d'air.
- Les bambous (souvent des *Phyllostachys*) forment un rideau mouvant et surtout sonore à la moindre brise. Ils peuvent même arriver à masquer partiellement le bruit de la rue.
- Le saule pleureur *(Salix spp.)*, aux longues branches flexibles, forme un drapé théâtral quand le vent s'empare de la masse de son feuillage.
- L'olivier de Bohême *(Elaeagnus angustifolia)* porte de petites feuilles vert-gris, aux revers argentés. Elles sont extrêmement sensibles aux mouvements de l'air et l'arbre semble scintiller à la moindre brise. Cet arbre a un autre atout, il résiste aux embruns et peut être planté dans les endroits les plus ventés de nos côtes.

Elaeagnus angustifolia

CANNE DE PROVENCE

Arundo donax

J F M A M J J A S O N D

5 m | 1,50 m | V | -12/-15 °C

Arundo donax 'Variegata'

Parfois appelée « grand roseau » ou « roseau à quenouilles », la canne de Provence est une grande graminée à fort développement, poussant en larges touffes de plus de 5 m de haut ; elle s'étend grâce à ses puissants rhizomes de croissance rapide. Tous les ans, les hampes florales en plumeaux très aériens surmontent les tiges puissantes.

SOL Spontanément, la canne de Provence pousse à proximité des ruisseaux et des cours d'eau. Mais elle supporte très bien les situations sèches. Installez-la canne dans tous les sols, même peu fertiles.

EXPOSITION Plein soleil, endroit dégagé, même très venté.

CULTURE Elle se contente de peu et pousse vigoureusement : réfléchissez bien avant de la planter, car elle a tendance à devenir envahissante, à l'image de certains bambous, et ses rhizomes sont difficiles à éliminer.

ESPÈCES ET VARIÉTÉS Plantez également la 'Variegata', aux mêmes caractéristiques, mais à feuillage panaché de blanc crème, ou 'Variegata Superba', qui ne dépasse pas 1 m de haut.

CULTURE EN POT Déconseillée.

UTILISATIONS On ne trouve pas meilleur brise-vent contre les vents les plus violents, brise-vue, sur les talus et en périphérie de jardin.

FAUX CYPRÈS

Chamaecyparis spp.

J F M A M J J A S O N D

6/20 m | 1/4 m | P

Ce conifère est très proche des *Cupressus*. Il en diffère par un feuillage aplati, en forme d'écailles, comme chez le thuya (arrondi chez le cyprès). Il offre une des plus grandes diversités de couleurs du monde des conifères. Cônes minuscules.

SOL Profond, riche, plutôt siliceux, même pauvre ou calcaire, bien drainé en hiver.

EXPOSITION Le soleil doux, la mi-ombre sont parfaits, à l'abri des vents dominants.

CULTURE Plantez d'octobre à mars, arrosez copieusement les jeunes sujets. Apportez un engrais spécial conifères en avril, binez en été.

ESPÈCES ET VARIÉTÉS Il existe 5 espèces.

› *Chamaecyparis lawsoniana* (de 18 à 20 m), au feuillage vert franc, à reflets bleutés, craint la sécheresse prolongée ; 'Allumii' (de 10 à 12 m), vert bleuté, au port pyramidal étroit ; 'Allumigold', doré au printemps, bronze à l'automne ; 'Columnaris' (10 m) forme une colonne d'un très joli bleu ; 'Ellwoodii' (3 m), en colonne, vert bleuté, plus intense en hiver ; 'Ellwood's Gold' (de 2 à 3 m), fastigié, jeunes feuilles jaunes ; 'Erecta Aurea' (de 3 à 4 m), feuillage vert frais à la base et jaune d'or à l'extrémité ; 'Golden Triumph' (de 10 à 12 m), doré, conique ; 'Intertexta Pendula' (de 6 à 8 m), l'une des rares formes à port pleureur ; 'Lane' ('Lanei'), de 10 à 12 m, jaune lumineux, conique ; 'Pembury Blue' (de 6 à 8 m), bleu métallique, très apprécié en haies ; 'Pottenii' (de 6 à 10 m), en colonne étroite, vert tendre ; 'Stardust' (de 10 à 12 m), conique, vert frais, aux extrémités jaune d'or ; 'Stewartii' (de 12 à 15 m), conique, doré ; 'Westermannii' (de 5 à 10 m), conique, jaune pâle virant au vert jaunâtre ; 'White Spot' (3 m), port érigé, feuillage vert argenté ; 'Yvonne' (5 m), conique, à feuillage jaune vif ; 'Wisselii' (de 10 à 20 m), conique, vert bleuté sombre.

› *Chamaecyparis nootkatensis* (de 15 à 20 m), désormais classé parmi les cyprès (sous le nom de *Cupressus nootkatensis*), en forme de carafe à l'âge adulte, a un feuillage très épais, vert foncé ; 'Aurea' (20 m), de croissance moyenne, au feuillage dense, doré au printemps, puis vert jaunâtre. C'est le plus rustique des conifères dorés, idéal en haies ; 'Compacta' (2 m), en boule très dense, vert clair ; 'Pendula' (de 10 à 20 m), aux jeunes rameaux pendants, vert argenté, portés sur des branches horizontales.

CULTURE EN POT Possible pour les variétés naines (➲ p. 624).

UTILISATIONS Brise-vent, brise-vue, haie, isolé.

Chamaecyparis 'Ellwoodii'

EUCALYPTUS

Eucalyptus spp.

J	F	M	A	M	J	J	A	S	O	N	D

Hauteur	Largeur	Soleil	P	Rusticité
15/30 m	2/4 m		P	-20 °C

Ces arbres aromatiques de la famille des Myrtacées sont surtout originaires d'Australie. L'attrait essentiel de ces grands arbres persistants est leur feuillage glauque, argenté ou gris-vert. Leur écorce superbe s'exfolie en vieillissant. Les fleurs légères sont rares sous nos climats.

SOL Bien drainé, assez sec de préférence.

EXPOSITION En plein soleil, à l'abri des vents violents et froids (bois cassant).

CULTURE Plantez au début du printemps, puis laissez faire la nature, la croissance est très rapide. Inutile de tailler. Arrosage et fertilisation facultatifs. Après une forte gelée, vous pouvez couper au ras du sol.

ESPÈCES ET VARIÉTÉS On compte plus de 600 espèces d'eucalyptus, parmi lesquelles 3 espèces, originaires de Tasmanie, résistent à – 20 °C : *Eucalyptus gunnii*, le gommier, est le plus répandu ; 'Azura' (syn. 'Cagire'), port étroit, feuillage bleu soutenu ; 'France Bleu', plus compact que le type ; *E. dalrympleana*, aux feuilles gris-vert naissant bronze ; *E. globulus* 'Compacta' ; *E. pauciflora* subsp. *niphophila*, colonnaire, à feuillage bleuté, résiste bien au froid aussi.

Eucalyptus dalrympleana

CULTURE EN POT 'France Bleu' est le plus adapté à cette contrainte.

UTILISATIONS En grand rideau, en groupe ou isolé.

Eucalyptus globulus

Vidéo « Planter un eucalyptus »*

EULALIE, PLUME D'ARGENT

Miscanthus sinensis

J	F	M	A	M	J	J	A	S	**O**	**N**	D

Hauteur	Largeur	Soleil	V
1/2 m	1/2 m		V

Miscanthus sinensis 'Zebrinus'

Cette très grande vivace de la famille des Poacées (ex famille des graminées) est décorative par ses inflorescences. Feuilles et fleurs sont souvent utilisées pour les bouquets, mais cette plante est intéressante aussi par les couleurs automnales, jaune et or.

SOL Une bonne terre de jardin, riche et fraîche.

EXPOSITION Ensoleillée.

CULTURE Au printemps, coupez les hampes florales et nettoyez les feuilles séchées.

ESPÈCES ET VARIÉTÉS Le genre compte 16 espèces. Parmi les cultivars de *Miscanthus sinensis* : 'Cabaret', vigoureux, blanc crème rayé de vert ; 'Gracillimus' fleurit peu, mais ses feuilles étroites et gracieuses sont très décoratives ; 'Graziella', compact, panaché blanc crème ; 'Kleine Silberspinne', compact, belle floraison ; 'Little Zebra', forme compacte striée de jaune ; 'Variegatus' a les feuilles rayées de blanc crème tandis que 'Zebrinus' est marqué de bandes jaunes transversales. *M. floridus* est beaucoup plus grand et peut former des haies végétales de plus de 2 m de haut.

CULTURE EN POT Dans un bac ou une jardinière d'au moins 50 cm de large et 40 cm de profondeur, dans un mélange de terreau de plantation et de terre végétale.

UTILISATIONS Fond de massif, écran.

***Télécharger l'application** Truffaut +, **voir p. 6-7**

Un jardin venté

PIN

Pinus spp.

J F M A M J J A S O N D

1/30 m | 1/6 m | P

Originaires pour la plupart des régions tempérées de l'hémisphère Nord, les pins portent tous un feuillage constitué de fines aiguilles réunies par 2, 3 ou 5 dans une gaine. Les longs bourgeons résineux sont dressés comme des chandelles. Cônes ovoïdes.

SOL Profond, léger, bien drainé, plutôt acide (sauf pour *Pinus nigra*) et humifère. Les terres sèches sont bien acceptées.

EXPOSITION Plein soleil ; la chaleur est appréciée. Vents forts et embruns sont bien supportés.

CULTURE Plantez d'octobre à avril, arrosez les premiers étés. Apportez de l'engrais en avril les 4 premières années. Bassinez le feuillage le soir quand il a fait très chaud. Sarclez bien au pied. Contre la chenille processionnaire, privilégiez la lutte biologique avec la bactérie *Bacillus thuringiensis* (Bactospéine).

ESPÈCES ET VARIÉTÉS Il existe 130 espèces, de nombreuses variétés et quelques sous-espèces.

> *Pinus cembra*, l'arolle (de 8 à 10 m), très rustique, au port étroit et au feuillage vert à revers bleuté, pousse lentement ; 'Glauca', aux reflets bleutés.

> *Pinus densiflora* (de 10 à 15 m), conique, aux rameaux clairs.

> *Pinus halepensis*, le pin d'Alep (de 15 à 20 m), ressemble à un pin parasol très tourmenté. Il résiste à – 12 °C et au sec.

> *Pinus heldreichii (leucodermis)*, le pin de Bosnie (de 8 à 10 m), vert foncé avec l'écorce des rameaux blanche ; Malinki', colonnaire.

> *Pinus flexilis* 'Vanderwolf's Pyramid' (de 5 à 10 m), port compact, d'abord globuleux, puis pyramidal.

> *Pinus mugo*, le pin de montagne (3 m), est buissonnant, vert foncé ; 'Gnom' (2 m), compact, d'un vert plus brillant.

> *Pinus nigra*, le pin noir d'Autriche, est trapu, vert sombre, très rustique ; subsp. *laricio*, le pin

> *Pinus parviflora* 'Blauer Engel' (environ 2,50 m), en pyramide compacte, bleu argenté ; 'Glauca' (7 m), au port érigé, très irrégulier, feuillage vert bleuté, argenté, résiste aux embruns.

> *Pinus pinaster*, le pin maritime, ou pin des Landes (de 20 à 30 m), au feuillage gris terne, très rustique (– 25 °C).

> *Pinus pumila* (ou *P. cembra* var. *pumila*), le pin nain de Sibérie (3 m), au port buissonnant, à branches flexibles.

> *Pinus radiata*, le pin de Monterey (de 15 à 20 m), à longues feuilles, un bel arbre souple à port étalé, de croissance rapide.

> *Pinus strobus*, le pin Weymouth (de 20 à 30 m), est conique, puis arrondi en vieillissant, à feuillage vert bleuté, il est très rustique.

> *Pinus sylvestris*, le pin sylvestre (de 20 à 30 m), gris-vert ou bleu-vert, avec une écorce rougeâtre qui s'exfolie ; 'Albyns', boule compacte étalée, bourgeons blanc ; 'Aurea' (3 m) pousse très lentement. Vert clair en été, il jaunit franchement l'hiver ; 'Fastigiata' (de 2 à 5 m), très étroit et fuselé, vert bleuté ; 'Globosa Viridis' (1 m) forme une petite boule d'un vert frais ; 'Watereri' (ou var. *nana*), de 3 à 4 m, bleuté à écorce rouge. D'abord conique, il s'arrondit avec l'âge.

> *Pinus thunbergii* 'Thunderhead' (de 15 à 25 m), port irrégulier, évasé, tiges dressées, bourgeons blancs.

> *Pinus wallichiana* ou *griffithii*, le pin pleureur de l'Himalaya (de 20 à 30 m), au port étalé, gracieux, long et fin feuillage vert clair, retombant, croissance rapide ; 'Densa Hill', colonnaire (jusqu'à 6 m) ; 'Nana' (2 m), compact, port évasé, dense.

CULTURE EN POT Impossible pour les grands pins **(➲ Les formes naines, p. 552).**

UTILISATIONS Isolé, en rideau, en alignement.

PEUPLIER

Populus spp.

J F **M** A M J J A S O N D

20/30 m | 2/4 m | C

Arbres imposants au port fastigié et à la croissance très rapide (de 5 à 7 m en 4 ou 5 ans), les peupliers sont très rustiques, puisqu'ils viennent des régions septentrionales de l'hémisphère Nord.

SOL Assez riche, bien travaillé, neutre, frais (mais sans humidité stagnante).

EXPOSITION Bien dégagée, au soleil.

CULTURE Arrosez et paillez les premiers étés. Taillez en hiver pour équilibrer. En cas de chancre bactérien, coupez les rameaux, curetez les plaies et appliquez un mastic cicatrisant.

ESPÈCES ET VARIÉTÉS Il existe 100 espèces de *Populus*, dont de nombreux hybrides naturels. *Populus nigra* 'Italica', le peuplier d'Italie (30 m), au port fastigié. *P. tremula*, le tremble (30 m), au feuillage vibrant sous la brise.

CULTURE EN POT Inadaptée.

UTILISATIONS Isolé, rideau, alignement. Excellents brise-vent de grande taille.

PROBLÈME DE PLACE

Si vous manquez de place dans le jardin, méfiez-vous des espèces drageonnantes comme le peuplier d'Italie, à réserver aux grands espaces bien dégagés.

STIPA, CHEVEUX D'ANGE

Stipa gigantea, S. tenuifolia

J F M A M J J A S O N D

Hauteur	Largeur	Exposition	Type
1/2,50 m	0,50/2 m	soleil	V

Vidéo « Planter une *Stipa tenuifolia* »*

Cette vivace de la famille des Poacées est d'un bel effet sur un fond sombre d'arbustes ou de conifères. Elle forme une touffe aux feuilles très fines, vert foncé luisant, surmontée d'une grande production d'épis retombants, très légers, atteignant jusqu'à 2,50 m de haut. Ses longs épis aériens, souples, argentés, se balancent à la moindre brise.

SOL Une bonne terre de jardin, qui se ressuie bien après une grosse pluie. Pour la garder en hiver, il faut lui éviter les terres trop lourdes.

EXPOSITION Mi-ombre, soleil léger.

CULTURE À la fin de l'hiver, taillez les touffes à 20 cm de haut. La plante résiste très bien à la sécheresse.

ESPÈCES ET VARIÉTÉS On compte une centaine d'espèces, parmi lesquelles *Stipa gigantea,* l'avoine géante, qui peut atteindre 2,50 m de haut, et *S. tenuifolia*, dite « cheveux d'ange », aux épis à barbe soyeuse et blonde.

CULTURE EN POT Sans grand intérêt.

UTILISATIONS Isolée sur une pelouse ou en compagnie de vivaces aussi vigoureuses qu'elle.

TAMARIS

Tamarix spp.

J F M A M J J A S O N D

Hauteur	Largeur	Exposition	Type
2/5 m	2/4 m	soleil	C

Tamaris ramosissima 'Pink Cascade'

Ces grands arbustes, souvent sur un tronc court, se parent d'une superbe floraison plumeuse. Ils séduisent par leur port arqué et leurs branches souples qui se balancent au gré du vent. Les feuilles, alternes, minuscules, linéaires, sont réduites parfois à de simples écailles. La floraison rose, en panicules plumeuses, recouvre tout l'arbuste au printemps ou en été selon les espèces. Croissance rapide (taille adulte en 4 ou 5 ans).

SOL Toutes les terres, sauf les plus calcaires ou les terrains très lourds où stagne l'humidité.

EXPOSITION Plein soleil, même fort, dans un endroit chaud et bien aéré.

CULTURE Plantez en automne ou au printemps. Inutile d'arroser ou de fertiliser. Sur les tamaris d'été, réduisez en automne les pousses de l'année des trois quarts. Taillez les tamaris de printemps après la floraison en coupant les branches de moitié. Multiplication par boutures à bois sec en décembre. Pour une floraison plus généreuse, rabattez le tamaris d'été, chaque année, en février, jusqu'au niveau du vieux bois.

ESPÈCES ET VARIÉTÉS Il existe 57 espèces. *Tamarix ramosissima* (parfois appelé *T. pentandra)* tamaris d'été ; 'Pink Cascade', d'un rose intense ; 'Rosea', rose tendre ; 'Rubra' (syn. 'Summer Glow'), rose foncé. *T. tetrandra (syn. T. africana)*, tamaris de printemps, est plus touffu et fleurit sur toute la longueur des rameaux.

CULTURE EN POT Peu adaptée.

UTILISATIONS Fond de massif, isolé, haie libre.

VIORNE À FEUILLAGE PERSISTANT

Viburnum rhytidophyllum

J F M A M J J A S O N D

Hauteur	Largeur	Exposition	Type
3/4 m	2/3 m	soleil / mi-ombre	C/P

Cette viorne, qui peut atteindre 4 m de haut, est un solide brise-vent persistant aux branches duveteuses, idéal pour créer un écran végétal. Ses feuilles épaisses, ridées ou gaufrées, vert foncé sur le dessus, sont brunes et soyeuses dessous. De gros bouquets de fleurs blanc jaunâtre avec des pointes roses apparaissent en mai et sont suivis de fruits rouges qui noircissent par la suite.

SOL Riche, profond, humifère et frais, de préférence peu calcaire.

EXPOSITION Soleil ou mi-ombre dense.

CULTURE Plantez au printemps. Arrosez et paillez les étés suivant la plantation. Lorsque les fleurs sont fanées, éliminez les rameaux abîmés ou en surnombre.

CULTURE EN POT Peu adaptée.

UTILISATIONS Comme écran végétal, isolé, en haie libre ou en massif.

POUR UN JARDIN VENTÉ, VOUS POUVEZ AUSSI CULTIVER LES PLANTES SUIVANTES

★ *Arbutus unedo* (arbousier) ➲ p. 876 ★ *Briza media, B. maxima* (amourette) ➲ p. 318 ★ *Calamagrostis* x *acutiflora* (graminée) ➲ p. 318 ★ *Cotinus coggygria* (arbre à perruques) ➲ p. 454 ★ *Hordeum jubatum* (orge à crinière) ➲ p. 318 ★ *Libertia formosa* ➲ p. 254 ★ *Osmanthus heterophyllus* ➲ p. 279 ★ *Pennisetum setaceum* 'Rubrum' (herbe soyeuse rouge) ➲ p. 203 ★ *Phyllostachys spp.* (bambou) ➲ p. 378 ★ *Sorbus domestica* ➲ p. 520 ★ *Vitex agnus-castus* (arbre au poivre) ➲ p. 387

*Télécharger l'application Truffaut +, voir p. 6-7

Au pied de mon arbre

Pour que vos plantations se plaisent au pied d'un arbre, il faut qu'elles supportent la concurrence des racines et acceptent d'avoir un peu moins de soleil.

1

2

3

4

5

6

7

7

8

9

1. PRIMEVÈRE DES MARAIS

Primula vialii

J F M A M **J J** A S O N D

30/60 cm — 30 cm — V

Cette primevère aux feuilles étroites forme une inflorescence en épi pointu, rouge en bouton, puis rose. Elle préfère un sol profond, humifère, neutre à acide et toujours frais. Elle fera merveille en sous-bois ou au bord d'un bassin.

2. BAMBOU NAIN

Pleioblastus argenteostriatus

30/80 cm — 45 cm — V

Ce petit bambou se plaît partout ! Il porte des cannes fines, vert foncé tachées de rouge, et des feuilles étroites, pointues, vert tendre. Excellent couvre-sol, s'étendant rapidement, il s'adapte à tous les sols, même en pente car il fixe les talus grâce à ses longs rhizomes ; il apprécie les sous-bois. Mais préférez un bambou traçant avec une barrière anti-traçante.

3. TULIPE DE CRÈTE

Tulipa saxatilis

J F M **A M** J J A S O N D

35 cm — 15 cm — V

Tulipa saxatilis fait partie des tulipes botaniques, espèces issues des tulipes sauvages, souvent assez petites. Plantées à l'automne, elles fleuriront au printemps plusieurs années de suite. Elle a des pétales rose pâle nuancé de mauve, avec le cœur jaune d'or bien ouvert.

4. ORCHIDÉE JACINTHE

Bletilla striata

J F M A **M J** J A S O N D

30/50 cm — 20/30 cm — V

Cette orchidée terrestre forme des grappes d'une douzaine de fleurs magenta, en clochettes, magnifiques au pied des arbres. Enterrez les pseudobulbes au printemps, à 15 cm de profondeur environ. Les jeunes poussent surgiront dès avril. Paillez en hiver dans les régions fraîches ou arrachez les rhizomes pour les rentrer.

5. SCILLE DU PÉROU

Scilla peruviana

J F M **A M** J J A S O N D

30 cm — 10 cm — V

Ses très nombreuses petites fleurs en étoiles, bleu vif, réunies en gros bouquets, animent les talus, les rocailles et le pied des arbres et arbustes. Elle pousse aussi très bien en pot.

6. BERGÉNIA

Bergenia cordifolia

J F M A M J J A S O N **D**

30/50 cm — 40/60 cm — V

Pour plus de précisions ➔ p. 193.

7. PERVENCHE DE MADAGASCAR

Catharanthus roseus

J F M **A M J J A S** O N D

25/50 cm — 20/35 cm — V

Ses fleurs rose fuchsia, rouges ou blanches, sont idéales au pied des arbres ou dans un massif. Cette vivace au port buissonnant est souvent cultivée en annuelle sous nos climats. Plantez-la au printemps, après les dernières gelées, dans un sol bien drainé. Supprimez les fleurs fanées pour stimuler la floraison. En pot, elle se conserve plusieurs années.

8. HELLÉBORE ORIENTAL

Helleborus orientalis

J F M A M J J A S O N D

60 cm — 40/50 cm — V

Pour plus de précisions ➔ p. 425.

9. MYOSOTIS DES JARDINS

Myosotis sylvatica

J F **M A M** J J A S O N D

15/30 cm — 10/20 cm — BI

Pour plus de précisions ➔ p. 427.

Vous trouverez d'autres propositions et conseils dans la thématique « Un jardin fleuri sous les arbres », p. 188.

Masquer la terre

RÈGLE D'OR AU JARDIN : LA TERRE NE DOIT PAS RESTER NUE. ET LORSQUE, DE PLUS, ON VEUT MASQUER LES VIDES DANS LES MASSIFS, LES PLANTES TAPISSANTES ENTRENT EN SCÈNE. RAMPANTES, ÉTALÉES, PROSTRÉES, EN COUSSIN OU GAZONNANTES, ELLES SONT TOUTES FACILES À VIVRE.

UTILISER DES COUVRE-SOLS

Les plantes couvre-sol servent à habiller un talus, une bordure, une rocaille, un sous-bois, à combler le vide entre des dalles... **1**

MAIS COMMENT FONT-ELLES ?

Elles avancent, s'étendant toujours plus... Les plantes rampantes ont un caractère de colonisatrices et elles ont déployé divers stratagèmes pour conquérir leur environnement ... **2**

C'est bon pour la planète et la biodiversité : Un refuge bienvenu

La végétation inextricable des couvre-sols, dès lors qu'ils sont installés, est un refuge de choix pour toutes sortes de petits animaux. Un bienfait de plus pour la biodiversité ... **3**

Saxifraga x urbium

PLANTER UN TAPIS VÉGÉTAL

La création d'un tapis végétal ne s'improvise pas : pour une fois, c'est la largeur que vous devez prendre en considération, et toujours en anticipant sur la croissance, quelquefois rapide, des plantes ... **4**

La petite histoire

Le nom « pervenche » vient du latin vinca pervinca, formule « magique » créée au Moyen Âge à partir du mot vincere, « vaincre ». On a élucidé, depuis, ses vertus thérapeutiques ... **5**

LIMITER LES COUVRE-SOLS

La taille est indispensable, au moins pour les formes arbustives, afin de contenir les espèces les plus conquérantes ... **6**

Erica carnea

IDÉES

→ POURQUOI PAS... un dallage jointoyé de plantes couvre-sol ? 7

→ POURQUOI PAS... Des tapis de fleurs dans une rocaille ? 8

Vidéo « Les bruyères comme couvre-sols »

et Si

- Mes bruyères ne fleurissent presque plus ? 9
- Les feuilles de mes millepertuis tombent ? 10

*Télécharger l'application Truffaut +, voir p. 6-7

Les Plantes idéales

★ **Des couvre-sols arbustifs :** *Cotoneaster atropurpureus, C. dammeri, C. horizontalis* (espèces rampantes) ; *Erica carnea, E. x darleyensis, E. vagans* (bruyère) ; *Hypericum calycinum, H. olympicum* (millepertuis rampant) ; *Muehlenbeckia complexa* (cheveux-de-Vénus) ; *Pachysandra terminalis.*

★ **De belles floraisons :** *Lysimachia nummularia* (plante aux écus d'or) ; *Nepeta* x *faassenii* (chataire) ; *Rosa spp.* (rosiers couvre-sol) ; *Saponaria spp.* (saponaire) ; *Stachys byzantina* (oreille-d'ours) ; *Vinca major* (grande pervenche), *V. minor* (petite pervenche).

★ **L'esprit des rocailles :** *Sagina subulata* (sagine) ; *Saxifraga* x *urbium* (désespoir du peintre).

NOS CONSEILS

1. Désherbez très soigneusement le terrain avant l'installation des plantes couvre-sol, car plus tard, le désherbage devient contraignant.
2. Amendez généreusement le sol avec de la matière organique et un engrais de fond avant la plantation, car après développement, l'apport d'engrais est plus délicat (sauf sous forme d'engrais liquide).
3. Jouez des différents tons de feuillages pour constituer un patchwork par taches d'un demi-mètre carré au moins.
4. Utilisez les plantes couvre-sol tapissantes pour mettre en valeur les végétaux décoratifs, les topiaires, les arbres taillés en nuage...
5. Évitez la monotonie apportée par les trop grandes surfaces plantées, créez des dégradés de hauteurs et placez les plantes les plus basses au premier plan.
6. Plantez des bulbes à fleurs au milieu des plantes couvre-sol : elles passeront au travers de la végétation sans problème et le résultat sera éclatant.
7. Utilisez au moins deux tiers d'espèces à feuillage persistant.

1 Utiliser des couvre-sols

Ces plantes permettent de couvrir une zone déteminée ou de mettre en valeur des plantes plus hautes, de lier les différentes plantes d'un massif, de fleurir un muret, d'habiller un escalier, de dissimuler les contours d'un bassin..., mais elles sont utiles aussi dans les bacs et les jardinières. Une fois en place, lorsqu'elles forment un tapis homogène, ces plantes rampantes ne demandent aucun entretien, tout au plus quelques arrosages occasionnels par temps sec, et elles empâchent l'installation de plantes indésirables.

3 C'est bon pour la planète et la biodiversité : Un refuge bienvenu

Le principal intérêt des couvre-sols au jardin est le refuge qu'ils offrent à toutes sortes de petits animaux – insectes, arthropodes, mollusques, lézards... sans distinction entre les « bons » et les « mauvais », mais les populations finissent par s'équilibrer. Ces plantes jouent aussi un rôle très efficace contre l'érosion des sols, en les protégeant des agressions des pluies, du vent et des rayons du soleil, de la même façon que le paillage.

Rosa 'Toscana'

2 Mais comment font-elles ?

- Les plantes rampantes avancent sous terre leurs **rhizomes** – qui sont des tiges souterraines –, sur lesquels naissent des bourgeons poussant hors de terre. C'est le cas de l'iris, du sceau-de-Salomon, de la prêle, ou du moins populaire chiendent.
- Certaines plantes émettent des **stolons**, tiges aériennes rampantes qui ont la faculté de s'enraciner au sol ; le cas des ronces à mûres ou des fraisiers est bien connu.
- Chez d'autres plantes, des **drageons** sont émis par les racines secondaires, en périphérie de la souche principale. C'est le cas chez un très grand nombre de vivaces.
- Enfin, certaines plantes finissent par couvrir le sol grâce à leurs **bulbilles** (oxalis, jacinthe des bois).

L'oxalis s'étend par ses bulbilles.

La menthe s'étale par ses stolons.

4 Planter un tapis végétal

Pour vous faire une idée du rendu final, sachez qu'en général une plante couvre-sol bien équilibrée se développe dans une largeur de quatre à dix fois sa hauteur. Pour un tapis continu, les bonnes distances de plantation sont de 20 cm pour les espèces mesurant 10 à 15 cm de haut et 30 cm pour celles qui atteignent entre 15 et 20 cm. Au moment de la plantation, parsemez de bulbes qui pousseront au travers du tapis végétal, et, pour une fois, évitez de déposer un paillage pour que les stolons des plantes puissent s'enraciner aisément et pour favoriser le bourgeonnement de leurs rhizomes.

5 La petite histoire

Plus de 90 alcaloïdes ont été isolés dans les tissus des pervenches, dont la vincamine, utilisée pour lutter contre les problèmes d'hypertension et comme vasodilatateur. Des utilisations médicinales anticipées par les anciens, qui avaient baptisé la pervenche par dérivation du latin vinca pervinca, formule créée à partir du mot latin vincere, « vaincre ». En effet, la pervenche parvenait non seulement à vaincre l'hiver (grâce à son feuillage persistant), mais elle était réputée vaincre de nombreux maux.

Tapis de bruyères *(Erica carnea* et *E. erigena)*

6 LIMITER LES COUVRE-SOLS

Rançon du succès de la plantation, les plantes couvre-sol se révèlent un brin exubérantes : il faut donc limiter leur belle vigueur. Taillez les espèces arbustives et ligneuses comme vous le feriez pour des arbustes à feuillage, en réduisant d'un tiers environ la longueur de tous les rameaux. Quant aux plantes tapissantes, qui donnent un réseau dense en s'enracinant seules, vous ne devez pas hésiter à en déterrer certaines et à supprimer les pousses feuillées – c'est particulièrement conseillé pour tous les lierres.

IDÉES

7 POURQUOI PAS... UN DALLAGE AVEC DES JOINTS DE PLANTES COUVRE-SOL ?

Mazus reptans

Les dallages rehaussés de verdure sont à réserver aux piétinements modérés : évitez de les mettre en place dans l'allée principale du jardin. Au moment de la mise en place ou sur un dallage déjà posé, dégagez proprement les joints sur quelques centimètres de profondeur. Remplissez les volumes d'un mélange de terreau (2/3) et de sable (1/3). Le semis est le plus simple pour coloniser ces petits espaces ; vous le ferez, par exemple, pour les mélanges de gazons. Pour la plantation de jeunes plants, préférez les plantules livrées en minimottes ou divisez les plants en godets. Utilisez la sagine *(Sagina subulata)* ou, pour un résultat fleuri au printemps, le serpolet *Thymus serpyllum* 'Elfin', très compact, ressemblant à une mousse qui se couvrirait de petites fleurs blanches. Pour le même emploi, vous pouvez planter *Mazus reptans,* aux belles petites fleurs bleu intense.

8 POURQUOI PAS... DES TAPIS DE FLEURS DANS UNE ROCAILLE ?

La rocaille proprement dite est passée de mode, et c'est dommage, car nombre d'espèces vivaces fleuries, dont beaucoup de couvre-sols, méritent d'être redécouvertes : vous n'aurez que l'embarras du choix. Misez sur le bleu profond du grémil *(Lithodora diffusa),* le charme des aubriètes, la légèreté de l'érigéron. Faites une petite collection de thyms : il existe des variétés de sarriette et de thym serpolet poussant en touffes très rases. Plantez l'œillet à delta *(Dianthus deltoides),* l'achillée tomenteuse ou les coronilles.

Dianthus deltoides

et Si

9 Mes **bruyères** ne **fleurissent** presque plus ?

En dépit des tailles d'entretien, si vos bruyères commencent à se dégarnir et surtout à moins fleurir, il est temps de les rajeunir en divisant les touffes. Divisez les bruyères à floraison printanière et estivale en automne, et celles à floraison hivernale au printemps suivant. Extrayez la plante après avoir bêché tout autour de la touffe, divisez la plante en plusieurs parties avec le tranchant du fer de bêche, si nécessaire affinez au sécateur. Habillez les racines et replantez à la place définitive. Épandez une bonne couche de compost et arrosez correctement jusqu'aux premiers signes de reprise.

10 Les **feuilles** de mes millepertuis **tombent** ?

Les millepertuis sont exposés à la rouille causée par un champignon, *Melampsora hypericorum*. Cela se traduit par le développement de pustules brun orangé sur la face inférieure des feuilles, qui finissent par sécher et tomber prématurément.

Pour lutter efficacement, collectez toutes les feuilles tombées au sol et brûlez-les pour ne pas favoriser l'installation d'un foyer infectieux, et traitez à la bouillie bordelaise pour limiter l'extension de la maladie. Sur des plantes qui ont été malades, appliquez en fin d'hiver un traitement préventif à la bouillie bordelaise.

COTONÉASTER RAMPANT

Cotoneaster spp.

J F M A **M J** J A S O N D

Hauteur	Largeur	Exposition	
0,20/0,60 m	1/2,50 m		C/P

De culture très facile, ces arbustes buissonnants rustiques à port étalé portent des feuilles alternes, entières, ovales, de longueur variable selon les espèces. Les fleurs simples, à 5 pétales, blanches ou roses, dépassent rarement 1 cm de diamètre. Les fruits en drupes colorées sont très appréciés des oiseaux.

SOL Très tolérants, les cotonéasters poussent partout, même dans le calcaire.

EXPOSITION Soleil ou mi-ombre légère. Évitez les expositions trop ventées.

CULTURE Plantez toute l'année les sujets en conteneur. Inutile de fertiliser. En mars, taillez juste pour équilibrer et harmoniser la silhouette.

ESPÈCES ET VARIÉTÉS Il existe environ 280 espèces. L'offre proposée par les pépiniéristes s'est réduite, en raison de la sensibilité de certains cotonéasters au feu bactérien.

› Parmi les formes caduques tapissantes pouvant être utilisées comme couvre-sols : *Cotoneaster atropurpureus* 'Variegatus' (0,45 × 1,50 m, souvent présenté à tort comme un *C. horizontalis*), assez compact, à feuilles panachées de crème. *C. horizontalis* (50 cm), assez étalé, à toutes petites feuilles, abondante fructification, très résistant au froid ; 'Wilsonii', au feuillage d'un rouge intense en automne.

› Parmi les espèces persistantes : *Cotoneaster dammeri* (0,20 × 2 m), couvre-sol florifère, à baies rouge corail ; 'Major' (syn. *C. dammeri* var. *radicans*), 0,15 m × 1,50 m, aux feuilles plus petites que chez l'espèce type ; 'Schoon' (60 cm), à feuilles plus grandes, fruits rouges, très résistant au feu bactérien. *C. radicans* 'Eichholz' (syn. 'Oakwood'), 40 cm, à feuillage plus foncé, fruits plus sombres et plus précoces. *C. salicifolius* 'Green Carpet' (0,15 × 1 m), tapissant, à feuilles arrondies, fruits rouges ; 'Repens' (syn. 'Avondrood'), 60 cm × 2,50 m, semi-persistant, abondante floraison blanche, fruits rouge vif ; 'Radicans', à feuilles plus petites que celles de l'espèce type. *C. microphyllus* (50 cm), compact, vert foncé ; 'Streib's Findling' (20 cm), tapissant, idéal en bac, fruits rouges de longue durée (septembre à janvier). *C.* × *suecicus* (les cultivars sont parfois classés à tort parmi les *C. dammeri*) ; 'Coral Beauty' (de 0,50 à 1 m), port arrondi, mais très étalé (2,50 m), feuillage vert foncé brillant, nombreux fruits orange vif, idéal sur un talus ; 'Skogholm' (0,40 m × 3 m), port franchement rampant, silhouette prostrée, touffue, et toutes petites feuilles vert foncé lustré, idéal pour les talus, baies rouges peu nombreuses.

MELLIFÈRES

Les cotonéasters sont mellifères et attirent les insectes. Évitez de les planter trop près d'une habitation.

Cotoneaster dammeri

Cotoneaster horizontalis 'Wilsonii'

CULTURE EN POT Possible, mais sans grand intérêt.

UTILISATIONS Garniture de talus, rocaille.

➲ p. 646 les espèces à port dressé.

BRUYÈRE

Erica spp.

J F M A **M** J J A S O **N** D

Hauteur	Largeur	Exposition	
10/25 cm	20/60 cm		P

Erica vagans 'Valerie Proudley'

Sous-arbrisseaux le plus souvent tapissants, originaires des régions méditerranéennes et d'Afrique du Sud, les *Erica* sont parfois arborescents. Les feuilles, linéaires, de 3 à 8 mm de long, vertes ou colorées, sont souvent verticillées par 4. Les fleurs en petites cloches à peine ouvertes sont portées par des épis dressés.

SOL Non calcaire et sableux de préférence. La plupart des *Erica* viennent bien dans un bon sol de jardin humifère, mais qui ne se compacte pas, surtout l'hiver.

EXPOSITION De préférence une mi-ombre légère, mais le soleil direct, même assez chaud, est bien accepté.

CULTURE Plantez toute l'année, par groupes d'au moins 5 à 10 pieds de chaque variété pour un effet plus intense. Arrosez au début. Apport d'engrais inutile ; en revanche, installez un paillis organique chaque année en avril-mai. Après la floraison, taillez à la cisaille les sujets âgés pour les équilibrer, mais ne revenez jamais sur le vieux bois, car il ne bourgeonne pas.

ESPÈCES ET VARIÉTÉS Il existe 700 espèces et de nombreuses sous-espèces et variétés naturelles. La plupart sont tapissantes.

› *Erica carnea*, la bruyère des neiges, tapissante, très florifère, fleurit de décembre à avril ; 'December Red' (15 cm), rose vif, de décembre à mars ; 'Hilletje' (15 cm), fleur rose lilacé qui fonce en fanant, feuillage vert jaune en été, rouge orangé en hiver ;

VARIEZ LES BRUYÈRES

Alternez différentes variétés tapissantes de *Calluna*, de *Daboecia* et d'*Erica*, pour une floraison ininterrompue toute l'année.

'Isabell' (20 cm), à fleurs blanches, de février à avril ; 'King George' (20 cm), compact, rose foncé, de janvier à mars ; 'Myretoun Ruby' (syn. 'Winter Jewel'), 20 cm, rose foncé, de janvier à avril, feuillage vert sombre ; 'Praecox Rubra' (20 cm), rose lilas, de décembre à mars ; 'Springwood White' (15 cm), fleurs blanches à anthères chocolat, de février à avril ; 'Wintersonne' (syn. 'Winter Sun') (15 cm), fleurs mauves virant au rouge de février à mars, feuillage bronze.

- *Erica cinerea*, la bruyère cendrée, porte de jeunes bourgeons duveteux et fleurit de juin à octobre ; 'Alba Major' (30 cm), à fleurs blanches ; 'C.G. Best' (30 cm), érigé, rose saumon.
- *Erica* × *darleyensis*, croisement naturel de *E. carnea* et de *E. erigena*, est un couvre-sol, très rustique, qui fleurit d'octobre à mai ; 'Arthur Johnson' (40 cm), à fleurs rose lilas, feuillage vert clair ; 'Darley Dale' (30 cm), rose pourpre, à feuillage vert et jeunes pousses crème ; 'Eva Gold' (35 cm), fleurs rouge foncé, feuillage doré en été ; 'Ghost Hills' (30 cm), fleurs roses, jeunes pousses rose et crème au printemps ; 'Kramer's Rote' (35 cm), fleurs rose pourpré, feuillage vert foncé, bronze en hiver ; 'Silberschmelze' (40 cm), fleurs blanches ; 'Spring Surprise' (35 cm), fleurs roses, feuillage vert bronze ; 'White Glow' (30 cm), fleurs blanches, feuillage vert très foncé ; 'White Perfection' (syn. *E.* x *darleyensis* 'Alba'), 40 cm, fleurs blanc crème, feuillage vert tendre.
- *Erica vagans*, la bruyère des Cornouailles, fleurit de juillet à octobre ; 'Cream' (45 cm), à fleurs blanches et feuillage vert ; 'St Keverne' (20 cm), port arrondi, fleurs rose soutenu, feuillage vert foncé ; 'Valerie Proudley' (25 cm), la plus belle variété dorée, nécessite une ambiance très humide, un sol humifère et le plein soleil (plante délicate) ; 'Yellow John' (35 cm), fleurs blanches, feuillage jaune lumineux.

CULTURE EN POT Très adaptée, dans un pot de 20 cm en tous sens ou, mieux, dans une grande jardinière pour qu'elle puisse s'étaler.

UTILISATIONS Bordure, rocaille, couvre-sol dans les massifs de plantes de terre de bruyère.

Erica carnea 'King George'

MILLEPERTUIS RAMPANT

Hypericum calycinum, H. olympicum

J F M A M **J J A S O** N D

40 cm | illimitée | P/SP

Hypericum calycinum

Les millepertuis sont appréciés pour leur culture facile et leur floraison jaune d'or, de longue durée. Certains de ces petits arbustes très rustiques portent des fruits décoratifs en automne. Les feuilles, simples, sont ovales, opposées.

SOL Bien drainé, frais, riche, humifère.

EXPOSITION Plein soleil ou mi-ombre.

CULTURE Plantez en automne ou au printemps. Fertilisation inutile. Taillez court à la fin de l'hiver. Traitez contre la rouille.

ESPÈCES Il existe 400 espèces. *Hypericum calycinum* (40 cm) fleurit jaune, de juillet à octobre. *H. olympicum* (30 cm), à petites feuilles glauques et fleurs jaune vif. **Pour les espèces à port dressé, ➲ p. 457.**

CULTURE EN POT Sans intérêt pour les millepertuis tapissants.

UTILISATIONS Talus, rocaille, bordure.

PLANTE AUX ÉCUS D'OR, LYSIMAQUE

Lysimachia nummularia

J F M A **M J J A** S O N D

5 cm	illimitée		V

Les lysimaques, vivaces rustiques de la famille des Primulacées, prennent des aspects variés selon les espèces. *Lysimachia nummularia* forme des touffes rampantes, aux feuilles simples et aux fleurs à 5 pétales, en étoile ou en coupe, jaunes.

SOL Humifère, profond, consistant, frais.

EXPOSITION Soleil direct léger ou voilé.

CULTURE Plantez toute l'année les sujets en pot. La terre ne doit pas sécher en été. Ces plantes à croissance rapide peuvent devenir envahissantes si on ne les contrôle pas ; taillez à volonté. Surveillez les limaces, très friandes des jeunes pousses.

ESPÈCES ET VARIÉTÉS Il existe 150 espèces. Parmi les cultivars de *Lysimachia nummularia*, citons 'Aurea' (5 cm), couvre-sol ou retombant aux feuilles dorées ; 'Goldilocks' (5 cm), feuillage couleur citron vert, fleurs jaunes.

CULTURE EN POT Facile, dans une jardinière de 25 cm de large et 20 cm de profondeur.

UTILISATIONS Couvre-sol, bordure, muret, suspension.

CHEVEUX-DE-VÉNUS

Muehlenbeckia complexa

J F M A M **J J** A S O N D

0,50/2 m	illimité		-10 °C

Cette plante grimpante ou rampante, vivace, constituée de nombreuses petites tiges grêles, de couleur noire, porte des feuilles persistantes presque rondes, d'un vert brillant, légèrement charnues. Sa végétation donne une impression de légèreté. En juin-juillet naissent de petites fleurs blanches discrètes, peu intéressantes.

SOL Frais et léger, humifère, mais supporte bien la sécheresse.

EXPOSITION Plein soleil ou mi-ombre. À partir de – 6 °C, les feuilles chutent, mais la plante redémarre de la souche.

CULTURE Cette plante de croissance rapide se faufile partout et recouvre rapidement les éléments disgracieux du jardin. Elle réagit très bien à la taille, au point qu'on peut la former en haie basse ou même en topiaire simple.

ESPÈCES ET VARIÉTÉS Cherchez aussi *Muelhenbeckia complexa* 'Triloba' (syn. *M. lyrata*), distinct par ses feuilles plus grandes, découpées.

CULTURE EN POT Donnez un terreau horticole universel et une bonne exposition, de préférence ensoleillée et à l'abri des vents forts. Soutenez la croissance par des apports d'engrais pour plantes d'intérieur entre mai et septembre.

UTILISATION Isolé, en grimpante ou en potée.

HERBE-AUX-CHATS, CHATAIRE

Nepeta spp.

J F M A **M J J A S O** N D

25/60 cm	30/40 cm		V

Parfois appelée « menthe des chats » en raison de son odeur irrésistible pour les chats, cette vivace vaporeuse de la famille des Lamiacées forme une jolie touffe légère, étalée, au feuillage ovale, crénelé, aromatique. Les bouquets en forme d'épis légers sont formés de fleurs tubulaires à deux lèvres, le plus souvent bleues.

SOL Léger, même sec, calcaire et caillouteux. Évitez l'humidité stagnante en hiver.

EXPOSITION Chaude, en pleine lumière.

CULTURE Plantez de septembre à avril (de 4 à 6 pieds/m^2). Rabattez toute la végétation à l'automne. Divisez les vieilles touffes au printemps. Bouturez les jeunes rameaux en mai-juin.

ESPÈCES ET VARIÉTÉS Il existe 250 espèces. *Nepeta × faassenii* (25 cm), à port étalé, feuillage gris-vert, fleurs bleu clair ; 'Six Hills Giant' (40-60 cm), vigoureux, aux feuilles crispées grisâtres et fleurs bleu lavande. *N. racemosa* (syn. *N. mussinii*), 25 cm, espèce très rustique et naturellement naine ; 'Grog' (30 cm), à fleurs bleu violacé ; 'Snowflake' (25 cm), à fleurs blanches.

CULTURE EN POT Dans un pot de 25 cm en tous sens au minimum. Après la floraison, coupez la touffe à 10 cm de haut, pour encourager une nouvelle floraison automnale.

UTILISATIONS Massif, bordure.

CLIMAT FRAIS

Sous les climats frais, le népéta remplace la lavande avec une floraison garantie.

PACHYSANDRA

Pachysandra terminalis

J	F	M	A	**M**	**J**	J	A	S	O	N	D

Hauteur	Largeur	Exposition	
10/30 cm	0,30/1 m		V

Cette vivace couvre-sol drageonnante pousse lentement, formant un tapis très homogène. Ses tiges charnues portent des feuilles alternes, obovales, dentées. Les inflorescences forment des petits bouquets globuleux blancs (mâles) ou verdâtres (femelles).

SOL Frais, humifère, assez riche et souple.

EXPOSITION Jamais de soleil direct.

CULTURE Plantez de septembre à avril. Supprimez les rameaux volages. Arrosez abondamment en été. Divisez les vieilles touffes au printemps.

ESPÈCES ET VARIÉTÉS Il existe 3 espèces et 2 sous-espèces (de *Pachysandra axillaris*). On cultive essentiellement *P. terminalis* et ses cultivars ; 'Green Carpet' (15 cm), compact, à feuilles découpées, est plus grisâtre ; 'Variegata' (25 cm) a un feuillage marginé de blanc.

CULTURE EN POT Dans un pot de 40 à 50 cm de diamètre pour 20 cm de profondeur. Divisez la touffe tous les 3 ou 4 ans.

UTILISATIONS Couvre-sol, sous-bois, talus ombragé, bordure, potée.

ROSIERS COUVRE-SOL

Rosa spp.

J	F	M	A	M	**J**	**J**	**A**	**S**	**O**	N	D

Hauteur	Largeur	Exposition		Rusticité
30/60 m	1/2 m		C	-10 °C

Rosa 'Tapis rouge'

Avec leur port souple et tapissant, ces rosiers de nouvelle génération sont souvent parents de *Rosa wichuraiana* et *Rosa semperflorens.* Certains rosiéristes les considèrent comme des formes particulières de rosiers paysagers. Constitués de longs rameaux souvent couverts de petites feuilles et de fleurs miniatures, ils s'étalent sur le sol, cachant entièrement la terre.

SOL Terre légèrement argileuse, retenant l'humidité. Évitez le calcaire.

EXPOSITION Lumineuse, sans soleil à la mi-journée.

CULTURE Guidez-les au moyen de petits piquets recourbés avec lesquels vous maintenez les tiges. Pratiquement aucun entretien n'est nécessaire ; éventuellement, taillez les quelques branches qui se redressent. Pour la plantation, ➔ **p. 442.**

VARIÉTÉS 'Canicule' (40-60 cm × 1 m), bouton jaune pâle, fleur jaune citron pâle à crème ; 'Coral Drift' (30-40 cm × 80 cm), fleurs semi-doubles rose corail en continu ; 'Hello' (50-60 cm × 1 m), rouge capucine à pourpre ; 'Ice Meillandecor' (50-70 cm × 1,50 m), très tapissant, fleur blanc pur, très bonne remontée ; 'Knirps' (30 cm × 60 cm), tiges rampantes, fleurs en pompons rose intense, feuillage semi-persistant très résistant aux maladies (ADR) ; 'Magic Meillandecor' (0,50-1,50 cm × 1,50 m), rose magenta clair ourlé de blanc ; 'Opalia' (40-60 cm × 1 m), fleurs blanches semi-doubles, parfumées, grande résistance aux maladies (ADR) ; 'Pink Drift' (30-40 cm x 80 cm), fleurs simples roses à cœur jaune, grande résistance aux maladies ; 'Pink Panoramic' (40-50 cm × 1 m), rose fuchsia ; 'Rosée du Matin' (40-60 cm × 80 cm), idéal pour petits jardins, très résistant, fleurs semi-doubles blanc nuancé de rose, parfum léger ; 'Snow Ballet' (30-50 cm × 1,50 m), blanc pur ; 'Swany' (40-75 cm × 1,50 m), blanc ; 'Tapis Rouge' (30-40 cm × 1,20 m), rouge sang à cramoisi vif ; 'The Fairy' (0,70-1,50 × 1, 20 m), rose clair ; 'Toscana' (50-60 cm × 1 m), rouge framboise.

Rosa 'Knirps'

Rosa 'Knirps'

CULTURE EN POT Possible dans un pot de 30 cm en tous sens, dans un terreau pour rosiers. Veillez à ce que la motte reste humide. Rempotez tous les 3 ans.

UTILISATIONS Talus et zones peu accessibles, bordures.

SAGINE

Sagina subulata

J F M A M J J A S O N D

Hauteur	Largeur		
5 cm	20 cm		V

La sagine est une petite plante de la famille des Caryophyllacées poussant en coussinets. Elle est faite de fines tiges portant de petites feuilles linéaires, d'un beau vert lumineux. Les tiges rampantes s'enracinent spontanément et permettent à la plante de gagner du terrain. En été, elle se couvre de petites fleurs blanches, mellifères.

SOL Bien drainé, neutre à légèrement acide.

EXPOSITION Ensoleillée seulement si le sol reste humide en permanence, sinon à mi-ombre, voire à l'ombre. Elle craint la sécheresse et la chaleur excessive.

CULTURE Plantez la sagine en automne ou en début de printemps. Une fois en situation, elle s'étend toute seule pour donner un tapis régulier. Aucun entretien n'est nécessaire, sinon des arrosages réguliers et copieux, surtout en cas de forte chaleur.

ESPÈCES ET VARIÉTÉS Il existe une vingtaine d'espèces des régions tempérées et une variété, *Sagina subulata* 'Aurea', à feuillage doré. Pour les toutes petites scènes, plantez *S. boydii*, aux rosettes de 2 à 3 cm de haut et 8 cm de large, mais de croissance lente.

CULTURE EN POT Rempotez dans un mélange de terreau additionné de 15 % de terre de bruyère. Soyez régulier sur les arrosages.

UTILISATIONS On la trouve aussi dans le commerce en plaques, en remplacement du gazon, mais elle supporte très mal le piétinement. À utiliser seulement pour l'aspect décoratif.

SAPONAIRE, PLANTE À SAVON

Saponaria spp.

J F M A **M J J A S** O N D

Hauteur	Largeur		
5/60 cm	20/40 cm		V

Cette petite vivace tapissante était autrefois utilisée en guise de savon. Originaire des montagnes d'Europe et d'Asie, la saponaire est très rustique. Elle forme des coussins compacts de feuilles opposées, étroites. Les petites fleurs plates, à 5 pétales, roses, sont portées en bouquets très généreux.

SOL Fertile, frais, drainé, même calcaire.

EXPOSITION Pleine lumière non brûlante.

CULTURE Plantez à l'automne (5 ou 6 pieds/m²). Tuteurez la saponaire officinale. Taillez après la floraison pour obtenir une remontée (éparse). Bouturez les pousses latérales en été.

ESPÈCES ET VARIÉTÉS Il existe 20 espèces. *Saponaria caespitosa* (15 cm), compacte, en coussin, fleurs pourpres de mai à juillet. *S. ocymoides* (15 cm), très étalée, rose carmin, de mai à juillet. *S. officinalis* (60 cm), à port dressé, fleurs roses, de juin à septembre ; 'Alba Plena' (60 cm), à fleurs doubles, blanches ; 'Rosea Plena' (30 cm), à fleurs doubles, roses. *S.* × *olivana* (5 cm), hybride de *S. pumila* et *S. caespitosa*, forme des petits coussins étalés couverts de fleurs rose vif, de mai à juillet.

UTILISATIONS Bordure, rocaille, muret.

DIVISION CONSEILLÉE

Attention, la saponaire est une plante parfois envahissante, divisez les touffes trop importantes en automne.

DÉSESPOIR DU PEINTRE

Saxifraga × urbium

J F M A **M J** J A S O N D

Hauteur	Largeur		
5/30 cm	20/30 cm		V

Ce couvre-sol offre de belles rosettes vert sombre formant un petit tapis. De petites fleurs blanches ponctuées de rouge apparaissent en mai-juin au-dessus du feuillage, sur des hampes florales grêles. On peut le planter en pot (de 15 cm en tous sens).

OREILLE-D'OURS, ÉPIAIRE LAINEUSE

Stachys byzantina

J F M A M **J J A** S O N D

Hauteur	Largeur		
15/40 cm	30/60 cm		V

Plantes rhizomateuses (il existe aussi des espèces annuelles) formant des tiges de section carrée, les *Stachys* portent des feuilles opposées, lancéolées, plissées ou duveteuses, qui dégagent parfois une odeur désagréable. Les fleurs, mellifères, sont groupées en épis. Cette vivace assez envahissante de la famille des Lamiacées est aussi une plante officinale réputée.

SOL Plutôt sec, bien drainé, calcaire.

EXPOSITION Très ensoleillée ; les climats humides sont assez mal tolérés.

CULTURE Installez-le dans les zones du jardin que vous n'arrosez pas, il sera beaucoup plus beau. Plantez de septembre à avril (de 4 à 6 pieds/m²). Supprimez les fleurs fanées. Divisez les vieilles touffes au printemps.

ESPÈCES ET VARIÉTÉS Il existe 300 espèces. *Stachys byzantina* (ou *lanata*), l'oreille-d'ours (30 cm), couvre-sol persistant aux feuilles laineuses, fleurs roses, plutôt insignifiantes ; 'Cotton Boll' (syn. 'Sheila Macqueen'), 40 cm, à feuilles gris argenté et fleurs roses laineuses, globuleuses ; 'Silver Carpet' (15 cm) forme un tapis homogène dépourvu de fleurs.

CULTURE EN POT Très facile, dans un pot de 20 cm de diamètre et de profondeur. Rempotez tous les 2 ou 3 ans.

UTILISATIONS Bordure, rocaille.

POUR MASQUER LA TERRE, VOUS POUVEZ AUSSI CULTIVER LES PLANTES SUIVANTES

★ *Acaena* 'Blue Haze' ➲ p. 676 ★ *Ajuga* 'Burgundy Glow' (bugle à feuillage multicolore) ➲ p. 676 ★ *Bergenia* 'Abendglut', *B.* 'Bressingham White' (herbe aux savetiers) ➲ p. 203 ★ *Calluna vulgaris* (bruyère d'été) ➲ p. 517 ★ *Campanula carpatica, C. portenschlagiana, C. poscharskyana* (campanule rampante) ➲ p. 397 ★ *Cyclamen hederifolium* (cyclamen de Naples) ➲ p. 204 ★ *Geranium spp.* (géranium vivace) ➲ p. 174 ★ *Hedera helix* (lierre) ➲ p. 415 ★ *Houttuynia cordata* (plante caméléon) ➲ p. 276 ★ *Lamium maculatum* 'Beacon Silver' et 'White Nancy' (lamier) ➲ p. 548 ★ *Soleirolia soleirolii* (helxine) ➲ p. 685 ★ *Thymus* x *citriodorus, T. serpyllum, T. vulgaris* (thym citron, thym commun) ➲ 685, 814 ★ *Tropaeolum majus* (capucine naine) ➲ p. 549

PERVENCHE

Vinca spp.

J F M **A M J** J A S O N D

Hauteur	Étalement		
10/40 cm	0,30/1,50 m	(mi-ombre/ombre)	V

Ces solides couvre-sol apprécient l'ombre et poussent très vite, au risque même de devenir envahissants ! Les fleurs à 5 pétales, bleu profond, sont portées par un long pédoncule et s'épanouissent à l'aisselle des feuilles. Les feuilles brillantes, vert foncé ou panaché, sont opposées, de forme ovale à elliptique.

SOL Léger, plutôt frais, bien drainé.

EXPOSITION Ombre, même dense.

CULTURE Plantez en laissant 40 cm entre deux pieds. Pour limiter son développement, taillez la plante et éliminez les plantules qui ont poussé au bout des racines traçantes. Multipliez par marcottage, bouturage ou division des touffes (d'octobre à avril).

ESPÈCES ET VARIÉTÉS

- **GRANDE PERVENCHE** *(Vinca major)* : 'Alba' (30 cm), fleurs blanches ; 'Wojo's Jem' (syn.'Vinwoj'), 25 cm, feuillage panaché.
- **PETITE PERVENCHE** *(Vinca minor)* : 'Alba' (10 cm), fleurs blanches ; 'Argenteovariegata' (15 cm), feuillage panaché de blanc ; 'Atropurpurea' (15 cm), fleurs pourpre foncé ; 'Grüner Teppich' (syn. 'Green Carpet'), 10 cm, tapis homogène, fleurs bleues ; 'Illumination' (syn. 'Cahill'), à feuillage panaché doré ; 'La Grave' (syn. 'Bowle's Variety'), 15 cm, très tapissant, fleurs bleues.

ATTENTION

Toutes les parties de la pervenche sont toxiques et susceptibles de provoquer des vomissements en cas d'ingestion.

CULTURE EN POT Possible, dans un pot de 15 cm de diamètre et de profondeur. Taillez pour éviter que les rameaux s'étalent en tous sens. Rempotez tous les 2 ans.

UTILISATIONS Couvre-sol en sous-bois ou au pied d'arbustes dans un massif.

Vinca major

Agrandir visuellement un petit jardin

Effacer les limites de son jardin !

Dans un jardin entièrement clos, pour réduire visuellement les limites, il faut habiller la périphérie d'éléments verticaux (canisses, bambous, plantes érigées) ... 1

Des portes vers d'autres mondes

Flanquez les haies de portes et fenêtres, percez des couloirs dans les massifs ! Rien de tel qu'une baie pour susciter l'intérêt et aviver la curiosité du promeneur. Les espaces distincts dans un jardin sont autant de chambres différentes que d'opportunités de distraire et d'attirer l'attention ... 2

Annexer les paysages mitoyens

La longueur (profondeur), la largeur et la hauteur sont des points de repère importants pour s'y déplacer, mais ils ne définissent pas forcément les limites visuelles du jardin ... 3

L'art de la perspective accélérée... une technique communément utilisée

Agrandir visuellement un petit jardin, rien de plus simple ! Jouez avec les lois de l'optique et établissez une perspective accélérée ... 4

Un monde d'illusion

Effet de profondeur garanti, espace visuellement agrandi, point de fuite vers le lointain, la technique du trompe-l'œil et du miroir sous toutes ses formes est utilisée dans les jardins depuis des siècles ... 5

La petite histoire

Repousser les limites du jardin à l'infini par la conquête de l'horizon ! Voilà l'un des apports majeurs d'André Le Nôtre aux jardins à la française ... 6

IDÉES

→ POURQUOI PAS... L'œil-de-bœuf ou le moucharabieh pour un coup d'œil indiscret ? Attisez la curiosité du promeneur ! 7

→ POURQUOI PAS... Des décrochements dans l'allée principale ? 8

et Si

· Mon jardin est entouré de murs ? 9

· Mon jardin est en pente ? 10

Les Plantes idéales

De nombreuses plantes conviennent pour agrandir visuellement les petits jardins. Privilégiez les arbustes ne dépassant pas 2 m de haut et présentant un tronc décoratif, ainsi que les vivaces aux feuillages et fruits au réel intérêt esthétique. Ne regroupez pas et limitez les plantes présentant de grandes feuilles qui rétrécissent visuellement l'espace.

LES RÈGLES

1. *Effacez les limites du jardin en masquant les murs au moyen de structures verticales végétales ou ornementales.*

2. *Cherchez à intégrer visuellement les jardins alentour ou le paysage.*

3. *N'hésitez pas à utiliser tous les artifices possibles en matière d'effets de « trompe-l'œil ».*

4. *Privilégiez les diagonales. Augmentez le nombre de méandres d'un chemin sinueux pour accroître les changements de direction et allonger le temps de parcours.*

5. *Cassez la perspective en orientant le regard vers des points différents, notamment par des voies de circulation s'inscrivant en biais par rapport à l'axe central du jardin.*

6. *Multipliez les points d'intérêt sous forme de plantes originales, de petites scènes et d'éléments décoratifs (statue, fontaine), voire de points de repos (banc, petit salon de jardin). La composition d'un jardin « en îlots » est idéale pour cela. Il suffit de créer des massifs relativement rapprochés avec des formes et des dimensions variées.*

7. *Jouez sur les zones d'ombre et de lumière : les parties sombres du jardin donnent l'impression d'une plus grande profondeur, car on en discerne moins les limites.*

8. *Disposez un point focal (objet décoratif, arbre) à l'extrémité de chaque axe d'observation du jardin, pour attirer le regard le plus loin possible.*

9. *Cloisonnez le jardin pour ne pas le découvrir « d'un coup d'œil », susciter les surprises. Aménagez des zones différentes, des « chambres », qui se découvrent au fur et à mesure du cheminement afin de procurer une impression de variété agrandissant l'espace.*

agrandir visuellement un petit jardin

1 Effacer les limites de son jardin !

Évitez absolument les haies monospécifiques ou les plantes grimpantes à feuillage ample pour habiller les murs. Doublez les limites du jardin par un rideau végétal formé de plantes au port érigé : aubépine, bambou, corète, lilas, noisetier, troène, viorne... Intégrez ponctuellement dans ces haies vives des treillages, des canisses, des parements pour faire grimper glycine, chèvrefeuille, faux-hortensia *(Schizophragma hydrangeoides)*... Jouez sur les périodes de floraison et sur la forme des végétaux pour créer différents plans dans la composition de ces massifs périphériques. Évitez en tous les cas de tailler trop nettement les végétaux, de façon à maintenir une fluidité des frontières du jardin. Installez également une porte fictive, l'entrée d'un passage ou un miroir pour donner un effet de continuité et évoquer un recoin caché, voire un autre monde jardiné!

2 Des portes vers d'autres mondes

Utilisez des treillages, des arches, des végétaux guidés, palissés, pour délimiter l'encadrement des portes. Un vase d'ornement fiché de part et d'autre de l'entrée assure une impression magistrale. Effet contraire en aménageant un passage discret en chicane entre deux haies de manière à créer un lieu inconnu préservé de toutes vues de l'extérieur. Utilisez une pergola pour un effet assuré marquant la limite entre deux mondes. Marquez les seuils de ces portes au moyen de pavage, dallage ou d'un filet d'eau, simple mais chic !

3 Annexer les paysages mitoyens

Le jardin s'inscrit dans un environnement (paysage, voisinage) influant de manière importante sur la perception spatiale que l'on en a. On intégrera visuellemet le paysage alentour en évitant toute barrière visuelle trop marquée (pas de haie trop haute) et en utilisant le même type de végétation pour assurer une continuité. C'est ce que l'on appelle « annexer les paysages mitoyens ». Il faut éviter que des obstacles arrêtent le regard de manière brutale (un simple tuteur peut constituer une perturbation dans le champ de vision).

4 L'art de la perspective accélérée... une technique communément utilisée

Le principe est de réduire progressivement et harmonieusement la largeur d'une allée pour la faire paraître plus longu. Veillez à respecter une grande régularité dans le rétrécissement progressif afin de ne pas provoquer une désillusion fatale ! Augmentez l'effet en réduisant graduellement l'espacement entre les végétaux d'un alignement planté au droit de l'allée ou entre les motifs (une plante qui se répète) du jardin.

5 UN MONDE D'ILLUSION

Plusieurs possibilités s'offrent à vous. Disponibles dans de nombreuses jardineries, les **miroirs** en verre ou en acrylique créent des portes vers d'autres lieux. Inclinez-les légèrement vers le haut pour inviter le ciel dans vos compositions. Un **miroir d'eau**, c'est une porte vers le ciel, il double la composition et « augmente » le volume du jardin. Diverses **fresques** conviennent pour figurer une porte vers un autre monde : figurez l'entrée d'un potager, d'un verger, une vue sur la mer, la campagne, les montagnes… l'important est que le dessin corresponde dans ses dimensions et couleurs au jardin qu'il agrémente.

6 *La petite histoire*

À partir du XVIIe siècle, le jardin, alors conçu comme un espace clos, devient infini par les perspectives longitudinales ou latérales exploitant le dénivelé des sites et ouvrant les gigantesques compositions du jardinier de Versailles sur les campagnes environnantes. En utilisant les lois de l'optique, André Le Nôtre adapte les principes de compositions du jardin à l'échelle de territoires de plusieurs kilomètres carrés ! Par la maîtrise des strates végétales et par un jeu d'étagement, il magnifie les perspectives au moyen de parterres proches du château, puis de bosquets à la hauteur maîtrisée et enfin d'alignements et boisements laissés en port libre dans le lointain. Par ces jeux de terrasses, le jardin se découvre en s'y promenant : un seul regard ne permet plus d'embrasser l'ensemble. Afin de protéger le jardin tout en conservant les vues aux alentours, des saut-de-loup, ou Ha-ha, ponctuent les murs de clôture. Autant d'artifices qui, dans une moindre mesure, peuvent s'appliquer aux petits jardins !

IDÉES

7 POURQUOI PAS… L'ŒIL-DE-BŒUF OU LE MOUCHARABIEH POUR UN COUP D'ŒIL INDISCRET ?

Un cadre, une fenêtre, une petite ouverture dans une haie, un feuillage suscitent l'intérêt et amplifient l'attrait d'une partie cachée du jardin. Une astuce simple à l'effet garanti, qui donne au jardin un côté mystérieux !

8 POURQUOI PAS… DES DÉCROCHEMENTS DANS L'ALLÉE PRINCIPALE ?

Chaque départ de chemin, chaque fenêtre est l'occasion de détourner l'attention en suscitant un intérêt nouveau pour une composante du jardin imperceptible au premier coup d'œil.

et Si

9 Mon jardin est entouré de murs ?

Dans un jardin clos, typique des villes et espaces sururbanisés, il faut d'abord accaparer des éléments des paysages mitoyens (un arbre, un clocher, un élément bâti remarquable…) pour attirer le regard vers le lointain en ménageant dans la composition du jardin une ouverture vers ce point focal extérieur. Effacez les limites du jardin par des structures verticales (panneau de treillages, plantes au port élancé, plantes grimpantes…), évitez la haie taillée qui limite fortement la sensation d'espace. Établissez une succession de plans, en compartimentant le jardin avec des massifs, des haies, des treillages d'environ 1 à 1,50 m de haut. Disposez des éléments focaux (pavage, fontaine, objet décoratif…) pour attirer le regard. Évitez de planter des végétaux au trop grand développement, privilégiez des plantes à croissance lente pour réduire l'entretien. Ménagez des portes et fenêtres en trompe-l'œil au moyen de miroir, de treillage.

10 Mon jardin est en pente ?

Profitez-en pour créer un vallonnement et appliquer les lois de l'optique ! Un sol légèrement creusé allonge visuellement le jardin. À l'inverse, un sol bombé rapproche l'objet lointain. Sans modifier l'écoulement naturel des eaux et toucher aux limites de propriété, décaissez le terrain dans le sens de la longueur. Accentuez l'effet de ce vallonnement par la mise en place d'un objet (vase, ornement…) lointain aux proportions réduites en bout de perspective. Établir des terrasses successives pourvues d'escaliers ou un cheminement sinueux aux multiples méandres aide à agrandir visuellement le jardin. Privilégiez les plantes à grandes feuilles aux avant-plans et réservez les feuillages raffinés à l'arrière de la composition.

Un jardin couloir

Par le biais de quelques aménagements bien choisis, transformez un jardin tout en longueur et sans le moindre attrait en un salon d'été fort agréable à vivre. Un petit coin de paradis, en somme !

Une suite de chambres de verdure

Monotone et trop vite parcouru du regard en raison de sa faible largeur, le « jardin couloir » se mue en une pièce d'extérieur réellement très plaisante en appliquant quelques règles simples ! ... 1

Un jardin vu sous tous les angles

Vu de l'intérieur ou de l'extérieur de la maison, le jardin doit être attrayant sous tous les angles ! Rien de plus désagréable pour l'œil qu'un immense buisson et un avant-plan écrasant, dissimulant l'entièreté ou une bonne partie de l'espace ... 2

Éviter à tout prix l'effet couloir

Rompez à tout prix la monotonie sans attrait d'un corridor trop vite parcouru du regard. Afin de pimenter l'allée centrale, appareillez les dallages en chevrons (briques, pavés) ou en opus incertum (pierre) et préférez aux caillebotis des lames de bois disposées en biais, de manière à éviter de créer des lignes de fuite renforcées par l'alignement des joints ... 3

Un tracé bien net pour un entretien restreint

La simplicité est le dénominateur commun des jardins bien conçus, car elle associe l'esthétique au fonctionnel. Un jardin au tracé bien net est aussi plus facile à entretenir ... 4

Un jardin de carrés

Thématiques inépuisables et renouvelables, effet chic et sympa, et entretien aisé sont des avantages d'un jardin de carrés ! Au préalable, établissez les chambres de verdure nécessaires pour structurer le couloir sur sa longueur ... 5

La petite histoire

À Versailles, l'Allée royale, qui mesure 335 m de long sur 40 m de large, constitue un véritable « jardin couloir ». On l'appelle souvent « Tapis vert », en raison de la bande de gazon qui se déroule au milieu ... 6

IDÉES

→ POURQUOI PAS... **Créer une ligne de fuite à travers une arche de verdure?** Tout est une question de point de vue! Esquisser une ligne de fuite fictive ou réelle influence considérablement la perception du jardin. Par divers artifices comme la perspective accélérée et les trompe-l'œil, repousser les limites visuelles du jardin est un jeu d'enfant... 7

et Si

- Je veux du gazon pour l'allée de mon « jardin couloir » ? 8
- Je veux aménager mon jardin en salon d'été ? 9

Les Plantes idéales

Bannissez les arbres et arbustes au port étalé. Choisissez des plantes grimpantes ou au port élancé et guidez-les au moyen d'un treillage, d'une palissade. Composez les massifs par étagement en mettant au premier plan des couvre-sols, au second desvivaces basses et à l'arrière des arbustes au port élancé. Le choix des plantes est ensuite déterminé par l'exposition du jardin.

DES IDÉES D'AMÉNAGEMENT

Les règles données dans la thématique « Agrandir visuellement un petit jardin » sont également valables ici.

1. *La création d'une terrasse en prolongement de l'habitation réduit certes la surface disponible pour les plantations, mais contribue aussi à modifier la perspective et la rééquilibrer. L'idéal est de l'installer sur un niveau différent.*

2. *Plantez sur la périphérie en déclinant au maximum les formes et les volumes des plantes, et en associant des végétaux sculptés (topiaires) à des plantes libres.*

3. *Coupez transversalement la perspective par des motifs dallés formant une bande ou un cercle. Toute rupture visuelle attire le regard et l'empêche de se poser en point de mire vers l'horizon.*

4. *Accentuez la perspective par des plantations dont la hauteur décroît au fur et à mesure que l'on s'éloigne de la maison ou, au contraire, cassez l'impression de « couloir » par des cloisonnements que le regard peut partiellement traverser (claustras).*

5. *Formez des dégradés de végétation, allant en décroissant vers le centre du terrain. D'une manière générale, évitez toute symétrie trop formelle. Ponctuez à intervalles irréguliers l'allée principale de topiaires (ou de conifères fastigiés) débordant légèrement sur l'intérieur, coupant ainsi la perspective de manière élégante et discrète.*

6. *« Fermez » le jardin en son extrémité par une haie à motifs sculptés et, si possible, formant un décroché, sur laquelle vient s'adosser un généreux massif de plantes « libres », aux silhouettes et textures variées.*

1 Une suite de chambres de verdure

Commencez par établir des claustras, des haies et treillages pour délimiter différents espaces. Plus il y a de pièces, plus le jardin est tumultueux et moins l'atmosphère est apaisante. Mais un nombre trop restreint de pièces réduit considérablement l'effet recherché… l'équilibre est à trouver ! Une fois les chambres établies, aménagez-les selon diverses thématiques : le jardin bleu, le jardin jaune, le jardin des topiaires, le jardin japonais, de nature, le salon de musique… Une grande diversité de chambres et de thèmes exacerbe l'impression d'évasion et de surprises. Alignez ou décalez légèrement les diverses portes d'accès aux chambres de manière à susciter et éveiller l'esprit de découverte !

2 Un jardin vu sous tous les angles

Lors de l'aménagement du jardin, prenez en compte les divers lieux d'où il est le plus observé. La baie vitrée du séjour, la fenêtre de la chambre cadrent la vue sur des scènes végétales. Prenez soin d'axer et de composer les perspectives depuis la maison et non pas uniquement depuis le jardin afin de donner envie à vos invités de découvrir le paradis s'étendant de l'autre côté de la vitre.

3 Éviter à tout prix l'effet couloir

Pour casser délibérément l'esprit couloir, n'hésitez pas à décaler le chemin (à droite ou à gauche) dès que l'on pénètre dans le jardin, par l'astuce d'un décrochement permettant de rejoindre l'allée centrale.

4 Un tracé bien net pour un entretien restreint

Les formes et lignes directrices de la composition déterminent l'esthétique du jardin, mais également son entretien. Plus la simplicité est de mise, plus l'entretien est facilité, mais évitez toutefois une trop grande netteté, gage de froideur et d'ennui. L'étroitesse rend difficile la création d'un « fouillis organisé », mais pas impossible pour autant. Dessinez l'espace avec des traits épurés et harmonieux. Facilitez l'entretien par une sélection végétale réduite. *Carex*, fétuques, *Pennisetum* et autres graminées demandent peu de travail et font évoluer le jardin au fil des saisons. Les couvre-sols comme la bruyère, le coussin d'argent (*Cerastium tomentosum*), la pervenche, le lierre, le millepertuis sont à privilégier également. Les buissons à croissance lente tels que le fusain, le cornouiller, le rhododendron, la viorne demandent peu d'interventions de taille. Le choix des plantes composant les massifs et leur nombre jouent aussi sur le temps passé à entretenir le jardin. Trouver le juste milieu permet de profiter de son jardin de différentes façons.

5 Un jardin de carrés

Une fois les chambres de verdure établies, dessinez au centre de chacune les quadrilatères, en les mettant sur pointe ou sur côté, alternez leur orientation pour éviter la monotonie. Délimitez-les par des bordures de buis, de plessis, de billes de chemin de fer ou de briques posées sur chant. Aménagez ensuite l'intérieur selon diverses trames en dessinant des motifs variés en diagonale, transversale ou décroché à l'aide de pavés, de pierres, cailloux... Plantez les motifs de chaque figure selon une thématique précise : le carré rouge, le carré des sphères, le carré japonais...

6 *La petite histoire*

Si le tracé de cette allée date de Louis XIII, André Le Nôtre la fit élargir et y positionna de part et d'autre douze statues et douze vases, placés par paires symétriques. Celles-ci soulignent la perspective et matérialisent la présence d'allées secondaires qui conduisent aux bosquets situés sur les côtés. Une œuvre grandiose, mais dont le principe peut être adopté pour des jardins tout en longueur aux dimensions plus modestes.

Idées

7 Pourquoi pas... créer une ligne de fuite à travers une arche de verdure ?

Au moyen d'arcades, d'alignements d'arbres ou encore de haies, créez une longue arche de verdure pour pousser le regard vers le lointain. Faites aboutir ce couloir sur un espace ouvert bordé d'une haie ou d'un treillage percé de portes pour prolonger la perspective. Rétrécissez progressivement la largeur de l'allée et des différentes portes et arches cadrant la vue. Si la perspective bute contre un mur, apposez-y un miroir sous une arcade et appliquez contre ce dernier une fontaine semi-circulaire, de façon à créer l'illusion complète. Ou alors, établissez simplement cette perspective sous la forme d'un trompe-l'œil, adossé au mur en fond de jardin et encadré par deux massifs buissonnants au port libre.

et Si

8 Je veux du gazon pour l'allée de mon « jardin couloir » ?

Choisissez un gazon « sport et jeux ». Le fait de parcourir toujours le même trajet et dans le même axe entraîne un piétinement important qui ne sera pas toléré par des gazons d'ornement plus fragiles. Pas de pire effet pour un jardin qu'une entrée creusée et dévastée par un piétinement et usage intensifs ! Si l'allée principale du jardin est enherbée et foulée quotidiennement à de nombreuses reprises, semez un gazon de type « sport et jeux » composé de diverses graminées (essentiellement du ray-grass anglais, de la fétuque rouge, du pâturin des prés et de la fétuque élevée) résistant à un usage intensif ! Si le sol est naturellement humide ou sujet à supporter le passage régulier d'une brouette chargée, mettez en place des dalles de pierre, des pas japonais ou un cheminement en bois. Si vous souhaitez conserver l'aspect d'une pelouse, installez des dalles de gazon, à condition toutefois de les arroser régulièrement en cas de fortes chaleurs.

9 Je veux aménager mon jardin en salon d'été ?

Un jardin-salon d'été : hyper tendance ! Prolongez votre espace intérieur à l'extérieur en aménageant votre jardin comme une pièce de l'habitation. Rien de plus agréable que de prendre un verre ou de partager un repas sous le ciel étoilé. Pour un effet assuré, établissez une terrasse contiguë à l'habitation. Élevez des arcades ou des treillages en périphérie, ou installez une pergola sur laquelle s'étendent des plantes grimpantes pour un effet cocon. Aménagez des banquettes périphériques pourvues de bacs de plantation et sur lesquelles vous pourrez disposer des coussins lors de vos réceptions. Installez quelques pots garnis de plantes aromatiques, de plantes à belle floraison, voire de plantes curieuses pour étonner vos invités. Ajoutez une fontaine pour envelopper l'atmosphère d'une sensation calme et reposante. N'oubliez pas d'intégrer un éclairage d'ambiance mettant en valeur un coin ou l'autre de la terrasse. Pourquoi ne pas intégrer à vos banquettes des cubes colorés s'illuminant la nuit ?

Un jardin petit budget

Les beaux jardins accueillants ne sont pas forcément les plus coûteux à créer et à entretenir. Question de goût, d'ambiance, mais aussi de savoir-faire en matière d'achats et de comportements.

Faire son compost

Il y a les pros du compost qui consultent les bibles écrites spécialement sur le sujet ; contentez-vous de faire un bon compost, sans trop théoriser ... **1**

Récolter les graines

Vous n'avez qu'à tendre la main, les graines sont là, à portée ; vous n'avez qu'à profiter de la générosité de la nature. Mais pas pour toutes les plantes ... **2**

Récolte des graines de pois de senteur

Achetez les « fins de séries »

Signe des temps, une plante plus très jolie est pratiquement invendable en jardinerie. Profitez des soldes et des fins de séries, il est facile de les retaper ... **3**

Diviser pour mieux planter

La division de touffe est une méthode de multiplication très facile, à la portée du débutant, et très rentable. D'autant plus qu'elle est souvent obligatoire pour régénérer les massifs ... **4**

Le coin du curieux

Toute en simplicité, elle donne tout leur charme aux jardins de curé : la rose trémière reste irrésistible ... **5**

La récup' au jardin

C'est fou, la diversité d'emballages qui finissent à la poubelle alors qu'ils sont tout à fait indiqués pour les semis ou les bouturages. C'est autant que vous ne jetterez pas ... **6**

IDÉES

→ POURQUOI PAS... Laisser venir à Vous les auxiliaires ? 7

→ POURQUOI PAS... Profiter des Plantes Sauvages ? 8

SEMIS ET BOUTURAGES POUR UN BUDGET MAÎTRISÉ

et Si

- J'hésite entre semis et plants : comment arbitrer ? 9
- Je donnais tous ces plants dont je ne sais pas quoi faire ? 10

Les Plantes idéales

L'idée est de choisir des plantes qui se ressèment seules et dont le bouturage est à la portée du débutant. Celles qui s'étendent rapidement par marcottage spontané, qui poussent vite. Et aussi celles qui offrent un volume de végétation important à faible coût.

★ **Les semis faciles :** *Clarkia unguiculata* (clarkia élégant) ; *Cosmos bipinnatus* ; *Dorotheanthus bellidiformis* (ficoïde annuelle) ; *Lathyrus odoratus* (pois de senteur) ; *Lavatera trimestris* (lavatère annuelle) ; *Nemesia strumosa* (némésie) ; *Papaver somniferum* (pavot à opium, sélections horticoles) ; *Phlox drummondii* (phlox annuel) ; *Verbascum* x *hybridum* (molène).

★ **Elles se ressèment seules :** *Alcea rosea* (rose trémière) ; *Malcomia maritima* (julienne de Mahon) ; *Nigella damascena* (nigelle de Damas).

NOS CONSEILS

1. *Plantez petit : il suffit de 3 à 5 ans pour que le décor prenne son ampleur. Respectez les distances de plantation, et patientez : les 2 premières années, le jardin fait un peu vide.*

2. *Faites votre compost, c'est un très bon amendement organique gratuit. Faites vos préparations végétales (infusions, macérations...) d'ortie, de consoude, de fougère, de prêle... pour la santé de vos plantes.*

3. *Épandez un épais paillage, il est garant de bonnes économies d'eau. de même, plantez des plantes couvre-sol. Récupérez tous les déchets de taille, broyez-les et utilisez-les comme paillis (BRF).*

4. *Récupérez l'eau de pluie. La moyenne française est de 1 m³ par mois pour une surface de 25 m² de toiture. Comme les pluies sont inégalement réparties, la récupération peut représenter 50 % des besoins.*

5. *Investissez dans un système d'arrosage économique, goutte-à-goutte, tuyau poreux, et ne les utilisez qu'en cas de besoin réel. Privilégiez les plantes les moins gourmandes en eau* ➔ p. 204 et 612.

6. *Il y a des économies qui n'en sont pas : fuyez l'outillage « pas cher » et investissez dans de bons outils, vous les aurez pour toute votre vie de jardinier.*

1 Faire son compost

Un jardin, même de petites dimensions, produit une grande quantité de déchets, et si on ajoute ceux de la cuisine, bien plus modestes, on a un gisement de matière première pour élaborer l'un des meilleurs amendements organiques : le compost. Prévoyez un composteur de 1 m^3 au moins et sans fond, posé à même la terre pour attirer de nombreux vers de terre. Dans la mesure du possible, chargez en une seule fois, sinon au moins la moitié du volume, pour que se produise le « coup de feu », une brusque élévation de température (jusqu'à 70 °C) qui dure plusieurs jours. Cela permet de désinfecter le futur compost. Alternez les déchets grossiers et secs, comme les branchages et les déchets verts, et plus fins, telles les feuilles, pour éviter le colmatage. Patientez 6 mois environ et jusqu'à 10 mois, puis tamisez et utilisez en épandage.

Division des rhizomes d'iris

2 Récolter les graines

Inutile de récolter les graines des hybrides horticoles étiquetés F1, au potager comme au jardin d'ornement, car leur descendance est partiellement ou totalement stérile et vous expose à bien des déconvenues. En revanche, pour les autres variétés, dites « fixées », ou les plantes sauvages, le semis est un moyen de multiplication simple et très économique. Laissez monter en graines un ou deux pieds (on parle de « porte-graines »), attendez jusqu'à parfaite maturation, les premières graines doivent tomber toutes seules, mettez-les à sécher à l'ombre dans un lieu aéré et ensachez, sans oublier de noter le contenu et la date de récolte. Les graines se conservent au frais, au sec, à l'abri de la lumière pendant 3 à 8 ans selon les espèces.

Récolte des graines de *Papaver somniferum*

4 Diviser pour mieux planter

Rien de plus simple que la division de touffe pour multiplier les plantes vivaces poussant en touffe. Une fois les plantes sorties de terre, vous pouvez déjà distinguer les futurs plants ; il suffit de les séparer sans les léser. Écartez la végétation avec les mains, coupez au couteau ou au sécateur et habillez les plants en diminuant de moitié la longueur des racines et du feuillage. Repiquez directement en place si c'est la saison, sinon en pots ou en godets. La technique concerne aussi tous les bulbes, les rhizomes... Pour les plantes qui se marcottent naturellement (comme les fraisiers ou certains conifères), vous n'avez plus qu'à sevrer les plants encore attachés à la plante mère.

3 Achetez les « fins de séries »

Comme un vrai jardinier, considérez les plantes pour le bel avenir qu'elles réservent et non pour leur apparence au moment de l'achat. Une bonne plante est endurcie, elle a poussé à l'extérieur ou sous un abri léger. En fin d'été, elle a subi le soleil, le vent, s'est bien lignifiée et est plus encline à résister au froid. Vous la reconnaîtrez : ramifiée et robuste, elle a un appareil racinaire homogène, des radicelles blanches et n'a pas chignonné dans son pot. En fin de saison, les vivaces herbacées ne demandent qu'à être divisées, et les arbustes appellent le sécateur : en quelques coups de lame, ils sont prêts pour la plantation.

5 *Le coin du curieux*

Longtemps classée dans le genre *Althaea*, la rose trémière est désormais intégrée par les botanistes parmi les quelque 100 espèces d'*Alcea*. *Althaea* est aujourd'hui réservé à la guimauve (*Althaea officinalis*) et une quinzaine d'autres espèces de plantes annuelles et vivaces. Curieusement, on continue à appeler althéa (sans majuscule et avec un accent) les *Hibiscus syriacus*, connus aussi sous l'appellation de « mauves en arbre ». Toutes ces plantes appartiennent à la famille des Malvacées.

6 La récup' au jardin

Nos poubelles regorgent d'emballages divers et variés qu'on peut utiliser comme contenants pour le jardinage. Une boîte à œufs, c'est 6, 10 ou 12 logettes pour recevoir du terreau et faire des semis. Les barquettes en matière plastique de glaces, de plats cuisinés, de salades... sont autant de petites terrines pour les semis, comme toutes les caissettes en polystyrène. Les pots de yaourt vivent une seconde vie de godets individuels, les petites boîtes diverses, en plastique ou en fer, sont réutilisées pour conserver les graines. Dans tous les cas, assurez-vous de bien nettoyer les emballages.

Récupération de bouteilles en verre pour une bordure

Récupération d'une palette et de pneus

Idées

7 Pourquoi pas... Laisser venir à vous les auxiliaires ?

Semez des mélanges pour attirer les pollinisateurs et les auxiliaires, ménagez de petits abris pour loger un hérisson, quelques lézards, des insectes utiles, soyez attentif aux oiseaux, surtout en hiver, en leur donnant abri et nourriture, et tout ce petit monde va s'équilibrer. Avantage pour le jardinier, c'est une meilleure pollinisation, et donc plus de graines, de fruits et de légumes, et un état sanitaire amélioré, sans traitements. Seule petite entorse, n'oubliez pas le traitement préventif d'hiver et de début de printemps à la bouillie bordelaise pour les plantes qui en ont besoin (fruitiers notamment).

8 Pourquoi pas... Profiter des plantes sauvages ?

Coquelicot

Elles arrivent souvent toutes seules, ces plantes sauvages, et il est plus rare qu'on les cultive. Or, on s'aperçoit qu'elles font leur petit effet, sans réclamer aucun soin. Laissez donc s'installer les plantes spontanées qui se sont invitées. Quelquefois, une simple taille suffit à leur donner belle allure : taillez au ras la valériane, après la floraison, elle repart de plus belle ; faites de même au printemps avec les graminées. Taillez en topiaire ou en nuage le laurier-tin ou le pittosporum disséminés par les oiseaux. De manière générale, laissez se ressemer les coquelicots, les bleuets et les plantes messicoles (vivaces des moissons).

et Si

9 J'hésite entre semis et plants : comment arbitrer ?

Privilégiez les espèces et les variétés qui se multiplient facilement par semis, c'est bien moins cher que d'acheter des plants. Laissez toujours un pied de plantes à fleurs monter en graines et se ressemer tout seul, mais un seul pied, pour ne pas être envahi de cosmos, de pavot, de rose trémière ou de nigelle de Damas. Préférez les plantes bulbeuses qui se naturalisent et restent en place, comme les tulipes botaniques, les jacinthes des bois, le cyclamen de Naples, les crocus... Au potager, laissez quelques pieds de persil se ressemer spontanément.

10 Je donnais tous ces plants dont je ne sais pas quoi faire ?

Issus de semis, de bouturage ou de division, on a toujours plus de plants que nécessaire. Donnez, échangez les jeunes plants : le jardinage, c'est avant tout le partage et le contact avec les autres. Au printemps et en automne, les foires aux plantes entre particuliers sont nombreuses : partez à la chasse des plantes et des conseils avisés.

ROSE TRÉMIÈRE

Alcea rosea

J	F	M	A	M	**J**	**J**	**A**	S	O	N	D

1,50/2,50 m	30/80 cm	☀	V

Cette grande vivace de la famille des Malvacées forme d'imposants chandeliers fleuris en plein été. Anciennement appelée *Althaea,* cette plante, qui est souvent cultivée comme une bisannuelle, émet des tiges verticales grossièrement velues, garnies de feuilles alternes, lobées, rugueuses, de 10 à 15 cm de long. La tige principale est parsemée dans sa partie supérieure de fleurs en coupe ou en pompon de 5 à 10 cm de diamètre, aux coloris variés.

SOL Riche, bien fumé et drainé, calcaire.

EXPOSITION La pleine lumière, à l'abri des vents dominants, en atmosphère humide.

CULTURE Plantez au printemps (de 4 à 6 pieds/m^2). Tuteurez les tiges couvertes de fleurs avec de grands bambous. La rose trémière est très sensible à la rouille. Traitez préventivement au printemps avec de la bouillie bordelaise. Les variétés à fleurs simples sont plus résistantes. Semez en godets au printemps. Repiquez en automne pour une floraison l'année suivante.

ESPÈCES ET VARIÉTÉS Il existe 60 espèces. On cultive surtout des hybrides. 'Nigra', d'un pourpre sombre presque noir ; 'Chater's Double Hybrids', en pompons blancs, jaunes, roses, rouges ou pourpres ; 'Pastorale', aux grandes fleurs de coloris pastels.

CULTURE EN POT Peu adaptée.

UTILISATIONS Isolé, arrière-plan de massifs.

CLARKIA ÉLÉGANT

Clarkia unguiculata

J	F	M	A	M	**J**	**J**	**A**	**S**	O	N	D

30/60 cm	20/30 cm	☀	A

Cette jolie annuelle fait partie des fleurs les plus faciles à cultiver. Chez *Clarkia unguiculata* (que l'on voit parfois dénommée *C. elegans*), on trouve aussi des sélections à fleurs doubles, en mélange de couleurs ou par coloris séparés. 'Élégant' (60 cm), très doubles, aux grosses fleurs couvrant le feuillage, se décline en 9 coloris. **Pour plus de précisions sur les *Clarkia,* ➲ p. 438**

COSMOS

Cosmos bipinnatus

J	F	M	A	M	**J**	**J**	**A**	**S**	O	N	D

0,30/1,20 m	20/50 cm	☀	A

Cette annuelle souple et élégante offre un port dressé très buissonnant. Le feuillage vert clair, de 20 à 30 cm de long, est finement découpé. Les grandes fleurs en capitules, à 8 divisions, se renouvellent en abondance.

SOL Léger, même pauvre, plutôt sec.

EXPOSITION Chaude, très ensoleillée.

CULTURE Semez en place en avril. Éclaircissez à 20-30 cm. Arrosez par temps sec. Tuteurez les plantes hautes. Supprimez les fleurs fanées pour prolonger sensiblement la floraison.

ESPÈCES ET VARIÉTÉS Il existe 25 espèces.

- *Cosmos bipinnatus* a donné de nombreux cultivars : 'Aldebaran' (1 m), pétales tubulaires aux couleurs variées du blanc au rouge foncé en passant par le rose ; 'Candy' (90 cm), rouge cerise lavé de blanc ; 'Cosimo Red & White' (60 cm), fleurs rouge pourpré avec des dégradés blancs plus ou moins marqués ; 'Double Click', fleurs très doubles en mélange de coloris ; 'Psyché' (1,10 m), à fleurs semi-doubles roses, cramoisies ou blanches ; 'Sensation Picotee' (1,10 m), à larges fleurs blanches striées ou tachées de rose ; 'Sonata' (60 cm), très ramifié, homogène, rose ou blanc ; 'Sweet Sixteen' (80 cm), cœur jaune,

pétales en dégradé du rose foncé au blanc ; 'Vega' (50 cm), forme compacte aux couleurs variées dans les nuances de rose allant jusqu'au blanc ; 'Versailles' (1,20 m), solide, à grandes fleurs roses, rouges ou blanches.
- *Cosmos sulphureus* (60 cm), à feuillage plus épais, dans les tons jaunes ou orange ; 'Brightness mixed', fleurs semi-doubles en mélange de coloris rouge, jaune et orange ; 'Lady Bird' (40 cm), à feuillage plumeux et fleurs semi-doubles ; 'Sunny Gold' (50 cm), fleurs semi-doubles jaune d'or ; 'Sunset' (50 cm), à fleurs doubles qui ressemblent un peu à des coréopsis.

CULTURE EN POT Peu adaptée.

UTILISATIONS Massif, bouquet.

FICOÏDE ANNUELLE

Dorotheanthus bellidiformis

J F M A M **J J A S** O N D

↕	↔		
10/15 cm	20/40 cm		A

Cette plante grasse annuelle forme un tapis coloré exceptionnel au soleil. Ses feuilles succulentes, aplaties, sont rugueuses au toucher. Ses fleurs, de couleurs vives ou pastel, ont l'aspect de marguerites, avec des ligules très fines. Elles ne s'ouvrent qu'en plein soleil.

SOL Sec, propre, sableux, bien drainé, de préférence pauvre.

EXPOSITION Chaude et très lumineuse.

CULTURE Semez directement en place d'avril à juin, en mélangeant la semence à du sable fin. La germination se produit en 8 à 10 jours entre 18 et 20 °C. L'entretien se limite au désherbage. Supprimez les fleurs fanées pour prolonger la floraison.

ESPÈCES ET VARIÉTÉS Il existe 8 espèces, toutes annuelles. Les cultivars sont le plus souvent proposés en mélange de coloris : blanc, rose, rouge, lilas et orangé ; 'Gelato', à grandes fleurs blanches, à cœur rouge ou rose foncé et centre blanc ; 'Tapis Magique', à fleurs multicolores, parfois cerclées de blanc au cœur.

CULTURE EN POT Possible, au soleil, dans un contenant peu profond (15 cm).

UTILISATIONS Couvre-sol, bordure de massif, rocaille, muret, talus, potée.

> **ZONES SÈCHES**
>
> Utilisez cette plante pour garnir les zones les plus arides du jardin.

POIS DE SENTEUR

Lathyrus odoratus

J F M A M **J J A S O N** D

↕	↔		
1,50/2 m	1/1,50 m		C

Annuelle herbacée rustique, le pois de senteur a des feuilles opposées, composées de 1 à 6 paires de folioles ovales, de 5 à 10 cm de long. Ses fleurs, papilionacées, parfois parfumées, de 2 à 4 cm de long, sont en petits bouquets latéraux. S'accrochant seule par des vrilles, cette plante volubile fleurit en abondance.

SOL Riche et toujours frais, consistant, mais drainé. Le calcaire est bien accepté.

EXPOSITION Bien ensoleillée. Évitez les courants d'air. La mi-ombre est tolérée.

CULTURE Semez les pois de senteur annuels en place dès septembre ou en avril, en poquets de 3 graines à 3 cm de profondeur. Trempez la semence dans de l'eau durant 24 heures au préalable. Un semis sous abri en mars est possible avec repiquage intermédiaire pour une mise en place en mai. Fertilisez une fois par semaine avec un engrais liquide pour plantes fleuries. Enlevez les fleurs fanées pour éviter la production de gousses et favoriser de nouvelles inflorescences.

ESPÈCES ET VARIÉTÉS Il existe 160 espèces et beaucoup de sous-espèces. *Lathyrus odoratus* se décline en nombreuses variétés très colorées vendues en graines.

CULTURE EN POT Possible : semez une dizaine de graines dans un pot de 30 cm en tous sens, dans un mélange de terreau et de terreau rosiers, et une poignée d'engrais pour plantes à fleurs.

UTILISATIONS Garniture saisonnière de treillage ou de grillage.

LAVATÈRE ANNUELLE

Lavatera trimestris

J F M A M J **J A S** O N D

↕	↔		
0,60/1,20 m	30/50 cm		A

Cette annuelle est une jolie plante de culture facile et très florifère. Originaire d'Europe du Sud, la lavatère annuelle forme un petit buisson érigé aux feuilles alternes, arrondies, de 3 à 6 cm de long, vert foncé. Les fleurs, simples, en forme d'entonnoir très évasé, de 5 à 8 cm de diamètre, sont blanches ou roses.

SOL Par trop riche, léger, bien drainé.

EXPOSITION Au soleil, à l'abri des vents forts.

CULTURE Semez en avril-mai, directement en place. Éclaircissez en conservant un pied tous les 30 cm. Arrosez généreusement durant l'été.

ESPÈCES ET VARIÉTÉS La nomenclature internationale retient aujourd'hui 9 espèces. Les lavatères annuelles sont des cultivars de *Lavatera trimestris* : 'Beauty' (60 cm), homogène, rose, saumon ou blanc ; 'Mont Blanc' (50 cm), compact, blanc pur ; 'Mont Rose', rose vif ; 'Pink Queen' (70 cm), à grandes fleurs blanc rosé veiné de rose ; 'Silver Cup' (60 cm), à grandes fleurs rose clair avec le cœur plus foncé ; 'Tanagra' (0,80-1 m), fleurs rose soutenu en forme d'entonnoir.

CULTURE EN POT Sans grand intérêt.

UTILISATIONS Massif, bordure, bouquet.

> **ENVAHISSANTES**
>
> Ne laissez pas les lavatères monter en graines, car elles se ressèment partout, devenant assez envahissantes.

NÉMÉSIE, MIROIR DES ELFES

Nemesia strumosa

J F M A M **J J A** S O N D

20/30 cm	15/20 cm	☀	A

Cette coquette annuelle se pare de couleurs chaleureuses. Elle forme une touffe au feuillage opposé, fin et allongé, vert clair. Les fleurs, de 2 cm de diamètre, apparaissent à profusion, unicolores ou bicolores, en blanc, jaune, orange, rose, rouge ou bleu.

SOL Riche, léger, humifère, plutôt acide.

EXPOSITION Soleil présent, mais doux.

CULTURE Semez en mars-avril, sous abri ; la levée se produit en une dizaine de jours entre 20 et 22 °C. Repiquez en godets dès que les jeunes plants ont 3 feuilles. Plantez en mai, en espaçant les pieds de 25 cm. Ne laissez pas la terre sécher en été.

ESPÈCES ET VARIÉTÉS Il existe 58 espèces. On cultive surtout *Nemesia strumosa* ou *N.* 'Sensation'.

CULTURE EN POT Possible avec des arrosages réguliers, dans un pot de 15 cm de diamètre, ou par groupes de 5 ou 6 plantes dans une jardinière.

UTILISATIONS Massif, bordure, potée, jardinière, panier fleuri.

NIGELLE DE DAMAS

Nigella damascena

J F M A M **J J A S** O N D

60/70 cm	15/25 cm	☀	A

Originaire d'Europe méridionale, cette plante buissonnante développe un feuillage vert clair très finement divisé. Les fleurs, solitaires, sont entourées par une collerette de bractées filiformes, très décoratives. Fructification en capsules renflées translucides qui sèchent bien.

SOL Léger, sableux, sec, pauvre, calcaire.

EXPOSITION Plein soleil, même chaud.

CULTURE Semez de mars à mai, directement en place. La levée se produit en 12 jours à 18 °C. Éclaircissez entre 15 et 20 cm. Arrosez le jeune plant. Récoltez en milieu de matinée les fleurs destinées aux bouquets secs.

ESPÈCES ET VARIÉTÉS Il existe 20 espèces. *Nigella damascena* (ou « cheveux-de-vénus »), souvent proposée en mélange de coloris, a donné quelques cultivars : 'Miss Jekyll', bleu ; 'Pierres Persanes' (ou 'Persian Jewels'), mélange de bleu, rose et blanc, capsules rouges.

CULTURE EN POT Sans intérêt.

UTILISATIONS Massif, bordure, potée.

PAVOT ANNUEL

Papaver spp.

J F M **A M J J A S** O N D

0,60/1,20 m	20/40 cm	☀	A

Papaver somniferum

Gracieux et légers, les pavots annuels sont des plantes très cosmopolites, qui développent une touffe de feuilles basales finement découpées, souvent velues. Les fleurs en coupe creuse, à 4 pétales, sont portées par une tige grêle et sont le plus souvent solitaires. Le fruit, en capsule arrondie, contient un suc laiteux, toxique, aux propriétés narcotiques.

SOL Léger, profond, assez fertile, même pierreux ou calcaire, toujours bien drainé.

EXPOSITION Soleil direct, même chaud, pour assurer une bonne floraison.

CULTURE Semez les pavots annuels de mars à mai, directement en place, sur un sol simplement ratissé. La levée demande de 2 à 3 semaines entre 12 et 16 °C. Éclaircissez à 10 cm. Arrosez régulièrement jusqu'à ce que les premiers boutons floraux apparaissent. Semez en mai-juin les pavots bisannuels et abritez les jeunes plants sous une cloche durant l'hiver. Mettez-les en place en mars. Plantez les pavots vivaces au printemps, entre 20 et 30 cm d'écartement. Prévoyez un tuteur circulaire pour soutenir les tiges.

Papaver commutatum 'Ladybird'

ESPÈCES ET VARIÉTÉS Il existe 55 espèces et plusieurs sous-espèces, dont des annuelles et des vivaces. Parmi les pavots annuels : *Papaver commutatum* 'Ladybird', rouge marqué de noir, très spectaculaire ; *P. rhoeas*, le coquelicot (60 cm), rouge vif ; 'Shirley' à fleurs simples aux coloris pastels ; *P. somniferum*, le pavot à opium, dont seules des variétés ornementales, le plus souvent à fleurs doubles ou frisées, sont autorisées en culture ; 'Hen and Chicken' (1 m), aux curieuses capsules boursouflées ; 'Le Géant', à fleurs simples mauves, capsules énormes ; 'Oh La La' (80 cm), à fleurs très doubles, en mélange de coloris ; 'Pink Fizz' (90 cm), aux pétales délicatement découpés, roses.

CULTURE EN POT Peu spectaculaire en pot.

UTILISATIONS Massif, prairie fleurie, sous-bois clair, rocaille, jardin sauvage. Bouquet frais ou sec (cueillir au stade du bouton).

POUR UN JARDIN PETIT BUDGET, VOUS POUVEZ AUSSI CULTIVER

★ *Anethum graveolens* (aneth) ➲ p. 806
★ *Calendula officinalis* (souci) ➲ p. 170
★ *Gaura lindheimeri* ➲ p. 275 ★ *Leucanthemum vulgare* (marguerite) ➲ p. 177 ★ *Lunaria annua* (monnaie-du-pape) ➲ p. 498 ★ *Spiraea* x *billardii* (spirée d'été) ➲ p. 625 ★ *Symphytum grandiflorum* (consoude) ➲ p. 197

PHLOX ANNUEL

Phlox drummondii

J F M **A M J J A S** O N D

Hauteur	Largeur	Exposition	Type
10/40 cm	20/50 cm	Soleil	A

Les phlox annuels forment une touffe érigée ou un coussinet de feuilles opposées, simples, linéaires ou ovales. Les fleurs sont des étoiles à 5 pétales, groupées en bouquets arrondis aux couleurs tendres.

SOL Fertile, bien drainé, non calcaire de préférence.

EXPOSITION Soleil, même intense, surtout pour les nains. Évitez le vent pour les grands.

CULTURE Semez en place en avril-mai, puis éclaircissez en gardant un plant tous les 20 cm. Pour une floraison plus précoce, semez sous abri en mars, à raison de 3 graines par pot. Repiquez en place le plant le plus vigoureux en mai. Arrosez régulièrement à l'engrais liquide.

ESPÈCES ET VARIÉTÉS Il existe 85 espèces et de nombreuses sous-espèces. *Phlox drummondii*, le phlox de Drummond, de 10 à 40 cm, à port étalé, compact, feuilles oblongues vert vif, floraison de juillet à septembre en corymbes blancs, jaunes, roses, orange, rouges, bleus ou violets ; 'Campus' (15 cm), bien ramifié, en 9 coloris ; 'Crystal' (20 cm), compact, à fleurs étoilées, proposé en 7 couleurs ; 'Grand' (50 cm), à grandes fleurs rondes aux teintes variées ; 'Twinckle' (de 15 à 20 cm), à fleurs étoilées.

CULTURE EN POT Possible dans du terreau géraniums, dans un pot de 15 cm de diamètre pour les nains et 30 cm pour les hybrides.

UTILISATIONS Massif, bouquet pour les grands. Rocaille, bordure, dallage, muret, escalier, potée pour les nains.

MOLÈNE

Verbascum × *hybridum*

J F M A M **J J A** S O N D

Hauteur	Largeur	Exposition	Type
0,35/1,20 m	20/50 cm	Soleil	V

Les molènes cultivées sont surtout des hybrides, développant une grande rosette de feuilles duveteuses, de laquelle jaillit une hampe portant un épi formé de fleurs en coupe à 5 lobes, aux couleurs variées.

SOL Profond, léger, bien drainé, même pauvre et caillouteux ou calcaire.

EXPOSITION Le plein soleil, même chaud.

CULTURE Plantez en octobre (3 ou 4 pieds/m²). Semez en avril en terrine sous châssis, repiquez en pépinière avant de mettre en place. La plupart de ces plantes étant stériles, il faut les diviser régulièrement pour éviter qu'elles ne disparaissent assez rapidement. Certains hybrides se comportent comme des bisannuelles.

ESPÈCES ET VARIÉTÉS La nomenclature internationale actuelle reconnaît 116 espèces, mais plusieurs centaines d'autres ont été décrites qui attendent une confirmation officielle. Il existe de nombreux cultivars hybrides : 'Blushing Bride' (40 cm), rose ; 'Buttercup' (1 m), jaune clair ; 'Carribean Crush' (1,20 m), rose ; 'Clementine' (1,20 m), orange à cœur violet ; 'Gainsborough' (1,20 m), jaune vif ; 'Helen Johnson' (90 cm), vieux rose ; 'Jackie' (45 cm), jaune pâle à cœur rouge ; 'Rosie' (35 cm), forme naine, rose lilacé ; 'Southern Charm' (80 cm), saumon.

CULTURE EN POT Sans grand intérêt.

UTILISATIONS Isolé, massif, jardin sauvage, rocaille, fleur coupée.

Le jardin du paresseux

LE JARDIN, C'EST BIEN BEAU, MAIS C'EST TOUT DE MÊME DU TRAVAIL. À MOINS DE CHOISIR LES BONNES PLANTES, LE BON MATÉRIEL, D'AVOIR LES BONS GESTES... ET DE RECONSIDÉRER CE QU'ON ATTEND DE SON LOPIN DE PARADIS. TERMINÉ, LE JARDIN CORVÉE, VIVE LE JARDIN DU PARESSEUX !

Adopter le laisser-faire

Mélangez des espèces variées er laissez-les se débrouiller entre elles. Elles finissent par s'équilibrer, donnant un air de jardin de curé, en plus bohème encore ... **1**

Bon plant pour le jardin

Les semis, c'est amusant, mais assez contraignant, d'autant que, pour certaines cultures, quelques plants suffisent. Pourquoi ne pas les acheter tout prêts ? ... **2**

Sauge rouge

Fini la corvée de taille

Avec la haie libre qui met en scène un mélange bien pensé d'essences différentes, plus la peine de tailler régulièrement et à période fixe. Un peu de liberté dans les séparations et les fonds de décor ... **3**

La paresse est dans le pré

On peut laisser retourner son gazon à l'état sauvage, on peut aussi l'accompagner vers le retour au naturel en semant des mélanges d'espèces sauvages. Et remiser la tondeuse ... **4**

Le paillage aux multiples vertus

Non seulement il protège la terre en la couvrant, mais il va vous épargner bien des corvées – arrosage, désherbage, fertilisation ... **5**

C'est bon pour la planète et la biodiversité : Bien gérer le jardin

Un jardin bien géré peut s'affranchir de son simple statut de lieu d'agrément, il participe alors activement à la biodiversité ... **6**

IDÉES

→ POURQUOI PAS... Des grimpantes faciles à vivre ? 7

→ POURQUOI PAS... Installer un hamac ? 8

et Si

- Je n'ai pas le courage de faire un vrai compost ? 9
- J'en ai assez de traiter mes rosiers ? 10

Les Plantes idéales

Des plantes sans entretien, qui reviennent tous les ans, qui se ressèment et s'étalent toutes seules et, par-dessus tout, peu ou pas malades.

★ **Des fleurs d'inspiration naturelle :** *Agastache* x (agastache) ; *Anchusa azurea* (buglosse) ; *Calendula officinalis* (souci) ; *Camassia spp.* (camassie).

★ **Des plantes qui s'étalent facilement :** *Euphorbia griffithii* 'Fireglow' ; *Oenothera fruticosa, O. speciosa, O.* x *hybrida* (œnothère vivace) ; *Salvia nemorosa, S. patens* (sauge vivace).

★ **La délicatesse avec très peu de soins :** *Clematis montana* (clématite des montagnes) ; *Geranium spp.* (géranium vivace) ; *Lychnis chalcedonica* (croix de Jérusalem) ; *Platycodon grandiflorus.*

★ Toutes les plantes sélectionnées dans les thématiques « Balcon et terrasse sans entretien », p. 620 ; « Un jardin petit budget », p. 158; « Masquer la terre », p. 140 ; « Des plantes belles toute l'année », p. 470.

NOS CONSEILS

1. *Peu de postes réclament autant de soins et de temps que le gazon. Laissez pousser la végétation spontanée et tondez ce tapis d'espèces naturelles, rustiques et résistantes.*

2. *Terminées les contorsions : limitez les dimensions des aires de cultures, au potager comme au jardin d'agrément, et assurez-vous que les planches sont bien accessibles de tous les côtés.*

3. *Limitez la hauteur des végétaux : plantez des arbustes de 4 à 5 m si vous avez un ébrancheur, un sécateur, un échenilloir ou une petite tronçonneuse, tous télescopiques. Songez qu'à bout de bras, ça reste fatigant.*

4. *Chaque fois que c'est possible, remplacez un outil manuel par son équivalent électrique, qui réclame très peu d'entretien. Pensez à l'arrosage automatique programmé.*

1 Adopter le laisser-faire

Laissez-vous faire par la nature en accueillant les plantes vagabondes : il y en a de très jolies. Si elles ont élu domicile dans votre jardin, c'est qu'elles sont parfaitement adaptées aux conditions. Rangez le pulvérisateur, le tuyau d'arrosage et les engrais. À la rigueur, conservez le sécateur à portée de main.

2 Bon plant pour le jardin

Les semis, c'est agréable à faire, mais le suivi est parfois un peu contraignant. Il faut apporter beaucoup d'attention aux jeunes plantes, puis les éclaircir, les repiquer, les chouchouter au chaud et attendre, le nez sur le thermomètre, pour enfin les planter au jardin. Et puis les semis, ça donne toujours beaucoup plus de plantules que les besoins, surtout au potager. 1 g de semences de tomates, ce sont 300 à 400 graines, à rapprocher des 10 à 15 plants nécessaires, idem chez la carotte ; quant aux salades, 1 g = 600 à 800 graines ! Côté aromatiques, on a besoin de 3 ou 4 pieds de basilic, un seul de thym... Il est plus reposant d'acheter quelques plants prêts à planter.

3 Fini la corvée de taille

Le taille-haie qui finit par peser au bout du bras et les incroyables quantités de déchets verts à apporter à la déchetterie, c'est terminé. Adoptez la haie libre, plantée d'une grande variété d'espèces végétales, plus ou moins ou pas du tout sujettes aux maladies. Laissez les arbustes dans leur forme naturelle et taillez seulement une fois par an, comme les arbustes à fleurs. Mêlez les espèces à feuillage persistant et caduc, arbustes à fleurs et à feuillages décoratifs, essences porteuses de petits fruits sauvages pour les oiseaux, plantes mellifères pour les insectes butineurs et les papillons, petits fruitiers pour votre gourmandise.

Haie d'aubépines

4 La paresse est dans le pré

Le gazon, c'est très joli, mais quel entretien ! Autant le remplacer par une étendue naturelle qui rappelle les grands prés. Pour revenir à un pré naturel à partir d'une belle pelouse, c'est simple, il suffit de la laisser sans soin. Le premier à revenir est le trèfle, suivi de près par le pissenlit et le plantain : en quelques années, la nature a repris le dessus. Pour une création, préparez le terrain de la même façon que pour un gazon et semez des mélanges du commerce constitués de graminées (environ 85 %) et d'espèces fleuries (15 %). Préférez les graminées à croissance lente comme les fétuques (rouge, ovine, traçante et demi-traçante) pour une installation durable. Côté fleurs, les mélanges comportent en général bleuet, lin rouge, lin bleu, aster des Alpes, arabette, achillée millefeuille, céraiste... Et fauchez seulement deux fois par an, une première fois vers fin juin : cela permet aux espèces à floraison printanière de monter en graines et de se ressemer toutes seules. La seconde coupe se fait en fin d'été.

Vidéo « Créer une prairie fleurie »

***Télécharger l'application** Truffaut +, **voir p. 6-7**

5 LE PAILLAGE AUX MULTIPLES VERTUS

Le paillage est sans doute la technique qui compte le plus d'avantages pour le jardinier désireux de s'économiser. De plus, c'est un bon réflexe pour le jardinage biologique. Il limite la levée des herbes indésirables, réduit considérablement les arrosages et, en fin de saison, il est enfoui comme amendement organique (➔ p. 86).

6 *C'est bon pour la planète et la biodiversité : Bien gérer le jardin*

Un jardin bien pensé, qui s'intègre dans l'environnement et laisse une belle part à la nature, est d'une grande utilité. Lorsqu'il abrite 30 à 50 % d'espèces spontanées et que les plantations sont aussi variées que possible, il contribue largement au maintien de la biodiversité. Il devient un havre d'accueil pour la faune sauvage : insectes auxiliaires, vers, oiseaux, lézards, musaraigne, hérisson… sans compter toute la microfaune du sol, invisible à l'œil nu.

IDÉES

7 POURQUOI PAS… DES GRIMPANTES FACILES À VIVRE ?

Ipomoea indica

Des plantes qui poussent seules, qu'on taille comme ça vient dès qu'elles sont trop développées et qui redémarrent sans état d'âme, ça existe, ce sont les grimpantes. Pour le feuillage, plantez les lierres (*Hedera helix, H. colchica, H. algeriensis* 'Gloire de Marengo'), les vignes vierges (*Parthenocissus tricuspidata, P. quinquifolia*…). Pour les fleurs, utilisez la clématite montana, l'ipomée (*Ipomoea indica*), la renouée (*Fallopia aubertii*), l'hortensia grimpant (*Hydrangea petiolaris*), la passiflore (*Passiflora caerulea*)… et pour les fruits décoratifs un mélange de coloquintes. Pour le parfum, les jasmins (*Jasminum officinalis, J. polyanthum, Trachelospermum jasminoides*…) et l'akébie (*Akebia quinata*).

8 POURQUOI PAS… INSTALLER UN HAMAC ?

Mesurez la distance entre les deux points de fixation (deux arbres, deux murs…) : sachez qu'elle doit être environ 20 % plus longue que la longueur du hamac. Attachez votre hamac à une hauteur égale à 45 % de la longueur du hamac. Selon votre poids, le hamac pourra s'allonger (jusqu'à toucher par terre) : rectifiez en conséquence. Dans tous les cas, le point le plus bas, lorsque vous êtes dans le hamac, doit être entre 20 et 40 cm du sol. Si vous n'avez pas de points de fixation, optez pour un hamac sur support. Posez, c'est prêt !

et Si

9 Je n'ai pas le **courage** de faire un vrai **compost** ?

Contentez-vous de faire un compost simplement pour vous débarrasser des déchets du jardin et de la cuisine. Prévoyez un volume de 1 à 1,5 m^3 et entassez tout ce qui peut être décomposé un peu comme ça vient, en prenant seulement soin d'intercaler quelques couches de branchages pour une bonne aération. Et c'est tout ! En vous débarrassant ainsi des déchets de la cuisine et du jardin, qui vont se décomposer tout seuls, vous limitez déjà considérablement les ordures ménagères de votre foyer… sans effort !

10 J'en ai assez de **traiter** mes **rosiers** ?

Rosa 'Roseraie de L'Haÿ'

Les rosiers peu sensibles aux maladies sont plus nombreux qu'on le pense ; parmi eux, plantez les rosiers ADR, pour All Deutsche Rosenneuheitenprüfung (distingue les variétés qui ont réussi avec succès les tests les plus sévères de résistance en Allemagne). Parmi les rosiers paysagers, plantez 'Emera' rouge fuchsia, et 'Opalia', blanc. Chez les buissons, 'Yann Arthus Bertrand', rouge cuivré, 'Line Renaud', rose indien, très résistant, 'Garden of Roses', rose clair aux nuances abricot, 'Sunstar', à grandes fleurs jaunes, ou 'Larissa', très couvrant, rose clair.

Dans une autre catégorie, plantez les hybrides de *Rosa rugosa*, comme 'Roseraie de L'Haÿ', à fleurs doubles pourpres, ou 'Blanc Double de Coubert', les deux sont remontants et parfumés.

AGASTACHE

Agastache ×

J F M A M J **J A S O** N D

0,30/1,50 m | 30/40 cm

Ces plantes vivaces herbacées de la famille des Lamiacées, poussent en touffes buissonnantes aux feuilles ovales, vert à gris-vert. Magnifique floraison estivale en épis dressés de fleurs tubulaires mauves, lavande, rouges, roses, orangés ou blanches.

SOL Tout type de sol, même argileux et calcaire, de préférence les terres riche et bien drainée.

EXPOSITION Plein soleil.

CULTURE Les agastaches sont peu exigeantes, rustiques à semi-rustiques, ces dernières peuvent être protégées par un simple paillage en hiver. Certaines produisent une grande quantité de fines graines qui se ressèment toutes seules.

ESPÈCES ET VARIÉTÉS Il existe 22 espèces et quelques sous-espèces et variétés naturelles. *Agastache aurantiaca*, l'agastache doré (60 cm), fleurs orange de juin à octobre ; *A. foeniculum* (syn. *A. anisata*), l'hysope anisée (1 m), feuilles à l'arôme musqué, fleurs mauves en juillet-août, mellifères ; *A. mexicana* 'Sangria', agastache du Mexique (de 1 à 1,20 m), feuillage à odeur de citron, fleurs rose pourpré de juillet à octobre ; *A. rugosa*, la menthe-réglisse de Corée (70 cm), grands épis bleus de juin à octobre ; 'Golden Jubilee' (1,20 m), feuillage doré, fleurs rose violacé.

CULTURE EN POT Utilisez un terreau horticole universel et un pot de 30 cm de diamètre.

UTILISATIONS Massifs, potées.

Agastache mexicana 'Sangria'

BUGLOSSE

Anchusa azurea

J F M A **M J J** A S O N D

0,50/1 m | 40/50 cm

Cette solide vivace porte des fleurs d'un bleu intense et lumineux, très rare. La souche charnue émet des feuilles linéaires vert sombre et rugueuses, de 20 à 30 cm de long, couvertes de poils. Les grandes inflorescences en panicules dressées sont formées de corolles à 5 pétales, de 1 à 2 cm de diamètre.

SOL Profond, riche et bien drainé, même calcaire. Un apport de sable est apprécié.

EXPOSITION Ensoleillée, mais non brûlante.

CULTURE Plantez d'octobre à mars (4 pieds/m^2). Tuteurez les inflorescences, paillez le sol par temps sec. Rajeunissez la plante en séparant en automne, tous les 3 ou 4 ans, les rejets situés à la périphérie de la souche.

ESPÈCES ET VARIÉTÉS Il existe 37 espèces. *Anchusa azurea* (syn. *A. italica*) est la plus cultivée ; 'Little John' (50 cm), bleu foncé ; 'Loddon Royalist' (1 m), bleu éclatant.

CULTURE EN POT Dans un contenant d'au moins 30 cm de profondeur, dans une bonne terre de jardin ou du terreau pour rosiers ou pour géraniums.

UTILISATION Massif avec diverses vivaces.

SOUCI

Calendula officinalis

J F M A **M J J A S O** N D

30/60 cm | 20/30 cm

Cette annuelle quasi rustique de la famille des Astéracées prospère dans tous les jardins et fleurit bien. Elle forme une touffe buissonnante, dressée, un peu étalée. Feuilles alternes, lancéolées, satinées, de 10 à 15 cm de long, vert clair. Fleurs en capitules de 8 à 10 cm de diamètre.

SOL Toutes les terres conviennent, même très pauvres.

EXPOSITION Soleil non brûlant, mais la mi-ombre légère est bien acceptée.

CULTURE Semez en place, de façon échelonnée, d'avril à juin. Éclaircissez à 25 cm de distance. Coupez les fleurs fanées pour empêcher la prolifération des semis spontanés. Inutile de fertiliser. Pour éviter l'oïdium, ne mouillez pas le feuillage en arrosant.

ESPÈCES ET VARIÉTÉS Il existe 25 espèces. Les cultivars se caractérisent par leurs fleurs doubles : 'Calypso' (25 cm), orange ou jaune à centre noir ; 'Fiesta Gitana' (30 cm), très double ; 'Oopsy Daisy' (20 cm), à longues ligules, coloris dégradés dans les nuances d'orange et de pêche ; 'Orange King' (40 cm), à grosses fleurs très doubles ; 'Pacific Beauty Cream' (50 cm), blanc crème ; 'Pink Surprise' (de 40 à 50 cm), fleurs doubles rose saumoné, coloris inédit dans le genre ; 'Princesse' (30 cm), aux fleurs alvéolées en mélange de couleurs.

CULTURE EN POT Très facile, dans un contenant de 20 cm de profondeur et un bon terreau universel.

UTILISATIONS Massif, bordure, bouquet.

CAMASSIE

Camassia spp.

J	F	M	A	**M**	**J**	**J**	A	S	O	N	D

Hauteur	Largeur	Exposition	Difficulté
0,50/1,20 m	15/20 cm	soleil	B

Cette bulbeuse de la famille des Asparagacées fait de superbes décors dans les jardins sauvages. Rustique, la camassie forme une petite touffe de feuilles basales, linéaires, dressées. Les tiges florales bien droites forment un épi spectaculaire de corolles en étoile de 3 à 7 cm.

SOL Riche, frais, voire humide, lourd, argileux, qui ne sèche pas en été.

EXPOSITION Chaude, soleil direct ou voilé.

CULTURE Avant de planter, drainez le sol avec du sable grossier. Plantez en automne, entre 8 et 10 cm de profondeur, à 15-25 cm de distance. Laissez la culture en place pour qu'elle prospère, mais paillez le sol en hiver s'il fait froid.

ESPÈCES ET VARIÉTÉS Il existe 6 espèces et 8 sous-espèces. *Camassia cusickii* (80 cm), violet pâle. *C. leichtlinii* (de 60 cm à 1,20 m), bleu pâle. *C. quamash* (60 cm), à grandes fleurs blanches ou bleues.

CULTURE EN POT Possible, mais sans grand intérêt.

UTILISATIONS Massif, rocaille.

CLÉMATITE DES MONTAGNES

Clematis montana

J	F	M	A	**M**	**J**	J	A	S	O	N	D

Hauteur	Largeur	Exposition	Difficulté
2/12 m	2/4 m	soleil	C

Cette plante grimpante très vigoureuse fait partie des clématites à floraison précoce; elle fleurit abondamment en mai sur les pousses de l'année précédente, avant même l'apparition des feuilles sur les espèces pus tardives. Ses fleurs presque plates, très nombreuses et parfumées, ont 5 à 7 cm de diamètre, ses feuilles, vert moyen à pourpré, sont lancéolées, avec l'extrémité pointue.

SOL Bien travaillé, profond, frais, fertile. Terrain argilo-siliceux idéal.

EXPOSITION Les fleurs au soleil, le pied à l'ombre, protégé par des plantes couvre-sol ou une tuile. L'est convient très bien.

CULTURE Plantez en automne ou au printemps, en posant la motte de racines à plat sur le sol et non pas verticalement comme d'ordinaire. Palissez soigneusement les jeunes pousses. Juste après la floraison taillez les pousses trop exubérantes, supprimez les tiges mortes ou abîmées pour favoriser la formation de nouvelles pousses pour la saison prochaine.

ESPÈCES ET VARIÉTÉS Il existe 200 espèces. Parmi les cultivars de *Clematis montana :* 'Broughton Star' (de 3 à 5 m), fleurs semi-doubles roses; 'Crinckle' (de 2 à 4 m), feuillage finement découpé, fleurs roses; 'Dusky Star' (syn. 'Dustar'), de 2 à 4 m, fleurs doubles, roses; 'Freda' (de 4 à 5 m), rose foncé; 'Giant Star' (syn. 'Gistar'), de 5 à 7 m, fleurs blanc rosé de grand diamètre (10 cm); var. *grandiflora* (de 7 à 8 m), fleurs blanches de 6 à 8 cm de diamètre; 'Mayleen', de 4 à 6 m, fleurs rose foncé, parfumées, bonne remontée en septembre; 'Pink Starlight' (syn. 'Pinstar'), de 3 à 5 m, fleurs rose soutenu, très nombreuses; 'Rosebud' (syn. 'Robud'), de 3 à 5 m, fleurs semi-doubles rose saumoné; 'Superba' (de 5 à 6 m), feuillage et jeunes rameaux pourpres, fleurs roses ; var. *rubens*, la clématite des montagnes (de 5 à 6 m), à fleurs roses, de 5 cm de diamètre, en avril-mai, légère remontée en automne; 'Tetrarose' (10 m), fleurs rose foncé assez grandes.

CULTURE EN POT Possible, dans un bac de 30 cm de côté.

UTILISATIONS Treillage, clôture, pylône, arceau, habillage des murs, des arbres et des arbustes, bac sur terrasse.

QUELQUES CONSEILS

Évitez les excès d'engrais qui stimulent le feuillage au détriment des fleurs. Ne paillez pas, pour éviter une humidité importante qui favorise la maladie du dépérissement (flétrissement).

Vidéo «Planter une clématite»*

Clematis montana 'Broughton Star'

Clematis montana 'Broughton Star'

*Télécharger l'application Truffaut +, voir p. 6-7

EUPHORBE

Euphorbia spp.

J F M **A M J J A** S O N D

Hauteur	Largeur	Exposition	
0,30/1,20 m	0,20/1 m		V

Euphorbia characias subsp. *wulfenii*

Les euphorbes se déclinent dans toutes les catégories (annuelles, bisannuelles, vivaces, sous-arbrisseaux, arbustes et même arbres) et ne posent aucune problème de culture. Cette diversité se retrouve dans la forme des feuillages, qui se colorent parfois en automne, et dans les inflorescences aux petites fleurs, entourées de bractées. Toutes les euphorbes produisent un latex plus ou moins toxique.

SOL Poreux, profond, frais, mais bien drainé l'hiver. Le calcaire est bien toléré.

EXPOSITION Ensoleillée, même chaude, mais pas aride pour les formes citées ici.

CULTURE Plantez entre septembre et mars (de 1 à 3 pieds/m²). Ne laissez pas les fleurs monter en graines, sinon elles se ressèment un peu partout. Ne déplacez pas les grosses touffes, ces plantes étant casanières. Arrosez par temps sec en été. Rabattez tout en automne. Semez en pot en septembre et mettez le jeune plant en place après l'hiver.

ESPÈCES ET VARIÉTÉS Il existe plus de 2 000 espèces.

- *Euphorbia amygdaloides* subsp. *robbiae* (60 cm), traçante, conquérante, belle floraison vert-jaune d'avril à juin.
- *Euphorbia characias* l'euphorbe des garrigues : 'Black Pearl' (75 cm), inflorescence vert clair à œil noir ; 'Glacier Blue' (70 cm), feuilles glauques panachées de blanc argenté ; 'Silver Swan' (50 cm), feuilles gris-vert marginées de blanc ; 'Tasmanian Tiger' (70 cm), feuilles bordées de crème ; *E. characias* subsp. *wulfenii* (1,20 m), gros buisson dressé et très florifère en mai-juin.
- *Euphorbia cyparissias*, l'euphorbe petit-cyprès (20-40 cm), port rampant, floraison jaune d'avril à juin ; 'Clarice Howard' (20 cm), végétation dense au jeune feuillage pourpre.
- *Euphorbia epithymoides* (syn. *E.* polychroma), 40 cm, touffe arrondie régulière, floraison vert acidulé de mars à juin ; 'Purpurea' (40 cm), à tiges pourpres.
- *Euphorbia griffithii* 'Dixter' (1 m), à tiges rouges et fleurs rouge orangé ; 'Fireglow' (80 cm), feuille à la nervure centrale rouge, généreuse floraison rouge orangé en juin et juillet.
- *Euphorbia myrsinites* l'euphorbe de Corse, à fleurs jaune verdâtre de mars à juin.
- *Euphorbia polychroma* (30 cm), rameaux rougeâtres et fleurs jaunes.

CULTURE EN POT Sans intérêt.

UTILISATIONS Massif, avec des arbustes ou des vivaces, couvre-sol, bordure, bouquet.

Vidéo « Cultiver des euphorbes »

Euphorbia cyparissias

Euphorbia myrsinites

CROIX DE JÉRUSALEM

Lychnis chalcedonica

J F M A **M J J A** S O N D

Hauteur	Largeur	Exposition	
1 m	30/40 cm		V

Rustique, parfois cultivée comme bisannuelle, cette vivace forme des touffes dressées au feuillage lancéolé, gris argenté. Les fleurs plates, rouge carminé, solitaires, sont très lumineuses et forment un beau contraste avec les tiges.

SOL Terre de jardin bien drainée.

EXPOSITION Chaude et ensoleillée.

CULTURE Plantez en automne (4 ou 5 pieds/m²), arrosez bien. Tuteurez avec des fagots. Pour rajeunir la souche, divisez-la tous les 4 ou 5 ans.

ESPÈCES ET VARIÉTÉS Il existe 12 espèces. *Lychnis chalcedonica*, la croix de Jérusalem (1 m), offre des bouquets arrondis, rouges.

CULTURE EN POT Sans grand intérêt.

UTILISATIONS Massif, en compagnie de grandes campanules, de phlox, de verges d'or. Placez les plus petites espèces en bordure de massif ou en rocaille.

SEMIS

Le semis est facile, au printemps. Vous obtiendrez ainsi de nombreux de plants qui fleuriront dès l'année suivante.

*Télécharger l'application Truffaut +, voir p. 6-7

ŒNOTHÈRE VIVACE

Oenothera spp.

J F M A M **J J A S O** N D

20/80 cm | 20/60 cm

Oenothera speciosa 'Siskiyou'

Cette vivace au port étalé est très rustique. Les rameaux rampants sont garnis de feuilles lancéolées, dentées, vert glauque. Les corolles, en coupe de 8 à 12 cm de diamètre, jaune citron ponctué de rouge, s'ouvrent durant la nuit.

SOL Léger, bien drainé, pauvre, calcaire.

EXPOSITION Très lumineuse et bien aérée.

CULTURE Plantez d'octobre à avril (6 pieds/m^2). Ajoutez du sable au sol lors de la plantation, car l'œnothère craint beaucoup l'humidité hivernale. Paillez et arrosez généreusement en été. Divisez les touffes anciennes en mars ou avril.

ESPÈCES ET VARIÉTÉS Il existe 150 espèces. *Oenothera berlandieri* (40 cm), fleurs rose veiné de carmin. *O. macrocarpa* (syn. *O. missouriensis*), 20 cm. *O. odorata* (80 cm) ; 'Sulphurea' (40 cm), grandes fleurs jaune pâle qui fanent rose orangé. *O. pumila* (25 cm), port étalé, fleurs jaune vif. *O. speciosa* (60 cm), grandes fleurs blanches lavées de rose, parfumées ; 'Siskiyou' (40 cm), nombreuses fleurs roses ; *O. tetragona* (50 cm), port buissonnant, boutons rougeâtres donnant des fleurs jaune or.

- **HYBRIDES :** *O.* 'African Sun' (20-40 cm), fleurs jaune vif, de juin à octobre. Plante rustique et résistante à la sécheresse ; 'Cold Crick' (30 cm), compacte et très florifère, fleurs jaunes, de mai à juillet.

CULTURE EN POT Dans un pot de 30 cm en tous sens, dans un substrat plutôt pauvre.

UTILISATIONS Bordure, rocaille, massif.

PLATYCODON

Platycodon grandiflorus

J F M A M J **J A S** O N D

20/60 cm | 20/40 cm

Cette solide plante rhizomateuse forme une belle touffe de feuilles alternes, lancéolées, vert glauque. Le bouton sphérique forme d'abord une clochette s'ouvrant en étoile à 5 branches. Les fleurs sont en petits bouquets de coupes étoilées, bleu azur.

SOL Léger, riche, profond, bien drainé.

EXPOSITION Lumière maximale.

CULTURE Plantez au printemps (de 5 à 7 pieds/m^2). Paillez. Ne dérangez pas les racines, fragiles. Multipliez par semis d'avril à juin, à l'extérieur.

ESPÈCE ET VARIÉTÉS Il n'existe qu'une espèce, *Platycodon grandiflorus* ; 'Albus' (60 cm), blanc ; 'Apoyama' (20 cm), bleu violacé ; 'Astra' (15 cm), bleu, rose ou blanc ; 'Double Blue' (15 cm), à fleurs semi-doubles, bleues ; 'Fuji' (80 cm), bleu, rose ou blanc ; 'Hakone Double Blue' (70 cm), à fleurs doubles, bleues ; 'Mariesii' (60 cm), à grandes fleurs bleues ; 'Perlmutterschale', 60 cm, rose nacré ; 'Sentimental Blue' (20 cm), bleu.

CULTURE EN POT Possible.

UTILISATIONS Massif, bordure, rocaille, potée, fleur coupée (grandes variétés).

RÉVEIL TARDIF

Le platycodon sortant de terre assez tard au printemps, marquez son emplacement avec une étiquette, afin de ne pas endommager le pied lors de l'entretien des massifs.

SAUGE VIVACE

Salvia spp.

J F M A **M J J A S O** N D

0,30/1,20 m | 20/60 cm

Salvia nemorosa

Très diversifié dans son mode de végétation, sa rusticité et ses formes, le genre *Salvia* comprend des espèces annuelles, bisannuelles et vivaces. Les feuilles, opposées, simples, souvent dentées, parfois duveteuses, sont portées par des tiges quadrangulaires. Les fleurs tubulaires à 2 lèvres sont portées en grappes ou en épis par des hampes dressées.

SOL Léger, souple, enrichi d'humus.

EXPOSITION Chaude et ensoleillée.

CULTURE Plantez d'octobre à mars les sauges vivaces rustiques et, au printemps, les sous-arbrisseaux plus frileux. Une protection est à prévoir dès qu'il gèle (avec un voile d'hivernage).

ESPÈCES ET VARIÉTÉS Il existe environ 900 espèces. Parmi les sauges vivaces rustiques : *Salvia azurea* (90 cm), aux longs épis bleu intense ; 'Grandiflora' (1 m), plus vigoureuse et floraison l'automne. *S. glutinosa* (80 cm), buissonnante, à fleurs jaune soufre marqué de brun roux. *S. nemorosa* (60 cm), aux longs épis bleus ; 'Caradonna' (60 cm), bleu violacé foncé ; 'Lubeca' (70 cm), violette ; 'Mainacht' (40 cm), bleu foncé ; 'Rose Queen' (60 cm), rose ; 'Schneehügel' (50 cm), blanche. *S. pratensis* subsp. *haematodes*, la sauge des prés (1 m), aux fleurs bleu lavande de longue durée.

CULTURE EN POT Possible en jardinière.

UTILISATIONS Massif d'été, bordure, potée, jardinière.

GÉRANIUM VIVACE

Geranium spp.

J F M A **M J J A S O** N D

15/70 cm | 0,30/1 m | V

Ces vivaces opulentes sont précieuses pour garnir les massifs naturels. Le genre *Geranium* est très diversifié, donnant des plantes basses qui peuvent être utilisées en couvre-sol ou des buissons plus érigés, portant de nombreuses fleurs simples aux coloris très délicats et souvent lumineux. Robustes, parfaitement rustiques, de culture facile et de croissance rapide, les géraniums vivaces ont un développement ample, étalé, touffu. Le feuillage arrondi ou palmé, généralement découpé ou ciselé, est parfois aromatique et coloré en automne. Fleurs en coupe à 5 pétales de coloris variés.

SOL Très accommodants, les géraniums vivaces poussent mieux dans une terre riche, fraîche, humifère et bien drainée. Le calcaire n'est pas un problème.

EXPOSITION Soleil léger ou plutôt mi-ombre claire dans une atmosphère assez humide. Le climat maritime est idéal.

CULTURE Plantez de septembre à avril (de 4 à 9 pieds/m²) selon l'opulence des variétés. Désherbez soigneusement le temps que la plante occupe tout son espace. Maintenez le sol frais en été. Paillez dans les régions arides. Divisez les touffes tous les 4 ou 5 ans après la floraison pour les rajeunir et les propager.

Geranium sanguineum

ESPÈCES ET VARIÉTÉS Il existe 515 espèces.

- **GÉRANIUMS TAPISSANTS**

- *Geranium × cantabrigiense* (30 cm), persistant, à feuillage ombré de brun rougeâtre ; 'Biokovo', à fleurs blanc rosé ; 'Cambridge' (25 cm), rose ; 'Karmina', carmin.
- *Geranium cinereum* 'Ballerina' (15 cm), semi-persistant, en petite touffe étalée, feuilles grisâtres, fleurs rose lilacé, veinées de pourpre ; 'Giuseppii' (20 cm), fleurs rouge cerise à œil noir de juin à septembre ; 'Purple Pillow' (15 cm), fleurs pourpre foncé de mai à août ; 'Splendens' (15 cm), fleurs rose lilas veinées de pourpre de mai à juillet.
- *Geranium dalmaticum* (10 cm), persistant, à feuilles arrondies, vert clair souvent teinté de rouge, aux jolies couleurs d'automne, fleurs roses ; 'Album', à fleurs blanches ; 'Bressingham Pink' (de 15 à 20 cm), fleurs roses.
- *Geranium endressii* (30 cm), semi-persistant, rhizomateux ; il fait un bon couvre-sol à feuillage vert brillant très découpé et fleurs rose brillant ; 'Wargrave Pink' (40 cm), vigoureux, fleurs rose soutenu de juillet à septembre.
- *Geranium macrorrhizum* (30 cm), semi-persistant, rhizomateux, au feuillage aromatique à 7 lobes dentés, qui devient doré en automne, et fleurs rose mauve, est l'un des plus vigoureux ; 'Album', à fleurs blanches, moins vigoureux ; 'Ingwersen's Variety' (40 cm), rose clair, belles couleurs d'automne, parfait à l'ombre ; 'Spessart' (40 cm), blanc rosé, végétation très puissante ; 'Variegatum', à feuilles panachées de crème, fleurs rose lilacé ; 'Velebit' (syn. 'Purpurrot'), rose lilacé, très traçant.
- *Geranium × riversleaianum* est un hybride issu du croisement entre *G. endressii* et *G. traversii*. Avec un feuillage duveteux semi-persistant et sa floraison de juin à octobre, c'est un excellent couvre-sol ; 'Mavis Simpson' (20 cm), rose nacré, feuillage gris-vert ; 'Russel Pritchard' (20 cm), rouge magenta.
- *Geranium sanguineum* (30 cm), caduc, très étalé, à feuillage profondément découpé, profusion de fleurs en bouquets légers rose magenta ; 'Album', à fleurs blanches ; 'Elsbeth' (30 cm), longue floraison rouge violacé, résiste à tout ; 'Striatum', blanc rosé veiné de rose.
- *Geranium subcaulescens* (20 cm), feuillage semi-persistant, fleurs magenta de mai à juillet.

TAILLE

Rabattez le plus court possible les tiges ayant fleuri afin de provoquer une remontée de floraison.

Vidéo « Planter et entretenir un géranium vivace »

*Télécharger l'application Truffaut +, voir p. 6-7

Geranium pratense

Geranium sanguineum

Geranium x 'Johnson's Blue'

- **CULTIVARS RAMPANTS DE GÉRANIUMS HYBRIDES** : 'Carol' (25 cm), très étalé, fleurs rose foncé d'avril à septembre; 'Okney Pink' (30 cm), rose tendre, de juin à octobre; 'Okney Cherry', similaire au précédent, rouge cerise; 'Philippe Vapelle' (30 cm), feuillage gris argenté, fleurs bleues en juin-juillet; 'Rozanne' (syn. 'Gerwat'), 40 cm, fleurs bleues à œil blanc de mai à novembre; 'Sylvia's Surprise' (30 cm), fleurs roses à centre blanc de juillet à octobre; 'Tiny Monster' (20 cm), fleurs rouge violacé de mai à octobre; 'Yannis', fleurs rose violacé veinées de pourpre de mai à octobre.
- **GÉRANIUMS BUISSONNANTS**

> *Geranium* × *'Johnson's Blue'* (de 40 à 70 cm), caduc, rhizomateux, au feuillage découpé, bien coloré à l'automne, grandes fleurs bleu pur à cœur blanc.

> *Geranium platypetalum* (*syn. G.* × *magnificum*), 60 cm, caduc, grosse touffe vigoureuse, aux feuilles découpées de façon complexe, prenant une belle teinte d'automne, et fleurs bleu violacé.

> *Geranium phaeum*, le géranium livide, plante de belle vigueur (50-70 cm), feuillage palmé, découpé, fleurs sombres aux pétales relevés; 'Samobor' (50 cm), à fleurs rouge pourpre foncé d'avril à juin.

> *Geranium pratense* (70 cm), caduc, à forte végétation, à feuilles finement découpées et dentées, et bouquets de fleurs blanc bleuté, veinées; 'Galactic', blanc; 'Mrs. Kendall Clark' (50 cm), bleu-gris de juin à septembre; 'Splish-splash' (50 cm), blanc éclaboussé et strié de bleu; 'Striatum', strié de bleu violacé; 'Summer Skies' (50 cm), fleurs doubles bleu tendre ombré de rose en juin et juillet.

> *Geranium psilostemon* (70 cm), caduc, à feuilles découpées en 7 lobes, rouge cramoisi au printemps, pourpre en automne, fleurs d'un lumineux rouge carmin avec un œil noir.

> *Geranium sylvaticum* (de 60 à 70 cm), caduc, à feuilles découpées en 7 lobes dentés et bouquets de fleurs rose pâle; 'Album', à fleurs blanches; 'Mayflower' (60 cm), fleurs bleu violacé d'avril à juin.

CULTURE EN POT Possible, dans des pots de 40 cm de diamètre et 25 cm de profondeur pour les tapissants, 35 cm en tous sens pour les autres.

UTILISATIONS Dans les massifs de vivaces et d'arbustes, les géraniums vivaces créent un lien entre les espèces. Rocaille et talus pour les formes naines.

Geranium phaeum

Geranium macrorrhizum

POUR LE JARDIN DU PARESSEUX, VOUS POUVEZ AUSSI UTILISER

★ *Achillea millefolium, A.* x *hybrida* (achillée) ➲ p. 516 ★ *Alchemilla mollis* (alchémille) ➲ p. 676 ★ *Artemisia spp.* (armoise ornementale) ➲ p. 465 ★ *Centranthus ruber* (valériane rouge) ➲ p. 677 ★ *Gaura lindheimeri* ➲ p. 275 ★ *Hedera helix* (lierre) ➲ p. 276 ★ *Hemerocallis* x (hémérocalle, lis d'un jour) ➲ p. 441 ★ *Hydrangea petiolaris* (hortensia grimpant) ➲ p. 354 ★ *Liatris spicata* (plume du Kansas) ➲ p. 509 ★ *Verbascum bombyciferum* (bouillon-blanc) ➲ p. 316

Les inratables

Voici des plantes qui se ressèment seules ou ne se taillent pas, qui sont robustes et s'adaptent à (presque) toutes les situations.

1

2

3

3

4

5

6

7

8

9

1. ŒIL DE JEUNE FILLE
2. CORÉOPSIS

Coreopsis grandiflora, C. lanceolata

J F **M A M J J A S** O N D

30/80 cm | 20/50 cm | V

De coloris chatoyants, du jaune pâle au jaune d'or, ces fleurs sont jolies en massif et en bouquets. C'est une plante accomodante : du soleil, un sol si possible fertile et bien drainé, et la voilà partie pour une floraison continue. Supprimez les fleurs fanées pour prolonger la floraison et tuteurez les plus grandes au printemps. Pour plus de précisions ➔ p. 439.

3. BUISSON DE PERLES

Exochorda x macrantha 'The Bride'

J F M A **M J** J A S O N D

0,60/2 m | 1/2,50 m | C

Il est couvert de fleurs blanches parfumées au printemps et d'un joli feuillage jaune à l'automne. Cet arbuste à port pleureur pousse vite et atteint sa taille adulte en 4 ou 5 ans. Jamais malade, il n'exige quasi aucun entretien. Plantez-le à l'automne, paillez-le les premiers étés et, si besoin, taillez après la floraison. En isolé, en haie libre ou dans un massif.

4. FUSAIN

Euonymus fortunei, E. japonicus

2/3 m | 1,50 m | P

On apprécie son feuillage vert sombre luisant, souvent panaché, parfois dentelé, selon les cultivars, et le fait qu'il soit facile à vivre. Il résiste au froid, à la sécheresse, et supporte parfaitement la taille (même un peu maladroite). Taillez tous les 2 ou 3 ans à la fin du printemps ou en été afin d'équilibrer l'arbre. Parfait en haie, en bordure ou en massif. Pour plus de précisions ➔ p. 455.

5. HORTENSIA

Hydrangea macrophylla

J F M A M **J J A S O** N D

1,50 m | 3 m | C

Ce n'est pas sans raison que cet arbuste est parmi les plus plantés. Pour plus de précisions sur la culture de l'hortensia ➔ p. 177.

6. MARGUERITE

Leucanthemum vulgare

J F M A **M J** J A S O N D

80 cm | 60 cm | V

La marguerite est vraiment inratable… Très facile, résistant au froid (– 15 °C) et à la sécheresse, elle se débrouille seule pour offrir ses fleurs jolies en massif et en bouquet. En terrain riche, elle est même envahissante. 'Reine de Mai' fleurit au printemps et en automne.

7. PHYSOCARPE À FEUILLES D'OBIER

Physocarpus opulifolius

J F M A **M J J** A S O N D

2/3 m | 2/3 m | C

Facile de culture, cet arbuste rustique et vigoureux n'est affecté ni par les maladies ni par les insectes. Il forme une touffe dense, avec des fleurs en corymbes blancs ou rosés. Vous ne pouvez pas le rater : plantez-le en automne, paillez-le au printemps sans laisser le sol sécher. 'Dart's Gold' a un feuillage jaune d'or, puis vert ; 'Diabolo' a un feuillage pourpre foncé qui vire à l'orange à l'automne ; 'Diable d'Or' a un feuillage bronze cuivré, puis pourpre en automne.

8. VALÉRIANE GRECQUE

Polemonium caeruleum

J F M A **M J J** A S O N D

30/60 cm | 30 cm | V

Son feuillage finement découpé et ses jolies fleurs bleu lavande en clochette rendent cette vivace florifère, à la touffe dense, très décorative. Facile de culture, elle se ressème bien. Seul entretien : couper les fleurs fanées pour prolonger la floraison et éviter trop de semis spontanés. Coupez les hampes florales pour l'encourager à refleurir en fin d'été.

9. GROSEILLIER À FLEURS

Ribes sanguineum

J F **M A M** J J A S O N D

1/2,50 m | 1/2 m | C

Cet arbuste érigé, à la touffe arrondie, est une espèces de *Ribes* (➔ p. 866). On apprécie ses fleurs roses à rouges, tubulaires, en grappes. Facile de culture. Après la floraison, coupez les rameaux d'un tiers de leur longueur.

Un jardin à l'ombre

Jardin aux scènes luxuriantes regorgeant de plantes rares aux couleurs et aux formes improbables, le jardin d'ombre est une oasis de fraîcheur en été !

Un jardin à l'ombre, c'est quoi ?

Véritable opportunité pour l'amateur de plantes rares et le coloriste, un jardin d'ombre doit être vécu comme une aventure et non un obstacle ! ... **1**

Les conséquences pour le jardinier

Au jardin d'ombre, la végétation est tardive au printemps et moins exposée au soleil en été, ce qui présente deux avantages : arrosage limité et moindre entretien (un paillis protège les plantes en hiver et hâte leur réveil à la belle saison). Mais la lumière manque ... **2**

Surélever pour une meilleure exposition !

Appliquez au jardin d'ombre la technique de la costière, couramment pratiquée au potager, pour améliorer les conditions de développement des plantes et leur offrir une meilleure exposition ... **3**

Le coin du curieux : Qu'est-ce que l'ombre ?

L'ombre est l'absence de lumière directe. Elle se matérialise sous la forme de zones sombres aux contours plus ou moins nets selon la nature des corps qui la créent et l'intensité de la source lumineuse ... **4**

Hosta

Rhododendron ponticum

Planter un rhododendron, toute une préparation !

Plantez-le de préférence à l'automne pour qu'il bénéficie des précipitations de la mauvaise saison. Vous pouvez aussi le faire au printemps, mais il faut alors arroser la jeune plante régulièrement tout au long de l'été. Dans les deux cas, plantez dans une terre bien réchauffée (pas avant avril-mai ni après octobre) ... **5**

La petite histoire : Hosta, Funkia, Hosta...

Le genre a fini par retrouver sa dénomination initiale. Une petite histoire qui illustre les nombreux changements de la nomenclature botanique ! ... **6**

IDÉES

→ POURQUOI PAS… **Animer le Vert sombre dominant** par un dosage subtil de fleurs et de feuillages ? **7**

→ POURQUOI PAS… **un jeu de Couleur pour plus de profondeur ?** L'effet peut s'obtenir en disposant les feuillages les plus clairs en arrière-plan et les plus foncés à l'avant des massifs ombragés. **8**

Les Plantes idéales

★ **Des couvre-sols fleuris :** *Hosta spp.* (funkia) ; *Liriope muscari* ; *Persicaria amplexicaulis* (renouée, polygonum) ; *Polygonatum multiflorum* (sceau-de-Salomon) ; *Prunella grandiflora* (prunelle).

★ **Des arbres et arbustes à fleurs ou feuillages colorés :** *Acer shirawasanum* 'Aureum' (érable japonais doré) ; *Enkianthus campanulatus* (clochette de nacre) ; *Hydrangea quercifolia* (hortensia à feuilles de chêne) ; *Pieris japonica* ; *Rhododendron spp.* (rhododendron à grandes fleurs) ; *Rubus* 'Ashburner' ; *Schizophragma hydrangeoides* (faux hortensia grimpant).

★ **Des fougères :** *Adiantum pedatum* (capillaire pédalé) ; *Athyrium filix-femina* (fougère femelle), *A. nipponicum* var. *pictum* (fougère) ; *Dryopteris filix-mas* (fougère mâle) ; *Matteuccia struthiopteris* (fougère allemande) ; *Phyllitis scolopendrium* (scolopendre, fougère) ; *Polypodium vulgare* 'Cornubiense' (fougère), *Polystichum polyblepharum*, *P. setiferum* 'Herrenhausen'.

NOS CONSEILS

1. *Analysez le sol. Lorsque l'ombrage provient de la végétation environnante, la terre est très souvent acide et peu minéralisée, d'où la nécessité de choisir des plantes adéquates, mais aussi d'amender et de fertiliser en conséquence.*

2. *Veillez à ce que le sol ne soit pas imperméable en incorporant des matériaux drainants (sables, cailloux) au sol ou en mettant en place des drains, et évitez que l'humidité stagne lors des fortes précipitations.*

3. *Utilisez prioritairement les zones les plus ombragées pour y implanter les allées (il est toujours plus agréable de circuler à l'ombre) ou des coins repos (banc, salon).*

4. *Ménagez des coulées de lumière dans le jardin par des tailles ou élagages appropriés.*

5. *Évitez les dominantes de bleu et de violet qui ont tendance à donner une ambiance triste, renforcée par le manque de lumière. En revanche, insérez systématiquement des fleurs blanches et jaune vif pour éclairer une scène.*

et Si

- Mes plantes ont des feuilles molles, des feuilles sèches ? Est-ce un excès d'humidité ou cela provient-il de parasites ? **9**
- Les arbustes de mon jardin ombragé se dégarnissent de la base ? **10**

Un jardin à l'ombre

1 UN JARDIN À L'OMBRE, C'EST QUOI ?

L'ombre dense et permanente est rare et souvent due à la proximité de hauts murs ou de grands conifères. Si l'ensoleillement inonde (partiellement) l'espace quotidiennement 3 à 4 heures, on parle de jardin de mi-ombre. L'ombre, son intensité et sa permanence varient selon les saisons et la nature des obstacles qui les créent (arbre, bâtiment, mur...). Il suffit de sélectionner des plantes adaptées pour illuminer l'ombre la plus dense et créer de véritables scènes luxuriantes et colorées !

2 LES CONSÉQUENCES POUR LE JARDINIER

Pour diffuser un maximum de lumière, une astuce consiste à rendre les clôtures les plus réfléchissantes possible en les peignant de couleurs vives. N'hésitez pas en outre à procéder à quelques élagages pour créer des puits de lumière. Parmi les végétaux adaptés, vous n'avez que l'embarras du choix : camélias, érables, fougères mâles, allemandes, scolopendres, hostas, hydrangéas à feuilles de chêne, rhododendrons... de quoi créer de superbes alliances chromatiques et feuillues !

Massif de vivaces sur une costière adossée à un muret de pierre

3 SURÉLEVER POUR UNE MEILLEURE EXPOSITION !

La costière est une bande de culture inclinée orientée sud-sud-est. Établie et aplatie à l'aide d'une griffe et d'un râteau au pied d'un mur ou au droit d'une planche mise sur sa tranche, la costière ne doit pas présenter une pente trop raide, sensible à l'érosion. Appliquez au jardin d'ombre cette technique de culture, couramment pratiquée au potager, pour améliorer les conditions de développement des plantes et leur offrir une meilleure exposition. Adaptez la hauteur et la pente des costières selon l'effet que vous souhaitez obtenir. Jouez sur les volumes de vos massifs en mixant plantes tapissantes, grimpantes et arbustives !

5 PLANTER UN RHODODENDRON, TOUTE UNE PRÉPARATION !

Idéal à mi-ombre, le rhododendron craint l'eau stagnante et l'humidité prolongée. Mélangez du sable à la terre de plantation et installez un lit drainant de cailloux ou de billes d'argile en fond de fosse au besoin. Il lui faut également une terre de bruyère profonde. En sol calcaire, creusez une fosse six fois plus grande que la motte du plant et remplissez-la de terre de bruyère. Avant la plantation, plongez la motte dans un seau d'eau à température ambiante, puis veillez à ne pas la briser lors de la mise en place, et ne l'enterrez pas trop : le haut de la motte doit affleurer la surface du sol. En fin d'hiver, apportez un peu d'engrais spécifique au jeune plant durant les 2 années suivant la plantation.

En sol calcaire, le trou de plantation doit être six fois plus grand que la motte du plant.

4 *Le coin du curieux : Qu'est-ce que l'ombre ?*

L'absorption de l'énergie lumineuse – quantifiée en photons – par les pigments spécialisés que sont les chloroplastes est essentielle à la survie d'une plante. C'est elle, en effet, qui lui permet, par la conversion de cette énergie lumineuse en énergie chimique, de réaliser le processus fondamental qu'est la photosynthèse ! Les plantes d'ombre, au contraire des plantes de lumière, sont très efficaces dans la capture de photons, mais elles fixent moins de CO_2 (dioxyde de carbone) que ces dernières et ont une intensité de compensation plus faible, car elles libèrent moins de O_2 (oxygène) que les plantes de lumière.

Azalée (*Rhododendron* 'Klondyke')

6 *La petite histoire : Hosta, Funkia, Hosta...*

Datant de 1812, la terminologie Hosta est due au botaniste autrichien Leopold Trattinnick (1764-1849) qui a rendu hommage à son confrère Nicolaus Thomas Host (1771-1834). Le nom Funkia qui fut donné à la plante en 1817 par le botaniste allemand Kurt Sprengel (1766-1833), en hommage au collectionneur de plantes Heinrich Christian Funk (1771-1829), a été adopté dans la plupart des langues européennes jusque dans les années 1970. Aujourd'hui, le nom Hosta est bien entré dans le langage des jardiniers, mais on conserve l'ancienne appellation Funkia en tant que dénomination vernaculaire.

IDÉES et Si

7 POURQUOI PAS... ANIMER LE VERT SOMBRE DOMINANT ?

Piéris

Installez avec parcimonie, dans chaque massif, une ou deux plantes qui, par leur feuillage, floraison ou port, sortent de la masse et servent de points focaux, comme l'érable japonais doré ou la clochette de nacre *(Enkianthus perulatus)*. Nuancez vos massifs tout en gardant une unité de couleurs, de formes... et utilisez ponctuellement des feuillages marginés pour marquer les différents plans du jardin. Au pied d'un persistant (piéris ou rhododendron), disposez quelques fougères (*Polystichum polyblepharum ou P. setiferum* 'Herrenhausen') ou d'autres vivaces, comme le myosotis du Caucase, la fleur des elfes *(Epimedium versicolor)* ou l'astilbe de Chine, pour éclaircir l'ensemble. Dans les massifs trop sombres, installez un hortensia à feuilles de chêne ou un faux hortensia grimpant, pour égayer la scène en toute saison !

8 POURQUOI PAS... UN JEU DE COULEUR POUR PLUS DE PROFONDEUR ?

Schizophragma

Mettez au fond de massif les plantes aux fleurs et feuillages clairs tels le faux hortensia grimpant, le fusain doré du Japon ou l'oranger du Mexique *(Choisya)*. Aérez le centre et les abords en installant des vivaces et des fougères, des hostas, le sceau-de-Salomon, ou le liriope muscari. Ces plantations constituent un second plan fleuri tout en s'étalant entre les arbustes du massif. Ponctuez le tapis fleuri de vivaces aux couleurs vives et mettez au premier plan les feuillages sombres comme le laurier des montagnes ou le laurier-tin, tout en prenant en compte la taille adulte des plantes.

9 Mes plantes ont des feuilles **molles**, des feuilles **sèches** ?

Plusieurs facteurs provoquent le dépérissement des feuilles. L'excès d'humidité peut être à l'origine de cet amollissement du feuillage. Drainer le sol de l'ensemble du jardin n'est nécessaire que si la majorité des plantes en souffrent. Pour cela, réalisez un réseau de tranchées (40 cm x 40 cm) inclinées, connectées à un puits perdu ou un fossé collecteur. Au fond de chaque tranchée, disposez un drain perforé enseveli dans un lit de cailloux de 25 cm d'épaisseur. Refermez la tranchée avec la terre excavée mélangée à du sable. La mise en place d'un lit drainant en fond de fosse des nouvelles plantations aide à assainir les zones de plantations. Si les feuilles d'un ligneux jaunissent et que ses branches se dessèchent peu à peu, une attaque du pourridié est à craindre. Si le cas est avéré, éliminez complètement la plante en la brûlant et remplacez la terre au contact des racines sur une vingtaine de centimètres de profondeur. Autre cryptogame attaquant les racines, le phytophthora. il se repère en disséquant une racine dont la moelle est alors rouge pourpre. L'utilisation de décoction de prêles en traitement préventif empêche les attaques, mais dans le cas d'une infection, vous n'avez pas d'autre choix que de supprimer les plantes contaminées et de renouveler la terre.

10 Les arbustes de mon jardin **ombragé** se **dégarnissent** de la base ?

Une aubaine pour créer un jardin de sous-bois en y mettant des plantes d'ombre et de mi-ombre ! Au besoin, élaguez un peu les parties supérieures des arbustes pour créer quelques puits de lumière ou une moindre obscurité. Veillez surtout, lors de la taille, à favoriser les arbustes les plus intéressants, quitte à supprimer une ou deux plantes moins belles. Sinon, plantez à l'avant-plan du massif quelques vivaces et arbustes afin d'atténuer les troncs dégarnis peu esthétiques.

CLOCHETTE DE NACRE

Enkianthus campanulatus

J	F	M	A	**M**	**J**	J	A	S	O	N	D

Hauteur	Étalement	Exposition	
2/4 m	1/2 m		C

Ce grand arbuste touffu se pare d'une floraison d'exception en clochettes irisées. Très rustique, il est admirable pour ses couleurs d'automne en dégradés jaunes et rouges. Les feuilles, alternes, ovales, de 3 à 6 cm de long, sont portées à l'extrémité des rameaux. Les fleurs, pendantes, jaune soufre veiné de rose, durent 3 semaines. Croissance : 1,50 m en 5 ans.

SOL Acide, frais, mélange de terreau de feuilles et de tourbe ou terre de bruyère.

EXPOSITION Mi-ombre, à l'abri des vents.

CULTURE Plantez à l'automne. Paillez à la belle saison. Rabattez après la floraison.

ESPÈCES ET VARIÉTÉS Parmi les 14 espèces, *Enkianthus. campanulatus* est la plus courante. Citons 'Albiflorus', aux fleurs blanc crème ; var. *palibinii*, aux fleurs rose foncé à rouge.

CULTURE EN POT Dans un pot de 40 cm en tous sens. Sans problème, mais croissance lente.

UTILISATIONS Isolé, en massif.

QUESTION DE PH

Si le feuillage jaunit, c'est que le sol n'est pas suffisamment acide. Remplacez par de la terre de bruyère et arrosez avec un produit antichlorose.

HOSTA, FUNKIA

Hosta spp.

J	F	M	A	M	**J**	**J**	**A**	**S**	O	N	D

Hauteur	Étalement	Exposition	
5/80 cm	0,20/1 m		V

Vidéo « Les hostas »*

Ces superbes vivaces sont précieuses pour illuminer les zones ombragées. Solides et d'une grande longévité, les hostas forment une touffe de feuilles ovales ou lancéolées, souvent gaufrées et très diversement panachées. Les grappes de clochettes pendantes blanches ou mauves sont parfois parfumées.

SOL Riche en matière organique, profond, consistant, toujours légèrement humide.

EXPOSITION Soleil voilé ou ombre dense.

CULTURE Plantez au printemps (de 4 à 6 plants/m^2). Protégez des limaces qui apprécient beaucoup le feuillage. Divisez les touffes seulement lorsqu'elles deviennent encombrantes, car les hostas apprécient de ne pas être dérangés. Paillez en été pour entretenir la fraîcheur.

ESPÈCES ET VARIÉTÉS La classification actuelle reconnaît 24 espèces.

- *Hosta gracillima* (5 cm), une miniature aux feuilles lancéolées, ondulées, fleurs bleu lavande.
- *Hosta plantaginea* (70 cm), aux feuilles ovales, vert brillant, nervurées, fleurs blanches, parfumées.
- *Hosta sieboldiana* (syn. *Hosta fortunei*), 1 m, à feuilles cordiformes épaisses, vert bleuté, et grappes de fleurs lilas ; 'Frances Williams' (70 cm), aux feuilles vert glauque maculées de jaune et fortement nervurées ; 'Golden Sunburst' (60 cm), à feuilles rondes et dorées.
- *Hosta undulata* 'Mediovariegata' (40 cm), feuilles oblongues, ondulées, marquées de blanc au centre ; 'Univittata' (50 cm), à feuilles ondulées, veinées, irrégulièrement tachées de crème.
- **Parmi les hybrides,** dont il existe plusieurs centaines de cultivars, préférez : 'August Moon' (80 cm), à grandes feuilles dorées, fleurs lilas ; 'Bressingham Blue' (90 cm), à feuilles rondes, vert glauque, fleurs blanches ; 'Francee' (60 cm), à feuilles marginées de crème ; 'Golden Medaillon' (40 cm), aux grandes feuilles dorées, gaufrées, à planter au soleil pour une couleur bien soutenue ; 'Halcyon' (40 cm), feuillage bleuté, cordiforme, nervuré, fleurs lavande clair ; 'June' (60 cm), feuilles cordiformes, nervurées, glauques, largement marquées de jaune d'or ; 'Krossa Regal' (75 cm), feuillage glauque, veiné, bordé d'un liseré blanc ; 'Wide Brim' (40 cm), feuillage marginé de crème, fleurs bleu clair.

CULTURE EN POT Très facile avec un minimum de soins. Donnez-lui un pot de 20 cm en tous sens et abritez-le des courants d'air.

UTILISATIONS Couvre-sol dans les sous-bois pour constituer des tapis colorés, potée, bordure, massif ombragé.

Hosta undulata 'Univittata'

Hosta sieboldiana var. *elegans*

*Télécharger l'application Truffaut +, voir p. 6-7

HORTENSIA À FEUILLES DE CHÊNE

Hydrangea quercifolia

J F M A M J J A S O N D

1/2,50 m	1/2 m		C

Ce superbe arbuste tire son nom de la ressemblance de ses feuilles avec des feuilles de chêne rouge. Elles sont très décoratives, et si l'arbuste est planté à l'ombre, le feuillage se développe encore davantage. Vertes, elles prennent des teintes brunes et rouges à l'automne, prolongeant l'intérêt de l'arbuste. Les inflorescences, plates, en panicules, sont composées de petites fleurs fertiles et de fleurs stériles entourées de bractées.

SOL Riche, frais, humifère neutre ou acide. Un terreau forestier est idéal.

EXPOSITION Mi-ombre ou soleil doux.

CULTURE Plantez en automne. Arrosez bien et paillez en été. En mars, rabattez les plus vieilles tiges pour provoquer le départ de nouvelles pousses.

ESPÈCES ET VARIÉTÉS La nomenclature officielle reconnaît aujourd'hui 52 espèces. *Hydrangea quercifolia* (2 m) porte un feuillage découpé en forme de feuille de chêne, qui se colore merveilleusement en automne, panicules de fleurs blanches tout l'été ; 'Snowflake', très belle coloration rouge carmin en automne, fleur simple blanc pur ; 'Snow Queen' (syn. 'Flemygea'), coloration rouge violacé en automne, grandes inflorescences érigées.

CULTURE EN POT Dans un pot de 30 à 40 cm en tous sens par pied. Évitez les courants d'air.

UTILISATIONS Massif, potée, haie fleurie, groupes isolés de plusieurs sujets.

LIRIOPE

Liriope muscari

J F M A M J J A S O N D

30/50 cm	20/30 cm		V

Plante vivace poussant en touffe basse et compacte, aux feuilles étroites, rubanées, longues et souples, décoratives à elles seules. Cette espèce tubéreuse fleurit tout l'été en épis serrés de petites fleurs globuleuses, d'un violet plus ou moins intense. La floraison est suivie de baies pourpre foncé, décoratives jusqu'en hiver.

SOL Humifère, sableux et de préférence légèrement acide.

EXPOSITION Mi-ombre ou soleil.

CULTURE Elle est très facile. La plante se débrouille toute seule, passée l'année de la plantation où vous devez apporter des arrosages réguliers et assez abondants. En début de printemps, apportez quelques poignées de compost. Pas de maladie notable, mais les escargots et les limaces apprécient les belles feuilles.

ESPÈCES ET VARIÉTÉS Il existe 6 espèces et quelques cultivars intéressants, comme 'Big Blue' (50 cm), pour ses grandes inflorescences bleu clair ; 'Ingwersen' (35 cm), aux fleurs bleu violacé, et 'Royal Purple' (30 cm), à fleurs pourpre violacé.

CULTURE EN POT Elle est facile, veillez simplement aux arrosages et apportez un engrais pour plantes fleuries entres avril et août.

UTILISATIONS Massifs, bordures, potées.

RENOUÉE, POLYGONUM

Persicaria spp.

J F M A M J J A S O N D

0,20/1,50 m	30/60 cm		V

Tapissantes ou érigées, ces vivaces réussissent sans problème partout. Rhizomateuses ou stolonifères, parfois considérées comme des mauvaises herbes, les renouées développent des feuilles simples et entières aux nervures très visibles. Les fleurs en minuscules clochettes sont réunies en épis blancs ou en grappes.

SOL Riche, frais, humifère, bien travaillé.

EXPOSITION Lumière filtrée ou soleil doux. *Persicaria bistorta* accepte le sec.

CULTURE Plantez d'octobre à avril, de 1 à 8 pieds/m^2 selon les espèces. Arrosez généreusement en été. Divisez la vieille souche en automne ou au printemps.

ESPÈCES ET VARIÉTÉS Il existe 67 espèces.

- *Persicaria affinis* (20 cm) forme un tapis compact dont les feuilles rougissent en automne ; 'Darjeeling Red' et 'Superba' (25 cm), à fleurs roses, puis rouges.
- *Persicaria amplexicaulis* 'Alba' (80 cm), à fleurs blanches ; 'Rosea (1 m), à fleurs roses ; 'Speciosa' (syn. 'Atrosanguineum'), 1 m, aux fleurs en épis rouge rubis, feuilles colorées en automne.
- *Persicaria bistorta* 'Superba' (80 cm), aux longs épis rose clair.
- *Persicaria microcephala* 'Red Dragon' (1,50 m), à feuilles pourpre foncé marqué d'un triangle vert clair.

CULTURE EN POT Sans grand intérêt.

UTILISATIONS Massif, bordure, rocaille, couvres-sol pour les formes naines.

ANDROMÈDE DU JAPON

Pieris japonica

J F M A M J J A S O N D

0,30/1 m | 0,50/2 m | P

Pieris 'Mountain Fire'

Ces arbustes touffus sont décoratifs toute l'année et de culture très facile. Ils portent des feuilles alternes, coriaces, lancéolées, de 4 à 10 cm de long. Elles s'illuminent souvent de rouge au printemps avant de verdir. Les fleurs, ovoïdes, blanches ou roses, sont portées en grappes de 8 à 15 cm de long. La période d'épanouissement dépend des variétés, mais les boutons se forment très tôt. Les piéris sont très rustiques et résistent bien à la sécheresse.

SOL La terre de bruyère convient bien.

EXPOSITION Plutôt mi-ombre, à l'abri des vents froids ou contre un mur orienté à l'ouest. Évitez une forte insolation directe. Le soleil léger est toléré ainsi que l'ombre.

CULTURE Plantez toute l'année les sujets en conteneurs. Paillez le pied pour maintenir la fraîcheur, arrosez bien par temps sec. Taillez d'un tiers de leur longueur les pousses ayant fleuri, afin de favoriser l'apparition du jeune feuillage coloré. Multiplication par bouturage en fin d'été, en terre de bruyère sous plastique.

ESPÈCES ET VARIÉTÉS Il existe 6 espèces.

- **PIERIS JAPONICA** se décline en nombreux cultivars : 'Bonfire' (1 m), jeunes feuilles rose orangé, fleurs pendantes roses ; 'Carnaval' (1,50 m), jeunes feuilles bronze, puis vert bordé de crème, fleurs pendantes blanches ; 'Christmas Cheer' (syn. 'Wada'), 70 cm, à boutons rose foncé, fleurs blanches ; 'Cupido' (1 m), jeunes pousses orange rosé, fleurs blanc

Pieris 'Passion'

crème ; 'Débutante' (80 cm), compact, à fleurs blanches en panicules érigées ; 'Katsura' (1 m), port compact, arrondi, jeunes feuilles rose pourpré, fleurs rose soutenu ; 'Mountain Fire' (80 cm), à jeunes pousses rouge vif, fleurs précoces blanches en grappes pendantes ; 'Passion' (2 m), feuilles vert foncé lustré, fleurs bicolores blanc et rouge foncé ; 'Rialto' (1,50 m), feuillage marginé de jaune crème, floraison en grappes rouge clair ; 'Shojo' (80 cm), port compact, jeunes pousses rouges, floraison rose, idéal en bac ; 'Temple Bells' (1,50 m), jeunes feuilles rose saumon à blanc crème, fleurs blanches ; 'Valley Valentine' (1 m), à fleurs pendantes, allant du vieux rose au pourpre foncé ; 'Variegata' (2 m), à feuilles marginées de blanc, fleurs blanc nacré.

- **PIERIS FORMOSA** (4 m) est drageonnant, ses fleurs blanches en grappes pendantes éclosent en avril-mai ; 'Wakehurst' (parfois proposé sous l'appellation var. *forrestii* 'Wakehurst'), 2 m, développe des jeunes feuilles rouge vif.
- **HYBRIDES :** 'Forest Flame' (2 m), à jeunes pousses écarlates ; 'Flaming Silver', similaire mais panaché.

CULTURE EN POT Facile, dans un pot de 25 à 30 cm de diamètre, dans de la terre de bruyère.

UTILISATIONS Massif, bordure, sous-bois. Dans un massif de terre de bruyère, c'est le compagnon idéal des bruyères, des rhododendrons et des camélias.

SCEAU-DE-SALOMON

Polygonatum multiflorum

J F M A M J J A S O N D

60/80 cm | 40/60 cm | V

Cette plante vivace rhizomateuse est intéressante d'abord pour ses grandes feuilles ovales, pointues, d'un beau vert franc qui fait penser au muguet, serrées de manière étagée le long des tiges et finement veinées. Le second intérêt est sa floraison printanières en clochettes blanches retombantes, qui a valu à la plante le nom de grand muguet ou de faux-muguet. Les fleurs sont suivies par de belles baies noires.

SOL Frais et humifère, plutôt acide.

EXPOSITION Mi-ombre à ombre dense.

CULTURE C'est une plante de sous-bois qui aime les sols riches, la fraîcheur et l'humidité. Très rustique, elle supporte jusqu'à – 20 °C. En hiver, son feuillage disparaît complètement. Au jardin, laissez 30 à 50 cm entre deux plants, car ils deviennent assez amples. Les belles feuilles attirent la convoitise des limaces et des escargots. Attention, toutes les parties de la plante sont toxiques.

ESPÈCES ET VARIÉTÉS Il existe environ 70 espèces et quelques hybrides intéressants. *Polygonatum multiflorum* 'Variegatum' (60 cm), à feuillage panaché. *P. odoratum* (80 cm × 30 cm), à tiges anguleuses et à fleurs blanches à l'extrémité verte, parfumées. La variété 'Flore Pleno' est intéressante pour ses fleurs très doubles.

CULTURE EN POT Possible en grande poterie de 40 cm de diamètre, dans une terre de bruyère.

UTILISATIONS Massifs à l'ombre, potées.

RHODODENDRON À GRANDES FLEURS

Rhododendron spp.

J F M **A M J** J A S O N D

2/10 m | 1,50/3 m | P

Une floraison extraordinaire, à son apogée en mai, un feuillage décoratif toute l'année sont les principaux atouts du rhododendron. Ils sont originaires des forêts d'Asie, d'Europe et d'Amérique du Nord, en régions froides (Alpes) ou tropicales (Bornéo, Nouvelle-Guinée). Les fleurs à 5 lobes sont groupées en bouquets terminaux parfois énormes. Croissance assez lente.

SOL Acide (un pH entre 4,5 et 6 évite la chlorose), frais. Terre de bruyère pure.

EXPOSITION Mi-ombre, ombre légère.

CULTURE Dans les régions à fortes sécheresses estivales, plantez les rhododendrons en octobre, pour qu'ils bénéficient des pluies de l'hiver et du printemps. Ailleurs, plantez-les plutôt en avril et en mai. La transplantation des sujets en conteneurs réussit même en pleine floraison. Paillez et arrosez par temps sec. Supprimez les bouquets floraux dès qu'ils sont fanés, pour permettre le développement de nouveaux boutons qui s'ouvriront l'année suivante. Tous les 3 ou 4 ans, renouvelez la terre de bruyère au pied des arbustes. Ne taillez pas, sauf pour éliminer une branche mal placée.

ESPÈCES ET VARIÉTÉS Il existe 800 espèces.

- **GRANDS RHODODENDRONS** (de 2 à 3 m) : 'Albert Schweitzer' (3 m), étalé, fleurs rose clair maculées de rose foncé, groupe Caucasicum ; 'Alfred' (3 m), rose-mauve, groupe Catawbiense ; 'Anna Rose Whitney' (2 m), rose maculé de pourpre, groupe Griersonianum ; 'Blue Diamond' (2,30 m), bleu lavande en avril, petites feuilles aromatiques vert-gris, groupe Impeditum ; 'Blue Peter' (2,30 m), à port dressé, fleurs bleu lavande pâle, mouchetées de brun-pourpre, groupe Ponticum ; *R. catawbiense* 'Grandiflorum' (3 m), mauve marqué de rouge au cœur ; 'Cosmopolitan' (2,50 m), rose marqué de rouge foncé, groupe Caucasicum ; 'Daniel Gelin' (2,50 m), bouton rose, fleur blanche ; 'Fastuosum Plenum' (2,50 m), à grandes fleurs doubles mauves à gorge jaune, groupe Catawbiense ; 'Germania' (2,20 m), rose profond, groupe Catawbiense ; 'Goldsworth Orange' (2 m), rose orangé, groupe Fortunei ; 'Pink Perfection' (2,20 m), rose vif lilacé, groupe Griffithianum ; 'Roseum Elegans' (3 m), rose lilacé, floraison tardive, groupe Catawbiense ; 'Souvenir du Congo' (2,20 m), du rouge carmin au lie-de-vin ; 'Wilgen's Ruby' (2,50 m), rouge cerise, groupe Arboreum.
- **RHODODENDRONS GÉANTS** (plus de 3 m) : 'Jean-Marie de Montague', rouge lumineux fin avril, macule pourpre en mai-juin. *R. arboreum* (10 m), à petites fleurs roses ou blanches tachées de noir dès mars. *R. ponticum* (plus de 5 m), mauve foncé en mai-juin, port dressé ; 'Variegatum' (de 4 à 5 m), à feuillage marginé de crème. *R. sinogrande* (15 m), assez frileux, aux feuilles de 25 à 50 cm de long, fleurs jaune canari en avril ; 'Brigitte' (4 m), rose avec le centre pourpre et blanc, groupe Insigne ; Pink Pearl' (de 3 à 4 m), blanc rosé marqué de plus foncé, groupe Griffithianum.

Pour les autres rhododendrons ➲ p. 196 et 290.

CULTURE EN POT Impossible pour ces grands rhododendrons.

UTILISATIONS Massif, isolé, sous-bois. Cette plante peut être utilisée en haies dans les régions où elle vient spontanément, comme dans l'ouest de la France.

PRUDENCE

Le feuillage ovale, coriace, gaufré ou lustré du rhododendron est toxique. Il peut provoquer vomissements, vertiges et délires. Éloignez donc les jeunes enfants et lavez-vous bien les mains après l'avoir manipulé.

Vidéo « Découvrir les rhododendrons »*

BOURGEONS À FLEURS

En veillant à ce que la terre ne s'assèche pas trop, ralentissez les arrosages en été, période de formation des boutons à fleurs, afin d'éviter que ceux-ci ne se transforment en simples bourgeons allongés, destinés à donner des feuilles au printemps suivant.

Rhododendron sinogrande

Un jardin à l'ombre

PRUNELLE

Prunella grandiflora

J F M A M **J J A** S O N D

20 cm | 30/80 cm | V

Cette plante vivace herbacée, au port étalé, est traçante par ses rhizomes. Feuilles entières ou incisées, floraison en épis de petites fleurs violacées.

SOL Ordinaire, pauvre, légèrement humide à sec.

EXPOSITION Soleil ou mi-ombre.

CULTURE Supprimez les fleurs fanées pour éviter qu'elle se ressème et devienne envahissante. Veillez à ce qu'elle n'étouffe pas les autres plantes.

ESPÈCES ET VARIÉTÉS Le genre comprend 4 espèces, mais seule *Prunella grandiflora* est cultivée au jardin. 'Alba' est une forme à fleurs blanches.

CULTURE EN POT Pas très intéressante.

UTILISATIONS Bordures, rocailles, talus.

RONCE D'ORNEMENT

Rubus 'Betty Ashburner'

J F M A M **J J A** S O N D

30 cm | illimité | P

Cette ronce est un arbuste à port étalé, aux tiges d'abord érigées puis arquées, couvertes de petites soies rouges. Feuilles à 5 lobes, profondément veinées, vertes sur le dessus et glauques au revers. Floraison estivale en grappes de fleurs blanches en coupes étalées. Fruits composés d'un assemblage de petites drupes. On en fait une gelée acidulée.

SOL Ordinaire, frais de préférence.

EXPOSITION Soleil ou mi-ombre.

CULTURE Seulement une taille après la floraison, si vous ne voulez pas les fruits, pour contenir la végétation. Plante rustique (– 15 °C).

VARIÉTÉ Le genre *Rubus* comprend 400 espèces. 'Betty Ashburner' est un hybride adapté au jardin d'ornement.

CULTURE EN POT Déconseillée.

UTILISATIONS Excellent couvre-sol, pour couvrir les endroits ingrats au jardin.

FAUX HORTENSIA GRIMPANT

Schizophragma hydrangeoides

J F M A M **J J A** S O N D

5/10 m | 2/4 m | C

Originaire du Japon, cet arbuste très proche de l'hortensia grimpant s'accroche seul à son support avec des crampons. Il porte des feuilles opposées, ovales, de 6 à 12 cm de long. L'inflorescence plate, arrondie, de 10 à 20 cm de diamètre, est accompagnée de bractées de 3 cm, ivoire, ovales, portées par un long pédicelle.

SOL Riche, frais, acide, nourrissant.

EXPOSITION À l'ombre légère, au nord ; un petit peu de soleil stimule la floraison.

CULTURE Plantez en automne, apportez un engrais à décomposition lente lors de la mise en place. Palissez les jeunes tiges, le temps qu'elles s'accrochent toutes seules (3 ou 4 ans).

ESPÈCES ET VARIÉTÉS Il existe 9 espèces et 2 variétés naturelles. 'Moonlight' (de 3 à 4 m), à feuilles veloutées ; 'Roseum', à bractées roses ; 'Rose Sensation' ('Trarose'), jeune feuillage pourpre et fleurs roses.

CULTURE EN POT Possible dans un grand bac sur une terrasse.

UTILISATIONS Couvre-mur, façade ou palissé sur le tronc d'un arbre.

POUR UN JARDIN À L'OMBRE, VOUS POUVEZ AUSSI CULTIVER LES PLANTES SUIVANTES

★ *Acer shirawasanum* 'Aureum' (érable japonais doré) ➲ p. 286 ★ *Aucuba japonica* ➲ p. 474
★ *Begonia* x *tuberhybrida* (bégonia tubéreux) ➲ p. 546 ★ *Dicentra eximia, D. formosa* ➲ p. 193
★ *Lamium maculatum* 'Beacon Silver' et 'White Nancy' (lamier) ➲ p. 548 ★ *Ruscus aculeatus* (fragon) ➲ p. 477

1. FOUGÈRE ALLEMANDE
(Matteuccia struthiopteris)

2. FOUGÈRE FEMELLE
(Athyrium filix-femina)

3. SCOLOPENDRE
(Asplenium scolopendrium)

4. POLYSTICHUM
(Polystichum polyblepharum)

Vidéo «Planter des fougères»*

*Télécharger l'application Truffaut +, voir p. 6-7

Un jardin fleuri sous les arbres

TOUS LES SOUS-BOIS NE SE PRÊTENT PAS AU FLEURISSEMENT. L'OMBRE NE DOIT PAS ÊTRE TROP DENSE. LA RÈGLE EST DE PLANTER PARMI VOS ARBRES AU MOINS DEUX TIERS DE CADUCS QUI LAISSERONT PASSER LA LUMIÈRE JUSQU'AU SOL. ALORS, LAISSEZ-VOUS PORTER PAR VOTRE IMAGINATION POUR COMPOSER LE PLUS BEAU DES TABLEAUX EN SÉLECTIONNANT DES PLANTES ADAPTÉES.

UN PAILLAGE ADAPTÉ

Il faut pailler soigneusement le sol les 2 premières années suivant la plantation pour éviter la prolifération des herbes sauvages indésirables et laisser les plantes s'installer confortablement. Mais pas n'importe comment ! ... **1**

PLANTER DES BULBES QUI VONT SE NATURALISER

Une fois les feuillages caducs tombés, le sous-bois se trouve inondé de soleil et il offre des conditions parfaites pour tous les bulbes qui fleurissent de l'automne au printemps ... **2**

Jacinthe des bois

SUPPRIMER LES GOURMANDS

Éliminez les gourmands et tous les rejets trop conquérants de manière à respecter les plantations. Supprimez aussi les pousses à feuilles vertes qui apparaissent sur les plantes à feuillage panaché ou coloré ... **3**

PLANTER LES CYCLAMENS DE NAPLES

Une fois qu'il a fleuri, ce cyclamen va se naturaliser spontanément en se ressemant de lui-même, une aubaine en sous-bois ! ... **4**

C'est bon pour la planète et la biodiversité : Des nichoirs pour les oiseaux et des arbustes à fruits

Un jardin de sous-bois est l'occasion rêvée pour attirer les oiseaux et les sédentariser ... **5**

La petite histoire

Le muguet aurait été créé par Apollon, dieu du mont Parnasse, qui aurait fait de cette fleur un tapis parfumé digne d'être foulé par les pieds délicats des neuf Muses qui l'entouraient. Pour les chrétiens, la fleur serait née des larmes versées par Marie au pied de la Croix, ce qui vaut au muguet le joli nom populaire de « larmes de Notre-Dame ».

IDÉES

→ POURQUOI PAS… un tapis vivant pour habiller les couverts denses et ne plus se soucier de l'entretien ? 6

→ POURQUOI PAS… un sous-bois dans un petit jardin ? 7

et Si

- Je veux rajeunir une grosse touffe de bergénia ? 8
- Je veux faire des plantations sous des conifères ? 9

Les Plantes idéales

Ce sont des plantes de mi-ombre ou qui apprécient une lumière tamisée (filtrée).

★ **Des vivaces à floraison élancée et spectaculaire :** *Actaea simplex* (cimicifuga) ; *Aruncus dioicus* (barbe-de-bouc) ; *Dicentra spectabilis* (cœur-de-Marie) ; *Digitalis purpurea* (digitale) ; *Lysimachia punctata* (lysimaque ponctuée) ; *Rodgersia aesculifolia, R. podophylla.*

★ **Des couvre-sols fleuris :** *Astrantia major* (grande astrance) ; *Bergenia spp.* (herbe aux savetiers) ; *Brunnera macrophylla* (myosotis du Caucase) ; *Convallaria majalis* (muguet) ; *Cyclamen hederifolium* (cyclamen de Naples) ; *Galium odoratum* (aspérule odorante) ; *Symphytum grandiflorum* (consoude).

★ **Des arbustes d'ombre à végétation printanière :** *Rhododendron* x (azalée mollis) ; *Viburnum plicatum* (viorne de Chine).

NOS CONSEILS

1. Plantez des couvre-sols juste au pied des troncs d'arbres, où les racines sont moins gênantes, la zone de croissance se situant plutôt à l'aplomb de la ramure.

2. Plantez les végétaux par taches assez importantes (environ 1 m^2), de manière à éviter une dissémination des espèces qui procure un effet de confusion peu esthétique.

3. Plantez chaque spécimen plus serré que la normale afin d'obtenir une occupation plus rapide du terrain. Une fois la couverture végétale obtenue, l'entretien sera très limité.

4. Après la plantation, pénétrez le moins possible dans le sous-bois afin de ne pas tasser le sol et de permettre aux plantes tapissantes de le coloniser.

5. Prévoyez un arrosage plus fréquent en raison de la concurrence des arbres, et faites des apports d'acide phosphorique, de potasse et d'oligoéléments.

6. Taillez régulièrement les branches basses et allégez les frondaisons (taille de transparence), de manière à dégager la végétation et laisser pénétrer une lumière tamisée.

7. Laissez les feuilles mortes sur le sol. En se décomposant durant l'hiver, elles apporteront un humus précieux.

1 UN PAILLAGE ADAPTÉ

Moyen écologique et économique d'éviter la prolifération des herbes sauvages indésirables, le paillage n'est pas réservé au verger et au potager. Un paillis au pied des jeunes plantations a en outre le pouvoir de maintenir une certaine fraîcheur, de les protéger des aléas climatiques et de la sécheresse. Mais veillez à ce qu'il soit adapté à la durée de vie de vos plantes : pour des arbres et arbustes, utilisez principalement des petits branchages, des déchets de taille de haies, des copeaux, tandis que, pour des végétaux au cycle de vie plus court, de l'herbe et des feuilles mortes suffisent. Disposez 8 à 10 cm de paillis sur un sol entièrement désherbé. Surtout, ne couvrez pas le collet des plantes et arrosez légèrement le paillis après sa mise en place.

Paillage de feuilles mortes

2 PLANTER DES BULBES QUI VONT SE NATURALISER

Privilégiez ceux qui se naturalisent (anémones, ails, jacinthes des bois, muscaris, narcisses, nivéoles). Plantez-les en les disséminant à la volée et en formant quelques bouquets. Ces plantes étant dormantes en été, elles ne seront pas gênées par la présence du couvert végétal. Il en est de même pour les colchiques, qui fleurissent en automne, développent leur feuillage ensuite et s'endorment au printemps. D'une manière générale, veillez à bien drainer la zone de plantation, pour éviter les risques de pourriture, et effectuez un apport de sable si le sol est trop lourd.

Les jacinthes des bois se naturalisent pour former des tapis colorés.

3 SUPPRIMER LES GOURMANDS

Les gourmands et rejets s'identifient aisément par leur disproportion relative aux autres rameaux. Il faut impérativement les supprimer pour donner aux arbustes une forme esthétique tout en favorisant la pousse d'un bois de meilleure qualité et une aération du feuillage. Effectuez cette taille de correction au moyen de cisailles coupe-branches soit en fin d'été, soit au début du printemps.

Chez les feuillages panachés si précieux pour illuminer l'ombre, on observe parfois un retour au type avec l'apparition de rameaux entièrement verts et dépourvus des caractères de la plante. Supprimez-les rapidement, faute de quoi ils prendront vite le dessus. Effectuez un arrachage délicat et net plutôt qu'une taille pour éradiquer ces indésirables.

4 PLANTER LES CYCLAMENS DE NAPLES

Idéal à mi-ombre, le cyclamen de Naples reste attrayant par son feuillage marbré (qui lui vaut son nom botanique *hederifolium*, à feuille de lierre) tout au long de la mauvaise saison et s'orne en fin d'été de fleurs très odorantes, blanches, mauves ou roses. Ce cyclamen affectionne les terres plutôt calcaires, mais enrichies de compost et surtout bien drainées, car il s'avère sensible à la pourriture.

Plantez les bulbes en juin-juillet à 10-15 cm de profondeur, la face bombée vers le bas. Pour donner plus de naturel à la composition, procédez à une répartition aléatoire des bulbes.

Au préalable, ameublissez le sol sur une vingtaine de centimètres.

Cyclamen de Naples

5 C'est bon pour la planète et la biodiversité : Des nichoirs pour les oiseaux et des arbustes à fruits

Baies de sureau

L'installation d'un ou plusieurs nichoirs ne suffira pas à amener les oiseaux à fréquenter votre jardin assidûment. En effet, il faudra offrir, aux petits volatiles, un véritable lieu de quiétude regorgeant de ressources pour les inciter à édifier leurs nids chez vous. Pour cela, rien de tel que de garnir votre sous-bois d'arbustes à fruits tels que l'aulne, le houx, le noisetier, le sorbier, le sureau, tout en privilégiant un étage bas composé de plantes à graines telles que *Actaea racemosa*. Ces plantes offriront non seulement matériaux, nourriture et abris aux oiseaux, mais attireront aussi nombre d'insectes utiles à nos jardins et potagers !

IDÉES

6 Pourquoi pas… un tapis vivant pour habiller les couverts denses ?

Pour vous simplifier au maximum l'entretien en sous-bois, optez pour l'un de ces deux couvre-sols à la végétation exubérante.

Buglossoides purpurocaerulea

- **Le géranium vivace rhizomateux** *(Geranium macrorrhizum)* s'étale même sous un couvert important. S'intercalant entre les diverses plantes formant le massif, cette vivace ne craint ni le gel ni les chaleurs et arbore des fleurs blanc rosé au printemps. Vous n'avez qu'à guider la plante vers les endroits à coloniser. Installez ce géranium tout au long de l'année, hors périodes de gel, de préférence à l'automne en climat sec.
- **Le grémil** *(Buglossoides purpurocaerulea)*, aux hampes florales pourpres, puis bleu gentiane, entre avril et juin, s'intègre parfaitement dans les jardins naturels et requiert une exposition légèrement ensoleillée. Mêlez quelques consoudes à grandes fleurs *(Symphytum grandiflorum)* à ces coussins denses pour conférer une belle volumétrie à la scène.

7 Pourquoi pas… un sous-bois dans un petit jardin ?

Même un mouchoir de poche peut accueillir un petit sous-bois dont l'effet augmente visuellement l'espace et renouvelle l'attrait du jardin. Menez cependant un travail soigné d'élagage sur les arbustes qui serviront de couvert, si possible avant qu'ils n'atteignent leur taille adulte, afin d'éviter de laisser des moignons ou marques trop fortes sur les troncs. Préférez des arbustes caducs de 2 à 3 m de haut dont vous dégagerez la base jusqu'à 1,50 m : viorne de Chine *(Viburnum plicatum)*, aubépine monogyne, laurier-cerise, lilas, buddléia, deutzia…

et Si

8 Je veux rajeunir une grosse touffe de bergénia ?

Increvable, le bergénia forme de puissants couvre-sols. Outre sa floraison très précoce et colorée, il offre souvent l'attrait d'un feuillage pourpré en hiver et de magnifiques couleurs au jardin en toute saison. il préfère la mi-ombre à l'obscurité permanente, ainsi qu'un sol pas trop riche. Lorsqu'une touffe devient trop imposante, n'hésitez pas à la diviser, l'occasion rêvée d'obtenir de nombreux éclats !

Bergenia cordifolia

Pour cela, attendez la fin de l'automne ou le printemps après la floraison. Détachez tout simplement des éclats racinés et sectionnez les rhizomes périphériques portant quelques feuilles. Replantez directement ces futurs plants et arrosez-les abondamment.

9 Je veux faire des plantations sous des conifères ?

Autre cas d'école, certes beaucoup plus difficile à réussir, mais fort gratifiant, le fleurissement au pied de conifères.

Sélectionnez des plantes parfaitement adaptées à l'ombre permanente et dense qui règne sous ces résineux. Des plantes de terre de bruyère, tels les rhododendrons, azalées mollis et bruyères *(Erica)* s'épanouissent aisément sous couvert. En lisière, mariez des fougères, des skimmias et du cyclamen de Naples. Veillez également, sans abîmer les racines des arbres, à prévoir des poches de terreau (avec mise en place d'un géotextile) dans le sol afin d'en combler les carences. Dernière clé de la réussite, envisagez un système d'arrosage à défaut d'un arrosage régulier, car la base des conifères reste toujours très sèche, qu'il pleuve ou non.

CIMICIFUGA, CIERGE D'ARGENT

Actaea simplex

J F M A M J J **A S O N** D

Hauteur	Largeur
1,20/2 m	0,50/1 m

Cette vivace élancée est idéale pour illuminer de vastes sous-bois. Rustiques, touffus, vigoureux, les cierges d'argent portent des feuilles alternes à 3 folioles dentées. Les grappes, élégantes, en forme de cierge blanc, durent très longtemps.

SOL Frais, humifère, riche, profond, souple.

EXPOSITION Jamais de soleil brûlant.

CULTURE Plantez au printemps (3 ou 4 pieds/m^2). Arrosez par temps très chaud, sinon aucun entretien n'est nécessaire. Divisez les vieilles touffes au printemps.

ESPÈCES ET VARIÉTÉS Il existe 30 espèces. *Actaea simplex* 'Atropurpurea' (1,20 m), à feuillage pourpre, épis blancs ; 'Brunette' (1,20 m), feuillage pourpre ; 'Pink Spike' (1,20 m), fleurs roses ; 'White Pearl' (syn. 'Armleuchter'), 1,50 m, le plus tardif, aux épis denses, arqués, blanc pur.

CULTURE EN POT Sans intérêt.

UTILISATION En grand massif sous l'ombrage des arbres à feuilles légères.

> **SPECTACULAIRES**
>
> Quand les conditions d'environnement sont favorables à ces plantes élégantes, elles assurent le spectacle pendant des années sans rien demander en échange...

BARBE-DE-BOUC

Aruncus dioicus

J F M A M **J J** A S O N D

Hauteur	Largeur
2 m	1/1,20 m

Cette grande vivace forme une touffe ligneuse de tiges portant de grandes feuilles composées, aux folioles lancéolées et doublement dentées, donnant une impression de luxuriance. En début d'été, belle floraison en longs plumets aériens de couleur blanc crème qui dure un mois environ. En automne, le feuillage vire au bronze.

SOL Frais et riche.

EXPOSITION Mi-ombre, soleil à la rigueur s'il n'est pas trop chaud.

CULTURE Placez sous couvert végétal de grands arbustes ou d'arbres, à l'abri des vents forts qui cassent ses tiges. Au soleil, vous devrez arroser copieusement, surtout dès l'apparition de la floraison. Les grappes de fleurs fanées ont triste mine, supprimez-les. En fin d'automne, lorsque la plante n'a plus d'attrait, rabattez complètement.

ESPÈCES ET VARIÉTÉS Il existe 2 espèces, mais seule est cultivée *Aruncus dioicus*, dont il existe 8 formes botaniques officiellement répertoriées : 'Kneiffii' (80 cm), forme compacte à fleur blanc crème, feuillage très découpé ; 'Zweiweitenkind' (80 cm), plus trapu que le type, feuillage vert clair, fleurs plumeuses ivoire.

CULTURE EN POT Seulement pour les formes compactes, abusivement étiquetées « naines ».

UTILISATIONS En massifs à l'ombre, en bordure de pièce d'eau.

GRANDE ASTRANCE

Astrantia major

J F M A M **J J** A S O N D

Hauteur	Largeur
50/70 cm	30/40 cm

Cette vivace herbacée en touffes ramifiées est appréciée pour sa longue floraison. En été, elle offre de petites fleurs blanches, roses ou pourpre, en ombelles entourées d'une couronne de bractées. On peut les faire sécher pour composer des bouquets secs.

SOL Tout type, mais préférence pour les sols frais et humifères, argilo-calcaires.

EXPOSITION Ombre légère, mi-ombre, soleil non brûlant.

CULTURE Semez en automne en pépinière ou en début de printemps, ou plantez en godets. Laissez 30 cm entre 2 plants. Par la suite, vous pourrez diviser les touffes. Apportez-y du compost ou un engrais organique riche (sang séché, corne broyée). Arrosez régulièrement et paillez en été pour maintenir la fraîcheur. Chassez limaces et escargots. Guettez les pucerons et l'oïdium.

ESPÈCES ET VARIÉTÉS Il existe 11 espèces. On cultive essentiellement *Astrantia major*, ses 4 sous-espèces et ses nombreux cultivars : 'Alba' (60 cm), fleur blanche ; 'Claret' (40 cm), forme compacte, fleur allant du rose au magenta foncé ; 'Pink Pride' (45 cm), fleur rose clair ; 'Rubra' (70 cm), fleur rouge pourpre ; 'Ruby Star' (80 cm), fleur rouge cramoisi.

CULTURE EN POT Dans un pot de 30 cm et un terreau ordinaire. Veillez aux arrosages.

UTILISATIONS Massifs fleuris à mi-ombre en pot.

HERBE AUX SAVETIERS, BERGÉNIA

Bergenia cordifolia

J F M A M J J A S O N D

Hauteur	Largeur
30/40 cm	40/60 cm

Cette vivace très rustique est un excellent couvre-sol. Les feuilles en rosette ou alternes, épaisses, coriaces, lustrées, oblongues, atteignent 30 cm de long. La hampe florale, de couleur rosée, porte des corolles à 5 pétales en cornet, réunies en bouquets irréguliers.

SOL Toute bonne terre de jardin souple et humifère, qui ne retient pas l'eau en hiver.

EXPOSITION Soleil léger ou mi-ombre.

CULTURE Plantez en automne (de 4 à 6 pieds/m^2). Divisez les touffes en mars tous les 3 à 5 ans. Arrosez l'été. Coupez les tiges défleuries.

ESPÈCES ET VARIÉTÉS Il existe 10 espèces. Parmi les formes horticoles (cultivars) : 'Abendglut' (syn. 'Evening Glow'), 30 cm, et 'Ballawley', à feuillage pourpre en automne, à fleurs rouge foncé ; 'Bach', 'Bressingham White', 'Harzkristall' (40 cm) et 'Silberlicht', à feuillage vert et fleurs blanches ; 'Bartok' (30 cm), 'Morgenröt' (syn. 'Morning Blush'), 40 cm, 'Rotblum' (40 cm), 'Wintemärchen' (30 cm), aux fleurs de diverses nuances de roses.

On cultive aussi couramment : *Bergenia cordifolia* 'Eroica' (syn. 'Ouverture'), 50 cm, feuillage pourpre ; *B.crassifolia* (40 cm), fleurs roses ; *B. purpurascens* (30 cm), feuillage vert au revers pourpre devenant rouge foncé en hiver.

CULTURE EN POT Très facile, dans 30 cm de diamètre et 25 cm de profondeur ; aucun entretien, sinon un rempotage tous les 3 ou 4 ans.

UTILISATIONS En groupe important dans les endroits ombragés, bordure, rocaille.

MYOSOTIS DU CAUCASE

Brunnera spp.

J F M A M J J A S O N D

Hauteur	Largeur
30/40 cm	30/50 cm

Cette vivace rhizomateuse fait un excellent couvre-sol, très naturel. Formant une solide touffe de feuilles ovales, rugueuses, vert foncé, de 10 à 20 cm de long, directement issues de la souche, elle est très rustique. Les fleurs, très légères, bleues, portées en panicules de 20 cm, sur des petites tiges bien dressées, rappellent le myosotis, d'où le nom populaire de la plante.

SOL Profond, fertile, consistant, humifère, bien drainé, même calcaire.

EXPOSITION Ombre dense ou mi-ombre de préférence, mais le *Brunnera* supporte le soleil direct, léger, si le sol est bien frais.

CULTURE Plantez en automne (4 pieds/m^2). Arrosez bien en été. Divisez la souche au printemps.

ESPÈCES ET VARIÉTÉS Il existe 3 espèces, mais on accueille essentiellement dans nos jardins *Brunnera macrophylla* et ses cultivars : 'Betty Browing', feuillage vert, fleurs blanches ; 'Dawson's White', feuilles largement marginées de crème ; 'Jack Frost', feuillage gris argent veiné de vert clair, fleurs bleues ; 'Langtrees' (syn. 'Aluminium Spot'), feuilles tachetées de gris argenté ; 'Looking Glass', feuilles vert clair veinées de vert foncé, floraison bleue généreuse ; 'Mr Morse', feuillage vert soutenu marbré de vert argenté, fleurs blanches.

CULTURE EN POT Possible, mais veillez à l'arrosage.

UTILISATIONS Couvre-sol sur les talus ombragés, au pied des grands arbres.

MUGUET

Convallaria majalis

J F M A M J J A S O N D

Hauteur	Largeur
20/25 cm	10/30 cm

Cette vivace rhizomateuse forme une touffe de feuilles basales, dressées, lancéolées, et développe une hampe bien dressée, portant de 6 à 8 clochettes pendantes, très parfumées. Elle s'étale d'année en année par ses griffes.

SOL Riche, frais, humifère, poreux.

EXPOSITION Jamais de soleil direct. L'ombre dense est bien acceptée.

CULTURE Plantez en automne, en laissant affleurer le bourgeon des griffes à la surface (20 pieds/m^2). Ne laissez pas le sol se dessécher en été. Divisez les vieilles souches en automne.

ESPÈCES ET VARIÉTÉS Il existe 3 espèces. *Convallaria majalis* a donné une trentaine de cultivars, dont 'Albostriata', à feuilles nervurées de jaune ; 'Flore Pleno' (syn. 'Pleniflora'), à fleurs doubles, et 'Rosea', à fleurs roses.

CULTURE EN POT On peut le planter dans des petits pots de 10 cm de diamètre et le placer ensuite dans une grande jardinière ou au pied d'arbustes, dans de grands bacs, pour en profiter comme couvre-sol après la floraison.

UTILISATIONS Sous-bois, au pied d'une haie, bordure, potée, culture forcée.

TAPIS DE FLEURS

Laissez le muguet en place plusieurs années sans y toucher pour qu'il forme un tapis régulier et florifère.

CYCLAMEN DE NAPLES

Cyclamen spp.

J	**F**	**M**	A	M	J	J	**A**	**S**	**O**	N	**D**

5/10 cm | 10/50 cm | B

Cette plante à tubercule forme de jolis tapis fleuris. Les cyclamens se développent à partir d'un gros tubercule rond, aplati. Le feuillage cordiforme est souvent marbré ou nuancé de gris, de vert plus clair ou plus foncé, ou d'argent. Les fleurs, portées par un pédoncule grêle et charnu, sont penchées vers le bas, avec les pétales redressés en ailes de papillon et spiralés.

SOL Plutôt riche, frais, humifère, léger, perméable, de préférence acide.

EXPOSITION Jamais de soleil direct. L'ombre assez dense est bien acceptée.

CULTURE Plantez de juillet à septembre, à fleur de terre, tous les 10 à 15 cm. Arrosez bien en été. Maintenez en place plusieurs années, ils n'aiment pas les transplantations.

ESPÈCES ET VARIÉTÉS Il existe 20 espèces. *Cyclamen hederifolium*, dont les feuilles portant des marbrures variées apparaissent après la floraison automnale, rose ou carmin, et persistent jusqu'en mai. *C. cilicium* (15 cm), fleurs blanches ou rose clair, au parfum sucré. *C. coum* (10 cm), fleurs variant du blanc au magenta, de janvier à avril.

CULTURE EN POT Dans un pot de 20 cm (pour un plant) ou dans un bac ou une jardinière.

UTILISATIONS Rocaille, sous-bois, bordure, couvre-sol, potée, jardinière.

CŒUR-DE-MARIE

Dicentra spectabilis (Lamprocapnos spectabilis)

J	F	M	**A**	**M**	**J**	**J**	**A**	S	O	N	D

30/70 cm | 30/45 cm | V

Cette gracieuse vivace porte des fleurs printanières en forme de cœur. Elle forme une touffe de feuilles découpées, glauques, de 20 à 40 cm de long. Les hampes, arquées, portent des cœurs pendants de 2 cm de long, munis de 2 éperons latéraux.

SOL Consistant, riche, humifère, frais. En terrain sec, le feuillage fane assez vite.

EXPOSITION Pas de soleil direct, l'ombre légère est même bien tolérée.

CULTURE Plantez d'octobre à mars, et ne serrez pas trop les plants (de 4 à 6 pieds/m^2). Paillez vers la mi-mai pour maintenir la fraîcheur du sol en été. Divisez les vieilles touffes en septembre, en veillant à ne pas abîmer les racines, très fragiles.

ESPÈCES ET VARIÉTÉS Il existe 8 espèces de *Dicentra* et une seule espèce de *Lamprocapnos*. *Dicentra spectabilis* (syn. *Lamprocapnos spectabilis*), de 40 à 60 cm, 'Alba', blanc pur ; 'Valentine', rouge vif et blanc. *D. eximia*, le dicentra à feuille de fougère (de 30 à 40 cm), fleurit de mai à août en grappes roses ; 'Stuart Boothman', feuillage glauque, fleurs rose soutenu. *D. formosa* (30 cm) et ses cultivars 'Bacchanal', pourpre sombre, 'Luxuriant', rouge, 'Spring Magic', rose pâle.

CULTURE EN POT Dans un pot de 15 cm en tous sens, dans un terreau de plantation.

UTILISATIONS Massif, bordure, sous-bois, potée, jardinière. Associez les *Dicentra* à des fougères, qui les mettront en valeur.

DIGITALE

Digitalis spp.

J	F	M	A	**M**	**J**	**J**	**A**	**S**	O	N	D

0,60/1,80 m | 30/50 cm | V

Digitalis purpurea

Vivace éphémère se comportant parfois comme une bisannuelle, la digitale, parfois aussi appelée « gant de Notre-Dame », développe une rosette de feuilles simples, oblongues, de 10 à 30 cm de long, souvent velues. De longues hampes verticales portent des fleurs en clochettes qui s'épanouissent en partant de la base du bouquet et durent très longtemps.

SOL Consistant, fertile, frais, humifère.

EXPOSITION Pas d'insolation directe.

CULTURE Plantez en automne (5 ou 6 pieds/m^2). Paillez le sol au printemps. Coupez les épis défleuris à leur point de départ, pour favoriser le développement de nouvelles pousses latérales. Semez en pleine terre, de juin à août, recouvrez de terreau maintenu humide. Apportez chaque année au printemps une fertilisation organique.

ESPÈCES ET VARIÉTÉS Il existe 25 espèces et plusieurs sous-espèces. *Digitalis purpurea* (de 1,20 à 1,80 m) est plutôt bisannuelle, à fleurs souvent tachetées ; 'Alba' (1,20 m), blanche ; 'Gloxiniiflora', géante (1,80 m), aux tons rouges, roses ou blancs ; 'Pam's Choice' (1 m), fleurs blanches tachetées de bordeaux.

Parmi les formes hybrides : 'Excelsior' (1,50 m),

RÉGIONS VENTÉES

Tuteurez les plus grandes variétés dans les régions ventées.

Digitalis purpurea

Digitalis grandiflora

groupe de plantes à grandes fleurs de coloris variés ; 'Mertonensis' (80 cm), formeplus compacte à fleurs roses.

Sont également parfois proposées : *Digitalis ferruginea* (1,50 m), fleurs orange ; *D. grandiflora* (1 m), fleurs jaunes ; *D. lanata* (80 cm), fleurs crème ; *D. lutea* (70 cm), fleurs jaunes ; *D. obscura* (50 cm), fleurs orange.

CULTURE EN POT Déconseillée, car la plante est toxique.

UTILISATIONS Bouquet isolé, massif de vivaces ou de terre de bruyère, sous-bois, jardin sauvage, bouquet.

ASPÉRULE ODORANTE

Galium odoratum

J F M A **M J J A** S O N D

15/25 cm | 20/30 cm | V

Plante vivace des sous-bois, l'aspérule odorante donne vite de beaux tapis de verdure dans les zones ombragées du jardin. Les feuilles sont d'un beau vert franc et au printemps, la plante se rehausse d'une floraison légère, d'un blanc pur, qui dégage, surtout lorsqu'on fait sécher les fleurs, une odeur de foin coupée et de vanille.

SOL Frais et humifère.

EXPOSITION Mi-ombre ou ombre.

CULTURE On peut semer l'aspérule mais il est plus simple de planter des godets, à raison de 6 à 9 par m^2. Une fois en place, cette plante très rustique (– 20 °C) se ressème et s'étale toute seule.

ESPÈCES ET VARIÉTÉS Le genre se décline en plusieurs centaines d'espèces. Il n'existe pas de cultivars. On cultive aussi *Galium verum* (50 cm), le caille-lait vrai, à fleurs jaunes.

CULTURE EN POT Elle est possible, mais l'effet est peu décoratif.

UTILISATIONS Massifs à l'ombre, jardin naturel.

OÙ L'INSTALLER ?

Placez-la au pied des grands arbustes et des arbres à feuillage caduc pour donner une note champêtre. Au pied d'un mur, elle profitera de son ombre ; au potager, elle pourra border les carrés de petits fruitiers.

LYSIMAQUE PONCTUÉE

Lysimachia punctata

J F M A M **J J A S** O N D

0,50/1,20 m | 1/1,20 m | V

Cette lysimaque forme des touffes dressées, aux feuilles simples, elliptiques, vert foncé. Fleurs à 5 pétales en coupe, jaunes.

SOL Humifère, profond, consistant, frais.

EXPOSITION Soleil direct léger ou voilé.

CULTURE Maintenez avec des fagots ou des tuteurs circulaires. La terre ne doit pas sécher en été. Ces plantes à croissance rapide peuvent devenir envahissantes si on ne les contrôle pas ; taillez à volonté.

ESPÈCES ET VARIÉTÉS Il existe plus de 190 espèces. *Lysimachia punctata* (1 m), buisson aux épis d'étoiles jaune d'or ; 'Alexander', feuilles marginées de crème et de rose ; 'Walgoldalex' (syn. 'Golden Alexander'), feuilles marginées de jaune d'or.

CULTURE EN POT Cette lysimaque n'est pas adaptée, car trop vigoureuse.

UTILISATIONS Massif, bouquet.

ASSOIFFÉES !

Si les bouleversements climatiques modifient la pluviométrie de certaines régions, on sera content de pouvoir compter sur les lysimaques, championnes de terrains frais !

AZALÉE À FEUILLES CADUQUES

Rhododendron x

J F M **A M** J J A S O N D

1,50/3 m | 1/2 m | C

Azalée (*Rhododendron* 'Peter Koster')

Pour les botanistes, les azalées sont des rhododendrons à petites fleurs. Les azalées caduques, très rustiques, de croissance assez rapide, sont des formes hybrides issues de croisements complexes. Les feuilles, alternes, ovales, sont souvent velues. Elles se colorent en automne. Les fleurs en corymbes, parfois parfumées, se parent de couleurs éclatantes, avant l'apparition des feuilles.

SOL Très acide, terre de bruyère pure.

EXPOSITION Soleil indirect, ombre légère. Une orte hygrométrie est bien appréciée.

CULTURE Plantez tôt à l'automne et paillez le pied, puis arrosez en été. Inutile de tailler. Fertilisez au printemps avec un engrais pour rhododendrons.

VARIÉTÉS Il existe différents groupes.

- **LES HYBRIDES MOLLIS :** aux fleurs en entonnoir, précoces. 'Berryrose', rose nuancé ; 'Directeur Moerlands' (1,50 m), jaune d'or, à gorge foncée et macule brun olive ; 'Esquisita', parfumé, blanc rosé à flamme jaune orangé ; 'Gibraltar', orange soutenu ; 'Golden Eagle', orange vif ; 'Golden Flare', orange clair ; 'Homebush', rose ; 'Klondyke', orange foncé ;

Azalée mollis

Azalée (*Rhododendron* 'Jolie Madame')

'Koster's Brilliant Red' (1,50 m), rouge orangé à flamme orange ; 'Lemenora', jaune abricot teinté de rouge à l'extérieur.

- **LES AZALÉES DE GAND** (azalées de Chine) : fleurs parfumées, plantes plus grandes que les « Mollis » ; 'Daviesii', jaune pâle.
- **LES AZALÉES KNAP HILL** (ou Exbury) : fleur en forme de cornet ; 'Persil', blanc à cœur jaune pâle.
- **LES AZALÉES VISCOSA**, originaires d'Amérique du Nord : coloris pastel, parfum intense ; 'Jolie Madame', rose pâle.

CULTURE EN POT Possible, dans un contenant de 30 cm de diamètre et 20 cm de profondeur au minimum, dans de la terre de bruyère pure. Rempotez au bout de 2 ou 3 ans dans un contenant plus grand.

UTILISATIONS Massif de terre de bruyère, rocaille, haie fleurie.

RODGERSIA

Rodgersia spp.

J F M A M **J J** A S O N D

0,90/1,50 m | 1/1,20 m | V

Rodgersia aesculifolia

Cette impressionnante vivace produit une quantité d'épis très gracieux sur une touffe opulente. Le feuillage, palmé, découpé, vert bronze, luisant, de 30 cm à 1 m de long, évoque celui du marronnier. Les fleurs étoilées blanches sont groupées en panicules de 30 à 50 cm de long.

SOL Profond, humifère, acide, frais en été, enrichi de fumier décomposé.

EXPOSITION Fraîche, sans soleil direct.

CULTURE Plantez au printemps à 1 m de distance. Arrosez copieusement pendant la belle saison, en mouillant le feuillage. Éliminez les tiges florales fanées. Paillez le sol fin mai pour qu'il reste frais tout l'été. Il faut bien 3 ans au rodgersia pour s'installer.

ESPÈCES ET VARIÉTÉS La nomenclature botanique actuelle reconnaît 2 espèces. *Rodgersia aesculifolia* (1,50 m), à « feuilles de marronnier » aux nervures brunes, fleurs blanches. *R. podophylla* (1,20 m), à feuilles marron chocolat qui virent au vert en été et fleurs jaune crème. Citons aussi l'hybride 'Chocolate Wings' (1 m), à feuilles et fleurs pourpres (chocolat).

CULTURE EN POT Déconseillée, plantes trop volumineuses.

UTILISATIONS Isolé, grand sous-bois, massif de terre de bruyère, bord de pièce d'eau.

CONSOUDE

Symphytum spp.

J F M A **M J J A** S O N D

40/80 cm | 0,60/1 m | ?

Commune dans les prés et les bois humides, la consoude forme une touffe volumineuse aux tiges couvertes de poils raides et aux feuilles opposées, lancéolées. De mai à juillet, fleurs pourpres, roses ou crème, en bouquets.

SOL Frais, consistant, fertile, humifère.

EXPOSITION Soleil léger ou mi-ombre.

CULTURE Plantez tous les 50 cm. Divisez les touffes au printemps. Attention, le moindre tronçon de racine forme une nouvelle plante. Paillez en été.

ESPÈCES ET VARIÉTÉS Il existe 21 espèces. La consoude officinale est surtout utilisée pour faire du purin à vocation fertilisante et stimulante. 'Purpureum' (60 cm), à feuilles pourpres, est une forme décorative intéressante. La consoude de Russie *(Symphytum × uplandicum)* est utilisée comme plante ornementale ; 'Variegatum' est panachée. *S. grandiflorum* 'Hidcote Blue' (de 30 à 50 cm), fleurs bleu clair ; 'Wisley Blue' (40 cm), fleurs blanches qui évoluent en rouge, puis en bleu.

CULTURE EN POT Sans intérêt.

UTILISATIONS Couvre-sol en sous-bois, bordures.

FORTIFIANT NATUREL

Vous pouvez laisser macérer les feuilles dans l'eau (1 kg/10 l) durant une dizaine de jours, pour obtenir une macération de consoude, apprécié comme engrais organique dans la culture biologique et réputé renforcer la résistance des plantes du jardin aux diverses maladies.

Symphytum grandiflorum 'Hidcote Blue'

VIORNE DE CHINE

Viburnum plicatum

J F M **A M** J J A S O N D

1/3 m | 1/3 m | C

Ces arbustes très décoratifs et d'une grande rusticité portent des feuilles opposées, dentées, qui prennent de splendides teintes rouge pourpre à l'automne. Les fleurs sont réunies en bouquets. Cette espèce ne produit pas de fruits.

SOL Riche, profond, humifère et frais, de préférence assez peu calcaire.

EXPOSITION Soleil ou mi-ombre dense.

CULTURE Plantez en automne. Arrosez abondamment et paillez les premiers étés suivant la plantation. Lorsque les fleurs sont fanées, éliminez les rameaux âgés, en surnombre ou mal formés.

ESPÈCES ET VARIÉTÉS Il existe près de 170 espèces. *Viburnum plicatum* (2 m), caduc, offre un port ample de toute beauté, une floraison blanche magnifique en mai-juin et des couleurs éclatantes en automne ; 'Grandiflorum' (syn. 'Rotundifolium'), de 2 à 3 m, fleurs blanches, arrondies ; 'Kilimandjaro' (1,80 m), érigé, fleurs plates, blanches, fructification abondante ; 'Lanarth' (3 m), vigoureux, à port plus érigé ; 'Mariesii' (2,50 m), port étalé régulier, fleurs abondantes, jolies couleurs d'automne ; 'Newport' (1,50 m), compact, très abondante floraison ronde, blanche ; 'Shasta' (de 2 à 3 m), port étalé, branches étagées, fleurs blanches ; 'Summer Snowflake', (2 m), ombelles plates blanches, floraison très généreuse ; var. *tomentosum* (3 m), fleurs en ombelles plates ; 'Watanabe' (syn. 'Nanum Semperflorens'), 1,20 m, port étalé, étagé, refleurissant en été.

Viburnum plicatum 'Mariesii'

CULTURE EN POT Possible, dans un pot de 30 cm en tous sens.

UTILISATIONS Isolé, haie libre, massif, bac, couvre-sol, rocaille, sous-bois.

POUR UN JARDIN FLEURI SOUS LES ARBRES, VOUS POUVEZ AUSSI CULTIVER

★ *Acanthus mollis* (acanthe) ➲ p. 310
★ *Anemone* x *hybrida, A. hupehensis* (anémone du Japon) ➲ p. 310 ★ *Athyrium filix-femina* (fougère femelle) ➲ p. 187
★ *Dryopteris filix-mas* (fougère mâle) ➲ p. 546
★ *Gaultheria procumbens* (gaulthérie) ➲ p. 547
★ *Geranium spp.* (géranium vivace) ➲ p. 174
★ *Leucojum aestivum* (nivéole) ➲ p. 329
★ *Ligularia przewalskii, L. stenocephala* (ligulaire) ➲ p. 314 ★ *Ophiopogon planiscapus* 'Nigrescens' (barbe de serpent noire) ➲ p. 640 ★ *Rheum palmatum* (rhubarbe d'ornement) ➲ p. 315 ★ *Saxifraga* x *urbium* (désespoir du peintre) ➲ p. 148 ★ *Tiarella cordifolia, T. wherryi* (tiarelle) ➲ p. 641

Un jardin ombragé en climat doux

DES PLANTES ET DES FLEURS ÉTRANGES ET EXOTIQUES, UNE PALETTE DE COULEURS ET DE SENTEURS… LE BONHEUR DES JARDINS SOUS LE SOLEIL ET QUI NE CONNAISSENT PAS LE GEL!

L'OMBRE EN CLIMAT DOUX, UN ATOUT !

Au jardin méditerranéen, l'ombre est essentielle pour bénéficier d'un peu de fraîcheur en été. De grands arbres ou des structures qui génèrent de l'ombre comme une pergola drapée de grimpantes représentent donc un atout … 1

PLANTER SOUS LES GRANDS ARBRES, C'EST POSSIBLE !

Le manque de lumière et d'eau empêche bon nombre de plantes de s'épanouir aisément sous les couronnes des grands arbres. Mais il est néanmoins possible de faire des plantations dans cette zone. Voici comment … 2

Le coin du curieux

Originaire des forêts de basse altitude de l'Himalaya (jusqu'à 1 200 m), *Loropetalum chinense* a été introduit en Europe en 1880 par les pépinières Veitch & Sons à Exeter, Angleterre, à partir de plants collectés au Japon par le « chasseur de plantes » Charles Maries (1851-1902) … 3

UN PEU D'ENTRETIEN POUR UNE SUPERBE FLORAISON

Rabattre la sauge *(Salvia microphylla)* et tailler *Abutilon megapotamicum :* un peu de travail en échange de la garantie d'une splendide floraison ! … 4

Salvia microphylla 'Ribambelle'

OPTIMISER LA CULTURE DE LA FOUGÈRE ARBORESCENTE

Parfaitement adaptée en climat doux, la gélive *Dicksonia antarctica*, fougère arborescente originaire du sud-est de l'Australie, est un véritable fossile vivant qui fait l'admiration de tous ! Elle requiert une forte humidité de l'air et il est bon de doucher le feuillage le plus souvent possible durant la végétation. La doter de son propre système de brumisation automatique est une option intéressante … 5

IDÉES

→ POURQUOI PAS... un hamac accroché à l'ombre de grands arbres parasols ? 6

→ POURQUOI PAS... un jardin Ombragé en sol sec ? Le terrain idéal pour aménager un petit coin enroché et coloré dans son jardin 7

Les Plantes idéales

Ce sont des espèces qui apprécient une situation ombragée, mais craignent les froids vifs.

★ **Un feuillage ou une floraison rouge :** *Abutilon megapotamicum* (abutilon du Rio Grande) ; *Loropetalum chinense* ; *Pennisetum setaceum* 'Rubrum' (herbe soyeuse rouge) ; *Salvia microphylla* (sauge à petites feuilles).

★ **Des couvre-sols :** *Acanthus mollis* (acanthe) ; *Daboecia cantabrica* (bruyère de Saint-Daboec) ; *Ficus pumila* (figuier rampant).

★ **Une floraison bleu-mauve :** *Corydalis flexuosa* (corydale, fumeterre) ; *Duranta erecta* (vanillier de Cayenne).

★ **Une plante arborescente :** *Dicksonia antarctica* (fougère arborescente).

La quasi-totalité des plantes présentées dans les thématiques « Un patio à l'ombre », p. 634, « Un balcon à l'ombre », p. 542, « Un jardin à l'ombre », p. 178 et « Un jardin fleuri sous les arbres », p. 185.

et Si

- J'ai des enfants et j'hésite à planter des *Duranta* ? 8
- Mon *Corydalis* ne vit qu'un an ? 9

NOS CONSEILS

1. *Prévoyez un système d'arrosage automatique pour ce jardin dont les plantes sont généralement assez gourmandes en eau. En effet, les précipitations sont souvent moindres ou plus éparses dans les régions au climat doux. Une citerne d'eau de pluie enterrée constituera un précieux réservoir.*

2. *Ne laissez pas le sol nu, pour éviter des pertes d'eau inutiles, mais plantez des végétaux couvre-sol à feuillage persistant (ou laissez la végétation spontanée en place). Ils vont maintenir la fraîcheur de la terre.*

3. *Maintenez un paillis organique permanent au pied des végétaux nouvellement plantés en attendant que les couvre-sols tapissent toute la superficie disponible.*

4. *Profitez des zones ombragées pour composer un jardin structuré avec des plantes taillées en topiaires qui s'accommodent bien de ce type d'exposition et mettent en valeur les jeux d'ombre et de lumière.*

1 L'ombre en climat doux, un atout !

Les zones d'ombrage léger permettent de réussir un beau gazon dans des conditions chaudes et sèches. Vous pouvez également y acclimater des espèces septentrionales qui ne pousseraient pas au soleil comme les astilbes, les bergénias, les fougères, les lamiers, certains hydrangéas, les rhododendrons...

2 Planter sous les grands arbres, c'est possible !

Afin de profiter d'un jardin sous couvert sans abîmer les racines des arbres en place, réalisez quelques massifs surélevés. Préservez l'équilibre des arbres, ne remblayez surtout pas sous l'ensemble de leur couronne. Griffez légèrement le sol à l'emplacement des futurs massifs, sans toucher aux racines. Établissez ensuite une ou plusieurs buttes d'une trentaine de centimètres de hauteur et profilez des pentes douces livrées à des couvre-sols : ancolie, bergénia, bruyère, hosta, hellébore ou géranium vivace. Au sommet des buttes, plantez des azalées, camélias, kalmias ou rhododendrons. L'été, dans la mesure du possible, arrosez régulièrement, mais avec parcimonie, l'ensemble des plantes, soigneusement paillées au préalable.

Astilbe japonica 'Laura'

3 Le coin du curieux

Après son introduction en Europe à la fin du XIXe siècle, il aura fallu plus d'un siècle pour que ce petit arbuste se popularise dans nos jardins, grâce à des sélections américaines et japonaises qui ont été commercialisées à partir de 1989. Le nom *Loropetalum* vient du grec *loron*, courroie, et *petalon*, pétale, qui décrit bien la forme particulière de la fleur.

4 Un peu d'entretien pour une superbe floraison

- Couvre-sol volontaire et rustique (jusqu'à – 10 °C) originaire du Mexique et d'Arizona, la **sauge à petites feuilles**, ou sauge de Graham *(Salvia microphylla)*, est très intéressante pour sa floraison estivale permanente et son léger parfum. Cette vivace semi-arbustive se taille fin mars et peut atteindre 1,30 m de haut. Rabattez-la à l'aide d'un sécateur sur près des deux tiers de sa hauteur et supprimez les ramifications disgracieuses.
- Fleuri 12 mois sur 12 en climat doux, *Abutilon megapotamicum*, arbuste rampant ou grimpant, demande un entretien minimal : il suffit de supprimer les fleurs fanées et les rameaux abîmés ou gênants par une taille légère fin hiver ou début printemps.

Salvia microphylla 'Micro Bleue'

Abutilon megapotamicum

5 Optimiser la culture de la fougère arborescente

Profitez du circuit d'arrosage automatique pour y brancher quelques embouts brumisateurs, disponibles dans de nombreuses jardineries. Intégrez les embouts et sorties d'eau dans vos massifs en les utilisant au besoin comme support pour les plantes grimpantes. Couplée à une pièce d'eau, cette fougère géante enchante le jardin ! Installez sur les berges et à proximité du bassin des *Begonia grandis* var. *evansiana*, bulbeuse à feuilles cordées et aux fleurs blanches ou roses. Ajoutez différents joncs, nains (*Juncus ensifolius*) ou spiralés (*J. effusus*). Et pourquoi pas du trèfle d'eau (*Menyanthes trifoliata*), avec ses fleurs en étoile blanc nacré, ainsi que l'iochrome bleu (*Iochroma cyaneum*), avec ses fleurs tubulaires. N'oubliez pas non plus d'inclure dans cette composition de nombreuses fougères terrestres.

Ruscus aculeatus

La petite histoire

La sauge, du latin salvare, « sauver », « guérir », était sacrée pour les Grecs et les Romains, qui lui prêtaient de nombreuses vertus, pas seulement médicinales. Par exemple, porter une branche de sauge protégeait du mauvais œil et apportait la sagesse ! Dans l'Antiquité, de véritables rituels de cueillette avaient lieu afin de préserver l'ensemble des propriétés de la plante. Au Moyen Âge, la plante était employée pour soigner de très nombreux maux et, aujourd'hui encore, elle est utilisée comme antiseptique, sous forme d'infusion, et contre les maux de ventre. Avis aux jardiniers, ne serait-il pas temps d'en planter ?

Idées

6 Pourquoi pas... un hamac accroché à l'ombre de grands arbres parasols ?

L'idéal est un arbre parasol dont la ramure architecturale génère une sensation de zénitude. Fixez votre hamac à l'aide de sangles ou de cordes pour ne pas abîmer le tronc et enlevez-le lors de vos absences prolongées et durant la mauvaise saison.

7 Pourquoi pas... un jardin ombragé en sol sec ?

Sans endommager d'éventuelles racines, réalisez, à l'aide de grosses roches quelques affleurements minéraux. Pour cela, décaissez le sol, installez les roches dans la fosse et colmatez les creux avec de la terre excavée mélangée à des cailloux. Attendez quelques semaines pour procéder aux plantations. Mêlez plantes calcicoles et plantes de bruyère en prenant soin de leur apporter un peu de terreau spécifique lors de leur mise en terre. Du buis et des bruyères arborescentes (*Erica arborea*) pour donner du volume à la composition par leur feuillage persistant. De l'acanthe, de la consoude et des euphorbes pour leur port élancé et la floraison vivement colorée des deux dernières. Du fragon épineux (*Ruscus aculeatus*), un arbrisseau décoratif, par ses baies rouges. Et puis des tapis de lierre et de pervenche.

et Si

8 J'ai des enfants et j'hésite à planter des *Duranta* ?

Baies de *Duranta*

Avec ses couleurs vives, la baie du vanillier de Cayenne, ou durante, attire les enfants, qui cherchent alors à en manger. Or, elle s'avère hautement toxique pour l'homme et fatale lorsqu'elle est ingérée par un enfant. En cas d'ingestion, appelez immédiatement votre centre antipoison local. Précisez qu'il s'agit d'un fruit de durante. Le mieux est de proscrire cette magnifique plante ornementale dans un jardin fréquenté par des enfants, mais aussi de recommander à ces derniers de ne pas manger ce qu'ils ne connaissent pas.

9 Mon *Corydalis* ne vit qu'un an ?

Corydalis flexuosa

Pour le préserver, marquez l'emplacement des plants dès leur mise en terre, car le feuillage disparaît au début de l'été. Ne supportant pas la sécheresse, le corydalis requiert une exposition à mi-ombre, un sol enrichi de terreau tous les 2 ans et paillé de feuilles mortes en hiver. Au printemps, établissez un rempart autour des plants à l'aide de feuilles sèches de noyers, de cendres et en dernier recours en répandant des granulés de Ferramol pour éliminer les limaces.

ABUTILON DU RIO GRANDE

Abutilon megapotamicum

J F M A M J J A S O N D

1/2 m | 0,80/1,20 m | V | 3 °C

Cette espèce forme un buisson au port semi-retombant. Les longues branches souples portent des feuilles alternes de 8 à 12 cm de long, ovales, pointues, dentées, vert foncé. Les fleurs, au calice rouge vif en forme de cœur, laissent à peine s'ouvrir les pétales jaunes, d'où émerge un bouquet dense d'étamines pourpre foncé.

SOL Terre de jardin bien drainée, humifère.

EXPOSITION Chaude, bien ensoleillée, mais non brûlante, à l'abri des vents forts.

CULTURE Plantez l'abutilon ou sortez les pots à la mi-mai. Dès la mi-octobre, hivernez en serre ou en véranda (5 °C au minimum). Laissez le sol sécher en surface avant d'arroser. Réduisez les apports d'eau en hiver. Donnez de l'engrais tous les 15 jours en été. Rempotez en mars, après avoir rabattu les branches au tiers de leur longueur. Il est possible de palisser cette espèce sur un treillage.

ESPÈCES ET VARIÉTÉS Il existe près de 220 espèces. *Abutilon megapotamicum* 'Big Bell', grimpant, grandes fleurs rouge et jaune ; 'Variegata', à feuilles panachées de jaune.

CULTURE EN POT Dans un pot de 20 l pour une plante de 60 à 70 cm, dans un mélange par tiers de terreau d'écorce, de tourbe brune et de sable. Il lui faut une excellente luminosité et un tuteurage, et abritez-le du vent.

UTILISATIONS Massifs, clôtures, véranda.

CORYDALE, FUMETERRE

Corydalis flexuosa

J F M A M J J A S O N D

15/40 cm | 10/30 cm | V

Compactes, souvent naines, à port étalé, ces plantes rustiques portent des feuilles composées dont les folioles sont souvent découpées en 3 lobes. Les fleurs, munies d'un éperon, sont tubulées, à 4 pétales, portées par des hampes fines, érigées.

SOL Une bonne terre de jardin, acide, fraîche, humifère, bien drainée. Évitez les sols trop compacts et humides.

EXPOSITION Fraîche, du soleil direct, assez doux, jusqu'à l'ombre légère.

CULTURE Plantez de septembre à mars (de 6 à 9 plants/m^2). Protégez la souche d'un excès d'humidité hivernale par un paillis absorbant. Achetez des plants dans le commerce, car semis et division sont aléatoires.

ESPÈCES ET VARIÉTÉS Il existe plus de 300 espèces. *Corydalis flexuosa* (30 cm), à fleurs bleu vif d'avril à juin et en septembre ; 'China Blue', bleu profond ; 'Père David', à grandes fleurs bleues marquées de blanc ; 'Purple Leaf', à feuillage pourpre. L'hybride 'Blue Line' (Couriblue), 40 cm, remplace avantageusement les *C. flexuosa* en raison de ses fleurs d'un beau bleu, portées nettement au-dessus du feuillage de mai à septembre. C'est un croisement de *C. flexuosa* × *C. elata*.

CULTURE EN POT Possible.

UTILISATIONS Sous-bois, rocaille, bordure, dallage, potée, massif de terre de bruyère.

BRUYÈRE DE SAINT-DABOEC

Daboecia cantabrica

J F M A M J J A S O N D

60 cm | 30/60 cm | P | -5 °C

Daboecia cantabrica 'Bicolor'

Élégante et gracieuse, cette bruyère tapissante fleurit en grosses clochettes et pousse vite dans des conditions favorables. Les feuilles, alternes, entières, linéaires, sont enroulées sur les bords. Dans la nature, c'est une espèce protégée.

SOL Tourbeux ou sablonneux, non calcaire. La terre de bruyère pure convient.

EXPOSITION Soleil direct, même assez chaud.

CULTURE Plantez au printemps. Paillez en hiver. Taillez les vieux sujets s'ils se dégarnissent. Taillez en mars les anciennes tiges florales et une partie des nouvelles pousses.

ESPÈCES ET VARIÉTÉS Il existe 2 espèces voisines, *Daboecia azorica* (non rustique) et *D. antabrica*. On cultive surtout des formes de *D. cantabrica* : 'Alba Globosa' (de 40 à 50 cm), fleurs blanches et feuillage vert foncé ; 'Atropurpurea' (de 40 à 50 cm), fleurs pourpres, feuillage vert bronze ; 'Bicolor' (40 cm), à fleurs blanches, roses et pourpres sur le même pied ; 'Celtic Star' (35 cm), rose foncé ; 'Cinderella' (40 cm), à fleurs blanc rosé ; 'Cupido' (30 cm), à fleurs rouges ; 'Globosa Pink' (40 cm), à fleurs rose lilas, feuillage vert foncé ; 'Praegerae' (50 cm), à fleurs rouge brillant, semi-persistante ; 'Rainbow' (55 cm), feuillage vert doré et bronze pointé de rouge, fleurs pourpres.

CULTURE EN POT Dans un pot de 20 cm en tous sens dans de la terre de bruyère.

UTILISATIONS Bordure, rocaille, talus.

VANILLIER DE CAYENNE

Duranta erecta

J F M A M J **J A S** O N D

5/6 m	2/3 m		P	-7 °C

Arbuste persistant aux rameaux souples, de section quadrangulaire. En fin de printemps, petites fleurs souvent bleu lavande, simples, à 5 pétales, en grappes terminales lâches, suivies de petits fruits orange en forme de cerises pointues.

Plantez en sol riche et frais. Taillez en automne ou fin hiver. Vous pouvez le cultiver en pot dans 30 cm avec un terreau riche. Utilisez-le en isolé, dans les massifs ou en pot.

FIGUIER RAMPANT

Ficus pumila

J F M A M J J A S O N D

3/5 m	illimité		P	-3 °C

Plante rampante, tiges grêles portant des feuilles persistantes. La plante s'accroche par les petites racines adventives garnissant les tiges. Elle apprécie un sol frais et riche, mais supporte le sec. Parmi les innombrables *Ficus*, *F. pimula* est la seule espèce grimpante cultivée en Europe.

LOROPETALUM

Loropetalum chinense

J **F M** A M J J A S O N D

1,80/2 m	1,80/2 m		P	-5 °C

Arbuste persistant, à feuilles simples et lancéolées. Port étalé, branches horizontales. Petites fleurs laciniées, en forme d'araignée, rose framboise, délicatement parfumées en février-mars.

SOL Frais, humifère et bien drainé, neutre ou légèrement acide, mais surtout pas calcaire.

EXPOSITION Mi-ombre ou ombre légère en climat doux, soleil ailleurs. Abritez des vents en hiver.

CULTURE Très rustique, réclame peu de soin et de taille, car sa croissance est lente. Pour rééquilibrer la plante, attendez la fin de la floraison.

ESPÈCES ET VARIÉTÉS Il existe 3 espèces. On ne cultive que *Loropetalum chinense* et ses cultivars, qui ont pour la plupart en commun de jeunes feuilles pourpres virant au vert ensuite. 'Fire Dance' (2 m), fleurs rose fuchsia ; 'Ming Dynasty' (2 m), fleurs rouge violacé ; 'Pearl' (syn. 'Black Pearl'), feuillage presque noir, fleurs rose franc ; var. *rubrum*, fleurs rose foncé.

CULTURE EN POT Dans un grand pot et un terreau additionné de 15 % de terre de bruyère.

UTILISATIONS Dans les haies fleuries associé à des arbustes à floraison estivale, en isolé.

HERBE SOYEUSE ROUGE

Pennisetum setaceum 'Rubrum'

J F M A M J **J A S O** N D

90 cm/1 m	45 cm	

Cette graminée vivace cespiteuse, est à considérer comme annuelle sous nos climats. Touffe bien compacte, d'abord érigée, puis évasée, au port souple. Grandes feuilles rêches, étroites et linéaires pourpre foncé. Floraison en goupillons cylindriques terminés par un toupet.

SOL Tout type, bien drainé.

EXPOSITION Ombre partielle, soleil.

CULTURE Plantez en automne ou au printemps des plantes en conteneur, en situation dégagée, même ventée. Dans les régions les plus douces, rabattez les feuilles sèches, au printemps ; ailleurs, coupez au ras à 5 cm et paillez.

ESPÈCES ET VARIÉTÉS 'Purple Majesty' (syn. *P. glaucum* 'Purple Majesty'), 1,20 m, port érigé, épillets dressés, feuillage pourpre presque noir. 'Fireworks' (80 cm), panachée de vert et de crème, épis rose framboise aux pointes blondes.

CULTURE EN POT Hivernez lors des gros froids.

UTILISATIONS En massif, isolé, en potées.

DANS UN JARDIN OMBRAGÉ EN CLIMAT DOUX, VOUS POUVEZ AUSSI CULTIVER

★ *Acanthus mollis* ➲ p. 310 ★ *Azara serrata* ➲ p. 249 ★ *Brunfelsia pauciflora* ➲ p. 540 ★ *Coprosma repens, C.* 'Rainbow Surprise' ➲ p. 591 ★ *Crinodendron hookerianum* ➲ p. 250 ★ *Dicksonia antarctica* ➲ p. 299 ★ *Fatsia japonica* ➲ p. 287 ★ *Fuchsia magellanica* 'Riccartonii' ➲ p. 645 ★ *Muehlenbeckia complexa* ➲ p. 146 ★ *Osmanthus heterophyllus* ➲ p. 279 ★ *Plectranthus coleoides* ➲ p. 591 ★ *Polygala myrtifolia* ➲ p. 541

Un jardin sec et chaud

L'ARROSAGE EST UN POSTE IMPORTANT AU JARDIN, IL EST MÊME TRÈS IMPORTANT DANS LES RÉGIONS OÙ CHALEUR ET SÉCHERESSE S'ASSOCIENT POUR RENDRE LA VIE DIFFICILE AU JARDINIER. SAUF S'IL EST ASTUCIEUX, S'IL PLANTE LES BONNES ESPÈCES ET ADOPTE LES BONS GESTES !

Paillage et BRF

Une des meilleures façons de retenir l'eau à disposition des plantes et d'espacer les arrosages est de pailler leur pied ... **1**

Planter petit

Chez les plantes adaptées à la sécheresse, on a tout à gagner à planter petit, car il faut plusieurs années pour que les plantes s'installent et développent un système racinaire puissant et profond ... **2**

C'est bon pour la planète : La sauge de Jérusalem

Plantez la sauge de Jérusalem : elle se débrouille toute seule pour empêcher les mauvaises herbes de pousser à son pied ... **3**

Trèfle incarnat

Planter en creux et savoir arroser

Les rigoles, les cuvettes, les demi-cuvettes pour les terrains en pente... autant de dispositifs pour contenir l'eau et l'empêcher de s'échapper ... **4**

Les bons engrais verts

Bien choisis, les engrais verts fertilisent les sols pauvres et arides, et contribuent à retenir l'eau en alimentant la couche humique ... **5**

La dormance estivale

Les plantes adaptées au sec entrent en repos végétatif et laissent passer la vague de chaleur avant de reprendre leur croissance en fin d'été. Elles sont à privilégier ... **6**

Stachys byzantina

Le coin du curieux

Pour résister à la sécheresse, les végétaux ont déployé des tas d'astuces adaptatives, comme les feuillages duveteux ... **7**

IDÉES

→ POURQUOI PAS... un jardin de garrigue ? 8

→ POURQUOI PAS... un jardin dans un terrain caillouteux ? 9

Les Plantes idéales

La liste des plantes tolérantes ou résistantes à la sécheresse et à la chaleur est longue.

★ *Cistus* x *hybridus* (ciste) ; *Cytisus battandieri* (genêt ananas) ; *Deschampsia cespitosa* (canche) ; *Echinops ritro* (boule azurée) ; *Genista hispanica* (genêt d'Espagne) ; *Grevillea spp.* ; *Helianthemum nummularium* (hélianthème) ; *Leonotis leonorus* (queue-de-lion) ; *Olea europaea* (olivier) ; *Phlomis fruticosa* (sauge de Jérusalem) ; *Quercus ilex* (chêne vert) ; *Rhaphiolepis indica* (raphiolepis) ; *Silene coronaria* (lychnis, coquelourde) ; *Spartium junceum* (genêt d'Espagne).

★ Toutes les espèces présentées dans la thématique « Un balcon que l'on arrose peu », p. 612 peuvent aussi convenir.

NOS CONSEILS

1. *Prévoyez une grande citerne enterrée pour récupérer l'eau de pluie.*
2. *Protégez le jardin des vents dominants, qui ont un effet desséchant.*
3. *Bannissez la pelouse, utilisez les plantes couvre-sol au maximum.*
4. *Paillez le sol pour maintenir une certaine fraîcheur et surtout pour éviter l'érosion.*
5. *Enrichissez le sol en matière organique pour favoriser l'humus qui retient l'eau.*
6. *Fertilisez avec des engrais riches en potasse, qui exalte la formation de racines.*
7. *Apportez de l'ombre avec des arbres ou des grands arbustes.*
8. *Installez les plantes à l'automne, elles seront plus robustes et plus résistantes à la sécheresse.*

et Si

· Mes cistes se dégarnissent et fleurissent mal... que faire pour retrouver les belles floraisons généreuses de mai et juin ? 10

· Les branches de mes chênes verts se dessèchent brutalement ? 11

1 Paillage et BRF

Le paillage a de multiples avantages, notamment de limiter considérablement les désherbages, d'enrichir le sol en matière organique en se décomposant, de favoriser la vie dans le sol et de retenir l'eau d'arrosage. Bien imbibé, il permet de s'absenter facilement pendant une semaine, même dans les régions chaudes.

Débris de végétaux, feuilles saines, véritable paille ou paillettes de lin ou de chanvre pour les petites surfaces, cosses de fèves de cacao, tout est bon. Et lorsqu'il est fait de fragments de rameaux de l'année, hachés au printemps, à la reprise de la végétation, il est riche en éléments nutritifs facilement assimilables par les plantes. On parle alors de BRF, ou Bois raméal fragmenté.

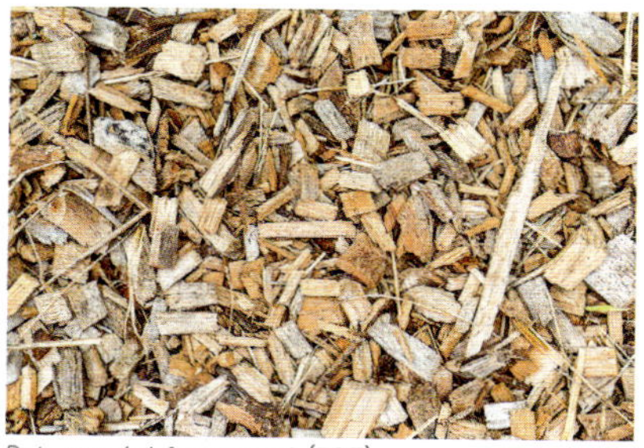

Bois raméal fragmenté (BRF)

2 Planter petit

La meilleure façon de planter dans un sol sec, et destiné à le rester, est de faire appel à de petites plantes produites en godets. Le résultat est frustrant les deux premières années (car la plante semble pousser peu), mais garanti au-delà. La première année, la plante va lancer en profondeur sa racine pivot pour aller chercher l'humidité ; la deuxième année, elle produit ses racines superficielles dans les premiers centimètres du sol pour aller capter la moindre eau d'arrosage, de pluie ou de rosée. On ne peut envisager de meilleur départ pour la plante.

3 *C'est bon pour la planète : La sauge de Jérusalem*

Phlomis fruticosa, comme tous les autres phlomis, aime peu la concurrence. Ses feuilles tombées au sol ont la particularité de libérer des composés empêchant la germination de pratiquement toutes les graines présentes. Profitez de ce caractère exclusif exacerbé pour échapper à la corvée de désherbage. Et tout ça de manière biologique !

4 Planter en creux et savoir arroser

Une cuvette, ou une demi-cuvette dans une pente, une rigole ou toute autre retenue d'eau, c'est affaire de bon sens pour tenir l'eau à disposition de la plante. Encore faut-il savoir arroser les plantes de sécheresse. Apportez un arrosage abondant tous les 10 jours pour remplir la cuvette, puis laissez complètement ressuyer la terre, griffez pour casser la croûte formée dans les sols lourds et argileux. Laissez de côté le système de goutte-à-goutte les deux premières années, car il favorise le développement des racines seulement sous le goutteur.

Cuvette d'arrosage

5 Les bons engrais verts

Règle d'or au jardin : ne jamais laisser une parcelle nue, elle serait exposée à l'érosion des pluies, des vents et maltraitée par les rayons brûlants du soleil. La meilleure façon est de semer des engrais verts entre deux cultures ; bien choisis, ils travaillent le sol en profondeur par leurs racines puissantes et l'enrichissent en azote dans le cas des Fabacées (trèfle, luzerne, vesce…). Couplés à l'emploi de régénérateur de sol à base de lignite, ils favorisent la vie, donc la matière organique présente dans l'humus, qui est aussi une éponge pour l'eau.

Mélilot

6 LA DORMANCE ESTIVALE

L'essentiel des plantes de nos climats entrent en dormance hivernale ; lorsque le thermomètre chute, elles perdent leurs feuilles ou disparaissent, ralentissent fortement leur rythme physiologique et attendent le retour des beaux jours au printemps. Les véritables plantes méditerranéennes font de même, mais en été, au plus fort de la chaleur. En juillet-août, les acanthes sont desséchées, *Euphorbia dendroides* a perdu toutes ses feuilles et l'ensemble des essences tourne au ralenti, y compris les bulbes de l'hémisphère Sud. Début septembre annonce le retour du second printemps.

7 *Le coin du curieux*

Le revêtement duveteux est à la fois un ingénieux système de climatisation et une manière de capter l'eau ambiante. Observés au microscope, certains poils apparaissent transformés en parasols se chevauchant et créant une couche d'isolation. Les poils plus fins piègent les fines gouttelettes présentes dans l'humidité ambiante et, pour parfaire l'adaptation, certains stomates (l'équivalent des pores de la peau) sont situés au fond de cavités pour éviter une trop grande perte d'eau par transpiration. Enfin, les feuillages blanc argenté réfléchissent les rayons du soleil pour éviter la surchauffe, comme chez l'alysse, les armoises, les lavandes, l'oreille d'ours.

Artemisia stelleriana

IDÉES

8 POURQUOI PAS... UN JARDIN DE GARRIGUE ?

Il ne réclame aucune goutte d'eau. Sachez reconnaître les essences de garrigue, ce sont celles dont les feuilles sont coriaces, vernissées ou duveteuses, souvent argentées ou réduites à des aiguilles. Ce sont aussi celles qui sont fortement aromatiques, la production d'essence est une des adaptations à la sécheresse. Plantez les filaires, les thyms, romarins, sauges, le laurier-tin, le nerprun alaterne, les cistes, genévriers...

Nerprun alaterne

9 POURQUOI PAS... UN JARDIN DANS UN TERRAIN CAILLOUTEUX ?

Les terrains secs sont souvent également pauvres, caillouteux et quelquefois calcaires. Inutile de s'échiner à lutter contre ces caractéristiques, accompagnez la nature dans le bon sens, encore une fois par le bon choix des plantes. Plantes de garrigue, exotiques succulentes, arbustes méditerranéens, et fruitiers coriaces comme l'amandier et le figuier.

Fleur d'amandier

et Si

10 Mes **cistes** se dégarnissent et fleurissent mal... que faire pour retrouver les belles **floraisons** généreuses de mai et juin ?

Il ne faut pas attendre pour entretenir la végétation des cistes, sans quoi ils vieillissent mal tous les ans après la floraison. Pincez toutes les extrémités pour raccourcir les rameaux de 15 à 25 cm selon les espèces et les variétés.

Cistus albidus

11 Les branches de mes **chênes** verts se **dessèchent** brutalement ?

Le responsable est le bupreste des branches du chêne vert, *Coroebus bifasciatus*. Les formes adultes sont difficiles à combattre, car elles se manifestent seulement entre mai et juillet, en grignotant les pousses feuillées. Les larves rongent l'écorce et pénètrent dans le bois, avant de s'installer plus profondément. Aucune autre solution que de couper les parties atteintes et de les détruire, car les insecticides systémiques sont dangereux pour les abeilles et autres insectes pollinisateurs. Intervenez rapidement dès les premiers symptômes.

Bupreste du chêne

CISTE

Cistus × hybridus

J F M **A M J J** A S O N D

0,30/2 m | 0,60/1,50 m | P

Ces arbustes résistent très bien à la sécheresse et fleurissent abondamment; ils ont un feuillage persistant et un port buissonnant aux feuilles opposées, entières, à la texture collante. Les fleurs, à 5 pétales, en coupe, d'aspect chiffonné, ne durent qu'une journée, mais se renouvellent sans cesse pendant 2 mois entre avril et juillet.

SOL Le milieu naturel des cistes est une terre sèche et pauvre. Ils réussissent bien dans un sol neutre, sableux, bien drainé.

EXPOSITION Chaude et très ensoleillée. Les cistes résistent à – 10 °C environ en terrain drainé.

CULTURE En avril-mai, plantez en pleine terre des plants cultivés en conteneur. Taillez après la floraison pour conserver un port touffu. Semez en mars. Bouturez les hybrides en été sous châssis.

ESPÈCES ET VARIÉTÉS Il existe 52 espèces dont beaucoup d'hybrides naturels aux fleurs blanches, roses ou rouges.

> *Cistus × aguilari* (1 m), étalé, grandes fleurs blanches en été, frileux (– 5 °C).

> *Cistus albidus* (1 m), feuillage argenté, duveteux.

> *Cistus* 'Anne Palmer' (appelé souvent de manière impropre *C. × fernandesiae*), port érigé (1,20 m), feuillage étroit vert foncé, grandes fleurs rose tendre à pétales chiffonnés. Assez rustique (– 10 °C).

> *Cistus × corbariensis* (1 m), feuillage vert foncé, bouton rougeâtre, fleur blanche, bonne rusticité (– 12 °C).

> *Cistus creticus* (1 m), compact, rose pourpré en été.

> *Cistus crispus* (commercialisé sous le nom de *Cistus × pulverulentus* 'Sunset'), 70 cm, rose vif pourpré de mai à juillet.

> *Cistus ladanifer* (1,50 m), compact, blanc maculé de brun en mai.

> *Cistus monspeliensis*, compact (de 70 cm à 1 m), feuille gaufrée visqueuse, vert sombre à revers gris, fleur blanche.

> *Cistus parviflorus*, compact (1 m), fleur rose tendre, cœur jaune.

> *Cistus* 'Peggy Sammons' (syn. *C. × argenteus* 'Peggy Sammons'), érigé (1,50 m), feuillage gris, fleur rose violacé, cœur jaune, assez rustique.

> *Cistus psilosepalus* (syn. *C. hirsutus*), 80 cm, blanc en mai-juin, feuilles étroites.

> *Cistus × purpureu*, buisson arrondi (1 m), jeunes pousses rouge pourpré, fleurs chiffonnées rose foncé avec des taches brun pourpre autour du cœur. Assez frileux.

> *Cistus* 'Silver Pink' (syn. *C. × argenteus* 'Silver Pink'), compact (80 cm), feuille lancéolée gris argenté, fleur rose brillant à centre blanc, assez frileux (– 7 °C).

> *Cistus × skanbergii* (0,60 cm × 1 m), compact, feuillage gris-vert, fleurs rose clair saumoné, très rustique (– 15 °C).

CULTURE EN POT Dans un pot de 25 cm pour un sujet unique ou plusieurs sujets dans un grand bac de 40 cm de large et 30 cm de profondeur.

UTILISATIONS Massif, couvre-sol, rocaille.

ESPÈCES CALCIFUGES

Attention, *Cistus crispus*, *hirsutus* et *salvifolius* ne supportent pas le calcaire.

GENÊT ANANAS

Cytisus battandieri (syn. *Argyrocytisus*)

J F M A **M J J A S** O N D

3/4 m | 3/4 m | C

Les *Cytisus* sont des arbustes élégants dont on apprécier la floraison très généreuse.

SOL Sec, pauvre, sablonneux, très léger. Le calcaire est toléré, l'acidité préférée.

EXPOSITION Bien ensoleillée, même chaude.

CULTURE Plantez toute l'année les genêts proposés en conteneur. En cas d'hiver rigoureux, rabattez à la base les tiges noircies. Taillez sévèrement la plante après la floraison pour éviter la fructification (production des gousses), qui épuise vite la plante.

ESPÈCES On compte 50 espèces. *Cytisus battandieri* diffère des autres espèces du genre par son beau feuillage duveteux gris-vert et sa floraison parfumée, en grappes dressées sur les pousses de l'année. Son appellation botanique correcte est *Argyrocytisus battandieri.*

CULTURE EN POT Ce genêt n'est pas adapté à la culture en pot.

UTILISATIONS Massif, rocaille, talus, jardin sauvage.

CONSEIL

Les genêts sont idéaux pour garnir un nouveau jardin : ils poussent vite, même dans terres pauvres. On peut les associer aux bruyères dont les conditions de culture sont similaires.

CANCHE

Deschampsia cespitosa

J F M A M J **J A S** O N D

Hauteur	Largeur	Exposition
0,50/1,50 m	0,80/1 m	

Cette graminée vivace pousse en touffe dense formée de feuilles étroites, vert foncé, de 20 cm en début de croissance à plus de 2 m en fleur. Panicules rassemblant de minuscules épillets pourpres aux reflets argentés, entre juillet et septembre.

SOL Un peu lourd, mais pas calcaire, frais ou peu sec.

EXPOSITION Soleil ou ombre légère.

CULTURE La plante est peu exigeante et très rustique (– 15 °C). Apportez quelques poignées de compost en début de printemps. Pas de parasite ni de maladie connus.

VARIÉTÉS Le genre *Deschampsia* compte 47 espèces reconnues aujourd'hui. Parmi les cultivars de *D. cespitosa*, citons : 'Goldgehänge' est plus compact que l'espèce type (80 cm), inflorescence vaporeuse précoce (dès juin), d'un doré très lumineux ; 'Goldschleier', très vigoureux (1,20 m), feuillage vert émeraude, floraison de juin à novembre, d'abord verte, puis dorée. Réussit bien à l'ombre ; 'Goldtau', compact (80 cm), feuillage fin, floraison dorée de très longue durée ; 'Tauträger', compact (80 cm), floraison estivale très fine, argenté, le feuillage brunit en hiver.

CULTURE EN POT Dans un terreau horticole universel, à maintenir tout juste humide en permanence.

UTILISATIONS Bordures, massifs, au milieu des petites surfaces engazonnées.

BOULE AZURÉE

Echinops ritro

J F M A M **J J A** S O N D

Hauteur	Largeur	Exposition	
0,80/1,20 m	60/80 cm		V

Ce beau chardon est très apprécié dans les bouquets secs pour ses fleurs bleues. L'échinops forme une touffe dense de feuilles épineuses, très découpées. Les capitules, sphériques, de 3 à 5 cm de diamètre, sont bleu métallique, puis bleu vif à l'épanouissement.

SOL Sain, nourrissant et très bien drainé.

EXPOSITION Plein soleil, même brûlant.

CULTURE Plantez d'octobre à avril (3 ou 4 pieds/m^2). Après la première gelée, coupez les tiges défleuries. Divisez les vieilles touffes en mars. Semez en avril en caissette, puis repiquez en mai-juin.

ESPÈCES ET VARIÉTÉS Il existe 200 espèces. *Echinops bannaticus,* feuillage très découpé (0,90-1,20 m). Les cultivars proposés dans le commerce se distinguent par leur coloris : 'Blue Globe', bleu intense ; 'Star Frost', blanc argenté ; 'Taplow Blue', bleu soutenu. *E. ritro* 'Veitch's Blue' (80 cm), bleu acier assez foncé. *E. sphaerocephalus,* aux feuilles et boules gris bleuté argenté ; 'Arctic Glow' (80 cm), blanc pur ; 'Niveus' (1,20 m), blanc grisâtre.

CULTURE EN POT Sans grand intérêt.

UTILISATIONS Massif naturel, fleur coupée.

> **BOUQUETS SECS**
>
> Faites sécher les capitules non épanouis dans un local bien aéré pour composer des bouquets secs.

GENÊT NAIN

Genista spp.

J F M **A M J J** A S O N D

Hauteur	Largeur	Exposition	
0,30/1,50 m	0,40/1 m		C

Genista x *'Porlock'*

Ces arbustes d'aspect très varié se couvrent totalement de fleurs. Buissons compacts ou arbrisseaux souples au feuillage alterne, très fin et parfois absent, ces genêts sont difficiles à distinguer du genre *Cytisus*. Mais, étant d'origine méditerranéenne, elles sont plus frileuses et réussissent bien dans les jardins du littoral. Les fleurs, papilionacées, sont le plus souvent jaunes.

SOL Léger, siliceux, plutôt sec, même pauvre. Le calcaire est bien accepté.

EXPOSITION Chaude et ensoleillée.

CULTURE Plantez au printemps. Les genêts supportent bien la taille, mais il ne faut pas couper sur le vieux bois. Paillez en automne pour protéger du froid.

ESPÈCES ET VARIÉTÉS Il existe 125 espèces et de nombreuses sous-espèces. *Genista hispanica* (80 cm), épineux, forme un coussin compact, couvert de fleurs en été. *G.* lydia (50 cm), à port étalé (1 m), inerme, à floraison printanière. *G. maderensis* (1,50 m), floraison parfumée, peut convenir en bac, mais trouve plutôt sa place dans le jardin. *G. pilosa* 'Vancouver Gold' (30 cm), prostré, tapissant, inerme, floraison à la fin du printemps.

CULTURE EN POT Possible pour *Genista lydia*, dans un pot de 30 cm en tous sens au minimum.

UTILISATIONS Bordure, couvre-sol, talus, muret, rocaille, massif de vivaces, potée fleurie avec des fleurs saisonnières.

GRÉVILLÉA

Grevillea robusta

J F M A **M J J** A S O N D

1/2 m | 0,60/1 m | P | -7 °C

Grevillea johnsonii

Principalement originaire d'Australie, les grévilléas forment des arbustes buissonnants ou des arbres qui, dans leur biotope, dépassent parfois 30 m. Souples et touffus, ils conviennent bien dans les jardins du littoral. Feuilles alternes, finement ciselées, parfois piquantes. Épis de fleurs tubulaires aux étamines souvent recourbées.

SOL Terre fraîche, acide et bien drainée.

EXPOSITION Plein soleil, à l'abri des vents forts. Une forte chaleur est appréciée.

CULTURE Plantez au printemps ou sortez les potées en mai. Arrosez par temps sec. Fertilisez les plantes en pot tous les 15 jours en été. Dans le Midi, laissez le grévilléa dehors en hiver, le long d'un mur au sud, la souche protégée par un paillis, ou hivernez dans une véranda.

ESPÈCES ET VARIÉTÉS Il existe 370 espèces et diverses sous-espèces. *Grevillea johnsonii*, d'une grande vigueur, peut atteindre 4 m de haut et de large. Assez rustique (– 10 °C), feuilles linéaires de 20 à 25 cm de long, fleurs roses. *G. lanigera* 'Mount Tamboritha' (appelé à tort *G. juniperina* 'Mount Tamboritha'), arbuste prostré quasi rampant (15 cm × 1,20 m), à fleurs roses. *G. robusta* (de 1 à 2 m), au feuillage découpé, qui évoque celui des fougères, et aux fleurs jaune orangé. *G. juniperina,* aux feuilles fines, piquantes, fleurs rouges. *G. rosmarinifolia* (de 60 à 120 cm), au feuillage ressemblant à celui du romarin, à floraison printanière rouge, est le plus rustique (– 10 °C). *G.* × 'Robyn Gordon' (parfois classé parmi les *G. juniperina*) fleurit plus longtemps.

CHLOROSE

Arrosez avec une eau non calcaire, pour éviter la chlorose.

Grevillea juniperina

Grevillea rosmarinifolia

CULTURE EN POT Dans un contenant de 30 cm de diamètre et de profondeur pour un sujet de 1 m de haut.

UTILISATIONS Massif exotique avec des palmiers, serre froide.

HÉLIANTHÈME

Helianthemum nummularium

J F M A **M J J A** S O N D

10/40 cm | 20/60 cm | V

Ce sous-arbrisseau à port étalé réussit dans des situations très difficiles. Il forme une touffe compacte et tapissante de tiges souples, garnies de feuilles opposées, vertes dessus et argentées dessous, couvertes de petits poils raides. Fleurs jaunes de 1 à 3 cm de diamètre, aux pétales chiffonnés.

SOL Léger, poreux, sableux, voire caillouteux, même calcaire, mais assez riche.

EXPOSITION Soleil, même assez brûlant.

CULTURE Plantez au printemps (6 pieds/m^2). Rabattez totalement la plante au ras du sol après la floraison. Multiplication par boutures en été.

ESPÈCES ET VARIÉTÉS Il existe 110 espèces. On cultive surtout des hybrides : 'Anjou' (20 cm), rose carminé ; 'Annabel' (20 cm), double, rose ; 'Ben Alder' (10 cm), rouge orangé ; 'Cerise Queen' (10 cm), très tapissant, à grandes fleurs

FLORAISON

Coupez les fleurs fanées pour favoriser l'émission de nouveaux rameaux avant l'hiver.

Helianthemum mummularium 'Fire Dragon'

Helianthemum nummularium 'Little Princess'

doubles rouge clair ; 'Fire Dragon' (20 cm), aux feuilles argentées et fleurs orange foncé ; 'Lawrenson's Pink', rose ombré de rouge au centre ; 'Raspberry Ripple' (20 cm), blanc panaché de magenta pourpré ; 'Tomato Red' (15 cm), rouge ; 'Wisley Primrose' (15 cm), à feuilles grisâtres et à fleurs jaune soufre.

CULTURE EN POT Dans un contenant de 20 cm de diamètre et de profondeur, dans un mélange à parts égales de terre de jardin, de sable et de terreau de rempotage. Rempotez tous les 3 ou 4 ans.

UTILISATIONS Massif, bordure, couvre-sol sur talus, rocaille, muret fleuri, dallage.

QUEUE-DE-LION

Leonotis leonorus

J F M A M J J **A S O** N D

1,50 m | 60/80 cm | P | -7 °C

Cet arbuste de la famille des Lamiacées est originaire d'Afrique du Sud. Son port érigé donne des touffes évasées, ouvertes, de tiges rigides. Les feuilles, persistantes, lancéolées à oblongues, de 6 à 12 cm, dentées et courtement pétiolées, sont recouvertes d'un fin duvet dense et doux au toucher. D'août à octobre, fleurs duveteuses, tubulaires, réunies en verticilles étagées sur de grands épis, d'un orange vif et acidulé.

SOL Tout type, même sec et calcaire.

EXPOSITION Plein soleil, à l'abri des courants d'air importants.

CULTURE L'espèce supporte la plus grande sécheresse, mais apprécie quelques arrosages, sauf au plus fort de l'été où elle est en croissance très ralentie. En septembre-octobre, taillez court pour laisser seulement un tiers de la hauteur de la plante.

ESPÈCES ET VARIÉTÉS C'est essentiellement l'espèce type qui est proposée, mais en cherchant, vous pouvez vous procurer la variété 'Harrismith White', à floraison blanche.

CULTURE EN POT Possible, mais la plante est bien plus généreuse en pleine terre.

UTILISATIONS Sur les talus secs, en isolé ou en grands massifs fleuris.

SAUGE DE JÉRUSALEM

Phlomis fruticosa

J F M A M **J J** A S O N D

1/1,20 m | 1/1,50 m | P

Ce petit arbuste porte des feuilles gris argenté et des fleurs étranges. Il forme de grosses touffes bien denses au port arrondi. Les feuilles, opposées, lancéolées, gris argenté, de 5 à 10 cm de long, sont velues. Les fleurs jaune d'or sont groupées en anneau à l'aisselle des feuilles.

SOL Profond, fertile, bien drainé, enrichi de matière organique à la plantation.

EXPOSITION Plein soleil, assez chaude.

CULTURE Plantez au printemps. Apportez un engrais complet chaque année en mars. Paillez le pied en automne. Taillez pour équilibrer en hiver.

ESPÈCES ET VARIÉTÉS Il existe 115 espèces, dont de nombreux hybrides naturels. *Phlomis fruticosa* est le plus cultivé ; 'Bourgaei', au feuillage gris bleuté. *P.* × 'Edward Bowles' (1 m), à port ample, feuilles laineuses grisâtres, fleurs jaune clair. *P. lanata* (50 cm), compact, feuillage vert, petites fleurs. *P. russelliana* (1 m), au feuillage vert grisâtre et aux fleurs jaune d'or. *P. tuberosa* (1,50 m), aux fleurs roses et velues.

CULTURE EN POT Dans un pot de 30 cm en tous sens. Rempotez chaque année. Tuteurez les tiges. Taillez pour garder des dimensions raisonnables.

UTILISATIONS Isolé, bac, talus, rocaille.

GARDEZ-LE COMPACT

Divisez les touffes tous les 3 ans pour qu'elles restent compactes.

CHÊNE

Quercus spp.

J F M A M J J A S O N D

15/50 m | 10/20 m | C

Quercus coccinea

Quercus suber

Quercus hispanica 'Ambrozyana Oak'

Cet arbre vénérable est le plus grand et le plus majestueux de nos feuillus. Le roi des forêts se décline en 450 espèces, dont de nombreux hybrides naturels d'arbres et arbustes très répandus dans les forêts et les taillis de l'hémisphère Nord. Toutes les espèces sont admirables par leur port ample, élégant, imposant, et leurs couleurs d'automne. Les feuilles sont diversement découpées selon les espèces. Le fruit (gland) est décoratif lorsqu'il est vu de près. Croissance pas très rapide.

SOL Riche, profond, humifère, consistant, mais bien drainé, plutôt neutre.

EXPOSITION De préférence au soleil, dans un lieu bien dégagé, pour que l'arbre soit visible de loin.

CULTURE Plantez en automne, en tuteurant les jeunes plants, puis laissez faire la nature. La taille est inutile, excepté sur les jeunes arbres qui ne poussent pas de façon équilibrée. Pour multiplier les chênes, semez les glands en pot en automne. Laissez la culture dehors en hiver, arrosez. En mars, placez sous châssis ou tunnel à 10 °C.

ESPÈCES ET VARIÉTÉS Les chênes forestiers sont trop volumineux et de croissance trop lente pour convenir au jardin. Préférez : *Quercus cerris*, le chêne chevelu (de 20 à 30 m), brun en automne, dont l'écorce gris-blanc se sépare en plaques épaisses, idéal en sol calcaire. *Q. coccinea*, le chêne écarlate (25 m), au port arrondi, rouge vif en automne, dont l'écorce gris pâle s'exfolie, pour sols secs, non calcaires. *Q. frainetto*, le chêne de Hongrie (de 20 à 30 m), de croissance rapide, aux feuilles de 15 à 20 cm de long, très découpées. *Q. ilex*, le chêne vert (de 15 à 20 m), persistant épineux, pour l'Ouest et le Midi. *Q. palustris*, le chêne des marais (de 20 à 30 m), aux feuilles très découpées, rouges en automne, pour sol humide. *Q. suber,* le chêne-liège (de 10 à 15 m), à l'écorce épaisse d'où est tiré le liège, à feuillage persistant.

CULTURE EN POT Impossible.

UTILISATIONS Sujet isolé, arbre d'alignement, ombrage.

RAPHIOLEPIS

Rhaphiolepis spp.

J **F M A M J** J A S O N D

1/2 m | 1/1,50 m | P | -5 °C

Raphiolepis indica

Ces petits arbustes compacts, un peu frileux, forment un buisson très régulier. Ont appréciés leurs fleurs de très longue durée, blanches teintées de rose, groupées en panicules à l'extrémité des branches. Les feuilles, alternes, épaisses, ovales, de 4 à 10 cm de long, sont vertes et brillantes.

SOL Riche et humifère, restant bien frais en été.

EXPOSITION Chaude et bien ensoleillée.

CULTURE Dans le Sud, plantez-le au printemps. Ailleurs, cultivez-le en grandes potées, placées à l'extérieur de mai à octobre et hivernées en serre froide ou en véranda hors gel.

ESPÈCES ET VARIÉTÉS Il existe 6 espèces et 3 sous-espèces. Les cultivars de *Rhaphiolepis indica* sont appréciés ; 'Coppertone', à croissance rapide, fleurs rose pâle, parfumées ; 'Fascination', à fleurs rose foncé au cœur blanc ; 'Springtime' (syn. 'Monme'), à port étalé, feuillage vert bronze, fleurit rose de janvier à avril. La sous-espèce *R. indica* var. *umbellata* (2 m) forme un arbuste compact, arrondi, aux tiges raides, fleurs blanches, odorantes, de mars à mai, en grappes dressées de 10 cm de long. *R. × delacourii* (2 m), fleurs roses de février à mai, en grappes érigées. *R.* × 'Enchantress' (syn. 'Moness'), compact (1,50 m), à feuillage brillant, fleurs roses.

CULTURE EN POT Dans un mélange de terreau d'écorce, de tourbe et de sable par tiers.

UTILISATIONS Massif, bac, serre froide. Résistant aux embruns, ils sont conseillés dans les jardins maritimes.

LYCHNIS, COQUELOURDE

Silene coronaria

J	F	M	A	**M**	**J**	**J**	**A**	S	O	N	D

Hauteur	Largeur	Exposition	
0,80/1 m	40/50 cm	☼	V

Superbe avec ses tiges argent, cette vivace contraste bien avec le magenta de ses fleurs. Rustique, parfois cultivée comme bisannuelle, la coquelourde forme des touffes dressées au feuillage lancéolé, gris argenté. Les fleurs plates, rouge carminé, solitaires, sont très lumineuses.

SOL Terre de jardin bien drainée.

EXPOSITION Chaude et ensoleillée.

CULTURE Plantez en automne (4 ou 5 pieds/m^2), arrosez bien. Tuteurez avec des fagots. Pour rajeunir la souche, divisez-la tous les 4 ou 5 ans.

ESPÈCES ET VARIÉTÉS Le genre *Lychnis* compte plus que 14 espèces. Toutes les plantes de jardin qui portaient ce nom ont été intégrées au genre *Silene*, qui compte plus de 500 espèces et sous-espèces. *Silene chalcedonica* (1 m), la croix de Jérusalem, aux bouquets arrondis, rouges ; 'Morgenrot', saumon ; 'Rauhreif', blanc. *S. coronaria* 'Alba', à fleurs blanches ; 'Oculata', à fleurs blanches et feuillage argenté. *S. flos-cuculi*, le lychnis fleur de coucou, ou œillet des prés, floraison aux pétales en lanières roses de mai à août ; *'White Robin'* (40 cm), à fleurs blanches. Silene flos-jovis (60 cm), l'œillet de Jupiter, étalé, à fleurs en bouquets ronds, rose vif ; 'Peggy', forme naine (25 cm).

CULTURE EN POT Dans un pot de 15 cm en tous sens par pied, au minimum.

UTILISATIONS Massif, associés à de grandes campanules, de phlox, de verges d'or, en bordure de massif ou en rocaille.

GENÊT D'ESPAGNE

Spartium junceum

J	F	M	A	**M**	**J**	**J**	**A**	S	O	N	D

Hauteur	Largeur	Exposition		Rusticité
2/3 m	1/2 m	☼	C	-8 °C

Cet arbuste souple, aux rameaux fins, se pare de fleurs estivales odorantes. Le genêt d'Espagne est, hélas, peu rustique et doit être réservé aux régions côtières en dehors de sa zone d'origine. Touffu, il développe des rameaux souples ressemblant à du jonc, portant des feuilles alternes minuscules, linéaires, vert foncé. Les fleurs papilionacées, jaune vif, agréablement parfumées, sont réunies en grappes terminales.

SOL Léger, sec et sableux, même pauvre, mais bien drainé.

EXPOSITION Chaude, en plein soleil, le bord de mer est très apprécié.

FRAGILE

Manipulez les racines avec précaution au moment de la plantation, car le genêt d'Espagne apprécie peu la transplantation. Arrosez copieusement.

CULTURE Plantez au printemps et paillez le pied immédiatement. Taillez sévèrement en mars, en rabattant tous les rameaux des trois quarts de leur longueur, ce qui permet de conserver une plante bien touffue, non dégarnie de la base. Multiplication facile par boutures herbacées en juin et en juillet, à l'étouffée.

ESPÈCE Il n'existe qu'une seule espèce, *Spartium junceum*.

CULTURE EN POT Non adaptée.

UTILISATIONS Massif, haie libre fleurie.

POUR UN JARDIN SEC ET CHAUD, VOUS POUVEZ AUSSI CULTIVER

★ *Beschorneria yuccoides* ➲ p. 311 ★ *Callistemon citrinus, C. laevis* (plante goupillon) ➲ p. 630 ★ *Centranthus ruber* (valériane rouge) ➲ p. 677 ★ *Cycas revoluta* (sagou du Japon) ➲ p. 299 ★ *Dasylirion glaucophyllum, D. longissimum, D. serratifolium, D. wheeleri* (dasylirion) ➲ p. 617 ★ *Delosperma cooperi* (pourpier vivace) ➲ p. 682 ★ *Erigeron karvinskianus* (vergerette des murailles) ➲ p. 607 ★ *Euryops pectinatus* (marguerite de savane) ➲ p. 551 ★ *Festuca amethystina, F. glauca* (fétuque glauque) ➲ p. 583 ★ *Hemerocallis* x (hémérocalle, lis d'un jour) ➲ p. 441 ★ *Hippocrepis emerus* (coronille) ➲ p. 329 ★ *Jovibarba* (barbe de Jupiter) ➲ p. 683 ★ *Kniphofia spp.* (tritoma) ➲ p. 313 ★ *Limonium latifolium* (statice, lavande de mer) ➲ p. 509 ★ *Lotus berthelotti, L. maculatus* ➲ p. 241 ★ *Oleae europaea* (olivier) ➲ p. 885 ★ *Podocarpus spp.* ➲ p. 660 ★ *Polygala myrtifolia* (polygale) ➲ p. 541 ★ *Romneya coulteri* (pavot en arbre) ➲ p. 255 ★ *Rosmarinus officinalis* (romarin) ➲ p. 813

Créer de l'ombre

SITÔT QUE REVIENT L'ÉTÉ, ON MESURE À QUEL POINT UNE OMBRE PROTECTRICE ET BIENFAITRICE EST PRÉCIEUSE. ET ON SE FÉLICITE D'AVOIR ANTICIPÉ LE PROBLÈME PAR LA PLANTATION DES ARBRES ADÉQUATS.

L'albizia donne une ombre légère.

QUELLES ESPÈCES CHOISIR POUR QUELLE OMBRE ?

Tous les arbres ne donnent pas la même ombre, certains dispensent une ambiance tamisée, d'autres une couverture dense ... 1

LA SIESTE À L'OMBRE

Ces arbres nous appellent de toutes leurs feuilles, l'été venu, pour une petite sieste estivale. Avant de les planter, déjouez quelques écueils ... 2

L'OMBRE, D'ACCORD, MAIS GARE AUX INCONVÉNIENTS !

Des arbres qui pleurent, d'autres qui laissent tomber leurs fruits ou leurs feuilles, certains qui tachent le mobilier : attention aux petits tracas ... 3

L'ÉLAGAGE DES GRANDS ARBRES

Les arbres d'ombrage affichent une belle croissance. Vient toujours le moment de les élaguer pour les ramener à de justes proportions ... 4

MES MARRONNIERS SONT MALADES

Le chancre bactérien du marronnier (*Pseudomonas syringae*) et la mineuse du marronnier (*Cameraria ohridella*) se sont donné le mot pour vous contrarier ... 5

Le coin du curieux

Elles transpirent, elles laissent l'eau s'évaporer : les plantes participent aussi à la formation de micro climats au jardin ... 6

IDÉES

→ POURQUOI PAS... Planter des arbres à feuillage caduc comme dans le Midi ? 7

→ POURQUOI PAS... De l'ombre sans grands arbres ? 8

et Si

- Un liquide collant goutte de mon albizia (ou de mon tilleul) ? 9
- Je veux un mûrier, mais pas ses fruits salissants ? 10

Les Plantes idéales

Une ombre plus ou moins dense, en fonction de ses attentes et des utilisations faites au jardin, cela commence par le choix astucieux des bonnes essences.

★ *Acer spp.* (érable) ; *Aesculus hippocastanum, A.* x *carnea* (marronnier) ; *Albizia julibrissin* (arbre de soie), *A. julibrissin* 'Summer Chocolate' ; *Malus* x (pommier d'ornement à fleurs) ; *Morus kagayamae* (mûrier platane) ; *Paulownia tomentosa* (arbre impérial) ; *Robinia pseudoacacia* (faux acacia) ; *Salix babylonica* (saule pleureur) ; *Tilia spp.* (tilleul).

★ Toutes les espèces à feuilles caduques présentées dans la thématique « Des arbres pour un grand jardin », p. 232, peuvent aussi convenir.

NOS CONSEILS

1. *Générez des zones d'ombre en y plantant des arbres : c'est la façon la plus simple de créer de la fraîcheur dans un jardin.*

2. *Respectez les distances de plantation entre les arbres et l'habitation, sinon l'intérieur est assombri, les racines risquent de provoquer des dégâts et c'est la corvée de nettoyage des gouttières pour enlever les feuilles en automne.*

3. *Sous un arbre d'ombrage, peu de plantes peuvent pousser, à cause de la compétition pour la lumière, l'eau et la nourriture. Alors, utilisez cet espace de fraîcheur pour installer un salon de jardin.*

4. *Profitez de l'ombrage - qui constitue une protection naturelle contre les brûlures du soleil - pour acclimater des plantes habituées à un éclairement tamisé dans des régions où l'intensité lumineuse est très forte.*

5. *Composez des jeux d'ombre et de lumière, avec des zones très fleuries au soleil que l'on contemple « au frais » depuis les parties ombragées du jardin. Dégagez la vue autour de la zone ombragée ou placez cette dernière en position légèrement surélevée.*

Créer de l'ombre

1 Quelles espèces choisir pour quelle ombre ?

Le premier critère de choix d'un arbre d'ombrage repose sur le type d'ombre qu'il dispense. Certaines essences donnent une ombre légère et tamisée ; en plus du confort qu'elles apportent, elles permettent aussi de cultiver quelques plantes de mi-ombre, sinon en pleine terre, du moins dans des poteries. C'est le cas de l'albizia, du mimosa à feuilles pennées, du robinier faux-acacia, du févier d'Amérique... D'autres produisent une ombre plus dense, ce sont les espèces à feuillage large, comme le catalpa, le platane, le tilleul, l'érable... Enfin, l'ombre la plus intense est fournie par les conifères.

2 La sieste à l'ombre

Évitez de planter des essences qui peuvent se révéler allergènes, comme les conifères, les platanes, les hêtres, les peupliers. Pensez que la chenille processionnaire se loge dans les pins et qu'elle est terriblement urticante. Ignorez la légende qui prétend que l'ombre du noyer est dangereuse, c'est seulement parce que les ouvriers agricoles étaient trempés de transpiration qu'ils pouvait leur arriver de prendre un coup de froid, parfois mortel. Par contre, goûtez à l'ombre vibrionnante d'abeilles du tilleul, si délicieusement parfumée, flemmardez sous le catalpa, réputé éloigner les moustiques, et restez au frais sous le saule pleureur, si votre terrain est humide.

À l'ombre d'un pommier

3 L'ombre, d'accord, mais gare aux inconvénients !

Vous avez choisi l'arbre d'ombrage qui répond à vos attentes, n'avez-vous rien oublié ? Anticipez sur le rythme des saisons et les étapes de son cycle. Évitez les arbres qui donnent des fruits juteux pour ombrer le coin à manger, comme un mûrier ou, pire, un figuier. Sachez que certaines plantes pleurent naturellement, comme la vigne au printemps. Pensez aux feuilles qui tombent toute l'année chez les persistants comme les conifères et, en automne, chez les caducs, et qu'on retrouve dans les gouttières. Le choix des bons arbres d'ombrage reste très ouvert tout de même !

Le tilleul donne une ombre dense

4 L'élagage des grands arbres

Vous pouvez élaguer vous-même les arbres de petit développement ou au houppier étalé, avec une petite tronçonneuse, certains modèles sont montés sur un bras télescopique, bien pratique et suffisant. Mais pour les grands sujets, faites obligatoirement appel à un professionnel, ce travail est dangereux, en plus d'être technique. Il vous indiquera la meilleure période d'intervention selon l'essence et le climat de votre région.

5 MES MARRONNIERS SONT MALADES

La mineuse du marronnier, *Cameraria ohridella*, est la larve d'un papillon qui se développe en grignotant l'épaisseur du limbe ; on décèle sa présence aux nombreuses galeries sinueuses visibles sur les feuilles. À ce jour, la solution la plus efficace est de ramasser et de brûler les feuilles atteintes en même temps que de suspendre un piège à phéromones. Le chancre bactérien, *Pseudomonas syringae,* qu'on trouve chez d'autres végétaux, réduit considérablement l'espérance de vie du marronnier, qui a chuté à 30 ans en milieu urbain. Le pathogène semble se développer sur les arbres stressés, et comme il n'existe aucun moyen de lutte efficace, chouchoutez d'abord votre marronnier, en lui offrant un sol profond et riche.

Feuille de marronnier attaquée par une mineuse

6 Le coin du curieux

Là où il y a des plantes, il y a de l'eau, et inversement, mais aussi des pertes d'eau. Elles se font par évaporation du sol, sous l'effet de la chaleur, et par transpiration des plantes, qui perdent de l'eau lors de leur activité physiologique. On réunit les deux sous le terme d'« évapotranspiration ». Sous un couvert végétal dense, il s'ensuit une couche entre le sol et la canopée, qui contient l'eau et fait baisser la température ; la diminution de l'intensité lumineuse finit de donner ses caractéristiques à un microclimat, comme on peut en connaître dans les oasis.

IDÉES

7 POURQUOI PAS... PLANTER DES ARBRES À FEUILLAGE CADUC COMME DANS LE MIDI ?

Dans le Midi, il est d'usage de planter un ou plusieurs gros arbres d'ombrage devant la maison, en choisissant toujours une essence à feuillage caduc (platane, micocoulier, marronnier...). Ainsi, la fraîcheur est assurée en été, et, en hiver, les arbres dénudés laissent passer les rayons du soleil à l'intérieur, pour plus de lumière et de chaleur.

8 POURQUOI PAS... DE L'OMBRE SANS GRANDS ARBRES ?

Les beaux arbres ne sont pas le seul moyen de dispenser une ombre bienvenue, les tonnelles, les pergolas, habillées de grimpantes, les treilles gourmandes et aussi l'usage de matériaux pour couper les rayons du soleil sont aussi efficaces, plus facilement mis en place et modulables. Ils sont également utiles pour apporter une petite tache d'ombre complémentaire ou constituer des zones intermédiaires entre l'ombre dense du coin à manger et les zones plus dégagées du jardin.

et Si

9 Un liquide collant goutte de mon albizia (ou de mon tilleul) ?

Votre albizia est attaqué par le psylle, *Acizzia jamatonica*, un ravageur signalé récemment, à partir de 2004. Cet insecte piqueur produit un miellat très sucré qui tache et sur lequel se développe la fumagine, un champignon pathogène prenant la forme d'un dépôt noir. La lutte est délicate, car les générations sont nombreuses et se chevauchent. Pulvérisez des insecticides à base d'huile. Chez le tilleul, les mêmes symptômes sont dus au puceron du tilleul, *Eucallipterus tiliae*, plus facile à combattre par des insecticides à base de pyrèthre et par la pose de larves de coccinelles.

Feuille d'albizia attaquée par des psylles

10 Je veux un mûrier, mais pas ses fruits salissants ?

Pour éviter les fruits violets et juteux qui s'écrasent sur le mobilier de jardin et les dallages, optez pour la variété *Morus kagayamae* 'Fruitless', stérile. Plus précisément, elle produit quelques fruits, mais qui n'arrivent jamais à maturité et tombent avant.

ÉRABLE

Acer spp.

J F M A **M J** J A S O N D

10/30 m | 3/8 m | C

Acermon monspessulanum

Ces arbres opulents, précieux pour la rapidité de leur croissance (de 1 à 2 m par an), se parent de flamboyantes couleurs automnales. Leurs feuilles opposées, découpées, prennent des formes très variées selon les espèces. Les fruits, caractéristiques, sont munis d'ailes foliacées. Les érables sont tous rustiques et de culture facile.

SOL Toutes les terres fertiles, profondes, sont acceptées par la plupart des érables, mais un sol frais leur convient mieux. Les érables japonais ont besoin d'une terre acide.

EXPOSITION Soleil direct non brûlant ou mi-ombre légère. Pas de vent très fort.

CULTURE Maintenez le sol humide durant les 2 premiers étés suivant la plantation. Une taille de formation s'impose chez les jeunes sujets, puis élaguez tous les 3 ans. Ne taillez pas après décembre, car la sève monte très tôt.

ESPÈCES ET VARIÉTÉS Il existe 165 espèces et de nombreuses sous-espèces ainsi que des variétés naturelles.

- *Acer cappadocicum,* l'érable de Colchide (15 m), à port étalé, feuilles à 5 ou 7 lobes, jaunes en automne ; 'Aureum' (10 m), à feuilles jaunes au printemps et en automne ; 'Rubrum' (12 m), arrondi, à feuilles rouge vif au printemps, vert bronze en été, jaune d'or en automne.
- *Acer × freemanii*, l'érable de Freeman (12-15 m), hybride de *A. rubrum* × A. *saccharinum*, vigoureux, feuilles trilobées ; 'Autumn Blaze', rouge orangé en automne ; 'Jeffersred', rouge vif en automne.

ÉLAGAGE

Élaguez les érables tous les 3 à 5 ans à la fin de l'hiver pour bien aérer leur ramure et la réduire en longueur.

- *Acer monspessulanum*, l'érable de Montpellier (6-10 m), feuilles trilobées, rouges ou jaune d'or en automne, convient au bord de mer.
- *Acer negundo* (15 m), à feuilles composées ; 'Aureovariegatum' (8 m), à feuilles panachées de jaune ; 'Flamingo' (5-8 m), aux feuilles bordées de blanc et de rose ; 'Variegata', panaché de crème.
- *Acer platanoides*, l'érable platane (20-25 m), très vigoureux, jaune en automne ; 'Royal Red' (10-12 m), à feuilles pourpres.
- *Acer pseudoplatanus*, l'érable sycomore (20-30 m), au feuillage vert sombre ; 'Brillantissimum' (6-10 m), feuillage en dégradé du rose au vert en passant par le jaune orangé.
- *Acer rubrum*, l'érable rouge (20 m), aux feuilles à revers glauque, est rouge écarlate en automne ; 'Red Sunset' (15 m), rose saumoné, puis rouge écarlate en automne.
- *Acer saccharinum*, l'érable argenté (20-30 m), au feuillage à revers argenté, est orange en automne ; 'Laciniatum Wieri', l'érable lacinié (6 m), port semi-pleureur, feuillage très découpé, jaune d'or en automne.
- *Acer tataricum* subsp. *ginnala*, l'érable du fleuve Amour (6 m), aux feuilles profondément découpées, rouge vif à l'automne ; idéal pour les petits jardins de ville.

Acer rubrum

CULTURE EN POT Déconseillée.

UTILISATION Isolé, idéal pour l'ombrage.

Acer platanoides

MARRONNIER

Aesculus hippocastanum

J F M A **M** J J A S O N D

10/30 m | 5/8 m

Le marronnier est un arbre très imposant, apprécié pour sa croissance rapide et son port assez étalé. En mai, sa floraison blanche ou rouge est prodigieuse. Ses fruits, les marrons, sont toxiques. Le nom botanique *Aesculus* est celui que Pline a donné à un chêne à fruits comestibles : *Quercus aesculus*, souvent confondu avec le marronnier.

SOL Profond, riche, frais, neutre.

CULTURE Laissez pousser l'arbre librement sans intervenir. Propagez les marronniers par semis au printemps, après stratification hivernale des graines. Faites d'abord germer les marrons en pot.

EXPOSITION Ensoleillée

ESPÈCES ET VARIÉTÉS La nomenclature internationale reconnaît 23 espèces.

- *Aesculus flava,* le marronnier à fleurs jaunes (de 20 à 30 m), feuillage à 5 ou 7 lobes, jaune orangé en automne, floraison vert jaune au printemps ; 'Vestita' (15 m), fleurs jaune clair tachées de rose.
- *Aesculus hippocastanum,* le marronnier commun (de 20 à 30 m), est souvent remplacé dans les jardins par le cultivar 'Baumannii' (10 m), à fleurs doubles et sans fruits.
- Le superbe *Aesculus* × *carnea* (20 m) se distingue par ses longues grappes dressées de fleurs roses de 20 cm de long ; 'Briottii' (de 15 à 20 m), se pare d'un rose plus intense.

CULTURE EN POT Impossible.

UTILISATION À isolé dans un très grand jardin.

ARBRE DE SOIE

Albizia julibrissin

J F M A M **J J A S** O N D

8/12 m | 5/8 m

La cime étalée de l'albizia, que l'on appelle parfois « acacia de Constantinople », est ravissante de juin à septembre, lorsqu'elle se couvre de pompons soyeux blanc rosé, formés d'un gros bouquet d'étamines. Les feuilles composées, divisées en petites folioles arrondies, sont très gracieuses.

SOL Tout sol fertile, perméable, même calcaire.

EXPOSITION Chaude, ensoleillée, à l'abri du vent, dans un emplacement bien dégagé : l'albizia a besoin de lumière pour bien se développer. Il craint le gel. Dans la région parisienne, cultivez l'arbre de soie dans un lieu bien abrité.

CULTURE Semez en caissette, en avril, sous châssis. Repiquez les jeunes plants dans des godets et conservez-les dans un emplacement protégé du soleil brûlant, jusqu'à la mise en place en automne dans les régions à climat doux.

VARIÉTÉS Il existe 137 espèces et quelques sous-espèces, mais seul *Albizia julibrissin* peut être considéré comme rustique. Parmi les cultivars de l'espèce, citons 'Ombrella' (Boubri), au remarquable port en ombrelle, fleurs rouge vif

Albizia julibrissin 'Summer Chocolate'

agréablement parfumées ; 'Pourprey', à fleurs rouges ; 'Rosea' (ou 'Nemu'), variété japonaise plus rustique, à fleurs rose carminé vif ; 'Summer Chocolate' (5-10 m), feuillage pourpre foncé, fleurs rose clair.

CULTURE EN POT Déconseillée.

UTILISATIONS Sujet isolé, arbre d'ombrage.

ARBRE IMPÉRIAL

Paulownia tomentosa

J F M **A M** J J A S O N D

10/15 m	4/5 m		C

Cet arbre majestueux résiste bien à la pollution atmosphérique. Très rustique, il porte de grandes feuilles de plus de 30 cm de diamètre. En avril-mai, avant l'apparition du feuillage, il développe des panicules de fleurs parfumées, d'un bleu héliotrope intense, très décoratives. Croissance très rapide (de 4 à 7 m en 3 ans).

SOL Riche, profond, humifère, assez frais, bien drainé, pas trop lourd.

EXPOSITION Plein soleil, à l'abri des vents froids et des gelées printanières.

CULTURE Vous pouvez rabattre le paulownia chaque année pour qu'il forme un buisson aux feuilles énormes ; sinon, laissez faire la nature.

ESPÈCES ET VARIÉTÉS Il existe 7 espèces et une variété naturelle de *Paulownia tomentosa* (var. *tsinlingensis*). *P. tomentosa* (ou *imperialis*) est résistant aux parasites et à la pollution. *P. fortunei* 'Fast Blue' (Minfast), au port en forme de colonne pyramidale régulière, fleurit 3 semaines avant *P. tomentosa*, en panicules parfumées.

CULTURE EN POT Peu adaptée.

UTILISATIONS Isolé, comme arbre d'alignement, d'ombrage. Plantez une glycine au pied, son parfum et ses couleurs s'harmonisent bien avec les fleurs du paulownia.

FAUX ACACIA

Robinia pseudoacacia

J F M A M **J** J A S O N D

10/15 m	3/5 mm		C

Cet arbre gracieux, à la silhouette légère, est solide et réussit partout. Il se pare d'un feuillage léger et de grappes de fleurs blanches ou roses, parfumées, en juin. Très rustique, ce bel arbre au tronc crevassé peut vivre plusieurs siècles.

SOL Léger, sec, caillouteux, peu calcaire.

EXPOSITION Soleil, à l'abri des vents forts.

CULTURE Plantez en automne, tuteurez, puis laissez faire.

VARIÉTÉS 'Bessoniana' (de 10 à 15 m), à port arrondi ; 'Casque Rouge' (10 m), à fleurs roses ; 'Frisia' (10 m), jaune doré l'été ; 'Semperflorens' (15 m), floraison de juin à septembre ; 'Umbraculifera' (de 4à 5 m), inerme, la cime forme une boule naturelle.

CULTURE EN POT Possible seulement pour les formes naines.

UTILISATIONS En isolé sur une pelouse, arbre d'alignement. Mettez en valeur cette très belle espèce sur un fond de conifères.

SAULE

Salix spp.

J F M A M **J** J A S O N D

2/20 m	2/8 m		C

Il existe 300 espèces de saules, arbres ou arbustes dioïques (pieds mâles et femelles séparés), à feuillage caduc et croissance rapide, tous rustiques. Leur port souple, leur bois souvent coloré, leur feuillage parfois argenté et leurs chatons sont leurs meilleurs arguments au jardin.

SOL Frais, voire humide, assez lourd, riche, mais de préférence non calcaire.

EXPOSITION Au soleil, dans un endroit aéré. Un climat frais, humide, est apprécié.

CULTURE Plantez de préférence en automne. Arrosez et paillez les jeunes sujets. Pour limiter le développement, rabattez périodiquement et sévèrement la totalité des branchages pour former ce que l'on appelle un « têtard », sorte de moignon à partir duquel poussent de nombreux rameaux. Une taille courte de ce type est souvent le meilleur moyen de circonscrire les attaques d'anthracnose (taches noires, crevasses).

ESPÈCES ET VARIÉTÉS Il existe au moins 300 espèces et de nombreuses sous-espèces et variétés naturelles. *Salix alba* (25 m), blanc au feuillage argenté, vient bien en sol sec, même léger ; 'Chermesina', le saule fluo (syn. *S. alba* var. *britzensis*), rameaux rouge orangé, feuillage vert argenté ; 'Liempde' (25 m), érigé, vigoureux, très utilisé pour les haies brise-vent, variété mâle aux chatons décoratifs en avril-mai, feuilles lancéolées vert argenté ; 'Sericea' (syn. *S. alba* var. *argentea*), le saule blanc royal (15 m), touffu, aux feuilles gris argenté ; var. *vitellina* (de 20 à 25 m), bois jaune, feuille gris-vert. *S. babylonica* (de 10 à 15 m), à port pleureur, jeune bois vert jaunâtre, chatons vert argenté ; 'Aurea', à bois jaune ; 'Crispa' (syn. *S. babylonica* var. *annularis*), 10 m, aux feuilles enroulées en spirale. *S. caprea*, le saule marsault (de 6 à 8 m),

PAS D'ENGRAIS

Ne fertilisez pas le sol, car dans une terre trop riche, le robinier fleurit mal, devient trop grand.

forme un petit arbre compact aux rameaux rouge brunâtre, aux chatons très décoratifs, en février. *S. daphnoides* (8 m), à port érigé, puis étalé, aux jeunes pousses pourpres, chatons gris en février. *S. matsudana* (de 6 à 10 m), à écorce jaune, a une forme élancée, très jolis chatons ; 'Tortuosa', aux branches spiralées d'une rare originalité. *S. pentandra* (10 m), à port étalé, au feuillage ovale comme celui du laurier, chatons décoratifs au printemps. *S. × salamonii (S. × sepulcralis)* 'Chrysocoma' (de 20 à 25 m), pleureur, bois jaune d'or et feuillage vert pâle, coloré de jaune en automne. *S. viminalis*, l'osier (de 4 à 6 m), forme un arbre au port dressé, très touffu ; 'Jaune de Falaise', aux rameaux jaune verdâtre ; 'Rouge Ardennais', aux tiges rougeâtres.

CULTURE EN POT Non adaptée.

UTILISATIONS Isolé, au bord d'une pièce d'eau. Laissez les grands saules se développer librement pour former un écran à l'effet brise-vent efficace. Les saules pleureurs, arbres imposants, ne prennent toute leur ampleur que dans les très grands jardins, au bord de l'eau.

Salix babylonica

TILLEUL

Tilia spp.

J F M A M **J J** A S O N D

15/30 m | 4/8 m | C

Grand arbre majestueux, très rustique, le tilleul embaume au début de l'été, avec ses innombrables petites fleurs jaunes, appréciées des abeilles.

Tilia cordata

SOL Riche, profond, bien drainé, pas trop sec, la terre calcaire est bien tolérée.

EXPOSITION Ensoleillée, mais non brûlante, ou mi-ombre légère.

CULTURE Plantez de préférence en automne, tuteurez et taillez pour équilibrer la ramure.

ESPÈCES ET VARIÉTÉS Il existe 45 espèces. *Tilia americana*, tilleul d'Amérique (20-25 m), port évasé, grandes feuilles, sécrète peu de miellat. *T. cordata*, tilleul des bois (30 m), à petites feuilles et port gracieux, convient aux sols calcaires ; 'Greenspire' (15-20 m), résistant à la pollution ; 'Rancho' (10-12 m), plus adapté aux petits jardins, très florifère, ne produit pas de miellat. *T. × euchlora*, tilleul de Crimée (20-25 m), feuillage vert brillant, jaune en automne, ne produit pas de miellat, résiste à la pollution et à la sécheresse. *T. henryana*, tilleul d'Henri (15 m), feuilles bordées de longues dents fines, floraison parfumée, résiste à la pollution. *T. platyphyllos*, tilleul de Hollande (30 m), le plus répandu en Europe, est drageonnant et porte de grandes feuilles, sensible aux pucerons et à la sécheresse. *T. tomentosa*, tilleul argenté (30 m), port pyramidal, feuilles gris-vert à revers argenté, jaune d'or en automne, convient aux sols calcaires.

Feuilles de tilleul

CULTURE EN POT Non adaptée.

UTILISATIONS Isolé, en rideau.

POUR CRÉER DE L'OMBRE, VOUS POUVEZ AUSSI CULTIVER LES PLANTES SUIVANTES

★ *Catalpa bignonioides* ➲ p. 226 ★ *Celtis australis* (micocoulier) ➲ p. 239 ★ *Eucalyptus gunnii* ➲ p. 135 ★ *Malus* x (pommier d'ornement à fleurs) ➲ p. 230 ★ *Morus kagayamae* (mûrier platane) ➲ p. 229

Un arbre dans un petit jardin

ON PEUT DIFFICILEMENT IMAGINER UN JARDIN SANS ARBRE, MÊME UN SEUL LORSQUE LE JARDIN EST RÉDUIT. IL APPORTE UNE LIGNE VERTICALE, INDISPENSABLE POUR GUIDER LE REGARD, ET DONNE DE L'AMPLEUR.

CHOISIR UN ARBRE ADAPTÉ

Anticipez sur les proportions de l'arbre adulte, mais tenez compte aussi d'un certain nombre de critères avant de l'acheter ... **1**

Catalpa doré

LE BON ARBRE À LA BONNE PLACE

Attention à ne pas planter rapidement l'arbre dans l'endroit qui vous semble le plus dégagé, c'est un petit peu plus précis que cela ... **2**

Cornus florida

FORMER UN ARBUSTE SUR TIGE

Les grands arbustes peuvent être assimilés à de petits arbres lorsqu'ils sont formés sur tige. Vous pouvez acheter un arbuste déjà conduit sur tige ou le former vous-même ... **3**

LA FORCE DES ARBRES

Les arbres vendus en pépinières et en jardineries peuvent sembler tous pareils. Il n'en n'est rien : sachez y voir clair ... **4**

Le coin du curieux

Arbre, arbuste, arbrisseau, mais comment désigner des plantes qui peuvent se ressembler fortement ? ... **5**

Jeune érable

La petite histoire

Arbre de Judée ou arbre de Judas ? Les conjectures ont toujours cours pour désigner cet arbre qui enchante nos printemps ... **6**

IDÉES

→ POURQUOI PAS... un petit arbre pour masquer une Construction inesthétique ? 7

→ POURQUOI PAS... un petit arbre qui donne du volume à un massif ? 8

et Si

- Un gros bouquet de champignons a poussé sur le tronc de mon arbre ? 9
- Certaines branches de mon catalpa flétrissent ? 10

Les Plantes idéales

Oubliés les grands arbres majestueux, les essences retenues poussent de 6 à 10 m et se taillent facilement pour être contenues dans des dimensions plus modestes.

★ **En arbre ou en grand arbuste :** *Cercis canadensis* 'Forest Pansy' (gainier du Canada), *C. siliquastrum* (arbre de Judée) ; *Cornus kousa*, *C. florida* (cornouiller à fleurs) ; *Crataegus laevigata* (aubépine) ; *Laburnum anagyroides*, *L.* x *watereri* 'Vossii' (cytise) ; *Lagerstroemia indica* (lilas des Indes) ; *Magnolia grandiflora*.

★ **Des arbres de petite taille :** *Catalpa bignonioides* 'Nana' (catalpa nain) ; *Koelreuteria paniculata* (savonnier) ; *Malus* x (pommier à fleurs) ; *Morus alba*, *M. nigra* (mûrier) ; *Pyrus calleryana* 'Chanticleer', *P. salicifolia* (poirier d'ornement) ; *Robinia hispida* (acacia rose).

★ Toutes les espèces présentées dans les thématiques « Un espace de topiaires », p. 300, et « Des arbres lilliputiens », p. 656, peuvent aussi convenir.

NOS CONSEILS

1. Installez l'arbre lorsque la structure du jardin est déjà dessinée, sans quoi vous devrez l'organiser en fonction de la plante.
2. Installez les arbres d'ombrage plein sud afin qu'ils coupent le soleil de midi. Dans ce cas, ils génèrent de l'ombre vers l'ouest le matin et vers l'est l'après-midi.
3. Tenez compte du coin repos ou du coin repas, du salon de jardin pour positionner l'arbre.
4. Habillez le pied des arbres avec des plantes couvre-sol qui aiment l'ombre (➔ p. 140) et laissez une grimpante s'enrouler autour du tronc si l'écorce n'est pas décorative.
5. Pour votre choix, pensez aussi aux arbustes formés en tige pour les tout petits jardins ils ont la même fonction.

Un arbre dans un petit jardin

1 Choisir un arbre adapté

Un arbre impose toujours sa présence, surtout dans les petits jardins. Tous n'ont pas la même forme de houppier : cernez bien votre besoin. Faut-il une forme élancée pour borner le paysage, une forme étalée pour une ombre large, un feuillage léger pour une ambiance claire ou une ramure dense pour apporter de la fraîcheur ? L'arbre est-il seulement un élément de décoration pour apporter une touche dépaysante, un olivier, par exemple, ou un pin ? Avez-vous besoin d'une espèce caduque ou persistante ? Compte tenu du peu de place dont vous disposez dans un petit jardin, un arbuste sur tige peut-il servir d'alternative ? Quel sera l'entretien de taille, voire d'élagage, à venir ? Jusqu'à quelle taille, au moment de l'achat, pourrez-vous assurer la plantation vous-même ? Pourquoi pas un fruitier pour la gourmandise ? Autant de bonnes questions pour votre check-list au jardin.

4 La force des arbres

Les arbres formés en tige, généralement greffés en tête, proposés à la vente dans les pépinières et les jardineries se distinguent par leur force. Elle est exprimée par la circonférence mesurée à 1 m du sol, en centimètres. Ainsi, un sujet de force 14/16 a une tige dont la circonférence mesure entre 14 et 16 cm. Il faut savoir que, dans les premières tailles, la différence d'une force à l'autre représente une année de culture de plus en pleine terre.

Cryptomeria japonica 'Vilmoriana'

Lagerstroemia indica

Lantana sur tige

2 Le bon arbre à la bonne place

C'est du bon sens, mais il faut rappeler que vous devez anticiper sur la forme et les dimensions de l'arbre adulte pour choisir son emplacement. Éloignez-le des abords de la maison pour éviter d'assombrir l'intérieur. Évitez que sa ramure surplombe la toiture et les gouttières pour vous épargner le nettoyage. Pensez à la vue qu'on porte à l'arbre depuis l'intérieur de la maison pour ne pas boucher la vue. Pensez à la place de l'arbre par rapport à la piscine, car même les essences persistantes produisent beaucoup de feuilles.

3 Former un arbuste sur tige

Un grand arbuste peut remplir la même fonction au jardin qu'un petit arbre, faut-il encore qu'il se développe sur un tronc unique. De fait, il faut contrarier sa croissance, car lui, par nature, pousse sur plusieurs tiges. Il est simple de former un arbuste sur tige, c'est surtout une affaire de patience, car le processus s'étend sur plusieurs années. Partez d'un arbuste de 1 ou 2 ans. Sélectionnez la tige la plus forte et la plus verticale, et supprimez toutes les autres. Tuteurez solidement pour guider la tige. Tout au long de la croissance, supprimez tous les départs de la base et sur le tronc, ébourgeonnez en permanence et « montez » ainsi la tige. L'année suivante, commencez à former le houppier par des tailles. En 3 ans, vous obtiendrez un arbuste sur tige qu'il faudra en permanence encourager dans ce sens, toujours en supprimant les départs sur le tronc.

Formation du houppier à la cisaille

5 Le coin du curieux

Arbre, arbuste ou arbrisseau, on sent confusément une parenté morphologique entre ces vivaces ligneuses, mais on est souvent incapable d'en donner les définitions. Petit rappel. Un **arbre** développe un seul tronc, mesure plus de 6 m et porte à son extrémité une ramure dégagée appelée « houppier ». L'**arbuste** forme un ou plusieurs troncs, mesure moins de 5 m et prend un aspect plus ou moins buissonnant. L'**arbrisseau** est un arbre de faibles dimensions, jusqu'à 6 m de haut, qui développe une ébauche de tronc à partir du sol : lilas, cytise, cornouiller, hamamélis, houx, laurier-cerise, rhododendron...

6 La petite histoire

L'étymologie est toujours floue à propos de ce petit arbre de Judée, simplement pour rappeler son origine, ou de Judas, car une légende raconte que, pris de remords pour avoir trahi Jésus, Judas se serait pendu à un tel arbre. Et pour parfaire la beauté de l'histoire, on dit que ses fleurs symbolisent les larmes du Christ et que leur couleur rose violacé est l'image de la honte qui aurait coloré le front de Judas après son forfait.

IDÉES

7 Pourquoi pas... un petit arbre pour masquer une construction inesthétique ?

L'astuce n'est pas de masquer complètement l'élément disgracieux (sinon, utilisez des grimpantes), mais de le faire oublier en détournant le regard et l'attention. Il faut donc un sujet original. Plantez un néflier du Japon, pour ses grandes feuilles persistantes (il est assez rustique, mais oubliez la production de fruits en dehors des climats doux), une cordyline, pour la touche exotique, un olivier ou un catalpa nain, dont les grandes feuilles et les « haricots » font toujours leur effet.

8 Pourquoi pas... un petit arbre qui donne du volume à un massif ?

Les massifs de vivaces, c'est très joli mais sur une surface un peu importante, le résultat est toujours un peu plat, au sens littéral du terme : cela manque de hauteur. Pour donner le volume et la hauteur agréables à l'œil, plantez un petit arbre. Soit sur le côté gauche de la composition pour guider la lecture de la scène, soit mêlé au massif – sans toutefois le planter juste dans son milieu. Utilisez les arbres à la végétation légère, arbre de Judée, cytise, pommier d'ornement, cornouiller, cotinus...

Olivier au centre d'un massif

et Si

9 un gros bouquet de champignons a poussé sur le tronc de mon arbre ?

Il s'agit du pourridié dû à l'armillaire couleur de miel (*Armillaria mellea*) ; il annonce la mort de la plante, souvent après une floraison ou une fructification exceptionnelle. Plantez des espèces résistantes : if, hêtre, buis, lavatère, chêne, catalpa, arbre de Judée, clématite, cotinus, éléagnus, corête du Japon, photinia, pittosporum, rhus... Évitez les bouleau, cèdre, thuya, cyprès, cotonéaster, forsythia, glycine, groseillier à fleurs, lilas, hortensia, pommier, pivoine, prunus, rhododendron, rosier et saule.

10 Certaines branches de mon catalpa flétrissent ?

Il est atteint par la verticilliose causée par deux champignons, *Verticillium dahliae* et *V. albo-atrum*. Malheureusement il n'existe aucune méthode de lutte. il est conseillé d'arracher sans tarder les plantes malades et de remplacer la terre. Nettoyez bien les outils qui ont été en contact avec une plante contaminée. Vous aurez, bien entendu, envie de replanter un arbre ou un grand arbuste : attention, sur le même emplacement, évitez l'érable du Japon (*Acer palmatum*), l'arbre de Judée (*Cercis*), l'arbre aux perruques (*Cotinus*), le savonnier (*Koelreuteria*), le sumac de Virginie (*Rhus*). Pas plus de tilleul, de berbéris, de daphné, de cognassier, de pommier, de poirier et tous les prunus d'ornement et fruitiers : tous sont exposés à cette maladie.

CATALPA

Catalpa bignonioides

J F M A M **J J** A S O N D

6/15 m | 4/6 m

Catalpa bignonioides 'Aurea'

Le catalpa forme un petit arbre bien équilibré, à la cime arrondie, très étalée. Sa croissance est rapide (de 2 à 3 m par an). En juin-juillet, de grandes grappes de fleurs blanches se développent sur le bois de l'année. Les imposantes feuilles en forme de cœur, très décoratives, naissent tard au printemps.

SOL Riche, frais, bien drainé, calcaire.

EXPOSITION En plein soleil, à l'abri des gelées tardives et des vents violents.

CULTURE Tuteurez les 3 premières années. Taillez court chaque hiver. Si le printemps est très humide, traitez l'oïdium avec du soufre.

ESPÈCES ET VARIÉTÉS Il existe 11 espèces. *Catalpa bignonioides* (de 8 à 15 m), à fleurs blanches tachetées de pourpre et de jaune, donne des fruits en haricot après un été chaud ; 'Aurea' (de 8 à 10 m), à feuilles jaune d'or au printemps, apprécie la mi-ombre ; 'Nana', le catalpa boule (de 4 à 6 m), forme une sphère compacte qui ne fleurit pas. *C. bungei* (6 m), à petites fleurs blanches tachetées de pourpre.

CULTURE EN POT Pour les variétés naines.

UTILISATIONS Isolé, en alignement.

PLUS DE FLEURS

Pour favoriser une floraison abondante, plantez le catalpa dans l'endroit le mieux exposé de votre jardin.

ARBRE DE JUDÉE

Cercis spp.

J F M **A M** J J A S O N D

5/8 m | 2/4 m

En avril-mai, l'arbre de Judée porte, à même le bois, d'abondantes fleurs rose pourpré. Les feuilles rondes qui apparaissent ensuite se colorent d'or en automne. D'un port élégant, rustique et facile à vivre, l'arbre prend de l'ampleur avec l'âge. Il atteint environ 3 m en 4 ans.

SOL Plutôt neutre, riche et profond.

EXPOSITION Ensoleillé, abrité des vents froids.

CULTURE Paillez les jeunes plants en hiver. Une taille courte chaque année après la floraison maintient une forme arbustive buissonnante. Semez au printemps. Entreposez les graines 2 mois dans du papier humide au réfrigérateur (5 °C) et trempez-les toute une nuit dans de l'eau chaude et installez-les dans une terre très légère.

ESPÈCES ET VARIÉTÉS Il existe 10 espèces. *Cercis canadensis*, le gainier du Canada (10 m), au port ample, arrondi, aux feuilles en forme de cœur et aux fleurs rose clair en avril-mai ; 'Forest Pansy' (5 m), à feuillage pourpre ; 'Red Force'. *C. chinensis*, le gainier de Chine (6 m), un petit arbre aux feuilles en cœur qui jaunissent en automne, fleurs rose violacé en mai ; 'Avondale' (2 m), un arbuste à croissance lente, très abondante floraison rose foncé sur l'ensemble des rameaux. *C. siliquastrum* 'Alba' est une forme élégante à fleurs blanches.

CULTURE EN POT Possible dans un grand bac pour les variétés arbustives.

UTILISATIONS Isolé, en fond de massif.

AUBÉPINE

Crataegus spp.

J F M A **M** J J A S O N D

4/10 m | 1,50/3 m

Crataegus laevigata 'Paul's Scarlet'

Ces petits arbres épineux séduisent par leurs fleurs et leurs fruits. Les aubépines sont très rustiques et forment des arbres bien ramifiés, à la floraison éclatante en mai, suivie de baies rouges, bleues ou jaunes en septembre. Le feuillage se colore parfois de rouge en automne.

SOL Ordinaire, même pauvre et calcaire.

EXPOSITION Au soleil ou à mi-ombre.

CULTURE Plantez de préférence en automne. Pour former une aubépine en arbre, réduisez le buisson à une tige unique après la plantation. Coupez tous les rejets à leur point de naissance.

ESPÈCES ET VARIÉTÉS Il existe plus de 400 espèces, dont beaucoup sont des hybrides naturels. *Crataegus laevigata* (syn. *C. oxyacantha*), de 3 à 6 m, aux fleurs rose intense début mai ; 'Paul's Scarlet Hamlet' (5 m), aux fleurs très doubles, rouge vif, en mai-juin, résiste au feu bactérien ; 'Crimson Cloud' (de 7 à 8 m), aux fleurs simples, rouges à centre blanc. *C.* x *media* 'Paul's Scarlet' (de 6 à 8 m), rameaux très épineux, bouquets de fleurs rouge cramoisi ; 'Rubra Plena' (syn. 'Mutabilis'), de 5 à 7 m, forme un petit arbre arrondi aux fleurs doubles rose vif.

CULTURE EN POT Déconseillée.

UTILISATIONS Isolé, haie défensive.

SAVONNIER

Koelreuteria paniculata

J F M A M J **J** A S O N D

8/15 m | 5/8 m | C

Ce petit arbre rustique peu connu est idéal dans un petit jardin, car il reste compact, avec une cime arrondie. Son joli feuillage penné, d'un vert un peu gris, jaunit en automne. À la mi-juillet, il s'orne de panicules très légères de fleurs jaunes, parfumées. Elles sont suivies, en septembre-octobre, de capsules rouges ou jaunes. Croissance assez lente (2 m en 5 ans, jusqu'à 15 m à maturité).

SOL Riche, léger, drainé, non calcaire.

EXPOSITION Soleil, chaleur, pas de vent.

CULTURE Protégez les jeunes plants du gel et tuteurez-les. La taille est inutile. Fertilisez au printemps. Semez les graines à maturité en octobre-novembre dans un pot que vous laisserez dehors tout l'hiver. Les boutures de racines sont très faciles à réussir à la fin de l'hiver.

ESPÈCES ET VARIÉTÉS Il existe 3 espèces et une sous-espèce. 'Fastigiata' (de 8 à 10 m) forme une superbe colonne étroite. C'est une forme encore peu courante.

CULTURE EN POT Peu adaptée.

UTILISATION En isolé dans les petits jardins.

DES FLEURS FRAGILES

Les fleurs du savonnier demandent de la chaleur pour s'épanouir en masse et résistent très mal au vent.

CYTISE

Laburnum spp.

J F M **A M** J J A S O N D

5/10 m | 2/3 m | C

Laburnum anagyroides

Très élégant, le cytise est apprécié pour sa floraison d'or. Arbre caduc, très rustique, au port ample et souple, il se couvre au printemps de longues grappes pendantes. Les gousses qui suivent en été contiennent des graines toxiques. Croissance rapide (1 m par an).

SOL Une bonne terre de jardin bien travaillée, même calcaire ou caillouteuse.

EXPOSITION Soleil non brûlant.

CULTURE Tuteurez les jeunes jusqu'à ce qu'ils aient formé un tronc solide. La taille est inutile.

ESPÈCES ET VARIÉTÉS Il existe 4 espèces. *Laburnum alpinum* (de 5 à 10 m), aux longues grappes (de 15 à 40 cm) de fleurs jaunes, parfumées, en mai-juin. *L. anagyroides* (de 5 à 8 m), aux grappes jaunes, inodores, pendantes, courtes (de 10 à 25 cm), en avril-mai. *L.* x *watereri* 'Vossii' (de 5 à 7 m), hybride compact des deux espèces précédentes, porte des grappes très longues (50 cm) et parfumées, en mai.

CULTURE EN POT Déconseillée.

UTILISATIONS Isolé, haie libre, fond de massif.

CHENILLES MINEUSES

En cas d'attaque de chenilles mineuses (taches spiralées), pincez les feuilles cloquées avec les doigts pour écraser les cocons. Brûlez les feuilles tombées.

MAGNOLIA

Magnolia grandiflora

J F M A M **J J A S** O N D

6/20 m | 2/5 m | P

Ce magnolia porte des feuilles alternes, longues, épaisses, coriaces, vernissées. Les fleurs parfumées sont solitaires, charnues, en coupes. Fruits en cônes.

SOL Riche, toujours frais, voire humide en été. L'idéal est un bon terreau forestier (pH 6).

EXPOSITION Soleil léger ou mi-ombre, à l'abri des vents dominants. Ce magnolia craint les très fortes gelées (–10 °C) et n'apprécie guère les étés chauds et secs.

CULTURE Achetez des plants de petite taille (de 80 cm à 1,20 m de haut). Plantez au printemps. Veillez à ne pas briser les racines et à ne pas enterrer la motte trop profondément. Paillez en été. La taille est inutile.

ESPÈCES ET VARIÉTÉS L'espèce type, *Magnolia grandiflora* (15 m), à floraison parfumée, blanc crème, manque parfois un peu de rusticité. Les cultivars sont moins frileux : 'Double Nantais', compact, fleurs doubles ; 'Exmouth' (18 m), érigé, fleurs très odorantes, peut être formé en pyramide ; 'François Treyve' (12 m), pyramidal, fleurs semi-doubles ; 'Galissoniensis' (18 m), port ample, pyramidal, et fleurs très odorantes de plus de 20 cm de diamètre, gros fruits décoratifs en cônes rougeâtres ; 'Goliath' (20 m), très vigoureux, feuilles arrondies et fleurs énormes.

CULTURE EN POT Possible dans un très grand bac de 50 cm en tous sens (➲ p. 426).

UTILISATIONS Isolé, haie libre, massif.

CORNOUILLER À FLEURS

Cornus spp.

J F M **A M** J J A S O N D

4/8 m | 2/4 m | C

Ce genre important compte des espèces dont certaines forment des petits arbres. Originaires d'Europe, du Japon, de Corée ou d'Amérique du Nord, les cornouillers arborescents ont une cime buissonnante ou étalée. De croissance assez lente (environ 3 m en 5 ans), ils sont très décoratifs au printemps, avec leur floraison éclatante en ombelles plates *(Cornus controversa)* ou en glomérules entourés de 4 grandes bractées blanches, ivoire ou roses *(C. florida* et *C. kousa)*. Certains *(C. mas)* épanouissent dès février des nuées de petites fleurs jaunes sur les tiges nues. En automne, le feuillage prend des couleurs flamboyantes. Les fruits décoratifs sont parfois comestibles (« cornouilles ») et transformés en confitures, gelées ou sirop. Les cornouillers ont des vertus toniques, astringentes. Leur écorce est fébrifuge.

SOL Riche, frais, bien drainé, obligatoirement acide et humifère.

EXPOSITION Mi-ombre ou même ombre légère, bien à l'abri du vent.

CULTURE Achetez des sujets greffés qui fleurissent en 2 ou 3 ans, ou il vous faudra attendre de 7 à 15 ans pour profiter de fleurs avec des plantes bouturées. Plantez de novembre à février lorsqu'il ne gèle pas. Arrosez tous les 10 jours par temps sec au printemps et maintenez le sol humide les premiers étés. Fertilisez après la floraison, avec un engrais pour rhododendrons. Conservez le port naturel des arbres et limitez la taille à une simple mise en forme après la floraison. Luttez contre les cochenilles en pulvérisant un insecticide huileux durant l'hiver. Pour la multiplication, les graines sont mises à stratifier dans du sable durant 2 ans. Semez-les ensuite en place en octobre, la levée se produit au printemps. Greffage en fente l'année suivante en mai ou en écusson à œil dormant dans le courant juillet.

Cornus florida 'Rubra'

Cornus kousa 'Chinensis'

ESPÈCES ET VARIÉTÉS La nomenclature internationale reconnaît 51 espèces.

- *Cornus florida :* ce cornouiller (de 4 à 6 m) forme un petit arbre arrondi, à grandes bractées, très acidophile ; 'Cherokee Chief' (6 m), à bractées rose vif ; 'Daybreack' (de 3 à 4 m), feuilles panachées de crème avec quelques ombres roses, qui deviennent pourpres en automne, fleurs blanches ; 'Rainbow' (de 3 à 4 m), feuilles panachées de jaune qui deviennent rose violacé en automne, fleurs blanches ; 'Rubra' (6 m), à fleurs aux bractées d'un joli rose, porte des jeunes feuilles rougeâtres qui s'embrasent en automne.
- *Cornus kousa :* de taille moyenne (de 5 à 8 m), ce cornouiller, au port plus érigé et aux fleurs nombreuses, prend une belle teinte écarlate en automne. Ses fruits rouges, pendants, ressemblent à des fraises. 'China Girl' (de 5 à 7 m) prend une teinte rouge vif en automne ; 'Gold Star' (6 m), de croissance lente, feuilles vertes au cœur jaune, fleurs blanches ; 'Milky Way' (de 6 à 7 m), de croissance rapide, à grandes fleurs blanches et beaux fruits rouges, porte des feuilles rouge vif en automne ; 'Nicole' (3 m) forme un buisson dense qui se colore de rouge en automne, grandes fleurs blanches ; 'Satomi' (syn. 'New Red', 'Rosabella'), 3 m, à fleurs rouge clair ; 'Venus' (de 5 à 7 m), dont les fleurs portent d'énormes bractées blanches, résiste à l'anthracnose et se colore joliment en automne. *C. kousa* var. *chinensis* (de 6 à 8 m) est une forme vigoureuse à fleurs un peu plus grandes.
- *Cornus mas* 'Aurea' : cette variété (de 5 à 6 m) présente des feuilles teintées de jaune. 'Aureoelegantissima' (de 2 à 3 m) doit être abrité du soleil vif, feuilles panachées de jaune et de rose ; 'Variegata' (de 5 à 6 m) est une très jolie forme à feuillage marginé de blanc, nombreux fruits.
- *Cornus nuttallii :* le cornouiller de l'Oregon (de 5 à 7 m) se pare d'or et de rouge en automne. Sa floraison blanc crème évoluant vers le rose est aussi très décorative. Ces inflorescences en glomérules sont suivies de petits fruits rouge orangé.

CULTURE EN POT Possible dans un grand bac pour *Cornus florida* et *C. kousa*.

UTILISATIONS Isolé, haie libre, arrière-plan de massifs.

*Télécharger l'application Truffaut +, voir p. 6-7

LILAS DES INDES

Lagerstroemia indica

J F M A M **J J A S O** N D

Hauteur	Largeur		
1/5 m	1/3 m	☀	C

Ce bel arbuste vigoureux, supportant bien la pollution, porte de longues grappes de fleurs estivales. Le lilas des Indes peut être formé en petit arbre. Les feuilles opposées, oblongues, vert foncé, se teintent de rouge feu à l'automne. L'écorce est marbrée comme celle du platane. Floraison en panicules terminales de couleurs vives.

SOL Terre riche, profonde, humifère, non calcaire et pas trop sèche durant l'été.

EXPOSITION Chaude et ensoleillée.

CULTURE Plantez au printemps. Résistant à la pollution et aux embruns, le lilas des Indes peut se cultiver en pleine terre dans le Midi, sur le littoral atlantique et dans le Sud-Ouest. Chaque année, enrichissez la terre autour de la souche, avec du fumier décomposé et du terreau de feuilles. Taillez au printemps, en ne laissant que 2 ou 3 yeux par branche. Traitez contre l'oïdium.

ESPÈCES ET VARIÉTÉS Il existe 23 espèces, mais seuls les hybrides de *Lagerstroemia indica* sont rustiques. 'Coccinea', rouge sang; 'Jacqueline Desmartis', rose vif; 'Lie de Vin', rouge grenat; 'Monbazillac', rose clair; 'Nivea', blanc; 'Rosea Nova', rouge brillant; 'Superviolacea', violet vif; 'Terre Chinoise' (syn. 'Dchin'), violet foncé. Certains cultivars ont un port nain (de 1 à 1,50 m) : 'Berlingot Menthe', rose marginé de blanc; 'Petite Orchid', violet foncé; 'Petite Red', rouge.

- **LA SÉRIE 'INDIYA CHARMS' :** elle se caractérise par une plus grande précocité, une bonne résistance au froid (– 15 °C) et une grande tolérance à l'oïdium. 'Braise d'Été', rouge; 'Camaïeu d'Été', dégradé du blanc au mauve, très précoce; 'Fuchsia d'Été', rose soutenu; 'Neige d'Été', blanc; 'Rose Thé', rose tendre; 'Violet d'Été', violet lumineux.
- **LA SÉRIE 'SUMMER CHARM' :** cette génération d'hybrides est plus résistante (– 20 °C). 'Hopi', rose nacré, le plus rustique de tous; 'Lipan', lavande, aux fleurs énormes; 'Natchez', blanc, le plus facile à faire fleurir; 'Zuni', lavande rosé, compact, au feuillage d'automne orange vif.

CULTURE EN POT Dans un pot profond (au minimum 30 cm), dans un mélange de terreau pour rosiers et de terreau de rempotage. Une protection hivernale est nécessaire ou un hivernage en serre froide, sauf dans les régions méditerranéennes.

UTILISATIONS Sujet isolé (sur tige), buissons fleuris dans les massifs d'arbustes, petits arbres d'alignement, bacs.

HIVERNAGE

Dans les régions au climat froid, enveloppez l'ensemble de la ramure du lilas des Indes tout l'hiver dans un voile d'hivernage.

MÛRIER

Morus spp.

J F M A M J J A **S** O N D

Hauteur	Largeur	
6/15 m	3/6 m	☀

Très apprécié dans le Midi, cet arbre un peu frileux produit des fruits composés rafraîchissants et astringents. Avec leur feuillage luxuriant qui jaunit en automne et leur port compact, les mûriers sont de beaux arbres caducs. Ils donnent des petits fruits comestibles, juteux, sucrés, mais très salissants. Croissance lente (5 m en 20 à 25 ans).

SOL Tous les sols.

EXPOSITION Chaude et ensoleillée.

CULTURE À la plantation, manipulez délicatement les racines charnues, cassantes. La taille est inutile. Toutes les espèces se bouturent. Si vous prélevez un jeune rameau en septembre ou au printemps, et le piquez en terre, il prendra racine.

ESPÈCES ET VARIÉTÉS *Morus alba*, le mûrier blanc (de 10 à 15 m), feuillage vert clair, fruits blanc rosé. *M. kagayamae*, ou *bombycis* (6 m), aux grandes feuilles, jaune d'or en automne. *M. nigra*, le mûrier noir (de 10 à 15 m), feuillage vert foncé, fruits rouge sombre.

CULTURE EN POT Peu adaptée.

UTILISATIONS Isolé sur une pelouse; comme arbre d'ombrage.

FRUCTIFICATION

Les sexes étant séparés (sauf chez le mûrier noir), plantez un pied de chaque sexe pour récolter des fruits, ou un seul mûrier mâle pour décorer.

POMMIER À FLEURS

Malus spp.

J	F	M	A	M	J	J	A	S	O	N	D

2/9 m | 1,50/4 m | P

Les pommiers d'ornement sont appréciés pour leur port compact, arrondi, et leurs dimensions réduites. Ils poussent moins vigoureusement que les cerisiers ou les pruniers à fleurs, atteignant moins de 10 m de haut à l'âge adulte. La plupart des espèces prennent une forme naturellement buissonnante chez les jeunes sujets, puis elles développent un petit tronc en vieillissant. Les feuilles, alternes, ovales, dentelées, de 5 à 10 cm de long, ont de belles teintes mordorées en automne. Bien qu'assez éphémère et vite abîmée par la pluie et le vent, la floraison des *Malus* constitue leur premier atout. Les espèces et les différents hybrides sont blancs, roses ou rouges. Après 3 ou 4 années de culture, les pommiers d'ornement se couvrent littéralement de fleurs, juste avant l'apparition du feuillage ou en même temps. Les fleurs des *Malus*, avec leurs 5 pétales et leurs étamines jaune d'or, forment une corolle de 2 à 5 cm de diamètre. Elles sont groupées en petits bouquets. La floraison est suivie de nombreux fruits décoratifs, de 2 à 3 cm de diamètre, qui persistent longtemps sur les branches. Ces petites pommes, orangées ou rouges, ne sont guère intéressantes sur le plan culinaire. Tout au plus peut-on en faire des gelées lorsqu'elles sont bien mûres.

Les *Malus* d'ornement sont autofertiles. Il n'est donc pas nécessaire de planter 2 arbres pour obtenir beaucoup de fruits. La croissance est assez rapide, le pommier d'ornement atteignant sa taille adulte en 7 ans.

SOL Tout bon sol de jardin bien préparé, même un peu calcaire. Un apport d'amendement organique (un fertilisant à base de fumier et d'algues) et un engrais de fond à action lente sont conseillés à la plantation. Le pommier d'ornement préfère les sols souples, assez riches et frais.

EXPOSITION Soleil non brûlant, dans un endroit abrité des vents dominants.

CULTURE Plantez de l'automne et jusqu'en mars. Arrosez bien par temps chaud et sec. Tuteurez les jeunes arbres pour qu'ils développent un tronc bien droit. S'il est sur une pelouse, dégagez le sol autour du pied de l'arbre sur un rayon de 60 cm pour ne pas que l'herbe l'envahisse. Paillez fin printemps pour maintenir la fraîcheur.

Les *Malus* d'ornement n'exigent aucune taille spécifique. Éliminez juste les rameaux morts et d'équilibrez la ramure à la fin de l'hiver. Mais, les jeunes plantes vendues sous forme de scion (jeune arbre greffé portant une seule tige) doivent être rabattues à 60 cm du sol après la reprise. L'année suivante, toutes les pousses latérales seront ramenées à 30 cm de leur point de départ. C'est la seule bonne méthode pour obtenir un sujet touffu et bien équilibré.

Malus toringoides 'Prince Wolkonsky'

ESPÈCES ET VARIÉTÉS Il existe 61 espèces de *Malus*, dont le pommier à fruits.

- **HYBRIDES** : on cultive surtout, dans un but ornemental, des formes hybrides.

> **Port pleureur** : 'Cheal's Weeping' (4 m), dont les longs rameaux retombants, au feuillage pourpre au printemps, puis bronze, portent des fleurs simples, rose cramoisi. Fruits rouge violacé, de septembre à décembre ; 'Diable Rouge' (3 m), port retombant et fleurs rouge foncé ; 'Echtermeyer' (3 m), feuillage pourpré. Fleurs rose vif suivies de fruits rouge foncé.

> **Port érigé** : 'Coccinella' (5 m), fleurs rose carmin. Les petits fruits rouge violacé persistent tout l'hiver ; 'Comtesse de Paris' (5 m), port dressé, évasé, bien ramifié de la base et fleurs blanc rosé. Innombrables fruits jaunes de 3 cm de diamètre durant tout l'automne ; 'Golden Hornet' (5 m), port vertical et fleurs blanches. Très grosse production de fruits jaune orangé de septembre à décembre ; 'Lemoinei' (de 4 à 6 m), à feuilles pourpres et fleurs rouge intense très nombreuses. Fruits bronze ; 'Neville Copeman' (de 6 à 9 m), jeunes feuilles pourpres, fleurs rose foncé, fruits rouge violacé ; 'Nicoline' (5 m), au port colonnaire, compact, et très nombreuses feuilles rouge foncé. Fruits de même couleur, de septembre à décembre ; 'Van Eseltine' (6 m), fleurs rose carmin semi-doubles. Fruits jaunes et rouges, assez peu nombreux.

> **Port arrondi ou étalé** : 'Crittenden' (6 m), port ample, fleurs blanc rosé, magnifique

Pommier en fleurs

POLLINISATION

Plantez les pommiers à fleurs près du verger, car ils améliorent la pollinisation des pommiers à fruits.

fructification rouge brillant ; 'Evereste' (de 3 à 6 m), une obtention de l'Inra, port semi-étalé. Très nombreuses fleurs blanches et feuillage doré en automne. Les fruits jaune orangé, qui persistent sur l'arbre jusqu'en février, sont comestibles (en gelée) ; 'Gorgeous' (de 5 à 6 m), boutons roses, fleurs blanches, fruits rouge brillant ; 'John Downie' (de 3 à 4 m), port arrondi et fleurs blanches. Fruits très nombreux, orange vif à rouge de septembre à décembre ; 'Profusion' (de 4 à 6 m), au feuillage vert pourpré, fleurs rouges début mai, fruits rouges ; 'Red Jewel' (de 4 à 5 m), au port ample, fleurs blanches, petits fruits rouge lumineux.

> **Variétés compactes** : 'Pom Zai' (1,50 m), nain, arrondi, aux boutons roses qui s'ouvrent en corolles blanches, fruits orange. Il convient bien en bac ; 'Red Sentinel' (4 m), au port compact, dressé, bien ramifié et feuillage vert. Fleurs blanches, fruits rouge vif ; 'Royalty' (de 4 à 6 m), au feuillage vert bronze virant au rouge pourpre, fleurs simples, pourpre cramoisi et petits fruits rouge sombre, de septembre à décembre.

- **ESPÈCES BOTANIQUES** : *Malus floribunda* (de 3 à 5 m), au port bien étalé, touffu, un des plus précoces. Les boutons rose foncé s'ouvrent en corolles rose pâle, fruits jaunes. *M. sargentii* (4 m), buissonnant, étalé, fleurs blanches suivies de fruits rouge foncé qui restent longtemps sur l'arbre ; 'Tina' (2,50 m), arrondi, au port souple, fleurs d'abord blanc rosé, puis blanc pur, fruits rouge brillant assez épars. *M. toringoides* (8 m), au port étalé, fleurs blanc crème assez tardives, petits fruits ovoïdes jaunes ; 'Prince Wolkonsky', plus compact (5 m), à fleurs blanches nuancées de rose. *M.* x *zumi* var. *calocarpa* (4 m), au port bien étalé, retombant, fleurs en grappes blanc pur, fruits rouges de bonne tenue.

CULTURE EN POT Possible pour les variétés à petit développement, dans un bac de 40 cm de côté au moins.

UTILISATIONS Isolé, haie libre, grands massifs.

POIRIER D'ORNEMENT

Pyrus spp.

J	F	**M**	**A**	M	J	J	A	S	O	N	D

6/12 m	2/3 m		C

Peu connus et pourtant très rustiques, les poiriers d'ornement sont originaires des régions tempérées d'Europe et d'Asie. Ils offrent une superbe floraison blanche à boutons roses et un feuillage souvent gris argenté, qui se colore joliment en automne. Leur silhouette à la ramure bien ciselée est appréciée en hiver. Croissance assez rapide, culture facile.

SOL Pas trop riche, mais bien travaillé, plutôt sec. Évitez l'excès de calcaire.

EXPOSITION Soleil non brûlant, dans un lieu aéré.

CULTURE Tuteurez les jeunes arbres, paillez et arrosez les premiers étés.

ESPÈCES ET VARIÉTÉS Il existe 70 espèces. *Pyrus calleryana* 'Capital' (de 10 à 12 m) forme un cône étroit dont les feuilles deviennent pourpre foncé en automne, abondante floraison blanche ; 'Chanticleer' (de 8 à 10 m), au port étroit, presque en colonne, offre de très belles couleurs d'automne jusqu'en décembre, floraison en mars-avril ; 'Redspire' (10 m), aux teintes automnales encore plus éclatantes. *P. salicifolia* 'Pendula' (de 5 à 7 m), très élégant par son port et son feuillage argenté.

CULTURE EN POT Possible pour les variétés naines, dans un pot de 30 cm de large et un peu plus profond si possible.

UTILISATIONS Isolé, haie libre, fond de massif.

Pyrus salicifolia

ACACIA ROSE

Robinia hispida

J	F	M	A	**M**	**J**	J	A	S	O	N	D

2/3 m	1,50/2 m		C

Ce bel arbuste caduc se pare d'un feuillage léger. Il porte des grappes de fleurs rose pâle, parfumées, en juin.

SOL Léger, sec, caillouteux, peu calcaire.

EXPOSITION Soleil, à l'abri des vents forts.

CULTURE Plantez en automne, tuteurez, puis laissez faire.

CULTURE EN POT Possible dans un bac de 25 cm en tous sens. Placez-le à l'abri du vent ou palissez-le, car les tiges sont fragiles.

UTILISATIONS Isolé ou associé à des arbres et arbustes, Palissé contre un mur, il fait merveille dans un petit jardin.

POUR UN ARBRE DANS UN PETIT JARDIN, VOUS POUVEZ AUSSI CULTIVER

★ Les palmiers « rustiques », hormis *Phoenix canariensis*, trop volumineux, et *Chamaerops humilis*, qui a plutôt un port arbustif ★ *Acer palmatum* (érable du Japon) ➲ p. 286 ★ *Cercidiphyllum japonicum* (arbre au caramel) ➲ p. 496 ★ *Cordyline australis* ➲ p. 249 ★ *Cornus controversa* (cornouiller des pagodes) ➲ p. 228 ★ *Cotinus coggygria* (arbre à perruques) ➲ p. 454 ★ *Embothrium coccineum* (arbre de feu du Chili) ➲ p. 251 ★ *Eriobotrya japonica* (néflier du Japon) ➲ 883 ★ *Ilex crenata* (houx japonais) ➲ p. 305 ★ *Mespilus germanica* (néflier) ➲ p. 847 ★ *Morus kagayamae* (mûrier platane) ➲ p. 229 ★ *Olea europaea* (olivier) ➲ p. 885 ★ *Parrotia persica* ➲ p. 458 ★ *Rhus typhina* (sumac de Virginie) ➲ p. 459

Des arbres pour un grand jardin

Les plus beaux « grands » arbres d'ornement et des conifères aux formes structurées et graphiques.

1

2

3

4

5

6

7

8

9

10

1. CÈDRE DU LIBAN
2. CÈDRE DE L'ATLAS

Cedrus libani et Cedrus atlantica

1,50/35 m — 2/15 m — P

Les cèdres évoquent grandeur et longévité. De croissance rapide, ils portent des feuilles en aiguilles, groupées en bouquets. *Cedrus libani* (20 m), le cèdre du Liban, est un grand arbre étalé, vert grisâtre. On cultive aussi *Cedrus deodora* (20 m), le cèdre de l'Himalaya, à la flèche courbée et aux longues aiguilles.

3. AULNE GLUTINEUX

Alnus glutinosa

8/18 m — 6/8 m — C

Ce bel arbre aime les climats frais et humides. Rustique, il est de croissance rapide. Les chatons mâles sont longs et pendants, les fleurs femelles ont l'aspect de cônes et persistent sur l'arbre. Idéal pour les sols détrempés, il n'aime pas le calcaire. On cultive aussi *Alnus cordata*, l'aulne de Corse (de 10 à 18 m) et *Alnus incana* (de 10 à 20 m), l'aulne blanc.

4. HÊTRE COMMUN

Fagus sylvatica

15/40 m — 8/20 m — C

Partiellement marcescentes, les feuilles permettent de conserver un bon écran en hiver. Pour sol frais, même pierreux et calcaire. On peut le conduire en haie en le taillant chaque année.

5. TULIPIER DE VIRGINIE

Liriodendron tulipifera

15/25 m — 8/15 m — C

Cet arbre rustique forme un grand houppier arrondi. Les fleurs en forme de tulipe n'apparaissent… que quand l'arbre a 20 ans ! Les feuilles, découpées, ont une forme caractéristique et de belles couleurs d'automne. Pour sol riche, frais, amendé en matières organiques, si possible non calcaire. Contentez-vous d'une taille d'équilibrage si nécessaire.

Les espèces citées dans la thématique « Créer de l'ombre », p. 214 peuvent aussi convenir.

6. CYPRÈS CHAUVE

Taxodium distichum

20/30 m — 10/15 m — C

Ce grand conifère au port conique, très régulier, apprécie le bord des pièces d'eau. Ses branches sont horizontales et son feuillage fin et léger. D'un beau vert frais, il se pare tons cuivrés en novembre. Pour sol profond, riche, très humide (même les pieds dans l'eau).

7. PLATANE

Platanus x hispanica

20/35 m — 10/20 m — C

Ce géant développe une belle couronne ronde garnie de feuilles palmées, découpées, dorées en automne. Son écorce, décorative, s'exfolie. Il pousse vite (8 à 10 m en 5 ans), dans un sol riche, profond, bien drainé.

8. FRÊNE

Fraxinus excelsior

10/30 m — 5/15 m — C

En hiver, on remarque ses bourgeons noirs. Les feuilles, composées, très élégantes, apparaissent tardivement (en mai), mais elles tiennent jusqu'au début de l'hiver. Croissance rapide, dans un sol profond, riche, humide, même calcaire.

9. SAPIN DE DOUGLAS

Pseudostuga menziesii

5/30 m — 3/7 m — P

Ce conifère imposant, à port souple, irrégulier, porte des feuilles rigides de 2 à 3 cm de long qui sentent le camphre quand on les froisse. On cultive surtout l'espèce type, dans un sol profond, assez frais, non calcaire.

10. SÉQUOIA GÉANT

Sequoiadendron giganteum

30/60 m — 8/15 m — P

Cet immense conifère est l'un des arbres les plus majestueux. Son port est conique, élancé, avec des branches souples, qui s'infléchissent. Les feuilles sont triangulaires, pointues, non piquantes, vert sombre. On ne cultive que l'espèce type. Il est réservé aux très grands jardins, mais peut être conduit en bonsaï.

Un jardin au bord de la Méditerranée

LE JARDIN MÉDITERRANÉEN DÉGAGE UNE IMPRESSION DE DOUCEUR, DE CHALEUR ET PROPOSE UN DÉCOR SYNONYME POUR NOUS DE VACANCES ET DE DÉPAYSEMENT À PORTÉE DE MAIN. IL N'EST PAS RÉSERVÉ AUX BORDS DE LA *MARE NOSTRUM*, ON PEUT L'IMPLANTER DANS D'AUTRES RÉGIONS AU CLIMAT DOUX.

UN JARDIN POUR LA MÉDITERRANÉE ?

Pas seulement : ce type de jardin peut être transposé ou servir d'inspiration pour toutes les régions de climat doux ... 1

LA BONNE GESTION DE L'EAU

Après le froid, l'eau est la seconde source de préoccupation des jardiniers du Sud. Une bonne connaissance des pratiques est indispensable ... 2

UNE PELOUSE DANS LE MIDI

Le beau gazon tondu et ses airs de green ne fait pas bon ménage avec le jardin méditerranéen. Préférez les espèces adaptées comme alternatives ... 3

TERRAINS EN PENTE

Les jardins méditerranéens sont souvent accrochés à flanc de collines, pentus et riches en petits reliefs. Un bon choix des espèces s'impose ... 4

La petite histoire

Dans le langage courant, c'est la bougainvillée ou le bougainvillier, au choix... C'est un peu injuste pour Commerson ... 5

C'est bon pour la planète : choisir le bon mimosa

Attention, les jardins méditerranéens abritent un grand nombre d'espèces invasives, dont le mimosa. Vous avez envie d'un beau mimosa ? Évitez l'espèce botanique, *Acacia dealbata*, c'est une peste végétale qui s'est répandue sur la Côte d'Azur, préférez tous les hybrides greffés, nettement plus beaux et plus florifères.

Acacia dealbata est très invasif, préférez les hybrides

Vidéo « Cultiver le mimosa »*

IDÉES

→ POURQUOI PAS... Un jardin inspiré des Villas italiennes ? 6

→ POURQUOI PAS... Des plantes parfumées pour climats doux ? 7

Les Plantes idéales

★ **Des arbustes fleuris :** *Anisodontea* x *hypomandarum* (mauve du Cap) ; *Bougainvillea glabra, B. spectabilis* (bougainvillée) ; *Erica spp.* (bruyère arborescente) ; *Erythrina crista-galli* (crête-de-coq) ; *Jacaranda mimosifolia* ; *Lotus maculatus* (lotier) ; *Luma apiculata* (myrte du Chili) ; *Myrtus communis* (myrte) ; *Nerium oleander* (laurier-rose) ; *Senna corymbosa, S. didymobotrya* (cassie).

★ **Des fleurs flamboyantes** : *Echium candicans* (vipérine) ; *Felicia coelestis* (aster bleu du Cap) ; *Gazania* x (gazania).

★ **Des arbres évoquant la Méditerranée** : *Celtis australis* (micocoulier de Provence) ; *Cupressus sempervirens* (cyprès) ; *Pinus pinea* (pin parasol).

★ Toutes les plantes proposées pour « Un jardin sec et chaud », p. 204, « Un jardin d'inspiration mauresque », p. 292, « Dans mon jardin, il y a des cactus », p. 346, « Un balcon exotique », p. 536, « Un balcon sur la mer », p. 550, et « Terrasse et patio côté Sud », p. 626, peuvent aussi convenir.

NOS CONSEILS

1. *Intégrez le jardin dans le paysage en utilisant prioritairement des plantes présentes dans l'environnement et adaptées aux conditions climatiques.*

2. *Optez pour un « jardin sec », inspiré du maquis ou de la garrigue (→ « Un jardin sec et chaud », p. 204) si vous habitez dans un lieu de pénurie ou sur un terrain très rocailleux.*

3. *Installez un système d'arrosage intégré et automatisé ; c'est quasiment indispensable dans tout jardin méditerranéen.*

4. *Mêlez l'exotisme en profitant au maximum des possibilités offertes par le climat privilégié : la région méditerranéenne a toujours été un lieu d'acclimatation où prospère une palette impressionnante de plantes subtropicales.*

5. *Utilisez les matériaux, les objets et les couleurs de la région. Plus que partout ailleurs, le jardin méditerranéen est très « typé ».*

et Si

- Les boutons floraux de mes géraniums sont dévorés par des chenilles ? 8
- Je veux tailler mon laurier-rose ? 9

1 Un jardin pour la Méditerranée ?

Longtemps cantonnés au pourtour de la Méditerranée, les jardins méditerranéens ont séduit d'autres régions. Dans le grand Sud, la préoccupation majeure est la disponibilité en eau, par ailleurs très inégalement répartie tout au long de l'année. Sitôt qu'on en dispose, on peut se permettre de déborder largement de la flore naturelle pour se lancer dans l'acclimatation d'espèces exotiques. C'est ce qu'ont fait les jardiniers depuis le XIXe siècle. L'autre condition, c'est de disposer de chaleur ou, du moins, d'hivers pas trop rigoureux, car la limite est la résistance au froid. Ainsi, le jardin méditerranéen s'est exporté dans d'autres régions, et on parle désormais de plantes de climats doux. Et il faut reconnaître que, souvent, les plantes sont plus belles hors de la Méditerranée. Les cistes, par exemple, sont pimpants en Bretagne, avec une ambiance humide en plein été, alors qu'ils ont triste mine dans la chaleur du Sud. Tout concourt à utiliser les plantes méditerranéennes et les espèces acclimatées sur les balcons, les terrasses et tous les jardins où les grands froids sont inconnus, pour recréer, il faut l'avouer, un décor inégalable.

2 La bonne gestion de l'eau

Des plantes pour la sécheresse, un arrosage au goutte-à-goutte ou par tuyau microporeux et un paillage abondant, tout est bon pour économiser l'eau. Et pour une réserve, pensez à une citerne fermée, car les bassins, à moins de les placer à l'ombre, sont une mauvaise idée : l'évaporation en été, au moment où on a le plus besoin d'eau, y est très importante.

3 Une pelouse dans le Midi

Une pelouse naturelle, sans une goutte d'eau, c'est possible à condition de changer votre regard porté au gazon et de planter les bonnes espèces. Utilisez les plants en godets, à raison de 7 au m^2 pour un résultat assez rapide. Plantez le faux kikuyu, *Stenotaphrum secundatum,* qui pousse en épais tapis moelleux, le gazon des Mascareignes, *Zoysia tenuifolia* et son drôle d'aspect plissé, ou le frankénia, *Frankenia laevis*, qui plaque au sol et fleurit discrètement en mai-juin.

4 Terrains en pente

Les terrains en pente des grands jardins méditerranéens sont aménagés en terrasses (on parle de restanques) pour résoudre le problème. Mais dans les petits jardins, les reliefs sont souvent importants, et lorsqu'ils sont absents, le jardinier est tenté de les recréer par une rocaille. La dépose de roches et de grosses pierres ne suffit pas à retenir la terre, surtout avec les pluies abondantes d'hiver ; elle doit être complétée par la plantation d'espèces qui maillent le terrain de leurs racines. Plantez toutes les graminées, les alternatives au gazon (➔ ci-dessus), et des couvre-sols tels *Ceratostigma, Osteospermum*, les gazanias, la petite et la grande pervenche, le plumbago du Cap...

Faux kikuyu

Plumbago du Cap

IDÉES

6 Pourquoi pas... un jardin inspiré des villas italiennes ?

Peu de détails suffisent à planter le décor des belles villas italiennes. Quelques grosses poteries de terre cuite, où cultiver un beau citronnier, deux lauriers, l'un rose, l'autre blanc, un ou deux palmiers et un *Cycas revoluta*. Et pour marquer un angle de la maison, l'indispensable cyprès de Florence à la silhouette élancée, *Cupressus sempervirens* 'Stricta'.

7 Pourquoi pas... des plantes parfumées pour climats doux ?

Les plantes méditerranéennes sont remarquables par leurs couleurs éclatantes, mais certaines le sont aussi par leur parfum entêtant. Cultivez un galant de nuit, *Cestrum nocturnum*, des jasmins, de préférence *Jasminum grandiflorum*, un souci arbustif pour son parfum citronné, *Tagetes lemonii*, et bien sûr tous les agrumes pour le parfum de leurs fleurs qu'on retrouve dans le modeste pittospore, *Pittosporum tobira*.

Jasminum grandiflorum

5 La petite histoire

Le 15 novembre 1766, le capitaine de vaisseau Louis Antoine de Bougainville appareille du port de Nantes à bord de la frégate la Boudeuse. À son bord se trouve Philibert Commerson, botaniste du roi. À Rio, Commerson découvre un arbuste couvert d'une nuée de fleurs aux bractées mauves, qu'il présente à son chef d'expédition. Il ne parviendra au Muséum d'histoire naturelle de Paris qu'en 1774 et portera le nom de Bugainuillea, nom qui sera corrigé ensuite en Bougainvillea.

Le coin du curieux

Sur les quelque 4 500 espèces de plantes indigènes que compte la flore de la France métropolitaine, 2 300 (dont 700 endémiques) se rencontrent dans la région méditerranéenne (ou zone de l'olivier), ce qui en fait la zone écologique la plus diversifiée de l'Hexagone. La zone méditerranéenne est aussi la seule grande région naturelle de France identifiable par son climat particulier, ainsi que sa flore et sa faune spécifiques.

et Si

8 Les boutons floraux de mes **géraniums** sont dévorés par des **chenilles** ?

Vos pélargoniums sont victimes de la chenille du papillon du géranium (*Cacyreus marshalli*), ou brun du pélargonium. En Provence, il produit trois générations entre mars et octobre, ailleurs, au-delà de la Bretagne, il en donne deux. La lutte est délicate, car les œufs, les chenilles et les chrysalides résistent au froid hivernal, et de plus, la chenille passe une partie de son temps à l'intérieur de la plante et ne peut être combattue que lorsqu'elle sort. Pulvérisez un insecticide à base de pyrèthre ou une suspension de *Bacillus thuringiensis*, n'hésitez pas à renouvelez les applications à cause du lessivage par les pluies et les arrosages.

9 Je veux **tailler** mon **laurier-rose** ?

C'est un arbuste à floraison estivale, donc taillez suffisamment tôt pour ne pas vous priver des fleurs de l'année. Intervenez fin février ou, mieux encore, en automne pour plus de sûreté. Taillez court ou supprimez complètement les grosses branches qui montrent une écorce grise et favorisez les pousses nouvelles vertes. Réduisez les branches de l'année de un tiers à la moitié de leur longueur pour équilibrer la plante. Anticipez, sachant que l'arbuste pousse de plus de 1,25 m entre le printemps et l'été.

ANISODONTÉA, MAUVE DU CAP

Anisodontea x hypomandarum

J	F	M	A	**M**	**J**	**J**	**A**	**S**	**O**	N	D

Hauteur	Largeur	Exposition	Feuillage	Rusticité
1,80 m	1,50 m	soleil	P	-5 °C

L'anisodontéa est un sous-arbrisseau buissonnant qui fleurit à profusion en été. Appelée dorénavant *Sphaeralcea capensis*, cette plante hybridée avec des espèces sud-africaines prend un port très ramifié. Le feuillage trilobé bien vert est porté par des tiges grêles, velues. De très nombreuses petites fleurs roses se succèdent en permanence pendant toute la belle saison.

SOL Léger, bien drainé.

EXPOSITION Plein soleil, pas trop brûlant, dans un endroit protégé des froids et des vents dominants. L'anisodontéa ne supporte l'hiver que sur la Côte d'Azur.

CULTURE Installez-le en pleine terre dans la seconde quinzaine de mai. Rentrez-le dans la véranda avant la fin octobre. Rabattez sévèrement toute la végétation fin février.

ESPÈCES Il existe 22 espèces. *Anisodontea capensis* a des feuilles plus petites et des fleurs rouge pourpré.

CULTURE EN POT Dans un contenant de diamètre égal ou à peine inférieur à celui de la ramure, dans un mélange de terreau, sable et terre de jardin. Donnez un engrais pour plantes fleuries tous les 15 jours, de mai à octobre. Rempotez en mars. Maintenez le substrat humide, sans le détremper, pendant la période de croissance. En hiver, laissez sécher le sol avant d'arroser.

UTILISATIONS Isolé, massif, potée.

BOUGAINVILLÉE

Bougainvillea spp.

J	F	M	A	**M**	**J**	**J**	**A**	**S**	**O**	N	D

Hauteur	Largeur	Exposition	Feuillage	Rusticité
5/12 m	3/6 m	soleil	P	0 °C

Vidéo « Cultiver la bougainvillée »*

Bougainvillaea spectabilis

Cet arbuste sarmenteux porte de vigoureux rameaux épineux. Originaire d'Amérique du Sud subtropicale, la bougainvillée (ou le bougainvillier) porte des feuilles alternes, ovales, pointues, de 3 à 5 cm de long, qui tombent partiellement l'hiver s'il fait frais. Les petites fleurs tubulaires jaune pâle sont entourées de 3 bractées (fausses feuilles) violettes, blanches, jaunes, rouge sombre ou rouge orangé selon les variétés.

SOL Profond, léger, siliceux, mais riche. La croissance est bien améliorée dans un terrain humifère qui reste bien frais en été.

EXPOSITION Chaude et très ensoleillée. Ailleurs que sur le littoral, il est nécessaire de cultiver la bougainvillée en pot dans une véranda maintenue juste hors gel.

> **COUP DE FROID**
>
> Dans nos régions, il est courant que le feuillage de la bougainvillée tombe partiellement l'hiver après un coup de froid. Profitez-en pour effectuer une taille courte des rameaux secondaires.

CULTURE Plantez au printemps, sortez les potées à partir de mi-mai. Palissez les rameaux épineux et raccourcissez les pousses trop vigoureuses pour équilibrer la végétation. Pincez les jeunes plants, pour que la touffe se ramifie bien. Fertilisez généreusement avec un engrais organique pendant la croissance.

ESPÈCES ET VARIÉTÉS Il existe 18 espèces. On cultive surtout des hybrides de *Bougainvillea glabra* et *B. spectabilis* : *B. glabra* 'Alexandra', aux bractées rose violacé ; 'La Jolla', rouge vif ; 'Mini Thai' (syn. 'Pixie'), bractées rouges, forme naine, idéale pour la culture en pot ; 'Scarlet O'Hara' (syn. 'San Diego Red'), rouge rubis à écarlate ; 'Texas Dawn' (syn. 'Monas'), rose pourpré ; *B.* x *buttiana* 'Miss Manila', rose.

CULTURE EN POT Dans un bac de 30 cm en tous sens au minimum et un bon terreau de plantation bien drainé, la bougainvillée peut prospérer de longues années, palissée sur un treillage. Rempotez tous les 2 ans.

UTILISATIONS Habillage d'un mur au sud, d'une rambarde, d'une rampe d'escalier, d'une pergola, potée, plante de véranda.

*Télécharger l'application Truffaut +, voir p. 6-7

MICOCOULIER DE PROVENCE

Celtis australis

J F **M A** M J J A S O N D

Hauteur	Largeur	Exposition	Feuillage	Rusticité
15/25 m	5/8 m	Soleil	C	-15 °C

Cet arbre vigoureux, qui apprécie le climat du Midi et résiste bien à la pollution. Le feuillage caduc, d'abord vert clair, fonce en vieillissant. Les fleurs vertes insignifiantes apparaissent en même temps que les feuilles au printemps. Elles sont suivies de petits fruits globuleux, noirâtres, qui parviennent à maturité en automne.

SOL Une terre profonde, restant fraîche l'été et bien drainée l'hiver.

EXPOSITION En plein soleil, uniquement dans les régions au climat doux.

CULTURE Plantez de préférence au printemps. Maintenez un tuteur les premières années. Une taille d'équilibrage est souvent nécessaire durant le repos végétatif. Arrosez par temps de canicule. Pour propager le micocoulier, semez en pépinière au début du printemps, après avoir stratifié les graines dans du sable tout l'hiver. La germination est souvent longue (levée en 12 à 18 mois). Cultivez les jeunes plants en pot et protégez-les tout l'hiver durant les 2 premières années.

ESPÈCE On ne cultive couramment que l'espèce type, *Celtis australis.*

CULTURE EN POT Trop imposant pour être cultivé en pot.

UTILISATIONS Isolé ou alignement.

UN GRAND FRILEUX

Rustique jusqu'à l'Île-de-France, le micocoulier de Provence ne supporte pas les climats plus rigoureux.

CYPRÈS

Cupressus sempervirens

J F M A M J J A S O N D

Hauteur	Largeur	Exposition	Feuillage
12/20 m	1/3 m	Soleil	P

Les cyprès de Provence, ou cyprès d'Italie, atteignent 20 m de haut et peuvent vivre plus de 500 ans. Bien adaptés à la sécheresse, ils se distinguent par un port en colonne élancée, qui rappelle les jardins italiens, et un feuillage vert sombre, à odeur de résine. Les feuilles en écailles opposées se chevauchent. Leur écorce est décorative. Croissance très rapide (environ 1 m par an).

SOL Profond, léger, surtout pas d'humidité stagnante ; le calcaire, les terres pauvres et caillouteuses conviennent.

EXPOSITION Soleil et chaleur sont obligatoires.

CULTURE Plantez au printemps. Arrosage inutile les premières années, sauf en cas de sécheresse prolongée. Le cyprès supporte mal la taille ; laissez-le pousser à sa guise et prendre sa forme naturelle. Paillez par temps très froid.

ESPÈCE ET VARIÉTÉS Outre l'espèce type, on cultive des sélections : 'Mistral', sélection de l'Inra résistant au chancre cortical *(Seridium cardinale)*; 'Stricta' (20 m), en colonne étroite ; Totem® (syn. 'Totem Pole'), 12 m, forme plus étroite et régulière que le type, vert lumineux.

CULTURE EN POT La plupart des cyprès ralentissent leur croissance s'ils sont plantés en bacs. Mieux vaut toutefois opter pour des variétés compactes comme Totem®. Plantez dans un grand bac de 50 cm de côté. Ajoutez 1 ou 2 l de sable à une bonne terre de jardin non argileuse. Fertilisez régulièrement.

UTILISATIONS Isolé, haie, brise-vent, alignement, bacs sur terrasse.

VIPÉRINE

Echium spp.

J F **M A M J** J A S O N D

Hauteur	Largeur	Exposition	Cycle	Rusticité
1/4 m	1/2 m	Soleil	BI	-5 °C

La vipérine est une plante à souche ligneuse, formant une rosette touffue de longues feuilles duveteuses et argentées. Les fleurs bleues, en entonnoir étroit, sont réunies en bouquets verticaux de 30 à 40 cm de long. Cette bisannuelle frileuse est surtout cultivée sur le littoral.

SOL Léger, sec, pauvre, très bien drainé.

EXPOSITION Chaude et très ensoleillée.

CULTURE Plantez en pleine terre ou sortez les pots à l'extérieur en mai. Dans les régions froides, conservez les vipérines dans une véranda hors gel en hiver. Semez en février-mars, sous abri chauffé (de 20 à 24 °C) ; repiquez en godet individuel un mois après la levée.

ESPÈCES ET VARIÉTÉS Il existe 66 espèces, toutes peu rustiques, et quelques sous-espèces. *Echium candicans* (syn. *E. fastuosum*), à fleurs blanches ou bleues. *E. pininana* porte une tige florale solitaire bleu pâle de 3 à 4 m de haut. *E. wildpretii* développe une hampe de 3 m de haut, couverte de fleurs rose vif.

CULTURE EN POT Possible dans un pot de 40 cm en tous sens.

UTILISATIONS Massif, rocaille, potée.

MULTIPLICATION FACILE

La plupart des échiums meurent après la floraison. Récupérez les graines avant l'hiver ou laissez-les se disséminer naturellement dans le jardin.

BRUYÈRE ARBORESCENTE

Erica spp.

J	F	M	A	M	J	J	A	S	O	N	D

0,50/4 m	0,50/2 m		C

Moins connues que les espèces tapissantes, certaines *Erica* sont arborescentes. Les feuilles sont linéaires, de 3 à 8 mm de long. Les fleurs en petites cloches sont portées par des épis dressés.

SOL Acide, bien drainé, sableux de préférence.

EXPOSITION Soleil ou mi-ombre légère.

CULTURE Plantez toute l'année. Arrosez au début. Rabattez au printemps aux deux tiers les jeunes sujets. Taillez à la cisaille les sujets âgés pour les équilibrer, après la floraison.

ESPÈCES ET VARIÉTÉS Il existe environ 700 espèces. Parmi les espèces arborescentes, citons : *Erica arborea*, la bruyère en arbre (jusqu'à 4 m), au feuillage vert et fleurs blanches, parfumées, de mars à mai; 'Albert's Gold' (2 m), au feuillage vert-jaune; 'Estrella Gold' (1,20 m), à feuilles bronze. *Erica australis*, la bruyère d'Espagne (1,50 m), à feuillage vert clair et fleurs rose lilacé en avril-mai; 'Castellan Blush', à fleurs lavande; 'Riverslea', à feuillage vert foncé et fleurs rose clair. *Erica erigena* (1 m), arbuste touffu aux fleurs roses, parfumées, de mars à mai, qui tolère le calcaire; 'Brian Proudley' (90 cm), à fleurs blanches; 'Irish Musk' (de 50 à 60 cm), à fleurs saumon et feuillage vert foncé; 'WT Rackliff' (80 cm), à fleurs blanc pur et à anthères brunes en mars-avril.

CULTURE EN POT Possible dans un grand bac, dans de la terre de bruyère.

UTILISATIONS Isolé, en massif.

Erica erigena

ÉRYTHRINE CRÊTE-DE-COQ

Erythrina crista-galli

J	F	M	A	M	J	J	A	S	O	N	D

1/3 m	1/3 m		C	-7 °C

Erythrina crista-galli

Parfois nommée « arbre corail », « érythrine corail » ou « bois immortel », cette plante arbustive porte d'étonnantes fleurs charnues d'un rouge corail. Tiges annuelles épineuses, couvertes de feuilles éparses et coriaces, vert glauque. Les grandes fleurs rouge vif à écarlate foncé sont réunies en grappes semi-pendantes.

SOL Riche, profond et bien drainé. Ajoutez du fumier bien décomposé chaque année, en mars.

EXPOSITION Très ensoleillée, chaude et abritée du vent et du gel.

CULTURE Installez la plante à l'extérieur en avril-mai, en pleine terre dans les régions chaudes ou en bac ailleurs. Arrosez bien par temps chaud et sec. À l'automne, protégez la souche avec une couche épaisse de feuilles mortes ou de tourbe. Hivernez les potées en serre froide (5 °C). Au printemps, rabattez toutes les pousses à 20 cm de la souche.

ESPÈCES ET VARIÉTÉS Il existe 130 espèces toutes tropicales, certaines comme *Erythrina variegata*, cultivées comme plantes d'intérieur. L'hybride *E.* x *bidwillii (E. crista-galli* x *E. herbacea)* forme des grappes terminales dressées, rouges. *E. caffra* est une espèce africaine que l'on peut acclimater sur la Côte d'Azur.

CULTURE EN POT Dans un contenant de 40 cm en tous sens au minimum. Attention aux épines si vous avez des enfants.

UTILISATIONS Isolé, massifs, bacs.

ASTER BLEU DU CAP, AGATHA

Felicia coelestis

J	F	M	A	M	J	J	A	S	O	N	D

20/30 cm	30/50 cm		V	-5 °C

Cette vivace buissonnante, frileuse, mais très florifère, forme un joli coussin de feuilles opposées, ovales, vert vif, de 1 à 3 cm de long. Elle porte une multitude de petites marguerites bleu ciel au cœur jaune. Celles-ci restent fermées par temps froid, couvert ou pluvieux.

SOL Bien poreux, plutôt sableux et sec. En pot, dans un terreau pour géraniums allégé d'un tiers de sable, avec un bon drainage.

EXPOSITION Soleil intense et forte chaleur.

CULTURE Plantez à partir de mi-avril. Supprimez régulièrement les fleurs fanées. Fertilisez tous les 15 jours de mai à mi-septembre. Pincez les jeunes pousses si la floraison n'est pas suffisamment conséquente. Dans les régions aux hivers gélifs, rentrez l'aster bleu en véranda à la fin octobre ou cultivez la plante comme une annuelle.

ESPÈCES ET VARIÉTÉS Il existe 80 espèces. 'Read's Blue' est une forme très populaire à fleurs bleues; 'Read's White' est blanc pur; 'Variegata' a un feuillage panaché de jaune. On trouve aussi parfois 'Blue Star' et 'Santa Anita', formes très voisines du type.

CULTURE EN POT Dans un pot de 20 cm de profondeur et de diamètre pour un seul pied, dans un mélange de 1/3 de terreau de rempotage et de 2/3 de sable, enrichi d'un fertilisant organique.

UTILISATIONS Massifs, couvre-sol, potées, rocaille, murets et dallages fleuris.

GAZANIA

Gazania x

J F M A M **J J A S** O N D

Hauteur	Largeur	Exposition	Type	Rusticité
15/30 cm	20/30 cm	[soleil]	A	0 °C

Cette plante, vivace dans les régions méditerranéennes, se cultive surtout en annuelle. Le feuillage, découpé, vert, plus ou moins argenté sur le dessus et gris-blanc au revers, forme une rosette évasée. Les fleurs, simples, se déclinent dans différentes nuances de jaune, d'orange et sont aussi bicolores. Elles ont tendance à s'ouvrir uniquement en plein soleil.

SOL Drainé, sableux, léger, même pauvre.

EXPOSITION Chaude et lumineuse. Bonne plante en bord de mer.

CULTURE Semez en février, sous abri, à 20 °C. Repiquez en godets, dès que les plantules ont 2 ou 3 feuilles. Conservez les jeunes plants sous un châssis bien aéré. Mettez en place fin mai. Arrosez peu.

ESPÈCES ET VARIÉTÉS Il existe 18 espèces. On ne cultive que des hybrides à la floraison vivement colorée. 'Gazoo', le seul qui s'ouvre par temps couvert ; 'Kiss' (syn. 'Big Kiss'), très compact ; 'Talent', à très grandes fleurs.

CULTURE EN POT Le gazania se plaît en pot (de 15 cm en tous sens au minimum) s'il est au soleil toute la journée.

UTILISATIONS Massif, rocaille, jardinière, potée. Le gazania excelle pour garnir les talus au sud, dans le Midi.

JACARANDA

Jacaranda mimosifolia

J F M A **M J J** A S O N D

Hauteur	Largeur	Exposition	Type	Rusticité
8/15 m	4/6 m	[soleil]	C	-5 °C

Ce bel arbre tropical enchante par sa floraison bleue très spectaculaire. Il développe une ramure très étalée, arrondie, garnie d'un feuillage caduc très découpé. De la fin du printemps à l'été, les fleurs bleu-mauve sont regroupées en grappes très gracieuses.

SOL Riche, frais et bien drainé.

EXPOSITION Abritée du vent froid, très ensoleillée. N'exposez pas au gel.

CULTURE Le jacaranda ne peut être cultivé en pleine terre que dans les régions à climat très doux. Ailleurs, plantez-le dans un bac et installez-le dehors de mai à octobre. Hivernez en véranda.

ESPÈCE Sur les 50 espèces connues, on ne cultive en Europe que *Jacaranda mimosifolia*, qui supporte de courtes périodes à environ 0 °C, en sol sec uniquement, les autres étant trop frileuses pour nos climats.

CULTURE EN POT Possible dans un grand bac, malgré son volume important, car son système racinaire est superficiel, mais il ne dépassera pas 1 m de haut et risque de ne pas fleurir.

UTILISATIONS Isolé, alignement, convient aussi pour la culture en bac sur une terrasse.

LOTIER

Lotus maculatus

J F M **A M J J A S** O N D

Hauteur	Largeur	Exposition	Type	Rusticité
20/30 cm	0,50/1,50 m	[soleil]	V	0 °C

Cette vivace rampante, frileuse, est cultivée en annuelle ou en potée à hiverner. Elle forme une touffe tapissante de feuillage palmé, finement découpé, vert bleuté. Les fleurs, en forme de bec d'oiseau ou de pince de crabe, sont jaunes marquées d'orangé, solitaires ou en bouquets.

SOL Bien drainé, même calcaire, pauvre ou caillouteux.

EXPOSITION Chaude et bien ensoleillée.

CULTURE Cultivez la plante en annuelle ou installez-la à l'extérieur, de mai à octobre, et hivernez-la hors gel. Apportez un engrais liquide tous les 15 jours en été ; arrosez par temps chaud, mais sans excès. Multiplication facile avec des petites boutures, en août, dans une terrine.

ESPÈCES ET VARIÉTÉS Il existe 140 espèces. *Lotus berthelotti*, similaire, moins frileux (– 5 °C), à fleurs rouges. *L. corniculatus* 'Pleniflorus' (10 cm), tapissant, à fleurs doubles, jaune vif. *L. creticus* (10 cm), à toutes petites feuilles vert bleuté, fleurs jaune vif, de mai à août.

CULTURE EN POT Dans un contenant de 30 cm de diamètre et 20 cm de profondeur. Ajoutez des gravillons au terreau.

UTILISATIONS Couvre-sol, rocaille, muret, bordure, potée, suspension.

MYRTE DU CHILI, ARRAYAN

Luma apiculata

J F M A M J **J A S** O N D

4/6 m	2/3 m	☀	P	-5 °C

Ce bel arbrisseau est apprécié dans les jardins du Midi pour sa floraison. Souvent proposé dans le commerce sous le nom de *Myrtus luma*, il développe un tronc à l'écorce couleur cannelle, marquée de crème et de citron, qui s'écaille, laissant apparaître une surface grisâtre. Les feuilles, opposées, coriaces, elliptiques, de 1 à 3 cm de long, sont vert foncé. Jolies petites fleurs blanches en coupe, aux étamines très apparentes. Fruits en baies violettes.

SOL Une bonne terre de jardin bien travaillée, fraîche et amendée en humus.

EXPOSITION Chaude, en plein soleil.

CULTURE Plantez au printemps et paillez. Pour une haie, espacez chaque pied de 1 m. Coupez en fin d'été les rameaux trop grands, pour équilibrer la silhouette. Protégez du froid, en palissant l'arbuste le long d'un mur au sud.

ESPÈCES ET VARIÉTÉS La nomenclature officielle ne reconnaît que 2 espèces de *Luma*, genre distingué de celui de *Myrtus*, certaines espèces étant désormais classées dans les genres *Eugenia* ou *Myrceugenia*. *Luma apiculata* est le plus cultivé. 'Glanleam Gold' porte des feuilles jaune crème. Très proche, le myrte commun, *Myrtus communis*, qui atteint 4 m, fleurit blanc en été. Ses feuilles exhalent un parfum aromatique lorsqu'on les froisse.

CULTURE EN POT Facile, dans un contenant de 30 cm de côté. Faites un apport d'engrais tous les mois.

UTILISATIONS Haie libre, massif, topiaire.

LAURIER-ROSE

Nerium oleander

J F M A M **J J A S O** N D

2/5 m	1,50/3 m	☀	P	-8/-10 °C

Vigoureux et florifère, le laurier-rose est un arbuste frileux, idéal dans les jardins du Midi. Il porte des feuilles verticillées par 3 ou opposées, coriaces, allongées, vert tendre. De juin à octobre, des bouquets de fleurs en entonnoir, aux couleurs tendres, s'épanouissent en abondance à l'extrémité des branches.

SOL Une terre de jardin bien drainée.

EXPOSITION Chaude et ensoleillée, les embruns et les vents forts sont tolérés.

CULTURE Plantez au printemps, cultivez le laurier-rose en bac dans les régions froides. En mars ou en avril, rempotez et taillez les branches d'un tiers de leur longueur. De mai à octobre, installez-le à l'extérieur. Arrosez copieusement par temps chaud et sec, et donnez de l'engrais liquide tous les 10 jours. À l'automne, hivernez dans une véranda hors gel, en arrosant peu.

ESPÈCE ET VARIÉTÉS Il existe une seule espèce, *Nerium oleander*.

- **CULTIVARS PARFUMÉS À FLEURS DOUBLES :** 'Géant des Batailles', rouge foncé rayé de blanc ; 'Louis Pouget', rose foncé ; 'Provence' (syn. 'Souvenir de Michel'), rose saumoné ; 'Roseum Plenum', rose abricot foncé ; 'Tamouré', rouge foncé.
- **CULTIVARS PARFUMÉS À FLEURS SIMPLES :** 'Alsace', blanc ; 'Émilie', rose rayé de blanc ; 'Hardy Pink', rose clair ; 'Italia', rouge vif ; 'Sœur Agnès' (syn. 'Sister Agnes'), blanc. Formes naines pour la culture en pot : 'Isabelle', blanc pur ; 'Maravenne' (syn. 'Petite Red'), rouge carmin ; 'Minouche', rose vif ; 'Petite Salmon', rose saumoné.

CULTURE EN POT Possible dans un grand bac, dans un mélange par tiers de terreau, de terre de jardin et de sable.

UTILISATIONS Massif, haie, bac sur terrasse, excellent brise-vent en bord de mer.

Vidéo « Planter un laurier-rose »*

FEUILLAGE TOXIQUE

Le laurier-rose étant très toxique, il faut l'installer loin des jeunes enfants.

*Télécharger l'application Truffaut +, voir p. 6-7

PIN PARASOL

Pinus pinea

J F M A M J J A S O N D

Hauteur	Largeur	Exposition	Feuillage
15/20 m	6/12 m	☀	P

Le pin parasol se distingue des autres espèces du genre par son port caractéristique, ressemblant à un parasol ouvert. Son écorce brun orangé s'exfolie par plaques. Son feuillage adulte est constitué de fines aiguilles réunies par 2 dans une gaine. Comme chez les autres pins, les longs bourgeons résineux sont dressés en chandelles. Ses cônes sont ovoïdes, sa graine comestible.

SOL Profond, léger, bien drainé, plutôt acide et humifère. Les terres sèches sont bien acceptées.

EXPOSITION Plein soleil ; la chaleur est appréciée. Les vents forts et les embruns ne posent pas de problème.

CULTURE Plantez d'octobre à avril, arrosez les premiers étés. Apportez de l'engrais en avril les 4 premières années. Sarclez bien au pied. Contre la chenille processionnaire, privilégiez la lutte biologique avec la bactérie *Bacillus thuringiensis* (Bactospéine).

ESPÈCES *Pinus pinea*, le pin parasol, est une boule arrondie qui s'étale pour former une ramure en parasol. Il faut le réserver aux jardins du littoral, car il est frileux. *P. nigra* subsp. *laricio*, le pin de Corse (de 20 à 25 m), a un port étalé et un feuillage vert lumineux.

CULTURE EN POT Très grand dans la nature, le pin parasol peut s'adapter dans un grand pot en conservant une taille modérée. En hiver, laissez-le dehors, dans un endroit abrité du vent.

UTILISATIONS Isolé, groupe, alignement.

DANS UN JARDIN AU BORD DE LA MÉDITERRANÉE, VOUS POUVEZ AUSSI CULTIVER LES PLANTES SUIVANTES

★ *Acca sellowiana* (feijoa) ➲ p. 883 ★ *Aristolochia macrophylla* (aristoloche) ➲ p. 352 ★ *Azara serrata* ➲ p. 249 ★ *Beschorneria yuccoides* ➲ p. 311 ★ *Brugmansia arborea, B. sanguinea* (datura en arbre) ➲ p. 596 ★ *Cestrum nocturnum* (galant de nuit) ➲ p. 597 ★ *Coprosma spp.* ➲ p. 590 ★ *Cycas revoluta* (sagou du Japon) ➲ p. 298 ★ *Eriobotrya japonica* (néflier du Japon) ➲ p. 883 ★ *Eucalyptus spp.* ➲ p. 135 ★ *Ficus carica* (figuier) ➲ p. 884 ★ *Lantana camara* (mille-fleurs) ➲ p. 572 ★ *Olea europaea* (olivier) ➲ p. 885 ★ *Osteospermum spp.* (dimorphoteca) ➲ p. 255 ★ *Pittosporum tobira* ➲ p. 600 ★ *Ziziphus jujuba* (jujube) ➲ p. 297

CASSE, CASSIER, SÉNÉ

Senna spp.

J F M A **M J J A** S O N D

Hauteur	Largeur	Exposition	Feuillage	Rusticité
2/3 m	2/3 m	☀	P	0 °C

Senna corymbosa

Ces grands arbustes tropicaux, dont certaines espèces appartiennent désormais au genre *Senna*, développent de longues feuilles alternes, pennées. Les fleurs jaune d'or sont réunies en grappes de 15 à 30 cm de long.

SOL Profond, bien drainé, pas trop riche.

EXPOSITION Chaude, ensoleillée, abritée.

CULTURE Sur la Côte d'Azur, plantez en pleine terre au printemps. Ailleurs, hivernez les plantes dans la véranda entre 5 et 10 °C (le feuillage devient caduc). N'arrosez pas trop, l'eau calcaire est bien acceptée. Donnez de l'engrais pour rosiers tous les 15 jours, d'avril à septembre. Rempotez en mars, après avoir taillé les tiges au tiers de leur longueur pour favoriser la floraison.

ESPÈCES Il existe plus de 400 espèces de *Senna* et 90 de *Cassia*. *Senna corymbosa*, semi-érigé, est assez rustique (3 m). *S. didymobotrya* est ample, aux épis dressés (1,50 m). *Cassia fistula*, aux longues grappes pendantes jaune d'or, est à réserver à la Côte d'Azur.

CULTURE EN POT Dans un mélange de terreau, de sable de rivière et de terre de jardin par tiers. *Senna corymbosa* se développe moins bien en pot qu'en pleine terre. Soutenez sa croissance par des engrais et des pincements pour lui voir atteindre 1 m dans un bac de 40 cm de côté.

UTILISATIONS En isolé, dans un massif exotique avec palmier ou en bac en véranda.

Un jardin côté Ouest

Le climat de l'Ouest atlantique est idéal pour une grande variété de végétaux, sans oublier toutes les plantes de climats doux. Toutefois, en front de mer, les conditions sont bien plus rudes et il faut savoir composer avec le vent et le sel.

Concevoir un jardin de bord de mer

Les conditions en bordure de mer sont très particulières et laissent peu de place à l'improvisation. La structure passe par un jardin en trois rideaux de végétation ... **1**

Des plantes en première ligne

Les plantes à utiliser en front de mer, exposées aux vents chargés d'embruns, doivent pouvoir supporter des conditions difficiles ... **2**

Teucrium fruticans

Amaryllis

Des fleurs au bord de la mer

Ce n'est pas parce qu'on jardine sur le littoral qu'il faut se passer des belles floraisons éclatantes. Les espèces adaptées sont aussi généreuses en couleurs ... **3**

Honckenya peploides

Allongées sur le sable

Les dunes, voilà un sol pas facile *a priori* ! Pas de panique, les solutions existent et passent essentiellement par le bon choix des espèces à planter... **4**

Une pelouse en bord de mer

Une jolie pelouse en bord de mer, c'est un rêve accessible. À condition de choisir les bons mélanges de semences et d'accepter quelques alternatives originales ... **5**

Un jardin de fougères et de bruyères

Les bruyères sont indissociables des jardins de l'Ouest et l'association avec certaines fougères est du plus bel effet

... **6**

La petite histoire

On connaît les Khoïkhoïs, autrement appelés Hottentots, pour leur curieux langage fait de claquements de langue. Moins pour leur figue ... **7**

IDÉES

→ POURQUOI PAS... Un jardin gris sous le ciel breton ? 8

→ POURQUOI PAS... Manger des plantes sauvages du bord de mer ? 9

ALLÉE D'AGAPANTHES

et Si

- Je veux planter un oléaria ? 10
- Mon grisélinia a été abîmé par le gel ? 11

Les Plantes idéales

★ **Des plantes pour leurs fleurs remarquables :** *Agapanthus spp.* ; *Amaryllis belladona* (lis belladone) ; *Azara serrata* ; *Crinodendron hookerianum* ; *Crinum* x *powellii* (crinole) ; *Crocosmia* x *crocosmiiflora* (montbrétia) ; *Diascia* x *hybrida* (diascia vivace) ; *Embothrium coccineum* (arbre de feu du Chili) ; *Hydrangea spp.* (hortensia) ; *Osteospermum spp.* (dimorphoteca) ; *Sophora japonica* (sophora du Japon).

★ **Des plantes pour le sec et le sel :** *Cistus ladanifer* 'Sulcatus' ; *Escallonia rubra* var. *macrantha* ; *Griselinia littoralis* (fusain irlandais) ; *Leymus arenarius* (blé d'azur) ; *Libertia formosa* ; *Olearia spp.*

★ **Des plantes pour leur allure exotique :** *Astelia chathamica* (épée d'argent) ; *Cordyline australis* ; *Romneya coulteri* (pavot blanc de Californie).

★ Toutes les plantes présentées dans les thématiques « Un jardin venté », p 130, et « Un balcon sur la mer », p. 550, peuvent aussi convenir.

Nos conseils

1. Évitez les tracés géométriques, ce type de jardin s'inscrit dans le paysage naturel, à l'instar du landscape anglais.

2. Prévoyez une protection contre les vents et les embruns (➔ p. 380).

3. Effectuez de préférence les plantations au printemps, une fois que les tempêtes hivernales ne sont plus à craindre.

4. Après une tempête ou dès que vous constatez un dépôt de sel sur les feuilles, douchez généreusement à l'eau douce les plantes les plus exposées.

5. La pluviométrie est souvent moindre sur la façade atlantique qu'en Méditerranée. Prévoyez un système d'arrosage en conséquence.

6. Tous les ans, amendez très généreusement les sols sableux avec de la matière organique. En terre très acide, chaulez.

Agapanthes

1 Concevoir un jardin de bord de mer

Les plantes les plus exposées sont celles placées en front de mer, dont les racines poussent dans l'eau saumâtre. Pour casser le flot des embruns, plantez un rideau de grands végétaux, arbustes et petits arbres, et acceptez qu'ils ne soient pas toujours d'une impeccable présentation, leur feuillage étant partiellement brûlé par le sel. En deuxième rideau, plantez des arbustes moyens, de 2 à 3 m de hauteur, ils finiront de faire barrage aux embruns, et généralement, ils restent pimpants. Enfin, à l'abri de cette défense contre le vent et le sel, vous pouvez cultiver toutes les plantes classiques au jardin, en tenant compte, bien sûr, du climat et du sol des lieux. Et profiter de toutes les belles fleurs des amaryllis, des agapanthes, des osteospermums, et des monbrétias.

2 Des plantes en première ligne

Pour un premier rideau efficace, plantez l'olivier de Bohême, *Elaeagnus angustifolia,* le pin parasol, *Pinus pinea*, les tamaris, *Tamarix gallica, T. tetandra et T. ramosissima*, l'argousier, *Hippophae rhamnoides*, et, dans les grands espaces, la canne de Provence, *Arundo donax*, en sachant qu'elle est envahissante, quasi indélogeable, mais qu'elle a le mérite de fixer les sols dunaires.

3 Des fleurs au bord de la mer

Les vivaces de bord de mer poussent souvent en coussinet bas, ce qui leur permet d'ignorer les vents, et se reconnaissent à leur feuillage duveteux (pour piéger les embruns), et blanc à argenté (pour repousser les rayons du soleil). Plantez *Asteriscus maritima,* aux petites marguerites jaunes, *Limoniastrum monopetalum*, aux fleurs mauves, *Senecio cineraria*, pour ses fleurs jaunes et surtout son feuillage argenté beau toute l'année, *Convolvulus cneorum*, pour ses fleurs de liseron blanc et son feuillage duveteux. Installez le gazon espagnol, ou œillet marin, *Armeria maritima*, pour sa belle floraison rose intense. Plantez tous les *Delosperma,* leur floraison est fugace mais éclatante, et des marguerites du cap, *Osteospermum spp.*

Œillets marins *(Armeria maritima)*

4 Allongées sur le sable

Pour fixer les dunes, vous pouvez disposer des faisceaux de rameaux d'ajoncs ou de bruyères plantés dans le sable, mais vous devez aussi planter des espèces végétales dont l'appareil racinaire a la même fonction. En premier lieu, les graminées, qui poussent en front de mer. L'oyat, *Ammophila arenarius* (syn. *Pallenis maritima*), est le plus connu, il pousse en touffe de plus de 1 m et ses rhizomes sont puissants. Utilisez aussi la queue-de-lièvre, *Lagurus ovatus,* et l'herbe aux écouvillons, le blé d'azur, *Leymus arenarius*, *Pennisetum alopecuroides* et ses multiples variétés, 'Hameln', 'Herbstzauber', autant de touffes de 60 à 80 cm. Vous pouvez aussi planter le vrai pourpier de mer, *Honckenya peploides*, une plante succulente prostrée, à ne pas confondre avec *Atriplex halimus*.

Blé d'azur

5 Une pelouse en bord de mer

Un tel gazon doit être adapté aux vents desséchants, aux embruns, à la salinité du sol, il doit résister aux conditions estivales et demander le moins d'entretien possible. Dans le commerce, vous trouverez les bons mélanges, avec une composition tournant autour de 30 % ray-grass anglais, 15 % fétuque rouge demi-traçante, 10 % fétuque ovine, 45 % fétuque élevée. Vous pouvez aussi adopter les alternatives aux gazons en plantant *Lippia nodiflora* (syn. *Phyla modiflora*), *Zoysia tenuifolia*, *Frankenia laevis*... **(➔ p. 204)**

6 UN JARDIN DE FOUGÈRES ET DE BRUYÈRES

Un jardin au bord de l'Atlantique n'aurait pas son identité sans les bruyères, des arbustes parfaitement adaptés au bord de mer, aux sols sableux, avec une nette préférence pour les sols acides. Les genres *Erica*, *Calluna* et *Daboecia* proposent de très nombreuses variétés. À associer avec les belles frondes de fougères, particulièrement deux espèces fragiles pour les autres climats et situations, l'osmonde royale, *Osmunda regalis,* et la fougère arborescente, *Dicksonia antartica.*

Bruyère *(Erica)*

Osmonde royale

7 La petite histoire

Dans les habitudes alimentaires de ce peuple d'Afrique du Sud, on a constaté la consommation des fruits de Carpobrotus edulis, davantage connu chez nous sous le nom de « doigts de sorcière » que celui de « figue des Hottentots ». Il suffit d'en planter un fragment pour qu'il s'enracine. Une faculté largement exploitée dans les années 1960 et 1970 pour former de vastes et épais tapis de végétation en front de mer. Surtout, abstenez-vous-en, car le figuier des Hottentots, est classé parmi les espèces invasives à éradiquer. Une véritable peste végétale.

IDÉES

8 POURQUOI PAS... UN JARDIN GRIS SOUS LE CIEL BRETON ?

Un feuillage gris est synonyme d'adaptation au bord de mer ; il a pour fonction de réfléchir les rayons du soleil et ses U.V. La liste des arbrisseaux et arbustes ayant ces caractéristiques et adaptés aux fronts de mer sont nombreux : les armoises, *Artemisia spp.*, *Atriplex halimus*, *Cistus laurifolius*, tous les *Helichrysum spp.*, les oléarias, *O. traversii*, *O.* x *scillonensis*, *O.* x *haastii*, la santoline grise, *Santolina chamaecyparissus*, *Senecio vira vira*, *Stachys byzantina*, la germandrée, *Teucrium fruticans*...

Santoline

9 POURQUOI PAS... MANGER DES PLANTES SAUVAGES DU BORD DE MER ?

Le littoral ouest offre quelques plantes consommables et goûteuses. Cueillez les pousses de salicorne pour les poêler, c'est autorisé, mais soumis à une réglementation variable d'une commune à l'autre. Ramassez les fruits du chalef, *Elaeagnus* x *ebbingei*, bien mûrs sinon ils sont âpres, une plante de haie très courante, même et la criste marine, *Crithmum maritimum*, ses feuilles charnues ont un petit goût de carotte.

Criste marine

et Si

10 Je veux **planter** un **oléaria** ?

L'aster en arbre vous propose quelques espèces pour le jardin de bord de mer. Plantez *Olearia virgata*, de 3 à 4 m de hauteur et 2 à 3 m de largeur, aux rameaux souples, aux feuilles grises, linéraires, ressemblant, à celles du romarin ; sa croissance est rapide. *Olearia* x *haastii* est moins haut, 1,50 à 2 m de hauteur ; son port est arrondi et régulier, ses feuilles entières, ovales, coriaces, vert brillant sur le dessus et argentées au revers. *Olearia* x *scillonensis* est remarquable par sa floraison, entre avril et juin, en une multitude de petites marguerites blanches à blanc crème qui couvrent entièrement la plante.

Olearia x *scillonensis*

11 Mon **grisélinia** a été abîmé par le **gel** ?

Entre les effets du sel et du gel, le fusain anglais ou irlandais, *Griselinia littoralis*, fait triste mine à la sortie de l'hiver. Le remède est simple : il suffit de tailler même court dès début mars pour profiter de nouveau de son beau feuillage vert légèrement acidulé.

AGAPANTHE

Agapanthus spp.

J F M A M **J J A** S O N D

Hauteur	Largeur	Exposition	Feuillage	Rusticité
0,80/1 m	50/60 cm	Soleil	V	-10 °C

Vidéo « Cultiver une agapanthe »*

Originaire d'Afrique du Sud, l'agapanthe est une vivace à racines charnues qui forme des touffes aux feuilles en rubans de 30 à 40 cm de long, rigides, érigés, vert foncé. En été, les fleurs sont groupées en ombelles globuleuses de 20 cm de diamètre à l'extrémité de hampes verticales.

SOL Léger, sableux, enrichi en humus, restant frais l'été, mais bien drainé l'hiver.

EXPOSITION Soleil ardent et forte chaleur.

CULTURE Plantez au printemps au jardin ou dans un bac, en enterrant les souches charnues à 5 cm de profondeur environ. Coupez les tiges florales fanées au ras du sol. Paillez en hiver. Divisez les touffes en automne, seulement lorsqu'elles fleurissent beaucoup moins.

ESPÈCES ET VARIÉTÉS Il existe 9 espèces et 7 sous-espèces. *Agapanthus africanus* (syn. *A. umbellatus*), 80 cm, est bleu pâle ; 'Albus' blanc. On cultive beaucoup d'hybrides (il en existe plus de 300) : 'Blue Triumphator' (1 m), à grandes fleurs veinées bleu ciel ; 'Cobalt Blue' (60 cm), bleu marine ; 'Donau' (80 cm), bleu soutenu ; 'Getty White' (60 cm), blanc ; 'Headbourne' (80 cm), à fleurs plus grandes ; 'Peter Pan' (50 cm), bleu lavande ; 'Polar Ice' (80 cm), blanc ; 'Tom Thumb' (40 cm), bleu foncé ; 'Twister' (50 cm), blanc avec la base de la fleur bleu marine.

CULTURE EN POT Possible dans un grand contenant, car les souches prennent de la place. Comptez 3 sujets dans un pot de 40 cm aussi profond que large. L'agapanthe a besoin de lumière et de chaleur.

UTILISATIONS Potée, massif, en groupe important le long d'une haie, d'un mur, d'une clôture.

LIS BELLADONNE

Amaryllis belladonna

J F M A M J J A **S O** N D

Hauteur	Largeur	Exposition	Feuillage	Rusticité
60/80 cm	30/40 cm	Soleil	B	-7 °C

Cette bulbeuse frileuse est cultivée pour sa floraison très tardive. Appelée parfois *Brunsvigia rosea*, son gros bulbe charnu donne une tige dénudée portant des fleurs en trompette de 6 à 10 cm de long au parfum doux et vanillé rappelant celui du lis de la Madone *(Lilium candidum)*.

SOL Léger, bien drainé, profond, humifère.

EXPOSITION Plein soleil, abritée, au sud.

CULTURE Plantez en juin-juillet, à 25 cm de profondeur, en espaçant les bulbes de 30 à 40 cm. Apportez un engrais pour bulbes après la floraison. Laissez les touffes en place pendant 5 à 7 ans, avant de les diviser au moment où le feuillage jaunit. Protégez du froid en hiver.

ESPÈCES ET VARIÉTÉS La nomenclature reconnaît 3 espèces, dont *Amaryllis belladonna*, la seule régulièrement cultivée ; 'Cape Town', rose foncé ; 'Hathor', blanc ; 'Johannesburg', rose pâle ; 'Kimberley', rose à cœur blanc.

CULTURE EN POT Adaptée, si le balcon ou la terrasse ne sont pas exposés à l'est ou au nord. Plantez un bulbe dans un pot de 30 cm de diamètre.

UTILISATIONS Massif avec des annuelles tardives ou des vivaces, potées en véranda.

NE PAS CONFONDRE

Amaryllis belladonna n'a rien à voir avec les espèces du genre *Hippeastrum*, plantes bulbeuses d'intérieur appelées aussi "amaryllis".

*Télécharger l'application Truffaut +, voir p. 6-7

ÉPÉE D'ARGENT, ASTÉLIE

Astelia chathamica

J F M **A M** J J A S O N D

Hauteur	Largeur			Rusticité
0,60/1,20 m	0,80/1 m		V	-10 °C

Les astélies sont des plantes vivaces poussant en touffe de feuilles rubanées ; elles rappellent les phormiums et, comme eux, sont originaires de l'hémisphère Sud. Le feuillage persistant est décoratif tout au long de l'année. Floraison assez peu intéressante, jaunâtre, en avril-mai, suivie de fruits orange en grappes sur les pieds femelles.

SOL Bien drainé et frais, humifère.

EXPOSITION Soleil ou mi-ombre, chaude. Plante adaptée aux embruns.

CULTURE Plantez au printemps ou en automne dans les régions plus clémentes, dans un lieu abrité des vents forts. Aucun entretien, sinon de supprimer les feuilles sèches et les hampes florales fanées.

ESPÈCES ET VARIÉTÉS Le genre rassemble 26 espèces, une sous-espèce et quelques variétés. Plantez *Astelia chathamica* 'Silver Shadow' donnant une touffe compacte de 60 cm, à feuilles larges, assez rustique ; 'Silver Spear', touffe plus haute (1 m), à feuilles gris argenté aux reflets métalliques.

CULTURE EN POT Très facile. Donnez un terreau riche, à maintenir frais en permanence, et un contenant large, de 40 cm de diamètre.

UTILISATIONS Massif, isolé, en potée sur les terrasses.

AZARA

Azara serrata

J F M A M **J J** A S O N D

Hauteur	Largeur			Rusticité
2/4 m	1/3 m		P	-10 °C

Ce bel arbuste frileux est surtout cultivé dans les régions littorales. Originaire du Chili, il porte un feuillage alterne, coriace, ovale, denté, vert brillant. La floraison estivale jaune évoque celle du mimosa, sans en avoir l'éclat et le parfum.

SOL Installez-le dans une terre profonde, riche, fraîche et non calcaire.

EXPOSITION Chaude, mais sans soleil trop fort.

CULTURE L'azara peut être cultivé en Île-de-France, au pied d'un mur exposé au sud. Dans les régions plus fraîches, hivernez-le en véranda. Rabattez en mars toutes les tiges de moitié. Multiplication par bouturage de tiges en été. Protégez le pied en hiver en paillant.

ESPÈCES ET VARIÉTÉS Il existe 12 espèces et une variété naturelle *(Azara serrata* var. *fernandeziana). A. microphylla* est plus rustique, avec une floraison de février à avril, au subtil parfum de vanille. Sa forme panachée 'Variegata' pousse lentement.

CULTURE EN POT Possible dans un grand bac, au soleil.

UTILISATIONS Isolé, bac, orangerie.

CORDYLINE

Cordyline australis

J F M A **M J J** A S O N D

Hauteur	Largeur			Rusticité
2/6 m	1/2 m		P	0 °C

Cordyine 'Red Star'

Cet arbuste forme un tronc à l'écorce fissurée et de longues feuilles rubanées, coriaces, en gros bouquets à l'extrémité des branches. La floraison en panicules terminales blanc crème, parfumées, de 1 m de long, apparaît chez les sujets âgés. Cette espèce résiste aux vents marins.

SOL Bonne terre de jardin bien drainée.

EXPOSITION Ensoleillée et chaude.

CULTURE Plantez en mai. En hiver, conservez les potées en serre froide, entre 5 et 7 °C, en laissant la terre sécher (un arrosage par mois).

ESPÈCES ET VARIÉTÉS Il existe 27 espèces. *Cordyline australis* est la plus cultivée. Citons : 'Albertii', strié jaune et vert ; 'Atropurpurea', rouge violacé ; 'Burgundy Spire', strié crème et vert ; 'Cherry Sensation', rose cerise ; 'Red Star', rouge bronze ; 'Southern Splendour', gris vert marginé de rose ; 'Torbay Dazzler', vert et crème. *C. indivisa* (de 5 à 6 m), à feuilles fines, forme un tronc se ramifiant à l'extrémité, faible rusticité (– 5 °C).

- **HYBRIDES** : Beaucoup ont des couleurs étonnantes. 'Black Tana', pourpre très foncé ; 'Cha Cha', vert, orange, rose et crème ; 'Electric Flash', vert brun marginé de crème ; 'Electric Pink', prune et rose ; 'Kiwi', vert, rose et bronze ; 'Pink Passion', rose, pourpre et blanc ; 'Purple Tower', rose et bronze violacé ; 'Sundance', vert bordé de bronze et de rouge.

CULTURE EN POT Dans un contenant de 30 cm. Ajoutez 50 % de terreau pour agrumes.

UTILISATIONS Massif, balcon, serre froide.

CRINODENDRON

Crinodendron hookerianum

J F M A **M J** J A S O N D

Hauteur	Largeur	Exposition	Type	Rusticité
3/5 m	1/3 m		P	-8 °C

Peu rustique, le crinodendron porte un feuillage alterne, vert foncé, très étroit, de 5 à 12 cm de long. Les fleurs, en forme de lanterne couleur fuchsia, portées par un long pédoncule, sont réunies en bouquets retombants. Croissance plutôt lente. Cet arbuste assez rare réussit bien surtout sur la côte atlantique.

SOL Riche et frais, obligatoirement acide.

EXPOSITION Ombre légère ou mi-ombre. Plantez le crinodendron dans un endroit bien aéré, dégagé des autres végétaux.

CULTURE Plantez au printemps. Paillez chaque hiver, même par temps doux. Arrosez par temps sec. Taille inutile. Multiplication par boutures en pot à la fin de l'été, hivernées dans la véranda.

ESPÈCES Il existe 4 espèces. *Crinodendron hookerianum* est quasiment le seul cultivé dans nos jardins.

CULTURE EN POT Préférable en véranda, si des gelées inférieures à – 7 °C sont à craindre.

UTILISATIONS Isolé ou palissé contre un mur.

CRINOLE

Crinum x powellii

J F M A M J **J A** S O N D

Hauteur	Largeur	Exposition	Type	Rusticité
0,80/1,50 m	30/80 cm		B	-10 °C

Hybride horticole de deux espèces originaires d'Afrique du Sud, cette plante au bulbe volumineux porte une touffe imposante de feuilles arquées. Il en émerge des hampes florales terminées par une ombelle de 6 à 10 fleurs superbes en entonnoir.

SOL Profond, riche, poreux, organique.

EXPOSITION Soleil chaud, à l'abri du vent.

CULTURE Plantez les bulbes au printemps, à fleur de terre, à 30-50 cm de distance. Apportez un engrais complet plusieurs fois dans la saison. Arrosages fréquents et copieux l'été. Divisez les vieilles souches en mars. Couvrez la souche en hiver avec un voile pour limiter le froid et l'humidité du sol.

ESPÈCES ET VARIÉTÉS Il existe 106 espèces. *Crinum* x *powellii* est la seule crinole rustique, à fleurs rose clair ou blanc pur. *C. asiaticum*, à fleurs blanches, peut être réussi dans les jardins les plus abrités de la Côte d'Azur (au minimum – 4 °C).

CULTURE EN POT Dans un contenant de 40 cm de large.

UTILISATIONS Massif, plate-bande, groupe isolé (3 bulbes), potée.

MONTBRÉTIA

Crocosmia x crocosmiiflora

J F M A M J **J A S O** N D

Hauteur	Largeur	Exposition	Type	Rusticité
0,50/1 m	30/60 cm		B	-10 °C

Crocosmia 'Lucifer'

Cette bulbeuse forme des touffes très florifères en climat doux et qui se naturalisent. Elle ressemble à un petit glaïeul. Ses feuilles lancéolées, étroites, sont souvent plissées. La hampe florale, grêle, porte de 3 à 5 épis arqués aux nombreuses corolles en entonnoir de couleurs vives.

SOL Léger, frais, bien drainé. Apportez des matières organiques à la plantation.

EXPOSITION Chaude et ensoleillée, mais jamais sèche durant la croissance.

CULTURE Plantez en avril à 10 cm de profondeur (15 cm dans les régions fraîches), par taches d'une dizaine de cormus espacés de 10 à 20 cm. Laissés en place, ils demandent un paillage hivernal. Arrachés à l'automne, ils se conservent au sec hors gel. Arrosez l'été. Divisez les vieilles souches peu florifères au printemps.

ESPÈCES ET VARIÉTÉS Il existe 9 espèces. *Crocosmia* x *crocosmiiflora* est le parent de tous les hybrides jaunes, orange, rouges : 'Emily McKenzie' (70 cm), à feuilles bronze, fleurs orange ; 'George Davidson' (70 cm), jaune orangé ; 'Lucifer' (1 m), rouge feu, assez frileux. *C. masoniorum* (80 cm), à grandes fleurs rouge orangé, en épis sur deux rangs.

CULTURE EN POT Une dizaine de cormus dans un contenant de 40 cm de diamètre et 30 cm de profondeur forme une belle touffe décorative. La conservation hivernale est délicate.

UTILISATIONS Massif, bouquet.

DIASCIA VIVACE

Diascia x hybrida

J F M A **M J J A S O** N D

Hauteur	Largeur	Exposition	Type	Rusticité
30/40 cm	30/40 cm		V	-8 °C

Diascia rigescens

Ces vivaces semi-rustiques sont appréciées pour leur longue floraison. Les tiges sont grêles et les feuilles opposées, cordiformes ou linéaires. Les fleurs en tube à 5 lobes sont en grappes légères ; les lobes inférieurs sont larges, les lobes supérieurs sont éperonnés et portent une marque jaune.

SOL Riche, frais, poreux.

EXPOSITION Chaude, en plein soleil. Évitez les vents froids et desséchants.

CULTURE Plantez ou sortez les potées fin avril. Hivernez en véranda hors gel. Bouturez les hybrides sous abri chauffé, à la fin de l'hiver. Divisez les touffes.

ESPÈCES ET VARIÉTÉS Il existe 68 espèces. *Diascia barberae* et *D. vigilis* ont donné beaucoup d'hybrides, appelés parfois *D. x grandiflora*, dont 'Coral Belle' (40 cm), rose corail orangé, et 'Pink Queen' (25 cm), rose vif. *D. fetcaniensis* (25 cm), semi-persistant, à fleurs roses (rusticité – 7 °C). *D. integerrima* (40 cm), au port étalé, à feuilles étroites et fleurs roses. *D. rigescens* (40 cm), forme des épis floraux dressés, rose foncé ; 'Ruby Field' (30 cm) est plus buissonnant, rose.

CULTURE EN POT Les diascias vivaces s'étalent un peu trop pour faire de bonnes potées, mieux vaut choisir des formes hybrides cultivées en annuelles **(➲ p. 251)**.

UTILISATIONS Massif d'annuelles, bordure des massifs de vivaces ou d'arbustes.

ARBRE DE FEU DU CHILI

Embothrium coccineum

J F M A **M J** J A S O N D

Hauteur	Largeur	Exposition	Type
5/10 m	2/3 m		P

Ce petit arbre à la silhouette bien ramifiée doit son nom commun à sa floraison écarlate, en mai-juin. Il est doté d'un joli feuillage vert foncé, brillant. Peu rustique, il se cultive surtout sur la côte atlantique (Bretagne).

SOL Frais en été, bien drainé l'hiver, franchement acide, pas trop riche.

EXPOSITION Soleil non brûlant ou mi-ombre douce, à l'abri des vents froids et secs, et des fortes gelées. Une forte humidité ambiante est très appréciée.

CULTURE Paillez le pied chaque hiver, même sous un climat doux, arrosez par temps sec. La taille est inutile. La multiplication s'effectue par séparation des drageons produits à la base du tronc.

ESPÈCE ET VARIÉTÉ La nomenclature internationale ne reconnaît aujourd'hui qu'une seule espèce, *Embothrium coccineum*. 'Inca Flame', le seul cultivar répertorié, produit des fleurs d'un rouge plus vif que le type.

CULTURE EN POT Possible, mais pas très recommandé.

UTILISATIONS Isolé dans un petit jardin ou en arrière-plan d'un grand massif.

ESCALLONIA

Escallonia spp.

J F M A M **J J A** S O N D

Hauteur	Largeur	Exposition	Type
0,8/3 m	1/2 m		P

Escallonia 'Donard Seedling'

Les escallonias forment des buissons compacts, bien ramifiés. Feuilles, alternes ou verticillées, coriaces, ovales, vert brillant. Floraison estivale en corolle tubulaire ou en coupe formant des petits bouquets blancs, roses ou rouges.

SOL Terre de jardin fertile bien drainée, de préférence un peu acide ou neutre.

EXPOSITION Ensoleillée et chaude.

CULTURE Plantez au printemps. Pour constituer une haie, distancez les pieds de 60 à 80 cm. Apportez un engrais pour rosiers au printemps. Taillez pour équilibrer la silhouette en février et en septembre. Paillez le pied en hiver.

ESPÈCES ET VARIÉTÉS Il existe 51 espèces. *Escallonia laevis* 'Gold Brian', à feuilles panachées vert et jaune, fleurs rose vif ; 'Pink Elle' (80 cm), forme compacte à feuilles rondes et coriaces, fleurs rose et blanc. *E.* x *langleyensis* (2 m), aux longs rameaux arqués, couverts de fleurs rose carmin. *E. rubra* var. *macrantha* (3 m) fleurit rose vif en grappes terminales. *E. virgata* (1,50 m), à feuilles obovales, à bords légèrement dentés, fleurs roses.

- **HYBRIDES** : 'Compacta Coccinea' (1,20 m), au port dressé, fleurs tubulaires rouge sang •••

'Donard Radiance' (1,50 m), compact, à fleurs rose foncé brillant, précoces; 'Donard Seedling' (2,50 m), rose clair et parfumé; 'Iveyi' (2 m), à petit feuillage et fleurs blanches; 'Pride of Donard' (1,50 m), touffu, rouge vif; 'Red Carpet' (syn. 'Loncar'), 80 cm, au port étalé, fleurs tubulaires rouges; 'Red Dream', à fleurs et tiges rouge rosé.

CULTURE EN POT Dans un contenant de 40 cm en tous sens.

UTILISATIONS Haies fleuries, libres ou taillées, en bacs sur la terrasse.

Escallonia x *langleyensis*

Escallonia 'Pride of Donard'

BORD DE MER

L'escallonia est l'un des meilleurs arbustes pour les haies en bord de mer.

GRISÉLINIA, FUSAIN IRLANDAIS

Griselinia littoralis

J F M A M J J A S O N D

2/4 m | 1/3 m | P | -12 °C

Griselinia littoralis 'Variegata'

Originaire de Nouvelle-Zélande, cet arbuste dioïque (il existe des pieds mâles et des pieds femelles) forme un buisson touffu aux feuilles alternes, épaisses, ovales, de 5 à 8 cm de long. Les fleurs sont insignifiantes. Les baies oblongues de 0,5 cm de long, noir violacé, apparaissent en automne.

SOL Toute bonne terre, même calcaire.

EXPOSITION Chaude, en plein soleil.

CULTURE Plantez au printemps. Arrosez régulièrement, surtout les sujets plantés dans un bac. Pas de taille.

ESPÈCES ET VARIÉTÉS Il existe 7 espèces. On cultive surtout *Griselinia littoralis*, au feuillage vert jaunâtre; 'Brodick Gold', panaché de jaune; 'Dickson's Cream', panaché de crème; 'Variegata', panaché de jaune, de blanc et de vert. *G. lucida*, plus petit (2 m), aux feuilles vert foncé brillant, assez épaisses.

CULTURE EN POT Possible dans un bac de 30 cm de large et de profondeur pour un sujet de 1 m de haut. Il craint le gel et doit être hiverné en véranda dans les régions plus fraîches. De mai à octobre, sortez la plante dans le jardin, en plein soleil.

UTILISATIONS Planté en bord de mer, le grisélinia résiste bien aux embruns. On l'emploie surtout comme haie décorative ou brise-vent.

HORTENSIA, HYDRANGÉA

Hydrangea spp.

J F M A M **J J A S O** N D

1/3 m | 1/3 m | C

Hydrangea 'Mirai'

Ces arbustes caducs superbes surprennent par l'exubérance de leur floraison. Rustiques, ils sont originaires de l'est de l'Asie et d'Amérique du Nord. Les feuilles, opposées, entières, dentelées, de 10 à 30 cm de long, sont parfois colorées en automne. Les inflorescences plates, en boule ou en panicule, sont composées de petites fleurs fertiles et de fleurs stériles entourées de bractées. La taille adulte s'obtient en 6 ans.

SOL Riche, frais, humifère neutre ou acide. La terre de bruyère pure ne convient pas, mais elle peut être mélangée avec le sol d'origine. Un terreau forestier est idéal.

EXPOSITION Mi-ombre ou soleil doux.

CULTURE Plantez en automne, les sujets cultivés en haie en les espaçant de 80 cm. Arrosez bien et paillez en été. En hiver, éliminez les fleurs fanées. En mars, rabattez les plus vieilles tiges pour provoquer le départ de nouvelles pousses.

ESPÈCES ET VARIÉTÉS La nomenclature officielle reconnaît aujourd'hui 52 espèces.

- ***HYDRANGEA MACROPHYLLA* : L'HORTENSIA** (de 1,50 à 3 m) se décline en innombrables variétés, à fleurs en boule ou plates.

> **Fleurs en boule** : 'Ankong' (syn. 'Magical Crystal'), 1,50 m, rose ou bleu clair et crème en sol très acide; 'Ayesha' (1,50 m), inflorescence compacte ressemblant à du lilas, rose foncé; 'Bodensee' (1,50 m), énormes têtes bleu clair

ou rose plus ou moins sombre selon l'acidité du sol ; Endless Summer 'The Bride' (1,50 m), floraison remontante, grosses têtes globuleuses blanches ; Hovaria 'Holibel' (1,50 m), au port évasé, inflorescence en dôme blanc qui évolue vers le rose, puis le cramoisi ; Hovaria 'Mirai' (1 m), inflorescence globuleuse très double, à fleurons blancs bordés de rouge ; série 'Magical' (1,20 m), dont les fleurs globuleuses des différentes variétés associent le vert avec leur teinte dominante, ce qui en fait des plantes d'aspect très original, à conseiller en bac ; 'Rosita' (1,40 m), fleur rose soutenu, convient bien en pot ; 'Vicomtesse de Vibraye' (1,50 m), inflorescences rondes bleu clair ou roses, supporte bien le soleil.

› **Fleurs plates :** 'Beauté Vendômoise' (2 m), bleu clair ; 'Blaumeise' (syn. 'Blue Sky'), 1,50 m, fleur d'un bleu intense en sol acide ; Hovaria 'Love You Kiss' (1,40 m), jeune feuille pourpre, grande fleur blanc à liseré rouge, bouton vert clair ; 'Libelle' (syn. 'Teller Blanc', 'Hermine'), 1,40 m, compact, floraison opulente, bouton rose, fleur blanche ; 'Lutin Bleu' (1,30 m), fleur mauve ou bleu foncé selon l'acidité du sol ; 'Mousmée' (1,50 m), fleur rose franc ; 'Tricolor' (syn. 'Teller Variegata'), 1,40 m, feuillage panaché de crème et de rose, fleur blanc rosé ; 'You & Me Romance' (1,20 m), fleurs doubles étoilées, rose vif, sur une inflorescence gracieuse ; 'Zorro' (1,80 m), têtes bleues ou roses, sur des tiges noires.

• **AUTRES HYDRANGÉAS**

› ***Hydrangea arborescens,*** l'hortensia de Virginie **(➲ p. 277).**

› ***Hydrangea aspera*** (syn. *H. villosa*), 3 m, feuillage duveteux, grandes fleurs plates ; 'Hot Chocolate' (2 m), feuillage pourpre brun, boutons roses, fleurs fertiles bleues, fleurs stériles roses.

Hydrangea 'Ayesha'

› ***Hydrangea macrophylla*** subsp. ***serrata*** 'Benigaku' (1,20 m), très rustique, fleur plate blanc rosé, feuillage ombré de pourpre, craint le soleil ; Blue Deckle' (1,20 m), très remontant, fleur plate bleue, très beau feuillage en automne ; 'Grayswood' (2 m), dont la floraison passe entre juillet et septembre du blanc rosé au rouge sombre ; 'Impératrice Eugénie' (1,50 m), feuillage bronze, fleurs en boule qui évoluent du crème au blanc pur, puis se colorent de rose pour faner bordeaux, culture à l'ombre obligatoire ; 'Preziosa' (syn. 'Pink Beauty'), 1,50 m, port souple, couleur de la fleur évolutive du vert au rouge en passant par le rose, belle coloration automnale du feuillage ; 'Santiago' (1 m), fleurs simples et doubles sur le même pied, bleu foncé en sol acide, superbe coloration automnale du feuillage.

› ***Hydrangea sargentiana*** (3 m), au port souple, tiges et face inférieure des feuilles duveteuses, inflorescences plates roses ou mauves.

› ***Hydrangea paniculata,*** l'hortensia paniculé **(➲ p. 456).**

› ***Hydrangea quercifolia,*** l'hortensia à feuilles de chêne (2 m), porte un feuillage découpé en forme de feuille de chêne, qui se colore merveilleusement en automne, panicules de fleurs blanches tout l'été ; 'Snowflake', très belle coloration rouge carmin en automne, fleur simple blanc pur ; 'Snow Queen' (syn. 'Flemygea'), coloration rouge violacé en automne, grandes inflorescences érigées.

CULTURE EN POT Dans un pot de 30 à 40 cm en tous sens par pied. Évitez les courants d'air.

UTILISATIONS Massif, potée, haie fleurie, groupes isolés de plusieurs sujets.

Hydrangea aspera

Hydrangea 'Blaumeise'

Hydrangea serrata 'Grayswood'

BLÉ D'AZUR

Leymus arenarius

J	F	M	A	M	**J**	**J**	**A**	S	O	N	D

0,60/1 m | 40/60 m | V

Le « seigle des sables » (un autre de ses noms) est une graminée vivace au feuillage disparaissant l'hiver (il peut persister dans les régions douces), poussant en touffe. Son intérêt décoratif tient à ses feuilles d'un beau bleu métallique, rare dans le monde végétal.

SOL Léger, très sableux (sa première utilisation est pour fixer les dunes), pauvre en humus et calcaire.

EXPOSITION Soleil ou mi-ombre.

CULTURE Plantez au printemps, ou en automne seulement dans les climats doux, à raison de 3 ou 4 godets/m². Si le sol est trop lourd, amendez-le avec du sable, du gravier ou de la pouzzolane. Inutile de fertiliser. En hiver, coupez tout le feuillage sec; dans les régions les plus froides, paillez. Divisez les grosses touffes pour multiplier la plante.

ESPÈCES ET VARIÉTÉS Il existe 55 espèces. Le cultivar 'Blue Dune' (80 cm) est plus compact que le type, feuillage glauque.

CULTURE EN POT Elle est facile; pensez à mettre une bonne couche de drainage dans le fond du contenant.

UTILISATIONS Pour jardin sec de bord de mer.

LIBERTIA

Libertia formosa

J	F	M	A	M	J	J	A	S	O	N	D

0,60/1 m | 40/60 cm | V | -12 °C

Cette vivace chilienne pousse en gros coussin dense composé de feuilles linéaires, rappelant celles des iris, en plus étroites et plus figées. Elles sont vert clair avec de légers reflets bronze. En juin-juillet, la floraison se fait en nombreuses hampes florales de 1,50 m de haut, porteuses de fleurs blanches de 2 à 3 cm de large.

SOL Terre de jardin, pas trop humide, même si la plante aime une hygrométrie importante. Évitez le calcaire.

EXPOSITION Dégagée, ensoleillée et protégée des vents forts et du froid.

CULTURE Les conditions de plantation remplies, le libertia ne réclame aucun soin particulier. Apportez tous les ans, en début de printemps, un peu de compost, protégez du froid si besoin. Pas de maladies ni de parasites à noter.

ESPÈCE L'espèce *Libertia formosa* se nomme dorénavant *L. chilensis*. Seule l'espèce type est cultivée, et on ne connaît pas de cultivar. On trouve aussi *Liberta ixoides* 'Gold Finger'.

CULTURE EN POT Non seulement elle est facile, mais on la recommande dans les régions froides, où il faudra rentrer ou protéger les pots. Donnez un terreau riche.

UTILISATIONS Massifs, en isolé, en pot.

OLÉARIA

Olearia spp.

J	F	M	A	**M**	**J**	**J**	**A**	S	O	N	D

2/5 m | 1/2,50 m | P | -5/-7 °C

Cet arbuste compact, arrondi, un peu frileux, est idéal pour une haie en bord de mer. Les feuilles, alternes, étroites, petites, sont souvent argentées et duveteuses au revers. Les très nombreuses fleurs blanc jaunâtre, ressemblant à des petites marguerites, sont groupées en bouquets.

SOL Ordinaire, frais et bien drainé.

EXPOSITION Chaude et ensoleillée, les vents forts et les embruns sont acceptés.

CULTURE Plantez au printemps. Pour une haie, comptez un pied tous les 80 cm. Laissez la plante en forme libre en taillant le moins possible. Après l'hiver, coupez les branches abîmées, près de la souche.

ESPÈCES ET VARIÉTÉS Il existe un peu plus de 180 espèces et quelques sous-espèces. *Olearia* x *haastii* (2 m), à feuilles vert foncé et luisantes sur le dessus, grisâtres dessous. *O. macrodonta* 'Major' (5 m), vert et argent. *O. nummulariifolia* (2 m), à feuilles coriaces, ondulées, couvertes d'un feutrage laineux crème à la face inférieure, fleurs jaune crème parfumées. *O. traversii* (5 m), vert clair sur la face supérieure, blanc argenté au revers. *O. virgata* (2 m), gris-vert, à fleurs blanches parfumées, est très compact.

CULTURE EN POT Dans un grand bac de 40 cm en tous sens. Rempotez tous les 4 ans.

UTILISATIONS Haies brise-vent dans les jardins du bord de mer, bacs sur terrasse.

Olearia virgata

DIMORPHOTECA, SOUCI DU CAP

Osteospermum spp.

J F M A **M J J A S O** N D

Hauteur	Largeur	Exposition	Rusticité	Froid
10/60 cm	30/50 cm	☀	V	-8 °C

Souvent confondus avec les *Dimorphoteca*, qui sont des plantes annuelles, les *Osteospermum* sont des vivaces ou des sous-arbrisseaux semi-rustiques, à port étalé, originaires d'Afrique du Sud. Ils portent des feuilles entières, étroites, lobées, et de très nombreuses fleurs, en capitules colorés d'une grande finesse.

Osteospermum 'Whirligig'

Osteospermum ecklonis 'Passion'

Osteospermum ecklonis 'Serenity White'

SOL Léger, bien drainé, pas trop riche.

EXPOSITION Chaude, très ensoleillée, même un peu aride, mais bien aérée.

CULTURE Plantez au printemps à 30 cm de distance. Arrosez seulement par temps de canicule. Dans les régions fraîches et humides, cultivez ces plantes comme des annuelles. Si les tiges deviennent trop dégingandées, rabattez-les des deux tiers, au-dessus d'une feuille. Par temps humide, traitez préventivement contre le mildiou, qui tache les feuilles et affaiblit la plante.

ESPÈCES ET VARIÉTÉS Il existe 47 espèces. *Osteospermum ecklonis* (80 cm), à fleurs blanches à revers bleu. *O. jucundum* (syn. *O. barberae*), de 10 à 50 cm, atteint 1 m de large, rose magenta. On cultive surtout des hybrides : 'Buttermilk' (80 cm), jaune clair; 'Pink Whirls' (60 cm), à fleurs spatulées roses; 'Starlight' (30 cm), 5 coloris; 'Tresco Pink' (20 cm), rose vif; 'Whirligig' (70 cm), à fleurs spatulées blanches.

CULTURE EN POT Dans des pots de 25 cm en tous sens.

UTILISATIONS Bordure, massif, rocaille, potée, avec des plantes succulentes. Belle association avec *Brachyglottis* 'Sunshine'.

PAVOT BLANC DE CALIFORNIE

Romneya coulteri

J F M A M **J J A** S O N D

Hauteur	Largeur	Exposition	Rusticité	Froid
1,50/20 m	50/70 cm	☀	V	-7 °C

De gros pétales blancs à l'aspect froissé et soyeux évoquant les pavots, autour d'un cœur d'étamines jaune d'or : tel est l'attrait principal de cette jolie plante aux feuilles vert bleuté. Plantez-la en sol bien drainé et couvrez la souche d'un paillis l'hiver. Lorsqu'elle est installée, elle s'étend grâce à ses rejets.

SOPHORA DU JAPON

Sophora japonica

J F M A M J J A **S O** N D

Hauteur	Largeur	Exposition	Rusticité
5/8 m	4/6 m	☀	C

Surtout cultivé dans sa forme à port pleureur, cer arbre est rustique. D'une croissance rapide et régulière, son tronc tortueux et crevassé est décoratif. Feuillage, composé, vert foncé. Floraison rarement observée en culture. Les autres sophoras sont plus frileux, mais appréciés pour leurs fleurs. Plantez en automne, en sol riche et bien drainé, plutôt frais, tuteurez, arrosez et paillez. Il existe 60 espèces. *Sophora japonica* est devenu *Styphnolobium japonicum*, mais il est encore vendu sous le nom de « sophora ». *S. japonica* 'Pendula' (de 6 à 8 m) forme une tonnelle naturelle. *S. microphylla* 'Sun King' (de 4 à 6 m), au feuillage très fin, vert foncé, grandes fleurs en clochettes jaune vif. *S. tetraptera*, aux fleurs jaunes somptueuses, est plus rare, mais il craint le froid.

Sophora japonica 'Pendula'

POUR UN JARDIN CÔTÉ OUEST, VOUS POUVEZ AUSSI CULTIVER

★ *Alstroemeria* x *hybrida* ➲ p. 504 ★ *Calluna vulgaris* (bruyère) ➲ p. 517 ★ *Cistus ladanifer* 'Sulcatus' ➲ p. 208 ★ *Cupressus macrocarpa* (cyprès de Lambert) ➲ p. 385 ★ *Echium pininana* (vipérine géante) ➲ p. 312 ★ *Erica spp.* (bruyère) ➲ p. 144 ★ *Fuchsia magellanica* (fuchsia arbustif) ➲ p. 645 ★ *Phlomis fruticosa* (sauge de Jérusalem) ➲ p. 211 ★ *Phormium spp.* ➲ p. 632 ★ *Pinus pinea* (pin parasol) ➲ p. 243 ★ *Pittosporum tobira* ➲ p. 600 ★ *Solanum jasminoides* (morelle faux jasmin) ➲ p. 356

1

2

3

Les hydrangéas

1. *Hydrangea arborescens 'Annabelle'*
2. **HORTENSIA** *Hydrangea macrophyllla*
3. **HORTENSIA** *Hydrangea macrophylla 'Nightingale'*
4. **HORTENSIA** *Hydrangea paniculata 'Vanille Fraise'*
5. **HORTENSIA** *Hydrangea macrophylla 'Ramars Mars'*

4

5

6

7

8

9

6. **HORTENSIA** *Hydrangea macrophylla 'Beihing'*

7. **HORTENSIA** *Hydrangea macrophylla 'Pink'*

8. **HORTENSIA** *Hydrangea macrophylla 'Blaumeise'*

9. **HORTENSIA** *Hydrangea petiolaris*

10. **HORTENSIA** *Hydrangea paniculata 'Limelight'*

11. **HORTENSIA** *Hydrangea macrophylla 'Mousmée'*

10

10

11

Un jardin de climat froid

UN JARDIN EN ZONE FROIDE N'EMPÊCHE EN RIEN DE JARDINER. IL FAUT JUSTE S'ADAPTER À DES CONDITIONS SPÉCIALES. MAIS, S'ADAPTER, N'EST-CE PAS LE PROPRE DE TOUT BON JARDINIER ?

C'EST QUOI, UN JARDIN DE CLIMAT FROID ?

Cela peut être un jardin exposé plein nord ou dans un fond de vallée, dans une région pas très chaude... Les températures hivernales et nocturnes y sont plus basses que la moyenne, la belle saison plus courte ... **1**

C'est bon pour la planète : Planter local

En climat froid plus qu'ailleurs, il est important de planter des espèces qui ont fait leurs preuves localement, sur plusieurs décennies. Ce n'est pas qu'une question de résistance au froid ou d'adaptation au sol. Ces espèces locales ont aussi un cycle physiologique adapté ... **2**

QU'EST-CE QUE L'EMBOLIE HIVERNALE ?

Certaines branches de vos arbres caducs ne repartent pas au printemps ? Il se peut que la fameuse « embolie hivernale » soit en cause ... **3**

La petite histoire : Les plantes font de la résistance

Comment les plantes qui, au printemps, ont des tissus fins et mous, et sont gorgées d'eau, arrivent-elles à résister aux gels les plus sévères quelques mois plus tard ? Découvrez leurs mécanismes secrets ... **4**

LE CAS DU JARDIN D'ALTITUDE

Un jardin d'altitude n'empêche en rien de cultiver fleurs, fruits et légumes. Mais il a ses spécificités. Il faut donc choisir les bonnes plantes et mettre en œuvre les bonnes techniques ... **5**

QU'EST-CE QUI FAIT LA RUSTICITÉ D'UNE PLANTE ?

La génétique est le premier facteur de rusticité. Et vous n'y pouvez rien. Mais il existe d'autres facteurs sur lesquels vous pouvez jouer pour que vos plantes supportent mieux le froid ... **6**

IDÉES

→ POURQUOI PAS... **Trois matériaux pour protéger du froid ?** Pour mettre à l'abri vos plantes, vous avez à votre disposition plusieurs types de matériaux isolants. Sachez jouer de chacun pour vous adapter à chaque situation et à chaque type de plante ... 7

JARDIN ALPIN DU LAUTARET

Les Plantes idéales

Les plantes alpines (qui poussent entre 1 000 et 2 000 m d'altitude) ou rustiques sont recommandées.

★ **Parmi les vivaces :** *Aster alpinus* ; *Aurinia saxatilis* (corbeille-d'or) ; *Erinus alpinus* ; *Dianthus alpinus* (œillet des Alpes) ; *Eryngium alpinum* (panicaut ; *Gentiana spp.* (gentiane) ; *Iris sibirica* ; *Leontopodium alpinum* (edelweiss) ; *Meconopsis betonicifolia* (pavot bleu de l'Himalaya) ; *Primula auricula* (auricule) ; *Pulsatilla vulgaris* (anémone pulsatille).

★ **Parmi les arbres :** *Abies concolor*, *A. koreana*, *A. nordmanniana*, *A. pinsapo* (sapin) ; *Alnus cordata* ; *Larix decidua* (mélèze) ; *Picea spp.* (épicéa) ; *Pinus nigra*.

LES RÈGLES

1. Posez un paillis épais d'au moins 20 cm (compost ou couche de feuilles mortes) qui jouera à la fois le rôle de couverture « réchauffante » et de « tapis absorbant l'humidité ». En effet, les racines des plantes résistent beaucoup mieux au froid lorsque le sol est sec.
2. Posez des cloches protectrices sur les plantes qui craignent l'humidité hivernale.
3. Veillez au bon drainage du sol.
4. Posez un voile d'hivernage sur les plantes s'apprêtant à fleurir pour éviter la chute des boutons floraux.
5. Ne bêchez pas le sol juste avant une période de gel intense, car une terre meuble véhicule bien plus le froid vers les racines.
6. Protégez en priorité. Les plantes en pots le gel pénètre mieux au cœur des racines lorsque la motte est humide et le pot d'un petit diamètre.
7. Laissez la neige. Dessous, la température de surface est de - 1 °C en moyenne, quelle que soit la température extérieure, ce qui évite que les racines soient agressées par le froid. La neige protège aussi des effets refroidissants et desséchants des grands vents.

et Si

- Je veux renforcer la rusticité de mes plantes ? 8
- Ma plante a gelé ? 9

Un jardin de climat froid

1 C'est quoi, un jardin de climat froid ?

C'est souvent un jardin à l'automne court et au printemps tardif, qui subit un hiver long, aux températures plus basses que la moyenne. Selon les régions (et les années), le jardin peut être ou non protégé par une couche de neige. C'est un jardin dont il faut surveiller l'arrosage : en effet, en entraînant la cristallisation de l'eau en glace, le gel empêche l'absorption d'eau liquide par les racines. Les plantes meurent plus souvent en hiver de déshydratation que de froid, surtout lorsqu'elles sont en pot.

Cela peut aussi être un jardin de montagne. Le sol du jardin d'altitude doit être parfaitement drainé afin d'éviter toute stagnation d'eau, qui peut être très importante et dévastatrice pour les plantes lors de la fonte des neiges.

2 *C'est bon pour la planète : Planter local*

Lorsque le climat est rude, plus qu'ailleurs, il faut privilégier les plantes de la flore locale qui s'adapteront bien aux conditions et qui exigeront, par conséquent, moins d'entretien. C'est aussi important pour les arbres fruitiers dont les périodes de mise à fleurs doivent être tardives, pour éviter le gel. Ils doivent aussi pouvoir se récolter rapidement, avant les premières gelées. En ce qui concerne les jardins de montagne, dont l'environnement est très « typé », il est important que le style du jardin et les plantes qui le composent se fondent dans le paysage. On adoptera plutôt l'esprit « prairie alpine » si la pente est faible et la rocaille (jardin alpin) en cas de forte déclivité.

Lupinus polyphyllus

Iris sibirica

Gentiana acaulis

Eryngium alpinum

Pulsatilla vulgaris

Aurinia saxatalis

3 Qu'est-ce que l'embolie hivernale ?

En cas de grand froid, les petits vaisseaux des feuilles peuvent geler. Les gaz dissous dans la sève forment alors des bulles d'air, car ils se dissolvent peu dans la glace. Lors du dégel, ces bulles d'air grossissent et provoquent l'interruption de la circulation de sève dans les vaisseaux. Ce phénomène est appelé « embolie hivernale ». C'est l'une des raisons pour lesquelles les arbres caducs résistent mieux au froid que les persistants.

4 *Le coin du curieux : Les plantes font de la résistance*

Pour résister au froid, la plante abaisse le point de congélation de ses liquides cellulaires, en augmentant leur teneur en sucres ou en acides aminés. En effet, si l'eau pure gèle à 0 °C, celle contenant des composés solubles (solutés) prend en glace à une température d'autant plus basse que la concentration de ces solutés est forte.

Une autre méthode de résistance aux températures extrêmes (chaud et froid) consiste pour la plante à entrer en dormance, en combinant une forte déshydratation (jusqu'à plus de 90 % du contenu en eau des tissus) avec un ralentissement de toutes les activités physiologiques.

5 Le cas du jardin d'altitude

La température diminue avec l'altitude, car la raréfaction de l'air limite l'absorption par le sol des radiations infrarouges émises par le soleil. On perd en moyenne 0,6 °C tous les 100 m, mais la perte de température varie d'environ 0,5 °C pour 100 m, lorsque l'air est saturé, à 1 °C pour 100 m, lorsqu'il l'air est sec. La végétation est toujours plus tardive dans les jardins d'altitude qu'en plaine. Il faut donc décaler les semis et plantation d'environ une semaine pour 300 m d'altitude. La période végétative est aussi plus courte, d'où la nécessité de privilégier des plantes à cycle rapide ou d'effectuer une partie des cultures sous abri (une serre chauffée s'avère très utile dans un jardin d'altitude). Enfin, vu la brièveté de la belle saison, il faut miser sur les plantes annuelles à croissance rapide pour égayer le jardin en été : capucine, centaurée clarkia, coquelicot, cosmos, lavatère, souci, tournesol, zinnia...

IDÉES

7 Pourquoi pas... Trois matériaux pour protéger du froid ?

- **Voiles et housses d'hivernage :** en polypropylène non tissé, ils laissent passer l'air et l'eau. Laissant aussi passer la lumière, ils créent un petit effet de serre autour des plantes, coupent le vent et apportent donc quelques précieux degrés supplémentaires. Il est préférable qu'ils ne touchent pas les plantes : mettez des branches autour des végétaux et enroulez les voiles par-dessus, comme pour faire une petite serre.
- **Plastique à bulles :** l'air étant le meilleur isolant et le plastique laissant passer la lumière, ce matériau crée un effet de serre autour des plantes. Mais il ne laisse pas respirer les végétaux. Il faut donc le mettre ponctuellement (quelques jours) et l'ôter dès que l'on peut ou bien l'entrouvrir quelques heures en milieu de journée pour le replacer en fin de journée. Il est idéal pour protéger les pots et bien isoler les racines.
- **Feuilles mortes :** un excellent matériau, à utiliser quand elles sont bien sèches, en paillage épais au sol ou autour des plantes, maintenues en place par des voiles d'hivernage, par exemple. Elles accumulent de l'air qui isole les bourgeons et les tiges du gel. Au sol, elles se décomposent en donnant de l'humus.

6 Qu'est-ce qui fait la rusticité d'une plante ?

- La rusticité (l'adaptation aux conditions climatiques d'un endroit) d'une plante est d'abord due à son **patrimoine génétique**.
- Son **état physiologique** peut aussi jouer : une plante mal aoûtée du fait d'un été frais et humide, ou d'un apport d'engrais trop tardif, perd une partie de sa tolérance au froid.
- L'**exposition** joue un rôle primordial : une plante installée dans un endroit abrité des vents résiste beaucoup mieux.
- La rusticité d'une plante est liée également au degré de sévérité du **froid**, à sa durée dans le temps et au rythme du gel et du dégel. Les végétaux supportent mal les alternances rapides de douceur et de gel. L'élasticité des membranes de leurs cellules est alors mise à rude épreuve, ce qui entraîne des risques de rupture.
- Enfin, la **qualité du sol** joue : de nombreuses plantes sont beaucoup plus rustiques en sol sec ou très peu humide l'hiver.

et **Si**

8 Je veux **renforcer** la rusticité de mes **plantes** ?

Apportez un engrais potassique en automne. Le potassium contribue à renforcer la résistance des plantes au gel, car il renforce les parois cellulaires. Par ailleurs, il freine la migration vers le milieu extracellulaire de l'eau contenue dans les cellules, ce qui évite leur déshydratation et augmente leur résistance à la sécheresse. Enfin, il permet le transfert des sucres et acides aminés vers les racines et organes de réserve.

9 Ma **plante** a **gelé** ?

Si des taches noires, un brunissement et un ramollissement des tiges apparaissent, si les feuilles tombent... les dégâts sont irréversibles. L'aspect flasque des plantes gelées est dû à l'éclatement des cellules qui libèrent l'eau qu'elles contiennent. Il faut couper les parties abîmées, mettre la plante hors gel (pas au chaud) et espérer une repousse.

SAPIN

Abies spp.

J F M A M J J A S O N D

Hauteur	Largeur	Exposition	
1/30 m	0,80/8 m		P

Abies nordmanniana

Cet arbre, au port ample et conique, résiste bien aux parasites et à la pollution. Souvent confondu avec l'épicéa *(Picea)*, le sapin est un grand arbre à la silhouette bien géométrique, le plus souvent conique, au feuillage coriace, linéaire, aplati. Les cônes dressés (alors qu'ils sont pendants chez l'épicéa) sont d'un joli bleu pourpre ou violets à l'état jeune. Croissance assez lente (de 1 à 3 m en 5 ans).

SOL Profond, riche, humifère, de préférence non calcaire (pH 6-7) et frais.

EXPOSITION Mi-ombre légère ou soleil doux, dans une atmosphère humide. Évitez le nord et les lieux très ventés.

CULTURE Plantez en septembre-octobre ou au printemps. Tuteurez ou haubanez et arrosez régulièrement pendant les premières années. Taillez juste pour équilibrer la ramure en automne.

ESPÈCES ET VARIÉTÉS Il existe 48 espèces et de nombreuses sous-espèces et variétés naturelles. *Abies balsamea* 'Nana', le sapin baumier nain (1 m), globuleux, compact, vert foncé, croissance très lente. *A. concolor*, le sapin du Colorado (de 20 à 25 m), est bleu-vert ou gris-vert, avec des cônes vert pâle, puis pourprés ; 'Compacta' (2 m), au port irrégulier, feuillage d'un joli bleu grisâtre ; 'Violacea', bleu glauque. *A. grandis*, le sapin de Vancouver (de 30 à 40 m), conique, élancé, branches horizontales, longues aiguilles vertes à revers argenté. *A. koreana*, le sapin de Corée (de 10 à 15 m), au port étagé, pousse lentement (2 m en 5 ou 6 ans), aiguilles vert foncé, blanches au revers, très jolis cônes cylindriques, gris pourpré ; 'Oberon' (50 cm), aiguilles particulièrement petites, vert foncé à noirâtres ; 'Prostrate Beauty' (syn. 'Nana'), 1 m, au port étalé, feuilles vert foncé à revers blanc, cônes violets ; 'Silberlocke' (2 m), aux aiguilles contournées à revers blanc, très décoratives en hiver. *A. lasiocarpa* 'Compacta' (1,50 m), conique, gris bleuté. *A. nobilis* (syn. *A. alba*), le sapin blanc (de 40 à 60 m), port conique à branches horizontales, aiguilles plates, non piquantes, finement rayées de deux lignes blanches. *A. nordmanniana* (de 20 à 30 m), le sapin du Caucase, vient d'Asie Mineure. Très rustique, conique, à feuillage plat, épais, au revers argenté ; cônes de 15 à 20 cm. Il supporte le calcaire. 'Golden Spreader' (syn. 'Aurea Nana'), 80 cm, étalé, les feuilles naissent jaune pâle, n'apprécie pas le plein soleil. C'est l'espèce la plus vendue comme sapin de Noël. *A. pinsapo*, le sapin d'Espagne (20 m), conique, aiguilles courtes, glauques ; 'Aurea' (de 4 à 6 m), croissance très lente, extrémité des ramilles dorée au printemps ; 'Glauca' (15 m), coloris bleuté plus soutenu. *A. procera* 'Glauca' (15 m), végétation étagée, aiguilles bleutées à revers argenté.

CULTURE EN POT Possible pour les formes naines, dans un grand bac sur une terrasse.

UTILISATIONS Isolé, alignements ou rideaux. Laissez suffisamment de place à chaque sapin pour se développer amplement. Plantez-les assez loin de la maison. Les formes naines conviennent pour les bordures, les rocailles ou en bacs.

FLÈCHE CASSÉE

Si le sapin perd sa flèche, sélectionnez une pousse latérale souple, puis palissez-la verticalement le long d'un tuteur.

ASTER DES ALPES

Aster alpinus

J F M **A M J J** A S O N D

Hauteur	Largeur	Exposition	
20/30 cm	20/40 cm		V

Les asters des Alpes, forme naine d'asters adaptée au climat froid et à l'altitude, fleurissent au printemps en touffes érigées, buissonnantes, aux feuilles lancéolées et velues. Les fleurs en capitules ressemblent à des marguerites. Elles sont solitaires sur des tiges érigées.

SOL Humifère, frais, bien drainé. Tolère le calcaire.

EXPOSITION Soleil, mi-ombre.

CULTURE Semez en mai ou juin, ou plantez de février à juin. Apportez un engrais pour fleurs au printemps. Arrosez bien durant l'été. Divisez la touffe au printemps après 3 à 5 ans, pour éviter au massif de se dégarnir, car les asters vieillissent mal.

ESPÈCES ET VARIÉTÉS Il existe 250 espèces regroupées selon leur période de floraison. Les asters de printemps fleurissent d'avril à juin. *Aster alpinus* forme une touffe aux feuilles velues, portant des tiges terminées par une fleur solitaire ; 'Albus' (20 cm), blanc pur ; 'Dunkle Schöne' (30 cm), violet ; 'Goliath' (25 cm), bleu lavande ; 'Happy End' (20 cm), rose ; 'White Beauty' (15 cm), blanc.

CULTURE EN POT Sans problème.

UTILISATIONS Bordure, rocaille, potée, fleur à couper.

CORBEILLE-D'OR

Aurinia saxatilis (Alyssum)

J F M **A M** J J A S O N D

15/30 cm | 20/40 cm

Cette vivace rampante est très populaire, car elle fleurit partout. Classée aujourd'hui dans le genre *Aurinia*, mais parfois encore commercialisée sous le nom de *Alyssum saxatile*, très rustique, elle s'étale rapidement sur le sol pour former un tapis de fleurs couleur d'or. Les rosettes de feuilles duveteuses, obovales, souvent découpées, gris-vert, de 5 à 10 cm de long, sont décoratives.

SOL Plutôt sec et bien drainé, calcaire.

EXPOSITION Le plein soleil, même chaud.

CULTURE Plantez en automne (6 à 9 pieds/m^2). Coupez les fleurs fanées pour conserver un port compact. Multiplication par semis au printemps ou par boutures latérales en été.

ESPÈCES ET VARIÉTÉS Il existe 10 espèces. *Aurinia saxatilis* 'Compacta' est plus trapu que le type ; 'Flore Pleno' (syn. 'Plenum'), à fleurs doubles ; 'Gold Dust' (de 15 à 30 cm), jaune très lumineux ; 'Summit' (de 15 à 20 cm), au port compact, feuillage gris, fleurs jaunes. *A. montanum* 'Berggold' (syn. 'Mountain Gold'), 15 cm, jaune, parfumé, à petites feuilles grisâtres.

CULTURE EN POT Dans un pot plus large que haut, pour laisser la plante s'étaler, dans un substrat composé d'un mélange à parts égales de terre de jardin, de terreau et de gravier.

UTILISATIONS Couvre-sol, muret fleuri, rocaille, jardinière, bordure de massif.

ŒILLET DES ALPES

Dianthus alpinus

J F M A M J **J A S** O N D

8/15 cm | 8/15 cm

L'œillet des Alpes forme un coussin compact aux fleurs pourpres à rose foncé, tachées de pourpre foncé au centre.

SOL Léger, humifère, même calcaire, bien drainé.

EXPOSITION Plein soleil assez doux.

CULTURE Installez-le au jardin d'octobre à mars. Arrosez par temps chaud, paillez au printemps pour maintenir le sol bien frais. Bouturez en mai, en prélevant des jeunes pousses à la base de la touffe.

ESPÈCES ET VARIÉTÉS Il existe 300 espèces. Parmi les cultivars de *Dianthus alpinus* : 'Albus', blanc ; 'Dark Red Star', rouge foncé ; 'Johan's Blood', rouge sang ; 'Pink Purple Star', rose violacé à cœur blanc.

CULTURE EN POT Sans problème, dans un mélange de terre calcaire, de terreau et de sable.

UTILISATIONS Bordure, rocaille, dallage, muret, potée, jardinière, bouquets.

FLORAISON

En été, cette plante vivace en coussinet porte des fleurs de 2 à 4 cm de diamètre, aux pétales dentés et barbus.

ÉRINE DES ALPES

Erinus alpinus

J F M A M **J J** A S O N D

8/10 cm | 8/10 cm

Les érines sont des petites plantes vivaces tapissantes. Elles se ressèment toutes seules, colonisant l'espace immédiat pour finir par donner de larges couvre-sol. Les feuilles ovales, faiblement pétiolées, sont réunies en rosette et disparaissent en hiver. En juin et juillet, la plante se couvre d'une délicate floraison en fleurs tubulaires pourprées, réunies en grappes terminales.

SOL Sec, caillouteux, léger, même pauvre.

EXPOSITION Soleil, à protéger des vents froids.

CULTURE Dans la nature, les érines sont des plantes de rocaille ensoleillée ; il convient de s'en inspirer pour les placer au jardin dans les murets, les rocailles, les bordures le long des volées de marches ou dans des auges de pierre, des jardinières. Aucun soin particulier pour ces espèces, sinon veiller à maintenir le sol légèrement frais.

ESPÈCES ET VARIÉTÉS Le genre se résume à 2 espèces et peu de variétés. *Erinus alpinus*, à fleurs roses avec de nombreuses nuances, voire blanches ; 'Dr Hähnle' est d'un rose plus soutenu et stable.

CULTURE EN POT Cette petite plante est parfaite pour la culture en pot, même petit ; elle pousse facilement dans un terreau horticole.

UTILISATIONS Rocailles, muret, bordures, potées.

Un jardin de climat froid

PANICAUT, CHARDON BLEU

Eryngium alpinum

J F M A M J **J A S O** N D

0,30/1 m	30/40 cm		V

Ce chardon buissonnant développe des tiges bleu acier, tout comme le feuillage épineux, finement ciselé. Les inflorescences qui apparaissent en été forment des petits cylindres épineux, accompagnés de bractées plus ou moins découpées.

SOL Profond, sec, bien drainé, même pauvre et caillouteux ou calcaire.

EXPOSITION Plein soleil, même chaud. Le climat maritime est bien accepté.

CULTURE Plantez de septembre à avril (de 4 à 6 pieds/m^2). Rabattez toute la touffe en fin de saison. Multiplication facile par boutures de racines, en février-mars, dans du sable.

ESPÈCES ET VARIÉTÉS Il existe 260 espèces. *Eryngium alpinum* 'Blue Star' (80 cm), aux bractées très fines, bleu acier. *E. amethystinum* (1 m) est d'un bleu très intense. *E. bourgatii*, le chardon bleu des Pyrénées (de 30 à 50 cm), à feuilles très découpées, inflorescences bleues. *E. giganteum*, le panicaut géant (1 m), plante bisannuelle à feuilles glauques et fleurs gris argenté à reflets métalliques ; 'Silver Ghost', franchement argenté. *E. planum*, le panicaut à feuilles plates (1 m) ; 'Bethlehem' (70 cm), à fleurs bleu intense à bractées courtes ; 'Blue Hobbit' (20 cm), forme naine. *E.* x *zabelii* 'Big Blue' (80 cm), aux grandes fleurs d'un bleu acier.

CULTURE EN POT Plante peu adaptée.

UTILISATIONS Massif, rocaille, bouquet.

GENTIANE

Gentiana spp.

J F **M A M J J A S O** N D

0,10/1 m	20/60 cm		V

Gentiana lutea

Connue pour les propriétés des racines de *Gentiana lutea*, la grande espèce alpine, la gentiane se décline en diverses formes. Les feuilles, opposées, sont parfois en rosette. Les fleurs en entonnoir sont disproportionnées par rapport à la plante.

SOL Frais, léger, humifère, plutôt acide pour les espèces à floraison automnale.

Gentiana septemfida

EXPOSITION Une ambiance douce et fraîche, jamais de soleil direct en été.

CULTURE Plantez au printemps (de 6 à 9 pieds/m^2). Traitez contre les limaces par temps humide.

ESPÈCES ET VARIÉTÉS Il existe 400 espèces. Parmi les plus adaptées au climat froid : *Gentiana cruciata*, la gentiane croisette (30 cm), fleurs bleu violacé en été ; *G. lutea* (1 m), fleurs jaunes en été ; *G. septemfida*, la gentiane à crête (20 cm), fleurs bleues en fin d'été.

CULTURE EN POT Possible pour *Gentiana cruciata* et *G. septemfida*.

UTILISATIONS Rocaille, auge, potée, pour les espèces tapissantes. Massif ombragé, pour les autres.

IRIS DE SIBÉRIE

Iris sibirica

J F M A **M J** J A S O N D

0,70/1,20 m	40/60 m		V

Les iris de Sibérie sont des vivaces à rhizomes appréciant tout particulièrement les zones humides. Ce sont des plantes rustiques, aux feuilles allongées, avec des fleurs à 3 pétales et 3 grands sépales colorés. Solitaires ou réunies à plusieurs sur une grande hampe, les corolles peuvent atteindre 20 cm de diamètre.

SOL Terre fraîche et humide.

EXPOSITION Ensoleillée.

CULTURE Plantez superficiellement, de juillet à septembre (de 3 à 5 pieds/m^2). Divisez les touffes âgées tous les 5 à 10 ans. Coupez les hampes fanées.

Iris sibirica 'Tropic night'

ESPÈCE ET VARIÉTÉS Il existe plus de 300 espèces de *Iris sibirica* et plusieurs centaines de cultivars, dont l'espèce type est menacée et protégée : 'Blue Moon' (1,20 m), bleu vif ; 'Butter and Sugar' (70 cm), blanc et jaune ; 'Caesar's Brother' (1 m), violet ; 'Cool Spring' (1 m), bleu ; 'Dance Ballerina Dance' (70 cm), bicolore rose et rose violacé ; 'Dreaming Spire' (75 cm), bleu vif avec la gorge cuivrée ; 'Earthstar' (70 cm), blanc, jaune et or ; 'Gatineau' (1 m), bleu intense ; 'Hail to the Chief' (80 cm), rose violacé à gorge blanche striée ; 'Jennasee' (90 cm), mauve à cœur blanc et jaune ; 'Mountain Lake' (70 cm), bleu soutenu éclairé de blanc ; 'Neptune's Gold' (70 cm), bicolore bleu pâle et bleu violacé à gorge jaune striée ; 'Petite Purple' (90 cm), violet intense ; 'Pirouette' (80 cm), bleu violacé ; 'Seven Seas' (1 m), bleu profond avec la gorge marquée de jaune ; 'Ships are sailing' (1 m), bicolore bleu ciel et bleu violacé ; 'Snow Crest' (80 cm), blanc à gorge jaune ; 'Sparkling Rose' (1 m), rose violacé à gorge jaune striée ; 'Sweet Surrender' (80 cm), rouge vineux à gorge striée de blanc ; 'Tropical Night' (70 cm), violet foncé ; 'Tycoon' (70 cm), violet clair.

CULTURE EN POT Peu adaptée, mieux vaut opter pour des iris nains.

UTILISATIONS Massif, fleur coupée.

MÉLÈZE

Larix decidua

J F M A M J J A S O N D

20/25 m | 5/8 m | C

Ce conifère à feuillage caduc fait partie du paysage classique de la montagne. Originaire des régions froides de l'hémisphère Nord, et donc très rustique, le mélèze porte un feuillage en forme de petites aiguilles souples groupées en bouquets, qui illuminent magnifiquement l'automne de leur couleur dorée. Les cônes persistent plusieurs années sur l'arbre. Croissance rapide.

SOL Tout bon sol profond, bien drainé, humifère, pas trop calcaire.

EXPOSITION Plein soleil, à l'abri des vents violents. Apprécie le froid.

CULTURE Plantez en automne, arrosez bien et paillez les premiers étés. Traitez contre les pucerons chermès. Inutile de tailler, sauf pour rabattre une flèche cassée.

ESPÈCES ET VARIÉTÉS Il existe 14 espèces, dont des formes hybrides naturelles et plusieurs variétés botaniques. *Larix decidua*, le mélèze d'Europe (de 20 à 25 m) est indigène dans les Alpes, il craint la sécheresse estivale. *L. kaempferi*, le mélèze du Japon (25 m), au port moins ample, dont les feuilles glauques, plus larges, virent à l'orange en automne ; 'Diana' (4 m), forme compacte aux rameaux tortueux, intense coloration automnale.

CULTURE EN POT Sa taille ne s'y prête pas.

UTILISATIONS Isolé, groupes et bosquets.

EDELWEISS

Leontopodium alpinum

J F M **A M J J** A S O N D

15/20 cm | 10/20 cm | V

Protégé dans la nature, l'edelweiss d'origine horticole peut être cultivé dans un jardin. Il forme une rosette de feuilles duveteuses et blanches, ovales, lancéolées, d'où émergent des inflorescences laineuses composées de bractées blanc pur, entourant des petits capitules jaunâtres.

SOL Pauvre et sec, graveleux, calcaire.

EXPOSITION Plein soleil non brûlant.

CULTURE Plantez au printemps (9 pieds/m^2). Le feuillage ne doit pas rester longtemps humide. Divisez les vieilles souches après la floraison.

ESPÈCES ET VARIÉTÉS Il existe 60 espèces. *Leontopodium alpinum* perd son caractère duveteux s'il est planté dans une terre trop riche et fraîche. *L. nivale* est franchement laineux, un peu plus délicat. Il existe quelques cultivars tels 'Everest' (10 cm), beaucoup plus florifère ; 'Matterhorn' (15 cm), à fleurs très laineuses ; 'Mont Blanc' (20 cm), plus vigoureux.

CULTURE EN POT Dans un mélange de terreau et de sable. Pensez à la couche de drainage.

UTILISATIONS Rocaille, potée, mur fleuri, éboulis, auge.

TENTEZ LE SEMIS

Semez sous abri en terrine, en février-mars, dans un terreau pour semis avec du sable grossier. Repiquez en caissette un mois après la levée, puis en godets un mois plus tard. Plantez l'année suivante.

PAVOT BLEU DE L'HIMALAYA

Meconopsis betonicifolia

J F M A M **J J** A S O N D

Hauteur	Largeur	Exposition	
1/1,50 m	30/40 cm		V

Plante vivace de la famille des Papavéracées, le pavot bleu de l'Himalaya en a toutes les caractéristiques. Une rosette de feuilles caduques, légèrement duveteuses, laisse voir, en juin-juillet, une grande hampe florale portant une large fleur simple, de 8 à 10 cm de diamètre, d'un beau bleu-mauve, avec des nuances nacrées bleu ciel ou parme.

SOL Terre meuble, bien drainée, humifère et de préférence acide.

EXPOSITION Lumineuse, mais sans soleil direct, sinon ombre légère, à l'abri des courants d'air.

CULTURE Plantez des plants en godets en automne ou au printemps, entre mars et mai. Le pavot bleu a des besoins contradictoires, à savoir un hiver très froid et sec, et un été assez chaud, mais doit conserver les pieds et la tête au frais. La première année, il est conseillé de supprimer la hampe florale pour fortifier la plante. Les années suivantes, ôtez les fleurs fanées.

ESPÈCES ET VARIÉTÉS Plantez *Meconopsis betonicifolia*, à fleur bleu clair, et sa variété 'Alba', à fleurs blanches. *M. cambrica*, le pavot jaune, est plus petit (50 cm) et de culture plus facile. *M. grandis* (1 m), à fleurs bleu intense, plus grandes, de 10 à 13 cm de diamètre. *M. horridula* (70 cm), à fleurs bleu foncé et cœur noir, une plante bisannuelle très épineuse.

CULTURE EN POT Pas recommandée.

UTILISATIONS Dans les massifs, en isolé.

ÉPICÉA

Picea spp.

J F M A M J J A S O N D

Hauteur	Largeur	Exposition	
5/40 m	2/10 m		P

Les cônes pendants de *Picea abies*

C'est ce conifère très résistant qui donne le traditionnel « sapin de Noël ». L'épicéa ressemble tellement au sapin *(Abies)* qu'on les confond souvent. Il s'en différencie par ses cônes pendants (dressés chez le sapin). Originaire de l'hémisphère Nord, il est parfaitement rustique. Les feuilles en aiguilles sont disposées une par une autour des rameaux.

SOL Riche, profond, frais, souple, non crayeux, bien amendé en humus.

EXPOSITION Du soleil doux à la mi-ombre légère. L'épicéa aime les climats froids. Il convient bien aux jardins d'altitude.

CULTURE Plantez de septembre à avril, arrosez bien et paillez les premières années. Tuteurez ou haubanez les jeunes sujets. Fertilisez en avril. Contre l'araignée rouge, douchez le feuillage.

ESPÈCES ET VARIÉTÉS Il existe 40 espèces. *Picea abies* (syn. *P. excelsa*), l'épicéa commun (de 20 à 30 m), est vert grisâtre ; c'est le « sapin de Noël » ; 'Aurea' (4 m), forme conique, feuillage doré au printemps qui verdit ensuite ; 'Frohburg' (3 m), à port dressé avec les branches basses retombantes ; 'Inversa' (de 5 à 10 m), à port pleureur, feuillage très épais, bien vert ; 'Pyramidalis' (de 8 à 10 m), conique, compact. *P. breweriana* (de 10 à 15 m), au port insolite avec des branches au feuillage bleu-vert foncé qui s'étalent et d'autres qui retombent. Il n'aime pas l'ombre. *P. engelmanii* 'Glauca' (de 15 à 20 m), au feuillage vert bleuté, grandes branches très souples, relevées à l'extrémité. *P. glauca*, la sapinette blanche (7 m), aux aiguilles fines et glauques, pousse lente. *P. omorika*, l'épicéa de Serbie (de 20 à 25 m), au port gracieux, très élancé ; 'Pendula' (de 15 à 20 m), pleureur à feuilles glauques. *P. orientalis*, la sapinette d'Orient (de 20 à 40 m), conique, belle écorce qui s'exfolie, aiguilles très courtes ; 'Aureospicata' (syn. 'Aurea'), 10 m, jeunes pousses jaune clair qui verdissent progressivement. *P. pungens* (de 15 à 20 m), gris-vert ; 'Erich Frahm' (15 m), conique, feuillage bleu clair ; 'Glauca' (de 10 à 12 m), bleu ; 'Hoopsii' (de 10 à 20 m), bleu intense, à croissance lente ; 'Koster' (de 10 à 20 m), conique, à branches très étalées, bleu azur. *P. sitchensis*, l'épicéa de Sitka (20 m), conique, aiguilles vertes à revers bleu argenté.

CULTURE EN POT Seules les variétés naines ou compactes sont adaptées ➲ p. 624.

UTILISATIONS Isolé, groupe, bosquet, rideau brise-vent.

Picea breweriana

Picea pungens

PRIMEVÈRE, OREILLE-D'OURS

Primula spp.

J F M A **M J J** A S O N D

20 cm | 15 cm | V

Vivaces herbacées, les primevères font partie des premières fleurs du printemps. *Primula auricula*, l'oreille-d'ours, ou auricule, persistante, est une primevère montagnarde. Elle forme une rosette de feuilles épaisses, parfois farineuses, d'où émergent, en avril, des hampes florales jaunes et parfumées portant des inflorescences.

SOL Frais, humifère, bien drainé, même un peu caillouteux ou calcaire, mais jamais détrempé.

EXPOSITION Jamais brûlante. Une lumière tamisée convient à toutes les primevères.

CULTURE Semez en mars sous abri et mettez en place à l'automne. La division de touffe se pratique au printemps après la floraison ou à l'automne. Arrosez en été si le sol est sec.

ESPÈCES ET VARIÉTÉS Il existe plus de 400 espèces. En raison de sa diversité, le genre *Primula* a été divisé en 37 sections par les botanistes, dont 7 concernent les jardiniers. La section Auricula regroupe des petites primevères de rocaille, à cultiver souvent en pot, car elles redoutent l'humidité. Les quelque 1 000 hybrides sont regroupés sous l'appellation *P.* x *pubescens*, croisement entre *P. auricula* et *P. hirsuta* : 'Blackpool Rock', farineuse, ocre crème rosé,

Primula auricula 'Chorister'

Primula auricula 'Matthew Yates'

avec le cœur jaune et blanc ; 'Camelot', feuilles lisses, fleurs en pompons grenat ; 'C. G. Haysom', farineuse, vert à cœur jaune et blanc ; 'Chorister', feuilles lisses, fleurs jaunes avec une couronne blanche ; 'Matthew Yates', feuilles lisses, fleurs en pompons rouge pourpre presque noir. La section Capitata regroupe des espèces asiatiques, à feuilles dentées et aux inflorescences compactes, formées de fleurs sans pédoncule. Primula capitata (15 cm), semi-persistante, aux feuilles à revers farineux, fleurs bleu nuit, de juillet à septembre ; c'est la plus tardive des primevères. Primula vialii (50 cm), aux feuilles étroites, forme une inflorescence en épi pointu en juin-juillet, rouge en bouton, rose à l' épanouissement.

CULTURE EN POT Dans un terreau pour plantes à massif. Apportez un engrais liquide pour fleurs une fois par semaine sur une motte humide.

UTILISATIONS Massif, sous-bois, bordure, rocaille, muret, dallage, potée, jardinière.

POUR UN JARDIN DE CLIMAT FROID, VOUS POUVEZ AUSSI CULTIVER

★ *Alnus cordata* ➲ p. 232 ★ *Betula spp.* **(bouleau à écorce décorative)** ➲ p. 466 ★ *Campanula spp.* **(campanule rampante)** ➲ p. 397 ★ *Erica carnea* **(bruyère des neiges)** ➲ p. 144 ★ *Lupinus polyphyllus* **(lupin)** ➲ p. 278 ★ *Pinus nigra* ➲ p. 243 ★ *Rhododendron* **x** ➲ p. 185 ★ *Pseudosuga mensiezii* ➲ p. 232 ★ *Sempervivum spp.* **(joubarbe)** ➲ p. 683

ANÉMONE PULSATILLE, PULSATILLE

Pulsatilla vulgaris

J F **M A M** J J A S O N D

20/30 cm | 15/20 cm | V

Formant des feuilles finement découpées et couvertes de longs poils, la pulsatille est une vivace très rustique. Les fleurs violettes, aux étamines jaune d'or, s'épanouissent en coupe soyeuse, suivies de fruits, argentés, plumeux.

SOL Riche, non calcaire et bien drainé. Un fort amendement en humus est apprécié.

EXPOSITION Bien aérée, très lumineuse.

CULTURE Plantez au printemps (de 6 à 9 pieds/m^2). Veillez à ce que la plante soit abritée des pluies importantes, en la plaçant partiellement sous un surplomb. Ne dérangez pas les touffes une fois qu'elles sont bien installées. Semis en juillet, en terrine, dans un terreau léger.

ESPÈCES ET VARIÉTÉS La nomenclature internationale reconnaît actuellement 17 espèces. *Pulsatilla vulgaris* (30 cm) 'Alba', blanche ; 'Rubra', rouge.

CULTURE EN POT Possible dans un pot assez profond, car sa racine est longue, dans un mélange de terreau, de sable et de tourbe. Ne la rempotez pas trop souvent, elle n'aime pas être dérangée.

UTILISATIONS Rocaille, muret, potée.

Un mini-jardin en ville

Chacun désire un jardin, aussi petit soit-il, et c'est plus vrai encore lorsque l'on vit au cœur des villes. Quel bonheur de composer son nid de verdure, un cocon où oublier le stress de la vie trépidante, où « respirer » ! Pour y arriver, il faut appliquer quelques conseils afin de végétaliser et aménager ces micro-surfaces.

Prenez de la hauteur

Sous terre, câbles, tuyaux et évacuations sont nombreux : pour éviter de tomber sur l'un d'eux d'un coup de pioche ou de bêche, surélevez les zones cultivées ... **1**

Trichez, c'est pour la bonne cause

Faites paraître votre petit jardin bien plus grand qu'il n'est en réalité, en appliquant quelques astuces de jardinier professionnel ... **2**

C'est bon pour la planète et la biodiversité : Les corridors verts

Oasis de vie (bulle de biodiversité) dans le désert des artifices urbains, le jardin joue le rôle important mais peu connu de corridor vert ... **3**

Laissez venir à vous les petites bêtes

En ville, la faune est bien plus riche, variée et importante qu'on croit. Pensez à la ménager et à l'accueillir dans votre jardin de poche ... **4**

La petite histoire

Un petit morceau de campagne à la ville est une affaire relativement récente. De quoi contenter en partie Alphonse Allais qui voulait installer les villes à la campagne ... **5**

IDÉES

→ POURQUOI PAS... Des grimpantes pour faire face au manque de place ? 6

→ POURQUOI PAS... Ombrager mon coin détente sans l'assombrir ? 7

et Si

· J'ai envie d'un petit jardin changeant ? 8

· Les dalles et la terrasse se couvrent de mousse ? 9

Les Plantes idéales

★ **Des plantes pour l'ombre :** *Hedera helix* (lierre commun) ; *Heuchera spp.* (heuchère) ; *Nanadina domestica* (bambou sacré) ; *Osmanthus spp.* ; *Sarcococca ruscifolia* ; *Viburnum tinus* (laurier-tin).

★ **Des floraisons :** *Camellia spp.* ; *Ceanothus impressus* (céanothe) ; *Hydrangea arborescens* 'Annabelle' (hortensia de Virginie) ; *Impatiens* hawkeri x (impatiens de Nouvelle-Guinée) ; *Indigofera* (indigotier) ; *Lupinus polyphyllus* 'West Countries' (lupin) ; *Parahebe* x 'Avalanche' ; *Perovskia atriplicifolia* (sauge de Sibérie).

★ **Des plantes parfumées :** *Choisya ternata* (oranger du Mexique) ; *Gaura lindheimeri* ; *Santolina spp.* (santoline) ; *Trachelospermum jasminoides* (jasmin étoilé).

NOS CONSEILS

1. N'hésitez pas à faire appel à un paysagiste pour le plan, car plus l'espace est réduit et plus il est difficile de concevoir un jardin alliant l'esthétique au pratique.

2. En ville, les conditions climatiques sont particulières : plus chaudes en raison de la pollution, plus humides par manque de ventilation, plus sombres à cause des ombres portées des habitations, plus exposées au froid en hiver, quelquefois abritant des tourbillons d'air. Démarrez par une culture en jardinières, que vous pourrez déplacer.

3. Choisissez des végétaux de dimensions « raisonnables » afin de ne pas assombrir l'intérieur de la maison et de pouvoir circuler facilement dans le jardin.

4. Structurez le décor végétal avec des plantes bien architecturées (petit arbre pleureur, topiaire, palmier, fougère arborescente, etc.) pour éviter que le jardin prenne l'aspect d'une « jungle urbaine » peu accueillante.

5. Habillez les murs aveugles avec des treillages dont une partie servira de support à des plantes grimpantes.

6. Laissez des espaces de « respiration » en ne plantant pas partout, et en dégageant le centre du et les abords immédiats de l'habitation.

1 Prenez de la hauteur

Évitez les gros ennuis en surélevant les carrés de culture. Dans les tout petits jardins, pensez les plantations comme sur une grande terrasse. Utilisez le plus possible la culture en jardinières. Préférez les modèles équipés de roulettes (elles sont à l'origine prévues pour les restaurants et les lieux publics afin de les déplacer à son gré). Même remarque pour les bacs et les gosses poteries, à poser sur une tablette roulante. Installez des parcelles de culture comme pour un potager en carrés, surélevées de 20 à 30 cm. Donnez un air bohême et un petit vent de liberté en cultivant dans des contenants différents, en taille, en matériaux, en coloris.

2 Trichez, c'est pour la bonne cause

- **Allongez et compliquez les circulations** en multipliant les décrochements et les obstacles dans l'espace. Utilisez de nombreuses potées qui couperont le chemin principal. Lorsque le visiteur a l'impression de « se perdre » dans un jardin, il le pense toujours plus grand qu'il n'est en réalité !
- **Masquez la clôture** par des plantes. Si l'œil ne voit pas les limites du jardin, ce dernier lui paraît plus grand.
- « **Empruntez la vue extérieure** » quand elle est belle, en faisant des trouées dans la partie supérieure de la clôture : cela agrandit les limites du jardin.
- **Posez des treillages** sur les murs aveugles, dans les endroits mal exposés, peu propices au développement des plantes. Ces trompe-l'œil permettent d'agrandir visuellement les limites du jardin.
- **Créez des différences de niveaux** (la hauteur de deux ou trois marches suffit) et composez un jardin différent dans chacune des parties ainsi obtenues.
- **Dégagez une zone principale,** aussi large que possible. Le besoin d'espace étant important en ville, on doit aussi pouvoir circuler librement dans le jardin. Donnez-lui une forme de couloir pour générer une perspective. Pour cela, plantez de généreux massifs sur la périphérie du terrain ou des bordures de buis taillé, de santoline ou de lavande.

3 *C'est bon pour la planète et la biodiversité : Les corridors verts*

Oasis de vie et bulle de biodiversité dans le désert des artifices urbains, le jardin joue le rôle important, mais peu connu, de corridor vert. La juxtaposition des jardins compose un maillage végétal qui permet à certaines espèces animales de se déplacer, voire d'y trouver refuge. Les jardins privés présentent souvent une diversité spécifique plus importante que d'autres espaces verts. Par ailleurs, la présence de végétal en ville réduit l'effet d'îlot de chaleur urbain. En outre, la végétation filtre les particules atmosphériques et absorbe les polluants. La qualité de l'air est donc largement influencée par la présence de végétal en ville.

4 Laissez venir à vous les petites bêtes

Le soir, vous serez surpris de constater la présence de hérissons, de petits rongeurs et de chauves-souris en ville. Dans la journée, observez la variété des petits oiseaux : la ville n'est pas réservée aux pigeons. Ne faites pas de votre jardin un lieu totalement clos, laissez quelques passages, quelques ouvertures à la base des clôtures, des murs pour laisser circuler les crapauds, les musaraignes, et assurer une continuité biologique de la faune. Choisissez les arbustes, les vivaces et les annuelles parmi les espèces mellifères : le nombre d'abeilles en ville n'est pas négligeable, au point que les « miels de béton » se multiplient.

5 *La petite histoire*

Longtemps, le jardin a gardé un rôle utilitaire, le concept de jardin urbain n'apparaît qu'au XIXe siècle, époque où la plupart des capitales européennes changent de visage. Les premiers sont des jardins publics, puis de maisons bourgeoises ; vergers et potagers sont en périphérie des villes. Le jardin de ville prend vraiment son essor après la guerre et devient aussi un signe social, révélant autant les moyens du propriétaire que le savoir-faire du jardinier. Aujourd'hui, sous la pression immobilière, il est devenu de plus en plus petit, pour devenir un refuge.

Idées

6 Pourquoi pas... des grimpantes pour faire face au manque de place ?

Les plantes grimpantes offrent le meilleur rapport entre la surface couverte et l'encombrement de la végétation. Toutefois, dans un micro-jardin, choisissez parmi celles qui offrent le moins d'épaisseur où que vous pouvez maintenir peu importantes, celles qui plaquent au support (treillis ou façade), les lierres, les chèvrefeuilles, le solanum grimpant, le jasmin de Chine... Évitez les robustes glycines ou les bignones généreuses.

7 Pourquoi pas... ombrager mon coin détente sans l'assombrir ?

En matière de toile et de store, le choix est large. Il existe des toiles occultantes, qui font barrage à la lumière, et des tissus tamisants, qui laissent passer une partie de la lumière tout en stoppant les rayonnements UV (jusqu'à 90 %). Un lieu de repos ombré mais sans ombre dense, ça existe donc. Et si votre micro-jardin est encaissé et que votre problème est celui de la chaleur en été, optez pour les tissus réflecteurs : ils repoussent jusqu'à 85 % des rayonnements solaires. Mais c'est l'un ou l'autre.

et Si

8 J'ai envie d'un **petit** jardin **changeant** ?

Si vous cultivez des plantes dans des bacs à déplacer, vous pouvez encore accentuer l'effet de changement en invitant les saisons dans votre jardin. Installez 1/3 de plantes persistantes pour 2/3 de caduques, vous aurez une structure permanente de feuillages, sans qu'elle soit écrasante, plus de l'ombre bienfaisante en été et de la lumière en hiver.

9 Les **dalles** et la terrasse se couvrent de **mousse** ?

Une fois par an, vous pouvez louer un nettoyeur à haute pression, mais n'abusez pas de cet outillage, même si c'est très agréable à passer, car il endommage les joints. Surtout, n'utilisez pas d'eau de Javel pour éliminer ce qu'on appelle les « mousses » (dans lesquelles on inclut les champignons, les lichens et les algues) ; concentrée, elle attaque le béton, la pierre, la brique... et en ruisselant, elle est néfaste aux plantes. La solution la plus raisonnable est le balai-brosse de chantier et des produits antimousse écologiques.

CAMÉLIA

Camellia spp.

J F M A M J J A S O N D

1/3 m | 0,80/2,50 m | P | -12 °C

Ce très bel arbrisseau forme des fleurs bien ciselées, souvent très précoces. Il forme un buisson aux feuilles alternes, coriaces, ovales, dentées, lustrées. Les fleurs automnales, hivernales ou printanières, parfois parfumées, sont solitaires ou groupées par 2 ou 3 à l'extrémité des pousses. Les camélias sont d'une grande longévité.

SOL Profond, léger, frais, bien drainé. Il leur faut une terre acide, mais la terre de bruyère pure ne convient pas, on doit la mélanger au sol d'origine ou y incorporer un terreau souple et riche.

EXPOSITION Ombre, mi-ombre ou soleil léger. Un endroit abrité des vents forts et des froids vifs est absolument indispensable.

CULTURE Plantez en automne les variétés à floraison printanière et au printemps les camélias qui fleurissent en automne et en hiver. Arrosez fréquemment par temps sec et douchez le feuillage les soirs de canicule. Apportez un engrais pour rhododendrons après la floraison. Paillez chaque hiver sans jamais utiliser de fumier frais. Dans les régions au climat froid, emmaillotez l'ensemble de l'arbuste dans un voile d'hivernage. Après un hiver rigoureux, rabattez au-dessus d'une feuille les rameaux abîmés par le gel.

Camellia 'Anticipation'

Camellia 'Comte de Gomer'

ESPÈCES ET VARIÉTÉS Il existe 250 espèces. On cultive surtout d'innombrables cultivars de *Camellia japonica* et des formes hybrides.

- **FLORAISON PRÉCOCE** (décembre-mars) : 'Adolphe Audusson' (1,50 m), à grandes fleurs rouges semi-doubles et généreux bouquet d'étamines jaune d'or; 'Ave Maria' (1,50 m), à fleurs imbriquées rose nacré; 'Curly Lady' (2,50 m), à rameaux et feuillage ondulés, fleurs doubles rouge clair; 'Gloire de Nantes' (1,50 m), à grandes fleurs semi-doubles rose vif, parfumées; 'Jury's Yellow' (1,50 m), à fleurs d'anémones blanc crème au centre chiffonné jaune pâle; 'Kimberley' (1,50 m), à fleurs simples vermillon, gros bouquet d'étamines jaune d'or; 'Nicky Crisp' (1 m), très compact, à fleurs semi-doubles rose nuancé, gros pompon d'étamines jaunes, pour la culture en pot; 'Nobilissima' (150 m), à fleurs de pivoine blanches, port assez érigé; 'Nuccio's Cameo' (2 m), à grandes fleurs imbriquées rose clair; 'Sunny Side' (1,20 m), à fleurs simples en dégradé du rose foncé au blanc, bouquet serré d'étamines jaune d'or; 'Tom Pouce' (1,50 m), à fleurs imbriquées rose bonbon éclairé de blanc sur le pourtour des pétales.
- **FLORAISON DE MI-SAISON** (mars-avril) : 'Alba Plena' (1,50 m), double, à fleurs imbriquées blanc pur; 'Benikarako' (2,50 m), à fleurs doubles d'anémone rose soutenu; 'Benodet' (2 m), à fleurs doubles qui ressemblent à des pivoines rouges; 'Blood of China' (3 m), à grandes fleurs doubles de pivoine rouges; 'Comte de Gomer' (2,50 m), à fleurs imbriquées rose tendre striées de rouge carmin; 'Crimson Glory' (1,50 m), à fleurs de pivoine semi-doubles rouge vif, étamines jaune d'or; 'Holly Bright' (1,50 m), au feuillage dentelé ressemblant à du houx, fleurs de pivoine semi-doubles aux pétales froissés rouge cerise; 'Kasuga Yama' (2 m), à grandes fleurs de pivoine semi-doubles bicolores rouge et blanc ou parfois unicolores; 'Kerguelen' (2,50 m), port érigé, feuillage panaché de crème, fleurs doubles imbriquées rose dragée; 'Kramer's Suprême' (1,80 m), à grandes fleurs parfumées très doubles rouge vif; 'Léonard de Vinci' (1,30 m), port compact, à petites fleurs de pivoine rouge carmin velouté; 'Madame Martin Cachet' (2,50 m), à fleurs de pivoine rose vif; 'Margaret Davis' (1,50 m), à fleurs de pivoine doubles aux pétales ondulés blanc ourlé de rose framboise; 'Roger Hall' (1,50 m), à fleurs doubles imbriquées rouge vermillon lumineux; 'San Dimas' (1,20 m), à port com-

Camellia lutchuensis 'Fragrant Pink'

Vidéo « Cultiver un camélia »*

Camellia x williamsii 'Donation'

*Télécharger l'application Truffaut +, voir p. 6-7

pact, fleurs semi-doubles rouge velouté à cœur d'étamines jaunes ; 'Sutcliffe's Sunset' (1,50 m), à grandes fleurs de pivoine rouge éclatant, légèrement parfumées, réussit très bien en pot.

- **FLORAISON TARDIVE** (avril-mai) : 'Black Lace' (1,80 m), à fleurs imbriquées rouge cramoisi ; 'Dalhonega' (1 m), à port compact, érigé, fleurs imbriquées blanc crème, avec le centre jaune pâle ; 'Fleur de Pêcher' (1,20 m), à port étalé, petites fleurs semi-doubles rose tendre ; 'Janet Waterhouse' (1,20 m), à fleurs imbriquées semi-doubles blanc pur, étamines jaune orangé ; 'Nuccio's Gem' (1,50 m), à fleurs imbriquées blanc pur de forme très régulière ; 'Nuccio's Jewel' (1,50 m), compact, fleurs doubles rose saumoné bordé de rose foncé ; 'Nuccio's Pearl' (1,50 m), à port buissonnant bien ramifié, fleurs imbriquées blanc rosé ombré de plus foncé sur le bord des pétales ; 'Tom Knudsen' (1,50 m), à fleurs doubles de pivoine rouge cramoisi soutenu.

> ***Camellia*** **x** ***lutchuensis*** (*C. lutchuensis* x *C. japonica*) 'Cinnamon Cindy' (1 m), à toutes petites fleurs de pivoine roses qui s'éclaircissent en vieillissant, et léger parfum épicé de janvier à avril; 'Fairy Blush' (1,20 m), à petites fleurs rose pâle ombré de jaune orangé, tiges souples ; 'Fragrant Pink' (2 m), à petits fleurs de pivoine rose vif, très parfumées, en mars et avril, assez frileux.

> ***Camellia*** **x** ***transnokoensis*** 'Sweet Jane' (1,50 m), à port buissonnant, souple, bien ramifié, jeunes pousses cuivrées, à nombreuses petites fleurs doubles, blanc ombré de rose, de janvier à avril.

Camellia japonica

Camellia 'Blood of China'

> ***Camellia*** **x** ***williamsii*** **:** issu du croisement entre *C. japonica* et *C. saluenensis.* Il est vigoureux et plus résistant au froid (jusqu'à – 18 °C), et sa floraison s'étend de janvier à mai selon la précocité des cultivars. 'Anticipation' (1,20 m), compact, à fleurs de pivoine rose vif carminé, de février à avril, convient pour la culture en pot ; 'Debbie' (2 m), vigoureux, au port souple adapté au palissage, grandes fleurs de pivoine rose orchidée en février-mars ; 'Donation' (1,30 m), à grandes fleurs semi-doubles roses, peut être palissé ; 'E.G. Waterhouse' (2,20 m), à port étroit, fleurs imbriquées semi-doubles rose tendre.

- **HYBRIDES DIVERS** : 'Amzer Névez' (syn. 'Renouveau'), 1,20 m, à port ample et fleurs semi-doubles blanc pur ; 'Daintiness' (1 m), compact et bien ramifié, à fleurs semi-doubles rose soutenu en mars ; Désir' (syn. 'Desire'), 1,50 m, à fleurs imbriquées blanc rosé avec l'extérieur rose vif ; 'Domaine de Courson' (1,20 m), à grandes fleurs simples rose nuancé dès janvier ; 'Eldorado' (*C. pitardii* x *C. japonica* 'Tiffany'), à port globuleux, grandes fleurs de pivoine rose nuancé, de février à avril ; 'Freedom Bell' (1,50 m), à fleurs de pivoine semi-doubles rouge corail, de décembre à mars, convient à la culture en pot, car les branches souples peuvent être palissées ; 'High Fragrance' (1 m), à grandes fleurs de pivoine rose très pâle, au parfum bien marqué ; 'Illumination' (1,50 m), à fleurs semi-doubles rose soutenu, de février à avril, croissance rapide, apprécie le plein soleil ; 'Inspiration' (*C. saluenensis* x *C. reticulata*), 1,30 m, à fleurs semi-doubles rose vif carminé, au port souple, de décembre à mars ; 'Mimosa Jury' (1,30 m), à port compact et fleurs imbriquées rose dragée, de février à avril ; 'Spring Festival' (1,80 m), à fleurs doubles rose tendre, de février à mai, peut être palissé ; 'Spring Mist' (1 m), à port souple et petites fleurs quasiment simples rose nacré, légèrement parfumées, idéal en pot.

CULTURE EN POT Afin d'éviter un rempotage trop fréquent chez les camélias en pot, apportez un engrais pour plantes de terre de bruyère, juste après la floraison. Si la croissance vous paraît chétive et le feuillage d'un vert trop pâle, pulvérisez un engrais foliaire deux fois par mois durant toute la croissance.

UTILISATIONS Les camélias constituent à eux seuls de superbes massifs si on les plante en réunissant plusieurs variétés. Ils peuvent aussi être plantés isolés à l'entrée du jardin ou au milieu d'un massif de vivaces couvre-sol ou de bruyères. Leur excellente tenue en bac ou en pot les fait conseiller sur une terrasse ou un balcon abrité.

CÉANOTHE, LILAS DE CALIFORNIE

Ceanothus spp. (espèces persistantes)

J F M **A M J J A S** O N D

1/4 m | 1/4 m | -12 °C

Vidéo « Planter un céanothe »*

Ces arbustes sont appréciés pour leur belle floraison. Les céanothes persistants supportent bien la pollution. Ils portent des feuilles alternes, entières, dentées, coriaces et gaufrées. Ils fleurissent au printemps, en petits épis compacts bleus. Certains céanothes gagnent à être palissés.

SOL Léger, bien drainé, pas trop calcaire.

EXPOSITION Plein soleil ou mi-ombre légère. Une situation chaude est recommandée, par exemple l'appui d'un mur au sud.

CULTURE Plantez de préférence en septembre. Arrosez les 2 premiers étés suivant la plantation. La taille est superflue, mais coupez les tiges desséchées et les rameaux latéraux pour favoriser la formation des boutons floraux.

ESPÈCES ET VARIÉTÉS Il existe 63 espèces, dont beaucoup sont des hybrides naturels, et de nombreuses sous-espèces.

Ceanothus 'El Dorado'

Ceanothus 'Concha'

- **CÉANOTHES PERSISTANTS** : *Ceanothus arboreus* 'Trewithen Blue' (4 m) porte des panicules bleues de 15 cm de long en mai. *C. burkwoodii* (2 m), à petites fleurs bleues en juin-juillet. *C. griseus* 'Yankee Point' (1,20 m), feuilles brillantes, fleurs bleu clair en mai-juin. *C. impressus* 'Madagascar' (1 m), à port étalé, feuilles panachées de jaune, fleurs bleu intense en mai ; 'Puget Blue' (1 m), petits bouquets bleu foncé en mai, forme compacte ; 'Victoria' (2 m), compact, floraison bleu foncé en mai et septembre. *C. thyrsiflorus* (4 m), petits bouquets bleus innombrables en mai ; 'Cascade' (2 m), à port retombant, fleurs bleu très foncé ; 'Repens' (80 cm), à port étalé ; 'Skylark' (2 m), fleurs bleu foncé en mai-juin.
- **HYBRIDES** : 'Autumnal Blue' (2 m), floraison bleu ciel à la fin de l'été ; 'Blue Sapphire' (1 m), buissonnant, feuillage vert bronze, fleurs bleu soutenu en mai ; 'Concha' (de 2 à 3 m), buissonnant, bleu intense en mai ; 'Cynthia Postan' (2 m), à port étalé, compact, très abondante floraison en épis bleu foncé en mai-juin ; 'El Dorado' (syn. 'Perado'), 2,50 m, feuillage panaché de jaune, fleurs blanches au printemps ; 'Italian Sky' (1,50 m), inflorescences coniques bleu lumineux en mai-juin ; 'Julia Phelps' (1,80 m) forme un buisson arrondi aux fleurs bleu soutenu en mai-juin ; 'Tuxedo' (3 m), feuillage pourpre presque noir, fleurs bleu vif en mai-juin ; 'Zanzibar' (syn. 'Pershore Zanzibar'), 2 m, feuillage panaché de jaune, fleurs bleu foncé au printemps et en automne.

CULTURE EN POT Possible pour les variétés compactes, dans un pot de 40 cm en tous sens, dans un mélange de terre sableuse et de terreau pour rosiers, avec une bonne couche de drainage.

UTILISATIONS Talus ensoleillés, massifs, bordures, murs et clôtures, bacs.

CONSEIL

Ne rabattez jamais un céanothe persistant au ras du sol, il ne repartirait pas du pied ! Contentez-vous d'une taille légère après la floraison.

*Télécharger l'application Truffaut +, voir p. 6-7

ORANGER DU MEXIQUE

Choisya ternata

J F M **A M** J J A S O N D

Hauteur	Largeur	Exposition		Rusticité
1,50/2 m	1/2 m		P	-15 °C

Originaire du Mexique, cet arbuste compact se pare de fleurs abondantes au parfum d'oranger. Les feuilles sont opposées, luisantes, palmées, avec 3 ou 4 lobes, aromatiques lorsqu'on les froisse. Les fleurs blanches, très parfumées, apparaissent en avril-mai et remontent souvent en automne.

SOL Normal, léger, pas trop calcaire.

EXPOSITION Plutôt ensoleillée et abritée.

CULTURE Plantez au printemps, taillez en été. Coupez les rameaux épars et ceux qui ont été endommagés par les gelées hivernales. En haie libre, comptez un pied tous les 60 à 80 cm.

ESPÈCES ET VARIÉTÉS Il existe 5 espèces et 2 sous-espèces. *Choisya ternata* (2 m) est le plus cultivé, ainsi que les cultivars 'Harrinora' (1,50 m), compact, arrondi, feuilles étroites, fort parfum ; 'Sundance' (syn. 'Brica', 'Lich'), 1,50 m, à feuillage doré ; 'White Dazzler' (syn. 'Londaz'), 1,50 m, feuilles finement divisées, très abondante floraison blanche. Parmi les hybrides : 'Aztec Gold' (1,50 m), feuillage fin, doré, floraison remontante en automne ; 'Aztec Pearl' (1,50 m), feuilles finement découpées ; 'Goldfingers' (syn. 'Limo'), 1,50 m, est identique, mais doré ; 'Snow Flurries' (1,50 m), compact, feuille fine, vert brillant, floraison remontante.

Choisya ternata 'Sundance'

CULTURE EN POT Très facile. Plantez-le dans un bac de 30 cm de profondeur au moins et maintenez l'humidité de la terre durant l'été.

UTILISATIONS Massifs, bacs sur terrasse, fleurs à couper, haies libres fleuries.

Choisya 'Aztec Pearl'

GAURA DE LINDHEIMER

Gaura lindheimeri

J F M A **M J J A S O** N D

Hauteur	Largeur	Exposition	
1/1,50 m	60 cm		V

Cette plante vivace pousse en touffe aérienne de tiges fines. Les feuilles sont longues, étroites, vertes, ponctuées de quelques taches brunes à pourpres. De mai à octobre, le haut des tiges porte un racème lâche de fleurs asymétriques, aux étamines et au pistil bien visibles.

SOL Indifférent, bien drainé.

EXPOSITION Plein soleil ou ombre légère. Peu exigeant, il supporte la sécheresse autant que les embruns des bords de mer et résiste aux vents. Toutes les espèces sont rustiques au froid.

CULTURE En automne ou en début de printemps, taillez court pour densifier les touffes. Il se ressème seul.

ESPÈCE ET VARIÉTÉS L'espèce botanique à fleurs blanches a fait connaître la plante qu'on trouve désormais sous la forme de plusieurs cultivars : 'Cherry Brandy', à fleurs roses veinées de rouge ; 'Crimson Butterflies', à feuillage pourpre foncé et fleurs rose vif ; 'Pink Panache', à feuilles marginées de jaune et fleurs rose poupre ; 'Rosyjane', à fleurs blanches bordées de rose ; 'Siskiyou Pink', à fleurs rose soutenu ombrées de zones plus foncées ; 'Sparkle White', à fleurs blanches et végétation touffue.

CULTURE EN POT Dans un pot de 30 cm de diamètre et un terreau horticole universel.

UTILISATIONS Massifs fleuris, potées.

LIERRE COMMUN

Hedera helix

J F M A M J J A S O N D

2/10 m | 1/5 m | P

Cet arbuste rampant ou grimpant est des plus solides ; très rustique, résistant à la pollution, il est envahissant. Ses feuilles sont alternes, coriaces, lustrées, de 4 à 6 cm de long, triangulaires ou découpées en 3 ou 5 lobes. La faible floraison produit de petits fruits sphériques noirs en hiver.

SOL Toute terre fraîche et humifère, même assez consistante ou calcaire.

EXPOSITION Évitez le soleil brûlant. Les variétés panachées réclament une lumière tamisée. Les lierres verts résistent bien à l'ombre très dense.

CULTURE Plantez toute l'année les sujets vendus en pot. Arrosez bien. N'hésitez pas à supprimer les rameaux anciens.

ESPÈCES ET VARIÉTÉS Il existe 17 espèces. *Hedera helix* 'Aureovariegata' (2 m), à feuilles entières, panachées de jaune ; 'Goldheart' (syn. 'Oro di Bogliasco'), 8 m, à feuilles triangulaires tachées de jaune ; 'Ivalace' (1 m), à petites feuilles ondulées, vert foncé nervuré de plus clair ; 'Sagittifolia' (2 m), aux feuilles lobées vert foncé ; *H. algeriensis* (syn. *H. canariensis*) 'Gloire de Marengo' (de 6 à 10 m), à grandes feuilles triangulaires ou cordiformes vert clair, bordées de blanc jaunâtre. *H. hibernica*, le lierre d'Irlande (de 8 à 10 m), aux grandes feuilles cordiformes à 5 lobes, vert foncé.

CULTURE EN POT Possible, même en intérieur. Optez pour les variétés à faible développement et au feuillage panaché.

UTILISATIONS Couvre-mur, couvre-sol, habillage de façade, d'escalier, de vieux arbres et plante d'intérieur.

Hedera helix 'Glacier'

HEUCHÈRE

Heuchera spp.

J F M A M **J J A** S O N D

30/60 cm | 30/60 cm | V

Heuchera 'Tiramisu'

Cette vivace est très appréciée pour les décors d'automne. Sur la souche rhizomateuse pousse une touffe à port ample, étalé, formée de feuilles arrondies, lobées, nettement nervurées, aux longs pétioles. Des hampes très fines portent de nombreuses petites fleurs en forme de clochette dans un ensemble très léger.

SOL Humifère et frais, mais l'heuchère supporte assez bien les périodes de sécheresse.

EXPOSITION Soleil léger ou mi-ombre.

CULTURE Plantez de septembre à avril (6 pieds/m^2). Paillez le sol en été, fertilisez les plantes en pot. Divisez les vieilles touffes dégarnies au printemps.

Heuchera americana 'Marvelous Marble'

ESPÈCES ET VARIÉTÉS Il existe 57 espèces. *Heuchera americana* 'Dale' (syn. 'Dale Strain'), 60 cm, crème ; 'Marvelous Marble' (40 cm), gris argenté à nervures vertes, fleurs crème. *H. micrantha* 'Palace Purple' (50 cm), grandes feuilles pourpre métallisé, fleurs crème à anthères rouges. *H. sanguinea* 'Leuchtkäfer' (50 cm), feuilles vertes, abondance de fleurs rouge écarlate ; 'Sioux Falls' (40 cm), floraison rose soutenu de juin à août ; 'White Cloud' (40 cm), feuillage vert marbré d'argent, fleurs blanches.

- **HYBRIDES :** 'Amethyst Mist' (35 cm), pourpre violacé à reflets noirs et argent ; 'Black Beauty' (30 cm), pourpre presque noir ; 'Caramel' (35 cm), bronze ; 'Chocolate Ruffles' (40 cm), pourpre ; 'Citronella' (30 cm), jaune citron ; 'Encore' (40 cm), rose vineux à nervures rouges ; 'Fire Alarm' (30 cm), feuillage rouge pourpré, fleurs roses ; la série 'Master Painter' (45 cm) mélange le vert, le rouge et le pourpre de manière originale chez les cultivars 'Gauguin', 'Picasso', 'Renoir', 'Van Gogh' ; 'Miracle', vert à nervures rouges ; 'Obsidian' (35 cm), quasiment noir ; 'Pinot Gris' (35 cm), rose crème à nervures rouges qui évoluent vers le marron ; 'Pistache' (35 cm), vert-jaune ; 'Pluie de feu' (50 cm), feuilles vert marbré, fleurs rouge foncé ; 'Tiramisu' (35 cm), jaune pâle à nervures rouge foncé au printemps, puis lie-de-vin et vert en été.

CULTURE EN POT Très facile, dans un substrat de terre de jardin additionné de compost, d'un peu de sable et d'un engrais à libération lente.

UTILISATIONS Massif, bordure, potée.

Diverses feuilles d'heuchères

HORTENSIA DE VIRGINIE

Hydrangea arborescens

J F M A M J **J A** S O N D

Hauteur	Largeur	Exposition	Rusticité
1,50 m	1,50 m		C

Hydrangea arborescens 'Annabelle'

Ce superbe arbuste, au port buissonnant, se couvre de grosses inflorescences rondes pouvant atteindre 20 cm de diamètre, composées d'une multitude de petites fleurs blanches. Croissance rapide.

SOL Humifère, frais à humide. L'hortensia de Virginie est plus tolérant que les autres hydrangéas en matière de sol.

EXPOSITION Mi-ombre, ombre ou même soleil.

CULTURE Plantez en automne, en espaçant de 80 cm les sujets cultivés en haie. Arrosez bien et paillez en été. En hiver, éliminez les fleurs fanées. Taillez en mars, à 2 ou 3 yeux à partir de la base.

ESPÈCES ET VARIÉTÉS La nomenclature officielle reconnaît aujourd'hui 52 espèces de *Hydrangea*. *Hydrangea arborescens* 'Annabelle' (1,50 m), arrondi, parfait en haie, grosses têtes blanc crème de 20 à 30 cm de diamètre ; 'Vasterival' (1,50 m), inflorescences plates, blanches.

CULTURE EN POT Possible dans un pot de 40 cm de côté, plus large que profond, dans un mélange de terreau pour rosiers et de terreau pour plantes de terre de bruyère, enrichi d'un engrais de fond. Paillez pour limiter l'évaporation.

UTILISATIONS Massif, potée, haie fleurie, groupes isolés de plusieurs sujets.

IMPATIENS DE NOUVELLE-GUINÉE

Impatiens hawkeri x

J F M A **M J J A S O** N D

Hauteur	Largeur	Exposition	Rusticité	Température
30/50 cm	20/50 cm		A	7 °C

Les impatiens de Nouvelle-Guinée sont des plantes frileuses utilisées pour les décorations estivales. Ces annuelles aux tiges fragiles, charnues, gorgées de sève, portent des feuilles ovales. Les fleurs, asymétriques, plates, de 3 à 5 cm de large, se parent d'un grand éperon coloré.

SOL Souple, frais, riche et humifère. Apportez du terreau à la plantation.

EXPOSITION Ombre dense, lumière tamisée, ou même soleil doux et direct.

CULTURE Plantez à l'extérieur, à partir de mi-mai. Arrosez généreusement, mais sans détremper. Fertilisez les plantes en pot une fois par semaine avec de l'engrais liquide.

ESPÈCES Il existe environ 850 espèces, dont la plupart ne peuvent être cultivées qu'en serre ou comme plante d'intérieur. *Impatiens hawkeri* x (de 20 à 30 cm), trapu et résistant au soleil, à feuillage vert ou panaché et fleurs roses, rouges, saumon, pêche ou blanches. Il se cultive à l'intérieur ou dans les massifs d'été.

CULTURE EN POT Facile dans des pots pas trop grands (12 cm de côté), dans un terreau de rempotage bien drainé. Abritez-les du vent et rentrez-les l'hiver (dès que la température descend en dessous de 13 °C).

UTILISATIONS Massif d'été, balconnière.

INDIGOTIER

Indigofera spp.

J F M A **M J J A S O** N D

Hauteur	Largeur	Exposition	Rusticité	Température
0,60/2 m	1/2,50 m		C	-15 °C

Cet arbuste subtropical porte un feuillage alterne, penné, et de belles grappes compactes, dressées, formées de fleurs rose pourpré sur les pousses de l'année. Sa floraison de longue durée et sa croissance rapide font de cet arbuste facile à cultiver une bonne plante pour un jardin urbain.

SOL Sec, bien drainé en hiver, assez riche.

EXPOSITION Chaude et abritée, au soleil.

CULTURE Plantez au printemps, de préférence le long d'un mur au sud. Dans les régions fraîches, hivernez en véranda. Fin mars, coupez les branches qui ont été abîmées par le gel. Multiplication par semis ; avant, trempez les graines dans l'eau pendant une nuit.

ESPÈCES ET VARIÉTÉS Parmi les 700 espèces. *Indigofera heterantha (gerardiana)* est le plus cultivé. *Indigofera hebepetala*, à fleurs tardives, rouge carmin, est rustique. *Indigofera decora*, plus trapu (60 cm), à fleurs rouge cramoisi en plein été. *Indigofera potanii*, à port étalé (2,50 m de large, 1,50 m de haut), fleurs roses.

CULTURE EN POT Dans un pot assez lourd, de 20 cm de diamètre au minimum, dans un terreau mélangé à du sable.

UTILISATIONS Massif méditerranéen, habillage d'un petit mur, potées.

Indigofera kirilowii

LUPIN

Lupinus polyphyllus

J F M A M **J J A** S O N D

0,60/1,50 m | 30/80 cm | V

Ces vivaces généreuses portent des épis aux couleurs somptueuses. Le lupin polyphylle forme une touffe de feuilles palmées, aux fines folioles lancéolées. Les fleurs, en grappes serrées de 60 cm de long, mélangent le bleu et le blanc.

SOL Riche, profond, léger, non calcaire.

EXPOSITION Soleil direct léger, mi-ombre douce, en climat frais et humide.

CULTURE Plantez de septembre à avril (de 3 à 5 pieds/m²). Paillez le sol durant l'été, arrosez. Divisez les touffes de plus de 5 ans en automne. Semis au printemps en terrine, puis repiquage en godet, avant mise en place en septembre.

ESPÈCES ET VARIÉTÉS Il existe au moins 600 espèces.

- ***LUPINUS POLYPHYLLUS*** **:** ce lupin est surtout représenté par le groupe des hybrides de Russel, à longs épis floraux très denses, et notamment les cultivars 'Chandelier' (1 m), jaune ; 'Minarette' (60 cm), trapu, coloris variés ; 'My Castle' (syn. 'Mon Château'), 1 m, rouge brique ; 'Noble Maiden' (syn. 'La Demoiselle'), 1 m, blanc ; 'The Chatelaine' (syn. 'La Châtelaine'), 90 cm, rose et blanc ; 'The Governor' (syn. 'Le Gentilhomme'), 90 cm, bleu et blanc ; 'The Pages' (syn. 'Edelknabe'), 90 cm, carmin.

Vidéo « Planter un lupin »*

Lupinus polyphyllus

- **SÉRIE WESTCOUNTRY :** obtenue par la pépinière spécialisée anglaise du même nom, elle offre un large assortiment de cultivars vigoureux dotés d'une floraison de longue durée aux coloris bien fixés tels 'Beefeater' (90 cm), rouge ; 'Blossom' (75 cm), blanc rosé ; 'Cashmere Cream' (90 cm), jaune pâle ; 'Desert Sun' (90 cm), jaune vif ; 'Gladiator' (90 cm), bicolore orange et jaune ; 'Jupiter' (90 cm), bicolore violet et blanc ; 'Manhattan Lights' (90 cm), bicolore jaune et rouge violacé ; 'Masterpiece' (75 cm), pourpre violacé nuancé d'orange ; 'Persian Slipper' (60 cm), bleu marqué de blanc ; 'Polar Princess' (75 cm), blanc pur ; 'Rachel de Thame' (90 cm), bicolore rose et blanc ; 'Red Rum' (90 cm), rouge cerise taché de blanc ; 'Saffron' (60 cm), jaune citron ; 'Salmon Star' (75 cm), en dégradé du jaune à l'orange saumoné ; 'Tequila Flame' (60 cm), bicolore rouge et jaune ; 'Terracotta' (90 cm), dégradé de l'orange au rose ; 'Towering Inferno' (90 cm), rouge-orange.
- **AUTRES LUPINS :** *L. arboreus* (1,50 m), sous-arbrisseau, à fleurs bleues, jaunes ou blanches, très durables. *L. hartwegii* (70 cm), annuel, à longs épis odorants.

CULTURE EN POT Possible dans un pot de 50 cm en tous sens, dans un mélange de terre de jardin (50 %), de terreau de feuilles (25 %) et de sable (25 %). Optez pour des variétés à petit développement.

UTILISATIONS Massif, rocaille, bouquet.

REFLORAISON

Coupez les hampes florales fanées pour une remontée en automne.

BAMBOU SACRÉ

Nandina domestica

J F M A M **J J** A S O N D

0,50/1,50 m | 0,50/1,50 m | P | -15 °C

Cet arbuste au port érigé est apprécié pour son feuillage léger. Ses feuilles alternes, pennées, aux folioles étroites, sont d'abord rougeâtres lorsqu'elles sont jeunes, elles deviennent ensuite vert foncé durant l'été, puis virent au pourpre en automne. La floraison blanche, en grappes de 20 à 30 cm de long, est sans intérêt, mais les fruits qui suivent sont constitués de baies rouge pourpre réunies en grappes pendantes très décoratives.

SOL Profond, souple et bien drainé.

EXPOSITION Plein soleil, à l'abri des froids vifs et des vents dominants desséchants.

CULTURE Plantez au printemps. Protégez du froid en hiver par un bon paillis. La taille se limite à éliminer en hiver le bois mort et les rameaux en surnombre ou trop chétifs.

ESPÈCE ET VARIÉTÉS Il existe une seule espèce, *Nandina domestica* et de nombreux cultivars : 'Blush Pink' (50 cm), son jeune feuillage reste rouge en permanence ; 'Fire Power'

*Télécharger l'application Truffaut +, voir p. 6-7

PAILLEZ !

Apportez un bon paillis organique en automne et maintenez-le en place durant toute l'année.

(60 cm), dont le feuillage vernissé devient orangé en automne ; 'Filamentosa' (1,20 m), tiges pourpres à feuilles linéaires vert tendre, rouge violacé en hiver, floraison blanche en été ; 'Flirt' (syn. 'Murasaki'), 50 cm, compact, arrondi, jeunes pousses rouge pourpre jusqu'en fin d'été, fleurs blanc crème, fruits rouges ; 'Gulf Stream' (80 cm), port conique, feuillage rouge en hiver ; 'Obsessed' (syn. 'Seika'), 1 m, feuillage rose pourpre au printemps, qui verdit en été pour devenir rouge orangé en hiver, floraison estivale blanche, fruits en automne ; 'Pygmaea' (50 cm), aux feuilles panachées de blanc ; 'Twilight' (1,50 m), au feuillage éclaboussé de jaune.

CULTURE EN POT Dans un pot de 30 cm de diamètre, assez lourd pour préserver la stabilité de l'arbuste, dans de la terre de bruyère mélangée à du sable, avec une poignée d'amendement organique.

UTILISATIONS Haie mixte ou de séparation, massifs d'arbustes, bac sur terrasse, les formes naines en couvre-sol ou bordure.

OSMANTHUS

Osmanthus spp.

J F M **A M** J J A S O N D

Hauteur	Largeur	Exposition	Rusticité
1/4 m	060/2 m		C

Cet arbuste, appelé aussi x *Osmarea*, ressemble à du houx, mais fleurit plus joliment. Il forme un buisson compact aux feuilles opposées, coriaces, luisantes, parfois piquantes. Les fleurs tubulées blanches, à odeur de jasmin, sont printanières ou estivales selon les espèces.

SOL De préférence fertile, bien travaillé, drainé, profond et frais, même calcaire.

EXPOSITION Soleil ou mi-ombre, à l'abri des vents forts et des fortes gelées.

CULTURE Plantez au printemps. En haie, espacez les plants de 60 à 80 cm. Taillez après la floraison juste pour équilibrer la forme et stimuler la croissance. Paillez en automne.

ESPÈCES ET VARIÉTÉS Il existe 36 espèces. *Osmanthus delavayi* (1,50 m), au port retombant, feuilles étroites, floraison blanche très parfumée au début du printemps. Croissance lente, sol non calcaire. *O. fragrans* (3 m), feuilles coriaces finement dentées ou entières ressemblant à celles du houx, vert foncé lustré. Floraison automnale crème, à l'intense parfum de jasmin, fruits ovoïdes noir bleuté. *O. heterophyllus* produit une floraison automnale (septembre-octobre) ; 'Aureus' (de 1 à 1,50 m), à feuillage doré et jeunes pousses chocolat ; 'Goshiki' (syn. 'Tricolor'), 2 m, jeunes pousses cuivrées, feuillage taché de jaune crème, croissance lente ; 'Gulftide' (de 3 à 4 m), feuillage fortement épineux vert foncé brillant ; 'Purpureus' (2,50 m), à feuilles vert sombre mêlé de pourpre, fleurs blanches. *O.* x *burkwoodii* (syn. *Osmarea*), de 2 à 3 m, est un hybride horticole aux feuilles ovales coriaces vert foncé brillant, fleurs blanches, parfumées en avril-mai. Il réussit à mi-ombre.

CULTURE EN POT Dans un bac de 40 cm de diamètre et de profondeur au minimum.

UTILISATIONS Haies libres, massifs.

Osmanthus delavayi

Osmanthus fragrans

Osmantus heterophyllus

Osmanthus x *burkwoodii*

PARAHEBE

Parahebe x 'Avalanche'

J	F	M	A	M	**J**	**J**	**A**	S	O	N	D

Hauteur	Largeur	Exposition	Rusticité	
40/50 cm	30/40 cm	Soleil	V	-12 °C

Le nom de cet arbuste annonce bien une floraison abondante, avec bien peu de soins. Feuilles dentées, vert foncé, fleurs blanches légèrement maculées de violet au centre, très nombreuses, en forme de petite tasse.

SOL Frais et riche, acide de préférence.

EXPOSITION Soleil pas trop chaud à mi-ombre. Supporte les embruns.

CULTURE Taillez de moitié en mars pour densifier la végétation et reformer la touffe.

CULTURE EN POT Dans une terre de bruyère. Maintenez tout juste humide en permanence.

UTILISATIONS Massifs, bordures, potées.

POUR UN MINI-JARDIN EN VILLE, VOUS POUVEZ AUSSI CULTIVER

★ *Anemone* x *hybrida, A. hupehensis* ➲ p. 310
★ *Acer palmatum* (érable du Japon) ➲ p. 286
★ *Buxus sempervirens* (buis) ➲ p. 304
★ *Clematis armandii* (clématite d'Armand) ➲ voir p. 353 ★ *Cornus florida, C. kousa* 'Venus' (cornouiller) ➲ p. 228 ★ *Eschscholzia californica* (pavot de Californie) ➲ p. 327
★ *Fatsia japonica* (aralia du Japon) ➲ p. 287
★ *Hydrangea macrophylla* (hortensia) ➲ p. 252
★ *Hydrangea quercifolia* (hortensia à feuilles de chêne) ➲ p. 253 ★ *Lagerstroemia indica* ➲ p. 229 ★ *Mahonia* x *media* ➲ p. 469
★ *Phormium spp.* ➲ p. 632 ★ *Phyllostachys aurea, P. nigra* 'Boryana' (bambou) ➲ p. 378
★ *Prunus serrulata* 'Amanogawa' ➲ p. 431
★ *Spiraea* x *billardii* ➲ p. 625

SAUGE DE SIBÉRIE, LAVANDE D'AFGHANISTAN

Perovskia atriplicifolia

J	F	M	A	M	J	**J**	**A**	**S**	O	N	D

Hauteur	Largeur	Exposition	Rusticité
0,80/1,50 m	1/2 m	Soleil	C

Décontracté, souple, très élégant, le pérovskia forme un buisson gracieux et coloré. Les tiges farineuses portent un feuillage opposé, argenté, finement découpé à l'odeur de sauge. Les panicules, de 30 à 40 cm, sont formées de petites fleurs bleu lavande. Les tiges gèlent souvent en hiver, mais repartent bien au printemps.

SOL Siliceux, sec, assez pauvre, même caillouteux, plutôt calcaire.

EXPOSITION Ensoleillée et chaude.

CULTURE Plantez au printemps. Rabattez les jeunes rameaux en février-mars, à 2 yeux au-dessus du vieux bois dur, pour garder une touffe bien compacte. Ne fertilisez pas. Pincez les extrémités des jeunes pousses en mai pour obtenir un port plus rigide. N'arrosez pas trop, car les tiges pourrissent facilement.

ESPÈCES ET VARIÉTÉS Il existe 9 espèces. On cultive surtout *Perovskia atriplicifolia* (1,50 m), à port souple, étalé ; 'Lacey Blue' (1 m), fleurs bleu outremer et blanc, aux calices violets. Parmi les hybrides : 'Blue Spire' (1 m), feuilles très découpées et panicules de fleurs bleu lavande plus grandes que celles du type ; 'Little Spear', compact (de 60 à 80 cm), à fleurs pourpres, convient en pot ou en bordure.

CULTURE EN POT Dans un pot de 40 cm en tous sens et un mélange à parts égales de terre de jardin, de terreau pour rosiers et de sable.

UTILISATIONS Massif, rocaille, bordure.

SANTOLINE, PETIT CYPRÈS

Santolina chamaecyparissus

J	F	M	A	M	**J**	**J**	**A**	S	O	N	D

Hauteur	Largeur	Exposition	Rusticité
30/50 cm	30/50 cm	Soleil	P

Ce buisson aromatique est apprécié pour sa végétation très régulière. Compact, à la silhouette arrondie, il porte des feuilles alternes, linéaires, de 1 à 3 cm de long. Odorantes, elles sont couvertes d'un duvet blanc argenté. Les fleurs jaunes, en capitules globuleux de 1 à 2 cm de diamètre, sont très mellifères.

SOL Ordinaire, même sec et caillouteux.

EXPOSITION Ensoleillée, plutôt sèche, à l'abri du vent.

CULTURE Plantez en automne ou au printemps, à 30 ou 40 cm de distance si vous faites une haie. Après la floraison, taillez les touffes pour leur conserver une forme bien ramassée.

ESPÈCES ET VARIÉTÉS Il existe 20 espèces. *Santolina chamaecyparissus* 'Lambrook Silver', à feuilles argentées. *S. rosmarinifolia* (syn. 'Viridis'), à feuilles vertes.

CULTURE EN POT Possible dans un mélange bien drainant de terre et de sable. Veillez à ce que le substrat ne soit pas trop humide, surtout en hiver.

UTILISATIONS Bordure, haie basse, potée sur une terrasse.

SARCOCOQUE

Sarcococca spp.

J F M A M J J A S O **N D**

Hauteur : 0,80/1,50 m | Largeur : 0,80/1,50 m

Ces petits arbustes, dont certains sont rhizomateux, embaument littéralement au cœur de l'hiver. Les feuilles, alternes, entières, sont lancéolées. Les fleurs, unisexuées, blanches ou blanc verdâtre, dépourvues de pétales, exhalent un parfum puissant de muguet et de jasmin.

SOL Humifère, frais, bien drainé, acide.

EXPOSITION À l'ombre ou à mi-ombre, à l'abri des vents secs et froids.

CULTURE Plantez au printemps. Éliminez les pousses mortes, équilibrez la silhouette au début du printemps.

ESPÈCES ET VARIÉTÉS Il existe 6 espèces. *Sarcococca pruniformis* (syn. *S. hookeriana*), 1,50 m, rhizomateux, traçant, fruits bleu-noir ; var. *digyna* (1 m), aux feuilles souples, effilées ; var. *humilis* (syn. *S. confusa*), de 50 à 80 cm, aux feuilles plus courtes que le type ; 'Purple Stem' (1,50 m), aux jeunes pousses pourpres. *S. ruscifolia* (de 1 à 1,50 m) floraison plus tardive (février), blanche légèrement ombrée de rose, baies rouge écarlate. *S.* 'Winter Gem' (80 cm), hybride entre *S. pruniformis* var. *humilis* et 'Purple Stem', est un arbuste compact aux jeunes tiges rouge pourpre et aux fleurs blanc rosé.

CULTURE EN POT Possible dans du terreau de plantation ou de rempotage. Rempotez tous les 5 ans. Arrosez par temps sec.

UTILISATIONS Massif, couvre-sol en sous-bois, haie libre basse, potées sur balcon.

Vidéo « Cultiver un sarcococca »*

Sarcococca confusa

JASMIN ÉTOILÉ

Trachelospermum jasminoides

J F M A M **J J A S O** N D

Hauteur : 3/6 m | Largeur : 2/4 m | -15 °C

Vidéo « Cultiver un jasmin étoilé »*

De croissance rapide, cet arbuste volubile exhale un puissant parfum de jasmin. Les tiges, qui renferment un latex blanc, portent des feuilles opposées, de 5 à 10 cm, ovales, vert brillant. Les fleurs sont en bouquets blanc pur.

SOL Léger, plutôt acide, mais riche, humifère, profond, consistant et bien drainé.

EXPOSITION Bien ensoleillée et chaude, à l'abri des vents dominants froids et secs. Sa résistance au froid est bien supérieure à ce que l'on annonce souvent.

CULTURE Plantez au printemps, paillez le sol, arrosez bien en été. Supprimez les rameaux indisciplinés.

ESPÈCES ET VARIÉTÉS Il existe 11 espèces validées par la nomenclature botanique internationale. *Trachelospermum jasminoides* (syn. *Rhynchospermum*), de 5 à 6 m, est le plus cultivé, ses feuilles rougissent en hiver par temps froid ; 'Variegatum' (de 2 à 3 m), à feuillage panaché de jaune. *T. asiaticum*, le jasmin étoilé jaune (5 m), à fleurs blanc crème virant au jaune, plus frileux (il est prudent de l'hiverner dans une véranda) ; 'Christabel Bielenberg' (de 3 à 4 m), plus compact, le parfum de ses fleurs exhale une note de cannelle.

CULTURE EN POT Dans un pot de 30 cm au minimum et un mélange de terre de bruyère et de terre de jardin. Rempotez tous les ans et fertilisez sans excès d'azote.

UTILISATION Excellent en couvre-mur.

LAURIER-TIN

Viburnum tinus

J F M A M J J A S O N D

Hauteur : 1,50/3 m | Largeur : 3 m | 7 °C

Viburnum tinus 'Eve Price'

Cet arbuste facile à vivre supporte bien la pollution et les embruns. Feuillage ovale, vert foncé sur le dessus, plus pâle en dessous. Fleurs, roses en boutons, blanches en vieillissant. Fruits ovoïdes bleutés, puis noirs, très appréciés des oiseaux.

SOL Riche, profond, humifère et frais, de préférence assez peu calcaire.

EXPOSITION Soleil ou mi-ombre, à l'abri.

CULTURE Plantez au printemps. Arrosez et paillez les premiers étés. Éliminez les rameaux âgés, en surnombre ou mal formés.

ESPÈCES ET VARIÉTÉS Il existe 150 espèces. Parmi les cultivars de *Viburnum tinus* : 'Eve Price' (1,50 m), au port arrondi, fleurs blanches parfumées ; 'Gwenllian' (2 m), très compact, blanc rosé ; 'Lisarose' (syn. 'Loren'), 2 m, jeunes pousses rouge foncé, corolles blanches ; 'Lucidum' (jusqu'à 3 m), buisson arrondi aux larges feuilles vert foncé brillant, fleurs blanc rosé ; 'Macrophyllum' (3 m), à grosses feuilles, inflorescences énormes ; 'Purpureum' (de 2 à 3 m), jeune feuillage pourpre ; 'Quimper' (syn. 'French White'), de 1,50 à 2 m, à la croissance rapide ; 'Spirit' (2 m), aux jeunes rameaux teintés de pourpre, l'inflorescence rose en bouton s'ouvre blanche ; 'Variegatum' (2 m), au feuillage panaché de jaune crème.

CULTURE EN POT Dans un pot de 40 cm en tous sens et un mélange de terreau et de sable.

UTILISATIONS Isolé, haie libre, massif, bac.

***Télécharger l'application** Truffaut +, **voir p. 6-7**

Un espace japonisant

LE JARDIN JAPONAIS RELÈVE D'UN SAVOIR-FAIRE PEU COMMUN ET RÉCLAME BEAUCOUP DE TEMPS. MAIS IL SUFFIT DE TRANSPOSER QUELQUES PLANTES ET CERTAINS ÉLÉMENTS DU JARDIN JAPONAIS DANS VOTRE PROPRE JARDIN POUR DONNER UNE AMBIANCE JAPONISANTE, PLEINE DE SÉRÉNITÉ EXOTIQUE.

LES PRINCIPES DU JARDIN JAPONAIS

Le jardin japonais est une interprétation idéalisée de la nature visant à limiter les artifices. Toutefois, l'emploi et l'agencement des éléments sont très codifiés, ce qui peut paraître contradictoire ... **1**

ÉCLAIRER LE JARDIN JAPONAIS

Les lanternes sont indissociables du jardin japonais. Éléments de décoration le jour, elles sont fonctionnelles la nuit pour éclairer les cheminements ... **2**

INSTALLER UN « PAS JAPONAIS »

Le *tobi-ishi* est un cheminement tout en délicatesse, semé de pierres irrégulières, guidant les pas du visiteur vers le pavillon de thé ... **3**

PRÉVOIR UNE PETITE ZONE SABLÉE

Le sable, patiemment ratissé et constamment entretenu, fait partie intégrante du jardin japonais ... **4**

CRÉER UNE RIVIÈRE SÈCHE

Il faut s'imprégner de l'esprit japonais pour comprendre l'installation d'une rivière sans eau, simplement minérale. Ou la contempler et renoncer à la justifier ... **5**

Le coin du curieux : Une fleur symbolique

Une fleur sans pétales et pourtant bien en vue, puisqu'elle est en bonne place sur le drapeau épuré du Japon ... **6**

IDÉES

→ POURQUOI PAS… Aménager un Petit Patio en jardin japonais ? 7

→ POURQUOI PAS… Créer un « jardin de mousse » avec de l'helxine ? 8

JARDIN DU SOLEIL-LEVANT, PARC FLORAL DE HAUTE-BRETAGNE

Vidéo « Un espace japonisant, le jardin japonais d'Anduze »*

Les Plantes idéales

Il s'agit de plantes qu'on retrouve couramment dans les jardins japonais et qui, pour beaucoup, sont originaires de ce pays.

★ **Irremplaçables érables :** *Acer japonicum* 'Aconitifolium' et 'Vitifolium', *A. palmatum*, *A. shirasawanum* 'Aureum' (érable japonais doré).

★ **Plantes fleuries :** *Paeonia suffruticosa* (pivoine arbustive) ; *Rhododendron* x (azalée japonaise) ; *Wisteria floribunda* (glycine du Japon).

★ **Feuillages surprenants :** *Fatsia japonica* (aralia du Japon) ; *Hakonechloa macra* 'Aureola' (herbe de Hakone) ; *Pinus parviflora* (pin du Japon) ; *Sciadopitys verticillata* (pin parasol du Japon).

NOS CONSEILS

1. *Installez des arbres taillés en nuages* (➜ p. 300) *: ils font partie intégrante de l'identité du jardin japonais.*

2. *Prévoyez une zone sablée et ratissée selon des motifs variés dans une partie du jardin, par exemple devant un bosquet de bambous.*

3. *Installez des dallages en pierres naturelles ou en bois sur les voies de passage principales. Ils associent des blocs de forme géométrique de dimensions variées avec des pierres plates naturelles, voire des galets.*

4. *Disposez des pierres, symbolisant des montagnes. Groupez-les en nombre impair, en général par 3.*

5. *Prévoyez une installation électrique pour alimenter les lanternes et les éclairages des points d'eau ainsi que les pompes à eau.*

6. *Pensez à un passage sur l'eau (gué ou pont de bois), bassin, ruisseau et même chute d'eau, sauf si vous souhaitez un jardin sec d'esprit « zen » (karesansui).*

7. *Soignez l'entretien : un jardin japonisant ne souffre pas le négligé, car les moindres détails comptent.*

et Si

· J'ai besoin de sources d'inspiration ? 9

· J'ai envie d'apporter de la vie avec des animaux ? 10

***Télécharger l'application** Truffaut +, **voir p. 6-7**

Un espace japonisant

1 Les principes du jardin japonais

Il cherche à reproduire en miniature un site naturel avec ce qu'il comporte de cours ou d'étendues d'eau, d'îles, de collines et de montagnes, figurées par des pierres et des roches. Mais il se limite à dessiner les traits principaux, en une évocation stylisée plus qu'une reproduction, tout en douceur, où les lignes géométriques sont bannies. Des éléments architecturaux caractérisent le jardin japonais : lanternes, pont, fontaine d'ablution en pierre *(tsukubai)*, fontaine à clapet en bambou *(shishi odoshi)*, panneaux d'occultation et de séparation en bambou *(gaki)*. On peut y ajouter une statue de Bouddha et une tour en pierre dont le nombre d'étages est toujours impair. Le jardin japonais s'inscrit sur de petites surfaces, il est aisé de le transposer dans tout jardin classique.

2 Éclairer le jardin japonais

Autrefois, les lanternes des jardins japonais, qui étaient en fait chinoises, étaient des objets de culte. Mais il y a bien longtemps – depuis le XIIIe siècle – qu'elles sont dévolues à un rôle décoratif. Au Japon, à l'origine, les *tōrō* sont présents dans les temples bouddhistes et sont alignés pour éclairer les chemins, en même temps qu'ils sont une offrande faite à Bouddha. À partir du VIIIe siècle, ils commencent à être présents dans les sanctuaires shinto et les maisons privées. Vous avez un grand choix de lanternes dites « japonaises ». Préférez celles sculptées dans du granit ou de la pierre, pour contribuer à apporter une touche minérale à votre coin japonisant.

3 Installer un « pas japonais »

Dans le jardin japonais classique, le pas japonais, ou *tobi-ishi*, est un cheminement conduisant au pavillon de thé. Il est constitué de pierres de formes irrégulières où poser ses pas. Commencez par matérialiser le tracé au sol et l'emplacement de chaque pierre plate. Pour un meilleur confort, comptez le nombre de pas nécessaires, en choisissant l'amplitude des pas d'une femme, moins importante. Bêchez peu profondément, sur environ 10 à 15 cm, et retirez la terre. Épandez une couche de sable de chantier, sur 5 cm, qui servira à caler les pierres. Ajustez et veillez ce que les pierres ne dépassent pas la surface du sol.

4 Créer une petite zone sablée

Le sable des jardins japonais, délicatement ratissé en lignes sinueuses régulières, est en réalité un fin gravier de nature granitique, fait de particules de 2 mm de diamètre environ. Elles sont blanches, grises ou ponctuées de points noirs. Pour créer cette ambiance zen, posez tout d'abord une pièce de géotextile sur toute la surface. (Limitez la taille de cette zone, pour nous Occidentaux, l'entretien peut rapidement se révéler fastidieux.) Déposez une couche de sable de 5 à 6 cm au moins, voire plus, pour un meilleur confort de ratissage. Les motifs sont dessinés avec un râteau de bois ou de bambou destiné à ce seul usage.

5 Créer une rivière sèche

Une rivière, mais sans eau, seulement pour le plaisir des yeux (et de l'esprit), voilà un concept purement japonais. Sans les contraintes liées à la circulation de l'eau, elle est facile à réaliser. Commencez par tracer la course sinueuse de la rivière, sans vous préoccuper du dénivelé. Creusez pour bien marquer sa forme et déposez un géotextile au fond. Ensuite, disposez les pierres en leur donnant un mouvement. Classiquement, la rivière est faite de gros galets, disposés les uns sur les autres, un peu à la manière des écailles de poisson, pour donner une direction imaginaire. Vous pouvez aussi utiliser des pierres plates, placées sur leur tranche et disposées les unes contre les autres, rappelant un peu les calades des jardins du Sud, ces chemins un peu inconfortables. S'il y a des dénivelés, marquez-les par des roches plus grosses. Enfin, plantez les rives de loin en loin, dans les courbes.

6 *Le coin du curieux : Une fleur symbolique*

Si, pour nous, le chrysanthème est associé au deuil (il a été adopté à la fin de la Première Guerre mondiale pour fleurir les monuments aux morts et les tombes des poilus), au Japon, il est signe de bonheur. Et d'honneur, car il est l'un des attributs de la famille impériale. D'ailleurs, l'Ordre suprême du Chrysanthème fut créé en 1876 pour honorer les dignitaires. La famille impériale japonaise possède depuis dix siècles, dans son emblème, un chrysanthème d'or à 16 pétales. Est-ce pour ne pas la froisser ? Toujours est-il qu'on décida de l'effeuiller, plus exactement de lui ôter ses pétales pour laisser le centre du capitule sur le drapeau du Japon, sous la forme d'un cercle rouge.

IDÉES

7 POURQUOI PAS... AMÉNAGER UN PETIT PATIO EN JARDIN JAPONAIS ?

Le plaisir d'une ambiance japonisante tient à la mise en scène, mais aussi à la découverte d'une scène très soignée, dans un lieu peu accessible, mal éclairé. Placez votre jardin japonais dans un patio, une courette ou un coin mort du jardin, fréquenté seulement par les curieux et le jardinier pour son entretien.

8 POURQUOI PAS... CRÉER UN « JARDIN DE MOUSSE » AVEC DE L'HELXINE ?

Avec son faux air de mousse, l'helxine *(Soleirolia soleirolii)* offre une ambiance de sous-bois frais et humide. Plantez-la à proximité d'une source d'eau pour compléter cette impression. Jouez des différents feuillages des variétés disponibles – vert foncé, vert clair, vert tendre, doré... Vous pouvez même faire une composition en damier pour donner une touche contemporaine.

et Si

9 J'ai **besoin** de sources **d'inspiration** ?

Il existe quelques beaux jardins japonais en France, et vos pas vous porteront peut-être vers ceux-ci : jardin Albert Kahn (92 Boulogne-Billancourt), le parc oriental de Maulévrier (49), le jardin zen d'Erik Borja (26 Beaumont-Monteux), le jardin japonais de la Bambouseraie de Parafrance (30 Générargues), le jardin japonais du parc botanique de Haute-Bretagne (35 Le Chatelier), les jardins de Ly (80 Senarpont), le jardin japonais de la villa Ephrussi de Rothschild (06 Saint-Jean-Cap-Ferrat), le jardin de Compans-Caffarelli (31 Toulouse), le jardin japonais de Monaco (Principauté de Monaco).

10 J'ai envie d'apporter de la **vie** avec des **animaux** ?

Discrets mais présents, les animaux sont des éléments essentiels au jardin japonais. Les vedettes en sont bien sûr les carpes koï, pour leur ornementation jaune-orangé ; elles servent aussi à limiter la prolifération des algues en les broutant. Grenouilles, tortues, lézards et oiseaux, tous apportent une touche de vie.

ÉRABLE JAPONAIS

Acer japonicum

J F M A **M** J J A S O N D

2/5 m | 2/4 m | C

Ce petit arbre à la croissance lente se pare de couleurs vives, splendides ; d'abord arbustif, il forme ensuite un petit tronc et une ramure bien arrondie. Le feuillage opposé, découpé en 7 à 11 lobes dentés, passe du vert tendre en été au rouge carminé flamboyant à l'automne. Parfaitement rustique, il supporte mal les fortes chaleurs. Les jolies fleurs pourpres sont portées en corymbes pendants sur de longs pédoncules, avant les feuilles. Fruits ailés de 3 cm de long.

SOL Souple, frais, bien drainé, un terreau acide ou de la terre de bruyère pure.

EXPOSITION Humide, abritée des vents froids, sous un soleil toujours tamisé.

CULTURE Plantez en automne ou au printemps, paillez et arrosez généreusement les jeunes sujets. Ne taillez pas. Protégez l'écorce des lapins.

ESPÈCES ET VARIÉTÉS *Acer japonicum* 'Aconitifolium' (de 3 à 5 m), buissonnant, port arrondi, feuilles profondément découpées rouge vermillon en automne ; 'Green Cascade' (2 m), au port pleureur, feuilles vertes, très découpées, jaune orangé à bordeaux en automne ; 'Vitifolium' (de 4 à 5 m), feuilles vertes très divisées (de 9 à 11 lobes), devenant orangées, puis rouges en automne. *A. shirasawanum* 'Aureum' (3 m), feuillage palmé, doré, de croissance très lente ; 'Autumn Moon' (de 2 à 3 m), jeune feuillage rose saumoné à orangé qui verdit en été, puis passe à l'orange en automne ; 'Ezono-o-Momijii' (de 4 à 5 m), feuillage très découpé vert bordé de clair au printemps, qui fonce en été pour devenir jaune d'or et rouge en automne ; 'Microphyllum' (3 m), petites feuilles très découpées, vert tendre au printemps, qui

Acer japonicum 'Aconitifolium'

foncent en été pour mélanger l'or et l'orange en automne.

CULTURE EN POT Possible dans un bac de 80 cm de diamètre et 60 cm de profondeur, dans un mélange de sable et de terre de bruyère. Tuteurez les 2 premières années pour éviter les dégâts du vent.

UTILISATIONS Isolé, en petit bosquet.

ÉRABLE DU JAPON

Acer palmatum

J F M **A** M J J A S O N D

1/6 m | 1/4 m | C

Originaire de l'est de la Chine, de Corée et du Japon, cet érable rustique forme une cime étalée, arrondie, dont les jeunes rameaux revêtent une écorce rouge. Il développe un magnifique feuillage opposé, palmé, de 5 à 10 cm de large, découpé en 5 à 9 lobes dentés, parfois finement découpés, qui prend de superbes tons orangés, rouge carminé ou pourpres en automne. Les fleurs rougeâtres groupées en petits bouquets en avril sont peu spectaculaires, mais les fruits aux ailes recourbées, rouges, sont intéressants à partir de septembre.

SOL Humide, souple, profond, bien drainé, dans de la terre de bruyère ou avec une proportion minimale de 50 % de terreau acide à mélanger lors de la plantation. Faites un apport de matière organique important tous les 3 ans pour assurer une bonne teneur en humus du sol.

EXPOSITION Soleil doux et voilé ou mi-ombre et même ombre, dans un lieu abrité des vents froids et secs. Les fortes chaleurs provoquent systématiquement la brûlure du feuillage, qui tombe très vite.

Acer palmatum 'Orange Dream'

Vidéo « Cultiver un érable du Japon »*

Acer palmatum 'Osakazuki'

CULTURE Plantez en automne ou au printemps. Paillez en novembre dans les régions aux hivers très rigoureux. Limitez la taille (hivernale) à un équilibrage de la ramure. Traitez contre les cochenilles. Douchez généreusement le feuillage les soirs de forte chaleur.

VARIÉTÉS Il existe plusieurs centaines de cultivars. 'Atropurpureum' (4 m), feuillage palmé pourpre ; 'Beni-Maïko' (2 m), rouge vif au printemps, pourpré en été, rouge flamboyant en automne, feuillage peu découpé ; 'Bloodgood' (de 4 à 6 m), ramure compacte, grandes feuilles aux lobes pointus, rouge pourpré devenant rouge vif en automne ; 'Butterfly' (de 2 à 3 m), au feuillage finement ciselé, vert pâle maculé de crème, jeunes pousses roses au printemps, rameaux retombants ; 'Carminium' (2 m), petites feuilles rose vif à carmin au printemps, verdissant en été, idéal en bac ou en bonsaï ; 'Deshojo' (de 3 à 4 m), petites feuilles finement lobées,

***Télécharger l'application** Truffaut +, **voir p. 6-7**

rouge brillant au printemps, devenant vert pâle ombré de rouge en été, puis rouge orangé en automne ; 'Dissectum' (2 m), feuillage vert tendre très finement découpé qui devient orangé en automne ; 'Dissectum Atropurpureum' (de 2 à 3 m), similaire au précédent, mais pourpre foncé, écorce joliment striée de blanc ; 'Dissectum Garnet' (3 m), très compact, à rameaux retombants, feuillage délicatement ciselé rouge foncé, plus lumineux en automne ; 'Fireglow' (4 m), grandes feuilles rouge vif au printemps, puis pourpres, devenant écarlates en automne ; var. *heptalobum* (5 m), aux feuilles découpées en 7 à 9 lobes qui prennent une somptueuse couleur orange, puis rouge en automne ; 'Inaba Shidare' (2,50 m), port étalé, feuilles finement découpées rouge orangé toute l'année, plus foncées en été ; 'Kashima' (1,50 m), port étalé, feuillage très découpé vert bronze au printemps, jaune orangé en automne ; 'Orange Dream' (de 2 à 3 m), jeunes pousses jaune orangé au printemps, puis vert acide en été et d'un orange doré brillant en automne ; 'Osakazuki' (de 3 à 5 m), feuillage à 7 lobes dentés, vert vif, virant au cramoisi écarlate en automne ; 'Red Dragon' (2,50 m), port ample, feuilles pourpres, très découpées, devenant rouge vif en automne ; 'Red Emperor' (3 m), feuilles à 7 lobes étroits et pointus, pourpres, puis rouge vif en automne ; 'Scolopendriifolium' (de 4 à 5 m), feuilles vert vif à 5 longs lobes étroits, jaune lumineux en automne ; 'Seiryû' (de 3 à 4 m), aux feuilles vertes finement découpées, écorce vert vif ; 'Sengokaku' (syn. 'Senkaki'), de 5 à 7 m, aux jeunes pousses rouge corail tout l'hiver, les feuilles virant au jaune canari en automne ; 'Shaina' (de 2 à 3 m), port dressé, compact, feuilles rouge pourpre en touffes denses, cramoisi en automne ; 'Shirazz' (1,80 m), feuilles gaufrées pourpre bordé de rose et de blanc au printemps, puis vertes, rouge orangé en automne ; 'Skeeter's Broom' (1,50 m), feuilles bien palmées rouges à la naissance, puis bordeaux avant de devenir écarlates en automne ; 'Tamukeyama' (1,80 m), port retombant, jeunes feuilles rouge cramoisi, puis pourpre foncé, devenant écarlates en automne ; 'Taylor' (3 m), aux feuilles à 5 lobes dentés qui naissent roses, puis verdissent lentement avant de devenir jaune et rose en automne ; 'Trompenburg' (de 2 à 3 m), feuillage très finement divisé, pourpre foncé toute l'année ; 'Ukon' (de 2 à 4 m), jeunes feuilles vert doré qui foncent en été et deviennent jaune intense en automne ; 'Villa Taranto' (3 m), feuilles à 5 lobes très fins vert teinté de rose au printemps, puis vertes et qui finissent jaune vif en automne ; 'Viridis' (1,80 m), feuillage finement découpé vert tendre, devenant jaune d'or en automne.

Acer palmatum 'Dissectum Garnet'

CULTURE EN POT Possible dans un bac de 80 cm de diamètre et 60 cm de profondeur, dans un mélange de sable et de terre de bruyère.

UTILISATIONS Isolé sur une pelouse mi-ombragée, en ombrage des massifs de terre de bruyère.

ARALIA DU JAPON

Fatsia japonica

J	F	M	A	M	J	J	A	S	O	N	D

2/4 m	1,50/2 m		P	-7/-10 °C

Cet arbuste présente un port dressé et une forme arrondie. Les grandes feuilles, persistantes, de 30 cm de long, lustrées à brillantes, sont profondément découpées en 5 à 7 lobes. En automne, il s'épanouit en petites ombelles globuleuses blanc crème, nectarifères, suivies de baies noires.

SOL Riche et frais, meuble.

EXPOSITION Soleil, mi-ombre ou ombre même dense.

CULTURE On connaît le faux aralia comme plante d'intérieur, mais sa relative rusticité permet de l'acclimater au jardin, au moins dans les zones pas trop froides. Même si la plante résiste au sec, c'est une essence utilisée dans les jardins du Sud, arrosez-la régulièrement.

ESPÈCES ET VARIÉTÉS Il existe 3 espèces. On cultive surtout *Fatsia japonica* et ses cultivars : 'Moseri' (1,20 m), au port compact ; 'Spider's Web' (1,50 m), à feuilles irrégulièrement tachetées de blanc ; 'Variegata' (2 m), à feuilles panachées de crème. Certaines pépinières proposent *F. polycarpa* (1,50 m), aux grandes feuilles finement lobées d'un vert tendre mat.

CULTURE EN POT Préférez 'Moseri'. Donnez un terreau riche et surveillez les arrosages.

UTILISATIONS Massif pour l'ombre, isolé, potée.

TAILLE

Pour limiter son développement et l'aider à se ramifier, vous pouvez au printemps tailler jusqu'à la moitié de la pousse de l'année précédente.

HERBE DE HAKONE

Hakonechloa macra

J F M A M J J A **S O** N D

Hauteur	Largeur	Exposition	
30/40 cm	30/50 cm		V

Hakonechloa macra 'Aureola'

Cette belle graminée pousse en touffe de 30 à 40 cm, aux feuilles linéaires et rubanées, souples, vertes ou panachées selon les variétés. En septembre-octobre, elle s'épanouit en panicules de petits épillets vert pâle. La plante s'étend rapidement en s'enracinant toute seule.

SOL Ordinaire, humifère, frais de préférence, redoute la sécheresse.

EXPOSITION Soleil ou mi-ombre.

CULTURE Comme toutes les graminées, elle est de culture facile. Rustique, elle résiste à – 15 °C et réclame éventuellement une taille sévère en fin d'hiver pour renouveler la végétation.

ESPÈCES ET VARIÉTÉS Ce genre monospécifique a une forme botanique reconnue, *Hakonechloa macra* f. *albo-aurea*, mais il existe plusieurs cultivars : 'Albovariegata' (30 cm), panaché blanc argenté ; 'All Gold' (30 cm), entièrement doré ; 'Aureola' (30 cm), panaché doré ; 'Noami' (30 cm), vert marginé de jaune crème, puis pourpre en automne.

CULTURE EN POT Utilisez un terreau horticole universel, à maintenir frais entre mars et septembre notamment.

UTILISATIONS En massifs, à associer à des hostas et des heuchères pourpres, en bordure pour apporter de la rondeur, en potée.

PIVOINE ARBUSTIVE

Paeonia suffruticosa

J F M A **M J J** A S O N D

Hauteur	Largeur	Exposition	
0,60/2 m	0,80/1,50 m		V

Originaires d'Europe, d'Amérique du Nord ou de Chine et du Japon, les pivoines arbustives ont des feuilles alternes, composées de folioles aux formes variables selon les espèces. Les fleurs, parfois délicieusement parfumées, sont portées solitaires à l'extrémité d'une longue hampe semi-rigide. Simple (avec de 5 à 10 pétales), semi-double ou double, la fleur de pivoine forme une coupe ou une boule de 10 à 25 cm de diamètre, aux couleurs somptueuses. Énormes, les fleurs sont d'une rare perfection.

SOL Profond, riche et sain, plutôt humifère, sans calcaire. Faites un apport de fumier décomposé chaque année en mars. La terre doit être poreuse jusqu'en profondeur, la première cause d'échec des pivoines étant l'humidité stagnante.

EXPOSITION Soleil direct non brûlant ou mi-ombre légère. Protégez des gelées printanières.

CULTURE Plantez de mi-septembre à avril, à une distance comprise entre 1,20 et 1,50 m.

Paeonia 'Vesuvian'

Arrosez généreusement par temps chaud. Maintenez le sol propre par des sarclages réguliers. Ne posez pas de paillage permanent qui favorise l'apparition des maladies. Apportez un bon engrais complet au printemps (un engrais pour rosiers). Il est inutile de tailler, sauf pour équilibrer la ramure, mais supprimez les fleurs fanées et les parties tachées pour éviter toute propagation de maladie cryptogamique. Divisez les vieilles touffes en automne, uniquement si la plante devient encombrante. Opérez avec précaution, car les racines sont fragiles et la pivoine, casanière, n'aime pas du tout être déplantée. Elle peut d'ailleurs « bouder » plusieurs années sans fleurir.

Paeonia 'Baron Thyssen Bornemisza'

ESPÈCES ET VARIÉTÉS Il existe 36 espèces et plusieurs sous-espèces. *Paeonia suffruticosa*, la pivoine Moutan (2 m), aux feuilles découpées et très grandes fleurs, a donné une large gamme de cultivars.

- **FLEURS BLANCHES OU CRÈME** : 'Fuso Tsukasa' (1,50 m), double, blanc, Ø 17 cm ; 'Haku Ban Ryu' (1,50 m), fleur double à pétales ondulés et découpés blancs, Ø 16 cm ; 'Hakushin' (1,20 m), fleur double blanc pur nuancé au centre de crème rosé, Ø < 20 cm ; 'Yao Huang' (1,20 m), très double, blanc, étamines jaune d'or bien visibles, Ø 18 cm.
- **FLEURS ROSES** : 'Hana Kisoï' (1,70 m), semi-double à pétales froissés roses, Ø 25 cm ; 'Jacqueline Farvacques' (1,50 m), fleur double aux pétales ciselés, incurvés, en dégradés de rose, Ø < 20 cm ; 'Jeanne d'Arc' (1,50 m), rose saumoné, très double, légèrement parfumée, Ø 18 cm ; 'Mme Émile Joubert' (1,70 m), fleur pleine, rose-mauve, Ø 16 cm ; 'Reine Élisabeth' (1,50 m), double, rose nuancé de rouge, Ø 20 cm ; 'Teikan' (1,50 m), très double, rose marqué de rouge, Ø 18 cm ; 'Valse de Vienne' (1,40 m), simple à pétales froissés rose pâle satiné, Ø < 20 cm ; 'Yashiko Jishi' (1,50 m), fleur pleine aux pétales froissés et découpés rose chair, Ø 18 cm.
- **FLEURS ROUGES** : 'Kokuryu Nishiki' (1,30 m), fleur simple d'un rouge bordeaux très foncé, presque noir, avec des stries blanches sur les pétales extérieurs, Ø 18 cm ; 'Osiris' (90 cm), fleur double rouge bordeaux violacé, Ø 12 cm, convient en pot ; 'Princesse Amélie' (1,80 m), simple, pourpre carminé foncé, Ø 18 cm.
- **HYBRIDES**

> Hybrides de *Paeonia lutea* : dans la catégorie des pivoines arbustives, on trouve aussi des hybrides tels 'Age of Gold' (1,50 m), fleurs semi-doubles aux pétales ondulés jaune soufre, parfum présent, Ø 15 cm ; High Noon' (1,50 m), grandes fleurs semi-doubles jaune très pâle, Ø 16 cm ; 'Souvenir de Maxime Cornu' (1,70 m), très double, jaune soufre avec un liseré carmin, Ø 16 cm ; 'Spring Carnival' (1,70 m), fleur simple jaune d'or avec un liseré carmin sur le bord des pétales, Ø 15 cm ; 'Surprise' (1,50 m), fleur pleine abricot et rose, Ø 15 cm ; 'Vesuvian' (90 cm), semi-double rouge acajou tendant vers le marron, Ø 12 cm, convient en pot.

> Hybrides de *Paeonia rockii* : parmi ces hybrides se distinguent 'Ambrose Congreve' (1,50 m), fleur simple rose nuancé de rouge plus foncé au centre, Ø 18 cm ; 'Baron Thyssen Bornemisza' (1,50 m), semi-double rose-mauve avec le cœur violet foncé et les étamines jaune d'or, Ø 18 cm ; 'Crinoline' (1,40 m), fleur semi-double rose pourpré nuancé, Ø < 20 cm ; 'Dojean' (1,50 m), semi-double blanc avec une marque pourpre à la base des pétales, Ø 20 cm ; 'Lydia' (1,50 m), fleur semi-double aux pétales ondulés blanc ombré de jaune avec des macules mauves à la base, Ø < 20 cm.

CONSEILS

Plantez profondément (de 10 à 15 cm) les pivoines arbustives, dont la greffe doit s'enraciner (« s'affranchir ») pour que la variété se développe avec vigueur.

CULTURE EN POT Non adaptée.

UTILISATIONS Touffe de 2 ou 3 pieds, isolée sur une pelouse, massif d'arbustes ou de vivaces, haie fleurie, bouquet. Très belle association avec des iris ou des rosiers.

Paeonia suffruticosa 'Kikubotan'

Paeonia 'Haku Ban Ryu'

Paeonia 'Spring Carnival'

AZALÉE JAPONAISE

Rhododendron x

J	F	M	**A**	**M**	J	J	A	S	O	N	D

Hauteur	Largeur		
0,50/1,50 m	0,80/2 m		P

Cet arbuste compact se couvre totalement de fleurs colorées au printemps. Les azalées japonaises sont des rhododendrons à petites fleurs et feuilles persistantes, moins rustiques que les azalées caduques. Elles forment une boule arrondie ou un buisson étalé aux petites feuilles vert très foncé, velues. Les petites fleurs en entonnoir sont éclatantes.

SOL Très acide, terre de bruyère pure.

EXPOSITION Mi-ombre ou ombre légère. Forte hygrométrie appréciée.

CULTURE Plantez au printemps et arrosez généreusement. Inutile de tailler. Fertilisez après la floraison. Protégez du froid par un épais paillis organique épandu en automne.

VARIÉTÉS Il existe des centaines de cultivars dans le groupe des azalées japonaises. Leur période de floraison diffère.

- **FLORAISON EN AVRIL** : 'Andante' (1 m), rouge fuchsia ; 'Esmeralda' (1 m), rose clair ; 'Hino Crimson' (1 m), rouge écarlate ; 'Ho Oden' (1 m), rose pâle marqué d'une tache rose violacé ; 'Rex' (80 cm), à fleurs doubles, saumon orangé.
- **FLORAISON FIN AVRIL-DÉBUT MAI** : 'Beethoven' (1,50 m), lilas ; 'Cattleya' (1 m), aux petites fleurs rose très pâle à cœur blanc et bord lavande ; 'Christina' (70 cm), fleurs doubles rose fuchsia ; 'Encore' (syn. 'Empress'), 1,20 m, série caractérisée par sa floraison remontante (trois fois par an), rose vif semi-double ; 'Gilbert Mullie' (80 cm), rose tendre, très florifère ; 'Hot Shot Variegata' (90 cm), feuillage panaché, fleurs rouge soutenu ; 'Johanna' (1,20 m), rouge sombre, 'Kirin' (syn. 'Coral Bells'), 80 cm, à fleurs doubles, rose satiné et cœur plus vif ; 'Orange Beauty' (90 cm), orange saumoné ; 'Palestrina' (1,50 m), blanc ; 'Red Wing' (1,20 m), grandes fleurs ondulées rouge foncé ; 'Rosa King' (1 m), rose foncé ; 'Stewartonianan' (1,20 m), rouge brique.
- **FLORAISON APRÈS LA MI-MAI** : 'Chelsoni' (1,20 m), grandes fleurs mauves ; 'Dorothy Haiden' (60 cm), blanc à cœur jaune ; 'Kermesina' (80 cm), petites fleurs roses ; 'Maruschka' (syn. 'Manuska'), 50 cm, feuillage vert bronze à pourpre en hiver, floraison rouge carmin vif à cœur plus foncé ; 'Purple Splendor' (1,20 m), grandes fleurs semi-doubles violet clair ; 'Vuyk's Orange' (1 m), à très grandes fleurs orange ; 'Vuyk's Scarlet' (1 m), rouge vif.

Vidéo «Planter une azalée japonaise»*

CULTURE EN POT Possible, dans un grand bac plein d'un mélange à parts égales de terre de jardin et de terre de bruyère.

UTILISATIONS Bordure, massif, rocaille, haie fleurie, sous-bois clair.

PIN PARASOL DU JAPON

Sciadopitys verticillata

J	F	M	A	M	J	J	A	S	O	N	D

Hauteur	Largeur		
6/10 m	2/3 m		P

Ce superbe conifère est assez rare au jardin, car il pousse très lentement. Originaire des lieux rocheux de l'île de Hondo au Japon, cet arbre très élégant se singularise par son feuillage linéaire, disposé en bouquets superposés (verticilles).

SOL Frais, profond, riche, humifère, non calcaire, additionné de tourbe brune.

EXPOSITION Un lieu assez chaud, mi-ombragé ou sous un soleil doux, abrité du vent, dans un climat humide.

CULTURE Plantez au printemps, arrosez bien et paillez les premières années. Haubanez les jeunes sujets. Douchez le feuillage après une journée de canicule, car la sécheresse est mal acceptée.

ESPÈCE ET VARIÉTÉS Il n'existe qu'une seule espèce, *Sciadopitys verticillata*. 'Joey Kozey' (de 6 à 8 m), à port colonnaire ; 'Sternschuppe' (3 m), forme compacte à croissance très lente et feuilles plus coriaces que celles du type. Il existe aussi diverses formes à feuillage doré, 'Aurea', 'Golden Rush' ou 'Gold Star', mais elles sont rares.

CULTURE EN POT Il réussit bien dans un grand bac, sur un balcon bien exposé et non venteux.

UTILISATION Isolé sur une pelouse devant la maison ou dans un jardin japonais.

UN SEUL TRONC

Le pin parasol du Japon ayant tendance à former plusieurs troncs à la base, n'en conservez qu'un si vous souhaitez une croissance plus rapide.

GLYCINE DU JAPON

Wisteria floribunda

J F M A **M J** J A S O N D

8/15 m | 6/10 m

Vidéo « La glycine »*

Ces glycines originaires du Japon sont des grimpantes ligneuses volubiles dont les longs bras s'enroulent autour de leur support. Leur vigueur est impressionnante. Les feuilles, alternes, aux folioles ovales, mesurent de 20 à 40 cm de long. Les inflorescences en grappes pendantes, souvent parfumées, sont formées de fleurs papilionacées bleues ou blanches. Les fruits, en forme de haricots veloutés, mesurent de 10 à 15 cm.

SOL Non calcaire, plutôt sec, fertile, profond, bien travaillé, richement amendé chaque année en matière organique.

EXPOSITION Ensoleillée et chaude, à l'abri des vents forts et frais, endommageant les boutons à la sortie de l'hiver. La mi-ombre est tolérée.

CULTURE Plantez en automne et arrosez bien. En février, lorsque les boutons floraux sont formés, taillez court (2 yeux) les rameaux qui en sont dépourvus, de façon à aérer la plante. Ne conservez pas plus de 4 boutons à fleurs (arrondis) sur la même tige.

ESPÈCES ET VARIÉTÉS Il existe 9 espèces. *Wisteria floribunda*, la glycine du Japon (de 10 à 15 m), dont les tiges s'enroulent de gauche à droite, aux grappes de 50 cm de long ; 'Alba', blanche ; 'Domino' (syn. 'Issai'), de 6 à 8 m, bleu pur ; 'Ed's Blue' (de 4 à 5 m), forme assez compacte aux fleurs bicolores bleu clair et bleu foncé ; 'Lawrence' (2,50 m), variété naine à fleurs bicolores bleu azur et blanc ; 'Lipstick' (12 m), rose-mauve ; 'Pink Ice' (10 m), rose ; 'Premature' (10 m), bleu-mauve ; 'Rosea', rose ; 'Violacea Plena', à fleurs violettes, doubles ; 'Multijuga' (syn. 'Macrobotrys'), aux grappes violettes de 1 m de long ; 'Royal Purple' (12 m), violette ; 'Variegata' (12 m), à feuilles panachées, fleurs mauves ; 'Violacea Plena' (syn. 'Black Dragon'), 8 m, fleurs doubles, violettes.

- **AUTRES GLYCINES DU JAPON** : parmi ces glycines sont couramment commercialisées *W. brachybotrys* 'Murasaki Capitan' (syn. *W. venusta* 'Violacea'), de 4 à 6 m, grappe bleu violacé avec une tache blanche ; 'Okayama' (de 4 à 6 m), pourpre violacé, parfumée ; 'White Silk' (de 4 à 6 m), blanche ; *W. frutescens* 'Amethyst Falls' (4 m), grappes très courtes, violettes, parfumées ; 'Longwood Purple' (de 4 à 5 m), inflorescences compactes et tardives (fin mai), pourpre violacé ; *W. venusta*, la glycine gracieuse (10 m), grappes blanches de 10 à 15 cm de long ; 'Rosea' (7 m), rose.

GLYCINES GREFFÉES

Elles fleurissent beaucoup plus vite que celles obtenues par bouturage, qui demandent parfois plus de 6 ans pour fleurir.

CULTURE EN POT Possible dans un grand bac de 50 à 60 cm de profondeur, avec du terreau pour agrumes. Préférez Wisteria frutescens ou W. brachybotrys, à plus petit développement. Installez le support au moment de la plantation.

UTILISATIONS Habillage de mur, rambarde, pergola, tonnelle, porche. Attention, les branches de glycine sont capables de tordre les grilles les plus solides.

POUR UN ESPACE JAPONISANT, VOUS POUVEZ AUSSI CULTIVER

★ *Camellia japonica, C.* x *williamsii* (camélia) ➲ p. 272 ★ *Chamaecyparis lawsoniana* 'Globosa Nana' ➲ p. 134 ★ *Chrysanthemum* x (chrysanthème d'automne à grandes fleurs) ➲ p. 581 ★ *Cryptomeria japonica* 'Bandai' ➲ p. 475 ★ *Equisetum hyemale* (prêle du Japon) ➲ p. 414 ★ *Ilex crenata* (houx japonais) ➲ p. 305 ★ *Iris ensata* (iris japonais) ➲ p. 415 ★ *Nandina domestica* (bambou sacré) ➲ p. 278 ★ *Phyllostachys spp.* (bambou) ➲ p. 378 ★ *Pieris japonica* (andromède du Japon) ➲ p. 184 ★ *Pinus paviflora* (pin du Japon) ➲ p. 556 ★ *Prunus spp.* (cerisier à fleurs du Japon) ➲ p. 430 ★ *Sophora japonica* 'Pendula' (sophora du Japon pleureur) ➲ p. 255 ★ *Viburnum plicatum* (viorne de Chine) ➲ p. 197

*Télécharger l'application Truffaut +, voir p. 6-7

Un jardin *d'inspiration* mauresque

Le jardin mauresque est une récompense, un réconfort face à la dureté du monde terrestre. Il est aussi une préfiguration de ce qui attend les esprits purs, dans l'au-delà. Copié dans les jardins occidentaux, il est aussi nommé « jardin de paradis ».

Qu'est-ce qu'un jardin mauresque ?

L'organisation du jardin mauresque, qu'on connaît aussi sous le nom de « jardin hispanique » ou « jardin de paradis », repose sur une conception géométrique, la présence de l'eau et de l'ombre ... **1**

Bougainvillée

Une oasis de fraîcheur

Symbole du repos et de l'asile, l'oasis est le refuge contre la dureté du désert. Il est tout à fait attendu dans le jardin mauresque ... **2**

Bigaradier

L'eau en circuit fermé

Pas question de gaspiller l'eau, d'autant qu'elle est nécessaire en gros volume. La seule solution est d'installer un circuit fermé ... **3**

Nettoyer un palmier : comment et quand ?

Les anciennes palmes sèches des palmiers leur donnent un air négligé. Une fois par an, il est conseillé de les ôter ... **4**

Dattier des Canaries

La petite histoire

Rose de Damas ou bananier, les croisés ont fait connaissance avec des plantes inédites en Europe à cette époque ... **5**

Une ombre bienfaisante

Le confort, la fraîcheur et la quiétude des lieux passent par des chemins pensés pour l'ombre ... **6**

Le coin du curieux

Géométrie, algèbre, astronomie, les Arabes maîtrisaient les sciences tournant autour des mathématiques. Elles se retrouvent dans le jardin maure ... **7**

IDÉES

→ POURQUOI PAS... S'inspirer du Jardin du Generalife à Grenade ? 8

→ POURQUOI PAS... Remplacer tous les matériaux blancs un rien aveuglants ? 9

et Si

· Les feuilles de mon palmier flétrissent ? 10

· Je veux créer un mur d'eau ou un canal vertical où l'eau ruisselle ? 11

Les Plantes idéales

Toutes les plantes de cette sélection inspirent le calme, la douceur, l'exaltation tranquille des sens. Elles sont en priorité destinées aux régions de climats chauds ou doux.

★ **Des fleurs parfumées :** *Jasminum sambac* (jasmin d'Arabie) ; *Rosa damascena* (rose de Damas).

★ **Des palmiers :** *Phoenix canariensis* (dattier des Canaries).

★ **Des fruitiers :** *Punica granatum* (grenadier) ; *Ziziphus jujuba* (jujubier).

NOS CONSEILS

1. *Prévoyez une fontaine ou un ensemble de fontaines.*
2. *Installez un patio.*
3. *Cloisonnez le jardin, s'il est grand, en pièces d'extérieur constituant des espaces thématiques : repos, verger, parfum... Le jardin arabo-persan est aussi un lieu de découvertes.*
4. *Installez des colonnades ou des pergolas sur le pourtour pour assurer un passage à l'ombre, couvertes de plantes grimpantes parfumées : jasmin, chèvrefeuille, rosier...*
5. *Installez des potées en poterie (sans motifs) ou en céramique colorée pour accueillir des plantes fleuries.*
6. *Plantez des rosiers et des palmiers, ainsi qu'un verger (agrumes, figuier, olivier).*

Un jardin d'inspiration mauresque

1 Qu'est-ce qu'un jardin mauresque ?

Le jardin mauresque, hérité du jardin perse et byzantin, est structuré en quatre carrés d'égale importance, avec un bassin situé à leur convergence, alimenté par quatre canaux symbolisant les quatre fleuves du paradis terrestre. Aucune eau morte, mais au contraire, un flux en perpétuel mouvement qui alimente la pièce d'eau, l'élément majeur du jardin, servant aux ablutions liées au rite de la purification. L'ensemble est clos de murs blancs ou ocre, protégeant le lieu, décorés de motifs calligraphiques. Le jardin accueille des végétaux pour le contentement des sens, colorés, parfumés, harmonieux et délicieux à manger.

4 Nettoyer un palmier : comment et quand ?

Deux écoles s'opposent en matière de nettoyage des palmiers. Les tenants de la première préfèrent laisser toutes les palmes sèches, retombantes contre le stipe (le « tronc ») : elles finissent par constituer une jupe (dans le langage des amateurs de palmiers). Les autres y voient un abri pour les parasites et les rongeurs, en plus de trouver le résultat peu esthétique. Si vous êtes de ceux-là, supprimez les palmes sèches tous les ans, en laissant une petite partie de la base du rachis (le « pétiole ») : en effet, couper trop près du stipe risque de laisser des marques qui se révèlent plusieurs années plus tard lorsque celui-ci a grandi.

2 Une oasis de fraîcheur

La rareté de l'eau et l'ensoleillement important ont imposé une structuration du jardin maure inspirée de l'aménagement des oasis où se situe le jardin étagé. Un étage d'ombre, apportée par des arbres (cèdres, cyprès) et des palmiers protégeant les lieux des rayons du soleil, un étage fleuri, dédié aux arbustes (rosiers, lauriers-roses, hibiscus, jasmins, orangers, citronniers…) et un étage consacré à l'eau occupé par les canaux, les rigoles, les fontaines, variant les matériaux (brique, pierre, céramiques…), les couleurs et les textures.

L'eau circulante…

3 L'eau en circuit fermé

À moins de disposer d'une source intarissable pour votre jardin, vous devez prévoir de faire circuler toute l'eau, qui animera le jardin maure, en circuit fermé. Un appareillage léger permet de limiter l'apport d'eau pour compenser l'évaporation, d'autant que l'eau est libre, exposée à l'extérieur. Il suffit de peu de courant pour maintenir l'eau vive, une simple petite pompe, à masquer dans un élément de maçonnerie, est suffisante. Vous pouvez la coupler à un programmateur, comme n'importe quel système d'arrosage, et ceci, pour une consommation électrique négligeable.

… une constante du jardin mauresque.

5 *La petite histoire*

Parmi les plantes ramenées par les croisés figure la rose de Damas, Rosa damascena. Originaire de l'Asie du Sud-Est, elle serait arrivée en Europe dans les bagages de Robert de Brie, vers 1254. Sa culture en Orient pour la parfumerie était motivée par la distillation de ses pétales ; on sait que, durant des siècles, les Arabes étaient les seuls à connaître et à maîtriser cette technique. Aujourd'hui, l'huile de rose provient essentiellement de cette rose, à près de 90 %, le reste étant fourni par la rose de mai, Rosa centifolia, toujours cultivée dans la région de Grasse.

Rosa damascena

6 Une ombre bienfaisante

Le jardin maure fait la part belle à l'ombre, partout où le promeneur porte ses pas. Aussi, pour compléter les grandes ombres portées par les arbres et les palmiers, les cheminements sont systématiquement ombragés par des tonnelles et des pergolas habillées de plantes grimpantes. Leur positionnement doit tenir compte de la course du soleil.

L'ombre, composante essentielle du jardin mauresque.

IDÉES

8 Pourquoi pas... s'inspirer du jardin du Generalife à Grenade ?

Jasmin sambac

Sans vous lancer dans la reproduction du fameux jardin, vous pouvez apporter son identité avec peu de détails. Bien sûr, un grand canal d'eau circulante est indispensable, vous le compléterez par des jets d'eau de part et d'autre. Disposez quelques poteries de terre cuite recevant des buis taillés en boule ou des grenadiers nains. Délimitez les zones par des haies basses, de 30 cm de haut, de buis, de lentisque ou de myrte. L'ambiance est posée.

Grenadier

9 Pourquoi pas... remplacer tous les matériaux blancs un rien aveuglants ?

Le blanc est employé dans les pays chauds et ensoleillés pour réfléchir les rayons du soleil. Du coup, à la mi-journée, ils sont un peu aveuglants. L'astuce est de remplacer le blanc lumineux par des teintes ocre, saumon, rouge clair ou simplement crème.

7 *Le coin du curieux*

On connaît la maîtrise de la géométrie, de l'arithmétique ou de l'astronomie des Arabes, on en retrouve des évocations dans le jardin mauresque. Depuis l'organisation des parcelles de cultures jusque dans les *azulejos* et les pavements qui affichent des motifs polygonaux et étoilés. Les plus observateurs décèleront des motifs inspirés de l'écriture coufique, une calligraphie développée à partir du IXe siècle, caractérisée par ses grandes lignes horizontales.

et **Si**

10 Les **feuilles** de mon **palmier** flétrissent ?

Hélas, oui ! En quelques années, deux ravageurs ont tué un grand nombre de palmiers dans le Sud. Le premier apparu est le papillon du palmier, *Paysandisia archon*, le second est le charançon du palmier, *Rhynchophorus ferrugineus*, encore plus redoutable. Aujourd'hui, toutes les méthodes de lutte testées restent bien peu opérantes. Nettoyage et élagage, infiltration d'insecticide (pour les professionnels seulement), emprisonnement des formes adultes dans des colles se désagrégeant... rien n'y fait. Rappelons que vous avez l'obligation de signaler votre palmier malade aux services techniques de votre commune.

11 Je veux créer un mur **d'eau** ou un canal **vertical** où l'eau ruisselle ?

Le principe est simple : l'eau ruisselle sur une paroi (dans le cas du jardin maure, un mur recouvert de carreaux de céramique), elle est récupérée dans un réservoir situé à sa base et remontée par une petite pompe (que vous choisirez silencieuse !). Pensez à l'entretien, vous devrez utiliser un produit anticalcaire pour garder la céramique propre et un traitement anti-algue.

JASMIN D'ARABIE

Jasminum sambac

J F M A M **J J A** S O N D

Hauteur	Largeur	Exposition		Rusticité
2/3 m	1/2 m		C/P	-5 °C

Parmi les 200 espèces de jasmins se distingue le jasmin d'Arabie. C'est un arbuste aux feuilles entières, larges, épaisses, coriaces et brillantes. Elles sont persistantes dans les climats doux, ailleurs semi-persistantes à caduques. La floraison se fait en grandes fleurs blanches très parfumées de juin à août ; elle peut remonter plus ou moins toute l'année selon la température.

SOL Riche, humifère et frais en permanence, même s'il supporte assez bien le sec.

EXPOSITION Soleil pas trop chaud, ombre légère, à l'abri des courants d'air.

CULTURE Le jasmin sambac est frileux (– 5 °C pour de courtes expositions), il est à réserver aux jardins des climats très doux. Dans les autres conditions, cultivez-le en pot, en véranda même non chauffée. Taillez-le à la demande, il réagit bien, on peut même le former en haie basse.

VARIÉTÉS 'Grand Duke of Tuscany' (2,50 m), à fleurs doubles ; 'Maid of Orléans' (de 2 à 3 m), nombreuses grappes lâches de fleurs tubulaires, simples, avec les pétales qui se chevauchent ; 'Thai Beauty' (3 m), à fleurs très doubles.

CULTURE EN POT Dans un terreau riche et frais. Surveillez les acariens, les thrips et la fumagine à l'intérieur.

UTILISATIONS C'est plus un arbuste sarmenteux qu'une vraie grimpante.

DATTIER DES CANARIES

Phoenix canariensis

J F M **A** M J J A S O N D

Hauteur	Largeur	Exposition		Rusticité
6/16 m	4/10 m		P	-7 °C

Commun sur la Côte d'Azur, ce grand palmier est doté d'un stipe massif, brun foncé, portant les cicatrices des anciennes feuilles. Les palmes vertes, brillantes, en panache, atteignent 4 m de long. Les sujets mâles adultes développent de courtes inflorescences crème au printemps. Les pieds femelles ont des fleurs jaune orangé et portent des petites dattes sans grande saveur en été. De croissance rapide et facile, mais frileux, le dattier peut fleurir dès sa dixième année. Ce généreux palmier d'aspect très exotique ne réussit bien que sur le littoral de la Méditerranée.

SOL Riche, drainé, profond, neutre.

EXPOSITION Plein soleil, avec une bonne aération. N'exposez pas au gel.

CULTURE Protégez les jeunes plants du froid tant qu'ils n'ont pas formé un stipe solide (le tronc). Taillez les palmes de la base chaque année en hiver lorsqu'elles jaunissent. Dans le Midi, le dattier des Canaries se ressème spontanément. Les graines germent en 2 mois.

TRANSPLANTATION

Ce palmier supporte bien la transplantation, quelle que soit sa taille.

ESPÈCES ET VARIÉTÉS Il existe 15 espèces. *Phoenix dactylifera*, le palmier dattier (15 m), a un stipe plus mince. Il demande un climat très chaud et sec, indispensable pour que les dattes mûrissent. Meilleure résistance aux embruns que le dattier des Canaries. *P. reclinata*, le dattier du Sénégal (15 m), à stipes multiples, fins, qui s'inclinent naturellement. Espèce rustique dans les jardins les mieux exposés de la Côte d'Azur. *P. roebelenii*, le faux dattier, ne dépasse pas 3 m de haut. Cultivez-le à l'intérieur, sauf sur le littoral méditerranéen (rusticité au minimum de – 4 à – 5 °C).

CULTURE EN POT Possible dans un grand bac de 40 cm en tous sens. Ne rempotez pas ces palmiers trop souvent (tous les 3 ans).

UTILISATIONS Sujet isolé, arbre d'alignement, bac.

GRENADIER

Punica granatum

J F M A M J J A S **O N D**

Hauteur	Largeur	Exposition	Sol	Rusticité
1/4 m	1/2,50 m	☀	C	-12 °C

Ce petit arbre est apprécié pour ses fleurs rouges, ses fruits acidulés et la belle couleur de son feuillage d'automne. Les feuilles, oblongues, d'un vert brillant intense, naissent cuivrées et virent au jaune d'or. L'arbre fructifie après 3 ou 4 ans. Au nord de la zone de l'olivier, les fruits restent âpres.

SOL Riche, profond, calcaire, bien drainé, mais restant assez frais en profondeur.

EXPOSITION Le grenadier supporte la forte chaleur et craint les gelées tardives. Une arrière-saison chaude, sèche et longue est nécessaire.

CULTURE Plantez au printemps. Ajoutez un engrais riche en potasse. Dans le Midi, arrosez bien au printemps, mais évitez tout arrosage copieux en été et automne, et tout excès d'engrais, cela ferait éclater les fruits. Prévoyez une protection hivernale dans les régions froides. En automne, formez une charpente équilibrée avec de 3 à 5 branches principales en coupe. Supprimez les rameaux ayant fructifié. Quand l'écorce vire de l'orangé au rouge, consommez les dattes quelques semaines plus tard.

ESPÈCES ET VARIÉTÉS Il existe 2 espèces, la seconde étant *Punica protopunica*. Plusieurs cultivars de *P. granatum* sont proposés dans le commerce : 'Madame Legrelliae' (de 3 à 4 m), fleurs doubles rouge strié de blanc ; 'Nana', le grenadier nain (de 50 à 60 cm), fruits plus petits et floraison très décorative ; 'Pleniflora' (syn. 'Flore Pleno'), à fleurs doubles.

CULTURE EN POT Conseillée dans les régions fraîches. Cultivez des variétés naines dans un pot de 15 cm de diamètre pour les plus petites, jusqu'à 25-30 cm pour les plus grandes.

UTILISATIONS Isolé, en haie libre ou en massif.

JUJUBIER

Ziziphus jujuba

J F M A M J J A S O **N D**

Hauteur	Largeur	Exposition	Sol	Rusticité
2/9 m	2/3 m	☀	C	-10 °C

Ce petit arbre de croissance lente présente un port tortueux, avec des rameaux retombants, épineux, et de jolies feuilles alternes, dentées, vert brillant. Les fleurs estivales sont blanchâtres, en bouquets à l'aisselle des feuilles. Les fruits à l'aspect d'olives, charnus, rougeâtres à maturité, sont très nutritifs. On ne récolte vraiment des jujubes que dans le Midi ; ailleurs, cultivez-le comme petit arbre d'ornement.

SOL Bien drainé, sec, même pauvre et calcaire, jamais lourd ni humide.

EXPOSITION Chaude, en plein soleil.

CULTURE Plantez au printemps. Arrosez bien les 2 premiers étés après la plantation. Multipliez le jujubier en semant les graines parvenues à maturité. En hiver, supprimez les rameaux gênants au centre de la ramure. Lorsque le fruit se colore, comptez de 20 à 50 kg par arbre adulte.

VARIÉTÉS La nomenclature internationale reconnaît actuellement 43 espèces et plus de 400 variétés. 'Lang', tardif, à petit fruit en forme de poire, au noyau long et fin ; 'Li', à gros fruit en forme de petite pomme, le plus agréable sur le plan gustatif ; 'Provence', en forme d'olive, très répandu dans le Midi ; 'Soukkot de Carpentras', au fruit en forme de cerise, au goût acidulé, qui se conserve bien.

CULTURE EN POT Possible.

UTILISATIONS Isolé, en groupe, pour les fruits (en climat doux).

ROSE DE DAMAS

Rosa damascena

La rose de Damas doit son nom au fait qu'elle est répandue en Syrie. Cet hybride a été ramené en France pour la première fois en 1254, au retour de la septième croisade. C'est une fleur de grosse taille, aux nombreux pétales et exhalant un parfum prononcé. Ce parfum dit « de rose de Damas » est utilisé désormais en parfumerie, mais aussi pour qualifier des variétés de rosiers, même lorsqu'ils ne sont pas des damas. Aujourd'hui, le rosier de Damas désigne un groupe de rosiers buissonnants reprenant les caractéristiques de la rose originelle. On y retrouve des rosiers d'été, non remontants, comme 'Ispahan', 'Omar Khayyam' ou encore 'Madame Hardy', et des rosiers dits « d'automne », remontants, tels 'Rose de Rescht' ou *Rosa* x *damascena* 'Bifera', aussi appelé 'Rose de tous les Mois' ou 'Rosier des Quatre Saisons'.

Pour des conseils de culture, ➲ p. 442.

POUR UN JARDIN D'INSPIRATION MAURESQUE, VOUS POUVEZ AUSSI CULTIVER

★ *Agapanthus* (agapanthe) ➲ p. 248 ★ *Bougainvillea spp.* (bougainvillée) ➲ p. 238 ★ *Brugmansia arborea, B. sanguinea* (datura marbre) ➲ p. 596 ★ *Callistemon citrinus, C. laevis* (rince-bouteilles) ➲ p. 630 ★ *Canna* x *hybrida* (balisier) ➲ p. 342 ★ *Chamaerops humilis* (palmier doum) ➲ p. 337 ★ *Citrus aurianthium* (bigaradier) et tous les agrumes ➲ p. 874 ★ *Convolvulus sabatius* (liseron de Mauritanie) ➲ p. 571 ★ *Cupressus macrocarpa* (cyprès) ➲ p. 385 ★ *Ficus carica* (figuier) ➲ p.884 ★ *Gaura lindheimeri* ➲ p. 275 ★ *Hibiscus rosa-sinensis* (ketmie rose de Chine) ➲ p. 140 ★ *Jasminum grandiflorum, J. polyanthum* ➲ p. 483 ★ *Lantana camara* ➲ p. 572 ★ *Lonicera henryi, L. japonica* (chèvrefeuille grimpant) ➲ p. 354 ★ *Myrtus communis* (myrte) ➲ p. 242 ★ *Nerium oleander* (laurier-rose) ➲ p. 242 ★ *Olea europaea* (olivier) ➲ p. 885 ★ *Plumbago auriculata* (dentelaire du Cap) ➲ p. 572 ★ *Santolina chamaecyparissus* ➲ p. 280 ★ *Washingtonia filifera* (palmier à jupon) ➲ p. 344

Jurassic garden

Voici quelques plantes primitives ou très anciennes, qui donnent au jardin une touche préhistorique. Il s'agit pour la plupart d'arbres à cultiver isolément.

1

1

2

3

4

5

6

Vidéo « Cultiver un cycas »*

7

7

8

1. DÉSESPOIR DES SINGES
Araucaria araucana

5/15 m | 3/6 m | C | - 15 °C

Cet étrange conifère à l'allure asymétrique a des branches régulièrement étagées depuis la base du tronc, couvertes d'un feuillage en écailles très piquantes (d'où son nom !). Il a besoin d'un sol riche, bien drainé, peu calcaire et d'une protection contre le froid les premières années. Plutôt pour l'Ouest, le Sud-Ouest, le Midi ou les régions littorales.

2. ARISÉMA
Arisaema spp.

0,30/1 m | 10/20 cm | B

Cette vivace à l'allure étrange, avec son inflorescence en épi entourée d'une spathe en cornet, semble venir tout droit de la préhistoire. Amateur d'ombre et de terrain humide, elle se plaît en sous-bois. Plantez les tubercules en automne, à 15 cm de profondeur. Paillez et gardez humide. Évitez les fortes gelées. Divisez tous les 5 ans, début mars.

3. CYCAS
Cycas revoluta

0,60/4 m | 1/2 m | P | 0 °C

Cette plante primitive n'est pas un palmier ! Son tronc épais porte à son extrémité une large couronne de feuilles rigides. Les fleurs des cycas femelles ressemblent à de petites feuilles et les fleurs mâles sont des cônes formés d'écailles. Il ne supporte pas le gel et a besoin d'une forte hygrométrie en été. Il peut se cultiver en bac sur la terrasse.

4. FOUGÈRE ARBORESCENTE
Dicksonia antarctica

1,50/6 m | 1,50/2,50 m | V | -7 °C

La fougère arborescente donne un air préhistorique aux massifs avec son tronc couvert de fines racines et ses frondes immenses au-dessus. Le secret du succès de sa culture est une ambiance humide : prévoyez un système d'arrosage au goutte-à-goutte et bassinez le feuillage. Coupez les frondes desséchées. Protégez du froid l'hiver ou hivernez en véranda. Il peut se cultiver en pot.

5. ARBRE AUX QUARANTE ÉCUS
Ginkgo biloba

J F M **A M** J J A S O N D

12/20 m | 5/7 m | C

Cet arbre est un véritable fossile vivant, seul survivant de la plus ancienne famille d'arbres apparue il y a 270 millions d'années (donc bien avant les dinosaures) ! Seul végétal à avoir survécu à l'explosion d'Hiroshima, il résiste parfaitement à la pollution atmosphérique et est particulièrement robuste, mais il ne supporte pas l'humidité stagnante.

6. MAGNOLIA
Magnolia grandiflora

J F **M A M J J A** S O N D

2/15 m | 2/10 m | C/P

Les magnolias sont les plus anciennes plantes à fleurs. Il s'agit ici de l'espèce de magnolia à feuillage persistant, qui peut atteindre 15 m. Achetez des petits plants. Plantez au printemps en sol riche et frais. Paillez et arrosez en été. La taille est inutile. L'espèce type, à feuilles épaisses, vernissées et à floraison parfumée blanc crème de juin à août, manque parfois un peu de rusticité (➔ aussi p. 426).

7. MÉTASÉQUOÏA
Metasequoia glyptostroboides

10/15 m | 3/4 m | V

Considéré comme un fossile vivant, ce conifère est un descendant direct des conifères du temps des dinosaures. Il forme une pyramide et prend une belle teinte dorée à l'automne. Il pousse vite et peut se multiplier par boutures ligneuses en septembre sous châssis froid.

8. PIN DE WOLLEMI
Wollemia nobilis

3/10 m | 1/2,50 m | P

Dernier représentant d'un genre datant du crétacé (il y a environ 200 millions d'années), ce conifère de la famille des Araucariacées n'a été découvert qu'en 1994, en Australie. Afin de sauvegarder cet arbre, qui est parmi les plus rares au monde, on l'a réintroduit en 2006 et on peut l'admirer dans plusieurs jardins botaniques.

Un espace de topiaires

AVEC QUELQUES COUPS DE CISAILLE À MAIN, IL EST FACILE DE FORMER ET D'ENTRETENIR CERTAINS ARBUSTES DANS UNE FORME INÉDITE, INCONNUE DANS LA NATURE. VOILÀ QUI REHAUSSE LE DÉCOR, MAIS SAUF À VOUS LANCER DANS UN JARDIN DE CHÂTEAU, ÉVITEZ D'EN ABUSER !

QU'EST-CE QU'UNE TOPIAIRE ?

Il s'agit d'arbustes taillés de manière rigoureuse pour leur donner une forme géométrique (cône, sphère...), plus travaillée (spirale, colonne...) ou franchement figurative (objets, personnages, scènes...) ... **1**

LES BONS OUTILS POUR LA TAILLE DES TOPIAIRES

Plus que jamais, le jardinier doit s'équiper de bons outils et renouer avec le travail manuel dès lors qu'il s'attelle à la culture des topiaires. Cisaille à main et sécateur sont la base ... **2**

Broderie végétale au château de Villandry (Indre-et-Loire)

La petite histoire

Dans notre esprit, les topiaires, si apprêtées, renvoient aux jardins des châteaux et des demeures bourgeoises ... **3**

COMMENT FORMER UNE TOPIAIRE SIMPLE ?

Les topiaires semblent réservées aux jardiniers experts, mais pas de complexe : les formes simples sont à la portée de tout un chacun ... **4**

FORMER UNE BOULE

Les beaux buis en boule, les troènes imandrum formés en boule sur une tige apportent tout de suite un air cossu et soigné ... **5**

LA TAILLE D'ENTRETIEN

Seule petite contrainte à cette culture particulière, la taille d'entretien est rigoureusement inévitable, aussi souvent que nécessaire dans l'année ... **6**

IDÉES

→ POURQUOI PAS... Une topiaire en forme d'animal ? 7

→ POURQUOI PAS... Des topiaires en pot ? 8

Vidéo « Tailler le buis »*

et Si

- Mon beau troène imandrum a souffert de l'hiver ? 9
- Mon laurier en pyramide est malade ? 10

*Télécharger l'application Truffaut +, voir p. 6-7

Les Plantes idéales

Les plantes qui se prêtent le mieux à la confection de topiaires ont un port naturellement compact et dense, développant un feuillage fait de petites feuilles, d'aiguilles courtes ou d'écailles. Leur croissance peut être rapide – un atout pour les former – ou lente – un avantage pour l'entretien. Ce sont toutes des espèces ligneuses, persistantes ou marcescentes (dont les feuilles sèches persistent sur l'arbre jusqu'au printemps suivant, comme le hêtre ou la charmille.

★ **Pour les petites topiaires :** *Buxus sempervirens* (buis), *B. sempervirens* 'Rotundifolia' ; *Ilex crenata* (houx crénelé, houx japonais), *I. crenata* 'Convexa' ; *Ligustrum delavayanum*, *L. ionandrum* (troène ibota).

★ **Pour les topiaires de grandes dimensions :** *Taxus baccata* (if), *T. baccata* 'Aurea' (if doré).

NOS CONSEILS

1. *Privilégiez les formes simples, sachant qu'il est plus facile, avec les plantes, de façonner des courbes que des angles.*
2. *À l'inverse, pour obtenir des lignes droites, il est préférable de tendre un cordeau à la hauteur voulue.*
3. *Disposez les topiaires à des endroits « stratégiques » pour marquer les angles des massifs ou des bassins, l'entrée, le début et la fin d'une allée ou d'un escalier.*
4. *Évitez de disposer des topiaires de manière symétrique, cela apporte une trop grande rigueur au décor.*
5. *Selon la rapidité de croissance des plantes, taillez une ou deux fois par an pour conserver une topiaire bien compacte et joliment ciselée. Intervenez au début du printemps et en août-septembre.*
6. *Désinfectez à l'alcool les lames des outils et affûtez-les aussi finement que possible. C'est le meilleur moyen pour obtenir des plaies bien nettes qui cicatrisent rapidement.*

Un espace de topiaires

1 Qu'est-ce qu'une topiaire ?

L'art topiaire est une forme de sculpture qui a le végétal vivant comme matériau. Il s'agit de former, par des tailles successives, d'abord de formation, puis d'entretien, des arbustes. Une grande quantité d'espèces ligneuses se prêtent à cette technique, pour peu que leur végétation soit suffisamment dense. Autrefois signature des grands jardins prestigieux, l'art topiaire s'est désormais mis à la portée de tous les jardiniers, par la culture de quelques plantes, voire d'une seule, pour la décoration des petits jardins et des terrasses.

2 Les bons outils pour la taille des topiaires

Tout l'art topiaire tient aux tailles. Pour les tailles de formation et d'entretien des moyens et gros sujets, vous pouvez utiliser un sculpte-haie, équipé d'une batterie pour plus de mobilité et de facilité d'emploi ; pour les petites plantes, il est préférable de prendre une cisaille à main à la lame bien aiguisée. Dans tous les cas, la finition se fera à la cisaille à main ou au sécateur. Pour la taille en nuages, ➲ **p. 664**.

Taille à la cisaille à mouton

Parterres et bordures de buis taillé

Ilex crenata sculpté au taille-haie à batterie

Topiaire créée à l'aide d'un support métallique

3 La petite histoire

L'art topiaire (du latin ars topiaria, « art du paysage ») est connu depuis l'Antiquité romaine où les jardiniers cherchaient à imiter les sculpteurs sous la conduite des « topiarius », les responsables de la création et de l'entretien des jardins d'agrément (topia). La technique fut oubliée jusqu'à la Renaissance italienne (XVe et XVIe siècles), où les plantes sculptées connurent un véritable engouement, tout comme dans les jardins à la française des XVIIe et XVIIIe siècles, où cet art, influencé par la fantaisie du baroque, prit son essor avec la broderie végétale.

4 Comment former une topiaire simple ?

La solution la plus simple est bien entendu d'acheter votre topiaire toute faite, le choix est important à tout moment de l'année. Mais si vous êtes patient, vous pouvez la former. La végétation de la plante s'appuie sur une forme, généralement faite en grillage. Il en existe de toute prêtes dans le commerce, mais vous pouvez aussi la façonner. Ensuite, il faut laisser les rameaux envahir la structure et les guider pour les faire passer au travers, puis les couper au niveau de la surface de la forme. Le tout demande 3 ans environ pour une petite plante à la silhouette simple et jusqu'à 10 ans pour les fantaisies plus complexes.

5 FORMER UNE BOULE

La forme en boule est l'une des plus simples à réaliser. Commencez la taille de l'arbuste par le sommet, puis descendez sur deux côtés diamétralement opposés pour obtenir un anneau de végétation. Faites de même dans le sens horizontal et vous obtenez quatre sections que vous taillerez peu à peu à chaque intervention. L'autre technique consiste à éliminer la pousse terminale, puis à tailler en partant du dessus de la plante vers le bas, en utilisant une cisaille à main en position renversée pour suivre plus facilement la courbure.

Buis taillés en boule

6 LA TAILLE D'ENTRETIEN

Prévoyez au moins deux tailles dans l'année, à l'automne et au printemps, voire beaucoup plus. Les buis ou les troènes établis poussent rapidement, il faut en permanence ramener la végétation au niveau de la silhouette par une taille tous les mois, entre mai et septembre. Taillez toujours en partant du haut vers le bas, en tournant autour de la plante. Taillez peu en longueur pour ne pas détruire la symétrie. Utilisez la pointe de la cisaille à main plutôt que la partie centrale de la lame. Pour les formes anguleuses, n'hésitez pas à replacer une ficelle pour vous guider.

IDÉES

7 POURQUOI PAS... UNE TOPIAIRE EN FORME D'ANIMAL ?

Parmi les fantaisies plus élaborées, les silhouettes animales sont les plus prisées. Sauf à être un sculpteur hors pair, achetez une forme grillagée prête à l'emploi en jardinerie. Rempotez en son sein un plant de lierre, de buis à bordure ou de buis à feuilles rondes (*Buxus sempervirens* 'Sufruticosa' et 'Rotundifolia'), de myrte à petites feuilles (*Myrtus communis* 'Tarentina') ou de myrsine (*Myrsine africana*) dans les climats doux. Bien sûr, vous pouvez, là encore, acheter une topiaire déjà sculptée et vous contenter de l'entretenir.

8 POURQUOI PAS... DES TOPIAIRES EN POT ?

Les belles topiaires en pot ont peu de chance de pousser vigoureusement pour se former, c'est pourquoi elles sont cultivées et formées en pleine terre par les pépiniéristes, puis placées en pot. Achetez-les déjà prêtes. Ensuite, vous aurez simplement à assurer leur entretien. Par contre, vous pouvez former vos petites topiaires dans des pots de diamètre moyen (30 cm au moins) à partir de plants. Les arbustes utilisés sont tous faciles à conserver sur les terrasses, les balcons et près de la maison ; il suffit de les tailler et de les engraisser pour soutenir leur croissance, et de les rempoter comme n'importe quelle plante, en début de printemps.

et Si

9 Mon beau troène **ibota** a souffert de **l'hiver** ?

Ligustrum delavayanum, le troène ibota, est une espèce assez frileuse. Dans les climats doux et dans les centres-villes, toujours plus chauds, il reste beau, mais s'il est exposé à de courtes gelées ou à un courant d'air froid, il peut perdre tout ou partie de son feuillage. Rien de bien grave, car au printemps, il repart sur son nouveau feuillage, mais entre-temps, pendant les mois d'hiver, il aura triste mine, tout l'inverse de ce que vous pouvez attendre d'une belle topiaire décorative. Dans les climats froids, préférez les buis, sachant qu'en hiver leurs feuilles bronzent ou brunissent, ou les houx, qui restent impeccablement lustrés en hiver.

10 Mon **laurier** en pyramide est **malade** ?

Le laurier (*Laurus nobilis*) est fréquemment utilisé en pot sur un balcon ou une terrasse pour une topiaire en forme de pyramide. Cet arbre peut être atteint d'anthracnose, une maladie causée par un champignon qui provoque le dessèchement des feuilles dont les nervures sont entourées d'un liseré brun orange caractéristique. Vous pouvez tenter une application de bouillie bordelaise à défaut d'un traitement fongicide.

BUIS

Buxus sempervirens

J	F	M	A	M	J	J	A	S	O	N	D

0,30/3 m | 0,30/3 m | P

Vidéo « Entretenir le buis »*

Les maladies du buis

Une maladie (champignon) et un parasite (papillon) menacent l'avenir des buis dans toute l'Europe. Les dégâts sont considérables. L'insecte, présent dans l'Hexagone depuis 2008, infestait 64 départements en 2014.

> Il s'agit surtout de *Cylindrocladium buxicola*, présent en France depuis 2003, qui cause un dépérissement des pousses terminales, avec des taches brun foncé sur les feuilles, des stries noires sur les tiges et une défoliation importante. Il n'y a pas de traitement efficace, mais on limite les risques en évitant les arrosages par aspersion et en optant pour les tailles d'automne. La maladie semble toucher surtout les vieux sujets plantés dans des sols compacts et humides.

> La pyrale du buis *(Diaphana perspectalis)* a été observée pour la première fois en France en 2008 (en 2009 en Île-de-France). La chenille de ce papillon nocturne, ressemblant à une mite, mesure de 3 à 4 cm. Vert clair, striée longitudinalement de vert foncé, avec une tête noire et des verrues noires, elle dévore les jeunes pousses du buis, qui jaunit et dépérit. L'intérieur des plants infestés présente des logettes de soie blanche, tissées entre les feuilles et où les chenilles s'abritent l'hiver. On compte 3 générations par an. L'attaque est rapide, brutale, souvent fatale après la seconde infestation. Il faut intervenir avec les insecticides homologués, à base de *Bacillus thuringensis*.

Caractéristique des jardins à la française, le buis est un arbuste au bois très dur, portant des feuilles coriaces, arrondies et luisantes, vert foncé dessus, plus claires au revers, de 2 à 4 cm de long. De croissance très lente, il vit très longtemps. La floraison est insignifiante. Cet arbuste très compact est idéal pour former des sculptures végétales.

SOL Ordinaire, même sec et calcaire.

EXPOSITION Soleil léger ou mi-ombre.

CULTURE Pour obtenir une haie basse, plantez les pieds à 25 cm les uns des autres ; pour une haie haute, espacez-les de 80 cm. Pratiquez la taille en février avant le démarrage de la croissance et début septembre. Arrosez bien et paillez si le temps est chaud et sec.

ESPÈCES ET VARIÉTÉS Il existe 104 espèces, mais on cultive surtout *Buxus sempervirens* et ses cultivars.

- **CULTIVARS DE *BUXUS SEMPERVIRENS* :** 'Elegans', aux feuilles marginées de blanc crème. Pour garder un bel aspect à cet arbuste, supprimez les quelques rameaux verts qui apparaissent chaque année ; 'Handsworthensis' (3 m), érigé, grosse feuille coriace vert bleuté, le plus résistant aux bioagresseurs ; 'King Midas' (1 m), à feuillage doré ; 'Pyramidalis', idéal pour la conduite en boule ou en cône, feuilles vert franc ; 'Rotundifolia', à petites feuilles arrondies, très solide, idéal en bac ; 'Suffruticosa', le buis à bordures, reste très compact, ne dépassant pas 1 m de haut.
- ***BUXUS MICROPHYLLA***, le buis japonais (de 2 à 3 m), à petites feuilles d'un vert soutenu, est parfois proposé ; 'Faulkner' (1,80 m), compact, se taille très bien ; 'Rococo' (50 cm), à feuilles vert tendre, idéal pour les bordures ; 'Winter Gem' (syn. 'Asiatic Winter'), 60 cm, compact, son feuillage prend une teinte bronze en hiver.

CULTURE EN POT Dans un pot de 30 cm pour un sujet de moins de 1 m de haut, dans une bonne terre de jardin bien drainée. Soyez patient : le buis pousse très lentement.

UTILISATIONS Haies de bordures régulières, topiaires, jardins urbains.

*Télécharger l'application Truffaut +, voir p. 6-7

HOUX CRÉNELÉ

Ilex crenata

J F M A M J J A **S O N** D

1/4 m | 0,80/2 m | P

Typique des jardins japonais, le houx crénelé est dépourvu de dents épineuses et ressemble un peu au buis. Ses petites feuilles persistantes sont dentelées à l'extrémité. Le houx est dioïque. Seuls les pieds femelles produisent des fruits, en général noirs et brillants, en septembre, mais il faut au moins un pied mâle pour assurer la fécondation. Floraison insignifiante, blanc crème.

SOL Riche, humifère, pas trop calcaire.

EXPOSITION Soleil léger ou mi-ombre.

CULTURE Plantez au printemps. N'apportez pas trop d'engrais. La taille d'entretien des topiaires en houx crénelé se pratique une fois par an, au début de l'été, ou deux fois, en mai et septembre.

ESPÈCES ET VARIÉTÉS Il existe plus de 400 espèces. Parmi les cultivars de *Ilex crenata* : 'Convexa' (4 m), à feuilles arrondies, convexes, vert foncé, clone femelle produisant de nombreux fruits noirs, parfait pour la taille en nuages ; 'Dark Green' (1 m), petites feuilles coriaces vert très foncé, idéal pour remplacer le buis en topiaire (boule et cône) ; 'Dark Star' (2,50 m), clone mâle (ne donne pas de fruits), aux fleurs blanches abondantes en mai-juin, petites feuilles vert foncé brillant ; 'Golden Gem', très compact (50 cm), est idéal en bac.

CULTURE EN POT Dans un pot de 35 cm en tous sens au minimum.

UTILISATIONS Haie, sujet isolé, topiaires, bouquets.

TROÈNE TOPIAIRE

Ligustrum delavayanum (syn. L. ionandrum)

J F M A M **J J** A S O N D

2/4 m | 1/2 m | C/P/SP

Grand classique des haies, le troène peut aussi, pour certaines espèces, être conduit en topiaire. Les feuilles, opposées, entières, ovales, sont vert brillant. Les fleurs forment des grappes blanches, coniques et terminales, parfumées. Fruits en baies noires.

SOL Toute bonne terre, même calcaire.

EXPOSITION Soleil ou mi-ombre douce.

CULTURE Plantez au printemps ou en automne et rabattez de moitié les rameaux, pour provoquer le départ de nombreuses pousses. De temps en temps, coupez plus sévèrement, en revenant près du tronc, pour que l'arbuste ne se dégarnisse pas de la base.

ESPÈCES ET VARIÉTÉS Il existe 43 espèces et quelques sous-espèces. *Ligustrum delavayanum* (de 2 à 4 m), persistant, en boule, idéal pour les topiaires. *L. japonicum* 'Texanum' peut être conduit en topiaire.

CULTURE EN POT En bac sur une terrasse, dans un pot de 20 cm de diamètre pour un tout jeune arbuste, de 35 à 40 cm pour un adulte de 2 m.

UTILISATIONS Topiaire, bac.

POUR LES TOPIAIRES, VOUS POUVEZ AUSSI CULTIVER

★ *Carpinus betulus* (charmille) ➔ p. 374 ★ *Hedera helix* (lierre) ➔ p. 276 ★ *Laurus nobilis* (laurier-sauce) ➔ p. 809 ★ *Pinus parviflora* ➔ p. 576

IF COMMUN

Taxus baccata

J F M A M J J A S O N D

2/8 m | 1/4 m | P

Star des jardins à la française, ce conifère peut vivre plusieurs siècles. Arbre conique aux branches horizontales, les feuilles sont plates étroites, vert sombre. Les plantes femelles se parent de fruits rouges (arilles). Croissance lente.

SOL Ordinaire, même sec ou calcaire.

EXPOSITION Toutes les situations.

CULTURE Plantez, à 80 cm de distance pour une haie. Taillez en mai et en septembre.

ESPÈCES ET VARIÉTÉS Il existe 9 espèces et quelques variétés naturelles.

- **EN TOPIAIRE** : *Taxus baccata* 'Dovastonii Aurea' (2,50 m), sphérique, feuilles bordées de jaune d'or ; 'Elegantissima' (de 3 à 5 m), feuilles vertes au pourtour doré ; 'Fastigiata', l'if d'Irlande (de 5 à 6 m), vert très foncé ; 'Fastigiata Aurea', doré ; 'Fastigiata Robusta', étroit, feuilles plus larges ; 'Standishii' (2 m), buissonnant, jaune. *T. cuspidata*, l'if du Japon (de 3 à 5 m), très grande rusticité, tiges multiples permettant une taille en nuages. *T.* x *media* (de 6 à 8 m), port arrondi, très rustique ; 'Hicksii' (2 m), en colonne, vert foncé ; 'Hillii' (3 m), conique, vert vif ; 'Strait Hedge' (de 3 à 4 m), très érigé, dense, vert foncé.
- **EN MASSIF OU ISOLÉ** : *T. baccata* 'Repandens' (50 cm), port étalé (3 m), feuilles vert foncé brillant. *T. cuspidata* 'Emerald Spreader' (1 m).

CULTURE EN POT Dans un bac de 25 cm en tous sens, dans du terreau pour rosiers.

UTILISATIONS Haie, topiaire, bac.

Un jardin aux effets graphiques

On pourrait qualifier le jardin graphique de « moderne », au sens où on l'entendait dans les années 1970 pour les intérieurs. Lignes simples, strictes et géométriques, matériaux contemporains et agencement dépouillé. Pour être plus précis, il faut l'étendre à d'autres styles, tels le jardin zen ou le jardin japonisant, ou les décors de graminées.

Qu'est-ce qu'un jardin graphique ?

Le jardin graphique est fait pour surprendre ; il s'exprime par les lignes géométriques et les compositions d'ombres et de lumière, comme s'il était « dessiné » plus que composé ... **1**

La petite histoire

L'acanthe (Acanthus mollis) peut être considérée comme la première « plante graphique » : c'est elle qui orne le sommet des fameuses colonnes corinthiennes ... **2**

Planter les érémurus

Les *Eremurus* font partie des plantations d'automne, au même titre que les plantes bulbeuses à floraison printanière ... **3**

Protéger les diéramas

À l'approche de l'hiver, c'est le moment de protéger les souches des rigueurs du froid ... **4**

Diviser la rhubarbe

Elle est belle, elle est généreuse, elle est imposante, à tel point qu'il arrive un moment, tous les 4 ou 5 ans, où il faut la diviser, pour la ramener à de justes proportions et pour lui donner un coup de jeune ... **5**

Le coin du curieux

Si les Français appellent couramment le kniphofia « tison de satan », les Néerlandais le surnomment « flèche de feu » ... **6**

IDÉES

→ POURQUOI PAS... Une scène comme un arrêt sur image ? **7**

→ POURQUOI PAS... Une répétition de plantes ? **8**

et Si

· Mes salpiglossis ne fleurissent pas ? **9**

· L'extrémité des feuilles de mon dasylirion sèchent ? **10**

Les Plantes idéales

Voici un choix d'espèces dont la forme peut s'assimiler à une sculpture vivante, mais aussi des végétaux gracieux et légers, à la silhouette élégante et, dans tous les cas, identifiables au premier coup d'œil.

★ **Des plantes à la silhouette rigide** : *Acanthus mollis* (acanthe) ; *Echium pininana* (vipérine géante) ; *Kniphofia spp.* (tritoma) ; *Ligularia spp.* (ligulaire) ; *Nicotiana sylvestris* (tabac géant) ; *Rheum palmatum* (rhubarbe d'ornement) ; *Verbascum bombyciferum* (bouillon-blanc) ; *Yucca* (espèces rustiques).

★ **Des espèces à feuillage ou à floraison graphique** : *Anemone* x *hybrida* et *A. hupehensis* (anémones du Japon) ; *Beschorneria yuccoides* ; *Cornus controversa* (cornouiller des pagodes) ; *Dierama pendulum* (canne à pêche des anges) ; *Eremurus spp.* (lis queue-de-renard) ; *Fritillaria imperialis* (fritillaire) ; *Gladiolus callianthus* (glaïeul) ; *Lavandula stoechas* (lavande papillon) ; *Leucothoe fontanesiana* 'Rainbow' ; *Salpiglossis sinuata* ; *Thalictrum aquilegifolium* (pigamon) ; *Veronica spicata* (véronique en épi).

NOS CONSEILS

1. *Le jardin graphique ne s'improvise pas : faites un plan précis avec votre choix de plantes, de contenants, de matériaux et leur disposition, et respectez-le.*
2. *L'effet graphique repose sur peu de scènes et quelques lignes géométriques. L'œil ne doit pas être distrait par autre chose ; en ce sens, un espace clos est préférable.*
3. *Réservez la composition à des formes géométriques simples, des lignes strictes et fuyantes, des perspectives.*
4. *Identifiez la course du soleil pour jouer des ombres portées et de la lumière. Utilisez des claies pour former des rayures. Usez et abusez des ombres dures en contraste avec la lumière crue.*
5. *Jouez des différences ou au contraire de la similitude de volume des contenants.*
6. *Associez des matériaux naturels (bois et pierre) à de plus contemporains (aluminium, acier, verre, plastique...).*

Un jardin aux effets graphiques

1 Qu'est-ce qu'un jardin graphique ?

Le jardin graphique est fait pour surprendre, mais aussi pour s'amuser, plus exactement amuser le regard et l'esprit. Il bouscule toutes les conventions des autres styles de jardins. Il est aussi le témoignage de la maîtrise de son concepteur, car aboutir à un équilibre de formes, de volumes, de lignes et d'ombres suppose un savoir-faire de dessinateur.

Il s'appuie beaucoup sur des plantes aux formes simples, de croissance lente, pour ne pas briser la composition au fil des saisons (et de fait, il réclame bien moins de soins et de temps). Importants aussi sont les matériaux – on pourrait dire les matières et les textures. Acier, fer, Inox, plastique, résine, mais aussi pierre permettent des associations originales.

Le jardin graphique est aussi affaire d'harmonie, sans quoi il sombre dans la froideur. Harmonie des lignes, symétries, effet de miroir, perspective, juxtaposition des lignes froides (linéaires) et chaleureuses (rondes, ovales, courbes). Elle vient aussi de la suggestion du mouvement ; le style japonisant en est l'exemple avec ses plantes sculptées et taillées en nuages, par exemple, ➲ **p. 282**.

Le style japonisant est l'un des exemples de jardins graphiques.

2 *La petite histoire*

L'acanthe (Acanthus mollis) est la première « plante graphique », car c'est elle qui orne le sommet des colonnes corinthiennes, dans une double rangée que tout le monde a en tête. Le dessin inspiré de sa feuille aurait été inventé au Ve siècle avant J.-C. par le sculpteur athénien Callimaque (432-405). La légende veut qu'il se soit inspiré d'une acanthe ayant poussé dans une corbeille d'offrandes funéraires posée sur la tombe de sa fille, décédée alors qu'il dessinait des colonnes pour la ville de Corinthe.

3 Planter les érémurus

Travaillez correctement la terre pour l'ameublir et, au besoin, amendez avec un peu de sable (15 %) si celle de votre jardin est lourde. Déposez un lit de sable dans le fond, sur 5 à 10 cm de hauteur, et placez les rhizomes en étoile à 15 cm de profondeur, en les espaçant de 50 cm. Recouvrez, tassez correctement, mais sans excès. Arrosez une seule fois pour mettre en place la terre au contact des rhizomes, puis plus du tout au cours de l'automne et de l'hiver. Repérez les plantations par des tuteurs. Paillez les jeunes pousses au printemps, tant que les gelées tardives sont à craindre.

4 Protéger les diéramas

La canne à pêche des anges est une plante bulbeuse à corme, poussant en sorte de chapelet comme les crocosmias. En fin de saison, on est tenté de rabattre complètement les touffes sèches, de 50 cm à 1 m avec les hampes florales, pour faire place nette. Ce serait une erreur, car la croissance serait ralentie au printemps. Contentez-vous de les pailler abondamment dans les régions les plus froides. Au redémarrage de la végétation, vous arroserez pour soutenir la reprise et apporterez un engrais organique. Autre solution, épandez en automne un compost ou un fumier en voie de décomposition, encore chaud, qui répondra aux deux attentes de la plante.

5 Diviser la rhubarbe

Creusez profondément pour sortir la touffe de terre. Choisissez les bourgeons qui portent déjà des racines et sectionnez avec le tranchant de la bêche, d'un geste net. Replantez directement dans une terre bien travaillée et riche, car la plante est en place pour plusieurs années. Le sol doit être frais et perméable, riche en humus et profond. Préférez une exposition à mi-ombre plutôt qu'en plein soleil, surtout dans le Sud. Évitez de trop enterrer les racines et laissez les bourgeons bien apparents au-dessus de la surface du sol. Tassez bien la terre et arrosez.

6 *Le coin du curieux*

Les Hollandais l'appellent « flèche de feu » en référence à la symbolique du coup de foudre que l'on attribue à la plante dans le langage des fleurs. Car certains voient dans ses fleurs les flèches de Cupidon ! De leur côté, les Anglais noment cette plante *Red Hot Poker*, qui se traduit par « tisonnier rouge incandescent ». C'est moins romantique. En français, on peut opter pour le sage tritome, ou faux aloès, pour rester dans un registre botanique, mais avouez que « tison de satan », c'est plus flamboyant.

Idées

7 Pourquoi pas... une scène comme un arrêt sur image ?

Certaines plantes, par leur port qui semble figé, donnent l'impression d'être inertes et insensibles aux frémissements des courants d'air. Ce qui est d'ailleurs vrai. Il est normal qu'elles se marient parfaitement aux substances minérales, galets, pierres, tout aussi immuables. Placez en évidence une potée de *Agave attenuata* ou de *Yucca aloefolia* qui se découpe bien sur le fond du ciel ou du blanc d'une façade. Ou plantez tous les agaves, les cactus, les euphorbes au milieu de gros galets blancs, pour un massif végétal et minéral à la fois. Sinon, placez un lit de graviers pour que les silhouettes des plantes se détachent bien.

8 Pourquoi pas... une répétition de plantes ?

C'est un effet sans pareil que de répéter la même plante, dans le même contenant, en suivant une ligne de fuite du décor, comme une mise en abîme végétale. Placez 4 ou 5 sujets identiques à la suite, comme des *Cycas revoluta* (mais toutes les cycadacées s'y prêtent), des agaves, des yuccas, pour les expositions les plus abritées. Des touffes de graminées font également l'affaire. Choisissez avec soin des contenants dans des matières contemporaines, de forme haute, comme pour percher les plantes à leur sommet.

et Si

9 Mes **salpiglossis** ne **fleurissent** pas ?

Cette plante originaire du Chili a de gros besoins en chaleur et en soleil, deux choses qui semblent manquer à vos salpiglossis. De plus, vous devez soutenir la croissance et la floraison par des apports réguliers d'engrais pour plantes fleuries. Par contre, évitez de trop les arroser. Les salpiglossis peuvent se contenter d'une véranda, ils y trouveront la chaleur nécessaire, mais seront un peu moins florifères qu'en plein soleil. Éloignez-les des vitres pour éviter les risques de brûlures.

Salpiglossis

10 L'extrémité des **feuilles** de mon **dasylirion** sèchent ?

Surtout, ne les coupez pas, ce dessèchement est normal. Chez certaines espèces, on observe de 1 à 2 cm complètement secs comme chez *Dasylirion quadrangulatum*. Chez d'autres, l'extrémité sèche s'ouvre en un toupet de soies qui termine l'effet décoratif de la plante (*D. gracile, D. glaucophyllum*...) N'arrosez pas les dasylirions, ce sont des plantes des déserts californiens et mexicains.

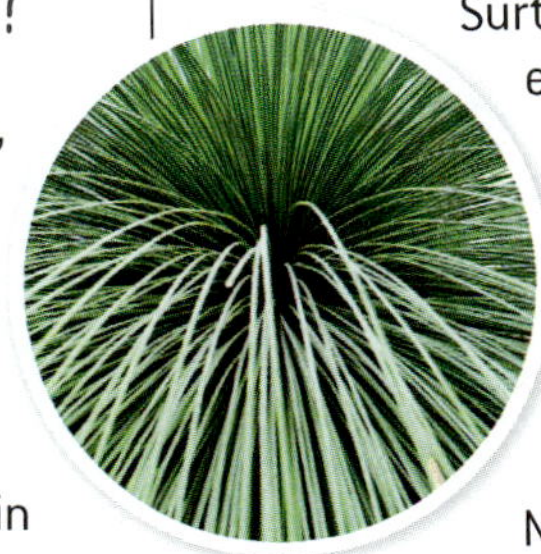

Dasylirion quadrangulatum

ACANTHE

Acanthus mollis

J	F	M	A	M	J	**J**	**A**	**S**	O	N	D

Hauteur	Largeur	Exposition	
0,80/1,20 m	0,80/1,20 m		V

Cette vivace forme des touffes amples aux fleurs épineuses. Les feuilles vernissées, découpées, sont représentées dans les décors de style corinthien. Les solides inflorescences verticales, qui dépassent 1 m, sont formées de fleurs tubulaires à 2 lèvres, blanc veiné de rose, accompagnées de bractées pourpres, épineuses.

SOL Profond, frais, riche, bien drainé. Les terres caillouteuses ou calcaires sont tolérées.

EXPOSITION Assez chaude avec un soleil tamisé.

CULTURE Plantez au printemps (3 pieds/m²). Divisez la touffe après la floraison. Paillez la souche par temps très froid (– 10 °C).

ESPÈCES ET VARIÉTÉS Il existe 29 espèces. *Acanthus mollis* 'Tasmanian Angel' (1,20 m), feuillage poudré de blanc donnant un aspect argenté lumineux, fleurs blanches ombrées de rose ; 'White Water', fleurs blanc crème et feuilles découpées. *A. hungaricus* (80 cm), feuillage étroit, lobé, fleurs rose et pourpre ; 'White Lips' (70 cm), fleurs blanches. *A. spinosus* (80 cm), feuillage sombre, épineux, découpé, fleurs rose lilacé.

CULTURE EN POT Pas de manière durable.

UTILISATIONS Massif avec des vivaces et des arbustes, touffe isolée, potée, bouquet.

ANÉMONE DU JAPON

Anemone spp.

J	F	**M**	**A**	**M**	J	J	**A**	**S**	**O**	N	D

Hauteur	Largeur	Exposition	
0,80/1,50 m	50/80 cm		V

La souche tubéreuse ou charnue de ces vivaces très rustiques produit des feuilles à 3 folioles finement divisées. Les tiges portent des feuilles plus petites, pratiquement sans pétiole, et des fleurs en coupe plate, au cœur composé d'un pistil globuleux entouré d'un gros bouquet d'étamines. Les coloris vont du blanc au rouge en passant par tous les tons roses.

SOL Profond, frais, riche en humus, bien drainé. Le calcaire est accepté. Un apport de terreau à la plantation est bénéfique.

EXPOSITION Soleil léger ou mi-ombre.

CULTURE Plantez les espèces bulbeuses en octobre, à 5 cm de profondeur et d'écartement ; les anémones vivaces au printemps, à 40 cm de distance (4 pieds/m²). En hiver, couvrez les souches avec des feuilles mortes, de la tourbe sèche ou de la paille. Divisez les touffes des grandes espèces au printemps, tous les 3 ou 4 ans. Arrosez bien durant l'été.

ESPÈCES ET VARIÉTÉS Le genre *Anemone* comprend 175 espèces et de nombreuses variétés naturelles reconnues par la nomenclature internationale.

- ***Anemone hupehensis*** (de 80 cm à 1 m), à fleurs simples aux étamines jaune d'or, à partir d'août ; 'Praecox', rose carminé ;

Anemone x *hybrida*

'Prinz Heinrich' (80 cm), semi-double rose ; 'September Charm', rose satiné. La série 'Pretty' se caractérise par son port compact et bas (de 40 à 50 cm), elle se décline en divers cultivars : 'Diana', fleur simple rose à gros cœur jaune ; 'Emily', semi-double rose ; 'Lady Maria', fleur simple blanche ; 'Susan', fleur simple rose violacé ombré de rouge.

- ***Anemone* x *hybrida***, l'anémone du Japon (de 80 cm à 1,50 m), drageonnante, très florifère ; 'Couronne Virginale', double, blanche ; 'Fantasy Cinderella' (40 cm), forme compacte, fleurs roses, convient pour la culture en pot ; 'Honorine Jobert', blanche ; 'Königin Charlotte' (syn. 'Reine Charlotte'), 1 m, semi-double rose ombré de pourpre au revers ; 'Lorelei', fleur simple rose tendre ; 'Pamina', double rose intense ; 'Rubra Plena', double rouge ; 'Whirlwind', semi-double blanc.

CULTURE EN POT Facile. Dans une jardinière de 15 cm de profondeur, on peut planter 3 pieds de vivaces sur 30 cm de long. Additionnez un tiers de sable à du terreau universel.

UTILISATIONS Massifs, bouquets.

Anemone hupehensis

*Télécharger l'application Truffaut +, voir p. 6-7

BESCHORNÉRIA

Beschorneria yuccoides

J F M A **M J J** A S O N D

1,50/2 m	1/1,50 m	Soleil	P	-7 °C

Originaire du Mexique, cette vivace buissonnante et succulente évoque un yucca. Le beschornéria forme une grande rosette de feuilles souples, linéaires, arquées, d'un vert bleuté un peu grisâtre. L'inflorescence arquée (panicule) rouge corail, qui émerge du cœur du feuillage, mesure près de 2 m de haut. Les fleurs, de 8 à 10 cm de long, pendantes, jaune verdâtre, sont accompagnées de bractées rouge violacé.

SOL Terre sableuse bien drainée.

EXPOSITION Un emplacement dégagé, chaud et ensoleillé, abrité des vents.

CULTURE Dans les régions aux hivers froids, cultivez le beschornéria comme les agaves et les cactées, en l'abritant dans une serre froide pendant la mauvaise saison. C'est une plante très résistante à la sécheresse qui convient bien aux jardins du bord de mer.

ESPÈCE Il existe 8 espèces. Seul *Beschorneria yuccoides* est utilisé en plante ornementale.

CULTURE EN POT Possible dans un grand pot avec un bon drainage et un terreau type plantes en bacs.

UTILISATIONS Talus aride, massif de plantes succulentes, sujet isolé, bac.

CORNOUILLER DES PAGODES

Cornus controversa

J F M **A M** J J A S O N D

8/12 m	5/6 m	Mi-ombre	C

Les cornouillers arborescents forment une cime buissonnante ou étalée. De croissance assez lente (environ 3 m en 5 ans), ils sont très décoratifs au printemps. *Cornus controversa* arbore une floraison éclatante en ombelles plates. En automne, le feuillage prend des couleurs flamboyantes.

SOL Riche, frais, bien drainé, obligatoirement acide et humifère.

EXPOSITION Mi-ombre ou même ombre légère, bien à l'abri du vent.

CULTURE Plantez de novembre à février lorsqu'il ne gèle pas. Arrosez tous les 10 jours par temps sec au printemps et maintenez le sol humide les premiers étés. Conservez le port naturel des arbres et limitez la taille à une simple mise en forme en hiver.

ESPÈCE ET VARIÉTÉS *Cornus controversa* se reconnaît à ses rameaux horizontaux, qui portent des ombelles de fleurs blanches en mai ; 'Pagoda', à port plus régulier et rameaux plus horizontaux que le type, plante très graphique ; 'Variegata', au feuillage panaché crème, pousse lentement.

CULTURE EN POT Non adaptée.

UTILISATIONS En isolé, arrière-plan de massifs.

CANNE À PÊCHE DES ANGES

Dierama pendulum

J F M A M **J J A** S O N D

1,20 m	60 cm	Soleil	V	-7 °C

Originaire des zones montagneuses du Zimbabwe et d'Afrique du Sud, cette plante vivace (grâce à son corme), à feuillage fin, persistant, fait d'abord penser à une graminée poussant en touffe. Entre juin et août, elle fleurit en hampes florales souples à retombantes portant des fleurs tubulaires, de 3 à 6 cm, d'un beau rose soutenu, pourprées ou blanches.

SOL Frais, voire humide, riche et léger.

EXPOSITION Soleil.

CULTURE Même si la plante est relativement rustique (– 7 °C), dans les régions les plus froides, protégez-la, surtout de l'action combinée de l'humidité et du froid.

ESPÈCES ET VARIÉTÉS Il existe 44 espèces. *Dierama pendulum* et *D. pulcherrimum* sont les principales pour le jardin, mais souvent confondues en horticulture. On trouve aussi dans le commerce *D. argyreum* (80 cm), à fleurs blanches, et des formes hybrides tels 'Blackberry Bells' (1 m), à fleurs violettes ; 'Candy Stripe' (syn. 'Painted Lady'), 80 cm, rose pâle avec une strie plus foncée sur la fleur ; 'Dark Cerise' (1,20 m), à fleurs rouge foncé ; 'Guinerve' (1 m), à fleurs blanches ; 'Merlin' (90 cm), à fleurs pourpre foncé presque noir.

CULTURE EN POT C'est une très bonne alternative en dehors des climats doux. Utilisez un terreau additionné de sable (20 %).

UTILISATIONS Massif, potée.

VIPÉRINE GÉANTE

Echium pininana

J F M A M J **J A S** O N D

Hauteur	Largeur	Exposition	
3/4 m	0,90 m	☼	V

Cette plante, à souche ligneuse, forme une rosette touffue de longues feuilles duveteuses et argentées. Les fleurs bleues, en entonnoir étroit, sont réunies en bouquets verticaux de 30 à 40 cm de long.

SOL Léger, sec, pauvre, très bien drainé.

EXPOSITION Chaude et très ensoleillée.

CULTURE Plantez en pleine terre ou sortez les pots à l'extérieur en mai. Dans les régions froides, conservez les vipérines dans une véranda hors gel en hiver. Semez en février-mars, sous abri chauffé (entre 20 et 24 °C) ; repiquez en godet individuel un mois après la levée.

ESPÈCES Il existe 66 espèces, toutes peu rustiques, et quelques sous-espèces. *Echium pininana*, la vipérine des Canaries, porte une tige florale solitaire bleu pâle de 3 à 4 m de haut. *E. wildpretii*, la vipérine de Tenerife, bisannuelle, porte des inflorescences pourpres de 3 m de haut.

CULTURE EN POT Plante trop imposante.

UTILISATIONS Massif, rocaille, potée.

Echium pininana

LIS QUEUE-DE-RENARD

Eremurus spp.

J F M A M **J J** A S O N D

Hauteur	Largeur	Exposition	
1,20/3 m	0,60/1 m	☼	B

Cette plante rustique forme de longues racines charnues autour d'un bourgeon central. Les longues feuilles lancéolées en rosette disparaissent après la floraison. La hampe florale rigide, spectaculaire, porte des centaines de petites fleurs en étoiles.

SOL Léger, sableux, profond, drainant. L'humidité hivernale est destructrice.

EXPOSITION Soleil. Évitez les gelées printanières qui détruisent le bourgeon.

CULTURE Plantez en septembre ou octobre à 60-80 cm de distance, le bourgeon affleurant la surface du sol. Étalez les griffes horizontalement. Laissez en place 3 ou 4 ans, puis divisez les souches.

ESPÈCES ET VARIÉTÉS Il existe 60 espèces. *Eremurus himalaicus* (1,50 m), à très longs épis blancs. *E. robustus* (de 2 à 3 m), fleurs roses à étamines jaunes. *E. stenophyllus* (syn. *E. bungei*), 1,20 m, à fleurs jaune vif. *E. hybrides* 'Cleopatra' (syn. 'Kleopatra'), de 1,50 à 2 m, jaune orangé ; 'Pinokkio' (90 cm), forme compacte à fleurs orange safran ; 'Shelford's Hybrids' (de 1,20 à 1,50 m), en mélange de tons roses, orange, jaunes.

Eremurus himalaicus

CULTURE EN POT Difficile.

UTILISATIONS Seul en petit groupe, isolé ou à l'arrière d'un massif.

FRITILLAIRE

Fritillaria imperialis

J F M **A M J** J A S O N D

Hauteur	Largeur	Exposition	
0,80/1,20 m	20/30 cm	☼/◐	B

Formant des bulbes parfois malodorants (odeur de punaise), les fritillaires sont très disparates. Leur trait commun se retrouve dans la forme et la disposition des clochettes retombantes, réparties tout le long ou au sommet d'une hampe florale bien droite, aux coloris inhabituels. Feuilles linéaires.

SOL Bien drainé, sec, même pauvre, et graveleux.

EXPOSITION Les grandes espèces en plein soleil, les petites fritillaires à mi-ombre.

CULTURE Plantez de fin août (petites espèces) à fin octobre (les grandes), à une profondeur égale à deux fois la hauteur du bulbe ; posez-le sur un lit de sable, en l'inclinant légèrement.

Fritillaria imperialis 'Lutea'

Les fritillaires se naturalisant bien, laissez les bulbes en terre d'une année sur l'autre.

ESPÈCES ET VARIÉTÉS Il existe environ 140 espèces. *Fritillaria imperialis*, la couronne impériale (1 m), à floraison printanière. Sa tige

Fritillaria imperialis

rigide est surmontée d'une couronne de fleurs rouge orangé garnie d'un panache de feuilles vert sombre brillant ; 'Aureomarginata' (70 cm), feuillage panaché de jaune, fleurs rouge-orange ; 'Beethoven' (60 cm), orange ; 'Lutea' (90 cm), jaune ; 'Rubra' (90 cm), rouge écarlate ; 'William Rex' (80 cm), rouge foncé.

CULTURE EN POT Recommandée pour les espèces rares, elle est très facile, dans un pot de 15 cm en tous sens, dans un mélange de terre de jardin, de sable et de terreau de rempotage. La durée de végétation de ces plantes est courte, il faut les remplacer après la floraison.

UTILISATIONS Massifs, en groupes de 5 à 10 bulbes pour les grandes espèces et d'au moins 50 pour les plus petites.

GLAÏEUL D'ABYSSINIE

Gladiolus callianthus

J	F	M	A	M	J	J	A	S	O	N	D

0,80/1,20 m	15/20 cm		B	0 °C

Cette bulbeuse de la famille des Iridacées offre un rare éventail de coloris pour composer des bouquets.

SOL Léger, frais, profond, bien amendé, si possible sableux et sans fumier frais.

EXPOSITION Chaude, même aride, en plein soleil (la floraison est quasi inexistante à l'ombre), à l'abri des vents forts.

CULTURE Plantez de fin mars à fin mai, à 10 cm de profondeur et à 12-15 cm d'écartement. Arrosez souvent au pied, en complétant avec des apports réguliers d'engrais pour fleurs. Fin octobre, arrachez, nettoyez et stockez les bulbes (cormus) dans une pièce obscure, à l'abri du gel.

ESPÈCE *Gladiolus callianthus*, de 90 cm à 1 m, blanc à cœur pourpre, parfum puissant à la tombée de la nuit.

CULTURE EN POT Non adaptée. (à confirmer)

UTILISATION Massif.

TRITOMA, FAUX ALOÈS

Kniphofia spp.

J	F	M	A	M	**J**	**J**	**A**	**S**	O	N	D

0,60/1,50 m	30/80 cm		V	-12 °C

Cette imposante vivace est aussi appelée « tison de satan ». Le tritoma porte des feuilles fines et allongées, charnues, arquées. La floraison, très spectaculaire, est constituée de hampes dressées se terminant par un épi cylindrique formé de fleurs tubulaires jaunes, rouges, roses ou panachées, qui attirent les abeilles.

SOL Sablonneux, léger, frais, calcaire.

EXPOSITION Chaude et bien ensoleillée.

CULTURE Plantez au printemps (3 ou 4 pieds/m^2). Fertilisez en avril et paillez en juin. Attachez les feuilles en automne et couvrez d'un voile d'hivernage. Divisez les vieilles touffes après la floraison.

ESPÈCES ET VARIÉTÉS Il existe 73 espèces. On cultive surtout des hybrides : 'Alcazar' (1 m), à fleurs rouge orangé flamboyant et feuillage bronze ; 'Bressingham Yellow' (50 cm), jaune ; 'Creamsicle' (45 cm), forme compacte bicolore orange et rouge ; 'Green Jade' (1,20 m), vert jade ; 'Ice Queen' (1,20 m), blanc ; 'Lemon Popsicle' (50 cm), jaune vif ; 'Little Maid' (de 50 à 60 cm), jaune, 'Mango Popsicle' (70 cm), orange lumineux ; 'Minister Verschuur' (80 cm), jaune orangé ; 'Orange Vanilla Popsicle' (50 cm), bicolore orange et crème ; 'Percy's Pride' (1,10 m), jaune-vert ; 'Vanilla' (1 m), jaune assez clair. *Kniphofia uvaria*, le tison de satan (1,20 m), bicolore jaune et rouge ; 'Grandiflora' (1 m), à fleurs plus grandes que le type.

CULTURE EN POT Non adaptée.

UTILISATIONS Massif, bouquet.

LAVANDE PAPILLON

Lavandula stoechas

J F M A M **J J** A S O N D

Hauteur	Largeur	Exposition	Type
30/60 cm	30/40 cm		P

Cette lavande forme une touffe arrondie, compacte, très florifère. Elle se distingue par des fleurs bleu violacé surmontées de 2 bractées violet plus foncé.

SOL Calcaire, profond, bien drainé, même sec, pauvre et caillouteux.

EXPOSITION Plein soleil, le plus chaud possible, même dans un lieu aride.

CULTURE Plantez au printemps entre 40 et 60 cm de distance. Taillez en mars en forme arrondie. Après la floraison, supprimez les hampes florales et taillez les rameaux qui s'échappent de la touffe, pour lui conserver une silhouette sphérique. N'arrosez pas trop. Coupez les fleurs fanées au fur et à mesure, afin de favoriser les floraisons. Ne taillez pas sur le vieux bois.

ESPÈCES ET VARIÉTÉS Il existe 47 espèces, dont de nombreux hybrides naturels. La lavande papillon *(Lavandula stoechas* ssp. *pedunculata)* fleurit dès le mois de mai, les épis étant accompagnés de bractées ; 'Helmsdale', violet foncé ; 'Madrid Purple', pourpre violacé et bractées mauves ; 'Willow Vale', pourpre violacé et violet clair. Dans la série Plumette® sont proposés plusieurs cultivars : 'Bluberry Ruffles', bleu foncé et bractées roses ; 'Mulberry Ruffles', violet et rose ; 'Sugarberry Ruffles', rose violacé et rose tendre.

CULTURE EN POT Possible dans un pot de 25 cm en tous sens pour une petite plante. N'arrosez pas trop et n'abusez pas des engrais.

UTILISATIONS Rocaille, bordure, massif, bouquets secs.

LEUCOTHOE

Leucothoe fontanesiana

J F M A **M** J J A S O N D

Hauteur	Largeur	Exposition	Type
0,80/2 m	0,80/1,20 m		P

Ce charmant arbuste rustique porte des feuilles alternes, coriaces, lancéolées, de 6 à 12 cm de long, changeant de couleur au fil des saisons. La floraison blanche, en courtes grappes pendantes, est discrète. Croissance vigoureuse.

SOL Tourbeux, humide ou sableux, non calcaire, enrichi de terreau de feuilles, ou terre de bruyère.

EXPOSITION Mi-ombre sans courants d'air ; évitez l'ombre dense.

CULTURE Plantez au printemps. Arrosez et paillez les premiers étés, fertilisez au printemps. Taillez en hiver pour équilibrer la silhouette.

ESPÈCES ET VARIÉTÉS Il existe 9 espèces. *Leucothoe fontanesiana* 'Rainbow' (1,50 m), panaché de blanc crème, jaune et rose, virant au rouge tacheté de bronze en hiver ; 'White Water' (1,50 m), feuillage bordé de crème qui rougit en automne. Parmi les hybrides : 'Carinella' (60 cm), feuilles bordeaux violacé en automne ; 'Lovita' (syn. 'Zebonard'), 1,50 m, au port étalé, jeune feuillage lie-de-vin pourpré, fleurs blanches parfumées ; 'Red Lips' (60 cm), à feuillage étroit rouge sombre dès août ; 'Royal Ruby' (1 m), jeunes feuilles rouge pourpre brillant ; 'Scarletta' (80 cm), compact, au feuillage lancéolé rouge, virant au pourpre foncé de juillet à janvier.

CULTURE EN POT Dans un pot de 30 cm en tous sens, dans du terreau et de la terre de bruyère. Arrosez bien si la température dépasse 20 °C. Rempotez tous les 3 ans.

UTILISATIONS Talus, bordure, massif.

Leucothoe fontanesiana 'Rainbow'

LIGULAIRE

Ligularia spp.

J F M A M **J J A S** O N D

Hauteur	Largeur	Exposition	Type
1/2 m	0,60/1,20 m		V

Ligularia przewalskii

Surtout originaires d'Asie, les ligulaires forment une touffe généreuse de feuilles basales arrondies ou palmées, profondément lobées. Les grandes inflorescences sont formées de capitules jaunes. Cette imposante vivace permet de composer des touffes fleuries spectaculaires.

SOL Riche, profond, humifère, humide.

EXPOSITION Soleil doux, mi-ombre légère.

CULTURE Plantez de septembre à avril (de 1 à 3 plants/m²). Prévoyez des tuteurs solides pour les grandes espèces. Apportez un paillis de fumier en automne. Divisez tous les 3 ans.

ESPÈCES ET VARIÉTÉS Il existe 157 espèces reconnues aujourd'hui par la nomenclature internationale. *Ligularia dentata* (de 1 à 1,50 m), larges feuilles coriaces aux bords dentés, grands bouquets de capitules jaune orangé en été ; 'Desdemona' (1 m), feuillage bronze ; 'Midnight Lady' (1 m), feuillage pourpre. *L. przewalskii* (2 m), feuillage ample, très découpé. *L. stenocephala* 'The Rocket' (1,80 m), à feuilles triangulaires et hampes florales noires.

CULTURE EN POT Déconseillée.

UTILISATIONS Isolé, bord de bassin, massif.

BOCCONIA

Macleaya cordata

J F M A M **J J A** S O N D

Hauteur	Largeur	Exposition	Type
2/3 m	1/1,50 m		V

Cette immense vivace rhizomateuse aime les lieux frais et humides. Les tiges dressées, issues de la souche, portent des feuilles alternes, palmées, découpées, vert bronze à revers gris argenté, duveteux, de 20 à 30 cm de large. Les inflorescences forment de grands plumets terminaux, blanc rosé.

SOL Profond, bien ameubli, humifère, consistant, de préférence humide.

EXPOSITION Soleil léger à mi-ombre claire, à l'abri des vents dominants.

CULTURE Plantez au printemps, arrosez bien et paillez avec du compost pour maintenir le sol frais en été. Supprimez une partie des rejets et coupez la végétation au ras du sol en automne.

ESPÈCES ET VARIÉTÉS Il existe 2 espèces. *Macleaya cordata* (3 m), aux feuilles amples et inflorescences de 50 cm. *M. microcarpa* (2 m), floraison plus précoce, d'un rose plus soutenu ; 'Kelway's Coral Plume' (syn. 'Korallenfeder'), 2,50 m, à grandes inflorescences plumeuses.

CULTURE EN POT Inadaptée.

UTILISATIONS Au bord d'une pièce d'eau ou d'un mur abrité, fond de massif.

TABAC GÉANT

Nicotiana sylvestris

J F M A M **J J A S** O N D

Hauteur	Largeur	Exposition	Type
1/1,50 m	0,50/1 m		A

Cette vivace non rustique est cultivée comme une annuelle. Elle fait figure de géant parmi les autres tabacs. Les larges feuilles sont alternes, ovales, spatulées, velues et poisseuses. Les fleurs blanches étoilées, groupées en bouquets lâches au-dessus du feuillage, sont parfumées.

SOL Riche, profond, drainé, amendé avec du compost ou un fumier décomposé.

EXPOSITION Mi-ombre ou soleil doux.

CULTURE Semez en février-mars, dans la maison, à 18 °C, dans des caissettes, sans recouvrir les graines. Repiquez en godets maintenus sous abri jusqu'à la mise en place en mai. Espacez les plants de 30 à 40 cm.

ESPÈCES ET VARIÉTÉS Il existe 55 espèces et plusieurs variétés naturelles validées par la nomenclature botanique internationale. *Nicotiana sylvestris* (1,50 m), très parfumé, est blanc.

CULTURE EN POT La plante dépasse 1,50 m en pot et produit un effet spectaculaire.

UTILISATIONS Massif, jardinière, bouquet.

RHUBARBE D'ORNEMENT

Rheum palmatum

J F M A M **J J** A S O N D

Hauteur	Largeur	Exposition	Type
1,50/2,50 m	1/2 m		V

Cette imposante vivace rhizomateuse développe une inflorescence très spectaculaire. Elle forme une touffe d'immenses feuilles palmées, découpées, vert teinté de rouge pourpré. De grandes panicules de 60 cm à 1 m sont formées de minuscules fleurs étoilées roses ou rouges.

SOL Profond, frais, riche et humifère.

EXPOSITION Le soleil direct doux et toute lumière tamisée ou indirecte conviennent.

CULTURE Plantez de l'automne à la fin de l'hiver, à 1 m de distance. Arrosez par temps chaud et sec. Rabattez les hampes florales fanées. Chaque printemps, apportez un lit de fumier décomposé et de l'engrais organique.

ESPÈCES ET VARIÉTÉS Il existe 44 espèces. *Rheum palmatum* var. *tanguticum* (2 m), à fleurs blanches. *Rheum* x *hybridum* 'Ace of Hearts' (1 m), jeunes feuilles rouges au printemps, feuilles cordiformes entières, fleurs blanc rosé ; 'Holsteiner Blut' (2 m), aux pétioles rouges, fleurs blanches.

CULTURE EN POT Dans un pot de 30 cm en tous sens, dans un mélange à parts égales de terre végétale et de terreau de plantation ; ajoutez 20 % d'amendement organique à base de fumier et d'algues.

UTILISATIONS Isolé, massif, bord de bassin.

SALPIGLOSSIS

Salpiglossis sinuata

J F M A M J **J A S** O N D

Hauteur	Largeur	Exposition	Type
0,40/1 m	20/30 cm	Soleil	A

Cette surprenante annuelle développe une touffe buissonnante de feuilles alternes, étroites, aux bords ondulés. Les grandes fleurs, en cornet très évasé, ont une texture veloutée, un aspect exotique et des couleurs inédites.

SOL Riche, léger, humifère, bien travaillé.

EXPOSITION Plein soleil et forte chaleur.

CULTURE Semez en février-mars, sous abri chauffé, en caissette. La germination demande 1 ou 2 semaines entre 16 et 18 °C. Repiquez en godets de tourbe. Endurcissez sous châssis froid jusqu'à la mise en place en mai. Arrosez bien l'été.

ESPÈCES ET VARIÉTÉS Il existe 2 espèces. *Salpiglossis sinuata* a donné différents cultivars aux coloris très variés, mêlant le blanc, le jaune, l'orange, le rose, le rouge et le violet avec des stries brunes. Les graines sont vendues en mélange, rarement par couleur.

CULTURE EN POT Dans un pot de 20 cm en tous sens pour un seul pied, dans un bon terreau de rempotage. Tuteurez les jeunes plants des variétés hautes.

UTILISATIONS Massif, pot, bouquet.

PIGAMON

Thalictrum aquilegifolium

J F M A M J **J A** S O N D

Hauteur	Largeur	Exposition	Type
1,20/1,50 m	50/70 cm	Soleil ou mi-ombre	V

Cette plante vivace, dont le feuillage teinté de bleu rappelle celui de l'ancolie, est toute en légèreté. Les grandes inflorescences vaporeuses s'épanouissent entre juin et août selon les espèces et les variétés.

SOL Terre riche, fraîche, mais pas humide, dépourvue de calcaire.

EXPOSITION Soleil ou mi-ombre.

CULTURE Espacez les plants de 50 à 70 cm pour les laisser s'épanouir. Prévoyez éventuellement des tuteurs pour soutenir les tiges florales et rabattez sévèrement après la floraison. Très bonne rusticité (– 27 °C), inutile donc de la protéger.

ESPÈCES ET VARIÉTÉS Il existe 130 espèces environ. *Thalictrum aquilegifolium*, en touffe dressée de 1,20 m. Les fleurs, réduites à des bouquets fournis d'étamines, forment des petits pompons très légers qui, réunis, composent un brouillard floral. Les coloris varient selon les variétés : blanc chez 'Album', pourpre chez 'Purpureum', rose violacé chez 'Thundercloud'. *T. delavayi*, grandes tiges souples de 1,50 m, petites fleurs mauves ; 'Hewitt's Double', fleurs doubles d'un rose soutenu. *T. flavum* subsp. *glaucum*, tiges jusqu'à 2 m, fleurs d'un jaune clair soufré, réunies en inflorescences vaporeuses. *T.* x *hybrida* 'Elin', le pigamon géant, dépasse 2 m, fleurs rose lilacé.

CULTURE EN POT Non adaptée.

UTILISATIONS Massif fleuri, fleur coupée.

BOUILLON-BLANC

Verbascum bombyciferum

J F M A **M J J A** S O N D

Hauteur	Largeur	Exposition	Type
0,30/1 m	20/40 cm	Soleil	V

Cette superbe vivace est aussi dotée de propriétés médicinales. Parfois bisannuelle, elle développe une grande rosette de feuilles duveteuses de laquelle jaillit une hampe portant un épi formé de fleurs jaunes en coupe à 5 lobes.

SOL Profond, léger, bien drainé, même pauvre et caillouteux ou calcaire.

EXPOSITION Le plein soleil, même chaud.

CULTURE Plantez en octobre (3 ou 4 pieds/m^2). Semez en avril en terrine sous châssis, repiquez en pépinière avant de mettre en place en septembre.

ESPÈCES ET VARIÉTÉS Il existe 360 espèces. *Verbascum bombyciferum* (1,80 m), à feuilles laineuses et fleurs jaune soufre. Il existe aussi beaucoup d'hybrides : 'Polarsommer', parfois francisé en 'Eté Polaire', est plus vigoureux que le type (1,60 m), avec une floraison jaune très abondante.

CULTURE EN POT Déconseillée.

UTILISATIONS Isolé, massif, jardin sauvage, rocaille, fleur coupée.

VÉRONIQUE

Veronica spp.

J F M **A M J J A S** O N D

0,10/1 m	0,,20/1 m		V

Veronica longifolia

Les véroniques sont des plantes rustiques, sous-arbrisseaux, vivaces rhizomateuses ou annuelles. Les feuilles, opposées, sont linéaires à oblongues, dentées. Les toutes petites fleurs bleus sont réunies en épis ou en grappes dressés au-dessus du feuillage.

SOL Ordinaire, bien drainé, jamais sec, riche en humus. Le calcaire est toléré.

EXPOSITION Seul le plein soleil, même chaud, assure une très longue floraison.

CULTURE Plantez au printemps (de 6 à 9 pieds/m^2). Arrosez par temps chaud. Coupez les épis fanés. Divisez les vieilles touffes au printemps.

ESPÈCES ET VARIÉTÉS Il existe 200 espèces. *Veronica longifolia*, la véronique à longues feuilles (1 m), à grands épis bleu azur ; 'Blauriesin' (80 cm), bleu foncé ; 'Gloria' (1 m), bleu-mauve. *V. sachalinensis* (syn. *V. subsessilis*), 80 cm, grands épis bleu violacé ; 'Blau Pyramide' (50 cm), plus trapu, bleu foncé ; 'Sunny Border Blue' (50 cm), compact, bleu violacé foncé. *V. spicata* 'Alba' (40 cm), blanc ; 'Anne-Sylvie Lepage' (80 cm), bleu foncé ; 'Barcarolle' (50 cm), rose ; 'Inspire Pink' (30 cm), rose ; 'Royal Candles' (60 cm), bleu foncé intense.

CULTURE EN POT Dans un pot de 15 cm en tous sens (pour les petites), dans une bonne terre de jardin. Abritez des vents violents et divisez en automne avant de rempoter.

UTILISATIONS Bordure, rocaille, muret, dallage, tapis fleuri, potée, jardinière.

YUCCA GLORIEUX

Yucca spp. (espèces rustiques)

J F M A M J **J A S O** N D

1/2 m	1/2 m		P

Yucca gloriosa

Cette plante succulente, à l'allure exotique, a un tronc simple ou multiple, des feuilles rigides, très piquantes, et des panicules coniques de 1 à 2 m de hauteur, formées de fleurs blanc crème.

SOL Riche, bien drainé, pas trop léger.

EXPOSITION Au soleil, en situation chaude, aride.

CULTURE Plantez au printemps, paillez en automne. Taille, apport d'engrais ou d'eau sont superflus. En mai, divisez les touffes âgées et replantez les éclats, même s'ils ne sont pas racinés.

ESPÈCES ET VARIÉTÉS Des 49 espèces, seul *Yucca gloriosa* est entièrement rustique ; 'Mediostriata', feuilles rayées de jaune ; 'Nobilis', feuilles glauques, fleurs blanches à extrémité rouge, rare ; 'Variegata', feuilles à bande centrale vert pâle.

Yucca filamentosa

- **DANS LES RÉGIONS LITTORALES :** *Y. aloifolia*, à feuilles d'aloès (de 3 à 4 m), feuilles épaisses et rigides terminées par une pointe ; 'Marginata' (3 m), feuilles bordées de jaune. *Y. filamentosa*, filamenteux (1 m), inflorescences dressées blanches pouvant atteindre 3 m ; 'Bright Edge' (de 50 cm à 1 m), feuilles marginées de jaune ; 'Color Guard' (de 1 à 1,50 m), feuilles marquées d'une large bande jaune au centre ; 'Golden Sword' (80 cm), feuilles jaune vif marginé de vert clair ; 'Gold Heart' (60 cm), feuilles vert foncé striées de jaune en leur milieu ; 'Ivory Towers' (70 cm), feuilles glauques marginées de crème, inflorescence de 1,50 m de haut ; 'Variegata' (80 cm), feuilles bordées de blanc crème. *Y. rostrata* (de 3 à 4 m), imposante touffe de feuilles étroites, bleutées, portées par le tronc (stipe) couvert d'un jupon formé par les feuilles mortes.

CULTURE EN POT Dans un pot de minimum 30 cm en tous sens et une bonne terre de jardin avec un quart de sable. Conseillée dans les régions froides, pour le rentrer en hiver. Veillez au drainage.

UTILISATIONS Isolé , en massif exotique.

POUR UN JARDIN AUX EFFETS GRAPHIQUES, VOUS POUVEZ AUSSI CULTIVER

★ *Angelica archangelica* (angélique) ➲ p. 806 ★ *Astelia chathamica* (épée d'argent) ➲ p. 249 ★ *Corylus avellana* 'Contorta' (noisetier tortueux) ➲ p. 869 ★ *Cynara cardunculus* (cardon), *C. scolymus* (artichaut) ➲ p. 763 ★ *Lupinus polyphyllus* (lupin) ➲ p. 278 ★ *Persicaria* 'Painter's Palette' ➲ p. 183 ★ *Ricinus communis* (ricin) ➲ p. 343 ★ *Salix matsudana* 'Tortuosa' et *S.* x 'Erythroflexuosa' (saule tortueux) ➲ p. 221 ★ *Sciadopitys verticillata* (pin parasol du Japon) ➲ p. 290

Graminées

Les herbes ornementales sont parmi les plantes les moins exigeantes et les plus graphiques. Une petite attention régulière les gardera au mieux de leur forme.

1

2

3

4

5

6

7

8

9

QUELQUES RÈGLES À SUIVRE :
- Éliminez les fleurs fanées pour éviter les semis en surnombre.
- Coupez le feuillage abîmé ou mort, avec des ciseaux.
- Enlevez les vieilles feuilles devenues marron.
- Rabattez les graminées à feuillage caduc, en fin d'automne ou début de printemps.

1. FÉTUQUE BLEUE

Festuca amethystina, F. glauca

J F M A M **J J** A S O N D

30 cm | 25 cm | V

p. 683.

2. LAÎCHE

Carex buchananii, C. comans, C. morrowii, C. oshimensis

0,30/1,50 cm | 30/90 cm | V

p. 624.

3. HERBE SANGLANTE

Imperata cylindrica 'Red Baron'

J F M A M J J **A** S O N D

50/80 cm | 40/50 cm | V

L'impérata forme de belles touffes compactes et souples. Les longues feuilles caduques, très fines, sont d'abord vertes, puis virent au rouge sang. À l'automne, la plante donne de petits épillets plumeux blanc argenté. Supprimez les touffes vertes qui peuvent apparaître (retour au type, moins décoratif).

4. LUZULE BLANCHE

Luzula nivea

J F M A M **J J A** S O N D

60 cm | 45 cm | V

Cette vivace à feuilles persistantes au port légèrement étalé forme une touffe légère. Elle produit en été des bouquets serrés de fleurs blanc argenté. On peut en faire des bouquets secs. On cultive aussi *L. sylvatica*, la luzule des bois (hauteur 70 cm), à longues feuilles étroites, qui fleurit d'avril à juin en panicules de petites fleurs brunes à dorées.

5. BLÉ D'AZUR

Leymus arenarius

J F M A M **J J A** S O N D

0,45/1 m | 0,45/1 m | V

p. 254.

6. HERBE DE HAKONE

Hakonechloa macra 'Aureola'

J F M A M J J A **S O** N D

30/40 m | 30/50 m | V

p. 288.

7. ORGE À CRINIÈRE

Hordeum jubatum

J F M A M **J J A S O** N D

50 cm | 30 cm | V

Belle graminée à feuillage caduc formant une touffe épanouie ; les tiges portent des panicules d'épillets soyeux, d'abord vert pâle teinté de rose ou de pourpre, qui virent au beige. Se ressème facilement.

8. EULALIE

Miscanthus sinensis var. *condensatus* 'Cabaret', 'Gold Bar', 'Zebrinus'

J F M A M J J A S **O N** D

1/2 m | 1/2 m | V

p. 135.

9. PIED DE DINDON

Chondrosum gracile (ex *Bouteloua gracilis*)

J F M A M J **J A S** O N D

50 cm | 30 cm | V

Cette graminée à feuilles caduques forme des touffes denses, bleutées, portant des épis brun, disposés à l'horizontale.

Un jardin inspiré de la nature

LE MYTHE DU JARDIN NATUREL FLEURI QUI S'ENTRETIENT SEUL EST TENACE ! CE TYPE DE JARDIN EXIGE EN FAIT DU TRAVAIL. MAIS CE SONT DES OPÉRATIONS DISCRÈTES, QUI SE VEULENT PRESQUE INDÉTECTABLES. CE NE SONT PAS FORCÉMENT LES PLUS FACILES !

UN JARDIN INSPIRÉ DE LA NATURE, C'EST QUOI ?

C'est un jardin qui prend la nature comme modèle et où l'intervention du jardinier passe la plus inaperçue possible. Il donne la priorité aux fleurs simples, aux tailles douces, aux espèces régionales ... **1**

Centaurea montana

PAR QUOI REMPLACER LA PELOUSE ?

Un gazon anglais n'a rien de naturel. Selon les endroits et l'importance du piétinement, passez plutôt à la pelouse mixte, aux alternatives au gazon ou aux couvre-sols. Tout de suite, le jardin prend une allure moins sophistiquée ... **2**

C'est bon pour la planète : Un entretien allégé

Un jardin de style naturel demande moins d'eau, moins d'engrais et moins de travaux mécaniques lourds... et au passage un budget moindre ... **3**

Eschscholzia californica

SAVOIR EMPRUNTER LE PAYSAGE

Pourquoi se priver de la vue extérieure quand l'environnement est beau ? Les Japonais, qui ont très souvent de petits jardins, ont été les premiers à conceptualiser « l'emprunt du paysage », qui permet aussi d'agrandir visuellement le jardin. Suivez leur exemple ... **4**

L'ART DU SEMIS SPONTANÉ

Dans la nature, une bonne partie des plantes se ressèment seules. On peut laisser aussi les plantes de nos jardins faire de même, en leur donnant quand même un petit coup de pouce pour augmenter les chances de succès. Les plants ainsi obtenus sont toujours les plus beaux ! ... **5**

Scille

PLANTER DES BULBES À LA VOLÉE

En attendant que vos bulbes se naturalisent, il faut les mettre en terre ! Mettez en œuvre la bonne technique de plantation pour que, dès la toute première année, le résultat ait l'air 100 % naturel ... **6**

IDÉES

→ POURQUOI PAS… **Un mur en pierres sèches ?**
C'est un art qui ne s'improvise pas, partez avec les bonnes bases… 7

→ POURQUOI PAS… **Récupérer un arbre mort ?**
Si le tronc est bien droit, vous pouvez en faire des sièges de jardin… 8

Les Plantes idéales

★ **Des annuelles ou bisannuelles faciles à vivre,** rustiques et qui se ressèment seules : *Campanula medium* ; *Centaurea cyanus* (bleuet) ; *Consolida ajacis* (pied-d'alouette annuel) ; *Eschscholzia californica* (pavot de Californie) ; *Gypsophila elegans* (gypsophile annuelle) ; *Papaver rhoeas* (coquelicot) ; *Salvia sclarea* (sauge sclarée).

★ **Des bulbes** proches de leurs cousins dans la nature : *Allium spp.* (ail d'ornement) ; *Colchicum autumnale* (colchique) ; *Leucojum aestivum* (nivéole) ; *Ornithogalum umbellatum*.

★ **Des vivaces** qui n'ont besoin ni d'un entretien spécial ni de divisions régulières : *Campanula lactiflora, C. takesimana* (campanule à grosses fleurs), *C. latifolia, C. persicifolia* (campanules érigées) ; *Centaurea montana* ; *Geum spp.* (benoîte) ; *Gypsophila paniculata* (gypsophile vivace) ; *Papaver orientale* (pavot d'Orient) ; *Scabiosa caucasica* (scabieuse).

★ **Des plantes que l'on retrouve spontanément dans la nature :** *Coreopsis tinctoria* ; *Echium vulgare* (vipérine commune) ; *Filipendula ulmaria* (reine-des-prés) ; *Hippocrepis emerus* (coronille) ; *Ruta graveolens* (rue).

Les règles

1. *Ne cherchez pas à dominer la végétation : faites une place à l'imprévu, aux formes libres, aux semis spontanés, et tirez-en le meilleur.*
2. *N'imposez pas des formes et des volumes trop stricts, taillez le moins possible et laissez-vous guider par les silhouettes naturelles des arbres et arbustes.*
3. *N'introduisez pas de feuillages panachés, on en voit rarement dans la nature.*
4. *Acceptez les petits « accidents » : souches, muret un peu abîmé, plantes grimpantes qui prennent leurs aises…*
5. *Habillez les murs en installant des plantes grimpantes ou des arbustes à leur pied.*

et Si

- Je veux des fruitiers ? 9
- Je veux des rosiers ? 10
- Je veux tailler mes arbres ? 11

1 UN JARDIN INSPIRÉ DE LA NATURE, C'EST QUOI ?

C'est un jardin qui prend les bois, les prairies, les chemins comme modèles. Le style « naturel » est généralement plus facile à recréer dans un grand jardin. On conserve les plantes spontanées intéressantes : digitale, fougère, géranium vivace, et même le liseron ou la ronce (dans une haie), qui fournit d'excellentes mûres et assure un abri à une foule d'insectes et d'oiseaux. On n'y trouve ni terre nue ni formes géométriques.

2 PAR QUOI REMPLACER LA PELOUSE ?

- La pelouse manucurée laisse place à un **gazon mixte** composé de plantes diverses et rustiques, trèfle et microtrèfle, pâquerettes, plantain… Dans les endroits peu ensoleillés, la mousse qui se développe constitue un joli tapis vert.
- On peut aussi semer une **prairie fleurie** et tondre à travers pour faire des chemins, qui seront alors encadrés par la végétation.
- Enfin, on peut ménager une large place aux **couvre-sols.** Pour des pelouses peu piétinées, il existe des plantes qui donnent des tapis très acceptables. *Matricaria tchihatchewii*, malgré son nom imprononçable, est une petite camomille facile à vivre et qui offre de jolies petites fleurs blanches au printemps. *Thymus serpyllum* (thym serpolet) est décoratif et mellifère, tandis que *T. hirsutus* supporte l'humidité du sol, contrairement à ses cousins. *Achillea millefolium* (achillée millefeuille) s'étend par ses stolons.

3 EMPRUNTER LE PAYSAGE

Si l'environnement a peu d'intérêt, entourez le jardin d'une haie libre composée d'espèces en mélange. Sinon, faites comme les Anglais et surtout les Japonais, qui « empruntent » le paysage, en créant des trouées plus ou moins larges, judicieusement placées dans les haies en fonction de la vue extérieure, ou même en remplaçant les haies par des barrières légères, pour laisser voir au-delà de la propriété. Le jardinier s'approprie visuellement l'extérieur, ce qui fait paraître le jardin plus grand qu'il n'est en réalité. Il existe une expression japonaise pour cela : *Sha-kkei.*

4 *C'est bon pour la planète : Un entretien allégé*

Les plantes moins travaillées par la sélection, celles qui sont adaptées à leur région, ont une bien meilleure reprise. De plus, elles exigent ensuite non seulement moins d'entretien, mais s'arrosent aussi bien moins et surtout ne demandent *a priori* ni engrais ni traitements. Les prairies fleuries sont d'ailleurs beaucoup plus belles en sol pas très riche. Les haies ne demandent pas des tailles plusieurs fois dans l'année, la pelouse supporte des tontes espacées. Ce sont des économies significatives, à la fois de budget et d'énergie.

5 L'ART DU SEMIS SPONTANÉ

Pour avoir des semis spontanés, il faut éviter de pailler partout. Laissez un peu de terre nue au pied des plantes que vous voulez voir se multiplier. Les semis spontanés donnent des plantes vigoureuses et offrent une belle diversité : les pollinisateurs, en butinant de fleur en fleur, font parfois des hybridations intéressantes.

- Lorsque les plantules sont un peu développées, préparez la transplantation. Quelques heures avant, arrosez généreusement. En terrain trop sec, les racines risquent en effet de casser.
- Avec un transplantoir, soulevez la motte de terre, avec le plus de racines possible.
- Offrez aux plants une étape intermédiaire en pot. Mettez la motte entière dans le pot et ajoutez du terreau de rempotage. Léger, aéré, il favorise le développement des radicelles. Installez à mi-ombre et repiquez 2 semaines plus tard en place.

IDÉES

Muret en pierres sèches

7 POURQUOI PAS… UN MUR EN PIERRES SÈCHES ?

Il faut cinq types de pierres :

- les pierres de fondation, larges et plates, qui vont porter le poids du mur ;
- les pierres de construction, avec au moins une surface plate ;
- les pierres de remplissage, plus proches du cailloutis ;
- les pierres de liaison, ou boutisses, allongées, qui lient les deux pans du mur, augmentant sa stabilité ;
- les pierres de couverture, qui coiffent le mur.

La hauteur du mur sera égale au double de la largeur des fondations et l'on construit un gabarit en forme de A majuscule (forme trapézoïdale). Les pierres doivent se toucher, pour une stabilité maximale.

8 POURQUOI PAS… RÉCUPÉRER UN ARBRE MORT ?

Élaguez les branches (idéales pour le poêle) et récupérez 1,20 m de tronc. Écorcez-le et rabotez un côté pour faire l'assise d'un banc à l'aspect naturel. Faites les montants du banc dans des morceaux de tronc d'une cinquantaine de centimètres de haut. Pour protéger du pourrissement, passez au chalumeau la face en contact avec le sol.

6 PLANTER DES BULBES À LA VOLÉE

La meilleure technique pour planter des petits bulbes (crocus, petits narcisses, scilles, iphéions, muscaris, tulipes botaniques) et obtenir un résultat naturel est très simple. Prenez une poignée de bulbes dans la main… et jetez-les par-dessus votre épaule, sur la pelouse. À l'endroit exact où ils tombent… plantez-les en résistant à l'envie de « réarranger » le hasard. Puis laissez-les se naturaliser d'année en année. Comme il ne faut pas tondre le coin de pelouse avant que leur feuillage ait jauni, il est conseillé de ne pas parsemer entièrement la pelouse de bulbes, mais de les grouper dans un coin.

Crocus éparpillés sur la pelouse

et Si…

9 Je veux des **fruitiers** ?

Les arbres haute-tige sont idéaux si vous disposez de suffisamment d'espace (un pommier haute-tige, adulte, occupe de 30 à 40 m^2). Sinon, optez par des demi-tiges, moins encombrants, mais à l'aspect naturel tout de même.

10 Je **veux** des **rosiers** ?

Optez pour les rosiers lianes aux petites fleurs, mais produites en nombre. Ils développent des rameaux de 2 à 3 m de long et plus dans la saison. Faites-les grimper dans les arbres à la manière des églantiers ; ils sont capables de monter entre les branches jusqu'au sommet. Il faut décentrer le trou de plantation de 1 m, car il est difficile de planter entre les racines des arbres.

Rosier 'Maria-Lisa' grimpant dans un bouleau

11 Je veux **tailler** mes **arbres** ?

Adoptez la taille dite « de transparence », qui conserve la silhouette naturelle de l'arbre, mais dégage l'intérieur pour que l'on puisse voir à travers. Pensez aussi aux écureuils en n'interrompant pas la continuité du passage.

AIL D'ORNEMENT

Allium spp.

J F M A **M J J** A S O N D

0,20/1,50 m | 5/15 cm | B

Ces plantes bulbeuses portent des fleurs en boules très originales et dentelées. Les ails d'ornement appartiennent au même genre que certaines plantes comestibles (ail, oignon, ciboulette, poireau…). Les feuilles linéaires ou rubanées émergent directement du sol. Elles dégagent une odeur alliacée lorsqu'on les froisse. Les fleurs étoilées, en ombelles sphériques, peuvent atteindre 30 cm de diamètre chez certaines espèces. Coloris très variés.

SOL Léger et bien drainé, même sec, pauvre, graveleux, calcaire, sans fumier.

EXPOSITION Lumineuse, assez chaude.

CULTURE Plantez les bulbes en automne à une profondeur de deux ou trois fois leur hauteur. Groupez les espèces naines par 10 à 20 bulbes espacés de 5 à 7 cm, les plus grandes par 5 à 7, en les distançant de 15 à 20 cm. Coupez les fleurs fanées et laissez les plantes se naturaliser. Fertilisez durant la floraison. Contre la pourriture blanche, trempez les bulbes dans une solution d'eau de Javel à 10 %.

Allium cernuum

ESPÈCES ET VARIÉTÉS Il existe environ 700 espèces. *Allium aflatunense* (80 cm), aux ombelles denses, violet pourpre ; 'Purple Sensation' (1 m), aux très nombreuses ombelles (Ø 8 cm), rose violacé. *A. atropurpureum*, l'ail pourpre (1 m), fleurs pourpre foncé en juin-juillet. *A. cernuum* (30 cm), rose, gracieux, idéal en rocaille. *A. cristophii* (40 cm), à grosses fleurs en étoile, rose pourpre brillant. *A. giganteum* (1,50 m) forme une boule compacte de fleurs violet foncé au bout d'une tige solide. Il faut l'espacer de 25 à 30 cm à la plantation. *A. karataviense* (20 cm), aux larges feuilles décoratives, ombelles blanc rosé (Ø 7 cm) ; 'Ivory Queen' (25 cm), blanc ivoire. *A. macleanii* (1 m), ombelles sphériques mauves à violettes en mai-juin. *A. moly*, aux fleurs étoilées d'un beau jaune d'or. *A. multibulbosum* (90 cm), aux fleurs blanches à centre vert. *A. neapolitanum* (syn. *A. cowanii*), 50 cm, aux fines tiges terminées par des ombelles lâches de fleurs blanc pur. *A. nigrum*, l'ail noir (60 cm), fleurs sphériques blanc crème à cœur noir en juin-juillet ; 'Silver Spring' (60 cm), fleur blanc ivoire à centre pourpre. *A. rosenbachianum* (1 m), à fleurs sphériques rose pourpre en juin-juillet ; 'Album' (1,30 m), à fleurs blanches (Ø 10 cm). *A. schubertii* (50 cm), aux énormes fleurs hérissées pourpre clair en juin, qui conviennent bien à la formation de bouquets secs. Parmi les hybrides : 'Gladiator' (1 m), grosses boules violettes en juin-juillet ; 'Globemaster' (de 80 cm à 1,20 m), à très grosse tête (Ø < 20 cm), violet foncé ; 'Mont Blanc' (1,20 m), fleurs sphériques blanches (Ø 15-20 cm) en mai-juin ; 'Mount Everest' (80 cm), ombelles sphériques blanc pur en mai-juin. *A. siculum* (syn. *Nectaroscordum siculum*), parfois appelé aussi *A. bulgaricum* (de 60 à 80 cm), ombelle de clochettes pendantes blanc crème maculé de rouge en juin-juillet. *A. sphaerocephalum* (80 cm), petites ombelles ovoïdes rose pourpre en juin-juillet.

CULTURE EN POT Facile, dans un pot de 25 cm en tous sens, dans un terreau léger additionné d'un quart de sable.

UTILISATIONS Rocaille, bordure, potée, touffe isolée, bouquets.

Allium moly

Allium karataviense

*Télécharger l'application Truffaut +, voir p. 6-7

CAMPANULE

Campanula spp. (espèces érigées)

J F M **A M J J A** S O N D

0,40/1 m	20/60 cm		A/V

Campanula latifolia

Annuelles, bisannuelles ou vivaces, les campanules sont des plantes très répandues sous nos latitudes. Elles forment une touffe tapissante ou érigée selon les espèces, portant des feuilles alternes, ovales ou cordiformes, dentées. Les fleurs en clochette ou en étoile sont généralement réunies en bouquets sur des hampes dressées ou des tiges grêles.

SOL Léger, fertile, souple, humifère, même calcaire.

EXPOSITION Soleil non brûlant ou mi-ombre légère, à l'abri des vents forts.

CULTURE Plantez de septembre à avril, en comptant de 6 à 9 pieds/m^2 pour les petites espèces et de 4 à 6 pieds/m^2 pour les plus grandes. Arrosez bien par temps chaud. Divisez les grosses touffes en octobre. Semez les bisannuelles en juin et mettez-les en place en automne. Les espèces vivaces se sèment aussi en mai-juin et sont repiquées directement en place, en août-septembre.

ESPÈCES ET VARIÉTÉS Il existe 300 espèces.

- **BISANNUELLES :** *Campanula medium* (de 50 à 80 cm), à grosses fleurs en clochettes roses, blanches ou bleues, sur des tiges dressées, de mai à juillet ; 'Big Ben' (45 cm), demi-naine ; 'Champion' (65 cm), très florifère, peut se cultiver comme une annuelle ; 'Poème' (40 cm), idéale en potée. Il existe aussi des formes à fleurs doubles.
- **VIVACES :** *Campanula lactiflora* 'Loddon Anna' (1 m), aux longues hampes rose pâle de juin à octobre ; 'Prichard's Variety', bleu violacé. *C. latifolia* var. *macrantha* (1 m), à grandes feuilles velues et grappes de fleurs bleu violacé de juin à août. *C. persicifolia* (80 cm), aux longues hampes étroites de clochettes bleues de juin à août ; 'Alba', à fleurs simples blanches ; 'Alba Plena', à fleurs doubles blanches ; 'Pride of Exmouth', à clochettes doubles bleues. *C. takesimana* (50 cm), en touffes qui s'étendent vite, très grosses clochettes rose pourpré en juin-juillet. La campanule hybride 'Pink Octopus' (40 cm) s'épanouit en fleurs roses pendantes, découpées en lanières, de juin à août.

CULTURE EN POT Possible, mais plutôt avec des variétés naines ➲ p. 397.

UTILISATIONS Bordure, massifs et bouquets.

Campanula takesimana

CENTAURÉE, BLEUET

Centaurea spp.

J F M A **M J J A** S O N D

0,40/1,20 m	20/30 cm		V

Centaurea montana

Très rustiques, vivaces ou annuelles, elles forment des touffes denses aux tiges garnies de feuilles opposées, lancéolées. Les hampes florales portent des fleurs solitaires en capitules entourés à la base de bractées à la texture de papier. Leur aspect ciselé fait tout leur charme.

SOL Léger, frais et bien drainé, même calcaire, pauvre et caillouteux.

EXPOSITION Un bon ensoleillement.

CULTURE Plantez les vivaces de septembre à avril (de 4 à 6 plants/m^2). Semez les annuelles en place en mars-avril. Éclaircissez à 20 cm. Tuteurez les grandes espèces et supprimez les fleurs fanées. Divisez les grosses touffes de vivaces en automne.

ESPÈCES ET VARIÉTÉS Il existe 450 espèces.

- **ANNUELLES :** *Centaurea cyanus* (bleuet) 'Classic Fantastic' (30 cm), fleurs simples ou semi-doubles bleu clair, bleu foncé ou bicolores blanches avec le cœur bleu ; 'Classic Magic' (1 m), fleurs semi-doubles ou doubles mélangeant le blanc, le bleu et le pourpre presque noir dans des variations et des nuances complexes ; 'Florence' (30 cm), compact, fleurs très doubles, 6 coloris ; 'Géant Double' (de 80 à 90 cm), rose, bleu, rouge ou blanc ; 'Naine Variée' (30 cm), blanc, rose ou pourpre.
- **VIVACES :** *Centaurea montana* (40 cm), bleu violacé ; 'Alba', blanc.

CULTURE EN POT Déconseillée.

UTILISATIONS Massif, bouquet.

COLCHIQUE, TUE-CHIEN

Colchicum autumnale

J F M A M J J A S O N D

15/20 cm | 5/10 cm | B

Venue d'Asie Mineure et d'Europe, le colchique est une jolie bulbeuse qui donne une fleur semblable à celle du crocus. Blanche, mauve ou rose, elle apparaît très vite après la plantation, avant le feuillage linéaire, qui parfois se développe seulement en mai. Croissance d'une rare rapidité.

SOL Frais, léger, humifère, acide si possible.

EXPOSITION Pas de soleil direct brûlant.

CULTURE Plantez en juillet-août, à 15 cm de profondeur et à 10 cm de distance. Groupez les bulbes (cormus), au moins par 10, pour former des grosses touffes. Laissez en place plusieurs années pour obtenir de belles taches de couleur. Culture très facile, sans soins particuliers.

ESPÈCES ET VARIÉTÉS Il existe 103 espèces. *Colchicum autumnale*, le plus rustique, abonde dans les prairies en friche. Parmi les hybrides : 'Album' (15 cm), blanc; 'Arlequin' (15 cm), blanc et violet; 'Lilac Wonder' (20 cm), grande fleur rose lilas; 'The Giant' (25 cm), violet clair; 'Violet Queen' (20 cm), pourpre violacé; 'Waterlily' (15 cm), fleur double rose-mauve.

CULTURE EN POT Dans un pot de 30 cm de diamètre, dans un mélange de terreau d'écorce.

UTILISATIONS En groupes épars dans la pelouse. Rocaille, pied des arbres, potée.

TOXIQUE

Attention, les colchiques contiennent un alcaloïde toxique.

PIED-D'ALOUETTE ANNUEL

Consolida ajacis

J F M A M J J A S O N D

40/80 cm | 30/40 cm | V

Le pied-d'alouette pousse sur une tige dressée sur laquelle viennent s'insérer les feuilles et une ou plusieurs fleurs. Les feuilles sont multifides, à lanières linéaires. En juin-juillet, les fleurs bleues, roses ou blanchâtres, disposées en grappes allongées, sont munies d'un éperon aussi grand qu'elles. Les fruits sont des follicules uniques renfermant des graines noirâtres.

SOL Sec, pauvre, même calcaire.

EXPOSITION Dégagée et ensoleillée.

CULTURE Semez en place, en mars. Étant une plante messicole, c'est-à-dire qu'on le trouve dans les champs cultivés, le pied-d'alouette annuel est bien peu exigeant. Aucun soin, si ce n'est quelques arrosages occasionnels en cas de forte chaleur.

ESPÈCES ET VARIÉTÉS Le genre réunit 52 espèces. *Consolida ajacis*, la dauphinelle des jardins, et *C. regalis* sont toutes deux spontanées en France et en Europe, où elles poussent dans les champs et sur les talus. Elles sont à l'origine d'hybrides horticoles : 'Imperial Double Varié' (syn. 'Race Impérial Géant'), 1 m, à fleurs doubles blanches, roses, bleues ou violettes; 'Nain Double Varié' (syn. 'Nain à Fleur de Jacinthe'), 30 cm, pour les potées fleuries.

CULTURE EN POT Cultivez les espèces naines, dans un terreau horticole universel. Veillez aux arrosages.

UTILISATIONS Massifs fleuris, jardin d'inspiration champêtre et naturelle, potées.

CORÉOPSIS DES TEINTURIERS

Coreopsis tinctoria

J F M A M J J A S O N D

0,60/1 m | 20/50 cm | A

Ce coréopsis très robuste, au port léger, porte des tiges souples et minces, bien ramifiées, partant d'une rosette de feuilles étroites, dentées. Il donne tout l'été une profusion de fleurs jaunes en forme de marguerites, quasiment sans entretien. Croissance rapide.

SOL Bien drainé.

EXPOSITION Plein soleil non brûlant.

CULTURE Semez en place, de mars à juin. Éclaircissez les semis à 20-25 cm.

ESPÈCES ET VARIÉTÉS *Coreopsis tinctoria* (1 m), à feuilles entières et fleurs marquées d'un disque central rouge; 'Tapis d'Or' (30 cm), nain, aux fleurs généreusement maculées de brun.

CULTURE EN POT Possible dans un grand contenant, dans un terreau de plantation additionné de compost.

UTILISATIONS Massifs d'annuelles, potées, bouquets.

Coréopsis dans une prairie fleurie

VIPÉRINE

Echium vulgare

J F M A M **J** J A S O N D

Hauteur	Largeur	Exposition	Difficulté
60/90 cm	30/40 cm	☀	B

Cette plante buissonnante, bisannuelle, pousse spontanément dans les prairies en Europe. Le feuillage est persistant. En juin, la vipérine fleurit en cymes de 15 à 30 cm de longueur, portant des fleurs en cloche bleu vif (les boutons floraux sont plutôt rosés), mellifères.

SOL Léger, sec, pauvre, très bien drainé.

EXPOSITION Chaude et très ensoleillée.

CULTURE Cette espèce de la flore spontanée ne réclame aucun soin particulier. Aucun danger de voir arriver les serpents dans votre jardin, la vipérine ne les attire pas, contrairement à la légende populaire, pas plus qu'elle ne soigne leurs morsures.

ESPÈCES Il existe 67 espèces, la vipérine ne semble pas connaître de cultivars. Toutefois, on trouve une variété 'Blue Bedder', à fleurs bleu pâle, et plusieurs formes proposées comme naines, de dimensions plus réduites ; il s'agit vraisemblablement de variations de culture plus que de variétés fixées.

CULTURE EN POT Sans intérêt.

UTILISATIONS Massifs fleuris dans les jardins d'inspiration naturelle, jardins de curé, de grands-mères…

PAVOT DE CALIFORNIE

Eschscholzia californica

J F M A M **J J A S O** N D

Hauteur	Largeur	Exposition	Difficulté
20/40 cm	15/20 cm	☀	A

Ce petit pavot, dont le nom s'écrit aussi *Eschscholtzia*, est une annuelle rustique. Il forme une large touffe de feuillage vert bleuté bien découpé. Les fleurs simples, d'un bel orangé, en coupe évasée, sont parfois jaunes ou blanches. Il se ressème spontanément et abondamment.

SOL Tous les terrains bien drainés, même pauvres, secs, caillouteux, calcaires.

EXPOSITION Plein soleil, même chaud, sinon les fleurs ne s'ouvrent pas.

CULTURE Semez en plusieurs fois, directement en place, d'avril à fin mai, ou en septembre dans les régions maritimes. Éclaircissez à 20-25 cm. Arrosez seulement par temps de canicule.

ESPÈCES ET VARIÉTÉS Il existe 12 espèces. *Eschscholzia californica* a donné de nombreux cultivars : 'Apricot Chiffon' (20 cm), à fleurs doubles jaune crème bordé de corail ; 'Ballerine' (30 cm), en mélange de fleurs doubles, panachées ou striées ; 'Dally' (25 cm), à grandes fleurs rouge écarlate ; 'Jelly Beans' (25 cm), fleurs doubles en mélange de coloris jaune, orange, rose et saumon ; 'Purple Gleam' (35 cm), pourpre à cœur rose ; 'Soie d'Orient' (30 cm), à fleurs semi-doubles aux coloris pastel mélangés. *E. californica* subsp. *mexicana* (35 cm), à feuilles entières, fleurs orange, très résistant à la sécheresse.

CULTURE EN POT Facile, dans un pot de 20 cm en tous sens au minimum. Idéal pour garnir rapidement un espace vide.

UTILISATIONS Massif, rocaille, talus, bordure, jardin sauvage. Comblez tous les vides dans vos massifs de vivaces ou de rosiers avec ces pavots si faciles à réussir.

ENVAHISSANT

Attention, le pavot de Californie se ressème tout seul d'année en année, devenant parfois envahissant.

REINE-DES-PRÉS

Filipendula ulmaria

J	F	M	A	M	J	**J**	**A**	S	O	N	D

Hauteur	Largeur		
60/90 cm	40/60 cm		V

Filipendula ulmaria 'Variegata'

Cette plante est vivace par sa souche ligneuse. Les feuilles caduques, vert franc, composées de 3 à 5 paires de folioles, longues et larges, ressemblent à celles de l'orme. La reine-des-prés fleurit au printemps et jusqu'en fin d'été en cymes de petites fleurs blanches parfumées, rappelant l'odeur de l'amande.

SOL Terre de jardin, humifère, fraîche et drainée.

EXPOSITION Soleil ou mi-ombre.

CULTURE Cette plante très rustique, qui supporte des températures froides (– 20 °C), n'a besoin d'aucun soin particulier, sinon des arrosages en cas de fortes chaleurs, car elle supporte assez mal les épisodes de sécheresse importante. Multipliez-la par division de souches tous les 3 ou 4 ans.

ESPÈCE ET VARIÉTÉS Il existe 16 espèces. *Filipendula ulmaria* (de 60 à 90 cm), fleurs blanc crème en juillet-août ; 'Aurea' (60 cm), à feuilles dorées au printemps, qui verdissent ensuite ; 'Plena' (60 cm), à fleurs doubles blanches ; 'Variegata' (60 cm), à feuillage panaché de jaune crème. *Filipendula rubra* 'Venusta' (1,80 m), aux inflorescences plumeuses rose soutenu en juillet-août.

CULTURE EN POT Peu recommandée.

UTILISATION Massifs fleuris.

BENOÎTE

Geum spp.

J	F	M	**A**	**M**	**J**	**J**	**A**	**S**	O	N	D

Hauteur	Largeur		
30/60 cm	20/30 cm		P

Ces vivaces rhizomateuses sont des plantes de montagne très solides. Formant un épais tapis de feuilles découpées en folioles dentées, couvertes d'un léger duvet, la benoîte développe des tiges bien dressées, portant des fleurs en coupe à 5 pétales, suivies d'une fructification en aigrettes plumeuses et brunes.

SOL Fertile, humifère, frais, mais bien drainé durant l'hiver, même calcaire.

EXPOSITION Mi-ombre ou soleil doux.

CULTURE Plantez au printemps (de 6 à 9 pieds/m^2). Tuteurez les espèces les plus hautes. Supprimez les fleurs fanées au fur et à mesure pour stimuler l'apparition de nouvelles corolles. Divisez tous les 3 ou 4 ans après la floraison.

ESPÈCES ET VARIÉTÉS Il existe 35 espèces. *Geum coccineum* 'Lady Stratheden' (50 cm), à fleurs doubles jaune vif ; 'Mrs Bradshaw' (50 cm), à fleurs doubles rouges. *G. chiloense* 'Borisii' (30 cm), compact, rouge orangé lumineux ; 'Red Wings' (50 cm), à fleurs semi-doubles rouge cuivré. *G. rivale* (benoîte des ruisseaux)

Geum 'Totally Tangerine'

'Album' (30 cm), fleurs pendantes blanches ; 'Flames of Passion' (40 cm), rouge intense ; 'Leonard's Variety' (50 cm), rose cuivre.

- **HYBRIDES :** 'Coppertone' (50 cm), semi-double jaune nuancé d'orange cuivré ; 'Fire Opal' (de 30 à 50 cm), semi-double rouge foncé ; 'Fire Storm' (45 cm), semi-double orange lumineux ; 'Georgenberg' (30 cm), fleurs simples jaune orangé ; 'Mai Tai' (40 cm), semi-double abricot saumoné ; 'Princes Juliana' (de 50 à 60 cm), fleurs simples orange clair ; 'Tequila Sunrise' (45 cm), semi-double jaune orangé ; 'Totally Tangerine' (75 cm), orange et rose.

CULTURE EN POT Non adaptée.

UTILISATIONS Massifs, rocaille, fleur coupée.

Geum rivale

GYPSOPHILE

Gypsophila spp.

J F M A M J J A S O N D

0,60/1 m | 30/50 cm | V

Les gypsophiles sont annuels ou vivaces, mais tous se caractérisent par une végétation touffue, aux feuilles opposées, lancéolées, et aux fleurs étoilées à 5 pétales, minuscules, portées en panicules légères pendant plusieurs mois. La plante charme par son aspect vaporeux.

SOL Calcaire, profond, très bien drainé, même pauvre, aride et caillouteux.

EXPOSITION Soleil direct, non brûlant.

CULTURE Semez les gypsophiles annuels en place en avril, plantez les vivaces de septembre à mars (1 pied/m² pour les grands, 6 pour les formes tapissantes). Tuteurez les plus grands gypsophiles avec des fagots.

ESPÈCES ET VARIÉTÉS Il existe plus de 150 espèces. *Gypsophila elegans* (60 cm), annuel, à feuilles étroites, glauques ; 'Bright Rose' et 'Carminea', à fleurs d'un rose intense ; 'Roi des Halles', très florifère, corolles plus grandes que celles du type. *G. paniculata* (1 m), vivace, vigoureux, feuillage bleuté ; 'Bristol Fairy', à fleurs doubles blanches ; 'Flamingo', à fleurs doubles roses ; 'White Festival' (70 cm), très nombreuses fleurs blanches de juin à août.

CULTURE EN POT Possible dans un pot de 30 cm en tous sens, dans un terreau riche.

UTILISATIONS Bouquets, massifs de vivaces.

CORONILLE DES JARDINS

Hippocrepis emerusa

J F M A M J J A S O N D

0,50/1,50 m | 50/80 cm | C

Cet arbrisseau, poussant à l'état spontané en Europe, est utilisé au jardin. Les feuilles, caduques à semi-persistantes, portées sur des tiges glabres, sont composées de 5 à 9 folioles ovales. Il s'épanouit en petites fleurs papilionacées jaunes, mellifères.

SOL Sec, calcaire, pauvre.

EXPOSITION Soleil ou mi-ombre.

CULTURE Peu de soins, si ce n'est une taille après la floraison. Se prête très bien à une taille en boule pour densifier la végétation. La plante est rustique (de – 12 à – 15 °C).

ESPÈCES ET VARIÉTÉS Le genre comprend 30 espèces, mais seul l'espèce type est cultivée. On inclut aussi le genre *Coronilla*, qui compte 10 espèces, très proches sur le plan morphologique, sur le manque de besoins culturaux et les utilisations au jardin sec. Parmi les plus courantes : *Coronilla valentina*, la coronille de Valence (1 m), à feuilles persistantes vert bleuté, découpées, composées de nombreuses folioles. Nombreuses fleurs jaune éclatant, parfumées, de mars à mai ; *C. valentina* subsp. *glauca*, la coronille glauque (1 m), à feuilles persistantes vert bleuté, semblables à celles de la précédente, mais plus épaisses. Port en boule, floraison abondante, jaune vif, de janvier à mars.

CULTURE EN POT Possible dans un terreau horticole universel.

UTILISATION Massifs fleuris au jardin sec.

NIVÉOLE

Leucojum spp.

J F M A M J J A S O N D

20/60 cm | 5/20 cm | B

Leucojum aestivum

Très proches des perce-neige, les nivéoles sont des bulbeuses très gracieuses qui développent des feuilles basales linéaires ou cylindriques. Des hampes arquées portent une ou plusieurs fleurs en clochettes à 6 lobes, régulières, pendantes, fleurissant à des dates variées selon les espèces.

SOL Plutôt lourd et argileux, riche, mais sans fumier frais. Le calcaire est accepté.

EXPOSITION Soleil léger ou mi-ombre ; une ambiance fraîche et humide est appréciée.

CULTURE Plantez dès septembre, à 10 cm de profondeur et d'espacement. Désherbez soigneusement et laissez les plantes se naturaliser. En automne, divisez les grosses touffes âgées.

ESPÈCES ET VARIÉTÉS Il existe 2 espèces reconnues par la nomenclature internationale. *Leucojum aestivum* (de 30 à 40 cm) porte, en avril-mai, de 3 à 5 clochettes bordées de vert ; 'Gravetye Giant' (60 cm) est plus vigoureuse. *L. vernum*, la nivéole de printemps (20 cm), produit une floraison blanche légèrement tachée de jaune à la pointe des pétales, en février-mars.

CULTURE EN POT Dans un grand pot dès le départ, car les nivéoles n'aiment pas être rempotées. Dans un terreau pour rosiers, additionné d'un quart de sable.

UTILISATIONS Sous-bois clair, bord de bassin, massif sauvage, jardin naturel, potée.

PAVOT VIVACE

Papaver spp.

J F M **A M J J A S** O N D

0,10/1,20 m | 15/50 cm | V

Papaver alpinum

Les pavots vivaces sont des plantes très cosmopolites, qui développent une touffe de feuilles basales finement découpées, souvent velues. Les fleurs en coupe creuse, à 4 pétales, sont portées par une tige grêle et sont le plus souvent solitaires. Le fruit, en capsule arrondie, contient un suc laiteux, toxique, aux propriétés narcotiques.

SOL Léger, profond, assez fertile, même pierreux ou calcaire, toujours bien drainé.

EXPOSITION Soleil direct, même chaud, pour assurer une bonne floraison.

CULTURE Plantez au printemps, entre 20 et 30 cm d'écartement. Prévoyez un tuteur circulaire pour soutenir les tiges.

ESPÈCES ET VARIÉTÉS Il existe 55 espèces et plusieurs sous-espèces.

- **PAVOTS VIVACES :** *Papaver alpinum*, le pavot des Alpes (de 15 à 20 cm), à feuilles velues vert-gris et fleurs blanches, jaunes, orange ou rouges. *P. nudicaule*, le pavot d'Islande, est le plus souvent vendu en mélange de coloris. Il existe toutefois quelques cultivars tels 'Champagne Bubbles' (45 cm), à grandes fleurs jaune crème, rose foncé ou pâle, rouges, saumon ou blanches ; 'Gartenzwerg' (15 cm), compact blanc, jaune, rose, rouge ou orange.
- **HYBRIDES DE *PAPAVER ORIENTALE* :** le pavot d'Orient, au feuillage velu et découpé, aux très grandes fleurs tachées de noir ou de blanc à la base des pétales, se décline en de nombreux cultivars. 'Allegro' (60 cm), rouge clair ; 'Bonfire' (1,20 m), rouge sang à marques noires ; 'Central Park' (80 cm), rose lie-de-vin ; 'Fruit Punch' (70 cm), à grandes fleurs rouges ou roses à cœur noir ; 'Harvest Moon' (de 70 cm à 1 m), orange ; 'Juliane' (80 cm), à grandes fleurs rose clair, unies ; 'Patty's Plum' (80 cm), rose pourpre ; 'Picotee' (90 cm), à grandes fleurs blanches bordées de saumon ; 'Rapsberry Queen' (80 cm), rose vif à cœur noir ; 'Royal Wedding' (de 80 à 90 cm), blanc à fortes macules internes presque noires ; 'Türkenlouis' (80 cm), aux pétales frangés de rouge avec une grosse macule noire.

Papaver nudicaule

Papaver orientale 'Patty's Plum'

Papaver Orientale 'Royal Wedding'

CULTURE EN POT Sans intérêt.

UTILISATIONS Massifs, prairie fleurie, sous-bois clair, rocaille, jardin sauvage. Bouquet frais ou sec (cueillir au stade du bouton).

POUR UN JARDIN INSPIRÉ DE LA NATURE, VOUS POUVEZ AUSSI CULTIVER

★ *Anethum graveolens* (aneth) ➲ p. 806
★ *Calendula officinalis* (souci) ➲ p. 170
★ *Clarkia unguiculata* (clarkia élégant) ➲ p. 162
★ *Cosmos bipinnatus* ➲ p. 162 ★ *Gaura lindheimeri* ➲ p. 275 ★ *Leucanthemum vulgare* (marguerite) ➲ p. 177 ★ *Lunaria annua* (monnaie-du-pape) ➲ p. 498 ★ *Narcissus jonquilla* (jonquille) ➲ p. 428 ★ *Spiraea* x *billardii* (spirée d'été) ➲ p. 625 ★ *Symphytum grandiflorum* (consoude) ➲ p. 197

RUE

Ruta graveolens

J F M A M J **J A S** O N D

40/80 cm	30/40 cm		P

La rue est un arbuste à port dressé ou plus ou moins en boule. Les feuilles persistantes, d'un vert bleuté à légèrement glauque, découpées, sont pétiolées pour celles de la base et presque sessiles vers le sommet. Au froissement, elles dégagent une forte odeur âcre et désagréable. Les fleurs sont jaunes, aux pétales légèrement dentés, réunies en faux corymbes. Fruits en capsules.

SOL Sec ou humide, caillouteux, pauvre ou humifère.

EXPOSITION Soleil ou ombre légère.

CULTURE Vous pouvez semer en pépinière en avril pour un repiquage ultérieur, mais il est plus simple de planter des plants en godets. Peu de soins, seulement une pelletée de compost en automne et une taille d'entretien après la floraison pour reformer la plante.

> **PHOTOSENSIBILISANT**
>
> Lors de la taille, portez des gants, car la rue produit un latex qui est photosensibilisant chez certaines personnes.

ESPÈCES ET VARIÉTÉS L'espèce type, *Ruta graveolens*, est la plus cultivée, car c'est par ailleurs une plante médicinale. Plantez aussi 'Variegata', à feuillage panaché de blanc, et 'Jackman's Blue', plus bleuté.

CULTURE EN POT Dans un terreau horticole universel.

UTILISATIONS Bordures, massif d'aromatiques. La rue est utilisée en jardinage biologique pour préparer un purin insectifuge, sinon insecticide.

SAUGE SCLARÉE

Salvia sclarea

J F M A M **J J A** S O N D

0,70/1 m	30/50 cm		V

La sauge sclarée, appelée aussi « toute bonne » ou « sauge musquée », est une espèce de sauge bisannuelle très décorative, autant par son feuillage gaufré que par ses longues inflorescences. Ses grandes feuilles sont ovales et poilues, et très aromatiques. Elle s'épanouit en panicules de fleurs tubulaires blanc rosé, à bractées saillantes lavande pourpre, sur des tiges roses.

SOL Léger, souple, enrichi d'humus.

EXPOSITION Chaude et ensoleillée.

CULTURE Semez de mai à août en place ou en pépinière. Repiquez en place en espaçant les plants de 60 cm.

ESPÈCES ET VARIÉTÉS Il existe 900 espèces. Parmi les sauges bisannuelles : *Salvia sclarea* (1 m), à grandes fleurs rose lilacé ; 'Vatican White' (75 cm), blanc.

CULTURE EN POT Dans un pot de 20 cm en tous sens, dans un terreau ordinaire.

UTILISATIONS Massif d'été, bordure, potée, jardinière. C'est une plante médicinale appréciée.

SCABIEUSE

Scabiosa caucasica

J F M **A M J J A S O** N D

30/80 cm	20/30 cm		V

Cette vivace, au port décontracté, forme une touffe légère, irrégulière, gracieuse, aux fines feuilles lancéolées très découpées. Les fleurs en capitules globuleux sont rose lilacé à bleues.

SOL Léger, drainé, même calcaire.

EXPOSITION À la lumière très intense.

CULTURE Plantez au printemps (5 ou 6 pieds/m²). Tuteurez les grandes espèces. Divisez en automne.

ESPÈCES ET VARIÉTÉS Il existe 62 espèces. *Scabiosa atropurpurea* 'Chile Black' (40 cm), à fleurs globuleuses pourpre foncé. *S. caucasica* (80 cm), bleu lilacé ; 'Alba' (70 cm), blanc ; 'Clive Greaves' (60 cm), bleu clair ; 'Fama' (50 cm), à grandes fleurs bleu lavande ; 'Nachtfalter' (de 40 à 60 cm), bleu foncé violacé. *S. columbaria* 'Butterfly Blue' (30 cm), compact, à feuillage découpé, fleurs bleu violacé d'avril à octobre ; 'Pink Mist', rose brillant. *S. graminifolia* (30 cm), aux fleurs en pompons bleu lilacé.

CULTURE EN POT Sans grand intérêt, sauf pour les formes trapues.

UTILISATIONS Massif, bordure, fleur coupée.

Scabiosa caucasica 'Clive Greaves'

Un jardin comme au Sud

Les belles ambiances douces attachées aux jardins du Sud ne sont pas un privilège du Midi. Osez planter un décor qui les rappelle avec quelques plantes et quelques éléments bien choisis.

On dirait le Sud

Il y a plusieurs types de jardins du Sud. Emprunter quelques éléments à l'un ou l'autre suffit à donner une ambiance qui rappelle la douceur apparente du Midi ... 1

Protéger les plantes du froid

La limite principale à la réalisation d'un jardin du Sud est imposée par le froid. Bien comprendre son mode d'action, c'est résoudre la moitié du problème ... 2

Le coin du curieux

Des palmiers du cru, ça existe : le palmier doum est le plus connu ; *Phoenix theophrasti* est beaucoup plus confidentiel, réservé aux collectionneurs ... 3

Tailler une bignone

Quand on voit prospérer les bignones, on est content, mais vient toujours le moment où il est indispensable de les tailler. Par bonheur, c'est très simple ... 4

Multiplier les poteries

Sitôt qu'on dispose de place pour hiverner les potées, il n'y a plus de limite à la culture des belles plantes du Sud. Usez sans restriction de la culture en pot ... 5

La petite histoire

Chacun peut voir les symboles qu'il veut, la ferveur de certains a fait décrire cette liane sous le nom de « fleur de la Passion ». Petit retour en arrière sur ce baptême ... 6

IDÉES

→ POURQUOI PAS... Une rocaille d'inspiration méditerranéenne ? 7

→ POURQUOI PAS... Un escalier habillé comme en Méditerranée ? 8

et Si

- Il y a des choses curieuses accrochées au revers des feuilles de mon palmier ? 9
- Je me demande si les crampons de ma bignone ne risquent pas d'abîmer ma façade ? 10

Les Plantes idéales

Certaines plantes qui font tout le charme des jardins du Sud sont suffisamment résistantes au froid pour être plantées dans d'autres régions, jusqu'en région parisienne et dans le centre des grandes villes, toujours plus chaud que les environs.

★ **Des fleurs luxuriantes :** *Campsis* x *tagliabuana* (bignone hybride) ; *Hibiscus moscheutos* (hibiscus des marais) ; *Passiflora caerulea* (fleur de la Passion).

★ **Inspiration désertique :** *Agave americana, A. attenuata, A. ferox, A. parryi, A. striata, A. victoriae-reginae* (agave) ; *Aloe arborescens, A. vera* (aloès) ; *Chamaerops humilis* (palmier nain).

NOS CONSEILS

1. *Utilisez des matériaux qui évoquent la Provence, en particulier des dallages, un banc, des murs, des fontaines et des auges de pierre calcaire, ainsi que de grandes poteries en terre cuite brute ou vertes et vernissées.*
2. *Dans un grand bac, cultivez un laurier-rose formé en tige et taillé en boule, en remplacement des orangers et des citronniers, si votre climat n'autorise pas la culture des agrumes.*
3. *Délimitez le jardin, mais aussi les parties du jardin, par des haies sculptées aux formes géométriques. Pour tous les climats, pensez au buis pour les haies basses ; dans les régions de climats chauds, tentez des arbustes de garrigue comme les myrtes ou le lentisque.*
4. *Agrémentez par des topiaires simples, formées en boule, dans de grandes poteries.*
5. *Prévoyez la place pour un bassin ou une fontaine, de préférence avec un fonctionnement en circuit fermé.*
6. *Donnez un prolongement à la maison avec une belle terrasse en dalles de terre cuite ou sablées, de préférence au bois. Utilisez les mêmes dallages, dans les petits jardins, pour remplacer la pelouse.*
7. *Couvrez la terrasse d'une pergola supportant une treille (une vigne de préférence) ou prévoyez une tonnelle pour un cheminement à l'ombre.*

1 On dirait le Sud

On peut résumer à trois types les jardins du Sud : le jardin exotique, le jardin méditerranéen et le jardin de garrigue. Le premier fait la part belle aux plantes exubérantes, le plus possible à des espèces tropicales, et affiche une belle luxuriance. Dans le deuxième, ce sont les plantes vivaces, les arbustes, les palmiers et les mimosas qui ont la vedette (solanum, callistémon, gazania, arctotis…). Le troisième type est un jardin de garrigue plus ou moins apprêté, c'est un jardin sans souci, imposé par la résistance au froid et le manque d'eau. Pittospores, filaire, laurier-tin, laurier-sauce, aromatiques… plantent un décor ravissant pour peu qu'ils soient taillés. On pourrait compléter par le jardin sec, du cru ou d'inspiration désertique, avec des agaves et des aloès. À vous de piocher dans ces inspirations pour créer votre ambiance du Sud. Sans oublier de recourir aux matériaux et aux accessoires qui complètent cette identité, poteries, murets, petite fontaine, dallage…

2 Protéger les plantes du froid

La résistance au froid d'une plante ne peut être donnée par une valeur absolue. Les dégâts sont souvent le résultat de plusieurs facteurs. Ils sont amplifiés par l'humidité, les vents, la durée du froid, la période de la journée et de la nuit où il se manifeste, l'amplitude entre les températures maximales et minimales… Cela suppose donc de bien connaître le climat de sa région et les microclimats qui règnent dans le jardin. Ensuite, on peut envisager les méthodes de protection. Le voile d'hivernage, ou les petits abris, garnis ou non de paille permettent de gagner quelques degrés déterminants. Pour certaines plantes (palmiers, bananiers…), il suffit de refermer les feuilles et de les attacher ensemble pour protéger le cœur.

Gazania

Callistémon

Olivier protégé du froid par de la paille

3 *Le coin du curieux*

Chamaerops est un genre monospécifique (une seule espèce : *Chamaerops humilis*) qui doit son nom au grec *chamae*, « bas », et *rops*, « buisson ». C'est aussi, avec *Phoenix theophrasti*, de Crète, le seul palmier d'origine européenne et celui dont l'aire de répartition naturelle est la plus étendue vers le nord (le Var). Au Maroc, on le rencontre jusqu'à 1 200 m d'altitude, ce qui est dû à sa rusticité (– 12 °C).

4 Tailler une bignone

Tous les *Campsis*, mais aussi la bignone rose, *Podranea ricasoliana,* qui enchante les jardins de climats doux en automne, se taillent tous les ans au printemps de la même façon. Il suffit de reproduire la taille de la vigne, c'est-à-dire de réduire tous les rameaux à 3 yeux (bourgeons). Supprimez tout le bois mort, les sarments qui se croisent et les rameaux peu vigoureux.

Campsis x *tagliabuana*

5 MULTIPLIER LES POTERIES

La culture en pot, c'est la bonne solution pour dresser un décor du Sud et explorer la vaste gamme de plantes qui le composent : une vie de jardinier ne suffit pas à en faire le tour (arbustes, vivaces, olivier, palmiers, agrumes...). Mais c'est rappeler aussi l'importance des poteries dans les jardins du Sud, et pas seulement sur les terrasses et les balcons. Pour rester classique, inspirez-vous des belles villas italiennes ou provençales, cultivez dans de gros contenants de terre cuite, brute ou vernissée de vert et de bleu profond, et pensez aux fameuses poteries d'Anduze. Pour une touche plus rustique, utilisez des auges de pierre.

6 *La petite histoire*

Nicolas Monardes fut probablement le premier à employer, dans un ouvrage publié vers 1570, le terme religieux flor de passionis, « fleur de la Passion ». Son cercle régulier de filaments symbolise la couronne d'épines du Christ. Les trois styles du pistil sont les clous de la crucifixion, l'ovaire évoque le marteau qui les planta, les feuilles terminées par trois pointes figurent la lance qui perça son flanc, les vrilles sont le fouet qui le flagella et les cinq étamines les cinq plaies qu'il avait sur le corps.

IDÉES

7 POURQUOI PAS... UNE ROCAILLE D'INSPIRATION MÉDITERRANÉENNE ?

Erysimum 'Bowles Purple'

Parmi les innombrables plantes vivaces pour les rocailles méditerranéennes, retenez une giroflée pour sa floraison, *Erysimum* 'Bowles Purple' (rusticité de – 12 à – 15 °C et moins), un arbrisseau de 60 à 80 cm de haut et autant de large, en boule dense. De mars à juin, abondantes fleurs mauve lumineux à violacées. Pour son vert éclatant et sa forme originale, plantez *Euphorba characias* subsp. *wulfenii*. Ses fleurs délicatement parfumées exhalent une note de café frais (rusticité de – 10 à – 12 °C). Pour son parfum de curry sans pareil, plantez *Helichrysum italicum,* aux feuilles persistantes, grises, linéaires, poussant en boule arrondie assez régulière de 50 à 60 cm de haut et 60 à 80 cm de large (rusticité de – 12 à – 15 °C).

Euphorbia characias

8 POURQUOI PAS... UN ESCALIER HABILLÉ COMME EN MÉDITERRANÉE ?

Si vous disposez de terre d'un côté ou des deux de la volée de marches, on est au jardin. Sinon, vous devrez utiliser des pots. Dans les deux cas, bannissez toute symétrie, variez les formes et les dimensions, en mettant les plantes les plus grandes en haut (buis, chamaerops, lavande...) et les plus petites en bas (romarin rampant, coprosma...). Évitez de marquer le bas de l'escalier par de grosses plantes bouchant la vue. Favorisez les formes douces et arrondies (lavandes, sauges, santolines...).

et Si

9 Il y a des choses curieuses **accrochées** au revers des feuilles de mon **palmier** ?

Ce sont des cochenilles à bouclier. Elles ne sont pas très dangereuses pour votre palmier, à condition de limiter leur multiplication. Lorsqu'elles sont éparses, il suffit d'une éponge et d'eau savonneuse pour les déloger ; lorsqu'elles sont plus nombreuses, utilisez un produit à base d'huile végétale pour les asphyxier.

10 Je me demande si les crampons de ma **bignone** ne risquent pas d'abîmer ma **façade** ?

Les bignones s'accrochent à leur support par de petites racines crampons, drues, espacées sur les rameaux. Certaines espèces ont choisi des vrilles terminées de ventouses. C'est un système très efficace pour la plante, mais il est facile de décrocher une bignone. Toutefois restent les petites traces sur les murs et les façades, sans conséquence dans la mesure où ils sont en bon état.

AGAVE

Agave spp.

J F M A M J J A S O N D

0,20/1,50 m	1/2 m		V	-2/-12 °C

Vidéo « Cultiver des agaves »*

Agave attenuata

Ces plantes vivaces succulentes poussent en rosette de feuilles plus ou moins élancées, plus ou moins trapues, terminées par une pointe inoffensive ou un mucron acéré, souvent garnies d'épines marginales d'importance variable. Après plusieurs années, l'agave fleurit en une grande hampe qui peut mettre des mois à s'épanouir, puis meurt. Entre-temps de nombreux rejets auront pris le relais pour assurer la survie.

SOL Sec et bien drainé.

EXPOSITION Plein soleil.

CULTURE Aucun soin particulier.

ESPÈCES ET VARIÉTÉS Il existe plus de 200 espèces. *Agave americana* (1,50 m), feuillage gris bleuté à bord denté (rusticité – 12 °C) ; 'Marginata', à l'inverse du type, les feuilles sont panachées, marginées de jaune ; 'Mediopicta', plus trapue, grandes feuilles traversées par une large bande jaune clair à blanc crème (rusticité – 10 °C pour les deux). *A. franzosini* (2 m), longues feuilles glauques à épine noire terminale et épines latérales rouges (rusticité – 10 °C). *A. havardiana* (de 40 à 60 cm), feuilles ovales vert foncé à longue épine terminale brun noir (rusticité – 20 °C). *A. horrida* (40 cm), feuilles vertes, plates, fortement dentées (rusticité – 13 °C). *A. macroacantha* (1 m), feuilles glauques terminées par une longue épine noire (rusticité – 6 °C). *A. montana* (30 cm), feuilles imbriquées vertes à épines rouges (rusticité – 18 °C). *A. ovatifolia* (1 m), larges feuilles gris-vert à dents rouges (rusticité – 15 °C). *A. parrasana* (30 cm), compact, à feuilles ovales, concaves, serrées, glauques, fortement épineuses (rusticité – 12 °C). *A. parryi* (80 cm), feuillage bleuté à longue pointe noire (rusticité – 12 à – 15 °C). *A. salmiana* subsp. *ferox* (de 1,20 à 1,50 m), très éloigné morphologiquement de *A. salmiana*, feuilles très trapues, larges, planes et très peu concaves, bordées de grosses épines sinueuses portées par une marge mamelonnée, hampe florale de 9 m, fleurs jaunes (rusticité – 10 °C). *A. victoria-reginae*, croissance lente, petite rosette dense et ramassée de 60 cm de diamètre, feuilles très charnues, marginées et ornées d'une striure blanche, tige florale de 3,50 m, fleurs vert pâle (rusticité – 12 °C). *A. striata* (60 cm), à longues feuilles cylindriques, étroites, érigées (rusticité – 12 °C).

CULTURE EN POT Dans un mélange pour cactées.

UTILISATIONS Jardin sec, rocaille, potées.

Agave americana 'Marginata'

Agave americana 'Mediopicta'

ALOÈS

Aloe spp.

J F M A M J J A S O N D

0,50/1,50 m	illimitée		V	-2/-7 °C

Aloe brevifolia

L'aloès est une plante vivace succulente, avec une ou plusieurs rosettes de feuilles souples, plus ou moins allongées, épineuses ou inermes. Le port est soit rampant, soit arborescent, certaines espèces sont acaules. Les petites fleurs tubulaires jaunes, orangées ou rouges sont portées par une hampe florale simple ou ramifiée. Les inflorescences sont cylindriques ou coniques. La période de floraison, décalée par rapport à celle des pays d'origine de l'hémisphère Sud, est très variable. Les plantes fleurissent en plein hiver comme au printemps ou en été.

SOL Sec, drainé à caillouteux.

EXPOSITION Plein soleil pour la floraison.

CULTURE Aucun soin, aucun arrosage.

ESPÈCES ET VARIÉTÉS Il existe 500 espèces. *Aloe arborescens* (1,50 m), compact, à feuilles vertes, hérissées (rusticité – 5 °C). *A. brevifolia* (20 cm), feuilles triangulaires gris bleuté, épineuses (rusticité – 5 °C). *A. maculata*, l'aloès moucheté (40 cm), touffe drageonnante de feuilles allongées vertes, rugissant au soleil, marquées de taches claires horizontales. *A.* x *spinosissima* (de 50 à 70 cm), rosettes glauques dentées de jaune clair (rusticité – 7 °C). *A. vera*, l'aloès des Barbades (70 cm), touffe drageonnante, feuilles érigées, lancéolées, épineuses (rusticité – 4 °C).

CULTURE EN POT Dans un mélange pour cactées.

UTILISATIONS Jardins secs, de rocailles.

BIGNONE HYBRIDE

Campsis x tagliabuana

J F M A M J **J A S** O N D

8/12 m | 4/6 m | C

Appelée autrefois *Bignonia*, cette plante grimpante est très rustique. Des racines aériennes lui servent de crampons pour s'accrocher. Les feuilles, opposées, pennées, sont découpées en folioles dentées. Fleurs en trompettes jaunes, orangées ou rouges.

SOL Toute terre fertile, même calcaire, mais de préférence profonde, humifère.

EXPOSITION Chaude et ensoleillée, mais le pied au frais, avec un paillis ou un tapis de vivaces couvre-sol.

CULTURE Plantez au printemps. Taillez fin mars les ramifications des trois quarts de leur longueur, pour que le pied s'étoffe. Protégez des fortes gelées avec un paillis.

ESPÈCES ET VARIÉTÉS Il existe 2 espèces, *Campsis grandiflora* et *C. radicans* ➲ **p. 352.** *C.* x *tagliabuana* est un hybride plus compact obtenu par croisement des deux espèces ; 'Dancing Flames' (syn. 'Huidan'), 4 m, feuillage vert foncé brillant, floraison abondante ; 'Indian Summer', compact, orange saumoné, réussit à mi-ombre ; 'Madame Galen', orange, peut former un arbuste ; 'Orangeade' (de 3 à 5 m), fleurs orange maculées de rouge ; 'Tarantella' (de 5 à 7 m), abondantes fleurs jaune orangé.

CULTURE EN POT Peu adaptée.

UTILISATIONS Couvre-mur, habillage de clôture, portail, porche, treillage.

PALMIER NAIN

Chamaerops humilis

J F M A M J **J A** S O N D

1/6 m | 1/4 m | P | -15 °C

Ce palmier est le seul originaire d'Europe ; c'est aussi l'un des plus rustiques. Il forme des touffes denses, constituées de plusieurs troncs (stipes) assez minces, souvent obliques. De croissance rapide, il développe des rejets dès la troisième année. Les feuilles palmées, arrondies, sont vert clair. La plante est unisexuée (dioïque).

SOL Très bien drainé, sableux.

EXPOSITION Abritée, en plein soleil.

CULTURE Ce palmier résiste jusqu'à – 15 °C en sol très sec. Supprimez seulement les palmes desséchées. Apportez de l'engrais en été. Paillez bien le pied à l'automne dans les régions froides.

ESPÈCE ET VARIÉTÉS Le genre *Chamaerops* n'a qu'une espèce et une variété naturelle, *Chamaerops humilis* var. *argentea* (syn. var. *cerifera*), à feuillage gris argenté, mais de nombreuses variétés, dont une d'origine marocaine, à feuilles presque bleues. 'Vulcano', un cultivar d'origine sicilienne, est nain (1 m), buissonnant, compact, de croissance lente (rusticité – 12 °C).

CULTURE EN POT Dans 30 cm de côté et 40 cm de profondeur, dans une terre sèche, très drainante.

UTILISATIONS Massif, sujet isolé, culture en bac.

Vidéo « Planter un *Chamaerops humilis* »*

HIBISCUS DES MARAIS

Hibiscus moscheutos

J F M A M J **J A S O** N D

2,50 m | 1 m | V | -10 °C

Vivace par sa souche, l'hibiscus des marais pousse en touffe de grandes feuilles entières, souples, légèrement duveteuses, d'un vert franc. Fleurs simples, énormes, peu durables (durent 1 ou 2 jours), mais qui se succèdent sans arrêt.

SOL Riche, humifère, frais.

EXPOSITION Plein soleil s'il n'est pas brûlant et l'arrosage est fréquent, sinon mi-ombre.

CULTURE Maintenez le sol frais par des arrosages. À l'approche de l'hiver, coupez au ras et paillez, même si la plante supporte de courtes expositions à – 10 °C.

ESPÈCES ET VARIÉTÉS Il existe 240 espèces. Série 'Luna', à fleurs aux coloris divers (Ø 20 cm).

CULTURE EN POT Pour les formes à petit développement.

UTILISATIONS Massifs fleuris, potées.

POUR UN JARDIN COMME AU SUD, VOUS POUVEZ AUSSI CULTIVER

★ *Albizia julibrissin* ➲ p. 219 ★ *Arbutus unedo* 'Compactum' ➲ p. 882 ★ *Canna* x *hybrida* ➲ p. 342 ★ *Cupressus sempervirens* ➲ 239 ★ *Eriobotrya japonica* ➲ p. 883 ★ *Eucalyptus gunnii* ➲ p. 139 ★ *Ficus carica* ➲ 883 ★ *Lagerstroemia indica* ➲ p. 229 ★ *Lavandula* x *intermedia* ➲ p. 559 ★ *Musa basjoo* ➲ p. 343 ★ *Nerium oleander* ➲ p. 242 ★ *Olea europaea* ➲ 885 ★ *Solanum jasminoides* ➲ p. 29 ★ *Tamarix ramosissima, T. tetrandra* ➲ p. 137 ★ *Trachelospermum jasminoides* ➲ p. 281 ★ *Trachycarpus fortunei* ➲ p. 344 ★ *Yucca gloriosa* ➲ p. 317

Une ambiance exotique

TRANSFORMER RADICALEMENT LE DÉCOR POUR OUBLIER LE QUOTIDIEN, SE TRANSPORTER DANS DES HORIZONS QUI FONT RÊVER AUX PROCHAINES VACANCES... C'EST LA PROMESSE TENUE PAR LE JARDIN D'INSPIRATION EXOTIQUE.

COMMENT DONNER UNE TOUCHE EXOTIQUE À UN JARDIN ?

Le dépaysement proposé par le jardin exotique passe par un rendu luxuriant. Tout est dans l'exagération, en particulier par le choix de plantes surprenantes ... 1

AU PAYS DES GÉANTS

Leurs énormes feuilles déployées, les plantes géantes apportent leur lot de surprise et d'originalité ... 2

HIVERNER UN BANANIER

Certains bananiers sont étonnamment résistants au froid et poussent aussi bien dans le Périgord qu'en Savoie. À condition de les protéger ... 3

C'est bon pour la planète

Du bois exotique bien de chez nous ... 4

SORTIR LES PLANTES D'INTÉRIEUR

Au printemps et en été, les plantes en pot seront plus à leur aise à l'extérieur ; dans le Sud, n'hésitez pas à les mettre en pleine terre ... 5

Beaucarnea recurvata

Le coin du curieux

Du ricin, on connaît l'huile purgative, mais qui connaît son origine tropicale ? ... 6

Fructification de ricin

IDÉES

→ POURQUOI PAS... Planter un hibiscus géant ? 7

→ POURQUOI PAS... Un palmier résistant au froid et donnant des fruits comestibles ? 8

Vidéo « Les palmiers »*

et Si

- Je veux conserver les cannas d'une année sur l'autre ? 9
- Mes impatiens pourrissent ? 10

*Télécharger l'application Truffaut +, voir p. 6-7

Les Plantes idéales

Les plantes exotiques décoratives sont nombreuses, mais la liste de celles qui présentent une bonne résistance au froid, ou du moins qui peuvent être cultivées à l'extérieur durant un long cycle saisonnier, est plus courte.

★ **Les palmiers rustiques :** *Trachycarpus fortunei* (palmier moulin), *Washingtonia filifera* (palmier à jupon). *Brahea armata* (palmier bleu) et *Butia capitata* (palmier vinaigre) ont besoin d'un peu plus de chaleur, mais conviennent dans le Sud ou sur le littoral atlantique.

★ **Les plantes aux grandes feuilles** évoquant la jungle : *Musa basjoo* (bananier du Japon) ; *Ricinus communis* (ricin).

★ **Les fleurs à l'allure exotique :** *Canna x hybrida* (balisier) ; *Zantedeschia aethiopica* (arum d'Éthiopie).

Nos conseils

1. *Utilisez des plantes de grandes dimensions, laissées aussi libres que possible pour donner au jardin un aspect foisonnant (comme une jungle).*
2. *Prévoyez des sentiers qui pénètrent au cœur même de la végétation et glissez-vous au milieu en repoussant les feuillages comme si vous exploriez une forêt vierge.*
3. *Amendez généreusement le sol en matière organique, car la plupart des plantes préconisées apprécient les sols humifères et frais.*
4. *Si possible, prévoyez de clore totalement le jardin d'inspiration exotique, de manière à composer « un ailleurs » isolé de l'environnement courant.*
5. *Protégez le jardin des vents forts par des haies à feuillage persistant.*
6. *Intégrez une zone aquatique afin d'augmenter l'humidité ambiante et, si possible, ajoutez une cascade pour renforcer l'aspect dépaysant.*
7. *N'hésitez pas à surélever les massifs de 30 à 50 cm, afin de créer une impression de plus grande opulence.*

1 Comment donner une touche exotique à un jardin ?

Il en faut peu pour donner une identité exotique à votre jardin : il suffit de miser sur la surprise et le dépaysement. En tout premier lieu, par le choix des espèces végétales. Préférez celles qui offrent des dimensions inattendues, des formes graphiques peu communes, des floraisons colorées et exubérantes. Ensuite, jouez des matériaux originaux (bambou, bois exotiques) et des éléments des pays lointains (meubles de jardin, statuaire, mobiles aquatiques...). Oubliez un temps les poteries de terre cuite pour choisir des grands pots vernissés. Plantez densément et favorisez l'ombre, la fraîcheur, en complétant si possible par une pièce d'eau ou une circulation d'eau.

Cannas

Feuilles de gunnéra

2 Au pays des géants

La première note d'exubérance est apportée par les plantes aux grandes feuilles. Usez et abusez des gunnères (*Gunnera spp.*), des bananiers (*Musa, Ensete*), des rhubarbes (*Rheum spp.*) des plantes panthères (*Farfugium japonicum*), des oreilles-d'éléphant (*Alocasia spp.*), des fougères arborescentes (*Dicksonia antarctica*).

3 Hiverner un bananier

Les bananiers les plus rustiques le sont grâce à la position de leur bourgeon, près du sol, protégé par les feuilles engainantes. La protection contre le froid consiste à le préserver. Rassemblez les feuilles et attachez-les de manière lâche. Emmaillotez le tout dans une double épaisseur de voile d'hivernage, en laissant un volume d'air. Dans les régions les plus froides, vous pouvez disposer de la paille dans cet espace. Pour les plantes en pot, n'oubliez pas d'emmailloter toute la hauteur du contenant, car les racines sont aussi exposées au froid.

En début de printemps, supprimez la protection et, si les feuilles sont en mauvais état, abîmées, déchirées, coupez-les : le bananier renaît de son cœur.

Le bananier a besoin d'une bonne protection hivernale.

4 *C'est bon pour la planète et la biodiversité : Du bois exotique bien de chez nous*

Un salon de jardin en bois exotique doit répondre aux normes FSC ou PEFC (Programme européen des forêts certifiées), la garantie de forêts gérées durablement et de fabrication la plus économe possible en énergie. À côté des bois exotiques, teck, iro, nyatoh... vous pouvez choisir le faux-acacia, ou robinier, une essence cultivée en Europe, nécessitant moins de transport : une véritable alternative. Avec un minimum d'entretien, votre salon de jardin résistera aux intempéries, au soleil et aux insectes.

5 Sortir les plantes d'intérieur

Les plantes d'intérieur ne sont jamais aussi belles que lorsqu'elles se trouvent à l'extérieur. Dès le mois de mai, et pour tous les mois d'été, placez vos potées sous une ombre tamisée. Beaucoup d'entre elles sont des plantes exotiques poussant dans les forêts tropicales. Dans les jardins de climats doux, savez-vous que vous pouvez les planter en pleine terre ? *Yucca elephantipes, Ficus elastica* et *F. benjamina, Fatsia japonica, Monstera deliciosa, Beaucarnea recurvata*... deviennent alors luxuriants.

6 *Le coin du curieux*

Historiquement connue depuis l'Égypte ancienne (4 000 ans av. J.-C.), l'huile de ricin, obtenue par pression à froid des graines, a été utilisée comme purgatif, mais ses effets toxiques limitent aujourd'hui son usage comme lubrifiant des moteurs tournant à très haut régime. Les graines de ricin renferment l'une des substances naturelles les plus toxiques que l'on connaisse, la ricine.

DE GROS BESOINS NUTRITIONNELS

Les plantes exotiques des pays chauds et humides poussent sans arrêt ; elles ne connaissent pas de rythme saisonnier avec un ralentissement végétatif en hiver. Aussi, en permanence, des feuilles et des débris végétaux tombent au sol et s'y décomposent. Les sols tropicaux sont donc très riches en humus et superficiels : les racines des plantes se développent en surface et leur enracinement est moindre. En conséquence, dans votre jardin exotique, vous devez davantage apporter d'engrais organique par épandage pour soutenir leur croissance.

IDÉES

7 POURQUOI PAS… PLANTER UN HIBISCUS GÉANT ?

Hibiscus moscheutos est originaire d'Amérique du Nord. C'est une plante vivace par sa souche poussant en touffe de grandes feuilles entières, souples, vert franc, légèrement duveteuses. De juillet à octobre, elle produit d'énormes fleurs simples de 40 cm de diamètre, qui ne durent qu'un ou deux jours, mais qui se succèdent sans arrêt. Les hybrides offrent de nombreux coloris. À planter dans une terre riche et humifère. Rustique jusqu'à – 10 °C, il disparaît en hiver ; il est conseillé de le couper au ras et de pailler le pied.

8 POURQUOI PAS… UN PALMIER RÉSISTANT AU FROID ET DONNANT DES FRUITS COMESTIBLES ?

Un beau palmier, résistant au froid, peu connu et faisant son effet, voilà ce que vous offre le cocotier du Chili, *Jubaea chilensis*. C'est un palmier au stipe (tronc) très massif, renflé, en pied d'éléphant et à l'écorce grise comme la peau du pachyderme. Il est couronné par de grandes palmes pennées. Seule ombre au tableau : sa croissance est lente. Mais vos petits-enfants vous remercieront : ses petits fruits de 3 à 4 cm de diamètre sont comestibles et ont un délicieux goût de noix de coco. Rusticité de – 12 à – 15 °C et moins.

et Si

9 Je veux **conserver** les **cannas** d'une année sur l'autre ?

Division d'une touffe de cannas

Excepté dans les régions douces, où vous pourrez laisser les cannas en place (et les diviser tous les 3 ans), vous devez les hiverner. Sortez-les de terre avec une fourche-bêche et laissez-les ressuyer. Conservez uniquement les rhizomes sains et sans blessures. Placez-les sur des clayettes, dans un endroit frais et ventilé. En début de printemps, assurez leur redémarrage. Dans un local à 15-18 °C, lumineux, enterrez les rhizomes dans du terreau contenu dans un bac ou de grands pots. Laissez dépasser les yeux de la surface. Humidifiez et patientez jusqu'à la naissance des premières feuilles pour les planter, lorsque tout risque de gelée tardive est écarté.

10 Mes **impatiens pourrissent** ?

Les impatiens ont besoin de beaucoup d'eau, leurs tiges en sont gorgées. D'ailleurs, au moindre manque, ils baissent la tête et se flétrissent, mais fort heureusement, sitôt qu'on les arrose, ils reprennent leur belle allure dans l'heure qui suit. Toutefois, ils craignent les accumulations d'eau qui provoquent leur pourrissement. C'est le cas dans les terres lourdes et argileuses. Si vous n'avez pas amendé votre terre avant la plantation, ayez la main légère, mais régulière, sur les arrosages.

PALMIER BLEU

Brahea spp.

J F M A M **J J A S** O N D

6/12 m | 3/5 m | P | -10 °C

Brahea armata

Ce palmier assez solide est apprécié pour sa couleur bleue. De croissance relativement lente, il est originaire du Mexique (basse Californie). Le tronc (stipe) est massif, élargi à la base. Les feuilles palmées sont couvertes d'une cire gris-bleu argenté. Les inflorescences de 5 m et plus, composées de fleurs crème, apparaissent sur les sujets adultes. Elles sont suivies de petits fruits ronds, marron.

SOL Riche, profond, léger, sablonneux, acide ou neutre, très bien drainé.

EXPOSITION Chaude et ensoleillée.

CULTURE Coupez chaque année en hiver les palmes abîmées pour dégager le stipe. Arrosez les jeunes sujets lorsqu'il fait très chaud.

ESPÈCES ET VARIÉTÉS Ce genre comprend 11 espèces. *Brahea armata*, le palmier bleu du Mexique (de 10 à 15 m), feuillage en éventail, gris-bleu, finement découpé, spectaculaire floraison jaune (rusticité – 12 °C). *B. dulcis* (syn. *Erythea edulis*), de 3 à 4 m, forme de développement réduit, idéale pour les petits jardins, grandes feuilles arrondies aux folioles linéaires, vert à glauque (rusticité – 8 °C). *B. edulis*, le palmier de Guadalupe (de 4 à 8 m), porte une large couronne de feuilles palmées, vertes et coriaces. Il pousse assez vite (rusticité – 10 °C).

CULTURE EN POT Dans une grande caisse d'orangerie avec un bon drainage et du terreau pour plantes méditerranéennes.

UTILISATIONS Isolé, alignement, en bac.

PALMIER VINAIGRE, ARBRE À LAQUE

Butia capitata

J F M A M **J J A** S O N D

3/6 m | 2/5 m | P | -12 °C

Originaire du Brésil et de l'Uruguay, ce beau palmier forme une large couronne de 40 à 50 feuilles palmées de 1,50 à 2 m de long. D'abord dressées, elles s'inclinent ensuite vers le sol. Les sujets âgés portent en été des inflorescences de 1,50 m de long, composées d'une multitude de fleurs crème. Les fruits de 3 cm de diamètre sont comestibles.

SOL Profond, bien drainé.

EXPOSITION Chaude, en plein soleil.

CULTURE La croissance est lente les premières années ; fertilisez régulièrement. On peut cultiver *Butia capitata* en pleine terre dans la zone de l'olivier et sur le littoral atlantique. Arrosez généreusement par temps sec et chaud.

ESPÈCES ET VARIÉTÉS Il existe 20 espèces. *Butia capitata* (de 3 à 5 m), longues feuilles pennées, souples, gris-vert, belle floraison, fructification décorative (rusticité – 12 °C). *B. eriospatha*, le butia laineux (de 3 à 4 m), stipe gris à l'aspect écailleux, feuilles pennées, arquées (rusticité – 12 °C). Ressemble beaucoup à *B. capitata*. *B. yatay*, le butia argentin (de 5 à 8 m), présente un aspect compact, aux palmes plus courtes et plus retombantes que celles de *B. capitata*, fruits comestibles (rusticité – 12 °C).

CULTURE EN POT Dans une caisse d'orangerie de 40 à 50 cm de côté.

UTILISATIONS Sujet isolé, alignement, bacs.

CANNA, BALISIER

Canna x hybrida

J F M A M J **J A S O** N D

0,60/1,50 m | 40/80 cm | B | -8 °C

Canna x 'Strasbourg'

Proche du bananier, le canna forme un rhizome charnu qui produit une longue tige aux feuilles alternes, ovales, vertes ou pourpres. Grappes de fleurs à 3 sépales très colorés et 3 pétales formant un tube. La plante est frileuse.

SOL Très riche, humifère, perméable.

EXPOSITION Plein soleil, forte chaleur.

CULTURE Plantez en mai à 10 cm de profondeur et 60 cm de distance. La mise en végétation des rhizomes en pot et au chaud a lieu dès mars. Fertilisez au début de la croissance. Arrachez les souches avant les gelées.

ESPÈCES ET VARIÉTÉS Il existe 12 espèces et de nombreux cultivars : 'Australia' (1 m), feuillage pourpre très foncé, fleurs rouge vif ; 'Durban' (90 cm), feuillage rouge pourpre strié de vert, fleurs orange ; 'Louis Cottin' (de 60 à 80 cm), forme naine, feuillage pourpre, fleurs abricot, convient très bien en pot ; 'Picasso' (1,20 m), feuillage vert bleuté, fleurs jaune tacheté de rouge ; 'Sémaphore' (1,80 m), feuillage pourpre, fleurs orange ; 'Taroudant' (60 cm), forme naine à feuillage vert, fleurs orange bordé de jaune, parfait pour les potées ; 'Tropicana' (1,20 m), étonnant feuillage nervuré de pourpre et de jaune, fleurs orange.

CULTURE EN POT Pour les petites variétés dans un substrat à base de tourbe. Arrosez bien en été et faites un apport d'engrais mensuel.

UTILISATIONS Massif, potée.

BANANIER DU JAPON

Musa basjoo

J	F	M	A	M	J	**J**	**A**	**S**	O	N	D

Hauteur	Largeur	Exposition		Rusticité
3/4 m	2/3 m		?	-10/-12 °C

Le bananier du Japon est originaire... de Chine, où il pousse à l'état naturel dans les régions du Yunnan et du Sichuan, en touffe généreuse. Les grandes feuilles de plus de 2 m ont tendance à se déchirer et, de toute façon, disparaissent en hiver dans les régions froides. Floraison jaune en été, fructification exceptionnelle chez nous. Dans les pays chauds, les bananes renferment des graines.

SOL Terre de jardin, fraîche et bien drainée.

EXPOSITION Soleil ou mi-ombre. Protégez des vents forts. C'est le bananier le plus rustique ; à partir de – 5 °C, la partie aérienne disparaît, mais la souche résiste jusqu'à – 12 °C.

CULTURE Conservez le feuillage et la partie aérienne en hiver, en protégeant par un paillon ou une canisse remplie de paille propre ou de feuilles sèches et en enveloppant d'un film plastique pour couper l'humidité.

> **TOXIQUE**
>
> Attention, cet opulent arbuste est très toxique. Toute la plante l'est, mais ce sont surtout ses graines qui tentent le plus les enfants.

ESPÈCE ET VARIÉTÉS En plus de l'espèce type, il existe quelques variétés. 'Freddi Banani' (de 2 à 3 m), hybride réputé plus résistant au froid que ses parents (rusticité – 18 °C) ; 'Little Prince' (de 60 à 90 cm), forme naine idéale pour la culture en pot (rusticité – 5 °C).

CULTURE EN POT Dans un grand pot de 50 cm de diamètre et dans un terreau riche.

UTILISATION Isolé.

RICIN

Ricinus communis

J	F	M	A	M	J	**J**	**A**	**S**	O	N	D

Hauteur	Largeur	Exposition		Rusticité
2/3 m	1/2 m		A	0 °C

Ricinus communis 'Carmencita'

Originaire des contrées tropicales, le ricin ne supporte pas le gel. Dans notre pays, il est cultivé comme une annuelle. Les grandes feuilles sont alternes, palmées, profondément découpées, avec le bord denté. Les fleurs insignifiantes sont suivies par une fructification en boules épineuses pourpres, portées en longs épis.

SOL Profond, riche, consistant, avec un amendement organique à la plantation.

EXPOSITION Chaude, en plein soleil, à l'abri des vents violents.

CULTURE Semez en février-mars, sous abri, après avoir fait tremper les graines durant une nuit. La germination demande de 2 ou 3 semaines à 20 °C. Mettez en place en mai. Les hautes tiges du ricin sont suffisamment résistantes pour tenir seules. Mais dans un jardin venté, mieux vaut prévoir des tuteurs.

ESPÈCE ET VARIÉTÉS Il existe une seule espèce, *Ricinus communis*. 'Carmencita Rose' (2 m), à fruits roses ; 'Carmencita Rouge' (2 m), à feuillage pourpre foncé et fruits rouge vif ; 'Impala' (1,50 m), aux très larges feuilles pourpre tirant sur le bordeaux ; 'Sanguineus' (1,50 m), feuillage vert bronze, fruits rouge sang ; 'Zanzibar' (de 3 à 4 m), forme géante à feuillage vert.

CULTURE EN POT Possible en association avec d'autres annuelles dans un grand contenant.

UTILISATIONS Isolé, centre de massif.

PALMIER MOULIN

Trachycarpus fortunei

J	F	M	A	M	**J**	**J**	A	S	O	N	D

Hauteur	Largeur	Exposition		Rusticité
7/15 m	2/3 m		P	-19 °C

Originaire du centre de la Chine et du nord de l'Inde, on l'appelle aussi « palmier chanvre » ou « palmier de Chine ». C'est l'un des palmiers les plus rustiques (– 18 °C). Il est planté dans toutes les zones tempérées du globe, car il pousse dans des régions aux hivers assez vifs. En France, il peut réussir en pleine terre jusqu'en Île-de-France. Il forme un stipe (tronc) de 7 à 8 m de haut, avec une large couronne de feuilles vert foncé, arrondies et palmées. Les palmiers moulins sont dioïques (pieds mâles et pieds femelles séparés).

SOL Riche, acide, toujours humide en été.

EXPOSITION Ensoleillée ou légèrement ombragée, plutôt au nord dans le Midi, abritée du vent (il abîme les feuilles). Les climats trop chauds et secs sont à proscrire.

CULTURE Plantez au printemps, arrosez beaucoup en été. Enveloppez-le en hiver avec un voile d'hivernage. Évitez surtout l'humidité stagnante lorsqu'il fait froid ainsi que les vents forts.

ESPÈCES Il existe 9 espèces. On cultive surtout *Trachycarpus fortunei* (syn. *T. wagnerianus, Chamaerops excelsa*). *T. martianus* est une forme très décorative qui atteint 10 m de haut, mais se montre peu résistante au froid (– 10 °C).

CULTURE EN POT Dans un bac de 40 cm en tous sens, dans une terre bien drainée (10 l de terreau universel avec 1 l de sable). Rempotez tous les 2 ou 3 ans et fertilisez bien.

UTILISATIONS Sujet isolé, arbre d'alignement, en bac.

ENCORE PLUS RUSTIQUE

Il existe probablement un palmier encore plus résistant au froid, *Nannorrhops ritchieana*, jusqu'à -23 °C !, mais en raison de sa croissance très lente et de sa multiplication difficile, il n'est quasiment pas cultivé.

Vidéo «planter un palmier *Trachycarpus*»*

PALMIER À JUPON

Washingtonia filifera

J	F	M	A	M	J	J	A	S	O	N	D

Hauteur	Largeur	Exposition		Rusticité
10/20 m	3/4 m		P	-8 °C

Le washingtonia développe un tronc (stipe) épais, élargi à la base et de croissance rapide. La couronne de feuilles est constituée d'un grand nombre de palmes vert clair, ornées de filaments blanchâtres très allongés et spiralés. Les anciennes feuilles séchées restent sur le stipe, formant une masse compacte (jupon). Ce très grand palmier est plutôt rustique.

SOL Bien drainé, profond, riche, léger.

EXPOSITION Chaude et très ensoleillée. Les embruns sont bien tolérés. La rusticité est correcte jusqu'à – 10 °C, à condition que le sol reste sec.

CULTURE Arrosez copieusement et faites des apports d'engrais en été. Prévoyez la protection d'un voile en hiver sous un climat frais.

ESPÈCES Il existe 5 espèces. *Washingtonia robusta* est un palmier gracile, très élancé, au stipe mince, qui peut dépasser 20 m de haut. Sa croissance est très rapide, mais il est un peu moins rustique (– 8 °C) que *W. filifera*, à préférer sous nos climats.

CULTURE EN POT Dans un bac de 30 cm en tous sens, dans un mélange de terre végétale, sable et terreau d'écorce. Rempotez tous les ans. Prévoyez une protection hivernale ou rentrez-le si vous n'êtes pas en région littorale.

FEUILLES SÈCHES

Ne taillez pas les feuilles sèches, car elles protègent le palmier du froid et de la plupart des maladies.

UTILISATIONS Sujet isolé, alignement, bac.

*Télécharger l'application Truffaut +, voir p. 6-7

ARUM D'ÉTHIOPIE

Zantedeschia aethiopica

J F M A M **J J A S O** N D

0,60/1 m | 40/80 cm | B | -10 °C

Cet arum est aussi connu sous les noms de *Calla* ou de *Richardia*. Le rhizome produit une touffe de feuilles en fer de lance, vert brillant tacheté chez certains hybrides, pouvant atteindre 40 cm. La hampe florale creuse, rigide, verticale, se termine par une spathe en entonnoir évasé, qui entoure et dissimule un spadice jaune ou orangé.

SOL Profond, riche, humide. Culture en plante semi-aquatique possible.

EXPOSITION Lumière et chaleur.

CULTURE Plantez au printemps à 15 cm de profondeur et à 40 cm de distance. Arrosez pendant la période de végétation. Apportez de l'engrais à libération lente en début de saison. Arrachez les hybrides non rustiques en novembre et placez-les à l'abri du gel, dans de la tourbe humide. Paillez en hiver.

ESPÈCES ET VARIÉTÉS Il existe 8 espèces. *Zantedeschia aethiopica*, l'arum des fleuristes, à grandes fleurs blanc pur ; 'Green Goddess' (1 m), spathes vertes à centre blanc ; 'Little Gem' (50 cm), très florifère, blanc. Les hybrides (souvent de *Z. elliottiana*), à feuilles tachetées et fleurs colorées jaunes, pourpres ou roses, ne sont pas rustiques, mais peuvent être cultivés comme des plantes saisonnières : 'Picasso' (40 cm), à spathe blanc et violet.

CULTURE EN POT Dans un pot de 25 cm en tous sens, au minimum, et dans un terreau de rempotage. Croissance rapide, mieux vaut prévoir des tuteurs. Arrosez tous les 2 jours par temps chaud.

Zantedeschia 'Captain Reno'

Zantedeschia 'Mercedes'

POUR UNE AMBIANCE EXOTIQUE, VOUS POUVEZ AUSSI CULTIVER

★ *Araucaria araucana* (désespoir des singes) ➲ p. 298 ★ *Arisaema spp.* (arisème) ➲ p. 298 ★ *Chamaerops humilis* (palmier nain) ➲ p. 337 ★ *Clerodendrum bungei, C. trichotomum* (clérodendron) ➲ p. 454 ★ *Crinum x powellii* (crinole) ➲ p. 250 ★ *Cyperus alternifolius* (souchet) ➲ p. 631 ★ *Dicksonia antarctica* (fougère arborescente) ➲ p. 298 ★ *Ficus carica* (figuier) ➲ p. 884 ★ *Gunnera manicata* ➲ p. 414 ★ *Hibiscus moscheutos* (hibiscus herbacé) ➲ p. 337 ★ *Phyllostachys spp.* (bambou) ➲ p. 378 ★ *Phormium spp.* (lin de Nouvelle-Zélande) ➲ p. 632 ★ *Rheum palmatum* (rhubarbe d'ornement) ➲ p. 315 ★ *Rodgersia aesculifolia, R. podophylla* ➲ p. 196 ★ *Yucca gloriosa* ➲ p. 317

Dans mon Jardin il y a des cactus

Nombre de cactées et plantes succulentes se cultivent en extérieur dans notre pays (entre – 7 et – 20 °C selon les plantes et les conditions). Dans les régions fraîches, on peut les cultiver en bac et les conserver à l'abri.

1

2

3

3

5

4

6

7

8

9

1. COUSSIN DE BELLE-MÈRE

Echinocactus grusonii

J F M A M **J J A S** O N D

Hauteur	Largeur	Exposition	Feuillage	Rusticité
60 cm	80 cm	Soleil	V	0 °C

Ce cactus est apprécié pour sa forme très graphique. Mais il faudra attendre ses 20 ans pour profiter de ses fleurs jaunes. Dans le sud de la France, cultivez-le en pleine terre, à l'abri des fortes pluies et du gel. Les sujets bien établis supportent des températures légèrement inférieures à 0 °C pour une courte durée. Mais les jeunes plantes devront être conservées à 5 °C au minimum, et au sec. Vous les sortirez à partir de mai. Un apport d'engrais cactées deux fois par mois est conseillé. Dans les régions moins privilégiées, cultivez *E. grusonii* à l'abri du gel. Dans tous les cas, cessez tout arrosage de septembre et aux beaux jours.

2. FICOÏDE ROUGE

Lampranthus spectabilis

J F M A M **J J A S** O N D

Hauteur	Largeur	Exposition	Feuillage	Rusticité
20 cm	50 cm	Soleil	V	-2 °C

Cette plante succulente s'étale au ras du sol et porte de nombreuses fleurs blanches à pourpres. Fruits comestibles. À cultiver sous abri ailleurs que sur la Côte d'Azur, dans un terreau pour cactées. *Lampranthus aurantiacus*, le ficoïde rouge, est un peu plus rustique (– 2 °C).

3. OPUNTIA

Opuntia phaecantha

J F M A M **J J A S** O N D

Hauteur	Largeur	Exposition	Feuillage
1,50 m	2 m	Soleil	V

Une des cactées les plus rustiques ! Les fleurs de ce buisson dressé sont généralement jaunes avec le cœur rouge, mais parfois teintées de rouge ou de rose. Les raquettes sont recouvertes de glochides (les « piquants ») acérés et potentiellement irritants. Semez dans un substrat pour cactées.

4. OPUNTIA

Opuntia macrocentra

J F M A **M J** J A S O N D

Hauteur	Largeur	Exposition	Feuillage
60 cm	80 cm	Soleil	V

Classique des jardins secs, cet opuntia rustique à port compact est très florifère. Ses fleurs sont jaunes à cœur rouge, ses aiguillons bruns. À protéger de l'humidité hivernale.

5. FIGUIER DE BARBARIE

Opuntia ficus-indica

J F M A M J J **A S** O N D

Hauteur	Largeur	Exposition	Feuillage	Rusticité
1/2 m	1/3 m	Soleil	P	-5 °C

Pour des précisions ➲ p. 870.

6. AGAVE À COU DE CYGNE

Agave attenuata

J F M A **M J** J A S O N D

Hauteur	Largeur	Exposition	Feuillage	Rusticité
0,60/1 m	1 m	Soleil	V	5 °C

Cette succulente au tronc épais, souvent ramifié à la base, est inerme. Des rosettes de feuilles symétriques vert bleuté ornent l'extrémité de son tronc. Ses jolies feuilles de 50 à 70 cm de long n'ont pas d'épine terminale. Sa haute hampe florale (jusqu'à 4 m) évoque un cou de cygne recourbé avec le bec à l'extrémité. Pour plus de précisions sur les agaves ➲ p. 336.

7. ARBRE DE JADE

Crassula ovata

J F M A M J J A S O N D

Hauteur	Largeur	Exposition	Feuillage	Rusticité
0,60/5 m	1/1,50 m	Soleil	V	0 °C

Pour des précisions ➲ p. 347.

8. ALOÈS ARBORESCENT

Aloe arborescens

J F M A M J J A S O N **D**

Hauteur	Largeur	Exposition	Feuillage	Rusticité
1,50 m	1,50 m	Soleil	V	-5 °C

Pour des précisions ➲ p. 336.

9. ALOÈS

Aloe aristata

J F M A M **J J** A S O N D

Hauteur	Largeur	Exposition	Feuillage	Rusticité
40 cm	20 cm	Soleil	V	-10 °C

Vivace succulente, aux feuilles persistantes vertes, tachées de points blancs et bordées de minuscules dents blanches non piquantes. Fleurs rouges et orange en épis. C'est l'un des aloès les plus rustiques. Pour plus de précisions sur les aloès ➲ p. 336.

Tonnelles et pergolas

Être couvert tout en restant au grand air, c'est le pari tenu par les pergolas et les constructions à claire-voie. Jamais vraiment dehors, jamais à l'intérieur non plus, la structure ajourée habillée de végétation grâce aux grimpantes tient ses promesses.

Pergola ou tonnelle ?

Utiliser une tonnelle ou une pergola pour faire paraître le jardin plus grand en créant un « tunnel de verdure » dont l'extrémité ne se dévoile que partiellement ... 1

Construire une pergola

Les moins sûrs d'eux peuvent se procurer des modèles en kit à monter : leur allure est standardisée, mais la réussite est assurée ! Les plus bricoleurs peuvent s'atteler à la conception et à la construction d'une pergola. Quelques conseils pour démarrer ... 2

Tonnelle-kiosque

Palisser les plantes grimpantes

Même les espèces grimpantes munies de système d'accroche (vrilles, ventouses, crampons...) ont besoin d'être guidées, au moins au démarrage de la croissance ... 3

Tailler la glycine

La glycine est très vigoureuse, et une taille annuelle est conseillée pour modérer sa vigueur. Elle sert également à préparer les floraisons abondantes de belles grappes mellifères ... 4

Tailler les clématites

Laissées sans taille, les clématites se dégarnissent du pied et portent leurs fleurs de plus en plus rares à l'extrémité des rameaux. Sachez distinguer les différentes catégories et les tailler en conséquence ... 5

La petite histoire

Les Égyptiens ont eu les premiers l'idée de conduire la vigne en treille ou en guirlande. Ils plantaient des ceps entre les arbres ou en habillaient des structures pareilles à des pergolas d'aujourd'hui ... 6

IDÉES

→ POURQUOI PAS... Une tonnelle en Saules tressés ? 7

→ POURQUOI PAS... Un tipi, la plus simple des pergolas ? 8

et Si

· Ma bignone fleurit bien moins qu'autrefois ? 9

· De nombreuses feuilles de ma clématite au feuillage persistant brunissent et sèchent ? 10

Les Plantes idéales

Voici des plantes grimpantes ou volubiles, de croissance assez rapide, qui développent des lianes généreuses permettant d'habiller de grandes structures (tonnelles et pergolas) et de générer de l'ombre.

★ **Des grimpantes pour leurs fleurs :** *Campsis grandiflora* (bignone à grandes fleurs) ; *Clematis armandii* (clématite d'Armand) ; *Dregea sinensis* (wattakaka) ; *Hydrangea petiolaris* (hortensia grimpant) ; *Lonicera spp.* (chèvrefeuille grimpant) ; *Passiflora caerulea* (passiflore) ; *Rosa* (variétés grimpantes à fort développement et rosiers lianes) ; *Solanum jasminoides* (morelle faux jasmin) ; *Wisteria chinensis, W. floribunda* (glycine).

★ **Des grimpantes d'abord pour leur feuillage :** *Akebia quinata* (akébie) ; *Aristolochia macrophylla* (aristoloche) ; *Hedera colchica* 'Dentata Variegata' ; *Humulus lupulus* 'Aureus' (houblon doré) ; *Parthenocissus spp.* (vigne vierge) ; *Vitis coignetiae* (vigne d'ornement), *V. vinifera* (vigne à raisin, treille).

NOS CONSEILS

1. Repérez le sens des vents et des courants d'air sur votre terrasse. Placez l'ouverture de la tonnelle à l'opposé des vents dominants, sans quoi vous aurez un tunnel d'air désagréable.

2. Doublez le côté exposé au vent d'un treillage rigide sur lequel vous ferez pousser une plante grimpante pour créer un rideau de végétation.

3. Pensez que certaines plantes sont très vigoureuses, comme les glycines et les vignes vierges : prévoyez la solidité de la construction (tonnelle ou pergola) en rapport.

4. Dans un petit jardin, scellez les montants horizontaux de la pergola directement sur le mur de la maison ou dans l'un des murs de clôture. Cela évite de poser des montants verticaux qui réduisent visuellement l'espace.

5. Côté entretien, sachez que les bois exotiques (ipé, teck...) ne réclament aucun soin, mais que les bois lasurés ou bruts nécessitent un traitement tous les 10 ans environ. Quant au bois peint, vous devrez le poncer et le repeindre tous les 3 à 5 ans selon l'intensité du soleil et des pluies.

1 Pergola ou tonnelle ?

- **Une pergola** est une construction fixe constituée de deux montants verticaux soutenant une structure horizontale située en principe dans le prolongement de la maison sur laquelle elle est fixée. Traditionnellement, la pergola était en bois, mais elle peut être aussi en métal ou en fer forgé.
- **Une tonnelle** est une construction plus petite, souvent en fins montants métalliques, et de forme circulaire rectangulaire ou hexagonale. Souvent amovible, elle se fixe un peu partout au jardin et peut se démonter.

N'oubliez pas que les dimensions de ces éléments d'architecture doivent être proportionnées à la taille du jardin. Pergola et tonnelle sont là pour donner du volume et de la hauteur au décor, pas pour le boucher. Les deux s'habillent de grimpantes à la végétation légère.

Glycine palissée sur une pergola

Palissage du houblon doré

2 Construire une pergola

- Pour une pergola bien équilibrée, ne choisissez pas des montants verticaux trop gros (une section de 10 cm est suffisante).
- Prévoyez une hauteur comprise entre 2,50 et 3 m. Plus haute, la pergola donnera une impression trop monumentale.
- N'écartez pas les poteaux de plus de 3 m, pour éviter que les supports horizontaux soient trop massifs.
- Utilisez pour le « toit » des chevrons de 20 cm de large et de 5 cm d'épaisseur.

3 Palisser les plantes grimpantes

Dès la plantation, guidez les grimpantes sur leur support. Faites monter les tiges le long des piliers que vous devrez garder le plus possible dégagés. Par la suite, attachez les rameaux principaux sur le « plafond » de la pergola ou de la tonnelle. Utilisez des liens de raphia ou de fil plastique creux (moins joli) et, dans tous les cas, faites des attaches lâches, car avec leur croissance en diamètre, les tiges pourraient se trouver étranglées, provoquant des points qui peuvent casser net. En fin de saison, nettoyez les plantes grimpantes et taillez les rameaux trop longs. Vérifiez avec soin que des pousses trop vigoureuses ne soient pas parvenues à tordre ou abîmer les montants de la construction.

Taille d'été d'une glycine

4 Tailler la glycine

Taillez une première fois en mars-avril pour couper les tiges secondaires de l'année précédente. Conservez 4 ou 5 feuilles (et leur bourgeon axillaire). Réduisez les grandes branches d'un tiers de leur longueur pour provoquer leur ramification. En été, coupez au ras toutes les nouvelles branches mal formées, qui se croisent ou qui poussent dans une mauvaise direction. En cours de saison, vous pouvez renouveler plusieurs fois la taille de printemps, pour réduire la longueur des tiges, et couper régulièrement les nouvelles pousses.

5 Tailler les clématites

- **Pour les clématites à petites fleurs et à floraison printanière** *(Clematis armandi* ou *C. montana),* faites un toilettage après la floraison en mai. Aérez le centre, raccourcissez les rameaux les plus longs et éliminez le bois mort.
- **Les clématites à grandes fleurs et à floraison printanière** fleurissent sur le bois de l'année précédente. Faites un nettoyage superficiel et, après la floraison, taillez de moitié tous les rameaux, jusqu'à 1 m du sol. Rabattez sévèrement tous les 5 ans pour la reformer.
- **Les clématites à floraison estivale** (de juin à septembre), fleurissent sur le bois de l'année. Taillez-les sévèrement en hiver, à 40 cm du sol.

Si vous ignorez la période de floraison de votre clématite à grandes fleurs, coupez court une tige sur deux à 40 cm du sol, en automne ou en mars. Conservez les tiges les plus robustes.

Clematis alpina

Clematis 'Miss Bateman' (précoce, à grandes fleurs)

Clematis x *durandii*

Idées

7 Pourquoi pas... une tonnelle en saules tressés ?

Réalisez une véritable tonnelle vivante en osier frais (on qualifie ainsi les branches non séchées de certaines espèces de saule). Particulièrement flexibles, les rameaux d'un an permettent un tressage à volonté. On peut les acheter de janvier à avril ou les prélever soi-même sur un saule. Au moment du prélèvement, conservez les rameaux dans un fond d'eau pour les maintenir vivants. Travaillez le sol pour bien l'assouplir, au besoin amendez-le. À la plantation, entre novembre et mars, coupez la base des brins d'osier en biseau et enfoncez-les tous les 20 cm, en leur donnant une inclinaison de 30°, puis renouvelez dans l'autre sens de manière à dessiner des losanges sur la paroi. À la reprise de végétation, la tonnelle prend vie.

8 Pourquoi pas... un tipi, la plus simple des pergolas ?

Récupérez quelques grandes branches d'arbres ou des tiges de bambous, de canne de Provence... de 3 à 4 m de haut. Tracez au sol un grand cercle de 2 m de diamètre au moins et, sur ce tracé, fichez les branches en terre, inclinées vers l'intérieur, et attachez-les au sommet. Garnissez le tipi en semant des poquets de 5 à 7 graines de plantes grimpantes annuelles, volubilis, Suzanne-aux-yeux-noirs, haricot d'Espagne... Et faites participer vos enfants, ils adoreront.

6 La petite histoire

La conduite culturale en treille, d'abord utilisée pour le vigne, s'est répandue en même temps que sa culture. L'idée de la pergola a été adaptée aux plantes ornementales, les rosiers en première place. Dès le XVe siècle, des pergolas et des tonnelles prolongeaient les colonnades des cloîtres. Au début de la Renaissance, les jardins italiens se sont parés de longues pergolas couvertes de rosiers grimpants blancs. Le mot « pergola » dérive d'ailleurs de l'italien pergula, qui désigne la tonnelle.

et Si

9 Ma **bignone** fleurit bien moins **qu'autrefois** ?

La bignone est une plante exigeante en soleil, qui a besoin d'un sol riche pour bien pousser et surtout pour bien fleurir. Apportez un bon engrais organique en fin d'automne (compost, fumier...) ou un engrais à libération plus rapide en début de printemps (engrais pour arbustes fleuris...). Taillez en automne ou en fin d'hiver à 2 ou 3 yeux (bourgeons) comme pour la vigne. Et renouvelez tous les ans.

10 De nombreuses feuilles de ma **clématite** à feuillage persistant **brunissent** et sèchent ?

Feuillage persistant ne signifie pas pour autant que les feuilles restent vertes en permanence. En fin de cycle, elles brunissent et sèchent, et restent, un temps, sur la plante. Contentez-vous de réduire les rameaux d'un tiers de leur longueur pour exalter la ramification ; bientôt, de nouvelles feuilles vertes et duveteuses naîtront.

AKÉBIE

Akebia quinata

J F M **A** M J J A S O N D

5/10 m | 4/8 m | SP

Volubiles, les tiges de l'akébie s'enroulent autour de son support. Elles portent des feuilles alternes, palmées, arrondies, découpées en 5 folioles de 4 à 8 cm de long, vert clair dessus et glauques au revers. Les fleurs en grappes pendantes, pourpre violacé foncé, au parfum épicé, donnent des fruits ovales de 10 cm de long, mauves, qui s'ouvrent naturellement, laissant découvrir une chair gluante, transparente, comestible.

SOL Léger, de préférence siliceux et frais.

EXPOSITION Bien ensoleillée. Une orientation à l'ouest est idéale.

CULTURE Plantez à l'automne ou au printemps. Supprimez les vieux rameaux dégarnis en hiver. Palissez les pousses mal orientées. Fertilisez en avril.

ESPÈCE ET VARIÉTÉS Il existe 5 espèces, mais seul *Akebia quinata* est cultivé. 'Alba' (de 6 à 8 m), à fleurs blanc et rose ; 'Variegata' (de 4 à 5 m), à feuillage panaché de jaune clair au printemps.

CULTURE EN POT Dans un bac de 50 cm en tous sens, dans un terreau universel additionné de sable et de compost d'algues.

UTILISATIONS Couvre-mur (avec support), treillage, clôture, pergola, porche.

ARISTOLOCHE

Aristolochia macrophylla

J F M A M **J J A** S O N D

7/10 m | 4/6 m | C | -10 °C

Cette grimpante volubile, originaire du sud-est des États-Unis, porte des feuilles alternes cordiformes de 10 à 30 cm de long, dont l'abondance dissimule partiellement les fleurs verdâtres marbrées de pourpre, en forme de pipe, de 2 à 3 cm de long, qui lui ont valu le surnom de « pipe allemande ». L'écorce et les racines sont aromatiques. Croissance souvent stupéfiante.

SOL Pas trop lourd, plutôt fertile, frais, mais dépourvu d'humidité permanente.

EXPOSITION Chaude, soleil ou mi-ombre.

CULTURE Coupez les rameaux âgés et, après la floraison, rabattez les rameaux aux deux tiers.

ESPÈCES Il existe environ 300 espèces. *Aristolochia macrophylla*, l'aristoloche siphon ou la pipe des Hollandais (de 6 à 10 m), est aussi proposé sous les noms (invalides) de *A. durior* et *A. sipho*. Les aristoloches à grandes fleurs comme *A. gigantea*, *A. grandiflora* et *A. littoralis* sont des plantes magnifiques, mais à cultiver en serre ou véranda, car elles ne sont pas rustiques.

CULTURE EN POT Non adaptée.

UTILISATIONS Habillage d'un treillage, pergola, couvre-mur dans les jardins du Midi.

BIGNONE À GRANDES FLEURS, JASMIN DE VIRGINIE

Campsis spp.

J F M A M J **J A S** O N D

8/12 m | 4/6 m | C

Cette plante grimpante, appelée autrefois *Bignonia*, est très rustique. Des racines aériennes lui servent de crampons pour s'accrocher. Les feuilles, opposées, pennées, sont découpées en folioles dentées. Les fleurs forment des trompettes jaunes, orangées ou rouges.

SOL Fertile, même calcaire, mais de préférence profond, humifère.

EXPOSITION Chaude et ensoleillée, mais le pied au frais, avec un paillis ou un tapis de vivaces couvre-sol.

CULTURE Plantez au printemps. Taillez fin mars les ramifications des trois quarts de leur longueur, pour que le pied s'étoffe. Protégez des fortes gelées avec un paillis.

ESPÈCES ET VARIÉTÉS Il existe 2 espèces. *Campsis grandiflora*, la bignone à grandes fleurs ou de Chine (de 8 à 10 m), aux trompettes rouge orangé, plus larges que longues, portées sur des tiges pendantes (rusticité – 15 °C). *C. radicans*, le jasmin de Virginie (de 5 à 10 m), rusticité – 18 °C ; 'Atropurpurea', rouge pourpre ; 'Flamenco', orange à rouge ; 'Flava' (syn. 'Yellow Trumpet'), de 6 à 10 m, jaune orangé ; 'Huitan' (syn. 'Tango'), compact (4 m), rouge intense ; 'Stromboli', compact (4 m), rouge sang.

CULTURE EN POT Dans un pot de minimum 30 m en tous sens et des variétés compactes.

UTILISATIONS Couvre-mur, habillage de clôture, portail, porche, treillage.

Campsis radicans

*Télécharger l'application Truffaut +, voir p. 6-7

CLÉMATITE D'ARMAND

Clematis armandii

J **F M** A M J J A S O N D

4/7 m | 4/6 m | P | -10 °C

La clématite d'Armand est une vigoureuse plante grimpante appréciée pour ses petites fleurs blanches (de 5 cm de diamètre), au parfum de fleur d'oranger, très précoces, qui apparaissent sur les pousses de l'année précédente, et pour son feuillage persistant, vert moyen, lustré.

SOL Bien travaillé, profond, frais, fertile. Terrain argilo-siliceux idéal.

EXPOSITION Les fleurs au soleil, le pied à l'ombre, protégé par des plantes couvre-sol ou une tuile. L'est convient très bien.

CULTURE Plantez en automne ou au printemps, en posant la motte de racines à plat sur le sol. Taillez après la floraison.

ESPÈCES ET VARIÉTÉS Il existe plus de 270 espèces et de nombreuses variétés naturelles. On cultive l'espèce type, *Clematis armandii*, et de nombreux cultivars. Citons 'Apple Blossom' (de 4 à 6 m), aux boutons rose foncé donnant des fleurs blanc rosé, parfumées, en mars-avril ; 'Little White Charm' (de 3 à 4 m), compact, fleurs crème très parfumées, plus grandes que celles de l'espèce type ; 'Snowdrift' (de 3 à 4 m), grandes fleurs blanc pur, épanouissement plus tardif que l'espèce (avril).

CULTURE EN POT Possible dans un bac de 30 cm de côté, dans une terre non calcaire. Un arrosage au goutte-à-goutte lui convient, car elle n'aime pas avoir les pieds secs.

UTILISATIONS Treillage, clôture, pylône, arceau, habillage des arbres et des arbustes, bac.

WATTAKAKA

Dregea sinensis

J F M A M **J J** A S O N D

5/7 m | 2/3 m | V | -10/-15 °C

Cette plante vivace est une grimpante volubile. Les grandes feuilles caduques sont ovales, vert clair, à revers duveteux. La floraison donne des ombelles de fleurettes crème à vieux rose, marquées de rouge à l'intérieur, délicieusement parfumées et mellifères. Fructification en fin d'été en curieux petits fruits en forme de croissants.

SOL Frais et humifère, bien drainé.

EXPOSITION Soleil ou mi-ombre. La plante est rustique, mais épargnez-lui les courants d'air froid et les gelées tardive qui peuvent compromettre la floraison.

CULTURE Donnez un support pour que la plante s'y enroule. Arrosez copieusement les 2 premiers étés, suspendez les arrosages en hiver. En automne, apportez une bonne quantité de compost. La taille, en avril, est superflue ; intervenez seulement pour limiter la végétation ou pour nettoyer le feuillage abîmé par le froid.

ESPÈCES ET VARIÉTÉS Il existe 12 espèces, seul *Dregea sinensis* est cultivé dans nos régions. 'Brockhill Silver', au feuillage bordé de blanc ; 'Explosion', au feuillage marbré vert foncé, vert tilleul et crème ; 'Variegata', au feuillage panaché.

CULTURE EN POT Dans un pot de 40 cm de haut et 30 cm de large, dans une terre riche en humus et de pH neutre.

UTILISATIONS Pergola, treillage.

LIERRE DE COLCHIDE

Hedera colchica

J F M A M J J A S O N D

5/10 m | 5/6 m | P

Hedera 'Gold child'

Cet arbuste grimpant est extrêmement vigoureux, jusqu'à se montrer envahissant. Il porte des feuilles alternes, de 10 à 20 cm de long, ovales, le plus souvent entières, charnues, vert terne dessus. La floraison insignifiante produit des petits fruits sphériques bleu-noir en hiver.

SOL Toute terre fraîche et humifère, même assez consistante ou calcaire.

EXPOSITION Évitez seulement le soleil très brûlant. Les variétés panachées demandent une lumière tamisée. Les lierres verts résistent bien à l'ombre très dense.

CULTURE Plantez toute l'année les sujets vendus en pot. Arrosez bien. N'hésitez pas à rajeunir le pied en supprimant les rameaux anciens.

ESPÈCES ET VARIÉTÉS Il existe 17 espèces. *Hedera colchica*, le lierre de Colchide (de 5 à 10 m) ; 'Dentata Variegata' (de 5 à 7 m), à grandes feuilles ondulées vert clair bordé de jaune, plante vigoureuse dans toutes les situations de culture ; 'Sulphur Heart' (de 5 à 7 m), feuilles vert sombre lavées d'une tache irrégulière jaune-vert au centre.

CULTURE EN POT Possible, même en intérieur. Optez pour les variétés à faible développement et au feuillage panaché.

UTILISATIONS Couvre-mur, couvre-sol, habillage de façade, d'escalier…

HOUBLON

Humulus lupulus

J F M A M J **J A S** O N D

Hauteur : 3/7 m — Largeur : 2/4 m — C

Cette superbe plante grimpante très volubile porte sur ses tiges hirsutes des feuilles opposées, de 10 à 15 cm de long, palmées, divisées en 3 à 5 lobes. Les fleurs femelles en épis ovoïdes de 30 cm de long sont parfumées.

SOL Profond, consistant, bien drainé, neutre, riche en matières organiques.

EXPOSITION Mi-ombre ou soleil doux pour une bonne intensité dorée du feuillage.

CULTURE Plantez au printemps. Pincez les jeunes pousses pour les aider à ramifier et obtenir une touffe plus dense. Empêchez la plante de se marcotter naturellement, sinon elle envahit tout.

ESPÈCES ET VARIÉTÉS Il existe 3 espèces. *Humulus lupulus* 'Aureus' (de 4 à 6 m), à feuillage doré. *H. scandens* (syn. *H. japonicus*), le houblon du Japon (de 4 à 8 m), plante annuelle dans nos régions, porte de très nombreux fruits jaunâtres en septembre ; 'Variegatus' (de 3 à 4 m), moins vigoureux, à feuillage irrégulièrement panaché de jaune.

CULTURE EN POT Non adaptée.

UTILISATIONS Sur un treillage, un pylône ou une clôture.

> **CONSEIL**
>
> Plantez un houblon doré au pied d'un petit arbre ou d'un grand arbuste dégarni, il l'habillera en beauté.

HORTENSIA GRIMPANT

Hydrangea petiolaris

J F M A M J **J A S** O N D

Hauteur : 5/10 m — Largeur : 3/5 m — C

Excellent couvre-mur, l'hortensia grimpant se pare de superbes ombelles estivales. Cet arbuste sarmenteux très vigoureux développe des racines aériennes en forme de crampons qui lui permettent de s'accrocher au support. Les feuilles, opposées, de 8 à 12 cm de long, cordiformes, se colorent de jaune d'or en automne. Les corymbes plats de 15 à 25 cm de diamètre sont accompagnés de larges bractées blanches sur le pourtour.

SOL Profond, acide, frais, humifère.

EXPOSITION Au nord, la mi-ombre est idéale, mais l'ombre douce acceptée.

CULTURE Plantez en automne et attachez les jeunes tiges, car les crampons sont lents à se former. En hiver, supprimez les tiges mal placées. Fertilisez au printemps et paillez le pied.

ESPÈCES ET VARIÉTÉS Il existe 80 espèces. *Hydrangea petiolaris* 'Mirranda' (syn. 'Firefly'), 5 m, à feuilles vert clair marginé de jaune ; 'Winter Surprise' (2 m), compact, à feuillage semi-persistant d'un très beau rouge pourpre en automne. *H. seemannii* (de 4 à 5 m) est une autre espèce grimpante, persistante, à feuilles oblongues, coriaces, floraison blanche de juillet à septembre (rusticité – 8 °C). Le cultivar 'Semiola' (3 m), à feuillage persistant, très rustique, est un hybride de *H. petiolaris* x *H. seemannii*.

CULTURE EN POT Peu adapté.

UTILISATIONS Habillage d'un mur, façade.

CHÈVREFEUILLE GRIMPANT

Lonicera spp.

J F M A **M J J A S** O N D

Hauteur : 2/6 m — Largeur : 2/4 m — C/P

Lonicera x heckrottiii

Ces généreuses lianes arbustives donnent des fleurs qui embaument. Rustiques et vigoureux, les chèvrefeuilles grimpants développent des rameaux sarmenteux portant des feuilles opposées, de 2 à 8 cm de long, ovales. Les fleurs, tubulaires, souvent parfumées, à 2 grandes lèvres colorées, laissent les étamines apparentes. Baies rouges en automne.

SOL Riche, frais, bien drainé.

EXPOSITION Plein soleil non brûlant ou mi-ombre, même assez intense.

CULTURE Plantez à l'automne ou au printemps. Aidez les tiges à s'enrouler sur leur support. Attention aux pucerons.

ESPÈCES ET VARIÉTÉS La nomenclature botanique internationale reconnaît aujourd'hui 103 espèces et quelques sous-espèces. *Lonicera* x *brownii* 'Dropmore Scarlet' (de 3 à 5 m), caduc ou semi-persistant, à fleurs tubulaires rouge orangé ; 'Golden Trumpet', jaune. *L.* x *heckrottii* (5 m), caduc, bien parfumé, fructification décorative rouge (toxique) ; 'Goldflame' (4 m), aux boutons rouges s'ouvrant en corolles blanches très parfumées. *L. henryi* (de 6 à 8 m), persistant, saumon ; 'Copper Beauty' (3 m), fleurs parfumées jaune orangé. *L. japonica*, le chèvrefeuille du Japon (de 6 à 8 m), persistant, fleurs parfumées blanches ; 'Halliana' (6 m), blanc crème et jaune ; 'Hall's Prolific' (6 m), les très nombreuses fleurs blanches qui jaunissent en vieillissant embaument littéralement ; 'Mint Crisp' (2,50 m), feuillage vert-jaune piqueté de vert foncé, blanc et jaune ; 'Sweet Isabelle' (3,50 m), fleurs jaunes qui blanchissent en fanant, très parfumées ; var. *chinensis* (de 5 à 10 m), rouge. *L. periclymenum*, le chèvrefeuille des bois (de 7 à 8 m) ; 'Chic & Choc' (1,50 m), forme naine idéale pour la culture en pot, jaune et rouge ; 'Scentsation' (3 m), compact et très florifère, jaune et blanc, particulièrement parfumé ; 'Serotina' (de 6 à 7 m), les fleurs s'ouvrent blanches dans un calice rouge foncé, puis jaunissent en vieillissant, fructification en baies rouges décoratives. *L. sempervirens* 'Cedar Lane' (2,50 m), feuillage glauque semi-persistant, floraison de mai-juin à septembre en fines trompettes rouge foncé à gorge jaune, fructification automnale rouge orangé très décorative (rusticité – 15 °C) ; 'John Clayton' (2,50 m), jaune. *L. similis* (3 m), feuillage persistant, fleurs jaune crème très parfumées de juin à septembre. Très rustique. *L.* x *tellmanniana* (syn. *L.* 'Redgold'), le chèvrefeuille de Tellmann (5 m), est un hybride horticole à feuillage caduc, dont les fleurs tubulaires s'épanouissent de mai à juillet dans les tons orangés. *L. xylosteum*, le chèvrefeuille des haies (2 m), caduc, les fleurs blanc crème en mai-juin sont suivies de fruits rouge vif.

- **HYBRIDE :** *L.* 'Firecracker' (3 m), semi-persistant, les feuilles rondes enveloppent la tige et sont glauques comme celles des jeunes eucalyptus. Floraison rose orangé de juin à septembre, agréablement parfumée.

CULTURE EN POT Dans un bac de 50 cm en tous sens, dans un terreau universel avec 20 % d'amendement organique.

UTILISATIONS Habillage de clôture, treillage, pylône, pergola ou en bac.

Lonicera 'Scentsation'

VIGNE VIERGE

Parthenocissus spp.

J F M A M J J A S O N D

8/15 m | 6/10 m | C

Parthenocissus quinquefolia 'Yellow Wall'

Originaire de Chine ou d'Amérique du N'rd, cette liane de croissance rapide porte des feuilles alternes, simples et lobées ou composées, de 8 à 20 cm de long, qui prennent de jolies teintes à l'automne. Fleurs insignifiantes, fruits en baies bleues ou noires. Cette immense grimpante se colle à son support par des ventouses.

SOL Riche, profond, consistant, plutôt argileux, enrichi en matière organique.

EXPOSITION Plein soleil non brûlant, la mi-ombre légère est bien acceptée.

CULTURE Plantez en automne ou au printemps sans abîmer la motte. Palissez les jeunes sujets jusqu'à ce qu'ils s'accrochent d'eux-mêmes. Pincez les tiges volubiles mal orientées.

ESPÈCES ET VARIÉTÉS Il existe 13 espèces. *Parthenocissus henryana*, la vigne vierge de Chine (de 6 à 10 m), aux feuilles à 3 ou 5 folioles panachées de blanc et de rose au niveau des nervures. *P. quinquefolia*, la vigne vierge vraie

Parthenocissus tricuspidata 'Veitchii'

(de 12 à 18 m), très vigoureuse, aux feuilles à 5 folioles dentelées, s'accroche avec des vrilles ; 'Red Wall' (de 6 à 10 m), feuillage vert devenant rouge vif en automne ; 'Star Showers' (de 8 à 10 m), feuilles panachées de blanc et de rose dans des proportions très variables, teinte rouge en automne ; 'Yellow Wall' (de 6 à 10 m), feuillage vert doré devenant d'un somptueux jaune brillant en automne. *P. tricuspidata*, la vigne vierge à grandes feuilles ou lierre de Boston (15 m), au feuillage palmé ; 'Golden Wall' (de 3 à 4 m), feuillage couleur citron vert, réussit bien en bac ; 'Lowii' (de 3 à 5 m), à petites feuilles très découpées ; 'Minutifolia' (de 5 à 7 m), à petites feuilles entières ; 'Purpurea' (syn. 'Atropurpurea'), moins de 10 m, grandes feuilles pourpres en automne ; 'Veitchii' (15 m), très vigoureux, à grandes feuilles vernissées aux coloris très vifs en automne, est aussi appelé (à tort) *Ampelopsis veitchii* ; 'Veitchii Robusta' (syn. 'Gloire de Boskoop'), aux feuilles à 3 lobes qui atteignent 20 cm de long.

CULTURE EN POT Dans un bac de 30 à 40 cm de côté au minimum, dans un terreau pour rosiers enrichi de 20 % d'un fertilisant organique.

UTILISATIONS Couvre-mur, façade.

ENVAHISSANTE

Surveillez la croissance de cette grimpante, car elle arrive vite à obstruer les gouttières et à s'immiscer dans les interstices sous la toiture. Taillez sans contrainte en toute saison.

PASSIFLORE, FLEUR DE LA PASSION

Passiflora caerulea

J F M A M J **J A S O N** D

Hauteur	Largeur	Exposition	Sol	Rusticité
5/10 m	3/6 m	soleil	P	-3/-5 °C

Grimpant à l'aide de vrilles, la passiflore développe d'immenses tiges souples et anguleuses, aux feuilles alternes, de 6 à 10 cm de long, finement découpées. Les organes de la fleur, qui rappellent les symboles de la Passion du Christ, ont donné son nom à cette très jolie liane. Fruits ovoïdes orangés, comestibles.

SOL Profond, riche, humifère.

EXPOSITION Chaude, ensoleillée, plein sud.

CULTURE Plantez au printemps. Après la floraison, réduisez de moitié la longueur des rameaux pour conserver un bon équilibre. Ailleurs que dans le Midi, buttez le pied et protégez la ramure en hiver avec plusieurs épaisseurs de voile.

ESPÈCES ET VARIÉTÉS Il existe plus de 400 espèces. *Passiflora caerulea* (de 7 à 10 m), aux fleurs bleu et blanc, est la plus rustique (– 12 °C) ; 'Constance Elliot', fleurs blanches. *P.* x *allardii* (de 7 à 10 m), aux fleurs blanches nuancées de rose (rusticité – 5 °C). *P.* x *belotii* (syn. *P.* x *alatocaerulea*) 'Impératrice Eugénie' (de 5 à 7 m), feuilles à 3 lobes, fleurs rose et pourpre (rusticité – 7 °C) ; 'Perfume Passion', la seule parfumée, blanc teintée de rose. *P. edulis* (de 4 à 5 m), à fleurs blanc rosé et vert, gros fruits comestibles (rusticité – 3 °C). *P. incarnata* (2 m), aux feuilles finement dentées, fleurs blanc pourpré, parfumées, assez rustique (– 10 °C). *P. lutea* (de 3 à 5 m), petites fleurs vert-jaune (rusticité – 10 °C).

- **HYBRIDES** : Il existe de nombreux hybrides, dont les meilleurs sont 'Amethyst' (4 m), feuillage glauque, fleurs mauve pourpré (rusticité – 7 °C) ; 'Betty Myles Young' (de 6 à 8 m), fleurs identiques à celles de *P. caerulea*, mais plus grandes, 12 cm (rusticité – 8 °C).

CULTURE EN POT Dans un bac de 30 à 40 cm de côté, dans un terreau enrichi d'amendement organique. Dans les régions fraîches, hivernez-la.

UTILISATIONS Couvre-mur, habillage de clôture, porche, pylône, treillage. En véranda.

COUP DE FROID

Si l'ensemble de la plante grille en hiver en raison du froid, rabattez toute la ramure en mars. Souvent, la végétation repart de la souche après des arrosages copieux.

Vidéo « Cultiver la passiflore »

MORELLE FAUX JASMIN

Solanum jasminoides

J F M A M J **J A S O** N D

Hauteur	Largeur	Exposition	Sol	Rusticité
5/6 m	2/3 m	soleil	SP	-10 °C

Vidéo « Cultiver un *Solanum* »

Cet arbuste sarmenteux porte de gracieuses grappes très parfumées. Originaire du Brésil, il développe de longs rameaux souples, presque volubiles, qui peuvent facilement être palissés. Les feuilles alternes, de 3 à 5 cm de long, sont étroites, luisantes, parfois découpées. Les fleurs blanc bleuté au parfum de jasmin s'épanouissent en bouquets lâches.

SOL Frais, léger, plutôt humifère et acide.

EXPOSITION Chaude et ensoleillée.

CULTURE Plantez au printemps. Arrosez par temps sec, mais évitez l'eau stagnante sur le pied. Dès l'automne, protégez le pied par un bon paillis dans la moitié nord de la France.

ESPÈCES ET VARIÉTÉS Il existe environ 1 400 espèces. *Solanum jasminoides* 'Album', blanc pur. *S. crispum* (de 5 à 6 m) est également grimpant, fleurs bleu lilacé ; 'Glasnevin' (4 m), bleu violacé.

CULTURE EN POT Dans un pot de 50 cm de côtés, dans 75 % de terreau et 25 % de sable. Installez le support à la plantation.

UTILISATIONS Palissé sur un mur, un treillage, une clôture.

BORD DE MER

C'est une très bonne grimpante pour les jardins du bord de mer.

VIGNE D'ORNEMENT

Vitis spp.

J	F	M	A	M	J	J	A	S	O	N	D

Hauteur	Largeur		
5/8 m	5/8 m	☀	C

La vigne d'ornement est un grand arbuste sarmenteux. Elle développe de longues pousses souples qui s'accrochent avec des vrilles à tous les supports. Les feuilles, alternes, sont joliment colorées en automne. Floraison insignifiante et fruits noirs ou bleutés, décoratifs.

SOL Sec et caillouteux, calcaire, bien drainé, amendé en matière organique.

EXPOSITION Chaude et ensoleillée.

CULTURE Plantez en automne. Taillez en cours de végétation pour limiter le développement, mais réduisez la taille d'hiver à un équilibrage. Les vrilles évitent le palissage, mais il faut un support très solide. Traitez à la bouillie bordelaise au printemps et en automne.

ESPÈCES ET VARIÉTÉS Il existe près de 80 espèces et de nombreuses variétés naturelles. *Vitis amurensis* (de 8 à 10 m), aux feuilles cordiformes à 3 lobes, rouge écarlate et pourpre en automne, fruits non comestibles. Les vignes fruitières (➲ p. 836) sont également intéressantes pour habiller les pergolas.

CULTURE EN POT Dans un bac de 50 cm de diamètre et de profondeur, dans une bonne terre de jardin pas trop acide, allégée par 10 % de sable. Même en pot, la vigne se développe très rapidement.

UTILISATIONS Treille sur pergola, couvre-mur, habillage d'une palissade.

Vitis coignetiae

GLYCINE

Wisteria sinensis

J	F	M	A	**M**	**J**	J	A	**S**	O	N	D

Hauteur	Largeur		
8/15 m	6/10 m	☀	C

Originaires de Chine, du Japon (➲ p. 291) et du sud des États-Unis, les glycines sont des grimpantes ligneuses volubiles, dont les longs bras s'enroulent autour de leur support. Les feuilles, alternes, aux folioles ovales, atteignent 40 cm de long. Les inflorescences en grappes pendantes, souvent parfumées, sont formées de fleurs papilionacées bleues ou blanches. Les fruits, en forme de haricots veloutés, mesurent de 10 à 15 cm.

SOL Non calcaire, plutôt sec, fertile, profond, bien travaillé, richement amendé chaque année en matière organique.

EXPOSITION Ensoleillée et chaude, à l'abri des vents forts et frais qui peuvent endommager les boutons floraux à la sortie de l'hiver. La mi-ombre est tolérée.

CULTURE Plantez en automne et arrosez bien. En février, lorsque les boutons floraux sont formés, taillez court (2 yeux) les rameaux qui en sont dépourvus, de façon à aérer la plante. Ne conservez pas plus de 4 boutons à fleurs (arrondis) sur la même tige.

ESPÈCES ET VARIÉTÉS Il existe 9 espèces. *Wisteria frutescens*, la glycine d'Amérique (de 3 à 4 m), fleurs bleu lilacé ; 'Amethyst Falls' (de 4 à 6 m), grappes courtes bleu violacé en mai et en fin d'été ; 'Longwood Purple' (de 4 à 5 m), fleurs pourpre violacé en grappes de 15 à 25 cm de long. *W. sinensis*, la glycine de Chine (moins de 10 m), dont les branches s'enroulent de droite à gauche, plus vigoureuse et remontante, aux grappes de 30 cm ; 'Alba' (10 m), à fleurs blanches ; 'Black Dragon' (10 m), longues grappes de 40 cm bleu lavande, parfum puissant ; 'Caroline' (5 m), à fleurs bleu violacé qui remontent un peu en été ; 'Prolific' (10 m), très nombreuses grappes de 30 cm de long bleu-mauve, parfumées.

Wisteria sinensis

CULTURE EN POT Possible dans un grand bac de 50 à 60 cm de profondeur, avec du terreau pour agrumes. Préférez *Wisteria frutescens*, à plus petit développement. Installez le support au moment de la plantation.

UTILISATIONS Habillage de mur, rambarde, pergola, tonnelle, porche. Attention, les branches de glycine sont capables de tordre les grilles les plus solides.

POUR LES TONNELLES ET LES PERGOLAS, VOUS POUVEZ AUSSI CULTIVER

★ *Actinidia deliciosa* (kiwi) ➲ p. 832
★ *Bougainvillea glabra, B.* x *spectabilis* (bougainvillée) ➲ p. 238 ★ *Schizophragma hydrangeoides* (faux hortensia grimpant) ➲ p. 126 ★ *Tecoma capensis* (chèvrefeuille du Cap) ➲ p. 633 ★ *Trachelospermum jasminoides* (jasmin étoilé) ➲ p. 281

Rosiers lianes et sarmenteux

Les rosiers grimpants ont en commun de produire depuis leur souche de longs rameaux souples de plusieurs mètres, une caractéristique inconnue chez les rosiers buissons.

1

1

2

3

4

5

6

7

8

Ces longues tiges peuvent être palissées sur une tonnelle, un treillage, une façade ou tout autre support. Pour autant, ils constituent une catégorie très variée. Pour vous en faire une idée précise, vous pourrez vous reporter à la classification de la World Federation of Rose Societies et sa classification de 1971. Mais pour une approche de jardinier, il est plus simple de considérer le caractère remontant ou non remontant de la floraison et la vigueur.

Rosiers grimpants non remontants

Boudés par les catalogues, car ils ne fleurissent qu'une fois par an en juin, ils sont intéressants pour la vigueur de leur végétation ; leurs très longs rameaux sont utiles pour couvrir les grands supports. Leurs fleurs sont très nombreuses, petites ou moyennes, et la floraison abondante et somptueuse.

Rosiers grimpants remontants

Ils proviennent de certaines variétés de rosiers buissons à grandes fleurs ou à fleurs groupées. Leur développement est moindre que les précédents. Ils fleurissent en continu pendant l'été, avec une première floraison beaucoup plus abondante. Sur les étiquettes, leur nom de variétés est accolé de la précision CLB pour climbing pour les distinguer de la forme buissonnante dont ils sont issus.

La vigueur des rosiers

On doit aussi considérer la vigueur des rosiers, les grimpants, ou sarmenteux, ont un développement de 2 à 6 m, tandis que les lianes peuvent dépasser les 10 m ; ces derniers sont plus vigoureux et leurs tiges plus fines et plus souples.

La taille

On pratique différemment selon que les rosiers sont remontants ou non. Les rosiers non remontants peuvent être taillés dès la fin de leur floraison, au mois d'août. Pour les rosiers remontants, la meilleure période pour la taille est la sortie de l'hiver, lorsque tout risque de gelée est écarté, soit entre mars et mai selon les régions.

1. PIERRE DE RONSARD	1,50/3 m	1/2 m	R
2. BOBBIE JAMES	6/10 m	4/6 m	NR
3. ROSIER DE BANKS *Rosa banksiae 'lutea'*	8/15 m	4/8 m	NR
4. MARIETTA SILVA TAROUCA	5/6 m	¾ m	R
5. RED PARFUM	3/4 m	2 m	R
6. FÉLICITÉ ET PERPÉTUE	3/6 m	3/4 m	NR
7. VEILCHENBLAU	3/4 m	2/3 m	NR
8. MADAME CAROLINE TESTOUT	3/5 m	2/3 m	R

Une belle pelouse

Après avoir été semé, le gazon constitue un espace vert régulier, homogène et décoratif, que l'on désigne par le terme « pelouse ». Soigneusement réalisée et correctement entretenue, une pelouse dure plusieurs dizaines d'années (certaines, en Angleterre, ont 150 ans !).

Choisir son mélange pour gazon

Comprendre la composition des mélanges de semences pour gazon est la première étape avant même de mettre la main sur les outils et de préparer le terrain. Du bon choix dépend la réussite ... 1

La préparation du terrain

L'installation d'un gazon réclame une préparation du terrain soigneuse, une étape où il ne faut compter ni son temps ni ses efforts ... 2

C'est bon pour la planète et la biodiversité : Rôle anti-pollution du gazon

Le gazon, en produisant de l'oxygène, joue un rôle anti-pollution non négligeable ... 3

La maîtrise du semis

Chaque étape compte, et celle du semis est particulièrement importante. Il faut savoir semer correctement, de manière homogène, et dispenser les quelques gestes primordiaux ... 4

Le coin du curieux

Dans une boîte de graines de gazon, la proportion entre chaque espèce de graminée est exprimée en volume et non en nombre de graines ... 5

Une pelouse fleurie

De petites taches de pâquerettes et de bulbes à floraison printanière, voilà une très jolie solution dans les jardins de style naturel ... 6

IDÉES

→ POURQUOI PAS... Un espace de jeu engazonné pour les enfants ? 7

→ POURQUOI PAS... Un dallage aux joints gazonnés ? 8

Les Plantes idéales

Les gazons sont des mélanges de semences. Vous en trouverez p. 369 les principales composantes.

NOS CONSEILS

1. *Le choix du mélange de semences est important, selon l'usage prévu pour le gazon, mais aussi selon les contraintes (gazon pour l'ombre, le soleil, la sécheresse, le Midi...), les formulations sont déjà pensées par les fournisseurs.*

2. *Semez de préférence en septembre. La terre est bien réchauffée et les mauvaises herbes annuelles propagées au printemps par le vent et les oiseaux sont en fin de vie.*

3. *Le gazon réclame beaucoup d'entretien, si on n'est pas sûr de pouvoir l'assurer, mieux vaut remplacer les grandes étendues par de la prairie, éventuellement fleurie, à faucher une ou deux fois par an.*

4. *Dans les situations mal éclairées, ne vous obstinez pas à vouloir faire pousser un gazon, remplacez-le par des plantes couvre-sol* (→ p. 140)*. Même si les mélanges de gazon comportant un fort pourcentage de fétuque ovine peuvent donner des résultats corrects à l'ombre, il est toujours difficile d'y maintenir une belle pelouse.*

5. *De la même manière, évitez d'implanter du gazon sur les zones difficiles d'accès, notamment les très fortes pentes, qui poseront des problèmes pour la tonte.*

6. *Si l'engazonnement concerne des lieux de passage, prévoyez des allées de plus de 1 m pour circuler facilement et posez un pas japonais pour ménager la pelouse.*

et Si

- Je cherche une graminée qui supporte bien la sécheresse du Midi ? 9
- Je veux un gazon plus respectueux de l'environnement ? 10

1 Choisir son mélange pour gazon

Aucune pelouse n'est composée d'une seule espèce de graminée à gazon, mais d'un mélange approprié. Chacune possède des qualités et des propriétés différentes, aucune prise séparément ne possédant tous les avantages. Préférez les mélanges de gazon les plus qualitatifs (Label rouge, par exemple), car ils sont composés des variétés les plus performantes, issues des dernières recherches et sélections, résistant au piétinement, ayant une rapidité d'installation, à repousse lente et offrant une finesse de feuillage pour l'esthétique.

2 La préparation du terrain

Éliminez toute la végétation spontanée en place, plus vigoureuse que les graminées du gazon. La solution la plus simple, la plus rapide et la plus efficace consiste à traiter l'ensemble de la parcelle dévolue à la pelouse avec un herbicide approprié. Ôtez les pierres, émiettez les mottes de terre, incorporez un amendement organique à base de fumiers décomposés et d'algues, à la dose moyenne de 500 g/m^2. Ratissez en croisant, nivelez correctement et passez le rouleau (voir plus loin) : sur un terrain parfaitement préparé, on doit pouvoir marcher sans laisser de traces de pas. Sinon, c'est que la terre est mal damée et la pelouse risque de prendre un aspect ondulé.

3 *C'est bon pour la planète et la biodiversité : Rôle anti-pollution du gazon*

Un hectare de gazon produit l'oxygène nécessaire à 150 personnes et capte le CO_2 d'environ 50 voitures. Lors d'une canicule, il a le pouvoir refroidissant de 70 t d'air climatisé. Une pelouse est moins chaude de 10 °C que l'asphalte. Le gazon réduit les nuisances sonores. Il absorbe les sons violents. Il limite également le réfléchissement de la lumière. Le gazon agit comme un filtre naturel en purifiant l'eau qui s'infiltre dans son système racinaire. Il contrôle l'érosion des sols par l'eau et le vent. Il garantit stabilité et équilibre. C'est également un filtre à poussières. *(Source : Société française des gazons.)*

4 La maîtrise du semis

Par une journée sans vent, mélangez les semences dans le paquet pour ne pas que les plus fines restent au fond. Puis mêlez-les à 2 ou 3 fois leur volume de terreau ou de sable pour permettre une diffusion plus uniforme lors de la dispersion de la semence sur le sol. La dose moyenne de semis est de 30 à 40 g de graines/m^2, ce qui correspond à deux poignées. Pour une grande surface de pelouse, procédez par rectangles de 5 m^2 (soit 2 x 2,50 m), délimités par des cordeaux, pour éviter les manques. Semez toujours en croisant perpendiculairement (éventuellement, séparez la dose de graines en deux tas, un pour chaque sens) et insistez sur les bordures, qui doivent être plus drues. Passez le râteau pour enfouir les graines à environ 1 cm de profondeur ou recouvrez-les de terreau. Roulez, pour plaquer les semences et obtenir une surface bien plus lisse, plate et uniforme, et arrosez en pluie fine.

Arrosage d'un semis de gazon

5 Le coin du curieux

Dans une boîte de graines de gazon, la proportion les espèces de graminées est exprimée en volume et non en nombre de graines. Il importe de savoir que 10 % de fétuque ovine représente le même nombre de graines que 40 % de ray-grass anglais, ce dernier comptant 500 graines au gramme, contre 2 000 pour la fétuque ovine. Mais c'est l'agrostide la plus fine, avec 15 000 graines au gramme, ce qui explique son pourcentage toujours faible (au maximum 10 %) dans les mélanges.

DU GAZON LABEL ROUGE

Les règles de composition ont été élaborées par les experts les plus éminents des secteurs public et privé. Les critères de choix des meilleures variétés retenues reposent sur les essais officiels réalisés par le Groupe d'étude des variétés et des semences (GEVES) de l'Inra (Institut national de la recherche agronomique). Toute composition vendue sous le Label rouge a reçu l'agrément de la Commission technique nationale chargée de vérifier sa conformité aux règles du label. Le contrôle du Label rouge est assuré par un organisme certificateur indépendant de Progazon : le Service officiel de contrôle et de certification des semences et plants (SOC) du ministère de l'Agriculture.

6 UNE PELOUSE FLEURIE

Pour une belle pelouse fleurie, il faut simplement accepter de ne pas tondre pendant le mois suivant la floraison, afin que les plantes à fleurs reconstituent leurs réserves pour l'année suivante. Cette solution est tout à fait valable dans les zones peu entretenues et dans les vergers plantés d'arbres en formes libres.

IDÉES

7 POURQUOI PAS... UN ESPACE DE JEU ENGAZONNÉ POUR LES ENFANTS ?

Tous les gazons pour aire de jeux et de sports ne se valent pas, regardez bien la composition des mélanges de semences : ils doivent afficher au moins 60 % d'espèces résistantes au piétinement et à l'arrachage, à savoir du ray-grass anglais, de la fétuque élevée et du pâturin des prés. Fiez-vous une fois de plus au Label rouge. Vous pouvez aussi tout miser sur le ray-grass anglais, il existe des gazons étiquetés « Spécial terrains secs » ou « Spécial regarnissage » qui en contiennent exclusivement.

8 POURQUOI PAS... UN DALLAGE AUX JOINTS GAZONNÉS ?

Belle finition que celle des joints engazonnés, entre les dalles ou les pas japonais. Creusez les joints sur 3 cm de profondeur. Déposez une couche de sable dans le fond des sillons, mélangez les graines de gazon avec du sable et semez dru, comme pour les bordures. Arrosez en pluie fine.

et Si

9 Je cherche une **graminée** qui supporte bien la **sécheresse** du Midi ?

Le gazon des Mascareignes (*Zoysia tenuifolia*) est une véritable graminée miracle pour le Midi. Il a fait l'objet de sélections pour les régions de climat méditerranéen et le bord de mer. Cette plante asiatique résiste très bien au piétinement, à la sécheresse et tolère tous les types de sols.

Sa croissance très lente limite les tontes à 2 interventions annuelles, 4 en cas d'arrosage automatique. La plante entre en dormance à partir de 8 °C, mais elle résiste à de courtes gelées jusqu'à – 8 °C. En été, le *Zoysia* reste vert pâle sans présenter l'aspect d'un paillasson comme d'autres graminées. Seul problème, cette plante ne produit pas de graines, on ne peut donc l'utiliser que sous forme de boutures ou en placage.

10 Je veux un **gazon** plus respectueux de **l'environnement** ?

Semez une pelouse « éco-alternative », réclamant moins d'arrosages, et donc moins de tontes pour moins de déchets. Préférez les mélanges contenant du microtrèfle blanc, car cette plante est un engrais naturel, grâce à sa faculté de puiser l'azote atmosphérique pour le restituer dans le sol.

Entretenir sa pelouse

UNE FOIS LA PELOUSE BIEN ÉTABLIE, L'ENTRETIEN PREND LE RELAIS ET IL EST PRIMORDIAL POUR CONSERVER LE PLUS BEL ASPECT AU GAZON, ENTRE TONTES, FERTILISATIONS, AÉRATION ET AUTRES TÂCHES, LE CALENDRIER EST BIEN REMPLI.

L'ART DE LA TONTE

Tondre la pelouse, voilà le geste le plus courant et le plus parlant pour tous les jardiniers. L'opération répond à des règles précises ... **1**

ARROSER LE GAZON ?

Faut-il ou non arroser le gazon ? Les avis sont partagés. Tout dépend du type de pelouse que vous cherchez à obtenir ... **2**

C'est bon pour la planète : Désherber, les bonnes pratiques

Pour éviter de polluer la nappe phréatique, mieux vaut limiter le plus possible de recourir aux désherbants sélectifs ... **3**

LES SOINS OCCASIONNELS : AÉRER ET SCARIFIER LE GAZON

Surtout s'il est un lieu de passage et de piétinement. Un sol compacté affecte rapidement la qualité de la pelouse, dont la végétation manque de vigueur et se décolore ... **4**

Vidéo « Rénover la pelouse »

FERTILISATION ET TERREAUTAGE

Terreautage, fertilisation... tout ce qu'il faut savoir et mettre en pratique pour la bonne santé du gazon ... **5**

RESTAURER UNE PELOUSE ENDOMMAGÉE

Si votre pelouse présente des zones endommagées, semez un mélange de regarnissage ou placez des pièces de gazon en plaque ... **6**

IDÉES

→ POURQUOI PAS... Tirer profit des tas de tortillons de terre sur mon gazon ? 7

→ POURQUOI PAS... Une belle pelouse comme sur les terrains de sport ? 8

NOS CONSEILS

1. *Appréciez la hauteur de tonte en fonction de la destination de la pelouse et de la saison. Rappelons que le gazon peut se concevoir simplement comme un ornement ou pour l'agrément, ou encore pour un usage plus intensif, comme une aire de jeux pour les enfants ; dans ce cas, il doit être rustique. Dans le premier emploi, la hauteur de coupe doit être de 2 cm, toute l'année, pour un usage d'agrément entre 2 et 4 cm, avec une tonte hebdomadaire au printemps et en été. Pour un gazon rustique, on réglera la hauteur entre 5 et 10 cm, ce qui correspond à deux tontes par mois pendant la même période.*

2. *Évitez de laisser les déchets de tonte au sol : vous échaperez au feutrage, responsable du développement de maladies. Pensez à mettre le bac de récupération à la tondeuse.*

3. *Les feuilles mortes se ramassent... au râteau à feuilles (et pas à la pelle comme l'a dit le poète qui ne devait pas beaucoup jardiner !) pas seulement pour faire propre et net : une épaisseur de feuilles mortes réduit l'évaporation des sols mouillés et favorise les maladies.*

4. *Faites simple pour la fertilisation, en employant un engrais pour gazon ; il est riche en azote et favorise la production de feuilles. Pas d'excès, sinon gare aux brûlures, et assurez un épandage régulier pour un résultat homogène (les défauts se voient en une semaine). Pour un résultat parfait, utilisez un épandeur à cuve, qui se manie comme une tondeuse.*

5. *Pensez aux bordures, en tondant avec une cisaille à long manche, un coupe-bordure ou un coupe-herbe à fil à tête orientable. Si les bordures deviennent irrégulières, reformez-les deux fois par an au dresse-bordure, un outil pour les trancher et laisser des bords nets.*

et Si

- Des champignons poussent en rond dans mon gazon ? 9
- Mon chien « s'oublie » sur ma pelouse ? 10
- J'en ai assez de ramasser les tontes ? 11

***Télécharger l'application** Truffaut +, **voir p. 6-7**

1 L'ART DE LA TONTE

- **La tonte** demande de la régularité. Tondre trop tôt (ou trop court), c'est affaiblir les touffes de graminées ; tondre trop tard, c'est risquer d'arracher les brins d'herbe plutôt que de les couper de manière nette. C'est pourquoi vous devez tondre, en général, toutes les semaines entre avril et mi-octobre, pour couper le tiers de la hauteur des brins d'herbe. Les tontes seront plus fréquentes au printemps et par temps pluvieux (tous les 4 ou 5 jours), plus espacées et moins rases en été par temps chaud (tous les 10 à 15 jours). Et surtout, avant la saison, pensez à faire affûter la lame de votre tondeuse.
- **Le roulage** du gazon doit être un réflexe après chaque tonte, si vous souhaitez un gazon « anglais ». L'opération vise à aplanir les irrégularités de la surface de la pelouse. En effet, sur un sol instable, après des pluies abondantes, les périodes de gel ou à l'usage, elle prend parfois un aspect irrégulier, voire un peu bosselé. Le roulage couche les brins d'herbe qui, au contact du sol, produisent des racines, signe d'une meilleure croissance et d'une robustesse accrue. En principe, les modèles du commerce ont des bords arrondis (vérifiez tout de même) pour éviter de laisser des traces du passage. Adaptez le rouleau à la nature du sol : sur un sol lourd et tassé, passez un outil plus léger, comme un modèle dont le rouleau est à remplir d'eau ; sur un sol léger ou normal, utilisez un rouleau à remplir de sable. Si le profil du sol est vraiment trop irrégulier, envisagez une rénovation complète de votre gazon.

Rouleau à gazon

La petite histoire

La tondeuse à gazon a été inventée en 1830 par l'ingénieur anglais Edwin Bundding (1795-1846), qui travaillait dans l'industrie textile (il a aussi inventé la clé à molette, dite « clé anglaise »). Il s'est inspiré d'une machine à peigner le velours qui fonctionnait comme des ciseaux, avec un cylindre hélicoïdal frottant sur une contre-lame fixe. L'entreprise Robert Ransome fabriqua industriellement les premières tondeuses à partir de 1832, mais elles ne connurent guère de succès avant le tout début du XXe siècle.

2 ARROSER LE GAZON ?

La tendance est d'arroser le moins possible le gazon (sauf lors des semis), quitte à le laisser jaunir en été. Toutefois, si vous tenez à un gazon de type green, l'arrosage est fondamental ; il doit couvrir toute la surface du gazon, en débordant sur ses limites. Arrosez à la demande, le matin tôt ou en fin de journée pour limiter l'évaporation (comptez de 3 à 5 l par mètre carré, chaque soir, lorsque la température dépasse les 25 °C, pour une pelouse à l'anglaise). Intervenez lorsque le gazon perd de son élasticité (vos pas marquent dans l'herbe). La terre doit être humide sur au moins 15 cm de profondeur, sans quoi le gazon développe des racines superficielles, ce qui le rend encore plus sensible au manque d'eau.

3 C'est bon pour la planète : Désherber, les bonnes pratiques

Dans le cas où la pelouse est totalement envahie par des mauvaises herbes vivaces, limitez l'usage de désherbants sélectifs à un unique passage, en appliquant strictement les préconisations d'emploi inscrites sur l'emballage. En effet, ces produits se répandent dans le sol et polluent l'eau. De plus, on pollue aussi l'intérieur de la maison parce que des particules se collent aux semelles du jardinier. Si vous désirez jardiner sans produits chimiques, utilisez plutôt la gouge (couteau à désherber) pour éliminer les plantes indésirables.

4 Les soins occasionnels : aérer et scarifier le gazon

- **L'AÉRATION.** Dans un sol lourd, le compactage entraîne en hiver une humidité stagnante qui favorise l'apparition des maladies. L'ancienne méthode, qui a fait ses preuves, est de chausser des aérateurs, des sortes de semelles garnies de grandes pointes, et d'arpenter la pelouse en suivant un cheminement régulier. Cette technique valable pour les petites surfaces peut être remplacée par l'emploi d'une fourche-bêche. Enfoncez la fourche bêche de 10 cm dans le sol, tous les 10 à 15 cm, et effectuez un léger mouvement d'avant en arrière pour élargir les trous d'aération. Pour les grandes étendues, louez un aérateur motorisé – cet appareil prélève des carottes de terre à profondeur et intervalles réglables – ou utilisez un rouleau muni de pointes métalliques.
- **LA SCARIFICATION** provoque des stries dans le sol, pour permettre les échanges gazeux au niveau des racines, tout en supprimant les mousses et le feutrage. Après passage du scarificateur, épandez du terreau pour donner une cure de jouvence au gazon. La scarification se pratique au printemps et en septembre, toujours sur une pelouse légèrement humide.

Aérateurs

Scarification

5 Fertilisation et terreautage

Fertilisez avec un **engrais gazon** en avril. Il va stimuler la reprise de la croissance et apporter les réserves nutritives indispensables pour toute la saison. Les formules à libération lente ne nécessitent qu'une seule application annuelle. L'engrais doit être distribué à la dose prescrite sur l'emballage (utiliser un épandeur), toujours sur un sol humide.

Quant au **terreautage**, à pratiquer après la scarification ou l'aération, il consiste à couvrir la pelouse de 1 cm de bon terreau fin, enrichi de 20 % de fertilisant organique (à base de fumiers et d'algues). Faites pénétrer le mélange avec un balai-brosse.

Terreautage pour regarnissage

6 Restaurer une pelouse endommagée

- **Pour réparer une pelouse partiellement abîmée,** montrant des manques, des zones pelées, semez un gazon de regarnissage. Les formules sont pensées pour une restauration rapide. Elles sont constituées de ray-grass anglais, les graines sont enrobées d'une coque protectrice (argile et engrais) afin que la semence puisse germer sans problème, même si elle n'est pas complètement enterrée. Le semis de regarnissage s'effectue en avril-mai. On trouve aussi des mélanges de graines, terreau et engrais « patch gazon » d'application facile et qui améliorent les chances de bon résultat.
- **Pour les surfaces un peu plus importantes,** le plus simple est d'utiliser du gazon en plaque. Faites un véritable reprisage, en découpant directement les pièces de la taille et de la forme des zones à reconstituer. Griffez le sol, plaquez et roulez, puis terreautez et arrosez en pluie fine tous les jours pendant les 10 jours suivants. Après deux tontes, les raccords ne se verront plus.
- **Enfin, pour réparer une bordure abîmée,** découpez un bon carré de gazon comprenant la zone à réparer et retournez-le vers l'intérieur, ce qui permet de reconstituer immédiatement la nouvelle bordure. Remplissez la partie vide à reconstituer avec un substrat sableux (6 parts de sable et 3 parts de terreau), tassez bien avec le plat de la main et semez un gazon de regarnissage (des graines de ray-grass anglais enrobées d'un mélange fertilisant qui facilite la germination).

LE PROBLÈME DES MOUSSES

Les mousses se développent surtout dans les milieux acides, humides et trop ombragés. La première mesure consiste donc à éviter d'implanter un gazon à l'ombre. Mieux vaut dans ce cas opter pour des couvre-sols adaptés ou bien laisser la mousse former un joli tapis vert.

Sur une pelouse déjà implantée, il faut aérer, scarifier et tondre plus haut, puis épandre de la cendre de bois. Il est possible aussi d'apporter un peu de lumière en élaguant les branches basses des arbres et arbustes et en pratiquant une taille de transparence. Évitez le sulfate de fer, qui a tendance à acidifier le sol, donc à encourager la repousse des mousses.

Quoiqu'il en soit, sachez que même si vous chaulez et épandez des engrais antimousse, la mousse reviendra tôt ou tard tant qu'il y aura de l'ombre et de l'humidité.

IDÉES

7 POURQUOI PAS... TIRER PROFIT DES TAS DE TORTILLONS DE TERRE SUR MON GAZON ?

Ces petits tortillons, qu'on appelle « turricules », sont simplement les déjections des vers de terre, qu'ils viennent déposer après avoir ingéré et digéré la matière organique du sol. Bonne nouvelle, c'est un signe de bonne santé de votre sol. De plus, c'est un excellent engrais. Étalez-les ou récupérez-les pour les incorporer au mélange utilisé pour les rempotages ou les semis.

8 POURQUOI PAS... UNE BELLE PELOUSE COMME SUR LES TERRAINS DE SPORT ?

L'aspect particulier des terrains de football, avec leurs bandes de gazon qui semblent alterner vert clair et vert foncé, s'obtient en utilisant des tondeuses professionnelles à cylindres de coupe munies de rouleaux. On passe la machine dans le sens de la largeur du terrain et c'est la direction que prennent les brins de gazon sous le poids du rouleau qui permet d'obtenir cet effet de « bandes ». Vous constaterez d'ailleurs le même phénomène en passant la main sur un tapis. Il semble changer de couleur selon la direction dans laquelle on lui « caresse le poil ».

et Si

9 Des champignons poussent en rond dans mon gazon ?

Un champignon, c'est un réseau dense de filaments qui se développe sous terre et fructifie pour donner les « champignons », constitués d'un pied et d'un chapeau. On appelle leur disposition en cercles, plus ou moins grands, « ronds de sorcières ». Il y a deux cas : il s'agit soit de faux cercles, où un arbre est le centre et où le mycélium suit les radicelles périphériques, soit d'une unique spore qui germe, puis envoie le mycélium dans tous les sens. L'apparition de champignons est le signe d'un sol riche en matière organique, humide et plutôt compact. Éliminez les champignons dès qu'ils sont visibles, avant que les spores abritées dans les chapeaux ne de disséminent et contribuent à l'extension.

10 Mon chien « s'oublie » sur ma pelouse ?

L'urine des animaux brûle les feuilles du gazon, se traduisant par l'apparition de taches jaunes peu esthétiques. Interdisez la pelouse à votre chien, sinon arrosez abondamment les traces de son passage pour diluer l'urine et limiter les dégâts. Pulvérisez un répulsif sur les lieux habituels de son passage, à proximité de la pelouse.

11 J'en ai assez de ramasser les tontes ?

D'habitude, vous tondez, vous rassemblez les déchets de tonte et vous les mettez dans le composteur. Terminée la corvée, grâce au mulching. Il s'agit de laisser les déchets très finement hachés pour en faire un paillis, utile contre la sécheresse, et qui se décomposera en engrais naturel, en laissant un gazon impeccable. Un bon mulching ne se voit pas ! Pour se faire, il n'y a pas de secret, il faut utiliser une tondeuse-mulching munie du dispositif nécessaire à la « pulvérisation » des brins d'herbe. Il existe aussi des kits « mulching » à adapter à votre vieille tondeuse.

Tondeuse mulching

LES BONNES GRAMINÉES

LE RAY-GRASS ANGLAIS *(Lolium perenne)* est l'une des espèces les plus utilisées, avec un pourcentage moyen de 30 à 50 % dans les compositions. Son avantage principal est une installation très rapide (il lève en 4 à 8 jours), qui lui permet de vite coloniser le sol nu afin d'empêcher la pousse des mauvaises herbes. Le ray-grass anglais est la plus souple d'emploi de toutes les graminées à gazon. Les variétés récentes résistent au piétinement et les sélections récentes ont, en outre, réduit sa vitesse de croissance.

LA FÉTUQUE ROUGE *(Festuca rubra)* s'installe assez rapidement ; la levée se fait en 10 à 20 jours, donne un gazon fin et dense, et accepte les tontes courtes. Dotée d'une grande longévité, elle supporte les lieux ombragés. On distingue trois sortes de fétuques rouges :

- **la fétuque gazonnante** : d'une finesse remarquable, elle pousse lentement, mais n'apprécie guère le piétinement ;
- **la fétuque demi-traçante** : très fine, elle se régénère rapidement grâce à ses rhizomes et résiste mieux au piétinement. Elle accepte aussi la chaleur, une relative sécheresse et les sols salés du bord de mer ;
- **la fétuque traçante** : fortement rhizomateuse, elle pousse plus rapidement que les autres et couvre bien le terrain. Elle a fait l'objet de nombreuses sélections qui donnent des plantes plus fines et à croissance lente.

LA FÉTUQUE ÉLEVÉE *(Festuca arundinacea)* est présente surtout dans les mélanges destinés aux régions chaudes, car elle résiste à la sécheresse et aux températures élevées. Cette graminée n'apprécie pas d'être tondue trop court, mais elle supporte bien le piétinement. La levée s'effectue en une vingtaine de jours.

LA FÉTUQUE OVINE *(Festuca ovina)* ; seule la forme dite 'Durette', qui produit des touffes compactes, aux feuilles fines, est utilisée dans les gazons. Rustique, économique, peu exigeante, cette espèce s'installe lentement (levée en 18 à 22 jours) et supporte mal la concurrence des mauvaises herbes et le piétinement régulier.

LE PÂTURIN DES PRÉS *(Poa pratensis)* est fortement rhizomateux. Cette graminée n'est pas de la plus grande finesse, mais c'est l'espèce qui résiste le mieux au piétinement. On l'emploie systématiquement dans les gazons destinés aux terrains de sport et de jeux, où on le trouve dans une proportion de 30 à 50 %. Il lève en une vingtaine de jours.

L'AGROSTIDE *(Agrostis tenuis)* est la plus fine des graminées à gazon. Les greens de golf sont d'ailleurs composés uniquement d'agrostide stolonifère *(Agrostis stolonifera)*. Elle supporte bien les tontes très rases (jusqu'à 3 mm), mais demande des arrosages abondants et fréquents. D'implantation assez délicate, il lui faut un sol finement préparé. La levée est assez rapide : une douzaine de jours.

Festuca rubra
(Fétuque rouge)

Festuca rubra
(Fétuque rouge)

Festuca ovina
(Fétuque ovine)

Poa pratensis
(Pâturin des près)

Vite une haie !

La haie est en général, avec la pelouse, la première chose que l'on installe quand on arrive dans un jardin. On est impatient de clore son terrain pour être « chez soi » ! Voici tous nos conseils pour accélérer au mieux les choses.

Une haie qui pousse vite, c'est quoi ?

Ce n'est pas une haie type, mais composée d'espèces exactement adaptées à la situation particulière du jardin (sol, climat, région), qui démarre dès sa mise en terre et pousse de plusieurs dizaines de centimètres dans la saison ... 1

Philadelphus coronarius

Prendre les mauvaises herbes de vitesse

Pour une pousse rapide, il ne peut y avoir qu'une seule plante dans le trou de plantation ! Les mauvaises herbes font preuve d'une vigueur insoupçonnée quand il s'agit de s'installer quelque part. Prévoyez la parade ! ... 2

Un trou de plantation parfait pour démarrer vite

Vous devez pouvoir installer vos plantes dans le trou de plantation sans plier les racines. Il doit donc être suffisamment profond. Mais il faut aussi penser à ameublir en largeur, c'est ce qui assurera un démarrage et une croissance express ... 3

C'est bon pour la planète : La haie champêtre

La haie champêtre est le type même de haie qui pousse vite. Elle est bien plus utile à la faune et la microfaune de la région que toute autre haie ... 4

Achat des plants : sous quelle forme ?

Quand vient le moment d'acheter, l'offre est si diversifiée qu'il peut être difficile de choisir : en pot, en motte, à racines nues... Quelle est la meilleure stratégie pour que votre haie pousse vite et éventuellement pour minimiser le budget ? ... 5

Planter jeune ou acheter de gros plants ?

Si vous n'avez que quelques mètres de haie, il est tentant de prendre de belles plantes de plus de 1 m de haut. Une matinée de travail, et la haie est finie ! Mais est-ce vraiment la meilleure solution ? ... 6

Prunus laurocerasus

IDÉES

→ POURQUOI PAS... **Du Saule tressé ?** Une haie en saule tressé en moins d'un an, c'est amusant ! Attention, ce n'est pas toujours idéal... **7**

→ POURQUOI PAS... **Des bambous ?** Une haie de bambous, c'est bien... sous certaines conditions ! **8**

et Si

- Je veux une haie de roses ? **9**
- Je veux une haie express d'annuelles ? **10**
- Je veux une haie de graminées ? **11**

Les Plantes idéales

★ **Espèces à feuillage persistant ou semi-persistant :**
Carpinus betulus (charmille) ; x *Cupressocyparis leylandii* (cyprès) ; *Ligustrum japonicum*, *L. ovalifolium* (troène) ; *Photinia* x *fraseri* ; *Phyllostachys spp.* (bambou) ; *Prunus laurocerasus* (laurier-cerise).

★ **Espèces à fleurs :**
Buddleja davidii (buddléia, variétés stériles uniquement) ; *Ceanothus* x *delilianus* (céanothe à feuillage caduc).

★ **Espèces à feuillage :**
Cornus alba, *C. stolonifera* (cornouiller) ; *Thuja spp.*

★ **Espèce à baies ou fruits :**
Corylus maxima 'Purpurea' (noisetier pourpre).

LES RÈGLES

1. Choisissez des espèces adaptées au climat et au sol. Les espèces indigènes sont toujours un bon choix.
2. Ne lésinez pas sur la qualité des plants. Et cette qualité est avant tout celle du système racinaire.
3. Pralinez les racines quand vous plantez à racines nues.
4. N'hésitez pas, l'année suivant la plantation, à tailler toutes les plantes de la haie d'un tiers à la moitié de leur hauteur afin qu'elles se ramifient bien. La haie repousse très vite et devient beaucoup plus touffue.

Vite une haie !

1 Une haie qui pousse vite c'est quoi ?

On peut arbitrairement considérer qu'une haie qui pousse vite est une haie qui remplit son rôle (brise-vue, brise-vent, décoration, séparation…) dans les 2 ou 3 ans qui suivent sa plantation. Selon ce que l'on attend d'elle, il faut qu'elle pousse en hauteur, en épaisseur, qu'elle donne des fleurs ou des fruits… Derrière cette croissance rapide, il y a le travail du jardinier, qui est primordial (choix des espèces, plantation, entretien…).

Haie fleurie de *Philadelphus* (seringat) et *Weigelia*

2 Prendre les mauvaises herbes de vitesse

Les 2 premières années, il est important que les plantes n'aient pas de concurrence. Retenez que les « mauvaises » herbes poussent aussi en hiver, à la faveur des redoux, et que les racines de certaines vivaces sont suffisamment puissantes pour concurrencer celles des jeunes arbustes, surtout dans la terre ameublie que vous aurez soigneusement préparée. L'idéal est de décompacter le sol sur toute la longueur de la haie, sur 1 m de large et 20 cm de profondeur, et de creuser, pour chaque plant, un trou de 40 cm de profondeur. On pose par-dessus un feutre géotextile biodégradable (qui laisse passer l'air et l'eau) et l'on fait une ouverture en croix au-dessus de chaque trou. On procède ensuite à la plantation. Pour cacher le feutre, pas vraiment esthétique, feuilles mortes, compost ou paillage feront l'affaire.

3 Un trou de plantation parfait pour démarrer vite

Pour un démarrage et une croissance rapides, préparez soigneusement le trou de plantation. La largeur est aussi importante que la profondeur. En effet, les racines latérales munies de radicelles sont celles qui alimentent la plante en eau et éléments nutritifs. Si elles peuvent s'étendre rapidement en largeur, la croissance sera plus rapide. Prévoyez un trou égal à 3 fois le volume de la motte.

4 *C'est bon pour la planète : La haie champêtre*

La haie champêtre est composée d'espèces indigènes. Ces plantes étaient autrefois abondantes autour des prés et des champs, et certaines sont encore en place. Déterminez les espèces qui composent les haies sauvages et introduisez ces plantes dans votre propre haie. Étant parfaitement adaptées aux conditions locales, elles pousseront vite en hauteur et en épaisseur. De plus, elles sont utiles à la faune et la microfaune locale, et participent à ces « biocorridors » (une succession d'espaces verts et de plantations dans lesquels les populations animales circulent) qui sont le gage d'un bon brassage génétique.

5 Achat des plants : sous quelle forme ?

- **À racines nues :** les plants sont moins coûteux, le transport est plus facile et la reprise est en général excellente. Mais vous ne pouvez planter qu'entre novembre et mars, pendant la période de dormance. Et seules les espèces caduques sont vendues sous cette forme.
- **En motte :** les plants sont arrachés avec de la terre autour de la motte racinaire, et cette dernière est emballée dans de la toile de jute ou tout autre matériau biodégradable. Les plants sont en général de belle taille, bien formés, car ils ont poussé en pleine terre, sans racines qui tournent. Mais le budget est plus élevé que pour des racines nues.
- **En pot :** on peut planter toute l'année et choisir des plantes dont on voit la floraison. Mais le coût peut devenir vite élevé, et si les plantes ont trop attendu dans le pot, les racines peuvent commencer à tourner au fond du contenant. Dans ce cas, découpez le chignon de racines à la plantation.

6 PLANTER JEUNE OU ACHETER DE GROS PLANTS ?

Si la haie n'est pas très longue et si vous êtes pressé, il est tentant d'acheter des plants de belle taille. Mais l'expérience montre que ce n'est pas toujours le meilleur calcul. Des jeunes plants de qualité et bien plantés poussent vigoureusement et atteignent vite une bonne hauteur. Les plants plus âgés font de l'effet immédiatement, mais poussent moins vite, car ils ont grandi en pot ou ont été arrachés en motte, et leur reprise demande un an ou deux. Dans les deux cas, on plante un peu plus serré qu'on ne le ferait pour des plantes en massifs : l'écartement moyen entre deux arbustes est de 1 m (contre 1,50 à 2 m dans les massifs).

IDÉES

7 POURQUOI PAS... DU SAULE TRESSÉ ?

Le saule tressé peut constituer une haie en moins de 2 ans. Le principe est simple : on plante dans une terre fraîche des tiges de saule de 1 à 2 m de long, que l'on « tresse » ou entrecroise de manière aussi régulière que possible. Le saule s'enracinant extrêmement vite, des pousses vertes apparaissent et finissent par faire un rideau de verdure. Mais n'oubliez pas que le saule est un (grand) arbre de bord d'eau : cette haie vive va demander des arrosages très fréquents et des tailles très régulières (au moins une fois par mois). Aurez-vous le temps et la patience de vous en occuper ?

8 POURQUOI PAS... DES BAMBOUS ?

Les bambous peuvent constituer une excellente haie... s'ils sont contenus. Tous les *Phyllostachys* sont envahissants. La barrière antibambou que l'on installe sur 70 cm de hauteur, en pleine terre, ne suffit pas toujours à les contenir. Pensez aussi aux *Fargesia*, qui restent en touffe (mais sont moins hauts, 2-3 m).

et Si

9 Je veux une **haie** de **roses** ?

Rosa 'Sally Homes'

Choisissez un rosier arbustif et une variété qui pousse vite et fleurit longtemps, comme 'Sally Holmes', vigoureux, à nombreuses fleurs presque simples, crème. Il fleurit sans de juin aux gelées. Plantez un pied tous les mètres.

10 Je veux une **haie** express d'**annuelles** ?

On peut constituer de petites haies éphémères de 1 à 1,30 m de haut en plantant des espèces assez touffues, comme des cosmos, des roses trémières, des cannas, des impatiens de l'Himalaya. Il faut prévoir deux piquets à chaque extrémité du rang pour tendre des ficelles qui empêcheront les plantes de verser après une grosse pluie ou un coup de vent.

11 Je veux une **haie** de **graminées** ?

Plantez une graminée vivace très droite, comme *Calamagrostis* x *acutiflora* 'Karl Foester' aux tiges raides, qui monte à 1,80 m pour seulement 60 cm de large. Les panicules étroites, rose bronze, virent au chamois en hiver.

Vite une haie !

ARBRE À PAPILLONS

Buddleja spp.

J F M A M J **J A** S O N D

Hauteur	Largeur	Exposition	Rusticité
2/3 m	1/2 m	Soleil	C

Buddleja davidii

D'un port élégant, cet arbuste souple porte des panicules de fleurs dressées, dont l'odeur agréable attire les papillons. Feuilles opposées, ovales, dentées, de 20 cm de long, gris-vert. L'arbuste atteint sa taille adulte en 4 ou 5 ans. Il est parfaitement rustique et fleurit sans problème dans tous les jardins.

SOL Profond, drainé. Une terre pauvre, calcaire ou crayeuse est bien acceptée.

EXPOSITION Plein soleil, en situation pas trop ventée.

CULTURE Plantez de préférence en automne. Taillez court toutes les pousses de l'année entre novembre et février. Boutures herbacées en mai-juin.

ESPÈCES ET VARIÉTÉS Il existe 140 espèces.

- ***BUDDLEJA ALTERNIFOLIA*** (3 m), rameaux souples, fleurs lias pourpré en juin-juillet, fleurit sur les pousses de 2 ans.
- ***BUDDLEJA DAVIDII*** a donné naissance à de nombreux cultivars : 'Adonis Blue' (1,50 m), compact à grosses inflorescences bleues ; 'Black Knight' (de 3 à 4 m), violet très foncé, variété vigoureuse ; 'Empire Blue' (de 3 à 4 m), bleu foncé, port érigé ; 'Harlequin' (2,50 m), panaché de blanc crème, fleurs rouge pourpré, peu vigoureux ; 'Île-de-France' (3 m), longues panicules (jusqu'à 70 cm !), violet intense à gorge jaune ; 'Nanho Blue' (1,50 m), port étalé, compact, feuillage cendré, fleurs bleu ciel ; 'Nanho Purple' (2 m), port étalé, violet pourpré à œil orange ; 'Opéra' (de 3 à 4 m), très vigoureux, violet pourpré ; 'Pink Delight' (2 m), à très gros épis rose vif ; 'Royal Red' (de 3 à 4 m), longues inflorescences rouge cardinal ; 'White Profusion' (de 3 à 4 m), grandes panicules blanc pur à œil jaune.

Buddleja alternifolia

- **HYBRIDES** : ce sont des formes stériles qui ne présentent aucun risque invasif. 'Blue Chip' (de 1 à 1,50 m), compact, épis courts bleus, convient bien en pot ; 'Lilac Chip' (de 50 à 80 cm), nain, port étalé, fleurs lilas bleuté, idéal en pot ; 'Lochinch' (2,50 m), feuillage argenté, fleurs bleu violacé à œil orange ; 'Miss Ruby' (1,50 m), compact, arrondi, feuilles gris argenté, fleurs rose violacé, convient en pot ; 'White Chip' (80 cm), compact, épis blancs, convient bien en pot. *B.* x *weyeriana* 'Sungold' (de 3 à 4 m), inflorescences courtes, jaune orangé.

CULTURE EN POT Possible pour les sélections naines, dans un pot de 30 cm en tous sens, dans un mélange de terre de jardin et de terreau pour rosiers.

UTILISATIONS Talus, haie libre, fond de massif. Groupez plusieurs variétés qui diffèrent par leur période de floraison.

> **ENVAHISSANT**
>
> Le buddléja est extrêmement envahissant, et il est vivement conseillé de ne planter que les sélections horticoles stériles, pour éviter tout problème.

CHARMILLE

Carpinus betulus

J F M **A M** J J A S O N D

Hauteur	Largeur	Exposition	Rusticité
2/4 m	1/2 m	Soleil	C

Ce bel arbre caduc et rustique pousse spontanément en Europe et en Asie Mineure. De croissance rapide (3 m en 5 ans), le charme blanc porte des feuilles ovales, dentelées, qui jaunissent en automne, puis prennent un ton tabac, restant fripées sur l'arbre jusqu'à la fin février (feuilles marcescentes).

SOL Riche, frais, argileux, même s'il est calcaire.

EXPOSITION Lumineuse, pas trop chaude, à l'abri des vents froids.

CULTURE Taillez à volonté les sujets cultivés en haie. Vous pouvez multiplier le charme par boutures de jeunes pousses de 15 cm de long, en août, dans la tourbe blonde, à l'étouffée.

ESPÈCES ET VARIÉTÉS La nomenclature internationale reconnaît 42 espèces. *Carpinus betulus* 'Fastigiata' (de 10 à 15 m), à port érigé ; 'Frans Fontaine' (de 10 à 12 m), étroit et compact.

CULTURE EN POT Sans intérêt, sauf pour une haie de terrasse.

UTILISATION Grandes haies taillées dans des formes régulières (charmille).

CÉANOTHE À FEUILLAGE CADUC

Ceanothus spp.

J F M **A M J J A S** O N D

Hauteur	Largeur		
1/2 m	0,80/1,50 m		C

Ceanothus x *pallidus* 'Marie Simon'

Ces arbustes sont appréciés pour leur belle floraison. Plus résistants que les espèces persistantes, les céanothes caducs s'épanouissent en été dans des tons bleu clair ou roses, en plusieurs vagues de floraisons.

SOL Léger, bien drainé ; calcaire toléré.

EXPOSITION Plein soleil ou mi-ombre légère.

CULTURE Plantez de préférence au printemps. Arrosez les 2 premiers étés suivant la plantation. Rabattez-les sévèrement début avril à 5 cm du vieux bois.

ESPÈCES ET VARIÉTÉS Il existe 63 espèces, dont beaucoup sont des hybrides naturels, et de nombreuses sous-espèces. Si le climat est doux, les céanothe caducs sont semi-persistants. *Ceanothus* x *delilianus* 'Comtesse de Paris' (1,20 m), fleurs bleu indigo de juin à août ; 'Gloire de Versailles' (de 1,50 à 2 m), bleu ciel ; 'Henri Défossé' (2 m), bleu indigo ; 'Marie Blue' (1,50 m), buissonnant, bleu lavande ; 'Topaze' (1 m), compact, bleu foncé. *C.* x *pallidus* 'Marie Simon' (1,50 m), vieux rose ; 'Perle Rose' (1,50 m), rose carminé, très florifère.

CULTURE EN POT Dans un pot de 40 cm de côté, dans un mélange de terre, de sable et de terreau.

UTILISATIONS Talus ensoleillés, massifs, bordures, murs et clôtures, haies, bacs.

CORNOUILLER

Cornus spp.

J F M A **M J** J A S O N D

Hauteur	Largeur		
1/3 m	1/2 m		C

Cet arbuste très solide réussit bien partout et convient très bien aux haies libres. Il porte des feuilles opposées tachées de blanc, de jaune ou de rose selon les espèces et les variétés. Il prend de belles teintes cuivrées en automne. Les rameaux vivement colorés sont appréciés pour leur effet hivernal. Les fleurs en cymes aplaties cèdent la place à des baies bleutées en août.

SOL Toutes les terres conviennent, même sèches, pauvres, caillouteuses ou calcaires.

EXPOSITION Mi-ombre ou plein soleil.

CULTURE Plantez en automne. Inutile de fertiliser. Chaque année, en mars, rabattez sévèrement les vieux rameaux près de la souche pour obtenir de nouvelles pousses colorées.

ESPÈCES ET VARIÉTÉS La nomenclature internationale reconnaît 51 espèces.

- *Cornus alba* se décline en nombreux cultivars : 'Aurea' (de 2 à 3 m), jeunes pousses rougeâtres et feuillage doré ; 'Bâton Rouge' (de 1,50 à 2 m), feuillage à revers gris qui devient pourpre en automne, écorce rouge vif ; 'Creamcracker' (de 1,20 à 1,50 m), compact, feuillage panaché jaune au printemps, bois rouge pourpre en hiver ; 'Elegantissima' (de 2 à 3 m), aux feuilles bordées de blanc, devient orange en automne ; 'Gouchaultii' (2 m), feuillage taché de rose, de jaune et marginé de jaune ; 'Ivory Halo' (syn. 'Bailhalo'), 1 m, feuillage panaché de blanc, bois rouge en hiver ; 'Sibirica' (de 2 à 3 m), rameaux rouge corail très lumineux en hiver ; 'Spaethii' (3 m), feuillage panaché de jaune, jeunes tiges rouge vif en hiver.
- *Cornus sanguinea*, le cornouiller sanguin (4 m), jeunes rameaux rouge brun en hiver, feuillage rouge foncé en automne, fleurs blanches ; 'Midwinter Fire' (de 2 à 3 m), les branches virent au rouge et or en hiver, belle couleur orange du feuillage en automne.
- *Cornus sericea* (syn. *C. stolonifera*) 'Flaviramea' (3 m) se distingue par son écorce jaune ; 'Kelseyi' (syn. 'Kelsey's Dwarf'), 80 cm, port étalé, à feuilles d'un beau rouge vif en automne, écorce rouge brun en hiver.

CULTURE EN POT Possible avec les variétés basses en bac sur la terrasse, associées à d'autres arbustes. Rempotez chaque année en mars et taillez légèrement à ce moment pour bien équilibrer la ramure.

UTILISATIONS Haie libre en mélange, massifs.

Cornus sericea 'Flaviramea'

Cornus alba 'Sibirica Variegata'

Vite une haie !

NOISETIER POURPRE

Corylus maxima 'Purpurea'

J **F** M A M J J A S O N D

2/3 m | 1/2 m | C

Ce grand arbuste à la ramure généreuse est surtout cultivé pour le décor, mais il fructifie bien. Il porte des feuilles alternes, arrondies, de 5 à 8 cm de long, d'un rouge pourpre foncé toute l'année. Monoïque, il présente sur une même branche les fleurs femelles, petites, à style rouge, et les fleurs mâles, constituées de chatons pendants de 5 cm de long, rougeâtres. Très bonnes noisettes en automne.

SOL Frais, léger, même un peu calcaire.

EXPOSITION Bien ensoleillée.

CULTURE Plantez en automne. Supprimez les drageons. Chez les jeunes sujets, rabattez les pousses de moitié pour accélérer la ramification.

ESPÈCES ET VARIÉTÉS La nomenclature internationale reconnaît 17 espèces. *Corylus colurna* 'Te-Terra Red' (5 m) est un autre noisetier à feuilles bien pourpres au printemps qui se nuancent de vert au cours de l'été. Port pyramidal.

CULTURE EN POT Possible dans un bac de 30 cm en tous sens au minimum. Pousse vite, mais demande des arrosages fréquents.

UTILISATIONS En isolé, massif, haie libre.

CYPRÈS DE LEYLAND

x *Cupressocyparis leylandii*

J F M A M J J A S O N D

2/5 m | 0,80/2 m | P

Ce conifère hybride est l'un des plus rapides à pousser dans les haies. Né du croisement entre *Cupressus macrocarpa* et *Chamaecyparis nootkatensis* (désormais classifié comme *Cupressus* x *leylandii*), il allie la rapidité de croissance du premier à la rusticité du second. Il forme un arbre érigé à la silhouette pyramidale et à la végétation bien dense. Les ramules aplaties portent des feuilles en écailles d'un vert sombre qui s'éclaire en hiver. Ses cônes sont jaunes.

SOL Profond, souple, fertile et bien drainé, légèrement acide (pH 6).

EXPOSITION Soleil ou mi-ombre, même dans un endroit très venté.

CULTURE Plantez de fin septembre à avril, paillez et arrosez bien. Distance de plantation : 1 m (haies taillées), 2 m (haies libres). N'hésitez pas à le tailler sévèrement en fin d'été, il repousse bien sur le vieux bois.

VARIÉTÉS '2001' (7 m), conique, étroit, vert foncé ;'Blue Jeans' (de 2 à 7 m), buissonnant, touffu, large, feuillage glauque ; 'Castlewellan Gold' (12 m), le leyland doré, magnifique couleur jaune d'or ; 'Excalibur Gold' (de 3 à 4 m), végétation plus dense que les autres cultivars à feuillage doré ; 'Herculea' (3 m), compact.

CULTURE EN POT Possible, mais c'est une plante vraiment vigoureuse ; mieux vaut opter pour des conifères plus adaptés.

UTILISATIONS Grandes haies. Très bon brise-vent résistant à la pollution et aux embruns.

ÉLÉAGNUS

Elaeagnus pungens

J F M A M J J A **S** O N D

2/4 m | 2/4 m | P

L'éléagnus porte des rameaux souvent épineux de feuilles coriaces, ondulées et blanchâtres au revers. Ses petites fleurs, très parfumées, attirent les insectes butineurs. Fruits bruns, puis rouges, en mars.

SOL Ordinaire, sableux, même sec et pauvre. Évitez les terres trop calcaires.

EXPOSITION Soleil, mi-ombre, à l'abri du vent.

CULTURE Plantez toute l'année les sujets en conteneur. Pour favoriser la ramification les premières années suivant la plantation, rabattez les pousses d'un tiers de leur longueur et faites une taille d'équilibrage chaque printemps pour conserver une forme régulière.

ESPÈCES ET VARIÉTÉS Il existe près de 100 espèces. *Elaeagnus pungens* 'Frederici' (2 m), à petites feuilles persistantes, étroites, jaune crème au bord vert ; 'Maculata' (2 m) se distingue par ses feuilles coriaces, au cœur jaune vif bordé d'un mélange de vert et de jaune.

CULTURE EN POT Dans un pot de 40 cm de largeur et de profondeur, dans un mélange de terreau et de terre de jardin.

UTILISATIONS Haie, massifs dans les jardins du bord de mer.

POLLUTION

Totalement insensibles à la pollution atmosphérique, les éléagnus à feuilles persistantes font d'excellentes haies dans les jardins abrités en ville.

TROÈNE

Ligustrum spp.

J F M A M **J J** A S O N D

1/3 m | 0,60/2 m

Ces arbustes très communs restent des classiques des haies. Les feuilles, opposées, entières, ovales, sont vert moyen, un peu pointues et souvent luisantes. Les fleurs forment des grappes blanches, coniques et terminales, parfumées. Fruits en baies noires.

SOL Toute bonne terre, même calcaire.

EXPOSITION Soleil ou mi-ombre douce.

CULTURE Plantez au printemps ou en automne et rabattez de moitié les rameaux, pour provoquer le départ de nombreuses pousses. De temps en temps, coupez plus sévèrement, en revenant près du tronc, pour que l'arbuste ne se dégarnisse pas de la base. En haie, espacez les pieds de 60 à 80 cm. Paillez les premiers étés.

ESPÈCES ET VARIÉTÉS Il existe 43 espèces. *Ligustrum ionandrum* (2 m), semi-persistant, feuilles vert clair ; 'Musli' (de 1,50 à 2 m), feuilles panachées de crème. *L. japonicum*, persistant ; 'Aureum' (de 1,50 à 2,50 m), à feuillage doré ; 'Rotundifolium' (syn. *L. coriaceum*), 1,50 m, compact, à feuillage épais, crispé ; 'Texanum' (de 3 à 4 m), feuillage vert brillant, argenté au revers, abondante floraison blanche, parfumée. *L. lucidum*, le troène de Corée, persistant, feuillage épais, convient en pot pour les climats froids, à rentrer en hiver ; 'Argenteum' (2 m), panaché de blanc ; 'Tricolor' (2 m), panaché de rose et de crème. *L. ovalifolium*, le troène de Californie, semi-persistant ; 'Aureum' (3 m), panaché de jaune d'or. *L. sinense*, le troène de Chine 'Lemon & Lime' (de 1,50 à 2 m), compact, bien ramifié, feuillage de l'année entièrement jaune. *L. vulgare*, le troène commun ou le troène d'Europe (3 m), semi-persistant, floraison parfumée ; 'Atrovirens' (de 3 à 4 m), vert foncé, persiste mieux.

> **TOXIQUE**
>
> Attention, toutes les parties du troène sont toxiques en cas d'ingestion. À éloigner des enfants.

Ligustrum japonicum

CULTURE EN POT Dans un pot de 25 cm en tous sens pour une jeune touffe, puis de 35 à 40 cm pour un arbuste adulte. Tout bon terreau lui convient.

UTILISATIONS Haie libre, haie taillée, bordure, rocaille, topiaire, bac.

PHOTINIA

Photinia x fraseri

J F M A **M J** J A S O N D

1/3 m | 1/2 m

Photinia fraseri 'Red Robin'

Ce bel arbuste généreux, à la silhouette arrondie, compte parmi les meilleures espèces pour les haies. Il porte de jeunes pousses rouge brillant virant au vert. Les feuilles, alternes, simples, dentées, mesurent de 6 à 12 cm de long. Les fleurs blanches sont portées en bouquets terminaux de 8 à 15 cm de diamètre.

SOL Terre de jardin fertile, travaillée, humifère, drainée, non calcaire.

EXPOSITION Ensoleillée et protégée des vents forts et des froids très vifs.

CULTURE Plantez en automne ou au printemps. Arrosez bien les 2 premières années. Paillez en automne. Taille d'équilibrage en été. La taille de la moitié des rameaux provoque une repousse rouge en automne.

ESPÈCES ET VARIÉTÉS Il existe 46 espèces reconnues.

- L'hybride *Photinia* x *fraseri (P. glabra* x *P. bodinieri)* a donné divers cultivars : 'Carré Rouge' (2 m), jeunes feuilles rouge vif intense ; 'Pink Marble' (syn. 'Cassini'), 2 m, jeunes feuilles vert, pourpre et rose qui évoluent en vert panaché de crème ; 'Red Robin' (3 m) est le plus commun ; 'Little Red Robin' (80 cm), forme naine ; 'Red Select' (2,50 m), feuilles plus grandes rouge foncé ; 'Robusta Compact' (2,50 m), plus trapu, est moins frileux, jeunes feuilles rouge orangé.
- *P. davidiana* 'Palette' (de 3 à 5 m), panaché de blanc et de rose.
- *P. serrulata* (2 m), à jeunes pousses rouges, porte en mai des panicules de 15 cm de diamètre de fleurs blanches qui donnent de grosses baies rouges.

CULTURE EN POT Dans un bac de 40 cm en tous sens, dans une bonne terre de jardin, avec un tiers de terreau pour rosiers.

UTILISATIONS Massif, haie taillée, haie libre, bac sur terrasse.

Floraison de photinia

BAMBOU

Phyllostachys spp.

J F M A M J J A S O N D

Hauteur	Largeur		
3/10 m	illimité		P

Phyllostachys bambusoides

Originaire de Chine et du Japon, ce bambou très poussant possède des rhizomes traçants qui produisent des cannes bien droites et dures, utilisées localement comme tuteurs ou pour la construction de pergolas et de clôtures. Les chaumes sont colorés, veinés ou tachetés, et les nœuds, renflés. Les feuilles étroites, lancéolées, sont groupées en belles touffes.

SOL Riche, profond, consistant, mais pas étouffant, humide en été, non détrempé.

EXPOSITION Plein soleil ou ombre légère.

CULTURE Plantez en automne ou au printemps, paillez la jeune souche et arrosez généreusement. Divisez les vieilles touffes au printemps.

Phyllostachys aurea

ENVAHISSANT

Limitez la prolifération de ce bambou aux rhizomes très traçants en installant dès la plantation des "barrières anti-rhizomes", sortes de plaques en résine fichées en terre verticalement.

ESPÈCES ET VARIÉTÉS Il existe environ 50 espèces. Les plus rustiques sont *Phyllostachys aurea* (de 6 à 9 m), formant des nœuds comprimés à la base des chaumes, très résistant à la sécheresse et au froid ; *P. aureosulcata* (syn. *P. spectabilis*), de 9 à 12 m, vert pourpré strié de jaune ; 'Aureocaulis' (de 8 à 10 m), chaumes jaune soufre de temps en temps rayés de vert (rusticité – 15 °C) ; *P. bambusoides* (jusqu'à 20 m), à longues feuilles, chaume au bois très dur ; 'Variegata' (de 6 à 8 m), chaume vert foncé, feuillage panaché de crème ; *P. bissetii* (4 m), cannes vert foncé, petites feuilles (rusticité – 25 °C) ; *P. nigra* (de 6 à 8 m), à chaumes noirs, très drageonnant ; *P. pubescens* (plus de 25 m) est le plus grand bambou rustique ; *P. viridiglaucescens* (de 6 à 12 m), aux feuilles vert brillant dessus, glauques et pubescentes en dessous.

CULTURE EN POT Dans un contenant de 40 cm de côté au minimum, plus large que haut, et dans un terreau pour rosiers enrichi en fertilisant.

UTILISATIONS Touffe isolée, buisson, bosquet, haie libre, bac sur terrasse.

Vidéo « Découvrir les bambous »*

Phyllostachys viridiglaucescens

LAURIER-CERISE

Prunus laurocerasus

J F M **A M** J J A S O N D

Hauteur	Largeur		
2/4 m	1/2 m		P

Ce grand arbuste rustique est très résistant à la pollution de l'air. Il porte des feuilles alternes, simples, coriaces, oblongues. Les fleurs blanches, parfumées, sont réunies en grappes.

SOL Profond, riche, travaillé, même calcaire.

EXPOSITION Soleil léger ou mi-ombre.

CULTURE Plantez d'octobre à avril, à 0,80 cm -1 m de distance. Taillez d'hiver en revenant près du tronc pour que la plante reste compacte.

VARIÉTÉS *Prunus laurocerasus* 'Caucasica', (de 80 cm à 1 m), très vigoureux, très utilisé pour les haies taillées ; 'Etna' (2 m), jeunes pousses cuivrées, feuilles adultes vert foncé ; 'Genolia' (syn. 'Mariblon'), 3,50 m, port érigé, compact, croissance rapide ; 'Herbergii' (3 m), très rustique, compact ; 'Mount Vernon' (40 cm), port étalé, tapissant, vert foncé brillant, ne fleurissant pas ; 'Otto Luyken' (1,50 m), port étalé, feuilles étroites ; 'Van Nes' (syn. var. *aurifolia*), de 1,50 à 2 m, port évasé, touffu, feuilles vert foncé, idéal pour les haies basses ; 'Zabeliana' (1,50 m), à feuilles vert clair qui ressemblent à celles du saule. *P. lusitanica*, le laurier du Portugal (5 m), conique, feuilles vert assez clair.

CULTURE EN POT Possible dans un grand bac.

UTILISATION Essentiellement en haie.

TOXIQUE

Les petites baies noires à l'aspect de cerises sont toxiques.

*Télécharger l'application Truffaut +, voir p. 6-7

THUYA

Thuja spp.

J F M A M J J A S O N D

2/6 m | 1/2 m | P

Thuja occidentalis

Célèbre plante de haie, ce conifère très rustique est apprécié pour sa croissance rapide. Il porte un feuillage aromatique, composé d'écailles aplaties et imbriquées. C'est un proche parent des *Chamaecyparis*, dont il se distingue par la forme plus lâche de ses rameaux.

SOL Frais, léger, bien drainé. *Thuja orientalis* et *T. occidentalis* apprécient les sols calcaires. *T. plicata* préfère les terres silico-argileuses, profondes et bien fumées, mais sans humidité permanente. Une terre trop argileuse favorise le développement de diverses maladies cryptogamiques (brunissement).

EXPOSITION Soleil non brûlant ou mi-ombre. Installez à l'ombre légère les variétés dorées dont le feuillage brûle au soleil.

CULTURE Plantez toute l'année les sujets en conteneurs, en les espaçant de 70 cm s'ils forment une haie. Arrosez bien et paillez les premiers étés. Épandez un engrais longue durée spécial conifères chaque année en avril. Assurez un bon drainage aux sujets cultivés en bacs qui peuvent être détruits en quelques jours par le phytophthora si l'eau stagne au fond des contenants. Traitez préventivement avec de l'aliette par temps très humide. Taillez les haies régulières en mai et en septembre, les haies libres en octobre.

ESPÈCES ET VARIÉTÉS Il existe 6 espèces.

- *Thuja occidentalis* : le thuya du Canada (de 10 à 15 m), vert l'été, prend un ton brunâtre en automne. Il redoute la sécheresse, mais vient bien en sol calcaire ; 'Fastigiata' (de 12 à 15 m), en colonne assez étroite, vert clair brillant ; 'Golden Globe', en boule panachée ; 'Pyramidalis Compacta' (10 m), en cône étroit, vert très clair brillant ; 'Rheingold' (2,50 m), conique, large et arrondi, au feuillage jaune rosé au printemps, doré en été sur fond vert tendre, puis vieil or avec des reflets mauves en hiver ; 'Smaragd' (syn. 'Émeraude'), de 5 à 10 m, pyramidal, vert vif toute l'année, assez compact ; 'Yellow Ribbon' (8 m), pyramidal, doré toute l'année, très rustique.
- *Thuja orientalis* : le thuya d'Orient (de 5 à 10 m), aussi commercialisé sous le nom de *Biota orientalis*, forme une colonne aux branches verticales ; 'Elegantissima' (5 m), conique, à feuilles dorées virant au vert bronze en hiver ; 'Golden Minaret' (4 m), colonne conique compacte au feuillage doré toute l'année qui ne grille pas au soleil ; 'Magnifica' (5 m), en colonne dorée l'été, brune l'hiver ; 'Pyramidalis Aurea' (de 3 à 5 m), en colonne étroite, dorée toute l'année.
- *Thuja plicata* : le thuya géant d'Amérique (de 20 à 30 m) pousse vite avec un port étalé (jusqu'à 15 m de diamètre). Bien que très rustique, il faut l'abriter des vents desséchants ; 'Atrovirens' (de 25 à 30 m), d'un vert foncé très brillant, même en hiver ; 'Excelsa' (15 m), très rustique, vert foncé brillant ; 'Gelderland' (15 m), vigoureux, touffu, vert clair ; 'Gracilis Aurea' (de 2 à 3 m), franchement doré, aux feuilles fines et légères ; 'Zebrina' (syn. 'Variegata'), de 8 à 10 m, conique, lavé de jaune d'or.

CULTURE EN POT Possible, en particulier avec 'Smaragd' et les variétés à petit développement.

UTILISATIONS Isolé, haie, rideau, brise-vent, alignement.

Thuja orientalis 'Elegantissima'

Thuja occidentalis 'Golden Globe'

Thuja plicata 'Gracilis Aurea'

POUR UNE HAIE QUI POUSSE VITE, VOUS POUVEZ AUSSI CULTIVER

★ *Elaeagnus angustifolia* (olivier de Bohème), *E. pungens* (éléagnus) ➲ p. 475 ★ *Eucalyptus gunnii* (gommier) ➲ p. 135 ★ *Euonymus europaeus* (bonnet d'évêque) ➲ p. 455 ★ *Fagus sylvatica* (hêtre) ➲ p. 231 ★ *Kolkwitzia amabilis* (buisson de beauté) ➲ p. 386 ★ *Laburnum anagyroides*, *L.* x *watereri* 'Vossii' (cytise) ➲ p. 227 ★ *Philadelphus coronarius*, *P.* x *virginalis* (seringat) ➲ p. 486 ★ *Fargesia* (bambou) ➲ p. 754 ★ *Physocarpus opulifolius* ➲ p. 177 ★ *Pyracantha spp.* (buisson-ardent) ➲ p. 447 ★ *Sambucus nigra* (sureau) ➲ p. 499 ★ *Syringa vulgaris* (lilas à grandes fleurs) ➲ p. 486 ★ *Viburnum opulus* 'Roseum' (boule de neige) ➲ p. 521

Une haie aux multiples formes

La haie n'est pas uniquement cet écran vert, popularisé à partir des années 1970 par les thuyas taillés au carré. C'est un élément vivant du jardin, au même titre qu'un massif, un bassin, un coin de potager ou de verger..

Quelles formes peut prendre une haie ?

La haie, vivante, évolutive, peut jouer le rôle de rempart contre les intrusions, de brise-vent, brise-vue, de protection acoustique. Elle joue aussi un rôle écologique majeur dans nos jardins ... 1

Une haie de bord de mer

Le céanothe, un bon choix pour le bord de mer

La haie en bord de mer est peut-être celle à laquelle on demande le plus : elle doit être un rempart contre les embruns, un brise-vent, souvent un brise-vue quand elle longe un chemin de promenade. Choisissez bien vos plantes ... 2

Qu'est-ce qu'un bon brise-vent ?

Contrairement à toute attente, un bon brise-vent n'est pas celui qui arrête le vent, mais celui qui se contente de ralentir la vitesse des masses d'air en déplacement et de leur faire perdre leurs effets destructeurs pour les plantations... 3

C'est bon pour la planète : Un système anti-érosion efficace

Les haies, grâce à leurs racines, forment dans nos paysages agricoles, mais aussi rurbains ou urbains, tout un maillage efficace contre l'érosion des sols ... 4

La haie et la loi

Pour éviter tout problème de voisinage et pour vivre en paix, restez dans la légalité et respectez les distances de plantation par rapport aux murs de vos voisins et les hauteurs autorisées pour vos arbres et arbustes ... 5

Une haie anti-bruit

N'attendez pas trop de votre haie en matière de lutte contre le bruit. Vous pouvez cependant atténuer l'effet désagréable du passage. Une haie dense aura aussi un rôle de filtre contre les poussières venant de la rue ... 6

Haie de *Phyllostachys*

IDÉES

→ POURQUOI PAS... Une haie **défensive**? À défaut d'empêcher un intrus déterminé à rentrer chez vous, elle repousse de nombreux indésirables... 7

→ POURQUOI PAS... Une **haie** pour les mésanges ? Ces charmants oiseaux montrent une nette préférence pour certaines espèces... 8

et Si

- Ma lavatère arbustive devient trop encombrante ? 9
- Mes cyprès brunissent et se dessèchent ? 10

Les Plantes idéales

★ **Arbustes à fleurs :**
Abelia spp. 'Confetti' et 'Kaléidoscope' (abélia) ; *Berberis spp.* (épine-vinette) ; *Kolkwitzia amabilis* ; *Lavatera olbia* et *L. thuringiaca* (lavatères arbustives) ; *Rosa spp.* (rosiers arbustifs) ; *Rosa rugosa* (rosier rugueux) ; *Vitex agnus-castus* (arbre au poivre).

★ **Arbres et arbustes à feuillage ou baies :**
Cupressus arizonica, C. macrocarpa (cyprès) ; *Elaeagnus x ebbingei* ; *Hippophae rhamnoides* (argousier).

LES RÈGLES

1. *Une haie constituée de différentes espèces est moins sujette à de graves dégâts dus à des bioagresseurs. Le mélange des espèces limite la propagation des maladies et des ravageurs.*

2. *Pour éviter les problèmes de mauvaise adaptation et de maladies, privilégiez les espèces régionales (pour une haie libre) ou les plantes introduites rustiques (adaptées au climat et à la composition du sol).*

3. *Tenez compte du fait qu'une haie libre occupe toujours plus de place qu'une haie régulière. Laissez un espace suffisant pour que les arbustes se développent harmonieusement.*

1 Quelles formes peut prendre une haie ?

La haie est destinée au départ à clore la propriété. Mais elle peut la cerner de mille manières : en la fleurissant, en offrant des fruits, en accueillant des oiseaux, en la délimitant strictement, en la protégeant des intrus, de la vue, du vent, des embruns, du bruit... Selon ce que l'on en attend, le choix des espèces sera totalement différent. Cela vaut donc la peine de prendre un peu de temps pour y réfléchir avant d'acheter les plants.

Haie de *Forsythia x intermedia*

2 Une haie de bord de mer

Il faut un mélange de plantes résistantes aux embruns et aux vents violents, plantées sur plusieurs lignes, en quinconce. Les plantes les plus basses et les plus résistantes seront côté mer et protégeront la base des plantes plus hautes. Parmi les espèces basses adaptées : *Abelia x grandiflora, Atriplex halimus, Bupleurum fruticosum, Griselinia littoralis, Teucrium fruticans* ; parmi les espèces plus hautes : *Arundo donax, Arbutus unedo, Callistemon rigidus, Caragana arborescens, Ceanothus impressus, Choisya ternata, Cytisus scoparius, Elaeagnus spp., Escallonia spp., Genista aetnensis, Hippophae rhamnoides, Medicago arborea, Nerium oleander, Olearia spp., Osmanthus heterophyllus, Paliurus spina-christi, Phillyrea angustifolia, Pistacia lentiscus, Pittosporum spp., Spartium junceum, Tamaris spp., Vitex agnus-castus*.

Haie de tamaris en fleurs

3 Qu'est-ce qu'un bon brise-vent ?

Pour obtenir un bon effet brise-vent, il ne faut pas créer un « mur » végétal étanche (le vent l'escaladerait et retomberait de l'autre côté en tourbillons violents), mais un « labyrinthe » de branches et de feuilles qui ralentit la force du souffle en obligeant l'air à parcourir un chemin complexe pour traverser la haie. Une bonne haie brise-vent doit laisser passer environ 30 % du volume d'air et protège sur une distance d'environ dix fois sa hauteur. Une haie de 2 m de haut (c'est un minimum pour un effet brise-vent efficace) protégera donc entre 15 et 20 m de terrain.

4 C'est bon pour la planète : Un système anti-érosion efficace

Les haies, de tout temps, ont joué un rôle écologique fondamental dans nos campagnes. Elles étaient autrefois plantées pour cerner les champs et les prés, les protéger du vent, pour abriter le bétail, mais aussi pour fixer la terre et l'empêcher d'être emportée par les pluies violentes. Les racines d'une plante comme un sureau restent à 20 cm sous la surface du sol, qu'elles colonisent, empêchant ainsi la formation de rigoles qui érodent le sol. Les racines de l'aubépine, beaucoup plus vigoureuses, s'étendent à plusieurs mètres et plongent profondément sous terre, empêchant tout déplacement du sol.

5 La haie et la loi

Respectez l'article 671 du Code civil : plantez à 50 cm de la limite les haies qui atteindront au maximum 2 m de haut. Éloignez de 2 m tout ce qui est appelé à dépasser 2 m de haut. La distance se mesure à partir du milieu du tronc de l'arbre, la hauteur à partir du niveau du sol où est planté l'arbre, jusqu'à la pointe. En présence d'un mur mitoyen, la distance est mesurée à partir du milieu du mur. Si le mur appartient à votre voisin, la distance se mesure à partir de la face du mur qui donne chez vous. Si le mur vous appartient, elle se mesure à partir de la face du mur orienté vers le voisin. Toutes les plantations ne respectant pas ces distances peuvent être soumises à une demande d'élagage ou d'arrachage de la part du propriétaire (pas du locataire).

6 Une haie anti-bruit

Le mythe de la haie anti-bruit est tenace. Aucune haie ne parvient à faire disparaître le bruit de la rue. À peine parvient-elle un peu à réduire les sons. Mais l'effet psychologique d'une barrière végétale entre la rue et le jardin fait oublier les nuisances. Une haie de bambous peut aussi, par son bruissement, distraire du bruit (et filtrer les poussières venant de l'extérieur). Mais il faut de grands bambous (des *Phyllostachys*), et qu'ils soient parfaitement contenus, pour ne pas envahir tout. Pour arrêter vraiment le son, il faut un mur anti-bruit ou bien un talus (planté, c'est encore mieux). Encore faut-il avoir suffisamment de place !

Haie de *Pyracantha* en fruit

Idées

7 Pourquoi pas... Une haie défensive ?

Poncirus trifoliata

Une haie défensive se plante de préférence sur deux rangs, en quinconce. Son efficacité dépend essentiellement de sa densité ; il est donc important de planter serré (0,80 m). En hauteur, vous pouvez vous limiter à 2 m. En largeur, comptez 1,20 m. Vous utiliserez bien entendu des plantes armées d'épines : *Prunus spinosa* (prunellier), *Rosa canina* (églantier), rosiers lianes, *Hippophae rhamnoides* (argousier), *Berberis spp.* (épine-vinette), *Pyracantha spp.* (buisson-ardent), *Ilex* (houx), *Poncirus trifoliata* (citronnier-épineux), *Chaenomeles spp.* (cognassier du Japon).

8 Pourquoi pas... Une haie pour les mésanges ?

Baies de *Viburnum opulus*

Les mésanges à longue queue nicheront dans le houx *(Ilex)*, le prunellier *(Prunus spinosa)* ou la ronce *(Rubus fruticosus)*. La mésange nonnette se régalera des baies de la viorne obier *(Viburnum opulus)* et de celles de la symphorine *(Symphoricarpos)*. Installez menthe et lavande au pied de la haie, les mésanges bleues s'en servent pour leur nid !

et Si

9 Ma **lavatère** arbustive devient trop **encombrante** ?

Rabattez en automne (ou au tout début du printemps, avant le démarrage de la végétation), en laissant 2 ou 3 yeux seulement à chaque tige, ou à environ 50 cm du sol si la plante n'est pas dégarnie de la base.

10 Mes **cyprès** brunissent et se **dessèchent** ?

Il s'agit très probablement du chancre cortical *(Seiridium cardinale)*. C'est un champignon pathogène, il n'y a guère de solution si ce n'est de supprimer les branches infectées.

La petite histoire : Les labyrinthes végétaux

Les labyrinthes végétaux, qui connaissent un certain engouement depuis les années 2000, sont des créations de la Renaissance (XVIe siècle). Découvrez les plus beaux au château de Breteuil, à Chenonceau, au château du Lude (Sarthe), à Marqueyssac (Dordogne), au prieuré d'Orsan (Cher)...

ABÉLIA

Abelia spp.

J F M A M **J J A S O N** D

1/1,50 m | 60/80 cm | C

Parfait pour les petits jardins, l'abélia, aux feuilles opposées, ovales, pointues, porte tout l'été des fleurs d'un rose très tendre, au léger parfum. Il développe de nouvelles pousses rougeâtres, fort décoratives, au printemps. Originaire de la Chine, il est rustique dans le Sud et dans l'Ouest jusqu'en Île-de-France. Croissance assez rapide (la taille adulte est obtenue en 5 ou 6 ans).

SOL Plutôt léger, le calcaire est bien accepté. L'abélia se montre très tolérant.

EXPOSITION Plein soleil, à l'abri des fortes gelées (au minimum – 10 °C). Le vent est bien toléré, de même que le bord de mer.

CULTURE Plantez en toute saison les abélias proposés en conteneur, près d'un mur au sud dans les régions assez froides. Éclaircissez les pousses en surnombre après la floraison. Supprimez le vieux bois ainsi que les tiges faibles au tout début du printemps. Petites boutures (10 cm) semi-ligneuses, en juillet, à chaud.

ESPÈCES ET VARIÉTÉS Il existe 29 espèces.

- ***ABELIA CHINENSIS :*** haut de 1,50 m, à feuillage semi-persistant, violacé en automne ; 'White Surprise' (1,50 m), floraison blanche, généreuse, de longue durée.

Abelia 'Edward Goucher'

Abelia chinensis

- ***ABELIA X GRANDIFLORA :*** il est plus vigoureux, à port ample (2 m de haut et de large), semi-persistant ; 'Confetti' (syn. 'Conti'), 50 cm, feuillage panaché de blanc crème et de rose, fleurs blanches ; 'Francis Masson' (de 1,50 à 2 m), à port semi-retombant, feuillage panaché d'or, fleurs roses ; 'Hopleys' (1,20 m), jeune feuillage à bord jaune, puis blanc crème, qui devient rouge orangé en automne, fleurs blanches ; 'Prostrata' (60 cm), très étalé, persistant, fleurs blanches ; 'Kaleidoscope' (60 cm), persistant, feuilles vert bordé de jaune au printemps, puis ombrées d'orange en été et en automne, jeunes pousses rouges en hiver, fleurs blanches ; 'Pinky Bells' (1,20 m), fleurs mauves ; 'Semperflorens' (1,50 m), fleurs blanc rosé, parfumées, feuillage pourpre en automne ; 'Sherwood' (1 m), persistant, port compact, fleurs blanches ; 'Sparkling Silver' (80 cm), feuilles panachées de blanc ; 'Sunshine Daydream' (1,50 m), port arrondi, feuilles panachées vert et jaune, fleurs roses.
- **HYBRIDES :** 'Edward Goucher' (1,50 m), compact, semi-persistant, feuilles vert vif, bronze à leur naissance, profusion de fleurs rose lilas durant tout l'été ; 'Pastel Charm' (1 m), semi-persistant, feuilles vert clair devenant bronze en automne, fleurs bicolores blanc et rose pastel.

CULTURE EN POT Dans un pot de 40 cm de diamètre, dans un terreau pour rosiers additionné de 1/4 de terre de bruyère et 1/4 de terre de jardin non calcaire. Arrosez fréquemment à l'eau non calcaire.

UTILISATIONS En isolé, massif, haie libre.

ÉPINE-VINETTE, BERBÉRIS

Berberis spp.

J F **M A M** J J A S O N D

0,50/2 m | 0,50/1 m | C/P

Ces arbustes épineux font d'excellentes haies défensives. Les berbéris se caractérisent par leurs feuilles alternes, simples, groupées en petits bouquets ou transformées en épines. Les fleurs jaunes ou orangées sont printanières, suivies de baies roses, rouges ou bleu-noir.

SOL De préférence frais et bien drainé. Le calcaire est accepté, de même que les terres pauvres et caillouteuses.

EXPOSITION Plein soleil de préférence, mais la mi-ombre est bien tolérée. Les berbéris résistent à la pollution.

CULTURE Plantez toute l'année les sujets proposés en conteneur. Arrosez copieusement et souvent lors des 2 premiers étés. Inutile de fertiliser. Chez les berbéris plantés en haie, équilibrez la silhouette au printemps et en septembre. Dans les haies libres, égalisez la ramure après la floraison, pour donner à l'arbuste une forme arrondie, équilibrée.

CLIMAT FROID

Dans les régions aux hivers froids, palissez l'abélia contre un mur exposé plein sud et paillez le pied avec du compost. Abritez-le des vents froids.

ESPÈCES ET VARIÉTÉS Il existe au moins 450 espèces.

- **FEUILLAGE PERSISTANT :** *Berberis buxifolia* (2 m), aux feuilles arrondies aux bords lisses, semblables à celles du buis, est peu épineux. Son abondante floraison printanière jaune orangé est suivie d'une production de petites baies bleues ; 'Nana' (50 cm) est plus compact. *B. darwinii* (2 m), très ramifié, au port souple, est une splendeur en avril et en mai, lorsqu'il exhibe ses fleurs jaune orangé, suivies de jolies baies bleues. *B.* x *frickartii* 'Amstelveen' (syn. *B. candicula*), 1 m, port compact semi-étalé, feuilles vert foncé brillant qui rugissent en automne, fleurs jaunes, fruits ovoïdes bleu-noir. *B. julianae* (de 2 à 3 m), très épineux, buisson dense, aux longues feuilles piquantes, qui rougissent à l'automne, jolis bouquets de fleurs jaunes en mai, fruits noir bleuté. *B.* x *media* 'Red Jewel' (1 m), feuillage brillant rouge nuancé selon la saison, fleurs jaunes. *B.* x *stenophylla* (2 m), aux rameaux brun rougeâtre et aux fleurs jaune d'or très abondantes ; 'Crawley Gem' (50 cm), très compact, aux grappes généreuses jaune orangé.

- **FEUILLAGE CADUC :** *Berberis* x *ottawensis* 'Auricoma' (2,50 m), très épineux, à port dressé, feuillage pourpre foncé ; 'Superba' (2 m), à port semi-retombant, rouge pourpre, puis cramoisi à l'automne. *B. thunbergii* (2 m) se distingue par ses variétés à feuilles et rameaux rouges, et se couvre en mars de petites fleurs en clochettes jaunes qui, à l'automne, laissent la place à des baies rouges ; 'Atropurpurea' (1,50 m), très dense, aux feuilles rouge pourpre foncé ; 'Atropurpurea Nana' (syn. 'Crimson Pygmy', 'Little Favourite'), 50 cm, très compact, arrondi ; 'Dart's Purple' (80 cm), de croissance lente, très épineux, rouge foncé ; 'Harlequin' (1,20 m), feuillage rose pourpre avec des taches irrégulières plus claires ; 'Maria' (1 m), feuillage doré qui vire à l'orange en automne ; 'Orange Rocket' (1,50 m), jeunes feuilles orange virant au vert, puis devenant rouge lumineux en automne ; 'Red Chief' (2 m), à feuilles et rameaux rouge foncé ; 'Rose Glow' (syn. 'Ida'), 1,20 m, aux jeunes feuilles panachées rose et blanc ; 'Rosy Rocket' (1,20 m), port colonnaire, le jeune feuillage rouge orangé évolue vers le pourpre panaché de rose avant de revenir à sa teinte initiale en automne.

Berberis 'Admiration'

Berberis darwinii

CULTURE EN POT Dans un bac de 50 cm en tous sens, dans un bon terreau universel, à placer sur une grande terrasse.

UTILISATIONS Haies défensives ou de bordure, massifs d'arbustes.

CYPRÈS

Cupressus spp.

J F M A M J J A S O N D

Hauteur	Largeur	Exposition	Sol	Rusticité
3/6 m	1/2 m	Soleil	P	-10 °C

Ce conifère conique, bien adapté à la sécheresse, est une très bonne espèce pour faire des haies. Les cyprès se distinguent par un port conique, ou en colonne, et un feuillage à odeur de résine. Les feuilles en écailles opposées se chevauchent. Elles exhalent une forte odeur de résine. Écorce décorative. Croissance très rapide (environ 1 m par an).

Cupressus arizonica

SOL Profond, léger, surtout pas d'humidité stagnante ; le calcaire, les terres pauvres et caillouteuses conviennent.

EXPOSITION Soleil et chaleur sont obligatoires.

CULTURE Plantez au printemps. Arrosage inutile les premières années, sauf par sécheresse prolongée. Hormis celui de l'Arizona, le cyprès supporte mal la taille ; laissez-le pousser à sa guise et prendre sa forme naturelle. Paillez les cyprès frileux par temps très froid.

ESPÈCES ET VARIÉTÉS Il existe 19 espèces et quelques variétés naturelles. *Cupressus arizonica*, le cyprès de l'Arizona (de 10 à 15 m), au feuillage glauque et à l'écorce rougeâtre, est très rustique ; 'Conica' (10 m), en cône étroit, est la variété la plus utilisée en haies ; 'Fastigiata' (10 m), à port effilé, bleuté ; 'Glauca', au feuillage franchement bleuté ; 'Pyramidalis', en forme de colonne. *C. macrocarpa*, le cyprès de Lambert (de 15 à 20 m), vert vif, se plaît en bord de mer, Il est peu rustique (– 10 °C) ; 'Goldcrest' (de 6 à 8 m), d'un jaune très lumineux, verdit en situation ombragée ; 'Wilma', vert, compact, en pyramide étroite.

Cupressus macrocarpa 'Gold Spine'

CULTURE EN POT Non adaptée ; optez plutôt pour des conifères nains.

UTILISATIONS Isolé, haie, brise-vent, alignement, bacs sur terrasse.

ÉLÉAGNUS, CHALEF

Elaeagnus x ebbingei

J F M A M J J A **S** O N D

2/3 m	1/1,50 m		C/P

Arbustes touffus, les chalefs sont très utilisés pour les haies et brise-vent. Feuillage alterne, lancéolé, vert ou argenté. La floraison, très discrète, à l'automne, dégage un léger parfum.

SOL Ordinaire, sableux, même sec et pauvre. Évitez les terres trop calcaires.

EXPOSITION Soleil, mi-ombre, les vents forts et les embruns sont bien tolérés.

CULTURE Plantez toute l'année les sujets en conteneur. Pour favoriser la ramification, rabattez les pousses d'un tiers de leur longueur et faites une taille d'équilibrage au printemps.

ESPÈCES ET VARIÉTÉS Il existe près de 100 espèces. *Elaeagnus* x *ebbingei* (de 3 à 4 m), à feuillage persistant, légèrement bleuté, est accompagné en automne de fleurs très odorantes. Il provient du croisement entre *E. macrophylla* et *E. pungens*; 'Compacta' (de 1,50 à 2 m), très touffu, croissance plus lente et plus homogène que le type; 'Eleador' (syn. 'Goldsplash', 'Lannou'), 2 m, feuilles jaune d'or marginé de vert; 'Gilt Edge' (de 2 à 3 m), plus compact que le type, feuilles au centre vert foncé marginé de jaune; 'Limelight', feuilles argentées, marquées d'une panachure centrale dorée; 'Viveleg' (2,50 m), feuilles vert foncé panaché de jaune crème.

CULTURE EN POT Dans un pot de 40 cm de largeur et de profondeur, dans un mélange de terreau et de terre de jardin.

UTILISATIONS Haie, massifs du bord de mer.

ARGOUSIER

Hippophae rhamnoides

J F **M A M J J A S** O N D

3/4 m	1/2 m		C

Ce grand arbuste épineux, qui résiste quasiment à tout, est idéal en haie. Le feuillage alterne, allongé, gris sur le dessus et argenté dessous, est porté par des rameaux épineux. Les fleurs sont très mellifères. Dioïque, il produit des fruits jaune orangé clair de septembre à mars sur les pieds femelles.

KOLKWITZIA

Kolkwitzia amabilis

J F M A **M J** J A S O N D

2/3 m	1/2 m		V

Originaire de Chine, cet arbuste aux tiges souples se couvre de nuées de fleurs roses en clochettes de 1 à 2 cm de long. Les feuilles, opposées, sont vert tendre. La taille adulte est obtenue en 5 ou 6 ans.

MAUVE EN ARBRE, LAVATÈRE ARBUSTIVE

Lavatera spp..

J F M A M **J J A S** O N D

1/2 m	0,80/1 m		P

Originaire du sud de l'Europe et des côtes atlantiques, la mauve en arbre forme un buisson à port érigé. Les feuilles, alternes, sont palmées et lobées. Elle porte une multitude de fleurs tout l'été jusqu'aux gelées, en entonnoir de 5 à 8 cm de diamètre. Une plante idéale en bord de mer, où elle se naturalise parfaitement.

SOL Léger, bien drainé, sablonneux, profond, même pauvre et sec.

EXPOSITION Soleil, à l'abri des vents violents et des grands froids (– 15 °C).

CULTURE Plantez au printemps, paillez le pied toute l'année. Taillez très court en novembre ou en mars. Protégez le pied en hiver.

ESPÈCES ET VARIÉTÉS Il existe 10 espèces, certaines simplement annuelles (➲ p. 163). Parmi les lavatères arbustives hybrides (issues pour la plupart des espèces *Lavatera olbia* et *L. thuringiaca*) : 'Barnsley' (2 m), blanc rosé; 'Bredon Springs' (1,50 m), rose foncé; 'Burgundy' (2 m), rouge foncé pourpré; 'Chamallow' (1,20 m), port touffu, fleurs rose intense striées de plus foncé; 'Magenta Magic' (1 m), port compact, rose magenta; 'Red Rum' (80 cm), fleurs semi-doubles rose pourpre; 'Rosea' (2,50 m), rose intense.

CULTURE EN POT Dans un pot de 25 cm en tous sens, dans un terreau pour rosiers.

UTILISATIONS Massif avec des vivaces, haie libre.

Lavatera olbia 'Rosea'

Rosiers pour une haie

Pour intégrer des rosiers à une haie (ou créer une haie de rosiers seuls), certains principes sont à respecter. Choisissez des rosiers arbustifs et si possible des variétés résistantes aux maladies.

DISTANCE DE PLANTATION De 0,80 1 m selon le développement du rosier choisi.

Plantez en ligne ou en quinconce selon l'emplacement disponible et la place dévolue à la haie.

ENTRETIEN Il se limite à une taille simplifiée : comme s'il s'agissait d'un arbuste à floraison estivale, pratiquez une taille de nettoyage et d'équilibrage à la sortie de l'hiver.

Comme beaucoup de rosiers pour haie donnent des fruits (les cynorrhodons), il faut éviter de couper les fleurs fanées afin de ne pas se priver de la fructification.

Pour des précisions sur la culture des rosiers, ➲ p. 442.

NOTRE SÉLECTION :

GROS PROVINS PANACHÉ

Hybride de *Rosa gallica*

1,20/1,50 m | 1,20/1,50 m | R

Beau rosier ancien à fleurs panachées. Parfumé, à fleurs dans diverses nuances du rose au pourpre violacé, marqué de blanc. Pour une haie d'aspect naturel.

LA SÉVILLANA

Rosier arbustif

1/1,50 m | 1/1,20 m | R

Buissonnant, très vigoureux et résistant aux maladies ainsi qu'au gel. Culture facile. Rouge vermillon brillant.

PINK GROOTENDORST

Hybride de *Rosa rugosa*

1,20 m | 1,80 m | R

Un des meilleurs hybrides de R. rugosa, à forte remontée. Excellent pour une haie défensive. Fleurs rose clair ressemblant à de petits œillets.

ROBIN DES BOIS

Hybride de *Rosa moschata*

1/1,50 m | 0,80/1 m | R

L'un des meilleurs rosiers pour une haie, formant un buisson touffu qui ne se dégarnit pas à la base. Rouge écarlate à rouge cerise, à cœur éclairé de blanc et étamines jaune d'or.

RUSH ROSE

Hybride de *Rosa multiflora*

1,20/1,80 m | 1/1,50 m | R

Buisson très robuste, ne se dégarnissant pas de la base. A obtenu de nombreuses distinctions. Bouton rouge, s'épanouissant rose à cœur blanc, puis passant au rose soutenu. Léger parfum. Culture très facile.

Rosa 'Robin des Bois'

POUR LES HAIES AUX MULTIPLES FORMES, VOUS POUVEZ AUSSI CULTIVER

★ *Chaenomeles spp.* (cognassier du Japon) ➲ p. 646 ★ *Chamaecyparis* (faux cyprès, variétés hautes) ➲ p. 134 ★ *Crataegus laevigata* (aubépine) ➲ p. 226 ★ *Escallonia* x ➲ p. 251 ★ *Forsythia* (variétés érigées) ➲ p. 425 ★ *Hibiscus syriacus* (althéa) ➲ p. 441 ★ *Philadelphus coronarius*, *P.* x *virginalis* (seringat) ➲ p. 486 ★ *Prunus padus* (cerisier à grappes) ➲ p. 430 ★ *Pyracantha spp.* (buisson-ardent) ➲ p. 477 ★ *Weigela florida* (weigélia) ➲ p. 649

ARBRE AU POIVRE

Vitex agnus-castus

J	F	M	A	M	J	J	**A**	**S**	O	N	D

1/2 m | 0,80/1 m | C | -10 °C

Cet arbuste aromatique exhale une curieuse odeur de poivre. Originaire des régions méditerranéennes, l'arbre au poivre, appelé aussi « gattilier », développe des rameaux quadrangulaires et pubescents. Les feuilles, opposées, composées de 5 à 7 folioles, sont vert foncé dessus et grises au revers. Les fleurs odorantes, bleu pâle à lilas, sont réunies en épis de 12 à 20 cm de long. C'est une excellente plante mellifère.

SOL Une bonne terre de jardin siliceuse et profonde, plutôt sèche, même pauvre.

EXPOSITION Ensoleillée, chaude, sans vent.

CULTURE Plantez au printemps, en distançant de 60 cm les sujets cultivés en haie. Taillez l'ensemble des tiges, à 15 cm du sol, à la sortie de l'hiver, pour conserver une plante trapue.

ESPÈCES ET VARIÉTÉS Il existe environ 250 espèces. Seul *Vitex agnus-castus* est couramment cultivé ; 'Albus' (2 m), à fleurs blanches ; 'Latifolia' (de 2 à 3 m), aux fleurs bleu-violet, est plus rustique que le type. *V. negundo* (3 m) porte des feuilles à 5 grandes folioles découpées et des fleurs en épis plus courts que *V. agnus-castus*.

CULTURE EN POT Possible, dans un grand bac.

UTILISATIONS Massif, haies libres.

À L'ABRI

Il est préférable de placer cet arbuste en situation abritée, car les gelées printanières peuvent l'abîmer.

Une *h*aie bien entretenue

UNE BELLE HAIE DEMANDE NON SEULEMENT UNE PLANTATION SOIGNÉE, MAIS AUSSI UN ENTRETIEN RÉGULIER ET ADAPTÉ. ELLE N'EST CEPENDANT PAS EXIGEANTE : UNE MATINÉE (AU GRAND MAXIMUM) DE TEMPS EN TEMPS SUFFIT LARGEMENT !

DISTINGUER TAILLE DE FORMATION ET TAILLE D'ENTRETIEN

La taille de formation va vous permettre de former des plantes très ramifiées qui donneront donc une végétation dense. La taille d'entretien vise à conserver ce port compact ... **1**

LES BONS OUTILS

Des outils légers et efficaces, adaptés au type de haie, des lames bien aiguisées qui coupent et sur lesquelles la sève ne colle pas, c'est déjà une partie du travail qui est faite ! ... **2**

C'est bon pour la planète : Tailler hors période de nidification

Les haies sont un haut lieu de la nidification. Et leur période de taille peut coïncider avec celle des couvées. Pour ne pas exposer ces nids aux prédateurs et au soleil (fatal aux oisillons), prenez la précaution de différer la taille ... **3**

CHOISIR UN TAILLE-HAIE

C'est l'outil de base pour la taille des haies. À batterie, électrique, thermique... Comment s'y retrouver parmi le choix pléthorique et quel modèle choisir ? ... **4**

ENTRETENIR UNE HAIE DE THUYAS

On plante beaucoup moins de thuyas qu'il y a 15 ans, mais il reste de nombreuses haies. En attendant leur remplacement, autant les garder belles et bien vertes ! ... **5**

QUE FAIRE D'UNE HAIE DE LAURIERS TROP LARGE ?

Les lauriers-cerises font de belles haies dans un temps record. Revers de la médaille, si on n'est pas vigilant, leur vigueur entraîne aussi une pousse en largeur disproportionnée. Comment rattraper cela ? ... **6**

Le coin du curieux : Le bupreste

Pourquoi les branches de certains conifères dépérissent-elles ? Le coupable est bien caché à l'intérieur des rameaux, dans de profondes galeries ... **7**

IDÉES

→ POURQUOI PAS... **Remplacer une haie basse de buis ?** En effet, le buis est attaqué, depuis une dizaine d'années, par deux champignons microscopiques (*Cylindrocladium buxicola* et *Volubella buxi*) et par une chenille, la pyrale 8

Les Plantes idéales

Reportez-vous aux pages qui précèdent pour le choix des plantes (« Vite une haie », p. 370, « Une haie aux multiples formes », p. 380) et au chapitre « Une haie sur terrasse », p. 642.

LES RÈGLES

1. *Ne sautez pas une taille sous prétexte que la haie n'est pas encore très haute : c'est surtout en largeur qu'elle va insidieusement se développer si vous n'êtes pas vigilant ! Et ce sera beaucoup plus difficile à ratrapper ensuite.*
2. *Apportez un soin particulier à la sécurité : portez des lunettes de sécurité, des gants en cuir pour protéger vos mains, un protecteur d'ouïe pour les taille-haies à moteur thermique bruyants.*
3. *Entretenez votre taille-haie en nettoyant les ouïes de refroidissement, les lames, le filtre à air, la bougie (à changer une fois par an).*
4. *Si vous devez tailler en hauteur, investissez dans un petit échafaudage stable, ne vous contentez pas de poser l'échelle en équilibre contre les arbres.*
5. *Désinfectez vos lames régulièrement à l'alcool à brûler.*
6. *Ne taillez pas les espèces à larges feuilles au taille-haie : cela déchiquette les feuilles, qui brunissent.*
7. *Taillez de préférence par temps couvert, pour ne pas que le feuillage brunisse.*

et Si

- La haie de mon voisin déborde chez moi ? 9
- Ma haie sèche complètement ? 10

Une haie bien entretenue

1 Distinguer taille de formation et taille d'entretien

Il faut distinguer la taille d'une haie récemment plantée, dite « taille de formation », de celle d'une haie adulte, dite « taille d'entretien ». Dans le premier cas, il s'agit, dès la première année, de favoriser le développement de branches latérales, gage d'une haie bien fournie, et d'éviter que la base ne se dégarnisse. Dans le second cas, il s'agit de conserver à la haie un port compact. Les haies régulières doivent avoir les côtés et la face supérieure rectilignes. Dans les haies libres, les plantes doivent pousser ensemble harmonieusement sans que l'une étouffe l'autre.

2 Les bons outils

- **Haie libre :** utilisez un sécateur pour couper les petits branchages et un coupe-branches pour les rameaux de diamètre supérieur à 1,5 cm. Les arbustes à grandes feuilles comme les lauriers ne se taillent pas au taille-haie, car le rendu est inesthétique. Vous pouvez aussi utiliser une cisaille pour les arbustes à petites feuilles. Choisissez des lames recouvertes de Teflon, un matériau qui ne retient pas la sève collante.
- **Haie régulière :** utilisez un cordeau (deux bâtons reliés par une cordelette afin de figurer une ligne droite), pour tailler droit, et un taille-haie.

Dans les deux cas, munissez-vous d'un râteau à dents plates, en plastique, et d'une bâche pour ramasser plus aisément les débris.

Cisaille à haie à lames réglables

Cisaille à haie à manche telescopique

3 *C'est bon pour la planète : Tailler hors période de nidification*

Voici les périodes classiques de taille des différentes haies :

- Haies de conifères : mars et fin août-début septembre.
- Haies fleuries : septembre-octobre.
- Haies brise-vent : septembre-octobre.
- Haies défensives : avril et septembre-octobre.
- Haies champêtres : septembre-octobre.

Il est préférable d'avancer d'un ou deux mois la taille des haies de conifères et des haies défensives pour ne pas tomber dans les périodes de nidification. Malgré tout, vérifiez toujours qu'aucun nid ne s'y trouve avant de tailler.

4 Choisir un taille-haie

- **Le taille-haie électrique :** pour des branches de diamètre moyen. De puissance comprise entre 400 et 700 W, il a la particularité d'être léger et peu encombrant. En revanche, son câble électrique peut être malencontreusement sectionné lors du travail.
- **Le taille-haie à batterie :** pour des petites haies aux branches fines. Il ne nécessite aucun câble et est donc plus confortable à l'usage qu'un taille-haie électrique. L'autonomie de la batterie est comprise entre 30 et 50 minutes pour une batterie de 18 V et 45 et 90 minutes pour une batterie de 36 V.
- **Le taille-haie à moteur thermique :** pour les grandes haies au bois dur. Ce taille-haie est souvent équipé d'un moteur deux-temps de 20 à 30 cm^3. Ses lames mesurent de 50 à 60 cm. Il est idéal pour les grandes haies, car il permet une taille rapide et possède un diamètre de coupe important. Mais il est lourd et bruyant.

Taille-haie à moteur thermique

Sculpte-haie à batterie

5 Entretenir une haie de thuyas

Même si on plante de moins en moins de thuyas, certains jardins sont ceinturés de ces haies. Autant qu'elles restent belles. Il faut les tailler en octobre en veillant soigneusement à ce qu'elles ne croissent pas trop en largeur. Régulièrement, des branches mortes et comme roussies apparaissent. Ce peut être le bupreste (voir encadré ci-contre). Taillez-les à ras et jetez-les. Une éventuelle taille en juillet, après la pousse, est envisageable (attention aux nids).

Une cisaille électrique pour une taille en forme régulière.

6 Que faire d'une haie de lauriers trop large ?

Il faut la tailler en épaisseur, mais en deux temps. La première année, taillez à 20-30 cm du tronc toutes les branches d'une face. Griffez au pied de la haie et apportez de l'engrais complet. Arrosez pour favoriser la repousse. L'année suivante, vous procéderez de même sur la face opposée. Poursuivez les apports d'engrais (pas après août, pour que les rameaux tendres se transforment en bois – on dit qu'ils s'aoûtent) et les arrosages. Arrosez en profondeur tous les 10 jours, plutôt qu'un peu tous les jours.

7 Le coin du curieux : Le bupreste

Certaines branches de vos thuyas ou genévriers se dessèchent subitement et brunissent ? Observez attentivement le bois : vous verrez peut-être un trou d'environ 5 mm de diamètre à la base des rameaux. Il correspond à l'extrémité d'une galerie sinueuse de 2 à 3 mm de large dans la branche, garnie de sciure et occupée par la larve plate et blanche du bupreste, un coléoptère de 7 à 11 mm de long, vert métallique avec des reflets bleutés. Coupez immédiatement la branche et jetez-la. Il n'y a pas d'autre moyen de lutter contre ce parasite qui sévit à peu près toute l'année. Sont concernés les *Thuya*, les *Chamaecyparis*, les *Cupressus*, les *Juniperus* et les chênes. Les haies monospécifiques sont les plus sensibles au bupreste.

IDÉES

8 Pourquoi pas... Remplacer une haie basse de buis ?

Lonicera nitida

Le buis étant attaqué par divers champignons, il arrive qu'il sèche. Vous pouvez remplacer une petite haie de moins de 1 m de haut par du *Lonicera nitida* (qui sera à tailler tous, 3 fois par an, car il pousse vite) ou de l'if, qui ne se taille qu'une fois par an, mais qui pousse plus lentement. Dans le cas du *Lonicera nitida*, vous pouvez acheter du jeune plant ; pour l'if, si vous pouvez, achetez des plants plus grands.

et Si

9 La **haie** de mon voisin **déborde** chez moi ?

Votre voisin est tenu de couper ce qui dépasse chez vous (article 673 du Code civil). En tant que propriétaire de la haie, l'entretien de celle-ci lui incombe et vous êtes en droit de lui demander de l'effectuer régulièrement. Pour faciliter l'opération, vous pouvez l'autoriser à passer chez vous.
Si des démarches amiables n'aboutissent pas, demandez-lui par écrit (en recommandé avec avis de réception) de procéder à la taille. Sinon, faites intervenir le conciliateur de justice.

10 Ma **haie** sèche **complètement** ?

Il faut tout arracher, ôter les souches et apporter de la terre nouvelle, ce qui n'est pas un petit travail. Mais c'est la seule manière de pouvoir replanter une belle haie. Ne choisissez pas la même espèce, ni même des plantes de la même famille botanique, pour éviter la transmission des agents pathogènes qui ont décimé votre ancienne haie.

Jolies bordures

Le rendu des scènes au jardin repose une bonne part sur les finitions. Parmi les détails à considérer, les bordures ne sont pas les moindres. Les propositions sont nombreuses et variées, en premier lieu par le choix des plantes.

Une bordure, pour quoi faire ?

Une bordure est indispensable pour délimiter la transition entre les massifs ou la pelouse et les revêtements en dur. En même temps, elle guide le regard sur le décor... **1**

Une finition soignée

Pour remplir son rôle décoratif et apporter en permanence sa note soignée, une bordure doit être bien entretenue ; cela commence par des désherbages réguliers ... **2**

Tailler les bordures

Si vous avez choisi de planter des arbustes ou des arbrisseaux pour établir votre bordure, la taille d'entretien est indispensable ... **3**

Le coin du curieux

La rue *(Ruta graveolens)* est aussi appelée « rue fétide », ou même « rue puante », en raison de son odeur très forte, plutôt désagréable ... **4**

La petite histoire : Le Tagetes

L'œillet d'Inde n'a jamais posé ses racines dans le pays continent d'Asie, il nous vient des Antilles. ... **5**

Les bordures en « dur »

Une bordure sans entretien, c'est possible, à condition de substituer aux plantes des éléments inertes prévus pour cet usage ... **6**

Bordure métallique le long d'un massif de lavande papillon

Idées

→ POURQUOI PAS… Une bordure « naturelle » en osier ? 7

→ POURQUOI PAS… Une bordure moderne en acier ? 8

Bordure d'œillets d'Inde

et Si

- Les feuilles de mon bégonia sont couvertes d'une poudre grisâtre ? 9
- Les feuilles de mes œillets sont dévorées et présentent des fils ? 10

Les Plantes idéales

Une bordure végétale est formée de plantes à développement compact et lent, pour limiter l'entretien, aux racines pas trop gourmandes ni colonisatrices. Utilisez des plantes couvre-sol (voir p. 140) pour composer des bordures d'aspect « naturel », des espèces annuelles ou vivaces,compactes et naines, dont le développement est aisément contrôlable.

★ **Des bordures fleuries :** *Aethionema spp.* ; *Ageratum spp.* (agérate) ; *Arabis caucasica* (corbeille-d'argent) ; *Aubrieta spp.* (aubriète) ; *Campanula carpatica*, *C. portenschlagiana*, *C. poscharskyana* (campanule rampante) ; *Ceratostigma plumbaginoides* (dentelaire rampante) ; *Cuphea hyssopifolia* (fausse bruyère) ; *Dianthus chinensis* (œillet de Chine) ; *Iberis spp.* (thlaspi) ; *Lobelia erinus* (lobélie en coussin) ; *Lobularia maritima* (alysse odorant) ; *Phlox spp.* (phlox nain vivace) ; *Potentilla spp.* (potentille arbustive) ; *Prostanthera cuneata* (menthe australienne) ; *Sanvitalia procumbens*, *S. speciosa* ; *Tagetes patula* (œillet d'Inde).

Nos conseils

1. Plantez les bordures de fleurs saisonnières au printemps et les arbustes de bordure (buis, Ilex crenata 'Dark Green', santoline, etc.) de préférence en automne.

2. Dans les jardins de style naturel, laissez les diverses espèces plantées en bordure s'enchevêtrer et composer des motifs irréguliers. Utilisez dans ce cas des plantes vivaces, de préférence à feuillage persistant.

3. Composez des contrastes de couleurs avec des plantes de bordure aux feuillages et aux floraisons variées.

4. Dans les régions régulièrement enneigées, mettez systématiquement en place des bordures surélevées le long des allées afin qu'elles servent de guide lorsque le manteau neigeux dissimule les structures du jardin. C'est le meilleur moyen pour éviter de piétiner les zones plantées.

Jolies bordures

1 Une bordure, pour quoi faire ?

La bordure doit être présente, mais savoir se faire oublier. Pour répondre à ce paradoxe, sa hauteur doit être inférieure au premier rang de plantes qu'elle souligne et, dans la mesure du possible, ne pas excéder 20 cm de haut. Servant également de transition visuelle entre les parties plantées et les zones de circulation, elle doit accompagner *decrescendo* le regard. En délimitant les parties recouvertes de paillage, elle retient les matériaux du paillis, en évitant que la zone prenne un aspect négligé s'ils venaient à se disséminer alentour. C'est aussi une façon de terminer la zone engazonnée, sans trop de rectitude lorsque la bordure est constituée de plantes fleuries basses, ou délibérément de manière stricte lorsque des bordures en dur sont utilisées.

2 Une finition soignée

Quelques herbes folles qui poussent au travers de la bordure fleurie et tout l'effet esthétique et soigné est réduit à néant ! Le désherbage est nécessaire pour maintenir un aspect propre aux bordures végétalisées. À la main, pour les herbes les plus accessibles et faciles à éliminer, à compléter par un griffage pour empêcher la levée des suivantes et pour favoriser l'aération de la terre et laisser respirer les racines. C'est l'occasion d'apporter un engrais une fois par an, au printemps.

3 Tailler les bordures

Avant de planter des arbrisseaux ou des arbustes bas et couvre-sol, pensez que vous devrez les tailler pour leur entretien. Taille au carré pour les bordures nettes, celles par exemple dressées avec du buis à bordure, ou taille arrondie, comme pour la santoline. Utilisez un matériel bien adapté, notamment des cisailles à lames courtes, aidez-vous d'un cordeau pour les coupes rectilignes ; intervenez une ou deux fois dans l'année.

Des bordures de buis structurent bien les massifs.

4 Le coin du curieux

La rue aurait des propriétés répulsives très intéressantes à l'égard de graves maladies de plantes d'origine bactérienne telles que la tumeur du collet (*Agrobacterium tumefaciens*), la pourriture molle (*Pectobacterium carotovorum*) et le chancre bactérien (*Pseudomonas syringae*). On préconise aussi une macération de rue à 10 % de concentration comme répulsif contre le doryphore de la pomme de terre et la plupart des chenilles (surtout la piéride du chou).
La rue est, à l'inverse, un attractif très puissant pour l'aleurode des serres, ou mouche blanche (*Trialeurodes vaporariorum*).
On en plante dans les serres afin de dépister ces insectes très invasifs.

5 La petite histoire : Le Tagetes

Le genre Tagetes (Astéracées), créé en 1753 par Carl von Linné (1707-1778), est dédié à Tagès, génie étrusque réputé enseigner l'art divinatoire. Découvert en Amérique centrale au XVIIe siècle, Tagetes patula fut introduit pour la première fois dans le sud de la France avant de se répandre en Europe comme une plante rare et précieuse sous le nom d'« œillet d'Inde » (par référence aux Antilles, connues sous le nom d'Indes occidentales). La plante possède de réelles propriétés insecticides et surtout nématicides, car elle sécrète des substances nocives pour ces vers microscopiques qui vivent dans le sol et détruisent les racines des plantes. Deux œillets d'Inde suffisent à protéger 6 plants de tomates. Une décoction de feuilles peut être pulvérisée pour lutter contre les pucerons et les chenilles.

6 Les bordures en « dur »

Les bordures en dur sont pratiquement sans entretien. Elles servent à structurer les allées et elles s'utilisent aussi le long des pelouses, car elles facilitent l'entretien en évitant la découpe. Dans les terrains en pente légère, elles servent à retenir la terre lors des fortes pluies. Enfin, lorsque la bordure végétale sert à structurer une allée recouverte d'un matériau fluide (sable, gravillons), elle gagne à être accompagnée sur toute sa longueur d'une bordure solide et décorative (briques posées sur chant, tuiles, dallages fins) qui assure une bonne stabilité et sert de caniveau pour le ruissellement des eaux, tout en évitant le mélange indésirable du revêtement avec la terre. Les propositions sont nombreuses, en formes et en matériaux. Aluminium ou acier pour une finition résolument moderne, pierre reconstituée, brique ou terre cuite pour un rendu plus traditionnel, osier tressé pour un jardin naturel ou encore fonte qui dessine des volutes pour donner un air désuet au décor. Pour le côté pratique, mais pas très esthétique, on peut prendre du polyuréthane souple pour border les pelouses et les carrés au potager. Sans compter toutes les possibilités de récupération qui titillent votre imagination : tuiles romaines enterrées, tronçons de bambous, de branchages ou de bois, pare-feuilles ...

Bordure durable en briques posées verticalement

Bordure toute simple en moellons

IDÉES

7 Pourquoi pas... une bordure « naturelle » en osier ?

L'osier, vous connaissez déjà pour l'utiliser au potager pour les plessis, pour donner un côté de jardin médiéval. Dans les massifs d'inspiration naturelle, il se fond dans le décor. Et pour plus de facilité, il est également fourni en modules qu'il suffit de ficher en terre.

8 Pourquoi pas... une bordure moderne en acier ?

Pour délimiter de manière nette une parcelle de gazon, vous pouvez donner une touche de modernité délibérément affichée en posant une bordure en acier peinte à l'époxy. Elle se plie facilement pour suivre les courbes et elle est fournie en modules à assembler par des écrous fournis.

et Si

9 Les feuilles de mon **bégonia** sont couvertes d'une **poudre** grisâtre ?

L'oïdium a encore frappé ! Cette maladie fongique est causée par un ensemble de souches de champignons pathogènes qu'on retrouve un peu partout sur les plantes cultivées au jardin : légumes, fruitiers, plantes à fleurs, arbustes... La seule parade, des pulvérisations de soufre, par temps sec, à renouveler en cas de pluie. Et à titre préventif, évitez de mouiller le feuillage au moment des arrosages.

10 Les feuilles de mes **œillets** sont **dévorées** et présentent des fils ?

Observez bien dans les cocons soyeux qui enveloppent les feuilles, vous verrez des chenilles, celles de la tordeuse de l'œillet (*Cacoecimorpha pronubana*). Lorsque les attaques sont modérées, supprimez les parties malades et détruisez-les. Si elles sont plus importantes, pulvérisez de préférence des suspensions de *Bacillus thuringiensis* et renouvelez si nécessaire.

Tordeuse de l'oeillet

jolies bordures

AÉTHIONÈME ARMENUM

Aethionema spp.

J F M A **M J J** A S O N D

15/20 cm | 20 cm | V

Aethionema 'Warley Rose'

Parfaitement rustique, cette robuste vivace forme un petit coussin régulier, très florifère, aux feuilles linéaires vert bleuté. Elle se couvre de petites grappes de fleurs roses ou blanches formées de 4 pétales.

SOL Pauvre, calcaire, graveleux ou sablonneux, bien drainé, frais en été.

EXPOSITION En plein soleil.

CULTURE Plantez de septembre à mars (de 12 à 16 pieds/m²). Coupez les fleurs fanées, arrosez en été. Multiplication par semis en mars sous abri ou boutures en été de tiges non fleuries.

ESPÈCES ET VARIÉTÉS 56 espèces sont reconnues par la nomenclature botanique internationale. On cultive essentiellement *Aethionema armenum* 'Warley Rose' (15 cm), aux fleurs d'un rose vif très lumineux, et 'Warley Ruber', rose foncé.

CULTURE EN POT Dans un pot de 10 l la première année, rempotez ensuite. Donnez-lui un mélange de terre à cactées et de terre de jardin.

UTILISATIONS Bordure, rocaille, potée, mur fleuri, éboulis, jardin alpin, talus sec.

CRAINT L'HUMIDITÉ

Veillez à ce que le sol soit bien drainé, car l'humidité hivernale est fatale à l'aéthionème.

AGÉRATE

Ageratum houstonianum

J F M A **M J J A S O** N D

15/60 cm | 20/30 cm | A | -5 °C

Ageratum 'Blue Mink'

Ces annuelles font des bordures fleuries magnifiques. L'agérate est un petit buisson ramifié qui porte des feuilles opposées, duveteuses, en forme de cœur, de 5 à 7 cm de long. Les grappes terminales sont formées de très nombreuses fleurs bleues, blanches ou roses, plumeuses.

SOL Riche, frais, humifère.

EXPOSITION Le plein soleil non brûlant.

CULTURE Plantez à l'extérieur à partir de fin avril entre 25 et 30 cm de distance. Arrosez régulièrement, la terre ne devant pas sécher pour assurer une bonne floraison. Semez de février à avril, sous abri. Pincez les jeunes plants s'ils ont du mal à former des fleurs.

ESPÈCES ET VARIÉTÉS Il existe 51 espèces, toutes originaires d'Amérique tropicale.

- **AGÉRATUMS NAINS (DE 15 À 30 CM) :** 'Bavaria', bleu clair à large centre blanc ; 'Blue Ball', bleu foncé ; 'Pacific Plus', violet foncé ; 'Roi des Bleus' (25 cm), fleurs en pompons pelucheux bleu pâle ; 'Tetra Blue Mink' (20 cm), bleu soutenu ne passe pas.
- **AGÉRATUMS HAUTS (DE 50 À 60 CM) :** 'Bouquet Bleu', très allongé, bleu vif ; 'Red Sea', rouge à pourpre ; 'Timeless Mixed' (de 40 à 50 cm), fleurs roses, blanches ou bleues.

CULTURE EN POT Dans un pot de 15 cm de profondeur au minimum et dans un bon terreau pour géraniums.

UTILISATIONS Bordure, jardinière, potée. Bouquets (grands hybrides).

CORBEILLE-D'ARGENT

Arabis caucasica

J F **M A M** J J A S O N D

15/25 cm | 20/30 cm | V

Cette plante vivace tapissante pousse en rosettes lâches. Les petites feuilles persistantes sont ovales, dentées, d'un joli vert-gris. Au printemps, les nombreuses petites fleurs de 1 cm de diamètre, à 4 pétales, réunies en grappes, sont blanches, plus rarement roses ou violettes, odorantes. Fruits en siliques.

SOL Ordinaire, même peu fertile et sec.

EXPOSITION Plein soleil.

CULTURE Plantez des plants en godets en laissant 30 cm entre deux pieds. Aucun soin particulier, seulement une taille après la floraison pour maintenir la plante compacte. La corbeille-d'argent est exposée aux pucerons, traitez par un insecticide végétal, mais pensez que la plante mellifère attire aussi les abeilles. Le mildiou et la rouille des crucifères se développent par temps humide. En cas de précédent, traitez préventivement par une pulvérisation de bouillie bordelaise incolore.

ESPÈCES ET VARIÉTÉS Il existe une centaine d'espèces. En plus de l'espèce type, plantez 'Hedi', 'Pinkie' et 'Rosea', aux nuances roses ; 'Plena', aussi étiqueté 'Flore Pleno', à fleurs doubles ; 'Schneehaube', au port plus compact, pour les potées ; 'Sulphurea', aux fleurs teintées de jaune ; 'Variegata', pour son feuillage panaché de crème.

CULTURE EN POT Dans des pots d'inspiration rustique (auge en pierre, bois…).

UTILISATIONS Bordures, massifs, rocailles, potées et jardinières.

AUBRIÈTE

Aubrieta x cultorum

J	F	M	**A**	**M**	J	J	A	S	O	N	D

Hauteur	Largeur		
10/15 cm	30/60 cm		V

Coussin tapissant formant des touffes denses aux feuilles velues en rosette, l'aubriète se couvre de fleurs de 1 à 2 cm de diamètre, à 4 pétales en croix, au cœur blanc ou jaune.

SOL Pas trop riche, à dominante calcaire, bien drainé, même sec et rocailleux.

EXPOSITION Soleil, même assez chaud.

CULTURE Plantez de septembre à mars (de 7 à 9 pieds/m^2). Arrosez bien la première année. Division ou boutures, au printemps, de rameaux n'ayant pas fleuri.

ESPÈCES ET VARIÉTÉS Il existe 17 espèces. *Aubrieta gracilis* 'Kitte Blue', bleu violacé à œil jaune; 'Kitte Rose Red', rose foncé. Nombreux hybrides *Aubrieta* x *cultorum* (de 10 à 15 cm). Parmi eux : 'Alsace', à feuilles vert grisâtre, fleurs rose pâle au cœur rose foncé; 'Argenteovariegata', à feuilles panachées de crème, fleurs rose-mauve; 'Blaumeise', bleu violacé; 'Blue King', bleu violacé, avec le cœur plus clair; 'Bressingham Red', rouge carmin; 'Bsingham Pink', semi-double rose nuancé de rose vif; la série 'Cascade' existe en bleu, rose, rouge et pourpre; 'Dr Mules Variegated', à feuilles panachées de blanc, fleurs violettes; 'Fiona', blanc; 'Hamburger Stadtpark', bleu violacé; 'Leichtlinii', rose carminé; la série 'Royal' se décline en bleu, rouge et violet.

CULTURE EN POT Dans un pot de 20 cm de profondeur, dans de la terre de jardin.

UTILISATIONS Muret, rocaille, bordure, potée, suspension.

CAMPANULE RAMPANTE

Campanula spp.

J	F	M	**A**	**M**	**J**	**J**	**A**	**S**	O	N	D

Hauteur	Largeur		
10/20 cm	20/60 cm		V

Campanula 'Blue Bali'

Ces campanules rampantes sont des vivaces formant une touffe tapissante aux feuilles alternes, ovales ou cordiformes, dentées. Les fleurs en clochette ou en étoile sont généralement réunies en bouquets sur des hampes dressées ou des tiges grêles.

SOL Léger, fertile, souple, humifère, même calcaire.

EXPOSITION Soleil non brûlant ou mi-ombre légère, à l'abri des vents forts.

CULTURE Plantez de septembre à avril, en comptant de 6 à 9 pieds/m^2 pour les petites espèces et de 4 à 6 pieds/m^2 pour les plus grandes. Arrosez bien par temps chaud. Divisez les grosses touffes en octobre. Les espèces vivaces se sèment aussi en mai-juin et sont repiquées directement en place, en août-septembre.

ESPÈCES ET VARIÉTÉS Il existe plus de 300 espèces.

- *Campanula carpatica* : forme un coussin compact (20 cm), couvert de fleurs bleues de juin à août; 'Bressingham White' et 'Silberschale', blanc pur; 'Karl Foester', bleu-mauve; 'White Star', à fleurs blanches ombrées de bleu clair.
- *Campanula cochleariifolia* : plante tapissante (10 cm), à feuilles ovales, dentées, fleurs en clochettes pendantes bleu pâle; 'Alba', à fleurs blanches; 'Bavaria Blue', bleu soutenu.
- *Campanula portenschlagiana* (syn. *C. muralis*) : la campanule des murailles (10 cm), en tapis bleu violacé de mai à septembre; 'Dark Take Mee', fleurs étoilées bleu violacé foncé; 'Porto', à petites fleurs bleu violacé; 'Uniform', compacte, précoce, idéale en pot.
- *Campanula poscharskyana* : aux coussins d'étoiles bleu clair de mai à septembre (de 15 à 20 cm); 'Addenda Adansa', port tapissant d'aspect irrégulier, fleurs étoilées bleu clair ou roses toujours nuancées de blanc; 'Addenda Ambella Purple', pourpre violacé foncé; 'E.H. Frost', à fleurs blanches; 'Glandore', bleu vif à œil blanc; 'Lisduggan Variety', lavande rosé.
- **Hybrides nains** : 'Birch Hybrid' (15 cm), fleurs campanulées bleu violacé; *C.* x *haylodgensis* 'Blue Bali', fleurs très doubles bleu pâle, existe aussi en blanc ('White Bali'); 'Spring Bell Blue' (15 cm) forme un tapis compact d'un bleu éclatant.

CULTURE EN POT Dans un pot de 15 cm en tous sens, dans une bonne terre de jardin plutôt sableuse, en mélange avec un terreau d'écorce souple.

UTILISATIONS Bordure, rocaille, potée, dallages.

Campanula cochleariifolia

Campanula carpatica

DENTELAIRE RAMPANTE, PLUMBAGO RAMPANT

Ceratostigma plumbaginoides

J F M A M J J **A S** O N D

20/40 cm | 40/80 cm | V | -15 °C

De magnifiques fleurs en bouquets, bleu gentiane, à 5 pétales étoilés, pour éclairer les bordures ! La « dentelaire de Lady Larpent » est une plante tapissante au feuillage pourpre en automne.

SOL Consistant, frais, graveleux, drainé.

EXPOSITION Chaude et bien ensoleillée.

CULTURE Plantez au printemps (de 3 à 5 pieds/m^2). Paillez le sol en permanence. Après la floraison, rabattez les tiges. Taillez en mars toutes les pousses abîmées. Divisez les vieilles touffes au printemps. Bouturez les rameaux en juillet.

ESPÈCES ET VARIÉTÉS Il existe 8 espèces. Outre *Ceratostigma plumbaginoides*, on cultive d'autres espèces un peu trop élevées pour les bordures : *C. wilmottianum* (1 m), sous-arbrisseau étalé, aux fins rameaux à fleurs bleu clair ; 'Desert Skies' (50 cm), à feuillage doré, se cultive à mi-ombre ; 'Forest Blue' (60 cm), plus florifère.

CULTURE EN POT Dans un pot de 30 cm de diamètre et 20 cm de profondeur, dans un bon terreau universel.

UTILISATIONS Bordure, massif, bordure, talus, potée.

CONSEILS

Faites un bon apport d'engrais organique au printemps.

ŒILLET DE CHINE

Dianthus chinensis

J F M **A M J J A S** O N D

15/30 cm | 10/30 cm | A

Les œillets de Chine sont des vivaces cultivées en annuelles, en général à partir d'un semis. Ce sont des plantes compactes, formant une touffe de feuilles lancéolées, vert moyen à pâle. Les fleurs, simples, groupées en petits bouquets, sont formées d'un tube court et d'au moins 5 pétales (tépales), ondulés, dentés, frangés sur près de la moitié de leur longueur.

SOL Toute terre calcaire bien drainée. Un bon apport d'humus est très apprécié.

EXPOSITION Plein soleil assez doux.

CULTURE Semez en caissettes, sous abri, en février-mars, à 15-18 °C. Repiquez en godets dès que la plante présente 2 ou 3 feuilles. Installez la culture sous châssis froid avant de mettre en place en avril-mai, en espaçant les plants de 30 cm (15 cm pour les variétés naines).

ESPÈCES ET VARIÉTÉS Il existe environ 350 espèces et de nombreuses sous-espèces. L'œillet de Chine offre une riche palette de couleurs : écarlate, rose, cramoisi, pourpre, corail, saumon, blanc et bicolore.

CULTURE EN POT Dans un pot de 15 cm de diamètre au minimum, dans un mélange de terre de jardin, de sable et de terreau.

UTILISATIONS Bordure, rocaille, dallage, muret, potée, jardinière, bouquets.

THLASPI, CORBEILLE-D'ARGENT

Iberis spp.

J F **M A M J J A** S O N D

20/40 cm | 20/80 cm | V | 0 °C

Annuelles ou vivaces, ce sont des plantes tapissantes très florifères. Formant un coussin dense, le thlaspi porte des feuilles alternes, linéaires, entières ou découpées, vert sombre, qui se couvrent de bouquets de petites fleurs à 4 pétales.

SOL Léger et bien drainé, même pauvre.

EXPOSITION De préférence le plein soleil.

CULTURE Plantez les vivaces en automne (de 6 à 9 pieds/m^2) dans un endroit abrité. Taillez en coussin après la floraison. Divisez les touffes tous les 5 ans en fin d'été. Semez les annuelles en place, en avril. Éclaircissez à 10 cm.

ESPÈCES ET VARIÉTÉS 29 espèces sont officiellement référencées.

- **IBÉRIS ANNUELS** : *Iberis amara* (30 cm), parfumé, de juin à août ; 'Géant à Fleurs de Jacinthe', à longues grappes. *Iberis umbellata* (de 30 à 40 cm), à fleurs roses, pourpres, lilas ou blanches, de juin à août.
- **IBÉRIS VIVACES** : *Iberis gibraltarica* (40 cm), à fleurs ombrées de violet, d'avril à juin. *I. sempervirens* 'Masterpiece', port étalé, très florifère ; 'Snowflake' (syn. 'Schneeflocke'), vigoureux, très florifère, fleurit en mars-avril (25 cm).

CULTURE EN POT Très adaptée, car la plante reste belle après la floraison. Installez-la dans un pot de 20 cm en tous sens pour un seul pied, dans une bonne terre de jardin.

UTILISATIONS Bordure, rocaille, dallage, auge, potée, jardinière, couvre-sol.

LOBÉLIE

Lobelia erinus

J F M A M J J A S O N D

10/20 cm | 15/40 cm | A

Cette plante vivace herbacée, cultivée en annuelle, forme une touffe tapissante au feuillage étroit, vert clair. Fleurs de 1 cm en grappes légères.

SOL Léger, bien drainé.

EXPOSITION Soleil non brûlant ou tamisé.

CULTURE Semez en mars ou avril, à l'intérieur, à 18-20 °C. Repiquez en godets sous abri. Mettez en place en mai, (1 plant/20 cm). Fertilisez en été.

ESPÈCES ET VARIÉTÉS Il existe 370 espèces d'aspects très divers. Chez *Lobelia erinus*, on distingue deux groupes de cultivars. Ceux à port pleureur sont parfait en suspension.

- **FORMANT UN COUSSIN :** 'Collier de Perles' (10 cm), tapissant, bleu, blanc ou pourpre ; 'Crystal Palace' (15 cm), bleu violet ; 'Empereur Guillaume' (10 cm), bleu soutenu ; 'Horizon Bleu' (de 10 à 15 cm), compact, bien bleu ; 'Monsoon' (15 cm), bleu intense à petit œil blanc ; 'Snowball' (15 cm), blanc pur.
- **À PORT PLEUREUR :** graciles, ils atteignent 50 cm. 'Rose Cascade', rose foncé à œil blanc ; 'Saphir', bleu vif ; 'White Cascade', blanc pur.

CULTURE EN POT Dans 40 cm de long, pour 5 pieds, dans un terreau pour géraniums.

UTILISATIONS Bordure, potée, suspension.

Lobelia erinus 'Monsoon'

FLORAISON PROLONGÉE

Effectuez plusieurs semis, à quelques semaines d'intervalle, pour obtenir des floraisons prolongées.

ALYSSE ODORANT

Lobularia maritima

J F M A M J J A S O N D

8/15 cm | 20/30 cm | A

Cette vivace éphémère naine se caractérise par une végétation rapide et couvre-sol. Elle forme une touffe au feuillage linéaire vert grisâtre et très ramifié. Une abondance de petites fleurs parfumées se regroupe en inflorescences arrondies qui couvrent tout le feuillage.

SOL Propre, pas trop compact, fertile.

EXPOSITION Plein soleil, même chaud.

CULTURE Semez en place d'avril à juillet. Éclaircissez tous les 20 cm. Arrosez généreusement l'été. Rabattez la végétation après la première floraison pour obtenir une remontée.

ESPÈCES ET VARIÉTÉS Il existe 5 espèces et autant de sous-espèces. Cultivars de *Lobularia maritima* : 'Snow Crystals' (15 cm), à grandes fleurs blanches, médaille d'or Fleuroselect ; 'Tapis d'Argent (10 cm), à petites fleurs blanc pur ; 'Tapis Royal' (10 cm), violet profond ; 'Wonderland' (10 cm), mélange de couleurs allant du blanc au rouge carmin foncé en passant par le rose ; 'Yolo' (15 cm) existe en mauve ou en blanc, très résistant à la chaleur, bien parfumé.

CULTURE EN POT Dans un pot de 15 cm de profondeur au minimum, dans un terreau de plantation mélangé à une bonne terre de jardin.

UTILISATIONS Rocaille, potée, jardinière, suspension et bordure, entre les dallages.

SEMIS SPONTANÉ

C'est une plante idéale pour les jardins sauvages, car elle se ressème tous les ans spontanément.

PHLOX NAIN, PHLOX MOUSSE

Phlox spp.

J F M A M J J A S O N D

10/20 cm | 15/80 cm | A

Les phlox mousse forment une touffe de feuilles opposées, simples, linéaires ou ovales. Les fleurs en étoiles sont en bouquets aux couleurs tendres.

SOL Fertile, bien drainé, plutôt non calcaire.

EXPOSITION Soleil, même intense.

CULTURE Plantez de septembre à avril (de 4 à 9 pieds/m^2 selon les espèces).

ESPÈCES ET VARIÉTÉS Il existe 84 espèces et plusieurs sous-espèces. Parmi les nains :

- *Phlox divaricata* : port traçant (de 20 à 40 cm), feuillage semi-persistant, floraison bleu clair en mai-juin ; 'Chattahoochee' (20 cm), mauve à cœur pourpre ; 'Clouds of Perfume' (30 cm), bleu clair, parfumé ; 'May Breeze' (30 cm), blanc.
- *Phlox stolonifera* (de 15 à 25 cm), fleurs mauves en avril-mai ; 'Alba' (30 cm), blanc ; 'Ariane' (15 cm), blanc à œil jaune ; 'Blue Ridge' (de 20 à 30 cm), bleu clair ; 'Home Fires' (de 20 à 30 cm), rose violacé ; 'Purpurea' (de 15 à 20 cm), rouge pourpre.
- *Phlox subulata* (de 10 à 15 cm), persistant, très rustique. Il fleurit en avril-mai. Les hybrides présentent des coloris très variés, du blanc au rouge carminé : 'Coral Eye' (15 cm), blanc rosé à cœur rouge ; 'G.F. Wilson' (10 cm), bleu lavande à cœur plus foncé ; 'Moerheimii' (10 cm), rose ; 'Purple Beauty' (10 cm), violet clair ; 'Scarlet Flame' (15 cm), rose pourpré à cœur rouge ; 'Temiskaming' (de 10 à 15 cm), rouge carminé ; 'White Delight' (15 cm), blanc.

CULTURE EN POT Dans un pot de 15 cm en tous sens, dans un terreau pour géraniums.

UTILISATIONS Rocaille, bordure, potée.

Phlox subulata

POTENTILLE

Potentilla spp.

J F M A **M J J A S** O N D

20/50 cm | 20/50 cm | C

Rustiques et très résistantes à la sécheresse, les potentilles portent des feuilles alternes, composées de 3 ou 5 folioles, souvent soyeuses. Les fleurs simples, solitaires, à 5 pétales, se renouvellent sans cesse. Croissance rapide (la taille adulte est obtenue en 2 ou 3 ans).

SOL Perméable, pauvre, pas trop calcaire, bien drainé.

EXPOSITION Plein soleil ou mi-ombre.

CULTURE Plantez en automne ou au printemps. Taillez après la floraison pour conserver un port arrondi.

ESPÈCES ET VARIÉTÉS Il existe environ 500 espèces.

- **FORMES ARBUSTIVES** : *Potentilla fruticosa* est la plus cultivée. Les meilleurs cultivars nains sont 'Golden Carpet' (30 cm), jaune pâle ; 'Goldfinger' (50 cm), jaune doré ; 'Klondike' (50 cm), jaune foncé ; 'Pink Giant' (50 cm), grandes fleurs rose vif ; 'Red Ace' (50 cm), rouge clair à revers jaune ; 'Tangerine' (60 cm), jaune teinté d'orangé.

À L'OMBRE

Plantez les variétés à fleurs orange, rouges ou roses dans un endroit ombragé, car elles se décolorent au soleil.

- **POTENTILLES VIVACES** : *P. alba* (20 cm), port étalé, feuilles au revers duveteux, fleurs blanches. *P. megalantha* (20 cm), feuilles découpées, soyeuses, fleurs en coupe jaune vif. *P. nepalensis* 'Miss Willmott' (50 cm), rose pourpré à cœur rouge sombre. *P. recta* (40 cm), feuilles composées, dentées, velues, fleurs jaune pâle.
- **HYBRIDES VIVACES** : 'Arc-en-Ciel' (40 cm), fleurs doubles rouge bordé de jaune ; 'Flamboyant' (40 cm), fleurs semi-doubles rouge foncé ; 'Flamenco' (40 cm), rouge orangé à cœur jaune ; 'Gibson's Scarlet' (40 cm), rouge vif ; 'Monsieur Rouillard' (40 cm), fleurs doubles rouge foncé ; 'Yellow Queen' (40 cm), fleurs semi-doubles jaune lumineux.

CULTURE EN POT Possible dans un mélange à parts égales de terreau de rempotage, de terre de jardin et de sable.

UTILISATIONS Bordure, rocaille, massif, haie basse.

Potentilla 'Gibson's Scarlet'

MENTHE AUSTRALIENNE

Prostanthera cuneata

J F M A **M J** J A S O N D

20/50 cm | 80 cm | P | -7 °C

Cet arbuste buissonnant au port étalé convient très bien en bordure. Feuilles de 1 à 1,5 cm, persistantes, vert foncé, brillantes, aromatiques lorsqu'on les froisse, à l'odeur mentholée. Floraison en grappes de petites fleurs blanches marquées de pourpre et de jaune à l'intérieur.

SOL Ordinaire, plutôt un peu sec et légèrement acide.

EXPOSITION Soleil.

CULTURE Plantez en automne ou au printemps les plantes en conteneur. Arrosez abondamment à la plantation, mais par la suite, attention aux excès. Moyennement rustique, la plante pousse facilement sans trop de soins. Taillez seulement pour la contenir dans les dimensions qui vous conviennent, sinon laissez en forme libre. En automne, apportez un engrais organique au pied.

ESPÈCES ET VARIÉTÉS 92 espèces sont reconnues par la nomenclature internationale. Outre *Postanthera cuneata*, on trouve aussi dans certaines pépinières : *P. ovalifolia* 'Variegata' (1 m), aux feuilles marginées de crème, fleurs mauve violacé en mai-juin ; *P. rotundifolia* (1,50 m), à petites feuilles arrondies et fleurs rose lilacé.

CULTURE EN POT Indispensable pour les régions froides, à protéger en hiver. Donnez un terreau bien drainé pour éviter les excès d'eau.

UTILISATIONS Massif, bordure, potées. Au bord d'une allée, sur un lieu de passage, pour profiter du parfum que dégage son feuillage.

SANVITALIE

Sanvitalia procumbens, S. speciosa

J F M A M **J J A S O** N D

10/20 cm | 15/30 cm | V/A

Originaire d'Amérique centrale, cette plante annuelle, à port étalé à rampant, est utilisée en retombante. Les feuilles sont vertes, ovales, couvertes de poils courts ; le feuillage est abondant. Fleurs en petites marguerites jaunes à orangées avec le cœur noir.

SOL Terre de jardin, légère et drainée, pas trop riche.

EXPOSITION Soleil indispensable pour une floraison prolongée en automne.

CULTURE En mars-avril, plantez des jeunes plants en godets tous les 20 à 30 cm. Enterrez-les jusqu'au collet. La croissance est rapide, d'autant plus lorsqu'on donne de la chaleur aux plantes. Évitez les sols riches, ils favorisent la production de feuillage au détriment de la floraison ; ne fertilisez pas. L'entretien se résume à supprimer les fleurs fanées.

ESPÈCES ET VARIÉTÉS Le genre compte 7 espèces. L'espèce type est la plus fréquemment proposée. On peut trouver aussi quelques variétés comme 'Jaune d'Or', au coloris plus intense ; 'Orange Mandarin', orange vif ; 'Sprite Jaune' et 'Sprite Orange', les deux à fleurs semi-doubles.

CULTURE EN POT Le port de la plante la destine aux suspensions. Apportez un engrais pour plantes fleuries seulement toutes les 2 ou 3 semaines.

UTILISATIONS Bordures, massifs, couvre-sol, potées et suspensions fleuries.

ŒILLET D'INDE

Tagetes spp.

J F M A **M J J A S O** N D

20/40 cm | 10/30 cm | A

Ces plantes annuelles très florifères font partie des grandes stars de l'été. Dotées d'un port buissonnant, érigé et ramifié, elles portent un feuillage opposé, très découpé, parfois presque plumeux, vert foncé brillant, qui dégage une forte odeur peu agréable. Les fleurs, en capitules simples ou doubles, proposent toutes les nuances de jaune et d'orange, jusqu'au marron.

SOL Léger, souple, même pauvre, sec et calcaire. Un apport d'humus est apprécié.

EXPOSITION Chaude et bien aérée, en plein soleil, même très ardent.

CULTURE Semez de février à avril, en terrine sous abri. La germination demande 1 ou 2 semaines entre 18 et 22 °C. Environ 3 semaines après la levée, lorsque les plantules ont formé 2 ou 3 feuilles, repiquez individuellement en caissette en espaçant les plants de 5 cm. Un mois plus tard, empotez individuellement en godets de tourbe et conservez la culture sous châssis froid. Mettez en place les plants en motte courant mai, entre 20 et 40 cm de distance selon la variété. Il est plus pratique d'acheter des plants fleuris à partir du 15 avril. Arrosez régulièrement, fertilisez les plantes en pot ou en jardinière une fois par semaine à l'engrais liquide. Coupez régulièrement les fleurs fanées pour faciliter l'éclosion de nouveaux boutons.

ESPÈCES ET VARIÉTÉS Il existe 53 espèces. On en cultive surtout 3, en général sous leur nom commun.

- **ŒILLET D'INDE :** *Tagetes patula* est une plante naine (de 20 à 30 cm), aux folioles lancéolées, qui se décline en très nombreux cultivars nains à fleurs simples ou doubles.
- **TAGÈTE CITRON :** *Tagetes tenuifolia* (syn. *Tagetes signata*) (40 cm), annuelle aux feuilles fines portant, de juin à septembre, des petits capitules de 2 à 3 cm de diamètre de couleurs chaudes ; 'Lemon Gem' (25 cm), port compact, arrondi, fleurs jaunes ; 'Paprika' (25 cm), ligules brun orangé bordé de jaune et cœur jaune ; 'Signata' (25 cm), rouge acajou.
- **ROSE D'INDE :** ➲ p. 455

CULTURE EN POT Dans un pot de 15 cm en tous sens au minimum, dans un terreau pour géraniums.

UTILISATIONS Massif d'été, bordure, jardinière, potée.

Tagetes tenuifolia

POUR DE JOLIES BORDURES, VOUS POUVEZ AUSSI CULTIVER

★ *Aethionema armenum* 'Warley Rose' ➲ p. 396 ★ *Alchemilla mollis* (alchémille) ➲ p. 682 ★ *Aurinia saxatilis* (alyssum) (corbeille-d'or) ➲ p. 263 ★ *Carex buchanani, C. comans, C. morrowii, C. oshimensis* (laîche) ➲ p. 624 ★ *Cerastium tomentosum* (céraiste) ➲ p. 682 ★ *Festuca amethystina, F. glauca* (fétuque glauque) ➲ p. 683 ★ *Heuchera* x *hybrida* (heuchère) ➲ p. 276 ★ *Hosta spp.* (funkia, formes naines) ➲ p. 182 ★ *Iberis sempervirens* (thlaspi) ➲ p. 398 ★ *Ophiopogon planiscapus* 'Nigrescens' (barbe de serpent noire) ➲ p. 640 ★ *Ruta graveolens* (rue) ➲ p. 331 ★ *Santolina chamaecyparissus* (santoline) ➲ p. 280 ★ *Saponaria ocymoides* (saponaire de Montpellier) ➲ p. 148 ★ *Saxifraga hypnoides* (gazon turc) ➲ p. 148 ★ *Tropaeolum majus* (capucine naine) ➲ p. 549

Un bassin plus vrai que nature

UN JARDIN D'EAU APPORTE DE LA VIE AU JARDIN : PAR LA BIODIVERSITÉ QU'IL ATTIRE, PAR LES OISEAUX QUI VIENNENT BOIRE, PAR LE BALLET DES LIBELLULES, PAR SES REFLETS TOUJOURS CHANGEANTS, PAR LE MOUVEMENT ET LA MUSIQUE DE L'EAU QUAND IL EST ANIMÉ PAR UNE POMPE.

Jacinthe d'eau

UN JARDIN D'EAU, C'EST QUOI ?

C'est un point d'eau qui va accueillir des plantes, peut-être des poissons (ce n'est pas une obligation). Les plantes vont s'y développer, fleurir et s'y multiplier comme dans un massif classique ... 1

OÙ L'INSTALLER ?

Si vous voulez que votre jardin d'eau ait l'air naturel, si vous avez envie d'en profiter toute l'année, si vous désirez minimiser son entretien quotidien, le choix de son emplacement est primordial ... 2

QUELLE FORME ?

A priori... celle qui vous plaît et celle que votre jardin peut accueillir. Oubliez la forme haricot, trop vue, soyez imaginatif, inventez... mais gardez en tête quelques règles de bon sens, pour éviter de vous attirer quelques déboires ! ... 3

C'est bon pour la planète : Les filtrations bio

Comment obtenir une eau pure (et qui abrite plantes et poissons), sans produits chimiques ? Découvrez les différentes filtrations bio ... 4

QUELLES DIMENSIONS ?

Contrairement à ce qu'on lit souvent, il n'y a pas de règle quant à la taille d'un bassin. Bien sûr, plus il est petit et plus son équilibre est instable. Et la plupart des jardiniers préfèrent un bassin de plus de 5 m², pour pouvoir planter à loisir et accueillir des poissons ... 5

Iris des marais

CHOISIR SON LINER

Si vous préférez le liner aux bassins préformés, il va vous falloir acheter une bâche. Mais que choisir parmi ces sigles et ces termes complexes ? EPDM, VPC... Et surtout, quelles dimensions commander ou demander ? ... 6

IDÉES

→ POURQUOI PAS... Des plantes d'eau jadis comestibles dans le bassin pour amuser famille et amis ? 7

→ POURQUOI PAS... Des plantes aquatiques pour la maison ? 8

Les Plantes idéales

★ Il faut choisir **des plantes de berges** (voir p. 426) et des plantes qui poussent jusqu'au point le plus profond du bassin (immergées plus ou moins profondément). Elles doivent être aussi en majorité rustiques sous nos climats : *Butomus umbellatus* (jonc fleuri) ; *Caltha palustris* (populage des marais) ; *Eichhornia crassipes* (jacinthe d'eau) ; *Iris pseudacorus* (iris des marais) ; *Nuphar luteum* (nénuphar jaune) ; *Nymphaea spp.* (nénuphar) ; *Nelumbo nucifera* (lotus) ; *Pontederia cordata* (pontédérie) ; *Sagittaria sagittifolia* (flèche d'eau).

★ Les algues se multiplient d'autant plus que la teneur en oxygène de l'eau est faible. C'est pourquoi il est important d'introduire **des plantes oxygénantes**. Pour être efficaces, elles doivent coloniser environ les deux tiers du bassin : *Ceratophyllum demersum* (cornifle) ; *Elodea canadensis* (élodée) ; *Myriophyllum aquaticum* (myriophylle).

LES RÈGLES DE BASE

1. *Sauf contrainte particulière, aménagez le bassin au point le plus bas du jardin.*
2. *Installez le bassin de telle façon qu'il ne surchauffe pas au soleil, mais qu'il bénéficie de 4 à 5 heures de soleil, le matin de préférence.*
3. *Ne voyez pas trop petit, ni en surface ni en profondeur.*
4. *Prévoyez différentes profondeurs (de quelques centimètres à 1 m), que ce soit par paliers ou par une pente douce, pour accueillir différentes plantes. Respectez la profondeur de plantation adaptée à chaque espèce.*
5. *Prévoyez une pompe (sauf si vous désirez des nénuphars), pour animer et oxygéner l'eau.*

et Si

- Je veux des fleurs précoces ? 9
- Je veux une plante oxygénante pour grand bassin ? 10
- Je veux une plante de berge originale ? 11

Un bassin plus vrai que nature

1 Un jardin d'eau, c'est quoi ?

C'est un écosystème équilibré, c'est-à-dire un milieu vivant et stable (pH, dureté de l'eau, oxygène…), composé de plantes, de micro-organismes, de bactéries, de poissons. Les plantes recyclent ce que les poissons n'ont pas mangé et les poissons limitent la prolifération végétale en les consommant. Dans un bassin « vivant », l'eau ne croupit pas, ne sent pas mauvais, elle est transparente (mais sombre vue de loin).

2 Où l'installer ?

L'idéal, c'est de l'installer au point le plus bas du jardin, dans un axe de vue à partir de la maison, et loin des arbres, des conifères et des bambous, qui percent le liner.

Il faut du soleil, mais son excès est nuisible aux poissons, car une eau chaude contient moins d'oxygène. De plus, les algues se développent plus vite dans une eau chaude. Il suffit qu'un tiers du bassin soit à l'ombre plus ou moins en permanence pour conserver la fraîcheur de l'eau. Enfin, dernier point, le bassin (comme la piscine) présente un risque majeur pour les jeunes enfants. Soyez vigilant.

3 Quelle forme ?

Vous pouvez bien entendu choisir la forme qui vous plaît – ronde, ovale, irrégulière, géométrique. Mais il y a des règles de bon sens à respecter. Il est conseillé de dessiner au sol l'emplacement du projet avec un tuyau d'arrosage ou une corde. On peut ainsi les déplacer à souhait jusqu'à obtenir la forme désirée, puis matérialiser cette dernière avec une bombe de peinture, de la chaux ou du sable, avant de creuser. Mais, de manière générale, ne compliquez pas la forme du bassin. Les contours tarabiscotés entraînent une mise en œuvre plus délicate, plus chère aussi, et augmentent les risques de fuite d'eau ; les circonvolutions empêchent l'eau de bien circuler (phénomène d'eau « morte ») et compliquent le nettoyage. Sachez aussi que les angles droits consomment plus de bâche (la gestion des plis est plus compliquée).

La forme du bassin est matérialisée avec du sable.

Massette, sagittaire et nénuphar dans un demi-tonneau

4 C'est bon pour la planète : Les filtrations bio

Coupler la filtration mécanique et la filtration biologique permet d'avoir une eau saine pour les poissons, sans produits chimiques. La **filtration mécanique** se fait par une pompe (protégée par un préfiltre). Celle-ci envoie l'eau sur des brosses en mousses synthétiques qui retiennent les déchets. Dans la **filtration biologique**, l'eau passe sur des masses filtrantes (billes d'argile, pierres de lave, mousses), colonisées par de bonnes bactéries qui transforment les déchets toxiques (ammoniac, nitrites…) issus des matières azotées en composants inoffensifs pour les plantes et les poissons.

5 Quelles dimensions ?

Contrairement à une idée reçue, il n'y a pas de taille minimale ou maximale. On peut même accueillir un minibassin dans un demi-tonneau. Mais plus un bassin sera petit, plus son équilibre biologique sera fragile. Pour un bassin en liner, afin de ne pas avoir trop de chutes de bâche, rapprochez les dimensions d'une cote standard (PVC : 4, 6 et 8 m de large ; EPDM : 4, 6, 9, 12 et 15 m). Ne faites pas non plus l'erreur de creuser un bassin trop petit. Les plantes sont bien plus vigoureuses qu'on ne pense : un seul pied de nénuphar couvre plusieurs mètres carrés avec ses feuilles. 5 m^2 est un minimum, de l'avis de beaucoup de spécialistes. La profondeur centrale doit être d'au moins 75 cm, surtout en climat froid où il gèle en hiver. Il en est de même, pour les raisons inverses, dans le Sud, où un bassin profond évitera à l'eau de se réchauffer trop.

COMBIEN DE CARPES KOÏS ?

Pour des carpes koïs, il faut au moins 1 m de profondeur pour qu'elles se mettent à l'abri du gel en hiver. On compte au départ 3-4 m³ pour un poisson de 30 cm, et au-delà, 1 m³ par poisson supplémentaire. Les koïs salissant énormément l'eau, il faut de plus prévoir un système de filtration efficace.

Vanille d'eau et nénuphar hybride

6 CHOISIR SON LINER

Il existe des bâches EPDM (privilégiées jusqu'à présent par les professionnels ce sont des membranes d'étanchéité en élastomère), des bâches composites, matériau innovant à la structure filamenteuse donnant une résistance mécanique supérieure à l'EPDM, et des bâches PVC, moins solides, mais moins chères. Vous devrez aussi acheter un feutre à poser entre la terre et le liner, pour éviter que les cailloux ne le percent. Les dimensions de la bâche (avant terrassement) se calculent ainsi :

- **Longueur** : plus grande longueur + 2 fois la profondeur maximale + 0,60 m de sécurité.
- **Largeur** : plus grande largeur + 2 fois la profondeur maximale + 0,60 m de sécurité.

IDÉES

7 POURQUOI PAS... DES PLANTES D'EAU COMESTIBLES ?

La châtaigne d'eau (*Trapa natans*) faisait encore partie des plantes potagères courantes au XIXe siècle. Les fruits, à la pulpe blanche, étaient consommés crus ou cuits dans l'eau ou sous la cendre.

Châtaigne d'eau

8 POURQUOI PAS... DES PLANTES AQUATIQUES POUR LA MAISON ?

Il serait dommage de laisser geler la jolie laitue d'eau (*Pistia stratiotes*). Rentrez quelques pieds dans un aquarium. Vous les conserverez plusieurs mois et peut-être arriverez-vous à leur faire passer l'hiver.

Laitue d'eau

et Si

9 Je **veux** des fleurs **précoces** ?

La vanille d'eau (*Aponogeton distachyos*) porte bien son nom, car ses fleurs blanches émettent un subtil parfum de vanille et éclairent les jours courts l'hiver (dès février-mars) jusqu'en septembre !

10 Je veux une plante **oxygénante** pour grand **bassin** ?

Le potamot (*Potamogeton natans*) est parfait pour les grands bassins. Il s'ancre au fond de l'eau, parfois à 1,50 m de profondeur, et est vigoureux. En été, il donne de petits épis floraux blancs.

Potamot

11 Je veux une **plante** de **berge** originale ?

Le trèfle d'eau (*Menyanthes trifoliata*) est une vivace capable d'habiller les berges assez rapidement. Si le feuillage (caduc) est assez commun, les fleurs sont surprenantes, avec leurs pétales frangés blanc rosé. Installez-le en bordure, sous 5 à 30 cm d'eau, et comptez de 5 à 10 plants/m². La plante est rustique, elle supporte nos hivers (sauf en zone de montagne).

Trèfle d'eau

JONC FLEURI

Butomus umbellatus

J F M A M **J J A** S O N D

0,80/1 m | 40/50 cm

Le jonc fleuri est une vivace rhizomateuse qui forme une ombelle de fleurs parfumées roses. Totalement rustique, cette touffe herbacée de feuilles linéaires, fines et coupantes, vert bronze à pourpre, porte au-dessus de l'eau des bouquets arrondis de petites fleurs roses en coupe, à l'extrémité de grands pédoncules rigides.

SOL Riche, profond, assez compact, très humide ou immergé de 10 à 30 cm.

EXPOSITION Bien ensoleillée, chaude.

CULTURE Plantez au printemps. Divisez la touffe chaque année et replantez les éclats dans un nouveau substrat, enrichi de fumier décomposé et d'engrais complet.

ESPÈCES Il existe 2 espèces, *Butomus junceus* et *B. umbellatus*. On cultive uniquement cette dernière, car elle est plus décorative.

CULTURE EN POT Conseillée, car le jonc fleuri devient vite envahissant. On peut le cultiver en pot hors sol, dans un grand contenant, en conservant toujours une bonne humidité à la motte ; en panier, il faut le diviser tous les ans.

UTILISATIONS Bord et berge de bassin, jardin de marécage, en grosse touffe.

SOUS L'EAU !

Cette espèce se développe mieux quand elle reste immergée.

POPULAGE DES MARAIS

Caltha palustris

J F **M A M J** J A S O N D

20/40 cm | 30/80 cm

Cette vivace rhizomateuse rustique réussit aussi dans le jardin. Également appelé « souci d'eau », le populage des marais développe après la floraison un feuillage arrondi, vert brillant. Les nombreuses fleurs cireuses, de 4 cm de diamètre, ont l'apparence de gros boutons-d'or.

SOL Neutre ou acide, humifère et toujours humide. Une légère immersion (jusqu'à 5 cm de profondeur) est bien appréciée.

EXPOSITION Soleil doux, direct ou tamisé.

CULTURE Plantez au printemps, à raison d'un pied tous les 25 à 30 cm de distance. Entretenez une forte humidité du sol en permanence. Divisez les vieilles touffes après la floraison, en réduisant la longueur des racines pour une plantation plus aisée.

ESPÈCES ET VARIÉTÉS La nomenclature botanique internationale reconnaît 6 espèces et 6 variétés naturelles de *Caltha palustris*, dont var. *alba*, à fleurs blanches avec un bouquet d'étamines jaunes au centre ; 'Plena' (syn. 'Flore Pleno'), à fleurs doubles jaune d'or.

CULTURE EN POT Dans un panier pour plantes aquatiques de 30 cm de diamètre et environ 20 cm de profondeur, dans un terreau spécial pour plantes aquatiques.

UTILISATIONS Berge de bassin ou de ruisseau, jardin de marais, massif en sol lourd.

JACINTHE D'EAU

Eichhornia crassipes

J F M A M **J J A S O** N D

20/30 cm | illimité | 0 °C

Cette vivace aquatique flottante, non rustique, est une vraie peste dans les pays tropicaux. Elle porte des feuilles charnues, ovales, brillantes, sur des tiges courtes et renflées qui servent de flotteurs. Les fleurs bleu lavande sont regroupées en épis dressés de 8 à 10 cm de haut.

SOL Elle développe à la surface de l'eau un faisceau de racines brunes de 20 à 30 cm de long.

EXPOSITION Chaude, en pleine lumière. La température de l'eau doit être de 20 °C au moins.

CULTURE Fin mai, placez quelques pieds à la surface du bassin. Au début de l'automne, prélevez les plus belles touffes pour les hiverner sous abri (de 13 à 15 °C), dans un aquarium bien éclairé. Multipliez et rajeunissez la jacinthe d'eau en détachant les stolons qui se sont formés autour de la plante pendant l'été.

ESPÈCES Il existe 6 espèces. Seule *Eichhornia crassipes* est cultivée.

CULTURE EN POT Dans un panier spécifique pour plantes aquatiques, dans un bassin.

UTILISATIONS Décor de bassin, oxygénation de l'eau et abri pour les alevins.

CROISSANCE RAPIDE

La jacinthe d'eau poussant très vite (un seul pied peut couvrir 10 m² en une saison), il est inutile de conserver beaucoup de rejets d'une année sur l'autre. Dans le Midi, elle risque même d'envahir les plans d'eau.

IRIS DES MARAIS

Iris pseudacorus

J F M A M **J J A** S O N D

1/1,50 m	0,40/1 m		V

Ces iris poussent naturellement dans des terrains marécageux et même les pieds dans l'eau. Ils possèdent un feuillage lancéolé, étroit, et une floraison superbe.

SOL Neutre ou même un peu alcalin, pouvant être immergé en permanence (de 10 à 30 cm).

EXPOSITION Ensoleillée sans être brûlante.

CULTURE Plantez au printemps. Chaque année, en avril, enfouissez un engrais complet au pied. Divisez les touffes tous les 4 ans après la floraison.

ESPÈCES ET VARIÉTÉS Il existe plus de 360 espèces. *Iris pseudacorus* forme une touffe vigoureuse, aux fleurs jaunes en mai-juin ; 'Golden Queen' (1 m), jaune primevère ; 'Variegata' (90 cm), aux feuilles rayées de jaune. (Voir p. 415 les autres iris amateurs de terrain marécageux.)

CULTURE EN POT Peu adaptée.

UTILISATIONS Bord de bassin, jardin de marais. La croissance rapide des rhizomes de *Iris pseudacorus* permet de l'utiliser pour stabiliser une berge.

Iris pseudacorus

Plantes oxygénantes

Pour contribuer à l'oxygénation de l'eau, la garder claire et limiter la prolifération des algues, il est important de planter des plantes oxgénantes. Pour être efficaces, elles doivent coloniser les deux tiers du bassin. Elles ont en commun d'être très colonisatrices, voire envahissantes, et doivent donc être limitées.

Ceratophyllum demersum (cornifle)

J F M A M **J J A S** O N D

0,10/1,50 m	illimitée		V	0 °C

Quasi dépourvue de racines, cette plante vivace a un aspect léger et plumeux. Elle pousse à plus de 30 à 80 cm de profondeur, et sa croissance est sans limite. Elle hiverne sous forme de turions qui donnent naissance à de jeunes plantes au printemps. On peut la multiplier en repiquant des fragments de tiges ou des turions sous l'eau. Pour bassins profonds et calmes. Il existe 4 espèces.

Ceratophylllum demersum

Elodea canadensis (élodée)

J F M A **M J J A** S O N D

0,30/2 m	illimitée		V	-15 °C

Cette plante immergée a d'importantes vertus oxygénantes et filtrantes. Plantez-la sous 30 cm à 1,50 m d'eau, dans un panier de plantation, pour limiter son expansion. Rabattez les tiges pendant l'été et taillez-la à l'automne pour ne garder que 30 cm de tige, si la profondeur du bassin le permet. Il existe 6 espèces.

Elodea canadensis

Myriophyllum aquaticum (myriophylle)

J F M A M **J J A S** O N D

0,50/3 m	1/2 m		V	-7 °C

Cette plante forme un véritable tapis sur l'eau, avec des tiges pouvant émerger de 15 cm. Les racines se fixent dans la vase au fond du bassin. Le myriophylle apprécie les rives vaseuses de faible profondeur et les eaux stagnantes. Très envahissant, il peut se développer au détriment d'autres végétaux. Plantez-le dans un panier pour plantes aquatiques, afin de limiter son développement, à 0,20-2,50 m de profondeur, dans un mélange de terreau pour plantes aquatiques, de terre de jardin et de sable. Taillez-la pour éviter l'envahissement. Il existe 28 espèces.

Myriophyllum aquaticum

NÉNUPHAR JAUNE

Nuphar lutea

J	F	M	A	M	**J**	**J**	A	S	O	N	D

Hauteur	Étalement	Exposition	
10/15 cm (fleurs)	2 m (et plus)		?

Le nénuphar jaune est une plante aquatique rustique qui se reconnaît à ses fleurs jaune vif. On confond parfois cette vivace rhizomateuse avec les *Nymphaea*, à cause de ses grandes feuilles flottantes en forme de cœur. La floraison est différente, avec des corolles de 4 à 5 cm de diamètre, à l'apparence de gros boutons-d'or dressés au-dessus de l'eau.

SOL Argileux, riche, humifère. Les nénuphars jaunes supportent des eaux froides, profondes et légèrement courantes.

EXPOSITION Une ombre partielle convient.

CULTURE Au printemps, plantez les rhizomes à plat, recouverts de 5 à 8 cm de terre. Prévoyez un rempotage annuel.

ESPÈCES Il existe 18 espèces. *Nuphar lutea* pousse à l'état sauvage en Europe. Robuste, il supporte une immersion de la souche jusqu'à 3 m de profondeur. Ses fleurs exhalent une odeur puissante, mais assez désagréable.

CULTURE EN POT Pour limiter leur expansion, plantez un nénuphar par panier pour plantes aquatiques. Sur la terrasse, plantez dans un grand contenant (1 m de diamètre et au moins 40 cm de profondeur), doublé d'un liner.

UTILISATION Très grande pièce d'eau.

> **À L'OMBRE**
>
> Dans un grand bassin, préférez *Nuphar lutea* au nénuphar lorsque l'ensoleillement s'avère insuffisant.

NÉNUPHAR

Nymphaea x hybrida

J	F	M	A	M	**J**	**J**	**A**	**S**	O	N	D

Hauteur	Étalement	Exposition	
10/15 cm (fleurs)	1/2 m		V

Cette superbe plante flottante vivace, au rhizome immergé, solidement enraciné, est la plus célèbre des plantes de bassin. Les feuilles flottantes en forme de cœur forment un tapis homogène. Les grandes fleurs en coupe sont portées à l'extrémité de tiges creuses, à fleur d'eau ou dressées entre 15 et 30 cm au-dessus de la surface.

SOL Riche et fertile, lourd, humifère.

EXPOSITION Chaude et très ensoleillée.

CULTURE Un nénuphar miniature se contente de 15 à 30 cm d'eau et convient à un bassin de 1 m^2. Une grande variété exige une profondeur minimale de 50 cm et une surface de plus de 2 m^2 pour étaler son large feuillage. Plantez en mai-juin, au fond du bassin ou dans des pots ajourés. Rempotez tous les 3 ans. Les rhizomes des hybrides non rustiques doivent être sortis de l'eau au début de l'automne et conservés sous abri à 10 °C, dans du sable maintenu toujours humide. En avril-mai, sectionnez les vieux rhizomes en tronçons portant au moins un bourgeon et rempotez-les individuellement.

ESPÈCES ET VARIÉTÉS Il existe 44 espèces. On cultive surtout des formes hybrides : 'Charles de Meurville', à grandes fleurs rouges ; 'Colonel A.J. Welch', jaune canari, feuillage maculé de brun ; 'Conqueror', rouge vif veiné de rouge plus foncé ; 'Ellisiana', rouge foncé ; 'Escarboucle', vermillon strié de cramoisi ; 'Gladstoniana', aux énormes fleurs blanc pur, très vigoureux ; 'James Brydon', à fleurs doubles rose cramoisi ; 'Madame Wilfron Gonnère', à petites fleurs doubles rose pur ; 'Marliacea Carnea', à grandes fleurs doubles d'un rose très pâle ; 'Marliacea Chromatella', à fleurs jaunes, feuilles marbrées ; 'Paul Hariot', en dégradé du jaune à l'orange de la pointe des pétales au cœur ; 'Princess Elisabeth', rose cyclamen à cœur jaune ; 'Sulphurea Grandiflora', à fleurs en étoiles parfumées jaunes, feuilles marbrées. *Nymphaea candida*, à fleurs blanches.

> **EAU CLAIRE**
>
> Une bonne clarté de l'eau facilite le passage de la lumière et son réchauffement rapide. C'est le gage d'une floraison plus précoce.

CULTURE EN POT Dans le bassin, utilisez des pots ajourés ou des paniers. Sur la terrasse, plantez dans un grand contenant (1 m de diamètre et au moins 40 cm de profondeur), doublé d'un liner.

UTILISATIONS En touffe isolée au centre d'un bassin ou d'une grande pièce d'eau.

Nymphaea odorata

Vidéo « Les nénuphars »*

Nymphaea 'Escarboucle'

*Télécharger l'application Truffaut +, voir p. 6-7

LOTUS

Nelumbo nucifera

J F M A M **J J A S O** N D

Hauteur	Étalement	Exposition	
0,70/1,50 m	1/3 m et plus	☀	V

Cette plante des marais asiatiques crée un effet décoratif exceptionnel. Vivace au rhizome immergé, le lotus développe hors de l'eau de grandes feuilles rondes de 50 à 80 cm de diamètre, vert glauque. Les fleurs, portées par de longs pétioles, forment une belle coupe très double de 15 à 30 cm de diamètre, qui évolue en fruit ressemblant à une pomme d'arrosoir.

SOL Argileux, compact, humifère, riche.

EXPOSITION Chaude et très ensoleillée.

CULTURE Plantez de mai à juillet, à 1 m de profondeur, pour éviter les risques de gel. Le rhizome, d'une grande fragilité, doit être enterré à 10 cm de profondeur dans un panier ajouré. Un apport d'engrais organique (ou de fumier décomposé) est conseillé au printemps.

ESPÈCES ET VARIÉTÉS Il existe 2 espèces. *Nelumbo lutea*, le lotus jaune d'Amérique, est peu rustique. *N. nucifera* a produit quelques cultivars ; 'Alba Grandiflora' (1,80 m), blanc, parfumé ; 'Alba Plena' (80 cm), nain, à petites fleurs blanches, doubles.

CULTURE EN POT Conseillée, dans un panier ajouré.

UTILISATIONS Au centre d'un grand bassin ou dans une pièce d'eau naturelle.

> **ENVAHISSANTS**
>
> Délimitez l'emplacement réservé aux lotus (par un coffre en béton, par exemple), car ils sont envahissants.

PONTÉDÉRIE

Pontederia cordata

J F M A M **J J A** S O N D

Hauteur	Étalement	Exposition	
0,60/1 m	0,60/1 m	☀	V

Cette vivace exotique forme des touffes élégantes aux fleurs bleues. La souche épaisse, immergée, forme de larges touffes de feuilles vert vif en donne de fer de lance, portées par de robustes pétioles de 50 cm à 1 m de haut. Les grands épis compacts fleuris se dressent parmi le feuillage.

SOL Consistant, argileux, limoneux, très riche, sous 20 à 40 cm d'eau.

EXPOSITION Chaude et bien ensoleillée.

CULTURE Plantez au printemps, en pot ou en pleine terre, en distançant les pieds de 30 à 40 cm. La croissance est rapide. En avril ou en mai, divisez les vieilles touffes. Dans les régions froides, il est préférable de sortir la souche de l'eau en automne et de la conserver sous abri dans du sable humide.

ESPÈCES ET VARIÉTÉS Il existe 6 espèces. *Pontederia cordata* 'White Pike' (syn. 'Alba'), à fleurs blanches.

CULTURE EN POT Conseillée, dans un panier spécial pour plantes aquatiques. Rempotez tous les 2 ou 3 ans au départ de la végétation.

UTILISATIONS En groupe ou isolé au bord des bassins de toutes dimensions.

> **EAU CALME**
>
> La pontédérie préfère les eaux stagnantes ou à faible débit.

SAGITTAIRE, FLÈCHE D'EAU

Sagittaria sagittifolia

J F M A M **J J A** S O N D

Hauteur	Étalement	Exposition	
0,60/1 m	2 m et plus	☀	V

La flèche d'eau est une plante aquatique émergée dont le rhizome, court et ramifié, développe un feuillage dont la forme varie : les feuilles aériennes et flottantes sont en fer de lance, les feuilles immergées sont longues, rubanées. Les fleurs, simples, blanches, unisexuées avec une tache pourpre à la base, sont en grappes sur des hampes de section triangulaire.

SOL Fertile, profond, consistant, humifère, sous 15 à 50 cm d'eau. Ajoutez du fumier décomposé au substrat.

CULTURE Plantez en mars-avril, quand les tubercules sont dormants. Enfoncez-les dans le sol, à 5 cm de profondeur (1 pied tous les 30 ou 40 cm). La sagittaire pouvant devenir vite envahissante, mieux vaut la planter dans un panier ajouré.

ESPÈCES ET VARIÉTÉS Il existe 40 espèces. *Sagittaria latifolia* (80 cm), aux feuilles ovales, allongées, fleurs blanches en grappes. *S. sagittifolia* 'Flore Pleno' (parfois appelée à tort *S. japonica*), de 50 à 70 cm, aux grappes de fleurs blanc pur en petits pompons. Les autres sont des espèces tropicales.

CULTURE EN POT Conseillée, dans un panier ajouré.

UTILISATIONS En touffe isolée, au bord d'une grande pièce d'eau ou au centre d'un bassin rond.

décorer *et* entretenir *un* jardin d'eau

L'entretien de la filtration, le point clé

Une fois la pompe et les filtres mis en route, l'équilibre va se faire petit à petit et votre eau va rester claire et vive. Mais il y a des règles à respecter pour que ce fragile équilibre perdure ... **1**

Plantes et jeux d'eau

Fontaines, jeux et lames d'eau animent le bassin de leur mouvement et de leur musique. Ils permettent aussi de garder l'eau claire en l'aérant. Mais plantes et jeux d'eau ne cohabitent pas toujours bien. Respectez les règles ! ... **2**

Koïs

Quels poissons pour mon bassin ?

Tous les poissons ne sont pas adaptés à votre bassin. Cela dépend de son volume, de son emplacement, du temps que vous êtes prêt à passer à son entretien. Choisissez ceux qui seront heureux chez vous ... **3**

Créer une cascade

Pourquoi ne pas profiter du terrassement occasionné par le creusement du bassin et du monticule de terre, dont vous ne savez quoi faire, pour créer une butte d'où coulera un petit ruisseau ?... **4**

C'est bon pour la planète : Favoriser la richesse biologique

Un bassin attire la vie au jardin, c'est indéniable. Mais comment créer un petit paradis encore plus riche ? Comment fidéliser la petite faune et les insectes utiles ? Il existe un moyen simple... Découvrez-le ! ... **5**

Quelle terre pour les plantes aquatiques ?

Toutes les terres ne conviennent pas à ce milieu très spécial : elles doivent retenir très fortement les éléments fertilisants pour qu'ils ne diffusent pas dans l'eau, tout en les rendant disponibles pour les plantes ... **6**

IDÉES

→ POURQUOI PAS... Éclairer le bassin et lui donner un petit côté magique ? 7

→ POURQUOI PAS... Une fontaine sans bassin ? 8

Les Plantes idéales

★ **Des vivaces de berges :** *Darmera peltata* (saxifrage peltée) ; *Equisetum hyemale* (prêle du Japon) ; *Gunnera manicata* (gunnère) ; *Osmunda regalis* (fougère royale) ; *Primula japonica* ; *Trollius europaeus* (trolle).

★ **Des plantes qui poussent les pieds dans quelques centimètres d'eau :** *Houttuynia cordata* (plante caméléon) ; *Lysichitum americanum, L. camtschatcense* (arum bananier) ; *Iris ensata* (iris japonais) ; *Lythrum salicaria* (salicaire) ; *Typha spp.* (massette) ; *Zantedeschia aethiopica* (arum d'Éthiopie).

LES RÈGLES DE BASE

1. *Mettez l'eau en mouvement par des jeux d'eau ou une cascade pour augmenter le contact entre l'eau et l'air, et favoriser ainsi son oxygénation.*

2. *Nettoyez régulièrement le bassin avec un aspirateur. Les débris organiques qui se décomposent dans l'eau libèrent des éléments nutritifs qui favorisent la multiplication des algues.*

3. *Faites un grand nettoyage avant l'hiver. Les feuilles mortes tombées au fond de l'eau libèrent des gaz toxiques.*

4. *Empêchez que la surface de l'eau ne gèle totalement en hiver. Les gaz ne peuvent s'évaporer lorsque la surface du bassin est prise en glace.*

5. *Veillez spécialement à la sécurité et interdisez l'accès du bassin aux enfants.*

6. *Ajoutez de l'eau chaque fois que le niveau s'abaisse de 3 à 4 cm (pas d'eau de la toiture, polluée par différents éléments).*

et Si

- L'eau de mon bassin se trouble ? 9
- J'ai un bassin inondé temporairement ? 10

décorer et entretenir un jardin d'eau

1 L'entretien de la filtration, le point clé

La pompe doit fonctionner 24 heures sur 24, d'avril à octobre. Ne nettoyez jamais entièrement votre filtre biologique, vous élimineriez les bactéries nitrifiantes qui travaillent. Procédez de manière partielle, une fois par mois. Fin avril-début mai, quand vous remettez la filtration en route, l'écosystème n'a pas atteint son plein équilibre : sortez l'épuisette pour éliminer les algues filamenteuses en suspension.

3 Quels poissons pour mon bassin ?

Attendez que l'équilibre biologique se fasse (1 mois) avant d'introduire des poissons. Commencez avec 2 ou 3 poissons de la même espèce. Les poissons rouges sont les plus faciles, quand la profondeur est de 80 cm et qu'ils ont des plantes immergées pour s'abriter. Les ides ne vivent bien qu'en société, accueillez-en au moins 3 à la fois. Les koïs demandent une profondeur de 1,50 m pour vivre sous la glace en hiver et trouver de l'eau plus fraîche en été. Le volume minimal par poisson est de 0,1 m^3 pour les poissons rouges et les ides, et 1 m^3 pour les koïs. Pour plus de sécurité, triplez ces volumes, calculés en conditions idéales.

Ide mélanote

2 Plantes et jeux d'eau

La nature de vos plantes détermine le type de jet que vous allez adopter. En effet, les plantes flottantes (laitue d'eau, jacinthe d'eau et surtout nénuphars) poussent mal quand elles sont soumises à l'impact de l'eau en permanence. Elles préfèrent un jet bouillonnant ou en cloche. Pour éviter toute interférence, installez le jet pour qu'il y ait un espace d'au moins 1 m entre les plantes et la retombée d'eau. Enfin, choisissez une hauteur de jet inférieure à la moitié de la largeur du bassin, pour éviter les éclaboussures et surtout que ce dernier se vide en cas de vent.

4 Créer une cascade

Il existe des modèles préformés de cascade ou de ruisseau faciles à mettre en œuvre pour les débutants. Mais vous pouvez aussi réaliser votre cascade avec une membrane souple. Dans ce cas, prévoyez une largeur de membrane très supérieure à celle du ruisseau. L'excédent sera dissimulé sur les côtés par des pierres et de la terre. Prenez toujours une bâche d'un seul tenant pour éviter les fuites, que vous poserez sur un feutre épais. Lors du terrassement, pensez à créer du mouvement avec des zones rapides et des zones plus lentes, en jouant sur la largeur, la déclivité, le positionnement des pierres. De manière générale, plus le cheminement de l'eau est large, plus il faut une pompe puissante. Il est préférable de prévoir un ruisseau moins large et avoir un bel effet d'eau. Pour des raisons d'échelle, un ruisseau de 1 m de long ne devrait pas aboutir à un bassin de plus de 1 m^3.

Salamandre tachetée

5 C'est bon pour la planète : Favoriser la richesse biologique

Plus la rive est large, plus la richesse biologique est grande. Cette zone est en effet l'équivalent, à très petite échelle, des précieuses zones humides, lieux de transition entre les milieux aquatique et terrestre. Ce sont des endroits d'alimentation, de reproduction, d'abri, de refuge et de repos. C'est là que vous allez observer salamandres et tritons, que vous allez voir les oiseaux qui viennent boire. Il faut donc prévoir des plages en pente douce aussi longues que possible, qui se terminent dans l'eau, aménagées avec des pierres, des abris, des plantations généreuses.

6 Quelle terre pour les plantes aquatiques ?

Les jardineries proposent de la « terre aquatique » en sacs, très pratique pour débuter, mais vous pouvez aussi mélanger 2/3 de terre de jardin avec 1/3 de terreau universel et ajouter un fertilisant à base de fumiers et d'algues dans une proportion de 15 % du volume total. Si vous voulez réaliser votre propre mélange, voici quelques recettes.

- **Espèces non exigeantes** (*Typha*, carex, prêle…) : 2/3 terre de jardin pauvre et 1/3 pouzzolane (petite granulométrie < 5 mm).
- **Espèces exigeantes** (pontédérie, thalia…) : 1/3 terre de jardin humifère, 1/3 terreau de compost et 1/3 tourbe.
- **Espèces qui aiment les terres lourdes** (nénuphars, *Aponogeton*, *Orontium*, *Butomus*…) : 1/2 argile (terre très lourde et collante), 1/4 pouzzolane (< 5 mm) et 1/4 terreau de compost.

Idées

7 Pourquoi pas… éclairer le bassin ?

Il existe large choix de luminaires en 230 V, en très basse tension (12 V) ou solaires, submersibles, flottants, enterrés, hors-sol. À l'achat, vérifiez leur conformité à la norme NF EN 60598-2-1. Pour éviter tout problème, nous vous conseillons de faire monter l'éclairage par un professionnel.

8 Pourquoi pas… une fontaine sans bassin ?

Les jardineries proposent de nombreux modèles : fontaine murale, lame d'eau, arrangement de seaux, de tonneaux, pierres granitiques, fontaines en fonte, en bois, en pierre reconstituée, personnages… Vous pouvez juste habiller un robinet extérieur avec ces fontaines ou créer un circuit fermé, où l'eau coulera en continu. Dans ce cas, installez un programmateur pour la déconnecter la nuit, car un bruit même faible, mais continu, peut déranger certaines personnes.

et Si

9 L'eau de mon bassin se trouble ?

L'eau se trouble quand les algues se développent de manière incontrôlée. Et si elles se développent, c'est qu'elles trouvent suffisamment de nutriments. Ces derniers proviennent de l'eau du robinet, du ruissellement de la pluie, des déchets des poissons, des aliments non consommés des poissons, des plantes mortes, etc. Et les algues se multiplient d'autant plus que la teneur en oxygène de l'eau est faible. Il faut donc augmenter le nombre de plantes oxygénantes, faire tourner davantage la pompe filtrante, diminuer un peu l'alimentation des poissons, ôter manuellement les débris organiques et, éventuellement, ajouter des bactéries nettoyantes.

Myosotis aquatique

10 J'ai un bassin inondé temporairement ?

Votre bassin est plutôt une zone inondée du jardin quelques mois de l'année ou en fonction des pluies. Considérez-le comme une zone de marais et planter des espèces qui vivent à la fois dans quelques centimètres d'eau et dans une terre juste humide. Vous pouvez planter sur les berges du myosotis aquatique (*Myosotis scorpioides*), une vivace rhizomateuse vigoureuse, même si, au début, sa croissance est lente. Il fleurit de mai à octobre, par intermittence. Plantez aussi du souchet (*Cyperus alternifolius*). Vous en ferez quelques boutures en septembre, pour conserver la plante en hiver et la replanter dehors au mois de mai suivant. Installez le jonc des chaisiers (*Juncus effusus*) à l'endroit le plus souvent inondé. La variété 'Spiralis' est très décorative.

Jonc des chaisiers

SAXIFRAGE PELTÉ

Darmera peltata

J F M **A M** J J A S O N D

Hauteur	Largeur	Exposition	Type	Rusticité
1/2 m	1/3 m		V	-15 °C

Anciennement dénommée *Peltiphyllum peltatum*, cette imposante vivace rhizomateuse porte d'opulentes feuilles arrondies de 30 à 40 cm de large. Vert moyen, elles prennent de jolis tons jaunes, rouges, voire bleutés en automne. Les fleurs blanc rosé, qui apparaissent avant le feuillage, sont portées par des hampes de plus de 1 m.

SOL Consistant, profond, humide. Le bord d'une pièce d'eau est un endroit idéal.

EXPOSITION Soleil assez doux, mi-ombre légère dans un climat plutôt humide.

CULTURE Plantez de septembre à mars. Protégez le pied des fortes gelées en le couvrant de paille et d'un voile de protection. Division en avril.

ESPÈCE ET VARIÉTÉS Il n'existe qu'une seule espèce, *Darmera peltata*, originaire des forêts de l'ouest des États-Unis. 'Nana' est une forme naine que l'on trouve en Angleterre.

CULTURE EN POT Peu adaptée.

UTILISATIONS En touffe isolée ou en grand massif, au bord d'une pièce d'eau ou dans un sous-bois humide.

PRÊLE DU JAPON

Equisetum hyemale

J F M A M J J A S O N D

Hauteur	Largeur	Exposition	Type
30/60 cm	0,60/1 m		V

Cette plante primitive (c'est un cryptogame, qui ne fleurit donc pas), au port rigide, possède un feuillage réduit à l'état d'une touffe de tiges. Fines et cylindriques, celles-ci sont creuses, mais solides, et se ramifient à leur extrémité supérieure, ce qui donne un aspect plumeux très décoratif à la touffe.

SOL Terre de jardin acide, consistante, enrichie de fumier et de terreau.

EXPOSITION Indifférente, du moment que l'ambiance est suffisamment humide.

CULTURE Il suffit d'un fragment de rhizome pour que la prêle des champs s'installe naturellement. Elle est envahissante et difficile à contenir. Divisez les touffes du printemps à l'automne.

ESPÈCES ET VARIÉTÉS Il existe 25 espèces. *Equisetum hyemale* (80 cm) est l'une des rares prêles proposées dans le commerce. Elle forme une touffe de tiges vert mat avec des anneaux noirs ; 'Japonicum' (1 m), identique à l'espèce, mais plus haute ; 'Robustum' (1,20 m), encore plus vigoureuse, jeunes pousses roses. *E. scirpoides* est une miniature de 10 à 15 cm de haut, très tapissante.

CULTURE EN POT Possible, dans un pot de 30 cm en tous sens, dans un terreau de rempotage classique, avec une réserve d'eau pour maintenir la plante humide, ou dans un panier ajouré en bordure de bassin.

UTILISATIONS Bord de bassin, potée, massif.

GUNNÉRA

Gunnera manicata

J F M A **M J J A S O** N D

Hauteur	Largeur	Exposition	Type	Rusticité
2/3 m	3/4 m		V	-10 °C

Vidéo « Cultiver le gunnéra »

Cette imposante vivace rhizomateuse donne une ambiance très exotique au jardin. Elle développe des feuilles arrondies, lobées et dentées, portées par des tiges à pétioles épineux. Les fleurs, vert rougeâtre, apparaissent en même temps que les premières feuilles, formant des panicules coniques compactes, de 60 cm à 1,50 m de haut.

SOL Profond, riche, consistant, humifère, frais en été, bien drainé en hiver.

EXPOSITION Mi-ombre, ou soleil légèrement filtré, à l'abri des gelées.

CULTURE Plantez en avril-mai, en distançant les pieds de 3 à 4 m. À l'automne, protégez la souche en repliant les feuilles sur elles-mêmes et en couvrant d'un voile d'hivernage. Chaque année, au printemps, épandez au pied de la plante un lit de 15 cm de fumier bien décomposé.

ESPÈCES ET VARIÉTÉS Il existe 69 espèces. Outre *Gunnera manicata*, on cultive *G. magellanica* (10 cm), miniature frileuse (0 °C), aux feuilles vert foncé, arrondies.

CULTURE EN POT Dans un pot de 40 à 50 cm en tous sens, dans un mélange à parts égales de terreau d'écorce et de terre de bruyère.

UTILISATIONS Isolé, sous-bois, berge.

BESOIN D'EAU

Arrosez copieusement et douchez le feuillage en été après les fortes chaleurs, pour éviter le dessèchement.

*Télécharger l'application Truffaut +, voir p. 6-7

PLANTE CAMÉLÉON

Houttuynia cordata 'Chameleon'

J F M A M **J** J A S O N D

30/40 cm | 40/60 cm | V

Cette plante herbacée pousse par ses rhizomes qui portent des tiges dressées. Le limbe des feuilles cordiformes est ferme, luisant et coloré de rouge, de vert et de crème, bordé de rouge. Les petites fleurs au bout des tiges sont groupées en grappe dense, conique, jaune, entourée de 4 bractées blanches. La partie aérienne disparaît en hiver.

SOL Très humide à détrempé, neutre ou légèrement acide.

EXPOSITION Mi-ombre ou ombre, plein soleil comme plante de bassin.

CULTURE Cette plante de bord de rive peut aussi être cultivée comme plante de bassin, submergée sous quelques centimètres d'eau. Lorsque les conditions sont bonnes, elle peut devenir envahissante. Il est facile de la multiplier par fragment de rhizome.

VARIÉTÉ L'espèce d'origine a un feuillage vert uniforme bien moins intéressant que 'Chameleon'.

CULTURE EN POT Elle a l'avantage de contenir les rhizomes, bonne solution pour immerger la plante dans les petites pièces d'eau.

UTILISATIONS Rhizomes et feuilles sont aromatiques, ils sont consommés dans la cuisine vietnamienne.

IRIS

Iris spp.

J F M A M **J J A** S O N D

0,60/1,50 m | 20/60 cm | V

Iris laevigata

Parmi les très nombreux iris, certaines espèces rhizomateuses poussent naturellement dans les terrains marécageux, et même les pieds dans l'eau. Ces plantes possèdent en commun un feuillage lancéolé, étroit, voire linéaire, et une floraison superbe.

SOL Plutôt acide, avec un pH compris entre 5 et 6,5 pour *Iris ensata* et *I. laevigata*, avec une humidité constante du début du printemps jusqu'à la fin de l'été. En hiver, le terrain doit sécher pour éviter la pourriture des racines.

EXPOSITION Ensoleillée sans être brûlante.

CULTURE Plantez en juillet les *Iris ensata*, en groupes d'au moins 3 pieds d'une même variété. Mélangez au sol d'origine : de la tourbe, de la terre de bruyère et du fumier bien décomposé. Le rhizome doit être recouvert de 4 à 5 cm de terre. Plantez *I. laevigata* au printemps. Chaque année, en avril, enfouissez un engrais complet au pied de tous les iris d'eau. Divisez les touffes tous les 4 ans après la floraison.

ESPÈCES ET VARIÉTÉS Il existe plus de 360 espèces.

> **PROTECTION HIVERNALE**
>
> Protégez les iris japonais, assez frileux, en couvrant le pied avec une couche épaisse de paille, de coques de cacao ou d'écorce de pin.

- **Iris japonais** : *Iris ensata* (syn. *I. kaempferi*), 1 m, aux feuilles étroites avec la nervure médiane apparente. En juillet, fleurs de 10 à 15 cm de diamètre, aplaties, unicolores, striées ou en mélange de tonalités. Les horticulteurs japonais ont obtenu une multitude de cultivars dont la gamme des coloris comprend le blanc, le bleu, le violet, le rose, le lilas et le pourpre, avec une touche de jaune vif au cœur des fleurs, simples ou doubles ; 'Caprician Butterfly' (80 cm), bicolore ; 'Darling (90 cm), rose ; 'Fuji-Jama' (90 cm), bleu violacé marqué de jaune ; 'Loyalty' (80 cm), bleu très foncé avec une petite tache jaune ; 'Ocean Mist' (1,10 m), bleu et blanc ; 'Sensation' (90 cm), double, rouge pourpre foncé ; 'Variegata' (80 cm), feuilles panachées de jaune, fleurs pourpre violacé.
- **Iris de Louisiane** : *I.* x *violipurpurea* (1 m), hybrides issus de croisements entre diverses espèces originaires des bayous de Louisiane *(I. brevicaulis, I. fulva…)*; 'Black Gamecock' (60 cm), pourpre presque noir avec un trait jaune ; 'Gulf Shore' (80 cm), bleu violacé.
- ***Iris laevigata*** : l'iris de Mandchourie ou l'iris des rives (80 cm), à fleurs pourpre violacé ; 'Rose Queen' (60 cm), rose pâle.
- ***Iris versicolor*** : la fleur emblème du Québec (1 m), fleurs finement ciselées bleu violacé, plante médicinale (homéopathie).

CULTURE EN POT Possible pour les *Iris ensata*, dans un pot de 20 cm de diamètre au minimum, pour déplacer facilement les plantes afin de répondre à leurs besoins en eau, qui diffèrent d'une saison à l'autre.

UTILISATIONS Bord de bassin, jardin de marais.

Iris ensata

ARUM BANANIER

Lysichiton americanus

J F **M A** M J J A S O N D

1 m | 1,20/1,50 m | V

Cette imposante vivace rhizomateuse rustique fleurit très tôt, avant la croissance du feuillage. Les fleurs, en spathes de 40 cm à 1,20 m de haut, affichent un beau jaune d'or. Les feuilles, ovales, vert vif, en rosette, de 80 cm à 1,20 m de long, forment une touffe imposante.

SOL Profond, riche, humifère, maintenu toujours humide ou immergé de 5 à 10 cm. Un apport de fumier décomposé est conseillé lors de la plantation.

EXPOSITION Le soleil direct assez doux favorise la floraison. Préférez la mi-ombre dans une ambiance fraîche pour l'été.

CULTURE Plantez entre avril et juin, entre 60 et 90 cm d'écartement. Évitez de casser la motte pour ne pas abîmer les racines fragiles. Choisissez un emplacement définitif, car le lysichiton n'aime pas être déplacé. Paillez en été.

ESPÈCES Il existe 2 espèces. *Lysichiton camtschatcensis* se distingue par sa floraison blanc pur et un développement bien moindre (de 70 à 80 cm).

CULTURE EN POT Non adaptée, en raison de la longueur de ses racines.

UTILISATIONS Bord d'une grande pièce d'eau, jardin de marais.

SOYEZ PATIENT...

La floraison n'apparaît qu'après 2 ou 3 ans de culture.

SALICAIRE

Lythrum salicaria

J F M A M **J J A S** O N D

0,80/2 m | 0,40/1 m | V

Cette vivace touffue et imposante aime pousser au bord des pièces d'eau. La salicaire forme une touffe de feuilles duveteuses, lancéolées, portées par des rameaux ligneux. Les fleurs, en étoile rouge pourpre, sont réunies en épis allongés.

SOL Toujours frais ou même humide.

EXPOSITION Soleil voilé, mi-ombre douce.

CULTURE Plantez à l'automne ou au printemps, en distançant les plants de 50 à 60 cm. À l'automne, rabattez la touffe au ras du sol. Arrosez bien.

ESPÈCES ET VARIÉTÉS Il existe 30 espèces. *Lythrum salicaria* 'Augenweide' (90 cm), rouge framboise ; 'Blush' (90 cm), rose pâle ; 'Cierge de Feu' (syn. 'Feuerkerze'), 1,50 m, rose ; 'Robert' (90 cm), rose carminé ; 'The Beacon' (1 m), rose foncé ; 'Ziguenerblut' (90 cm), magenta. *L. virgatum* (70 cm), aux inflorescences légères ; 'Rose Queen', rose vif.

CULTURE EN POT Non adaptée.

UTILISATIONS Bord des bassins et des ruisseaux, massif, bouquet (bonne tenue).

FOUGÈRE ROYALE

Osmunda regalis

J F M A M J J A S O N D

1/2,50 m | 2/4 m | V

Les frondes de cette fougère sont d'un très beau vert clair et prennent de belles couleurs en automne. La touffe est dense, mais la silhouette paraît légère, car les divisions de ces frondes sont larges et arrondies.

SOL Tourbeux ou siliceux, mais toujours humide.

EXPOSITION Ombre à mi-ombre.

CULTURE Nettoyez la touffe en hiver.

ESPÈCES ET VARIÉTÉS Le genre compte 10 espèces et plusieurs sous-espèces. On trouve quelques cultivars chez *Osmunda regalis*, tous décoratifs : 'Gracilis' (50 cm), plus petit ; 'Purpurascens' (1 m), les frondes naissent pourpres. *O. claytoniana* (90 cm), jeunes frondes vert très pâle, précoces, sporanges bruns très apparents.

CULTURE EN POT Peu adaptée.

UTILISATIONS Zones ombragées du jardin.

AUTOUR DU BASSIN, VOUS POUVEZ AUSSI CULTIVER

- ★ *Aruncus dioicus* (barbe-de-bouc) ➲ p. 192
- ★ *Lysimachia punctata* (lysimaque) ➲ p. 195
- ★ *Rodgersia aesculifolia R. podophylla* ➲ p. 196
- ★ *Zantedeschia aethiopica* (arum d'Éthiopie) ➲ p. 345

PRIMEVÈRE DU JAPON

Primula japonica

J F M A M J J A S O N D

40/60 cm | 30/60 cm

Les primevères du Japon développent une rosette de feuilles caduques, allongées, vert clair, dentelées, au centre de laquelle émergent des inflorescences portées par une hampe érigée au-dessus du feuillage. Les fleurs en entonnoir ont la base des pétales soudée en tube.

SOL Frais, humifère, bien drainé, même caillouteux, mais plutôt acide. Un fertilisant organique à base de fumier est apprécié à la plantation.

EXPOSITION Jamais brûlante. Une lumière tamisée leur convient.

CULTURE Divisez les grosses touffes en automne. Vous pouvez laisser les primevères se naturaliser et prospérer dans le jardin.

ESPÈCES ET VARIÉTÉS Il existe plus de 400 espèces. Le genre *Primula* a été divisé en 37 sections. La section Candélabre concerne les primevères dont les fleurs sont portées en plusieurs verticilles étagés sur la hampe : *P. beesiana* (40 cm), caduque, hampes farineuses portant de 5 à 8 couronnes de fleurs rouge pourpre ; *P. bulleyana* (60 cm), semi-persistante, hampe unique de fleurs orange ; *P. japonica* (60 cm), aux inflorescences lâches ; 'Alba', blanche ; 'Carminea', rouge carmin ; 'Fuji', blanche ; 'Miller's Crimson', rouge ; 'Postford White', blanche.

CULTURE EN POT Dans un pot de 20 cm en tous sens, dans un terreau pour plantes à massif.

UTILISATIONS Massif, berge de bassin, sous-bois, bordure, rocaille, potée.

TROLLE D'EUROPE

Trollius europaeus

J F M A M J J A S O N D

40/70 cm | 30/60 cm

Cette vivace très rustique pousse idéalement au bord des bassins. Elle forme une touffe de feuilles palmées divisées en 5 lobes finement découpés. Les hampes, bien dressées, sont terminées par un bouton globuleux de 3 à 5 cm de diamètre.

SOL Profond, frais et humifère. Les terrains lourds et humides sont bien acceptés.

EXPOSITION Évitez le soleil brûlant, la lumière tamisée est plus appréciée.

CULTURE Plantez au printemps (de 3 à 5 pieds/m^2). Paillez le sol avec un bon lit de compost ou de fumier décomposé. Arrosez par temps sec. Divisez les touffes tous les 3 ou 4 ans, en automne.

ESPÈCES ET VARIÉTÉS Il existe 29 espèces et quelques sous-espèces. *Trollius europaeus* 'Orange Crest', orange vif. *T. chinensis* 'Golden Queen' (50 cm), aux fleurs en coupe jaune orangé, supporte mieux les sols secs.

- **HYBRIDES** : on cultive aussi des formes hybrides telles que 'Alabaster' (50 cm), jaune très clair ; 'Byrne's Giant' (70 cm), jaune vif ; 'Canary Bird' (70 cm), jaune vif ; 'Earliest of All' (60 cm), précoce ; 'Empire Day' (70 cm), jaune doré ; 'Etna' (70 cm), orange ; 'Goldquelle' (70 cm), jaune d'or.

CULTURE EN POT Dans un mélange de terre de jardin et de terre de bruyère.

UTILISATIONS Massif, sous-bois, bord de bassin ou de ruisseau, jardin de marais.

MASSETTE

Typha spp.

J F M A M J J A S O N D

0,70/2 m | 2 m)

Plante rhizomateuse aquatique à l'aspect de roseau, la massette est parfaitement rustique. Le feuillage, rubané, vert clair, bien dressé, forme une touffe importante. Les inflorescences, en épis cylindriques ou arrondis, bruns à dorés, sont composées de fleurs mâles et femelles réunies de façon distincte. Elles se dressent, toutes droites, au-dessus des feuilles.

SOL Riche, compact, humifère, profond, très humide ou immergé de 5 à 20 cm.

EXPOSITION Plein soleil toute l'année.

CULTURE Au printemps, plantez des fragments de rhizomes laissant poindre une jeune pousse, en les enterrant très peu. Divisez les touffes tous les 3 ans.

ESPÈCES ET VARIÉTÉS Il existe une quarantaine d'espèces. *Typha angustifolia* (1,80 m), aux feuilles étroites en éventail, quenouilles brun foncé. *T. latifolia* (de 1,50 à 2 m), très vigoureux, massif, se développe vite, jusqu'à coloniser les berges de la pièce d'eau ; 'Variegata', au feuillage finement strié de blanc, est moins envahissant. *T. minima* (de 60 à 70 cm), aux feuilles filiformes, porte des petits épis sphériques.

CULTURE EN POT Peu adaptée.

UTILISATIONS En touffe ou en écran au bord d'un grand bassin ou d'un étang. Les épis font de bonnes fleurs à bouquets.

éclats printaniers

Le printemps, du latin *primus*, premier, et *tempus*, temps, marque le renouveau dans la nature. Dans l'hémisphère Nord, il s'étend de mars à juin, soit de l'équinoxe de printemps au solstice d'été.

À faire juste avant le premier printemps

Vous n'avez rien préparé (ou si peu !) à l'automne dernier pour un printemps éclatant ? Pas de panique, vous pouvez encore faire que ce printemps à venir soit plein de fraîcheur et fleuri à foison ... **1**

À faire en mars-avril

Mars est le moment où l'hiver sort doucement de sa grisaille, éclairé par le jaune de nombreuses fleurs et le vert acide des quelques jeunes feuillages qui veulent bien braver les derniers froids... Il y a du pain sur la planche pour qui veut ! ... **2**

À faire pour préparer l'été

La nature est bien faite : dès les premiers signes du printemps, le jardinier a envie de gratter la terre, planter, nettoyer. Cela tombe bien, c'est aussi maintenant que se prépare un été généreux et fleuri, au potager comme au jardin ... **3**

Les tailles de début de printemps

Les arbustes peuvent très bien vivre sans taille. Mais ils poussent alors à leur manière, en se dégarnissant de la base, en faisant du bois mort et en développant de longues tiges. Une petite taille printanière peut changer pas mal de choses ... **4**

Forsythia

C'est bon pour la planète : Les fleurs précoces

Il est important que le début du printemps offre suffisamment de fleurs sauvages et horticoles aux premières abeilles ouvrières qui sortent, pour réalimenter les colonies en pollen et en nectar. Désherbez sélectivement ! ... **5**

Que faire des bulbes ?

Laissez les bulbes printaniers en place après la floraison sans toucher au feuillage jusqu'à ce qu'il jaunisse de lui-même ... **6**

IDÉES

→ POURQUOI PAS... **Marier les bulbes?** Quelles sont les vivaces, annuelles ou bisannuelles dont le feuillage est en phase avec vos bulbes? 7

→ POURQUOI PAS... **Visiter un vrai Jardin de printemps?** Prévoyez un week-end pour visiter le jardin du Keukenhof 8

Vidéo « Un massif de bulbes au printemps »

et Si

- Mon arbuste semble mort? 9
- Je veux semer? 10

*Télécharger l'application Truffaut +, voir p. 6-7

Les Plantes idéales

★ **Les fleurs les plus précoces** sont les bienvenues, surtout si leur feuillage sert d'écrin aux bulbes : *Aquilegia* x *hybrida* (ancolie) ; *Bellis perennis* (pâquerette) ; *Doronicum orientale* (doronic) ; *Helleborus orientalis* (hellébore oriental) ; *Myosotis sylvatica* (myosotis des jardins) ; *Primula vulgaris* (primevère des jardins).

★ **Parmi les premiers bulbes** : *Chionodoxa luciliae* (gloire des neiges) ; *Crocus spp.* (crocus) ; *Ipheion uniflorum* (étoile du printemps) ; *Muscari armeniacum* (muscari) ; *Narcissus spp.* (narcisse) * *Scilla sibirica* (scille de Sibérie) ; *Tulipa spp.* (tulipe).

★ **Parmi les arbustes** : *Deutzia* (toutes les variétés) ; *Forsythia spp.* ; *Kerria japonica* (corête du Japon) ; *Magnolia soulangeana*, *M. stellata* (magnolia caduc) ; *Prunus spp.* (cerisier du Japon et prunier à fleurs).

NOS CONSEILS

1. Commencez les semis mais restez prudent et cultivez de préférence les premières graines sous châssis, en serre ou dans la maison, selon le type de culture.

2. Donnez libre cours à votre fantaisie : des massifs multicolores ne choqueront pas, car le printemps est une période joyeuse, où les couleurs vives sont à privilégier.

3. Plantez les arbustes vendus en conteneurs, même couverts de fleurs.

4. Pratiquez les tailles de formation et d'entretien mais n'intervenez pas sur les espèces précoces avant la fin de la floraison. Avant les premiers jours de l'été, il est trop tôt pour déclarer morte une plante qui n'a pas encore commencé à pousser, alors patience!

5. Désherbez, tondez, fertilisez : ce sont les tâches d'entretien incontournables du moment.

6. Préparez les saisons suivantes ! Dès la fin de la floraison des tulipes et narcisses, mettez en place les lis, dahlias, cannas et même les bulbes d'automne. C'est aussi le moment de planter jardinières, suspensions et massifs avec les fleurs estivales (à partir du 15 avril, par prudence).

éclats printaniers

1 À faire juste avant le premier printemps

Pour que le printemps soit vraiment éclatant, quelques petits gestes simples vont faire la différence.

- **Coupez les feuilles sèches** et abîmées des hellébores et des bergénias pour que les fleurs apparaissent dans toute leurs fraîcheur.
- **Tondez la pelouse** pour égaliser la surface, les mauvaises herbes poussant plus vite que le gazon en hiver, et pour ramasser les débris de feuilles mortes.
- **Redressez les bordures** des massifs et de la pelouse, pour dessiner des contours nets.
- **Remettez le paillage en place,** que les oiseaux ont dû soulever, à la recherche d'insectes et de larves, ou de terre non gelée.

2 À faire en mars-avril

- Tout début mars, il est encore temps de **diviser les vivaces** d'été et d'automne, et de multiplier ainsi son stock de plantes. Divisez les perce-neige dès qu'ils ont défleuri. Au potager, divisez aussi la ciboulette.
- **Apportez de l'engrais** pour bulbes aux narcisses précoces.
- **Rempotez vos plantes** en pot lors d'une belle journée, celles de l'extérieur comme vos plantes de véranda ou d'intérieur.
- **Finissez les plantations à racines nues** (rosiers entre autres). Attendez encore un peu pour mettre en terre les persistants (fin avril-début mai).
- **Préparez le potager** en le nettoyant de tous les débris de la saison passée. Désinfectez les tuteurs, pots et caissettes. Faites vos premiers semis sous abri.

Mars, c'est aussi le réveil de la serre.

3 À faire pour préparer l'été

C'est au printemps que l'on prépare l'été et l'automne. Dès la fin de la floraison des tulipes et autres narcisses, il faut mettre en place les lis, dahlias, cannas, et même les bulbes d'automne (crocus safran, colchique, sternbergia). C'est aussi le moment de planter les jardinières, les suspensions et les massifs avec les fleurs estivales (à partir du 15 avril, c'est plus prudent). Vous pouvez planter les vivaces d'automne.

4 Les tailles de début de printemps

- Faites la taille définitive des **rosiers**. Pour avoir de belles roses, ne conservez que les branches les plus vigoureuses et les plus épaisses.
- Taillez les **arbustes qui ont fleuri** très précocement : forsythia, hamamélis, chimonanthus, *Acacia dealbata, Lonicera fragrantissima, Viburnum bodnantense, Ribes sanguineum, Viburnum tinus*. Tous ces arbustes supportent une taille d'au moins un tiers de la longueur des branches (de moitié pour le mimosa et le *Lonicera fragrantissima*). Dégagez l'intérieur des ramures. Pour le cognassier du Japon, ne touchez pas aux rameaux de 2-3 ans, mais coupez à ras un tiers des rameaux âgés, malingres ou gênants. Ayez la main plus légère avec les daphnés (qui n'ont pas vraiment besoin de taille), les camélias, les *Edgeworthia* (pas de taille, il pousse si lentement !).
- Vous pouvez aussi **régénérer certains arbustes** en les taillant très court, à 10-20 cm de haut : c'est possible avec les rhododendrons, les noisetiers, *Leycesteria formosa*.

5 *C'est bon pour la planète : Les fleurs précoces*

Plantez des fleurs très précoces pour alimenter les colonies d'abeilles en fin d'hiver. Les premières abeilles ouvrières et les premiers papillons citrons visiteront activement les *Cyclamen coum*, les éranthis, les mahonias, les bruyères d'hiver *(Erica)*, les *Iris reticulata*, les crocus, les chionodoxas, les noisetiers, les romarins, les cornouillers mâles. Laissez aussi quelques fleurs sauvages précoces (pâquerettes, violettes, pissenlit, lamier pourpre, hellébore fétide, tussilage, lierre terrestre, ficaire fausse renoncule, véronique de Perse).

Iris reticulata

6 QUE FAIRE DES BULBES ?

Si vous laissez les bulbes printaniers en place après la floraison sans toucher au feuillage (apportez un peu d'engrais « bulbes »), les plantes vont avoir le temps de reconstituer leurs réserves et pourront se naturaliser dans le jardin. Si vos tulipes changent de couleur au fil des années, c'est normal (retour au type botanique). Pour éviter ce phénomène, il faut extraire du sol les bulbes après fanaison du feuillage et leur faire passer l'été au sec, dans le noir et au frais.

et Si

9 Mon **arbuste** semble **mort** ?

Il faut se montrer patient avec les plantes qui tardent à démarrer. Tant que les premiers jours de l'été (troisième semaine de juin) ne sont pas arrivés, il est trop tôt pour déclarer morte une plante qui n'a pas encore commencé à pousser : les lagerstroemias, les althéas et les albizias comptent parmi les plantes les plus « paresseuses » et les plus lentes à se réveiller de leur torpeur hivernale. Grattez l'écorce avec l'ongle : si c'est vert, c'est vivant, cela va repartir.

10 Je **veux semer** ?

Le printemps est la période privilégiée pour réaliser tous les semis. Il faut rester prudent quant au climat en cette saison et cultiver de préférence les premières graines sous abri, sous châssis, en serre ou dans la maison selon le type de culture et les besoins en chaleur des semences pour leur germination.

IDÉES

7 POURQUOI PAS... MARIER LES BULBES ?

Les myosotis et les ancolies fournissent en général un bel écrin, mettant en valeur les fleurs, puis cachant le feuillage jaunissant. Mais vous pouvez aussi voir si les giroflées, les monnaies-du-pape (*Lunaria annua*), julienne-des-dames (*Hesperis matronalis*) poussent au même rythme que vos propres espèces et variétés de bulbes.

8 POURQUOI PAS... VISITER UN VRAI JARDIN DE PRINTEMPS ?

Le jardin du Keukenhof (Lisse, en Hollande) est l'un des plus spectaculaires parcs fleuris de printemps au monde. C'est un jardin d'exposition de parterres de bulbes (7 millions de bulbes, 800 variétés de tulipes !) ; vous y trouverez aussi de jolies scènes de terrasse à reprendre, une présentation de bulbes nouveaux et impressionnants. C'est aussi une magnifique promenade sous des arbres centenaires.

La petite histoire : Les saints de glace

Un dicton populaire qui perturbe les jardiniers dit : « Mamert, Pancrace, Boniface sont les trois saints de glaces mais saint Urbain les tient tous dans sa main. » Cela signifie qu'avant St-Mamert (11 mai, aujourd'hui Ste-Estelle), St-Pancrace (12 mai, devenu St-Achille), St-Servais (13 mai, devenu Ste-Rolande) et même St-Urbain (25 mai, devenu Ste-Sophie), les risques de gelées n'ont pas totalement disparu. En effet, durant cette période, le ciel est souvent dégagé la nuit, ce qui favorise l'arrivée d'une masse d'air froid, avec des températures frisquettes au petit matin, descendant parfois au-dessous de 0 °C. Mais avec le bouleversement climatique, ce phénomène est de plus en plus rare. Il se produit à peine une fois par décennie, mais il laisse toujours des traces au jardin.

ANCOLIE

Aquilegia spp.

J	F	M	A	**M**	**J**	J	A	S	O	N	D

Hauteur	Largeur	Exposition	
20/80 cm	15/60 cm		V

Ces vivaces rustiques portent des fleurs ressemblant à un chapeau de bouffon. Les ancolies forment des touffes de feuilles à 3 folioles. Les fleurs, sur une hampe dénudée, constituent une cloche rehaussée d'éperons fins et de sépales colorés.

SOL Léger, humifère, assez frais, mais bien drainé. Dans une terre lourde et calcaire, la durée de vie est moins longue.

EXPOSITION Soleil, mi-ombre légère.

CULTURE Plantez d'octobre à mars (de 6 à 9 pieds/m^2). La floraison intervient 2 ou 3 ans après. Semis en mars-avril dans du terreau sableux. Repiquez en place en mai. Divisez les grosses touffes en fin d'automne. Rabattez en octobre.

ESPÈCES ET VARIÉTÉS Il existe 102 espèces et quelques sous-espèces. *Aquilegia alpina* (40 cm), à fleurs bleues. *A. caerulea* 'Étoile Variée' (50 cm), à fleurs de toutes les couleurs. *A. canadensis* (60 cm), au long éperon qui prolonge la fleur rouge cuivré à intérieur jaune. *A. chrysantha* 'Yellow Queen' (80 cm), jaune citron. *A. flabellata* 'Mini Star' (10 cm), bleu pur. *A. vulgaris* 'Mellow Yellow' (50 cm), feuillage vert-jaune, fleurs blanc nuancé de bleu clair; 'Ruby Port' (70 cm), à fleurs doubles, rouge pourpre; 'William Guiness' (60 cm), violet foncé et blanc.

- **HYBRIDES** : on cultive beaucoup d'hybrides tels que 'Blue Star' (60 cm), à sépales bleus et pétales blancs; 'Crimson Star' (50 cm), rouge; 'Koralle' (40 cm), à longs éperons, sépales roses et pétales blancs; 'Kristall' (80 cm), grandes fleurs blanches, floraison de longue durée; 'Mc Kana Hybrids' (80 cm), grandes fleurs à très longs éperons dans des coloris variés unis ou bicolores; 'Musik' (de 50 à 60 cm), une série compacte qui se décline en différentes nuances toujours bicolores; 'Nora Barlow' (80 cm), fleurs très doubles, hérissées, carmin et blanc crème.

ÉPHÉMÈRES

Les ancolies sont souvent éphémères en raison des virus qui les attaquent. Renouvelez souvent la plantation.

Aquilegia 'Nora Barlow'

CULTURE EN POT Dans un pot de 25 cm de large et 30 cm de profondeur, dans un terreau pour géraniums.

UTILISATIONS Massif, rocaille.

Aquilegia caerulea

PÂQUERETTE

Bellis perennis

J	**F**	**M**	**A**	**M**	**J**	**J**	**A**	**S**	**O**	**N**	D

Hauteur	Largeur	Exposition	
10/20 cm	10/20 cm		V

Cette petite rosette fleurie est l'une des plantes les plus faciles à réussir. Améliorations de la pâquerette vivace, les formes horticoles sont plutôt cultivées en bisannuelles. La rosette acaule de feuilles ovales et spatulées, de 3 à 6 cm de long, porte de nombreuses fleurs en capitules de 1 à 4 cm de diamètre, solitaires à l'extrémité de hampes dénudées.

SOL Toute bonne terre, pas trop sèche, est acceptée; les terres lourdes, riches en matière organique conviennent bien.

EXPOSITION Soleil ou mi-ombre douce.

CULTURE Semez de juin à août, repiquez en godets et mettez en place en septembre-octobre (de 15 à 20 pieds/m^2). Coupez les fleurs fanées pour éviter les semis naturels.

ESPÈCES ET VARIÉTÉS Il existe 14 espèces. *Bellis perennis* est la seule proposée, en cultivars rouges, roses, blancs ou en mélange; 'Galaxy', semi-double, au pédoncule court, fleurit très vite; 'Habanera' (15 cm), à pétales très nombreux, comme échevelés, souvent bicolores; 'Pomponnette', à grosses fleurs globuleuses; 'Tapis' (10 cm), trapue, très double, à petites fleurs.

CULTURE EN POT Dans un pot de 15 cm en tous sens, dans un mélange de terreau de feuilles (1/2), de terre de jardin (1/4) et de sable (1/4).

UTILISATIONS En massif avec des bulbes à fleurs, jardinière, potée, interstices des dallages, pelouse fleurie.

GLOIRE DES NEIGES

Chionodoxa luciliae (syn. *Scilla luciliae*)

J **F M A** M J J A S O N D

Hauteur	Espacement	Exposition	
10/25 cm	5/10 cm		B

Cette petite bulbeuse rustique fait de très jolis tapis fleuris à la sortie de l'hiver. Elle forme une touffe de feuilles basales, en forme de gouttière, qui fait penser aux jacinthes. Les grappes de fleurs étoilées, bleues à centre blanc, sont portées sur de longs pédoncules dressés.

SOL Perméable, souple, pas trop riche.

EXPOSITION Pas de soleil trop intense.

CULTURE Plantez en octobre, à 5 cm de profondeur et à 5-10 cm de distance. La culture en jardinière est possible, de même que le forçage. Aucun entretien, la plante se naturalise bien. Divisez les vieilles touffes à l'automne.

ESPÈCES ET VARIÉTÉS Il existe 12 espèces. *Chionodoxa luciliae* (15 cm), bleu clair lumineux ; 'Alba', blanc ; 'Pink Giant', rose vif ; 'Rosea', rose lilacé clair. *C. sardensis* (15 cm), fleurs bleu intense à cœur blanc.

CULTURE EN POT Dans un pot de 10 cm de profondeur et 20 cm de large, pour une douzaine de bulbes, dans un terreau de plantation additionné d'un peu de sable.

UTILISATIONS Massif, rocaille, sous-bois, talus, bordure, potée, jardinière.

> **POUR CLIMAT FRAIS**
>
> Réservez les chionodoxas aux jardins du nord de la Loire, car ils ne prospèrent pas en climat chaud et sec.

CROCUS

Crocus spp.

J **F M A** M J J A **S O** N D

Hauteur	Espacement	Exposition	
8/15 cm	3/5 cm		B

Crocus tommasinianus

Crocus vernus

Crocus vernus 'Pickwick'

Rustiques, les crocus sont des petites bulbeuses à cormus, européennes ou asiatiques. Ils donnent, au cœur de l'hiver, des fleurs en coupe aux coloris variés, souvent panachés, qui apparaissent au milieu de feuilles filiformes, dressées. Certaines espèces fleurissent en automne, surtout dans les tons bleus et lilas.

SOL Léger, bien drainé, même pauvre.

EXPOSITION Le plein soleil non brûlant.

CULTURE Plantez en septembre et octobre les espèces à floraison printanière, en juillet les crocus à floraison automnale, à 5 cm de profondeur et de distance, en groupes importants (au moins 20 à 50 cormus). Ensuite, aucun entretien n'est nécessaire. Les plantes se naturalisent, formant de grandes masses.

ESPÈCES ET VARIÉTÉS Il existe 105 espèces. *Crocus chrysanthus*, à fleurs arrondies, dès mars, crème veiné de brun ; 'Cream Beauty', jaune crème ; 'Eye-Catcher', violet à intérieur blanc ; 'Prins Claus', blanc ; 'Saturnus', jaune d'or strié de brun ; 'Zwanenburg Bronze', marron et jaune à l'extérieur, or à l'intérieur. *C. sieberi*, mauve à cœur jaune. *C. tommasinianus* fleurit dès janvier en étoile mauve ; 'Lilac Beauty', bleu et violet ; 'Ruby Giant', violet clair. *C. vernus*, à grandes fleurs ; 'Flower Record', violet clair ; 'Grand Maître', lavande violacé ; 'Jeanne d'Arc', blanc pur ; 'Mammouth', jaune à très grandes fleurs ; 'Pickwick', bleu clair strié de pourpre ; 'Remembrance', violet foncé, idéal pour le forçage ; 'Roi des Striés', violet et argent ; 'Vanguard', bleu-mauve assez clair.

CULTURE EN POT Dans un pot de 15 à 20 cm de diamètre pour une dizaine de crocus, dans un terreau de plantation additionné d'un peu de sable.

UTILISATIONS Rocaille, jardinière, en groupes disséminés sur la pelouse ou en bordure des sous-bois, au pied des arbres. Forçage en pot dans la maison.

> **ET LA TONTE ?**
>
> Sur les pelouses plantées de crocus, ne tondez pas avant que les feuilles soient jaunies pour que les cormus aient le temps de reconstituer leurs réserves.

DEUTZIA

Deutzia spp.

J F M A **M J J** A S O N D

Hauteur	Largeur	Exposition	
1/3 m	1/2 m		C

Deutzia scabra

Les deutzias réussissent dans tous les jardins et fleurissent beaucoup. Très rustiques, ces charmants arbustes caducs, pas trop grands, sont appréciés pour leur floraison abondante blanche, rose ou pourpre. Les feuilles opposées, ovales, sont dentées. Les deutzias atteignent leur taille adulte en 5 à 7 ans.

SOL Profond, consistant, pas trop riche, frais. Le calcaire est bien toléré.

EXPOSITION Soleil ou mi-ombre légère.

CULTURE Plantez de novembre à mars, arrosez bien les premiers étés. Taillez chaque année, juste après la floraison, en rabattant les rameaux défleuris au plus près de leur point de naissance. Bouturez en juillet les espèces peu vigoureuses, les autres en hiver.

ESPÈCES ET VARIÉTÉS Il existe 78 espèces. *Deutzia crenata* 'Pride of Rochester' (2 m), à fleurs doubles, blanc rosé. *D. gracilis* (1 m), à fleurs blanches en mai-juin, joli port arqué ; 'Nikko' (60 cm), nain, port étalé, fleurs doubles, blanches. *D. scabra* 'Candidissima' (3 m), à port raide, mais ramifié, fleurs blanc pur en mai-juin ; 'Plena', à fleurs très doubles, roses, atteint 3 m.

Deutzia gracilis 'Purpurea'

Deutzia scabra

- **HYBRIDES** : les appellations sont d'origine horticole. *Deutzia* x *hybrida* 'Mont Rose' (2 m), à fleurs rose tendre en juin ; 'Perle Rose' (1,50 m), rose clair ; 'Tourbillon Rouge' (1,50 m), à fleurs rouge foncé. *D.* x *kalmiiflora* (1,50 m), fleur blanches qui évoluent vers le rose. *D.* x *magnifica* (2 m), à port érigé, fleurs doubles, blanches. *D.* x *rosea* 'Carminea' (1 m), à port retombant, fleurs rose vif, belle coloration rouge du feuillage en automne ; 'Plena' (syn. 'Pink Pompon'), 1,50 m, petites fleurs doubles, boutons mauves.

CULTURE EN POT Dans un pot de 30 cm de diamètre et 40 cm de profondeur, dans un mélange à parts égales de terreau de plantation et de terre de jardin.

UTILISATIONS Massif, haie libre. Plantez en compagnie de weigélias ou de rosiers arbustifs qui fleuriront en même temps.

> **ABRITEZ-LES**
>
> Attention, les vents du nord nuisent à la floraison des deutzias.

DORONIC DU CAUCASE

Doronicum orientale

J F M **A M** J J A S O N D

Hauteur	Largeur	Exposition	
30/40 cm	40/60 cm		V

Cette solide vivace rhizomateuse est incomparable pour illuminer les massifs de printemps. Ses feuilles basales sont alternes, cordiformes, dentées, de 5 à 10 cm de long. Les fleurs, solitaires, nombreuses, en capitules jaunes, de 4 à 10 cm de diamètre, semblent posées au-dessus des feuilles.

SOL Une bonne terre de jardin souple et riche, humifère, pas trop humide.

EXPOSITION Évitez le soleil direct brûlant.

CULTURE Plantez en automne (5 ou 6 pieds/m^2). Supprimez régulièrement les fleurs fanées et rabattez toute la végétation fin octobre. Divisez les vieilles souches en septembre, tous les 3 ans, pour que le pied reste compact.

ESPÈCES ET VARIÉTÉS Il existe 39 espèces. *Doronicum orientale* (syn. *D. caucasicum*), 60 cm, est bien touffu ; 'Finesse' (50 cm), aux ligules en forme d'aiguilles ; 'Little Leo' (30 cm), compact, à grandes fleurs ; 'Magnificum' (50 cm), à grandes fleurs.

CULTURE EN POT Dans un grand pot, avec une bonne couche de drainage, dans un mélange de terre de jardin et de terreau de rempotage.

UTILISATIONS Massif avec des bisannuelles et des bulbes de printemps. Potée.

> **PAS TROP D'ENGRAIS**
>
> Évitez les apports d'engrais azotés qui entraînent la chute prématurée des feuilles.

FORSYTHIA

Forsythia spp.

J F **M A** M J J A S O N D

1,50/4 m | 1/2,50 m | C

Les fleurs d'or des forsythias marquent le réveil du printemps. Très rustiques et de croissance rapide (taille adulte en 3 à 5 ans), ces arbustes buissonnants portent des rameaux vert clair, couverts de lenticelles. Feuilles opposées, ovales, vert clair.

SOL Riche de préférence, assez frais.

EXPOSITION Plein soleil ou mi-ombre.

CULTURE Plantez en automne. Arrosez bien et paillez les premiers étés. Tous les 4 ou 5 ans, rajeunissez les sujets très vigoureux en les rabattant au sol, juste après la floraison.

ESPÈCES ET VARIÉTÉS Il existe 13 espèces. *Forsythia* x *intermedia* (de 2 à 3 m), hybride vigoureux, érigé et florifère, dont les meilleures variétés sont 'Golden Times' (2 m), feuillage marginé de jaune ; 'Lynwood' (2,50 m), aux grandes fleurs jaune intense ; 'Spectabilis' (3 m), à feuillage panaché de jaune ; 'Spring Glory' (2 m), à petits bouquets de fleurs jaune pâle. *F. koreana* 'Kumsun' (de 1,50 à 2 m), jeunes pousses rougeâtres, feuilles nervurées de blanc crème, fleurs jaunes. *F. suspensa* (3 m), à port souple, idéal pour le palissage, mais peu florifère ; 'Nymans' (4 m), aux grandes fleurs jaune pâle, parfumées.

- **HYBRIDE** : 'Week-End' (Courtalyne), 2 m, forme buissonnante assez compacte, floraison sur toute la longueur des rameaux.

CULTURE EN POT Préférez les variétés naines, plus adaptées ➲ p. 560.

UTILISATIONS Haies libres, massifs et potées.

Vidéo « Planter un forsythia »

HELLÉBORE

Helleborus spp.

J F M A M J J A S O **N D**

30/50 cm | 30/60 cm | V

Ces vivaces rhizomateuses sont très précoces et de culture facile. Les hellébores sont des plantes toxiques formant une touffe de feuilles coriaces, dentées, vert glauque, issues de la souche. Les fleurs sont formées de 5 tépales penchés vers le sol.

SOL Humifère, limoneux, plutôt calcaire, bien arrosé, mais sans eau stagnante.

EXPOSITION Mi-ombre légère idéale.

CULTURE Plantez en automne (de 4 à 6 pieds/m^2). Paillez le sol en été, arrosez bien. Divisez les touffes en été lorsque la floraison diminue.

CASANIÈRE

Évitez de déplacer la plante. Elle ne fleurit bien qu'installée durablement.

ESPÈCES ET VARIÉTÉS Il existe 13 espèces et quelques sous-espèces. *Helleborus lividus*, l'hellébore de Corse, 50 cm, feuillage persistant, coriace, floraison en février-mars, clochettes retombantes vert ombré de rose. *H. orientalis* (40 cm), à grandes fleurs pendantes rosées ; 'Blue Lady' (35 cm), pourpre prune à cœur jaune ; 'Red Hybrids' (40 cm), rouge brique ; 'White Lady Spotted' (50 cm), crème et pourpre.

- **HYBRIDES** : *H.* x *hybridus* et *H.* x *nigercors*, fleurissant de janvier à mars, offrent une large palette de couleurs et, pour certains, des fleurs doubles. C'est le cas de la série Spring Promise (40 cm), qui comprend une quinzaine de cultivars, dont 'Bridget', à fleurs simples en dégradé de rose. Parmi les nombreux hybrides à conseiller : 'Emma' (40 cm), fleur blanche à revers rose ; 'Magic Leaves' (40 cm), feuillage nervuré de blanc et d'argent, fleurs blanches à revers rose pâle ; 'Picotee Lady' (40 cm), vert-jaune ombré de rose plus foncé sur le bord des pétales.

CULTURE EN POT Dans un pot de 20 cm en tous sens, dans un terreau de rempotage.

UTILISATIONS Massif, pot, bouquet.

ÉTOILE DE PRINTEMPS

Ipheion uniflorum

J F M **A M** J J A S O N D

10/20 cm | 5/10 cm | B | -10 °C

Cette bulbeuse fait de superbes tapis étoilés au printemps. Elle forme une touffe basale de feuilles linéaires, semblables à un gazon grossier, à l'odeur d'ail. La fleur en étoile, violet pâle à blanc, exhale une agréable odeur sucrée demiel.

SOL Léger, bien drainé, même un peu sec.

EXPOSITION Assez chaude, sous une lumière bien présente, mais filtrée.

CULTURE Plantez les bulbes avant la fin octobre, entre 4 et 6 cm de profondeur, espacés de 5 à 10 cm. Protégez par un paillis. Divisez les touffes trop compactes en septembre.

ESPÈCE ET VARIÉTÉS Il existe 10 espèces. On cultive surtout *Ipheion uniflorum*, bleu violacé ; 'Album', blanc ; 'Froyle Mill', bleu très foncé.

CULTURE EN POT Dans un pot de 15 cm en tous sens, pour 5 ou 6 bulbes, dans un terreau sableux.

UTILISATIONS Massif, rocaille, bordure, dallage, pied des arbres, potée.

CORÊTE DU JAPON

Kerria japonica

J F M **A M** J J A S O N D

↕	↔		
1,50/3 m	1/2 m		C

Cet arbuste buissonnant fait partie des incontournables du printemps. Drageonnant, touffu, au port irrégulier, il porte des feuilles alternes, vert clair, gaufrées. La corête du Japon se couvre, dès le début du printemps, tout le long des rameaux d'un an, de très nombreuses fleurs de 3 à 4 cm de diamètre, en coupe ou en forme de pompons plus ou moins serrés, jaune soutenu.

SOL Souple, bien drainé, riche.

EXPOSITION Soleil léger ou mi-ombre.

CULTURE Plantez en automne, de préférence le long d'un mur dans les régions très fraîches. Après la floraison, rabattez les tiges d'un tiers de leur longueur. Paillez au printemps.

ESPÈCE ET VARIÉTÉS Il n'existe qu'une espèce, *Kerria japonica*. 'Golden Guinea' (2 m), à grandes fleurs simples de 6 cm de diamètre ; 'Picta', forme compacte (de 1 à 1,50 m), à feuilles tachetées de blanc crème, frileux, très florifère ; 'Pleniflora', formant de gros pompons de 5 cm de diamètre.

CULTURE EN POT Dans un bac de 1 m de long environ, sur 30 cm de large et de profondeur, dans un mélange de terre de jardin et de terreau de plantation.

UTILISATIONS Massifs, haies libres.

HAIE LIBRE

Plantez un pied tous les 80 cm, pour une haie.

MAGNOLIA

Magnolia spp. (espèces caduques)

J F **M A M J J A** S O N D

↕	↔		
2/12 m	2/4 m		C

Ces petits arbres ou arbustes sont les plus anciennes plantes à fleurs. Ils portent des feuilles alternes, simples, entières, ovales, qui atteignent 60 cm de long chez certaines espèces. Les fleurs solitaires, charnues, en trompette, en coupe ou étoilées, apparaissent avant les feuilles chez les espèces printanières. Elles sont parfois parfumées. Fruits en cônes. Lents à s'établir, les magnolias prennent une réelle ampleur après 4 ou 5 ans.

SOL Riche, toujours frais, voire humide en été. L'idéal est un bon terreau forestier (pH 6).

EXPOSITION Soleil léger ou mi-ombre, à l'abri des vents dominants. Ils résistent à – 25 °C sans problème, mais n'aiment pas les étés chauds et secs, une forte hygrométrie étant l'un des secrets de la réussite.

CULTURE Achetez des plants de petite taille (de 80 cm à 1,20 m), dont la reprise est plus facile. Plantez en automne. Veillez à ne pas briser les racines charnues et à ne pas enterrer la motte trop profondément. Paillez et arrosez en été. La taille est inutile. Douchez le feuillage les soirs de canicule et lorsque l'air est très pollué en ville.

ESPÈCES ET VARIÉTÉS Il existe plus de 240 espèces, dont des magnolias à feuillage caduc. *Magnolia acuminata* (15 m), à port en candélabre, fleurs en coupe vert-jaune en mai, fruits rouges évoquant un cornichon en juin ; 'Koban Fori' (7 m), forme plus compacte. *M. ashei* (8 m), aux feuilles de 60 cm de long, fleurs de 12 cm de diamètre, parfumées, en mai. *M. denudata* (de 8 à 10 m), à port ample, arrondi, fleurs en coupe de 15 cm, blanc pur, dès le mois de mars. *M. lilliflora* 'Nigra' (de 3 à 4 m), à croissance lente et très longue floraison grenat en mai, supporte les sols peu acides. *M. loebneri* (8 m), aux fleurs blanches évoluant vers le lilas pourpré en avril, très rustique et florifère, pour tout sol, même un peu calcaire ; 'Leonard Messel' (de 4 à 5 m), rose tendre ; 'Merril' (8 m), blanc pur à la fin avril, port érigé, puis étalé. *M. sieboldii* (de 3 à 5 m), blanc pur, parfumé, fleurit après 5 ans, de fin mai à fin juillet. *M. stellata* 'Rosea' (de 2 à 3 m), fleurs roses ; 'Royal Star' (de 1 à 2 m), aux fleurs blanches, étoilées, parfumées, à même le bois, en mars-avril, est une forme très rustique à croissance très lente ; 'Waterlily' (de 3 à 4 m), fleurs très doubles, parfumées. *M.* x *soulangeana* (de 5 à 6 m), un petit arbre très rustique, aux grandes fleurs en forme de tulipe, rose pâle en avril, port bien étalé ; 'Alexandrina', rose et blanc rosé dès la fin mars ; 'Burgundy' (4 m), jeunes pousses aux extrémités pourprées, fleurs rouge violacé à l'extérieur, roses à l'intérieur ; 'Lennei' (de

Magnolia x *soulangeana*

10 à 12 m), aux grosses fleurs roses en coupe, dès la quatrième année ; 'Rustica Rubra' (de 5 à 6 m), fleurs rouge pourpre à l'intérieur blanc ; 'Sundew' (de 3 à 4 m), fleurs blanc rosé.

- **HYBRIDES CADUCS** : 'Betty' (de 3 à 4 m), grandes fleurs rose pourpre ; 'Galaxy' (6 m), érigé, conique, fleurs roses à la base pourpre violacé ; 'George Henry Kern' (de 3 à 4 m), port arrondi, compact, fleurs rose foncé ; 'Gold Star' (de 10 à 12 m), fleurs jaune pâle ; 'Heaven Scent' (8 m), port vertical à branches étalées, fleurs en tulipe étroite blanc rosé, très parfumées ; 'Jane' (3 m), fleurs rose-mauve ; 'Judy' (de 3 à 4 m), port fastigié, fleurs rouge pourpre à l'intérieur blanc ; 'Manchu Fan' (5 m), vigoureux, dressé, fleurs blanc crème en mai ; 'Pinkie' (de 3 à 4 m), port compact, grandes fleurs rose pâle ; 'Ricki' (3 m), fleurs semi-doubles rouge pourpre ; 'Rouged Alabaster' (5 m), grosses fleurs blanches striées de rose ; 'Royal Crown' (4 m), arrondi, étalé, fleurs rose pourpre à l'extérieur, blanc rosé à l'intérieur, dès mars, avec une remontée en juillet ; 'Spectrum' (de 7 à 8 m), port évasé, fleurs rouge pourpre ; 'Susan' (3 m), très florifère, rouge violacé ; 'Wada's Memory' (de 6 à 7 m), grandes fleurs blanc pur aux pétales récurvés ; 'Yellow Bird' (10 m), fleurs jaune clair.

CULTURE EN POT Possible pour *Magnolia stellata*, l'un des plus petits, dans un pot de 30 cm de diamètre au minimum, pour un jeune arbuste, dans un mélange de terreau de feuilles, de terreau pour rosiers et de terre de jardin. Surfacez tous les ans et rempotez tous les 3 ans.

UTILISATIONS Isolé, haie libre, massif. Installez les magnolias dans les endroits stratégiques du jardin.

Vidéo « Planter un magnolia »

Magnolia sieboldii

JACINTHE À GRAPPES

Muscari spp.

J F **M A M** J J A S O N D

10/20 cm	5/6 cm	☼	B

Ces petites bulbeuses forment des tapis fleuris du plus bel effet. Leur bulbe est ovoïde, blanc. Les feuilles, linéaires, en forme de gouttière, donnent une touffe érigée. Les fleurs, en minuscules clochettes bleues, sont réunies en grappes serrées à l'extrémité d'une hampe rigide.

SOL Bien drainé, pas trop riche, souple.

EXPOSITION Soleil doux et mi-ombre.

CULTURE Plantez à l'automne à 8-10 cm de profondeur et à 5-7 cm de distance. Divisez les touffes tous les 4 ou 5 ans, en juin, lorsque les feuilles jaunissent. Inutile d'arroser.

ESPÈCES ET VARIÉTÉS Il existe 43 espèces. *Muscari armeniacum*, aux fleurs bordées d'un liseré blanc ; 'Blue Spike', double, bleu pâle, évoque une jacinthe. *M. aucheri* 'Ocean Magic' (25 cm), fleurs bleu clair éclairées de blanc. *M. botryoides*, aux fleurs sphériques en épis moins compacts ; 'Album', blanc. *M. comosum*, plus haut (de 30 à 40 cm), plus tardif ; 'Plumosum', aux fleurs doubles, en plumets mauve lilacé, agrémentés de filaments violets.

CULTURE EN POT Dans un pot de 20 cm de large et 10 cm de haut pour une douzaine de bulbes, dans un mélange de 1/3 de sable et 2/3 de terreau.

UTILISATIONS Massif, sous-bois, bordure, potée, jardinière.

MYOSOTIS DES JARDINS

Myosotis sylvatica

J F **M A M J** J A S O N D

15/30 cm	10/20 cm	☼	V

Vivace rustique surtout cultivée comme bisannuelle, le myosotis forme une touffe aux feuilles alternes, lancéolées, rugueuses. Les fleurs en petits bouquets ont toujours le cœur clair.

SOL Riche, frais, bien drainé, souple et enrichi d'un fertilisant à base de fumier.

EXPOSITION Douce lumière tamisée.

CULTURE Plantez de septembre à mars (de 10 à 15 pieds/m²). Semez de juillet à septembre en terrine. Entre 15 et 20 °C, la germination se produit en 3 semaines. Repiquez en pleine terre ou en godet 15 jours après la levée.

ESPÈCES ET VARIÉTÉS Il existe 62 espèces. *Myosotis alpestris*, compact, bleu vif à œil jaune. *M. sylvatica* a donné la plupart des cultivars ; 'Ultramarine' (15 cm), semi-double, bleu intense ; 'Victoria' (20 cm), au port en boule, en 4 coloris.

CULTURE EN POT Dans une coupe large et peu profonde (à raison d'un plant tous les 15 cm), dans un terreau pour plantes à massif.

UTILISATIONS Massif avec des bulbes de printemps, coupe, potée, bordure.

PAS TROP D'EAU

N'arrosez pas trop pour éviter les maladies cryptogamiques.

*Télécharger l'application Truffaut +, voir p. 6-7

NARCISSE, JONQUILLE

Narcissus spp.

J F M A M J J A S O N D

15/40 cm | 10/20 cm | B

Narcissus 'Mount Hood'

Les narcisses forment de gros bulbes tuniqués qui produisent une touffe de feuilles linéaires en gouttière, vert glauque. Tous ont en commun une fleur composée d'une trompette centrale, ou couronne, émergeant d'un ensemble de 6 pétales en corolle appelé « périanthe ». La fleur est située à l'extrémité d'une hampe infléchie à son extrémité. Jaune, blanche, rose ou orangée avec toutes les combinaisons bicolores possibles, elle est le plus souvent simple, mais il existe des cultivars doubles. La quasi-totalité des narcisses est parfumée. La durée moyenne d'épanouissement est de 15 à 18 jours.

SOL Plutôt argileux, lourd, consistant, profond, frais, mais sans humidité stagnante et peu acide.

EXPOSITION Le soleil direct en hiver et au printemps stimule la floraison. Mais prévoyez un léger ombrage pour le reste de la saison. Une plantation sous des arbres caducs est conseillée.

CULTURE Plantez en septembre et octobre, entre 10 et 15 cm de profondeur et de distance pour les grandes espèces, entre 8 et 10 cm de profondeur et de 5 à 7 cm d'espacement pour les petits narcisses. Le narcisse peut rester plusieurs années en place et il se naturalise bien, tout en offrant la même qualité. Après la floraison, apportez un engrais pour fleurs à bulbes. Désherbez soigneusement.

ESPÈCES ET VARIÉTÉS Il existe près de 220 espèces, dont beaucoup sont des hybrides naturels. Les narcisses horticoles sont classés en 11 catégories correspondant à une forme de végétation particulière.

- **Narcisses trompettes (40 cm)** : à large fleur unique, penchée. Leur couronne est aussi longue que les segments de la corolle ; 'Dutch Master', jaune d'or ; 'Golden Harvest', jaune lumineux ; 'Magnet', blanc et jaune ; 'Mount Hood', blanc ivoire à blanc pur ; 'Pistachio', jaune acide et blanc ; 'Queensland', rose et blanc ; 'Topolino', blanc à trompette jaune.
- **Narcisses à grande couronne** : dits aussi « à grande coupe » ou « incomparables », à grande fleur unique dont la couronne très ouverte mesure entre un tiers et trois quarts des éléments du périanthe ; 'Carlton', jaune canari ; 'Fortissimo', jaune à coupe orange ; 'Fortune', jaune à toute petite coupe orange ; 'Professeur Einstein', orange vif et blanc.
- **Narcisses à petite couronne** : le diamètre de la coupe ne dépasse pas un tiers de celui de la corolle ; 'Barrett Browing', blanc et orange ; 'Birma', jaune et orange.
- **Narcisses à fleurs doubles** : la coupe imbriquée ou chiffonnée est formée de plusieurs pièces ; 'Bridal Crown', blanc à centre doré ; 'Brighton', jaune soufre ; 'Golden Ducat', jaune d'or ; 'Odbam', blanc à cœur jaune ; 'Tahiti', jaune et vermillon ; 'Texas', jaune et orange ; 'Van Sion', jaune, très double ; 'White Lion', ivoire et jaune pâle.
- **Narcisses Cyclamineus** : uniflores, aux petites fleurs à la corolle inclinée vers le bas et longue couronne ; 'Berky', blanc et jaune ; 'February Gold', jaune d'or ; 'Jack Snipe', blanc et jaune ; 'Jetfire', jaune à trompette orange ; 'Tête à Tête', jaune citron.
- **Narcisses Jonquilla** : multiflores, grandes fleurs à petite coupe, plates, parfumées ; 'Pipit', jaune crème et citron.
- **Narcisses Poeticus** : grandes fleurs solitaires, plates et parfumées, blanches, à toute petite couronne avec un liseré orange ou rouge ; 'Actaea', blanc à coupe jaune bordée de rouge.

Narcissus 'Barrett Browing'

Narcissus 'Carlton'

Narcissus 'Texas'

- **Narcisses Tazetta** : multiflores, nombreuses petites fleurs, à coupe étroite, plates, parfumées ; 'Canary Bird', jaune ; 'Cragford', blanc à coupe orange ; 'Geranium', blanc et orange, 'Minnow', blanc crème et jaune citron ; 'Totus Albus' (syn. 'Paper White'), blanc, à forcer.
- **Narcisses Triandrus** : multiflores, au périanthe réfléchi et petite coupe ; 'Thalia', blanc.
- **Narcisses botaniques** : espèces sauvages *(N. cyclamineus, canaliculatus, pumilus...)*
- **Narcisses « Split »** : aussi appelés narcisses « Papillon », à la coupe éclatée ou frangée ; 'Frileuse', jaune clair et blanc ; 'Orangery', jaune et blanc ; 'Trepolo', blanc et orange.

CULTURE EN POT Dans un pot de 20 cm en tous sens, dans un terreau avec 25 % de sable.

UTILISATIONS Massif, pelouse, bordure, sous-bois, rocaille, potée, forçage, bouquet.

PRIMEVÈRE

Primula spp.

J F M A M J J A S O N D

10/60 cm | 15/60 cm | V

Ces vivaces herbacées, parmi les premières fleurs du printemps, développent une rosette de feuilles ovales, plus ou moins larges, souvent ondulées, voire lobées, au centre de laquelle émergent des inflorescences, en ombelles ou en grappes, portées ou non par une hampe érigée. Les fleurs en entonnoir ont la base des pétales soudée en tube. Les coloris très variés permettent de réaliser des compositions de tous les styles.

SOL Frais, humifère, bien drainé, même un peu caillouteux, mais de préférence acide. Un apport de fertilisant organique à base de fumier est apprécié lors de la plantation.

EXPOSITION Jamais brûlante. Une lumière tamisée convient à toutes les primevères.

CULTURE Semez les primevères des jardins en terrine de mai à août, à la maison ou dans la véranda, les graines recouvertes par 1 cm de terreau. La germination s'effectue en 2 semaines entre 15 et 18 °C. *Primula denticulata* a besoin d'une température supérieure à 20 °C pour lever. Repiquez 4 ou 5 semaines après la levée, en espaçant les plantules de 5 cm dans une caissette que vous maintiendrez sous abri. Empotez dans des godets individuels un mois plus tard et placez-les à l'extérieur dans un endroit abrité. Plantez de septembre à mars (de 6 à 8 pieds/m^2). Émiettez bien le sol et amendez-le. Maintenez la terre humide en été par des arrosages fréquents et un paillis. Divisez les grosses touffes des *P. denticulata*, *florindae*… en automne. Vous pouvez laisser les primevères se naturaliser.

ESPÈCES ET VARIÉTÉS Il existe plus de 400 espèces. En raison de sa diversité, le genre *Primula* a été divisé en 37 sections par les botanistes, dont 7 concernent les jardiniers.

POURRITURE DU CŒUR

Ne plantez pas les primevères trop profondément, car elles sont sensibles à la "pourriture du cœur", une maladie cryptogamique favorisée par un substrat compact et très humide.

Primula vulgaris

- **SECTION ALEURITIA** : plantes à feuilles souvent farineuses et aux fleurs en ombelle simple. *P. farinosa* (25 cm), caduque, à feuilles d'un blanc farineux au revers. Fleurs en ombelle rose poudré de blanc, avec un œil jaune, en mai-juin. *P. frondosa* (15 cm), caduque, au feuillage glauque, farineux au revers, en avril-mai, fleurs rose lilacé réunies en bouquet.
- **SECTION DENTICULATA** : ne concerne que *P. denticulata* (de 20 à 30 cm), caduque, originaire de l'Himalaya, aux fleurs en ombelle sphérique lilas, qui apparaissent en mars-avril, avant les feuilles ; 'Alba', blanche ; 'Rubin', pourpre violacé.
- **SECTION POLYANTHUS (SYN. PRIMULA)** : regroupe les espèces aux feuilles larges, en rosette étalée, portant un bouquet de fleurs groupées le plus souvent en ombelle. *P. vulgaris (acaulis)*, la « primevère des jardins » (15 cm), au feuillage gaufré, produit de février à avril des grandes fleurs solitaires, dont les coloris très variés vont du blanc au bleu pourpre en passant par le rose, le jaune et le rouge. Il en existe des centaines de cultivars qui se distinguent surtout par des précocités de floraison différentes : 'Carnaval', aux coloris flammés ; 'Karina', aux fleurs bordées d'un liseré blanc. Les hybrides de *Primula elatior* ressemblent beaucoup aux primevères des jardins, mais ils sont plus hauts (30 cm) : 'Crescendo', 'Pacific', 'Rainbow', aux riches mélanges de coloris. *P. veris*, le coucou (25 cm), pousse spontanément dans certains jardins, portant des fleurs jaune pâle dès le mois de mars.
- **SECTION SIKKIMENSIS** : concerne les primevères du Tibet. *P. florindae* (60 cm), aux fleurs jaune clair, en juin-juillet.

Primula denticulata

CULTURE EN POT Dans un pot de 15 cm en tous sens au minimum, dans un terreau pour plantes à massif. Apportez un engrais liquide pour fleurs une fois par semaine sur une motte humide.

UTILISATIONS Massif, sous-bois, bordure, rocaille, muret, dallage, potée.

Primula 'Crescendo'

CERISIER, PÊCHER ET PRUNIER À FLEURS

Prunus spp.

J F **M A M** J J A S O N D

4/15 m | 2,50/6 m

Ces arbres très décoratifs sont les tout premiers à fleurir dans le jardin. Ils sont remarquables par leur floraison printanière, mais aussi par leur belle écorce. L'espèce la plus spectaculaire à cet égard est *Prunus serrula*, dont le tronc et les branches de couleur brun acajou voient la partie superficielle de l'écorce se détacher du bois en longues bandes horizontales, s'enroulant sur elles-mêmes. Chez la plupart des cerisiers d'ornement, les rameaux se garnissent, avant les feuilles, d'une abondante floraison blanche ou rose, parfois double, très spectaculaire. Les feuilles ovales, dentées, rougeâtres à la naissance chez certaines espèces, se teintent d'orangé, puis d'écarlate à l'automne. La fructification est plutôt insignifiante, voire absente. Croissance assez rapide (de 3 à 4 m en 5 ans).

SOL Riche, profond, bien drainé, neutre. Une terre argilo-siliceuse convient bien.

EXPOSITION Soleil pas trop brûlant. Évitez le vent fort, qui nuit à la floraison.

CULTURE Plantez de préférence en automne. Tuteurez les jeunes arbres, arrosez bien et paillez s'il fait sec. En hiver, supprimez les branches mortes. Taillez le moins possible et n'oubliez pas de couvrir les plaies avec un mastic cicatrisant, car les cerisiers ont tendance à sécréter de la gomme et se montrent sensibles aux attaques des insectes du bois (scolytes, zeuzères).

Prunus sargentii

Vidéo « Les cerisiers à fleurs »*

Prunus avium

ESPÈCES ET VARIÉTÉS Le genre *Prunus* compte plus de 250 espèces, parmi lesquelles les pruniers, les abricotiers, les pêchers, les cerisiers à fruits, et les cerisiers d'ornement.

- **Hybrides** : 'Accolade' (de 5 à 7 m), hybride de *P. sargentii* et de *P.* x *subhirtella*, à port évasé, fleurs roses semi-doubles en bouquets pendants en avril, peut être cultivé en buisson. 'Hally Jolivette' (de 4 à 5 m), à port arrondi, petites fleurs doubles, blanches à cœur rose, en avril-mai ; 'Kiku Shidare Zakura' (de 4 à 8 m), très étalé (de 6 à 10 m de large), aux rameaux pleureurs un peu raides, porte des fleurs rose foncé fin avril ; 'Okame' (de 3 à 4 m), port évasé, écorce rouge, jeunes feuilles bronze, puis vertes et rouge orangé en automne, fleurs en bouquets pendants rose carmin.
- ***Prunus avium*** **:** le merisier (15 m), abondante floraison blanche, fruits comestibles, belle coloration automnale, tronc brun acajou dont l'écorce s'exfolie ; 'Plena', à fleurs doubles.
- ***Prunus cerasifera*** **'Pissardii'** : floraison très précoce rose tendre à cœur plus foncé, feuillage pourpre.
- ***Prunus kurilensis*** **:** forme une véritable boule de neige en avril (5 m).
- ***Prunus maackii*** **:** à fleurs blanches, un petit cerisier à écorce jaune brun qui se détache par bandes.
- ***Prunus nipponica*** **'Ruby'** : arbuste érigé (2 m), fleurs rose foncé, très belle couleur du feuillage en automne.
- ***Prunus padus*** **:** le merisier à grappes (de 10 à 15 m) offre une abondance de fleurs blanches en mai, même à mi-ombre ; 'Colorata' présente un feuillage pourpre cuivré au printemps, qui devient vert foncé pourpré en été. Fleurs en grappes pendantes rose vif dès la mi-avril ; 'Le Thoureil' est une sélection à port

Prunus x *serrulata* 'Amanogawa'

*Télécharger l'application Truffaut +, voir p. 6-7

Prunus 'Kanzan'

plus compact et ramure conique (de 4 à 6 m), grappes blanches parfumées, fruits noirs, belle coloration automnale.

- *Prunus persica* 'Taoflora Pink' : le pêcher d'ornement (3 m), fleurs doubles rose vif, petits fruits comestibles à chair blanche.
- *Prunus sargentii* : appelé parfois *P. serrulata* 'Sachalinensis' (de 12 à 15 m), il s'étale avec ampleur. Il porte des fleurs roses simples qui s'épanouissent en avril, en même temps que le feuillage bronze. Très belle couleur d'automne.
- *Prunus serrula* : à fleurs blanches en avril-mai, écorce brun acajou (7 m).
- *Prunus* x *serrulata* : un grand arbre généreux qui a donné naissance à de nombreuses variétés d'origine japonaise. 'Amanogawa', de forme érigée, serrée, à fleurs rose clair, odorantes, en avril-mai, ne dépasse pas 8 m ; 'Kanzan' (de 12 à 15 m), le plus spectaculaire des cerisiers du Japon, à fleurs roses, doubles, peut aussi être conduit en buisson ; 'Royal Burgundy' (de 4 à 6 m) est similaire à 'Kanzan', mais avec un feuillage pourpre ; 'Shirotae' (de 4 à 8 m), au port étalé, avec des rameaux légèrement arqués, beau feuillage jaune d'or en automne, fleurs en grappes généreuses blanc pur en avril-mai.
- *Prunus* x *subhirtella* : 'Autumnalis' (de 4 à 6 m), à fleurs blanches de novembre à mars, feuillage jaune orangé en automne ; 'Fukubana' (5 m), grappes de fleurs semi-doubles rose vif dès février ; 'Pendula Rubra' : un petit arbre pleureur (de 3 à 5 m), à petites fleurs rose foncé, très fines, fin mars.

CULTURE EN POT Optez pour des formes naines, à cultiver dans un contenant lourd, de 30 à 40 cm en tous sens, dans un mélange à parts égales de terreau de plantation et de terre de jardin.

UTILISATIONS En isolé, haie libre, rideau, ombrage, fond de massif.

> **IKEBANA**
>
> En février, composez un superbe *ikebana*. Coupez des rameaux boutonnés et placez-les en vase à l'intérieur, dans une pièce pas trop chauffée, où ils s'épanouiront rapidement.

Prunus cerasifera 'Atropurpurea'

SCILLE

Scilla spp.

J **F M A** M J J A S O N D

Hauteur	Largeur	Exposition	
10/30 cm	5/10 cm		B

Scilla siberica

Ces petites bulbeuses tapissantes donnent de très jolies fleurs bleues, précoces. Elles forment une touffe de feuilles étroites, vert foncé, ornée de tiges florales en clochettes bleues pendantes.

SOL Frais, mais drainé, riche en humus.

EXPOSITION Un sous-bois clair est idéal.

CULTURE Plantez à l'automne, à 5 ou 10 cm de profondeur et de distance. Les scilles se naturalisent bien. Ne laissez pas le sol se dessécher durant l'été.

ESPÈCES ET VARIÉTÉS Il existe 83 espèces. *Scilla mischtschenkoana* (syn. *S. tubergeniana*), 15 cm, fleurit dès février d'un bleu pâle argenté strié de plus sombre. *S. peruviana* (de 15 à 30 cm), aux nombreuses petites fleurs en étoiles bleu vif, en bouquets, est frileuse. *S. siberica* (de 15 à 20 cm) porte 2 ou 3 tiges de 4 ou 5 clochettes bleues ; très rustique, elle se naturalise bien en jardin frais ; 'Alba', à fleurs blanches.

CULTURE EN POT Dans un pot de 20 cm en tous sens, pour 8 à 12 bulbes, dans un mélange par tiers de terre de jardin, de sable et de terreau de plantation.

UTILISATIONS Rocaille, sous-bois clair, bordure, potée.

> **DANS TOUS LES COINS!**
>
> Plantez des scilles partout dans le jardin, surtout entre les espaces occupés par des vivaces caduques.

éclats printaniers

TULIPE

Tulipa spp.

J	F	**M**	**A**	**M**	J	J	A	S	O	N	D

↕	↔		
15/70 cm	8/15 cm		B

Tulipe Fosteriana

Ces bulbeuses ont une riche palette de formes et de couleurs et une floraison printanière échelonnée. Sur les 4000 variétés horticoles recensées, une centaine est couramment proposée dans les catalogues. Différentes par la forme des fleurs, les coloris et l'époque de floraison, elles ont en commun des feuilles lancéolées produites par un bulbe tuniqué et une hampe rigide terminée par une fleur en général solitaire, formant une coupe aux pétales arrondis ou effilés.

SOL Léger, aéré, bien drainé, sableux si possible. Sans excès d'eau et d'humus. Fumier frais proscrit.

EXPOSITION De préférence en plein soleil. Les espèces botaniques supportent la mi-ombre. Les grandes tulipes craignent le vent, les doubles tardives n'aiment pas les pluies importantes.

CULTURE Plantez de fin septembre à fin novembre. Une mise en terre plus tardive retarde la floraison. Profondeur moyenne de 12 à 15 cm, jusqu'à 20 ou 25 cm en terre sablonneuse. De 8 à 10 cm suffisent pour les tulipes botaniques. Distance de 10 à 20 cm selon la taille du bulbe. Afin de garder les tulipes pour la saison suivante, coupez la fleur fanée et attendez que le feuillage ait jauni avant de l'arracher. Le bulbe pourra alors reconstituer ses réserves. Nettoyez les bulbes et stockez-les au sec et au frais. Les tulipes botaniques se naturalisent facilement.

ESPÈCES ET VARIÉTÉS Il existe 115 espèces. La classification officielle par précocité et forme de la fleur comprend 14 groupes parmi les variétés horticoles (hybrides).

- **Tulipes Kaufmanniana (de 15 à 25 cm) :** très hâtives, souvent bicolores, avec un feuillage strié de brun ; 'Ancilla', rouge rosé, à l'intérieur blanc ; 'Giuseppe Verdi', carmin bordé de jaune, feuillage marbré ; 'Shakespeare', carmin bordé de saumon, base jaune ; 'Stresa', rouge groseille bordé de jaune, feuillage veiné.
- **Tulipes Fosteriana (de 25 à 30 cm) :** floraison dès mars ; vigoureuses, se naturalisent bien ; 'Candela', jaune ; 'Exotic Emperor', blanc avec une strie verte ; 'Juan', fleur tubulaire orange lumineux, à la base jaune, feuillage tacheté de brun ; 'Madame Lefeber' (syn. 'Red Emperor'), à très grande fleur rouge éclatant à cœur noir ; 'Sweet Heart', blanc flammé de jaune.
- **Tulipes Greigii (de 15 à 30 cm) :** feuillage strié, avec une fleur au cœur noir ; 'Cape Cod', abricot bordé or, à intérieur bronze ; 'Chaperon Rouge', rouge vif, feuilles panachées de brun ; 'Grand Prestige' (syn. 'Charming Silvia'), vermillon brillant ; 'Plaisir', rouge carmin bordé de jaune ; 'Princesse Charmante', rouge éclatant, à feuillage marbré ; 'Winnipeg', rouge bordé de jaune.
- **Tulipes Simples hâtives (de 30 à 45 cm) :** fleurs en coupe de 5 à 7 cm de diamètre, aux coloris vifs, se prêtent bien à la culture en pot ; 'Apricot Beauty', rose saumon teinté de rouge, parfumée ; 'Beauty Queen', rose saumoné ; 'Candy Prince', rose-mauve pâle ; 'Général de Wet', orange strié de rouge orangé, parfumée ; 'Prince Carnaval', rouge flammé de rouge vif, parfumée ; 'Van der Neer', violet pourpre assez sombre.
- **Tulipes Doubles hâtives (de 30 à 40 cm) :** fleurs globuleuses de 5 à 8 cm de diamètre ; 'Abba', rouge lumineux ; 'Carlton', rouge vif ; 'Freeman', orange saumoné et jaune ; 'Monsella', jaune canari flammé de rouge sang ; 'Monte Carlo', jaune soufre lumineux ; 'Murillo', mélange de 6 variétés aux tons pastel, à tige courte ; 'Orange Nassau', orange flammé de rouge feu ; 'Peach Blossom', rose nuancé ; 'Schoodoord', blanc ombré de jaune clair.
- **Tulipes Triomphes (de 40 à 60 cm) :** fleurs en coupe de 5 à 7 cm de diamètre, portées par des tiges rigides, résistant aux intempéries. Ce groupe est le plus important : 'Abu Hassan', brun bordé de jaune sur une forte tige ; 'Blenda', rose foncé à base blanche ; 'Brown Sugar', rose dégradé vers l'abricot ; 'Carnaval de Rio', blanc flammé de rouge ; 'Cassini', rouge foncé ; 'Les Sables d'Olonne', jaune et rouge ; 'Magic Lavender', rose violacé ; 'Moulin Rouge', rouge et blanc ; 'Passionale', pourpre violacé ; 'Peer Gynt', fuchsia bordé de rose ;

QU'EST-CE QUE LE CALIBRE?

Le calibre correspond à la longueur en centimètres de la plus grande circonférence du bulbe. Pour les tulipes horticoles, le calibre moyen est de 11/12, les plus gros 12+ et 14+. Ne choisissez pas de calibre inférieur à 10/11, le résultat serait décevant. Les espèces botaniques offrent un calibre de 5 à 8 cm.

PLANTEZ EN MASSE

Plantez des groupes importants d'au moins 10 bulbes (l'idéal est de 25 à 50) de la même variété, pour composer des taches dont l'impact visuel sera important dans le jardin.

Tulipe Kaufmanniana

Tulipa turkestanica

'Princesse Irène', cuivre ombré de pourpre; 'Shirley', blanc à liseré violet.

- **Tulipes Darwin hybrides (de 50 à 70 cm) :** aux tiges fortes portant des fleurs ovoïdes de 5 à 8 cm de diamètre; 'Banja Luka', orange flammé de rouge et de jaune; 'Beauty of Apeldoorn', orangé chaud, strié de rouge; 'Big Chief', vieux rose bordé d'orange; 'Blushing Apeldoorn', orange éclairé de jaune; 'Flaming Gold', jaune bouton d'or taché de rouge; 'Vivex', rose orangé bordé d'orange; 'World's Favourite', rouge bordé de jaune.
- **Tulipes Simples tardives (Cottage), de 50 à 75 cm :** les tulipes les plus hautes, avec les plus grosses fleurs; 'Burgundy Lace', rouge foncé, légèrement frangé; 'Dreamland', rose à base blanche; 'Île-de-France', rouge cardinal lumineux; 'Temple of Beauty', rose saumoné orangé.
- **Tulipes Doubles tardives (Fleurs de pivoines), de 40 à 60 cm :** aux fleurs énormes, globuleuses; 'Akebono', jaune ombré de rose avec une strie verte; 'Black Hero', pourpre presque noir; 'Blue Diamond', pourpre violacé; 'Carnaval de Nice', blanc strié rouge; 'Dance Line', blanc parsemé de petits points rouges; 'Miranda', à très grosse fleur rouge vermillon lumineux; 'Mount Tacoma', blanche; 'Wirosa', rouge et crème.
- **Tulipes Fleurs de lis (de 45 à 65 cm) :** aux fleurs cintrées, effilées; 'Aladdin', rouge bordé de jaune; 'Elegant Lady', jaune crème bordé de rose violacé; 'Miss Elegance', rose et blanc; 'Pieter de Leur', rouge cardinal; 'Reine de Saba', aux pétales évasés, rouge finement souligné de jaune; 'White Triumphator', blanche aux pétales translucides.
- **Tulipes Frangées (tulipes Dentelle), de 35 à 60 cm :** ont des pétales au bord découpé;

Tulipe frangée 'Fringed Beauty'

PLANTOIR À BULBES OU CONIQUE?

Utilisez un plantoir à bulbes pour faciliter le positionnement de l'oignon. Le plantoir conique laisse une poche d'air sous le bulbe, empêchant un développement correct des racines.

Tulipe Double tardive 'Blue Diamond'

Tulipe Greigiii

'Curly Sue', violet pourpré foncé; 'Dallas', rose et blanc; 'Francy Frills', rose vif à base blanche; 'Fringed Beauty', rouge orangé à grosses fleurs; 'Hamilton', jaune; 'Madison Garden', carmin dentelé de jaune rosé; 'Queensland', rouge avec l'intérieur blanc.

- **Tulipes Viridiflora (de 45 à 60 cm) :** la fleur a des marques vertes, même à maturité; 'China Town', vert foncé bordé de rose, feuillage marginé de blanc; 'Doll's Minuet', pourpre flammé de vert; 'Golden Artist', jaune flammé vert; 'Groenland', rose tendre nuancé de vert.
- **Tulipes Multiflores (de 40 à 50 cm) :** ont des bouquets de 3 à 7 fleurs; 'Belicia', blanc bordé d'un liseré rouge; 'Georgette', jaune pur irisé de rouge à maturité; 'Québec', rose saumoné bordé de crème; 'Toronto' (syn. 'Toulouse'), rouge clair saumoné, feuillage marbré.
- **Tulipes Perroquets (de 40 à 60 cm) :** aux grandes fleurs découpées, irrégulières, flammées, fragiles sous la pluie; 'Black Parrot', pourpre presque noir; 'Blue Parrot', violet pourpré; 'Estella Rijnveld', rouge flammé blanc; 'Libretto Parrot', jaune marqué de rose violacé; 'Orange Favourite', orange moucheté de vert et d'or, au doux parfum; 'Flaming Parrot', jaune bordé de rouge sang.
- **Tulipes botaniques :** ce sont des espèces sauvages, souvent assez petites. *T. acuminata* (50 cm), aux pétales très longs, effilés, rouge et jaune teinté de vert. *T. clusiana* (30 cm), à fleur rouge rayé blanc à l'extérieur et blanc pur à cœur noir à l'intérieur; var. *chrysantha*, aux fleurs bicolores allongées, où se mêlent le jaune et le rouge; 'Peppermint Stick', blanc à revers rouge cerise. *T. pulchella* (35 cm), aux fleurs arrondies d'un violet foncé caractéristique. *T. saxatilis* (syn. *T. bakeri*), 35 cm, aux pétales rose nuancé de mauve avec le cœur jaune d'or; 'Lilac Wonder' (25 cm), en étoiles rose lilas, avec le cœur jaune cerné de blanc. *T. tarda* et *T. dasystemon* (souvent confondues, mais très voisines), 15 cm, portent 5 ou 6 fleurs par tige, en étoiles jaunes d'or à pointes blanches. *T. turkestanica* (30 cm), très précoce, est multiflore, chaque hampe portant de 3 à 6 corolles en étoiles blanches à cœur jaune orangé.

CULTURE EN POT Dans un pot de 30 cm de diamètre et 10 cm de profondeur, pour 10 bulbes, dans un mélange à parts égales de terreau pour géraniums et pour cactées. Les espèces botaniques peuvent rester dans le pot après la floraison; pour conserver les tulipes horticoles, plantez-les dans un coin du jardin et, quand le feuillage a jauni, stockez-les au sec.

UTILISATIONS Groupe isolé, massif, bordure, rocaille, sous-bois clair, jardin sauvage, potée.

POUR LE PRINTEMPS, VOUS POUVEZ AUSSI CULTIVER

★ *Amelanchier canadensis, A. lamarckii*, ➲ p. 474 ★ *Aubrieta* (aubriète), ➲ p. 397 ★ *Chaenomeles spp.* (cognassier du Japon), ➲ p. 646 ★ *Exochorda* x *macrantha* 'The Bride' (buisson de perles), ➲ p. 177 ★ *Galanthus nivalis* (perce-neige), ➲ p. 588 ★ *Hyacinthus* x *hybridus* (jacinthe), ➲ p. 598 ★ *Malus* x (pommier d'ornement à fleurs), ➲ p.230

L'été, des fleurs à foison

FAIRE PROFITER FAMILLE ET AMIS DE SON JARDIN EN ÉTÉ, C'EST UN PEU LE BUT ULTIME DE TOUT JARDINIER : LES LONGUES SOIRÉES SUR LA TERRASSE, LES TOMATES CERISES, LES PETITS FRUITS QUE L'ON GRAPPILLE... DES MENUS BONHEURS QUOTIDIENS.

À FAIRE EN JUIN, POUR UN BEL ÉTÉ

Même si vous n'avez pas eu le temps ou la motivation de préparer votre jardin au printemps dernier, la terre est « bonne pâte » et va mettre les bouchées doubles pour que les plantes rattrapent leur retard et vous offrent un été en couleurs ... **1**

À FAIRE EN JUILLET, POUR MAINTENIR LE JARDIN EN FORME

Même si vous profitez à plein de votre jardin, n'oubliez pas ces petits coups de pouce quotidiens, qui feront que les fleurs vont continuer à s'épanouir, que les potées vont s'arrondir, que les petits fruits vont donner en abondance ... **2**

En juin, il est encore temps de semer les clarkias.

À FAIRE EN AOÛT, POUR PRÉPARER L'AUTOMNE

Un bon jardinier a toujours un coup d'avance : c'est en été que se préparent septembre et octobre fleuris, et c'est encore en été que se jouent les belles récoltes de fruits et de légumes ... **3**

LES SECRETS D'UN ARROSAGE RÉUSSI

L'arrosage est la grande affaire de l'été. Il y a 30 ans, on branchait l'asperseur automatique... Que de chemin parcouru depuis ! Pour économiser l'eau, on arrose sélectivement, on apporte l'eau au pied... Mais cela n'empêche pas les jardins d'être aussi beaux... sinon plus ! ... **4**

C'est bon pour la planète : Laisser sa pelouse jaunir

Vous croyez déchoir si le voisinage voit votre pelouse jaunie en été ? Détrompez-vous, vous êtes à la pointe du geste citoyen. Plus aucun jardinier écoresponsable n'arrose sa pelouse en été ... **5**

Le coin du curieux

La tradition de la Saint-Jean est encore bien vivace dans nos campagnes... À quoi correspond-elle ?
... **6**

Millepertuis

L'histoire de saint Fiacre

Fiacre, le saint patron des jardiniers, se fête le 30 août... Mais d'où sort-il, avec sa robe de bure et sa bêche ? Comment cet ermite ou ce moine s'est-il retrouvé à la tête du monde jardinier ? ... **7**

IDÉES

→ POURQUOI PAS… Laisser les annuelles rustiques se ressemer ? Tout jardin se doit d'avoir ses fleurs un peu folles… 8

→ POURQUOI PAS… Semer des bisannuelles pour l'année prochaine ? 9

et Si

· Des petites mouches blanches envahissent mes sauges ? 10

· Je pars en vacances ? 11

Les Plantes idéales

★ **Fleurs à longue floraison :** *Abutilon* x *hybridum* ; *Clarkia amoena* (godétia) ; *Coreopsis spp.* ; *Erigeron* x *hybridus* ; *Gaillardia spp.* (gaillarde) ; *Hibiscus syriacus* (althéa) ; *Malope trifida* ; *Penstemon* x *hybridus* (galane) ; *Rosa* x (rosiers miniatures) ; *Rudbeckia spp.* ; *Salvia farinacea* et *S. splendens* (sauge annuelle) ; *Tagetes erecta* (rose d'Inde).

★ **Plantes faisant du volume :** *Amaranthus caudatus, A. tricolor* (amarante) ; *Cleome pungens* (cléome) ; *Heliopsis helianthoides* (faux soleil) ; *Hemerocallis* (hémérocalle) ; *Rosa spp.* (rosiers buissons).

LES RÈGLES DE BASE

1. Supprimez les fleurs fanées au fur et à mesure qu'elles se forment pour favoriser la formation de nouveaux boutons floraux et allonger par conséquent la période de floraison de la plante, ainsi que l'abondance de cette floraison.

2. Cessez les apports d'engrais durant les périodes de fortes chaleurs (plus de 25 °C) afin d'éviter tout risque de brûlure et de permettre à la plante de pratiquer une dormance naturelle pour mieux résister aux épisodes de sécheresse.

3. Arrosez avec discernement.

4. Profitez de l'été pour réaliser les gros travaux de structure dans le jardin : clôture, pergola, escalier, muret, bassin, etc. Évitez d'opérer pendant les journées les plus chaudes pour tout ce qui est maçonné.

5. Pour profiter pleinement de la douceur estivale, installez un éclairage dans le jardin.

6. Installez un petit coin détente dans un endroit qui permette d'apprécier au mieux les floraisons.

7. Profitez de l'été pour visiter des jardins et imaginer de nouveaux schémas de plantation pour les prochaines saisons.

1 À faire en juin, pour un bel été

- **Désherbez** entre les plantes, dans les massifs, les allées, les rangs au potager.
- **Plantez les fleurs d'été frileuses** en pleine terre ou en jardinières : pétunias, diascias, lobélias, calibrachoas, cléomes, verveines.
- **Semez** des ipomées ou plantez des patates douces à feuillage décoratif, en prévoyant une large surface pour les faire grimper (rambarde, treillage, gloriette).
- **Rabattez** les asters et les armoises de moitié, pour une floraison et un port plus compacts.
- **Arrachez les fleurs annuelles** de printemps qui ont séché. Vous pouvez récupérer les graines et les semer entre les plantes, dans les massifs.

C'est le moment de semer les ipomées.

2 À faire en juillet, pour maintenir le jardin en forme

- **Coupez les cannes de bambous** les plus petites pour laisser de la place aux nouvelles.
- **Vérifiez** que les liens des tuteurs n'entament pas l'écorce des arbres et arbustes.
- **Rabattez la menthe** à ras pour la faire repartir.
- **Retirez les pommes atteintes de tavelure.** Ramassez les prunes tombées prématurément. Retirez les feuilles malades des rosiers sensibles au marsonnia.
- **Supprimez les inflorescences** des carex, des hellébores, des chasmantiums qui se ressèment partout.
- **Retirez les fleurs fanées** (roses, hémérocalles, pétunias, pélargoniums, soucis, dahlias...).
- **Repérez les branches mortes** des arbres et arbustes et coupez-les. C'est beaucoup plus facile en plein été qu'en hiver, où on ne fait guère la différence entre bois mort et vivant.

Ramassez les prunes tombées.

Supprimez les roses fanées.

3 À faire en août, pour préparer l'automne

- **Retirez les sujets** au pied des vignes et les grains malformés dans les grappes.
- **Plantez les cyclamens de Naples** *(Cyclamen hederifolium)*, qui fleuriront en septembre-octobre.
- **Apportez un engrais** organique aux actinidias femelles portant des kiwis.
- **Rabattez les plantes grimpantes** arrivant jusqu'au toit ou aux gouttières, à 3 m en dessous de ces derniers.
- **Vérifiez l'arrosage automatique** au pied des pots avant une longue absence.

4 Les secrets d'un arrosage réussi

En été, l'arrosage est le point clé. Pour ne pas faire grimper votre facture d'eau, arrosez sélectivement.

- Arroser régulièrement sans laisser sécher : les arbres et arbustes plantés il y a moins de 2 ans ; les plantes en pot ; les légumes et petits fruits du potager.
- Arroser généreusement, une fois tous les 15 jours : les arbustes à floraison estivale et automnale, les fruitiers bien installés.
- Arroser si le feuillage montre des signes de flétrissement : les arbustes printaniers, les haies d'arbustes, la rocaille.
- Oublier : le gazon, les arbres et les plantes grimpantes (dont les rosiers) installés depuis plus de 5 ans, les bulbes de printemps au feuillage jauni.

Arrosez le soir, au pied et pas sur le feuillage, de manière prolongée et très espacée dans le temps (plutôt qu'un peu en surface tous les soirs). Une seule exception : si une plante montre des signes de déshydratation, arrosez quelle que soit l'heure.

5 C'est bon pour la planète : Laisser sa pelouse jaunir

Un gazon est un mélange de différentes espèces de graminée. Parmi elles, le pâturin commun, le microtrèfle, le ray-grass anglais. Sans eau en été, ces espèces entrent en dormance et jaunissent. Le gazon peut ainsi rester vivant, mais en sommeil, jusqu'à 6 semaines sans en souffrir. Au-delà, des parties de la pelouse risquent de mourir. Il faut bien sûr éviter de piétiner le gazon durant ces épisodes de sécheresse. Quand vous arrosez après une longue période de sec, procédez en plusieurs fois, car la terre sèche absorbe très peu d'eau au début.

6 Le coin du curieux

La célébration païenne de l'été est le jour du solstice (généralement le 21 juin, mais ce sera le 20 pour les années 2016, 2020 et 2024), le jour le plus long de l'année. Traditionnellement accompagnée par des feux de joie purificateurs et régénérateurs, la soirée est l'occasion d'utiliser des plantes pour des usages mystérieux… On cueille le millepertuis *(Hypericum perforatum)*, appelé aussi « herbe de la Saint-Jean », pour repousser les fantômes et les sorcières, et se protéger du feu et de la foudre. Quant à l'armoise *(Artemisia vulgaris)*, nommée aussi « ceinture de Saint-Jean », on en suspend un bouquet (souvent composé avec de l'achillée, de la sauge sclarée, de la camomille, de la verveine, de la joubarbe et du lierre terrestre) au soir du 24 juin dans la maison, pour éloigner la maladie durant l'année entière.

7 L'histoire de saint Fiacre

Saint-Fiacre, le patron des jardiniers, se fête le 30 août, date de sa mort en 670. Moine irlandais ayant vécu au VIIe siècle, Fiacre évangélisa la région de Meaux (Seine-et-Marne) où est situé aujourd'hui le village de Saint-Fiacre. Fiacre demanda à son évêque un terrain à cultiver pour nourrir les indigents. Selon la tradition, l'évêque lui aurait octroyé la surface qu'il pourrait entourer d'un fossé en une journée de travail. Saint-Fiacre est représenté en moine ; ses deux attributs sont le livre et la bêche.

IDÉES

8 POURQUOI PAS… LAISSER LES ANNUELLES RUSTIQUES SE RESSEMER ?

Pourquoi ne pas tenir compte de la bonne volonté des annuelles rustiques qui se ressèment seules ? Les plantes obtenues naturellement sont plus vigoureuses que celles issues de semis. Acheter un paquet de graines d'amarante, centaurée, pavot de Californie, pavot annuel, souci, violette cornue, coquelourde, giroflée ravenelle, valériane, myosotis, fenouil, échinops, nigelle, dauphinelle… c'est faire un achat à vie !

9 POURQUOI PAS… SEMER DES BISANNUELLES POUR L'ANNÉE PROCHAINE ?

Campanula medium

Les bisannuelles accomplissent leur cycle sur 2 ans : semées en été, elles passent l'hiver sous forme de rosette et fleurissent au printemps ou en été de l'année suivante. Semez dès maintenant digitale, campanule à grandes fleurs, cérinthe, giroflée, julienne des dames, monnaie-du-pape, pavot d'Islande, pâquerette, pensée, molène, angélique, *Orlaya grandiflora*. Attention aux limaces qui aiment ces jeunes plants tendres quand tout est sec au cœur de l'été.

et Si

10 Des petites mouches blanches envahissent mes sauges ?

Encarsia formosa et *Aleurodes*

Il s'agit d'aleurodes, minuscules insectes ailés blancs qui s'envolent au moindre mouvement des tiges. Ils s'attaquent à une infinie variété de plantes : sauge, fuchsia, tomate, haricot, courge, concombre, agrumes, tabac… à l'intérieur autant qu'à l'extérieur. Ils sont vecteurs de virus. Pulvérisez de l'eau additionnée de savon noir tous les 2 jours jusqu'à disparition. Pour traiter une serre en lutte biologique, la guêpe parasite *Encarsia formosa* est efficace.

11 Je pars en vacances ?

Paillez, tuteurez les plantes qui risquent de casser sous l'effet du vent ou de la pluie, taillez les arbustes défleuris, supprimez les boutons floraux pour que les plantes se ramifient et refleurissent pour votre retour, tondez la pelouse en position haute, remplissez le bassin au maximum, arrosez à fond. Et prévoyez le passage d'un voisin au bout de 6 jours.

ABUTILON

Abutilon spp.

J F M A **M J J A S O** N D

Hauteur	Largeur	Exposition	Type	Rusticité
1/4 m	1/2,50 m	Soleil	P	0 °C

Cet arbrisseau frileux buissonnant développe de larges feuilles palmées, duveteuses, vert clair, et une belle floraison bleu lavande de mai à octobre. Hors gel, le feuillage est persistant.

SOL Terre souple, riche et profonde.

EXPOSITION Soleil direct non brûlant. Seuls les hivers de la Côte d'Azur et des zones abritées de la Bretagne sont tolérés.

CULTURE Dans les régions froides, installez l'abutilon en véranda en hiver ou palissez-le contre un mur au sud, avec un bon paillage au pied. Pour le multiplier, semez à chaud à la fin de l'hiver, puis repiquez en godets sous abri. Mettez en place en mai. Le bouturage de tiges feuillées non aoûtées donne d'excellents résultats.

ESPÈCES ET VARIÉTÉS Il existe 215 espèces. Certaines sont désormais intégrées au genre *Corynabutilon*. *Abutilon vitifolium (Corynabutilon)* var. *album*, à fleurs blanches ; 'Veronica Tennant', à fleurs mauves. *A. pictum* (2 m), à feuilles marbrées de jaune, fleurs jaunes ; 'Thompsonii', à feuilles tachetées, fleurs orange marbré de cramoisi. *A.* x *suntense (Corynabutilon* x *suntense)*, de 3 à 4 m, grandes fleurs mauves de mai à juillet.

CULTURE EN POT Dans un grand contenant, dans un mélange bien drainé composé par tiers de terre de jardin, de terreau de fumier et de sable. Arrosez à l'eau douce non calcaire. Donnez de l'engrais pour plantes fleuries une fois par semaine de mai à octobre. Rempotez au printemps, après avoir taillé les branches des deux tiers de leur longueur.

UTILISATIONS Isolé, en massif.

QUEUE-DE-RENARD

Amaranthus spp.

J F M A M J **J A S O** N D

Hauteur	Largeur	Exposition	Type
0,80/1,2 m	50/80 cm	Soleil	A

Amaranthus caudatus

Cette annuelle bien ramifiée, vigoureuse, forme une touffe buissonnante généreuse. Elle développe des tiges teintées de rouge, portant des feuilles alternes, entières, ovales, vert clair, de 10 à 15 cm de long. Les inflorescences pendantes, de 30 à 50 cm de long, rouge pourpre, atteignent le sol.

SOL Profond, consistant, bien ameubli, enrichi avec du fumier décomposé.

EXPOSITION Bien ensoleillée, chaude.

CULTURE Semez en mars à l'intérieur, en terrine, entre 15 et 20 °C. Installez les plants début mai, en les espaçant de 50 à 60 cm. Vous pouvez semer en place fin avril, puis éclaircir le plant. Arrosez bien par temps très chaud.

ESPÈCES ET VARIÉTÉS Il existe 104 espèces. *Amaranthus caudatus* 'Viridis' (1,20 m), aux inflorescences pendantes d'un vert clair lumineux. *A. cruentus*, l'amarante étalée ; 'Hot Biscuits' (1,50 m), inflorescences semi-retombantes, vieil or ; 'Red Cathedral' (1 m), épis dressés rouge pourpre. *A. tricolor*, l'amarante fournaise (1 m), à feuilles rouge, jaune et vert ; 'Early Splendor', feuillage de la base pourpre presque noir, feuilles de la partie supérieure rose vif ; 'Illumination', orange, jaune et bronze.

CULTURE EN POT Dans un bac de 40 cm de côté au minimum, dans un terreau de plantation additionné de 10 % de compost.

UTILISATIONS Massifs et plates-bandes d'arrière-saison. Bouquets (frais ou secs).

GODÉTIA, FLEUR DE SATIN

Clarkia amoena

J F M A **M J J A** S O N D

Hauteur	Largeur	Exposition	Type
30/50 cm	30 cm	Soleil/mi-ombre	A

Cette élégante annuelle est particulièrement facile à cultiver. Elle porte des feuilles lancéolées, parfois dentées, de 4 à 6 cm de long. Les fleurs en entonnoir sont regroupées en épis dressés. Sol souple, non calcaire, bien drainé. En pleine lumière. Il existe 42 espèces. La culture en pot est sans intérêt.

CHELONE

Chelone obliqua

J F M A M J J **A S** O N D

Hauteur	Largeur	Exposition	Type
40/60 m	30/50 m	Soleil/mi-ombre	V

Fleurs garanties pour le creux de la deuxième partie de l'été, en grappes rose argenté (blanc pour la variété 'Alba'), sur des tiges élancées. Elle requiert absolument un sol frais et un paillage estival pour conserver l'humidité. Divisez-la tous les 3 ans et faites un apport de compost à la fin du printemps.

CLÉOME, FLEUR ARAIGNÉE

Cleome hassleriana

J F M A M **J J A S O** N D

Hauteur	Largeur	Exposition	Type
0,80/1,20 m	30/40cm	☀	A

Cette gracieuse annuelle est idéale dans les jardins de style naturel. Plante vigoureuse et buissonnante, la cléome (souvent appelée *Cleome pungens* ou *C. spinosa*) porte des feuilles palmées, divisées en 5 à 7 folioles. La base des pétioles est épineuse. Les fleurs, de 1 à 3 cm de diamètre, aux grandes étamines proéminentes, sont regroupées en grappes terminales légères de 20 cm.

SOL Léger, souple, fertile, bien drainé.

EXPOSITION Chaude, en plein soleil, même ardent, à l'abri des vents violents.

CULTURE Semez en mars-avril, dans une terrine, à la maison, entre 18 et 20 °C. Après un mois, repiquez en godets, toujours sous abri. Mettez en place, fin mai, à 30-50 cm de distance. Désherbez bien le sol, arrosez bien durant l'été. Supprimez les fleurs fanées.

ESPÈCES ET VARIÉTÉS Il existe 206 espèces dans la nomenclature internationale. Parmi les cultivars de *Cleome hassleriana* : 'Reine Rose' (1,20 m), à grosses fleurs roses, violettes, cerise ou blanches ; la série Senorita regroupe des cultivars compacts, non épineux, aux fleurs stériles, 'Blanca' est blanc, 'Rosalita', rose lilacé ; la série Sparkler (80 cm), plus ramifiée, plus compacte que l'espèce type, propose le cultivar 'Blush', aux fleurs bicolores rose et blanc.

CULTURE EN POT Dans un pot de 30 cm de côté pour 2 plantes, dans un mélange à parts égales de terreau et de terre de jardin.

UTILISATIONS Massif naturel, bouquet.

CORÉOPSIS, ŒIL DE JEUNE FILLE

Coreopsis spp. (espèces vivaces)

J F M A **M J J A S O** N D

Hauteur	Largeur	Exposition	Type
0,40/1,20 m	20/50 cm	☀	V

Coreopsis lanceolata

Coreopsis rosea 'American Dream'

Les coréopsis forment un buisson bien érigé, garni de feuilles opposées, souvent finement découpées, mais parfois palmées. Les fleurs en capitules d'un jaune lumineux sont portées à l'extrémité de longues hampes dressées.

SOL D'une manière générale, c'est une plante très accommodante, mais *Coreopsis grandiflora* préfère les terrains secs et calcaires, *C. lanceolata* les aime frais et humifères, et *C. verticillata*, souples, riches, profonds, bien drainés.

EXPOSITION Plein soleil, mais jamais brûlant.

CULTURE Plantez au printemps (de 4 à 6 pieds/m²). Divisez les touffes tous les 3 à 5 ans au printemps, dès que la floraison est moins abondante.

ESPÈCES ET VARIÉTÉS La nomenclature botanique internationale reconnaît 102 espèces, et parmi elles, un certain nombre de vivaces.

- *Coreopsis auriculata* (70 cm) : aux tiges velues, fleurs jaune foncé.
- *Coreopsis grandiflora* (80 cm) : aux ligules découpées ; 'Badengold' (80 cm), jaune foncé à cœur orangé ; 'Calypso' (40 cm), feuillage panaché de crème, fleurs jaune d'or à cœur rouge brun ; 'Domino' (40 cm), jaune d'or à centre noir ; 'Eldorado' (80 cm), ramifié, très florifère ; 'Flying Saucers' (50 cm), à la floraison plus abondante et plus longue que les variétés classiques ; 'Heliot' (40 cm), fleurs semi-doubles aux ligules échancrées jaune d'or marqué d'une tache rouge à la base, plante médaille d'or Fleuroselect ; 'Mayfield Giant' (70 cm), grandes fleurs jaune soufre ; 'Sonnenkind' (50 cm), jaune d'or à cœur rouge pourpre ; 'Sunray' (40 cm), à fleurs doubles.
- *Coreopsis lanceolata* (œil de jeune fille) 'Goldfink' (30 cm) : à feuilles lancéolées et grosses fleurs jaunes ; 'Launa' (40 cm), ligules frangées jaune d'or ; 'Rotkehlchen' (40 cm), jaune soufre avec une tache rouge brun à la base des ligules.
- *Coreopsis rosea* 'American Dream' (40 cm) : compact, aux fleurs d'un rose soutenu ; 'Nana' (20 cm), nain, rose clair.
- *Coreopsis verticillata* (80 cm) : vivace à souche rhizomateuse et feuilles linéaires ; 'Clair de Lune' (40 cm), jaune beurre ; 'Cruizin Broad Street' (45 cm), au feuillage glauque, fleurs rouge orangé ; 'Grandiflora' (60 cm), à grandes fleurs jaunes ; 'Moonbeam' (40 cm), fleurs étoilées jaune clair ; 'Zagreb' (25 cm), jaune d'or.

CULTURE EN POT Dans un grand contenant, dans un terreau de plantation additionné de terreau de feuilles.

UTILISATIONS Massif, rocaille, bouquet.

CONSEILS

Rabattez les fleurs et les tiges dès qu'elles sont fanées pour favoriser l'émission de nouvelles pousses avant l'hiver. Tuteurez les plus grandes espèces.

VERGERETTE

Erigeron x hybridus

J F M A M J J A S O N D

40/70 cm | 20/40 cm

Ces vivaces florifères buissonnantes se reconnaissent à des fleurs aux ligules fines et colorées. Rustique, formant une touffe ample, la vergerette ressemble aux asters. Les feuilles, souvent poilues, sont lancéolées et spatulées. Les capitules, légers, souvent semi-doubles, solitaires ou réunis en corymbes, se parent de riches couleurs.

SOL Riche et profond, mais pas trop lourd et dépourvu d'humidité stagnante.

EXPOSITION La pleine lumière, en évitant le soleil trop chaud, desséchant.

CULTURE Plantez au printemps (de 5 à 7 pieds/m^2). Tuteurez les plus grands sujets avec des fagots. Rabattez entièrement la touffe à la fin de l'automne. Divisez les vieilles touffes en mars-avril tous les 3 à 5 ans.

ESPÈCES ET VARIÉTÉS Il existe près de 480 espèces et un bon nombre de variétés naturelles et de sous-espèces. *Erigeron* x *hybridus*, très florifère, à cœur d'or ; 'Adria' (50 cm), semi-double, bleu violacé brillant ; 'Dignity' (50 cm), mauve violacé ; 'Felicity' (50 cm), à grandes fleurs roses ; 'Quakeress' (70 cm), lavande ; 'Rosa Triumph' (60 cm), à fleurs semi-doubles, roses ; 'Sincerity' (50 cm), bleu-mauve, très florifère ; 'Sommerneuschnee' (50 cm), blanc ; 'Violetta' (50 cm), semi-double, violet foncé.

CULTURE EN POT Dans un mélange de terreau et de terre de jardin.

UTILISATIONS Massif, bordure, bouquet.

Erigeron 'Violetta'

GAILLARDE

Gaillardia x grandiflora

J F M A M J J A S O N D

30/80 cm | 20/50 cm

Cette solide vivace porte des fleurs éclatantes et d'un effet lumineux. Obtenue par croisement entre *Gaillardia aristata* et *G. pulchella*, les seules espèces vraiment rustiques du genre, elle forme une touffe érigée aux feuilles alternes, oblongues, couvertes de poils rugueux. Fleurs, en capitules de 3 à 10 cm de diamètre, souvent bicolores.

SOL Poreux, plutôt sec, même calcaire.

EXPOSITION Chaude, en pleine lumière.

CULTURE Plantez au printemps (de 4 à 6 pieds/m^2). Rabattez toute la végétation en automne. Divisez la touffe après la floraison. Bouturage de racines facile au printemps dans du sable.

ESPÈCES ET VARIÉTÉS Il existe 24 espèces, dont certaines sont annuelles. Parmi les cultivars : 'Amber Wheels' (70 cm), gros capitule frangé à cœur rouge foncé ; 'Aurea Pura' (70 cm), entièrement jaune ; 'Bijou' (25 cm), rouge avec une couronne orange ; 'Bourgogne' (syn. 'Burgunder'), 60 cm, aux grandes fleurs rouge brunâtre brillant ; 'Chloé' (50 cm), jaune uni ; 'Dazzler' (60 cm), bicolore rouge et jaune ; 'Fackelschein' (syn. 'Torchlight'), 60 cm, rouge et jaune, ligules frangées ; 'Fanfare' (40 cm), ligules rouge et jaune en forme de trompette, cœur rouge foncé ; 'Kobold' (30 cm), compact, à fleurs rouge et jaune ; 'Red Sun' (60 cm), entièrement rouge à cœur plus foncé.

CULTURE EN POT Dans un pot de 25 cm en tous sens, dans un terreau pour géraniums.

UTILISATIONS Massifs et bouquets.

Gaillardia 'Dazzler'

HÉLIOPSIS

Heliopsis helianthoides

J F M A M J J A S O N D

0,90/1,40 m | 50/60 cm

Heliopsis helianthoides var. *scabra*

Cette belle marguerite vivace à port dressé développe des touffes denses et très florifères. L'héliopsis forme un buisson aux feuilles opposées, ovales, dentées, à 3 nervures. Fleurs jaunes, en capitules solitaires à l'extrémité des tiges rigides.

SOL Frais, riche, humifère et bien drainé.

EXPOSITION Le plein soleil non brûlant.

CULTURE Plantez au printemps (4 pieds/m^2). Arrosez l'été. Rabattez les tiges au ras du sol en novembre.

ESPÈCES ET VARIÉTÉS Il existe 15 espèces. Les cultivars de *Heliopsis helianthoides* sont les plus appréciés : 'Goldgefieder' (1 m), à grandes fleurs doubles jaune orangé avec le cœur orangé ; 'Goldgrünherz' (90 cm), jaune citron à cœur vert ; 'Loraine Sunshine' (80 cm), feuilles crème nervurées de vert foncé, fleurs jaunes ; 'Sonnenchild' (1,40 m), à fleurs doubles, jaune orangé ; 'Summer Nights' (1,20 m), jaune à cœur rouge brun ; 'Venus' (60 cm), fleurs semi-doubles, jaunes à centre plus foncé.

CULTURE EN POT Dans un grand contenant, dans un mélange de terre de jardin et de terreau de plantation.

UTILISATIONS Massifs, bouquets.

DIVISION

Pour conserver une floraison bien fournie, divisez les pieds tous les 3 ou 4 ans, de février à avril.

HÉMÉROCALLE

Hemerocallis spp.

J F M A M **J J A S** O N D

Hauteur	Largeur
0,40/1 m	0,40/1 m

V

Hemerocallis 'Cherry Sundae'

Ces généreuses vivaces se déclinent dans une large palette de couleurs. La touffe, aux feuilles rubanées et arquées, produit une abondante floraison sans cesse renouvelée. On appelle l'hémérocalle « lis d'un jour » parce que ses fleurs lumineuses durent peu de temps.

SOL Profond, nourrissant, frais, argileux.

EXPOSITION Soleil non brûlant ou mi-ombre douce sous un climat tempéré.

CULTURE Plantez à l'automne (de 4 à 6 pieds/m^2). Offrez beaucoup d'eau pendant la période de floraison. Paillez au printemps. Divisez les grosses touffes peu florifères en octobre.

ESPÈCES ET VARIÉTÉS Il existe 20 espèces. *Hemerocallis citrina* (1 m), très précoce, aux trompettes jaune pâle, dont le parfum rappelle celui du muguet. *H. lilioasphodelus* (syn. *H. flava*), 1 m, aux hampes portant de 6 à 9 fleurs jaune clair au parfum de fleur d'oranger. On cultive surtout des hybrides qui proposent une très riche palette de coloris allant du jaune clair au grenat en passant par le rose et l'orangé.

CULTURE EN POT Dans un pot de 30 cm de profondeur, dans du terreau mélangé à du sable.

UTILISATIONS Massif, bordure, touffe isolée.

> **COMESTIBLES**
>
> Originaires d'Asie, les hémérocalles étaient cultivées au Japon pour la consommation des feuilles et des boutons floraux.

ALTHÉA, MAUVE EN ARBRE

Hibiscus syriacus

J F M A M J J **A S O** N D

Hauteur	Largeur
2/3 m	1,50/2,50 m

C

Cet arbuste érigé, très rustique, est prisé pour sa floraison estivale, qui dure jusqu'en octobre. L'espèce type porte des fleurs violettes à cœur plus foncé. Feuilles simples, alternes, crénelées, vert foncé. Croissance assez lente (1,50 m en 3 ans).

SOL Frais, riche, bien drainé, de préférence neutre, même si le calcaire est toléré.

EXPOSITION Bien ensoleillée, aérée.

CULTURE Plantez en automne, arrosez bien en été. Taillez au printemps les pousses de l'année précédente (gris clair). Multiplication par bouturage à bois sec en novembre.

ESPÈCES ET VARIÉTÉS Il existe plus de 240 espèces, mais seul *Hibiscus syriacus* est vraiment rustique. On cultive des hybrides qui mesurent jusqu'à 2,50 m de haut.

- **À FLEURS SIMPLES :** 'Bleu Marina', bleu clair à centre pourpre ; 'Diana', très grande fleur blanc pur ; 'Eleonore', blanc ; 'Hamabo', blanc avec des stries et la base des pétales violet lilacé ; 'Lady Stanley', blanc ; 'Mathilde', blanc à cœur rouge foncé ; 'Oiseau Bleu', bleu-violet ; 'Pink Giant', rose à cœur rouge ; 'Pinky Spot' (syn. 'Minspot'), fleur blanche, chiffonnée, ombrée de rose-mauve ; 'Red Heart', blanc à cœur rouge écarlate ; 'Rosalbane' (syn. 'Minrosa'), mauve à cœur rouge et pistil blanc ; 'Russian Violet' (syn. 'Floru'), mauve foncé ; 'Sup'Heart' (syn. 'Minomb'), grande fleur blanche à cœur bordeaux ; 'Ultramarine' (syn. 'Minultra'), bleu intense à cœur rouge violacé foncé ; 'William R. Smith', l'un des plus beaux blancs ; 'Woodbridge', rose vif à cœur rouge.
- **À FLEURS DOUBLES :** 'Duc de Brabant', rouge foncé avec quelques lignes blanches ; ''French Cabaret', très double, rose pâle ; 'French Point', semi-double blanc à cœur rouge violacé ; 'Jeanne d'Arc', semi-double blanc ; 'Lady Stanley', blanc rosé à centre rouge foncé ; 'White Chiffon' (syn. 'Notwoodtwo'), blanc.

Hibiscus 'Oiseau Bleu'

CULTURE EN POT Dans un pot de 25 cm en tous sens, dans un mélange à parts égales de terreau, fumier, sable et terre de jardin.

UTILISATIONS Isolé, massif, haie libre.

MALOPE TRIFIDA

Malope trifida

J F M A M **J J A S O** N D

Hauteur	Largeur
30/40 cm	25 cm

A

Cette annuelle très facile est la petite cousine asiatique des mauves. Elle porte des fleurs en entonnoirs rouges, violets ou roses, légèrement veinés de plus foncé, et un feuillage vert moyen. Elle s'accommode de presque toutes les situations et de tous les sols. Vous la trouverez dans le commerce en mélange de coloris. Semez-la en place en avril-mai et éclaircissez ou repiquez au stade 2 feuilles, à 20-30 cm d'espacement. Le seul entretien nécessaire est l'arrosage, qui doit être abondant, surtout pendant les fortes chaleurs. La culture en pot est possible, dans un contenant de 20 cm en tous sens, pour un plant, dans un substrat léger, additionné de 20 % de sable ou de vermiculite.

ROSIER

Rosa spp.

Dans les massifs, en isolé, sur les terrasses et les balcons, pour habiller les tonnelles, les façades et les pergolas, les rosiers sont sur tous les fronts. Il est impensable de faire l'impasse sur ces plantes emblématiques des jardins d'ornement.

SOL Terre franche de préférence.

EXPOSITION Plein soleil. Réservez-leur un emplacement ensoleillé et aéré pour une bonne floraison. Une exposition sud-est ou sud-ouest est idéale, mais une demi-journée de soleil au minimum peut convenir.

CULTURE Pour réussir la culture des rosiers, suivez ces conseils.

- **PLANTATION** : la meilleure période reste l'automne pour que la plante produise de solides racines dans une terre encore chaude, mais vous pouvez différer la plantation jusqu'à mi-mai, en évitant toutes les périodes de gel ou de fortes pluies. En terrain lourd ou en altitude, préférez les mois de février-mars. Avant de planter des rosiers à racines nues, pensez à praliner. Si vous replantez un rosier au même endroit, remplacez l'ancienne terre par de la neuve, sur un volume de 40 à 50 cm de côté et de profondeur. Nettoyez les branches cassées et éventuellement les racines abîmées pour partir sur des plants propres et nets. Rafraîchissez les branches en laissant seulement 10 à 20 cm de leur longueur. Plus vous plantez tard dans le printemps, plus vous devez tailler court à la plantation.
- **ENTRETIEN** : les rosiers sont assez peu exigeants, mais ils réclament des soins réguliers. Formez une cuvette pour l'arrosage et arrosez toujours au pied sans éclabousser le feuillage pour éviter le développement de l'oïdium. Arrosez une ou deux fois par semaine, selon la nature du sol, et laissez ressuyer entre deux apports. Binez et désherbez tout au long de la culture. Supprimez les fleurs fanées et, plus tard, les rameaux défleuris, pour prolonger la floraison, et les rejets (ou sauvageons), ces longs rameaux vert clair qui partent du pied et se développent à partir du porte-greffe. Ne les confondez pas avec les gourmands, qui partent du point de greffe et assurent le remplacement de la végétation. Ceux-ci seront pincés à 30 cm. Fertilisez pendant toute la période de croissance, entre mars et septembre, en faisant simple : les formulations pour rosiers sont dosées à cet effet. Protégez les rosiers en hiver par un abondant paillage, dans les régions les plus froides.

PETITS PROBLÈMES Contre les maladies, les traitements préventifs sont plus efficaces. Faites deux traitements à la bouillie bordelaise, le premier après la chute des feuilles, le second au gonflement des bourgeons à l'entrée du printemps pour préserver vos rosiers du marsonia, ou maladie des taches noires, et de la rouille. L'oïdium, ou blanc du rosier, est presque inévitable tous les ans, avec plus ou moins d'intensité. Traitez avec une pulvérisation de fongicide à base de soufre autant de fois que nécessaire, tous les 8 à 10 jours. Les pucerons sont là tous les ans dès le milieu du printemps, pulvérisez un insecticide d'origine végétale.

TAILLE Rappelons qu'un rosier non remontant fleurit une seule fois par an, en début d'été, et qu'une variété remontante fleurit plusieurs fois, de manière plus ou moins discontinue. Le meilleur moment pour tailler les remontants est la sortie de l'hiver, de février-mars jusqu'en avril selon les régions, lorsque les gelées sont passées. Les variétés non remontantes se taillent aussitôt après leur floraison, au mois d'août.

- **ROSIERS BUISSONS ET ROSIERS TIGES** : la taille vise à conserver quelques branches principales (de 3 à 7) qui donnent la forme en

LES DIFFÉRENTS TYPES DE ROSIERS

> Les rosiers buissons modernes à petites fleurs : on parle aussi de "polyanthas" ou de "multiflores" pour ces arbustes de 1,20 m. Floraison remontante, mais pas forcément continue.

> Les rosiers buissons modernes à grandes fleurs : jusqu'à 1,80 m de haut, fleurs simples, turbinées. À planter isolés ou en haie.

> Les rosiers grimpants : de 2 à 6 m de haut, dérivés des variétés en buisson, à palisser (voir p. 358).

> Les rosiers lianes : grimpant de plusieurs mètres, très vigoureux. Pour couvrir les grands supports (voir p. 358).

> Les rosiers tiges : variétés de rosiers buissons à grosses fleurs ou à fleurs groupées greffés sur des tiges de 1 à 1,30 m de haut (voir p. 660).

> Les rosiers couvre-sol : 60 cm de haut, végétation étalée jusqu'à 2 m. Pour talus et plates-bandes

> Les rosiers paysagers : grande vigueur, de 0,50 à 1,50 m de haut, floraison remontante ne nécessitant pas de nettoyage. Assez résistants aux maladies. Pour talus, massifs et petites haies.

> Les rosiers anciens : créés avant 1920 et caractérisés par leur parfum puissant. Port arbustif, de 1,20 à 2 m. Fleurs simples à très doubles.

> Les rosiers miniatures : petits buissons très ramifiés de 25 à 40 cm, à fleurs doubles. À planter en rocaille ou bordure et surtout en pot ou en bac (voir p. 573).

> Les rosiers anglais : buisson de 0,80 à 1,50 m ; variétés modernes issues de rosiers anciens. Floraison abondante, remontante et parfumée.

Rosa 'Concours Lépine'

Rosa 'Tequila'

Rosa 'Christian Lacroix'

Rosa 'Jules Verne'

coupe évasée à l'arbuste. Coupez à 3-5 yeux, soit environ à 20 cm au-dessus du point de greffe. Dégagez le centre de la plante, supprimez le bois mort et le vieux bois (pour favoriser les départs de jeunes pousses), les brindilles faibles et mal formées.

- **ROSIERS GRIMPANTS REMONTANTS :** conservez 5 ou 6 rameaux qui constituent la charpente et rabattez les pousses latérales à 5 ou 6 yeux, soit 30 à 40 cm.
- **ROSIERS GRIMPANTS NON REMONTANTS :** rabattez plus court, à 2 yeux, toutes les branches latérales.
- **AUTRES ROSIERS :** les rosiers couvre-sol se taillent seulement après plusieurs années suivant leur plantation, et seulement tous les 2 ou 3 ans, pour limiter leur végétation. Les rosiers miniatures se taillent comme les buissons. Évitez de tailler systématiquement les rosiers anciens.

ESPÈCES ET VARIÉTÉS Parmi les innombrables variétés de rosiers, nous vous proposons une sélection de valeurs sûres.

- **À GRANDES FLEURS :** 'Bolchoï' (80 cm), fleurs jaune bordé de groseille, parfum puissant et citronné. Très bonne résistance aux maladies ; 'Concours Lépine' (1 m), fleurs très doubles aux couleurs évoluant au long de la floraison ; 'Jules Verne' (1 m), fleurs jaune et rose, parfum très puissant, capiteux. Floraison remontante de mai aux gelées. Bonne résistance aux maladies ; 'Lambert Wilson' (1,50 m), camaïeu de jaune, rose et abricot. Léger parfum de tilleul. Longue floraison de mai à fin octobre. Très bonne résistance aux maladies ; 'Mélissa' (1 m), fleurs jaunes au parfum de citronnelle. Floraison remontante, bonne résistance aux maladies ; 'Souvenir de Marcel Proust' (2 m), grandes fleurs doubles, au parfum citronné.
- **À PETITES FLEURS :** 'Christian Lacroix' (80 cm), fleurs groupées en camaïeu d'orange, de rose carmin et d'or. Vigoureux et peu sensible aux maladies ; 'Jeanne Chédigny' (2 m), bouquets de fleurs de 4 cm de diamètre, camaïeu de rose et de blanc, légèrement parfumées. Très florifère et résistant ; 'Tequila' (1 m), fleurs jaune ocrée, lumineuses, floraison abondante ; 'Vittel' (1,50 m), fleurs groupées, rouge lumineux. Floraison de juin à septembre. Résistant aux maladies.

Rosa 'Vittel'

Rosa 'Lambert Wilson'

PENSTÉMON, GALANE

Penstemon spp.

J F M A **M J J A S O** N D

0,30/1 m | 20/50 cm | soleil | V

Penstemon x hybridus

Les penstémons forment une touffe aux tiges droites et aux feuilles opposées, lancéolées. Les fleurs tubulées évoquant les digitales sont en grappes terminales.

SOL Souple, léger, humifère, drainé.

EXPOSITION Plein soleil assez chaud.

CULTURE Plantez au printemps (de 6 à 9 pieds/m^2). Paillez en été. Semez en mars-avril en terrine sous abri. La germination a lieu en 1 ou 2 semaines à 20 °C. Repiquez en godets.

ESPÈCES ET VARIÉTÉS Il existe environ 220 espèces. *Penstemon barbatus* 'Coccineus' (1 m), à feuilles glauques, fleurs rouge vermillon. *P. hirsutus* (50 cm), à feuillage pourpré en hiver, fleurs blanc et bleu lilacé. *P. pinnifolius* (30 cm), compact, écarlate. Nombreux sont les hybrides *(P. x hybridus)* qui ont pour parent *P. heterophyllus* : 'Blackbird' (90 cm), violet foncé ; 'Midnight' (syn. 'Blue Midnight'), 70 cm, bordeaux ; 'Mother of Pearl' (80 cm), rose pâle, intérieur blanc et magenta ; 'Pennington Gem' (70 cm), orange foncé ; 'Pen Purple' (70 cm), rouge violacé ; 'White Bedder' (70 cm), blanc. Les suivants ont tous la gorge blanche : 'Alice Hindley' (70 cm), mauve ; 'Apple Blossom' (60 cm), rose tendre ; 'Gloire des Quat'Rues' (60 cm), violet ; 'Le Phare' (60 cm), rouge vermillon ; 'Southgate Gem' (60 cm), rouge brillant ; 'Souvenir d'Adrien Régnier' (50 cm), rose tendre.

CULTURE EN POT Dans un pot de 25 à 30 cm en tous sens, dans un terreau pour géraniums.

UTILISATIONS Massif de vivaces, fleur coupée.

RUDBECKIA

Rudbeckia spp.

J F M A M **J J A S** O N D

0,50/1,80 m | 0,30/1 m | soleil | V

Annuel ou vivace, le rudbeckia porte des feuilles alternes, simples, aux nervures bien apparentes. Les fleurs, jaunes et de grande longévité, petits soleils aux ligules fines et au cœur sombre, sont portées par de longues hampes.

SOL Consistant, riche, profond, frais.

EXPOSITION Bien ensoleillée, non ventée.

CULTURE Plantez les rudbeckias vivaces au printemps (3 ou 4 pieds/m^2), semez les espèces annuelles en mars-avril sous abri, en terrine. La germination demande 2 ou 3 semaines entre 16 et 18 °C. Repiquez une fois avant la mise en place en mai. Divisez les touffes trop importantes en automne ou au printemps, en conservant au moins 2 ou 3 bourgeons sur chaque éclat.

ESPÈCES ET VARIÉTÉS Il existe 25 espèces et plusieurs variétés naturelles.

- **RUDBECKIAS ANNUELS** : *Rudbeckia hirta* ; 'Aslan' (70 cm), fleurs doubles, jaune au cœur noir ; 'Autumn Colors' (60 cm), aux nuances bronze, brun et doré ; 'Becky' (25 cm), nain, fleurs de 12 cm de diamètre, jaune, orange ou brun rouge ; 'Cappucino' (50 cm), rouge brique et orange ; 'Cherokee Sunset' (50 cm), grosses fleurs très doubles dans différents tons de jaune au brun ; 'Cherry Brandy' (50 cm), rouge foncé à cœur noir ; 'Goldilocks' (60 cm), fleurs semi-doubles, jaune d'or à centre noir ; 'Green Eyes' (70 cm), jaune à cœur vert ; 'Indian Summer' (50 cm), fleurs simples de 15 à 20 cm de diamètre, jaune à cœur noir ; 'Marmalade' (50 cm), fleurs de 8 à 10 cm, jaune à cœur noir ; 'Prairie Sun' (80 cm), fleurs jaunes au cœur vert acide ; 'Sonora' (35 cm), brun rouge à anneau jaune, fleurs énormes ; 'Spotlight' (25 cm), jaune avec une tache marron foncé et le cœur presque noir ; 'Toto' (25 cm), le plus compact, à fleurs de 5 cm de diamètre, jaune à cœur noir.

Rudbeckia hirta 'Marmalade'

Rudbeckia hirta 'Becky'

- **RUDBECKIAS VIVACES** : *Rudbeckia fulgida* (1 m), au port souple, feuilles pubescentes et fleurs de 5 à 8 cm de diamètre ; var. *deamii* (80 cm), fines ligules jaunes et cœur proéminent noir ; 'Goldsturm' (70 cm), jaune d'or à cœur brun. *R. laciniata* (1,50 m), aux feuilles très découpées, grandes touffes érigées ; 'Goldquelle' (80 cm), à grosses fleurs doubles jaune d'or ; 'Plena' (1,50 m), à fleurs doubles, en pompons. *R. nitida* (1,80 m), au port dressé, vigoureux ; 'Herbstsonne' (1,70 m), aux fleurs de 10 à 12 cm de diamètre, jaune au cœur conique vert. *R. subtomentosa* (1,50 m), fleurs jaunes aux ligules très fines ; 'Henry Eilers' (1,20 m), ligules aplaties à leur extrémité. *R. triloba* (1,20 m), qui forme un buisson aux fleurs jaune d'or à cœur jaune, est plutôt cultivé comme une bisannuelle.

CULTURE EN POT Dans un pot de 25 cm en tous sens au minimum, dans un terreau universel.

UTILISATIONS Massif, potées, bouquets.

SAUGE

Salvia spp. (espèces annuelles)

J	F	M	A	**M**	**J**	**J**	**A**	**S**	**O**	N	D

30/60 cm	15/30 cm	☀	V

Salvia splendens

Très diversifié, le genre *Salvia* comprend des espèces annuelles, bisannuelles et vivaces. Les feuilles, opposées, simples, souvent dentées, parfois duveteuses, sont portées par des tiges quadrangulaires. Les fleurs tubulaires à 2 lèvres sont en grappes ou en épis sur des hampes dressées.

SOL Léger, souple, enrichi d'humus.

EXPOSITION Chaude et ensoleillée.

CULTURE Semez en mars dans des terrines, sous abri chauffé, la germination demandant une dizaine de jours entre 20 et 24 °C. Repiquez en godets et maintenez la culture à 18 °C, jusqu'à la mise en place en mai, tous les 30 cm. À la plantation, supprimez les fleurs pour favoriser la reprise et la croissance du feuillage. Les floraisons qui suivent seront beaucoup plus belles.

ESPÈCES ET VARIÉTÉS Il existe 900 espèces. *Salvia farinacea* (de 40 à 60 cm) ; 'Fairy Queen', bicolore bleu et blanc ; 'Strata', épis grisâtre garni de fleurs bleu soutenu et blanc ; 'Victoria Blue', bleu profond. *S. splendens* 'Brasier' (25 cm), rouge vif ; 'Dancing Flame' (50 cm), feuillage maculé de jaune, fleurs rouges ; 'Lighthouse' (50 cm), pourpre presque noir ; 'Rambo' (60 cm), très grandes fleurs rouges ; la série Vista (30 cm) se décline en 7 nuances de couleurs, dont des bicolores rose et rouge ou rouge et blanc.

CULTURE EN POT Dans un pot de 20 cm en tous sens, dans un terreau ordinaire.

UTILISATIONS Massif d'été, bordure, potée, jardinière.

ROSE D'INDE

Tagetes erecta

J	F	M	A	**M**	**J**	**J**	**A**	**S**	**O**	N	D

0,20/1 m	10/30 cm	☀	A

Ces plantes annuelles très florifères sont appréciées en été. Le port est buissonnant, érigé et ramifié. Le feuillage opposé, très découpé, parfois presque plumeux, vert foncé brillant, dégage une forte odeur peu agréable. Les fleurs, en capitules simples ou doubles, proposent toutes les nuances de jaune et d'orange, jusqu'au marron.

SOL Léger, souple, même pauvre, sec et calcaire. Un apport d'humus est apprécié.

EXPOSITION Chaude et bien aérée, en plein soleil, même très ardent.

CULTURE Semez de février à avril, en terrine sous abri. La germination demande 1 ou 2 semaines entre 18 et 22 °C. Environ 3 semaines après la levée, lorsque les plantules ont formé 2 ou 3 feuilles, repiquez individuellement en caissette en espaçant les plants de 5 cm. Un mois plus tard, empotez individuellement et conservez la culture sous châssis froid. Mettez en place les plants en motte en mai, entre 20 et 40 cm de distance selon la variété. Il est plus pratique d'acheter des plants fleuris à partir du 15 avril. Arrosez régulièrement, Coupez régulièrement les fleurs fanées pour faciliter l'éclosion de nouveaux boutons. Tuteurez dans les jardins exposés au vent.

ESPÈCES ET VARIÉTÉS Il existe 50 espèces. La rose d'Inde, *Tagetes erecta*, plante vigoureuse aux folioles très fines, a produit de nombreux cultivars à grosses fleurs très doubles, crème, jaunes ou orange, portées par des tiges robustes.

CULTURE EN POT Dans un pot de 18 cm en tous sens, dans un terreau pour géraniums. Fertilisez une fois par semaine à l'engrais liquide.

UTILISATIONS Massif d'été, bordure, jardinière, potée.

POUR UN JARDIN BEAU L'ÉTÉ, VOUS POUVEZ AUSSI CULTIVER

★ *Achillea* (achillée) ➲ p. 516 ★ *Alstroemeria* (alstroemère) ➲ p. 504 ★ *Dahlia* x *hybrida* (dahlia à grandes fleurs) ➲ p. 572 ★ *Heliotropium peruvianum* (héliotrope) ➲ p. 598 ★ *Petunia* (et surfinia) ➲ p. 608

1

2

Les roses

1. 'WINCHESTER'
2. 'DOUBLE DELIGHT'
3. 'HONORINE DE BRABANT'
4. 'CRÊPE DE CHINE'
5. 'GOLDEN SHOWERS'
6. ROSA MUNDI
7. 'JARDIN DE BAGATELLE'

3

4

5

6

7

8

9

10

8. 'MME HARDY'
9. 'AMERICAN PILLAR'
10. 'GRAINES D'OR'
11. ROSA ACICULARIS
12. 'LA VILLE DE BRUXELLES'
13. 'PAUL RICARD'

11

12 13

Un automne joliment coloré

Si l'automne s'affiche officiellement sur le calendrier entre le 21 et le 24 septembre selon les années, au jardin, c'est à partir du 15 octobre que commence la saison des « plantations d'automne », le vrai départ des travaux automnaux.

À faire en septembre, pour un bel automne

Malgré toutes les tâches de la rentrée, trouvez quelques petits moments au jardin, pour préparer un bel automne. On n'est loin des travaux du printemps : quelques heures dans la semaine suffisent ... **1**

À faire en octobre, pour maintenir le jardin en forme

Ce n'est pas pour rien que la plupart des fêtes des plantes ont lieu en octobre : c'est là que les jardins et les plantes sont à leur optimum. Maintenez tout ce petit monde propre et en ordre... et votre jardin donnera un dernier feu d'artifice ... **2**

À faire en novembre, pour préparer l'hiver et le printemps suivants

Les jardiniers ont coutume de dire que la vraie saison de départ du jardin n'est pas le printemps, mais bien novembre, qui ouvre l'époque des plantations. Alors à vos bêches ! ... **3**

Le coin du curieux : La coloration des feuilles en automne

Comment et pourquoi les feuilles se colorent-elles, si intensément pour certaines ? ... **4**

L'or gratuit de l'automne : les feuilles mortes

Se débarrasser des feuilles mortes du jardin serait folie : elles apportent en se décomposant le précieux humus, gage d'une terre vivante. Mais avant, elles auront servi de couverture anti-froid ... **5**

L'histoire de l'été de la Saint-Martin

Qu'est-ce que ce drôle d'été qui n'en est pas un ? Y a-t-il des bases scientifiques pour expliquer cette période un peu spéciale ? ... **6**

Les arbres marcescents : le charme et le hêtre

Des arbres de haie qui conservent leurs feuilles sèches en hiver, c'est pratique ! Mais comment arrivent-ils à faire cela ? ... **7**

Hêtre

IDÉES

→ POURQUOI PAS... Jouer avec les inflorescences fanées ? Ce serait dommage de se priver de ces petits bijoux givrés ! **8**

→ POURQUOI PAS... Jouer avec les arbustes à baies ? **9**

et Si

· Je veux apporter de la légèreté dans mes massifs ? **10**

· J'ai des plantes en pot à rentrer ? **11**

Les Plantes idéales

★ **Des arbustes à baies :** *Aronia spp.* ; *Callicarpa spp.* ; *Clerodendron trichotomum* ; *Euonymus europaeus* ; *E. phellomanus* ; *Hypericum* x *moserianum*, *H. atulum* (millepertuis arbustif).

• **Des plantes à floraison tardive :** *Aster spp.* ; *Clerodendrum bungei* ; *Crocus spp.* (crocus d'automne) ; *Echinacea purpurea* ; *Helenium autumnale* (hélénie) ; *Hydrangea paniculata* ; *Lespedeza thunbergii* (desmodium) ; *Phlox paniculata* (grand phlox vivace).

• **Des arbustes au beau feuillage d'automne :** *Cotinus coggygria* (arbre à perruques) ; *Euonymus alatus*, *E. phellomanus* (fusain) ; *Fothergilla major* ; *Liquidambar styraciflua* (copalme d'Amérique) ; *ANyssa sylvatica* ; *Parrotia persica* ; *Rhus typhina* (sumac de Virginie).

LES RÈGLES

1. *Soyez toujours prêt à mettre en place des protections contre le gel et à les retirer à chaque redoux.*
2. *Remplacez les fleurs d'été, dès qu'elles s'abîment, par des plantes automnales.*
3. *Stoppez tout apport d'engrais dès septembre (sauf sur les chrysanthèmes, très gourmands), car les plantes arrivent en fin de cycle végétatif.*
4. *Continuez d'arroser les persistants (surtout ceux en pot), qui n'entrent pas en dormance comme les caducs.*
5. *Commencez à préparer le printemps, en plantant les bulbes à floraison printanière.*
6. *Faites les plantations d'automne.*
7. *Taillez les arbustes à floraison estivale.*

Un automne joliment coloré

1 À faire en septembre, pour un bel automne

- Mettez en place, si ce n'est déjà fait, les **tuteurs** pour soutenir les touffes d'asters, les grands dahlias, les chrysanthèmes vivaces. Une fois que les asters se couchent et restent ainsi quelques jours, il est difficile de les relever et d'avoir des tiges droites.
- Faites une dernière petite **taille** des haies et des topiaires, pour régulariser les formes.
- **Soutenez** les branches des pruniers trop lourdement chargées de fruits.
- En tout début de mois, il est encore temps de **réparer la pelouse** abîmée par l'été, avec des « patchs » spéciaux très pratiques, mélange de graines et de substrat que l'on épand sur les zones dénudées du gazon.

2 À faire en octobre, pour maintenir le jardin en forme

- **Ramassez les feuilles mortes** une ou deux fois par semaine (voir ci-dessous quoi en faire).
- **Continuez à tondre** la pelouse : le mélange feuilles mortes et herbes ira directement sur le tas de compost. S'il ne pleut pas, arrosez les espaces de gazon que vous avez ressemées.
- Commencez à **cueillir les pommes** et à les rentrer au fruitier. N'attendez pas qu'elles tombent, car la chute les abîme et elles se conservent moins longtemps.
- Continez à **couper les fleurs fanées** des rosiers, des vivaces, des annuelles en potées, non pas pour prolonger leur floraison, mais pour que tout reste le plus net possible.

Râtelez les feuilles pour éviter que l'herbe jaunisse.

Cueillez les pommes avant qu'elles ne tombent.

3 À faire en novembre, pour préparer l'hiver et le printemps suivants

- **Plantez** bulbes printaniers, arbustes et rosiers à racines nues, vivaces.
- **Abritez** vos potées, surélevez les pots sur des cales, pour que l'eau s'écoule, rapprochez les plantes les plus fragiles de la maison, rentrez celles qui ne sont pas rustiques au frais et à la lumière.
- **Ramassez les feuilles mortes** et malades des rosiers et jetez-les.
- Faites une **taille de nettoyage** des rosiers, assez longue. La vraie taille se fera en mars prochain.

4 *Le coin du curieux : La coloration des feuilles en automne*

Avant de mourir, les feuilles transforment l'amidon qu'elles contiennent en sucres, réserves permettant à l'arbre de résister à l'hiver et d'alimenter les bourgeons au printemps. Sous les effets conjugués de la diminution de la longueur du jour et de l'abaissement de la température, surtout lorsque le froid survient brutalement, le sucre fabriqué par les feuilles ne peut plus migrer vers les racines et il s'accumule dans le tissu foliaire, entraînant une pigmentation plus forte. La chlorophylle (pigment vert) se dégrade, laissant apparaître les caroténoïdes (pigments jaunes et orange) et les anthocyanes (pigments rouges et pourpres). La formation des pigments réclamant beaucoup de lumière et de sucre, les couleurs automnales sont plus vives par beau temps bien contrasté (journées sèches et ensoleillées, nuits fraîches).

5 L'or gratuit de l'automne : les feuilles mortes

Ne jetez pas vos sacs de feuilles mortes à la poubelle. Elles sont très utiles au jardin.

- Elles constituent en tout premier lieu un merveilleux **matériau de paillage**, qui va se décomposer au cours de l'hiver et enrichir le sol en humus. Ce paillage va aussi servir de protection contre le froid. Commencez avec une couche de 30 cm d'épaisseur, qui va vite se tasser de moitié, et rechargez.

- Si vous les mettez dans un sac plastique solide de 100 l, percé de trous au fond et sur les côtés, avec quelques poignées de feuilles de consoude ou d'ortie, et si vous laissez ce sac dans un coin du jardin, vous allez retrouver au printemps du **terreau de feuilles**, noir, grumeleux à souhait, parfait pour incorporer à vos plantations de mars.
- Mises en tas en couches intercalées avec des débris du potager, des mauvaises herbes ou les dernières tontes de la pelouse, elles vont donner un **compost** qui chauffe vite et se décompose en 3-4 mois.

6 L'histoire de l'été de la Saint-Martin

Fête ancienne célébrée le 11 novembre, l'été de la Saint-Martin se rapporte à une période de redoux (appelée « été indien » en Amérique du Nord) que l'on observe souvent après les premières gelées automnales. Cette période est aléatoire et n'arrive pas forcément chaque année ; elle peut durer de quelques jours à plus d'une semaine. Un anticyclone se forme et le vent s'oriente alors au sud, apportant durant quelques jours un temps sec et ensoleillé, avec des températures d'au moins 5 °C supérieures aux normales saisonnières.

7 Les arbres marcescents : le charme et le hêtre

Les feuilles de hêtre et de charme, à l'automne, se recroquevillent et attendent le printemps pour tomber. Elles sont alors remplacées par la nouvelle feuillaison. Ces feuilles sont dites « marcescentes » (du latin *marcescere*, « se flétrir », « se faner »). Le brunissement de ces feuilles en automne est provoqué par une oxydation des cellules en fin de vie. Si vous voulez faire une haie, le charme poussera plus vite que le hêtre (en 2 ans, vous aurez déjà une belle haie). Mais, revers de la médaille, il faudra tailler 5 fois par an, contre 2 pour le hêtre.

Feuilles marcescentes du charme

Idées

8 Pourquoi pas... jouer avec les inflorescences fanées ?

En automne, certaines fleurs fanées commencent une nouvelle vie. Ne coupez pas les inflorescences desséchées des graminées, des ombellifères (*Ammi*, aneth, fenouil, angélique), des *Hydrangea*, des échinacées, car elles vont prendre un aspect graphique inattendu sous l'effet du givre. Ce sont aussi de bons refuges pour les insectes utiles, les coccinelles, les chrysopes... Vous les taillerez en fin d'hiver.

9 Pourquoi pas... jouer avec les arbustes à baies ?

Certaines baies sont aussi spectaculaires qu'une floraison : callicarpa aux baies turquoise, pyracantha, cotonéaster, pommier d'ornement aux fruits rouges, fusain aux curieuses baies bicolores orange et rose... Pour valoriser cet effet décoratif, associez les arbustes à des graminées dont le feuillage léger et mordoré va renforcer leur éclat. Une astuce de paysagiste : plantez les arbustes de manière à ce qu'ils ressortent sur un arrière-plan uni (une haie, par exemple).

Callicarpa

et Si

10 Je veux apporter de la **légèreté** dans mes **massifs** ?

Les graminées sont bien sûr les premières plantes auxquelles on pense. Mais elles ne sont pas les seules : si votre sol est léger et sableux, plantez des asperges pour bénéficier de leur feuillage fin et gracieux en été et de leur coloration jaune d'or en automne, renforcée par la présence de baies rouge vif très décoratives (mais toxiques). Laissez de 60 à 80 cm entre les pieds et leurs voisins (vivaces ou arbustes), et vous profiterez en bonus de quelques asperges au printemps.

11 J'ai des plantes en **pot** à **rentrer** ?

Rentrer des plantes en serre ou en véranda, ce n'est pas juste changer le pot de place. Il faut auparavant le nettoyer, sur les côtés et dessous, pour ôter les limaces qui s'abritent dans les recoins, vider les quelques centimètres de terreau en surface et les remplacer par du terreau neuf, et tailler le plus possible la plante pour ne pas rentrer du feuillage malade.

ARONIA

Aronia spp.

J F M **A M** J J A S O N D

1,50/3 m | 1/1,50 m | C

Cet arbuste rustique, au port compact et dressé, porte un flamboyant feuillage automnal et des fruits décoratifs. Les feuilles alternes, simples, de 4 à 7 cm de long, sont vert foncé, rouge feu en automne. Les fleurs blanches, groupées en corymbes, sont très nombreuses et mellifères. Les fruits rouges, puis bleu-noir sont comestibles. Croissance assez rapide.

SOL Léger, sec, plutôt acide, le calcaire est toléré mais rend les couleurs d'automne moins belles. Plutôt une terre enrichie en humus et fraîche.

EXPOSITION Soleil direct jamais brûlant ou mi-ombre. Couleurs sont plus ternes.

CULTURE Plantez au début du printemps, paillez et arrosez bien. Taillez toute la ramure de la moitié de sa longueur à la fin de l'hiver. Avant le semis, lavez les graines pour les séparer de la pulpe. Disposez les graines dans des pots qui passeront l'hiver dehors. La levée se produit au printemps.

ESPÈCES ET VARIÉTÉS Il existe 3 espèces. *Aronia arbutifolia* (de 2 à 3 m), à feuilles étroites et gros bouquets de fleurs, fruits rouge vif de septembre à Noël ; 'Brilliant', aux fruits très nombreux et belles couleurs d'automne. *A. melanocarpa* (2 m), à feuilles plus larges, fruits ronds, noirs. *A.* x *prunifolia* est un hybride naturel à gros fruits noirs ; 'Viking', aux fruits plus nombreux d'abord rouges, puis bleu-noir.

CULTURE EN POT Dans un pot de 40 cm en tous sens au minimum, dans 1/3 de terre de bruyère, 1/3 de sable et 1/3 de terre végétale.

UTILISATIONS Isolé, haie libre, massif.

CALLICARPA, ARBUSTE À BONBONS

Callicarpa spp.

J F M A M J J A **S O N D**

2/3 m | 1,50/2 m | V

Cet arbuste se pare d'étonnantes baies automnales roses à violettes. Buissonnant, à port dressé, il porte des feuilles opposées, simples, elliptiques, de 15 à 20 cm de long, qui se colorent de jaune à l'automne. La floraison, en juillet, n'offre guère d'intérêt, mais la fructification violette, portée par les rameaux une partie de l'hiver, est très décorative.

SOL Profond, riche, souple, mais non calcaire.

EXPOSITION Ensoleillée et chaude.

CULTURE Plantez en automne. Taillez après l'hiver en donnant une forme plus esthétique à l'arbuste.

ESPÈCES ET VARIÉTÉS Il existe un peu plus de 170 espèces. *Callicarpa bodinieri* (de 2 à 4 m) est le plus robuste (rusticité – 20 °C), mais il nécessite un été chaud pour bien fructifier. Belle coloration du feuillage en automne ; 'Imperial Pearl' (de 1,50 à 2 m), aux petites fleurs rose pâle en juillet suivies de baies violettes dès septembre ; 'Profusion' (2,50 m), jeune

Callicarpa bodinieri

feuillage bronze pourpré au printemps, très abondante fructification violet foncé qui persiste jusqu'à décembre sur les branches. *C. dichotoma* (1,20 m) ; 'Albibaca' (syn. f. *albifructa*), de 1 à 1,50 m, vigoureux, à fructification blanche ; 'Issaï' (1,20 m), forme compacte aux baies rose violacé. *C. japonica* 'Leucocarpa' (1,50 m), ses rameaux souples et retombants portent des fruits blancs.

CULTURE EN POT Non adaptée.

UTILISATIONS En massifs, bouquet.

FRILEUX

Les callicarpas sont assez frileux. Plantez-les dans un endroit abrité des vents froids en hiver.

Callicarpa dichotoma

ASTER D'AUTOMNE

Aster spp.

J F M **A M J J A S O** N D

0,20/1,50 m | 20/70 cm | V

Aster novi-belgii

Ces petites fleurs aux divers coloris et tailles fleurissent selon les variétés au printemps, en été ou en automne. Les asters forment des touffes érigées, buissonnantes, aux feuilles alternes, simples, lancéolées. Les fleurs en capitules ressemblent à des marguerites à cœur jaune avec des ligules aux coloris très variés : blanc, bleu, rouge, lilas, violet. Elles sont solitaires ou groupées en corymbes, grappes ou panicules sur des tiges généralement ramifiées.

SOL Assez consistant, calcaire, bien drainé, pas trop pauvre et qui ne se dessèche pas en été.

EXPOSITION Le plein soleil non brûlant.

CULTURE Plantez au printemps ou en automne (selon les variétés, de 3 à 9 plants/m^2). Apportez un engrais pour fleurs au printemps. Arrosez bien durant l'été. Tuteurez les grands asters. Rabattez la végétation au ras du sol après les premières gelées et brûlez ce que vous avez coupé. Divisez la touffe au printemps après 3 à 5 ans, pour éviter au massif de se dégarnir, car les asters vieillissent mal.

Aster 'Andenken an Alma Pötschke'

ASTERS DE PRINTEMPS

Ils fleurissent d'avril à juin.

Aster tongolensis forme un buisson tapissant à grandes fleurs simples ; 'Berggarten' (40 cm), bleu-mauve ; 'La Vanoise' (30 cm), bleu violacé ; 'Leuchtenburg' (30 cm), violet améthyste ; 'Napsbury' (30 cm), violet ; 'Wartburgstern' (30 cm), bleu.

ESPÈCES ET VARIÉTÉS Il existe plus de 230 espèces et diverses sous-espèces et variétés naturelles. On ne cultive que les asters vivaces. En horticulture, ils sont regroupés selon leur période de floraison. Plusieurs espèces d'asters d'automne sont dorénavant classées dans le genre *Symphyotrichium.*

- **ASTERS D'AUTOMNE :** fleurissent en septembre et octobre, jusqu'aux gelées.

› ***Aster cordifolius*** (dorénavant nommé *Symphyotrichium cordifolium*) forme une touffe très ramifiée aux bouquets de fleurs minuscules, vaporeuses ; 'Ideal' (1 m), bleu clair ; 'Silver Spray' (1,20 m), blanc lilacé.

› ***Aster dumosus***, à port buissonnant assez compact, à grosses fleurs, sensible à l'oïdium ; 'Alice Haslam' (40 cm), rose carminé ; 'Augenweide' (30 cm), violet ; 'Fidelio' (40 cm), rose violacé ; 'Jenny (60 cm), double, rouge pourpre ; 'Lady in Blue' (50 cm), bleu ; 'Marjorie' (30 cm), rose pâle ; 'Niobe' (35 cm), blanc ; 'Snowsprite' (50 cm), blanc ; 'Starlight' (50 cm), rouge ; 'Victor' (30 cm), bleu-mauve très pâle.

Aster ericoides

› ***Aster ericoides*** (désormais nommé *Symphyotrichium ericoides*), buisson touffu aux tiges grêles portant un nuage de toutes petites fleurs ; 'Esther' (90 cm), rose tendre ; 'Ringdove' (80 cm), mauve pâle ; 'Schneegitter' (80 cm), blanc ; 'Snowflurry' (10 cm), blanc.

› ***Aster novae-angliae*** (désormais *Symphyotrichium novae-angliae*), d'origine américaine et canadienne, vigoureux, à tiges solides, résistant à l'oïdium ; 'Andenken an Alma Pötschke' (1 m), carmin foncé à violacé ; 'Constance' (1,20 m), violet foncé ; 'Madame Loyau' (1 m), précoce, rose clair ; 'Marina Wolkonski' (1,50 m), violet ; 'Purple Dome' (70 cm), violet ; 'Rudelsburg' (1 m), rose vif ; 'Septemberrubin' (1,20 m), rouge.

› ***Aster novi-belgii*** (désormais *Symphyotrichium novi-belgii*), vigoureux, aux tiges grêles et à l'abondante floraison très colorée ; 'Audrey' (70 cm), violet clair ; 'Blue Radiance' (60 cm), bleu lumineux ; 'Crimson Brocade' (80 cm), semi-double, rouge ; 'Fellowship' (1 m), rose ; 'Marie Ballard' (1 m), double, bleu intense ; 'Pearl Star' (1 m), rose tendre ; 'Rosa Perle' (75 cm), rose vif ; 'The Cardinal' (80 cm), rouge ; 'White Ladies' (1 m), semi-double, blanc.

CULTURE EN POT Dans un pot de 25 à 30 cm en tous sens pour les grands, dans une jardinière de 30 cm pour 3 petits, dans un terreau universel avec un peu de fertilisant à base d'algues.

UTILISATIONS Les asters nains en bordure, rocaille, potée. Les grands en massif, habillage de clôture, bouquets.

ASTERS D'ÉTÉ

Ils fleurissent de juillet à septembre.

Aster amellus, aux tiges semi-érigées portant des feuilles velues, fleurs en bouquets légers ; 'Blue King' (60 cm), bleu foncé violacé ; 'Geneviève Lepage' (60 cm), rose carmin brillant ; 'Lac de Genève' (70 cm), bleu soutenu ; 'Peach Blossom' (60 cm), rose ; 'Rosa Erfüllung' (syn. 'Pink Zenith'), 60 cm, rose ; 'Violet Queen' (syn. 'Veilchenkönigin'), 60 cm, violet intense. *A.* x *frickartii* 'Jungfrau' (70 cm), bleu ; 'Mönch' (90 cm), bleu.

Un automne *joliment* coloré

CLÉRODENDRON

Clerodendrum spp.

J F M A M **J J A S O** N D

1,50/3 m | 1/2 m | C

Clerodendron bungei

Quelques espèces de ces arbustes sont rustiques et s'adaptent dans nos jardins où l'on apprécie leur floraison automnale. Les feuilles, opposées, de 15 à 20 cm de long, ovales, dentées, sentent mauvais lorsqu'on les froisse. En automne apparaissent des fleurs roses ou blanches, bien parfumées, en bouquets. Elles sont suivies de baies décoratives cramoisies ou bleues. La taille adulte est atteinte en 5 ou 6 ans.

SOL Assez riche, bien drainé, profond.

EXPOSITION Soleil ou mi-ombre légère.

CULTURE Plantez au printemps. Paillez en hiver. Multiplication par drageons en mars-avril.

ESPÈCES ET VARIÉTÉS Il existe 400 espèces, la plupart tropicales. Au jardin, cultivez *Clerodendrum trichotomum* (3 m), à fleurs blanches, suivies de baies bleu vif ; var. *fargesii* (3 m), plus rustique, aux baies abondantes. *C. bungei* (3 m) est plus frileux (– 8 °C), mais il repousse à la base après avoir gelé, fleurs rose violacé ; 'Pink Diamond' (2 m), à feuillage panaché de blanc, fleurs rose foncé.

CULTURE EN POT Non adaptée.

UTILISATIONS Fond de massif, haie libre.

> **TAILLE**
>
> Rabattez en fin d'hiver les jeunes tiges de trois quarts afin de conserver une forme compacte et favoriser la floraison.

ARBRE À PERRUQUES

Cotinus coggygria

J F M A **M J J A** S O N D

2/8 m | 2/4 m | C

Cet arbuste imposant, qui forme facilement un tronc, se pare d'une floraison vaporeuse et durable. Il porte des feuilles alternes, rondes, de 4 à 8 cm de diamètre, qui exhalent une odeur de térébenthine lorsqu'on les froisse. D'un vert clair glauque durant la saison, elles deviennent orangées à rouge sang en automne. Les inflorescences, en panache duveteux rose de 30 cm de long, durent très longtemps.

SOL Bien drainé, même calcaire.

EXPOSITION Ensoleillée, non brûlante.

CULTURE Plantez en automne. Au printemps, rabattez tous les rameaux de l'année à 10 cm de leur point de naissance pour obtenir un arbuste bien buissonnant.

ESPÈCES ET VARIÉTÉS Il existe 8 espèces. *Cotinus coggygria* (de 4 à 5 m) ; 'Flame', feuilles vertes virant au rouge orangé, fleurs rose pourpré ; 'Golden Spirit' (de 2 à 3 m), feuillage doré ; 'Grace' (4 m), feuilles bronze pourpré, magnifique coloration orange en automne ; 'Purpureus' (3 m), feuillage et floraison pourpres ; 'Royal Purple' (3 m), feuillage pourpre avec un liseré rose sur le pourtour ; 'Rubrifolius', feuilles rouges, puis ombrées de vert, orange et rouges en automne ; 'Young Lady' (1,20 m), forme naine au feuillage vert acide rougissant à l'automne, réussit bien en pot.

CULTURE EN POT Possible pour les formes naines, dans un pot de 30 à 40 cm en tous sens, dans une bonne terre de jardin.

UTILISATIONS Isolé, en arrière d'un massif.

CROCUS D'AUTOMNE

Crocus spp.

J F M A M J J A **S O** N D

8/15 cm | 3/5 cm | B

Certaines espèces de ces petites bulbeuses à cormus fleurissent en automne, donnant des fleurs en coupe aux coloris variés, surtout dans les tons bleus et lilas qui apparaissent au milieu de feuilles filiformes, dressées.

SOL Léger, bien drainé.

EXPOSITION Soleil non brûlant.

CULTURE Plantez en juillet, à 5 cm de profondeur et de distance.

ESPÈCES ET VARIÉTÉS *Crocus sativus*, le safran, à fleurs mauves, avec de très longues étamines orangées. *C. speciosus*, lilas veiné de bleu, est très rustique et prolifique ; 'Conqueror', à très grandes fleurs bleu ciel.

CULTURE EN POT Plantez une dizaine de crocus dans un pot de 15 à 20 cm de diamètre, dans un terreau de plantation additionné d'une poignée de sable.

UTILISATIONS Potées et jardinière, forçage en pot à l'intérieur.

Crocus sativus

RUDBECKIA POURPRE

Echinacea purpurea

J F M A M **J J A S** O N D

Hauteur	Étalement	Exposition	
0,50/1 m	30/50 cm		V

Cette superbe vivace fait partie du groupe des marguerites d'automne. Proche parent des rudbeckias, dont elle se distingue par sa couleur, l'échinacée forme des touffes rhizomateuses, rustiques et de très bonne tenue. Les feuilles, opposées, lancéolées, sont hérissées de poils rugueux. Les hampes, ramifiées, sont terminées par un capitule solitaire au disque globuleux et aux ligules retombantes. C'est une plante mellifère.

ARROSAGE

En été, arrosez bien, car l'échinacée craint le manque d'eau.

SOL Fertile, profond, souple, bien drainé.

EXPOSITION Le plein soleil non brûlant.

CULTURE Plantez au printemps (4 ou 5 pieds/m^2). Paillez le pied en mai pour maintenir le sol frais. Coupez les fleurs fanées au fur et à mesure. Semez au printemps sous abri, entre 18 et 20 °C. Divisez la touffe lorsque la floraison ralentit.

ESPÈCES ET VARIÉTÉS Il existe 9 espèces. *Echinacea angustifolia* (1 m), rose foncé, à grandes fleurs aux ligules courtes et larges. *E. pallida* (80 cm), aux longues ligules pendantes ; 'Hula Dancer' (80 cm), rose. *E. purpurea*, pourpre au cœur brun orangé ; 'Abendsonne' (80 cm), rouge carminé au centre brun ; 'Alba' (70 cm), aux longues ligules blanches ; la série Cheyenne Spirit (60 cm) se multiplie par semis, couleurs variées ; 'Evening Glow' (60 cm), bicolore jaune et orange à cœur noir ; 'Green Envy' (80 cm), bicolore vert et rose à cœur marron ; 'Green Jewel' (60 cm), vert ; 'Kim's Knee High' (50 cm), rose pourpré à cœur brun orangé ; 'Magnus' (1 m), rose rougeâtre ; 'Orange

Echinacea purpurea 'Cheyenne Spirit'

Passion' (70 cm), fleurs à ligules orange et centre brun ; 'Secret Pride' (60 cm), blanc à cœur marron clair ; 'Secret Romance' (70 cm), rose à gros cœur en pompon d'un ton plus soutenu ; 'Sonnelachs' (80 cm), rose carminé, aux ligules finement découpées ; 'Vintage Wine' (50 cm), rose magenta à cœur brun ; 'White Lustre' (70 cm), blanc crème.

CULTURE EN POT Dans un pot de 20 cm en tous sens, dans un mélange de terre de jardin et de sable.

UTILISATIONS Massif, fleur coupée.

FUSAIN À FEUILLES CADUQUES

Euonymus spp.

J F M A M J J A **S O** N D

Hauteur	Étalement	Exposition	
1/3 m	1/2,50 m		C

Arbustes ou petits arbres rustiques, ces fusains portent des feuilles opposées, ovales, simples, dentées ou crénelées, qui prennent des teintes exceptionnelles en automne. Floraison insignifiante, fructification colorée très décorative, surtout chez le fusain d'Europe.

SOL Toute terre de jardin bien drainée.

EXPOSITION Mi-ombre légère.

CULTURE Plantez au printemps. Pratiquez une taille d'entretien et de nettoyage dès que les feuilles sont tombées pour conserver une forme harmonieuse.

ESPÈCES ET VARIÉTÉS Il existe 142 espèces validées par la nomenclature internationale.

Euonymus alatus

Parmi ceux à feuillage caduc : *Euonymus alatus* (2 m), au feuillage automnal superbe où se mêlent rose, violet, orangé et pourpre. Les rameaux étalés, parfois ailés, lui donnent une forme évasée ; 'Compactus' (1,20 m), plus trapu que le type, convient à la culture en pot. *E. europaeus* (3 m), appelé aussi « bonnet carré » pour ses grappes de fruits originaux roses ou rouges, qui laissent apparaître en s'ouvrant un arille orange. Les feuilles se colorent de jaune et

Euonymus europaeus

de rouge en automne ; 'Atropurpureus' vire au rouge violacé ; 'Red Cascade' (3 m), aux fruits plus rouges que le type, dont l'arille reste orangé. *E. phellomanus* (4 m), aux rameaux ailés, devient écarlate en septembre-octobre.

CULTURE EN POT Préférez les variétés persistantes et compactes ➲ p. 590.

UTILISATION Massif d'arbustes.

Un *a*utomne joliment coloré

FOTHERGILLA

Fothergilla major

J F M **A M** J J A S O N D

1/3 m	1/2 m		C	-12 °C

Cet arbuste au port gracieux prend de superbes couleurs d'automne. D'un port assez lâche et irrégulier, les fothergillas portent des feuilles alternes, veinées et gaufrées, semblables à celles de l'aulne, vert foncé brillant sur le dessus et glauques en dessous. Les jeunes rameaux sont couverts d'un léger duvet. En automne, le feuillage évolue du jaune à l'orangé, puis au rouge. Les fleurs, blanches, odorantes, en épis dressés de 5 à 10 cm de long, présentent des étamines proéminentes.

SOL Siliceux, acide et frais.

EXPOSITION Mi-ombre à ombre.

CULTURE Plantez en automne. Inutile de fertiliser. Une petite taille d'entretien après la floraison suffit.

ESPÈCES Il existe 2 espèces. *Fothergilla major* (2 m), à grandes feuilles, est le plus vigoureux, avec de grands épis floraux. *F. gardenii* est similaire, mais de taille plus petite (moins de 1,50 m).

CULTURE EN POT Dans un bac de 30 à 40 cm en tous sens, dans un mélange de terreau d'écorce et de terre de bruyère. Rempotez tous les 3 ans.

UTILISATIONS Second rang d'un massif de terre de bruyère, rocaille, potée.

SOL FRAIS

Paillez le pied au printemps avec du compost à demi décomposé pour conserver le sol frais durant l'été et gêner les mauvaises herbes.

HÉLÉNIE

Helenium spp.

J F M A M J **J A S O** N D

0,60/1,30 m	30/60 cm		V

Cette robuste vivace rustique fait partie des marguerites d'automne. Elle forme une touffe bien ramifiée, aux tiges érigées garnies de feuilles alternes, lancéolées. Les fleurs en capitules, au cœur bombé, sont appréciées des abeilles.

SOL Riche, frais, souple et bien drainé.

EXPOSITION Plein soleil exclusivement.

CULTURE Plantez au printemps (3 ou 4 plants/m^2). Tuteurez les plus grandes espèces avec des bambous discrets. Paillez le sol si l'été est très sec.

ESPÈCES ET VARIÉTÉS Il existe 40 espèces. *Helenium autumnale* 'Pumilum Magnificum' (80 cm), précoce, à port léger, fleurs jaunes.

- **HYBRIDES** : 'Biedermeier' (80 cm), rouge et jaune à cœur brun ; 'Double Trouble' (70 cm), fleurs doubles entièrement jaunes ; 'Indianersommer' (90 cm), rouge foncé à cœur marron sombre ; 'Kanaria' (1,20 m), jaune canari à cœur jaune soufre ; 'Konigstiger' (1,30 m), rouge orangé et jaune ; la série Mariachi comprend plusieurs cultivars : 'Fuego', brun orangé éclairé de jaune, cœur noir, 'Salsa', orange et jaune à cœur orange, ligules découpées, et 'Sombrero', tout jaune ; 'Moerheim Beauty' (80 cm), rouge cuivré à cœur marron ; 'Ruby Tuesday' (50 cm), rouge très foncé ; 'Waltraut' (1 m), jaune et brun à cœur marron foncé ; 'Wyndley' (75 cm), jaune orangé à cœur brun et jaune.

CULTURE EN POT Dans un terreau pour géraniums.

UTILISATIONS Massifs, bouquets, potées.

HYDRANGÉA

Hydrangea paniculata

J F M A M **J J A S O** N D

1/3 m	1/2,50 m		C

Cet arbuste vigoureux à feuilles caduques est le plus tardif des *Hydrangea*. Les feuilles, opposées, entières, dentelées, de 10 à 30 cm de long, sont parfois colorées en automne. D'août à octobre, les inflorescences plates, en panicules, sont composées de petites fleurs fertiles et de fleurs stériles entourées de bractées. La taille adulte s'obtient en 6 ans.

SOL Riche, frais, humifère neutre ou acide. La terre de bruyère pure ne convient pas, mais elle peut être mélangée avec le sol d'origine. Un terreau forestier est idéal.

EXPOSITION Mi-ombre ou soleil doux.

CULTURE Plantez en automne. Arrosez bien et paillez en été. En hiver, éliminez les fleurs fanées. En mars, rabattez les plus vieilles tiges pour provoquer le départ de nouvelles pousses.

ESPÈCES ET VARIÉTÉS On reconnaît aujourd'hui 52 espèces. *Hydrangea paniculata* (de 2 à 3 m), fleurs blanches ; 'Bobo' (80 cm), forme naine à nombreuses fleurs blanches, idéal pour la culture en pot ; 'Dharuma', compact, fleurit dès le mois de mai ; 'Diamant Rouge'

Hydrangea paniculata 'Tardiva'

Hydrangea paniculata 'Early Sensation'

(1,50 m), grandes inflorescences teintées de rouge ; 'Early Sensation', blanc rosé ; 'Fraise Melba' (de 1,50 à 2 m), panicules allongées qui d'abord blanches, rougissent du bas vers le haut ; 'Grandiflora' (de 2 à 3 m), aux énormes panicules blanches, virant au rose vif, est idéal pour les bouquets secs ; 'Great Star' (2 m), port érigé, fleurons ondulés blanc pur ; 'Kyushu' (de 2 à 3 m), très érigé, longues inflorescences pyramidales ; 'Limelight' (2 m), énormes panicules d'abord vertes, puis blanc rosé ; 'Little Lime' (1,20 m), forme naine de 'Limelight' ; 'Phantom' (2 m), fleurs énormes, blanches, puis roses ; 'Pink Diamond' (3 m), buissonnant, panicules blanches à centre rose, qui vieillit entièrement vieux rose ; 'Pinky Winky' (3 m), les fleurs blanches passent au rose, puis au rouge en vieillissant ; 'Silver Dollar' (1 m), à panicules blanc crème ; 'Sundae Fraise' (1,20), compact, fleurs blanches qui rosissent en vieillissant, réussit bien en pot ; 'Tardiva' (3 m) fleurit en août-septembre ; 'Unique' (2,50 m), floraison tardive en panicules énormes ; 'Vanille fraise' (de 1,50 à 2 m), grandes fleurs blanc et rouge.

CULTURE EN POT Dans un pot de 40 cm de profondeur, dans un mélange de terre de bruyère et de terreau.

UTILISATIONS Massif, potée, haie fleurie, groupes isolés de plusieurs sujets.

MILLEPERTUIS ARBUSTIF

Hypericum spp.

J F M A M **J J A S O** N D

0,40/1,20 m | 1/2,50 m | P/SP

Ces petits arbustes très rustiques sont appréciés pour leur culture facile, leurs fruits décoratifs en automne et leur floraison jaune d'or, de longue durée. Les feuilles, simples, sont ovales, opposées. La taille adulte est obtenue en 4 ans.

SOL Bien drainé, frais, riche, humifère.

EXPOSITION Plein soleil ou mi-ombre.

CULTURE Plantez en automne ou au printemps. Fertilisation inutile. Taillez court à la fin de l'hiver.

ESPÈCES ET VARIÉTÉS Il existe 400 espèces. *Hypericum frondosum* 'Sunburst' (1,20 m), au port compact, feuillage semi-persistant, fleurs jaunes jusqu'en septembre. *H.* x *inodorum*, à feuillage semi-persistant ; 'Elstead' (1,50 m), fleurs jaunes estivales suivies de fruits rouges, puis noirs ; la série Magical se caractérise par une fructification abondante dont la couleur varie du crème au rouge foncé en passant par le jaune selon la vingtaine de cultivars ; 'Rheingold' (1 m), fleurs jaunes suivies de baies rouges, puis chocolat. *H. kalmianum* 'Gemo' (1 m), buisson persistant à feuilles étroites, fleurs jaune d'or en été. *H.* x *moserianum* (50 cm), très bon couvre-sol ; 'Tricolor', à feuilles tachetées de rouge, de rose et de jaune. *H. patulum* 'Hidcote' (2 m), à grandes fleurs jaunes. Un hybride : 'Little Mystery' (30 cm), semi-persistant panaché de jaune, floraison jaune jusqu'en octobre.

CULTURE EN POT Dans un pot de 30 cm de diamètre et 20 cm de profondeur, dans un mélange de terreau et de terre de jardin.

UTILISATIONS Talus, rocaille, bordure.

Hypericum patulum 'Hidcote'

LESPÉDÉZA

Lespedeza thunbergii

J F M A M J J A **S O** N D

1/2 m | 2/3 m | C

Ce bel arbuste souple forme une touffe à port retombant, très florifère. Moyennement rustique, il est très spectaculaire à l'automne, lorsque ses tiges arquées croulent sous le poids des panicules roses, de 10 à 15 cm de long.

SOL Riche, léger, profond, humifère.

EXPOSITION Plein soleil pour une bonne floraison, dans un endroit abrité du gel.

CULTURE Plantez au printemps, paillez le pied en hiver. En mars, rabattez les tiges de l'année précédente au ras du sol pour que l'arbuste conserve une forme compacte. Pour le multiplier, arrachez une racine en avril et coupez-la en plusieurs segments que vous mettrez à bourgeonner dans un pot à la maison.

ESPÈCE Il existe 58 espèces acceptées par la nomenclature internationale. On ne cultive que *Lespedeza thunbergii*.

CULTURE EN POT Dans un contenant de bonne taille, dans un mélange de terreau et de sable.

UTILISATIONS Massif, rocaille, haie composée.

FROID

Attention aux gelées printanières qui peuvent être destructrices : paillez la souche pour la protéger du froid.

Un automne joliment coloré

COPALME D'AMÉRIQUE

Liquidambar styraciflua

J F M **A M** J J A S O N D

8/20 m | 4/7 m | C

On cultive cet arbre décoratif pour ses belles couleurs d'automne. Caduc et rustique, il offre un spectacle superbe lorsque son feuillage vire au doré, puis à l'écarlate carminé, mêlé de pourpre violacé et parfois de noir. Le tronc bien droit, à l'écorce crevassée, donne à l'arbre un port majestueux. Croissance très lente (de 5 à 6 m en 20 ans).

SOL Frais, profond, peu calcaire.

EXPOSITION Au soleil, à l'abri du vent fort, avec beaucoup d'espace alentour.

CULTURE À la plantation, veillez à ne pas briser la motte de terre autour des racines. Arrosez bien les premières années. Ensuite, il n'y a rien à faire.

VARIÉTÉS Il existe 5 espèces. *Liquidambar styraciflua* a donné de nombreux cultivars : 'Golden Sun' (de 5 à 6 m), feuillage jaune clair au printemps, puis vert et rouge en automne ; 'Gumball' (3 m), forme naine à port arrondi, convient pour les petits jardins ; 'Lane Roberts' (de 10 à 20 m), rouge écarlate très foncé en automne ; 'Manon' (7 m), au feuillage vert bleuté marginé de blanc ; 'Slender Silhouette' (5 m), à port colonnaire ; 'Worplesdon' (de 10 à 25 m), vert tendre virant au jaune orangé.

CULTURE EN POT Non adaptée.

UTILISATION Isolé, c'est un bon arbre d'ombrage.

NYSSA, TUPÉLO

Nyssa sylvatica

J F M A **M J** J A S O N D

10/15 m | 3/5 m | C

Cet arbre caduc au port élancé, peu connu, offre l'un des plus beaux feuillages d'automne. Il porte des feuilles au pétiole teinté de rouge, qui deviennent jaunes, puis rouge carmin. Les fleurs verdâtres, insignifiantes, sont suivies de fruits ovales et bleutés.

SOL Frais et humide, jamais compact.

EXPOSITION Ensoleillée et bien dégagée.

CULTURE Une taille de formation est nécessaire au début. Ensuite, laissez l'arbre se former naturellement.

ESPÈCES Il existe 9 espèces. *Nyssa aquatica* (12 m), à feuilles oblongues, et *N. sinensis* (15 m), à feuilles plus grandes, se teintent d'écarlate à reflets violacés en automne.

CULTURE EN POT Non adaptée.

UTILISATION Sujet isolé, visible de loin.

JARDIN HUMIDE

Dans un jardin très humide, voire marécageux, c'est un arbre idéal s'il bénéficie d'assez d'espace.

PARROTIE DE PERSE, ARBRE DE FER

Parrotia persica

J **F M** A M J J A **S** O N D

3/6 m | 2/4 m | V

Ce grand arbuste porte l'un des plus beaux feuillages colorés d'automne. Connu aussi sous le nom d'« arbre de fer », le parrotia peut former un petit tronc à l'écorce lisse se détachant par plaques. Avant les feuilles, il porte des petites fleurs à anthères rouges qui donnent des fruits en capsule. Les feuilles, alternes, simples, sont vert foncé et légèrement pubescentes. En automne, elles se nuancent de jaune orangé, puis virent carrément au rouge.

SOL Plutôt acide, humifère, frais, léger.

EXPOSITION Mi-ombre ou soleil doux.

CULTURE Plantez en automne et paillez le pied avec du compost ou du mulch d'écorce. Les premières années, pratiquez une taille de formation.

ESPÈCE ET VARIÉTÉS Il n'existe qu'une seule espèce acceptée par la nomenclature internationale, *Parrotia subaequalis*. Le monde horticole utilise couramment l'appellation *P. persica*. 'Vanessa' (syn. 'Select'), 6 m, est un cultivar à silhouette plus fastigiée ; 'Pendula' (3 m), compact, à port pleureur ; 'Compacta' (4 m), à croissance très lente.

CULTURE EN POT Peu adaptée.

UTILISATIONS Isolé ou pour ombrager un massif de bruyère, camélia, piéris.

PHLOX PANICULÉ

Phlox paniculata

J F M **A M J J A S** O N D

Hauteur	Largeur	Exposition	
0,80/1 m	40/60 cm	☀	A

Ce grand phlox vivace forme une touffe érigée de feuilles opposées, simples, linéaires ou ovales. Les fleurs sont des étoiles à 5 pétales, groupées en bouquets arrondis aux couleurs tendres.

SOL Fertile, bien drainé, non calcaire de préférence. Faites un apport d'humus.

EXPOSITION Soleil, même intense, surtout pour les phlox nains. Un emplacement plus doux et non venté pour les grands.

CULTURE Plantez de septembre à avril (de 4 à 9 pieds/m^2 selon les espèces). Tuteurez les plus grands. Divisez la souche après la floraison tous les 3 à 5 ans.

ESPÈCES ET VARIÉTÉS Il existe 84 espèces et plusieurs sous-espèces *Phlox paniculata* (1,20 m), vigoureux, érigé, touffu, a donné de nombreux hybrides ; 'Amethyst' (90 cm), rose violacé ; 'Blue Paradise' (1 m), bleu lilacé ; 'Bright Eyes' (80 cm), blanc à cœur rose ; 'David' (1 m), blanc ; 'Düsterlohe' (90 cm), violet ; 'Elisabeth Arden' (80 cm), rose ; 'Fanal' (90 cm), rouge brillant ; 'Laura' (90 cm), magenta à œil blanc ; 'Natasha' (1 m), blanc avec une étoile rose ; 'Red Riding Hood' (80 cm), rouge ; 'Starfire' (90 cm), rouge violacé.

CULTURE EN POT Dans un pot de 30 cm en tous sens, dans un terreau pour géraniums.

UTILISATIONS Massif, bouquet.

SUMAC DE VIRGINIE

Rhus typhina

J F M A M J **J A** S O N D

Hauteur	Largeur	Exposition	
2/4 m	2/4 m	☀	C

Ce bel arbrisseau au port ample prend des teintes automnales superbes. Formant souvent un petit tronc, le sumac de Virginie développe des rameaux duveteux au bois moelleux. Les feuilles, alternes, de 30 à 50 cm de long, sont composées de folioles à bord denté. En automne, elles deviennent jaune orangé, puis rouge éclatant. Les inflorescences, en épis veloutés rouge amarante, restent sur la frondaison tout l'hiver.

SOL Consistant et profond de préférence, bien drainé.

EXPOSITION Ensoleillée pour de belles couleurs d'automne, abritée des vents.

CULTURE Plantez en automne. Une taille de fin d'hiver en raccourcissant les pousses florifères de la moitié de leur longueur stimule la croissance et permet de conserver une belle silhouette.

ESPÈCES ET VARIÉTÉS Il existe 130 espèces. *Rhus typhina* est le plus cultivé ; 'Dissecta' (syn. 'Laciniata'), au feuillage finement découpé, est moins vigoureux (2 m) ; 'Tiger Eyes' (syn. 'Bailtiger'), 2,5 m, tiges duveteuses rose violacé, feuillage découpé jaune doré devenant cramoisi en automne.

CULTURE EN POT Peu adaptée.

UTILISATION Isolé. La forme, ample, est incompatible avec une situation en massif.

POUR L'AUTOMNE, VOUS POUVEZ AUSSI CULTIVER

★ *Berberis spp.* (épine vinette) ➲ p. 384 ★ *Calamagrostis* x *acutiflora* (graminée) ➲ p. 318 ★ *Colchicum autumnale* (colchique) ➲ p. 326 ★ *Cornus florida, C. kousa* (cornouiller à fleurs) ➲ p. 228 ★ *Gaultheria mucronata* (pernettya) ➲ p. 547 ★ *Hamamelis* x *intermedia, H. mollis* ➲ p. 468 ★ *Hippophae rhamnoides* (argousier) ➲ p. 386 ★ *Larix decidua* (mélèze) ➲ p. 265 ★ *Malus* x (pommier d'ornement à fruits) ➲ p. 230 ★ *Nandina domestica* (bambou sacré) ➲ p. 278 ★ *Sorbus aucuparia* (sorbier des oiseaux) ➲ p. 520 ★ *Symphoricarpos albus, S.* x *chenaultii* (symphorine) ➲ p. 521 ★ *Taxodium distichum* (cyprès chauve) ➲ p. 232 ★ *Viburnum opulus* 'Roseum' (boule de neige) ➲ p. 521

Un beau jardin en hiver

L'HIVER EST LA PÉRIODE IDÉALE POUR EXAMINER SON JARDIN « À LA LOUPE ». VOUS ALLEZ DÉCOUVRIR DES DÉTAILS QUI ÉCHAPPENT AU REGARD LE RESTE DU TEMPS. VOUS POURREZ VOIR LA STRUCTURE DU JARDIN, SES PERSPECTIVES, ET JUGER SI VOUS DEVEZ APPORTER DES AMÉLIORATIONS.

À FAIRE EN DÉCEMBRE, POUR UN BEL HIVER

Le temps n'est pas encore à son plus froid : vous pouvez travailler au jardin, pour le rendre pimpant, malgré la grisaille. Concentrez-vous d'abord sur les abords de la maison, dont vous profitez tous les jours ... **1**

À FAIRE EN JANVIER, POUR MAINTENIR LE JARDIN EN FORME

C'est la véritable plongée dans l'hiver. Plus rien ne bouge vraiment, mais soigner les détails fait toute la différence : pelouse propre, paillage en place, jolies potées d'hiver remontent le moral ! ... **2**

À FAIRE EN FÉVRIER, POUR PRÉPARER LE PRINTEMPS

Les perce-neige ont donné le signal : l'hiver n'en a plus pour très longtemps. Vous êtes dans les starting-blocks ! ... **3**

LA NEIGE, AVANTAGES ET INCONVÉNIENTS

Les jardiniers aguerris ne redoutent pas la neige : ils savent qu'elle est bénéfique au jardin sur bien des points et savent comment minimiser ses effets négatifs ... **4**

LES BONNES PROTECTIONS ANTI-FROID

Toutes les protections anti-froid ne se valent pas. Sachez les utiliser au mieux selon les plantes et le temps qu'il fait ... **5**

La petite histoire

On doit à Joséphine de Beauharnais (1763-1814), la sulfureuse épouse de Napoléon Ier, l'introduction des mimosas en France. Alors qu'elle séjournait à Hyères, dans le Var, en 1793, pendant que son époux guerroyait en Égypte, elle découvrit le climat quasi subtropical de la région et fit envoyer des plantes du monde entier aux jardins d'Hyères, Toulon et Nice. C'est ainsi qu'en 1804 apparurent sur la Côte d'Azur les premiers mimosas, issus d'échantillons provenant d'Australie. Aujourd'hui, la plante s'est naturalisée danscette région.

IDÉES

→ POURQUOI PAS... **Désherber un massif de terre nue... sans désherbant ?**

Voici une technique de désherbage imparable, qui demande peu d'efforts, peu de moyens, qui est 100 % bio et qui laisse la terre riche et vivante... **6**

UN TEL TAPIS DE PERCE-NEIGES SE FORME EN 5 À 6 ANS.

Les Plantes idéales

★ **Plantes fleuries en hiver :** *Acacia dealbata* (mimosa) ; *Chimonanthus praecox* (chimonanthe) ; *Corylopsis pauciflora* (noisetier d'hiver) ; *Drimys winteri* ; *Mahonia* x *media* ; *Viburnum* x *bodnantense* (viorne d'hiver).

★ **Arbres et arbustes aux écorces décoratives :** *Acer davidii*, *A. grosseri* var. *hersii*, *A. rufinerve* (érables à écorce décorative) ; *Arbutus andrachne* ; *Betula spp.* (bouleau) ; *Hamamelis* x *intermedia*, *H. mollis*.

★ **Arbres ou arbustes aux silhouettes intéressantes :** *Artemisia spp.* (armoise) ; *Corylus avellana* 'Contorta' (noisetier tortueux) ; *Salix matsudana* 'Tortuosa' ; *S.* x 'Erythroflexuosa' (saule tortueux).

Les règles

1. Beaucoup de plantes à floraison hivernale étant très parfumées (les insectes sont rares en cette saison, il faut les attirer coûte que coûte), installez-les près des passages pour en profiter.

2. Les silhouettes comptent beaucoup dans un jardin en hiver. Ponctuez le jardin (même petit) avec des plantes qui donnent un effet de volume et dont on remarque l'architecture.

3. Les arbustes à floraison hivernale sont principalement caducs. Plantez-les devant des persistants qui feront un arrière-plan mettant en valeur ces floraisons un peu « transparentes ».

4. Secouez la neige qui recouvre les conifères et les arbustes persistants afin que des branches ne cassent pas sous son poids.

5. Ne marchez pas sur la pelouse gelée.

6. Taillez toutes les plantes desséchées, abîmées, tachées, car le jardin en hiver paraît vite négligé.

et Si

- J'ai des escaliers ou une terrasse en bois glissant ? **7**
- Mon mahonia se dégarnit de la base ? **8**
- J'ai des poissons dans mon bassin et je veux éviter qu'il gèle complètement ? **9**

1 À faire en décembre, pour un bel hiver

- Finissez de **nettoyer la pelouse**. S'il ne fait pas froid, faites éventuellement une dernière « tonte » qui ramassera tous les déchets.
- Installez plusieurs **mangeoires à oiseaux**, certaines à quelques mètres des fenêtres. Mésanges et autres passereaux prendront l'habitude de venir se restaurer et animeront le jardin.
- Achetez du **voile d'hivernage**. Mettez de côté des cartons et du plastique à bulles, en prévision des grands froids.
- Retirez les **drageons** en trop des arbustes.
- **Griffez** au pied des noisetiers pour exposer le balanin de la noisette au froid et aux oiseaux.
- **Retirez le lierre** poussant sur le tronc des arbres.

2 À faire en janvier, pour maintenir le jardin en forme

- Rechargez les massifs en **paillage**, vérifiez que les oiseaux n'ont pas tout éparpillé à côté.
- Installez, si ce n'est déjà fait, des **protections** autour des plantes en pot les plus fragiles.
- Commencez à consulter les **catalogues** de graines et de plantes, et préparez sur le papier vos futurs massifs et potées.
- S'il ne gèle pas, **bouturez** heuchères, bugles et lamier.
- Vérifiez la viabilité des **graines** (date indiquée sur le sachet).
- **Nettoyez** les fers des outils qui ont tendance à rouiller et aiguisez-les.
- **Commencez la taille** de la vigne.
- **Semez** des violettes et autres petites vivaces printanières.

3 À faire en février, pour préparer le printemps

- **Vérifiez** les dahlias et les cannas stockés en cave.
- **Continuez** la plantation des haies, arbustes et rosiers à racines nues.
- **Transplantez** les touffes de vivaces rustiques (hémérocalles...).
- **Taillez** les rosiers grimpants, en climat doux.
- **Plantez** des fougères dans les coins ombragés, s'il ne gèle pas.
- **Coupez** les vieilles feuilles des hellébores pour dégager les fleurs et les frondes anciennes des fougères.

Helleborus niger 'Pink Ice'

4 La neige, avantages et inconvénients

- Un proverbe dit : « neige de février vaut un bon fumier. » Pourtant, la neige, constituée d'air et d'eau, n'est pas un engrais. Certains avancent que sous la neige, le sol n'étant pas gelé, la **vie bactérienne** continue. Et que c'est elle qui est responsable de la fertilité des sols. Autre explication, des études ont montré que l'eau de la fonte, percolant très lentement dans le sol, entraîne moins les ions nitrate, maintenant plus d'azote assimilable dans le sol.
- La neige non tassée est un **excellent isolant**. Sous le manteau neigeux, la température est juste au-dessus de 0 °C.
- La fonte des neiges donne des informations sur le microclimat du jardin : les endroits fondant en premier sont les zones les plus chaudes. Privilégiez ces endroits pour vos premiers semis.
- La neige fait ployer les branches, surtout celles des persistants, qui la retiennent plus. Secouez-la dans la journée, sinon la courbure imprimée au bois perdure longtemps.

*Télécharger l'application Truffaut +, voir p. 6-7

5 LES BONNES PROTECTIONS ANTI-FROID

Les meilleures protections sont celles qui accumulent de l'air tout en laissant respirer les plantes. De la paille sèche, des feuilles mortes maintenues par de la toile de jute ou du voile d'hivernage forment un bon rempart anti-froid. Le plastique à bulles isole aussi, mais mieux vaut s'en servir ponctuellement et le réserver à la protection des contenants, car il est imperméable et favorise les maladies. Il peut en revanche être utile, en tapis, sur les plantes en pleine terre qui craignent l'humidité (agapanthes, phormiums...).

Attention à la condensation sous le voile.

Dégagez bien le collet des plantes paillées.

et Si

7 J'ai des **escaliers** ou une terrasse en bois **glissant** ?

L'une des manières les plus simples de sécuriser un revêtement de sol en bois glissant par temps humide ou de gel est d'agrafer dessus du grillage à poule. Tendez bien ce dernier et agrafez soigneusement les bords pour ne pas qu'ils se relèvent et fassent trébucher. Vous en trouverez dans tous les magasins de bricolage, en 50 cm ou 1 m de large, pour une longueur de 3 m. Ne prenez pas des mailles trop petites : des mailles de 2-3 cm de large conviennent bien.

8 Mon **mahonia** se **dégarnit** de la base ?

C'est tout à fait normal, c'est le port naturel de la plante. Prenez cela comme une opportunité de lui associer des vivaces de hauteur moyenne ou des petits arbustes. Le choix ne manque pas : hellébores, bergénias, fougères, *Viburnum tinus* nain, ancolies, heuchères, géraniums vivaces (*G. macrorrhizum* à l'ombre)...

Mahonia japonica

9 J'ai des **poissons** dans mon bassin et je veux éviter qu'il **gèle** complètement ?

Si votre bassin abrite des poissons, il est important que la surface ne gèle pas complètement, pour permettre les échanges gazeux. Un fagot de rameaux mis dans l'eau peut faire l'affaire, mais en cas de gel prononcé, mieux vaut acheter, pour moins de 20 €, une cloche antigel avec kit d'aération, qui maintiendra un trou ouvert dans la glace, permettant à l'air de venir oxygéner le bassin et aux gaz nocifs de s'échapper.

La surface de l'eau est le lieu de l'oxygénation.

IDÉES

6 POURQUOI PAS... DÉSHERBER UN MASSIF DE TERRE NUE... SANS DÉSHERBANT ?

Vous voulez installer un beau massif là où ne pousse que de la mauvaise herbe ? Fin décembre, coupez à ras et arrachez tout ce que vous pouvez. Puis posez plusieurs couches de cartons. Par-dessus, épandez une couche de 10 cm de compost pour lester les cartons et les dissimuler. En avril prochain, l'obscurité aura affaibli ou tué les mauvaises herbes les plus coriaces, et la terre, enrichie par la décomposition des cartons et du compost, sera grumeleuse à souhait et bien vivante.

Le coin du curieux

• Dans le langage des fleurs, l'**hamamélis** signifie : « Vous m'envoûtez. » On l'a d'ailleurs longtemps appelé « noisetier des sorcières », et les Anglais continuent à le nommer *witch hazel*. C'est une plante considérée comme magique et mystérieuse, mais certains disent que le mot *witch* (sorcière) serait en fait *wych*, une plante à rameaux souples, les premiers colons américains ayant utilisé des branches d'hamamélis comme baguettes de sourcier.

• Le **mimosa** est, sur le plan botanique, un arbre du genre *Acacia*, tandis que celui désigné en français comme « acacia » est *Robinia pseudoacacia*. Par ailleurs, le genre botanique *Mimosa* désigne la sensitive, une petite plante dont les feuilles se replient sur elles-mêmes lorsqu'on les touche. Fort heureusement, toutes ces plantes appartiennent à la famille des *Fabacées* !

MIMOSA

Acacia dealbata

J F M A M J J A S O N D

2/8 m | 1/3,50 m | -5/-8 °C

Ce bel arbre est l'un des rares à fleurir et à embaumer en plein hiver. Le mimosa développe un feuillage fin, très découpé, vert-gris. La floraison très parfumée, en longues panicules de petites fleurs (glomérules) à l'aspect de pompons jaune d'or, apparaît de décembre à mars.

SOL Terre riche, drainée. *Acacia dealbata* ne supporte pas le calcaire. Dans un terrain alcalin, choisissez des plants greffés sur *A. retinodes*.

EXPOSITION Chaude et ensoleillée. Sans protection, il est rustique seulement sur le littoral.

CULTURE Ses racines n'aiment pas se sentir à l'étroit. Après la floraison, coupez tous les rameaux ayant fleuri à la moitié de leur longueur. Arrosez bien et fertilisez au printemps et en été.

ESPÈCES ET VARIÉTÉS Il existe plus de 1 500 espèces d'acacias, la plupart étant typiques des zones tropicales semi-arides. *Acacia baileyana* 'Purpurea' (4 m), fin feuillage composé, rouge pourpre au printemps, gris bleuté ensuite, floraison en janvier-février (rusticité de – 7 à – 10 °C). *A. conniana* 'Limelight' (80 cm), port étalé (1,50 m), globuleux, feuillage fin vert tendre, pas de floraison (rusticité – 5 °C). Plante très originale idéale pour la culture en pot. *A. cultriformis*, le mimosa couteau (de 2 à 4 m), feuilles triangulaires glauques, floraison généreuse en février-mars (rusticité de – 5 à – 8 °C). *A. dealbata* se décline en nombreux cultivars dont les meilleurs sont 'Mirandole' (de 6 à 8 m), à croissance très rapide et feuilles étroites, l'un des plus rustiques et 'Gaulois Astier' (de 3 à 6 m), plus tardif, à croissance rapide, grosses inflorescences (rusticité de – 7 à – 10 °C). *A. decurrens* 'Bon Accueil' (de 4 à 6 m), croissance rapide, feuilles composées vertes, floraison en janvier-février en grappes généreuses très parfumées ; 'Rustica' (de 4 à 6 m), feuilles bleutées, profusion de fleurs en grappes retombantes (rusticité de – 7 à – 10 °C). *A. floribunda* (de 3 à 4 m), port naturellement retombant, feuilles entières, épis jaune clair en mars-avril (rusticité de – 5 à – 8 °C). *A. longifolia*, le mimosa chenille (de 6 à 8 m), écorce décorative rougeâtre, feuilles entières, floraison de février à avril en épis jaune vif (rusticité de – 5 à – 8 °C). *A. retinodes* (de 4 à 8 m) et ses cultivars 'Glauca', 'Imperialis' 'Lisette', 'Palme d'Or'... sont les célèbres mimosas très cultivés dans le Midi pour la fleur coupée. Résistant au calcaire, ils fleurissent toute l'année avec un pic en été (rusticité de – 5 à – 8 °C).

CULTURE EN POT Dans un grand contentant, de style bac à oranger, de 40 cm en tous sens.

UTILISATIONS Haie, isolé, potée, bouquet.

ENVAHISSANT

Le mimosa se ressème et drageonne lorsqu'il se plaît, au point de devenir très envahissant. Achetez de préférence des sujets greffés, plus florifères.

Acacia dealbata

Vidéo « Cultiver le mimosa »*

Acacia retinodes

ÉRABLES À ÉCORCE DÉCORATIVE

Acer spp.

J F M A M J J A S O N D

6/10 m | 2/4 m

Acer griseum

Parmi les érables, certains offrent une écorce décorative particulièrement intéressante en hiver. Leurs feuilles opposées, découpées en formes très variées selon les espèces, prennent des teintes flamboyantes en automne. Les fruits, caractéristiques, sont munis d'ailes foliacées. Les érables sont tous rustiques et de culture facile.

SOL Toutes les terres fertiles, profondes sont acceptées par la plupart des érables, mais un sol frais leur convient mieux.

EXPOSITION Soleil direct non brûlant ou mi-ombre légère. Pas de vent très fort.

CULTURE Maintenez le sol humide durant les 2 premiers étés suivant la plantation. Une taille de formation s'impose chez les jeunes sujets, puis élaguez tous les 3 ans. Ne taillez pas après décembre, car la sève monte très tôt.

ESPÈCES ET VARIÉTÉS Il existe 165 espèces et de nombreuses sous-espèces ainsi que des variétés naturelles. *Acer davidii*, l'érable du père David (10 m), à l'écorce rouge striée de blanc ; *A. davidii* subsp. *grosseri*, l'érable jaspé de Chine (10 m), à l'écorce vert finement rayée d'argent, très belle coloration automnale du feuillage ; 'Viper' (4 m) ; buissonnant, écorce blanche veinée de vert, aspect très « reptilien ». *A. griseum* (de 8 à 10 m), à l'écorce couleur cannelle qui s'exfolie en lambeaux s'enroulant sur eux-mêmes. Les feuilles, à 3 folioles, prennent de jolies teintes rouges et orangées en automne. *A. grosseri* var. *hersii* (voir *A. davidii*). *A. pensylvanicum* (de 7 à 8 m), à l'écorce striée

*Télécharger l'application Truffaut +, voir p. 6-7

Acer pensylvanicum

Acer rufinerve

de blanc, le feuillage jaunit joliment en automne. *A. rufinerve*, l'érable à feuilles de vigne (10 m), jeune écorce verte, irrégulièrement rayée de vert plus clair ou de blanc, les feuilles à 3 lobes prennent une coloration rouge orangé intense en automne.

CULTURE EN POT Préférez les érables du Japon.

TAILLE

Élaguez les érables tous les 3 à 5 ans à la fin de l'hiver pour bien aérer leur ramure et la réduire en longueur.

ARMOISE

Artemisia spp.

J	F	M	A	M	**J**	**J**	**A**	S	O	N	D

0,10/1,20 m | 0,20/1,50 m | ☀ | V

Artemisia x 'Powis Castle'

Ces vivaces arbustives se parent d'un feuillage aromatique gris argenté particulièrement appréciable en hiver. Formant un buisson touffu, bien ramifié, les armoises portent des tiges érigées aux feuilles vert-gris ou argentées, souvent veloutées et très découpées. Lorsqu'on le froisse, le feuillage dégage une odeur aromatique intense.

SOL Sec, pauvre, bien drainé, calcaire.

EXPOSITION Plein soleil même intense.

CULTURE Plantez au printemps. Apportez un engrais complet en mars et arrosez pendant les chaleurs de l'été. Taillez la touffe à l'entrée de l'hiver.

ESPÈCES ET VARIÉTÉS Il existe environ 300 espèces et de nombreuses sous-espèces. *Artemisia absinthium*, l'absinthe (1,20 m), feuillage persistant aromatique ; 'Lambrook Silver' (de 60 à 90 cm) forme un buisson de feuilles découpées d'un gris argent lumineux. *A. ludoviciana*, l'armoise de Louisiane (70 cm), feuillage persistant gris argenté ; 'Silver Queen' (70 cm), buisson de longues feuilles découpées grises qui verdissent dans la saison, inflorescences laineuses ; 'Valerie Finnis' (de 60 à 80 cm), longues feuilles lancéolées. *A. schmidtiana* 'Nana' (10 cm), plante tapissante au feuillage caduc, très fin, argenté. *A. stelleriana* (40 cm), dont les feuilles ressemblent à celles du cinéraire maritime ; 'Boughton Silver' (15 cm), port étalé, feuilles arrondies gris argenté ; 'Morris Strain' (20 cm) forme un coussin au feuillage joliment découpé gris à revers blanc. *A. vulgaris*, l'armoise commune (1,20 m), dont on cultive dans le jardin certains cultivars très décoratifs de cette « mauvaise herbe », 'CragBarber Eyes' (de 80 cm à 1 m) et 'Oriental Limelight' (80 cm) forment un buisson au feuillage très découpé, panaché vert et jaune.

TUTEURAGE

Les armoises de haute taille ont tendance à se coucher sous le poids des feuilles après la pluie, mieux vaut les tuteurer.

- **HYBRIDES :** 'Canescens' (40 cm), port globulaire, feuilles gris argenté très finement découpées ; 'Powis Castle' (60 cm), port semi-étalé, feuilles persistantes très découpées argentées.

CULTURE EN POT Dans un pot de 15 cm de profondeur pour les petites et de 40 cm de profondeur sur 30 cm de diamètre pour les plus grandes, dans une bonne terre de jardin.

UTILISATIONS Massifs, bordures.

Artemisia stelleriana

BOULEAU

Betula spp.

J F **M A** M J J A S O N D

Hauteur	Largeur	Exposition	Rusticité
620 m	2/5 m	Soleil	C

Arbres caducs, rustiques, les bouleaux sont fort attrayants par la couleur blanche de leur écorce. D'un port souple et gracieux, on les apprécie aussi pour leurs feuilles légères qui prennent un coloris jaune doré en automne. Leur croissance est rapide (4 m en 5 ans).

SOL Toute bonne terre profonde et fraîche, de préférence humifère.

EXPOSITION Soleil, mais pas trop brûlant en été.

CULTURE Tuteurez les jeunes arbres dont l'enracinement est très superficiel. Arrosez régulièrement en été.

ESPÈCES ET VARIÉTÉS La nomenclature internationale reconnaît 218 espèces et plusieurs sous-espèces et variétés naturelles. *Betula albosinensis* (de 6 à 8 m), très belle écorce blanc ombré d'orange qui s'exfolie en lamelles fines ; 'Hergest' (6 m), feuillage vert clair. *B. ermanii* (12 m), à l'écorce blanc crème et rose qui pèle pour laisser apparaître le brun orangé des rameaux. *B. nigra*, le bouleau noir (20 m), dont le tronc orange rosé, teinté de noir,

Betula utilis

s'exfolie. Il est tout doré en automne ; 'Heritage' (15 m), à écorce brun rouge qui se détache par plaques, plus sombre chez les vieux sujets. *B. papyrifera* (20 m), à écorce blanche, lisse et soyeuse, feuillage jaune en automne. *B. pendula* (syn. *B. verrucosa*), le bouleau commun (20 m), à écorce blanche, feuillage léger, rameaux fins et souples ; 'Youngii' (8 m), port pleureur. *B. utilis* (12 m), très beau en hiver, avec une écorce brun clair, puis blanc argenté, qui s'exfolie ; 'Doorenbos' (syn. 'Jacquemontii'), 10 m, écorce très blanche.

CULTURE EN POT Possible sur une grande terrasse pour les variétés les plus compactes, comme *Betula pendula* 'Youngii'. Prévoyez un bac de 1 m de large et 80 cm de profondeur, et un bon terreau forestier souple.

UTILISATIONS Isolé, cépées de 3 à 5 sujets. Bosquets sur talus.

Beluta ermanii

CHIMONANTHE ODORANT

Chimonanthus praecox

J F M A M J J A S O N D

Hauteur	Largeur	Exposition	Rusticité
2/3 m	2/3 m	Soleil	C

Le chimonanthe odorant fleurit en plein hiver, d'où son grand intérêt. Idéal pour le Sud et l'Ouest, cet arbuste compact, érigé, porte des feuilles opposées, coriaces qui apparaissent après les fleurs. Pendantes, celles-ci sont cireuses, d'un jaune soufre teinté de pourpre et exhalent un séduisant parfum de miel. De croissance assez rapide, le chimonanthe atteint sa taille adulte en 5 ou 6 ans.

SOL Ordinaire, profond, frais, drainé.

EXPOSITION Soleil, à l'abri des vents froids.

CULTURE Plantez au printemps. Protégez bien les jeunes plants des gelées. Taillez sans excès, juste pour équilibrer l'arbuste après la floraison. Fertilisez et paillez en été. Multiplication facile par semis des graines dès leur maturité.

ESPÈCES ET VARIÉTÉS Il existe 5 espèces et une variété naturelle. *Chimonanthus praecox* (3 m) est la seule à être couramment cultivée ; 'Grandiflorus', à fleurs jaune plus foncé, teintées de rouge ; 'Luteus', à grandes fleurs, tardives, d'un jaune cireux uniforme.

CULTURE EN POT Dans un pot de 30 cm en tous sens, dans un terreau d'écorce, additionné d'un peu de fertilisant à base de fumier.

UTILISATIONS Isolé, massif, haie libre.

EMPLACEMENT

Plantez le chimonanthe tout près de la maison ou le long d'un passage pour profiter de son parfum.

NOISETIER D'HIVER

Corylopsis pauciflora

J **F** M A M J J A S O N D

Hauteur	Largeur	Exposition	
1/2 m	1/1,50 m	☀	C

Ce bel arbuste au port très évasé porte des feuilles alternes ressemblant à celles du noisetier, qui deviennent complètement dorées en automne. Les fleurs très parfumées, jaune pâle, en grappes pendantes, apparaissent en fin d'hiver avant les feuilles.

SOL Riche, frais, humifère, acide ou neutre. Un apport de tourbe est conseillé.

EXPOSITION Mi-ombre, dans un emplacement bien abrité des vents froids.

CULTURE Plantez au printemps. Arrosez régulièrement et paillez en été pour maintenir le sol frais. Taillez après la floraison pour équilibrer la ramure.

ESPÈCES ET VARIÉTÉS Il existe 25 espèces. *Corylopsis pauciflora* (2 m), aux nombreuses grappes jaune primevère en février-mars. *C. spicata* (2 m) se pare de fleurs jaune pourpre aux anthères rouge pourpre.

CULTURE EN POT Non adaptée.

UTILISATION Massif d'arbustes.

CHOIX DES COULEURS

Achetez le corylopsis en fleur, car on constate, d'un sujet à l'autre, des variations dans l'intensité des coloris.

NOISETIER TORTUEUX

Corylus avellana 'Contorta'

J **F** M A M J J A S O N D

Hauteur	Largeur	Exposition	
2/3 cm	1/2 cm	☀	C

Cet arbuste au port très graphique développe des rameaux contournés, à la silhouette sinueuse qui en hiver deviennent très décoratifs. À la fin de l'hiver, comme ses cousins, il se couvre de chatons pendants jaune pâle.

SOL Ordinaire, pas trop sec, restant frais la plupart du temps.

EXPOSITION Mi-ombre ou soleil modéré.

CULTURE Plantez toute l'année si la plante est en conteneur, hors période de gel. Arrosez régulièrement et paillez en été pour maintenir le sol frais. L'arbuste pousse beaucoup plus lentement que ses cousins.

ESPÈCES ET VARIÉTÉS Il existe une variété (récente) pourpre, 'Red Majestic'. Le coloris très pourpre au en début de printemps s'atténue au cours de l'été et vire à un vert plus ou moins prononcé suivant les situations. Les fleurs en chatons et l'enveloppe des fruits sont également pourpres.

CULTURE EN POT Possible dans de grands pots de 40 cm en tous sens.

UTILISATION Massif d'arbustes, isolé.

DRIMYS, CANNELLE DE MAGELLAN

Drimys spp.

J F **M A M J** J A **S** O N D

Hauteur	Largeur	Exposition		Rusticité
3/5 m	2/3 m	☀	P	-8 °C

Drimys winteri

Cet arbuste touffu est cultivé pour ses fleurs et feuilles aromatiques. Assez frileux, il est surtout destiné aux jardins du Midi ou de l'Ouest, où il sera placé le long d'un mur exposé au sud. Les feuilles alternes, elliptiques, dégagent, lorsqu'on les froisse, une forte odeur poivrée. Les fleurs blanches, étoilées, portées en bouquets, sentent le jasmin.

SOL Acide et frais, par exemple de la terre de bruyère et du terreau en mélange.

EXPOSITION Ensoleillée et abritée du froid.

CULTURE Plantez au printemps. Pour conserver une forme élégante, taillez après la floraison les branches disgracieuses. Paillez en hiver.

ESPÈCES La nomenclature botanique internationale reconnaît 7 espèces. *Drimys winteri* (syn. *D. aromatica*), 6 m, à longues feuilles coriaces, fleurs parfumées blanc ivoire.

CULTURE EN POT Conseillée dans les régions fraîches, pour pouvoir le rentrer à l'abri du gel en novembre. Donnez-lui un grand bac de 50 cm de côté au minimum, avec un mélange à parts égales de terreau de feuilles, de terre de jardin et de sable.

UTILISATIONS Massif de terre de bruyère, terrasse.

HUMIDITÉ

Douchez le feuillage chaque soir après une forte chaleur estivale, car le drimys aime la moiteur.

HAMAMÉLIS

Hamamelis spp.

J F M A M J J A S O N D

3/5 m | 2/3 m | C

Ce grand arbuste offre l'une des plus belles floraisons hivernales. Rustique, au joli port étalé, formant parfois un petit tronc, l'hamamélis porte de grandes feuilles alternes, ovales, de 5 à 10 cm de long, virant au jaune cuivré en automne. Les fleurs filiformes, jaunes, orange ou rouges, insérées sur les rameaux, ressemblent à des araignées. Elles sont souvent parfumées. Croissance lente (1 m en 3 ans).

SOL Riche, assez frais, humifère, acide ou neutre. Un apport de tourbe ou de terre de bruyère est conseillé à la plantation.

EXPOSITION Soleil non brûlant ou mi-ombre légère, la floraison et les couleurs d'automne sont réduites à l'ombre.

CULTURE Plantez en automne. Paillez les premiers étés pour maintenir le pied au frais. Ne taillez pas de manière systématique, mais conservez un bon équilibre en éliminant ou en réduisant les rameaux disgracieux.

ESPÈCES ET VARIÉTÉS Il existe 2 espèces. *Hamamelis mollis* (3 m), aux pétales jaune vif et calice brun ; 'Coombe Wood', à fleurs un peu plus grandes ; 'Fred Chittenden' (syn. 'Pallida'), à fleurs jaune soufre ; 'Goldcrest', aux fleurs d'un jaune d'or intense, teintées de rouge à la base. *H.* x *intermedia* est une forme hybride vigoureuse (4 m) ; 'Arnold Promise' est compact (1,50 m), à fleurs jaune foncé ; 'Diane', à fleurs rouges ; 'Jelena' (syn. 'Copper Beauty'), à fleurs rouge orangé ; 'Primavera' (3 m), jaune pâle, très florifère ; 'Westerstede' (3 m), à fleurs jaune foncé. *H. virginiana*, l'hamamélis d'Amérique (de 4 à 5 m), port évasé, fleurs jaune soufre à partir de novembre, très belle coloration or du feuillage en automne.

EXCÈS DE CALCAIRE

Si les feuilles restent jaunes en été, c'est que la terre est trop calcaire. Changez l'hamamélis de place et plantez-le dans une fosse remplie de terre de bruyère et de terreau forestier.

CULTURE EN POT Possible, mais la floraison restera limitée. Donnez-lui un grand pot et un mélange de terre de bruyère, de terreau et de sable.

UTILISATIONS Isolé dans un endroit bien dégagé, sur un fond de conifères ou de persistants. Plantez toujours à proximité de la maison pour profiter du parfum.

Vidéo « Cultiver un hamamélis »

Hamamelis virginiana

MAHONIA

Mahonia spp.

J F M A M J J A S O N D

1,50/2 m | 1/2 m | P

Vidéo « Cultiver un mahonia sans épines »

Mahonia eurybracteata 'Soft caress'

Ces arbustes sont faciles à cultiver et passe-partout. Buissonnants, touffus, les mahonias sont proches des berbéris, mais avec des feuilles plus grandes et piquantes, les rameaux étant dépourvus d'épines. Les feuilles alternes, composées, avec un nombre impair de folioles, ont une texture coriace. Elles rougissent souvent en hiver. Les fleurs, très précoces, en grappes ou en épis, sont toujours jaunes. Fruits en baies noires ou bleu foncé, qui lui valent son nom de « vigne de l'Oregon ».

SOL Neutre ou calcaire, frais, sans humidité excessive. Très tolérants, les mahonias préfèrent une terre sableuse. Les mahonias à feuilles très longues apprécient un sol humifère et un peu acide.

EXPOSITION Le mahonia supporte indifféremment le plein soleil ou l'ombre dense. Les formes à longues feuilles comme 'Charity' sont plus frileuses. Plantez-les de préférence près d'un mur bien abrité.

CULTURE Plantez en automne ou au printemps. Paillez le pied des espèces à grandes feuilles.

*Télécharger l'application Truffaut +, voir p. 6-7

ORIGINE DU NOM

Le nom *Mahonia* a été donné à cet arbuste en l'honneur de Bernard Mc Mahon, jardinier et botaniste américain (1755-1816).

Taillez après la floraison pour conserver une forme régulière et harmonieuse à la touffe.

ESPÈCES ET VARIÉTÉS Il existe 45 espèces. *Mahonia eurybracteata* 'Soft Caress' (1 m), compact, les feuilles linéaires évoquent les frondes de certaines fougères, épis jaune citron parfumés en automne et en hiver, un cultivar original qui réussit bien en pot. *M. japonica*, feuilles pennées à bordure coriace bordée d'épines, fleurit en grappes jaune citron de 15 à 20 cm, à l'odeur de muguet ; 'Bealei', au panache de grandes feuilles à l'extrémité des tiges, fleurs en longs épis jaunes. *M.* x *media* résulte d'un croisement spontané entre *M. lomariifolia* et *M. japonica* ; 'Buckland' (2,50 m) développe des feuilles de 50 à 70 cm et de longues grappes arquées ; 'Charity' (2,50 m), aux feuilles de 50 cm, très découpées. Ses fleurs jaune vif, de novembre à février, en longues grappes pendantes, de 20 à 30 cm de long, exhalent un parfum de muguet ; 'Lionel Fortescue' (2,50 m), érigé, à longues fleurs et jeunes pousses pourpres ; 'Winter Sun' (1,50 m), similaire au précédent, mais aux feuilles plus coriaces.

CULTURE EN POT Dans un pot de 30 cm de diamètre, dans un mélange à parts égales de terreau universel et de terre de jardin.

UTILISATIONS Isolé, massifs d'arbustes, haies en mélange, bacs, bouquets de branches fleuries.

Mahonia x *media* 'Charity'

SAULE TORTUEUX

Salix spp.

J F M A M J J A S O N D

5/10 m | 2/4 m | C

Certaines espèces arbustives de saules sont particulièrement intéressantes en hiver pour leurs branches sinueuses.

SOL Frais, voire humide, assez lourd, riche, mais de préférence non calcaire.

EXPOSITION Au soleil dans un endroit aéré. Un climat frais, humide, est apprécié.

CULTURE Plantez de préférence en automne. Arrosez et paillez les jeunes sujets.

ESPÈCES ET VARIÉTÉS Il existe au moins 300 espèces. *Salix babylonica* 'Tortuosa' (syn. *S. matsudana*), de 6 à 10 m, à écorce jaune, a une forme élancée. Les branches spiralées d'une rare originalité portent de très jolis chatons. *S.* 'Erythroflexuosa', le saule tortueux à bois jaune (5 m), aux rameaux tortueux, à écorce jaune orangé et aux feuilles ondulées.

CULTURE EN POT Dans un bac de 40 cm en tous sens au minimum.

UTILISATIONS Isolé, rocailles, potées.

TAILLE

Rabattez sévèrement les saules tortueux ou à feuillage coloré chaque hiver.

VIORNE D'HIVER

Viburnum x *bodnantense*

J F M A M J J A S O N D

2/3 m | 1/2 m | C

Cet arbuste caduc, très décoratif, est précieux pour sa floraison hivernale blanc rosé, parfumée, en bouquets compacts. Les fleurs donnent quelques petites baies sphériques, noir bleuté ou pourpres.

SOL Riche, profond, humifère et frais, de préférence peu calcaire.

EXPOSITION Soleil ou mi-ombre dense.

CULTURE Plantez en automne. Arrosez bien et paillez les premiers étés après la plantation.

ESPÈCES ET VARIÉTÉS Il existe 170 espèces. *Viburnum* x *bodnantense* est un hybride de *V. farreri* et de *V. grandiflorum* qui manque parfois un peu de rusticité ; 'Charles Lamont', feuillage qui rougit à l'automne, boutons rouges et fleurs rose foncé très parfumées ; 'Dawn', à fleurs rose tendre ; 'Deben', aux fleurs blanches nuancées de rose et anthères crème.

CULTURE EN POT Dans un pot de 30 cm en tous sens.

UTILISATIONS Isolé, massif, bac, sous-bois.

POUR UN JARDIN BEAU EN HIVER, VOUS POUVEZ AUSSI UTILISER

★ *Azara microphylla, A. serrata* ➲ p. 249 ★ *Aucuba japonica* (aucuba) ➲ p. 474 ★ *Corylus avellana* 'Contorta' (noisetier tortueux) ➲ p. 869 ★ *Cornus alba, C. officinalis, C. sanguinea* 'Winter Flame', *C. stolonifera* 'Flaviramea' (cornouiller) ➲ p. 375 ★ *Gaultheria procumbens* ➲ p. 547 ★ *Lagerstroemia indica* (lilas des Indes), ➲ p. 229

Des plantes belles toute l'année

LES VÉGÉTAUX RESTENT ESSENTIELS AU JARDIN, MALGRÉ TOUS LES ACCESSOIRES, LES DÉCORATIONS ET LES ÉLÉMENTS BÂTIS POUR LES METTRE EN VALEUR. LEUR CHOIX DOIT ÊTRE JUDICIEUX, SURTOUT DÈS QU'ON SAIT QUE CERTAINS SONT BEAUX TOUTE L'ANNÉE ET SUIVENT LE FIL DES SAISONS.

DEVOIR D'INVENTAIRE

Un jardin beau toute l'année, ça commence sur le papier. Dressez l'inventaire de tous les avantages qu'offrent les espèces végétales que vous avez choisies ... 1

PRÉPARER L'HIVER

Le printemps et l'été proposent une profusion de couleurs, l'automne apporte son lot de feuillages vifs, mais l'hiver est la saison qui pèche par son offre réduite ... 2

Viburnum x bodnantense

Olivier de Bohême

ASSOCIER UNE CLÉMATITE À UN ARBUSTE

Les deux floraisons se mêleront pour donner un effet contrasté et surprenant. Faites de même avec des rosiers grimpants ... 3

TAILLER L'OLIVIER DE BOHÊME

Petit arbre ou grand arbuste, comme on voudra, l'olivier de Bohême demande une petite taille d'entretien ou une taille sévère pour être reformé ... 4

Le coin du curieux

Le houx est une plante dioïque, c'est-à-dire unisexuée, les fleurs mâles et les fleurs femelles sont portées par des plants différents. Il faut en tenir compte quand on recherche les fruits décoratifs ... 5

ÉCLATANTS CHRYSANTHÈMES

Le chrysanthème traîne encore sa mauvaise image de fleurs des morts. Pourtant, la profusion de variétés horticoles a sa place au jardin pour rehausser l'automne ... 6

IDÉES

→ POURQUOI PAS… Planter quelques fruitiers ? 7

→ POURQUOI PAS… Utiliser les plantes qui se ressèment ? 8

et Si

- Je veux des plantes au feuillage noir ? 9
- Les feuilles de mon houx se décolorent ? 10

Les Plantes idéales

Les plantes proposées présentent un intérêt ornemental à chaque saison, une floraison éclatante et durable, un feuillage persistant aux belles colorations automnales. On peut aussi préconiser les plantes citées dans « Un balcon vert toute l'année », p. 552.

★ *Amelanchier canadensis*, *A. lamarckii*
★ *Aucuba japonica* (aucuba du Japon) ★ *Cryptomeria japonica* 'Elegans' ★ *Elaeagnus angustifolia* (olivier de Bohème) ★ *Erysimum* 'Bowle's Mauve' (giroflée arbustive)
★ *Ilex* x *altaclerensis*, *I. aquifolium* (houx)
★ *Pyracantha spp.* (buisson-ardent)
★ *Ruscus aculeatus* (fragon)

NOS CONSEILS

1. Utilisez des plantes belles au moment où leurs voisines le sont moins.
2. Pensez aux topiaires : leur aspect immuable, participe à la structure permanente du décor (voir « Un espace de topiaires », p. 300).
3. Captez le regard par des détails forts, une floraison généreuse, éclatante, une fructification colorée et abondante, un contraste fort entre deux plantes.
4. Décorez tout l'espace : les zones dénudées ou négligées gâchent l'aspect décoratif d'un jardin.
5. Remplacez systématiquement un « trou » dans un massif par une plante nouvelle (une saisonnière) en plein épanouissement.
6. Dans un petit jardin, choisissez des plantes attractives en toutes saisons. C'est le meilleur moyen pour tirer parti d'un espace restreint.
7. Pensez aux graminées (et aux carex). Ces plantes allient la légèreté de la silhouette à un large choix de coloris et de panachures des feuillages, sans oublier leurs floraisons élégantes et gracieuses.

1 Devoir d'inventaire

Un jardin attractif toute l'année, ça ne s'improvise pas. Sur une feuille de papier, dressez la liste des caractéristiques promises par les espèces végétales, mois par mois. Commencez par le plus simple, les périodes de floraison et couleurs des fleurs, faites de même pour les fruits décoratifs. Répertoriez les feuillages décoratifs, surtout pour l'automne, mais pas seulement, aussi les écorces hivernales. Mettez en avant les avantages apportés par une seule plante ou une catégorie, comme la floraison hivernale. Pensez aussi aux plantes potagères, les grosses courges, par exemple, sont très graphiques et étonnantes.

2 Préparer l'hiver

L'hiver ne peut rivaliser avec les autres saisons, mais en cherchant un peu, et sans compter seulement sur les feuillages persistants, vous ferez de bonnes découvertes. Les écorces colorées de rouge et de jaune des cornouillers arbustifs dénudés en sont un exemple. Plantez les arbustes à floraison hivernale, le mahonia, *Mahonia* x *media* Charity, la viorne de Bodnant, *Viburnum bodnantense*, le chimonanthe odorant, *Chimonanthus praecox,* le chèvrefeuille d'hiver, *Lonicera fragrantissima*, le jasmin d'hiver, *Jasminum nudiflorum*, les mimosas d'hiver et le jasmin polyanthe, *Jasminum polyanthum,* pour les climats doux.

Jasmin mudiflorum

3 Associer une clématite à un arbuste

Optez pour une clématite fleurissant à la même saison que l'arbuste : celles du groupe Montana, à feuillage persistant, fleurissent au printemps, tandis que celles du groupe Florida donnent des fleurs en été. À l'inverse, s'il s'agit d'habiller des arbustes ou des arbres nus en hiver, faites grimper des clématites cireuses, *Clematis cirrhosa* ; ces grimpantes à feuillage persistant fleurissent en belles clochettes en février-mars. Plantez 'Freckles', pour ses fleurs crème largement tachetées de pourpre, et 'Lansdomne Gem', à floraison bordeaux et feuillage semi-persistant.

Clématite et céanothe

4 Tailler l'olivier de Bohême

L'olivier de Bohême demande seulement une ou deux tailles d'entretien, tant qu'il ne prend pas des dimensions trop importantes et gênantes. Avant la reprise de végétation, coupez tout le bois mort, les branches qui se croisent, et dégagez le centre de l'arbre pour une bonne aération. Après la floraison, taillez les rameaux ayant fleuri, au-dessus d'un œil, pour supprimer un quart de la longueur et les pousses qui déséquilibrent la plante. Les gros sujets peuvent être élagués sur les charpentières, voire subir un rabattage plus sévère en automne ; ils repartent toujours au printemps, mais l'intervention exalte encore plus la production de nombreux rejets à la base que vous devrez supprimer.

Olivier de Bohême

5 *Le coin du curieux*

De nombreuses autres plantes sont dioïques (*Actinidia*, *Araucaria*, *Aucuba*, *Cercidiphyllum*, if, *Skimmia*...). Cela signifie donc que seuls les houx femelles portent des baies. Attention aux faux amis, car de manière étonnante, le cultivar 'Golden King' est une forme femelle, tandis que 'Golden Queen' est un mâle ! 'Alaska', 'Albomarginata', 'J.C. Van Tol', 'Madame Briot', sont d'excellents houx femelles. Toutefois, il est bien évident que la présence d'un pied mâle est indispensable à la fructification. Un houx mâle peut polliniser jusqu'à 5 femelles.

Tirez parti du port en boule des chrysanthèmes.

6 ÉCLATANTS CHRYSANTHÈMES

De gros coussins arrondis entièrement recouverts de petites fleurs aux coloris chatoyants, avouez qu'il serait dommage de s'en passer, d'autant plus qu'ils ont le bon goût de fleurir en plein automne. Le choix est très large, à faire au moment de l'achat. Lorsque vous aurez déniché le chrysanthème de vos rêves, vous pourrez le bouturer, il n'y a rien de plus simple. Quelques boutures de tête récupérées entre avril et juillet, un rien d'hormone de bouturage et un terreau léger, et en quelques semaines, vous pourrez faire vos potées.

IDÉES

7 POURQUOI PAS... PLANTER QUELQUES FRUITIERS ?

Grenadier

On pense aux fruitiers pour leurs fruits, mais moins pour leurs atouts décoratifs. Pourtant, entre leurs floraisons abondantes, leurs fruits beaux avant d'être bons et leurs feuillages d'automne, ils participent au décor du jardin une grande partie de l'année. Plantez pommiers, cerisiers, cognassiers et poiriers dans toutes les régions. Admirez le grenadier pour son feuillage d'or en automne et ses pousses cuivrées de printemps, considérez le néflier du Japon pour ses belles et grandes feuilles persistantes, sa floraison hivernale dans tout le pays et ses fruits orange de mai-juin, dans les climats doux.

8 POURQUOI PAS... UTILISER LES PLANTES QUI SE RESSÈMENT ?

Belle-de-nuit

Remettez-vous-en à la nature et à son cycle pour entretenir le décor que vous avez choisi. Une fois plantées, certaines annuelles fleuries se ressèment en place et reviennent tous les ans, avec toujours plus de présence. Plantez une fois pour toutes le souci, la nigelle de Damas, l'eschscholzia, le corydale, les belles-de-nuit, la verveine de Buenos Aires, le coquelicot-coccinelle *(Papaver commutatum)*, la monnaie-du-pape, le myosotis, le pavot d'Islande *(Papaver nudicaule)*...

et Si

9 Je veux des **plantes** au feuillage **noir** ?

Pennisetum

Quel meilleur contraste que de placer de la couleur sur un fond noir ! Les plantes à feuillage noir, ou au moins pourpre très foncé, sont de bons faire-valoir pour les espèces fleuries. Dans les massifs bas et moyens, utilisez l'ophiopogon et certaines variétés de phormiums à feuillage pourpre foncé, comme 'Baby Bronze', 'Dark Delight' et 'All Black'. Cultivez certains pennisetums, tels 'Purple Majesty', aux épis noirs, et 'Vertigo'. Dans les jardins secs de climat doux, placez l'aéonium 'Zwartkop'. Misez sur le feuillage foncé des heuchères les plus sombres, 'Black Beauty', 'Obsidian', 'Black Out', 'Frosted Violet'.

Ophiopogon

10 Les feuilles de mon **houx** se **décolorent** ?

Il s'agit d'une attaque de la mineuse du houx *(Phytomyza ilicis)*. Comme pour toutes les mineuses, la larve de ce diptère creuse des galeries dans l'épaisseur du limbe dont elle se nourrit. C'est un parasite mineur, à savoir que les dégâts dévalorisent le feuillage, mais sont sans danger pour la survie de la plante. Coupez les jeunes pousses atteintes. Il semble que l'odeur de la citronnelle et de la mélisse ait un effet répulsif, mais rien n'est vraiment prouvé.

AMÉLANCHIER

Amelanchier spp.

J F M **A** M J J A S O N D

2/8 m | 2/4 m | C

Feuilles d'automne d'Amelanchier lamarckii

Très rustique et de culture facile, l'amélanchier enchante le printemps. Ce sont des arbustes ou petits arbres de croissance rapide, au port léger et gracieux. Leurs jolies fleurs simples en avril sont suivies de fruits comestibles. Les couleurs d'automne (écarlate, pourpre et orangé) sont superbes.

SOL Toute bonne terre de jardin bien drainée, même calcaire. En sol humide, retenez *Amelanchier canadensis*. En sol sec, optez plutôt pour *A. lamarckii*.

EXPOSITION Soleil ou mi-ombre, sous un climat de préférence assez humide.

CULTURE Paillez en mai, éliminez les drageons. Fertilisez au printemps. Taillez pour équilibrer la ramure et aérer la silhouette.

ESPÈCES ET VARIÉTÉS Il existe 28 espèces et quelques sous-espèces. *Amelanchier arborea* 'Robin Hill' (de 5 à 7 m), son jeune feuillage cuivré verdit en été, puis devient jaune orangé en automne. Floraison blanche parfumée en mars-avril, fruits rares. *A. canadensis* (de 4 à 8 m) touffe ou un petit arbre aux fleurs blanches en avril-mai, puis aux fruits noirs. Belle coloration automnale rouge feu, puis cuivrée. *A. laevis* (de 3 à 6 m), superbe en avril avec ses fleurs blanches parfumées et son jeune feuillage d'un joli rose. *A. lamarckii* (de 4 à 6 m) se couvre de fleurs blanches de fin avril à début mai. Fruits noirs, sucrés, juteux. *A. ovalis* (syn. *A. rotundifolia*), l'amélanchier à feuilles ovales (de 2 à 3 m), buissonnant, jeunes feuilles teintées de rose, grappes de fleurs blanches au printemps, croissance assez lente.

- **HYBRIDES :** 'Autumn Brilliance' (de 6 à 8 m), grosses fleurs étoilées, petits fruits noirs comestibles qui attirent les oiseaux, feuillage rouge orangé lumineux en automne ; 'Ballerina' (de 4 à 6 m), feuilles bronze puis vertes en été et enfin rouge pourpre. Abondante floraison blanche en avril-mai, suivie en fin d'été de baies rouge pourpre foncé comestibles.

CULTURE EN POT Non adaptée.

UTILISATIONS Isolé, fond de massif. Superbe en haie libre.

AUCUBA DU JAPON

Aucuba japonica

J F **M** **A** M J J A S O N D

1,50/3 m | 1/2 m | P

Aucuba japonica 'Crotoniflora'

Cet arbuste est apprécié en ville pour sa résistance à la pollution. Très rustique, buissonnant, l'aucuba porte des feuilles opposées, coriaces, lustrées, panachées ou maculées de jaune ou de blanc. Les pieds sont dioïques, il faut donc un plant mâle et un plant femelle pour obtenir une fructification, sous forme de petites boules rouges de 1 à 2 cm de long, entre novembre et avril.

SOL Bonne terre de jardin, fraîche.

EXPOSITION Mi-ombre à ombre.

CULTURE Évitez de tailler cet arbuste, sauf pour lui conserver une forme équilibrée. Pour constituer une haie, plantez un pied tous les 80 cm à 1 m sur le rang. Inutile de fertiliser.

ESPÈCES ET VARIÉTÉS Il existe 10 espèces reconnues par la nomenclature botanique internationale. *Aucuba japonica* (de 2 à 3 m) ; 'Crotonifolia' (2,50 m), aux feuilles légèrement dentées et saupoudrées d'un jaune soutenu, forme femelle ; 'Picturata' (de 1,50 à 2 m), les feuilles portent une large tache irrégulière jaune au centre ; 'Rozannie' (1 m), compact, vert foncé brillant, plante autofertile à la fructification abondante ; 'Variegata' (3 m), un peu plus grand que le type, mais moins coloré.

CULTURE EN POT Dans un bac de 40 cm en tous sens, dans de la terre de jardin additionnée de quelques poignées d'amendement organique.

UTILISATIONS Massif d'arbustes variés, haie libre, balcon, terrasse.

CRYPTOMÉRIA, CÈDRE DU JAPON

Cryptomeria japonica

J F M A M J J A S O N D

Hauteur	Largeur	Exposition	
1,50/7 m	1/3 m		P

Cryptomeria 'Elegans Viridis'

Ce conifère élégant, léger, conserve une silhouette très compacte. Le *sugi*, comme disent les Japonais, est un grand arbre persistant, vert bronze en été, qui brunit dès les premières gelées. Les feuilles étroites, recourbées, sont portées en spirale autour des rameaux. L'écorce fibreuse, rouge brun, s'exfolie un peu comme celle du séquoia. Croissance lente sous un climat froid.

SOL Frais, riche, profond, bien drainé. Le calcaire est assez bien toléré.

EXPOSITION De préférence en plein soleil dans un lieu abrité, chaud. La mi-ombre est bien tolérée sous un climat doux.

Cryptomeria japonica 'Cristata'

RAJEUNISSEMENT

Si vous souhaitez rajeunir un cryptoméria âgé, qui prend un port un peu dégingandé, n'hésitez pas à rabattre le tronc à la base, car comme le séquoia, ce conifère rejette bien de la souche.

CULTURE Plantez au printemps. Arrosez bien et paillez les premiers étés. Protégez des vents froids. Taille légère des jeunes pousses en septembre.

ESPÈCE ET VARIÉTÉS Il existe une seule espèce, *Cryptomeria japonica*, qui a donné naissance à divers cultivars intéressants : 'Araucarioides' (de 4 à 5 m), port conique, aspect échevelé, branches divergentes, aiguilles fines et courtes, croissance lente ; 'Cristata' (5 m), conique, serré, au feuillage souvent fascié (en éventail) ; 'Dacrydioides' (1,50 m) porte des branches grêles, peu ramifiées ; 'Elegans' (de 3 à 5 m) se développe en colonne vert bleuté qui devient brun rougeâtre en hiver, il faut le protéger des froids vifs ; 'Elegans Viridis' (de 3 à 5 m) reste vert toute l'année ; 'Rasen' (5 m), aiguilles recourbées disposées en spirale autour des pousses, aspect contourné original.

CULTURE EN POT Préférez les formes compactes (voir p. 556).

UTILISATIONS Isolé pour les grands sujets ou arrière-plan des massifs.

Cryptomeria japonica 'Elegans'

OLIVIER DE BOHÈME

Elaeagnus angustifolia

J F M A **M J** J A S **O N** D

Hauteur	Largeur	Exposition	
3/6 m	2/4 m		C/P

Arbuste touffu formant un petit tronc, l'olivier de Bohême porte un feuillage alterne, lancéolé, argenté au revers, sur des rameaux couverts de petites épines. La floraison, très discrète, est estivale. Elle dégage un parfum sucré et suave qui se répand dans l'air. Bien qu'assez rustique, l'olivier de Bohême préfère nettement les jardins du littoral.

SOL Ordinaire, sableux, même sec et pauvre. Évitez les terres trop calcaires.

EXPOSITION Soleil, mi-ombre, les vents forts et les embruns sont bien tolérés.

CULTURE Plantez toute l'année les sujets en conteneur. Pour favoriser la ramification les premières années suivant la plantation, rabattez les pousses d'un tiers de leur longueur et faites une taille d'équilibrage chaque printemps afin de conserver une forme régulière.

ESPÈCES ET VARIÉTÉS Il existe près de 100 espèces. *Elaeagnus angustifolia* (6 m) ; 'Quicksilver' (3 m), feuillage persistant, drageonnant, pyramidal, très peu épineux, à pousses argentées et floraison abondante.

CULTURE EN POT Dans un pot de 40 cm en tous sens, dans un mélange de terre de jardin et de terreau.

UTILISATIONS Haie brise-vent, haie défensive, massifs dans les jardins du bord de mer.

GIROFLÉE ARBUSTIVE

Erysimum 'Bowle's Mauve'

J F **M A M J** J A S O N D

Hauteur	Largeur	Exposition		Rusticité
60/80 cm	60 cm	Soleil	V	-7/-12 °C

Cet arbrisseau vivace à feuillage persistant porte des feuilles lancéolées, gris-vert, et fleurit en bouquets de petites fleurs mauves de 1,5 cm de diamètre. La floraison se poursuit une grande partie de l'année dans les climats doux.

SOL Léger, pauvre, même calcaire, pas trop sec à frais.

EXPOSITION Plein soleil.

CULTURE La plante, voisine des giroflées, est rustique et réclame peu de soins, simplement une taille d'entretien pour la reformer après la floraison, et dans tous les cas en automne, en octobre-novembre. Ceci pour éviter à la plante de prendre un port dégingandé. Dans les climats froids, elle est cultivée comme annuelle.

VARIÉTÉS Outre la variété décrite, vous pouvez planter d'autres cultivars assez proches comme 'Constant Cheer', à fleurs orangées devenant pourpres, 'Goldstaub', à floraison jaune vif, 'Jubilee Gold', à fleurs jaune d'or, ou la giroflée arbustive panachée 'Variegatum', aux feuilles panachées de crème, plus sensible au froid (– 7 °C).

CULTURE EN POT Dans un terreau horticole ordinaire à maintenir frais.

UTILISATIONS Massifs, jardin sec, potées fleuries.

HOUX

Ilex spp.

J F M A M J J A **S O N** D

Hauteur	Largeur	Exposition	
2/10 m	2/4 m	Soleil / mi-ombre	P

Ilex x *meserveae* 'Blue Princess'

Décoratif tout au long de l'année par son feuillage et sa production de petits fruits rouges en hiver, le houx est un arbuste ou un arbrisseau dioïque. Seuls les pieds femelles produisent des fruits rouges en septembre, mais il faut au moins un pied mâle pour assurer la fécondation. Ce grand arbuste porte souvent des feuilles piquantes utiles en haies. Les feuilles alternes, simples, vert foncé luisant sur les espèces types, sont bordées de dents très épineuses chez certaines espèces. Il existe des houx à feuilles caduques, mais ils sont rarement cultivés. Floraison insignifiante, blanc crème.

SOL Riche, humifère, pas trop calcaire.

EXPOSITION Soleil léger ou mi-ombre.

CULTURE Plantez en automne ou au printemps. Pour obtenir une haie touffue, espacez chaque pied de 1 m. Taillez une fois par an, au printemps, pour que l'arbuste conserve un bel aspect.

ESPÈCES ET VARIÉTÉS Il existe près de 400 espèces.

› ***Ilex* x *altaclerensis*** 'Camelliifolia' (10 m), non épineux, feuilles coriaces ressemblant à celles d'un camélia, baies écarlates ; 'Golden King' (de 3 à 5 m), peu épineux, feuillage panaché de jaune d'or ; 'Wilsonii' (de 3 à 4 m), feuillage vert brillant non épineux, fruits écarlates.

› ***Ilex aquifolium*** est le houx commun ; 'Alaska' (de 4 à 5 m), très piquant, est une forme femelle aux nombreux fruits rouge vif ; 'Argentea Marginata' (syn. 'Albomarginata'), de 4 à 6 m, aux feuilles bordées de blanc, variété femelle à fruits rouge corail ; 'Bacciflava' (3 m), forme femelle aux nombreux fruits jaune d'or ; 'Ferox Argentea' (3 m), aux petites feuilles couvertes d'épines sur la face supérieure ; 'J.C. Van Tol' (6 m), peu épineux, hermaphrodite, très fructifère ; 'Madame Briot' (de 5 à 8 m), aux feuilles épineuses maculées de jaune, variété femelle à fruits rouges ; 'Rubricaulis Aurea' (3 m), feuille vert foncé marginé de jaune, clone femelle à fruits rouges ; 'Silver Milkmaid' (syn. 'Argentea Mediopicta'), 3 m, panaché de blanc crème, très épineux, fruit rouge orangé ; 'Silver Queen' (de 6 à 10 m), feuilles épineuses vert foncé bordé de crème, forme mâle.

› ***Ilex* x *meserveae*** (4 m) ; 'Blue Angel' (syn. 'Conang'), feuilles ondulées glauques, gros fruits rouges ; 'Blue Maid' (syn. 'Mesid'), forme femelle à la généreuse fructification rouge ; 'Blue Prince' (syn. 'Conablu'), forme mâle au feuillage vert foncé brillant, il est utilisé comme pollinisateur ; 'Blue Princess' (syn. 'Conapry'), végétation dense de petites feuilles vert sombre, fructification abondante.

› ***Ilex*** 'Nellie R. Stevens' (de 6 à 8 m), feuilles vert mat peu épineuses, forme femelle à la fructification très abondante, rouge.

CULTURE EN POT Dans un pot de 35 cm en tous sens au minimum, dans un mélange à parts égales de terreau forestier et de terre de jardin.

UTILISATIONS Haies défensives, sujets isolés, bouquets.

> **FRILEUSES**
>
> Installez les variétés panachées en situation abritée, car elles sont relativement sensibles au froid.

Ilex aquifolium 'Silver Queen'

BUISSON-ARDENT

Pyracantha spp.

J F M A **M J** J A S O N D

2/4 m | 2/3 m | P

Les pyracanthas sont des arbustes rustiques très ramifiés, portant sur les rameaux des épines acérées. Les feuilles, alternes, de 3 à 7 cm de long, sont oblongues et dentées. Les branches se couvrent de petites fleurs blanches réunies en corymbes, qui laissent la place à de nombreux fruits rouges ou orangés persistant tout l'hiver sur les rameaux.

SOL De préférence fertile, profond, humifère et bien drainé. Les terres pauvres, sèches et calcaires sont bien acceptées.

SENSIBLE AUX MALADIES

Le pyracantha étant très sensible à la tavelure des fruits et au feu bactérien, achetez uniquement des variétés sélectionnées, provenant de cultures réalisées par de bons professionnels.

EXPOSITION Mi-ombre ou soleil doux. Sous climat froid, abritez des vents froids et desséchants.

CULTURE Plantez en automne ou au printemps, en espaçant de 60 cm les sujets en haies. Pour favoriser l'émission de jeunes rameaux, rabattez en hiver les branches d'un tiers de leur longueur. Inutile de fertiliser.

ESPÈCES ET VARIÉTÉS Il existe 11 espèces. Seules des sélections horticoles et des hybrides sont cultivés. 'Dart's Red' (syn. 'Interrada'), 3 m, à fruits orangés, très résistant au feu bactérien ; 'Golden Glow' et 'Orange Glow' (3 m) portent de très nombreux fruits, jaunes chez le premier, rouge orangé chez le second. Croissance rapide ; 'Mohave' (4 m), à gros fruits rouge orangé brillant ; 'Mozart' (de 2 à 4 m), peu épineux, fruits rouge écarlate ; 'Saphyr', sélections particulièrement rustiques et résistantes au feu bactérien, aux fruits jaunes ('Cadaune'), orange ('Cadange') ou rouges ('Cadrou').

CULTURE EN POT Possible en bac pour une haie de terrasse.

UTILISATIONS Haies libres ou taillées, habillage de mur et de clôture (on peut palisser le pyracantha), buisson isolé.

Pyracantha 'Orange glow'

POUR DES PLANTES BELLES TOUTE L'ANNÉE, VOUS POUVEZ AUSSI UTILISER

★ *Betula papyrifera, B. pendula 'Youngii', B. utilis 'Jacquemontii'* (bouleau) ➲ p. 466 ★ *Chrysanthemum* x (chrysanthème d'automne) ➲ p. 581 ★ *Cornus controversa* (cornouiller des pagodes) ➲ p. 311 ★ *Cornus kousa, C. florida* (cornouiller à fleurs) ➲ p. 228 ★ *Cupressus macrocarpa* 'Wilma' (cyprès) ➲ p. 385 ★ *Euphorbia characias* (euphorbe des garrigues) ➲ p. 172 ★ *Euryops pectinatus* (marguerite de savane) ➲ p. 550 ★ *Hedera helix* ➲ p. 276. ★ *Heuchera* (heuchère, toutes variétés) ➲ p. 276 ★ *Mahonia* x *media* ➲ p. 469 ★ *Nandina domestica* (bambou sacré) ➲ p. 278 ★ *Mahonia* x *media* ➲ p. 469 *Prunus* (cerisier à fleurs du Japon) ➲ p. 430 ★ *Skimmia japonica* ➲ p. 549 ★ *Sorbus hupehensis* (sorbier) ➲ p. 520

FRAGON, PETIT HOUX

Ruscus aculeatus

J F **M A** M J J A S O N D

0,50/1 m | 1/1,50 m | P

Ce sous-arbrisseau drageonnant est décoratif toute l'année. Cette espèce développe des tiges au port étalé dont les feuilles, alternes, sont réduites à une écaille. Ce qui apparaît comme des feuilles vertes, coriaces, terminées en pointe aiguë sont des rameaux aplatis appelés « cladodes ». Au centre du cladode naît une fleur verdâtre, suivie d'une grosse baie d'un rouge lumineux qui persiste tout l'hiver.

SOL Frais, humifère, pas trop riche.

EXPOSITION Mi-ombre et même ombre dense, c'est une plante de sous-bois.

CULTURE Plantez au printemps. Coupez les vieux rameaux qui ont tendance à se dégarnir de la base.

ESPÈCES ET VARIÉTÉS Il existe 7 espèces. *Ruscus aculeatus* 'John Redmond' (50 cm), compact, fructifie toute l'année.

CULTURE EN POT Non adaptée.

UTILISATIONS Bordure, sous-bois, couvre-sol pour l'ombre. Les rameaux de fragon remplacent le houx dans les décorations de fin d'année.

PLANTE DIOÏQUE

Il est nécessaire d'installer des pieds des deux sexes pour obtenir la fructification.

Les grands parfums du jardin

De tous les sens exaltés par le jardin, l'odorat n'est pas le moindre ! Mais planter au hasard les espèces les plus parfumées ne suffit pas, il faut harmoniser les senteurs pour atteindre un équilibre olfactif.

Pivoine

Apprendre à marier les parfums

Le mariage des parfums et des senteurs au jardin ne s'improvise pas. Gare à la « cacophonie » olfactive ... **1**

Les bonnes roses parfumées

On reproche souvent aux roses actuelles de ne rien sentir, mais il ne faut pas être aussi catégorique. Faites le bon choix entre roses anciennes et modernes ... **2**

C'est bon pour la planète : Un jardin parfumé pour contribuer à la diversité

La production de parfum est l'un des multiples moyens employés par les plantes pour attirer les insectes butineurs assurant leur pollinisation ... **3**

Tailler pour une floraison généreuse

Comme chez tous les arbustes à fleurs, pas de floraison généreuse du lilas sans une taille appropriée à la bonne période ... **4**

Tailler les viornes d'hiver

La taille d'entretien est indispensable pour toutes les viornes, particulièrement pour les espèces odorantes qui nous le rendent bien ... **5**

Le coin du curieux : Parfum et couleur

Couleur et odeur vont de pair. Les fleurs blanches sont les plus représentées dans les espèces parfumées ... **6**

Un hiver parfumé

En l'absence de chaleur, certaines plantes sont très parfumées, les senteurs délicates ou puissantes sont aussi présentes en hiver ... **7**

Sarcococca humilis

IDÉES

→ POURQUOI PAS... Du café, du Caramel et du chocolat… servis au jardin ? **8**

→ POURQUOI PAS... Choisir des Senteurs bien spécifiques ? **9**

et Si

- Les feuilles de mes rosiers se tachent de noir ? **10**
- Les feuilles de mon jasmin sont décapées et comme attachées par des fils ? **11**

Les Plantes idéales

Des plantes nous font le bonheur de sentir bon, certaines moins nombreuses exhalent un parfum si puissant qu'il est inutile de porter le nez sur leurs fleurs.

★ **Des parfums qui se répandent à distance :** *Jasminum grandiflorum, J. polyanthum* (jasmin) ; *Philadelphus* (seringat) ; *Reseda odorata* (réséda) ; *Rosa spp.* (rosiers variétés parfumées) ; *Viburnum* x *burkwoodii, V. carlcephalum, V. carlesii, V. farreri, V. odoratissimum* (viornes parfumées).

★ **Des parfums qui se distinguent à proximité :** *Abelliophyllum distichum* (forsythia blanc de Corée) ; *Calycanthus floridus* (arbre aux anémones) ; *Mirabilis jalapa* (belle-de-nuit) ; *Nicotiana alata, N.* x *sanderae* (tabac d'ornement) ; *Paeonia lactiflora* (pivoine herbacée) ; *Ribes odoratum* (groseillier à fleurs doré) ; *Syringa vulgaris* (lilas à grandes fleurs).

★ Toutes les plantes présentées dans la thématique « Un balcon de senteurs » p. 592 conviennent aussi.

NOS CONSEILS

1. *Prévoyez une exposition ensoleillée parce que la chaleur favorise la production et la diffusion des huiles essentielles émises par les végétaux.*

2. *Abritez bien du vent le jardin parfumé, car la moindre brise fait s'évanouir dans l'air les effluves évanescents des fleurs.*

3. *Placez les plantes parfumées à proximité des allées et des sentiers, mais également autour du porche et de la porte d'entrée, ainsi que sur les tonnelles et les pergolas, et près des zones de repos. En un mot, dans tous les coins du jardin fréquentés par le jardinier et ses hôtes.*

4. *Le nom du genre botanique ne préfigure pas le caractère odorant : un même genre peut proposer des espèces très parfumées et d'autres inodores. La remarque vaut pour les variétés d'une même espèce.*

1 Apprendre à marier les parfums

Sachez jouer de leur complémentarité. Renseignez-vous sur la période de floraison ; le printemps et l'été sont les saisons les plus représentées, l'automne et l'hiver sont nettement plus discrets. Ensuite, associez des plantes qui fleurissent à des moments différents de la journée (et de la nuit). Évitez les doublons : inutile de planter pour leur parfum à la fois des agrumes, un pittospore et un oranger du Mexique, car tous exhalent le même parfum de fleur d'oranger. Enfin, évitez le télescopage olfactif entre les fragrances les plus puissantes, épicées, sucrées ou fortement fruitées.

2 Les bonnes roses parfumées

Où sont passées les roses parfumées ? Là, sous votre nez ! Entre variétés anciennes et modernes, le choix est grand.

- **Parmi les roses anciennes** : 'Cuisse de Nymphe' (rose tendre), 'Cardinal de Richelieu' (pourpre grenat), 'À Parfum de L'Haÿ' (rose cramoisi), 'Mme Hardy' (blanc), 'Prolifera de Redouté' (rose), 'Comte de Chambord' (rose), 'Géant des batailles' (rose-mauve), 'George Dickson' (rouge), 'Honorine de Brabant' (rose et blanc), 'Paul Neyron' (rose soutenu), 'Président de Sèze' (rose), 'Yolande d'Aragon' (rose), 'Salet' (rose).
- **Parmi les roses modernes** : 'Baronne Edmond de Rothschild' (rouge carminé), 'Bolchoï' (orange chamoisé), 'Charles de Gaulle' (mauve), 'Crêpe de Chine' (rouge clair), 'Crimson Glory' (rouge cramoisi), 'Graham Thomas' (jaune), 'Grand Nord' (blanc), 'Grand Siècle' (rose clair), 'Jardin de Bagatelle' (blanc crème), 'Mme L. Laperrière' (rouge), 'Mélodie Parfumée' (mauve violacé), 'Nuage Parfumé' (rouge corail), 'Papa Meilland' (rouge foncé), 'Parfum d'Armor' (mauve), 'Paul Ricard' (jaune ambré, parfum anisé), 'Red Parfum' (rouge), 'Stéphanie de Monaco' (rose), 'Toulouse-Lautrec' (jaune), 'Yves Piaget' (rose tendre).

3 C'est bon pour la planète : Un jardin parfumé pour contribuer à la diversité

On le sait, un très grand nombre d'espèces végétales s'en remettent aux insectes pour leur pollinisation, et par-delà, pour assurer la survie de leur espèce. Pour les attirer, tout est bon, nectars sucrés, couleurs voyantes, leurres et parfums. Les plantes ne produisent pas toutes leur parfum de la même façon ; ainsi, celles qui sentent bon le soir sont fécondées par les papillons nocturnes. Certaines ont un spectre large grâce à une odeur puissante, d'autres sont inféodées à un seul insecte : c'est pourquoi il est important de varier les essences pour contribuer à maintenir la biodiversité (➔ p. 512). À l'inverse, des plantes aromatiques produisent leur parfum pour éloigner les parasites.

4 Tailler pour une floraison généreuse

Après la floraison, vers le mois de mai, supprimez les inflorescences fanées en coupant juste sous celles-ci, au-dessus de bourgeons tournés vers l'extérieur de la plante. Coupez tout le bois mort et les branches qui se croisent pour aérer le centre de l'arbuste, et ôtez les branches que vous jugez inesthétiques. Coupez toujoursle plus près du point de départ de ces branches. Éliminez tous les drageons qui partent du pied de la plante.

5 Tailler les viornes d'hiver

Pendant les 4 ou 5 années suivant la plantation, n'intervenez pas, pour laisser s'étoffer la plante. Ensuite, après la floraison, taillez en réduisant des deux tiers la longueur des rameaux ayant fleuri et rééquilibrez la ramure pour obtenir un arbuste harmonieux. Ainsi, vous éviterez à l'arbuste de se dégarnir de la base tout en préparant les floraisons à venir.

Viburnum carlesii

Taille du *Syringa vulgaris*

6 Le coin du curieux : Parfum et couleur

Les fleurs blanches sont les plus lumineuses et les plus visibles par les insectes, c'est aussi dans cette catégorie qu'on trouve un grand nombre d'espèces parfumées. Avec les rouges, les pourpres, les mauves et les violettes, elles en représentent environ la moitié. Les fleurs bleues, orange, rouge vif sont les moins odorantes, et tout confondu, moins de 10 % des plantes ornementales sont vraiment parfumées et agréables à notre nez.

7 Un hiver parfumé

Les plantes fleurissant en hiver sont peu nombreuses, celles donnant une floraison parfumée, encore moins. Plantez *Camellia sasanqua*, le chimonanthe, le daphné, l'hamamélis, le chèvrefeuille parfumé, *Lonicera fragrantissima*, le mahonia, les mimosas, le sarcococca et les viornes d'hiver.

Acacia dealbata (mimosa)

Lonicera fragrantissima (chèvrefeuille)

Idées

8 Pourquoi pas... du café, du caramel et du chocolat... servis au jardin ?

Petite facétie de la nature, tout à fait involontaire, trois plantes nous proposent des parfums qui nous sont familiers. *Bignonia capreolata*, une américaine pour climats doux, donne des trompettes simples dont le cœur sent nettement le café d'avril à juillet. En fin d'été, approchez le nez de l'arbre caramel, *Cercidiphyllum japonicum*, vous comprendrez d'où il tire son nom. De même avec le cosmos chocolat, *Cosmos atrosanguineus*.

Cosmos atrosanguineus

9 Pourquoi pas... choisir des senteurs bien spécifiques ?

Certains parfums sont partagés par un grand nombre d'espèces. Ainsi en va-t-il du jasmin, du citron, des senteurs miellées, anisées ou de la violette. À l'inverse, d'autres parfums ont une note très spécifique qui identifie sans hésitation possible la plante qui le produit. Jouez de ces senteurs pour ponctuer votre paysage olfactif. Plantez des mimosas, des lavandes, du réséda...

et Si

10 Les feuilles de mes **rosiers** se tachent de **noir** ?

Attaque de marsonia sur un rosier

C'est une attaque de marsonia, *Marssonina rosae*, ou plus simplement maladie des taches noires du rosier. La meilleure stratégie est d'appliquer les traitements préventifs de bouillie bordelaise, car cette maladie est présente tous les ans avec plus ou moins d'importance. Par la même occasion, vous lutterez contre le mildiou du rosier, *Peronospora sparsa*. Sinon, dès les premiers symptômes, supprimez les parties atteintes.

11 Les feuilles de mon **jasmin** sont décapées et comme **attachées** par des fils ?

En début de printemps, un papillon, la pyrale du jasmin, *Palpita unionalis*, pond ses œufs qui donnent des chenilles dévoreuses de feuilles. Pulvérisez une suspension de *Bacillus thuringiensis*, pour une lutte biologique, et renouvelez.

FORSYTHIA BLANC DE CORÉE

Abeliophyllum distichum

J	**F**	**M**	A	M	J	J	A	S	O	N	D

1,50/2 m	1/1,50 m	☼	C

Ce petit arbuste fait partie des rares fleurissant en fin d'hiver. Il offre un port étalé, de jeunes pousses souvent rougeâtres et un feuillage qui vire au pourpre en automne. Les fleurs blanches à centre orangé apparaissent avant les feuilles, en courtes grappes légèrement parfumées et mellifères.

SOL Léger, bien drainé mais restant frais. Il tolère une large gamme de sols, surtout quand il est bien installé.

EXPOSITION Soleil, à l'abri des vents froids.

CULTURE Plantez au début du printemps. C'est un arbuste méconnu, mais pourtant peu exigeant. Il pousse lentement. Taillez légèrement à la fin de la floraison, tous les 2 ans, en dégageant le centre de l'arbuste.

ESPÈCES ET VARIÉTÉS Il existe une variété à fleurs rose pâle et à calice orange sombre, 'Roseum'.

CULTURE EN POT Il se développera mieux en pleine terre. Mais s'il doit rester en pot, offrez-lui un contenant de 40 cm en tous sens au minimum.

UTILISATIONS Massifs mixtes.

ARBRE AUX ANÉMONES

Calycanthus floridus

J	F	M	A	**M**	**J**	**J**	A	S	O	N	D

2/3 m	2/3 m	☼	C

Peu connu, l'arbre aux anémones porte une floraison très originale exhalant une odeur de fraise. De culture facile, ce bel arbuste caduc et rustique, où « calycanthe », vient du sud-est des États-Unis. Les feuilles sont opposées, duveteuses, ovales, les fleurs solitaires, brun rouge, aux nombreux pétales et sépales. L'écorce aromatique s'emploie comme substitut de la cannelle. La taille adulte est atteinte en 5 ou 6 ans.

SOL Riche, frais, profond, humifère, pas trop calcaire, bien drainé en hiver.

EXPOSITION Soleil, à l'abri des vents froids.

CULTURE Plantez au début du printemps et effectuez juste une taille de nettoyage si nécessaire. Le plus simple est de multiplier le calycanthe par prélèvement des drageons.

ESPÈCES ET VARIÉTÉS Il existe 4 espèces. Outre la *Calycanthus floridus* décrite ci-dessus, citons *C. occidentalis* qui fleurit longtemps, dans des tons brun pourpré. *C.* x *raulstonii* 'Venus' est un hybride à fleurs blanches et cœur rouge pourpre, très parfumées. On le trouve parfois sous le nom de *Sinocalycanthus*.

CULTURE EN POT Peu adaptée.

UTILISATIONS Isolé, massif d'arbustes à fleurs et de vivaces, haie libre.

GRAINES TOXIQUES

Évitez de planter des calycanthes dans les haies situées à proximité des pâtures, car les graines sont toxiques pour les bovins et les moutons.

JASMIN

Jasminum spp.

J	**F**	**M**	**A**	M	J	**J**	**A**	**S**	O	N	**D**

2/8 m	2/5 m	☼/◐	C/P

Vidéo « Planter un jasmin »

Jasminum officinale

Ces arbustes sarmenteux ou volubiles portent des fleurs magnifiques et délicieusement parfumées. On distingue les jasmins à feuilles opposées de ceux à feuilles alternes, dont le seul représentant commun dans les jardins est *Jasminum humile*, mais dans tous les cas, les feuilles sont composées de 3 à 7 folioles ovales, vert clair. Fleurs en entonnoir de 3 à 5 cm de long, blanches, rosées ou jaunes.

SOL Profond et bien travaillé, humifère, plutôt acide, sans humidité stagnante.

EXPOSITION Seul *Jasminum nudiflorum* est vraiment rustique, les autres ont besoin d'un emplacement chaud et abrité des vents, plutôt bien ensoleillé.

CULTURE Plantez au printemps. Paillez le pied des jasmins frileux et arrosez copieusement dès que les fleurs sont présentes. Taillez le jasmin d'hiver après la floraison en éliminant les vieux rameaux et en réduisant son ampleur. Une taille d'équilibre suffit pour les autres.

ESPÈCES ET VARIÉTÉS Il existe près de 200 espèces. *Jasminum azoricum*, le jasmin de Madère (de 1,50 à 2 m), fleurs blanches de mai à septembre. *J. beesianum*, le jasmin nid-d'abeilles (de 2 à 3 m), semi-persistant, fleurs rose soutenu de mai à juillet au parfum modeste. *J. humile*, le jasmin d'Italie (de 3 à 4 m), port arbustif semi-persistant, fleurs jaunes, estivales, parfumées; 'Revolutum', aux fleurs plus grandes que celles de l'espèce type. *J. officinale*

*Télécharger l'application Truffaut +, voir p. 6-7

(de 6 à 8 m), aux fleurs blanches estivales qui embaument ; 'Aureum' (de 2 à 3 m), à feuillage doré ; 'Clotted Cream' (3 m), fleurs ivoire ; 'Fiona Sunrise' (de 5 à 6 m), au jeune feuillage doré ; 'Inverleith' (de 5 à 6 m), à jeunes pousses rouges et fleurs rosées. *J. polyanthum* (de 2 à 4 m), aux fleurs blanches printanières très parfumées, est surtout cultivé en potées fleuries, car il est très frileux (rusticité de – 5 à – 7 °C). *J. sambac* (voir p. 296). *J.* x *stephanense* (de 3 à 4 m), feuillage semi-persistant ou même caduc, floraison de fin mai à août rose pâle, agréablement parfumée (rusticité – 12 °C).

CULTURE EN POT Dans un pot de 25 cm en tous sens au minimum, dans un mélange à parts égales de sable, de terreau d'écorce, de fumier décomposé et de tourbe brune.

UTILISATIONS Habillage de treillage et de claustras, rambarde d'escalier ou de balcon, arceau, tonnelle, potées sur terrasse.

Jasminum beesianum

Jasminum polyanthum

BELLE-DE-NUIT

Mirabilis jalapa

J F M A M **J J A S O** N D

60/80 cm	30/40 cm		V

Cette vivace tubéreuse dont les fleurs dégagent un doux parfum tropical, surtout en soirée, est souvent cultivée comme annuelle. Elle forme un buisson de feuilles opposées, ovales, de 5 à 10 cm de long. Les fleurs en trompette, jaunes, cramoisies, roses ou blanches, s'épanouissent en fin d'après-midi et fanent le lendemain matin.

SOL Profondément travaillé, léger, souple, pas trop riche et bien drainant.

EXPOSITION Chaude et bien ensoleillée.

CULTURE Semez en mars sous abri, avec une mise en place en mai, ou directement dans le massif en avril et en mai. Éclaircissez à 30 cm.

ESPÈCES ET VARIÉTÉS Il existe 64 espèces. *Mirabilis jalapa* est souvent proposée en mélanges variés ; 'Tea Time' (50 cm), port plus compact que l'espèce type, rose, rouge, jaune ou blanc.

CULTURE EN POT Dans un pot de 20 cm en tous sens, dans un mélange de terreau de plantation et avec un bon drainage.

UTILISATION Massif de vivaces.

EN HIVER

Au nord de la Loire, arrachez le pied et conservez les tubercules. Dans les régions au climat doux, laissez la belle-de-nuit en place.

TABAC D'ORNEMENT

Nicotiana alata (syn. *N. affinis*)

J F M A M **J J A S** O N D

30/60 m	30/40 cm		A

Cette vivace non rustique très florifère cultivée comme une annuelle, apporte au jardin une note de fantaisie et un parfum capiteux. Appelée aussi *Nicotiana affinis*, elle est cultivée comme une annuelle. Elle porte de larges feuilles alternes, ovales, spatulées, velues et poisseuses. Les fleurs sont blanches étoilées, groupées en bouquets lâches au-dessus du feuillage.

SOL Riche, profond, drainé, amendé avec du compost ou un fumier décomposé.

EXPOSITION Mi-ombre ou soleil doux.

CULTURE Semez en février-mars, dans la maison, à 18 °C, dans des caissettes, sans recouvrir les graines. Repiquez en godets maintenus sous abri jusqu'à la mise en place en mai. Espacez les plants de 30 à 40 cm.

ESPÈCES ET VARIÉTÉS Il existe 55 espèces et plusieurs variétés naturelles validées par la nomenclature botanique internationale. *Nicotiana alata* (syn. *N. affinis*) et *N.* x *sanderae* ont produit des hybrides compacts, offrant une dizaine de coloris différents. *N. sylvestris* (voir p. 483) est très parfumé également.

CULTURE EN POT Dans une jardinière de 60 cm de long et 15 cm de large pour 3 ou 4 pieds nains, dans un terreau de plantation additionné d'une poignée d'engrais organique.

UTILISATIONS Massif, jardinière, bouquet.

PIVOINE HERBACÉE

Paeonia lactiflora

J	F	M	A	**M**	**J**	**J**	A	S	O	N	D

Hauteur	Largeur		
0,80/1 m	0,80/1,20 m		V

Paeonia 'Sarah Bernhardt'

Paeonia 'White Cap'

Cette plante opulente porte des fleurs énormes, d'une rare perfection, et souvent délicieusement parfumées. Ces pivoines sont des vivaces herbacées aux feuilles alternes, composées de folioles aux formes variables selon les espèces. Les fleurs sont solitaires à l'extrémité d'une longue hampe semi-rigide. Simple (avec de 5 à 10 pétales), semi-double ou double, la fleur de pivoine forme une coupe ou une boule de 10 à 25 cm de diamètre, aux couleurs somptueuses.

SOL Profond, riche et sain, plutôt humifère, sans calcaire. Faites un apport de fumier décomposé chaque année en mars. La terre doit être poreuse jusqu'en profondeur, la première cause d'échec des pivoines étant l'humidité stagnante.

EXPOSITION Soleil direct non brûlant. Protégez des gelées printanières.

CULTURE Plantez de mi-septembre à avril, à 80 cm de distance. Ne les enterrez pas de plus de 2 ou 3 cm, sinon elles mettront plusieurs années à refleurir. Arrosez généreusement par temps chaud. Maintenez le sol propre par des sarclages réguliers. Ne posez pas de paillage permanent qui favorise l'apparition des maladies. Apportez un bon engrais complet au printemps (un engrais pour rosiers convient bien). Il est inutile de tailler, sauf pour équilibrer la ramure, mais supprimez les fleurs fanées et les parties tachées pour éviter toute propagation de maladie cryptogamique. Pulvérisez préventivement une bouillie bordelaise peu concentrée (2 % de cuivre) au pied des pivoines herbacées avant les périodes de chaleur, pour éviter le flétrissement (verticilliose). Divisez les vieilles touffes en automne, uniquement si la plante devient encombrante. Opérez avec précaution, car les racines sont fragiles et la pivoine, casanière, n'aime pas du tout être déplantée. Elle peut d'ailleurs « bouder » plusieurs années sans fleurir.

Vidéo « Planter et entretenir une pivoine herbacée »

Paeonia 'Alice Crousse'

ESPÈCES ET VARIÉTÉS Il existe 36 espèces et plusieurs sous-espèces. *Paeonia lactiflora*, la pivoine de Chine, à fleurs blanches parfumées, a donné de nombreux cultivars.

- **PIVOINES HERBACÉES PARFUMÉES :** 'Alice Crousse' (90 cm), double blanche ; 'Dr Alexander Fleming' (80 cm), double rose argenté, très parfumé ; 'Edulis Superba'

Paeonia 'Edulis Superba'

*Télécharger l'application Truffaut +, voir p. 6-7

Paeonia 'Bartzella' (pivoine Itoh)

(80 cm), rose clair avec le bord des pétales éclairé de blanc argenté, parfum très présent ; 'Festiva Maxima' (90 cm), double, blanc taché de carmin ; 'Gloire de Charles Gombault' (1 m), double rose nuancé de saumon ; 'Louise Lossing' (1 m), fleur ronde, bien double, blanc ivoire qui embaume ; 'Madame Calot', double, blanc, parfum léger ; 'Marie Lemoine' (80 cm), plante compacte, grosse fleur très double toute blanche, fortement odorante ; 'Martha Bulloch' (90 cm), grosse fleur rose teinté de mauve à l'excellent parfum ; 'Noémie Demay' (80 cm), fleur double rose pâle presque blanc, très odorante ; 'Philippe Rivoire' (90 cm), double rouge foncé, bien parfumé ; 'Sarah Bernhardt' (1 m), grandes fleurs très doubles, roses au parfum délicieux ; 'White Cap' (1 m), fleur simple rouge sombre éclairé d'un cœur blanc qui embaume.

- **PIVOINES HERBACÉES INODORES** : certains cultivars méritent l'honneur de votre jardin, même s'ils ne possèdent pas de parfum. 'Bowl of Beauty' (80 cm), rose à très gros cœur crème, puis blanc ; 'Gay Paree' (90 cm), bicolore rouge à cœur charnu blanc ; 'Madame Henry Fuchs' (90 cm), à corolle carmin et gros cœur jaune crème ; 'Monsieur Adam Modzelewski' (80 cm), double, rouge velouté.
- **LES PIVOINES ITOH** : ce sont des hybrides entre pivoines arbustives et herbacées (on les appelle aussi « pivoines intersectionnelles »), obtenues au Japon en 1948 par M. Toichi Itoh (il fut le premier à réussir cette hybridation après avoir tenté environ 20 000 croisements) ; il est mort en 1958 sans avoir jamais vu le résultat de son travail, car les plantes obtenues fleurirent pour la première fois en 1964).

Très rustiques, elles ressemblent à des *Paeonia suffruticosa* par le port (en plus trapu, 80 cm de haut en moyenne) et la fleur, mais leur végétation est similaire à celle de *P. lactiflora*, à savoir que la tige est très rigide et ne nécessite pas de tuteurage, et que la partie aérienne disparaît presque entièrement en hiver (plus ou moins selon le climat). Les pivoines Itoh exhalent un léger parfum. Elles présentent l'avantage de pouvoir être multipliées par division de touffe, tandis que le greffage est obligatoire pour les pivoines arbustives. Parmi les diverses variétés proposées : 'Bartzella', à grande fleur (plus de 20 cm), semi-double jaune vif, dont les pétales sont marqués de rouge à la base ; 'Cora Louise', fleur de 12 à 15 cm, semi-double blanc rosé à cœur jaune, avec la base des pétales bordeaux ; 'Hillary', fleur de 15 à 18 cm, double, en délicat mélange d'abricot et de rose pourpré, centre rouge foncé ; 'Morning Lilac', fleur de 12 à 15 cm, semi-double rose fuchsia finement strié de blanc rosé ; 'Old Rose Dandy', fleur de 12 à 15 cm, quasi simple, rose pâle saumoné ombré de pourpre et cœur lie-de-vin.

CULTURE EN POT Non adaptée.

UTILISATIONS Touffe de 2 ou 3 pieds isolée sur une pelouse, massif d'arbustes ou de vivaces, haie fleurie, bouquets.

Paeonia 'Hillary'

SERINGAT

Philadelphus spp.

J F M A **M J** J A S O N D

Hauteur	Largeur	Exposition	Rusticité
1/4 m	1/5 m		C

Philadelphus 'Belle Étoile'

Cet arbuste au port lâche porte des fleurs au parfum exceptionnel. Très rustique, le seringat s'acclimate bien partout. Il porte des feuilles opposées, ovales. Ses fleurs blanches au parfum de jasmin embaument surtout le soir. Croissance rapide (taille adulte en 4 ou 5 ans).

SOL Indifférent, même les remblais pauvres pierreux, secs et calcaires.

EXPOSITION Soleil léger ou tamisé.

CULTURE Plantez en automne, arrosez l'été. Taillez après la floraison, en raccourcissant les tiges qui ont fleuri de la moitié de leur longueur et en privilégiant les jeunes tiges (vertes) aux dépens des vieilles tiges à écorce grisâtre.

ESPÈCES ET VARIÉTÉS Il existe 65 espèces. *Philadelphus coronarius* (de 3 à 4 m), à port ample, fleurs en grappes ; 'Aureus' (1,20 m), à feuilles dorées.

- **HYBRIDES :** 'Avalanche' (1,50 m), à fleurs simples, port souple ; 'Belle Étoile' (1,50 m), aux grandes fleurs teintées de pourpre ; 'Bouquet Blanc' (2 m), à fleurs doubles ; 'Burfordensis' (2 m), branches arquées, fleurs simples, crème ; 'Manteau d'Hermine' (1,50 m), port compact, petite fleur double bien parfumée ; 'Minnesota Snowflake' (3 m), à port dressé, fleurs très doubles ; 'Natchez' (1,20 m), arrondi, à grandes fleurs simples ; 'Silberregen' (syn. 'Silver Showers'), 1,50 m, très abondante floraison de corolles simples au parfum puissant ; 'Starbright' (2,50 m), jeune feuillage pourpre, fleurs simples ; 'Virginal' (4 m), à port dressé, fleurs doubles en bouquets.

Philadelphus coronarius

Philadelphus 'Manteau d'Hermine'

CULTURE EN POT Dans un pot de 30 à 40 cm de côté, dans un mélange à parts égales de terreau de plantation et de terre végétale.

UTILISATIONS Isolé, fond de massifs, haies libres, bouquets.

> **TAILLE**
>
> La première année, rabattez entièrement l'arbuste en mai s'il a du mal à démarrer.

RÉSÉDA ODORANT

Reseda odorata

J F M A M **J J A S** O N D

Hauteur	Largeur	Exposition	Rusticité
30/60 cm	20/30 cm		A

Cette plante annuelle est appréciée pour son parfum doux et très frais. Elle porte des feuilles entières, simples, spatulées et pétiolées, et de petites fleurs blanches à 6 pétales, rassemblées en grappes dressées, délicieusement parfumées.

SOL Frais et riche de préférence.

EXPOSITION Soleil.

CULTURE Dès avril, semez en lignes distantes de 30 cm. Éclaircissez pour laisser 30 cm entre deux plants. Pour prolonger la floraison, supprimez les fleurs fanées au fur et à mesure. Vous pouvez semer sous abri, pour un repiquage ultérieur en mai. Pincez les plants pour les faire se ramifier. Plantez 6 pieds/m^2.

VARIÉTÉS Il existe peu de variétés horticoles, notamment 'Machet', aux fleurs rouges très odorantes, 'Pyramidal Orient', aux grands épis, conseillé pour la fleur coupée, 'Red Monarch', aux fleurs tachetées de rouge foncé, fleurissant entre juin et octobre.

CULTURE EN POT Mettez 3 à 5 plants dans un pot de 50 cm de diamètre au minimum et profond, dans du terreau enrichi.

UTILISATIONS Massifs fleuris, fleurs coupées pour les bouquets.

Rosiers parfumés

Complexe et indéfinissable, fruité, épicé, subtil ou capiteux, le parfum est indissociable de l'idée que l'on se fait des rosiers. Et pourtant, tous n'offrent pas de parfum. *Rosa gallica*, au parfum puissant, *Rosa centifolia*, au parfum sucré, *Rosa odorata*, au parfum suave... c'est parmi les rosiers anciens que se trouvent les plus parfumés. Mais nombre d'obtentions récentes sont dotées d'un excellent parfum. En voici une sélection non exhaustive.

1. BOLCHOÏ

Hybride de Thé

70/90 cm | 60/80 cm | R

L'un des parfums les plus fruités que l'on puisse trouver chez une rose moderne. Très résistant aux maladies, il remonte régulièrement, et fait merveille greffé sur tige. Fait de beaux bouquets et tient 4 ou 5 jours en vase.

1

2. CARDINAL DE RICHELIEU

Hybride de *Rosa gallica*

1,20/1,50 m | 0,80/1 m | NR

Parfum poivré, très puissant. Couleur exceptionnelle, très foncée. Taillez-le après la floraison pour éviter qu'il se dégarnisse de la base. Raccourcissez les tiges principales de moitié et les pousses secondaires du tiers.

2

3. CHARLES DE GAULLE

Hybride de Thé

0,80/1 m | 60/70 cm | R

Parfum intense et persistant, avec des notes citronnées, fruitées et végétales. Feuillage saint et résistant. Fleurs qui durent longtemps et tiennent bien en vase. Il aime la chaleur et la sécheresse.

4. YVES PIAGET

Hybride de Thé

0,80/1,10 m | 60/80 cm | R

Parfum suave, puissant, enivrant, aux notes rosées, fruitées et citronnées. Très résistant aux maladies, mais les climats trop rigoureux ne lui conviennent pas. Fleurs ressemblant à des pivoines, feuillage vert mat.

4

5. PAUL NEYRON

Hybride remontant

1,50/2 m | 0,90/1,20 m | R

Parfum classique de rose, bien présent. Sans grande exigeance au niveau du sol, ce rosier forme un arbuste généreux. Ses rameaux au feuillage vert brillant fleurissent comme des pivoines. Convient en massif ou haie fleurie.

3

5

LILAS

Syringa vulgaris

J F M **A M** J J A S O N D

2/5 m | 1,50/3 m | C

Vidéo « Cultiver un lilas »

Syringa microphylla

Cet arbuste enivre par ses fleurs parfumées au printemps. Vigoureux, très drageonnant, le lilas porte des feuilles opposées en forme de cœur. Le parfum délicieux de ses jolies grappes de fleurs a fait son succès. Croissance rapide (3 m en 3 ou 4 ans).

SOL Riche, bien drainé, calcaire ou neutre.

EXPOSITION Plein soleil ou mi-ombre.

CULTURE Plantez à l'automne. Arrosez par temps très chaud, éliminez les drageons inutiles dès leur apparition. Taillez en été, en coupant de moitié les pousses qui ont fleuri. Traitez les pucerons.

ESPÈCES ET VARIÉTÉS Il existe 13 espèces et 8 sous-espèces. On cultive surtout des hybrides de *Syringa vulgaris*.

- **À FLEURS SIMPLES** : 'Andeken an Ludwig Späth', rouge vineux ; 'Charles X', pourpre ; 'Comtesse d'Harcourt', blanc ; 'Dentelle d'Anjou', blanc ; 'Firmament', lilas ; 'Mont Blanc', blanc ; 'Primrose', jaune clair ; 'Princesse Sturdza', rose lilacé ; 'Réaumur', violet ; 'Sensation', violet bordé de blanc ; 'Souvenir de Louis Spaeth', bordeaux tirant sur le violet ; 'Vestale', blanc ; 'Znamia Lenina' (syn. 'Banner of Lenin'), rose pourpre.
- **À FLEURS DOUBLES** : 'Belle de Moscou', blanc rosé ; 'Belle de Nancy', lilas rosé ; 'Charles Joly', rouge pourpré foncé ; 'Jeanne d'Arc', blanc ; 'Katherine Havemeyer', bleu de cobalt ; 'Kindy Rose', rose violacé ; 'Madame Lemoine', blanc pur ; 'Michel Buchner', lilas bleuté à œil blanc ; 'Mrs Edward Harding', violet foncé ; 'Olivier de Serres', bleu lavande ; 'Président Grévy', bleu lilas ; 'Prince Wolkonsky', mauve violacé.
- **AUTRES ESPÈCES** : *S.* x *chinensis* 'Saugeana' (4 m), vigoureux, grappes triangulaires rose-mauve bien parfumées, floraison remontante. *S. josikaea*, le lilas de Hongrie (4 m), très rustique, il porte en mai-juin des fleurs mauves. *S. microphylla*, à petites feuilles, fleurit en juin et juillet ; 'Superba' (2 m), à fleurs rose foncé. Lilas hybrides proches de *S. microphylla* : 'Bloomerang' (1,50 m), fleurs bleu lavande très parfumées ; 'Josée' (2 m), fleurs roses bien parfumées ; 'Red Pixie' (1,50 m), rose presque rouge. *S.* x *prestoniae*, fleurs tubulaires bien parfumées, rose-mauve en mai-juin ; 'Coral' (2 m), buissonnant, compact, rose violacé ; 'Hélène' (2 m), rose-mauve et blanc, fort parfum ; 'Holger' (2 m), végétation compact, fleurs blanches odorantes ; 'Miss Canada' (3 m), buissonnant, fleurs roses, parfumées ; 'Redwine' (2 m), rose foncé ; 'Royalty' (3 m), pourpre violacé en juin. *S. pubescens* subsp. *patula* 'Miss Kim', le lilas de Chine (2 m), forme un buisson arrondi qui porte de très nombreuses panicules rose pâle d'avril à juin. Parfum léger, belle couleur automnale du feuillage.

RAJEUNISSEMENT

Pour rajeunir un vieux lilas, rabattez-le sévèrement en novembre et recouvrez soigneusement les plaies de coupe avec un mastic cicatrisant.

CULTURE EN POT Dans un pot de 40 cm en tous sens, dans une terre de jardin un peu calcaire.

UTILISATIONS Isolé, haie libre, massif. Espacez bien le lilas, très drageonnant, des arbustes voisins (3 m au moins).

Syringa x prestoniae

*Télécharger l'application Truffaut +, voir p. 6-7

GROSEILLIER À FLEURS DORÉ

Ribes odoratum

J F **M** A M J J A S O N D

Hauteur	Largeur	Exposition	Rusticité
1,50/2 m	1,50/2 m		C

Ce joli petit arbuste est bien moins connu que son cousin le groseillier à fleurs, alors que ses petites grappes pendantes de fleurs jaunes sont bien plus parfumées. Elles sont suivies en août de petits fruits noirs, comestibles mais insipides, plus proches des cassis que des groseilles. Ils font le bonheur des oiseaux. Son feuillage vire au rouge et au pourpre en automne.

SOL Tout sol ordinaire, à l'exception des terres sablonneuses, ou argileuses et humides.

EXPOSITION Soleil.

CULTURE C'est un arbuste facile, qui se multiplie aisément par bouturage hivernal. Taillez après la floraison. Coupez les branches les plus anciennes à 30 cm du sol pour privilégier les jeunes pousses plus productives. Il grossit en drageonnant.

ESPÈCES ET VARIÉTÉS Il existe plusieurs variétés, dont 'Crandall', la plus courante ; 'Black Pearl', aux fruits plus gros, plus juteux.

CULTURE EN POT Il est plus beau en pleine terre, mais accepte de pousser dans des pots de 40 cm de diamètre.

UTILISATIONS Haies, massifs.

VIORNE PARFUMÉE

Viburnum spp.

J F M A **M J** J A S O N D

Hauteur	Largeur	Exposition	Rusticité
1,50/3 m	1/2,50 m		C

Ces arbustes très décoratifs et d'une grande rusticité portent des feuilles opposées, entières, dentées ou lobées qui, chez certaines espèces, prennent de splendides teintes à l'automne. Les fleurs parfumées sont réunies en bouquets plats ou globuleux. Les fruits, ovoïdes, sont parfois décoratifs.

SOL Riche, profond, humifère et frais, de préférence assez peu calcaire.

EXPOSITION Soleil ou mi-ombre dense.

CULTURE Plantez en automne. Arrosez abondamment et paillez les premiers étés suivant la plantation. Lorsque les fleurs sont fanées, éliminez les rameaux âgés, en surnombre ou mal formés. Traitez préventivement, avec un insecticide de contact, contre les attaques du puceron noir de la fève sur les fruits en automne.

ESPÈCES ET VARIÉTÉS Il existe près de 170 espèces. Les espèces parfumées citées ici sont toutes à feuillage caduc. *Viburnum* x *bodnantense* est un hybride de *V. farreri* et de *V. grandiflorum*, qui manque parfois un peu de rusticité ; 'Charles Lamont', feuillage qui rougit à l'automne, boutons rouges et fleurs rose foncé très parfumées ; 'Dawn', à fleurs rose tendre ; 'Deben', aux fleurs blanches nuancées de rose et anthères crème. *V.* x *burkwoodii* (2,50 m) est un hybride entre *V. utile* et *V. carlesii* aux fleurs rosées, printanières, très odorantes. Préférez les sujets greffés (sur *Viburnum lantana*). Ils fleurissent plus abondamment et présentent une meilleure tolérance au calcaire. *V.* x *carlcephalum* (2 m), fleurs blanches réunies en bouquets arrondis, très fortement odorantes en mars-avril. Le feuillage rougit joliment en automne. *V. carlesii* (2 m), arrondi, compact, floraison très parfumée au printemps ; 'Aurora' (1,50 m), grosses fleurs blanc rosé ; 'Diana', à boutons rouge foncé, fleurs rose pâle très parfumées. *V. farreri*, la viorne odorante (3 m), floraison de novembre à mars en trompettes roses. Le feuillage prend une belle coloration rouge pourpre en automne. *V. lantana*, la viorne cotonneuse (3 m), buisson bien ramifié aux grandes feuilles qui jaunissent en automne, fleurs blanches parfumées en mai-juin, fructification décorative en baies rouges, puis noires.

Viburnum x *carlcephalum*

CULTURE EN POT Dans un pot de 30 cm en tous sens, dans un mélange de terre de jardin et de terreau de tourbe.

UTILISATIONS Isolé, haie libre, massif, bac, couvre-sol, rocaille, sous-bois.

FERTILISATION

Pour stimuler la croissance pendant les premières années de culture, épandez un engrais potassique au printemps.

POUR UN JARDIN PARFUMÉ, VOUS POUVEZ AUSSI CULTIVER

★ *Acacia dealbata* (mimosa) ➲ p. 464 ★ *Cercidiphyllum* ➲ p. 496 ★ *Camellia sasanqua* (camélia) ➲ p. 596 ★ *Chimonanthus praecox* (chimonanthe) ➲ p. 466 ★ *Choisya ternata* (oranger du Mexique) ➲ p. 275 ★ *Cistus ladanifer* (ciste) ➲ p. 208 ★ *Citrus spp.* (bergamotier, bigaradier, citronnier et autres agrumes) ➲ p. 874 ★ *Cosmos atrosanguineus* (cosmos chocolat) ➲ p. 162 ★ *Elaeagnus* x *ebbingei* (chalef) ➲ p. 386 ★ *Gladiolus callianthus* (acidanthéra, glaïeul d'Abyssinie) ➲ p. 505 ★ *Hamamelis* x *intermedia*, *H. mollis* ➲ p. 468 ★ *Lonicera henryi*, *L. japonica* 'Halliana' (chèvrefeuille grimpant) ➲ p. 354 ★ *Magnolia grandiflora* (magnolia persistant) ➲ p. 426 ★ *Mahonia* x *media* ➲ p. 469 ★ *Nicotiana sylvestris* (tabac géant) ➲ p. 469 ★ *Osmanthus* (osmanthe) ➲ p. 279 ★ *Sarcococca hookeriana* (sarcocoque) ➲ p. 281 ★ *Wisteria floribunda* 'Macrobotrys' (glycine du Japon) ➲ p. 291

1

2

3

LES Pivoines herbacées

Paeonia lactiflora

1. 'RED RED ROSE'
2. 'BLANCHE KING'
3. 'SOFT SALMON JOY'
4. 'MADAME CALOT'
5. 'LUDOVICA'
6. 'MYRTLE GENTRY'
7. 'PAUL M. WILD'

4

5

6

7

1

2

LES Pivoines arbustives

Paeonia suffruticosa

1. **'LUELLA'**
2. **'ZENOBIA'**
3. **'CIRCUS CIRCUS'**
4. **'MADAME ANDRÉ EXCOFFON'**
5. **'COMTESSE DE TUDER'**
6. *Paeonia rockii*
7. *Paeonia suffruticosa* **'REDON'**

3

4

5

6

7

Le jardin des enfants

LE JARDIN ENTIER PEUT ÊTRE LE TERRAIN D'AVENTURE DES ENFANTS, MAIS VOUS POUVEZ AUSSI LEUR OFFRIR UN PETIT CARRÉ BIEN À EUX, DONT ILS FERONT EXACTEMENT CE DONT ILS ONT ENVIE, ERREURS COMPRISES. C'EST LA MEILLEURE MANIÈRE D'APPRENDRE À JARDINER.

Les plantes aux réactions étonnantes

On croit les plantes immobiles... il n'en est rien. Certaines projettent leurs graines à 3 m, ou émettent des étincelles, et d'autres ouvrent et ferment leurs fleurs selon leur bon vouloir ... **1**

Des plantes à la structure curieuse

Les enfants ont une capacité d'émerveillement infinie. Cela tombe bien, le monde végétal n'en finit pas de nous surprendre, avec ses fleurs ou ses graines aux formes inventées par un magicien de génie ... **2**

Le coin du curieux : Le noisetier... l'arbre à tout faire

Le noisetier donne des noisettes en septembre, de curieuses et minuscules fleurs en février... et du bois merveilleusement souple dont on peut faire des arcs et des flèches... Amusement garanti ! ... **3**

Peindre des escargots

Les escargots ne sont pas ces êtres lents et erratiques que nous pensons. Ils sont capables de se repérer dans l'espace et de retrouver leur chemin. Marquez leurs coquilles... et vous verrez ! ... **4**

Le jardin des 5 sens

Intéresser les enfants au jardin, cet endroit sensoriel par excellence, c'est leur donner les clés pour développer leurs 5 sens, des outils qui participent ensuite à l'acquisition des autres connaissances ... **5**

L'horloge des fleurs

Certaines fleurs ont leurs habitudes : jamais de réveil avant telle ou telle heure, coucher à heure fixe. Faites réaliser une « horloge des fleurs » à votre enfant, en plaçant sur un cadran des fleurs (séchées ou en photo) aux heures auxquelles elles s'ouvrent ... **6**

La feur de catananche bleue s'ouvre vers 5 h du matin.

Les plantes qui colorent

Le pouvoir colorant de certaines plantes est souvent une surprise. Tentez l'expérience avec de la laine (ce sont les fibres qui se colorent le plus facilement), éventuellement du lin (le coton est difficile à bien teindre) ... **7**

IDÉES

→ POURQUOI PAS... Construire un tipi fleuri ? 8

→ POURQUOI PAS... Un bac de plantes carnivores ? Les plantes carnivores éveillent toujours l'intérêt des enfants... 9

Les Plantes idéales

★ **Des plantes au parfum amusant :** *Cercidiphyllum japonicum* (arbre au caramel), dont les feuilles sentent le sucre cuit après les premières gelées ; *Cosmos atrosanguineus* (cosmos chocolat).

★ **Des plantes qui forment des « bébés plantes » :** *Tolmiea menziezii* (la poule et les poussins).

★ **Des plantes au toucher tout doux :** *Lagurus ovatus* (gros minet).

★ **Des plantes dont on fait des jouets ou qui se mangent :** *Arachis hypogaea* alias cacahuète ; *Colutea arborescens*, dont les gousses éclatent en faisant un bruit de pétard ; *Dictamnus albus* (fraxinelle), qui fait des étincelles ; *Lunaria annua* (monnaie-du-pape) ; *Physalis alkekengi* (amour-en-cage) ; *Sambucus nigra* (sureau), dont on fait des sifflets avec le bois.

LES RÈGLES

1. *Installez un espace de jeux (portique, bac à sable, cabane) dans un endroit bien visible depuis la maison et facilement accessible afin de pouvoir intervenir rapidement en cas de nécessité.*

2. *Privilégiez les cultures rapides et les plantes au développement spectaculaire, notamment les bulbes à croissance ultra rapide comme les colchiques ou les amaryllis.*

3. *L'arrosage étant le jeu préféré des enfants jardiniers, apprenez-leur à économiser l'eau et, pour les plus bricoleurs, faites-leur installer un goutte-à-goutte.*

4. *Faites-les toujours « signer » leurs réalisations jardinières en plaçant une étiquette avec leur prénom et la date des semis, plantations, repiquages, rempotages.*

5. *Apprenez-leur très jeunes quelles sont les plantes toxiques ou juste immangeables, s'il y en a dans le jardin.*

et Si

- Mon enfant n'aime pas le jardin ? 10
- Il y a des pucerons ? 11

1 Les plantes aux réactions étonnantes

Colutea arborescens, le baguenaudier, est un arbuste dont les gousses éclatent en faisant un bruit de pétard : on l'appelle aussi « panpan ». *Dictamnus albus*, alias fraxinelle, émet des étincelles les jours de grosses chaleurs, à cause des huiles aromatiques volatiles et inflammables qu'elle contient. Les fruits du faux pistachier (*Staphylea colchica*) claquent dans les doigts. Les fleurs de la belle-de-jour (*Convolvulus tricolor*) s'ouvrent entre 7 et 8 heures du matin et se referment entre 17 et 18 heures. Les graines du concombre d'âne (*Ecballium elaterium*) jaillissent brutalement lorsqu'on presse le fruit et sont projetées au loin.

Concombre d'âne en fleurs

Fruit de l'herbe aux perruches

2 Des plantes à la structure curieuse

Les graines de la monnaie-du-pape (*Lunaria annua*) sont contenues dans des gousses translucides et circulaires. Les fruits de l'amour-en-cage (*Physalis alkekengi*) sont pendus dans une curieuse petite lanterne orange. Le cœur-de-Marie (*Lamprocapnos spectabilis, ex-Dicentra*) a d'adorables fleurs en forme de cœur. *Asclepias syriaca*, l'herbe aux perruches, a des fruits en forme d'oiseau. Le tournesol (*Helianthus annuus*) peut devenir géant. Les fleurs de *Cuphea llavea,* ou plante Mickey Mouse, offrent une curieuse frimousse surmontée de deux grandes oreilles rouges. *Vigna caracalla*, la vigne escargot, a des boutons floraux en coquille d'escargot, qui se détendent en vrille. Certaines variétés de maïs d'ornement (*Zea mays*) ont des grains multicolores étonnants.

3 *Le coin du curieux : Le noisetier... l'arbre à tout faire*

Un noisetier est une source d'amusement, et pas seulement pour la récolte de noisettes en septembre ! Son bois fait, par exemple, d'excellents arcs, surtout au printemps, quand la montée de sève rend le bois souple. Coupez une branche de la taille de l'enfant et du diamètre d'un pouce adulte. L'idéal est de la faire sécher 3 jours... une manière d'enseigner aussi la patience ! Puis faites une encoche à chaque extrémité, attachez la ficelle à l'une d'elles, tendez la branche et la ficelle, et fixez l'autre extrémité. Vous ferez des flèches avec des rejets bien droits, poussant au centre de l'arbre, et l'empennage avec une plume de pigeon de 8 cm de long. Fendez le tuyau de la plume, mettez-le à cheval sur l'extrémité de la flèche et attachez-le avec plusieurs tours de fil fin. Évitez de tailler les flèches en pointe... mieux vaut être prudent.

4 Peindre des escargots

Voici une manière ludique de faire découvrir la vie des animaux du jardin. Ramassez une dizaine d'escargots, si possible des gros, et avec du vernis à ongle coloré, peignez un numéro sur leur coquille. Puis allez les déposer à l'autre bout du jardin. Vous pourrez observer le nombre d'escargots revenant à leur point de départ et le temps qu'ils mettent. Certains sont capables de faire le chemin inverse sur 50 m en 2 ou 3 semaines.

5 Le jardin des 5 sens

- **La vue.** Apprenez-leur à observer de près la vie du jardin : les insectes du sol, les butineurs, les structures des fleurs, une goutte d'eau qui roule sur une feuille d'alchémille.
- **Le toucher.** Le jardin est l'endroit où ce sens est le plus sollicité. Faites-leur sentir la rugosité du houblon, la douceur du stachys, la surface lisse du nénuphar.
- **L'ouïe.** Initiez-les à la mélodie du merle, aux bruissements des bambous, au craquement des branches... Ils s'en souviendront plus tard.
- **L'odorat.** Dans ce domaine, les parfums ne manquent pas : l'herbe fraîchement tondue au printemps, les roses en été, le chèvrefeuille en juin, l'éléagnus à la rentrée de septembre, les daphnés en hiver...
- **Le goût.** C'est essentiellement le domaine du potager, ➲ p. 744.

6 L'HORLOGE DES FLEURS

Faites découvrir le photopériodisme aux enfants : la fleur de catananche bleue *(Catananche caerulea)* s'ouvre vers 5 heures du matin. Le pissenlit *(Taraxacum officinale)* est aussi appelé « horloge du paysan » parce qu'en été ses fleurs s'ouvrent entre 5 et 6 heures du matin et se referment en fin de journée. Les fleurs des nénuphars et des œillets d'Inde s'ouvrent vers 7 heures. Les mauves *(Malva moschata, M. sylvestris)* ne s'ouvrent que vers 11 heures et la passiflore bleue *(Passiflora caerulea)* une heure plus tard. Les fleurs de la belle-de-nuit *(Mirabilis jalapa)* éclosent vers 17 heures.

Malva moschata

Baies de genévrier

7 LES PLANTES QUI COLORENT

Les enfants adorent teindre de la laine avec des plantes tinctoriales : essayez les fanes de carottes (jaune-vert), les bogues de châtaignier (brun), les fleurs de genêt et de verge d'or *Solidago*, (jaune), les baies de genévrier (brun violacé), les feuilles de lierre (vert), les pelures d'oignon (jaune orangé), les fruits de la ronce, les mûres (violet), les œillets d'Inde et les soucis (orange), les feuilles de persil (jaune). Utilisez de l'alun pour préparer le tissu à recevoir la teinture. Vous trouverez de nombreuses recettes sur Internet.

IDÉES

8 POURQUOI PAS... CONSTRUIRE UN TIPI FLEURI ?

Prenez 6 cannes de bambous de 2,50 m. Taillez la base en pointe. Dessinez un cercle de 1,50 m au sol, avec de la farine. Enfoncez en biais les 6 cannes, en les répartissant régulièrement (tous les 80 cm environ). Attachez les sommets avec du fil de fer. Au pied de chaque canne, ameublissez la terre sur 30 cm de large et 10 cm de profondeur et semez en mai deux graines d'ipomée. Vous guiderez les tiges au fur et à mesure sur les cannes.

9 POURQUOI PAS... UN BAC DE PLANTES CARNIVORES ?

Dionée attrape-mouches

Choisissez des plantes « faciles » : droséra, dionée, sarracénia. Rempotez-les dans des pots de 12-15 cm de diamètre, remplis de 2/3 de tourbe blonde de sphaigne (non enrichie) et de 1/3 de sable non calcaire (magasins d'aquariophilie). En été, installez-les dehors, au soleil du matin uniquement. En hiver, une véranda à 10-12 °C convient. Les plantes ne doivent jamais manquer d'eau. Arrosez avec de l'eau osmosée (magasins d'aquariophilie), de l'eau déminéralisée (pour les fers à repasser) ou de l'eau de pluie.

et Si

10 Mon **enfant** n'aime pas le **jardin** ?

Ne forcez pas les choses, mais soyez malin. Demandez-lui de temps en temps d'aller cueillir quelques fleurs pour un bouquet, de rapporter un peu de ciboulette pour la salade, un rameau de thym. Chaque année, faites un petit bouquet avec les premières roses, violettes ou perce-neige et mettez-le dans sa chambre. L'important est de lui constituer des souvenirs agréables. Souvent, c'est par ce biais qu'à l'âge adulte, l'envie de jardiner revient comme une évidence...

11 Il y **a** des **pucerons** ?

C'est l'occasion rêvée de lui faire découvrir les coccinelles et leurs larves, grandes dévoreuses de pucerons. Vous trouverez certainement des coccinelles adultes dans le jardin. Les larves, moins colorées, sont plus difficiles à dénicher. Mais vous pouvez en acheter en jardinerie, car elles font partie des insectes auxiliaires du jardinier.

Larve de coccinelle

ARACHIDE

Arachis hypogaea

J F M A M J J A S O N D

20/40 cm | 20/30 cm

Cette plante aux tiges dressées, volubiles ou rampantes, montre un mode de croissance original : quand les fleurs fanent, une pseudo-tige (le gynophore) pousse sous l'ovaire fécondé et le conduit dans le sol à quelques centimètres de profondeur. Les gousses qui renferment les cacahuètes que nous connaissons poussent donc sous terre.

SOL Pas forcément très riche, mais lléger, meuble et profond.

EXPOSITION Soleil et de beaucoup de chaleur.

CULTURE Seul le Midi offre de bonnes conditions pour un semis à l'extérieur et des récoltes correctes. Ailleurs, semez à l'intérieur, près d'un radiateur, en avril, en godet. Enterrez les graines de 2 ou 3 cm et arrosez. Environ 10 jours plus tard, les plantules apparaissent. Jusqu'au repiquage en pleine terre, gardez-les en plein soleil et n'arrosez que quand le terreau sèche. Au début de juin, repiquez dans une terre légère, au soleil. Les feuilles se referment le soir. Ne laissez pas sécher de tout l'été. Environ 5 ou 6 mois après le semis (septembre-octobre), le feuillage sèche. La coque se ride, la graine se forme et se recouvre d'une pellicule rose. Arrachez alors les plants à la fourche-bêche, secouez-les et laissez-les sécher 2 jours au sol (s'il ne pleut pas).

ESPÈCES 81 espèces sont reconnues réparties en deux grands groupes : les *Virginiana* et les Spanish-Valencia.

CULTURE EN POT Dans un pot de 25 à 30 cm de diamètre. On peut les faire pousser à l'intérieur.

ARBRE AU CARAMEL

Cercidiphyllum japonicum

J F M A M J J A S O N D

3/12 m | 1/3 m | C

Ce grand arbuste peut être conduit comme un petit arbre très élégant. Très rustique, il forme petit à petit un tronc unique. Le feuillage opposé, en cœur, naît rouge en mars-avril, puis verdit avant de se teinter de jaune, de rouge, d'orange et d'écarlate en automne. Il dégage alors une odeur prononcée de pain d'épice chaud, d'où son nom. Croissance rapide (3 m en 5 ans).

SOL Riche, profond, assez frais, neutre.

EXPOSITION Soleil ou mi-ombre, dans un environnement assez humide.

CULTURE Plantez en automne. Tuteurez les jeunes arbres et protégez-les des gelées printanières.

ESPÈCES ET VARIÉTÉS Il existe 2 espèces. *Cercidiphyllum japonicum* (de 10 à 12 m) ; 'Pendulum' (de 4 à 6 m), à port pleureur ; 'Rotfuchs' (de 3 à 4 m), les jeunes feuilles naissent pourpres, puis verdissent. *C. magnificum* (de 6 à 10 m) offre des feuilles plus grandes que le type et un tronc lisse ; 'Pendulum' est une forme à port pleureur.

CULTURE EN POT Peu adaptée.

UTILISATIONS Isolé, sous-bois, bord d'étang.

COULEURS D'AUTOMNE

Pour obtenir des couleurs d'automne plus soutenues, plantez l'arbre au caramel dans un sol humide et acide. L'été, maintenez le sol toujours frais.

BAGUENAUDIER

Colutea arborescens

J F M A M J J A S O N D

2/3 m | 1/2 m | C

Cet arbuste très solide, à tiges duveteuses, est à conseiller aux jardiniers débutants. Il porte des feuilles alternes, composées de fines folioles d'un vert intense. Les fleurs en grappes jaunes, portées à l'aisselle des feuilles, donnent dès juillet des gousses renflées de 6 à 8 cm de long, vert pâle, translucides, qui rougissent en automne. Les gousses éclatent en faisant un bruit de pétard amusant beaucoup les enfants.

SOL Léger, calcaire, même pauvre.

EXPOSITION Ensoleillée, même aride et ventée. Mi-ombre légère tolérée.

CULTURE Plantez en automne, inutile de fertiliser. Coupez les branches trop fortes ou trop faibles de façon à bien réguler la végétation.

ESPÈCE Il existe 25 espèces. Seul *Colutea arborescens* (de 2 à 3 m) est couramment cultivé parce qu'il est le plus rustique.

CULTURE EN POT Non adaptée.

UTILISATIONS En massif d'arbustes variés, haie libre, arbuste isolé dans un petit jardin.

TOUT-TERRAIN

Colutea arborescens résistant à tout, plantez-le dans les jardins soumis aux embruns ou en ville, car il supporte aussi très bien la pollution de l'air.

LISERON, BELLE-DE-JOUR

Convolvulus tricolor

J F M A **M J J A S** O N D

↕	↔	Soleil	A
30/40 cm	25/30 cm		

Les fleurs de cette annuelle rustique ne vivent qu'un jour : elles s'ouvrent entre 7 et 8 heures du matin pour se refermer entre 17 et 18 heures. Elle forme une touffe souple et ample, au port étalé. Les feuilles, entières, ovales, sont vert foncé. Les fleurs, en entonnoir largement ouvert, se renouvellent en abondance durant plusieurs mois.

SOL Léger, frais en été, bien drainé en hiver. Le calcaire est bien accepté.

EXPOSITION Chaude, ensoleillée sans être brûlante.

CULTURE Semez en place en avril ou mai. Éclaircissez les plantules à 20 cm. Dans les régions au climat doux, semer en septembre permet d'obtenir des plants plus vigoureux et plus précoces. Boutures faciles en été, prélevées sur des rejets latéraux non florifères.

ESPÈCES ET VARIÉTÉS Il existe 250 espèces. *Convolvulus tricolor* (de 30 à 40 cm), aux feuilles lancéolées, de 3 à 4 cm de long, et fleurs solitaires, de 4 cm de diamètre, bleu vif, à gorge blanche ou jaune ; 'Crimson Monarch', rouge cerise ; 'Light Blue Flash', compact (25 cm), bleu pâle à gorge blanche ; 'Rose Ensign', rose lilas à centre blanc et jaune ; 'Royal Ensign', bleu roi lumineux, à centre blanc ; 'White Ensign', blanc pur à cœur jaune.

CULTURE EN POT Dans un pot de 20 cm de diamètre, dans un terreau de plantation additionné d'un peu de tourbe blonde et de fertilisant organique.

UTILISATIONS Couvre-sol, potée, jardinière, massifs.

COSMOS CHOCOLAT

Cosmos atrosanguineus

J F M A M **J J A S** O N D

↕	↔	Soleil	A
40/60 cm	20/40 cm		

Cette annuelle souple et élégante a la particularité de dégager une nette odeur de chocolat. Elle offre un port dressé très buissonnant. Le feuillage vert clair, de 20 à 30 cm de long, est finement découpé. Les grandes fleurs en capitules, à 8 divisions, se renouvellent en abondance.

SOL Léger, même pauvre, plutôt sec.

EXPOSITION Chaude, très ensoleillée.

CULTURE Semez directement en place en avril. Éclaircissez à 20-30 cm. Arrosez seulement par temps sec. Tuteurez les plantes hautes. Supprimez les fleurs fanées pour prolonger la floraison.

ESPÈCES ET VARIÉTÉS Il existe 42 espèces. *Cosmos atrosanguineus* (60 cm), vivace, forme un tubercule, fleurs pourpre velouté de 4 à 6 cm de diamètre, à l'odeur nette de chocolat ; 'Chocamocha' (30 cm), forme naine convenant bien à la culture en pot.

CULTURE EN POT Dans un pot de 20 cm de côté, dans un terreau de plantation.

UTILISATIONS Massif, bouquet.

PLANTE CIGARETTE

Cuphea spp.

J F M **A M J J A S O N** D

↕	↔	Soleil	A	❄
20/80 cm	20/40 cm			0 °C

Cuphea llavea

Ces petits sous-arbrisseaux sont cultivés en annuelles. Ils forment un buisson étalé aux feuilles lancéolées, vert brillant. En climat doux, ils portent toute l'année des fleurs tubulaires rouge vermillon, de 2 à 3 cm de long, avec un anneau noir et blanc à l'extrémité.

SOL Riche, léger, humifère.

EXPOSITION Chaude et très ensoleillée.

CULTURE Plantez ou sortez les pots en mai. Hivernez en véranda, entre 5 et 12 °C, en laissant bien sécher la surface du sol entre deux arrosages. À la fin de l'hiver, rabattez les tiges au tiers de leur longueur et rempotez. Bassinez le feuillage en été par temps très sec. Donnez de l'engrais pour plantes fleuries, de mai à septembre, tous les 10 jours.

ESPÈCES ET VARIÉTÉS Il existe 280 espèces. *Cuphea hyssopifolia*, le thym d'amour ou la bruyère mexicaine (de 30 à 60 cm), aux minuscules fleurs roses, blanches ou violettes selon les cultivars (rusticité – 5 °C). *C. ignea*, la plante cigarette (de 50 à 80 cm), fleurs tubulaires de mai à décembre. Ne pas exposer au gel. *C. llavea*, la plante Mickey Mouse ou la fleur chauve-souris (de 30 à 45 cm), fleur rouge (rusticité de – 10 à –12 °C) ; 'Flamenco Samba' et 'Torpedo', fleur rouge à centre noir ; 'Tiny Mice' (40 cm), fleur rouge à centre mauve.

CULTURE EN POT Dans un mélange de terreau de feuilles, sable de rivière et tourbe.

UTILISATIONS Massif, bordure, potée, jardinière, suspension.

FRAXINELLE

Dictamnus albus

J F M A **M J J** A S O N D

0,60/1,20 m | 30/70 cm | V | -15 °C

C'est la seule vivace… qui lance des étincelles ! Ici, pas de magie noire : les poils glanduleux dégagent une essence végétale très volatile qui, en été, s'enflamme spontanément ou quand elle est à proximité d'une allumette enflammée. Autre atout de la plante, elle sent le citron frais.

SOL Léger, plutôt sec, même calcaire. Un excès d'humidité provoque la pourriture.

EXPOSITION Soleil ou mi-ombre.

CULTURE Plantez en automne ou au printemps les sujets en conteneur. Arrosez à la plantation, mais par la suite, attention aux excès. Elle demande du temps pour s'installer et fleurir, et n'aime pas être déplacée. Choisissez donc bien l'emplacement au départ.

ESPÈCE ET VARIÉTÉS Une seule espèce, *Dictamnus albus.* Contrairement à ce que le nom d'espèce laisse croire (*albus* signifie blanc en latin), la fraxinelle ne fleurit pas naturellement blanc, mais rose pâle veiné de pourpre clair. Elle se décline en plusieurs variétés : 'Purpureus', aux épis pourprés… 'Albiflorus' est blanc.

CULTURE EN POT À éviter, mais possible dans des pots de 30 à 40 cm de diamètre.

UTILISATION Elle pousse bien dans les massifs, car elle supporte la concurrence des racines des arbustes.

GROS-MINET, QUEUE-DE-LIÈVRE

Lagurus ovatus

J F M A **M J J A** S O N D

40/60 cm | 30 cm | A | -15 °C

L'une des rares graminées que l'on reconnaît instantanément. Ses charmants épis vert tendre invitent à la caresse. Ils virent avec le temps au blanc crème, puis au blond doré.

SOL Léger, plutôt sec, donc filtré, voire sableux, acide ou neutre, moyennement fertile. D'ailleurs, on trouve souvent la plante à l'état naturel dans les dunes des côtes méditerranéenne et atlantique. Un excès d'humidité provoque la pourriture.

EXPOSITION Soleil.

CULTURE Semez en place à la fin de l'été ou au début du printemps. Attention, limaces et escargots raffolent des jeunes plants. Les fortes pluies abîment malheureusement les épis. On peut donc les cueillir avant. Ils durent longtemps en bouquets.

ESPÈCE ET VARIÉTÉS Une seule espèce, *Lagurus ovatus*. Il existe en revanche une sous-espèce naine, parfois vendue sous un nom de variété, 'Nanus', qui ne dépasse pas 10-15 cm de haut.

CULTURE EN POT Possible en pots de 20 à 30 cm de diamètre.

UTILISATIONS À planter sur le devant des massifs, dans un carré de fleurs à couper, ou même au potager, en bordure.

MONNAIE-DU-PAPE

Lunaria annua

J F M A **M J** J A S O N D

0,60/1,20 m | 30/50 cm | BI

Cette jolie forme une touffe de feuilles cordiformes, dentelées, pointues. Les fleurs en grappes mauves cèdent la place à des fruits originaux, sortes de petits sacs aplatis, transparents et arrondis, ressemblant à des pièces. Cela lui vaut d'être aussi appelée « herbe aux écus », « monnayère » ou « lunaire ».

SOL Léger, frais, humifère, même calcaire.

EXPOSITION Un doux soleil direct ou une mi-ombre légère, sans chaleur excessive.

CULTURE Semez en place de juin à septembre ; éclaircissez à 15-20 cm. Un semis en mai est possible avec repiquage courant septembre. Arrosez bien. Désherbez soigneusement.

ESPÈCES ET VARIÉTÉS Il existe 4 espèces et une sous-espèce. *Lunaria annua*, (ou *L. biennis*), de 60 à 90 cm, se décline en quelques cultivars : 'Alba', blanc ; 'Corfu Blue', bleu violacé ; 'Variegata', violet ; 'Variegata Alba', blanc. *L. rediviva* (1 m), vivace, buissonnante.

CULTURE EN POT Dans un pot de 30 cm, dans un terreau pour géraniums.

UTILISATIONS Massif, fleur coupée, bouquet sec (pour les fruits).

CUEILLETTE

Récoltez les capsules lorsqu'elles commencent à se colorer. Faites-les sécher dans une pièce en courant d'air.

AMOUR-EN-CAGE

Physalis spp.

J F M A **M** J J A S O N D

Hauteur	Largeur	Exposition	Type
0,30/1 m	20/60 cm		V

Cette plante buissonnante porte des fructifications très originales. « Alkékenge », « lanterne japonaise », « cerise d'hiver », les noms ne manquent pas pour cette vivace aux feuilles alternes et triangulaires, et aux fleurs verdâtres en entonnoir. Le fruit comestible, qui ressemble à une cerise orangée, est enveloppé d'une membrane translucide rouge vermillon en forme de lanterne, qui finit par ne laisser apparent que le réticule de nervures.

SOL Léger, drainé, même sec et calcaire.

EXPOSITION Lumineuse, mais pas brûlante.

CULTURE Semez sous abri en avril ; la germination demande 3 ou 4 semaines à 20 °C. Repiquez en place les plants qui atteignent 10 cm de haut (de 6 à 9 pieds/m^2). Fertilisez un mois plus tard. Coupez les tiges sèches après la fructification. Divisez les touffes devenues moins compactes.

ESPÈCES ET VARIÉTÉS Il existe 124 espèces. *Physalis alkekengi* var. *franchetii* (1 m), à la fructification abondante, mais peu savoureuse. *P. peruviana*, le coqueret du Pérou (de 50 à 80 cm), aux fruits plus savoureux, mais à cultiver en annuelle. *P. philadelphica*, le tomatillo du Mexique (1,50 m), fleur jaune, fruits comestibles, à saveur acide, le plus souvent verts (parfois jaunes, rouges ou violets). *P. pubescens* (de 30 à 40 cm), port étalé, plante moins décorative et fruits plus petits, mais plus sucrés.

CULTURE EN POT Dans un pot de 20 à 30 cm de diamètre, dans un terreau enrichi de 15 % de fertilisant à base d'algues.

UTILISATIONS Massif, rocaille, jardin sauvage, bouquet, fruit de consommation.

SUREAU NOIR

Sambucus nigra

J F M A M **J** J A S O N D

Hauteur	Largeur	Exposition	Type	Rusticité
3/6 m	2/4 m		C	-20 °C

Les rameaux de cet arbuste ont la particularité d'avoir une moelle spongieuse qui sert d'abri aux insectes hivernant. Il est aussi recherché par les enfants, car une fois la moelle ôtée, il est facile d'en faire des sifflets.

SOL Toute terre normale lui convient.

EXPOSITION Soleil ou mi-ombre.

CULTURE Les plantes en conteneur se mettent en terre toute l'année (sauf période de gel). C'est un arbuste sans entretien. Si toutefois vous le trouvez trop encombrant, vous pouvez le conduire sur tronc, en sélectionnant la branche la plus grosse et la plus verticale et en supprimant jusqu'à 3 m de haut toutes les branches latérales et celles qui partent du pied (la plante émet beaucoup de rejets).

VARIÉTÉS Il existe des variétés dorées ('Aurea'), d'autres à feuillage pourpre et lacinié ('Black Beauty' et 'Black Lace', ce dernier étant moins haut et plus étalé, 3 m en tous sens).

CULTURE EN POT Possible pour les variétés à moindre développement et dans des pots de 40 à 50 cm de large.

UTILISATIONS En fond de massif, en isolé ou en haie. Les oiseaux apprécient énormément ses baies.

LA POULE ET LES POUSSINS

Tolmiiea menziesii

J F M **A** **M** J J A S O N D

Hauteur	Largeur	Exposition	Type	Rusticité
10/40 cm	30/60 cm)		V	-10 °C

De plantules prennent naissance sur les feuilles au niveau de la jonction avec le pétiole, ce qui a valu à la plante son curieux nom commun. Mais elle est aussi prisée pour son beau feuillage duveteux. Sa floraison, assez grêle et rare en intérieur, est insignifiante.

SOL Mélange de terreau et de terre de jardin.

EXPOSITION Lumineuse, sans soleil direct.

CULTURE Cette vivace rhizomateuse semi-persistante, au port rampant ou retombant, se cultive en pleine terre dans les régions pas trop froides ou comme plante d'intérieur, en suspension. Mais attention, quand l'atmosphère est trop sèche, la plante devient sensible aux araignées rouges.

VARIÉTÉS Il existe des variétés panachées de jaune ('Taff's Gold') ou entièrement jaune anisé ('Cool Gold').

CULTURE EN POT Un pot de 15 à 20 cm de diamètre convient. Installez-la en hauteur, pour apprécier son feuillage retombant.

UTILISATIONS En pot, en intérieur comme en extérieur, pour pouvoir l'admirer de près. Ou bien en massif, avec des ajugas et des pervenches.

POUR JARDINER AVEC LES ENFANTS, VOUS POUVEZ AUSSI UTILISER

★ *Fortunella margarita* (kumquat) ➲ p. 876 ★ *Helianthus annuus* (tournesol, plante à croissance rapide et géante) ➲ p.518 ★ *Solanum melongena* 'Ronde Blanche à Œufs' (aubergine, plante à œufs) ➲ p. 762

Le Coin des fleurs à bouquet

L'INTÉRÊT DE SEMER OU PLANTER DES FLEURS À BOUQUET DANS SON JARDIN, C'EST QUE L'ON DISPOSE D'UNE PALETTE VÉGÉTALE QUI DÉPASSE LARGEMENT L'OFFRE HABITUELLE DES FLEURISTES. ET LES BOUQUETS QUE L'ON FAIT POUR SOI OU POUR OFFRIR MARQUENT PAR LEUR ORIGINALITÉ.

OÙ PLANTER DES FLEURS À BOUQUET ?

À partir du moment où vous respectez les exigences des plantes, il n'y a aucune règle : vous pouvez installer vos fleurs à bouquet au potager, au jardin, entre les massifs, dans un coin dédié ... **1**

COMMENT CUEILLIR LES FLEURS ?

Pour des bouquets qui durent, il faut cueillir les fleurs à un certain moment et d'une certaine façon... Vous pouvez faire gagner aux fleurs plusieurs jours de fraîcheur ... **2**

QUE FAIRE POUR QU'UN BOUQUET DURE ?

En prenant correctement soin de vos bouquets, vous pouvez doubler leur durée de vie. Cela vaut la peine de les réaliser dans les règles ... **3**

LE CAS DES PAVOTS

Les pavots sont parmi les plus belles fleurs à bouquet. Malgré leur apparence si fragile, ils peuvent durer une semaine si vous connaissez les petits trucs indispensables lors de leur cueillette ... **4**

La petite histoire : Le dahlia

Le dahlia est devenu la reine des fleurs à bouquet, mais ce n'est pas une fleur issue du Vieux Continent. On la doit, comme beaucoup de fruits et légumes, au Nouveau Monde ... **5**

DES FLEURS À SÉCHER

Certaines fleurs sèchent parfaitement, tout en gardant une bonne partie de leurs couleurs. Elles sont le complément indispensable des fleurs fraîches ... **6**

LES BONS OUTILS

S'armer d'outils de jardinage et de taille adaptés, cela facilite grandement les choses : coupes plus nettes, fleurs moins abîmées, travail facilité. Voici la petite panoplie du fleuriste ... **7**

IDÉES

→ POURQUOI PAS... Pour les **bouquets**, il n'y a pas que les **fleurs**... En matière de bouquets, votre imagination est votre seule limite... 8

→ POURQUOI PAS... Du **feuillage** comme faire-valoir ? 9

et Si

- Je veux des fleurs à bouquet à cultiver à l'intérieur ? 10
- Je veux des feuillages argentés ? 11

Les Plantes idéales

★ **Fleurs de printemps :** *Anemone coronaria*, *A.* x *fulgens* (anémone de Caen) ; *Iris germanica* (iris des jardins) ; *Paeonia lactiflora* (pivoine herbacée).

★ **Fleurs d'été :** *Alstroemeria* (lis des Incas) ; *Delphinium* x (pied-d'alouette vivace) ; *Dianthus barbatus* (œillet de poète) ; *Gladiolus* x *hybridus* (glaïeul à grandes fleurs) ; *Liatris spicata* (plume du Kansas) ; *Lilium spp.* (lis) ; *Limonium latifolium* (statice) ; *Monarda didyma* (monarde) ; *Zinnia elegans*.

★ **Fleurs d'automne :** *Dahlia* x *hybrida* (dahlia à grandes fleurs) ; *Helianthus atrorubens*, *H. decapetalus*, *H. salicifolius* (soleil vivace) ; *Solidago canadensis*, *S. virga-aurea* (verge d'or).

★ Bien entendu, les **roses** restent des classiques des fleurs à bouquet, avec une période de floraison qui va du printemps à l'automne.

Les règles

1. *Plantez toujours un peu plus de fleurs que prévu, pour pouvoir en couper à volonté.*
2. *Si vous ne mélangez pas vos fleurs à bouquet au reste du jardin, aménagez des plates-bandes de 1,20 m de large qui accueilleront annuelles, vivaces et arbustes. Prévoyez un accès facile avec des allées de 1 m entre ces plates-bandes.*
3. *Plantez les fleurs les plus basses sur le pourtour des plates-bandes, les plus hautes au milieu.*
4. *N'arrosez jamais le feuillage et les fleurs par aspersion. Préférez un tuyau microporeux qui court au sol entre les plantes.*
5. *Coupez régulièrement les fleurs et apportez de l'engrais pour plantes fleuries.*

Le Coin des fleurs à bouquet

1 Où planter des fleurs à bouquet ?

Les fleurs ont depuis longtemps quitté le carré bouquetier du XIXe siècle et se sont invitées au potager, parmi les légumes, se sont infiltrées dans les massifs, glissées entre les arbustes. Mais quel que soit l'endroit où vous décidez de les installer, gardez en tête qu'elles ont besoin de soleil (au moins 5 à 6 h/jour), d'un endroit abrité du vent qui dessèche et casse les tiges, et pour la plupart d'une terre assez riche (à l'exception des œillets). Ces fleurs doivent être aisément accessibles pour permettre une cueillette aisée et rapide, et l'idéal est de pouvoir les admirer depuis la maison.

2 Comment cueillir les fleurs

- Il est préférable de cueillir les fleurs quand elles sont encore **en boutons**, mais presque sur le point de s'épanouir. Les pétales sont encore serrés, et l'on aperçoit leur couleur. Cueillies trop tôt, quand le bouton est bien fermé, les fleurs, privées de nutriments, auront du mal à bien s'épanouir.
- Cueillez-les **à la fraîche**, le matin, quand elles sont gorgées d'eau.
- **Coupez à l'aisselle** d'une pousse secondaire qui pourra former de nouveaux boutons.
- Faites une **coupe nette**, en biais, pour augmenter la surface d'aspiration de l'eau dans la tige, avec un sécateur plutôt qu'une paire de ciseaux, qui écrase les tissus végétaux.
- **Plongez** les tiges dans un seau d'eau fraîche pendant 30 minutes avant de réaliser le bouquet.

3 Que faire pour qu'un bouquet dure ?

- Utilisez un **vase très propre**.
- **Préparez** vos fleurs en supprimant toutes les feuilles sur les parties de tiges qui vont tremper dans l'eau. Coupez aussi les feuilles tachées.
- Les **tulipes** et les **gerbéras** n'aiment pas que leur tige trempe totalement dans l'eau : mettez juste 5 cm d'eau au fond du vase et veillez à ce que le niveau reste constant. Pour les autres fleurs, immergez les deux tiers de la hauteur des tiges.
- Pour que l'eau reste claire et faire durer le bouquet, on conseille souvent d'y ajouter du sucre, du produit conservateur, mais le plus efficace est de **changer l'eau** tous les 2 jours car la prolifération de bactéries dans l'eau entraîne le pourrissement prématuré des tiges. Profitez-en pour recouper de 2 cm l'extrémité des tiges et supprimer ce qui montre des signes de fatigue.
- La nuit, placez le bouquet dans un endroit frais.

4 Le cas des pavots

La cueillette des pavots est spéciale. On les cueille quand les sépales commencent à s'ouvrir et les pétales à se déplier. Il y a alors deux manières de procéder : on tient un vase plein d'eau à proximité de la plante en pleine terre, on coupe, et dans la seconde qui suit, on plonge la tige dans l'eau. On peut aussi immédiatement cautériser la plaie de coupe avec un briquet et plonger les fleurs dans l'eau une minute plus tard.

5 *La petite histoire : Le dahlia*

Plante originaire de la Nueva España, aujourd'hui le Mexique, où il prospère sur les hauts plateaux et les plaines d'altitude aux sols sablonneux, le dahlia a été découvert en 1570 par le médecin espagnol Francisco Hernandez, au cours d'une expédition commandée par le roi Philippe II d'Espagne. La plante a été nommée en 1791 par l'abbé Antonio José Cavanilles (1745-1804), en l'honneur du botaniste suédois Andreas Dahl (1751-1789), disciple de Linné. L'abbé Cavanilles fut le premier à obtenir en Europe une floraison de dahlia, à partir de graines envoyées par le professeur don Vicente Cervantès, directeur du jardin botanique de Mexico. Ces premiers dahlias ont éclos au jardin botanique de Madrid (Real Jardin Botanico), dont l'abbé Cavanilles devint le directeur de 1801 à 1804.

6 Des fleurs à sécher

Certaines fleurs se font sécher en petits bouquets, tête en bas, dans un endroit sombre, sec et aéré. Selon les espèces, le temps de séchage varie de quelques jours à plusieurs semaines. C'est le cas des achillées, de l'avoine, du blé vert, du gypsophile, des hortensias, des immortelles, du lagurus, des roses, des statices, des pieds-d'alouette, des échinops. Il faut les cueillir quand elles sont bien sèches, après l'évaporation de la rosée, et choisir des fleurs épanouies, avec des pétales bien accrochés. Ôtez une partie du feuillage, qui sèche mal.

Les hortensias sont mis à sécher la tête en bas.

7 Les bons outils

- L'idéal est d'avoir un **sécateur classique**, pour les tiges un peu dures, et un **sécateur plus fin**, pour les tiges fines. Un sécateur à lames très fines et pointues est utile pour supprimer les fleurs fanées.
- Une **paire de gants** solide est indispensable pour couper tout ce qui épineux.
- Il existe un petit outil bien pratique pour supprimer les épines des roses, un **désépinoir à pince**.
- Il est toujours utile d'avoir sous la main du **ruban,** pour lier les bouquets, et du **fil de fer** très fin, pour soutenir les tiges de certaines grosses fleurs comme les gerbéras.

Idées

8 Pourquoi pas... Pour les bouquets, il n'y a pas que les fleurs...

Récoltez aussi dans le jardin des branches, des fruits, des graines, des légumes, qui vont entrer dans la composition du bouquet. Ces plantes typent la saison et donnent du caractère aux bouquets. Pensez aux fructifications plumeuses de la clématite sauvage, aux petites pommes miniatures des pommiers d'ornement, aux tiges de houblon, au lierre en fleurs ou en baies, aux feuilles de fraisier, surtout quand elles rougissent, fin octobre...

Fructification des clématites

9 Pourquoi pas... Du feuillage comme faire-valoir ?

Les fleurs ne sont jamais aussi belles que lorsqu'elles sont mises en valeur par du feuillage. Pensez à cueillir des fougères, du *Viburnum tinus*, du *Symphoricarpos* (avec ou sans baies), du *Caryopteris* x *clandonensis* (les feuilles sentent bon), des sauges diverses, des pélargoniums à feuillage odorant, des menthes diverses, de l'eucalyptus. Vous pouvez aussi prélever des branches de pin, d'érable ou de charme, des branches de cassissier à fleurs dont les feuilles sentent si bon...

et Si

10 Je veux des fleurs à **bouquet** à cultiver à **l'intérieur** ?

C'est possible, mais vous n'obtiendrez pas la même profusion de fleurs. Il faut des plantes qui fleurissent plus ou moins en continu ou sur une longue période, abondamment, et dont les fleurs peuvent faire des bouquets : c'est le cas des streptocarpus, des jasmins polyanthum et sambac, des pélargoniums rentrés en véranda, des cymbidiums et des poinsettias. Ces derniers, vendus à Noël, ont souvent des branches qui cassent. Mises dans l'eau, elles peuvent rester décoratives plus de 6 semaines.

11 Je **veux** des feuillages **argentés** ?

Le feuillage le plus argenté et celui qui tient le mieux en bouquet est celui du cinéraire maritime. D'un gris argent presque blanc, il met merveilleusement en valeur n'importe quelle couleur, pastel ou plus vive. De plus, la plante supporte très bien les tailles, qui lui confèrent un port compact et l'incitent à développer de jeunes pousses très argentées.

Cinéraire et soucis

LIS DES INCAS

Alstroemeria aurantiaca

J F M A M J J A S O N D

0,50/1 m | 30/80 cm | -10 °C

Alstroemeria ligtu hybride

Cette vivace rhizomateuse donne des fleurs exceptionnelles qui font de superbes bouquets. Buissonnante, le lis des Incas dresse des tiges garnies de feuilles alternes, éparses, lancéolées, de 8 à 12 cm de long. Les fleurs, qui évoquent à la fois le lis et l'orchidée, se déclinent dans une riche palette de coloris très raffinés.

SOL Riche et nourrissant, peu calcaire, sans fumier frais, souple et bien drainé.

EXPOSITION Chaude, en plein soleil.

CULTURE Plantez en mars ou avril, à 15 cm de profondeur, par groupes de 3 à 5 tubercules espacés de 15 cm. Inutile d'arroser. Pendant l'hiver, protégez le pied avec un lit de feuilles ou de paille. Multiplication par division de la touffe en automne, avec beaucoup de précautions, car les racines sont très fragiles.

ESPÈCES ET VARIÉTÉS Il existe près de 130 espèces. *Alstroemeria aurantiaca* (70 cm), orange vif. *A. ligtu* (70 cm) a donné de nombreux hybrides aux coloris très variés, souvent pastel : rose, saumon, orange, mais aussi rouge, violet et souvent bicolores.

CULTURE EN POT Dans un pot de 20 cm de diamètre, dans un bon terreau de plantation.

UTILISATIONS Massif, potée, fleur coupée.

CAPRICIEUSE

Maintenez en place plusieurs années cette plante assez capricieuse, car elle est lente à se développer.

ANÉMONE

Anemone spp.

J F M A M J J A S O N D

5 cm/1 m | 5/70 cm

Anemone coronaria

Très rustiques, ces plantes ont des aspects variés. Les anémones des fleuristes et des jardins sont des vivaces tubéreuses, dont la souche produit des feuilles à 3 folioles finement divisées. Les feuilles plus petites, pratiquement sans pétiole, et des fleurs en coupe plate, au cœur composé d'un pistil globuleux entouré d'un gros bouquet d'étamines. Les coloris vont du blanc au rouge en passant par tous les tons roses.

SOL Profond, frais, riche en humus, bien drainé. Le calcaire est accepté. Un apport de terreau à la plantation est bénéfique.

EXPOSITION Soleil léger ou mi-ombre.

CULTURE Plantez au printemps, à 40 cm de distance (4 pieds/m^2). En hiver, couvrez les souches avec des feuilles mortes, de la tourbe sèche ou de la paille. Arrosez bien durant l'été.

ESPÈCES ET VARIÉTÉS Le genre *Anemone* comprend 175 espèces et de nombreuses variétés naturelles. *A. coronaria*, l'anémone des fleuristes (de 30 à 50 cm) ; 'Anémone de Caen' (30 cm), fleurs simples aux couleurs variées, avec un gros pompon d'étamines noires ; 'Anémone Sainte Brigitte' (de 30 à 40 cm), comme la précédente, mais à grosses fleurs doubles. *A. hortensis* (syn. *A. fulgens*), l'anémone des jardins (30 cm), tubéreuse, à fleurs écarlates au printemps ; 'Multipetala' (30 cm), à fleurs semi-doubles, rouge lumineux aux pétales effilés.

CULTURE EN POT Dans un pot de 15 cm, dans un bon terreau pour plantes à fleurs.

UTILISATIONS Massifs, bouquets, jardinières.

PIED-D'ALOUETTE VIVACE, DAUPHINELLE

Delphinium spp.

J F M A M J J A S O N D

0,40/1,80 m | 30/60 cm

Vidéo « Planter un pied-d'alouette »

Ces généreuses vivaces aux racines charnues portent de longues hampes spectaculaires. Elles développent une touffe de feuilles palmées, très découpées, de 10 à 20 cm de long. Les longues hampes florales portent des épis de fleurs à 5 pétales, accompagnées d'un éperon allongé dans une large gamme de bleus.

SOL Profond, consistant, riche, bien travaillé. Le calcaire est bien accepté.

EXPOSITION Au soleil direct, mais non brûlant, protégé des vents forts.

CULTURE Plantez de septembre à avril (de 2 à 5 pieds/m^2) et maintenez une humidité constante. Paillez avec une fumure organique ou du compost au printemps. Après la floraison, coupez les inflorescences au niveau des premières belles feuilles, pour faciliter la remontée. Rabattez toute la plante au ras du sol fin octobre. Divisez les touffes de plus de 5 ans à l'automne.

ESPÈCES ET VARIÉTÉS Il existe plus de 350 espèces. On cultive surtout des hybrides comme la série Belladonna (de 1 à 1,20 m), buissonnante, à floraison continue dans diverses nuances de bleu ou de blanc, ou Pacific (1,80 m), vigoureuse, formant des épis non ramifiés, aux grosses fleurs simples ou semi-doubles dans des

*Télécharger l'application Truffaut +, voir p. 6-7

coloris variés. Le bouquet d'étamines offre une teinte noire ou blanche, qui contraste avec la fleur. La floraison est remontante. *Delphinium grandiflorum* (syn. *D. sinense*), 40 cm, très ramifié, au feuillage très découpé et fleurs bleu gentiane.

CULTURE EN POT Possible pour les variétés les moins élevées un pot de 30 cm en tous sens, dans un terreau additionné de compost.

UTILISATIONS Massif, isolé, bouquet.

ŒILLET DE POÈTE

Dianthus barbatus

J F M A **M J J A S** O N D

15/40 cm	10/30 cm		V

L'œillet de poète, aux bouquets aplatis de fleurs parfumées, est une vivace cultivée en bisannuelle, qui fait de jolis bouquets. Ses inflorescences rondes sont composées de petites fleurs aux bords dentelés, simples ou doubles, de longue durée. Le feuillage est vert ou pourpre.

SOL Toute terre calcaire bien drainée.

EXPOSITION Plein soleil assez doux.

CULTURE Semez en pleine terre, en mai-juin pour une floraison l'année suivante.

ESPÈCES ET VARIÉTÉS Il existe 300 espèces. *Dianthus barbatus* est proposé en mélange de coloris : blanc, rose, rouge, grenat. À fleurs simples : 'Barbarini' (20 cm), plante naine aux coloris variés, mais homogènes ; 'Electron' (60 cm), bicolore ; 'Hirondelle' (de 50 à 60 cm). À grosses fleurs : 'Tapis des Indes' (25 cm). Cultivars à fleurs doubles : 'Passionata' (50 cm), aux dégradés de couleurs ; 'Pinocchio' (20 cm).

CULTURE EN POT Dans un pot de 15 cm, dans un mélange de terre de jardin et de terreau.

UTILISATIONS Bordure, potée, bouquets.

GLAÏEUL À GRANDES FLEURS

Gladiolus x grandiflorus

J F M A M J **J A S** O N D

0,50/2 m	10/50 cm		B	0 °C

Gladiolus papilio

Cette bulbeuse offre un rare éventail de coloris pour composer des bouquets. Les glaïeuls sont uniquement cultivés dans des formes hybrides. Le cormus aplati produit un éventail de feuilles dressées, étroites, terminées en pointe, qui entourent une hampe florale dont l'épi, serré, est composé d'une douzaine de fleurs à 6 sépales (tépales), en entonnoir, s'ouvrant sur un seul côté et du bas vers le haut de l'inflorescence.

SOL Léger, frais, profond, bien amendé, si possible sableux et sans fumier frais.

EXPOSITION Chaude, même aride, en plein soleil (la floraison est quasi inexistante à l'ombre), à l'abri des vents forts.

CULTURE Plantez de fin mars à juillet, à 10 cm de profondeur et à 20 cm d'écartement. Arrosez souvent au pied, en complétant avec des apports réguliers d'engrais pour fleurs. Pour la production de fleurs coupées, plantez en lignes avec, pour soutenir les tiges, un filet à ramer tendu horizontalement entre 15 et 20 cm du sol. Choisissez des bulbes dont le calibre est supérieur à 12 cm de circonférence. Seule exception, les *Gladiolus colvillei* qui sont proposés en calibre 8/9. Coupez les inflorescences en laissant au moins 4 ou 5 feuilles par pied, pour permettre la création d'un nouveau cormus. Fin octobre, arrachez, nettoyez et stockez les bulbes dans une pièce obscure, à l'abri du gel, après les avoir protégés contre les maladies et les insectes avec une poudre totale.

ESPÈCES ET VARIÉTÉS Il existe 280 espèces et plus de 10 000 hybrides. *Gladiolus colvillei* (60 cm), à fleurs pastel, convient mieux en massifs que les hybrides. Plantez dès février (80 bulbes/m²). *G. callianthus (Acidanthera)*, 1 m, blanc à cœur pourpre, parfumé. *G. papilio* (de 50 à 90 cm), fleurs en forme de clochettes jaune crème, à l'intérieur pourpre violacé. Il existe divers cultivars généralement bicolores dont 'Prins Claus', blanc tacheté de rose.

CULTURE EN POT Peu adapté.

UTILISATIONS Surtout en fleur coupée, qui tient plus d'une semaine en vase. Touffes de 15 à 20 bulbes, dans les massifs.

TUTEURAGE

Utilisez des tuteurs aussi discrets que possible (rameaux) pour maintenir les glaïeuls bien droits, car ils penchent sous le vent ou la pluie.

Gladiolus colvillei

DAHLIA À GRANDES FLEURS

Dahlia x

J	F	M	A	M	J	J	A	S	O	N	D

0,20/2 m	0,15/1 m		B	-2 °C

Dahlias Pompons

Cette plante se décline en d'innombrables formes et couleurs. Le dahlia possède des racines tubéreuses, renflées. Réunis en faisceaux, ces tubercules donnent des tiges dressées, creuses et ramifiées, portant des feuilles composées, pennées, aux folioles arrondies. Des hampes solides, charnues, sont terminées par des capitules simples ou doubles, aux ligules de formes très variées, qui se déclinent dans une large palette de couleurs où il ne manque que le bleu pur.

SOL Bien fumé, argileux, mais sain, travaillé en profondeur. Le dahlia végète dans les terres pauvres et sablonneuses.

EXPOSITION Chaude, fortement ensoleillée, à l'abri des vents dominants.

CULTURE Plantez les tubercules de mi-avril à début mai, entre 10 et 15 cm de profondeur.

HAUTEUR VARIABLE

Tenez bien compte, lors de la plantation, de la hauteur de chaque variété pour composer les arrangements. Les dimensions figurent sur le sachet contenant les tubercules.

NAISSANCE DU DAHLIA

Originaire du Mexique, où il prospère sur les hauts plateaux et les plaines d'altitude aux sols sablonneux, le dahlia a été découvert en 1570 par le médecin espagnol Francisco Hernandez, au cours d'une expédition commandée par le roi Philippe II d'Espagne.
Le dahlia a été nommé ainsi en 1791 par l'abbé Antonio José Cavanilles (1745-1804), en l'honneur du botaniste suédois Andreas Dahl (1751-1789), disciple de Linné. En 1791, l'abbé Cavanilles fut le premier à obtenir en Europe une floraison de dahlia, au jardin botanique de Madrid dont il était le directeur. La plante lui avait été envoyée en 1789 par Vincente Cervantes, directeur du jardin botanique de Mexico.

Comptez de 60 cm à 1 m d'espacement pour les grandes espèces et de 30 à 50 cm pour les variétés naines. Posez systématiquement un tuteur et attachez les jeunes tiges sans serrer. Apportez une fumure organique à libération lente, lors de la plantation, et un engrais liquide par mois en cours de végétation. Arrosez sans mouiller le feuillage. Pincez les tiges latérales et coupez les boutons secondaires pour obtenir des fleurs plus grosses. Traitez contre les pucerons et les limaces. Arrachez les tubercules avant le gel, coupez les tiges à 15 cm de la souche. Stockez-les à l'obscurité dans un endroit frais et aéré, pas trop humide.

Semez les dahlias à massifs en mars dans la maison, en terrine, à 18-20 °C. La germination demande de 10 à 14 jours. Repiquez les plantules lorsqu'elles ont développé 4 feuilles. Empotez-les en godets individuels un mois plus tard. Sortez les plants début avril, en les protégeant le soir avec un voile de forçage. Plantez début mai lorsqu'il n'y a plus de risque de gelée.

ESPÈCES ET VARIÉTÉS Il existe 42 espèces et des milliers de cultivars de *Dahlia* x *hortensis* qui sont quasiment les seuls cultivés. Une classification permet de les distinguer selon la forme de la fleur.

- **Dahlias à massifs** (de 20 cm à 1 m) : ces plantes compactes portent des fleurs simples ou semi-doubles de 3 à 10 cm de diamètre, avec le disque central visible.
- **Dahlias à fleur de nénuphar** (de 80 cm à 1,10 m) : aux ligules larges, aplaties, plutôt incurvées, formant des fleurs pouvant atteindre 25 cm de diamètre.
- **Dahlias à collerette** (de 80 cm à 1,50 m) : aux fleurs de 10 à 15 cm de diamètre, formées d'une rangée extérieure de ligules larges et aplaties, puis d'un bouquet de fleurons tubulés assez courts qui laissent le disque central apparent.

Dahlias Cactus

Dahlias à fleur d'anémone

Dahlias à fleur de nénuphar

- **Dahlias à fleur d'anémone** (de 30 à 60 cm) : appelés aussi « dahlias alvéolés », les capitules, de 10 à 15 cm de diamètre, sont composés de plusieurs rangées de ligules plates sur le pourtour et de longs fleurons tubulaires au centre.
- **Dahlias Pompons** (de 80 cm à 1,20 m) : appelés aussi « Lilliput », ils émettent de nombreuses petites fleurs de 4 à 8 cm aux pétales tuyautés, courts et serrés, très réguliers.
- **Dahlias Boules** (de 80 cm à 1,30 m) : aux fleurs plus grosses (10 cm de diamètre) et moins serrées que les Pompons, avec des ligules alvéolées.
- **Dahlias Semi-Cactus** (de 50 cm à 1,50 m) : aux fleurs qui atteignent 25 cm, aux ligules tubulaires partiellement incurvées, assez larges à la base et moins nombreuses que chez les dahlias Cactus.
- **Dahlias Cactus** (de 70 cm à 1,80 m) : aux grosses fleurs dont les très nombreuses ligules, enroulées sur elles-mêmes, en forme de tube pointu, étroit, composent une fleur double, rayonnante, de 10 à 25 cm de diamètre.
- **Dahlias Dentelles** (de 1 à 1,50 m) : ils ressemblent aux dahlias Cactus, mais la pointe de chaque ligule est finement découpée.
- **Dahlias décoratifs** (de 1 à 1,50 m) : aux fleurs doubles globuleuses de 10 à 20 cm de diamètre, formées de ligules larges et aplaties, arrondies à l'extrémité.
- **Dahlias divers** : cette catégorie regroupe les variétés aux formes originales, comme les dahlias à fleur d'orchidée, de chrysanthème, de pivoine, de camélia. *D. imperialis*, le dahlia en arbre ou le dahlia bambou (de 3 à 4 m), très grande plante aux fleurs de 15 à 20 cm de diamètre portées en octobre-novembre à l'extrémité des tiges. Plante très frileuse.

CULTURE EN POT Possible pour les plus petits (dahlias à massifs), dans un pot de 20 cm en tous sens, dans un mélange de terre de jardin et de terreau de plantation.

UTILISATIONS Massif, bordure, plate-bande, potée, jardinière, bouquet, touffe isolée, décoration du potager.

Dahlias à collerette

LES DAHLIAS LABEL ROUGE

Le Label rouge, mieux connu pour les denrées alimentaires, est parfois décerné à des plantes. Dans le cas des dahlias, cette certification répondait à un réel besoin, car bon nombre des dahlias commercialisés n'étaient pas conformes. Le label est défini par un cahier des charges établi par l'Organisme de défense et de gestion (ODG) et certifié par la société CERTIPAQ.

Pour obtenir le label, les variétés sont sélectionnées par un jury d'experts indépendants, garantissant aux acheteurs :
- couleur et forme (la plante obtenue doit être conforme à l'emballage) ;
- qualité du bulbe : le poids a été fixé à 90 g au minimum, pour des bulbes cultivés pendant au moins 20 semaines en plein champ, donc récoltés à maturité.

SOLEIL VIVACE

Helianthus spp.

J F M A M J **J A S O** N D

Hauteur	Largeur	Exposition	
1/2,50 m	0,60/1,50 m		V

Ces plantes vivaces forment souvent des fleurs de grande taille. La forme et la couleur de la fleur ont valu son nom aux *Helianthus*. Les feuilles, simples, alternes ou opposées, lancéolées, sont hérissées de poils fins. Les fleurs en capitules, très mellifères, sont solitaires ou en bouquets.

SOL Fertile, profond, sec et calcaire.

EXPOSITION Très lumineuse, au soleil.

CULTURE Plantez au printemps (de 1 à 3 pieds/m²). Tuteurez les touffes. Divisez les plantes envahissantes d'octobre à avril.

ESPÈCES ET VARIÉTÉS Il existe 71 espèces. *Helianthus atrorubens* (1,50 m), jaune d'or. *H. decapelatus* 'Capenoch Star' (1,50 m), aux fleurs jaunes avec le cœur en pompon ; 'Golden Ball' (1,50 m), très double, en gros pompons jaunes. *H. salicifolius* (2,50 m), au port souple, nombreuses petites fleurs jaunes.

CULTURE EN POT Dans un pot de 30 cm au minimum, dans un terreau pou plantes à fleurs.

UTILISATIONS Les grands soleils en fond de massif ou pour la fleur coupée. Les variétés compactes en touffe généreuse parmi les arbustes et les vivaces ou en pot.

Helianthus atrorubens

EMPLACEMENT

Installez les grands *Helianthus* vivaces dans les endroits un peu déshérités du jardin, qu'ils coloniseront sans que vous ayez à vous en soucier.

GRANDE AUNÉE

Inula magnifica

J F M A M **J J A** S O N D

Hauteur	Largeur	Exposition	
1,50/1,80 m	1 m		V

Cette grande vivace élancée s'épanouit généreusement en capitules jaune d'or, dont le cœur vire progressivement au marron, et aux pétales longs et étroits. Robuste, elle occupe le volume d'un arbuste, tant ses touffes sont puissantes. Ses immenses feuilles vert foncé sont duveteuses au revers.

SOL N'importe quelle bonne terre de jardin convient, plutôt calcaire, pas trop sèche à fraîche.

EXPOSITION Soleil ou mi-ombre.

CULTURE Plantez en automne ou au printemps en comptant au maximum 3 plants /m². Tuteurez si nécessaire, surtout si la plante est dans un endroit venté. Coupez les fleurs fanées pour prolonger les floraisons et rabattez toute la touffe en fin d'automne.

ESPÈCES ET VARIÉTÉS 'Sonnenstrahl' est une variété qui fleurit plus que le type et donne de plus grandes fleurs. Elle monte à plus de 2 m de haut.

CULTURE EN POT Pas appropriée.

UTILISATIONS C'est une bonne plante d'arrière-fond de massif estival. Elle peut voisiner avec des arbustes, avec d'autres vivaces puissantes ou avec des graminées. On peut en faire des bouquets. C'est aussi une plante mellifère.

IRIS DES JARDINS

Iris spp.

J F M A M J J A S O N D

Hauteur	Largeur	Exposition	
0,40/1,20 m	0,40/1 cm		V

Vidéo « Planter les iris »*

Bulbeuses ou vivaces à rhizomes, les iris offrent une rare richesse de coloris. Plantes rustiques, aux feuilles allongées en forme de glaive ou de gouttière, les iris portent des fleurs à 3 pétales et à 3 grands sépales colorés. Solitaires ou réunies à plusieurs sur une grande hampe, les corolles peuvent atteindre 20 cm de diamètre.

SOL Une bonne terre de jardin bien drainée, même calcaire.

CULTURE Plantez superficiellement, de juillet à septembre. Divisez les touffes âgées ou qui fleurissent mal dans en été.

ESPÈCES ET VARIÉTÉS Il existe plus de 300 espèces.

- ***IRIS SPURIA*** **:** l'iris des steppes (1,20 m), aux pétales élancés, présente parfois des couleurs complexes comme le brun ou le chocolat, où se mêle toujours un peu de jaune d'or.
- **IRIS DES JARDINS OU IRIS BARBUS** : ce sont des hybrides regroupés sous le nom de *I. germanica*. De haute taille, ils donnent en

PLANTATION

Dans les sols lourds et les régions humides, plantez les iris des jardins sur une petite butte pour éviter les risques de pourriture du rhizome en hiver.

*Télécharger l'application Truffaut +, voir p. 6-7

Iris barbata elatior

Iris spuria

mai de grosses fleurs souvent parfumées, dont la base des sépales porte une touffe veloutée brun orangé, jaune ou rouge. Les associations de couleurs sont souvent exceptionnelles. Selon leurs hauteurs, les iris des jardins sont classés en grands iris (plus de 70 cm de haut, fleurs de 10 à 20 cm de diamètre) ; iris intermédiaires *(I. barbata elatior)*, de 40 à 70 cm de haut, fleurs de 10 à 12 cm de diamètre ; iris à massifs *(I. barbata media)*, de 50 à 60 cm de haut, fleurs de 8 à 12 cm de large ; iris nains (de 20 à 50 cm de haut, fleurs de 5 à 8 cm de diamètre) ; iris lilliput *(I. barbata nana)*, de 20 cm de haut, fleurs de 4 à 8 cm de diamètre.

CULTURE EN POT Possible pour les formes naines, dans un pot de 15 cm en tous sens.

UTILISATIONS Massif, fleur coupée *(I. spuria)*, potée (formes naines).

PLUME DU KANSAS, LIATRIDE

Liatris spicata

J F M A M J **J A S** O N D

0,50/1,20 m | 30/50 cm

Cette vivace élégante et vigoureuse porte des épis qui fleurissent sur toute leur longueur. Elle forme une rosette de feuilles linéaires à lancéolées, de 30 à 40 cm de long. Les inflorescences, en épis plumeux formés par les ligules tubulaires, présentent la particularité de s'épanouir d'abord par le haut. Plante mellifère.

SOL Plutôt pauvre et très drainant, sableux, mais restant assez frais en été.

EXPOSITION Le plein soleil non brûlant.

CULTURE Plantez de septembre à mars (de 4 à 6 pieds/m^2). Paillez après la plantation avec du compost. Arrosez généreusement s'il fait sec. Divisez les touffes au printemps tous les 3 ans.

ESPÈCES ET VARIÉTÉS Il existe 50 espèces. *Liatris spicata* 'Floristan' (90 cm), vigoureux, existe en violet ou en blanc ; 'Kobold' (50 cm), compact, aux fleurs rose lilacé ; 'Snow Queen' (70 cm), blanc. *L. scariosa* 'Alba' (70 cm), à feuilles plus petites, forme des inflorescences échevelées et plumeuses, blanches ; 'September Glory' (1,20 m), à fleurs violet foncé.

CULTURE EN POT Dans un pot de 20 cm en tous sens.

UTILISATIONS Massif, bouquet. Associez le liatride à des graminées ou à des coréopsis.

STATICE, LAVANDE DE MER

Limonium latifolium

J F M A M J J **A S** O N D

50/80 cm | 40/60 cm

Cette jolie vivace au feuillage semi-persistant offre un joli port en coussin. Elle prospère de préférence dans les régions de climat pas trop rude.

SOL Elle pousse naturellement en zone sableuse le long de nos littoraux. Elle peut donc vivre dans un sol léger, sec à modérément humide. Mais elle sera plus belle dans une bonne terre de jardin bien drainée.

EXPOSITION Plein soleil.

CULTURE Plantez-la au printemps (en climat froid) ou à l'automne, en comptant de 6 à 8 plants/m^2.

ESPÈCES ET VARIÉTÉS 'Blue Cloud' a des fleurs lavande clair ; 'Violette', des fleurs plus foncées, violettes.

CULTURE EN POT Possible dans un pot de 30 cm de large.

UTILISATIONS C'est une bonne plante de massif estival, mais qui peut aussi pousser en pot. Elle tolère la sécheresse et les embruns. On en fait des bouquets frais ou secs. Associez-la à des feuillages argentés.

LIS

Lilium spp.

J F M A M **J J A S** O N D

Hauteur	Largeur		
0,70/1,50 m	20/40 cm	☀	B

Cette très importante bulbeuse se décline en magnifiques formes diversifiées. Le lis se caractérise par un bulbe composé d'écailles charnues. La tige florale, garnie de feuilles courtes, étroites, porte des fleurs solitaires ou en bouquets, souvent parfumées, en trompette, en étoile ou en turban, qui présentent 6 étamines et un pistil saillants. C'est une plante d'une grande élégance, rustique.

SOL Bien drainé, léger, riche en humus. La plupart des lis redoutent le calcaire et tous craignent l'excès d'humidité et la sécheresse. Allégez le terrain avec du sable.

EXPOSITION Plein soleil et, pour quelques variétés, ombre légère, à l'abri du vent.

CULTURE Plantez au printemps, sauf *Lilium candidum* et *L. martagon* (en octobre). La plupart des lis émettant des racines adventives au-dessus du bulbe, en plus des racines habituelles de la base, il faut donc les installer entre 15 et 20 cm de profondeur pour éviter le dessèchement. Lors de la plantation, incorporez au sol un fertilisant à base de fumier composté. Préservez l'humidité du sol en été avec un paillis. Arrosez bien, jusqu'à la chute du feuillage. Supprimez les fleurs fanées aux deux tiers de la longueur de la tige, pour assurer la nourriture du bulbe. Rustiques, les lis restent en place d'une année sur l'autre.

Lilium 'Stargazer'

ESPÈCES ET VARIÉTÉS Il existe 112 espèces et diverses sous-espèces et variétés naturelles. *Lilium candidum*, le lis de la Madone (1,50 m), aux magnifiques trompettes blanc pur, au parfum poivré. *L. martagon* (1,50 m), très rustique, aux fleurs en grappes, pendantes, rouge violacé, pointées de carmin. *L. regale* (1,50 m), originaire de Chine, aux grandes trompettes blanc pur, parfumées. *L. speciosum* 'Rubrum' (1 m), originaire du Japon, aux fleurs récurvées rose ponctué de rouge, tardives, très parfumées. Les lis hybrides américains sont à réserver aux professionnels de la fleur coupée. Les lis hybrides asiatiques, aux fleurs en bouquets orientées vers le haut. Les lis hybrides orientaux, aux fleurs plates, en coupe évasée, souvent odorantes ; 'Arena' (1 m), blanc strié de rouge ; 'Stargazer' (1 m), rouge carmin à bord blanc, excellent pour la culture en pot. Les lis hybrides trompettes, à longues fleurs inclinées vers le bas, parfumées.

CULTURE EN POT Possible en grands pots (20 cm au minimum) dans un mélange de terreau, de terre de jardin et de sable à parts égales, sur un lit drainant de 3 à 4 cm. Plantez à l'automne et conservez en véranda jusqu'en mars. Fertilisez à l'engrais liquide pendant la végétation.

UTILISATIONS Massif de vivaces ou d'arbustes. Rocaille ou bordure (petites espèces). Bouquet, potée.

Lilium speciosum

Lilium candidum

POUR FAIRE DES BOUQUETS, VOUS POUVEZ AUSSI CULTIVER

★ *Clarkia amoena* (godétia, fleur de satin) ➲ p. 438 ★ *Cleome pungens* (cléome) ➲ p. 439 ★ *Crocosmia* (montbrétia) ➲ p. 250 ★ *Echinacea purpurea* ➲ p. 205 ★ *Echinops ritro* (boule azurée) ➲ p. 455 ★ *Eryngium alpinum, E. amethystinum* (chardon bleu) ➲ p. 264 ★ *Gaillardia* (gaillarde) ➲ p. 440 ★ *Gypsophila elegans* (gypsophile annuelle, nuage blanc) ➲ p. 329 ★ *Paeonia lactiflora* (pivoine herbacée) ➲ p. 484 ★ *Phlox paniculata* (grand phlox vivace) ➲ p. 459 ★ *Zantedeschia aethiopica* (arum d'Éthiopie) ➲ p. 345

MONARDE

Monarda didyma

J F M A M **J J A S** O N D

Hauteur	Largeur
0,80/1 m	40/50 cm

V

Cette vivace rhizomateuse produit d'étonnantes fleurs ébouriffées. Buissonnante, elle développe des tiges bien dressées à section carrée, portant des feuilles opposées, lancéolées, velues au revers. Les fleurs, tubulaires, réunies en bouquets terminaux compacts, sont accompagnées de bractées rouges. Mellifères, elles attirent les papillons.

SOL Léger, frais, humifère, bien travaillé.

EXPOSITION Lumineuse, sans être brûlante.

CULTURE Plantez au printemps (de 4 à 6 pieds/m^2). Paillez le sol avec du compost pour qu'il reste frais. Rabattez toute la végétation en automne. Divisez les rhizomes au printemps.

ESPÈCES ET VARIÉTÉS Il existe 22 espèces et plusieurs variétés naturelles. Tous les cultivars sont issus de *Monarda didy*: 'Alba' (90 cm), blanc; 'Balance' (syn. 'Libra'), 1,50 m, pourpre; 'Beauty of Cobham' (1 m), rose-mauve; 'Cambridge Scarlet' (1 m), rouge écarlate; 'Croftway Pink' (1 m), rose clair; 'Fireball' (40 cm), rouge; 'Mahogany' (80 cm), rouge acajou; 'Panorama' (1 m), rouge; 'Prärieglut' (syn. 'Prairie Glow'), 80 cm, rose clair; 'Prärienacht' (syn. 'Prairie Night'), 80 cm, violet pourpré; 'Schneewittchen' (syn. 'Snow Maiden'), 1 m, blanc.

CULTURE EN POT Dans un terreau pour rosiers.

UTILISATIONS Massif de vivaces, bouquet.

VERGE D'OR

Solidago spp.

J F M A M J **J A S** O N D

Hauteur	Largeur
0,20/1,20 m	20/90 cm

V

Ces grandes vivaces élancées s'épanouissent généreusement en gerbes jaune d'or. Formant une touffe gracieuse et bien érigée aux feuilles alternes, étroites, lancéolées, les solidagos portent des fleurs en plumets aériens et mellifères.

SOL Ordinaire, frais, même calcaire.

EXPOSITION Plein soleil, pas trop ventée.

CULTURE Plantez au printemps (de 4 à 6 pieds/m^2). Paillez le pied durant l'été, tuteurez les grandes variétés. Rabattez toute la végétation en automne. Divisez les vieilles touffes au printemps.

ESPÈCES ET VARIÉTÉS Il existe 117 espèces et diverses sous-espèces. On cultive surtout des hybrides issus du croisement entre *Solidago canadensis* et *S. shortii*, tous à fleurs jaunes. 'Citronella' (1 m), jaune pâle; 'Golden Dwarf' (40 cm), nain et compact; 'Golden Mosa' (50 cm), feuillage doré, inflorescences coniques jaune d'or; 'Golden Shower' (50 cm), très précoce; 'Goldwedel' (70 cm), floraison de longue durée; 'Laurin' (40 cm), tardif, jaune vif; 'Mimosa' (1 m), très vigoureux; 'Strahlenkrone' (60 cm), hâtif, au port plutôt étalé. *S. caesia* (1 m), fleurs jaunes, régulièrement étagées sur la hampe, plante non envahissante. *S. shortii* (1,30 m), espèce rhizomateuse à floraison plus tardive, en panicules pyramidales.

CULTURE EN POT Dans un terreau universel.

UTILISATIONS Massif, bouquets.

ZINNIA

Zinnia elegans

J F M A M **J J A S** O N D

Hauteur	Largeur
20/80 cm	15/30 cm

A

Cette annuelle très populaire réussit autant en massif qu'en bouquet. Buissonnante, elle forme une touffe érigée, peu ramifiée, garnie de feuilles opposées, ovales, vert clair. Les fleurs terminales sont des capitules solitaires, présentant plusieurs rangées de ligules très colorées.

SOL Consistant, profond, bien drainé, enrichi avec du fumier décomposé.

EXPOSITION La pleine lumière avec une forte chaleur stimule la floraison.

CULTURE Semez en mars, dans une terrine sous abri chauffé; recouvrez à peine les graines de terreau tamisé. La levée se produit en 5 à 10 jours entre 21 et 23 °C. Repiquez les jeunes plants sous châssis froid. Mettez en place fin mai, en espaçant de 10 à 30 cm selon les variétés. Semis en place possible début mai.

ESPÈCES ET VARIÉTÉS Il existe 22 espèces. *Zinnia elegans* a donné de nombreux cultivars proposés par coloris ou en mélange dans les tons blancs, jaunes, orange, roses, rouges, verts ou violets.

CULTURE EN POT Dans un terreau universel.

UTILISATIONS Massif et fleur coupée pour les grands zinnias. Bordure, jardinière et potée pour les races naines.

Un jardin pour la biodiversité

PERSONNE NE VEUT POLLUER SON JARDIN AVEC DES PRODUITS CHIMIQUES (D'AUTANT QU'ON LES RAPPORTE DANS LA MAISON SOUS LA SEMELLE DE SES CHAUSSURES). ALORS IL FAUT JOUER AVEC LES ÉQUILIBRES NATURELS POUR ARRIVER À CULTIVER LES FLEURS ET LES LÉGUMES QUE L'ON AIME.

UN JARDIN POUR LA BIODIVERSITÉ, C'EST QUOI ?

C'est un jardin que l'on ne doit pas considérer comme complètement « à nous » : nous l'empruntons à la nature et à ses habitants pour quelques dizaines d'années et sommes donc des « colocataires » de la vie sauvage ... **1**

INSTALLER DES NICHOIRS

Il ne suffit pas d'installer un nichoir pour qu'un couple se l'approprie. Chaque oiseau demande un trou d'ouverture d'un diamètre particulier, qui correspond à ce qu'il construirait naturellement ... **2**

Moineau

Grenouille verte

LA MARE, UN MILIEU À PART

Un point d'eau, une mare ou un petit bassin est un milieu spécial. Il est aquatique, bien sûr, mais il est aussi le prétexte à créer un écotone, cette zone plantée intermédiaire entre l'humide et le sec, toujours très riche en biodiversité ... **3**

C'est bon pour la planète : Le brassage génétique

En permettant la circulation des populations d'insectes et d'animaux, nos jardins, nos haies favorisent le brassage des gènes et la survie des populations animales ... **4**

ZOOM SUR LES LIEUX DE VIE

Insectes et animaux ont besoin de lieux pour s'abriter, dormir, se cacher, se reproduire, hiberner. C'est pourquoi il ne faut pas « nettoyer » son jardin à fond : bois mort, pierres, feuilles mortes, cavités dans les arbres sont autant d'opportunités bénéfiques ... **5**

L'ARBRE MORT, LE DÉBUT D'UNE SECONDE VIE

Le bois mort fait partie du biotope du jardin. Il sert d'abri à la microfaune, nourrit une multitude d'insectes. Il est indispensable à la chaîne de la vie ... **6**

IDÉES

→ POURQUOI PAS... **Laisser du lierre ?** Le lierre n'est pas forcément ce fléau que vous redoutez... **7**

→ POURQUOI PAS... **Accueillir un hérisson ?** Offrez-lui gîte et couvert... et cette adorable boule viendra peut-être chez vous... **8**

et Si

- Je décide de cohabiter avec les taupes ? **9**
- Je veux semer une jachère fleurie pour les abeilles ? **10**
- Je veux arrêter de bêcher ? **11**

Les Plantes idéales

★ **Plantes pour les oiseaux :** *Leycesteria formosa* (arbre-aux-faisans) ; *Linum perenne* (lin bleu) ; *Sorbus aucuparia* (sorbier des oiseaux) ; *Viburnum opulus* (viorne obier).

★ **Plantes pour les butineurs :** *Achillea millefolium, A.* x *hybrida* (achillée) ; *Borago officinalis* (bourrache) ; *Calluna vulgaris* (bruyère) ; *Helianthus annuus* (tournesol) ; *Hyssopus officinalis* (hysope) ; *Lobelia cardinalis* (lobélie cardinale) ; *Lonicera tararica* (chèvrefeuille de Tartarie) ; *Symphoricarpus spp.* (symphorine) ; *Verbena bonariensis* (verveine de Buenos Aires).

LES RÈGLES DE BASE

1. *Favorisez l'habitat des oiseaux avec des haies denses et persistantes, des arbustes à baies comestibles.*

2. *Favorisez la vie du sol par des amendements organiques généreux : composts, fumiers.*

3. *Favorisez les insectes pollinisateurs par la présence de plantes mellifères.*

4. *Favorisez la présence de batraciens (crapaud, grenouille, triton), qui consomment une foule d'insectes, en intégrant un petit point d'eau (bassin) dans le jardin. Ce sera le lieu le plus animé et le plus riche en biodiversité.*

5. *Laissez les graminées parvenir jusqu'à maturité, car leurs graines attirent les oiseaux.*

1 Un jardin pour la biodiversité, c'est quoi ?

C'est un jardin où le maximum d'êtres vivants, du plus petit au plus gros, ont leur place. La notion de « nuisible » n'existe pas dans la nature, où chaque maillon de la chaîne alimentaire est utile au suivant. C'est donc un jardin qui, entre autres, fait une large place aux herbes sauvages, indispensables à la survie de nombreux insectes, et qui abrite un point d'eau, nécessaire à la reproduction des batraciens.

Abri pour insectes

2 Installer des nichoirs

Selon leur espèce, les oiseaux sélectionnent tel ou tel type d'abri et le diamètre du trou d'envol détermine l'espèce qui fréquentera le nichoir : mésange charbonnière, 30-32 mm ; moineau friquet, 32-35 mm ; sittelle, 40-45 mm ; chouette chevêche, 71 mm. Beaucoup d'oiseaux commencent à nicher dès février : installez les nichoirs avant cette date, face à l'est ou au sud, mais pas en plein soleil.

- N'utilisez pas de clous, mais des vis plus du fil de fer. Sur un arbre, prenez les liens spéciaux en mousse pour tuteurs, pour ne pas blesser la plante.
- Installez le nichoir à 1,80 m de haut au minimum. Suspendez-le au-dessus du vide.

Nichoir

- Utilisez du bois brut, non traité, non peint, non raboté : les oiseaux ne peuvent s'accrocher sur du bois lisse.
- Pas de baguette d'envol, qui aide les prédateurs à grimper. Les oiseaux s'en passent fort bien !

3 La mare, un milieu à part

Une pièce d'eau naturelle est une installation de choix pour une faune extraordinairement variée. Façonnez des berges en pente douce, pour que les animaux puissent y entrer et sortir. Idéalement, il faut qu'elle ait plusieurs profondeurs étagées, pour pouvoir accueillir différentes espèces. Au centre, 50 cm est un minimum. Une mare peu profonde se réchauffe vite (d'où des problèmes d'algues vertes) et s'évapore en quelques jours quand il fait très chaud. La profondeur idéale est plutôt de 0,80 à 1 m. Et plantez densément les berges pour fournir des abris aux batraciens.

La petite histoire

Le terme « biodiversité » vient de l'anglais biodiversity, inventé en 1985 par le biologiste américain Walter G. Rosen lors du premier forum américain sur la diversité biologique. Il fut repris en 1988 par l'entomologiste Edward O. Wilson et popularisé en juin 1992, avec le Sommet de la Terre de Rio de Janeiro.

4 C'est bon pour la planète : Le brassage génétique

Nos jardins, nos haies, nos parcs publics, nos squares mis bout à bout forment une succession d'habitats naturels où les populations d'oiseaux, de petits mammifères, d'insectes peuvent s'abriter, se nourrir, se reproduire et surtout se déplacer. Si ces espaces de verdure sont suffisamment près les uns des autres pour qu'insectes et animaux y circulent librement, ils dessinent une trame verte. Ces sortes de « biocorridors » permettent les échanges, et donc le brassage des gènes, ce qui garantit des populations plus vigoureuses, en évitant la consanguinité.

5 ZOOM SUR LES LIEUX DE VIE

- **Les herbes sauvages** : vitales pour de nombreux papillons qui y pondent leurs œufs. La chenille du petit mars changeant se nourrit uniquement de violettes, comme le grand nacré de tabac d'Espagne. Laissez aussi des ombellifères ou des orties.
- **La haie mélangée** : gîte et couvert pour de nombreux oiseaux et petits mammifères. Il faut un tiers de persistants, des épineux, des arbustes à baies, avec des espèces régionales.
- **Le tas de cailloux** : variante minérale du tas de bois, indispensable aux lézards, il doit être au soleil et mesurer au moins 50 cm de haut et 1 m de large. La végétation ne doit pas le recouvrir.
- **Les tas de bois** : hérissons et musaraignes y hibernent et nous débarrassent des insectes, araignées, escargots, larves. Une dizaine de bûches recouvertes d'une feuille plastique pour éviter que l'eau y pénètre fera l'affaire.

6 L'ARBRE MORT, LE DÉBUT D'UNE SECONDE VIE

Les arbres morts alimentent une vie très riche. Insectes, oiseaux, mammifères, batraciens, reptiles utilisent le bois mort sur pied ou au sol, pour se réfugier, nicher, stocker la nourriture. L'abeille charpentière se glissera dans un trou de larve de grand capricorne ; le loir, l'écureuil et la mésange logeront dans un nid abandonné par le pic. Crapauds, grenouilles et lézards vont se réfugier dans les cavités fraîches et moussues. Bien sûr, un arbre mort ne doit pas être dangereux : s'il est encore debout, laissez le tronc principal (une hauteur maximale de 4 m est raisonnable) et quelques charpentières que vous raccourcirez à 1 m de long.

IDÉES

7 POURQUOI PAS... LAISSER DU LIERRE ?

Le lierre fournit du nectar aux abeilles avant l'hiver, il offre ses baies aux oiseaux de décembre à avril, à une période assez creuse pour eux, et assure un gîte persistant et sûr pour nicher au printemps. En effet, les chats n'escaladent pas un tronc entièrement recouvert de lierre.

8 POURQUOI PAS... ACCUEILLIR UN HÉRISSON ?

Laissez un abri plein de paille sèche, sous des bûches bien stables, ou un grand pot cassé en partie, retourné (avec le trou bouché, pour éviter qu'il ne pleuve à l'intérieur). En hiver, ne réveillez jamais un hérisson qui dort, il perdrait de précieuses calories. Mettez de la pâtée pour chat, jamais de lait.

et Si

9 Je décide de **cohabiter** avec les **taupes** ?

Il faut prendre son mal en patience. C'est le signe que votre terre est riche en vers de terre. Au bout d'un moment, elles s'en vont seules. En attendant, récupérez l'excellente terre émiettée qu'elles remontent à la surface.

10 Je veux semer une **jachère** fleurie pour les **abeilles** ?

Il existe des mélanges de fleurs spécialement étudiés pour fournir à la fois nectar et pollen aux butineuses, sur une période assez longue. Il faut préparer très soigneusement la terre (la désherber, ôter les débris et cailloux, la décompacter, l'affiner et l'aplanir). Les fleurs sauvages de ces mélanges ne demandent pas d'engrais. Le semis est à recommencer chaque année.

11 Je veux **arrêter** de **bêcher** ?

C'est possible si votre terre est légère et sableuse. Investissez dans une grelinette, qui vous permettra tout de même de la décompacter sans mélanger les différentes couches de terre et sans nuire à la microfaune du sol.

ACHILLÉE

Achillea spp.

J F M A M **J J A S** O N D

Hauteur	Largeur	Exposition	Type
0,40/1,20 m	0,40/1 m	Soleil	V

Achillea millefolium

Ces vivaces buissonnantes, qui attirent les papillons et les oiseaux, sont très faciles à réussir en toutes régions. Elles forment une touffe compacte à port dressé ou rampant, à feuilles aromatiques découpées. Les fleurs sont minuscules, en capitule serré et grands corymbes plats.

SOL Plutôt sec et légèrement calcaire, mais les terres argileuses sont acceptées si elles sont saines et bien amendées.

EXPOSITION De préférence en plein soleil. *Achillea ptarmica* supporte la mi-ombre.

CULTURE Plantez toute l'année les sujets en godets ou en conteneurs (de 4 à 6 pieds/m^2). Rabattez toute la végétation en fin de saison. Division de la touffe au printemps.

ESPÈCES ET VARIÉTÉS Il existe 150 espèces et de nombreuses sous-espèces. *Achillea filipendulina* (filipendule) 'Cloth of Gold' (de 80 cm à 1 m), feuillage gris-vert, grandes inflorescences jaune d'or ; 'Parker's Variety' (1,20 m), feuilles plumeuses vertes, inflorescences jaune doré. *A. millefolium* (achillée millefeuille, herbe à la coupure) 'Braise' (60 cm), rouge vif lumineux ; 'Cassis' (80 cm), rouge violacé foncé ; 'Cerise Queen' (50 cm), au feuillage très découpé, fleurs rouge pourpré ; 'Fanal' (70 cm), rouge vif qui s'éclaircit en vieillissant ; 'Lilac Beauty' (60 cm), feuillage gris-vert, fleurs rose lilas ; 'Paprika' (80 cm), rouge soutenu, plus pâle en fin de floraison ; 'Red Velvet' (60 cm), rouge velouté ; 'Sammetriese' (80 cm), feuillage gris, floraison rose pourpré ; 'Wesersandstein' (60 cm), du saumon au crème. *A. ptarmica* (achillée sternutatoire) 'Boule de Neige' (60 cm), floraison en pompons blancs.

- **HYBRIDES** : 'Coronation Gold' (de 60 à 80 cm), feuillage gris cendré, fleurs jaunes ; 'Credo' (de 80 cm à 1 m), jaune clair à crème, floraison de longue durée ; 'Desert Eve Cream' (40 cm), crème ; 'Moonshine' (60 cm), feuillage gris argenté, fleurs jaune citron ; 'Pomegranate' (60 cm), rouge foncé ; 'Summer Pastels' (80 cm), mélange de nuances variées de coloris tendres ; 'Terracotta' (80 cm), orange.

CULTURE EN POT Dans un pot de 30 cm de diamètre et 25 cm de hauteur, dans un mélange de terreau et de sable. Tuteurez-les et divisez-les tous les 2 ou 3 ans.

UTILISATIONS Rocaille, muret, bordure, massifs, bouquets.

Achillea 'Moonshine'

BOURRACHE

Borago officinalis

J F M A **M J J A** S O N D

Hauteur	Largeur	Exposition	Type
30/60 cm	30/50 cm	Soleil	A

Cette annuelle duveteuse est une plante officinale et ornementale mais aussi nectarifère. La bourrache est une plante herbacée, hérissée de poils raides qui brillent au soleil. Elle porte des feuilles ovales et, de mai à août, des fleurs à 5 pétales en étoile, bleu azur.

SOL Riche, profond, calcaire, humifère.

EXPOSITION Mi-ombre légère ou soleil assez doux. Pas trop de chaleur.

CULTURE Les graines de la bourrache assurent des semis spontanés. Plantez des jeunes sujets au printemps. Ne laissez pas la plante égrener partout.

ESPÈCES ET VARIÉTÉS Il existe 5 espèces. *Borago officinalis* 'Alba', variété ornementale à fleurs blanches, se mange comme la poirée.

CULTURE EN POT Dans un pot de 30 cm de côté et 20 cm de profondeur, dans un mélange à parts égales de terreau universel et de terre de jardin.

UTILISATIONS Massif naturels.

SE RESSÈME

Une fois semée dans le jardin, la bourrache revient toute seule chaque année. On la retrouve un peu partout, car les fourmis transportent ses graines et s'en nourrissent.

BRUYÈRE COMMUNE

Calluna vulgaris

J F M A M J **J A S O N D**

15/60 cm	0,20/1 m	Soleil	P

Ce sous-arbrisseau compact forme des tapis aux couleurs très variées. Buissonnante, étalée, mais à la végétation gracieuse, semi-érigée, la bruyère commune est indigène en Europe. C'est une plante méllifère qui attire les insectes pollinisateurs. Les minuscules feuilles opposées, étroites, se parent de nuances diverses qui permettent de composer des jeux de couleurs séduisants. En sélectionnant bien les variétés, on peut obtenir une floraison continue pendant 5 mois. Les fleurs en clochettes sont réunies en épis de 15 à 30 cm de long. Croissance assez rapide, rusticité parfois moyenne.

SOL Non calcaire, léger, sec (lande). La terre de bruyère pure est idéale.

EXPOSITION Ensoleillée non brûlante ou mi-ombre légère, assez chaude.

CULTURE Plantez au printemps et arrosez bien la première année. Pratiquez une taille de nettoyage lorsque les fleurs sont fanées. La fertilisation est inutile, car elle nuit à la floraison.

ESPÈCE ET VARIÉTÉS Il n'existe qu'une seule espèce, *Calluna vulgaris*, qui se décline en plusieurs centaines de cultivars.

- **FLORAISON EN JUILLET-AOÛT** : 'Alba' (70 cm), touffue, fleurs blanches sur un feuillage vert foncé ; 'Alportii Praecox' (40 cm), à fleurs rouge cramoisi et à feuillage sombre ; 'Flamingo' (30 cm), mauve ; 'J.H. Hamilton' (15 cm), à fleurs doubles roses, croissance lente ; 'Orange Max' (15 cm), fleurs mauves sur un feuillage jaune doré, qui devient rouge bronze en hiver ; 'Tib' (40 cm), à fleurs doubles, rouge violacé.

PAS D'ENGRAIS

N'enrichissez pas le sol où est cultivée cette bruyère. Seule une terre pauvre lui permet de rester dense et bien touffue, avec des couleurs brillantes. Les fleurs étant très mellifères, plantez les callunes dans les zones les moins passagères du jardin, en évitant les terrasses.

Calluna vulgaris 'Winter Chocolate'

- **FLORAISON EN AOÛT-SEPTEMBRE** : 'Anne-Marie' (30 cm), à fleurs doubles roses, sur un feuillage vert foncé ; 'Boskoop' (40 cm), feuillage jaune en été et rouge orangé en hiver, fleurs rose lilacé ; 'Dark Beauty' (35 cm), feuillage vert clair ombré de bronze, fleurs rouges ; 'Gold Haze' (30 cm), à fleurs blanches et feuillage doré, éclatant ; 'Hammondii' (60 cm), à fleurs blanches et feuillage vert foncé, port érigé ; 'Heidezwerg' (20 cm), à port tapissant, fleurs simples violet-mauve, feuillage vert clair ; 'Robert Chapman' (40 cm), à fleurs pourpres, le feuillage bronze en été devient orange, puis rouge en hiver ; 'Wickwar Flame' (25 cm), à fleurs rose pâle et feuillage orange doré, devenant rouge en hiver ; 'Winter Chocolate' (30 cm), à fleurs lavande et au feuillage vert orangé en été, chocolat en hiver.
- **FLORAISON EN SEPTEMBRE-OCTOBRE** : 'Alexandra' (40 cm), port dressé, boutons fermés rouge vif, feuillage vert foncé ; 'Alicia' (syn. 'Schneeflocke'), 30 cm, à port érigé, petites fleurs en boutons fermés, pourpre clair, feuillage vert foncé ; 'Marlies' (40 cm), rose violacé ; 'Peter Sparkes' (40 cm), aux longs épis de fleurs doubles, rose saumon, et au feuillage vert-gris ; 'Reini' (30 cm), jeunes pousses jaune-vert évoluant au gris-vert, fleurs blanches ; 'Roswitha' (syn. 'Daniela', 'Sandra', 'Silvester'), 40 cm, port dressé, aux boutons rose foncé, feuillage vert sombre ; 'Roter Oktober' (40 cm), rouge pourpre ; 'Spring Cream' (30 cm), feuillage vert tendre, jeunes pousses jaunes, fleurs blanches ; 'Spring Torch' (35 cm), feuillage vert, fleurs rose crème ; 'Tricolorifolia' (40 cm), feuillage vert, bronze, rouge et gris au printemps, fleurs rose lavande.

Calluna vulgaris 'Peter Sparkes'

- **FLORAISON EN NOVEMBRE-DÉCEMBRE** : 'Autumn Glow' (30 cm), à floraison rose avec un feuillage vert foncé ; 'Battle of Arnhem' (30 cm), dont les fleurs roses apparaissent dès octobre sur un feuillage vert foncé.
- **SÉRIE 'BEAUTY LADIES'** : se décline en une vingtaine de cultivars résistant aux maladies et offrant une très large palette de coloris.
- **SÉRIE 'GARDEN GIRLS'** : conserve ses boutons bien fermés, ce qui lui garantit une grande résistance aux intempéries. La série compte plus de 20 cultivars dont 'Angie', tardive, rouge vif ; 'Athene', port érigé, feuillage vert, fleurs rouge intense jusqu'en novembre ; 'Silvana', port érigé, feuillage gris argenté, fleurs violettes ; 'Theresa', touffe ample de feuilles jaune doré, floraison rose jusqu'en novembre ; 'Zeta', feuillage doré en automne, pas de floraison ; 'Zora', les tiges rouges portent un feuillage orangé qui devient bronze en hiver, pas de floraison.

CULTURE EN POT Dans un pot de 20 cm en tous sens, dans un mélange à parts égales de terre de bruyère et de terreau d'écorce. Rempotez chaque année, car elles se dessèchent vite dans un contenant trop étroit.

UTILISATIONS Installez la bruyère commune en bordure des massifs d'arbustes de terre de bruyère ou sur des talus pauvres et secs. C'est aussi une plante qui vient bien en jardinières, sur un balcon. Associez différentes variétés par groupes d'au moins 3 plantes identiques, pour créer de beaux effets de couleurs, en tenant compte à la fois des teintes des fleurs et des feuilles qui, souvent, changent de nuances en hiver.

*Télécharger l'application Truffaut +, voir p. 6-7

SOLEIL

Helianthus annuus

J F M A M J **J A S O** N D

Hauteur	Largeur	Exposition	Type
0,40/2,50 m	0,20/1 m	soleil	A

Helianthus annuus 'Gloriosa'

Ces plantes annuelles forment souvent des fleurs de grande taille. Les feuilles simples, alternes ou opposées, lancéolées, sont hérissées de poils fins. Les fleurs en capitules, très mellifères, sont solitaires ou en bouquets.

SOL Fertile, profond, sec et calcaire.

EXPOSITION Très lumineuse, au soleil.

CULTURE Semez au printemps, en place, en poquets de 3 graines. Ne conservez qu'un plant après la levée.

ESPÈCES ET VARIÉTÉS Il existe 71 espèces. *Helianthus annuus*, le tournesol, annuel, se décline en nombreux cultivars. L'un des plus connus est 'Teddy Bear' (1 m), en pompons orangés.

CULTURE EN POT Possible dans un pot de 30 cm en tous sens au minimum, dans un terreau assez drainant.

UTILISATIONS Les grands soleils en fond de massif ou pour la fleur coupée. Les variétés compactes en touffe généreuse parmi les arbustes et les vivaces ou en pot.

HYSOPE

Hyssopus officinalis

J F M A **M J J A S** O N D

Hauteur	Largeur	Exposition	Type
30/50 cm	20/30 cm	soleil	P

Ce sous-arbrisseau possède des vertus officinales. Spontanée sur les coteaux arides du Midi, l'hysope porte des feuilles opposées, étroites et allongées, très parfumées. En été, elle épanouit de jolies fleurs bleu lavande, réunies en épis étroits, qui attirent les insectes butineurs.

SOL Sec, pauvre, voire aride, et calcaire.

EXPOSITION Chaude et très ensoleillée.

CULTURE Semez ou plantez au printemps. Désherbez et arrosez durant la croissance.

ESPÈCES ET VARIÉTÉS Il existe 7 espèces et 3 sous-espèces. On ne cultive que *Hyssopus officinalis* (50 cm) dans des coloris bleu violacé, blancs ou roses (les cultivars ne sont quasiment jamais dénommés).

CULTURE EN POT Seul *Hyssopus aristatus* convient pour la culture en pot.

UTILISATIONS Les feuilles et les sommités fleuries se récoltent suivant les besoins. Elles sont utilisées fraîches ou séchées pour parfumer les salades, les légumes, les soupes et les liqueurs. L'hysope s'emploie aussi en infusion expectorante, stimulante et digestive.

INFUSION

Faites infuser 20 g de feuilles par litre d'eau, associées à de la réglisse et de la cannelle. Sucrez au miel.

ARBRE AUX FAISANS

Leycesteria formosa

J F M A M J J A S O N D

Hauteur	Largeur	Exposition	Type
1,50/2,50 m	1/2 m	soleil / mi-ombre	P

Cet arbuste ramifié, facile à cultiver, porte de curieuses fleurs qu'aiment bien les oiseaux. On l'apprécie pour ses inflorescences pendantes aux fleurs blanches entourées de bractées pourpres, auxquelles succèdent de jolis fruits prune. Ses rameaux creux gèlent parfois jusqu'au sol, mais au printemps il en naît d'autres très vigoureux. Les feuilles, opposées, entières, sont ovales, pointues. Il atteint sa taille adulte en 4 à 5 ans.

SOL Riche et bien drainé, avec un généreux apport de fertilisant organique.

EXPOSITION Soleil léger ou mi-ombre, dans un endroit abrité des fortes gelées.

CULTURE Plantez au printemps. En mars-avril, rabattez les tiges abîmées par le froid hivernal, ainsi que toutes celles qui ont porté des fleurs. Multiplication par marcottage en septembre, en plaquant au sol une tige maintenue par une grosse pierre. Attendez le mois de mai suivant avant de sevrer et de transplanter les jeunes plants enracinés.

ESPÈCES ET VARIÉTÉS Il existe 6 espèces. On cultive surtout *Leycesteria formosa* et ses cultivars beaucoup plus rares : 'Golden Lantern', aux feuilles jaunes, très beau ; 'Purple Rain', aux rameaux pourpres et fleurs violet foncé.

CULTURE EN POT Dans un pot ou un bac de 60 cm au minimum, dans un mélange composé de ¾ de terreau et ¼ de sable.

UTILISATIONS Isolé, fond de massif, haie fleurie.

LIN BLEU

Linum perenne, L. usitatissimum

J F M A M **J J A** S O N D

40/80 cm	20/30 cm		V

Les oiseaux raffolent des graines de cette plante vivace, qui est également mellifère. La tige dressée et fibreuse se ramifie en forme de corymbe. L'inflorescence est une cyme ou une grappe terminale lâche. Les fleurs bleues sont hermaphrodites ; solitaires, elles sont portées par un pédoncule dressé et allongé.

SOL Indifférent.

EXPOSITION Soleil.

CULTURE Semez d'avril à juillet en place, dans une terre riche, travaillée et fine, de préférence à mi-ombre. Au stade de 3 ou 4 feuilles, repiquez les plants les plus vigoureux en laissant 10 cm de distance. Juste avant l'hiver, placez vos plants sous abri pour une plantation définitive au printemps suivant, en laissant 30 cm entre deux pieds. Par la suite, le lin bleu se ressème tout seul.

ESPÈCES Seules les espèces types sont disponibles.

CULTURE EN POT Sans intérêt.

UTILISATIONS Pour les massifs d'inspiration naturelle, les prairies fleuries, les bordures. Par ailleurs, le lin bleu est une plante textile de choix, dont on fait les draps les plus fins et la batiste, et ses graines fournissent une huile riche en antioxydants, utilisée pour la cosmétique, la pharmacie et l'alimentation.

LOBÉLIE CARDINALE

Lobelia cardinalis

J F M A M **J J A S O** N D

0,70/1 m	40/50 cm		V

Cette plante vivace très rustique et touffue offre une floraison éclatante, mais sa durée de vie est courte. Elle porte des tiges herbacées souvent violet rougeâtre et un feuillage étroit, vert vif teinté de bronze. Fleurs de 2 à 5 cm de long, en grappes légères.

SOL Léger, bien drainé.

EXPOSITION Soleil non brûlant ou tamisé.

CULTURE Semez en pleine terre ou sous abri en automne. Plantez après les gelées. Bouturez en juillet.

ESPÈCES ET VARIÉTÉS Il existe 370 espèces d'aspects très divers. *Lobelia cardinalis*, la lobélie cardinale (1 m), caduque portant de juin à août fleurs rouge lumineux. *L. laxiflora*, la lobélie à fleurs lâches, 80 cm, vivace buissonnante à feuillage persistant, fleurissant quasiment toute l'année dans les régions au climat doux (rusticité – 8 °C), fleurs tubulaires rouge orangé à gorge jaune. *L.* x *speciosa* (80 cm), bleu violacé ; 'Fan Scarlet' (70 cm), feuilles vert foncé à cuivré, fleurs écarlates de longue durée, médaille d'or Fleuroselect ; 'Russian Princess' (80 cm), pourpre.

CULTURE EN POT Dans un terreau pour jardinières.

UTILISATIONS Bordure, potée.

SEMIS ÉCHELONNÉS

Effectuez plusieurs semis, à quelques semaines d'intervalle, pour obtenir des floraisons prolongées.

CHÈVREFEUILLE DE TARTARIE

Lonicera tatarica

J F M A **M J** J A S O N D

2/3 m	1,50/2 m		C

Ce chèvrefeuille arbustif a un port dressé et buissonnant. Il attire papillons, bourdons et abeilles solitaires pour son pollen et son nectar. De petites fleurs tubulaires blanches ou roses à rouges s'épanouissent en abondance sur les pousses. Les feuilles sont ovales ou oblongues, vert foncé, glauques au revers. De petites baies écarlates à jaune-orangé apparaissent après les fleurs, pour le plus grand bonheur des oiseaux.

SOL Tout sol drainé lui convient.

EXPOSITION Soleil, mi-ombre.

CULTURE Plantez de préférence à l'automne, en lui laissant assez de place pour se développer. Taillez après la floraison. Bouturage de tiges aoûtées à l'automne.

ESPÈCES ET VARIÉTÉS Il existe 180 espèces de Lonicera. Chez Lonicera tatarica, on cultive l'espèce type ou les cultivars 'Hack's Red', à fleurs rose violacé foncé ; 'Arnold Pink', à fleurs rose foncé.

CULTURE EN POT Dans un pot de 50 cm en tous sens, dans un terreau universel additionné de fertilisant organique.

UTILISATIONS Massifs d'arbustes, haie fleurie, isolé.

TOXIQUE

Attention, les baies du chèvrefeuille de Tartarie sont toxiques !

Un jardin pour la biodiversité

MAUVE MUSQUÉE

Malva moschata

J F M A M **J J A S** O N D

Hauteur	Largeur	Exposition	
60/90 cm	30/40 cm	☀	V

Cette vivace touffue et ramifiée, proche des lavatères, fleurit en continu tout l'été. Ses jolies fleurs s'ouvrent en coupe. Dès que la lumière baisse, elles se referment. La plante est très rustique et demande peu de soins. C'est une plante mellifère.

SOL Plutôt sec, bien drainé, léger, assez fertile et frais, mais elle supporte très bien les terrains pauvres et la sécheresse. Surtout pas d'humidité stagnante qui abrège la durée de vie des plantes.

EXPOSITION Soleil impérativement.

CULTURE Plantez au printemps ou à l'automne, en laissant une trentaine de centimètres entre les plants. Rabattez à l'automne ou au printemps. La mauve musquée se multiplie surtout par semis. Elle se ressème d'ailleurs abondamment de manière spontanée.

ESPÈCES ET VARIÉTÉS Il existe une forme blanche, 'Alba'.

CULTURE EN POT Possible dans un contenant d'au moins 30 à 40 cm en tous sens.

CULTURE EN POT Donnez un terreau riche et soutenez la croissance et la floraison par un arrosage d'engrais pour plantes fleuries toutes les semaines entre avril et août.

UTILISATIONS À l'état naturel, cette plante peu sophistiquée aime les endroits en friches, les talus, les prairies. Elle est donc parfaitement à sa place dans les jardins un peu sauvages curés, de curé, de vacances ou naturels. Associez-la à d'autres fleurs de prairie, qui ont à peu près les mêmes exigences : nigelle de Damas, lin bleu, catananche.

SORBIER

Sorbus spp.

J F M A M J **J A S** O N D

Hauteur	Largeur	Exposition	
4/15 m	2/4 m	☀	C

Ces arbres très rustiques sont appréciés pour leurs fruits décoratifs et leur coloration d'automne. La plupart sont caduques, rustiques. Les fruits sphériques sont aussi du goût des oiseaux. De croissance assez rapide, le sorbier a besoin d'espace.

SOL Riche, profond, plutôt acide et bien drainé.

EXPOSITION Bien ensoleillée, sans être brûlante. Les hivers froids sont appréciés, la mi-ombre tolérée. Les sorbiers supportent bien la pollution.

CULTURE Plantez à la fin de l'automne, après la fructification. Tuteurez les jeunes plants et arrosez-les bien les premières années. Inutile de tailler, mais supprimez et brûlez les rameaux qui se dessèchent brutalement et meurent.

ESPÈCES ET VARIÉTÉS Il existe 100 espèces. *Sorbus aria*, l'alisier blanc (de 10 à 12 m), feuille ovale, dentée, floraison blanche en mai, fructification rouge orangé en septembre et octobre. Convient dans les sols calcaires. *S. aucuparia*, le sorbier des oiseleurs (de 5 à 15 m), convient aux sols très acides. Il porte un feuillage penné, roux en automne, et des baies rouges de fin juillet à septembre ; 'Fastigiata' (de 5 à 7 m), à port pyramidal, croissance lente ; 'Golden Wonder' (de 8 à 10 m), aux fruits jaunes ; 'Joseph Rock' (de 6 à 10 m), aux fruits jaune ambré ; 'Wettra' (12 m), port érigé, étroit ; 'White Wax' (de 3 à 6 m), à fruits blancs. *S. discolor* (syn. *S. hupehensis*), de 5 à 10 m, le joli feuillage composé devient rouge orangé en automne, floraison en corymbes jaunâtres en juin, fruits crème ; 'Rosea' (de 6 à 8 m), abondante fructification rose en automne. *S. domestica*, le cormier (de 10 à 12 m), feuilles pennées vert foncé qui se colorent d'or en automne, fruits comestibles en septembre et octobre, fleurs blanches en mai-juin. *S. torminalis*, l'alisier des bois (12 m), feuilles dentées vert brillant aux belles colorations automnales rouge et or, floraison blanche en juin. Supporte bien l'humidité stagnante. Sorbier hybride *(S. aucuparia* 'Asplenifolia' x *S. esserteauiana)* 'Chinese Lace' (syn. 'Kewensis'), de 6 à 8 m, feuillage découpé rouge en automne, fructification abondante rouge orangé.

CULTURE EN POT Non adaptée.

UTILISATIONS Isolé ou comme arbre d'alignement.

COULEUR DES BAIES

Les formes à fruits blancs ou jaunes restent plus longtemps décoratives, car les oiseaux sont plus attirés par les baies rouges ou orange.

DANS UN JARDIN POUR LA BIODIVERSITÉ VOUS POUVEZ AUSSI CULTIVER

★ *Amelanchier canadensis, A. lamarckii ; Aster novi-belgii* (aster d'automne) ➲ p. 474 ★ *Cotoneaster franchetti* ➲ p. 646 ★ *Sambucus nigra* (sureau) ➲ p. 499 ★ *Agastache* ➲ p. 180 ★ *Buddleja davidii* (arbre à papillons) ➲ p. 374 ★ *Caryopteris cladonensis* p. 580 ★ *Cistus spp.* (ciste) ➲ p. 208 ★ *Hedera helix* ➲ p. 276 ★ *Lonicera x brownii, L. henryi, L. japonica* (chèvrefeuille grimpant) ➲ p. 354 ★ *Tilia spp.* (tilleul) ➲ p. 221 ★ *Tropaeolum majus* (capucine naine) ➲ p. 549

SYMPHORINE

Symphoricarpos spp.

J F M A M J **J A** S O N D

0,50/2,50 m	0,50/2 m		C

Cet arbuste drageonnant, rustique et touffu, porte des baies à l'aspect de bonbons. Les feuilles sont opposées, entières, arrondies, vert foncé. La symphorine se couvre de petites fleurs roses mellifères qui font place à une abondance de fruits en boule persistant longtemps en hiver.

SOL Toute terre de jardin bien drainée.

EXPOSITION Soleil ou mi-ombre légère.

CULTURE Plantez en automne ou au printemps. Coupez les rameaux disgracieux en fin d'hiver.

ESPÈCES ET VARIÉTÉS Il existe 16 espèces. *Symphoricarpos albus*, à fruits blancs. *S.* x *chenaultii* (2 m) est une obtention horticole du début du XXe siècle *(S. microphyllus* x *S. orbiculatus)*, aux fruits globuleux rouges à violacés ; 'Hancock'(de 50 cm à 1 m), à port tapissant, baies rose plus ou moins foncé. *S.* x *doorenbosii* (groupe d'hybrides horticoles d'origine néerlandaise) : 'Magic Berry'(de 1 à 1,50 m), port souple, fruits roses ; 'Mother of Pearl'(de 1 à 1,50 m), gros fruits blanc rosé ; 'White Hedge' (1 m), compact, à fruits blancs de septembre à février. *S. orbiculatus* (de 2 à 2,50 m), port buissonnant, baies rouge pourpre, feuillage automnal rouge.

CULTURE EN POT Possible dans un grand bac.

UTILISATIONS Massifs, haies libres.

Symphoricarpos 'White Hedge'

POLLUTION

La symphorine résistant bien à la pollution, utilisez-la dans les jardins de ville et sur les terrasses.

VERVEINE DE BUENOS AIRES

Verbena bonariensis

J F M A M **J J A S O** N D

1,50 m	30/60 cm		V

Vivace à courte durée de vie, souvent cultivée en annuelle, rigide et dressée, la verveine de Buenos Aires forme une touffe clairsemée, légèrement pubescente, aux feuilles opposées, ovales, dentées, rugueuses. Les fleurs aplaties, en gros bouquets, sont appréciées des insectes butineurs.

SOL Fertile, souple, léger, avec du fumier décomposé.

EXPOSITION Bien ensoleillée et dégagée.

CULTURE Conservez les graines dans le réfrigérateur 15 jours avant le semis, pour stimuler la germination. Semez en mars à chaud, en recouvrant à peine les graines. La germination se produit en 3 à 5 semaines entre 18 et 22 °C. Repiquez en godets, conservés sous abri jusqu'à la mise en place en mai. Arrosez généreusement en été.

ESPÈCES Il existe 250 espèces. *Verbena bonariensis* (1,50 m) est une vivace très ramifiée, aux petites fleurs rose-mauve.

CULTURE EN POT Dans un pot de 20 cm en tous sens, dans un bon terreau pour géraniums ou plantes à massif. Fertilisez les verveines en pot une fois par semaine à l'engrais liquide.

UTILISATIONS Massif, bordure, couvre-sol, potée, jardinière, suspension.

SE RESSÈME

La verveine de Buenos Aires a tendance à essaimer dans les jardins de climat doux.

VIORNE OBIER, BOULE-DE-NEIGE

Viburnum opulus

J F M A **M J** J A S O N D

1,50/3 m	1/2 m		C

Viburnum opulus 'Roseum'

Ce vigoureux arbuste caduc à feuilles ressemblant à celles d'un érable, qui virent au rouge à l'automne, est très décoratif et d'une grande rusticité. Il porte des feuilles opposées, entières, dentées ou lobées, qui virent à l'or en automne. Les fleurs sont réunies en bouquets plats ou globuleux. Les fruits, ovoïdes, rouge vif, sont décoratifs et fort appréciés des oiseaux.

SOL Riche, profond, humifère et frais, de préférence assez peu calcaire.

EXPOSITION Soleil ou mi-ombre dense.

CULTURE Plantez en automne. Arrosez abondamment et paillez les premiers étés suivant la plantation. Lorsque les fleurs sont fanées, éliminez les rameaux âgés, en surnombre ou mal formés.

ESPÈCES ET VARIÉTÉS Il existe 150 espèces. *Viburnum opulus* (3 m), caduc, buissonnant, fleurit au printemps, joli feuillage d'automne ; 'Aureum' (1,50 m), feuilles jaune vif, pour l'ombre ; 'Roseum' (syn. 'Sterile'), la boule de neige (4 m), aux innombrables fleurs sphériques blanc crème ; 'Xanthocarpum' (2,50 m), à fruits jaune vif.

CULTURE EN POT Dans un grand pot de 30 cm en tous sens, dans un mélange de terre de jardin et de terreau de tourbe.

UTILISATIONS Isolé, haie libre, massif, bac, couvre-sol, rocaille, sous-bois.

1

2

3

*M*anger sauvage

1. **POMMES SAUVAGES** *Malus sylvestris*
2. **CYNORHODONS** *Rosa canina*
3. **FLEURS DE SUREAU NOIR** *Sambucus nigra*
4. **FRUITS DU CORMIER** *Sorbus domestica*
5. **PRUNELLES** *Prunus spinosa*

4

5

6

7

8

9

10

6. BAIES DE *Berberis domestica*

7. AIL DES OURS *Allium ursinum*

8. AMOUR EN CAGE
Physalis alkekengi

9. CANNEBERGE
Vaccinium macrocarpa

10. FRUIT DU *Physalis alkekengi*

11. CORNOUILLE, FRUIT DE *Cornus mas*

12. BAIES DE SUREAU NOIR
Sambucus nigra

13. VIOLETTE ODORANTE
Viola odorata

11

12

13

Balcons, terrasses, cours et patios

La Sécurité au balcon

Des règles de bon sens... et de courtoisie !

- Accrochez potées et jardinières à l'intérieur du balcon. En effet, en cas de chute d'un contenant et d'accident, vous êtes légalement seul responsable.

Accrochez toujours les pots à l'intérieur.

- Tous les pots et les jardinières doivent être solidement fixés pour résister aux intempéries, même à l'intérieur de la terrasse : attention au vent avec les contenants en plastique ou au passage éventuel d'un chat ! Cela rend nécessaires, des points d'ancrage sur la balustrade. Vérifiez aussi annuellement la solidité et la qualité de ces systèmes d'accrochage. Remplacez-les s'ils sont rouillés.
- Ne laissez pas grimper des plantes au-delà de votre balcon, surtout de la vigne vierge ou du lierre dont les crampons font des marques indélébiles sur les peintures et le crépi.

Pour alléger un pot, ajoutez un quart de perlite au terreau.

Pas de plantes épineuses

Évitez autant que faire se peut les plantes épineuses, car dans de petits espaces, les accrochages sont inévitables. Certaines plantes sont même dangereuses, comme les classiques yuccas, dont les extrémités des feuilles, très acérées, sont un véritable danger pour les yeux. Il faut les épointer une fois par mois (au rythme de la sortie des jeunes feuilles). D'autres comme les agaves sont inappropriées, car trop encombrantes et trop piquantes. Arrimez solidement en plusieurs points les cactus candélabres, que le vent pourrait faire basculer.

- À l'inverse, ne laissez pas les tiges des plantes tomber chez le voisin du dessous (sauf s'il est d'accord pour ce décor de verdure).

Attention aux surcharges

- Renseignez-vous sur la **résistance maximale** au poids de votre balcon. Dans les immeubles récents, la plupart des balcons en béton armé suspendus sur le vide peuvent supporter une charge maximale de 350 kg/m^2. Installez les jardinières et les pots les plus lourds le long des murs de soutien ou au-dessus de piliers porteurs.
- **Pour minimiser le poids** :
  – utilisez des contenants en plastique ou en résine ;
  – allégez le terreau avec de la vermiculite ou des billes de polystyrène et remplacez les gravillons du drainage par des billes d'argile expansée, plus légères.

Un bon brise-vent est ajouré.

Conseil du Jardinier

Attention à l'étanchéité des toits terrasses

Ne faites jamais l'erreur de planter dans des bacs intégrés au bâtiment. Quelle que soit la qualité de l'ouvrage, les infiltrations d'eau finissent toujours par arriver. Et certaines plantes comme les bambous sont extrêmement agressives : leurs rhizomes s'infiltrent dans la moindre faille et font éclater le béton. Préférez des bacs indépendants et mobiles qui vous permettent de contrôler exactement les racines et l'eau.

Pas d'acrobaties pour tailler des plantes en hauteur

Sur un balcon étroit, débrouillez-vous pour ne pas avoir à tailler des plantes en hauteur, c'est trop dangereux. Le mieux est donc d'éviter toutes les plantes au développement exubérant qui, même avec des tailles régulières, finissent toujours par prendre le dessus : polygonum, glycine, vigne vierge, clématites de printemps comme *Clematis montana* (préférez les clématites d'été à grosses fleurs, moins envahissantes), passiflore, bignone, ipomée.

L'évacuation des eaux

- L'eau d'arrosage ne doit pas inonder votre voisin du dessous. Vous êtes responsable des nuisances et dommages occasionnés au voisinage.
- Prévoyez des grandes soucoupes pour des arrosages sans débordement.
- Arrosez plusieurs fois de suite, à petites doses. Selon le substrat, l'eau met plus ou moins de temps avant de s'écouler par le fond du pot.
- Pour les suspensions, utilisez des pots à réserve d'eau. Les suspensions classiques, au fond percé, transforment les arrosages en douches.

Se protéger du vent et du soleil

Il est nécessaire d'installer des brise-vent pour atténuer les courants d'air, souvent très violents au-dessus du 4e ou 5e étage, ou sur le toit d'un immeuble.

- **Ne montez jamais une cloison pleine** pour vous abriter du vent. En effet, ce dernier, quand il se heurte à une telle paroi, commence à tournoyer, sa vitesse s'accélère, il passe par-dessus et retombe en tourbillons violents de l'autre côté. L'effet est dévastateur pour les plantes : les branches se cassent, les feuillages et la terre se dessèchent à grande vitesse... C'est pourquoi un bon brise-vent est un brise-vent ajouré.
- **Utilisez de grands treillages à mailles fines**, aux formes originales et décoratives. Ils filtrent le vent sans obstruer la vue sur l'environnement de la terrasse. Si besoin, doublez-les avec un rideau de plantes robustes (aucubas, lauriers-tins, bambous, conifères...).
- En plein sud, **installez une pergola**, qui assure une excellente protection contre le soleil excessif de l'été, sans provoquer une impression de confinement. Utilisez la pergola pour faire grimper quelques lianes faciles comme les chèvrefeuilles, les clématites, les passiflores ou le houblon doré.

Les bonnes pratiques au balcon

Le microclimat des balcons et des terrasses

- Chaque balcon ou terrasse offre des conditions climatiques spécifiques, en raison de sa structure plus ou moins ouverte et de son exposition.
- La proximité d'un autre immeuble ou de grands arbres et le déplacement du soleil dans le ciel au cours des saisons peuvent les faire passer d'une exposition très ensoleillée en été à la mi-ombre, ou même à l'ombre en hiver, ou l'inverse.
- Une façade très ensoleillée subira une réverbération intense et un échauffement excessif. Atténuez ce phénomène en installant une petite pergola, si la structure est ouverte, ou un store, qui permet de moduler à volonté la lumière reçue.
- Une orientation en plein soleil est idéale pour les pélargoniums et les plantes méditerranéennes (lantanas, héliotropes, anthémis, verveines ou gazanias). À l'ombre ou la mi-ombre, retenez les impatiens, les fuchsias, les bégonias tubéreux, les lobélias.

Fuchsias pour l'ombre et la mi-ombre

Les bonnes dimensions des pots

- **Largeur ou diamètre :** un contenant de moins de 20 cm de large est trop étroit. Avec 20 à 25 cm, vous accueillerez une ligne de plantes annuelles ou vivaces, ou deux rangs de bulbes. Entre 25 et 35 cm, vous planterez au premier plan des espèces retombantes et en arrière des plantes dressées. Entre 35 et 50 cm, un arbuste et deux rangées de plantes herbacées trouveront leur place.

Choisir le bon engrais

Apportez une poignée d'engrais organique pour 10 l de terreau lors de la plantation. Saupoudrez la surface avec des engrais granulés à libération lente, mélangés avec un peu de terreau. Selon l'état du feuillage (bien vert ou jaunissant un peu) et celui de la floraison, vous compléterez au bout d'un mois avec des apports d'engrais liquides, dilués à la dose préconisée sur l'emballage, tous les 8 à 10 jours. Cette dernière solution est très efficace, car elle assure une fertilisation régulière.

- **Profondeur :** dans moins de 20 cm, rien ne tient (sauf les petits bulbes et les plantes naines). De 20 à 30 cm, accueillez les plantes herbacées jusqu'à 60 cm de haut, de 30 à 40 cm, vivaces et arbustes jusqu'à 1 m de haut, de 40 à 50 cm, la plupart des espèces, y compris des petits arbres.

Acheter le bon terreau

En pot, il faut impérativement un terreau qui reste aéré après des mois d'arrosage. Les terreaux pour géraniums, jardinières, plantes en pot sont une bonne base de départ. À 10 l de terreau, ajoutez 1 l de perlite et 1 l de pouzzolane ou de billes d'argile petit calibre. Ces matériaux aérés et incompressibles permettront de conserver la souplesse du substrat. La richesse du terreau est un facteur secondaire, puisque vous allez apporter des engrais.

Pots : tous les matériaux

- Les bacs en plastique rotomoulé sont légers, maniables, bon marché, et ils offrent un large choix de formes et de couleurs.

Conseil du Jardinier

Petits trucs pratiques

- Ne stockez pas trop longtemps vos jeunes plantes avant la plantation et arrosez-les si vous ne pouvez les planter dans les 24 heures.
- Vérifiez que le fond du pot est bien muni d'un trou de drainage, sinon percez-en un.
- Pour une bonne reprise, évitez les repiquages en plein soleil, aux heures les plus chaudes.
- Pour savoir si le terreau est bien aéré, pressez-le au creux de la main. Il ne doit pas s'agglomérer en grosses mottes, mais s'effriter.

- **La terre cuite** : sous l'appellation générique de « poterie », on trouve des produits de qualité très variable, dont le premier point à vérifier est la garantie du fabricant vis-à-vis du gel. Les plus épais sont les plus solides, mais ce n'est pas une garantie en soi.
- **Les pots en fibre de verre** et fibre de terre (terre cuite et fibre de verre), légers, sont disponibles dans des formes contemporaines, et certains sont même lumineux !
- **Le zinc**, dont l'aspect change avec le temps, apporte une note classique.
- **Les contenants en bois**, élégants, sont à réserver aux terrasses couvertes. Le bois est décoratif, mais il résiste mal à l'humidité. On trouve cependant de grands bacs en chêne, en châtaignier, en pin traité à cœur, en teck qui tiennent sans entretien plus de 10 ans.
- **Les bacs en ciment** ou en pierre, très pesants, s'installent sur les terrasses de plain-pied.
- **La pierre reconstituée** dure longtemps et se patine bien. Mais elle est aussi lourde que de la pierre, et donc pas appropriée sur un balcon.

Palisser et tailler

La taille permet de contrôler le développement des végétaux.

- Pincez au-dessus de la deuxième ou de la troisième feuille les jeunes plantes saisonnières, pour un port plus compact.
- Taillez les arbustes à feuillage persistant pour leur donner une forme régulière.
- Palissez les grimpantes en orientant leurs branches obliquement, ce qui ralentit leur développement souvent exubérant. Coupez les pousses trop longues qui partent dans toutes les directions.
- Rabattez après floraison les vivaces pour qu'elles ne s'épuisent pas à faire des graines.

réussir ses plantations

Les règles de base

- **Attendez la fin des gelées** avant de planter. En pot, les jeunes plantes sont plus sensibles au froid nocturne, à cause du faible volume de terre qui entoure leurs racines.
- **Plantez serrés les végétaux saisonniers,** car ils doivent donner un effet maximal sur une très courte période. Mais **gardez de l'espace autour des vivaces, des arbustes** à fleurs ou à feuillage persistant et des fruitiers nains pour favoriser leur développement.
- **Arrosez** abondamment à la fin de la plantation, en versant l'eau doucement pour ne pas déplacer la terre ni découvrir les racines. Redressez ensuite les sujets mal fixés dans le sol encore meuble et tassez de nouveau le terreau. Si nécessaire, ajoutez-en un peu pour combler les trous.
- Garnissez le pied des grandes jardinières d'un **paillis protecteur** qui limitera l'évaporation.

Les bonnes plantes au bon endroit

- **Au soleil**, essayez les rosiers miniatures, les lavandes, les lis, les sauges à petites feuilles, l'oranger du Mexique, les daturas, les agrumes, les *Hibiscus moscheutos* (avec une soucoupe toujours pleine d'eau). Tous les bulbes se plaisent également en pot. De belles touffes de bambous (des fargésias qui restent sagement en touffes), des buis taillés, des conifères nains permettent de structurer l'espace.
- **À mi-ombre**, disposez des hostas, des camélias, des azalées, des fougères, des hortensias, des bruyères et des fusains.

Réussir une jardinière

1. Étalez une couche de drainage de 2 à 3 cm d'épaisseur, puis un feutre horticole et remplissez la jardinière de moitié avec le mélange terreux.

2. Installez les plants (humidifiez toujours la motte au préalable en la trempant 5 minutes dans de l'eau). Le collet doit être à 3 ou 4 cm sous le rebord du pot et de niveau avec le terreau.

3. Ajoutez le substrat, en tassant bien du bout des doigts, pour que la terre adhère aux racines et qu'il ne se forme pas de poches d'air. Tassez bien le terreau contre la paroi, c'est ce qui maintient la plante. Arrosez copieusement.

Les appliques murales

Vissées dans un mur ou accrochées à un treillage, les appliques sont des contenants en plastique ou terre cuite dans lesquels on cultive les plantes.

- Ne multipliez pas les appliques, sous peine de donner l'impression d'une opulence sans struc-

Conseil du Jardinier

Astuces pour des rebords de fenêtre fleuris

- Testez vos jardinières à vide, avant la plantation : la base ne doit pas déborder, vous devez pouvoir fermer les volets et arroser facilement.
- Pour éviter des arrosages fréquents, dus au manque de terre, évitez les jardinières de moins de 15 cm de large.
- Renoncez aux végétaux qui se développent trop en hauteur ou en largeur. Ils gênent la pénétration de la lumière à l'intérieur de la maison et augmentent la prise au vent.

Applique murale en osier

ture. Elles sont là pour un effet ponctuel.

- Utilisez des chevilles surdimensionnées par rapport au poids théorique de l'applique avec son terreau humide et ses plantes. Le minimum de résistance doit être de 50 kg.
- Utilisez des végétaux résistant au sec ou automatisez l'arrosage. Le volume de terre réduit impose en effet des arrosages matin et soir en été.

Zoom sur les feuillages

- Les feuillages forment aussi de **véritables tableaux colorés**. Beaucoup ont des structures, des textures, un port et des coloris d'une rare élégance. Ils offrent une infinité d'arrangements qui se métamorphosent au fil des saisons. Et leur effet décoratif est bien plus long que celui des fleurs.
- Vous pouvez réaliser un **décor monochrome**, à dominante verte ou jaune, bleue, pourpre ou gris argenté. Ces associations sont toujours surprenantes, car elles évoluent en permanence. Certains feuillages gris, par exemple, blanchissent au soleil en été, mais virent au vert dès qu'il pleut (*Senecio cineraria*). Composez des mélanges harmonieux, où les feuillages jaunes (*Lysimachia nummularia* 'Aurea', *Choisya ternata* 'Sundance') dispensent lumière et chaleur, où les verts offrent une palette de contrastes subtils et reposants. Les bleus (*Festuca glauca, Euphorbia myrsinites, E. characias*...) et les gris (*Artemisias spp.*) servent de faire-valoir aux blancs et aux dorés. Les rouges pourpres (coléus, heuchères, ricin, *Pieris* 'Forest Flame'...) dynamisent les autres végétaux.
- N'oubliez pas les **feuillages panachés** qui, utilisés ici et là, ravivent discrètement les couleurs de l'ensemble de la composition.

Un joli mélange d'euphorbes.

Zoom sur les suspensions

- Fixez la composition à l'abri des vents dominants.
- N'accrochez pas la suspension trop près du mur. Le frottement du panier contre la paroi abîme cette dernière et gêne la croissance.
- Plantez serré. Une suspension est plus spectaculaire lorsqu'elle déborde de fleurs de tous les côtés.
- Installez un système de poulie pour descendre la potée et faciliter l'arrosage.
- Apportez des engrais chaque semaine.

l'entretien simplifié

Les soins quotidiens

- **Prévoyez des arrosages fréquents** (quotidiens en été).

Taillez les anthémis en août.

- **Faites des apports d'engrais liquide** une fois par semaine, toujours sur une terre humide.
- **Ôtez chaque jour** les fleurs fanées avant l'apparition des graines.
- **Vérifiez que les limaces ou les escargots** n'ont pas élu domicile sous les rebords des pots.
- **Inspectez souvent vos plantations** pour intervenir vite en cas de problème : ôtez les feuilles tachées ou abîmées, remplacez les plantes chétives, supprimez les pousses pleines de pucerons.
- **Vérifiez** que la surface du terreau ne durcit pas. Une fois la terre desséchée, l'eau pénètre mal. Un coup de griffe (ou même de fourchette !) est une solution rapide.
- **N'attendez pas** que les mauvaises herbes aient développé une trop grosse racine pour les arracher, vous bouleverseriez les racines des plantations, perturbant leur croissance.

Ne laissez pas de feuilles malades au sol, c'est un foyer d'infection.

Les bons outils

Si vous ne jardinez que sur un balcon ou une terrasse, vous avez besoin d'un sécateur (et éventuellement d'un coupe-branches si vous avez des arbustes), d'une paire de gants, d'une griffe à main, d'un plantoir, d'un grand seau ou, mieux, une bassine en zinc pour faire les mélanges de terreau, d'une pelle à terreau, d'une réserve de tessons de poterie pour mettre au fond des pots, d'un arrosoir et éventuellement d'un thermomètre mini-maxi. Pensez aussi à un coffre d'extérieur, pour ranger tout le matériel.

Stop aux vitres sales

Quand les jardinières sont près des fenêtres, les projections de terreau salissent les vitres chaque fois qu'il pleut. Il est judicieux de pailler le dessus des pots et jardinières avec un matériau non salissant et suffisamment lourd pour ne pas être projeté, comme des petits graviers (que vous trouverez en petits sacs dans les magasins d'aquariophilie, par exemple). Essayez aussi les coques de cacao, qui prennent en masse quand elles sont humides.

Petit ménage

- Donnez de temps en temps un petit coup de balai sur le sol pour éliminer la poussière et, surtout, les nombreux déchets végétaux, sources de maladies quand on les laisse sur place.
- Par temps chaud, humidifiez le sol de votre terrasse pour augmenter l'humidité atmosphérique. Cette précaution permet de réduire les attaques d'araignées rouges, toujours dévastatrices et difficiles à éliminer quand elles se sont installées en colonies.

Installez un goutte-à-goutte quand vous partez plus d'une semaine.

L'HIVERNAGE

- **Rapprochez les potées des murs** début novembre. Enveloppez les pots avec du plastique à bulles et les végétaux avec du voile d'hivernage. Les meilleures protections laissent respirer les plantes et couvrent tout le feuillage. Il faut pouvoir ôter les protections au premier redoux pour éviter l'étiolement du végétal et arroser la potée de temps à autre, toujours hors gel.
- **Une épaisseur de voile** est suffisante jusqu'à – 5 °C. De – 5 à – 8 °C, deux couches sont nécessaires. De – 8 à – 10 °C, passez à trois couches. Au-delà, ajoutez des feutres épais.
- **Les bacs à réserve d'eau** ne doivent jamais être exposés à la pluie et au gel.

La neige, excellent isolant, est moins à craindre que le froid humide.

L'ARROSAGE

L'alimentation régulière en eau et en substances nutritives est capitale pour les plantes en pot, qui ne peuvent étendre leurs racines pour survivre. L'arrosoir est le système le plus simple. Mais en été, l'arrosage devient fastidieux et les absences posent problème, car le terreau sèche en quelques heures, surtout dans des pots de moins de 30 cm de diamètre. Les bacs à réserve d'eau et un système de goutte-à-goutte programmé sont une solution. Testez votre installation un mois avant votre départ pour ne pas avoir de mauvaises surprises au retour, à cause d'un mauvais réglage.

MALADIES ET PARASITES

- **Le microclimat** qui règne sur un balcon ou une terrasse et la densité des végétaux favorisent le développement des parasites et des maladies, difficiles à déloger quand ils se sont bien installés. **Inspectez** le plus souvent possible vos plantes et supprimez immédiatement les feuilles tachées ou envahies par des insectes. Les pucerons s'éliminent facilement au fort jet d'eau ou en coupant la tige infestée. Les ennemis les plus redoutables sont les araignées rouges, les cochenilles et les aleurodes (mouches blanches).
- **Surveillez tout particulièrement les fuchsias et les Solanacées** (tabac, pétunia, datura, solanum, piment). Ce sont de véritables terrains d'élevage pour les mouches blanches. Arrosez souvent le sol en été et bassinez les plantes avec le jet d'eau.
- **Nettoyez et désinfectez** à la fin de l'automne vos outils, tuteurs, liens souples, étiquettes à l'alcool à brûler. Lavez et brossez les pots vides avec de l'eau javellisée. Ne réutilisez pas un terreau usagé, renouvelez-le chaque année.
- D'une année sur l'autre, **notez les plantes qui réussissent** le mieux et recherchez de nouvelles plantes aux exigences similaires. Peu à peu, le temps passé à l'entretien diminuera.

Balcons, terrasses cours, et patios

pour tous les goûts et toutes les envies

Un balcon exotique

ÉVOQUANT UNE AMBIANCE DE VACANCES, LE BALCON EXOTIQUE PERMET DE S'ISOLER ET INCITE À LA RÊVERIE ET AU DÉLASSEMENT. AVEC QUELQUES PLANTES BIEN CHOISIES, LES BONS MATÉRIAUX ET ACCESSOIRES, LA RÉUSSITE EST ASSURÉE !

Hibiscus rosa sinensis

L'HIBISCUS, UN GRAND GOURMAND

Rien de tel qu'un hibiscus pour une ambiance exotique ! Pour proposer une telle abondance de belles et grandes fleurs, l'hibiscus de Chine a besoin d'une bonne fertilisation ... **1**

REFORMER LE PLUMBAGO

Le plumbago commence à pousser de manière un peu désordonnée ? Il est temps de le discipliner un peu par une sévère taille ... **2**

DES MURS DÉBORDANTS D'EXOTISME

La meilleure façon de tirer parti des murs tout en les faisant oublier, c'est de les couvrir de grimpantes ... **3**

C'est bon pour la planète : Question de point de vue

Faut-il vraiment s'inquiéter des nombreux échanges et introductions de plantes nouvelles qui se font couramment de nos jours ? ... **4**

Bougainvillier

La petite histoire

Les Anglo-Saxons nomment Brunfelsia pauciflora : « hier, aujourd'hui, demain », en raison de l'évolution particulière de la fleur ... **5**

TERRASSE EXOTIQUE : LA BONNE AMBIANCE

Sans recréer complètement l'ambiance des tropiques, vous pouvez apporter quelques améliorations pour cultiver vos plantes exotiques ... **6**

IDÉES

→ POURQUOI PAS... Un brumisateur sur ma terrasse ? 7

→ POURQUOI PAS... Craquer pour une petite collection d'hibiscus ? 8

et Si

- Mon bougainvillier perd toutes ses feuilles ? 9
- J'ai envie d'agaves et de yuccas : n'est-ce pas un peu dangereux ? 10

Les Plantes idéales

Voici des plantes semi-rustiques poussant bien en pot, en jardinière ou en bac, et nécessitant une exposition particulièrement favorable.

★ **Une abondance de tons chauds :** *Hibiscus rosa-sinensis* (ketmie rose de Chine) ; *Phygelius capensis* (fuchsia du Cap) ; *Streptosolen jamesonii* (trompette du Pérou).

★ **Des fleurs du printemps à l'automne :** *Polygala myrtifolia* (polygale).

★ **Une touche d'originalité :** *Brunfelsia pauciflora* (hier, aujourd'hui, demain) ; *Pentas lanceolata* (bouquet d'étoiles).

★ Certaines plantes de la thématique « Terrasse et patio côté sud », p. 626 peuvent aussi convenir si le balcon est assez grand.

NOS CONSEILS

1. Prévoyez la possibilité de fermer totalement le balcon en hiver avec des panneaux transparents pour le transformer en véranda. Les plantes s'y conserveront idéalement à l'abri du froid.

2. Maintenez le plus longtemps possible les plantes à l'extérieur et ne les protégez ou ne les rentrez que pendant les périodes de gel effectif. Espacez les arrosages durant les périodes de froid.

3. Ayez toujours sous la main, à partir de fin octobre, du voile d'hivernage non tissé. Facile à poser, il constitue souvent une protection suffisante. En dessous de - 2 °C, posez une double épaisseur.

4. Le microclimat particulier de la ville (pollution comprise !) permet des essais avec des plantes réputées non rustiques. Tout réside dans l'exposition du balcon. S'il n'y gèle jamais, ou presque, n'hésitez surtout pas !

5. Utilisez quelques grands sujets en fond de décor et dans les angles pour donner une impression de luxuriance.

6. Disposez les contenants sur plusieurs niveaux et groupez-les, de manière à créer une plus grande impression d'opulence.

1 L'HIBISCUS, UN GRAND GOURMAND

La première chose à faire est de rempoter votre hibiscus dès l'achat ; en effet, comme la plupart des plantes horticoles, il est cultivé dans un mélange très tourbeux pour lui faire produire de nombreuses racines de qualité, et sa croissance est soutenue par des apports d'engrais continus. Il est temps de lui donner un support de culture plus consistant. Pensez à griffer le pourtour de la motte au moment du rempotage pour encourager la production de radicelles. Utilisez un terreau horticole enrichi. Par la suite, soutenez la croissance par des apports hebdomadaires d'engrais, pendant toute la bonne période, d'avril à septembre. Choisissez une formulation riche en phosphore (la deuxième lettre de NPK figurant sur les emballages), par exemple, 20-10-20.

Dolichandra unguis-cati

2 REFORMER LE PLUMBAGO

Le plumbago est victime de sa vigueur. En quelques années, il donne une végétation importante et un peu broussailleuse ; régulièrement il faut lui redonner une allure plus équilibrée. À la sortie de l'hiver, réduisez toute la végétation à la hauteur voulue, en anticipant sur la pousse à venir, sachant qu'il poussera d'au moins 1 à 1,50 m en été. Pour reformer complètement l'arbuste (par exemple après une période de gel qui a endommagé toute la végétation) vous pouvez le tailler au ras : le plumbago repart toujours sur un grand nombre de bourgeons portés par ses tiges souterraines.

Plumbago auriculata

3 DES MURS DÉBORDANTS D'EXOTISME

Les bougainvilliers et les jasmins ne doivent pas faire de l'ombre à toutes les autres espèces de grimpantes exotiques. Dirigez un pied de griffe de chat, *Dolichandra unguis-cati*, contre un mur, ses petites épines recourbées, sans aucun danger, l'accrocheront toute seule au support. Sa floraison abondante, d'un jaune vif, est remarquable entre avril et juin. Faites grimper une trompette de sang, *Phaedranthus buccinatorius*, ses longues trompettes offrent des tons changeants, dans les tons rouges et orangés, pendant tout l'été. Habillez un treillage de lilas grimpant, *Hardenbergia comptoniana*, violet ou blanc, c'est une masse de fleurs de février à avril. Ces trois espèces sont persistantes et rustiques jusqu'à – 5 °C.

Phaedranthus buccinatorius

4 *C'est bon pour la planète : Question de point de vue*

La sensibilisation aux équilibres écologiques est désormais dans tous les esprits, et l'on remet en question les trop nombreux échanges et introductions d'espèces de plantes. Voir un végétal exotique devenir envahissant et se comporter en peste végétale est une véritable inquiétude. Un petit inventaire de nos plantes ornementales et cultivées montre toutefois rapidement que la plupart ont été rapportées à un moment donné et pas seulement lors de la grande vague de curiosité des XVIIIe et XIXe siècles.

5 ***La petite histoire***

Les Anglo-Saxons nomment Brunfelsia pauciflora « hier, aujourd'hui, demain » parce que la fleur passe en trois jours du violet foncé au bleu intense, pour finir blanche. Cela donne à l'arbuste un aspect tricolore tout à fait original. La plante a été nommée par Linné en l'honneur du médecin et philosophe allemand Otto Brunfels (1488-1534), qui fut aussi l'un des pionniers de la botanique.

IDÉES

7 POURQUOI PAS... UN BRUMISATEUR SUR MA TERRASSE ?

L'ambiance saturée en eau est une caractéristique des forêts tropicales, celles qui fournissent un grand nombre des espèces qui sont arrivées sur votre terrasse. Elles apprécieront donc un petit brouillard diffusé par intermittence pendant les mois chauds. Conçus avant tout pour le confort des personnes, les brumisateurs de terrasse et de bord de piscine sont bienvenus pour les plantes exotiques. Un modèle simple et très bon marché est suffisant ; il en existe avec un jeu de buses pour varier la diffusion, et pour les grands espaces, certains sont munis d'un ventilateur. Vous pouvez aussi les brancher sur un programmateur.

8 POURQUOI PAS... CRAQUER POUR UNE PETITE COLLECTION D'HIBISCUS ?

Tous les ans, les jardineries proposent toujours plus de nouvelles variétés d'hibiscus de Chine – un vrai régal pour les yeux. Oubliez un temps les classiques à fleurs simples pour succomber aux fleurs doubles et très doubles, associez les tons doux (abricot, rose clair, saumon, crème) et faites un feu d'artifice de tons chauds (rouge, orange, feu...).

6 TERRASSE EXOTIQUE : LA BONNE AMBIANCE

Planter un décor exotique tient à peu de chose. La première est de pouvoir confiner l'espace, d'abord en transformant les lieux en espace clos. Cela contribue à former un nid de verdure, coupé du monde extérieur. Pensez à mettre des claustras de part et d'autre du balcon. La seconde est de donner une impression de luxuriance. Cultivez quelques plantes de belles dimensions en fond de décor et dans les angles, de préférence des plantes aux feuillages larges et/ou aux floraisons éclatantes, habillez les murs de végétaux. Complétez l'ambiance par la diffusion d'un fin brouillard pendant les mois les plus chauds de l'été (voir ci-après). Donnez un rendu de fouillis végétal maîtrisé, en rapprochant les plantes les unes des autres (et surveillez le développement des parasites et des maladies, seule petite contrainte). Faites le bon choix de matériaux, sans craindre de tomber dans le classique en utilisant le bambou ou le rotin.

et Si

9 Mon **bougainvillier** perd toutes ses **feuilles** ?

Ce n'est pas grave, au contraire, certains horticulteurs usent encore de la technique consistant à priver d'eau les bougainvilliers pour les défeuiller complètement. À la reprise des arrosages et des fertilisations, les plantes donnent une floraison abondante.

10 J'ai envie d'**agaves** et de **yuccas** : n'est-ce pas un peu dangereux ?

Choisissez les espèces sans épines, totalement inoffensives. *Agave attenuata* et ses belles feuilles larges, *Dasylirion longissimum* et *D. quadrangularis*, complètement inermes, et *Yucca elephantipes* 'Jewel'.

Une petite collection d'*Hibiscus rosa-sinensis*

Agave attenuata

Dasylirion longissimum

Un balcon exotique

HIER, AUJOURD'HUI, DEMAIN

Brunfelsia pauciflora

J F M A M J J A S O N D

2/3 m	0,50/1,50 m		P	-5 °C

Les feuilles persistantes de cet arbuste sont d'un beau vert profond, mettant bien en valeur sa floraison qui fait la particularité de l'espèce. Les fleurs changent de couleur au fil des jours, d'abord d'un violet assez intense, elles passent au bleu le deuxième jour avant de s'éclaircir jusqu'au blanc presque pur le troisième jour. De cette originalité vient son nom. Les fleurs sont simples, évasées, légèrement parfumées.

SOL Terre riche et fraîche.

EXPOSITION Soleil s'il n'est pas brûlant, sinon ombre légère à mi-ombre.

CULTURE Placez à l'abri des courants d'air et des vents forts, et évitez les excès d'humidité ambiante. Taillez légèrement après la floraison, seulement pour réduire les plus grands rameaux et rééquilibrer la plante. Supprimez les fleurs fanées au fur et à mesure. La faible rusticité cantonne l'espèce aux jardins des climats doux ou à la culture en potée à protéger en hiver.

ESPÈCE Il n'y a pas de cultivars réellement référencés. On voit de temps en temps 'Compacta' et 'Floribunda', mais ce sont des appellations « horticoles » invalides.

CULTURE EN POT Rempotez dans un terreau riche et surveillez les arrosages.

UTILISATIONS En isolé, dans les massifs d'arbustes fleuris et en potées.

KETMIE, ROSE DE CHINE

Hibiscus rosa-sinensis

J F M A M J J A S O N D

1/3 m	1/2 m		P	-1 °C

Cet arbuste persistant porte des feuilles vert sombre, entières, découpées, brillantes à vernissées. Les grandes fleurs solitaires s'ouvrent en cornet de 15 cm de diamètre d'où émerge un style proéminent.

SOL Riche, humifère et frais.

EXPOSITION Plein soleil, ombre légère à mi-ombre.

CULTURE Compte tenu de la faible résistance au froid, seuls les jardins des climats les plus cléments peuvent accueillir la rose de Chine en pleine terre. Partout ailleurs, la culture en pot s'impose. Tant que la température est au-dessus de 15 °C, elle fleurit, ce qui en fait l'une des meilleures plantes fleuries d'intérieur.

ESPÈCE ET VARIÉTÉS Les variétés sont innombrables à en croire les horticulteurs ; en réalité, seulement une quarantaine est reconnue. Mais l'usage est de choisir ses ketmies déjà fleuris, selon ses goûts, entre fleurs simples, doubles et très doubles, et entre les multiples coloris du jaune au saumon, du rose au rouge, des couleurs pastel les plus sages aux tons de feu, orangés…

CULTURE EN POT Utilisez un terreau riche, apportez régulièrement un engrais pour plantes fleuries, rempotez tous les ans. Conservez hors gel.

UTILISATIONS En isolé, sur tige, en massif, en potée.

BOUQUET D'ÉTOILES

Pentas lanceolata

J F M A M J J A S O N D

2 m	1 m		P	0 °C

Ce petit arbuste frileux se cultive en pot ou à l'extérieur sur la Côte d'Azur. Bien ramifié, il porte des feuilles de 8 à 15 cm de long, opposées, oblongues, pubescentes, aux nervures bien marquées, et des inflorescences terminales globuleuses, roses, rouge vif ou blanches selon les variétés.

SOL Profond, fertile, bien drainé.

EXPOSITION Chaude et ensoleillée.

CULTURE Plantez au printemps. À cette saison, comme en été, le sol doit rester humide. Bassinez le feuillage les soirs de canicule. Enlevez les fleurs fanées.

ESPÈCES ET VARIÉTÉS Il existe 40 espèces. Préférez les cultivars de *Pentas lanceolata*. Cette plante n'est généralement désignée que par ses couleurs. On peut toutefois citer la série Panic (Pink, Red, Lilac).

CULTURE EN POT Conseillée en climat frais, dans un mélange à parts égales de terreau, de terre de jardin et de sable, enrichi de 15 % de fertilisant à base de fumiers et d'algues. Hivernez au sec dans une véranda entre 5 et 10 °C. Sortez les bacs dans le jardin après le 15 mai. Rempotez tous les ans au printemps, en rabattant les tiges au tiers. Fertilisez bien.

UTILISATIONS Potée ou massif exotique.

FUCHSIA DU CAP

Phygelius capensis

J F M A M J **J A S** O N D

Hauteur	Largeur	Exposition		Rusticité
1,20 m	60/80 cm		P	-5 °C

Cet arbuste persistant, qui ressemble à un fuchsia d'une couleur inhabituelle, est apprécié pour sa floraison estivale, en épis orangés dressés au-dessus du feuillage vert foncé.

SOL Frais, mais bien drainé.

EXPOSITION Ensoleillée, à l'abri des vents froids.

CULTURE Plantez contre un mur chaud et ensoleillé. Paillez en climat frais. Supprimez les fleurs fanées pour encourager une remontée de floraison. Rabattez au ras du sol au printemps.

ESPÈCES ET VARIÉTÉS On compte 2 espèces. Outre *Phygelius capensis*, on trouve *P. aequalis*, notamment 'Trewidden Pink', rose, et 'Yellow Trumpet', aux feuilles vert pâle et fleurs jaune soufre. Il existe au moins une quinzaine de cultivars *P.* x *rectus*, dont 'African Queen' (1 m), rouge pâle, 'Devil's Tears', rouge rosé soutenu, 'Moonraker', fleurs jaune crème pâle inclinées vers le bas, 'Salmon Leap', fleurs orange.

CULTURE EN POT Dans un pot de 20 cm de diamètre, dans un terreau riche.

UTILISATIONS Suspensions, potées, arrière des bordures.

POLYGALE À FEUILLES DE MYRTE

Polygala myrtifolia

J F M A **M J J A S O** N D

Hauteur	Largeur	Exposition		Rusticité
1/2,50 m	1/2 m		P	-3 °C

Cet arbuste persistant porte des feuilles entières, ovales, de 3 à 5 cm de long, et d'un vert clair à plus ou moins soutenu. Les fleurs sont papilionacées, mauve à violet pourpre. L'abondante floraison se renouvelle constamment de mars aux gelées, et même toute l'année, dans les régions les plus clémentes du pays.

SOL Riche et frais de préférence, supporte le sec.

EXPOSITION Plein soleil.

CULTURE Aucune indication particulière exceptée la taille. Tous les 4 ans environ, recépez complètement l'arbuste, il repart toujours.

ESPÈCES ET VARIÉTÉS Il existe 500 espèces, mais beaucoup sont herbacées. *Polygala myrtifolia* est le plus cultivé des arbustes ; 'Grandiflora' a des fleurs plus grandes (4 cm de diamètre). On l'appelle aujourd'hui *P.* x *dalmaisiana* ; 'Nana' est compact, idéal en bac et ne dépasse pas 1 m de haut. *P.* x 'BiBi Pink' *(P. myrtifolia* x *P. oppositifolia)*, forme naine.

CULTURE EN POT Dans un pot de 35 cm en tous sens, dans un mélange de terre de jardin et de terreau pour géraniums.

UTILISATIONS Massifs fleuris, haie basse et moyenne, potée fleurie.

SOUS SURVEILLANCE

Le polygala est sous surveillance et a même été interdit à la vente dans certaines régions, en raison de sa possible implication dans la transmission de *Xylella fastidiosa*, la bactérie "tueuse d'oliviers".

TROMPETTE DU PÉROU

Streptosolen jamesonii

J F M **A M J** J A S O N D

Hauteur	Largeur	Exposition		Rusticité
1,50 m	1 m		P	-3/-5 °C

Cet arbuste au port souple, ouvert par ses branches arquées, porte des feuilles persistantes à semi-persistantes, entières, ovales, finement veinées, d'un vert franc et lumineux, légèrement duveteuses à rêches. La floraison en corymbes de petites fleurs tubulées orange vif à acidulé, terminées en 5 lèvres orange lavées de jaune, est suivie de fruits en capsules.

SOL Terre riche et fraîche.

EXPOSITION Plein soleil, ombre légère.

CULTURE Peu rustique et peu exigeante. Réduisez toute la végétation d'un tiers de sa longueur au printemps et tuteurez les rameaux souples pour utiliser la plante en fausse grimpante.

ESPÈCE Seule l'espèce botanique est disponible. Il existe des variations de couleurs de fleurs, allant du jaune orangé à l'orange vif, sans qu'on puisse parler de variétés.

CULTURE EN POT Très facile à cultiver dans un pot de 30 cm de diamètre.

UTILISATIONS Massif, grimpante, potée.

POUR UN BALCON DANS UN ÉCRIN EXOTIQUE, VOUS POUVEZ AUSSI UTILISER

★ *Agave spp.* (toutes les espèces) ➲ p. 336 ★ *Bougainvillea* x *spectabilis* (bougainvillier) ➲ p. 238 ★ Cactées et plantes succulentes ➲ p. 346 ★ *Euryops acraeus* (marguerite de Socotra), *E. pectinatus* (marguerite de savane) ➲ p. 550 ★ *Felicia coelestris* (aster bleu du Cap) ➲ p. 240 ★ *Jasminum grandiflorum, J. polyanthum* ➲ p. 483 ★ *Lantana camara* (mille-fleurs) ➲ p. 572 ★ *Senna corymbosa, S. didymobotrya* (cassia) ➲ p. 243 ★ *Anisondontea capensis* (mauve du Cap) ➲ p. 238

Un balcon à l'ombre

L'OMBRE PEUT ÊTRE BÉNÉFIQUE, EN PLEIN ÉTÉ, DANS LES RÉGIONS CHAUDES, SUR LES TERRASSES ET LES BALCONS OÙ LA CHALEUR EST EXACERBÉE. MAIS LA PLUPART DU TEMPS, COMME ELLE S'ACCOMPAGNE NATURELLEMENT D'UNE BAISSE DE LA TEMPÉRATURE, ELLE EXPOSE DAVANTAGE LES PLANTES AUX DÉGÂTS DU FROID.

SEMER LES CAPUCINES

Rien de plus simple que le semis des capucines – on le fait généralement avec les enfants. Leurs grosses graines sont facilement manipulables ... **1**

BOUTURER LES IMPATIENS

L'impatiens fait partie de ces plantes qu'il suffit de laisser tremper dans un peu d'eau pour observer l'apparition des racines et avoir une quantité de plants pour rien. Les enfants vont adorer, une fois de plus ... **2**

LE RÉVEIL DES BÉGONIAS TUBÉREUX

Le retour des bégonias tubéreux se prépare à l'avance : il est préférable de leur donner un petit coup de pouce (ou de pousse) juste avant le printemps ... **3**

Begonia x tuberhybrida 'Festiva'

REMPOTER LE GARDÉNIA

Tous les 2 ou 3 ans, le gardénia est un peu à l'étroit dans son pot. Pour le voir prospérer, le rempotage s'impose ... **4**

Hypoestes sanguinolenta 'Confetti Bush'

Gardenia jasminoides

DE L'INTÉRIEUR AU BALCON, LE DÉMÉNAGEMENT DES HYPOESTES

On a plutôt l'habitude de les voir à l'intérieur de la maison, mais ces plantes un peu fragiles, originaires des forêts de Madagascar, ont toutes les qualités pour sortir aux beaux jours. Éventuellement à l'ombre, bien que la mi-ombre soit préférable ... **5**

La petite histoire

Le père Plumier (1646-1706) l'avait vu pour la première fois à Hispaniola, aujourd'hui République dominicaine, et après l'avoir décrit, il le baptisa en l'honneur de Leonhart Fuchs (1501-1566), médecin et botaniste, mais il faudra attendre 180 ans pour qu'il soit cultivé. Aujourd'hui, les espèces et variétés de fuchsia, puisqu'il s'agit de lui, se comptent par milliers, pour le plus grand bonheur des collectionneurs.

IDÉES

→ POURQUOI PAS... Une carnivore remarquable sur mon balcon ? **6**

→ POURQUOI PAS... La Poule et les Poussins sur mon balcon ? **7**

et Si

- Mes plantes ne poussent pas droit et leurs tiges s'étirent ? **8**
- Les feuilles de mon fuchsia présentent des cloques ? **9**

Les Plantes idéales

Ce sont des plantes s'accommodant d'une faible intensité lumineuse, ou qui supportent mal le soleil, et qui poussent bien en pot.

★ **Des vivaces pour l'ombre, mais à protéger ou à rentrer en hiver :** *Begonia boliviensis* 'Bonfire', *B.* x *tuberhybrida* (bégonia tubéreux) ; *Dryopteris filix-mas* (fougère mâle) ; *Gaultheria procumbens* (gaulthérie) ; *Lamium maculatum* 'Beacon Silver' et 'White Nancy' (lamier) ; *Polystichum spp.* (fougère de Noël) ; *Skimmia japonica* 'Rubella' (skimmia).

★ **De belles annuelles pour l'ombre :** *Fuchsia* x *hybrida* (fuchsia) ; *Impatiens* x *walleriana* (impatiens) ; *Lobelia erinus* (lobélie cascade) *Tropaeolum majus* (capucine, variétés naines).

★ Toutes les espèces présentées dans la thématique « Un patio à l'ombre », p. 634 peuvent aussi convenir.

NOS CONSEILS

1. *L'ombre s'accompagne d'une baisse significative du thermomètre et le gel y dure plus longtemps. Choisissez des espèces rustiques pour des plantations permanentes.*
2. *Évitez les courants d'air qui accentuent l'effet du froid. Posez un brise-vent sur les côtés du balcon.*
3. *Attention aux excès d'eau, utilisez un terreau léger qui retient moins l'eau et percez le fond des pots de trous supplémentaires, puis placez une couche de drainage de billes d'argile dans le fond.*
4. *Préférez les fleurs et les feuillages aux tons clairs (blanc, crème, rose tendre, saumon...), car les couleurs chaudes ont besoin de soleil pour être plus éclatantes.*
5. *Pour une touche de gaieté, utilisez des contenants de couleur claire et même des tonalités vives et acidulées. Optez pour les résines modernes.*
6. *L'humidité favorise le développement des mousses, couvrez le sol avec un matériau antidérapant.*
7. *À l'ombre, la plupart des plantes d'intérieur se portent très bien, sortez-les durant toute la belle saison.*

1 Semer les capucines

Sur les balcons, faites un semis directement en place entre mai et juillet dans de petits pots, des jardinières ou au pied des arbustes élevés en grandes poteries pour les laisser cascader. Semez les variétés naines 'Tom Thumb', par exemple, en poquets de 3 graines par pot ou en laissant 30 cm entre deux poquets dans les grandes jardinières. Même chose pour les capucines grimpantes, en laissant 50 cm entre deux poquets. Enfoncez les graines à 3 cm de profondeur, rebouchez et arrosez en pluie fine. La levée se fait en 8 à 10 jours, les plantules montrent alors des cotylédons allongés et dentés. Par la suite, veillez seulement aux arrosages.

Semis de capucines

Suppression des feuilles à la base de la tige

Mise en terre de la bouture enracinée

2 Bouturer les impatiens

Dès que les plantes sont en pleine croissance, prélevez des boutures de 10 à 12 cm, sur des tiges droites, non ramifiées. Effeuillez sur la moitié de la hauteur et placez les bouquets de boutures dans un verre d'eau. Changez l'eau au fil des jours (certains ajoutent un petit morceau de charbon de bois pour éviter les mauvaises odeurs). Placez dans un endroit lumineux, mais sans soleil direct. En 10 à 15 jours seulement, vous verrez pointer les racines. Conservez une dizaine de jours de plus pour avoir un chevelu racinaire plus abondant, puis repiquez en godets ou en pots, dans un mélange de 3/4 de terreau pour 1/4 de vermiculite.

3 Le réveil des bégonias tubéreux

Les bulbes des bégonias tubéreux ont été conservés pendant l'hiver au frais et au sec ; fin mars ou début avril, il est temps de les réveiller en douceur. Remplissez une caissette d'un mélange léger, de sable et de tourbe à parts égales. Saupoudrez de charbon de bois pour un bon état sanitaire. Tassez la surface pour l'aplanir et arrosez le substrat en pluie fine. Posez les tubercules, le côté arrondi tourné vers le bas, et laissez la partie en creux, tournée vers le haut, apparente. Placez la caissette en pleine lumière et au chaud, au moins à 18-20 °C. Vaporisez régulièrement pour que le substrat ne se dessèche jamais. Dès que les premières pousses sont visibles, placez la caissette dans un endroit lumineux, à 15 °C au moins. En mai, lorsque tout risque de gelée tardive est écarté, retirez délicatement le tubercule sans léser les racines et rempotez dans les pots définitifs.

Begonia x *tuberhybrida* 'Pendula'

Begonia x *tuberhybrida* 'Fairylight'

4 Rempoter le gardénia

À la saison froide, gardez le gardénia à l'intérieur car il est gélif, sauf certaines nouvelles variétés pour l'extérieur, comme 'Kleim's Hardy'. Mais sitôt le retour des beaux jours, sortez-le, il n'en sera que plus beau, et profitez de la période pour le rempoter. En pot, donnez-lui un bon terreau pour plantes d'intérieur auquel vous ajouterez un quart de terre de bruyère. Placez-le à l'abri des courants d'air, à mi-ombre, pour une floraison généreuse, sous une ombre plus dense, la production de fleurs sera moins importante. Puis, soutenez sa croissance par des apports réguliers d'engrais pour plantes fleuries.

5 De l'intérieur au balcon, le déménagement des hypoestes

La plante aux éphélides (c'est le nom des taches de rousseur) est une vivace, de sorte qu'en la sortant en fin de printemps et en la rentrant avant l'arrivée du froid, vous pourrez la conserver des années. Son intérêt décoratif tient à ses feuilles mouchetées de rose, de vert pâle, de crème et de rouge, aux ornementations variées. Sachez toutefois que sous une ombre dense, son feuillage a tendance à virer temporairement au vert. Le développement des tiges est un peu désordonné, pincez les extrémités régulièrement pour reformer la plante. Rempotez au printemps et apportez un engrais pour plantes fleuries en milieu d'été et tous les 15 jours jusqu'en automne.

Hypoestes 'Confetti Carmine Rose'

Idées

6 Pourquoi pas... une carnivore remarquable ?

Nepenthes alata x *N.ventricosa*

Les népenthes sont ces plantes carnivores étonnantes pour leurs grandes urnes dans lesquelles se font piéger les insectes. Toute l'année, vous avez conservé votre plante à l'intérieur, mais, en été, vous pouvez la sortir sur votre balcon ombragé, car ces plantes poussent naturellement dans les sous-bois sombres des forêts tropicales. Accrochez la suspension à l'abri des vents et des courants d'air. Préférez les népenthes d'altitude, dits « highland », qui supportent des nuits et des hivers plus frais.

7 Pourquoi pas... la poule et les poussins sur mon balcon ?

Inutile de vous renseigner auprès de votre syndic pour savoir si vous pouvez avoir une poule et ses poussins sur votre balcon, c'est le nom que donnent les Allemands à *Tolmiea menziesii,* tandis que les Anglais le baptisent mille mères *(thousand mothers)* pour indiquer sa prolifération généreuse qui donne de nombreux petits plants directement sur les feuilles, un peu à la manière des bégonias ou des streptocarpus lorsqu'on les bouture. C'est une plante en touffe de 60 cm qu'on cultive en suspension pour l'intérieur, mais qui peut être plantée à l'extérieur, mais sachez qu'à partir de 4 °C, elle perd ses feuilles.

Tolmiea menziesii

et Si

8 Mes **plantes** ne poussent pas droit et leurs **tiges** s'étirent ?

Le manque de lumière provoque l'étiolement des plantes qui allongent leurs tiges à la recherche d'une source lumineuse. De plus, toujours faute de lumière, elles ont tendance à jaunir, car le rendement de la photosynthèse est moindre. Enfin, les fleurs se raréfient. Seule parade : choisir des espèces et des cultivars adaptés à l'ombre.

9 Les feuilles de mon **fuchsia** présentent des **cloques** ?

Il est atteint par la gale du fuchsia, *Aculops fuchsiae,* ou phytopte du fuchsia. Il s'agit d'un acarien venu d'Amérique du Sud qui provoque la déformation des feuilles, des tiges feuillées, dont certaines parties gonflent démesurément. Les déformations finissent par gagner les fleurs et la croissance de la plante s'arrête. Hélas, à ce jour, il n'existe pas de traitement efficace. Détruisez les plants atteints, car le parasite se propage facilement par le vent, les insectes butineurs ou simplement les vêtements qui ont été en contact avec les plants malades.

BÉGONIA TUBÉREUX

Begonia x tuberhybrida

J F M A M J J A S O N D

15/40 cm | 15/50 cm | A | 0 °C

Ces plantes herbacées tubéreuses, au port buissonnant, dressé ou retombant, ont des feuilles arrondies, vernissées, vertes ou pourpre bronze selon les variétés. Les fleurs unisexuées sont portées par la même inflorescence, les mâles ayant 2 ou 4 pétales inégaux et les femelles jusqu'à 6 pétales égaux, de coloris lumineux.

SOL Consistant, humifère, assez riche, toujours frais, mais bien drainé. Un apport de tourbe ou de terreau de feuilles est très profitable lors de la plantation.

EXPOSITION Soleil léger, mi-ombre, ombre.

CULTURE Plantez les tubercules dès la fin des gelées, entre 2 et 3 cm de profondeur, et à 25 cm de distance. Faites-les démarrer en caissettes dans du terreau sableux, en mars, à 20 °C. Pour éviter l'accumulation d'eau dans le creux du tubercule, plantez-le obliquement. Arrachez les plantes avant la première gelée et stockez les tubercules au sec et hors gel pour l'hiver.

ESPÈCES ET VARIÉTÉS Il existe 900 espèces. *Begonia* x *tuberhybrida*, le bégonia tubéreux (de 20 à 40 cm), a de grandes fleurs, aux pétales entiers ou dentelés. Le plus souvent pleines et globuleuses, elles se parent de coloris toniques.

CULTURE EN POT Dans un pot de 15 cm de diamètre au minimum, dans un terreau pour géraniums. Utilisez un contenant plus large que haut et évitez les bacs à réserve d'eau.

UTILISATIONS Massif, bordure, jardinière, suspension, potée.

FOUGÈRE MÂLE

Dryopteris filix-mas

J F M A M J J A S O N D

0,50/1 m | 0,50/1 m | V

Les frondes dressées de cette habituée des lieux frais sont de couleur vert foncé et portent des divisions légèrement arrondies. Leur pétiole est couvert de petites écailles brunâtres.

SOL Terre de jardin, de préférence argilo-siliceuse.

EXPOSITION Ombre à mi-ombre.

CULTURE Coupez les frondes lorsqu'elles sont complètement sèches.

ESPÈCES ET VARIÉTÉS La nomenclature internationale reconnaît 300 espèces et quelques sous-espèces dans ce genre, dont la classification ne fait pas l'unanimité parmi les botanistes. *Dryopteris filix-mas* est l'une des plus communes ; 'Crispa Cristata' (60 cm), frondes très divisées, serrées, crispées. On trouve également assez facilement dans le commerce : *D. carthusiana*, la fougère des Chartreux (80 cm), port évasé, feuillage léger ; *D. dilatata* (1 m), semi-persistant, jeunes frondes vert très clair ; *D. erythrosora*, frondes parfois persistantes, rougeâtres lorsqu'elles sont jeunes, devenant ensuite vert foncé ; 'Prolifica' (60 cm), frondes étroites et finement découpées ; *D. sieboldii* (50 cm), semi-persistant, frondes coriaces peu découpées ; *D. wallichiana* (1 m), semi-persistant, frondes vert doré à écailles noires, plante très élégante.

CULTURE EN POT Possible, et même recommandée pour les petites formes, dans un contenant assez grand et avec un sol riche.

UTILISATIONS Massif d'ombre, sous-bois.

FUCHSIA HYBRIDE

Fuchsia x hybrida

J F M A M J J A S O N D

20/90 cm | 30/70 cm | V

Ce gracieux buisson vivace porte des fleurs pendantes durant plusieurs mois. Les fuchsias cultivés dans nos jardins sont des hybrides résultant de croisements complexes entre *Fuchsia fulgens*, *F. magellanica* et diverses espèces d'Amérique centrale et du Sud. Ces vivaces arbustives, à port buissonnant, érigé ou retombant, présentent des feuilles opposées, simples, lancéolées. Floraison abondante, en clochettes retombantes simples ou doubles, souvent bicolores.

SOL Humifère, bien drainé, enrichi avec du fumier décomposé et de la corne torréfiée.

EXPOSITION Une lumière toujours indirecte, avec une forte chaleur humide.

CULTURE Plantez ou sortez les potées en mai, lorsqu'il n'y a plus de risque de gelée. Ne laissez pas la motte sécher et apportez un engrais pour plantes fleuries tous les 15 jours de juin à septembre. Multiplication par bouturage de jeunes pousses à l'étouffée en miniserre chauffée à 20 °C, en février-mars, ou en pot, en août-septembre. Les boutures de printemps fleurissent dans l'année.

Vidéo « Cultiver les fuchsias »

*Télécharger l'application Truffaut +, voir p. 6-7

CONSEILS

Conservez le fuchsia d'une année sur l'autre dans la véranda, après l'avoir réduit de moitié ; sa floraison deviendra de plus en plus importante. Rabattez en novembre les variétés rustiques et couvrez-les d'un paillage épais.

Fuchsia 'Little Firecracker'

ESPÈCES ET VARIÉTÉS Il existe un peu plus de 110 espèces. *Fuchsia magellanica* 'Riccartonii' (1 m), aux petites fleurs rouges, est le plus rustique de tous. Parmi les innombrables hybrides, vous trouverez : des fuchsias à petites fleurs, à grosses fleurs simples ou à feuillage décoratif, comme 'Little Firecracker', feuilles vert, rose et crème en mélange et fleurs roses, ou 'Pacemaker', panaché de jaune et fleurs rouges.

CULTURE EN POT Dans un pot de 25 cm en tous sens au minimum, dans un mélange de terreau de feuilles, de terre de bruyère et de terre de jardin à parts égales.

UTILISATIONS Massifs d'été, jardinières avec différentes annuelles. En sujets solitaires dans des potées ou suspensions.

Fuchsia 'Cécile'

GAULTHÉRIA, PERNETTYA

Gaultheria sp.

J	F	M	A	**M**	**J**	**J**	**A**	S	O	N	D

Hauteur	Largeur	Exposition	
0,30/1 m	0,20/1 m		P

Gaultheria procumbens

Ces petits arbustes rustiques sont assez proches des myrtilles, mais non comestibles. Souvent couvre-sol et drageonnants, ils sont bien compacts. Les feuilles, alternes, simples et coriaces, sont vert foncé lustré. Très aromatiques, riches en salicylate de méthyle, les feuilles de *Gaultheria procumbens* constituaient jadis la source de l'essence de wintergreen qui parfumait le chewing-gum. Les minuscules fleurs en urnes ou en clochettes blanc rosé sont portées en bouquets pendants. En automne, elles évoluent en baies globuleuses blanches, roses ou rouges qui persistent longtemps sur la plante. La croissance est lente (de 5 à 10 cm par an).

SOL Acide, friable, riche, frais, humifère. La terre de bruyère pure convient bien.

EXPOSITION Mi-ombre douce ou ombre permanente, même assez dense.

CULTURE Plantez au printemps et arrosez bien ; paillez avec du compost ou de la tourbe. Afin de ne pas sacrifier les fleurs et les fruits, attendez mars-avril pour équilibrer la forme des gaulthérias par une taille légère.

ESPÈCES ET VARIÉTÉS Il existe 240 espèces.

- *Gaultheria mucronata* (syn. *G. pernettya*), petit arbuste (1 m), à feuillage persistant vert brillant, fleurs blanc rosé suivies de gros fruits globuleux roses ('Rosea'), rouges ('Rubra') ou blancs ('Alba'), qui ressemblent à des bonbons et persistent tout l'hiver.

Gaultheria mucronata

- *Gaultheria procumbens* (25 cm), port rampant, feuillage vert foncé, fleurs blanc rosé, baies aromatiques rouge vif, d'octobre à mars.
- *Gaultheria shallon* (1 m), arbuste à port étalé dont les jeunes pousses se marcottent naturellement, formant un couvre-sol compact. Fleurs blanc rosé en mai-juin, puis belle fructification rouge en octobre devenant bleu-noir dans le courant de l'hiver.
- x *Gaulnettya wisleyensis* (de 80 cm à 1 m) : c'est la dénomination horticole de l'hybride obtenu en croisant *G. mucronata* x *G. shallon*. L'arbuste buissonnant porte des feuilles elliptiques vert intense et des fleurs en clochettes blanches de mai à juillet, suivies de fruits décoratifs rouge pourpre.

CULTURE EN POT Dans un pot de 30 cm en tous sens, dans de la terre de bruyère pure ou un terreau sableux.

UTILISATIONS Talus ombragé, bordure, couvre-sol, massif, potées sur balcon.

PHYTOPHTHORA

Attention aux attaques de phytophthora (brunissement) très fréquentes chez les sujets en pot.

IMPATIENCE, BALSAMINE

Impatiens sp.

J F M A M J J A S O N D

15/40 cm | 10/50 cm | A

Annuelles ou vivaces cultivées comme annuelles, les impatiens forment des tiges fragiles, charnues, gorgées de sève, portant des feuilles ovales disposées de façon variable selon les espèces. Les fleurs, asymétriques, plates, en forme de casque ou de pompon, de 3 à 5 cm de large, se parent d'un grand éperon coloré.

SOL Souple, frais, riche et humifère. Apportez du terreau à la plantation.

EXPOSITION Ombre dense ou lumière tamisée.

CULTURE Semez en mars en miniserre, à 18-20 °C, sans enterrer les graines. Repiquez les plantules en godets, conservez-les sous abri. Plantez en mai, tous les 20 cm. Arrosez généreusement, mais sans détremper, car la pourriture grise est très virulente.

ESPÈCES ET VARIÉTÉS Il existe 850 espèces, dont la plupart ne peuvent être cultivées qu'en serre ou comme plante d'intérieur. Parmi les hybrides, *Impatiens walleriana* x (de 10 à 20 cm) se décline en d'innombrables séries de cultivars aux nuances de rose, rouge, fuchsia et blanc, avec certaines formes panachées. Les nouvelles obtentions sont plus tolérantes au soleil, mais restent toutefois de précieuses plantes d'ombre fleurissant de mai à octobre.

CULTURE EN POT Dans un pot de 12 cm en tous sens, dans un terreau de rempotage. Fertilisez une fois par semaine à l'engrais liquide.

UTILISATIONS Massif d'été, balconnière avec des bégonias tubéreux, fuchsias, hostas, anémones du Japon, feuillages.

LAMIER, ORTIE BLANCHE

Lamium maculatum

J F M A M J J A S O N D

20/40 cm | 0,30/1 m | V

Proche des orties, dont il possède les tiges carrées et les feuilles dentées, le lamier porte des épis de fleurs blanches, roses ou pourpres.

SOL Plutôt frais, bien drainé, humifère.

EXPOSITION Pas de soleil direct, surtout pour les formes à feuillage panaché.

CULTURE Plantez de septembre à avril (de 4 à 6 plants/m²). Maintenez le sol humide en été. Coupez les fleurs fanées et les pousses envahissantes qui se marcottent naturellement.

ESPÈCES ET VARIÉTÉS Il existe 25 espèces.

- *Lamium galeobdolon* (syn. *Lamiastrum galeobdolon*), 40 cm, très poussant, à fleurs jaunes ; 'Florentinum', feuilles vertes marquées d'argent ; 'Hermann's Pride' (20 cm), feuillage argenté veiné de vert ; 'Silberteppich', feuilles dentelées vertes largement bordées d'argent.
- *Lamium maculatum* (de 20 à 25 cm) : il a donné divers cultivars. 'Album', feuilles marquées d'argent ; 'Aureum' (syn. 'Golden Nuggets'), feuilles vert-jaune marquées de crème, fleurs rose violacé ; 'Beacon Silver', très tapissant, argenté, fleurs lilas pourpré ; 'Chequers', feuilles vert foncé rayées d'argent, fleurs roses ; 'Golden Anniversary' (syn. 'Dellam'), feuilles vertes bordées de jaune d'or, fleurs roses ; 'Pink Pewter', feuilles vert argenté bordées de vert foncé, fleurs rose pâle ; 'White Nancy', idem mais fleurs blanches.

CULTURE EN POT Dans un contenant plus large que haut, dans une bonne terre de jardin.

UTILISATIONS Couvre-sol, bordure, potée.

LOBÉLIE CASCADE

Lobelia erinus

J F M A M J J A S O N D

10/50 cm | 15/40 cm | A

Cultivée le plus souvent comme une annuelle, cette petite vivace herbacée forme une touffe tapissante au feuillage étroit, vert clair. Les fleurs de 1 cm de diamètre sont en grappes légères.

SOL Léger, bien drainé. Un terreau pour géraniums convient aux plantes en pot.

EXPOSITION Soleil non brûlant ou tamisé.

CULTURE Semez en mars ou avril, à l'intérieur, à 18-20 °C. Repiquez dans des godets individuels, sous abri. Mettez en place dans le courant mai, à raison d'un plant tous les 20 cm, et ne laissez pas la terre se dessécher. Fertilisez en été.

ESPÈCES ET VARIÉTÉS Il existe 370 espèces d'aspects très divers. Chez *Lobelia erinus*, on distingue deux groupes de cultivars, les lobélias en coussin et les lobélias à port pleureur ; graciles, ces derniers atteignent 50 cm ; 'Rose Cascade', rose foncé à œil blanc ; 'Ruby Cascade', rouge à œil blanc ; 'Saphir' (syn. 'Sapphire'), bleu vif ; 'White Cascade', blanc pur.

CULTURE EN POT Dans une jardinière de 40 cm pour 5 pieds, dans un terreau nutritif, enrichi d'algues compostées.

UTILISATIONS Bordure, potée.

SEMIS ÉCHELONNÉS

Effectuez plusieurs semis, à quelques semaines d'intervalle, pour obtenir des floraisons prolongées.

POLYSTIC, FOUGÈRE DE NOËL

Polystichum sp.

J F M A M J J A S O N D

0/60/1 m | 30/80 cm | P

Cette superbe fougère, au port évasé et régulier, forme une touffe de frondes fines comme de la dentelle. Élégante toute l'année en bacs et pots.

SOL Acide, humifère, humide.

EXPOSITION Ombre dense ou mi-ombre.

CULTURE Retirez les frondes abîmées au printemps. Faites un apport d'engrais liquide pour rhododendrons une fois par mois pendant la croissance.

ESPÈCES ET VARIÉTÉS *Polystichum polyblepharum* forme de belles touffes étalées, aux larges frondes vert brillant. *P. setiferum* 'Herrenhausen' est plus érigé que le type ; 'Plumoso-Densum', aux superbes frondes compactes plumeuses.

CULTURE EN POT Dans un pot de 30 cm en tous sens, dans un terreau un peu acide. Rempotez tous les 2 ou 3 ans.

UTILISATIONS Potée isolée ou jardinière, comme brise-vue, massifs, bordures.

SUR UN BALCON À L'OMBRE VOUS POUVEZ AUSSI CULTIVER

Berberis buxifolia 'Nana', *B.* x *media* 'Park Jewel' ➲ p. 384 ★ *Buxus sempervirens* (buis) ➲ p. 304 ★ *Daphne odora* ➲ p. 597 ★ *Hedera helix* 'Buttercup', 'Ivalace', 'Sagittifolia', 'Shamrock' (lierre) ➲ p. 276 ★ *Leucothoe* 'Scarletta' ➲ p. 314 ★ *Loropetalum chinense* ➲ p. 203 ★ *Asplenium scolopendrium* ➲ p. 187 ★ *Pieris japonica* 'Mountain Fire', 'Passion', 'Ralto' ➲ p. 184 ★ *Rhododendron* x ➲ p. 290 ★ *Tolmiea menziezii* ➲ p. 499

SKIMMIA

Skimmia japonica

J F M A M J J A S O N D

0,80/1,50 m | 0,60/1,20 m | P

Compact, arrondi, cet arbuste formant un buisson régulier porte des feuilles alternes, entières, vert clair brillant, qui dégagent une forte odeur aromatique lorsqu'on les froisse. Les fleurs étoilées, blanches, à odeur de fleurs d'oranger, sont suivies en automne d'une multitude de petits fruits rouge vif qui restent en place tout l'hiver.

SOL Terre de bruyère ou terreau acide, frais, mais bien drainé.

EXPOSITION La mi-ombre est idéale. Les skimmias supportent l'ombre et la pollution.

CULTURE Plantez au printemps et arrosez généreusement. Ne laissez pas le sol sécher en été. Pas de taille.

ESPÈCES ET VARIÉTÉS Il existe 5 espèces. *Skimmia japonica* 'Keessen' (1 m), variété femelle à fleurs blanches et fruits écarlates ; 'Magic Marlot' (1,50 m), buisson compact aux feuilles glauques bordées de blanc crème, fleurs blanches aux boutons roses, clone mâle (pas de fruits) ; 'Nymans' (90 cm), variété femelle compacte, à gros fruits rouges ; 'Rubella' (de 1 à 1,50 m), feuillage marqué de zones rouges, fleurs blanches aux boutons rouge foncé, ce clone mâle ne fructifie pas ; 'Veitchii' (1 m), cultivar femelle dont les abondantes baies rouge vif persistent tout l'hiver.

CULTURE EN POT Dans un pot de 25 cm en tous sens, dans de la terre de bruyère pure.

UTILISATIONS Bordure de massifs, jardinières sur balcon.

CAPUCINE NAINE

Tropaeolum majus

J F M A M J J A S O N D

15/30 cm | 20/50 cm | A

Cette annuelle, naturellement grimpante, elle a donné par sélection de nombreuses races compactes. Les feuilles, arrondies, vert bleuté, mettent bien en valeur les fleurs d'environ 5 cm de diamètre, parfois odorantes, aux tons vifs.

SOL Riche, frais, bien travaillé, friable.

EXPOSITION La pleine lumière, même forte.

CULTURE Fin avril ou début mai, semez des poquets de 4 ou 5 graines, en place.

ESPÈCES ET VARIÉTÉS Il existe 88 espèces.

- **CULTIVARS NAINS** : 'Alaska' (30 cm), au feuillage panaché de blanc ; 'Black Velvet' (25 cm), rouge acajou ombré de noir ; 'Firebird' (30 cm), feuillage marbré de blanc, fleurs orange ; 'Globe d'Or' (30 cm), double, jaune d'or ; 'Impératrice des Indes' (30 cm), écarlate ; 'Pêche Melba', jaune clair taché de rouge ; 'Rumba' (30 cm), fleurs simples ou semi-doubles rouges ou roses ; 'Tip Top' (20 cm), précoce, en 5 coloris, dont un abricot saumoné ; 'Tom Pouce' (syn. 'Tom Thumb'), de 15 à 20 cm, du jaune clair au rouge soutenu ; 'Whirlybird' (25 cm), à fleurs sans éperon.
- **CULTIVARS GRIMPANTS** : 'De Lobb' (de 4 à 5 m), coloris variés du jaune au rouge brun ; 'Jewel of Africa' (2,50 m), feuillage marbré de crème, fleurs en coloris variés du blanc au rouge brun en passant par le jaune et l'orangé.

CULTURE EN POT Dans un pot de 15 cm en tous sens, dans une terre pauvre, sableuse.

UTILISATIONS Bordure, entre les arbustes d'un massif, potée, suspension, jardinière.

Un balcon sur la mer

Toutes ces plantes de dimensions assez réduites et/ou de croissance lente supportent les embruns et poussent bien en pot ; pour certaines, c'est même le meilleur mode de culture, en raison de leur frilosité.

1

1

2

3

4

5

5

6

7

8

D'une manière générale, utilisez des contenants assez lourds et volumineux pour qu'ils ne soient pas renversés par les rafales de vent en cas de tempête. Prévoyez un parasol ou un store pour ombrager les plantations aux heures les plus chaudes de l'été.

1. AGAPANTHE

Agapanthus africanus

J F M A M **J J A** S O N D

0,80 m | 50/60 cm | V | -10 °C

Pour mieux profiter de leur belle floraison lorsqu'elles sont cultivées en pot, arrosez-les deux fois par semaine en moyenne pendant la période de végétation.

Pour plus de précisions sur la culture des agapanthes ➲ p. 248.

2. SÉNEÇON EN ARBRE

Brachyglottis 'Sunshine'

0,70/1 m | 1/1,50 m | V | -8 °C

Ce séneçon buissonnant forme une boule étalée ou retombante, à fleurs en capitules jaune vif, avec des feuilles grises à liseré argent, blanc feutré au revers. Souvent cultivé en annuelle, il se comportera en vivace s'il passe l'hiver à l'abri du gel. Plantez-le dans un pot de 25 cm en tous sens au minimum, dans un mélange de 2/3 de terreau de rempotage et 1/3 de sable. Arrosez-le deux fois par semaine en été ; en hiver, la pluie suffira.

3. LISERON DE MAURITANIE

Convolvulus sabatius

Pour des précisions sur la culture des liserons ➲ p. 571.

4. LISERON D'ARGENT

Convolvulus cneorum

Pour des précisions sur la culture des liserons ➲ p. 571

5. ARBRE À THÉ, MANUKA

Leptospermum scoparium

J F M **A M J J** A S O N D

1/2 m | 1/2 m | P

Cet arbuste, en touffe dense, se couvre de nombreuses fleurs qui cachent presque le feuillage. Plantez-le dans un grand bac, dans un mélange composé de 3/4 de terreau et 1/4 de sable. Laissez la terre sécher entre deux arrosages. Dans les régions fraîches, rentrez-le en serre froide ou en véranda l'hiver (jamais à plus de 10 °C). Rempotez-le tous les ans, puis surfacez-le lorsque son développement ne permet plus le rempotage.

6. MARGUERITE DE SAVANE

Euryops pectinatus, E. acraeus

J F M A M J J A S O N D

0,30/1 m | 30/80 cm | V | 0 °C

Ce buisson aux feuilles vertes, très découpées, porte à peu près toute l'année des marguerites jaune vif de 3 à 5 cm. Il lui faut un grand pot, de 25 cm en tous sens au minimum et un bon terreau de plantation, allégé d'un peu de sable. N'arrosez pas trop, et seulement lorsque le sol est asséché sur 1 cm en surface. Éliminez les fleurs fanées pour stimuler la floraison et faites un apport d'engrais liquide pour plantes fleuries tous les 15 jours.

On cultive aussi en pot *Euryops acraeus* (30 cm), sous-arbrisseau à port arrondi formant un coussin aux feuilles argentées et fleuri en mai-juin.

7. RAPHIOLEPIS

Rhaphiolepis indica

J F M A **M J** J A S O N D

1/1,50 m | 0,80/1 m | P | -3 °C

Cet arbuste au feuillage brun clair, puis vert foncé, se pare d'un nuage de fleurs roses. Il supporte les embruns, mais pas le froid : rentrez les potées en serre froide ou en véranda dans les régions fraîches. Plantez-le dans un contenant de 30 cm de diamètre et 35 cm de profondeur, dans un bon terreau de plantation. Arrosez tous les 5 à 8 jours.

8. BLEUET D'AMÉRIQUE

Stokesia laevis

J F M A M **J J A S** O N D

35 cm | 40 cm | V | -13 °C

Avec ses grandes fleurs plates blanches ou bleues, aux ligules frangées, entourant le cœur, il ressemble à nos bleuets. Plantez-le dans un bon terreau de plantation additionné de sable, avec un bon drainage. Supprimez les fleurs fanées pour prolonger la floraison. Les espèces proposées dans la thématique « Un balcon que l'on arrose peu » conviennent aussi pour un balcon en bord de mer.

Un balcon « vert » toute l'année

Par « vert toute l'année », on entend que le décor végétal reste présent 12 mois sur 12. Neutre, le vert apaise et doit donc dominer dans toutes les compositions végétales et ne jamais occuper moins des 2/3 du volume des plantations.

Pinus mugo 'Winter Gold'

Des conifères nains toujours compacts

Éliminez, courant juin, les « chandelles » (les toutes jeunes pousses) sur les pins nains ... **1**

Les bonnes associations de feuillages

Créez des associations de couleurs de feuillage, des feuilles dorées avec des feuillages bleutés, des espèces panachées de blanc ou de crème avec des pourpres foncés ... **2**

C'est bon pour la planète et la biodiversité : Petit puits de carbone

Le vert, c'est la chlorophylle, qui permet par la photosynthèse de capter et piéger le CO_2. Un arbuste après l'autre, vous contribuez à la lutte contre l'effet de serre ... **3**

Feuillages citadins pour ambiance polluée

Les plantes des villes doivent aussi composer avec la pollution, et certaines espèces sont mieux armées que d'autres ... **4**

Prunus laurocerasus

Des feuillages pour un balcon peu ensoleillé

Tous les balcons n'ont pas une exposition idéale, et le manque de soleil est souvent la règle dans les centres-villes ... **5**

Le coin du curieux : Des feuilles qui se prennent pour des fleurs

Tout ce qui est coloré n'est pas forcément des fleurs, d'autres organes comme les feuilles jouent le rôle d'attractif ... **6**

Eryngium alpinum

IDÉES

→ POURQUOI PAS… **50 nuances de Vert ?** Il existe une palette de nuances très large, du vert bouteille qui apparaît presque noir en plein soleil, jusqu'au plus ténu, éclairci d'argent. Amusez-vous à faire un camaïeu de feuillages à l'intérieur d'une seule espèce végétale… 7

et Si

- Quelques « pousses » de mes petits conifères tombent au début de l'hiver ? 8
- Mon cryptoméria a tendance à se dégarnir de la base ? 9
- Mon petit thuya est devenu tout marron en automne ? 10

Les Plantes idéales

Nous vous proposons quelques espèces à feuillage persistant bien adaptées à la culture en bac, pot ou jardinière.

★ **Les meilleurs conifères :** *Cryptomeria japonica* 'Bandai' et 'Globosa Nana' ; *Pinus spp.* (pin, variétés naines) ; *Thuja spp.* (thuya nain).

★ **Des feuillages intéressants :** *Pleioblastus argenteostriatus* (bambou nain)

★ **La touche fleurie :** *Hebe ochracea* 'James Stirling'.

★ Tous les conifères nains, ainsi que les fougères présentées dans la thématique « Un balcon vert toute l'année », p. 552 peuvent trouver leur place.

NOS CONSEILS

1. Utilisez moins de trois quarts de persistants : un balcon uniquement vert produit un effet morne et triste.

2. Jouez de toutes les nuances de tons des feuillages verts, du vert acide au très foncé. Exposez les verts les plus foncés à la lumière tamisée ou à l'ombre, car en plein soleil, ils paraissent noirs.

3. Associez des espèces aux grandes feuilles amples, qui créent un effet imposant, à des feuillages fins et découpés, d'aspect gracieux et vaporeux.

4. Mariez des formes très structurées, voire taillées de manière stricte, à des plantes souples telles les herbes ornementales, qui fluidifient la composition.

5. Pensez aux textures, avec notamment les feuilles duveteuses. Évitez les plantes piquantes, compte tenu du manque de place, surtout si le balcon est visité par les enfants ou les animaux domestiques.

1 Des conifères nains toujours compacts

Au printemps, tous les pins poussent et donnent des « chandelles », ce sont tout simplement les nouveaux rameaux portant les aiguilles, avant leur épanouissement complet. Les anciennes aiguilles tombent et ainsi les branches s'allongent. Pour conserver une compacité à leur végétation, les pins doivent être taillés, particulièrement les espèces dites « naines ». Tous les ans, au mois de juin, selon le développement de votre pin, les branches portent une, deux ou trois chandelles. Conservez une seule pousse et réduisez-la des deux tiers de sa longueur. Supprimez les autres en coupant au ras, délicatement, entre les aiguilles, à l'aide d'une paire de ciseaux.

2 Les bonnes associations de feuillages

Luttez contre la monotonie en associant les différentes couleurs de feuillage, tout en mettant en valeur vos arbustes. Utilisez les feuillages verts en fond de décor, comme support visuel aux tons plus clairs. N'abusez pas des feuillages clairs et panachés, la bonne proportion est de 3 arbustes verts pour un plus clair. Pour éclairer le décor en hiver, quand la lumière est plus faible, associez les feuillages bleutés (on les qualifie de « glauques », c'est un peu trompeur) et les feuillages jaunes. Sachez utiliser les feuillages pourpres : au printemps, sous l'effet du soleil, ils sont lumineux, mais sous les coups du froid, ils deviennent très foncés, presque noirs pour certains.

Le pittosporum supporte bien la pollution.

Belle association de feuillages décoratifs : euphorbe, acore, bergénia, lierre et hosta

3 *C'est bon pour la planète et la biodiversité : Petit puits de carbone*

Petit rappel de botanique appliquée : la chlorophylle des feuilles permet la photosynthèse, qui utilise le gaz carbonique (CO_2) pour fabriquer des sucres servant de source d'énergie pour tout l'organisme végétal. Plus il y a de plantes, plus elles consomment de gaz carbonique, dont on connaît le rôle dans l'effet de serre responsable du réchauffement climatique. Cela peut paraître dérisoire, mais le fait de planter et cultiver des plantes contribue à la lutte : il n'y a pas de petit puits de carbone, multipliez les pots sur votre balcon ou votre terrasse.

4 Feuillages citadins pour ambiance polluée

La pollution en ville a au moins un avantage, celui d'augmenter sensiblement la température et de permettre la culture d'espèces qui, sans cela, ne résisteraient pas aux hivers un peu rudes. Mais elle a bien d'autres inconvénients, et les plantes sont également soumises aux agressions. Les mieux armées pour survivre aux dépôts de toutes sortes de résidus atmosphériques sont celles qui ont développé des adaptations pour résister aux embruns et à la sécheresse, en limitant les pertes d'eau par transpiration. Choisissez des arbustes aux feuilles coriaces, cireuses et brillantes : laurier-tin, pittosporum, *Prunus laurocerasus*, *P. lusitanica*, rhododendron, laurier-rose... Utilisez les arbustes à feuillage caduc, les anciennes feuilles couvertes de polluants se renouvellent tous les ans, comme le forsythia, le groseillier à fleurs, le corête du Japon, les spirées, les buddléias, les althéas...

5 DES FEUILLAGES POUR UN BALCON PEU ENSOLEILLÉ

Avec la concentration urbaine, les balcons peu ensoleillés ou peu lumineux sont nombreux. Dans ces conditions, les floraisons sont bien moins généreuses. Généralement, les balcons mal exposés sont aussi les moins bien ventilés, alors privilégiez les plantes pour l'ombre humide. Tous les lierres, verts ou panachés, les brunneras, les saxifrages, les houx, l'aucuba du Japon, le bambou sacré, *Nandina domestica* et, de manière générale, toutes les vivaces de sous-bois. Agrémentez d'une petite collection d'helxines, de petits coussinets au feuillage délicat, ou d'un assortiment de fougères, la palette est très large. Enfin, fleurissez avec des cyclamens, de l'anémone blanda et des anémones du Japon, des dicentras...

Asplénium, astélia et bergénia

Nandina domestica

6 *Le coin du curieux : Des feuilles qui se prennent pour des fleurs*

Tout ce qui est coloré n'est pas forcément des pétales. Feuilles et bractées (qui sont en fait de petites feuilles situées à la base de la tige) se colorent quelquefois pour attirer les insectes pollinisateurs. C'est le cas des bougainvillées et des cornouillers (*Cornus florida*, *C. kousa*), par exemple, qui réussissent bien en bac sur le balcon. Les bractées jouent un rôle graphique souvent majeur comme chez *Acanthus mollis* (acanthe), *Salvia sclarea* (sauge sclarée) ou les chardons d'ornement (*Eryngium alpinum*, *Onopordum acanthium*, *Silybum marianum*).

Bractées de bougainvillée

IDÉES

7 POURQUOI PAS... 50 NUANCES DE VERT ?

Pour un beau camaïeu de feuillages, vous pouvez, par exemple, cultiver différentes helxines, à feuilles dorées (*Soleirolia soleirolii* 'Aurea'), vert grisé ('Argentea')ou vert panaché de crème ('Variegata'). Chez la sauge officinale, plantez la sauge dorée *Salvia offcinalis* 'Icterina', au feuillage panaché de jaune, 'Tricolor', aux feuilles pourpres, crème et vert, 'Purpurascens', à la coloration pourpre intense, pour composer un camaïeu de sauges.

Association d'helxines

et Si

8 Quelques « **pousses** » de mes petits **conifères** tombent au début de l'hiver ?

C'est tout à fait normal, votre conifère est soumis à la décurtation, un phénomène de rajeunissement de la plante. En effet, les feuilles ont une durée de vie de 4 à 5 ans. Lorsqu'elles atteignent leur âge limite, c'est l'ensemble de la ramille qui est éliminée par l'arbre.

9 Mon **cryptoméria** a tendance à se **dégarnir** de la base ?

C'est dû à un manque d'humidité atmosphérique, surtout observé en été. Bassinez le feuillage en fin de journée et placez un paillis organique au pied de la plante, à arroser régulièrement.

10 Mon petit **thuya** est devenu tout **marron** en automne ?

Votre conifère est sain, il s'agit simplement d'un thuya d'Orient, *Thuja orientalis*, dont le feuillage prend naturellement une teinte bronzée en automne, s'intensifiant en hiver sous l'effet du froid.

CRYPTOMÉRIA

Cryptomeria japonica

J F M A M J J A S O N D

0,80/2 m | 0,60/1,20 m | P

Ce conifère au feuillage léger, très haut dans la nature, a donné naissance à des formes naines, adaptées à la culture en pot. Comme les grandes variétés (➲ p. 475), ce sont des arbres persistants, vert bronze en été, qui roussissent joliment dès les premières gelées. Feuilles étroites, recourbées, portées en spirale autour des rameaux. L'écorce fibreuse, rouge brun, s'exfolie un peu comme celle du séquoia.

SOL Frais, riche, profond, bien drainé. Le calcaire est assez bien toléré.

EXPOSITION De préférence en plein soleil dans un lieu abrité, chaud. La mi-ombre est bien tolérée sous un climat doux.

CULTURE Plantez au printemps. Arrosez bien et paillez les premiers étés. Protégez des vents froids. Taille légère des jeunes pousses en septembre.

ESPÈCE ET VARIÉTÉS Il existe une seule espèce, *Cryptomeria japonica*; 'Bandai' (2 m), en boule aussi large que haute, d'un vert brunissant légèrement en hiver; 'Globosa Nana' (1 m), en sphère aplatie à reflets bleutés; 'Monstrosa Nana' (syn. 'Mankichi-Sugi'), 1 m, en boule compacte irrégulière, évoquant un bonsaï miniature; 'Tansu' (80 cm), à la forme pyramidale régulière, feuillage fin; 'Yokohama', en boule compacte.

CULTURE EN POT Dans un pot de 25 cm en tous sens, dans un terreau légèrement acide.

UTILISATIONS Rocailles et potées.

VÉRONIQUE ARBUSTIVE À FEUILLAGE

Hebe sp.

J F M A **M J J A S O** N D

0,20/1 m | 40/80 cm | P

Cet arbuste compact, de croissance lente, fait de jolies potées. Les feuilles opposées sont entières, en écailles ou lancéolées, et les fleurs en épis dressés, roses, mauves ou blancs.

SOL Tout sol fertile, même calcaire, pas trop lourd, jamais détrempé.

EXPOSITION Chaude, au soleil ou à mi-ombre, bien à l'abri du vent. Supporte la pollution.

CULTURE Plantez au printemps. Arrosez et paillez les premiers étés. Rabattez les vieilles tiges pour initier de nouveaux rameaux. Faites des boutures d'extrémité de tiges en fin d'été.

ESPÈCES ET VARIÉTÉS Il existe 13 espèces officiellement référencées. *Hebe armstrongii* (syn. *H. ochracea*), 50 cm, ressemble à un conifère, avec son feuillage jaune roux et son port ramifié en éventail. Petites fleurs blanches estivales à anthères pourprées. Croissance très lente (20 cm en 4 ou 5 ans). *H. ochracea* 'James Stirling', aux reflets dorés.

- **HYBRIDES :** le commerce propose surtout des formes hybrides telles que 'Baby Boo', panaché de jaune pâle; 'Heartbreker', pourpre; 'Lady Ann', panaché crème; 'Neprock' (syn. 'Purple Shamrock'), marginé de jaune; 'Raspberry Ripple', vert foncé, fleurs roses; 'Wiri Charm', port en boule, feuilles vert foncé.

CULTURE EN POT Dans un pot de 20 cm en tous sens, dans un mélange équilibré de sable, de terreau et de terre de jardin.

UTILISATIONS Bordure de massif, rocaille, potée.

PIN

Pinus spp. (variétés naines)

J F M A M J J A S O N D

0,50/2 m | 0,40/1,50 m | P

Parmi les pins, de nombreuses formes compactes ou naines sont adaptées à la culture en pot. Pour les cultiver en pleine terre, **voir la page 136.**

ESPÈCES ET VARIÉTÉS Il existe 130 espèces, de nombreuses variétés naturelles et quelques sous-espèces.

- *Pinus densiflora* 'Alice Verkade' (1,50 m), boule compacte vert clair; 'Umbraculifera', le pin parasol nain, pousse de 2 m seulement en 30 ans !
- *Pinus heldreichii (leucodermis)* 'Compact Gem' (1,50 m), sphère régulière, légèrement conique en vieillissant, longues aiguilles vert foncé décoratives; 'Smidtii' (syn. var. *pygmaea*), très nain, globuleux, à longues aiguilles.
- *Pinus mugo* (3 m), buissonnant, vert foncé; 'Benjamin', port sphérique avec des pousses dressées; 'Carsten' (syn. 'Carsten's Wintergold'), compact, étalé, doré; 'Gnom' (2 m), compact, vert brillant; 'Humpy', nain, très compact, sphérique; 'Little Goldstar' (syn. 'Laarheide'), nain, doré; 'Mops' (de 50 à 80 cm), globuleux, vert sombre; 'Ophir' (1 m), en boule verte qui jaunit en hiver; 'Picobello', nain, très compact, vert foncé; var. *pumilio* (de 1 à 2 m), compact, mais étalé (3 m de large); 'Sherwood Compact', nain, en boule serrée, feuillage vert foncé; 'Winter Gold' (80 cm), jaune lumineux en hiver.
- *Pinus nigra* 'Green Tower', colonnaire; 'Helga', nain, globuleux, vert foncé; 'Hornibrookiana',

port étalé, très compact ; 'Pierrick Bregeon' (syn. 'Brepo'), très compact, presque un bonsaï naturel. Peut être greffé sur tige ; 'Spielberg', nain, port en boule, croissance lente.

- *Pinus pumila* (syn. *P. cembra pumila*), le pin nain de Sibérie (3 m), port buissonnant, à branches flexibles ; 'Compacta' (1,50 m), très dense, avec des reflets brillants donnant l'impression que les aiguilles sont recouvertes de givre.
- *Pinus strobus* 'Blue Shag' (2 m), à port très souple, gracieux, longues aiguilles gris bleuté ; 'Macopin', nain, à aiguilles courtes dressées ; 'Minima', forme naine comme un hérisson, vert tendre ; 'Radiata' (syn. var. *nana*), 2 m, plutôt globuleux, aux aiguilles fines bleutées.
- *Pinus sylvestris* 'Albyns', boule compacte étalée, bourgeons blancs ; 'Aurea' (3 m), à croissance très lente. Vert clair en été, il jaunit franchement l'hiver ; 'Globosa Viridis' (1 m), en petite boule vert frais ; 'Watereri' (syn. var. *nana*), de 3 à 4 m, bleuté à écorce rouge. D'abord conique, il s'arrondit avec l'âge.
- *Pinus wallichiana* (syn. *P. griffithii*) 'Densa Hill', colonnaire ; 'Nana', compact, port évasé, dense.

CULTURE EN POT Dans un contenant de 30 cm en tous sens au minimum, dans un terreau universel pas trop compact ou de la terre de jardin.

UTILISATIONS Rocaille, bac.

POUR UN BALCON « VERT » TOUTE L'ANNÉE, VOUS POUVEZ AUSSI UTILISER

★ *Buxus sempervirens* (buis) ➲ p. 304 ★ *Carex spp.* (laîche) ➲ p. 624 ★ *Chamaecyparis* (faux cyprès variétés naines) ➲ p. 624 ★ *Hedera helix* (lierre) ➲ p. 276 ★ *Ilex crenata* 'Conversa' (houx japonais) ➲ p. 305 ★ *Juniperus* (genévrier dressé) ➲ p. 639 ★ *Muehlenbeckia complexa* ➲ p. 146 ★ *Nandina domestica* 'Fire Power' (bambou sacré nain) ➲ p. 278 ★ *Phormium* 'Jessie', 'Moonraker', 'Platt's Black' (lin de Nouvelle-Zélande nain) ➲ p. 632 ★ *Photinia* x *fraseri* 'Nana' et 'Little Red Robin' (photinia compact) ➲ p. 377 ★ *Picea spp.* (sapin, variétés naines) ➲ p. 624 ★ *Pittosporum tenuifolium* (pittospore à petites feuilles) ➲ p. 648 ★ *Polystichum setiferum* 'Herrenhausen' ➲ p. 549 ★ *Sarcococca hookeriana* (sarcocoque nain) ➲ p. 281.

BAMBOU NAIN

Pleioblastus sp.

J F M A M J J A S O N D

Hauteur	Largeur	Exposition	
0,30/1,50 m	0,80/3 m		P

Très rustiques, ces bambous ont une souche rhizomateuse qui produit des chaumes ligneux formant des touffes très épaisses. Les feuilles, linéaires, de longueur variable, vont du vert clair aux tons panachés de blanc ou de jaune. Très traçants, ils peuvent devenir envahissants.

SOL Fertile, frais, amendé en matière organique.

EXPOSITION Plein soleil ou mi-ombre.

CULTURE Plantez à l'automne ou au printemps et arrosez généreusement les premières années. Rabattez au ras du sol tous les 2 ou 3 ans.

ESPÈCES ET VARIÉTÉS Il existe 20 espèces. *Pleioblastus argenteostriatus* (syn. *P. pumilus*), de 40 à 80 cm, parfois appelé (à tort) *Sasa pumila*, très feuillu, à chaumes verts et couronne de duvet au niveau des nœuds, est un bon couvre-sol. *P. distichus* (de 30 à 50 cm), peu drageonnant, forme un tapis régulier, pouvant remplacer une pelouse. *P. fortunei* (parfois proposé comme *P. auricomus* ou *P. variegatus*), de 80 cm à 1 m, feuilles striées de blanc crème. *P. linearis* (de 3 à 6 m), belles touffes érigées, peu envahissantes, feuillage vert clair ondulé. *P. viridistriatus* (de 80 cm à 1,50 m), très lumineux, à feuilles jaune d'or et vert ; 'Vagans', plus petit, feuillage vert clair.

CULTURE EN POT Dans un pot de 15 cm en tous sens, dans un mélange de terreau de rempotage et de sable. Un rempotage s'impose tous les ans, en mars.

UTILISATIONS Bordures, couvre-sol en sous-bois, potées, succédané de pelouse.

THUYA

Thuja sp.

J F M A M J J A S O N D

Hauteur	Largeur	Exposition	
1/3 m	0,40/1 m		P

Les formes naines de ce conifère sont élégantes et bien structurées. **Reportez-vous p. 379 pour des informations générales sur les thuyas.**

ESPÈCES ET VARIÉTÉS Il existe 6 espèces.

- *Thuja occidentalis* 'Danica' (1 m), boule aplatie, vert clair ; 'Ericoides' (1,50 m), feuilles fines ; 'Globosa' (de 1,50 à 2 m), grosse sphère, vert grisâtre, croissance rapide ; 'Golden Globe' (2 m), boule dorée toute l'année ; 'Little Gem' (de 1,50 à 2 m), vert foncé, brunit un peu en hiver ; 'Rheingold' (2,50 m), conique, large, feuillage jaune rosé au printemps, doré en été sur fond vert tendre, puis vieil or à reflets mauves en hiver ; 'Tiny Tim' (50 cm), boule très naine, verte ; 'Wareana Lutescens' (1 m), cône compact marqué de jaune.
- *Thuja orientalis* (syn. *Platycladus orientalis*) 'Aurea' (80 cm), boule lâche, jaune d'or en été, chocolat pourpré en hiver ; 'Semperaurea', en forme de pyramide à reflets jaunes.
- *Thuja plicata* 'Gracilis Aurea' (de 2 à 3 m), doré, feuilles fines et légères ; 'Rogersii' (1 m), conique, doré en été, cuivré en hiver ; 'Whipcord' (1,50 m), rameaux filiformes à port retombant.

CULTURE EN POT Dans un pot de 25 cm de diamètre pour les nains ou 40 cm pour les formes un peu plus grandes, dans un terreau riche.

UTILISATIONS Rocaille, bordure, potée.

Un balcon printanier

LE PRINTEMPS OFFRE UN LARGE CHOIX DE PLANTES FLEURIES, LA SEULE DIFFICULTÉ EST DE LES SÉLECTIONNER D'AUTANT PLUS QUE LES PLANTES SONT PROPOSÉES EN TOUT DÉBUT DE FLORAISON, PRÊTES À UNE MISE EN PLACE IMMÉDIATE…

PLANTER LES BULBES EN PANIER AJOURÉ

Posés en un tournemain et ôtés en fin de floraison aussi rapidement, les paniers pour bulbes sont astucieux … 1

UN DÉCOR DE BULBES HARMONIEUX

En miniature, la composition d'une scène de bulbes fleuris répond aux mêmes règles que la création d'un paysage … 2

LE BON TERREAU POUR LES POTÉES DE BULBES

Le principal ennemi des bulbes est l'excès d'eau : utilisez un terreau léger. Évitez les formulations trop riches, sinon vous aurez surtout de belles feuilles … 3

UN FORSYTHIA NAIN POUR MON BALCON

Premier fleuri sur ses rameaux encore nus, le forsythia marque le démarrage « officiel » du printemps chez les jardiniers … 4

Le coin du curieux

Il semble que le mot « giroflée », apparu en 1535, vienne de girofle, en raison de l'odeur particulière de la fleur. Dans le langage familier, une giroflée est synonyme de gifle, une « giroflée à cinq feuilles » étant une gifle qui marque les cinq doigts de la main. « Recevoir des giroflées », c'est se faire réprimander. « Girofleter », c'est donner un soufflet (une claque). *Cheiranthus,* qui vient de deux mots grecs signifiant « main » et « fleur », exprime la même origine.

OCCUPER LE TERRAIN POUR PRÉPARER L'ÉTÉ

Dans les jardinières et les grands pots, faites quelques semis bien pensés et oubliez-les pour découvrir un été fleuri … 5

La petite histoire

Une petite grenouille transformée en fleur ? Il n'y a qu'au jardin qu'une telle histoire est possible … 6

IDÉES

→ POURQUOI PAS... Des jardinières toniques : moitié fleurs, moitié aromatiques ? 7

→ POURQUOI PAS... Des potées fleuries, éclatantes de couleurs, bien en vue ? 8

et Si

· Mon prunus nain ne fleurit pas ? 9

· Les feuilles de mes plantes sont rongées ? 10

Les Plantes idéales

Le printemps est la saison de la profusion des floraisons. Mais en pots et en jardinières, certaines espèces réussissent mieux que d'autres.

★ **Des bulbeuses pleines de délicatesse :** *Anemone blanda* (anémone bulbeuse) ; *Fritillaria meleagris* (œuf de pintade) ; *Iris danfordiae*, *I. reticulata* (iris nain bulbeux) ; *Puschkinia scilloides* ; *Ranunculus asiaticus* (renoncule des jardins).

★ **Un petit air japonisant :** *Prunus incisa* 'Kojo No Mai' (cerisier à fleurs nain) ; *Prunus triloba* (amandier de Chine).

★ **Pour un printemps précoce :** *Cytisus* x *praecox* (genêt précoce) ; *Erysimum cheirii* (giroflée) ; *Forsythia* 'Marée d'Or' et 'Mêlée d'Or' (forsythia nain) ; *Iberis sempervirens* (thlaspi).

NOS CONSEILS

1. Échelonnez la plantation des bulbes tous les 15 jours afin de disposer de potées fleuries sur une plus longue période.

2. Considérez les vivaces printanières (ancolie, campanule...) comme des plantes saisonnières à retirer des contenants après la floraison pour laisser la place aux plantes d'été (sauf dans les très grands bacs).

3. Installez sur les rebords des fenêtres des jardinières plantées des plus petites fleurs printanières (crocus, iris, perce-neige) et surtout des plus parfumées (jacinthe, narcisse 'Paper White').

4. Utilisez la ramure des petits arbres et des arbustes à floraison printanière pour y conduire une grimpante estivale de vigueur moyenne (pois de senteur, suzanne aux yeux noirs...).

5. Abritez les potées de fleurs printanières sous des auvents, car elles fanent très rapidement sous l'action de la pluie. Utilisez un substrat bien drainant et posez les contenants sur des cales pour éviter que la base du pot ne soit en contact permanent avec l'humidité.

6. Attention aux risques de gelées tardives : optez pour des contenants aux parois épaisses. Dans les régions froides, doublez les parois intérieures d'un feutre jardin au moment de la plantation.

Un balcon printanier

1 Planter les bulbes en panier ajouré

Disposez les bulbes de manière homogène, tous enterrés à la même profondeur pour avoir de belles compositions régulières – c'est l'avantage des paniers. Vous pouvez planter plus serré que ce qu'indiquent les préconisations habituelles au jardin, car les bulbes n'ont pas vocation à rester en place. Faites vos compositions sachant que les modèles les plus courants de paniers oscillent entre 20 et 25 cm de diamètre. Laissez dans tous les cas 3 à 4 cm de terreau sous la base des bulbes. En fin de floraison, ôtez les paniers pour remplacer les touffes de bulbes par des espèces annuelles à floraison printanière.

2 Un décor de bulbes harmonieux

Placez les plus grandes espèces, comme les narcisses et les tulipes, en fond de décor, dans une jardinière, suivis des jacinthes, et placez les plus petites devant, comme les crocus, les muscaris... De la même façon, étagez les plantations en profondeur, tulipes et narcisses au fond du pot, anémones, crocus, perce-neige et muscaris plus en surface. Vous devez respecter la règle qui veut que la profondeur de plantation des bulbes soit de 2 à 3 fois leur hauteur.

3 Le bon terreau pour les potées de bulbes

Les bulbes sont des organes qui ont emmagasiné les réserves nécessaires à leur développement. Ils n'ont donc pas besoin de terreau fertile, au contraire : une formulation trop riche favorise le développement du feuillage au détriment de la floraison. De plus, les bulbes redoutent les accumulations d'eau, qui provoquent leur pourrissement, donc le terreau doit être suffisamment drainant. Inutile de vous compliquer la vie à faire votre mélange sur le balcon, il existe des terreaux pour bulbes de printemps et d'été tout indiqués.

4 Un forsythia nain pour mon balcon

Leur floraison lumineuse fait toujours de l'effet, et il en existe plusieurs variétés pour la culture en pot. Plantez 'Paulina', de 1 m de haut sur 2 m de large, 'Arnold Dwarf', de 50 à 80 cm de haut sur 1,20 à 1,50 m de large, 'Mêlée d'Or', jaune clair, précoce, en boule compacte de 1 à 1,20 m, 'Tremonia', de 1,50 à 1,80 m de haut et de large, 'Boucle d'Or', jaune d'or, nain, en boule compacte de 0,70 m de haut et 1 m de large, 'Marée d'Or', jaune citron, précoce, 0,60 m de haut sur 1,20 m de large. Et encore 'Courtalyn', 'Week-End Minigold', 'Melissa'...

Composition de narcisses, jacinthes, muscaris, scilles et violettes cornues

5 Occuper le terrain pour préparer l'été

Dans les jardinières et les grands pots qui reçoivent les arbustes et les vivaces, semez quelques graines d'annuelles à fleurs. Oubliez-les et, dans quelques semaines, découvrez les cascades de végétation qui fleuriront cet été. Enfoncez çà et là, dans les intervalles disponibles, des semences de capucines naines 'Tom Thumb', de pois de senteur et de suzannes aux yeux noirs. En milieu de printemps, vous compléterez par des plants en motte pour finir l'habillage (verveines hybrides, surfinias, dipladénia...).

6 La petite histoire

Le genre Ranunculus signifie « petite grenouille », du latin rana, certaines renoncules étant aquatiques et vivant dans des marais peuplés de nombreux batraciens. La renoncule a d'ailleurs été nommée « grenouillette », ou encore « gobelet du diable », en raison de ses propriétés toxiques. On croyait autrefois, que pour guérir de la folie, il fallait envelopper une racine de renoncule dans un foulard de lin que l'on nouait autour du cou de la personne possédée au moment de la lune décroissante.

Idées

7 Pourquoi pas... des jardinières toniques : moitié fleurs, moitié aromatiques

Les plantes aromatiques sont prisées pour leurs utilisations en cuisine et en médecine de grand-mère, pour soigner les petits troubles, mais c'est oublier que certaines sont aussi de jolies plantes à fleurs. Adoptez-les dans vos jardinières composées, au milieu des fleurs printanières. Plantez les thyms – il en existe des dizaines de variétés, toutes couvertes de petites fleurs roses ou blanches –, la ciboulette, pour ses belles inflorescences globulaires, la sauge, pour ses grands épis mauves, ou le romarin rampant, le premier fleuri, à laisser cascader.

Thym citron, sarriette et sauge avec lavande, callibrachoas et gauras

8 Pourquoi pas... des potées fleuries bien en vue

Les plantes bulbeuses de printemps sont assez petites, et on considère toujours les potées fleuries d'une vue plongeante qui les écrase. Alors qu'il suffit de les mettre presque à hauteur des yeux pour qu'elles donnent le meilleur d'elles-mêmes. Placez les potées sur des étagères de jardin en bois ou en fer forgé, des colonnes, un guéridon ou une table de bistrot chinés dans une brocante.

et Si

9 Mon prunus nain ne fleurit pas ?

Les fleurs apparaissent essentiellement sur les rameaux de l'année précédente avant la naissance des feuilles. Pour avoir une floraison abondante, faites une taille courte lorsque le feuillage commence à se former. Veillez aussi à la fertilisation, avec obligatoirement un engrais pour arbres fruitiers au moment de la formation des fruits (pour les aider à grossir) et en automne lorsque la plante refait ses réserves (cette fois pour la floraison de printemps).

Taille d'une potée de *Prunus triloba*

10 Les feuilles de mes plantes sont rongées ?

Tout comme au jardin, sur les balcons et les terrasses, les limaces sont un problème. Utilisez des granulés de Ferramol®, un concentré de phosphate de fer, utilisable pour le jardinage biologique. Placez-les dans une soucoupe, à terre, dans un coin du balcon, à l'abri des pluies. Il sert d'appât, et lorsque les limaces en consomment, elles ne peuvent plus produire leur mucus et meurent déshydratées. C'est un peu cruel, mais efficace, sans danger pour les animaux domestiques et utilisable toute l'année.

Un balcon printanier

ANÉMONE BULBEUSE

Anemone blanda

J F **M A** M J J A S O N D

Hauteur	Étalement	Exposition	Type
10/15 cm	10/15 cm		V

Ces vivaces printanières traçantes forment des touffes de rhizomes issus de tubercules et produisent des feuilles quasi ovales, vert foncé, à 3 folioles finement découpées. Au printemps s'épanouissent des fleurs solitaires au-dessus des feuilles, en coupe plate, portant de 10 à 15 tépales blancs, bleu foncé ou roses.

SOL Profond, frais, riche en humus, bien drainé. Le calcaire est accepté. Un apport de terreau à la plantation est bénéfique.

EXPOSITION Soleil léger ou mi-ombre.

CULTURE Plantez en octobre, à 5 cm de profondeur et d'écartement. En hiver, couvrez les souches avec des feuilles mortes, de la tourbe sèche ou de la paille. Arrosez bien durant l'été.

ESPÈCES ET VARIÉTÉS Il existe 120 espèces. *Anemone blanda* (de 10 à 15 cm), aux minuscules marguerites, dans des coloris variés frais et lumineux, en mars-avril ; 'Blue Shades', bleu clair, cœur jaune, feuillage vert clair ; 'Radar', rouge carmin éclatant ; 'White Splendour', blanc pur. *A.* x *fulgens* (30 cm), tubéreuse, à fleurs écarlates au printemps.

CULTURE EN POT Dans une jardinière de 30 cm de long sur 15 cm de haut, pour environ 50 bulbes (ou 3 pieds de vivace), dans un terreau universel additionné d'un tiers de sable.

UTILISATIONS Potée, jardinière, rocaille, bordure des massifs de printemps, sous-bois.

Anemone blanda 'White Splendour'

GENÊT

Cytisus sp.

J F M A **M J J A S** O N D

Hauteur	Étalement	Exposition	Type
1/2 m	1/2 m		C

Ce petit arbuste élégant se fait apprécier pour sa floraison très généreuse. Assez compacts, mais d'aspect léger en raison de leurs feuilles peu nombreuses, les genêts sont le plus souvent caducs. Les tiges souples portent des feuilles alternes, étroites, simples ou trifoliées. Les fleurs, papilionacées, souvent parfumées, sont solitaires ou réunies en grappes. La taille adulte est obtenue en 5 ans.

SOL Sec, pauvre, sablonneux, très léger. Le calcaire est toléré, l'acidité préférée.

EXPOSITION Bien ensoleillée, même chaude.

CULTURE Plantez toute l'année les genêts proposés en conteneur. En cas d'hiver rigoureux, rabattez à la base les tiges noircies. Taillez sévèrement la plante après la floraison pour éviter la fructification (production des gousses), qui épuise vite la plante. Vous pouvez réunir les tiges que vous avez coupées pour fabriquer de bons balais de jardin.

ESPÈCES ET VARIÉTÉS On recense officiellement 74 espèces et de nombreuses sous-espèces. *Cytisus praecox* est un petit arbuste élégant, au port compact, ne dépassant pas 1,20 m. On l'apprécie pour sa floraison très généreuse. Les principaux cultivars sont 'Albus', à fleurs blanches ; 'Allgold', encore plus compact. *C.* 'Hollandia' est un hybride à fleurs rouge et rose très nombreuses ; 'Luna', hybride à fleurs jaune citron assez compact (1,50 m). *C. racemosus*, le genêt de Tenerife (1,20 m), à fleurs odorantes en grappes, frileux. *C. scoparius*, le genêt à balai ; subsp. *maritimus*, à port prostré.

- **HYBRIDES DU GROUPE SCOPARIUS :** 'Andreanus' (de 1 à 2 m), aux fleurs jaune d'or à ailes pourpres ; 'Burkwoodii' (de 1,50 à 2,50 m), érigé, touffu, à fleurs ocre et rouge ; 'Golden Sunlight' (1 m), vigoureux, à port retombant, à fleurs jaune d'or en mai ; 'La Coquette', le genêt tricolore (1,50 m), bigarré à fleurs jaune, rose et orange, vigoureux ; 'Lena' (1,20 m), tiges arquées, fleurs bicolores jaune et rouge ; 'Luna' (1,80 m), jaune clair ; 'Palette' (1,50 m), fleurs multicolores associant le rouge, le rose et l'orangé, solide.

CULTURE EN POT Dans un bac de 30 cm de profondeur, dans un mélange à parts égales de tourbe, de terreau et de sable.

UTILISATIONS Bac, massif, rocaille, talus, jardin sauvage.

Cytisus praecox

Cytisus scoparius

CHOIX DES COLORIS

Achetez les genêts alors qu'ils sont en fleur, afin de choisir avec précision votre couleur préférée.

GIROFLÉE RAVENELLE

Erysimum x cheiri

J F M **A M J** J A S O N D

Hauteur	Largeur	Exposition	
20/45 cm	15/30 cm		BI

Cette vivace éphémère est cultivée en bisannuelle pour fleurir les massifs. On la trouve aussi sous son ancienne appellation *Cheiranthus*. Vigoureuse et florifère, la ravenelle porte des feuilles lancéolées assez denses et des grappes compactes de fleurs odorantes, à 4 pétales en croix.

SOL Profond, consistant, bien drainé.

EXPOSITION Soleil direct assez doux.

CULTURE Semez de juin à août, en terrine, dans un endroit abrité. Repiquez en godets et installez le plant en octobre (de 12 à 15 pieds/m^2), en même temps que les bulbes. Paillez le sol pour qu'il reste frais. Vous pouvez laisser la giroflée en place comme une vivace, mais la prochaine floraison sera plus faible.

ESPÈCES ET VARIÉTÉS Il existe 260 espèces, la plupart étant des vivaces à souche ligneuse. *Erysimum* x *cheiri* 'Bedder' (30 cm), compact, à fleurs simples, brunes, jaunes, rouges ou orange. Les hybrides sont très nombreux : 'Constant Cheer' (30 cm) forme une touffe très compacte de couleurs variées ; 'Scarlet Emperor' (syn. 'Roi des Feux'), 45 cm, rouge feu ; 'Tom Thumb' (25 cm), très buissonnant, existe en nombreux coloris. Il est généralement proposé en mélange.

CULTURE EN POT Dans un pot de 25 cm en tous sens au minimum, dans une terre de jardin ou un terreau poreux.

UTILISATIONS Potées, massifs de vivaces.

FORSYTHIA COMPACT

Forsythia 'Marée d'Or' et 'Mêlée d'Or'

J F **M A** M J J A S O N D

Hauteur	Largeur	Exposition	
0,50/1,80 m	0,50/1,20 m		C

Très facile de culture, le forsythia offre des cultivars compacts bien adaptés à la culture en bac. Pour des précisions sur le forsythia et sa culture en pleine terre, ➔ **p. 560.**

ESPÈCES ET VARIÉTÉS 'Marée d'Or' (80 cm), 'Mêlée d'Or' (1 m), 'Mikador' (1,30 m), 'Mindor' (1,50 m), 'Goldrausch' (1,80 m) sont des hybrides compacts.

CULTURE EN POT Dans un bac de 30 à 50 cm de profondeur, dans un mélange à parts égales de terreau et de terre de jardin.

UTILISATION Bac sur terrasse ou balcon.

FRITILLAIRE ŒUF-DE-PINTADE

Fritillaria meleagris

J F M **A M J** J A S O N D

Hauteur	Largeur	Exposition	
30 cm	5/8 cm		B

Cette plante bulbeuse est appelée aussi « œuf-de-vanneau » en raison de la forme de ses fleurs, en clochettes pendantes, roses, pourpre rosé ou blanches, quadrillées. Elles éclosent seules ou par deux, au sommet d'une hampe. Les feuilles, étroites, sont vert-gris.

SOL Frais, humifère.

EXPOSITION Semi-ombragée.

CULTURE Plantez fin août à une profondeur égale à deux fois la hauteur du bulbe ; posez-le sur lit de sable, en l'inclinant légèrement. Divisez et replantez les bulbes l'été suivant.

ESPÈCE ET VARIÉTÉ Il existe environ 140 espèces. Parmi les cultivars de *Fritillaria meleagris* (20 cm), citons 'Aphrodite', blanc pur.

CULTURE EN POT Très facile ; plantez de 3 à 5 bulbes dans un pot de 15 cm en tous sens, dans un mélange de terre de jardin, de sable et de terreau de rempotage. La durée de végétation de ces plantes est courte, il faut les remplacer après la floraison.

UTILISATIONS Massifs, potées.

Un balcon printanier

IRIS BULBEUX NAINS

Iris danfordiae, I. reticulata

J F M A M J J A S O N D

Hauteur	Largeur	Exposition	Rusticité
10/15 cm	5/10 cm	☀	B

Plantes rustiques, aux feuilles allongées en forme de glaive ou de gouttière, ces iris portent des fleurs à 3 pétales et à 3 grands sépales colorés. Solitaires ou réunies à deux sur une hampe, les corolles peuvent atteindre 3 à 8 cm de diamètre.

SOL Une bonne terre de jardin bien drainée, même calcaire.

EXPOSITION Ensoleillée.

CULTURE Plantez en septembre ou octobre, entre 5 et 8 cm de profondeur et d'espacement. Laissez-les en place plusieurs années, hormis les toutes petites espèces, qui gagnent à être cultivées en pot. Apportez un engrais pour bulbes après la floraison. En sol lourd, arrachez les bulbes pour un repos estival.

ESPÈCES ET VARIÉTÉS On compte plusieurs iris bulbeux nains. *Iris danfordiae* (10 cm), jaune citron, de janvier à mars. *I. reticulata* (15 cm), aux fleurs violettes tachées de jaune, légèrement parfumées, en février-mars ; 'Cantab', bleu clair légèrement marqué de jaune au cœur ; 'Harmony', bleu et jaune orangé ; 'Katharine Hodgkin', pétales blanc ombré de bleu pâle, sépales tachés de jaune et striés de bleu marine ; 'Natasha', bleu clair et blanc ; 'Violet Beauty', violet pourpre foncé.

CULTURE EN POT Conseillée, dans un pot de 15 cm en tous sens, dans un mélange de 2/3 de terreau souple et 1/3 de sable.

UTILISATIONS Potées, jardinières.

CERISIER À FLEURS NAIN

Prunus incisa 'Kojo-No-Mai'

J F **M A** M J J A S O N D

Hauteur	Largeur	Exposition	Rusticité
1/2 m	0,80/1,20 m	☀	C

Cet arbuste tortueux, à feuilles oblongues, lancéolées, d'abord jaune-vert, vert moyen en été, puis rouge cuivré à l'automne, fleurit avant l'apparition des feuilles. Fleurs blanches ou blanc rosé, de 1 à 2 cm, solitaires ou par paires.

SOL Profond, même calcaire.

EXPOSITION Soleil pas trop desséchant.

CULTURE Plantez en automne. Taillez court les branches qui ont porté les fleurs.

CULTURE EN POT Dans un pot lourd, de 30 à 40 cm en tous sens, dans un mélange à parts égales de terre de jardin et de terreau de plantation. Tuteurez les sujets de plus de 1,50 m sur les balcons exposés au vent.

UTILISATIONS Bac, isolé, fond de massif.

Vidéo « Cultiver un cerisier à fleurs nain »*

AMANDIER DE CHINE

Prunus triloba

J F **M A** M J J A S O N D

Hauteur	Largeur	Exposition	Rusticité
1/2 m	0,80/1,20 m	☀	C

Cet arbuste, l'une des rares espèces de *Prunus* qui ne soit pas un arbre, se couvre de fleurs à la sortie de l'hiver. Ses feuilles sont alternes, simples, elliptiques, de 5 à 7 cm de long, et il épanouit en gros pompons rose pâle, mais éphémères, sur toute la longueur des pousses d'un an. Croissance assez rapide (2 m en 4 ans).

SOL, EXPOSITION ET CULTURE Voir *Prunus incisa* ci-contre.

VARIÉTÉ *Prunus triloba* 'Multiplex' (de 1,50 à 2 m) forme une touffe arrondie bien ramifiée, qui porte des fleurs de 5 à 7 cm de diamètre, très doubles, en pompons rose pêche. La plante est complètement recouverte par une floraison très intense.

UTILISATIONS Isolé, rocaille, potée.

POUR UN BALCON PRINTANNIER, VOUS POUVEZ AUSSI CULTIVER LES PLANTES SUIVANTES

★ *Aquilegia* x *hybrida* (ancolie) ➲ p. 422 ★ *Bellis perennis* (pâquerette) ➲ p. 422 ★ *Campanula carpatica, C. portenschlagiana, C. poscharskyana* (campanule) ➲ p. 397 ★ *Crocus* (crocus) ➲ p. 423 ★ *Helleborus orientalis* (hellébore oriental) ➲ p. 425 ★ *Myosotis sylvatica* (myosotis des jardins) ➲ p. 427 ★ *Narcissus* 'Cheerfulness', 'Paper White', 'Tête à Tête' (narcisse) ➲ p. 428 ★ *Primula* (primevère, toutes espèces) ➲ p. 429 ★ *Primula auricula* (auricule) ➲ p. 429 ★ *Pulsatilla vulgaris* (anémone pulsatille) ➲ p. 267 ★ *Tulipa* (tulipe) ➲ p. 432 ★ *Viola* x (violette cornue, pensée) ➲ p. 589

*Télécharger l'application Truffaut +, voir p. 6-7

PUSCHKINIA

Puschkinia scilloides

J **F M** A M J J A S O N D

10/20 cm | 5/10 cm | B

Proche des scilles, rustique, le puschkinia développe une touffe de feuilles rubanées, terminées en pointe. Les fleurs en clochettes bleu pâle sont réunies en grappe au sommet d'une hampe courte, souvent arquée.

SOL Léger, sableux, même pauvre et graveleux, mais sans humidité stagnante.

EXPOSITION Le soleil direct réduit sensiblement la durée de la floraison.

CULTURE Plantez en automne, entre 5 et 7 cm de profondeur, et à 5 cm de distance. Laissez en place plusieurs années pour une naturalisation rapide. Divisez les touffes importantes.

ESPÈCES Il existe 2 espèces, *Puschkinia peshmenii* et *P. scilloides*. On cultive uniquement cette dernière pour ses fleurs d'un bleu pâle, souligné d'une ligne centrale plus foncée.

CULTURE EN POT Dans un pot de 15 cm en tous sens pour 5 ou 6 bulbes, à 5 cm de profondeur, dans un terreau pour bulbes.

UTILISATIONS Potées, jardinières, à cultiver aussi en appartement ; bordure, rocaille, muret, dallage, pelouse fleurie.

Puschkinia scilloides

RENONCULE DES JARDINS

Ranunculus asiaticus

J F **M A M J** J A S O N D

20/40 cm | 15/20 cm | V

Cette vivace rustique porte des fleurs très lumineuses. Elle forme un rhizome tubéreux charnu, la griffe, qui produit une touffe de feuillage fin, très découpé. Les fleurs, simples ou doubles, globuleuses, de toutes les couleurs, sont portées sur une tige simple dressée.

SOL Frais, bien drainé, mais pas trop sec, richement amendé en fumier décomposé.

EXPOSITION De préférence légèrement ombragée, abritée du vent.

CULTURE Plantez en mars (ou en automne dans les régions au climat doux), à 5 cm de profondeur et à 10 cm de distance. Arrachez et stockez les griffes au sec à la fin de l'été ou paillez en hiver.

ESPÈCES ET VARIÉTÉS Il existe un peu plus de 400 espèces de renoncules, dont beaucoup sont des plantes sauvages considérées comme des mauvaises herbes (le bouton-d'or, par exemple). *Ranunculus asiaticus* a donné de nombreux hybrides aux coloris variés : blanc, jaune, orange, rouge, rose, saumon, violet, avec parfois un petit liseré coloré sur le bord des pétales que l'on regroupe souvent sous l'appellation générique de « renoncules des fleuristes » ; 'À Fleur de Pivoine' (30 cm), aux grandes fleurs bien doubles, dont les pétales ondulés, lâches et ombrés d'une teinte plus sombre, évoquent une fleur de pivoine ; 'D'Anjou', à grandes fleurs, coloris variés ; 'Aviv', très double, fleur régulière, coloris variés du blanc au rouge profond en passant par le rose et l'orange ; 'Bloomingdale' (35 cm), à très grosses fleurs bien doubles, serrées ; 'Friandine', une obtention de l'Inra, à fleurs très doubles et bien turbinées, est une série aux riches couleurs, idéale en pot.

Ranunculus asiaticus 'Bloomingdale'

CULTURE EN POT Ajoutez au substrat un engrais organique ou à libération lente. Placez un seul plant dans un pot de 9 à 11 cm de diamètre et 3 dans un pot de 12 à 15 cm, ce qui permet de former une touffe plus imposante.

UTILISATIONS Massif avec des myosotis ou des vivaces de printemps, au pied des arbustes caducs, bordure, rocaille, potée, fleurs coupées (grandes variétés).

Ranunculus asiaticus 'Friandine'

Un balcon fleuri tout l'été

L'ÉTÉ EST LA SAISON LA PLUS ÉCLATANTE, CELLE OÙ DE MÊLENT TOUS LES COLORIS, DES PLUS CHAUDS AUX PLUS SAGES. ON L'ENVISAGE DÉBORDANT DE FLEURS, FORCÉMENT.

L'ARROSAGE DU BALCON EN ÉTÉ

C'est la grande affaire de la saison estivale : les potées ne doivent jamais manquer d'eau, surtout dans le contexte particulier des balcons et terrasses ... **1**

FERTILISER LES POTÉES ESTIVALES

Du rempotage à la fin de la belle saison, il faut s'inquiéter de la disponibilité des éléments minéraux pour les plantes ... **2**

TAILLER LE DIPLADÉNIA

Florifère et prolifique, le dipladénia demande à être discipliné par une taille et des pincements appropriés ... **3**

LANTANAS : HALTE À LA MOUCHE BLANCHE

Ils sont florifères, faciles à cultiver et donnent une touche exotique, mais ils ont un défaut : ils attirent les aleurodes ... **4**

DES PLANTES SANS CHLOROSE

Les nombreux arrosages peuvent provoquer le jaunissement partiel du feuillage lorsque l'eau est trop calcaire ... **5**

Le coin du curieux : De belles promesses

La pervenche de Madagascar n'est pas seulement jolie, elle a donné de précieux résultats dans le traitement de certains cancers ... **6**

Bidens

IDÉES

→ POURQUOI PAS... Une roseraie miniature dans un bac ? 7

→ POURQUOI PAS... Des jardinières monochromes ? 8

et Si

· Mon bidens pousse énormément et ne fleurit pas beaucoup ? 9

· Je veux conserver ma pervenche de Madagascar ? 10

Les Plantes idéales

Voici un choix de plantes parfaitement adaptées à la culture en pot et dont la floraison est continue pendant tout l'été, de mai à septembre, et au-delà lors d'un bel été indien.

★ **Une pluie de fleurs :** *Bidens ferulifolia* (bidens) ; *Convolvulus cneorum, C. sabatius* (liseron d'ornement) ; *Brachyscome iberidifolia* (brachycome) ; *Mandevilla sanderi* (dipladénia buissonnant p. 669).

★ **Des massifs fleuris sur le balcon :** *Antirrhinum majus* (muflier nain) ; *Calceolaria* x *hybrida* (calcéolaire) ; *Dahlia* x *hybrida* (dahlia nain) ; *Lantana camara ; Pelargonium zonale* (géranium zonal) ; *Plumbago auriculata* (dentelaire du Cap).

★ **Un assortiment de rosiers :** Rosiers miniatures 'Bridal Meillandina', 'Flame Meillandina', 'Mandarine Symphonie', 'Mimie Mathy'...

★ La plupart des plantes figurant dans « Des cascades de fleurs », p. 602, peuvent aussi convenir ici.

NOS CONSEILS

1. *Attendez la mi-avril pour installer vos potées fleuries d'été. Dans certaines régions, on peut craindre les gelées tardives.*

2. *Éloignez les potées des murs blancs (d'au moins 50 cm) afin d'éviter une réverbération de la chaleur. Sinon, habillez les murs de treillages à petites mailles.*

3. *Pour le plein soleil, préférez des floraisons de couleurs vives et soutenues : jaune, rouge, orangé. Réservez les teintes pastel et les bleus aux endroits recevant une lumière douce.*

4. *Limitez-vous à deux couleurs de fleurs dominantes par contenant. Le vert des feuillages est considéré comme neutre, et sert de faire-valoir, de même que les fleurs blanches.*

5. *Supprimez régulièrement les fleurs fanées pour favoriser le renouvellement des boutons floraux. Ne laissez pas les plantes former des graines car cela les épuise inutilement.*

1 L'arrosage du balcon en été

Sur les balcons et les terrasses, vous devez revoir à la hausse les besoins en eau des plantes par rapport aux mêmes espèces plantées en pleine terre au jardin. En effet, les contenants sont placés hors-sol et leurs parois exposées à la chaleur des rayons du soleil, les pertes d'eau sont dont plus importantes – c'est loin d'être anecdotique. Vérifiez tous les jours, et deux fois par jour en cas de très forte chaleur, l'état du terreau : pour la plupart des plantes, il doit être humide en permanence. C'est le moment d'utiliser les soucoupes placées sous les pots, qui doivent toujours montrer un petit film d'eau. Complétez par des bassinages en fin de journée, mais jamais en plein soleil, sauf pour les espèces sensibles à l'oïdium.

Arrosage de jeunes plants de pétunias

2 Fertiliser les potées estivales

La période de la pleine croissance est, en toute logique, celle qui réclame le plus de nutrition. La fertilisation doit être soutenue, entre avril et septembre, d'autant que le volume de terreau est défini par celui des contenants. Vous pouvez apporter un engrais liquide pour plantes fleuries chaque semaine, à jour fixe, ou diluer trois fois les doses préconisées sur les emballages et ajouter l'engrais à l'eau d'arrosage quotidienne. Respectez bien le choix de la formulation et n'utilisez jamais d'engrais riche en azote, sans quoi vous auriez de beaux feuillages, mais peu ou pas de fleurs.

Mandevilla sanderi 'Rosea' (dipladénia)

3 Tailler le dipladénia

En un seul geste, vous pouvez assurer la taille d'entretien du dipladénia, pour une meilleure croissance et une végétation plus fournie et plus dense, et la taille de floraison, pour une profusion de fleurs durant tout l'été. Pendant tout l'hiver, vous avez laissé de côté vos dipladénias, mais en tout début de printemps, à la remontée de la sève, il faut les tailler. Portez des gants ou, du moins, veillez à ne pas trop toucher au liquide blanc qui s'écoule des coupes, car comme toutes les Apocynacées, le dipladénia produit un latex toxique. En début de printemps, vous aurez taillé assez court, pour laisser 20 à 30 cm de végétation ; en été, épointez les grandes tiges volubiles, sauf si vous voulez faire grimper la plante. De cette façon, le cœur de l'arbuste reste toujours fourni.

Mouches blanches

4 Halte à la mouche blanche

Observez le revers des feuilles : vous pourrez constater la présence de petites mouches blanches, triangulaires, plaquées sur le limbe, surtout par temps chaud. Si vous secouez légèrement les branches, vous les verrez s'envoler. Détruisez-les impitoyablement, car ces insectes piqueurs affaiblissent rapidement les plantes. Et en un rien de temps, elles vont passer sur les potées de tomates cerises du balcon. En fin de journée, au coucher du soleil, traitez avec un insecticide d'origine végétale, en insistant bien sous les feuilles. Et réitérez en cas d'attaque nouvelle.

5 Des plantes sans chlorose

En deux mots, le calcaire bloque l'action du fer présent au cœur de la molécule de chlorophylle, la photosynthèse ne peut plus se faire, vous pouvez le constater au jaunissement homogène des feuilles. Pour rectifier la nature du terreau, apportez du fer, mais pas n'importe lequel, sous forme de chélate de fer. C'est très simple, les produits du commerce sont prêts à l'emploi, à ajouter à l'eau d'arrosage.

Chlorose du rosier

6 *Le coin du curieux : de belles promesses*

En 1960 et 1962, deux molécules actives dans le traitement de certaines leucémies aiguës et de la maladie de Hodgkin (tumeur conjonctive des ganglions) ont été isolées chez la pervenche de Madagascar (*Catharanthus roseus*). Il s'agit de la vinblastine et de la vincristine. Aujourd'hui, des médicaments sont fabriqués à partir de molécules extraites des cellules de la plante. Ils ont permis de passer d'un taux de survie de 5 % en 1970 à 98 % en 2000 pour la maladie de Hodgkin et de 5 % à 60 % pour les leucémies aiguës de l'enfant.

Idées

7 Pourquoi pas... une roseraie miniature dans un bac ?

Ils sont mignons, ils sont colorés, ils reprennent les caractéristiques des grands rosiers buissons, mais en beaucoup plus réduit : on succombe au charme des rosiers miniatures. Faites des compositions dans des jardinières ou des coupes sur votre balcon. La gamme de rosiers Parade®, qu'on doit au rosiériste danois Poulsen, est particulièrement recommandée pour ces usages. Leur végétation est réduite, mais ils offrent de grandes fleurs durant plusieurs semaines. Arrosez toujours au pied, sans mouiller le feuillage, pour prévenir l'apparition de l'oïdium. Évitez le soleil brûlant.

8 Pourquoi pas... des jardinières monochromes ?

Les balcons fleuris se prêtent admirablement à des fantaisies monochromes : associez les espèces et les variétés d'annuelles fleuries aux mêmes tons. Mélangez les plantes au port dressé et au port souple à retombant, de manière à créer un volume foisonnant, sans pour autant aboutir à un fouillis végétal. Prenez exemple sur cette jolie jardinière d'annuelles aux couleurs du soleil, facile à réaliser, qui accueille souci, coréopsis, linaire, anthémis, dimorphotéca et mentzelia. Pour une jardinière bleue, mariez le plumbago du Cap, le *Scaevola suaveolens* 'Blue Wonder, et ses curieuses demi-marguerites, toutes les verveines hybrides, qui proposent des tons allant du bleu le plus clair au violet intense.

et Si

9 Mon bidens pousse énormément et ne fleurit pas beaucoup ?

Il a tendance à produire de longues tiges, bien vertes, mais chiches en belles fleurs jaunes. Il a sûrement beaucoup trop d'azote, utilisez une formulation où le potassium prédomine (la troisième lettre de NPK sur les étiquettes). Pincez les tiges pour le densifier par la même occasion.

10 Je veux conserver ma pervenche de Madagascar ?

C'est très facile. Dès la mi-automne, placez vos potées dans un lieu hors-gel, autour de 8 à 15 °C – une véranda non chauffée est parfaite. Sinon, dans tout autre local avec une source de lumière, la plante a besoin de 4 heures de lumière. Vous pouvez conserver de la même manière vos pots de browallias.

MUFLIER

Antirrhinum majus

J F M A M **J J A S O** N D

0,25/1 m | 15/40 cm | V

Cette plante vivace, aussi appelée « gueule-de-loup », est cultivée en annuelle. Buissonnante, elle forme des tiges érigées, garnies de feuilles alternes, lancéolées, de 5 à 7 cm de long. Les fleurs sont groupées en inflorescences allongées, dressées au-dessus du feuillage. Tous les coloris sont disponibles, excepté le bleu.

SOL Léger, bien drainé, frais, humifère. Avant la plantation, enrichissez avec un fertilisant organique à base de fumier.

EXPOSITION Plein soleil non brûlant.

CULTURE Semez en mars-avril sous abri. Repiquez en caissette, puis en godet. Pincez les plants lorsqu'ils atteignent 10 cm. Plantez en place en mai, tous les 25 à 45 cm selon le développement de la variété. Arrosez l'été.

ESPÈCES ET VARIÉTÉS Il existe 40 espèces. On cultive surtout des hybrides en mélange de couleurs.

- **GRANDS MUFLIERS** (de 60 cm à 1 m) : 'Butterfly', 'Cremona', 'Précurseur', 'Rocket'.
- **MUFLIERS DEMI-NAINS** (de 30 à 45 cm) : 'Crown', 'La Bella', 'Minaret', 'Majestic'.
- **MUFLIERS NAINS** (25 cm) : 'Bells', 'Chimes', 'Kim', 'Kolibri', 'Luminaire', 'Montego', 'Palette', 'Rio', 'Tom Pouce'.

CULTURE EN POT Dans un pot de 15 cm de large et 20 cm de profondeur, dans un terreau pour géraniums.

UTILISATIONS Rocaille, bordure, potée, pour les formes naines. Les grands hybrides font de beaux bouquets.

BIDENS

Bidens ferulifolia

J F M A M **J J A S O** N D

30/50 cm | 50/80 cm | A | 0 °C

Cette vivace frileuse, à port buissonnant, échevelé, semi-retombant, très étalé, est cultivée comme une annuelle. Les tiges grêles portent des feuilles opposées, très fines, découpées en folioles lancéolées, vert tendre. Fleurs simples en capitules étoilés jaune d'or, de 2 à 3 cm.

SOL Une terre de jardin riche, drainée, bien travaillée, humifère. Évitez les sols trop lourds et compacts.

EXPOSITION Mi-ombre légère ou soleil tamisé.

CULTURE Semez en février-mars, en terrine, entre 18 et 20 °C. Repiquez les plantules dès qu'elles ont formé 2 ou 3 feuilles. Mettez en place à l'extérieur en mai. Ne laissez pas la plante manquer d'eau. Coupez les fleurs fanées. Bouturage possible en été.

ESPÈCES ET VARIÉTÉS Il existe plus de 250 espèces. On cultive essentiellement *Bidens ferulifolia* et ses hybrides dont 'Bidy Gonzales' (de 20 à 25 cm), forme compacte qui fleurit en permanence ; 'Déesse d'Or' (syn. 'Golden Goddess'), 60 cm, jaune vif, réussit très bien en pot ; 'Golden Flame' (40 cm), assez compact, très florifère ; 'Pirate Pearl' (de 60 à 80 cm), port retombant, fleurs blanches à cœur or.

CULTURE EN POT Dans un pot de 25 cm en tous sens, dans un terreau pour géraniums bien drainé, enrichi de fertilisant organique.

UTILISATIONS Suspension, jardinière, potée, couvre-sol dans les massifs d'été.

BRACHYCOME

Brachyscome iberidifolia

J F M A M **J J A S O** N D

20/30 cm | 30/50 cm | A

Cette petite plante compacte au port étalé porte des feuilles alternes, finement découpées, gris-vert, de 2 à 3 cm de long. Elle forme un superbe coussin de fleurs estivales, bleu vif, de 2 à 3 cm de diamètre. Posées au-dessus du feuillage, celles-ci couvrent la plante.

SOL Riche, bien drainé, avec un apport de fumier décomposé.

EXPOSITION Chaude et bien ensoleillée.

CULTURE Semez en mars, en terrine, sous abri, entre 18 et 20 °C. Repiquez en godets et installez les plantes en place en mai, à 20 cm de distance. Pincez les jeunes plants pour favoriser l'apparition des fleurs. Arrosez généreusement.

ESPÈCES ET VARIÉTÉS Il existe 78 espèces reconnues par la nomenclature botanique internationale. *Brachyscome iberidifolia* (de 25 à 30 cm) se décline en différents cultivars : 'Blue Star', bleu uni ; 'Mauve Delight', lavande ; 'Purple Splendour', violet pourpre ; 'Strawberry Mousse', rose ; 'White Splendour', blanc. *B. multifida* (45 cm), feuilles fines profondément divisées, fleurs rose mauve aux ligules très fines, résiste bien à la sécheresse.

CULTURE EN POT Dans un pot de 14 cm de diamètre et 12 cm de profondeur, dans un terreau pour géraniums enrichi de 15 % de fertilisant organique à base de fumiers. Fertilisez une fois par semaine avec de l'engrais liquide apporté sur sol humide.

UTILISATIONS Potée, jardinière, bordure, suspension, couvre-sol dans les massifs.

CALCÉOLAIRE

Calceolaria integrifolia (syn. Calceolaria rugosa)

J F M A **M J J A S** O N D

Hauteur	Largeur	Exposition	Type	Rusticité
20/60 cm	20/40 cm		V	0 °C

Cette plante éphémère, compacte, offre des couleurs très chaudes. Elle présente un port buissonnant. Feuilles opposées, lancéolées à ovales, oblongues, gris-vert, de 5 à 8 cm de long. Fleurs de 2 à 3 cm, en forme de pantoufle, réunies en bouquets généreux.

SOL Acide, humifère, léger, bien drainé.

EXPOSITION Soleil assez doux, mi-ombre légère, beaucoup de chaleur.

CULTURE Semez sous abri chauffé en janvier-février, sans recouvrir les graines. Repiquez les jeunes plants en godets. Mettez en place à l'extérieur, fin mai, à 25 cm d'écartement. Arrosez bien. Un peu d'engrais est apprécié.

ESPÈCES ET VARIÉTÉS Il existe 300 espèces. On cultive surtout des hybrides : 'Goldari' (30 cm), jaune d'or; 'Golden Bunch' (20 cm), jaune, très florifère; 'Perle d'Or' (20 cm), trapu, bien ramifié, précoce, jaune d'or; 'Sunset' (20 cm), multicolore.

CULTURE EN POT Dans un pot de 15 cm de diamètre et 20 cm de profondeur, dans un mélange de terreau de rempotage et de terre de bruyère.

UTILISATIONS Massif, bordure, potée, jardinière.

> **ARROSAGE**
>
> Ne laissez pas la terre sécher ; arrosez régulièrement pour entretenir une floraison abondante.

LISERON DE TURQUIE, LISERON DE MAURITANIE

Convolvulus sp.

J F M A **M J J A S O** N D

Hauteur	Largeur	Exposition	Type	Rusticité
15/60 cm	50/90 cm		V/P	-10 °C

Cette plante très florifère s'étale ou buissonne. Souvent volubiles ou formant une touffe souple et ample, au port étalé, les *Convolvulus* sont originaires des régions chaudes. Les feuilles, entières, cordiformes ou ovales, sont parfois couvertes d'une pilosité soyeuse, blanc argenté. Les fleurs, en entonnoir largement ouvert, restent épanouies durant la journée, se refermant pour la nuit ou ne durant que quelques heures. Elles se renouvellent en abondance durant plusieurs mois.

SOL Léger, frais en été, bien drainé en hiver. Le calcaire est bien accepté.

EXPOSITION Chaude, bien ensoleillée sans être brûlante.

CULTURE Plantez au printemps. Boutures faciles en été, prélevées sur des rejets latéraux non florifères.

> **PAS D'ENGRAIS**
>
> Ne fertilisez pas le liseron de Mauritanie, car il se montre sensible aux excès de sels minéraux dans le sol.

Convolvulus sabatius

ESPÈCES ET VARIÉTÉS Il existe plus de 250 espèces.

- *Convolvulus cneorum*, le liseron de Turquie ou l'entonnoir des fées (de 50 à 60 cm), sous-arbrisseau étalé, vit bien en bord de mer. Le feuillage persistant duveteux est gris argenté. Fleurs blanches de 3 à 4 cm de diamètre.
- *Convolvulus sabatius* (syn. *C. mauritanicus*), le liseron de Mauritanie (15 cm), est une vivace à tiges grêles et à port étalé (60 cm de large), formant un tapis touffu ou retombant gracieusement. Feuilles oblongues, vertes, de 2 à 3 cm de long. Fleurs solitaires, toujours renouvelées, en coupe épanouie de 2 à 3 cm de diamètre, bleu pourpré, satiné; 'Compact Blue' (30 cm de large) est idéal pour la culture en pot; 'Maroccan Beauty' (30 cm), bleu violacé, peut s'utiliser en couvre-sol.

CULTURE EN POT Dans un pot de 20 cm de diamètre, dans un terreau de plantation additionné de fertilisant organique.

UTILISATIONS Couvre-sol, potée, jardinière, massifs de style naturel.

Convolvulus cneorum

DAHLIA NAIN

Dahlia x hybrida

J F M A M J **J A S O** N D

Hauteur	Largeur	Exposition		Rusticité
40/80 cm	20/50 cm	Soleil	V	- 5 °C

Cette vivace tubéreuse frileuse se décline en de nombreuses formes décrites, ➲ p. I_44. Pour la culture en pot, optez pour les dahlias nains qui ne dépassent pas 80 cm de haut, ou pompons, aux petites têtes rondes. Nous vous proposons quelques variétés estampillées « Label Rouge », ce qui représente une garantie de qualité.

VARIÉTÉS 'Annabelle' (de 50 à 60 cm), fleur simple rouge pourpre à cœur jaune ; 'Bagatelle' (de 40 à 60 cm), type décoratif, fleur rose mauve ; 'Émilie' (de 50 à 70 cm), fleur simple mauve à cœur pourpre violacé, feuillage foncé ; 'Halo' (de 50 à 80 cm), fleur simple mauve, éclairée de crème ; 'Lisa Marie' (de 60 à 80 cm), fleur simple saumon marqué de rouge à la base des ligules ; 'Péché Mignon' (de 40 à 50 cm), fleur double pêche abricot cuivré ; 'Puerta del Sol' (de 50 à 70 cm), type cactus jaune vif ; 'Topmix' (50 cm), très florifère, à fleurs simples de coloris variés ; 'Tricolore' (de 40 à 60 cm), fleur double en dégradé du rose au jaune.

CULTURE EN POT Dans un pot de 40 cm de large et 25 cm de profondeur, dans un mélange à parts égales de terre de jardin, de terreau et de sable. Faites un apport d'engrais liquide tous les 15 jours.

UTILISATIONS Potées, jardinières, bordures.

Dahlia x hybrida

LANTANA, MILLE-FLEURS

Lantana camara

J F M A **M J J A S O N** D

Hauteur	Largeur	Exposition		Rusticité
0,30/1,50 m	30/80 cm	Soleil	V	0 °C

Vidéo « Planter un lantana »*

Ce sous-arbrisseau tropical est vivace sur la Côte d'Azur, mais cultivé comme une annuelle ailleurs. Il forme un buisson ramifié, au feuillage opposé, triangulaire, denté, rugueux au toucher. Les fleurs, tubulaires, sont groupées en inflorescences terminales arrondies, vivement colorées.

SOL Riche, profond, drainé et humifère.

EXPOSITION Chaude, en pleine lumière.

CULTURE Semez en mars-avril, en terrine sous abri à 20 °C. Repiquez les plantules en godets lorsqu'elles ont formé 3 ou 4 feuilles. Plantation fin mai tous les 35 cm. Empotez les pieds mères en octobre après avoir taillé la ramure des trois quarts de sa longueur. Bouturez les pousses d'extrémité en été.

ESPÈCES ET VARIÉTÉS 129 espèces sont reconnues par la nomenclature botanique internationale. *Lantana camara* a produit de nombreux cultivars, dont les teintes évoluent souvent au cours de la floraison, ce qui donne des nuances variées sur un même pied. La série 'Esperanta' (30 cm) réunit des plantes naines et compactes aux coloris variés et changeants, dont les fleurs parfumées attirent les papillons. 'Silves Compact' (40 cm) est une forme hybride aux fleurs en dégradés de rouge et d'orange, qui est parfois proposée sur tige.

CULTURE EN POT Dans un pot de 20 cm de diamètre, dans un terreau pour géraniums. Fertilisez une fois par semaine avec un engrais liquide.

UTILISATIONS Massif, jardinière, potée.

DENTELAIRE DU CAP

Plumbago auriculata (syn. *P. capensis*)

J F M A **M J J A S O N** D

Hauteur	Largeur	Exposition		Rusticité
1/3 m	1/2 m	Soleil	SP	-3 °C

Cet arbuste sarmenteux fleurit généreusement durant tout l'été. Il développe des tiges souples portant des feuilles alternes, oblongues, de 4 à 8 cm de long. Les fleurs bleu azur, réunies en longues panicules souples, apparaissent presque toute l'année si la plante est hivernée en véranda.

SOL Bonne terre de jardin légère, drainée.

EXPOSITION Chaude, en plein soleil.

CULTURE Plantez ou sortez les potées en mai. Arrosez bien par temps chaud et sec. Tuteurez les nouvelles pousses. Fertilisez bien.

ESPÈCES ET VARIÉTÉS Il existe 15 espèces. *Plumbago auriculata* f. *alba*, blanc ; 'Azur', bleu. *P. indica* (syn. *P. rosea*), 2 m, rose foncé, est plus frileux.

CULTURE EN POT Dans un mélange à parts égales de terre de jardin, de terreau et de sable. Rempotez au début de l'automne, hivernez en véranda.

UTILISATIONS Potée, massif, serre froide, treillage.

CONSEIL

Rabattez les tiges à 15 ou 20 cm de leur point de naissance au tout début du printemps.

*Télécharger l'application Truffaut +, voir p. 6-7

ROSIERS MINIATURES

Rosa sp.

J	F	M	A	M	**J**	**J**	**A**	**S**	**O**	N	D

Hauteur	Largeur		
30/50 cm	20/40 cm		C

Rosa 'Jean Mermoz'

Au départ, les rosiers miniatures sont des rosiers buissons de très petite taille (de 20 à 50 cm de haut), croisés avec des rosiers de Chine nains. La série Meillandina, obtenue en 1975, a représenté une véritable innovation. Par la suite, des rosiers miniatures obtenus par bouturage ont été spécifiquement créés pour la culture en pot. Le plus souvent, il faut considérer ces rosiers miniatures comme des plantes annuelles, à remplacer en fin de saison. On les trouve dans une large gamme de couleurs de fleurs, généralement odorantes, avec des feuilles vert clair brillant.

CULTURE EN POT Dans un contenant plus profond que large, de 30 ou 40 cm de profondeur, dans un terreau pour rosiers additionné de perlite ou de billes d'argile qui réduiront le tassement du substrat. Arrosez très régulièrement, en veillant à ce que la motte reste humide, mais sans excès. Supprimez les fleurs fanées au fur et à mesure. Taillez au printemps en débarrassant les rosiers des branches mortes ou qui s'entrecroisent. Rabattez ensuite les tiges trop longues à 25 cm du sol. Pour des précisions sur la culture des rosiers en pleine terre, ➲ **p. 446.**

VARIÉTÉS Beaucoup de rosiers miniatures vendus en petits pots ne sont pas présentés avec une dénomination précise. Parmi les rosiers classiques de petite taille supportant d'être cultivés en pots, citons : 'Bigoudi' (30 cm), très compact, rouge strié de jaune ; 'Blue Eyes' (de 50 à 60 cm), semi-double blanc bleuté au centre violet ; 'Jean Mermoz' (de 40 à 50 cm), pompons rose carminé ; 'Mimie Mathy' (de 35 à 40 cm), petits pompons rose tendre ; 'Pink Pin's' (Intropi), 40 cm, compact, fleurs semi-doubles rose foncé.

- **SÉRIE BABYLON EYES** (50 cm) : aux fleurs simples bicolores ; 'Coral', pétales rose corail à jaunes, cœur jaune et rouge ; 'Pastel', pétales jaune pastel et cœur rouge vif ; 'Queen', pétales camaïeu rose et cœur fuchsia, convient très bien à la culture en pot ; 'Sunshine', pétales roses à orange, cœur rouge et jaune.

Rosier Orange Meillandina

- **SÉRIE MEILLANDINA** (de 30 à 40 cm) : fleurs doubles à pétales pointus ; 'Bridal Meillandina', blanc ; 'Colibri Meillandina', orange cuivré ; 'Flame Meillandina', bicolore rouge et jaune ; 'Orange Meillandina', rouge orangé.
- **SÉRIE SYMPHONIE** (de 40 à 45 cm) : compact, fleurs doubles, convient bien en bac ; 'Allegro Symphonie', rose saumoné ; 'Belle Symphonie', rose pastel ; 'Douce Symphonie', rose bordé de rouge ; 'Mandarine Symphonie', orange ; 'Tilt Symphonie', rouge vermillon.

Rosa 'Blue Eyes'

Rosa 'Pink Pin's'

Rosa Babylon Eyes'

PÉLARGONIUM, GÉRANIUM

Pelargonium sp.

J F M A **M J J A S O** N D

0,30/1 m | 20/60 cm | soleil | 2/5 °C

Cette plante généreuse reste la star des décorations estivales. Vivaces semi-rustiques ou sous-arbrisseaux buissonnants, les Pélargoniums portent des feuilles alternes, palmées, plus ou moins découpées, parfois très aromatiques. Les fleurs à 5 pétales sont réunies en bouquets arrondis à l'extrémité de hampes souples ou rigides. Les 2 pétales supérieurs sont toujours plus grands.

SOL Riche et bien drainé. En pot, dans un mélange léger de sable et terre de jardin, enrichi d'un fertilisant à base de fumiers, ou dans un bon terreau pour plantes à massif.

EXPOSITION Chaude et bien aérée, très ensoleillée, même aride.

CULTURE Semez de janvier à mars en terrine sous abri. La germination demande de 7 à 10 jours entre 20 et 22 °C. Repiquez le jeune plant en terrine, puis en godet. En mai, installez les jeunes plants obtenus par semis ou achetés en godets en pleine terre à 25 cm de distance ou dans des contenants suffisamment grands (prévoyez un pot de 15 cm de diamètre par plant). Les pieds mères conservés durant l'hiver en véranda sont taillés très court et rempotés en mars. De mai à septembre, apportez tous les 10 jours un engrais liquide pour géraniums.

Pelargonium x *domesticum*

Vidéo « Planter un géranium-lierre »

Pelargonium x *peltatum*

Ôtez régulièrement les fleurs fanées. Arrosez copieusement, en laissant la terre du pot s'assécher en surface entre deux apports d'eau. La multiplication s'effectue par boutures de tiges feuillées de 8 à 10 cm de long, prélevées sur les pieds mères à la fin de l'été et mises à raciner en godet sous abri entre 15 et 22 °C.

ESPÈCES ET VARIÉTÉS Il existe 250 espèces.

- **PÉLARGONIUMS À GRANDES FLEURS** : *Pelargonium* x *domesticum* (syn. *P. regale*), de 30 à 40 cm, une belle plante hybride, à port dressé et buissonnant, issue de croisements complexes entre *P. grandiflorum*, *P. fulgidum* et *P. cucullatum*. Feuilles vert franc, palmées, dentées. Fleurs d'environ 5 cm de diamètre, souvent groupées en inflorescences lâches, à l'aisselle des feuilles supérieures. Les fleurs sont unies ou bicolores (blanc, rose, lilas, rouge, pourpre et violet), avec ou sans marbrures sombres; 'Angel Eyes', rose et blanc; 'Black Night', pourpre noir marginé de blanc pur; 'Jasmin', blanc pur, légèrement rayé de carmin; 'Muttertag', rose corail au bord blanc et à larges macules noires.
- **PÉLARGONIUMS LIERRES** : *P.* x *peltatum* (1 m), au port très étalé ou retombant. Les tiges grêles, souples, portent des feuilles vernissées vert vif ressemblant à celles du lierre. Les fleurs étroites sont groupées en fausses ombelles sur de petits pédoncules nés à l'aisselle des feuilles situées à l'extrémité des tiges principales. La gamme des coloris présente tous les tons de blanc, rose, rouge, lilas et orangé, avec des fleurs simples ou doubles; 'Crocodile', au feuillage veiné de jaune, fleurs roses; 'L'Élégante' mêle le crème et le rose sur son feuillage, fleurs blanc rosé; 'Roi des Balcons', très florifère et vigoureux, rouge vif; 'Rouletta', à fleurs demi-doubles blanches bordées de rouge foncé. La série Summer Showers regroupe les premiers géraniums-lierres à fleurs simples disponibles en graines, 5 coloris; 'Songe d'Été', plus récent, se ramifie sans pincement.
- **PÉLARGONIUMS ZONALES** (de 35 à 50 cm) : c'est une lignée d'hybrides issus des *P. inquinans* et zonale, au port érigé, buissonnant. Les feuilles larges et rondes sont vertes, avec une zone sombre caractéristique (parfois absente chez certaines variétés). Les fleurs, simples ou doubles, de 1 à 2 cm de diamètre, sont regroupées en fausses ombelles plus ou moins

BIEN CHOISIR

Les variétés à fleurs simples sont souvent plus florifères que les formes à fleurs doubles, qui s'abîment avec les intempéries (pourriture grise).

Pelargonium x *domesticum*

Pelargonium x *peltatum*

Pelargonium x *hortorum*

rondes, portées par des pédoncules rigides, à l'aisselle des feuilles supérieures. La floraison se détache nettement au-dessus du feuillage et se prolonge jusqu'aux premières gelées. Les tons jaunes et bleus n'existent pas. Parmi les variétés à semer : 'Cricket', assez résistant au froid, toutes couleurs ; 'Éclat', compact, aux fleurs en boules roses, rouges ou blanches ; 'Maverick', à feuilles zonées, grosses fleurs en 11 coloris ; 'Multibloom', à feuillage zoné, très florifère, ramifié, en 9 coloris ; 'Ripple', très régulier, compact, aux fleurs roses ou saumon striées de rose.

• **PÉLARGONIUMS À FEUILLAGE COLORÉ** : ces hybrides, à feuilles panachées de blanc, de crème, de rose ou de jaune, sont doublement décoratifs par le feuillage et la floraison, malheureusement moins abondante ; 'Blazonry', à feuilles crème marquées de rose, vert et pourpre, fleurs rouges ; 'Duc d'Anjou', à feuilles panachées de crème, fleurs magenta ; 'Madame Salleron', au feuillage vert cerclé de blanc, fleurs rose clair ; 'Manglesci', feuillage bordé de crème, fleurs rouges ; 'Mistress Quilter', à feuillage plus ou moins doré, fleurs roses **(➲ aussi p. 590).**

• **PÉLARGONIUMS À FEUILLAGE ODORANT** : **➲ p. 600.**

CULTURE EN POT Très adaptée. Dans un contenant de 25 cm en tous sens au moins ; plus le contenant est grand, moins fréquents seront les arrosages. Nettoyez les feuilles mortes et les fleurs fanées, et apportez de l'engrais liquide pour les faire durer jusqu'aux gelées.

UTILISATIONS Massif, potée, jardinière, suspension, décor d'intérieur (formes botaniques et à feuillage odorant). Associez les pélargoniums avec des annuelles légères.

Pélargonium zonale

POUR UN BALCON FLEURI TOUT L'ÉTÉ, VOUS POUVEZ AUSSI CULTIVER

★ *Abutilon* x *hybridum* **➲ p. 202** ★ *Begonia* x *tuberhybrida* **(bégonia tubéreux) ➲ p. 546** ★ *Canna* **(balisier, variétés naines) ➲ p. 342** ★ *Catharanthus roseus* **(pervenche de Madagascar ➲ p. 139)** ★ *Convolvulus tricolor* **(belle-de-jour) ➲ p. 497** ★ *Diascia vigilis* x **(diascia annuel) ➲ p. 251** ★ *Euryops acraeus* **(marguerite de Socotra),** *E. pectinatus* **(marguerite de savane) ➲ p. 550** ★ *Fuchsia* x *hybrida* **➲ p. 546** ★ *Heliotropium peruvianum* **(héliotrope) ➲ p. 598** ★ *Lobelia erinus* **(lobélie en coussin) ➲ p. 548** ★ *Lobularia maritima* **(alysse odorant) ➲ p. 399** ★ *Osteospermum* x *ecklonis* **(dimorphoteca, souci du Cap) ➲ p. 255** ★ *Pelargonium* x *peltatum* **(géranium-lierre) ➲ p. 574**

Un balcon coloré en automne

ÉCLATANT DANS LA NATURE, L'AUTOMNE L'EST AUSSI DANS LES JARDINS ET SUR LES BALCONS POUR QUI SAIT S'ENTOURER DES PLANTES LES PLUS ATTRACTIVES. LES COULEURS CHAUDES REHAUSSENT LE DÉCOR.

LE CAMÉLIA D'AUTOMNE : *CAMELLIA SASANQUA*

Ses petites fleurs délicates et parfumées apparaissent quelquefois dès septembre, et sa floraison s'étale sur plusieurs mois ... **1**

PLANTER UN ÉRABLE DU JAPON

Sa silhouette caractéristique, tout en légèreté, et sa bonne tenue en pot en font un candidat pour les terrasses et les balcons ... **2**

TAILLER LE CARYOPTÉRIS

L'automne est le bon moment pour préparer les floraisons de l'année suivante, notamment chez le caryoptéris ... **3**

TOUS LES SOINS D'AUTOMNE POUR LES POTÉES

Pour conserver leur côté pimpant aux potées et aux jardinières, quelques attentions simples doivent devenir des réflexes ... **4**

LES CURIEUX FRUITS DU PERNETTYA

Parmi les nombreux arbustes offrant des baies décoratives en automne, le pernettya mérite votre attention ... **5**

Le coin du curieux : Les vertus du cyclamen de Perse

Il est connu depuis l'Antiquité. Avant de fleurir nos balcons, il a longtemps été une plante médicinale ... **6**

IDÉES

→ POURQUOI PAS... Une potée de Cyclamen durable ? 7

→ POURQUOI PAS... Une jolie jardinière colorée, rien qu'avec des bruyères ? 8

Les Plantes idéales

Nous vous proposons des plantes à cultiver en pot ou en bac offrant des fleurs, des feuillages ou des fruits décoratifs en cette saison (de septembre à novembre).

★ **Les valeurs sûres :** *Caryopteris* x *clandonensis* (barbe bleue) ; *Chrysanthemum* x *hybridum* (chrysanthèmes à petites et à grandes fleurs) ; *Cyclamen persicum* (cyclamen nain) ; *Hebe* (véroniques arbustives à fleurs) ; *Jacobea cineraria* (cinéraire maritime) ; *Sedum spectabile, S. spurium* (grand orpin).

★ **Des floraisons surprenantes :** *Ajania pacifica* (chrysanthème mimosa) ; *Celosia argentea* groupe Plumosa (célosie à panache) ; .

★ **La touche de légèreté :** *Erica gracilis* (bruyère du Cap) ; *Pennisetum alopecuroides, P. setaceum* 'Rubrum' (herbe aux écouvillons).

NOS CONSEILS

1. *Remplacez les fleurs d'été, dès qu'elles sont fanées ou abîmées, par des plantes d'intérêt automnal.*

2. *Préparez dès maintenant les jardinières de l'hiver et celles qui accueillent des bulbes à floraison printanière.*

3. *Ne fertilisez pas les potées automnales (sauf les chrysanthèmes, très gourmands), c'est inutile, car les plantes arrivent en fin de cycle végétatif.*

4. *Jouez sur les tons chauds, jaunes, rouges et pourpres. L'automne est une période de contrastes : oubliez les tons pastel, mais apportez une petite touche de gris lumineux.*

5. *Installez les jardinières de plantes fleuries à l'abri des fortes précipitations automnales, pour en prolonger la durée.*

6. *Attention aux limaces dès les premiers jours de l'automne. Elles retrouvent un appétit féroce et peuvent provoquer de graves dégâts, notamment sur les dahlias.*

et Si

- Les feuilles de mes asters et de mes chrysanthèmes se tachent d'une poudre blanche ? 9
- Je souhaite replanter mes bruyères du Cap dans le jardin ? 10

Un balcon coloré en automne

1 Le camélia d'automne : *Camellia sasanqua*

Le camélia d'automne s'accommode d'une terre même légèrement calcaire, mais comme ici il s'agit de le cultiver en pot, autant lui donner la terre acide qu'il préfère. Mélangez de la terre de bruyère (2/3) et du terreau de feuilles (1/3) ou du compost bien décomposé. Tapissez le fond du pot de graviers ou de tessons de terre cuite. Enterrez peu la motte, seulement sous 2 à 3 cm de substrat. Couvrez la surface du pot d'un paillage (billes d'argile, écorces, paillettes de lin ou de chanvre...). Veillez aux arrosages pour maintenir le terreau humide, sans excès.

3 Tailler le caryoptéris

Non seulement il supporte les tailles sévères, mais il en a besoin pour conserver une végétation dense et touffue. En fin d'automne, coupez toute la partie aérienne à 5 à 10 cm de la surface du sol. Taillez sur les yeux (bourgeons) situés le plus près de la souche ligneuse. Supprimez des rameaux, ils sont toujours trop nombreux, au moins un tiers. Arrosez peu, seulement si le terreau tend à se dessécher. Rendez-vous au printemps pour la reprise.

2 Planter un érable du Japon

Si vous disposez de peu de place, préférez les variétés à port érigé, plutôt que celles à port retombant qui en réclament davantage. Éventuellement, cultivez votre érable sous la forme d'un bonsaï. Choisissez un contenant large, tapissé de graviers, de billes d'argile ou de tessons de terre cuite dans son fond. Apportez un mélange de terreau, de terre de bruyère et de compost à parts égales. Arrosez peu, mais régulièrement, car les racines sont sujettes à l'asphyxie, et éloignez la poterie des fortes pluies d'automne. Au printemps, vous apporterez une fertilisation régulière. Les érables du Japon sont beaux en toute saison, au printemps par leur feuilles tendres ('Akane', 'Deshojo'...), en été par leur feuillage vert franc ('Aureum', 'Sengo-Kaku'...) ou coloré du rouge orangé au rouge pourpre ('Fire Glow', 'Inaba Shidare'...). En automne, ils sont flamboyants ('Seiryu', 'Osakasuki'...).

4 Tous les soins d'automne pour les potées

Les soins à apporter aux potées visent principalement à les conserver propres et à éviter le développement des maladies. Supprimez les fleurs fanées au fur et à mesure, sans quoi la pourriture grise (*Botrytis cinerea*) se met de la partie. Même réflexe avec les feuilles tombées sur le terreau des jardinières. Terreautez les potées pour les prolonger jusqu'au printemps : ôtez 2 ou 3 cm d'ancien terreau à la surface pour les remplacer par du terreau neuf. Cela suffit à se passer de fertilisation, sauf pour les chrysanthèmes dont c'est la période de floraison – utilisez un engrais pour plantes fleuries. Videz les soucoupes et placez les potées à l'abri des pluies abondantes.

Acer palmatum 'Atropurpureum'

Terreautage d'une potée

Remplacement des fleurs en fin de saison

5 Les curieux fruits du pernettya

Après avoir fleuri en avril-mai, le pernettya (ou *Gaultheria*) nous gratifie de ses petites baies colorées : les fruits demeurent décoratifs tout l'hiver. Ce petit arbuste persistant de 0,50 à 1,20 m s'accommode très bien de la culture en pot. Placez-le dans un mélange de terre de bruyère (2/3) et de terreau de feuilles (1/3), et assurez un bon drainage dans le fond du pot. Abritez-le des fortes pluies. À cette saison, inutile de vous préoccuper de l'exposition, mais dès le printemps, vous le placerez à mi-ombre.

6 Le coin du curieux : Les vertus du cyclamen de Perse

Au IIIe siècle av. J-C., Théophraste rapporte que le cyclamen entrait dans la composition de philtres censés aiguiser l'amour et la sensualité. En réalité, son tubercule contient de la cyclamine, une substance amère aux pouvoirs purgatifs et toxiques (utilisée de nos jours en homéopathie). Au XVIIe siècle, les tubercules frais et râpés étaient appliqués en cataplasme sur les peaux endommagées par la variole pour aider à la cicatrisation.

IDÉES

7 Pourquoi pas... une potée de cyclamen durable ?

Les cyclamens fleurissent environ un mois et demi à deux mois dans la maison, si elle n'est pas trop chauffée. Si vous les sortez à l'extérieur, en dehors des périodes de gel, vous pouvez prolonger leur floraison jusqu'à la fin de l'hiver. Placez-les aussi souvent que possible sur le rebord d'une fenêtre abritée, tant qu'il ne gèle pas. Arrosez peu. Contrairement à ce qu'on pourrait penser à considérer les potées horticoles du commerce, il n'aime pas les excès d'eau. N'arrosez jamais le centre de la plante, cela fait pourrir les boutons, mais versez l'eau dans la soucoupe. Apportez un engrais pour plantes fleuries toutes les 2 semaines pour aider à l'ouverture des boutons. Ôtez les fleurs et les feuilles fanées au fur et à mesure.

8 Pourquoi pas... une jolie jardinière colorée, rien qu'avec des bruyères ?

Il y a les bruyères de printemps et d'été, les callunes, et les bruyères d'automne et d'hiver, les *Erica*. Ces dernières sont donc de saison pour composer des potées et de petits décors sur les balcons et dans les jardins. Originaires des Alpes, les *Erica* sont robustes et résistent aux frimas pour donner leur éclat de novembre à mai. Le choix est immense, laissez-vous guider par vos envies en jardinerie. Feuillage vert tendre, bronze ou doré, floraison rose, rouge ou blanche, à vous de composer.

Erica x darleyensis

et Si

9 Les feuilles de mes asters et de mes chrysanthèmes se tachent d'une poudre blanche ?

Vous connaissez déjà ces symptômes pour les combattre sur un grand nombre de plantes potagères et ornementales (rosiers, fusains...) : il s'agit de l'oïdium, un champignon qui finit par développer un écran blanc, feutré et poudreux sur les feuilles, faisant obstacle à la photosynthèse. Traitez par une pulvérisation de soufre liquide, et renouvelez si nécessaire. Placez les potées à traiter sur une bâche pour ne pas salir le revêtement du balcon.

10 Je souhaite replanter mes bruyères du Cap dans le jardin ?

La bruyère du Cap (*Erica hyemalis*) est originaire d'Afrique du Sud, comme son nom l'indique. C'est une espèce gélive et vous devez la considérer comme une plante saisonnière. Pour le jardin, vous avez un large choix d'hybrides *Erica x darleyensis*, vous pouvez plantez *Erica cinerea* et dans les jardins de climats doux *Erica arborea* et *E. arborea* deux belles bruyères arbustives.

CHRYSANTHÈME MIMOSA

Ajania pacifica

J F M A M J J A **S O N** D

20/30 cm	15/20 m		V	-10 °C

Le chrysanthème du Pacifique pousse sur une souche ligneuse, en coussinet large et compact. Les feuilles persistantes sont épaisses, légèrement dentées, soyeuses, d'un vert bleuté, soulignées d'un liseré blanc argenté sur la marge. La floraison en petits pompons jaune doré, globuleux, très mellifères, fait penser à celle des santolines ou de certains mimosas.

SOL Terre ordinaire, fraîche à légèrement humide, supporte le sec.

EXPOSITION Plein soleil ou ombre légère.

CULTURE La plante est rustique et réclame bien peu de soins. Seulement une taille tous les ans en tout début de printemps pour la reformer. Comme tous les chrysanthèmes, elle redémarre sur de nombreux bourgeons, de sa souche.

ESPÈCE Il existe 36 espèces. On cultive surtout *Ajania pacifica*.

CULTURE EN POT Utilisez un terreau ordinaire à maintenir frais en permanence.

UTILISATIONS En massif fleuri, en potée. Éventuellement à l'écart, car elle dégage une forte odeur un peu désagréable.

CARYOPTÉRIS, BARBE-BLEUE

Caryopteris x clandonensis

J F M A M J J **A S** O N D

1/2 m	1/1,50 m		C

Ce gracieux arbuste est apprécié pour sa floraison bleue. Le feuillage, opposé, simple, gris-vert, est aromatique. La floraison en bouquets aux longues étamines dure jusqu'à l'automne.

SOL Riche, profond, drainé, neutre ou calcaire.

EXPOSITION Chaude et abritée du vent.

CULTURE Plantez au printemps. Paillez en hiver. Apportez un engrais et taillez très court en mars.

ESPÈCES ET VARIÉTÉS Il existe 7 espèces. *Caryopteris* x *clandonensis* (1 m), rustique, fleurs bleu violacé, feuillage à revers argent, est un hybride horticole. Il a donné naissance à de nombreux cultivars dont 'First Choice' (de 50 cm à 1 m), compact, fleurs bleu profond ; 'Grand Bleu' (de 1 à 1,50 m), compact, bleu roi ; 'Heavenly Blue' (de 80 cm à 1 m), bleu vif, d'août à octobre, feuillage vert-gris ; 'Kew Blue' (1 m), bleu foncé très intense ; 'Sterling Silver' (1,20 m), feuillage gris argenté, fleur bleu soutenu d'août à octobre ; 'Summer Sorbet' (1 m), feuillage panaché de jaune, fleur bleu pâle ; 'Sunny Blue' (de 80 cm à 1 m), feuilles jaune doré cuivré, fleurs bleues en août-septembre ; 'White Surprise' (1,50 m), feuillage bordé de blanc, fleurs bleu clair en août-septembre ; 'Worcester Gold' (1 m), feuillage doré, fleurs bleues. *C. incana* (2 m), assez frileux, aux fleurs bleu-violet vif, en octobre.

CULTURE EN POT Dans un pot de 25 à 30 cm en tous sens, dans une bonne terre de jardin mélangée à du terreau.

UTILISATIONS Potée, massif.

CÉLOSIE

Celosia argentea

J F M A M J **J A S O** N D

0,15/1,20 m	15/20 cm		A

Cette vivace, cultivée comme une annuelle, forme un buisson trapu aux feuilles alternes, entières, ovales, vert vif, de 10 à 15 cm de long. Les inflorescences plumeuses, pyramidales ou ondulées et crispées, se parent de teintes très chaudes.

SOL Neutre, bien drainé, enrichi de fumier décomposé pour qu'il reste frais.

EXPOSITION Plein soleil, non brûlant, à l'abri du vent.

CULTURE Semez en février, dans des caissettes, sous abri chauffé à 18 °C. Repiquez les plantules en godets lorsqu'elles ont formé 2 feuilles. Mettez en place, fin mai, à 20 cm de distance.

ESPÈCES ET VARIÉTÉS Il existe 51 espèces. *Celosia argentea* var. *plumosa*, aux fleurs en épi dressé. *C. a.* var. *cristata*, l'amarante crête-de-coq, aux fleurs à têtes crispées, aux couleurs variées. *C. spicata* 'Flamingo Feather' (1 m), aux nombreux plumets rose et blanc.

CULTURE EN POT Dans une jardinière de 60 cm de long et 20 cm de profondeur pour 6 plants, dans du terreau universel additionné d'une poignée de fertilisant organique.

UTILISATIONS Bordures des plates-bandes et jardinières.

Celosia argentea var. *plumosa*

CHRYSANTHÈME

Chrysanthemum sp.

J F M A M **J J A S O N** D

Hauteur	Espacement	Exposition	Type
0,30/1 m	20/50 cm	Soleil	V

Chrysanthemum coronarium

Plantes annuelles ou vivaces, les chrysanthèmes développent des tiges semi-rigides érigées, garnies de feuilles alternes découpées, qui exhalent une odeur caractéristique lorsqu'on les froisse. Les fleurs sont réunies en inflorescences de forme, de couleur et de taille très variables, les plus simples étant des capitules qui rappellent les marguerites. Les techniques de forçage permettent d'obtenir des potées fleuries toute l'année.

SOL Fertile, souple, pas trop humide, bien enrichi en matière organique (fumier).

EXPOSITION Chaude et ensoleillée. Les chrysanthèmes du Japon gèlent à – 5 °C.

CULTURE Semez en place les chrysanthèmes annuels d'avril à juin. Éclaircissez à 15 cm. Ils ne demandent aucun entretien, mais ils se ressèment, devenant envahissants. Bouturez les chrysanthèmes à grosses fleurs en février sous abri, puis effectuez plusieurs pincements pour provoquer des ramifications. Plantez les chrysanthèmes hybrides des jardins (marguerites d'automne) au printemps (6 pieds/m²). Pincez en juin pour obtenir des plantes plus ramifiées. Rabattez les touffes dès la fin de la floraison et paillez le pied pour l'hiver.

ESPÈCES ET VARIÉTÉS Le genre *Chrysanthemum* a été éclaté par les botanistes en 19 genres différents, dont *Ajania*, *Dendranthema*, *Glebionis*, *Leucanthemum* et *Tanacetum* sont les plus connus. La nomenclature botanique internationale reconnaît actuellement 42 espèces.

> *Chrysanthemum carinatum* (60 cm) : le chrysanthème à carène, annuel, à fleurs simples multicolores, cerclées au centre. Aujourd'hui appelé *Ismelia carinata*.

> *Chrysanthemum coronarium* (1 m) : le chrysanthème des jardins, annuel, à fleurs doubles estivales, jaunes ou blanches. Désormais appelé *Glebionis coronaria*.

> *Chrysanthemum x grandiflorum :* le chrysanthème des fleuristes (de 40 cm à 1 m), se décline en d'innombrables cultivars simples ou très doubles, dont les fleurs peuvent former un pompon ou présenter des pétales incurvés (redressés vers le haut), récurvés (dirigés vers le bas), tubulés ou spatulés, dans des tons jaunes, orangés, pourpres, mauves, mordorés ou blancs.

> *Chrysanthemum x rubellum* (de 40 cm à 1 m), la marguerite d'automne, vivace aux riches coloris ; 'Clara Curtiss' (70 cm), simple, rose clair, fleurit longtemps ; 'Duchess of Edinburgh' (1 m), semi-double, rouge soutenu à cœur jaune ; 'Mary Stoker' (80 cm), simple, jaune ocre ; 'Red Velvet' (80 cm), très double, rouge pourpre.

> *Chrysanthemum segetum* (50 cm), le chrysanthème des moissons, annuel ; 'Eastern Star', rose clair à disque brun ; 'Eldorado', simple, jaune à centre noir ; 'Margot', blanc pur. Désormais appelé *Glebionis segetum*.

CULTURE EN POT Dans un pot de 25 à 30 cm de côté et 20 cm de profondeur, au minimum, dans un bon terreau enrichi de fumier et d'algues compostées.

UTILISATIONS Potée, jardinière, bordure.

Chrysanthemum x grandiflorum

DIVISION

Rajeunissez les souches de chrysanthèmes vivaces tous les 4 ou 5 ans pour obtenir des touffes denses.

CYCLAMEN DE PERSE

Cyclamen persicum

J F M A M J J A S **O N D**

Hauteur	Espacement	Exposition	Type	Rusticité
10/20 cm	15/20 cm	Mi-ombre	V	0/-3 °C

Les cyclamens de Perse sont des vivaces rhizomateuses au feuillage persistant charnu et coriace, vert sombre marbré, tacheté de vert clair.

SOL Bien drainé, enrichi.

EXPOSITION Mi-ombre, ombre.

CULTURE Plantez de juillet à septembre, à fleur de terre. Arrosez sans excès. Éliminez les fleurs fanées.

VARIÉTÉS 'Decora F1', plante très compacte et très florifère au port arrondi, proposée en 9 coloris ; 'Fantasia F1', plante compacte aux fleurs toujours éclairées de blanc, est proposé en 6 couleurs ; 'Metis F1', mini-cyclamen qui présente une excellente tenue à l'extérieur grâce à une bonne résistance au *Botrytis* (pourriture grise), en 17 nuances de couleurs, dont des teintes flammées ; 'PomPom F1', mini-cyclamen aux feuilles allongées, fleurs dentelées proposées en 5 coloris pastel ; 'Tianis F1', plante semi-naine très rustique, existe en 10 couleurs ; 'Victoria F1', mini-cyclamen, dont la feuille forme un cœur vert foncé souligné d'argent, fleurs bicolores blanc ourlé de rouge ou en dégradé de rose.

CULTURE EN POT Dans un pot de 20 cm pour 5 bulbes, dans un terreau de plantation à base d'écorces avec un tiers de sable et un peu d'engrais complet.

UTILISATIONS Potées sur le balcon (ou à l'intérieur), couvre-sol sur la terrasse.

Un balcon coloré en automne

BRUYÈRE DU CAP

Erica gracilis E. hyemalis

J F M A M J J A S **O N D**

30/40 cm | 20/30 cm | C | 0 °C

Ce petit arbuste pousse en touffe dressée de tiges graciles portant des feuilles glabres, vert clair, de 3 à 6 mm. Nombreuses petites fleurs de 3 mm le long des rameaux, couvrant presque entièrement la plante. Les coloris sont variés.

SOL C'est une plante de terre de bruyère, qui ne tolère pas le calcaire, même pas celui contenu dans l'eau d'arrosage.

EXPOSITION Dégagée, mais pas trop ensoleillée, à mi-ombre.

CULTURE Conservez toujours un peu d'humidité autour des racines, mais espacez les arrosages pendant la période de repos, à savoir entre la fin de la floraison et le mois d'avril. Après la floraison, taillez de moitié la végétation.

ESPÈCES ET VARIÉTÉS Nombreux hybrides horticoles, aux coloris blancs, roses ou rouges.

CULTURE EN POT La culture en intérieur est fréquente, alors que la plante est à son aise entre 7 et 10 °C, et supporte mal les températures élevées et les ambiances sèches. Préférez une véranda non chauffée. Placez quelques galets au pied, dans le pot, pour augmenter l'humidité ambiante à proximité de la plante. Rempotez au printemps.

UTILISATIONS Bordures, massifs bas, potées fleuries.

VÉRONIQUE ARBUSTIVE

Hebe spp.

J F M A **M J J A S O** N D

0,40/2 m | 0,30/1 m | P

Les *Hebe* sont des arbustes décoratifs par leurs fleurs en épis dressés, roses, mauves ou blancs, et leurs feuilles opposées, entières, en écailles ou lancéolées. Buissonnants, compacts, de croissance lente, ils viennent bien en pot.

SOL Tout sol fertile, pas trop lourd, jamais détrempé. Le calcaire est bien toléré.

EXPOSITION Chaude, au soleil ou à mi-ombre, bien à l'abri du vent. Les véroniques arbustives supportent assez bien la pollution atmosphérique.

CULTURE Plantez au printemps. Arrosez et paillez les premiers étés après la mise en place. Les apports d'engrais sont inutiles, hormis pour les sujets en pot. Rabattez les vieilles tiges pour provoquer le départ de nouveaux rameaux. Multiplication par boutures d'extrémité de tiges en fin d'été.

ESPÈCES ET VARIÉTÉS 13 espèces sont officiellement référencées, mais plus de 150 ont été décrites. *Hebe andersonii* 'Variegata' (2 m), aux rameaux pourpre foncé, porte des épis violet clair à la fin de l'été. *H. brachysiphon* (1 m) forme un buisson arrondi aux toutes petites feuilles vert foncé, fleurs blanches en été. *H. cupressoides* (1,20 m), compact, aux fleurs bleu pâle à violacé. *H. pinguifolia* (40 cm), très compact, feuilles bleu-gris, fleurs blanches en mai-juin. *H. salicifolia* est blanc.

- **HYBRIDES :** 'Autumn Glory' (60 cm), feuillage légèrement glauque, fleurs violettes en septembre-octobre ; 'Baby Boo' (60 cm), très compact, feuilles ovales rose et crème à la naissance, fleurs violettes en été ; 'La Séduisante' (1 m), fleurs pourpre foncé, de juillet à octobre ; 'Midsummer Beauty' (2 m), très florifère, aux longs épis pourpre violacé ; 'Ouessant' (80 cm), feuilles lancéolées ombrées de pourpre, épis bleu violacé de juillet à octobre ; 'Purple Shamrock' (70 cm), buisson dense aux jeunes pousses rouge pourpre portant des feuilles marginées de blanc crème qui deviennent rose violacé en hiver, fleurs rose mauve en juin-juillet ; 'Raspberry Ripple' (80 cm), fleurs en épis blanc et rose jusqu'en automne ; 'Wiri Image' (1 m), fleurs bleu mauve de juin à octobre ➲ p. 556.

CULTURE EN POT Dans un pot de 20 cm en tous sens, dans un mélange à parts égales de sable, de terreau et de terre de jardin.

UTILISATIONS Bordure de massif, rocaille, potée.

> **FRILEUSES**
>
> Dans la moitié nord de la France, installez les *Hebe* en bacs dans une véranda dès la fin octobre.

POUR UN BALCON COLORÉ EN AUTOMNE VOUS POUVEZ AUSSI CULTIVER

★ *Acer palmatum* (érable du Japon) ➲ p. 286 ★ *Ajuga reptans* 'Burgundy Glow' (bugle) ➲ p. 676 ★ *Aster* (asters nains variés) ➲ p. 453 ★ *Callicarpa bodinieri* (arbuste à bonbons) ➲ p. 452 ★ *Calluna vulgaris* (bruyère d'été) ➲ p. 517 ★ *Camellia sasanqua* (camélia d'automne) ➲ p. 596 ★ *Carex buchananii*, *C. comans* 'Frosted Curls', 'Milk Chocolate', *C. hachijoensis* 'Evergold' (laîche panachée), *C. trifida* 'Rekohu Sunrise' (laîche rayée) ➲ p. 624 ★ *Cobaea scandens* (cobée) ➲ p. 668 ★ *Cotinus coggygria* 'Young Lady' (arbre à perruques nain) ➲ p. 454 ★ *Gaultheria mucronata* (pernettya) ➲ p. 547 ★ *Heuchera* x *hybrida* (heuchère) ➲ p. 276 ★ *Nandina domestica* 'Fire Power' ➲ p.278 ★ *Ophiopogon planiscapus* 'Nigrescens' (barbe de serpent noire) ➲ p. 640 ★ *Perovskia* 'Little Spire' (sauge d'Afghanistan) ➲ p. 280 ★ *Salvia officinalis* (sauge officinale) ➲ p. 814 ★ *Skimmia japonica* 'Rubella' (skimmia du Japon) ➲ p. 549 ★ *Vinca major* 'Illumination' (pervenche dorée) ➲ p. 149 ★ *Viola* x (violette cornue, pensée) ➲ p. 589

CINÉRAIRE MARITIME

Jacobaea maritima (Senecio cineraria)

J F M A M J **J A S** O N D

Hauteur	Largeur	Exposition	Type	Rusticité
30/60 cm	30/40 cm	☀	A	-5 °C

Ce sous-arbrisseau frileux est apprécié pour ses feuilles d'un beau gris argenté. Il est souvent cultivé comme une annuelle, hormis dans les régions au climat doux. Feuilles en touffe, plus ou moins découpées, couvertes de poils veloutés. Fleurs en capitules jaunes en été.

SOL Un terreau pour géraniums ou une terre assez consistante, mais bien drainée.

EXPOSITION Plein soleil et forte chaleur. Un climat humide avec embruns convient.

CULTURE Plantez au printemps. Pincez les fleurs pour conserver une touffe compacte.

ESPÈCES ET VARIÉTÉS Il existe 43 espèces de *Jacobaea* et plus de 1 000 de *Senecio*, la plupart non rustiques. *J. maritima* (syn. *S. cineraria*), de 20 à 30 cm, a donné divers cultivars qui se distinguent par les découpes de leurs feuilles : 'Alice', 'Candicans', 'Cirrus', 'Diamant', 'Fasolt', 'Glacier', 'New Look', 'Silver Dust'.

CULTURE EN POT Dans un pot de 14 cm en tous sens, dans 2/3 de terreau de rempotage et 1/3 de sable.

UTILISATIONS Massifs et jardinières, avec des bruyères, choux décoratifs, cyclamens ou des arbustes à fructification colorée.

HIVERNAGE

Rentrez les cinéraires maritimes dans une véranda avant le gel et conservez-les tout l'hiver entre 5 et 12 °C.

PENNISETUM, HERBE AUX ÉCOUVILLONS

Pennisetum spp.

J F M A M J J A **S O** N D

Hauteur	Largeur	Exposition	Type
0,60/1 m	0,60/1,20 m	☀	V

Cette graminée forme une belle touffe de feuilles persistantes, étroites et glauques. Le pennisetum aime la chaleur et il est difficile de le conserver comme vivace dans le nord de la France.

SOL Plutôt une bonne terre de jardin, mais un sol sec peut convenir.

EXPOSITION Le plein soleil.

CULTURE Nettoyez la touffe en coupant inflorescences et feuilles séchées. On renouvelle le pied par un semis d'automne hiverné sous abri avant une mise en place en mai.

ESPÈCES ET VARIÉTÉS Le genre compte 83 espèces. Parmi les cultivars de *Pennisetum alopecuroides* : 'Hameln' (60 cm), nombreux épis cylindriques bruns à pointe blanche, touffe dorée en automne ; 'Herbstauber' (de 60 à 80 cm), floraison brun rose ; 'Japonicum' (1,20 m), feuillage vert sombre et épis plus foncés ; 'Little Honey' (30 cm), forme naine, épillets rosés échevelés ; 'Magic' (60 cm), inflorescences terminées par un toupet rouge et blanc ; 'Moudry' (de 60 à 80 cm), inflorescences pourpres ; 'Weserbergland' (de 60 à 80 cm), épillets or et argent. *P. massaicum* 'Red Buttons' (de 80 à 90 cm), épillets ovales rouge pourpre. *P. orientale* (80 cm), épis teintés de rose, très agréables au toucher.

CULTURE EN POT Dans une jardinière de 20 à 30 cm de profondeur, dans un mélange équilibré de terreau de rempotage et de terre de jardin.

UTILISATIONS Massifs d'automne, potées.

Pennisetum alopecuroides 'Hameln'

SÉDUM, GRAND ORPIN

Sedum spp.

J F M A **M J J A S O** N D

Hauteur	Largeur	Exposition	Type
40/60 cm	30/50 cm	☀	V

Vidéo « Cultiver un sédum »

Ces petites plantes grasses donnent des fleurs à longueur d'année. Les sédums ont un port dressé et forment des touffes buissonnantes de feuilles charnues, ovoïdes ou plates, parfois colorées de bronze. Les fleurs, en étoiles, à 5 pétales, sont portées en bouquets terminaux.

SOL Sec, léger, bien drainé, plutôt sableux.

EXPOSITION Chaude, aride, plein soleil.

CULTURE Plantez au printemps, en améliorant le drainage du sol par du sable grossier. Aucun entretien ensuite. Divisez les grosses touffes dégarnies et peu florifères après la floraison.

ESPÈCES ET VARIÉTÉS Il existe 400 espèces. *Sedum maximum* (syn. *S. telephium* ssp. *maximum*), 30 cm, fleurs roses en septembre-octobre ; ssp. *ruprechtii* (35 cm), à fleurs jaunes. *S. spectabile* 'Brilliant', au feuillage vert bleuté et grandes inflorescences plates, cramoisies ; 'Carmen', rose foncé ; 'Iceberg', blanc ; 'Septemberglut', pourpre violacé. *S. telephium* 'Munstead Dark Red' (de 30 à 40 cm), fleurs rouge sombre en août-septembre.

- **HYBRIDES :** 'Herbstfreude' (syn. 'Autumn Joy'), de 50 à 60 cm, feuilles plates vert foncé, fleurs rose foncé à pourpres d'août à décembre ; 'Matrona' (de 40 à 50 cm), grandes feuilles à reflets brun pourpre, fleurs roses d'août à octobre.

CULTURE EN POT Dans un pot de 20 cm en tous sens, dans une bonne terre de jardin calcaire, additionnée de 20 % de sable.

UTILISATIONS Bordure de massif, jardinière.

*Télécharger l'application Truffaut +, voir p. 6-7

Un beau balcon en hiver

L'hiver peut paraître la saison la plus ingrate sur les balcons, et il faut avouer que les protections contre le froid sont peu esthétiques. Mais ne baissez pas les bras et misez sur les plantes décoratives en cette saison.

Protéger les pots

Les plantes ne sont pas les seules à souffrir du froid, les pots et contenants dans lesquels elles sont cultivées, également ... **1**

Protéger le balcon du vent

C'est inesthétique mais efficace : la pose d'une toile brise-vent tendue sur un côté du balcon s'avère une très bonne protection ... **2**

Des hellébores fleuris pour Noël

Forcez les hellébores pour la décoration des fêtes de fin d'année, à l'intérieur ... **3**

Avant-goût des décos de Noël

Calocephalus, cyclamens, chou d'ornement... Les jardinières reprennent de la couleur et égayent la saison qui, sans elles, serait la plus triste au balcon ... **4**

Hellébore et jasmin d'hiver

Laisser en place la couverture de neige

Non seulement c'est joli à voir, mais le tapis de neige sur les jardinières et les pots protège les plantes ... **5**

La petite histoire

Au Moyen Âge, la rose de Noël était placée dans les crèches comme symbole de pureté en raison d'une légende ... **6**

IDÉES

→ POURQUOI PAS... Se faire plaisir avec les bulbes forcés ? **7**

→ POURQUOI PAS... Un mini-sapin de Noël pour changer ? **8**

Les Plantes idéales

Ce sont des plantes réussissant bien en pot, bac et jardinière, et qui présentent un aspect décoratif intéressant durant la période hivernale (début décembre à fin février).

★ **La délicatesse hivernale :** *Eranthis hyemalis* (aconit d'hiver) ; *Galanthus nivalis* (perce-neige) ; *Helleborus niger* (rose de Noël) ; *Viola* x (violette cornue et pensée).

★ **Des arbustes pour structurer le balcon :** *Jasminum nudiflorum* (jasmin d'hiver).

➔ Toutes les plantes citées dans « Un balcon vert toute l'année », p. 552, et « Un balcon de feuillages », p. 590 conviennent ici.

Nos conseils

1. *Posez un voile d'hivernage sur toutes les plantes du balcon (même rustiques) dès qu'une température inférieure à - 5 °C est annoncée. Retirez la protection dès que les températures redeviennent positives.*

2. *Améliorez la protection du balcon contre le froid et le vent - qui accentue les effets du froid et dessèche le terreau.*

3. *Placez les bacs à réserve d'eau ou les contenants mal drainés sous des auvents afin qu'ils ne soient pas « noyés » par les précipitations.*

4. *Pensez à la protection des poteries vernissées et des cache-pot en céramique : malgré les annonces, tous ne sont pas résistants au gel.*

5. *Ne laissez pas la glace s'installer dans les pots en cas de froid persistant, car sous la forme solide, l'eau n'est plus disponible pour les plantes.*

6. *Égayez chaque rebord de fenêtre par de petites potées fleuries ou des balconnières de plantes saisonnières pour lutter contre la monotonie de l'hiver.*

7. *Concentrez le décor sur la partie la plus visible depuis l'intérieur ; de toute façon, vous fréquentez rarement l'extérieur en hiver.*

et Si

- Mes pensées sont toutes recroquevillées et ont perdu leurs fleurs ? **9**
- Certains de mes pots ont éclaté et d'autres se sont carrément « désagrégés » ? **10**

1 Protéger les pots

Les poteries de terre cuite, brutes ou vernissées, sont exposées au froid, surtout lorsqu'il est combiné à l'humidité. La première chose à faire est de les isoler du sol, dans les régions pluvieuses, sur les terrasses exposées. Ensuite, pensez à les emmailloter d'une à trois épaisseurs de voile d'hivernage, c'est indispensable pour protéger les plantes. On peut aussi utiliser une épaisseur de plastique à bulles, qui donne de très bons résultats, ou un paillon fait de brande. Pour les petits pots et les contenants de diamètre moyen, il existe une astuce qui consiste à placer le pot et sa plante dans un pot plus grand, de rayon supérieur de 3 cm, et à remplir l'espace entre les deux pots de vermiculite – un isolant qu'on trouve facilement dans les magasins de bricolage ou dans les rayons animalerie où il sert pour les pontes de reptiles.

Protection hivernale avec du papier bulle et des feuilles mortes

Protection d'une potée de rosiers avec de la canisse et de la paille

2 Protéger le balcon du vent

Comme au jardin, sur le balcon, on redoute les courants d'air et les tourbillons qui se cantonnent aux angles. Il suffit de « casser » le vent. Inutile de dresser un écran totalement imperméable aux courants d'air. Plutôt que de tendre une toile brise-vent, assez peu décorative, placez brandes et paillons sur les côtés du balcon, c'est souvent suffisant dans bien des régions. Ces matières naturelles (canisse, bruyère, genêt…) s'intègrent mieux dans le décor.

3 Des hellébores fleuris pour Noël

Les roses de Noël fleurissent à partir de décembre et pendant tout l'hiver. Mais pour s'assurer d'avoir des fleurs durant les fêtes de fin d'année, il est plus prudent de leur donner un coup de pouce, en faisant un forçage au chaud. Il suffit de placer une cloche sur les potées de l'année précédente qui sont en feuilles pour accélérer la floraison. Supprimez au fur et à mesure toutes les feuilles tachées. Pour un effet étonnant, on peut même ôter toutes les feuilles épanouies, dès le mois de novembre, pour avoir seulement un bouquet floral au moment de la floraison.

4 Avant-goût des décos de Noël

Découvrez *Leucophyta brownii,* un drôle de petit arbrisseau en coussinet de 50 cm, aux nombreux rameaux grêles et cotonneux, d'un beau blanc argenté qui préfigure les décorations de Noël. Rehaussez le décor des choux d'ornement, ils montrent des couleurs variées et sont d'une grande robustesse. Enfin, c'est la saison des cyclamens. Pensez aux cyclamens nains, qui composent des potées charmantes et pleines de délicatesse. Plantez ces végétaux dans les jardinières en les laissant dans leur pot, au cas où il faudrait en changer un ou deux, détériorés par le froid et les pluies.

Leucophyta brownii, choux d'ornement et bruyères

5 Laisser en place la couverture de neige

Autrefois, on appelait la neige « l'engrais du pauvre », on pensait qu'elle enrichissait le sol en fondant et que la repousse était plus belle au printemps. Rappelons qu'il ne s'agit que d'eau pure, la bonne surprise constatée par nos anciens était à mettre au compte du contraste entre le paysage désolé d'hiver (et donc recouvert de neige) et le renouveau des premiers semis, protégés par la couche neigeuse. Car c'est une réalité, la neige est un bon isolant qui apporte quelques degrés de plus au sol, souvent déterminants. Aussi, laissez en place la neige sur les jardinières et les pots.

6 *La petite histoire*

La légende raconte que, la nuit de la naissance de Jésus, une jeune bergère du nom de Manon, gardant ses moutons, vit la caravane des Rois mages traverser son champ enneigé. N'ayant rien à offrir au messie, elle se mit à pleurer. Un ange, voyant ses larmes sur la neige, les effleura et fit éclore une fleur blanche : la rose de Noël. À cette époque, la plante était aussi nommée « aliboron », du grec elleboros, « folie », car elle était considérée comme un remède universel pour guérir les fous.

Helleborus niger, la rose de Noël

Idées

7 Pourquoi pas... Se faire plaisir avec les bulbes forcés ?

Au jardin et sur les balcons, les bulbes à floraison printanière sont placés en pleine terre et oubliés pendant quelques mois. Pendant ce délai, les bulbes subissent une certaine quantité de froid, qui s'estime en jours. C'est par ce biais et par l'intervention d'hormones spécifiques, qu'ils « savent » que l'hiver est terminé et qu'ils peuvent pousser. Mais quand l'horticulteur s'en mêle, il place les bulbes au froid pour les forcer et les faire fleurir bien plus tôt que prévu, c'est ainsi qu'on peut faire fleurir les bulbes forcés achetés en jardinerie pour décorer les intérieurs en fin d'année. L'automne est le bon moment pour faire pousser jacinthes, tulipes, narcisses, crocus... C'est d'une facilité déconcertante : il suffit de placer la base des bulbes dans un peu d'eau, dans des vases appropriés, ou faire des compositions en coupes ou en petites jardinières garnies de mousse.

Forçage des bulbes en vases

6 *Le coin du curieux*

La légende veut que le perce-neige (*Galanthus nivalis*) ait jailli de l'endroit où s'était posé un ange, descendu du ciel pour consoler Eve de la désolation de l'hiver, après qu'elle eut été chassée du jardin d'Éden. L'ange a attrapé un flocon de neige, a soufflé dessus et s'est transformé en fleur. C'est pourquoi cette plante, dont le nom botanique signifie « fleur couleur de lait », du grec gala, lait, et anthos, fleur, est le symbole de la consolation et de l'espérance dans le langage des fleurs.

et Si

9 Mes pensées sont toutes recroquevillées et ont perdu leurs fleurs ?

Les pensées sont résistantes au froid, ce qui ne veut pas dire qu'elles ne sont pas endommagées par le gel de temps en temps. Vos pensées ont « frisé » sous l'effet du froid. Pas d'inquiétude, les prochaines feuilles seront impeccables.

10 Certains de mes pots ont éclaté et d'autres se sont carrément « désagrégés » ?

Les pots de terre cuite sont plus sensibles au froid, car ils absorbent l'humidité, et l'eau en gelant les fait éclater. Préférez les pots de matière plastique ou les bacs en bois, sinon protégez-les. Par ailleurs, les pots éclatent sous l'effet de l'eau gelée contenue dans la motte. Sachez que les pots plus étroits subissent davantage la pression que les poteries évasées.

ACONIT D'HIVER, HELLÉBORINE

Eranthis hyemalis

J F M A M J J A S O N D

Hauteur	Largeur	Exposition	
8/15 cm	5/8 cm		B

Cette petite bulbeuse est la première fleur de l'année. D'un très beau jaune d'or, la corolle ressemble à un bouton-d'or, soutenue par une courte tige qui émerge d'une couronne de petites feuilles palmées, découpées. Rustique, l'helléborine fleurit souvent sous la neige. Les rhizomes ronds et plats ressemblent à de minuscules tubercules de bégonias.

SOL Argileux, mais bien drainé, assez riche et humifère, restant frais l'été.

EXPOSITION Lumineuse et assez fraîche.

CULTURE Plantez en octobre, entre 3 et 5 cm de profondeur, à 5 cm de distance. Si les rhizomes sont secs, faites-les tremper 24 heures dans de l'eau tiède. La plante se naturalise facilement. Divisez les grosses touffes en été.

ESPÈCES Il existe 9 espèces. *Eranthis hyemalis* (de 8 à 15 cm) est la plus répandue et la plus précoce (dès janvier). *E. cilicica* (de 10 à 15 cm), à grandes fleurs jaunes en février-mars, feuillage bronze.

CULTURE EN POT Dans un pot de 16 à 18 cm de largeur et 15 cm de profondeur pour une dizaine de tubercules côte à côte, dans une terre légère, humifère et bien drainée.

UTILISATIONS Talus, sous-bois, rocaille et au pied des arbres et des arbustes.

> **ARROSAGE**
>
> L'aconit d'hiver redoute la sécheresse, arrosez généreusement.

PERCE-NEIGE

Galanthus nivalis

J F M A M J J A S O N D

Hauteur	Largeur	Exposition	
10/15 cm	5/8 cm		B

Cette petite bulbeuse est l'une des premières à fleurir, même sous la neige. Elle forme 2 feuilles linéaires, glauques, qui entourent le pédoncule floral, terminé par une clochette blanche légèrement tachée de vert à la pointe des pétales.

SOL Souple et frais, pas trop riche, drainé l'hiver, sans fumier frais ni compost.

EXPOSITION Mi-ombre, fraîche.

CULTURE Plantez des groupes de 20 à 100 bulbes, de septembre à fin octobre, à 5 cm de profondeur et d'espacement. Laissez en place plusieurs années. Divisez les touffes tous les 3 à 5 ans dès que les feuilles jaunissent.

ESPÈCES ET VARIÉTÉS Il existe 22 espèces. *Galanthus nivalis* (de 10 à 15 cm) est la plus courante ; 'Flore Pleno' est la seule variété à fleurs doubles blanc et vert. *G. elwesii* (de 10 à 30 cm), aux fleurs plus grandes, se plaît en situation ensoleillée.

CULTURE EN POT Dans un pot ou une coupe de 20 cm de diamètre pour une vingtaine de bulbes, dans un mélange à parts égales de terre de jardin, de terreau universel et de sable.

UTILISATIONS Potée et jardinière en association avec des crocus, aconits d'hiver, *Anemone blanda* et des cyclamens de printemps. Sous-bois, rocaille, massif d'arbustes, bordure.

> **PROTÉGÉES**
>
> Si vous rencontrez des perce-neige sauvages (dans les Pyrénées), respectez-les, ce sont des plantes protégées. Achetez les bulbes du commerce.

ROSE DE NOËL, HELLÉBORE

Helleborus sp.

J F M A M J J A S O N D

Hauteur	Largeur	Exposition	
30/40 cm	20/40 cm		V

Helleborus x ballardiae

Ces vivaces rhizomateuses sont très précoces et de culture facile. L'hellébore est une plante toxique formant une touffe de feuilles coriaces, dentées, vert glauque, issues de la souche. Les fleurs sont formées de 5 tépales penchés vers le sol.

SOL Humifère, limoneux, plutôt calcaire, bien arrosé, mais sans eau stagnante.

EXPOSITION Mi-ombre légère idéale.

CULTURE Plantez en automne (de 4 à 6 pieds/m^2). Paillez le sol en été, arrosez bien. Divisez les touffes en été lorsque la floraison diminue.

ESPÈCES ET VARIÉTÉS La nomenclature botanique internationale reconnaît 13 espèces et quelques sous-espèces. *Helleborus niger* (30 cm), la rose de Noël, à feuilles coriaces et jolies fleurs blanc rosé, de décembre à mars.

- **HYBRIDES** : le croisement de *H. niger* x *H. lividus* ssp. *corsicus* a donné naissance à des séries d'hybrides plus florifères que la rose de Noël, parfois appelés *H.* x *nigercors*, qui s'épanouissent en hiver dans les tons du blanc au vert. C'est le cas de 'Snow Love' (30 cm), fleurs stériles jaune clair à verdâtres. *H.* x *ballardiae* (de 30 à 40 cm) est l'appellation horticole du croisement entre *H. niger* et *H. lividus*. *H.* x *ericsmithii* est la dénomination horticole du croisement entre *H. niger* et un hybride (*H.* x *sternii*) qui a produit des plantes aux diverses nuances de rose.
- **GOLD COLLECTION** : les deux hybrides précédents se retrouvent dans cette série qui réunit des cultivars épanouissant de novembre à

Helleborus x *nigercors*

mars des fleurs variées ; 'Cinnamon Snow', blanc crème ombré de rose et de brun cannelle, feuillage coriace, lustré ; 'Ice Breaker', crème ombré de vert pâle ; 'Maestro', rose nuancé ; 'Marion', blanc verdâtre ; 'Monte Cristo', feuille très découpée glauque, fleur crème ombré de rose ; 'Shooting Star', mélange de crème et de rose pâle ; 'Snow Dance', blanc, très florifère.

CULTURE EN POT Dans un pot de 20 cm en tous sens, dans une terre riche et humifère.

UTILISATIONS Massif, pot, bouquet.

POUR UN BALCON EN HIVER, VOUS POUVEZ AUSSI CULTIVER

★ *Acacia dealbata* (mimosa) ➲ p. 464 ★ *Brassica oleracea* var. *acephala* (chou d'ornement) ➲ p. 590 ★ *Camellia sasanqua* (camélia d'automne) ➲ p. 596 ★ *Carex buchananii*, *C. comans* 'Frosted Curls', 'Milk Chocolate', *C. hachijoensis* 'Evergold' (laîche panachée), *C. trifida* 'Rekohu Sunrise' (laîche rayée) ➲ p. 273 ★ *Chimonanthus praecox* (chimonanthe) ➲ p. 466 ★ *Cyclamen persicum* (variétés de cyclamens nains) ➲ p. 581 ★ *Erica carnea*, *E.* x *darleyensis* (bruyère d'hiver) ➲ p. 144 ★ *Euonymus fortunei* 'Emerald Gaiety', 'Harlequin' (fusain) ➲ p. 176 ★ *Helleborus orientalis* (hellébore oriental) ➲ p. 425 ★ *Heuchera* x *hybrida* (heuchère) ➲ p. 276 ★ *Ilex* x *altaclerensis*, *I. aquifolium* (houx, cultivars femelles) ➲ p. 476 ★ *Leucothoe* 'Scarletta, (leucothoe) ➲ p. 314 ★ *Nandina domestica* 'Fire Power' ➲ p. 278 ★ *Sarcococca hookeriana* (sarcocoque nain) ➲ p. 281 ★ *Skimmia japonica* 'Magic Marlot', 'Nymans', 'Rubella' (skimmia du Japon) ➲ p. 549 ★ *Viburnum tinus* 'Eve Price' (laurier-tin) ➲ p. 281 ★ *Vinca major* 'Illumination' (pervenche dorée) ➲ p. 149

JASMIN D'HIVER

Jasminum nudiflorum

J F M A M J J A S O N D

2/3 m | 2/3 m | C

Ce jasmin est un arbuste caduc, lâche et arrondi, aux tiges minces et aux fleurs jaunes tubulaires, inodores, qui apparaissent avant les feuilles. Plantez-le au printemps dans un sol humifère, sans humidité stagnante. En pot, il lui faut un mélange de sable, de tourbe et de terreau

d'écorce. Taillez après la floraison en éliminant les vieux rameaux et en réduisant l'ampleur de la plante.

PENSÉE, VIOLETTE CORNUE

Viola x

J F M A M J J A S O N D

10/20 cm | 10/20 cm | A

Ces petites plantes offrent une palette de couleurs tout à fait unique. Présentant tous les modes de végétation (annuel, bisannuel et vivace), les *Viola* sont des plantes rustiques aux origines cosmopolites. Les feuilles en rosette sont arrondies ou découpées. Les fleurs, solitaires, sont formées de 5 pétales dont un en éperon et les 2 supérieurs dressés.

SOL Léger, de préférence humifère.

EXPOSITION Ensoleillée ou mi-ombre pour *Viola cornuta* et *V.* x *wittrockiana.*

CULTURE Semez les pensées de juin à août, les *Viola cornuta* courant juillet, en pleine terre, en pépinière. Repiquez tous les 10 cm, un mois après la levée. Mettez en place à l'automne, tous les 20 cm (9 pieds/m^2). Arrosez s'il fait sec.

ESPÈCES ET VARIÉTÉS Il existe 500 espèces. Les pensées *(Viola* x *wittrockiana)* sont aussi appelées *V. tricolor* var. *hortensis* ou *V. tricolor* var. *maxima*. Ces plantes vivaces éphémères sont cultivées comme des bisannuelles. Il existe de très nombreux cultivars, aux couleurs variées,

DÉPÉRISSEMENT

Ne laissez pas les pensées en place trop longtemps, car elles sont attaquées par divers champignons qui provoquent le dépérissement.

Viola x *wittrockiana*

Vidéo « Cultiver les plantes bisannuelles »

Viola cornuta

et de nouveaux apparaissent chaque année. Les violettes cornues *(V. cornuta)* ressemblent aux pensées, avec des fleurs plus petites, parfumées. Vivaces, elles se ressèment d'elles-mêmes. Elles ont donné diverses générations d'hybrides dans une vaste gamme de coloris. Choisissez des pensées dont le coloris est bien précisé et non un mélange pour éviter la cacophonie.

CULTURE EN POT Dans un pot de 14 cm en tous sens, dans un bon terreau de plantation, assez souple, à base de tourbe et d'écorce.

UTILISATIONS Massif avec des bulbeuses, tapis fleuri, bordure, couvre-sol, rocaille, muret, dallage, potée, jardinière.

***Télécharger l'application** Truffaut +, **voir p. 6-7**

Un balcon de feuillages

Feuillages multicolores, teintes originales, panachures curieuses, donnant un effet lumineux : la diversité des plantes à feuillage décoratif est époustouflante. En voici un aperçu.

1

2

3

4

5

6

7

Vidéo «Cultiver un coprosma»*

8

9

1. BALISIER

Canna 'Tropicana'

J F M A M J **J A S O** N D

0,60/1,50 m | 40/80 m | B | -8 °C

Pour des précisions sur la culture des balisiers ➔ p. 342.

2. CHOU D'ORNEMENT

Brassica oleracea var. *acephala*

15/25 cm | 20/40 cm | A | -8 °C

Ces choux d'ornement sont cultivés comme des annuelles pour leurs rosettes arrondies colorées, dont la couleur s'accentue dès que la température passe au-dessous de 10 °C. À cultiver dans un pot de 20 cm en tous sens pour un pied, dans un mélange de terreau de rempotage et de terre de jardin. Arrosez deux fois par semaine.

3. FUSAIN (À FEUILLAGE PERSISTANT)

Euonymus fortunei 'Emerald' n' Gold'

J F M A **M J** J A S O N D

1 m | 0,60/1 m | P | -10 °C

Des rameaux souples que l'on peut palisser, des feuilles coriaces : voici un persistant parfait en jardinière et au feuillage très décoratif. Parmi les cultivars, citons aussi 'Harlequin', nain, très étalé, vert moucheté de blanc, 'Emerald Gaiety' (1 m), à port étalé et feuilles bordées de blanc crème. Comme tous les *Euonymus* à feuillage persistant, il faut l'abriter des vents froids. Cultivez-le dans un grand bac de 40 cm en tous sens, dans un mélange à parts égales de terre de jardin et de terreau de rempotage. Arrosez modérément, en laissant le substrat se dessécher entre deux apports d'eau.

Pour plus de précisions sur les fusains ➔ p. 455.

4. COPROSMA

Coprosma 'Rainbow Surprise'

J F M A M J J **A S** O N D

0,50/1,50 m | 0,50/1,50 m | P | -3 °C

Ce petit arbuste à petites feuilles vertes, marginées de rose, porte de petites fleurs blanches en tube, suivies en octobre de baies aux couleurs vives. Mais on l'apprécie surtout pour son feuillage panaché, qui évolue au fil des saisons. Il est frileux et doit être rentré en serre l'hiver, dans les régions fraîches.

5. MILLEPERTUIS

Hypericum x *moserianum* 'Tricolor'

J F M A M **J J A S O** N D

0,40/1,20 m | 1/2,50 m | P/SP

Pour plus de précisions ➔ p. 457.

6. GÉRANIUM À FEUILLAGE COLORÉ ET PANACHÉ

Pelargonium 'Crocodile'

J F M A **M J J A S O** N D

0,25/1 m | 0,15/0,60 m | V

Ces hybrides à feuilles panachées de blanc, crème, rose ou jaune sont décoratifs par leur feuillage et leurs fleurs. Il leur faut moins d'humidité qu'aux autres pélargoniums.

Pour plus de précisions ➔ p. 600.

7. PSEUDOWINTERA

Pseudowintera colorata (syn. *Drimys colorata*)

J F M **A** M J J A S O N D

1 m | 1,50 m | P | -5 °C

Cet arbuste buissonnant, au port compact, est intéressant pour son feuillage. Après la floraison, jaune pâle, il porte des baies sphériques, rouge foncé, puis noires.

8. CORDYLINE

Cordyline australis 'Pink Passion'

2/3 m | 1 m | P | -2 °C

Avec son feuillage rose vif aux reflets violacés et ses petites fleurs crème, cette cordyline ne passe pas inaperçue sur le balcon ou la terrasse ! Elle forme un tronc en vieillissant. Plantez-la dans un pot de 30 cm en tous sens.

Pour plus de précisions ➔ p. 249.

9. PLECTRANTHE

Plectranthus coleoides 'Marginatus'

J F M A M **J J A S O** N D

0,30/1 m | 1 m | V | 3/5 °C

Cette vivace au port souple est appréciée pour son feuillage très ornemental. Le plectranthe porte des feuilles persistantes à bord dentelé, bordées de blanc crème. Plantez-le dans un pot de 25 cm de diamètre et 20 cm de profondeur, dans un terreau pour plantes à massif. Arrosez-le trois fois par semaine en été, une fois par semaine en hiver. Rentrez-le début octobre.

Un balcon de senteurs

UN BALCON BIEN PENSÉ SAIT TIRER PARTI DE TOUTES LES POSSIBILITÉS OFFERTES PAR LES PLANTES. EN PLUS D'ÊTRE FLEURIES, DÉCORATIVES OU DE REMPLIR UNE FONCTION UTILITAIRE, COMME PROTÉGER DES REGARDS, CERTAINES ESPÈCES QUI RÉUSSISSENT BIEN EN POT OU EN BAC NOUS OFFRENT LEUR PARFUM.

FORCER DES JACINTHES POUR PARFUMER L'INTÉRIEUR

Jacinthes et narcisses exhalent leur parfum délicat, mais présent, à l'intérieur de la maison. Les bulbes forcés : la meilleure manière de patienter jusqu'au printemps ... 1

Jacinthe

SÉPARATION DES REJETS ET MARCOTTAGE AÉRIEN DU BRUGMANSIA

La multiplication des brugmansias est facile, et c'est la promesse (tenue) de toujours plus de parfum pour les terrasses et les balcons ... 2

Le coin du curieux : Attention aux plantes qui sentent mauvais !

Toute votre attention mobilisée pour le choix de plantes délicieusement parfumées vous a fait oublier que certaines peuvent être très désagréables ! ... 3

TAILLER LA LAVANDE

La taille de la lavande est obligatoire pour reculer le vieillissement des touffes. Elle est très facile ... 4

DES GRIMPANTES PARFUMÉES

Se masquer du voisinage ou habiller les murs : et si, en plus, les grimpantes sentaient bon ? ... 5

Jasminum polyanthum

La petite histoire

Un parfum miellé, fleuri, sucré et tenace, avec une petite note de désuétude. C'est le Pérou, enfin... son héliotrope ... 6

IDÉES

→ POURQUOI PAS… Une belle Collection de pélargoniums et qui sent bon, en plus ? 7

→ POURQUOI PAS… Une nuit Parfumée ? 8

et Si

· Les boutons de mon gardénia tombent avant de s'épanouir ? 9

· Mon daphné est devenu brutalement tout marron ? 10

Les Plantes idéales

★ **Pour des parfums intenses :** *Cestrum nocturnum* (galant de nuit) ; *Gardenia jasminoides* 'Kleim's Hardy' ; *Pelargonium capitatum*, *P. tomentosum* (pélargonium à feuillage odorant) ; *Polianthes tuberosa* (tubéreuse).

★ **Pour des senteurs délicates :** *Daphne odora* (daphné) ; *Heliotropium peruvianum* (héliotrope du Pérou) ; *Hyacinthus* x *hybridus* (jacinthe) ; *Ornithogalum arabicum* (étoile de Bethléem), *O. thyrsoides* (ornithogale) ; *Viola odorata* (violette de Parme).

★ **Pour des senteurs fleuries :** *Brugmansia arborea*, *B. sanguinea* (datura en arbre) ; *Lavandula angustifolia* (lavande) ; *Matthiola incana* (giroflée quarantaine) ; *Pittosporum tobira* (pittospore odorant).

NOS CONSEILS

1. Placez les plantes parfumées dans des pots individuels et non parmi une composition, afin de pouvoir facilement les déplacer des fenêtres ou des zones de passage.

2. Dans l'espace réduit et confiné du balcon, plus que jamais il faut éviter les mélanges olfactifs. Cultivez peu de plantes, mais au parfum marqué.

3. C'est quelquefois en situation de stress que les plantes produisent leurs arômes et leurs parfums. Arrosez moins que les autres espèces et limitez les apports d'engrais. Pour certaines espèces, c'est au contraire après un arrosage (toujours au pied) qu'elles exhalent les senteurs les plus puissantes.

4. Chez les plantes aromatiques, la production d'huile essentielle est une adaptation à la sécheresse. Pour renforcer leur parfum (et aussi pour la récolte des médicinales et des culinaires), suspendez les arrosages pendant plusieurs jours.

5. Pensez à garnir les jardinières des belles annuelles fleuries et parfumées : pétunias, tagète citron, pois de senteur, belles de nuit. Certaines sont vivaces dans les climats doux.

1 Forcer des jacinthes pour parfumer l'intérieur

Dans la nature, lorsque les bulbes sous terre ont subi une certaine dose de froid, la plante « sait » que l'hiver est terminé et qu'elle peut pousser hors du sol. En laissant séjourner des bulbes dans une chambre froide pour leur fournir cette même dose de froid, on leurre les plantes, qui se mettent à pousser et fleurir : c'est le principe du forçage des bulbes. Vous pouvez vous en inspirer pour forcer vos jacinthes. Pour préparer vos potées, choisissez des bulbes sains et de gros calibre. Pour leur faire subir la période de froid, placez vos potées à l'extérieur, à une température de 5 à 10 °C. Recouvrez d'une couche de sable de 10 à 15 cm, cette épaisseur assurera un bon allongement du feuillage. Attendez 7 à 10 semaines. Les germes blanchis sont visibles, placez alors à l'intérieur, à 18-20 °C, et arrosez régulièrement pour maintenir tout juste humide. La floraison se fait en 2 à 3 semaines.

2 Séparation des rejets et marcottage aérien du brugmansia

Vous pouvez multiplier votre brugmansia par bouturage, par séparation de rejets ou par marcottage aérien, ce dernier mode permettant d'avoir de nouveaux sujets plus grands. Au printemps ou en été, quand l'arbuste est en sève et que l'écorce se détache plus facilement, choisissez la branche qui fournira la marcotte aérienne. Faites une incision annulaire sur toute l'épaisseur de l'écorce. Pratiquez-en une seconde distante de 1 cm de la première. Saupoudrez d'hormones de bouturage. Entourez d'un manchon de tourbe et emballez le tout dans un tissu humide, puis un film plastique. Selon les conditions climatiques, l'enracinement se fait en quelques semaines, au bout desquelles vous pourrez sevrer la marcotte et la rempoter. La séparation de rejets est encore plus simple, il suffit de les récupérer et de les repiquer directement en pot.

3 *Le coin du curieux : Attention aux plantes qui sentent mauvais !*

Parmi les plantes couramment cultivées sur le balcon, certaines réservent parfois des surprises olfactives désagréables... Les pétunias, très couramment cultivés dans les jardinières, ou le laurier-tin *(Viburnum tinus)* dégagent une odeur de transpiration après une pluie qui a mouillé le feuillage. Le buis est ravissant en topiaires, mais chacun sait que son feuillage sent un peu le pipi de chat. Les œillets d'Inde *(Tagetes patula)* exhalent une odeur rance, au moins éloigne-t-elle les insectes. Côté aromatiques et médicinales, la coriandre, ou persil arabe, a une odeur pénétrante lorsqu'on la manipule et qu'on froisse ses feuilles : on dit qu'elle sent la punaise écrasée (son nom l'indique *koris* signifiant punaise). Quant à la rue *(Ruta graveolens)*, en voilà encore une qui sent le pipi de chat.

Ruta graveolens

4 Tailler la lavande

La taille de la lavande est indispensable pour conserver une végétation fournie à la plante, sans quoi elle vieillit mal et prématurément. Laissez passer la floraison et, au moment de la récolte des épis séchés, pour la confection des coussinets à mettre dans les armoires, coupez toutes les inflorescences avec 10 cm de végétation, sur tout le pourtour de la touffe.

5 DES GRIMPANTES PARFUMÉES

Une belle grimpante qui sent bon, on l'adopte sans réserve. Cultivez un pied de jasmin étoilé (*Trachelospermum jasminoides*), il est rustique et très facile d'entretien. Son feuillage semi-persistant rougit en hiver dans les régions les plus froides. Son parfum est très puissant en mai. Posez un pot de jasmin officinal, même si sa floraison est assez courte en milieu ou fin de printemps, et, dans les climats doux, préférez *Jasminum polyanthum*, très ressemblant, mais d'un parfum entêtant sans aucun équivalent. Les chèvrefeuilles ne sont pas tous odorants, choisissez *Lonicera* x *heckrootii* 'Gold Flame', il fleurit de juin à octobre.

Trachelospermum jasminoides

6 La petite histoire

L'héliotrope du Pérou (Heliotropium peruvianum) a été découvert par Joseph de Jussieu (1704-1779), qui a exploré l'Amérique du Sud pendant 36 années. Il herborisait dans les montagnes lorsqu'il se sentit presque incommodé par un puissant parfum. Il provenait de petites fleurs bleu foncé qui semblaient se pâmer vers le soleil. L'anecdote valut à la plante d'être surnommée « herbe d'amour » par les Parisiennes à l'époque romantique. On l'appelle aussi « fleur des dames », car sa note de vanille sucrée de miel qui s'évanouit dans un effluve poudré a souvent été utilisée dans les parfums.

IDÉES

7 POURQUOI PAS... UNE BELLE COLLECTION DE PÉLARGONIUMS ET QUI SENT BON, EN PLUS ?

Pelargonium graveolens

Les pélargoniums se déclinent en un nombre impressionnant d'espèces et de variétés, mais certains méritent une attention particulière : ceux au feuillage parfumé. Composez un assortiment avec *Pelargonium abrotanifolium* (senteur de pin), *P. blandfordianum* (amande), *P. capitatum* (rose), *P. crispum* (citron), *P. fragrans* (eucalyptus), *P. graveolens* (rose poivrée, légèrement mentholée), *P.* 'Mabel Grey' (citronnelle), *P. odoratissimum* (pomme verte), *P.* 'Royal Oak' (poivre), *P.* 'Scarlett Pet' (carotte), *P. tomentosum* (menthe).

Pelargonium blandfordianum

8 POURQUOI PAS... UNE NUIT PARFUMÉE ?

Adoptez une plante au parfum nocturne puissant pour enchanter les nuits d'été. Un grand pied de datura en arbre (*Brugmansia arborea*), un plant de jasmin (*Jasminum officinale, J. polyanthum*), des belles de nuit (*Mirabilis jalapa*) ou un galant de nuit (*Cestrum nocturnum*), ses fleurs sont insignifiantes, mais il embaume.

Cestrum nocturnum

et Si

9 Les boutons de mon gardénia tombent avant de s'épanouir ?

Le gardénia, à l'extérieur comme à l'intérieur, est de culture un peu délicate. Le secret du succès est la régularité. Il déteste les variations brutales de température, les courants d'air, un soleil trop fort et une humidité excessive au niveau des racines, c'est pourquoi vous devez utiliser un terreau drainé.

10 Mon daphné est devenu brutalement tout marron ?

Votre arbuste subit une attaque de *Phytophthora cinnamomi*, un champignon présent dans le sol qui s'en prend à plusieurs essences. Il provoque la pourriture sèche du collet et des racines, et par conséquent le brunissement total et rapide de toute la partie aérienne. Les dégâts importants sont irréversibles pour les plantes en pot. Jetez la plante avec tout le terreau et désinfectez correctement le contenant à l'eau de Javel.

DATURA ARBORESCENT, TROMPETTE DES ANGES

Brugmansia spp.

J F M A M J J A S O N D

1,50/3 m | 1,50/3 m | SP | -5 °C

Ces grands arbustes développent de superbes fleurs en trompettes. Les grandes feuilles alternes, duveteuses, sont ovales et dentées. Les fleurs odorantes et très colorées, en longs cornets, apparaissent de juin jusqu'aux gelées.

SOL Riche, profond, il doit rester frais en été, mais bien s'assécher durant l'hiver.

EXPOSITION Chaude et ensoleillée, si possible au pied d'un mur orienté au sud.

CULTURE Plantez en mai, en pleine terre ou dans un pot de 25 à 40 cm de diamètre. Arrosez chaque soir par temps chaud et sec. Fertilisez tous les 15 jours de mai à septembre avec un engrais pour agrumes. En octobre, rentrez les plantes dans un abri hors gel. Laissez au sec. Rempotez en mars, après avoir rabattu les tiges sévèrement. Bouturez les jeunes tiges en été à l'étouffée. Taillez court au tout début du printemps.

ESPÈCES ET VARIÉTÉS Il existe 11 espèces, dont 5 sont des hybrides naturels. *Brugmansia arborea*, à port ample, fleurs blanches de 15 cm. *B. aurea* (qui porte officiellement le nom de *B. pitieri*), aux fleurs jaune crème de 20 cm, parfumées la nuit, assez tardives. *B.* x *candida*, aux très longues feuilles (50 cm), trompettes blanches; 'Grand Marnier', à fleurs de 30 cm de long, parfumées, d'un rose orangé nuancé. *B. sanguinea*, aux fleurs rouge orangé de 25 cm de long. *B. suaveolens*, aux fleurs blanches, intensément parfumées la nuit. *B. versicolor*, aux fleurs blanches de 40 cm qui fanent orange.

CULTURE EN POT Dans un pot de 25 à 40 cm en tous sens au minimum, dans un bon terreau riche et souple, enrichi avec un engrais organique.

UTILISATIONS En bac, massifs saisonniers.

ATTENTION

Ces plantes sont très toxiques, éloignez-les des jeunes enfants.

Brugmansia arborea

CAMÉLIA D'AUTOMNE

Camellia sasanqua

J F M A M J J A S O N D

1/6 m | 1/3 m | P | -10 °C

Vidéo « Cultiver un camélia »*

Camellia sasanqua 'Belinda'

Cet arbuste dressé est apprécié pour ses fleurs simples en coupe, blanches, parfumées; il forme un buisson aux feuilles alternes, coriaces, ovales, vert foncé.

SOL Profond, léger, frais, bien drainé. Il lui faut une terre acide, mais la terre de bruyère pure ne convient pas, on doit la mélanger au sol d'origine ou y incorporer un terreau souple et riche.

EXPOSITION Ombre, mi-ombre ou soleil léger à l'abri des vents forts et des froids vifs.

CULTURE Plantez au printemps. Apportez un engrais pour rhododendrons après la floraison. Après un hiver rigoureux, rabattez au-dessus d'une feuille les rameaux abîmés par le gel.

ESPÈCES ET VARIÉTÉS Il existe 250 espèces.

- **CULTIVARS DE *CAMELLIA SASANQUA* :** 'Crimson King' (2 m), hâtif, fleur simple de septembre à novembre, rouge lumineux, étamines jaune d'or bien visibles; 'Early Pearly' (1,20 m), compact, fleur double blanc pur d'octobre à décembre; 'Fukusutsumi' (syn. 'Apple Blossom'), 1,50 m, vigoureux, fleur simple blanche bordée de parme, parfum bien présent d'octobre à décembre; 'Hiryu' (de 1,50 à 2 m), fleur semi-double rose foncé ou rouge, étamines apparentes; 'Hugh Evans' (de 1 à 2 m), fleur simple rose soutenu d'octobre à décembre; 'Maiden's Blush' (de 2 à 3 m), fleur simple rose pâle et cœur d'étamines dorées en novembre et décembre, parfum léger; 'Narcissiflora' (de 2 à 2,50 m), fleur simple blanche à cœur jaune d'octobre

*Télécharger l'application Truffaut +, voir p. 6-7

à décembre, port buissonnant ; 'Narumi-Gata' (de 2 à 3 m), très précoce, vigoureux, fleur simple blanc rosé, parfum très présent ; 'Plantation Pink' (1,20 m) fleurit tôt en automne, grande fleur simple rose intense, léger parfum ; 'Rainbow' (1,50 m), petite fleur simple blanche avec le bord des pétales rose vif, parfum puissant ; 'Tricolor Magnifica' (syn. 'Versicolor'), de 1 à 1,50 m, fleurs simples en décembre, parfumées, blanc nuancé de rose vif ; 'Variegata' (1,20 m), port compact, feuilles bordées de vert clair ou de crème, fleurs simples blanc bordé de rose de septembre à novembre ; 'Yoimachi' (de 1 à 2 m), toutes petites fleurs blanc nuancé de rose lilas sur les bords, parfum très présent ; 'Yuletide' (de 1 à 1,50 m), très tardif, petites fleurs légèrement parfumées, rouge vermillon vif, avec un cœur d'étamines jaunes.

- **SÉRIE PARADISE** (de 1,50 à 3 m) : elle comprend 13 cultivars fleurissant d'octobre à février, dotés d'une bonne tolérance à la chaleur et à la sécheresse ; 'Belinda', compact, fleur simple rose soutenu ; 'Blush', fleur double rose et blanc ; 'Hilda' (3 m), fleur semi-double, rose, floraison de longue durée ; 'Jennifer', semi-double blanc ombré de rose ; 'Joan' (de 1,50 à 2 m), fleurs très précoces, semi-doubles, rouge vif aux étamines apparentes ; 'Little Liane' (1 m), très compact, petites fleurs doubles blanc souligné de rose, très précoces, idéal en pot ; 'Sayaka', semi-double blanc avec un dégradé de rose plus soutenu sur le bord ; 'Venessa', grande fleur (plus de 10 cm), semi-double blanc nuancé de rose.

CULTURE EN POT Dans un pot de 40 cm de côté et au moins 30 cm de profondeur, dans un mélange à parts égales de terreau de feuilles et de tourbe.

UTILISATIONS Bacs ou pots sur une terrasse ou un balcon abrité.

Camellia sasanqua 'Hiryu'

GALANT DE NUIT

Cestrum nocturnum

J F M A M J J **A S O** N D

1,50/3 m	1/2 m	soleil	C	5 °C

Cet arbuste buissonnant semi-persistant, aux feuilles alternes, simples, porte des fleurs tubulaires, très nombreuses, blanc crème, qui restent fermées pendant la journée et dégagent un puissant parfum épicé la nuit.

SOL Fertile, bien drainé, assez profond.

EXPOSITION Chaude et ensoleillée.

CULTURE Plantez en plein air en mai. Par temps chaud et sec, arrosez copieusement. Fertilisez tous les 15 jours de mai à septembre les sujets cultivés en pot. L'hiver, gardez les plantes à l'abri du gel dans la véranda, en réduisant les arrosages. Multiplication par bouturage des jeunes tiges en août.

ESPÈCES Il existe 250 espèces. *Cestrum aurantiacum*, d'un jaune orangé éclatant. *C. elegans*, rouge pourpré à rose, fruits décoratifs pourpres. *C.* x 'Newellii', à la floraison rouge, résiste jusqu'à – 10 °C. Outre *C. nocturnum*, le galant de nuit, *C. parquii* (3 m) fleurit jaune verdâtre en juin-juillet et est parfumé le soir.

CULTURE EN POT Dans un pot de 40 cm de côté et 30 cm de profondeur, dans un mélange de terre de jardin siliceuse et de terreau à parts égales.

UTILISATIONS Massif, bac, mur fleuri.

TAILLE

Taillez court les branches en fin d'hiver pour une bonne floraison.

DAPHNÉ

Daphne sp.

J **F M A M J** J A S O N D

0,20/1 m	0,30/1 m	soleil/mi-ombre	C/P

Ces arbustes souvent éphémères exhalent un parfum d'exception. Formant un petit buisson aux feuilles alternes, simples, vert foncé, les daphnés portent des fleurs tubulaires, cireuses, à 4 lobes, rose carmin.

SOL Humifère, neutre, frais, bien drainé.

EXPOSITION Soleil léger ou mi-ombre.

CULTURE Plantez au printemps, ne laissez pas le sol se dessécher (un paillis organique est conseillé). Taille inutile, excepté pour éliminer les rameaux morts. Fertilisez les sujets en pot en été.

ESPÈCES ET VARIÉTÉS Il existe 93 espèces, dont de nombreux hybrides naturels. *Daphne arbuscula* (15 cm), persistant, à fleurs rose foncé. *D. mezereum*, le bois gentil (1 m), caduc, floraison hivernale rose violacé. *D. odora* (1 m), persistant, floraison printanière très parfumée ; 'Aureomarginata', au feuillage panaché. *D.* x *transatlantica* 'Eternal Fragrance' (syn. 'Blafra') est un hybride dont l'espèce n'est pas validée sur le plan botanique.

CULTURE EN POT Dans un pot de 20 cm en tous sens pour une plante de 30 cm, 40 cm pour une plus grande, dans une terre de bruyère bien drainée, avec un tiers de terreau forestier.

UTILISATIONS Bacs, pots, jardinières.

MULTIPLICATION

Bouturez les daphnés en été, car ces plantes sont assez éphémères et meurent brutalement.

GARDÉNIA

Gardenia jasminoides 'Kleim's Hardy'

J F M A **M J J A S** O N D

0,60/1 m | 40/60 m | P | -7 °C

Cet arbuste persistant porte des feuilles coriaces, veinées, d'un beau vert profond, brillantes, denses et fournies. De mai à septembre, les fleurs se succèdent, blanches, souvent semi-doubles à doubles, de 5 à 10 cm de diamètre et suavement parfumées.

SOL Riche et frais, dépourvu de calcaire, voire légèrement acide.

EXPOSITION Lumineuse, sans soleil direct.

CULTURE Le gardénia supporte mal les écarts de température qui font chuter les boutons floraux, maintenez-le toute l'année autour de 18 à 24 °C. Il a besoin aussi d'humidité ambiante, toutefois, ne le bassinez pas lorsqu'il commence à fleurir, car l'eau tache les fleurs. En fin d'hiver, taillez l'arbuste, en réduisant la végétation de moitié. À la reprise, apportez tous les mois, entre mars et septembre, un engrais pour plantes fleuries. Rempotez tous les ans, dans un terreau additionné de 15 % de terre de bruyère.

ESPÈCES ET VARIÉTÉS Il existe 134 espèces. *Gardenia jasminoides* 'Kleim's Hardy' (1 m) est une obtention horticole américaine destinée au jardin. Il résiste jusqu'à – 7 °C pour le feuillage et – 12 °C pour les racines. Floraison blanc crème. On trouve aussi le cultivar 'Crown Jewel', réputé rustique.

CULTURE EN POT Dans les régions froides, protégez contre le gel ou hivernez. Suspendez les arrosages en hiver.

UTILISATIONS En potées, dans les massifs.

Vidéo « Entretenir un gardénia »

HÉLIOTROPE DU PÉROU

Heliotropium arborescens

J F M A **M J J A S O** N D

0,30/1 m | 20/50 cm | V

Cette vivace frileuse est toujours cultivée comme une annuelle d'été. Appelé aussi « herbe de saint Fiacre », l'héliotrope forme un buisson bien ramifié, aux feuilles ovales, gaufrées, à l'aspect ridé, rugueux au toucher, d'un vert très foncé. Les petites fleurs, dans les tons bleu foncé, sont groupées en larges inflorescences irrégulières, qui embaument surtout les soirs de canicule.

SOL Riche, humifère, frais et bien drainé.

EXPOSITION Plein soleil et forte chaleur.

CULTURE Semez en mars-avril sous abri chauffé (22 °C). Repiquez en godets individuels. Installez les héliotropes en place fin mai, espacés de 30 cm.

ESPÈCES ET VARIÉTÉS Il existe environ 160 espèces. On cultive surtout des formes compactes de *Heliotropium arborescens* (appelé aussi parfois *H. peruvianum*) qui ne se dénudent pas à la base ; 'Atlanta' (30 cm), bleu foncé ; 'Florence Nightingale' (50 cm), mauve pâle ; 'Marine' (40 cm), bleu nuit.

CULTURE EN POT Dans un pot de 25 cm de large et 18 cm de profondeur au minimum, dans un terreau tourbeux enrichi d'amendement organique.

UTILISATIONS Massif d'été, potée.

PARFUM

Placez des héliotropes près de la maison pour profiter de leur parfum vanillé, très suave, presque entêtant.

JACINTHE

Hyacinthus x hybridus

J F **M A** M J J A S O N D

20/30 cm | 10/15 cm | B

Cette plante bulbeuse est appréciée pour son parfum capiteux. La jacinthe forme un gros bulbe arrondi qui produit un bouquet de feuilles longues et étroites, en gouttière, au milieu duquel apparaissent une ou plusieurs hampes creuses portant une grappe régulière de fleurs en clochette étoilée, parfumées.

SOL Riche, léger, sableux, bien drainé.

EXPOSITION Soleil direct jamais brûlant ou mi-ombre douce.

CULTURE Plantez en automne, à 10-15 cm de profondeur, en espaçant les bulbes de 15 cm. Un calibre de 17 à 19 cm est parfait. Tuteurez les hampes des variétés à grosses fleurs.

ESPÈCES ET VARIÉTÉS Il existe 3 espèces. On ne cultive que des hybrides : 'Aiolos', blanc ; 'Amsterdam', rouge ; 'Anna Marie', rose ; 'Atlantic', bleu soutenu ; 'Bismarck', bleu intense ; 'Blue Jacket', bleu foncé ; 'Blue Pearl', bleu violacé ; 'Carnegie', blanc ; 'City of Haarlem', jaune ; 'Fondant', rose pâle ; 'Delft Blue' (syn. 'Bleu de Delft'), bleu clair ; 'Gipsy Queen', saumon ; 'Jan Bos', rouge carmin ; 'Midnight Mystique', quasiment noire ; 'Perle Brillante', bleu ciel ; 'Peter Stuyvesant', bleu foncé ; 'Pink Pearl', rose vif brillant, hâtive ; 'Purple Voice', mauve ; 'Splendid Cornelia', mauve ; 'White Pearl', blanche ; 'Woodstock', bordeaux très foncé.

CULTURE EN POT Dans un pot de 20 cm en tous sens pour 3 à 5 bulbes.

UTILISATIONS Potée, vasque, jardinière, bouquet. Massif.

LAVANDE

Lavandula spp.

J F M A M **J J** A S O N D

0,30/1 m | 0,60/1 m | P

Ce sous-arbrisseau forme une touffe arrondie, compacte, très florifère, parfaitement rustique. Elle épanouit de nombreux épis terminaux de fleurs bleu lavande en été. Les feuilles, opposées, linéaires, gris argenté, sont aromatiques. Les fleurs sont très parfumées et mellifères.

SOL Calcaire, profond, bien drainé, même sec, pauvre et caillouteux.

EXPOSITION Plein soleil, le plus chaud possible, même dans un lieu aride.

CULTURE Plantez au printemps entre 40 et 60 cm de distance. Taillez en mars en forme arrondie. Après la floraison, supprimez les hampes florales et taillez les rameaux qui s'échappent de la touffe, pour lui conserver une silhouette sphérique. N'arrosez pas trop.

ESPÈCES ET VARIÉTÉS Il existe 47 espèces dont de nombreux hybrides naturels.

- **LAVANDE VRAIE** *(Lavandula angustifolia)*: se décline en d'innombrables cultivars. 'Anna', forme naine à fleurs bleu foncé; 'Hidcote', compact (60 cm), très touffu, au feuillage bleuté, fleurs violet foncé; 'Munstead', nain (45 cm), aux fleurs bleu violacé, feuillage vert cendré; 'Rosea', à épis vieux rose; 'Twickle Purple', port souple, fleur violettes.
- **LAVANDIN** *(L.* x *intermedia)* : il est plus prolifique. Il fleurit plus tard, mais est moins parfumé; 'Dutch', à feuillage bleuté, fleurs bleu clair; 'Grosso', très odorant, à grosses fleurs violet foncé; 'Seal', à fleurs violet pâle; 'Walburton's Silver Edge' (syn. 'Walvera'), feuillage panaché de blanc, fleur bleue.

STIMULER LA FLORAISON

Coupez les fleurs fanées au fur et à mesure, afin de favoriser les floraisons. Ne taillez pas sur le vieux bois.

- **LAVANDE PAPILLON** *(L. stoechas* ssp. *pedunculata)* : fleurit dès le mois de mai, les épis étant accompagnés de bractées. 'Helmsdale', violet foncé; 'Madrid Purple', pourpre violacé et bractées mauves; 'Willow Vale', pourpre violacé et violet clair. Dans la série Plumette® sont proposés plusieurs cultivars : 'Bluberry Ruffles', bleu foncé et bractées roses; 'Mulberry Ruffles', violet et rose; 'Sugarberry Ruffles', rose violacé et rose tendre.
- **LAVANDE DES CANARIES** *(L. pinnata)* : longue période de floraison d'épis très étroits bleu violacé, feuillage découpé, penné.
- **HYBRIDE** : 'Quicksilver' (syn. 'Sawyers'), feuillage argenté, fleurs bleues.

CULTURE EN POT Dans un pot de 25 à 35 cm en tous sens, selon la taille de la plante, dans une bonne terre de jardin.

UTILISATIONS Rocaille, bordure, massif, bouquets secs. Une haie basse de lavande souligne bien une allée ou délimite un carré de fleurs ou de légumes.

Lavandula 'Quicksilver'

Lavandula x *intermedia*

GIROFLÉE QUARANTAINE

Matthiola incana

J F M A M **J J A S** O N D

20/70 cm | 20/30 cm | A

Cette plante très colorée exhale un parfum très agréable, un peu sucré. Appelée aussi « giroflée d'été », c'est une vivace cultivée comme une annuelle. Elle forme des touffes de feuilles oblongues de 5 à 10 cm de long. Les fleurs simples ou doubles sont réunies en grands épis érigés, compacts. Les coloris varient du blanc pur au bleu violet, avec du jaune, du rose et du rouge.

SOL Neutre, fertile, profond, bien drainé.

EXPOSITION Soleil non brûlant.

CULTURE Semez de février à avril sous abri, entre 18 et 22 °C. Repiquez dès que les plants possèdent 2 ou 3 feuilles et conservez-les jusqu'à leur mise en place, fin avril, tous les 20 à 30 cm. Attention, les plantules sont sensibles à la fonte des semis.

ESPÈCES ET VARIÉTÉS Il existe 50 espèces et quelques sous-espèces. Les sélections récentes offrent des plantes à fleurs très doubles : 'Cinderella' (20 cm), aux fleurs parfumées, en 9 coloris; race Mammouth Exelsior (70 cm), à tige unique, en 10 coloris; 'Midget' (25 cm), double à semi-double, très précoce, en 5 coloris. Dans un semis d'une variété à fleurs doubles, éliminez les plants au feuillage vert foncé, car ils donneront une floraison simple.

CULTURE EN POT Dans une jardinière de 25 cm de hauteur au minimum, dans un terreau universel.

UTILISATIONS Massif, jardinière, potée, bouquet.

ORNITHOGALE, ÉTOILE DE BETHLÉEM

Ornithogalum spp.

J F M A M J J A S O N D

10/40 cm | 5/15 cm | B

Cette bulbeuse porte de jolies fleurs étoilées, blanc argent. Elle a pour surnom « dame de onze heures », car ses fleurs ne s'ouvrent qu'en fin de matinée. Ce sont des étoiles à 6 pétales blancs au dessous vert, portées en grappes le long d'une tige rigide. Les feuilles, linéaires, arquées, ont une rayure longitudinale gris argenté.

SOL Léger, bien drainé, sablonneux.

EXPOSITION Soleil, voire mi-ombre, mais les boutons ne s'ouvrent pas à l'ombre.

CULTURE Plantez à l'automne, entre 5 et 8 cm de profondeur, tous les 8 à 10 cm. Cette plante rustique se naturalise facilement, surtout sur le littoral.

ESPÈCES ET VARIÉTÉS Il existe un peu plus de 190 espèces. *Ornithogalum balansae* (10 cm), précoce. *O. dubium*, à fleurs orange. *O. nutans*, l'étoile de Bethléem (de 30 à 40 cm), très rustique, aux grappes de fleurs en entonnoir, argent rayé vert. *O. umbellatum* (de 20 à 30 cm), aux grappes de 6 à 20 fleurs.

CULTURE EN POT Dans un pot de 15 cm en tous sens, dans un mélange à parts égales de terreau et de sable ou de perlite.

UTILISATIONS Rocaille, talus, bordure de massif, potée, bouquet.

PÉLARGONIUM À FEUILLAGE ODORANT

Pelargonium spp.

J F M A M J J A S O N D

40/80 cm | 30/60 cm | 0 °C

Certains pélargoniums botaniques et leurs variétés sont cultivés pour leur feuillage parfumé, dans une large gamme qui va du doux à l'épicé, en passant par la menthe ou le citron. Leurs fleurs, roses ou mauves, sont moins décoratives que celles des autres pélargoniums.

SOL Riche et bien drainé.

EXPOSITION Chaude et bien aérée, très ensoleillée, même aride.

CULTURE Le mode de culture est identique à celui des autres pélargoniums, ➔ **p. 600.**

ESPÈCES ET VARIÉTÉS Il existe 230 espèces. Ces pélargoniums à feuillage odorant évoquent différentes senteurs. Amande : *Pelargonium blandfordianum*. Carotte : 'Scarlett Pet'. Citron : *P. crispum* 'Bette Hülsmann', 'Joy Lucille', 'Lemon Fancy', 'Major', 'Minor', 'Peach', 'Prince Ruppert', 'Radula', *P. viscosissimum*. Citronnelle : *P. denticulatum*. Eucalyptus : 'Chlorinda'. Pin : *P. abrotanifolium* et *P. fragrans*. Menthe : 'Grey Lady Plymouth', *P. tomentosum*. Orange : 'Prince of Orange'. Poivre : 'Endsleigh', 'Patton's Unique', 'Royal Oak', 'Snow Flake', *P. quercifolium*. Pomme : *P. odoratissimum*. Rose : 'Attar of Rose', *P. capitatum*, le géranium rosat, et *P. graveolens*.

CULTURE EN POT Dans un pot de 15 cm en tous sens au minimum, dans un bon terreau pour plantes à massif.

UTILISATIONS Massif, potée, jardinière, suspension, décor d'intérieur (formes botaniques et à feuillage odorant).

Pelargonium quercifolium

PITTOSPORE ODORANT

Pittosporum tobira

J F M A M J J A S O N D

2/4 m | 1,50/2,50 m | P | -8/-10 °C

Ces arbustes élégants embaument littéralement. Ils portent des feuilles alternes, entières, ovales, épaisses et luisantes, vert foncé. Ils se parent de fleurs blanches en bouquets, dont le parfum rappelle l'oranger et le jasmin.

SOL Fertile, profond, bien travaillé, drainé, même sec, pas trop calcaire.

EXPOSITION Chaude, en plein soleil et à l'abri des vents dominants.

CULTURE Plantez au printemps et paillez immédiatement le pied. Installez les pittosporums le long d'un mur au sud dans les régions aux hivers peu cléments. Sous un climat plus frais que celui de l'Anjou, couvrez ces arbustes de voiles d'hivernage ou abritez-les dans une véranda hors gel pour la mauvaise saison. Pour les aider à se ramifier durant les premières années de plantation, pincez les jeunes pousses. Chez les sujets adultes, égalisez en fin de saison les rameaux qui paraissent échevelés sur la touffe. Il est aussi possible de les former en boule.

ESPÈCES ET VARIÉTÉS Il existe 110 espèces et quelques sous-espèces.

› *Pittosporum tobira* (de 2 à 4 m), aux fleurs crème très parfumées ; 'Nana', compact

(80 cm), plutôt destiné à être planté dans un bac ; 'Variegatum', aux feuilles panachées de blanc.

- *Pittosporum tenuifolium* porte des petites feuilles ondulées sur les bords, les fleurs en clochette ont un parfum de miel ; 'Abbotsbury Gold', au feuillage vert jaunâtre ; 'Elisabeth', vert foncé bordé de rose ou de rouge ; 'Emerald Dome', en boule compacte ; 'Golf Ball', forme globuleuse naine, à feuillage vert-jaune ; 'Green Elf', érigé, compact, rameaux noirs, feuilles grisâtres ; 'Irene Patterson', feuillage gris marginé de crème ; 'Purpureum', à feuilles pourpres ; 'Silver Queen', feuilles vert clair marginées de crème ; 'Tom Thumb', nain (1 m), pourpre ; 'Variegatum', aux feuilles vert clair marginées de blanc.
- Hybride : 'Mahii', port compact, feuilles ondulées, ressemble à un *P. tenuifolium*.

CULTURE EN POT Dans un pot de 30 cm en tous sens, dans un bon terreau de plantation bien drainé, enrichi d'un fertilisant organique.

UTILISATIONS Massifs, haie taillée, topiaire, bac sur terrasse, bouquets.

TUBÉREUSE

Polianthes tuberosa

J F M A M J J A **S O** N D

0,60/1,20 m | 10/20 cm | B | 5 °C

Cette bulbeuse d'aspect rugueux exhale un parfum puissant et envoûtant. Ses longues feuilles en ruban forment une rosette, qui entoure une hampe terminée par un épi de fleurs cireuses, parfumées, en entonnoir. Les boutons apparaissent en été et s'épanouissent à l'automne. Elle craint le froid.

SOL Profond, sableux ; un apport de fumier déshydraté est conseillé.

EXPOSITION Chaude (au-dessus de 18 °C) et très lumineuse.

CULTURE Plantez fin avril en pleine terre dans le Midi ; enterrez le bulbe de 1 à 2 cm. Ailleurs, démarrez la culture à l'intérieur, en groupant 3 bulbes dans un pot de 40 cm de diamètre. Traitez comme une annuelle, car les bulbes, gélifs, n'ont pas le temps de reconstituer leurs

réserves après floraison. Sortez-les dès que la température extérieure dépasse 15 °C. Rentrez la potée à la fin de la floraison et conservez-la au sec, entre 10 et 15 °C.

ESPÈCES ET VARIÉTÉS Il existe 18 espèces. *Polianthes tuberosa* 'La Perle', à fleurs doubles et longue floraison tardive.

CULTURE EN POT Conseillée dans les régions fraîches. Voir ci-dessus.

UTILISATIONS Isolé, en groupe de 5 à 10 bulbes, en pot sur un balcon, fleur coupée, culture d'intérieur possible.

VIOLETTE DE PARME, VIOLETTE ODORANTE

Viola odorata

J F **M A** M J J A S O N D

5/8 cm | 15 cm | V

La violette odorante est une vivace rhizomateuse qui forme des touffes très tapissantes, aux fleurs bleu violacé. Elle fleurit tout l'hiver lorsqu'elle est protégée des grands froids. On peut également observer une remontée au printemps et parfois en septembre.

SOL Léger, de préférence humifère.

EXPOSITION Ombre ou mi-ombre.

CULTURE Divisez les vieilles touffes peu florifères en automne. Arrosez s'il fait sec.

ESPÈCES ET VARIÉTÉS Il existe 500 espèces. Parmi les cultivars de *Viola odorata* : 'Amiral Avellan', rouge pourpré ; 'Cendrillon', bleu violacé ; 'Princesse de Galles', stolonifère, bleu violacé foncé ; 'Reine des Blanches', à fleurs doubles ; 'De Toulouse', bleu lavande, très parfumée.

CULTURE EN POT Dans un pot de 14 cm en tous sens, dans un bon terreau pour géraniums.

UTILISATIONS Massif avec des bulbeuses, tapis fleuri, bordure, couvre-sol, rocaille, muret, dallage, potée, jardinière.

PENSÉE OU VIOLETTE ?

La violette a 2 pétales dressés et 3 qui s'inclinent vers le bas, tandis que la pensée a 4 pétales dressés et un seul incliné vers le bas, plus grand que les autres.

POUR UN BALCON DE SENTEURS, VOUS POUVEZ AUSSI CULTIVER

★ *Camellia sasanqua* (camélia d'automne) ➲ p. 596 ★ *Choisya ternata* (oranger du Mexique) ➲ p. 194 ★ *Citrus* (citronnier et oranger) ➲ p. 275 ★ *Convallaria majalis* (muguet) ➲ p. 875-876 ★ *Dregea sinensis* (wattakaka) ➲ p. 353 ★ *Lilium auratum, L. longiflorum, L. regale* (lis) ➲ p.510 ★ *Mentha* (menthe) ➲ p. 810 ★ *Narcissus* 'Paper White' (narcisse) ➲ p. 428 ★ *Ocimum basilicum* (basilic) ➲ p. 806 ★ *Osmanthus delavayi, O. heterophyllus* ➲ p. 279 ★ *Philadelphus* 'Burfordensis', 'Silver Showers' (seringat nain) ➲ p. 486 ★ Rosiers nains parfumés 'Bolchoï' ➲ p. 487 et aussi 'Lambert Wilson', 'Mimie Mathy', 'Rose de Rescht', 'Sweet Nothing', 'Yellow Hammer' ★ *Sarcococca hookeriana* (sarcocoque nain) ➲ p. 280

Des Cascades de fleurs

Planter un panier suspendu

Pas de précipitation avant de composer le petit décor de votre suspension, pensez d'abord aux petits gestes qui la rendront facile à vivre et à entretenir ... 1

Fixer solidement une potence

Avec le poids du terreau, des plantes et surtout de l'eau d'arrosage, une suspension finit par peser lourd. Tenez-en compte et apportez une solide fixation ... 2

Les bons contenants

La culture en suspension est suffisamment particulière pour supposer des contenants parfaitement adaptés. Chacun a ses avantages et ses petits inconvénients. À vous de bien choisir, selon vos besoins et vos attentes ... 3

La petite histoire

Quel rapport entre les fumeurs et les pétunias ? C'est dans la contrée d'origine d'une des plantes à fleurs les plus populaires de nos balcons et terrasses que l'on trouve la réponse ... 4

Pétunia 'Bordeaux'

Arroser les suspensions

La seule petite contrainte des suspensions est leur arrosage, surtout si l'on persiste à vouloir utiliser un arrosoir à bout de bras, alors qu'il existe des accessoires bien mieux adaptés ... 5

Lance d'arrosage

Créer un effet de volume

Pour se rendre plus belle, il faut parfois tricher. Les suspensions adoptent un peu de malice et d'ingéniosité pour gagner en volume et être plus remarquables ... 6

Erigeron karvinskianus

IDÉES

→ POURQUOI PAS... Une Composition monochrome ? 7

→ POURQUOI PAS... Une boule fleurie suspendue ? 8

et Si

· Ma suspension s'est partiellement desséchée suite à un oubli d'arrosage ? 9

· Les tiges de mes pétunias noircissent ? 10

Les Plantes idéales

Les espèces idéales sont légères, aériennes, et s'accommodent de la culture en pot. Elles sont souvent prêtes à l'emploi, déjà proposées en suspension dans les jardineries.

★ **Des plantes aux coloris éclatants :** *Begonia* x *hybrida* (bégonia hybride à port retombant) ; *Calibrachoa* x *hybrida* ; *Mimulus* x *hybridus* (mimule) ; *Petunia* (Million Bells et surfinia) ; *Scaevola aemula* (scaevola) ; *Verbena* x *hybrida* (verveine).

★ **Pour un rendu tout en légèreté et en nuances :** *Centradenia floribunda ; Erigeron karvinskianus* (vergerette des murailles) ; *Origanum rotundifolium* (origan ornemental) ; *Oxalis deppei ; Portulaca grandiflora* (pourpier à grandes fleurs) ; *Rhodochiton atrosanguineum, R. volubilis* (chapeau chinois) ; *Sutera cordata* (bacopa).

NOS CONSEILS

1. Les plantes à port retombant sont bienvenues en suspension, mais aussi dans les potées et les jardinières, pour apporter une touche de souplesse et dissimuler partiellement le contenant.

2. Vérifiez la solidité des fixations : le terreau humide peut entraîner un poids important.

3. Préférez les suspensions de grand diamètre (30 cm), le volume de terreau permet d'espacer les arrosages.

4. Tapissez la paroi intérieure des suspensions avec un géotextile (feutre) pour retenir l'humidité et une certaine fraîcheur au niveau des racines.

5. Évitez de placer une suspension sur des lieux de passage pour ne pas vous heurter ou vous mouiller.

6. Positionnez les suspensions à hauteur du regard pour profiter des plantes et faciliter l'entretien.

7. Taillez régulièrement les plantes retombantes pour limiter leur longueur et leur donner de l'épaisseur.

8. Fertilisez régulièrement, mais avec un engrais dilué (un bouchon d'engrais liquide pour 10 l d'eau).

1 Planter un panier suspendu

Remplissez à moitié la corbeille de terreau pour suspension fleurie ; il a l'avantage de contenir de l'argile permettant d'espacer les arrosages. Faites tremper les godets des plants dans un fond d'eau pour mieux les dépoter. Installez les plantes depuis le centre vers la périphérie, légèrement tournées vers l'extérieur. Complétez avec le terreau en tassant légèrement et arrosez copieusement. Si vous utilisez un terreau universel, insérez 2 ou 3 cônes d'engrais retard.

Compléter avec le terreau (suspension de verveine)

4 La petite histoire

Lorsque les Européens découvrirent la tribu des Tupinambu, dans le sud-est du Brésil, ils constatèrent que ceux-ci fumaient le feuillage de certaines plantes lors de rituels religieux ou pour des usages médicinaux. Le mot petyn, « tabac » dans le dialecte local, donnera le verbe « pétuner », signifiant fumer ou priser du tabac. Et comme le pétunia en est un proche cousin, il en a hérité le nom, donné en 1803 par de Jussieu.

2 Fixer solidement une potence

Fixation murale par des vis et des chevilles

La fixation au plafond d'un balcon ou d'une potence sur un mur, sur une terrasse ou un balcon, doit être robuste. Deux systèmes simples s'offrent à vous. Le premier est le **scellement chimique**. Percez le mur qui soutiendra la potence avec une perceuse et une mèche adaptée au matériau de construction (brique, béton, béton cellulaire...). À l'aide d'un pistolet, remplissez le trou de résine de fixation et insérez la cheville. Le second fait appel à des **chevilles métalliques à écartement** (qui font coin au fur et à mesure qu'on serre). Ces deux méthodes sont destinées à porter de lourdes charges (jusqu'à 50 kg pour une cheville de 10 mm de diamètre) : vous pourrez en toute tranquillité accrocher des suspensions dont le contenant est en terre cuite.

3 Les bons contenants

Les matériaux les plus courants sont la terre cuite, le plastique et le métal, ces deux derniers pour les corbeilles ajourées. La coupe en terre cuite, brute ou vernissée, est très esthétique, mais lourde. Elle favorise une certaine évaporation, ce qui oblige à la vigilance quant aux arrosages. La matière plastique est légère, mais la plupart du temps assez inesthétique, même lorsqu'elle imite la terre cuite. Elle retient l'eau, il faut le savoir par temps de pluie. La corbeille, souvent métallique, est légère, jolie, car souvent travaillée, son fond doit être garni de fibre de coco, fourni ou à acheter en plus, pour contenir le terreau. Il est conseillé de le doubler d'un fond de feutre, pour maintenir une bonne humidité au niveau des racines. Certains y ajoutent un fond sous la forme d'un film plastique, mais il faut alors veiller aux excès d'eau. Sans ce film plastique, l'eau d'arrosage passe au travers de la fibre de coco ; pensez-y en plaçant la suspension dans un lieu qui ne craint rien et arrosez peu à la fois, en plusieurs passages.

Tapis de géotextile pour retenir l'humidité et réduire les arrosages

Faire un trou pour le drainage dans le film plastique

5 Arroser les suspensions

Un dispositif simple et astucieux permet de vous éviter la fatigue de tenir un arrosoir plein à bout de bras pour arroser vos suspensions. Il s'agit d'une lance à adapter au tuyau d'arrosage, à tête orientable, pour arroser au cœur des compositions. Il en existe des modèles télescopiques pour les suspensions placées à grande hauteur. Certaines potences sont munies de poulies permettant de descendre aisément la suspension, c'est bien utile lorsqu'il faut la laisser tremper occasionnellement dans l'eau.

Arrosage à la lance d'une suspension de pétunias

6 Créer un effet de volume

Pour donner de l'ampleur aux plantes retombantes et qu'elles ne donnent plus l'impression de pendouiller tristement le long des parois des bacs ou des poteries, il suffit de placer un morceau de grillage sur le rebord du contenant, plié en demi-cercle, et de laisser courir les tiges à l'horizontale avant de les voir retomber à la verticale. Effet garanti.

IDÉES

7 Pourquoi pas… une composition monochrome ?

Choisissez une couleur dominante pour créer une suspension monochrome. Associez un pétunia ou un surfinia violacé à laisser cascader sur une moitié de la coupe, une verveine hybride rose soutenu sur la seconde moitié et, pour donner du volume, placez un fuchsia hybride dont la végétation est plus haute, au port pleureur : les nuances de rose, de fuchsia et de violet sont innombrables.

8 Pourquoi pas… une boule fleurie suspendue ?

C'est la grande marotte des jardiniers anglais d'agencer une profusion de fleurs aussi variées que possible, au point de masquer totalement le contenant. Choisissez des espèces fleurissant toutes à la même époque et, pour l'arrosage, décrochez la suspension pour la faire tremper dans l'eau, car la densité de plantation est telle que l'arrosage traditionnel est peu aisé. Mélangez ainsi lobélies, fuchsias, impatiens à fleurs doubles, pensées, asters nains…

Calibrachoas et pétunias en suspension

Suspension métallique en forme de boule, garnie de fibre de coco

Sutera diffusa 'Snowflake'

et Si

9 Ma suspension s'est partiellement desséchée suite à un oubli d'arrosage ?

Trempez tout le panier dans l'eau pendant une heure pour imbiber complètement la motte de terreau, taillez les parties abîmées, laissez bien ressuyer et maintenez une bonne humidité pendant une dizaine de jours. Après, seulement, reprenez les apports d'engrais pour plantes fleuries.

10 Les tiges de mes pétunias noircissent ?

Trop d'eau d'un coup et trop d'eau stagnante surtout, et le *Phytophthora* se manifeste. Ce champignon du sol entraîne le pourrissement des racines. La maladie commence par le noircissement de la base des pousses et se poursuit par le flétrissement de toute la plante, qui meurt. Jetez tout, récupérez seulement le contenant et stérilisez-le par trempage dans de l'eau de Javel diluée (à 10 %).

BÉGONIA À PORT RETOMBANT

Begonia x hybrida

J F M A **M J J A S O** N D

15/40 cm | 15/50 cm | A | 0 °C

Begonia pendula 'Cascade'

Parmi les bégonias à fleurs, certains ont un port retombant qui convient tout particulièrement aux suspensions. Ce sont des vivaces frileuses, généralement cultivées comme plantes saisonnières, qui fleurissent pendant plusieurs mois. Ces plantes tubéreuses ont des feuilles arrondies, vernissées, vertes ou pourpre bronze selon les variétés. Les fleurs unisexuées sont portées par la même inflorescence, les mâles ayant 2 ou 4 pétales inégaux et les femelles jusqu'à 6 pétales égaux, de coloris lumineux.

SOL Consistant, humifère, assez riche, toujours frais, mais bien drainé. Un apport de tourbe ou de terreau de feuilles est très profitable lors de la plantation.

EXPOSITION Soleil léger, mi-ombre, ou même ombre.

CULTURE Faites démarrer les tubercules en caissettes dans du terreau sableux, en mars, à 20 °C. Plantez-les dès la fin des gelées, entre 2 et 3 cm de profondeur, et à 25 cm de distance. Arrachez les plantes avant la première gelée, nettoyez les tubercules et stockez-les au sec et hors gel pour l'hiver.

ESPÈCES ET VARIÉTÉS Il existe entre 900 et 1 500 espèces selon les auteurs.

- **FORMES À PORT RETOMBANT :** souvent issues de *Begonia boliviensis*. 'Bonfire', idéal en suspension, profusion de petites fleurs rouge orangé ; 'Dragon Wings', très ramifié, à port irrégulier, semi-retombant, rouge ; 'Million Kisses' (de 50 à 60 cm), série dont les tiges arquées portent des feuilles étroites et un nombre considérable de petites fleurs saumon ('Allure'), blanc rosé ('Elegance') ou rouges ('Passion') ; 'Tenella', série aux fleurs franchement retombantes rouges ('Scarlet') ou orange saumoné ('Salmon Orange') ; série 'Waterfall', plantes assez trapues à fleurs simples retombantes roses, rouges ou orange ('Encanto Orange').

Begonia 'Waterfall Encanto'

- **GROUPE *BEGONIA PENDULA* :** constitué d'hybrides tubéreux, dont les tiges souples et succulentes portent des grappes de fleurs simples ou doubles qui s'épanouissent de juin aux gelées. On les désigne souvent sous le nom de bégonias 'Cascade', qui se déclinent dans une large palette de coloris.

CULTURE EN POT Dans un pot de 15 cm de diamètre au minimum, dans un terreau pour géraniums. Faites un apport d'engrais pour plantes à fleurs tous les 10 jours, de mai à septembre.

UTILISATIONS Suspension, potée.

Begonia Million Kisses 'Passion'

CALIBRACHOA

Calibrachoa x hybrida

J F M A **M J J A S O** N D

10 cm | 15/20 cm | V | 2 °C

Vivace herbacée cultivée chez nous en annuelle ou en bisannuelle, le calibrachoa a longtemps été confondu avec le pétunia. Le port du calibrachoa est étalé à prostré. Les feuilles, persistantes, pubescentes, légèrement collantes, lancéolées, ont 2 à 3 cm de long. Nombreuses petites fleurs à corolle tubulaire du printemps jusqu'aux gelées, offrant de multiples coloris.

SOL Riche et frais ou terreau de qualité pour la culture en pot.

EXPOSITION Soleil ou ombre légère dans les régions chaudes.

CULTURE Arrosez régulièrement en laissant sécher entre deux arrosages. Éliminez les fleurs fanées au fur et à mesure, et pincez après une vague de fleurs pour reformer la plante : la floraison suivante se fait en une quinzaine de jours. Surveillez les attaques de pucerons et, au jardin, protégez des limaces et escargots.

ESPÈCES ET VARIÉTÉS Le genre comprend 28 espèces. Les variétés horticoles sont très nombreuses, dont les séries 'Million Bells' et 'Superbells', les coloris très variés, certaines fleurs sont bicolores. Blanc, crème, jaune, orangé, rouge cuivré, orange capucine, bronze, rose, mauve, violet, pourpre… presque toutes les couleurs sont représentées.

CULTURE EN POT C'est son utilisation par excellence. Évitez les stagnations d'eau favorable aux champignons racinaires pathogènes.

UTILISATIONS Potées fleuries, suspensions, massifs bas.

CHÂLE ESPAGNOL, CENTRADÉNIA

Centradenia floribunda

J F M A M J J A S O N D

30/40 cm | 30/60 cm | V | -6 °C

Cette plante vivace au port retombant est bien adaptée aux suspensions. Les feuilles sont d'un vert franc, les jeunes pousses feuillées sont colorées de rouge. Les fleurs simples, à 4 pétales, sont d'un rose plus ou moins intense.

SOL Riche et frais.

EXPOSITION Ombre légère, mi-ombre.

CULTURE Cultivée en pot dans un terreau riche ou en place au jardin, la plante réclame des arrosages réguliers, mais sans excès d'eau. Pour une culture pérenne, apportez un engrais organique une fois par an, en automne, et protégez par un épais paillis dans les zones froides. En avril, taillez de moitié pour reformer la plante.

ESPÈCES ET VARIÉTÉS Le genre rassemble 4 espèces et 2 sous-espèces. Cultivez *Centradenia floribunda* (de 30 à 40 cm), au port souple à retombant et fleurs mauves. *C. inaequilateralis* 'Cascade' (de 20 à 30 cm), à feuillage pourpre cuivré et fleurs roses.

CULTURE EN POT Dans un pot de 25 cm de diamètre au moins. Abritez des vents et des courants d'air. Sous une ombre légère, la floraison semble plus généreuse.

UTILISATIONS Massifs fleuris, potées et suspensions.

VERGERETTE DE KARVINSKI, PÂQUERETTE DES MURAILLES

Erigeron karvinskianus

J F M A M J J A S O N D

15/30 cm | 1/1,50 m | V

Cette vivace tapissante, très florifère, à feuillage vert-gris, se reconnaît à ses fleurs ressemblant à des pâquerettes, à cœur jaune. Les feuilles, poilues, sont lancéolées, vert grisâtre. Les capitules, légers, souvent semi-doubles, solitaires ou réunis en corymbes, sont blancs, puis rose pourpré.

SOL Riche et profond, mais pas trop lourd et dépourvu d'humidité stagnante.

EXPOSITION La pleine lumière, en évitant le soleil trop chaud, desséchant.

CULTURE Plantez au printemps (de 5 à 7 pieds/m^2). Rabattez entièrement la touffe à la fin de l'automne. Divisez les vieilles touffes en mars-avril tous les 3 à 5 ans.

ESPÈCES ET VARIÉTÉS Il existe près de 480 espèces. *Erigeron karvinskianus* (syn. *E. mucronatus*), 20 cm, port étalé, peu rustique (– 2 °C), ressemble à une fine pâquerette, aux fleurs blanches ou roses de juillet à septembre, utilisé comme couvre-sol dans le Midi ; 'Profusion' (de 20 à 30 cm), port retombant, aux innombrables petites fleurs roses ou blanches. Citons aussi *E. alpinus* et *E. aurantiacus*, qui ne dépassent pas 20 cm de haut, à fleurs roses et rouge orangé en mai-juin.

CULTURE EN POT La vergerette se contente d'un petit bac et d'un faible volume de terre : 14 cm en tous sens suffisent pour un plan, dans un mélange de terreau et de terre de jardin.

UTILISATIONS Suspension, premier plan d'une jardinière, bordures, talus.

ORIGAN ORNEMENTAL

Origanum rotundifolium

J F M A M J J A S O N D

40 cm | 60 cm | V | -12 °C

On connaît l'origan pour son utilisation en cuisine, comme plante aromatique, mais ses qualités ornementales sont indéniables également. On apprécie cette espèce pour ses petites fleurs aux bractées roses et son feuillage fortement aromatique. C'est une plante vivace poussant en touffe, aux nombreuses petites feuilles caduques, bleutées, recouvertes d'un fin duvet.

SOL Bien drainé, même très sec, peu riche.

EXPOSITION Plein soleil obligatoire.

CULTURE Le semis est possible, mais il est plus aisé de planter directement des plants en godets. La plante est quasi rustique. Peu ou pas d'arrosage, surtout si vous voulez exalter la production d'essence aromatique. Une fois par an, réduisez la végétation si nécessaire pour densifier le feuillage : ôtez un quart de la longueur des tiges tout autour de la touffe, en mars.

ESPÈCES ET VARIÉTÉS L'espèce botanique est la plus répandue (le genre en répertorie tout de même 37). Pour son aspect plus décoratif, on cultive la variété *Origanum rotundifolium* 'Kent Beauty', à la floraison et au feuillage plus éclatants.

CULTURE EN POT Placez une couche de drainage au fond des pots (billes d'argile, graviers…) et utilisez un terreau riche. Arrosez peu à la fois, une fois par semaine.

UTILISATIONS Sur les terrasses et les balcons, en bordure, en potée ; dans le carré d'aromatiques du potager.

MIMULE

Mimulus x hybridus

J F M A M **J J A S** O N D

15/50 cm | 20/30 cm | V | -5/-7 °C

Cette vivace se cultive comme une annuelle et se développe en petit buisson aux feuilles triangulaires, dentées. Les fleurs, en entonnoir de 3 à 5 cm de diamètre, se parent de couleurs vives, avec des taches et des marbrures marron plus ou moins présentes.

SOL Humifère, frais, souple, enrichi à la plantation avec du fumier mûr.

EXPOSITION Soleil direct non brûlant ou tamisé, mi-ombre légère.

CULTURE Semez de février à avril sous abri, en couvrant légèrement les graines. La germination demande 10 jours entre 18 et 20 °C. Repiquez une première fois à chaud, quand les plantules ont 2 ou 3 feuilles. Mettez en place en mai.

ESPÈCES ET VARIÉTÉS Les hybrides F1 ont une floraison plus importante, avec de grandes fleurs. 'Magic' (20 cm), précoce, compact, unicolore, ivoire, orange, jaune ou rouge ; 'Mystic', nain, en 8 coloris unis ou à macules rouges ; 'Viva', aux très grosses fleurs jaune brillant marqué de rouge.

CULTURE EN POT Dans un substrat composé de terre, de tourbe et de sable, avec un peu de compost. Ne le laissez jamais manquer d'eau.

UTILISATIONS Massif, bordure, rocaille, potée, jardinière.

OXALIDE, FAUX TRÈFLE À QUATRE FEUILLES

Oxalis sp.

J F M A M **J J A** S O N D

5/30 cm | 10/15 cm | V

Les oxalides forment des tapis florifères très durables, qui font de belles suspensions. Ce sont des vivaces bulbeuses ou rhizomateuses rustiques, dont les feuilles, à 3 ou 4 folioles, qui ressemblent à celles du trèfle, se replient en fin de journée. Les fleurs en coupe ne s'ouvrent qu'en plein soleil.

SOL Léger, riche en humus, bien drainé.

EXPOSITION Plein soleil, même très fort.

CULTURE Plantez en avril, entre 5 et 10 cm de profondeur – et à 10 cm d'écartement. Aucun entretien n'est nécessaire.

ESPÈCES ET VARIÉTÉS Il existe 500 espèces. *Oxalis adenophylla*, l'oxalide du Chili (de 5 à 10 cm), en coussin tapissant, fleurs roses s'éclaircissant vers le centre, en avril-mai. *O. deppei*, le faux trèfle à quatre feuilles (15 cm), à fleurs estivales rose pourpré en ombelles ; 'Iron Cross' porte une tache marron à la base de chaque foliole. La plante est souvent présentée en petite potée en guise de porte-bonheur.

CULTURE EN POT Dans un pot de 15 cm de diamètre pour 4 ou 5 bulbes, dans un bon terreau pour plantes bulbeuses.

UTILISATIONS Jardinière, suspension, potée en intérieur, talus, muret, rocaille.

Oxalis deppei

PÉTUNIA

Petunia sp.

J F M A **M J J A S O** N D

20/80 cm | 30/60 cm | A

Vidéo « Les pétunias »

Petunia 'Tidal Wave'

Cette annuelle aux riches couleurs est l'une des grandes vedettes de l'été. Elle développe des rameaux souples, portant des feuilles alternes, duveteuses et collantes. Les fleurs, en forme d'entonnoir très évasé, se déclinent dans toutes les couleurs. La plante tout entière exhale une odeur assez désagréable.

SOL Fertile, humifère, bien drainé. En pot, dans un bon terreau pour plantes à massif.

EXPOSITION Pas d'insolation trop forte, la mi-ombre douce convient idéalement.

CULTURE Semez à la maison en février-mars, dans des terrines, sans enterrer les graines. Couvrez le semis avec une vitre jusqu'à la germination. Repiquez sous abri, en terrine, dès que les plantules ont formé 2 ou 3 feuilles. Plantez en mai, entre 20 et 30 cm de distance, 3 ou 4 pieds/m² suffisent. De juin à septembre, faites un apport hebdomadaire d'engrais liquide pour plantes fleuries. Supprimez régulièrement les fleurs fanées pour aider à la formation de nouveaux boutons floraux.

ESPÈCES ET VARIÉTÉS 21 espèces sont actuellement reconnues. Les pétunias cultivés sont des hybrides, proposés en coloris très variés, à l'exception de l'orange et du noir.

- **PÉTUNIAS NAINS GRANDIFLORA** : compacts (de 20 à 40 cm), précoces, homogènes, ils portent des fleurs de 6 à 10 cm de diamètre. Ce sont les cultivars les plus anciens. On leur reproche une grande sensibilité aux intempéries. Multiplication par semis.

*Télécharger l'application Truffaut +, voir p. 6-7

Petunias Surfinia®

- **PÉTUNIAS NAINS MULTIFLORA :** compacts (de 20 à 30 cm), plus compacts que les précédents, très nombreuses fleurs de 5 à 6 cm de diamètre. Ils résistent mieux à la pluie et à la chaleur que les « grandiflora ». Multiplication par semis.
- **PÉTUNIAS NAINS MILLIFLORA** ou floribunda : aux fleurs de 3 à 4 cm de diamètre, sont les plus résistants aux intempéries. Multiplication par semis.
- **PÉTUNIAS À FLEURS DOUBLES** (de 30 à 40 cm) : aux nombreux pétales chiffonnés qui s'imbriquent les uns dans les autres. Multiplication par semis.
- **PÉTUNIAS RETOMBANTS** ou hedgiflora (de 50 à 70 cm) : aux rameaux souples et grêles qui ploient sous les fleurs, parfaits pour les suspensions. La série d'origine américaine 'Tidal Wave' (de 70 cm à 1 m), aux fleurs de 5 cm de diamètre, se caractérise par une forte vigueur, une grande résistance au botrytis (pourriture grise) et une abondante floraison. Multiplication par semis. La série 'Fortunia' (de 60 à 80 cm), plus compacte, présente des qualités similaires.

BIEN ARROSER

Arrosez les pétunias au pied, sans mouiller le feuillage et les fleurs, ils dureront bien plus longtemps.

- **RACES RÉCENTES** : de nouveaux hybrides ont vu le jour ces dernières années. Les Surfinia® (1,20 m), vigoureux, à port pleureur, ont été créés au Japon par l'entreprise Suntory en 1989. Commercialisés en Europe depuis le début des années 1990, ils se caractérisent par un développement rapide et important de tiges ramifiées. La floraison, identique à celle du pétunia, est plus abondante. Ces plantes stériles se multiplient par bouturage et non par semis comme les pétunias « classiques ».

CULTURE EN POT Dans un pot de 20 cm en tous sens au minimum ou, pour une suspension, dans une corbeille aussi large que possible (30 cm au minimum) pour avoir un volume de terre suffisant ; plantez-les dans un terreau pour géraniums enrichi de fertilisant organique.

UTILISATIONS Jardinière, potée, suspension, massif, rocaille. Couvre-sol pour les pétunias retombants.

POURPIER À GRANDES FLEURS

Portulaca grandiflora

J F M A M J **J A S** O N D

10/20 cm | 20/30 cm | A

Portulaca grandiflora Sundial'

Cette plante grasse annuelle crée un arc-en-ciel de fleurs en plein soleil. Elle forme une touffe basse, très étalée, aux feuilles cylindriques charnues, vert clair. Les fleurs en forme de coupe, de 3 à 5 cm de diamètre, aux pétales chiffonnés, ne s'ouvrent qu'en plein soleil. Elles se déclinent dans une riche gamme de coloris lumineux et aux nuances subtiles.

SOL Sableux, léger, drainé, même pauvre.

EXPOSITION Chaude et très lumineuse.

CULTURE Semez en godet sous abri en mars ou avril. La levée se produit en 7 à 10 jours entre 18 et 20 °C. Repiquez en place, en mai, sans casser la motte et en ne conservant que le plant le plus robuste. Vous pouvez aussi semer directement en place, en avril-mai, en recouvrant à peine les graines très fines. Éclaircissez ensuite à 20 cm. D'une année sur l'autre, le pourpier a tendance à se ressemer seul, si l'hiver n'est pas trop froid.

ESPÈCES ET VARIÉTÉS Il existe 110 espèces. Beaucoup sont des plantes succulentes, à cultiver en intérieur. *Portulaca grandiflora*, surtout proposé en 'Simple Varié' ou 'Double Varié'. *P. oleracea*, le pourpier maraîcher (de 10 à 30 cm), est utilisable aussi, ➲ **p. 798.** Il a fait l'objet de sélections par le semencier japonais Sakata qui a créé la série Duet aux fleurs bicolores très étonnantes : 'Bora Bora Sunrise', jaune strié de rouge ; 'Candy Stripe', blanc marqué de rose foncé ; 'Tahiti', fuchsia flammé de jaune…

- **HYBRIDES** : ils sont issus des croisements entre les deux espèces ci-dessus et *P. umbraticola*. Panamerican Seeds (Ball) a créé des hybrides à fleurs doubles dans la série Happy Hour, dont 'Peppermint', rose saupoudré de fuchsia. Fairytales Series (20 cm), aux étamines qui forment un pompon au centre de la fleur ; 'Cinderella', orange à cœur magenta ; 'Sleeping Beauty', jaune orangé ; 'Snow White', blanc pur…

CULTURE EN POT Dans un pot de 12 cm de diamètre au minimum pour un seul pied ou dans une potée de 30 cm x 10 cm pour 5 ou 6 pieds, dans un mélange de terreau pour cactées (de 2 à 3) et de terreau pour géraniums (de 1 à 3).

UTILISATIONS Rocaille, muret, potée, jardinière, bordure, couvre-sol sur talus. Le pourpier est aussi proposé en suspension.

CHAPEAU CHINOIS

Rhodochiton atrosanguineus

J	F	M	A	M	J	**J**	**A**	**S**	**O**	N	D

Hauteur	Largeur	Exposition	Type	Rusticité
2/3 m	1/2 m		A	3/5 °C

Cette étonnante vivace est surtout cultivée comme annuelle. Elle développe des tiges grêles garnies de feuilles alternes, cordiformes, de 5 à 8 cm de long. Les fleurs, en tube violet foncé pendant de 4 à 5 cm, sont accompagnées de sépales mauves soudés en coupe convexe. Croissance très rapide.

SOL Léger et bien drainé.

EXPOSITION Plein soleil, pas trop brûlant.

CULTURE Semez à chaud au printemps dans la maison, repiquez dans un grand pot. Installez les plantes à l'extérieur fin mai. Apportez un engrais pour plantes fleuries tous les 15 jours, de mai à octobre. Palissez les nouvelles pousses et pincez si elles sont trop longues. Maintenez le substrat humide, sans le détremper pendant la période de croissance.

ESPÈCES ET VARIÉTÉS Il existe 4 espèces. On cultive surtout *Rhodochiton atrosanguineus* (3 m), en saisonnière. 'Purple Bells', à fleurs rouge pourpre.

CULTURE EN POT Dans un pot de 25 cm en tous sens au minimum, dans un mélange équilibré de terreau de tourbe, de sable de rivière et de terre de jardin.

UTILISATIONS En décoration estivale dans les massifs d'été ou sur le balcon. Possibilité de culture en intérieur.

> **HUMIDITÉ**
>
> Maintenez une forte hygrométrie en été en bassinant le soir.

SCAÉVOLA

Scaevola aemula

J	F	M	A	**M**	**J**	**J**	**A**	**S**	**O**	N	D

Hauteur	Largeur	Exposition	Type	Rusticité
15/20 cm	1/1,50 m		A	0 °C

Cette plante souple est aussi belle en suspension qu'en massif d'été. Vivace sous les climats doux, elle est le plus souvent cultivée comme annuelle. Étalée, rampante ou retombante, elle porte un feuillage denté. Les fleurs, bleu vif, en forme d'éventail de 2 à 3 cm de long, sont groupées aux extrémités des tiges.

SOL Léger, non calcaire et bien drainé. Effectuez un apport de fumier décomposé ou de compost avant la plantation.

EXPOSITION Pas de soleil direct trop fort.

CULTURE Installez les plants en place en mai, espacés de 40 cm.

ESPÈCES ET VARIÉTÉS La nomenclature botanique actuelle accepte 14 espèces, mais beaucoup de dénominations restent en attente d'officialisation. Lorsque le genre aura été révisé, il devrait comprendre près d'une centaine d'espèces. *Scaevola aemula* 'Saphira', bleu violacé, très florifère, au port retombant.

CULTURE EN POT Dans un pot de 25 cm de diamètre au minimum pour que la terre reste fraîche, mais sans être détrempée. La moindre erreur d'arrosage entraîne un jaunissement du feuillage. Fertilisez une fois par semaine. Plantez dans un mélange à parts égales de terreau de plantation et de terre de bruyère.

UTILISATIONS Potée, jardinière, suspension, bordure, massif, couvre-sol.

Scaevola aemula 'Saphira'

> **CALCIFUGE**
>
> Le scaévola craint le calcaire dans le sol. Ajoutez un produit acidifiant à l'eau d'arrosage (vinaigre, citron).

BACOPA

Sutera cordata

J F M A M J J A S O N D

15/30 cm | 40/60 cm | A | -7 °C

Cette vivace déploie avec langueur de longs bras fleuris, ce qui en fait l'une des meilleures plantes pour suspensions dont dispose aujourd'hui le jardinier amateur. On la cultive comme plante saisonnière semi-rustique ou comme une vivace dans les régions maritimes et les jardins abrités. Offrant un port retombant très élégant, avec des rameaux souples portant des feuilles opposées, arrondies, la plante se couvre d'une multitude de petites trompettes étoilées blanches ou roses.

ATTENTION À LA CONFUSION

Bacopa désigne pour les botanistes une plante aquatique sud-américaine, aussi appelée "hysope d'eau", que l'on cultive couramment comme plante d'aquarium.

SOL Souple, léger, fertile.

EXPOSITION Mi-ombre, voire ombre légère, à l'abri des vents froids et secs.

CULTURE Hiverné dans la véranda hors gel ou installé dans un endroit abrité du jardin, le pied mère de bacopa prend de l'ampleur d'une année sur l'autre. Prélevez au printemps des boutures de 10 cm de long à l'extrémité des tiges. La reprise est excellente à 20 °C, dans un mélange de sable et de tourbe blonde. Sortez les potées courant avril. Ne laissez pas sécher la terre en été. Apportez un engrais liquide une fois par semaine. Pincez les jeunes plantes pour provoquer de nombreuses ramifications qui se couvriront vite de fleurs.

ESPÈCES ET VARIÉTÉS La nomenclature internationale reconnaît aujourd'hui 79 espèces. *Sutera cordata* (syn. *Chaenostoma cordatum*) 'Giant Snowflake', à plus grandes fleurs blanches. La série Sutera Nova se caractérise par des fleurs beaucoup plus grosses, blanches, rose tendre, rose violacé ou nacré. La série Showers propose des coloris inédits bleu et lavande, dont les fleurs atteignent la taille d'une pièce de 2 centimes d'euro.

Sutera diffusa 'Showers'

CULTURE EN POT Dans un pot de 14 cm en tous sens pour un pied, dans un terreau pour géraniums.

UTILISATIONS Bordure, jardinière, suspension.

VERVEINE DES JARDINS

Verbena x hybrida

J F M A M J J A S O N D

20/40 cm | 30/60 cm | A

Cette plante florifère forme une touffe souple et ample, idéale en panier. Vivace généralement cultivée comme une annuelle, la verveine hybride forme une touffe étalée, légèrement pubescente, aux feuilles opposées, ovales, dentées, rugueuses. Les petites fleurs, parées souvent d'un œil blanc, sont réunies en gros bouquets terminaux, semblables à des pompons.

SOL Fertile, souple, léger, enrichi avec du fumier décomposé.

EXPOSITION Bien ensoleillée et dégagée, les verveines aimant prendre leurs aises.

CULTURE Semez en mars à chaud, en recouvrant à peine les graines. La germination se produit en 3 à 5 semaines entre 18 et 22 °C. Repiquez en godets, conservés sous abri jusqu'à la mise en place en mai. C'est alors que vous planterez les jeunes plants achetés en jardinerie. Arrosez généreusement en été. Bouturage possible.

ESPÈCES ET VARIÉTÉS Il existe environ 250 espèces. Les verveines hybrides se déclinent dans tous les tons de blanc, rose, rouge, bleu et violet.

CULTURE EN POT Dans un pot de 15 cm en tous sens au minimum, pour un pied, dans un terreau d'écorce enrichi de fumier décomposé et d'une pincée de fertilisant organique. Fertilisez une fois par semaine à l'engrais liquide.

UTILISATIONS Massif, bordure, couvre-sol, potée, jardinière, suspension.

POUR OBTENIR DES CASCADES DE FLEURS, VOUS POUVEZ AUSSI UTILISER

★ *Bidens ferulifolia* (bidens) ➲ p. 570. ★ *Brachyscome iberidifolia* (brachycome) ➲ p. 570. ★ *Fuchsia* x *hybrida* (fuchsia) ➲ p. 546. ★ *Lamium maculatum* (lamier) ➲ p. 548. ★ *Lotus berthelotii, L. maculatus* (lotier) ➲ p. 241. ★ *Lysimachia nummularia* 'Goldii' (écu d'or) ➲ p. 146 ★ *Pelargonium* x *peltatum* (géranium-lierre) ➲ p. 574. ★ *Plectranthus coleoides* 'Marginatus' ➲ p. 590. ★ *Sanvitalia procumbens, S. speciosa* ➲ p. 401 ★ *Tropaeolum majus* (capucine naine) ➲ p. 549. ★ *Vinca major, V.* 'Illumination' (grande pervenche) ➲ p. 149.

Un balcon *que l'on* arrose peu

SUR LES BALCONS ET TERRASSES, L'ÉVAPORATION EST PLUS INTENSE QU'AU JARDIN. MÊME LORSQU'ON NE CONSIDÈRE PAS L'ARROSAGE COMME UNE CORVÉE, ON PEUT OUBLIER D'ARROSER PAR ACCIDENT. LA SEULE FAÇON D'AVOIR L'ESPRIT TRANQUILLE EST DE CULTIVER DES PLANTES SOBRES.

ATTENTION À L'HIVER !

On y pense peu, mais la sécheresse concerne aussi l'hiver. Gare à ne pas vous faire piéger par le manque d'eau ! ... **1**

APRÈS LE SEC, RÉGIME SEC

Une plante ayant souffert de la sécheresse ne doit pas être fertilisée tout de suite ... **2**

C'est bon pour la planète : Terre de coco, plutôt que tourbe

Pour épargner les tourbières qui ne reconstitueront jamais la tourbe qu'on y prélève, la terre de coco est une bonne alternative ... **3**

LES GAZANIAS, À LA FOIS VIVACES ET ANNUELLES

Selon leur destination, les gazanias sont utilisés en annuelles ou en vivaces. Même dans ce cas, vous devrez renouveler les potées tous les 3 ans environ ... **4**

L'aloès est une plante xérophile.

LES MOTS DU JARDIN

Les plantes naturellement résistantes à la sécheresse sont dites **« xérophiles »**, du grec *xeros*, « sec » ... **5**

Le coin du curieux : Faut-il économiser l'eau ?

Certains pays manquent cruellement d'eau, ce n'est pas le cas de la France, même si elle est irrégulièrement répartie dans certaines régions, selon la période de l'année. Le manque d'eau n'est jamais un problème pour les balcons. Tous les ans, 400 milliards de mètres cubes d'eau de pluie tombent sur le pays, dont les deux tiers s'évaporent : le reste alimente les eaux de surface et souterraines. Les prélèvements en eau douce en France représentent environ 32 milliards de mètres cubes par an. L'Hexagone est donc loin de manquer d'eau !

Idées

→ Pourquoi pas... Une Suspension de « plantes chameaux » ? 6

→ Pourquoi pas... Un balcon de Succulentes ? 7

Les Plantes idéales

Ce sont des plantes de dimensions limitées qui résistent à la sécheresse et réussissent bien en pot, bac ou jardinière, voire en suspension pour certaines.

★ **Les plus sobres parmi les sobres :** *Aeonium arboreum* (artichaut des Canaries) ; *Crassula arborescens* (arbre de jade) ; *Dasylirion glaucophyllum, D. longissimum, D. serratifolium, D. wheeleri* (dasylirion) ; *Echeveria gibbiflora* 'Metallica' (écheveria artichaut) ; *Kalanchoe blossfeldiana* (kalanchoé).

★ **Une profusion de petites fleurs :** *Arctotis* (arctotide, venidium) ; *Armeria maritima* (gazon d'Espagne) ; *Dorycnium hirsutum* (pied-de-coq) ; *Helichrysum italicum* (plante curry) ; *Lithodora diffusa* (grémil) ; *Tanacetum haradjanii* (tanaisie de Syrie) ; *Westringia fruticosa* (romarin d'Australie).

Nos conseils

1. Les plantes résistantes à la sécheresse craignent l'humidité. Il faut les abriter en hiver des précipitations souvent trop généreuses.

2. Choisissez des contenants d'un volume aussi important que possible (et plutôt profonds), afin que le dessèchement du substrat se fasse ressentir beaucoup moins vite.

3. Couvrez la surface des pots d'un paillis épais, il se gorge d'eau et limite l'évaporation.

4. Veillez à ce que les plantes ne soient pas trop serrées et ne se gênent pas dans les bacs et les jardinières. Il est important de ménager des espaces qui puissent recevoir l'eau de pluie. Lorsque la végétation est trop opulente, les précipitations ruissellent sur les feuilles et s'écoulent en dehors des contenants, sans bénéficier aux racines.

5. Optez pour des plantes aux feuilles coriaces, à la cuticule épaisse et lustrée (les sclérophytes) ; elles sont bien adaptées à la sécheresse, car elles transpirent peu.

et Si

- Mon petit conifère est devenu tout marron ? 8
- Je souhaite utiliser *Helichrysum italicum* en cuisine ? 9

1 Attention à l'hiver !

Lorsque arrivent les périodes de gel, l'eau présente dans les tissus végétaux gèle, les fait éclater et entraîne des dommages, ou la mort de la plante. Par ailleurs, l'eau sous forme de glace qui est stockée dans le terreau devient indisponible et les végétaux peuvent mourir de soif. Dans le Sud, les vents forts dessèchent rapidement le terreau des potées. Tout ceci pour dire qu'il faut être vigilant quant aux arrosages, même au cœur de l'hiver. Arrosez avec de l'eau tiède, en fin de matinée ou en début d'après-midi, jamais en fin de journée, peu, mais régulièrement.

Campanule des murs *(Campanula portenschlagiana)*

2 Après le sec, régime sec

Sécheresse et fertilisation ne font pas bon ménage. En cas de manque d'eau, la plante n'absorbe plus les éléments minéraux dissous dans l'élément liquide ; il est non seulement inutile, mais risqué, d'apporter des engrais. Ils s'accumulent dans le terreau et risquent de provoquer des brûlures racinaires et des nécroses corticales au niveau des racines. Passé la période de régime sec, vous devez attendre que la plante ait repris sont rythme de croissance avant de fertiliser de nouveau. Enfin, dans un régime normal, espacez la fertilisation à partir de mi-août et stoppez complètement un mois plus tard pour permettre aux rameaux des arbustes de s'endurcir et de mieux résister au froid hivernal.

3 C'est bon pour la planète : Terre de coco, plutôt que tourbe

Les tourbières sont des écosystèmes particuliers, issus de la décomposition de végétaux durant des millénaires. Il est important de les ménager en utilisant une ressource renouvelable. La terre de coco en est une. Ce n'est pas de la terre, elle est faite de fibres de noix de coco, celles qui constituent la gangue qui entoure et protège la noix. Elles sont lavées, séchées, compactées et livrées brutes ou fertilisées. C'est une bonne alternative à la tourbe, car comme elle, la terre de coco a une bonne capacité de rétention en eau. De plus, elle n'est pas salissante. À utiliser pour alléger les mélanges terreux trop compacts, à raison de 15 à 25 %.

4 Les gazanias, à la fois vivaces et annuelles

Le genre comporte une quinzaine d'espèces, originaires d'Afrique du Sud. Quelques-unes seulement fournissent par hybridation les nombreuses variétés horticoles regroupées sous la dénomination *Gazania rigens*, syn. *Gazania splendens*. Dans les régions aux climats doux, ils sont utilisés comme plantes vivaces, ailleurs, cultivés en annuelles. Introduit en Europe en 1755, le gazania s'est naturalisé au bord de la Méditerranée. Ses fleurs ne s'ouvrent qu'en plein soleil. Le genre *Gazania* a été créé en 1791 par le botaniste allemand Joseph Gärtner (1732-1791), qui l'a dédié à Théodore Gaza (1398-1478), savant grec qui traduisit en latin plusieurs ouvrages botaniques du philosophe Théophraste (371-288 av. J.-C.).

Gazania

5 Les mots du jardin

Les plantes naturellement résistantes à la sécheresse sont dites « **xérophiles** », du grec *xeros*, « sec ». Parmi elles se trouvent les plantes saxatiles (ou saxicoles), du latin *saxum*, « rocher », c'est-à-dire celles qui poussent naturellement dans des milieux rocailleux, voire dans les anfractuosités de rochers ou directement dessus (lithophytes). On parle aussi de plantes « rupicoles » pour celles qui poussent dans les murs ou sur les falaises.

6 Pourquoi pas... Une suspension de « plantes chameau » ?

Un des inconvénients des suspensions est leur arrosage. Il faut lever les bras et l'eau en excès s'écoule du fond du pot. Autant limiter ce petit désagrément en faisant appel à des plantes sobres. Rempotez des ficoïdes, terme général pour un grand nombre de plantes succulentes fleurissant en marguerites éclatantes, dont *Dorotheanthus bellidiformis* (ficoïde annuelle). Seule petite déception : leur floraison est assez fugace. Préférez les pourpiers, *Portulaca grandiflora* (pourpier à grandes fleurs), fleuris tout l'été et aux tons variés, ou l'aptténia *Aptenia cordifolia* et ses petites fleurs rouges.

Le pourpier *(Portulaca umbratifola)* supporte bien la sécheresse.

7 Pourquoi pas... Un balcon de succulentes ?

Parmi les championnes des plantes chameaux, les cactées et les succulentes sont les plus remarquables. Oubliez les premières (à cause des épines) et choisissez les secondes dans les espèces et variétés inermes. Chez les agaves, *Agave attenuata*, au cœur plein et aux larges feuilles, tous les aloès, même les épineux sont inoffensifs, *Aloe vera*, pour soigner vos petites coupures, *A. spinosissima,* pour sa magnifique hampe florale orange, et *A. saponaria,* pour ses fleurs rose corail. Faites un assortiment de sempervivums, d'échevérias et de sédums, le choix est immense. Assortissez l'aéonium vert, *Aeonium arboreum,* et la variété presque noire, *A. arboreum* 'Schwartzkopf'.

Collection de succulentes : aloès, agave, aéonium, kalanchoé, crassula

et Si

8 Mon petit **conifère** est devenu tout **marron** ?

Par temps chaud et sec, les araignées rouges, appelées aussi « tétranyques tisserands » pour les petites toiles qu'elles tissent, s'attaquent aux conifères. Traitez par un acaricide, toujours en fin de journée, lorsque le soleil est couché, ou à l'ombre. Et pour une bonne prévention, évitez les engrais trop azotés, bassinez le feuillage régulièrement et suspendez un petit sachet contenant son ennemi, *Phytoseiulus persimillis*, un autre acarien d'origine chilienne, disponible dans le commerce.

9 Je souhaite **utiliser** *Helichrysum italicum* en **cuisine** ?

La plante-curry est cet arbrisseau au feuillage argenté poussant dans les garrigues sèches du Sud et qui exhale une forte odeur de curry. Vous pouvez la faire entrer en cuisine, simplement en utilisant les pousses feuillées. Pour qu'elles soient plus puissamment aromatiques, suspendez les arrosages 10 jours avant la récolte. Évitez de la récolter dans la nature, la plante est protégée.

ARTICHAUT DES CANARIES

Aeonium arboreum

J F M **A M** J J A S O N D

Hauteur	Largeur	Exposition		Rusticité
50/80 cm	30/40 cm	Soleil	V	0 °C

Cette Crassulacée vivace pousse en rosette de feuilles charnues, légèrement échancrées, plus ou moins lancéolées et terminées en pointe. Les tiges charnues peuvent mesurer jusqu'à 2 m dans le lieu d'origine. La floraison montre une hampe florale de petites fleurs jaunes.

SOL Sec, drainé, même caillouteux et calcaire.

EXPOSITION Plein soleil.

CULTURE Dans le sud, la croissance se fait essentiellement entre octobre et mai, lorsque la chaleur est passée ; ailleurs, elle se fait entre mai et septembre si l'été n'est pas caniculaire. Aucun soin, pas d'arrosage pour cette succulente. La multiplication est très facile par bouturage de rosettes portées par un morceau de tige dans une terre sableuse. La faible rusticité réserve la plante aux jardins chauds ou à la culture en pot à protéger.

ESPÈCES ET VARIÉTÉS *Aeonium arboreum*, à feuilles vert clair ; 'Atropurpureum', à feuilles vertes au centre et violettes aux extrémités ; 'Atropurpureum Zwartkop', à feuilles presque noires, sauf pendant la période de croissance où elles sont vertes ; *A.* x Velours, rosettes marron foncé à cœur vert pendant la période de croissance.

CULTURE EN POT Utilisez un terreau pour cactées, rentrez en hiver.

UTILISATIONS Jardin sec, potées.

ARCTOTIDE, VÉNIDIUM

Arctotis sp.

J F M A M J **J A S** O N D

Hauteur	Largeur	Exposition		Rusticité
20/50 cm	20/30 cm	Soleil	V	-5 °C

Cette plante vivace de croissance rapide, étalée, pousse en touffe compacte, aux feuilles découpées, duveteuses à légèrement piquantes, vert argenté. Floraison entre avril et juillet, en grandes marguerites de 8 à 12 cm de diamètre montrant les tons les plus chauds, rouge, feu, orange, mais aussi violet, mauve, jaune ou blanc.

SOL Tout type, même sol sec, mais préfère une terre de jardin, fraîche.

EXPOSITION Plein soleil.

CULTURE Les arctotides sont peu rustiques et utilisés souvent comme plantes annuelles, sauf dans le Sud où ce sont de véritables vivaces. Toutefois, il faut renouveler les massifs tous les 4 ans environ, car ils vieillissent mal. Arrosez peu et apportez du compost une fois par an, en automne, et taillez de moitié à la même période pour une culture en vivace.

ESPÈCES ET VARIÉTÉS Le genre rassemble 50 espèces (on trouve surtout l'espèce *Arctotis acaulis*) et de nombreux hybrides (la plupart sont issus du croisement entre *A. fastuosa* et *A. venusta*), dont la gamme est sans cesse alimentée par les nouveautés horticoles. Pour cette raison, choisissez les arctotides au printemps, déjà fleuris, lorsqu'ils sont proposés à la vente.

CULTURE EN POT Rempotez dans un terreau ordinaire, c'est suffisant pour toute la saison. Inutile d'apporter d'engrais pour plantes fleuries.

UTILISATIONS Massifs, bordures, potées.

GAZON D'ESPAGNE

Armeria maritima

J F M **A M J** J A S O N D

Hauteur	Largeur	Exposition	
10/20 cm	20/30 cm	Soleil	V

Fine et compacte, cette vivace forme un petit coussin fleuri très joli. Formant une touffe de feuilles linéaires, semblables à celles des graminées, le gazon d'Espagne parvient à former un tapis homogène s'il est planté assez serré. Les fleurs roses, pourpres ou blanches, en pompons de 2 à 3 cm de diamètre, sont portées au bout de tiges raides.

SOL Léger, plutôt sableux, bien drainé, même pauvre. Le calcaire est accepté.

EXPOSITION En plein soleil sous un climat maritime ou pas trop contrasté, même si la plante est parfaitement rustique.

CULTURE Plantez entre septembre et avril (de 9 à 16 pieds/m^2). Inutile d'arroser, sauf en pot. Multiplication par division de la touffe au printemps.

ESPÈCES ET VARIÉTÉS Il existe 80 espèces. *Armeria maritima* 'Alba', blanche ; 'Gloire de Düsseldorf' (syn. 'Düsseldorfer Stolz'), 5 cm, très compact, rose carminé très intense ; 'Koster', rouge pourpre. *A. juniperifolia* (5 cm), au feuillage glauque avec des fleurs rose clair.

CULTURE EN POT Dans un pot de 20 cm pour un pied, dans un terreau de rempotage additionné d'un tiers de perlite.

UTILISATIONS Bordure, rocaille, potée.

CONSEIL

Supprimez bien les fleurs fanées.

ARBRE DE JADE

Crassula arborescens

J F M A M J **J A S** O N D

↕	↔		
0,60/1,50 m	0,40/1,20 m		P

Des plus de 300 espèces que compte le genre, cette espèce figure parmi les plus grands sujets avec *Crassula ovata.* C'est une plante au port arbustif, fait de tiges robustes et ramifiées portant des feuilles très charnues, succulentes, ovales, de 7 cm de long, d'un beau vert grisâtre, marginées d'un liseré pourpre qui souligne leur forme. La floraison se fait en petits bouquets de quelques fleurs simples, blanches aux étamines proéminents.

SOL Bien drainé, léger à sableux.

EXPOSITION Plein soleil de préférence, sinon ombre légère.

CULTURE En pot, à l'extérieur pendant les beaux jours et à l'intérieur le reste de l'année sauf dans les rares jardins du grand sud ne connaissant pas de gel.

ESPÈCES ET VARIÉTÉS De nombreuses espèces proposées à la vente sont étiquetées 'Arbre de Jade' : *Crassula portulacea*, *C. argentea*, *C. ovata*, 'Gollum', à feuilles courtes, 'Hobbit', à feuilles cylindriques, 'Hummel's Sunset', à feuilles multicolores, *C. pyramidalis*, *C. perforata*... Toutes ont les mêmes besoins culturaux.

CULTURE EN POT Rempotez dès l'achat dans un terreau pour cactées. Déposez une couche de drainage dans le fond du pot (graviers, billes d'argile...). Réduisez les arrosages au strict minimum, en général une fois par mois. Placez au soleil ou au moins à la lumière.

UTILISATIONS Rocaille de succulentes, potées.

DASYLIRION

Dasylirion sp.

J F M A M J **J A S** O N D

↕	↔			❄
0,60/1,50 m	0,60/2 m		P	-8/-20 °C

Dasylirion serratifolium

Cette Agavacée pousse en rosettes de plusieurs centaines de feuilles étroites, inermes ou dentées, prenant une forme naturelle en boule, qui peut atteindre 4 m dans son milieu d'origine. La floraison révèle une grande hampe de plusieurs mètres de haut en climat tropical. Les sexes sont séparés.

SOL Sec, drainé, caillouteux.

EXPOSITION Plein soleil même brûlant.

CULTURE Aucun arrosage, aucune intervention. Nettoyez les feuilles sèches de la base pour révéler le stipe.

ESPÈCES ET VARIÉTÉS On constate de très nombreuses synonymies depuis plus d'un siècle. *Dasylirion acrotichum*, à feuilles fines, vertes, épineuses. *D. glaucophyllum*, en rosette sphérique, vert glauque à bleuté, feuilles épineuses terminées par un toupet de soies rêches. *D. longissimum*, formant une grande rosette aux nombreuses feuilles souples, vert clair, inermes, de 2 à 3 cm de large, terminées par des soies solidaires qui ne s'ouvrent pas en toupet. *D. quadrangulatum*, imposante rosette, feuilles ressemblant à celles des joncs, dépourvues d'épines, vert foncé. *D. wheeleri*, rosette courte, de 60 à 80 cm, le plus résistant (– 20 °C) et le seul à supporter l'humidité.

CULTURE EN POT Utilisez un terreau pour cactées, et pensez au drainage dans le fond du pot.

UTILISATIONS Isolé, en potée.

DORYCNIUM, PIED-DE-COQ

Dorycnium hirsutum

J F M A **M J** J A S O N D

↕	↔			❄
30/60 cm	40/80 cm		V	-12 °C

Ce petit arbuste méditerranéen forme une touffe compacte au feuillage alterne, penné, soyeux, argenté. La floraison blanche teintée de rose est suivie de fruits rouges assez décoratifs.

SOL Léger, bien drainé, sec, même pauvre. Un sol caillouteux et un endroit brûlant rendent la plante plus belle.

EXPOSITION En plein soleil.

CULTURE Plantez au printemps. Taille, apports d'eau et engrais sont superflus. Contentez-vous de désherber. Paillez le pied en automne.

ESPÈCES ET VARIÉTÉS Il existe 150 espèces dans le genre. Outre l'espèce type, on cultive souvent 'Fréjorgues', au port étalé, à fleurs blanc rosé dès la mi-mai.

CULTURE EN POT Dans un pot en terre, qui retiendra moins l'humidité, dans un mélange de terre de jardin et de sable.

UTILISATIONS Bordure, talus, rocaille, potée.

ÉCHEVÉRIA ARTICHAUT, ÉCHEVÉRIA MÉTALLIQUE

Echeveria gibbiflora 'Metallica'

J F M A M J J A S O N D

10/20 cm | 20/30 cm | 5 °C

Cette plante vivace pousse sans tige, en rosette de feuilles succulentes ovales à triangulaires, rigides. La hampe florale en cyme peut atteindre 1 m de haut, elle porte de petites fleurs rouge clair.

SOL Bien drainé, léger à sableux.

EXPOSITION Plein soleil de préférence, sinon ombre légère.

CULTURE Très facile, il suffit de protéger la plante du gel et de la conserver à 5 °C, ce qui la réserve à la culture en pot pour presque tout le pays, à l'exception des jardins des climats les plus chauds. Arrosez très modérément et apportez un engrais universel une fois par mois pendant les mois d'été. Hivernez la plante au sec.

VARIÉTÉ *Echeveria gibbiflora* 'Metalllica' (syn. *Cotyledon gibbiflora* 'Metallica') est une obtention horticole, elle se caractérise par la couleur vert bronze de ses grandes feuilles de 20 cm. Les fleurs sont rouges avec l'intérieur jaune.

CULTURE EN POT Dans un pot de 8 à 10 cm de diamètre, peu profond, dans un terreau pour cactées.

UTILISATIONS Potées fleuries, rocaille, jardin sec.

HÉLICHRYSUM, PLANTE CURRY

Helichrysum italicum

J F M A M J J A S O N D

0,20/1 m | 0,30/1 m | -8 °C

Cette vivace buissonnante, au port souple, appelée aussi « immortelle d'Italie », exhale une odeur épicée lorsqu'on la frôle. Elle fleurit en petits capitules jaunes en bouquets.

SOL Bien travaillé et drainé, léger, sec, sableux ou caillouteux, même calcaire.

EXPOSITION Chaude et très ensoleillée.

CULTURE Plantez au printemps, en apportant un bon engrais organique. Fertilisez les sujets en pot à l'engrais liquide tout l'été. Pincez les tiges trop longues. Empotez et hivernez hors gel. Multiplication par boutures à la fin de l'été.

ESPÈCES ET VARIÉTÉS Il existe 500 espèces. *Helichrysum apiculatum* 'Korma' (de 60 à 80 cm), à feuillage argent lumineux, bouquets de fleurs jaune foncé en juin-juillet. *H. italicum* ssp. *serotinum* (40 cm), à feuillage fin, est fortement aromatique, plus compact que le type. *H. italicum* ssp. *microphyllum* (30 cm), à port touffu, semi-retombant, et toutes petites feuilles argentées. *H. orientale* (25 cm) forme de jolis coussins denses, velus, argentés. *H. petiolare* (1 m), à port souple et tiges grêles, feuilles glauques ou jaune d'or. 'Schwefellicht', hybride compact, à fleurs jaune orangé. *H. thianschanicum* (de 30 à 50 cm), port en coussin, feuillage aromatique, fleurs jaunes.

CULTURE EN POT Dans un pot de 20 cm en tous sens, dans un terreau de plantation.

UTILISATIONS Massif, bordure, potée, suspension, couvre-sol, mosaïculture.

KALANCHOÉ DE BLOSSFELD

Kalanchoe blossfeldiana

J F M A M J J A S O N D

20/30 cm | 10/20 cm | 12 °C

Cette espèce crassulescente a un port buissonnant ; ses feuilles sont charnues, brillantes, triangulaires et légèrement dentelées sur leur marge. La floraison se fait en petit bouquet de petites fleurs tubulaires, de coloris variés.

SOL Léger à sableux, bien drainé.

EXPOSITION Soleil à mi-ombre.

CULTURE C'est une grande frileuse, destinée à la culture en pot. À la fin de l'automne démarre la floraison, c'est le moment de la soutenir par des apports hebdomadaires d'engrais pour plantes fleuries. Tous les ans, en milieu de printemps, rempotez dans un terreau horticole universel. Le kalanchoe redoute les excès d'eau qui provoquent la pourriture de ses racines, il est préférable d'attendre le léger flétrissement des feuilles qui traduit le manque d'eau.

ESPÈCES ET VARIÉTÉS L'espèce originaire est devenue rare, mais elle est avantageusement remplacée par les nombreux hybrides horticoles formant de petits bouquets ronds et colorés rouges, orange, jaunes ou roses. Il existe des variétés naines, dépassant peu les 15 cm, particulièrement indiquées pour la culture en pot. Plante proposée par couleurs, les cultivars ne sont jamais nommés.

CULTURE EN POT Voir culture ci-dessus.

UTILISATION Potées fleuries.

*Télécharger l'application Truffaut +, voir p. 6-7

GRÉMIL

Lithdora diffusa

J F **M A M J J A S O** N D

Hauteur	Largeur	Exposition		Rusticité
10/25 cm	30/80 cm		P	-12/-15 °C

Ce sous-arbrisseau au port prostré et étalé résiste parfaitement à la sécheresse. Les feuilles vert franc sont persistantes, lancéolées, rappelant celles du romarin, étroites, velues à légèrement rugueuses, marquées par une nervure médiane bien visible. Petites fleurs simples, tubulaires de 2 cm, à corolle évasée en 5 pétales, d'un magnifique bleu intense et profond.

SOL Riche et drainé, frais de préférence, mais supporte bien la sécheresse.

EXPOSITION Plein soleil à mi-ombre.

CULTURE La plante est peu exigeante. Taillez une fois par an en réduisant jusqu'à la moitié de la végétation pour densifier l'arbrisseau. Apportez un engrais d'origine organique à l'automne. Espacez les arrosages en plein été et laissez bien ressuyer le sol, pour éviter les pourrissements.

ESPÈCES ET VARIÉTÉS Désormais, on trouve le grémil étiqueté de son nouveau nom *Glandora diffusa*. Le cultivar 'Heavenly Blue' a supplanté l'espèce botanique par ses fleurs d'un beau bleu intense.

CULTURE EN POT De dimensions réduites et de croissance modérément rapide, le grémil a tous les atouts pour être cultivé en pot. Donnez-lui un terreau riche et une exposition bien dégagée et ensoleillée.

UTILISATIONS Massifs fleuris, bordures, rocailles et potées fleuries.

TANAISIE DE SYRIE

Tanacetum haradjanii

J F M A M J **J A** S O N D

Hauteur	Largeur	Exposition		Rusticité
20/40 cm	20/50 cm		V	-10 °C

Cette championne de la résistance à la sécheresse est originaire des régions les plus chaudes de Turquie. Elle pousse en coussinet de petites feuilles grises à argentées, duveteuses et délicatement dentées. Au moment de la floraison, elle se couvre d'une multitude de fleurs jaunes.

SOL Sec, drainé, même très calcaire.

EXPOSITION Plein soleil.

CULTURE Aucun soin, pas même d'arrosage si elle est en pleine terre, et très occasionnel pour la culture en pot. Après la floraison, supprimez les fleurs fanées pour l'esthétique.

ESPÈCES On utilise l'espèce type, connue aussi sous son synonyme *Chrysanthemum haradjani.*

CULTURE EN POT Placez une couche de drainage au fond du pot.

UTILISATIONS Bordures, talus, potée.

ROMARIN D'AUSTRALIE

Westringia fruticosa

J F M A **M J J A S** O N D

Hauteur	Largeur	Exposition		Rusticité
0,40/1 m	0,50/1 m		P	-3 °C

Westringia fruticosa

Cet arbuste porte des feuilles persistantes, linéaires, de 2,5 cm, duveteuses et argentées. Nombreuses petites fleurs tubulaires, solitaires, de 1,5 cm, de couleur blanche à bleu très pâle. L'ensemble de la plante fait penser à un romarin.

SOL Drainé et riche en humus.

EXPOSITION Plein soleil, ombre légère à la rigueur.

CULTURE La plante est peu rustique, mais elle supporte bien les embruns. Taillez une fois par an, en début d'automne ou de printemps, pour la densifier.

ESPÈCES Le genre comprend 25 espèces australiennes, toutes aux mêmes caractéristiques. Mais c'est *Westringia fruticosa* le plus courant. On rencontre aussi *W. erimifolia*, plus compact et plus bas (de 30 à 50 cm), aux fleurs plus intenses.

CULTURE EN POT Dans un pot de 25 cm de diamètre, dans un terreau bien drainé.

UTILISATIONS Massif, haie basse pour jardin de bord de mer, potée fleurie.

SUR UN BALCON QUE L'ON N'ARROSE PEU, VOUS POUVEZ CULTIVER AUSSI

★ *Agave attenuata* (agave) ➲ p. 336, 347 ★ *Aloe arborescens, A. vera* (aloès) ➲ p. 336 ★ *Cistus* (ciste) ➲ p. 208 ★ *Dorotheanthus bellidiformis* (ficoïde annuelle) ➲ p. 163 ★ *Festuca amethystina, F. glauca* (fétuque glauque) ➲ p. 683 ★ *Gazania* x *hybrida* (gazania) ➲ p. 241 ★ *Lavandula angustifolia* (lavande) ➲ p. 599 ★ *Portulaca grandiflora* (pourpier à grandes fleurs) ➲ p. 609 ★ *Sedum spathulifolium* (orpin à feuilles spatulées) ➲ p. 685 ★ *Sempervivum spp.* (joubarbe) ➲ p. 683 ★ *Thymus lanuginosus* (thym laineux) ➲ p. 685 ★ *Yucca filamentosa* (yucca) ➲ p. 317

balcon et terrasse sans entretien

Géranium lierre

DES PÉLARGONIUMS QUI PASSENT BIEN L'HIVER

Géranium zonal et géranium lierre : ayez les bons gestes pour retrouver vos potées et vos jardinières en bon état en début de printemps ... **1**

BOUTURER LE GÉRANIUM LIERRE

C'est un geste très simple, pratiquement un jeu d'enfant, qui permet de multiplier les beaux pélargoniums qui vous font craquer ... **2**

UN BAC DE CONIFÈRES NAINS

Choix de silhouettes et de couleurs, les conifères nains ont un autre atout pour eux, celui de nécessiter peu d'entretien ... **3**

TAILLER LA SPIRÉE

Une taille annuelle est vivement conseillée pour conserver une végétation dense et compacte à la plante ... **4**

Spirée japonaise

Le coin du curieux

Légèreté et fluidité, les graminées ont séduit les jardiniers. Mais les carex, n'en sont pas, en dépit d'une allure très voisine ... **5**

Laîche panachée (*Carex brunnea*)

FAUT-IL TAILLER LES PINS ?

Les pins formés en tige séduisent sur les terrasses. Quelques coups de sécateur au bon moment et leur forme est toujours impeccable ... **6**

IDÉES

→ POURQUOI PAS... Couvrir le sol du balcon d'une pelouse synthétique ? 7

→ POURQUOI PAS... Un balcon « en Or » avec des conifères nains et des graminées à feuillage jaune ? 8

et Si

- Je cherche, vite, une alternative à mes géraniums toujours malades ? 9
- En été, les aiguilles de mes conifères nains se dessèchent ? 10

Les Plantes idéales

Les plantes les moins exigeantes en entretien sont des végétaux rustiques, peuexposés aux parasites et aux maladies, réclamant peu ou pas d'arrosage, nécessitant peu de taille et conservant leur feuillage.

★ **Des feuillages originaux :** *Carex buchananii*, *C. comans*, *C. morrowii*, *C. oshimensis* (laîche) ; *Chamaecyparis spp.* (faux cyprès, variétés naines) ; *Picea spp.* (sapin, variétés naines).

★ **Des fleurs sans problèmes :** *Spiraea japonica* (spirée japonaise).

NOS CONSEILS

1. Évitez de créer un effet de masse en serrant trop les pots. Les plantes ont besoin d'espace pour éviter le confinement et échapper aux parasites et aux maladies.
2. Choisissez des contenants de grand volume pour ne pas avoir à rempoter chaque année. Mais prévoyez des systèmes pratiques pour les déplacer, comme un support muni de roulettes.
3. Les suspensions nécessitent des arrosages constants. Faites l'impasse.
4. Pour les quelques plantes qui réclament des arrosages espacés, équipez votre balcon d'un système d'arrosage automatique, au goutte-à-goutte, avec un programmateur.
5. Si vous préférez le bois aux dallages en pierre, choisissez une essence exotique (ipé, bangkiraï...), naturellement résistante aux intempéries.
6. Utilisez des revêtements de sol décoratifs, perméables et non glissants : paillette d'ardoise, concassé de béton, schiste ou gravillons, posés sur un géotextile. Évitez la brique pilée, poussiéreuse et trop salissante.

1 Des pélargoniums qui passent bien l'hiver

Géraniums lierre et zonal sont peu rustiques ; dans toutes les régions, vous devez les protéger en hiver, à l'exception du Sud où il faut tout de même les placer en situation abritée. Dès fin octobre, taillez court, même s'il reste des fleurs, pour garder un tiers de la hauteur des tiges chez le géranium zonal et 20 cm à celles du géranium lierre. Inspectez les plantes, supprimez les parties malades. Stockez les potées et jardinières dans un local frais, aéré et hors gel, mais toujours avec une source de lumière naturelle (garage, resserre, véranda non chauffée...), retirez les coupelles pour éviter la stagnation d'eau. Au printemps, sortez vos pélargoniums progressivement.

Après l'hivernage des pélargoniums : supprimez les parties mortes, sèches ou abîmées..

2 Bouturer le géranium

Au printemps sur de la végétation nouvelle, ou en fin d'été sur des plantes en fleurs, prélevez sur une tige sans fleur des boutures de 10 cm en sectionnant sous un nœud. Supprimez les feuilles de la base et réduisez de moitié la surface des feuilles restantes. Trempez la base des boutures dans une hormone (en poudre ou en gel) pour faciliter la production de racines. Repiquez directement dans un terreau horticole universel, en laissant 15 à 20 cm entre deux boutures. Placez à l'extérieur, si la température est de 20 °C, ou à l'intérieur, à l'ombre ou à mi-ombre. Arrosez sans excès et plantez en pleine terre au printemps suivant.

Choisissez comme bouture l'extrémité d'une pousse ; débarrassez-la des feuilles inférieures ; piquez la base de la bouture dans la poudre d'hormone.

5 *Le coin du curieux*

Les laîches *(Carex)* ne font pas partie des graminées (famille des Poacées) comme on pourrait le croire, mais des Cyperacées, une famille qui regroupe une centaine de genres, dont les *Cyperus* (papyrus), *Eriophorum* (linaigrette), *Scirpus*... On compte environ 5 000 espèces, dont beaucoup poussent dans des zones humides. La détermination des Cyperacées est très difficile, car ces plantes ont tendance à s'hybrider très facilement dans la nature.

3 Un bac de conifères nains

Les conifères nains sont de culture facile, ils supportent assez bien l'ombre et résistent à la pollution. Il est temps de les redécouvrir. Groupez-les, par exemple, dans un grand bac, car ils ont tous les mêmes besoins. Faites une composition en tenant compte des formes (il en existe des étalés, des coniques, des plus ou moins sphériques, des colonnaires...) et de la couleur (les feuillages montrent des nuances de bleu, de vert ou de doré). À vous de jouer.

4 Tailler la spirée

Les spirées ont besoin d'être taillées pour conserver une belle végétation équilibrée. Chez les spirées à floraison estivale, taillez en février-mars avant le départ de la végétation, en rabattant à 10-15 cm, à un ou deux yeux de la souche, toutes les pousses ayant fleuri, et éliminez le bois mort, les pousses faibles ou mal dirigées. Chez les espèces à floraison printanière, intervenez juste après la floraison, car elles produisent leurs bourgeons en été et en automne.

La spirée a besoin d'être taillée tous les ans.

6 FAUT-IL TAILLER LES PINS ?

Certains pins formés en tige et à la végétation plutôt dense sont utilisés sur les terrasses, à la manière de topiaires simples. C'est le cas notamment de *Pinus nigra* 'Pierrick Bregon' et 'Marie Bregon'. Comme tous les pins, la charpente ne se taille pas, car la végétation ne redémarre pas sur du gros bois. Par contre, vous pouvez entretenir la couronne par un pincement durant la période de croissance, entre mai et septembre, en ôtant 10 cm à l'extrémité des rameaux. Mais abstenez-vous de toute taille chez le pin parasol, *Pinus pinea*.

IDÉES

7 POURQUOI PAS... COUVRIR LE SOL DU BALCON D'UNE PELOUSE SYNTHÉTIQUE ?

Il se découpe aux formes et aux dimensions désirées, il se pose au sol sans aucune préparation sur le balcon et la terrasse, il ne demande aucun entretien et résiste bien aux années qui passent et aux intempéries : le gazon synthétique a fait d'immenses progrès en peu d'années et propose un rendu digne des plus belles pelouses entretenues. Pour un effet très soigné, pratiquement celui d'un green de golf, choisissez le modèle « Gazon stade » : sur les petites surfaces, il est particulièrement éclatant.

8 POURQUOI PAS... UN BALCON « EN OR » AVEC DES CONIFÈRES NAINS ET DES GRAMINÉES À FEUILLAGE JAUNE ?

Pinus mugo 'Carstens'

Un balcon qui capte la lumière pour la transformer en or, c'est la promesse de l'association entre conifères nains dorés et graminées à feuillage jaune. Cultivez *Pinus mugo* 'Winter Gold' et 'Laarheide', *Cryptomeria japonica* 'Vilmorin Gold', *Thuja occidentalis* 'Golden Tuffet' pour les formes arrondies, *Juniperus* x *media* 'Gold Coast' et 'Old Gold', *J. horizontalis* 'Golden Carpet' pour les silhouettes étalées. Allégez les compositions par le feuillage souple des graminées : *Stipa tenuifolia, Pennisetum alopecuroides* 'Cassian', à feuillage automnal orangé, *Miscanthus sinensis* 'Morning Light' et 'Graziella', aux feuilles zébrées de jaune, *Hakonechloa macra* 'Aureola'...

et Si

9 Je cherche, vite, une **alternative** à mes géraniums toujours **malades** ?

Mandevilla sanderi

Dans le Sud, les pélargoniums sont souvent malades, remplacez-les par des dipladénias, aussi florifères, très résistants à la sécheresse et offrant une large gamme de variétés aux fleurs blanches, roses, rouges et fuchsia. Ce sont des plantes volubiles, à laisser cascader ou à guider sur de petits tuteurs. De juin à octobre, les fleurs en trompettes se succèdent. Cette plante horticole est vendue sous la forme de nombreux hybrides et de sélection de plusieurs espèces, *Mandevilla spectabilis, M. sanderi, M. splendens...* fournissant l'essentiel des gammes étiquetées sous leurs noms commerciaux, Tropidenia®, Diamentina®, Sundaville®...

10 En été, les **aiguilles** de mes **conifères** nains se dessèchent ?

Dès le printemps et jusqu'en automne, tant que le temps est chaud et sec, les conifères peuvent subir des attaques d'acariens. On décèle leur présence à leurs petites toiles tissées entre les aiguilles et aussi à l'observation des formes adultes, grosses comme des têtes d'épingles et très mobiles. Les aiguilles prennent une couleur jaune ou rouge, à l'aspect plombé, se dessèchent et tombent. Pulvérisez un produit acaricide, en fin de journée, dès les premiers symptômes, et en hiver, une huile végétale pour asphyxier les formes hivernantes.

LAÎCHE

Carex sp.

J	F	M	A	M	J	**J**	**A**	**S**	O	N	D

30/90 cm	35/70 cm		V	0 °C

Carex oshimensis

La laîche est une plante vivace dont beaucoup d'espèces poussent naturellement dans les milieux humides des régions froides ou tempérées. Touffes de feuilles linéaires, rubanées, à la marge légèrement coupante. Floraison discrète en été, en épis, souvent les sexes sont séparés.

SOL Très humide, mais certaines espèces se contentent de sol normal arrosé régulièrement.

EXPOSITION Dégagée et ensoleillée à mi-ombre ou ombre.

CULTURE En dépit de leurs origines géographiques et climatiques très variées, les laîches sont faciles à cultiver et montrent les mêmes besoins culturaux. Plantes très rustiques à cultiver partout en France, sauf les espèces originaires de Nouvelle-Zélande plus sensibles au froid. Aucun soin particulier. Surtout ne rabattez pas les touffes comme on le fait chez les graminées. Tous les 2 ans, supprimez les feuilles sèches pour un grand nettoyage.

ESPÈCES ET VARIÉTÉS Le genre compte plus de 2000 espèces. Pour le balcon ou la terrasse, cultivez *Carex buchananii* (60 cm), feuillage bronze. *C. comans* 'Bronze Form' (40 cm), feuillage bronze. *C. morrowii* 'Ice Dance' (40 cm), feuillage panaché argent, rusticité moyenne (– 7 °C). *C. oshimensis* 'Evergold' (40 cm), feuillage panaché doré ; 'Everillo' (15 cm), feuillage citron vert.

CULTURE EN POT Très facile. Ces plantes robustes réclament un rempotage tous les ans.

UTILISATIONS Massifs, bordures, potées.

FAUX CYPRÈS

Chamaecyparis sp.

J	F	M	A	M	J	J	A	S	O	N	D

0,60/2 m	0,30/1 m		P

Ce conifère prend des formes et des dimensions d'une rare variété, et il existe des formes naines adaptées à la culture en pot. Son feuillage est aplati, en forme d'écailles, ses cônes minuscules.

SOL Profond, riche, plutôt siliceux, même pauvre ou calcaire, bien drainé.

EXPOSITION Soleil doux ou mi-ombre.

CULTURE Plantez d'octobre à mars, arrosez copieusement les jeunes sujets.

ESPÈCES ET VARIÉTÉS Il existe 5 espèces et 2 variétés naturelles. Toutes celles proposées ici peuvent être cultivées en bacs.

- *Chamaecyparis lawsoniana* 'Ellwoodii' (3 m), en colonne, vert bleuté, plus intense en hiver ; 'Ellwood's Gold' (de 2 à 3 m), fastigié, jeunes feuilles jaunes ; 'Globosa' (2 m) est sphérique avec des feuilles plates bien découpées, vert tendre ; 'Minima Aurea' (de 60 à 80 cm), boule jaune doré clair au printemps, puis vert doré ; 'Minima Glauca' (de 60 à 80 cm), globuleux, au feuillage très fin, vert bleuté ; 'Nidiformis' (1,50 m), vert glauque, en sphère aux branches principales pratiquement horizontales.
- *Chamaecyparis obtusa* 'Aurora' (2 m), compact, globuleux, ramilles en coquille dorées ; 'Lycopodioides' (syn. 'Rashahiba'), 1 m à 10 ans, mais il atteint 4 m, port irrégulier, compact, rameaux crispés, échevelés ; 'Nana Gracilis' (2 m) accepte l'ombre, globuleux, puis conique, vert foncé brillant ; 'Pygmaea' (de 60 cm à 1 m), étalé, aux rameaux étagés vert terne, bronze en hiver.
- *Chamaecyparis pisifera* 'Boulevard' (2 m), conique, au feuillage fin, plumeux, gris-bleu argenté devenant pourpre violacé en hiver ; 'Filifera' (3 m), conique, aux branches étalées, feuillage fin vert clair ; 'Filifera Aurea' (3 m), à la croissance plus lente, jaune doré, craint le soleil ; 'Nana' (40 cm), boule très compacte vert argenté.
- *Chamaecyparis thyoides* 'Gold Point', le faux cyprès blanc de l'Atlantique (1,50 m), feuillage doré port conique.

Chamaecyparis pisifera 'Boulevard'

CULTURE EN POT Dans un pot de 30 cm en tous sens, dans un terreau pour rosiers enrichi d'une pincée d'engrais pour conifères. Prévoyez un surfaçage tous les ans.

UTILISATIONS Potée ou bac sur la terrasse.

ÉPICÉA

Picea sp.

J	F	M	A	M	J	J	A	S	O	N	D

0,50/1,50 m	0,30/1 m		P

L'épicéa forme une boule décorative et compacte, qui pousse lentement, et les formes naines sont bien adaptées à la culture en bacs. Peu d'entretien est nécessaire.

SOL Riche, profond, frais, souple, non crayeux, bien amendé en humus.

EXPOSITION Soleil doux ou mi-ombre légère. Il n'aime pas la chaleur, mais supporte la pollution.

CULTURE Plantez de septembre à avril, arrosez bien. Fertilisez en avril. Pour éviter l'apparition de l'araignée rouge *(Tetranychus uninguis)*, douchez le feuillage par temps chaud et sec.

ESPÈCES ET VARIÉTÉS Il existe 41 espèces dont beaucoup d'hybrides naturels, mais aussi plusieurs sous-espèces et variétés. Nous vous proposons pour chaque espèce les cultivars de petite taille.

- *Picea abies* (syn. *P. excelsa*), l'épicéa commun, vert grisâtre ; 'Nidiformis' (1 m), en forme de

Picea glauca 'Alberta Globe'

nid, étalé ; 'Reflexa' (2 m), à port retombant, dont les branches s'étalent sur le sol.

- *Picea glauca*, la sapinette blanche ; 'Alberta Globe' (80 cm), en boule vert pomme ; 'Albert's Gold' (de 50 cm à 1,50 m), en boule vert clair ; 'Conica' (syn. 'Albertiana'), 2 m, en cône très régulier, au feuillage serré d'un vert très pur.
- *Picea omorika*, l'épicéa de Serbie, au port gracieux, très élancé ; 'Nana' (1,50 m), en cône plus ou moins arrondi, passant du vert doux au bleuté et à l'argent.
- *Picea pungens*, gris-vert ; 'Glauca Globosa' (1 m), en cône bleu vif.

CULTURE EN POT Dans un pot de 15 cm de diamètre et 25 cm de haut au minimum. Évitez de les exposer aux trop fortes chaleurs. Rempotez tous les 2 ans.

UTILISATIONS Isolé, groupe, bosquet, rideau brise-vent, rocaille, potée, bordure.

SPIRÉE

Spiraea sp.

J F M **A M J J A** S O N D

0,50/1,50 m	0,30/1 m		C

Ces arbustes rustiques très diversifiés sont appréciés pour leurs fleurs et leurs feuillages. Compacts et à port arrondi, ils portent des feuilles alternes, simples, ovales, dentées. Floraison printanière (sur le bois d'un an) ou estivale (sur les pousses de l'année) selon les espèces, en grappes de petites fleurs à 5 pétales. Croissance rapide (taille adulte obtenue en 2 ans).

SOL Terre ordinaire, consistante, même un peu calcaire. Un sol humifère et frais évite le dessèchement des rameaux.

EXPOSITION Le plein soleil non brûlant ou une mi-ombre légère et fraîche.

CULTURE Plantez à l'automne, en espaçant de 60 cm les sujets utilisés pour les haies. Apportez un engrais complet chaque année en mars. Taillez les rameaux après la floraison, en n'hésitant pas à rabattre les vieilles branches. Coupez les pousses fanées de la moitié de leur longueur. Dégagez le centre de la touffe, cela améliore la floraison. Évitez que la spirée ne soit trop touffue, avec des rameaux enchevêtrés, sinon elle perd de son charme.

Spiraea japonica 'Little Princess'

Spiraea betulifolia

ESPÈCES ET VARIÉTÉS Il existe 135 espèces, dont beaucoup d'hybrides naturels et de cultivars.

- ***Spiraea betulifolia*** 'Tor Gold' (1,50 m) : la spirée à feuilles de bouleau, port compact, feuillage doré, orange en automne.
- ***Spiraea* x *billiardii*** (1 m), buisson dressé, fleurs en coupe rose pourpré, feuilles vert moyen à sombre.
- ***Spiraea japonica***, à fleurs estivales ; 'Anthony Waterer' (80 cm), cramoisi vif et fleuri tout l'été ; 'Bullata' (50 cm), rouge clair ; 'Coccinea' (1 m), rouge foncé ; 'Froebelii' (1 m), rouge pourpre foncé, feuilles rouge-brun, puis vertes ; 'Golden Princess' (de 70 à 80 cm), port souple, les feuilles naissent bronze, deviennent jaunes, puis finissent rouges, fleurs roses en juin-juillet ; 'Goldflame' (80 cm), le feuillage bronze, puis jaune, devient orange cuivré en automne ; 'Goldmound' (50 cm), feuillage doré au printemps, puis vert clair, fleurs roses ; 'Hubert Gold' (de 50 cm à 1 m), port buissonnant, grandes feuilles bronze, puis jaunes et orange en automne, fleurs rose foncé ; 'Little Princess' (30 cm), une boule de petites feuilles vertes et fleurs roses ; 'Magic Carpet' (50 cm), jeunes pousses aux feuilles dorées et orangées, fleurs rose vif ; 'Shirobana' (70 cm), à fleurs blanches, roses et rouges sur le même pied ; 'White Gold' (50 cm), un nuage fleuri blanc sur un feuillage doré, port buissonnant.

CULTURE EN POT Très facile, dans un contenant de 25 cm en tous sens.

UTILISATIONS Massif, bordure, rocaille, couvre-sol ou bac sur le balcon.

POUR UN BALCON SANS ENTRETIEN, VOUS POUVEZ AUSSI UTILISER

Abelia x *grandiflora* ➲ p. 384 ★ *Artemisia spp.* (armoise ornementale) ➲ p. 465 ★ *Aucuba japonica* (aucuba) ➲ p. 474 ★ *Choisya ternata* ➲ p. 275 ★ *Cryptomeria japonica* 'Bandai', *C.* 'Globosa Nana' ➲ p. 556 ★ *Elaeagnus pungens* (éléagnus) ➲ p. 276 ★ *Euonymus fortunei*, *E. japonicus* (fusain) ➲ p. 176 ★ *Heuchera* x *hybrida* (heuchère, toutes variétés) ➲ p. 276 ★ *Juniperus* x *media* 'Gold Coast' et 'Old Gold', *J. horizontalis* 'Golden Carpet' (genévrier, variétés naines) ➲ p. 639 ★ *Mandevilla splendens* (dipladénia) ➲ p. 670 ★ *Nandina domestica* (bambou sacré) ➲ p. 278 ★ *Oenothera fruticosa*, *O. speciosa*, *O.* x *hybrida* (œnothère vivace) ➲ p. 183 ★ *Osmanthus heterophyllus* (osmanthe) ➲ p. 279 ★ *Pelargonium* x *peltatum* (géranium lierre), *P.* x *hortorum* (géranium zonal) ; *Pinus mugo* (pin de montagne), *P. nigra* (pin noir) ➲ p. 574 ★ *Plectranthus coleoides* 'Marginatus' (aujourd'hui *P. glabratus*) ➲ p. 590 ★ *Stachys byzantina* (oreille-d'ours) ➲ p. 148 ★ *Thuja occidentalis* 'Golden Tuffet' (thuya nain) ➲ p. 557 ★ *Verbena* x *hybrida* ➲ p. 611

terrasse et patio côté sud

LES TERRASSES ET LES PATIOS SITUÉS DANS LES CLIMATS DOUX ONT LA CHANCE DE POUVOIR COMPTER SUR UN GRAND NOMBRE D'ESPÈCES VÉGÉTALES DE DÉVELOPPEMENT MOYEN. S'IL EST PRÉFÉRABLE DE LES CULTIVER EN PLEINE TERRE, ELLES SONT AUSSI TRÈS À LEUR AISE EN POT OU EN BAC.

HIVERNER LES PLANTES FRILEUSES

Il suffit de les placer à l'intérieur pour les maintenir dans des conditions hors gel ... **1**

Tibouchina urvilleana

Strelitzia reginae

DIVISER LES TOUFFES DE L'OISEAU DU PARADIS

Pour exalter une floraison qui s'essouffle un peu et avoir plus de plants, la division de touffe est la méthode la plus simple ... **2**

TAILLER LE CALLISTÉMON

Pour reformer l'arbuste en préparant les floraisons à venir, la taille est indispensable, comme chez tous les arbustes à fleurs ... **3**

ENTRETENIR LES JARRES EN TERRE CUITE

L'entretien des poteries en terre cuite suppose de les laisser bien vieillir, sans pour autant leur laisser prendre un aspect négligé ... **4**

La petite histoire

Le palmier moulin a été adopté dès l'engouement pour les palmiers au XIXe siècle. Sa très bonne résistance au froid y est pour quelque chose ... **5**

Le coin du curieux

Le phormium ou l'exotisme sans risque ... **7**

Phormium 'Maori Chief'

INSTALLER UNE JARRE SURPRENANTE

La forme particulière des jarres, avec leur ventre renflé, appelle des plantes cascadantes les recouvrant légèrement ... **6**

IDÉES

→ POURQUOI PAS... Un mur sur lequel ruisselle de l'eau ? **8**

→ POURQUOI PAS... Du bois pour les dallages ? **9**

et Si

· Le feuillage de mon rince-bouteilles jaunit ? **10**

· Les feuilles de mon bananier d'Abyssinie sont devenues vilaines ? **11**

Les Plantes idéales

Ces espèces sont emblématiques des décors du Sud.

★ **Des plantes pour leur feuillage :** *Cyperus alternifolius* (papyrus) ; *Ensete ventricosum* (bananier d'Abyssinie) ; *Phormium* (lin de Nouvelle-Zélande).

★ **Des plantes aux fleurs originales :** *Callistemon citrinus, C. laevis* (rince-bouteilles) ; *Ipomoea versicolor*; *Solanum rantonnetii*; *Strelitzia reginae* (oiseau de paradis) ; *Tecoma capensis* (chèvrefeuille du Cap) ; *Tibouchina urvilleana* (fleur araignée).

★ **La touche exotique :** *Asteriscus maritimus* (astérolide) ;

★ Les plantes citées dans la thématique « Un balcon exotique», p. 536, peuvent aussi convenir, de même que celles proposées pour « Un jardin d'inspiration mauresque », p. 292.

NOS CONSEILS

1. *Utilisez les tons ocre, marron ou saumonés pour les maçonneries, les dallages et les éléments de structure. Évitez le blanc, trop réfléchissant.*

2. *Ombragez partiellement la terrasse avec un palmier. Dans les régions au climat doux, évitez d'installer plein Sud une terrasse destinée au repos ou au repas.*

3. *Privilégiez les tracés géométriques, car les petits espaces doivent être bien structurés pour exprimer une esthétique optimale.*

4. *Installez un système d'arrosage automatique intégré et programmé. Arrosez de préférence la nuit pour éviter l'évaporation rapide.*

5. *Placez les plantes en pot sous des auvents en hiver et surélevez les contenants (placez-les sur cales) de manière à éviter tout risque d'humidité stagnante, plus préjudiciable que le froid.*

1 Hiverner les plantes frileuses

Les plantes les plus frileuses sont exposées au froid qui les détériore ou entraîne leur mort ; il est donc indispensable de les hiverner correctement. Il suffit de les placer en condition hors gel, dans un local à 8 °C ou plus, mais suffisamment lumineux. Si vous hivernez vos plantes à l'intérieur, faites-le dans une pièce peu chauffée, à 16 °C par exemple. Espacez les arrosages pour maintenir la motte à peine humide et suspendez tous les apports d'engrais. Une fois leur rythme physiologique ainsi ralenti, votre tibouchina ou votre bananier auront le meilleur départ possible au printemps. .

2 Diviser les touffes de l'oiseau du paradis

À l'étroit dans son grand pot ou son bac, votre oiseau de paradis finit par moins fleurir et par végéter. Périodiquement, tous les 4 ou 5 ans, il faut le dédoubler pour lui redonner une seconde jeunesse. C'est aussi l'occasion de récupérer de petits éclats pour le multiplier et en donner autour de vous. Au printemps, dépotez le strelitzia. Chez les plantes en pot, il est assez aisé de diviser la touffe, contrairement aux sujets de pleine terre. Écartez les éclats, faites coin avec un petit outil et coupez les racines qui les maintiennent solidaires. Habillez les racines et rempotez dans la foulée, en laissant quelques centimètres entre deux plants, dans un terreau horticole riche.

On divise le strelitzia tous les 4 ou 5 ans.

3 Tailler le callistémon

Taillez de préférence en automne, lorsque la floraison des callistémons remontants, comme *Callistemon laevis*, est terminée pour l'année. De plus, une taille de printemps a tendance à ralentir la croissance. Raccourcissez l'extrémité des jeunes tiges de 20 à 30 cm pour redonner une forme compacte à l'arbuste. Certains callistémons compacts, comme *Callistemon viminalis* 'Little John', supportent des tailles sévères.

Callistemon viminalis 'Little John' supporte une taille sévère.

4 Entretenir les jarres en terre cuite

Deux écoles s'opposent pour l'entretien des belles jarres provençales ou florentines. La première est tenante d'un vieillissement amenant une certaine patine, la seconde préfère des poteries qui semblent pimpantes en toute occasion. Dans le premier cas, on se contentera d'un bon brossage à sec avec une brosse de chiendent, pour éliminer les inévitables dépôts blanchâtres de calcaire et de sel cristallisés. On pourra parfaire le résultat avec l'élimination des traces de calcaire en imbibant le pot de vinaigre blanc et en utilisant une éponge grattante, elle-même trempée dans du vinaigre blanc. Il faudra bien rincer à l'eau claire à la suite. Dans le second cas, ce nettoyage sera complété par l'application d'une huile végétale pour donner un coup de neuf à la terre cuite (huile de lin, de tournesol ou d'olive). Après avoir bien fait pénétrer, essuyez le surplus avec un chiffon doux.

5 La petite histoire

Créé en 1861 par l'horticulteur allemand Hermann Wendland (1825-1903), le genre Trachycarpus vient du grec trachys, « rugueux », et carpos, « fruit ». Le nom d'espèce fortunei lui a été donné en l'honneur de Robert Fortune (1812-1880), botaniste et explorateur anglais qui a rapporté des graines de l'archipel de Chusan, à l'est de la Chine, vers 1850. Trachycarpus fortunei pousse spontanément dans des forêts de montagne jusqu'à 2 500 m d'altitude, où il est régulièrement couvert de neige en hiver ; sa résistance au froid est estimée autour de -18 °C.

6 Installer une jarre surprenante

Pour retomber le long de la jarre, découvrez, parmi les plantes de climats doux, le lotus, qui n'a rien à voir avec les lotus aux feuilles larges des pièces d'eau. Ce lotier est originaire des îles Canaries et pousse en longs rameaux retombants portant de fines feuilles persistantes, d'un vert argenté légèrement glauque. La floraison est spectaculaire, en fin de printemps, en étonnantes fleurs en crochets de 3 cm de long, rouge sang chez *Lotus berthelotii* (➔ p. 241) et jaune safran veiné de rouge chez *Lotus maculatus*.

Idées

8 Pourquoi pas... un mur sur lequel ruisselle de l'eau ?

Autant que la fraîcheur qu'il dégage, c'est par le bruit de l'eau qui ruisselle que le mur apporte sa note reposante. Le principe est simple : un circuit fermé d'eau, qui remonte par une petite pompe, assure de manière continue un ruissellement bénéfique. Pour les terrasses et les balcons, inutile de vous lancer dans de gros travaux de maçonnerie, il existe de nombreux modèles modulables en kit.

9 Pourquoi pas... du bois pour les dallages ?

L'ambiance du Sud doit beaucoup à l'usage de la terre cuite et de la pierre, mais pour les dallages, faites une petite entorse. Car ces matériaux ont aussi le désavantage de stocker la chaleur, un problème pour les terrasses déjà trop exposées du point de vue des végétaux. Pour une ambiance plus tempérée, utilisez des dalles ou des lattes de bois, et placez-les en position légèrement surélevée sur des tasseaux fixés au sol : ainsi, vous ménagerez une couche d'air isolant.

et Si

10 Le feuillage de mon rince-bouteilles jaunit ?

Comme presque toutes les Myrtacées, votre callistémon est bien plus à l'aise dans une terre acide. Pour la culture en pot, incorporez une proportion de terre dite « de bruyère » au terreau horticole, jusqu'à 20 % du volume. Il peut s'agir aussi d'un excès de fertilisation, alors laissez de côté l'engrais pour arbustes fleuris habituel, ce type de plante s'en passe. Enfin, arrosez peu : le callistémon est une plante de sécheresse, surtout si l'eau de la ville est calcaire.

11 Les feuilles de mon bananier d'Abyssinie sont devenues vilaines ?

C'est le lot des grandes feuilles de bananier de se tacher et de sécher partiellement à cause du soleil trop chaud, et d'être déchirées par les vents. Rien de plus normal. Laissez-les en place tout l'hiver (même si c'est peu décoratif) pour protéger le cœur, coupez-les en début de printemps et admirez le nouveau feuillage.

7 *Le coin du curieux : Le phormium, ou l'exotisme sans risque*

Le lin de Nouvelle-Zélande a été ramené en Europe, au XIXe siècle, avec l'intention de l'acclimater et d'en faire une plante textile, en s'inspirant des Maoris, qui utilisaient la fibre de ses feuilles pour leur artisanat. Il est resté dans nos jardins et nos espaces verts comme plante ornementale, sous sa forme à feuillage vert, pourpre ou panaché – les variétés sont multiples. Pour la culture en pot sur les terrasses, il ne pose aucun problème particulier, mais préférez les variétés naines ou à petit développement comme *Phormium tenax* 'Baby Bronze', nain, petites feuilles étroites (0,60 m de haut), *P. tenax* 'Yellow Wave', feuilles effilées, vert clair à jaune à bordure verte (1 m de haut) ou *P. tenax* **'Maori Maiden', à feuilles vert teinté de bronze, panaché de rose-rouge vers l'extérieur du limbe (0,80 m de haut).**

Phormium 'Maori Sunset'

ASTÉROLIDE

Asteriscus maritimus

J F M A M J **J A** S O N D

15/30 cm	10/20 cm		V	-7 °C

Cette vivace méditerranéenne est une grande frugale, habituée au sec et aux embruns. Elle pousse en touffe dense aux feuilles persistantes, d'un vert légèrement bleuté à argenté, recouvertes de poils blanchâtres, rêches. Floraison en petites marguerites jaune éclatant.

SOL Ordinaire, même sec.

EXPOSITION Plein soleil.

CULTURE Aucun soin particulier. Éventuellement quelques pincements pour la densifier, en fin d'hiver.

ESPÈCES Vous pouvez aussi cultiver *Asteriscus sericeus*, aux feuilles soyeuses et aux plus grandes fleurs.

CULTURE EN POT Dans un terreau ordinaire.

UTILISATIONS Massifs, bordures, potées.

RINCE-BOUTEILLES

Callistemon sp.

J F M A **M J J A S** O N D

0,80/1,20 m	1 m		P	-5/-7 °C

Cet arbuste au port un peu raide réussit bien dans les sols secs et sa croissance lente le fait recommander pour la culture en bac. Il porte des feuilles alternes, gris-vert, coriaces, ovales, lancéolées, de 6 à 10 cm de long. Les petites fleurs, aux étamines rouge vif démesurées, sont groupées en épis cylindriques très lumineux, de 5 à 10 cm de long.

SOL Humifère, drainé, plutôt acide.

EXPOSITION Chaude et ensoleillée, contre un mur orienté au sud ou à l'ouest.

CULTURE En dehors des régions méditerranéennes où il vit bien en pleine terre, installez le callistemon à l'extérieur à partir du 15 mai. Arrosez abondamment par temps chaud et sec, avec une eau non calcaire. De mai à septembre, donnez tous les 15 jours un engrais liquide. Dans les régions froides, hivernez entre 5 et 10 °C, en véranda. Semis en mars, boutures à talon en été.

ESPÈCES ET VARIÉTÉS Il existe 25 espèces. 'Splendens', une forme compacte de *Callistemon citrinus*, qui sent la citronnelle lorsqu'on froisse le feuillage, est plus souvent proposé sous son cultivar 'Splendens', plus florifère. *C. laevis* offre une floraison remontante du printemps à l'automne ; 'Little John' est apprécié pour sa taille réduite (1 m de haut), son feuillage argenté et sa floraison printanière rouge vif. *C. viminalis* 'Captain Cook', souple, rameaux retombants, floraison rouge au printemps et en fin d'été ; 'Bright Pink' est d'un beau rose soutenu.

CULTURE EN POT Dans un pot de 25 à 40 cm de diamètre, dans un mélange à parts égales de terre de bruyère, de terreau universel et de terre de jardin. Rempotez tous les 3 ans.

UTILISATIONS Bac, serre froide, massif.

TAILLE

Taillez les jeunes pousses ayant fleuri, en les coupant environ 10 cm sous l'inflorescence fanée. Ne laissez pas les fruits se former, ils épuisent la plante.

PAPYRUS, SOUCHET

Cyperus alternifolius

J	F	M	A	M	**J**	**J**	**A**	**S**	**O**	N	D

Hauteur	Largeur	Exposition		Rusticité
45/90 cm	40 cm		V	0 °C

Plante vivace aquatique et de bord de rive, au port dressé, poussant sur des tiges portant des feuilles étroites, souples à retombantes, disposées en couronne, d'un beau vert franc. Floraison en ombelle de petits épillets brun jaunâtre.

SOL Imbibé d'eau.

EXPOSITION Plein soleil ou mi-ombre.

CULTURE Aucun soin particulier. Il est très facile de le multiplier en coupant des têtes à mettre à l'envers dans un verre d'eau.

ESPÈCES ET VARIÉTÉS Il existe une variété naine, *Cyperus alternifolius* 'Nanum', de 40 cm de haut.

CULTURE EN POT Laissez le terreau très imbibé, voire immergé sous un voile d'eau.

UTILISATIONS Bordure de pièce d'eau, jardin d'ombre humide.

BANANIER D'ABYSSINIE

Ensete ventricosum

J	F	M	A	M	J	J	A	S	O	N	D

Hauteur	Largeur	Exposition		Rusticité
1,50/3 m	1/2 m		V	0 °C

Ce bananier est une herbe géante qui atteint de 6 à 10 m de haut dans son milieu naturel, poussant sur un rhizome. Les feuilles sont larges et grandes (jusqu'à 1 à 3 m de long et 60 cm de large). Elles sont engainantes et enroulées sur elles-mêmes et donnent une sorte de « tronc » baptisé improprement stipe. Lorsque la tige principale est bien développée, une autre prend le relais, et il est courant de voir plusieurs rejets à la base en même temps.

SOL Terre de jardin, riche et fraîche.

EXPOSITION Plein soleil, ombre légère ou mi-ombre.

CULTURE Ce bananier est assez frileux ; il supporte entre – 4 et – 6 °C pour de courtes expositions, et ne peut donc être planté au jardin que dans les régions de climats doux. Ailleurs, il se cultive très bien en pot, à rentrer en hiver ou à laisser dans une véranda non chauffée.

ESPÈCE ET VARIÉTÉ *Ensete ventricosum*, de croissance rapide, à grandes feuilles vertes qui se déchirent et donnent un aspect lacinié décoratif ; 'Maurelii', aux superbes feuilles ovales avec une belle nervure centrale rouge, limbes colorés de rouge, de jaune, de violet pourpre, presque noir, auquel s'ajoute le jaune lorsqu'elles commencent à vieillir. Rusticité de – 1 à – 3 °C.

CULTURE EN POT Préférez 'Maurelii'. Plantez-le dans un grand bac de 40 cm en tous sens au minimum, dans un terreau pour plantes méditerranéennes.

UTILISATION Isolé dans un grand bac.

Ensete ventricosum 'Maurelii'

IPOMÉE QUAMOCLIT, QUAMOCLIT

Ipomoea versicolor (syn. *Mina lobata*)

J	F	M	A	M	**J**	**J**	**A**	**S**	**O**	N	D

Hauteur	Largeur	Exposition		Rusticité
2/3 m	1/2 cm		V	0 °C

Par sa floraison éclatante tout l'été, cette plante grimpante illumine les balcons et les terrasses. C'est une vivace sous les climats chauds, cultivée en annuelle chez nous. Végétation légère, feuilles persistantes portées par de fines tiges velues. Fleur d'un beau rouge éclatant, nectarifères.

SOL Riche et frais.

EXPOSITION Plein soleil.

CULTURE Donnez-lui un support léger pour qu'elle s'y enroule. Dans les régions où la culture pérenne est possible, paillez en hiver.

ESPÈCE On cultive surtout l'espèce type.

CULTURE EN POT Facile, à condition de maintenir le terreau toujours légèrement humide et d'apporter un engrais pour plantes fleuries tous les 15 jours, entre mai et septembre.

UTILISATIONS Pour couvrir les grillages, les tonnelles, les claustras. Potée fleurie, également en plante retombante.

LIN DE NOUVELLE-ZÉLANDE

Phormium sp.

J F M A M **J J** A S O N D

Hauteur	Étalement	Exposition	Sol	Rusticité
1/2 m	0,60/1,50 m	soleil	P	-8 °C

Cette vivace buissonnante forme une touffe élégante, colorée. C'est une herbe touffue, aux longues feuilles linéaires, souples ou rigides, souvent colorées, dont la hampe florale peut dépasser 2 m de haut.

SOL Léger, bien drainé, plutôt sableux.

EXPOSITION Ensoleillée, chaude, abritée. Le phormium supporte très bien les climats maritimes, même venteux.

CULTURE Plantez au printemps et arrosez généreusement sans détremper. Coupez les hampes après la floraison. Supprimez le feuillage fané et protégez la souche des gelées. Divisez tous les 3 à 5 ans.

ESPÈCES ET VARIÉTÉS Il existe 2 espèces.

- *Phormium colensoi* (syn. *P. cookianum*), assez compact, aux feuilles arquées ; 'Black Adder', pourpre foncé, presque noir ; 'Cream Delight', crème marginé de vert ; 'Variegatum', vert bordé de bandes blanc crème.
- *Phormium tenax*, plus vigoureux, aux feuilles raides, se décline dans de très nombreux cultivars : 'Atropurpureum', aux feuilles pourpres ; 'Golden Sword', strié de vert et de jaune d'or ; 'Louis Goarant', jaune bordé de vert ; 'Maori Queen' (syn. 'Rainbow Queen'), bronze pourpré rayé de rose et de crème ; 'Purpureum', pourpre foncé nuancé de brun ; 'Variegatum', strié de blanc et de jaune.
- Hybrides : 'Apricot Queen', jaune bordé de vert clair et rayé de rose orangé ; 'Bronze Baby', compact (80 cm), aux feuilles retombantes, bronze ; 'Evening Glow', rose soutenu marginé de pourpre ; 'Golden Ray', très vigoureux, vert marginé de jaune ; 'Pink Stripe', feuille pourpre brun bordée de rose vif et irrégulièrement striée de rose plus clair ;

Phormium tenax

'Platt's Black', quasiment noir ; 'Sundowner', au large feuillage rouge cuivré bordé de rose ; 'Yellow Wave', jaune strié de vert.

CULTURE EN POT Dans un pot de 40 cm en tous sens au minimum, dans un mélange à parts égales de terre de jardin, de terreau et de sable.

UTILISATIONS Isolé, massifs exotiques avec palmiers, bacs sur terrasse.

SOLANUM

Solanum rantonnetii (syn. *Lycianthes rantonnetti*)

J F M A M **J J A S O N** D

Hauteur	Étalement	Exposition	Sol	Rusticité
1,50/2 m	2 m	soleil	P/SP	-7 °C

Cet arbuste généreux se cultive surtout comme plante saisonnière. Il forme une touffe arrondie et compacte. Feuillage alterne, ovale, légèrement duveteux. Les nombreuses fleurs bleu violacé, de 3 à 4 cm de diamètre, sont groupées en petits bouquets aux extrémités des branches. La floraison peut se prolonger toute l'année dans les régions au climat très doux.

SOL Consistant, riche, bien drainé, neutre à peu alcalin.

EXPOSITION Chaude et très ensoleillée.

CULTURE Plantez au printemps et paillez le pied. Sortez les potées à la fin mai. Par temps chaud et sec, arrosez pour maintenir un sol toujours frais. En octobre, hivernez-le en pot en serre froide. Chaque année en mars, rabattez les tiges de moitié et rempotez.

ESPÈCES ET VARIÉTÉS Il n'existe pas moins de 1 400 espèces (et notamment cer-

tains légumes comme la pomme de terre ou l'aubergine), mais officiellement, *Solanum rantonnetii* a été reclassé dans le genre *Lycianthes*. Parmi les espèces cultivées pour leurs qualités ornementales figurent *S. rantonnetii* 'Outremer', aux grandes fleurs bleu-violet foncé ; 'Charles Pink Star' (syn. 'Oosthen 2'), à fleurs mauves ; 'Charles White' (syn. 'Oosthen'), à fleurs blanches ; *S. aviculare* (de 2 à 3 m), au port évasé, fleurs bleu nuancé de pourpre ou blanches en bouquets élégants.

ATTENTION

Toutes les parties de la plante sont toxiques, ne la laissez pas à proximité des enfants.

CULTURE EN POT Dans un pot de 25 cm en tous sens, dans un mélange de terreau de tourbe, de sable de rivière et de terre de jardin par tiers.

UTILISATIONS Massif, potée, serre froide.

SUR UNE TERRASSE OU DANS UN PATIO ORIENTÉ AU SUD, VOUS POUVEZ CULTIVER AUSSI

Acacia dealbata (mimosa) ➔ p. 464 ★ *Bougainvillea glabra, B.* x *spectabilis* (bougainvillier) ➔ p. 238 ★ *Brugmansia arborea* (datura en arbre) ➔ p. 596 ★ *Chamaerops humilis* (palmier nain) ➔ p. 337 ★ *Citrus* (agrumes) ➔ p. 874 ★ *Cordyline australis* ➔ p. 249 ★ *Cupressus sempervirens* (cyprès de Provence) ➔ p. 239 ★ *Grevillea juniperina* ➔ p. 210 ★ *Nerium oleander* (laurier-rose) ➔ p. 242 ★ *Olea europaea* (olivier) ➔ p. 885 ★ *Osteospermum* (dimorphoteca, souci du Cap) ➔ p. 255 ★ *Phoenix canariensis* (dattier des Canaries) ➔ p. 296 ★ *Senna corymbosa, S. didymobotrya* (cassia) ➔ p. 243 ★ *Trachycarpus fortunei* (palmier moulin) ➔ p. 344 ★ *Washingtonia filifera* (palmier à jupon) ➔ p. 344

OISEAU DE PARADIS

Strelitzia reginae

J F M A **M J J A** S O N D

Hauteur	Largeur	Exposition	Feuillage	Rusticité
0,80/1,20 m	1 m	Soleil	V	0 °C

Cette plante vivace pousse en touffe de grandes feuilles persistantes allongées à lancéolées, entières, charnues, d'un beau vert bleuté, recouvertes d'une pruine plus ou moins abondante, au limbe se déchirant spontanément. Étonnante fleur orange et bleu, dont la silhouette évoque celle de la tête d'un oiseau, sortant d'une spathe horizontale.

SOL Riche, frais et léger.

EXPOSITION Plein soleil, à la rigueur ombre légère.

CULTURE Une ou deux fois par an, apportez une fumure sous la forme de quelques pelletées de compost ou de terreau et maintenez le sol frais par des arrosages réguliers entre mai et septembre, même si la plante résiste bien à la sécheresse. Le reste de l'entretien se résume à nettoyer les feuilles sèches et les hampes florales défleuries. Divisez les touffes tous les 5 ans environ.

ESPÈCE On ne cultive que l'espèce type.

CULTURE EN POT Conseillée dans les régions fraîches en raison de sa faible résistance au froid. Prévoyez un grand pot de 50 cm de diamètre ou un bac, à rentrer hors gel en hiver, et un mélange à parts égales de terreau de rempotage, de terre de jardin et de sable, enrichi de fertilisant organique.

UTILISATIONS Isolé, au jardin ou sur la terrasse.

> **ATTENTION**
>
> Les graines sont toxiques.

CHÈVREFEUILLE DU CAP, BIGNONE DU CAP

Tecoma capensis

J F M A M **J J A S** O N D

Hauteur	Largeur	Exposition	Feuillage	Rusticité
1/2 m	1,50/2 m	Soleil	P	0 °C

Particulièrement adapté au sec, cet arbuste sarmenteux porte des feuilles persistantes à semi-persistantes, brillantes, vert foncé, composées de 5 à 9 folioles dentées. Floraison en grappes terminales dressées de fleurs tubulaires à 5 lèvres bien marquées. Fruits en longues gousses contenant les graines ailées.

SOL Ordinaire.

EXPOSITION Plein soleil.

CULTURE Taillez tous les ans en automne, en supprimant la moitié de la végétation. S'il résiste bien au sec, il est encore plus beau avec des arrosages réguliers en été.

VARIÉTÉS Il existe quelques variétés horticoles variant par leurs coloris, 'Orange', 'Lutea', à fleurs jaunes, 'Bronze'…

CULTURE EN POT Taillez en fin d'automne et en milieu de printemps pour maintenir la plante basse.

UTILISATIONS Massifs d'arbustes, isolé, potée.

FLEUR ARAIGNÉE

Tibouchina urvilleana

J F M A M J J **A S O N** D

Hauteur	Largeur	Exposition	Feuillage	Rusticité
0,80/1,50 m	0,60/1 m	Soleil, mi-ombre	P	0 °C

Cet arbuste ligneux porte des feuilles persistantes à semi-persistantes, entières, ovales, de 10 cm, recouvertes d'un fin duvet légèrement rugueux. Les fleurs sont simples, à 5 pétales violets, de 5 à 10 cm de diamètre ; souvent groupées par 3, elles se succèdent pendant tout l'été.

SOL Terre riche, légèrement humide, mais supporte bien le sec.

EXPOSITION Plein soleil ou ombre légère.

CULTURE Maintenez la terre fraîche en permanence, car en cas de sécheresse, l'arbuste perd ses feuilles et se dégarnit de la base. Pour la même raison, en automne, taillez assez court, pour réduire la longueur des branches de moitié au moins. Les fleurs sont fugaces, mais se succèdent sans arrêt pendant l'été ; inutile de les supprimer, elles tombent toutes seules.

ESPÈCE ET VARIÉTÉS L'espèce type est la plus souvent proposée, mais il existe deux variétés de forme compacte 'Groovy Baby' et 'Jules', recommandées pour la culture en pot et les massifs bas. Ils ont l'avantage de moins se dégarnir.

CULTURE EN POT Dans un contenant de 30 cm de profondeur et 25 cm de diamètre, dans un substrat pas trop riche en azote : 3/4 de terreau pour géraniums et 1/4 d'amendement organique à base de fumier composté. Ajoutez deux pincées d'engrais à décomposition lente pour plantes fleuries.

UTILISATIONS Isolé, en massif, en potée.

Un patio à l'ombre

L'OMBRE QUI ENVAHIT UN PETIT ESPACE COMME CELUI D'UNE COUR INTÉRIEURE PEUT ÊTRE PERÇU COMME UN DÉFAUT. BIEN GÉRÉE, ELLE PERMET, AU CONTRAIRE, DE FAIRE NAÎTRE UNE AMBIANCE FEUTRÉE ET PLEINE DE CHARME.

FEUILLAGES PANACHÉS : DE LA CLARTÉ EN PLUS

Ilex aquifolium

Les feuilles panachées de jaune et de crème apportent une touche de lumière dans les ambiances assez sombres des cours ombragées. Préférez les espèces persistantes pour un rendu permanent ... **1**

LE JARDIN EN BAC

Grosses poteries et petits bacs permettent de faire varier le décor, simplement en les déplaçant, mais c'est aussi la seule possibilité de cultiver des plantes aux besoins spécifiques ... **2**

DES PIERRES MOUSSUES

Les objets en pierre, naturelle ou reconstituée, présentent de nombreux petits reliefs qui accrochent les mousses et les algues, donnant une patine sans égale. Vous pouvez aussi accélérer leur installation ... **3**

Soleirolia soleirolii

La petite histoire

Belle acquisition que les camélias ! Rapportés de Chine au XVIIe siècle, ils ont connu le développement que l'on sait. Seul le théier est resté une plante exotique pour nous ... **4**

SUS AUX LIMACES

L'ombre humide est propice aux limaces, qui adorent une telle ambiance. Il est bon de les limiter, pour le plus grand bien des beaux et grands feuillages appétissants ... **5**

C'est bon pour la planète et la biodiversité : Éliminer les mousses

Éliminer celles qui se développent au sol est plus une affaire de sécurité que d'esthétique. Elles sont responsables de glissades et de chutes. Pour les supprimer, utilisez un produit compatible avec le jardinage biologique ... **6**

IDÉES

- POURQUOI PAS... Une touche exotique ? 7
- POURQUOI PAS... Une Courette zen ? 8

et Si

- Les feuilles de mes camélias sont recouvertes d'une sorte de suie ? 9
- Il y a un dépôt vert, gluant et glissant sur le sol ? 10

Les Plantes idéales

★ **Des feuillages :** *Juniperus spp.* (genévrier) ; *Ophiopogon planiscapus* 'Nigrescens' (barbe de serpent noire) ; *Soleirolia soleirolii* (helxine) ; *Tiarella cordifolia, T. wherryi* (tiarelle).

★ **Des fleurs pour l'ombre :** *Astilbe arendsii* 'Fanal', *A. chinensis* 'Pumila', *A. japonica* 'Gladstone' ; *Begonia grandis var. evansiana* (bégonia) ; *Kalmia latifolia* (laurier de montagne) ; *Primula* (primevère, espèces naines, dont *P. vialii*) ; *Tradescantia virginiana* (éphémère de Virginie).

★ Toutes les espèces présentées dans la thématique « Un balcon ombragé », p. 594, peuvent convenir, de même qu'un grand nombre de celles figurant dans « Un jardin à l'ombre » p. 176.

NOS CONSEILS

1. Prévoyez un revêtement de sol non glissant pour les cheminements et les allées. Bannissez le bois, sur lequel se développent algues et mousses glissantes.
2. Faites la chasse à l'humidité stagnante qui favorise la prolifération des limaces au printemps et en automne, et des moustiques en été.
3. Dans les sols très humides, plantez des végétaux qui assèchent la terre, Astilboides tabularis, Darmera peltata, Petasites japonicus, Rheum palmatum...
4. En prévision de l'été, installez un système d'arrosage automatique par aspersion ou par brumisation.
5. Employez avec parcimonie les plantes au feuillage vert très foncé (buis, if, pin nain) qui assombrissent le lieu et lui donnent un aspect un peu triste.
6. Peignez les murs de couleur claire et recouvrez le sol avec des gravillons blancs pour augmenter la luminosité.
7. Définissez de préférence un tracé régulier dans ce petit espace, mais laissez les plantes se développer en liberté, tout en limitant leur expansion par des petites tailles d'entretien régulières.
8. Utilisez plutôt des plantes assez basses pour ne pas augmenter l'intensité de l'ombrage.

Un patio à l'ombre

1 Feuillages panachés : de la clarté en plus

Chaque fois que vous choisissez une espèce, renseignez-vous pour savoir s'il existe sa ou ses versions à feuillage panaché, sans abuser – ne dépassez pas un tiers de ces variétés. Cultivez *Fatsia japonica* 'Variegata' et 'Spider Web', pour leur grandes feuilles, *Acer palmatum* 'Ariadne', 'Butterfly' et 'Beni-Shigitatsu-Sawa', pour la délicatesse de leurs feuilles finement découpées. Placez un houx panaché, *Ilex aquifolium* 'Ferox Argentea', ou l'un des multiples piéris, comme *Pieris japonica* 'Little Heath'.

2 Le jardin en bac

La culture en bac et en grosses poteries permet de pallier la mauvaise qualité de la terre et de cultiver des plantes aux besoins spécifiques ; on pense naturellement aux plantes de terre de bruyère (camélias, piéris, rhododendrons…). Elle permet aussi de faire varier le décor à loisir, simplement en déplaçant les contenants. Et pour vous faciliter la tâche, pensez à les poser (avant de les remplir de terreau) sur des supports à roulettes prévus pour leur déplacement sans peine. Lorsque vous déplacez une plante qui a longtemps séjourné à un endroit, n'oubliez pas de l'arroser abondamment et de la fertiliser.

3 Des pierres moussues

On connaissait le badigeonnage de yaourt sur les éléments en pierre pour faire se développer la mousse et leur donner une patine, mais il existe une recette plus efficace inspirée du *land art* en ville. Nettoyez l'équivalent de 3 tasses de mousse fraîche pour la débarrasser de la terre. Délitez-la. Ajoutez 2 tasses de yaourt nature, 2 tasses de bière, 1/2 cuillerée à soupe de sucre et 1 tasse de sirop liquide (de maïs, de canne, d'agave…). Placez le tout dans un blender de cuisine et broyez. Appliquez au pinceau sur la pierre et laissez pousser 3 semaines environ. Opérez pendant une saison humide, (évitez l'été, sauf à vaporiser de l'eau régulièrement).

4 La petite histoire

Le genre Camellia a été créé en 1753 par Carl von Linné (1707-1778), en hommage au père jésuite George Joseph Kamel (1661-1706), qui a rapporté des graines de cette plante de Chine à la fin du XVIIe siècle. Semées dans plusieurs jardins botaniques européens, dont le Jardin des plantes de Paris, les graines donnèrent des plantes qui moururent rapidement. Il fallut attendre une quarantaine d'années pour obtenir un succès, en 1739, en Angleterre. C'est alors que la plante fut nommée en l'honneur de son importateur.

5 Sus aux limaces

Pour lutter contre les limaces et les escargots, de nombreux trucs de jardinier existent, tous dirigés vers le jardinage bio. Mais ce qui est applicable au jardin l'est moins dans une courette où la terre est rare, sinon inexistante ; de plus, tous ces dispositifs sont disgracieux. Déposez quelques petits tas de granulés à base de phosphate ferrique (Ferramol) compatibles avec le jardinage bio. À la différence des anciens granulés toxiques, on n'observe pas ensuite des tas de cadavres agonisants de gastéropodes, car ils ne meurent pas sur place, mais dans leur refuge. N'en tirez donc pas de conclusion inexacte sur l'efficacité du produit.

6 C'est bon pour la planète et la biodiversité : Éliminer les mousses

La meilleure façon d'éliminer les mousses et les micro-algues qui prolifèrent au sol, c'est de les tuer avant de les nettoyer. Les acides sont les plus efficaces ; toutefois, les formulations concentrées sont utilisables seulement si vous pouvez nettoyer à grande eau à la suite, ce qui n'est pas toujours le cas dans une petite cour. Utilisez des acides moins violents – on en trouve dans des produits bio contenant de l'acide nonanoïque, par exemple. Après l'application, frottez avec un balai à poils raides type balai de chantier.

IDÉES

7 Pourquoi pas… une touche exotique ?

Crinodendron hookerianum

Petit avantage des villes, il y fait plus chaud qu'en rase campagne, l'élévation significative de la température étant à mettre au compte de la densité des constructions et de la pollution. Dans une cour encaissée, on observe un gain supplémentaire de degrés sur le thermomètre. Un atout pour tenter de cultiver certaines espèces exotiques. Placez dans un grand bac une fougère arborescente (*Dicksonia antarctica*), un arbre aux lanternes du Chili (*Crinodendron hookerianum*), un arbre à feu du Chili (*Embothrium coccineum*) ou le mythique pavot bleu de l'Himalaya (*Meconopsis betonicifolia*).

Embothrium coccineum

8 Pourquoi pas… une courette zen ?

La petite cour repliée sur elle-même, coupée du monde extérieur, est propice à installer un petit cocon de tranquillité pour soi. Il en faut peu pour donner une touche zen à votre coin repos : deux ou trois plantes en pot vernissé (vous pouvez choisir les mêmes que pour la rubrique « feuillages panachées » ci-contre), agrémentés par des éléments en pierre de la statuaire asiatique… Il vous reste à installer une petite fontaine avec un mobile à eau en bambou et à minéraliser le sol en déposant des galets, un atout si votre cour manque de lumière.

et Si

9 Les feuilles de mes camélias sont recouvertes d'une sorte de suie ?

Observez aussi le revers des feuilles, elles abritent sans doute de petits boucliers bruns : ce sont des cochenilles, à traiter par des pulvérisations de produit anticochenille à base d'huile. Sur les déjections sucrées se développe la fumagine, un dépôt noir rappelant de la suie, causé par un assortiment de champignons. Il devrait disparaître avec la mort des cochenilles, sinon nettoyez les feuilles avec une éponge mouillée, pour enlever le plus gros, ou pulvérisez un fongicide bio. Prenez la fumagine au sérieux, car elle fait obstacle à la lumière, donc contrarie la photosynthèse au point d'affaiblir la plante.

10 Il y a un dépôt vert, gluant et glissant sur le sol ?

Il ne s'agit pas d'une algue ni d'un champignon, mais d'une cyanobactérie (autrefois, on parlait d'algue bleue), connue sous le nom délicat de « crachat de lune » ou « nostoc ». C'est une espèce pionnière qui se développe sur des sols très pauvres, à qui on doit beaucoup, car elle a participé à la conquête du milieu terrestre.
Pour vous débarrasser de ces masses gélatineuses, les produits antialgues, les fongicides ou les désherbants sont inopérants. La meilleure façon de les éliminer est de les récolter à la main, s'il y en a peu, ou d'employer un nettoyeur à haute pression pour les cas plus importants.

Un patio à l'ombre

ASTILBE

Astilbe sp.

J F M A M **J J A** S O N D

0,50/1,20 m | 40/60 cm | V

Astilbe arendsii

Ces vivaces rhizomateuses légères, élégantes, poussent bien dans les zones ombragées. Formant des touffes souvent volumineuses, les astilbes développent un feuillage léger, divisé en nombreuses folioles découpées. Les minuscules fleurs sont réunies en panicules plumeuses de 20 à 50 cm de long, qui brunissent en hiver.

SOL Profond, fertile, humide, de préférence acide et humifère (terre de bruyère).

EXPOSITION Jamais de soleil direct.

CULTURE Plantez d'octobre à avril. Arrosez en été pour maintenir le sol toujours frais. En octobre, lorsque le feuillage a jauni, rabattez les tiges au ras du sol. En avril, paillez avec du compost. Divisez les touffes tous les 3 ans.

ESPÈCES ET VARIÉTÉS Il existe 25 espèces. *Astilbe chinensis*, feuilles finement découpées portées par des tiges fines, floraison de juillet à septembre. Cette espèce supporte bien le soleil ; 'Pumila' (de 30 à 40 cm), feuillage bronze, fleurs rose clair ; 'Purplelanze' (1,20 m), pourpre ; 'Purple Rain' (60 cm), rose foncé ; 'Superba' (1 m), rose lilacé.

On cultive surtout des formes hybrides qui se divisent en quatre grands groupes :

- **GROUPE ARENDSII :** ce sont plutôt des plantes de grande taille qui portent des panicules légères en juin-juillet. C'est le groupe le plus diversifié, qui compte plusieurs dizaines de cultivars. 'Anita Pfeifer' (1 m), rose ; 'Bressingham Beauty' (1 m), rose ; 'Bumalda' (1 m), rose ; 'Deutschland' (50 cm), blanc ; 'Fanal' (de 50 à 70 cm), rouge pourpre ; 'Federsee' (70 cm), rose ; 'Gertrud Brix' (80 cm), rouge ; 'Glut' (1,20 m), rouge ; 'Hyazinth' (1 m), rose ; 'Mont Blanc' (1 m), blanc ; 'Weisse Gloria' (80 cm), blanc.

Astilbe japonica

Vidéo « Cultiver l'astilbe »

Astilbe chinensis

- **GROUPE JAPONICA :** feuillage bien découpé, port assez compact, floraison et panicules assez lâches en juin-juillet. 'Gladstone' (50 cm), blanc ; 'Junon' (90 cm), rose ; 'Peach Blossom' (70 cm), rose saumoné.
- **GROUPE SIMPLICIFOLIA :** plantes de petite taille aux feuilles entières vert brillant, floraison de juin à août. 'Aphrodite' (40 cm), boutons rouges, fleurs rose foncé ; 'Sprite' (30 cm), feuillage bronze, fleurs rose tendre.
- **GROUPE THUNBERGII :** plantes vigoureuses aux panicules en juin-juillet, caractérisées par leurs ramifications retombantes, dans différentes nuances du blanc au rose pâle. 'Straussenfeder' (syn. 'Ostrich Plume'), 1 m, jeunes feuilles bronze, rose ; 'Van der Wielen' (1 m), crème.

CULTURE EN POT Dans un pot de 30 cm en tous sens, vous pouvez planter 2 sujets de couleurs différentes, dans une terre riche, qui retient l'eau.

UTILISATIONS Bacs, bord d'un bassin ou massif.

BÉGONIA

Begonia grandis var. evansiana

J F M A M **J J A S** O N D

50/80 cm | 40/60 cm | V | -5 °C

Parmi les bégonias, voici la seule espèce véritablement rustique en climat doux. Il produit en été une abondance de fleurs simples semi-retombantes, rose tendre ou blanches, parfumées. Elles apparaissent au-dessus des feuilles amples, découpées, vert olive dessus, vert pâle, parfois rose-rouge dessous.

SOL Humifère, assez riche, frais, mais bien drainé.

EXPOSITION Ombre, mi-ombre, à l'abri des courants d'air.

CULTURE Plantez les tubercules dès la fin des gelées, entre 2 et 3 cm de profondeur, et à 25 cm de distance. Arrosez à l'eau non calcaire. De mai à fin septembre, faites un apport d'engrais soluble pour plantes fleuries tous les 10 jours. Ôtez les fleurs fanées. Laissez les plantes dehors l'hiver, avec une petite protection hivernale en climat froid.

ESPÈCE ET VARIÉTÉ *Begonia grandis* var. *evansiana*, à fleurs blanches ou roses ; 'Alba', à fleurs blanc pur.

CULTURE EN POT C'est le mode de culture le plus courant de ces plantes. Installez-les dans un pot de 25 cm de diamètre (plus large que haut), dans un terreau pour géraniums enrichi de fumier bien décomposé.

UTILISATION Potées sur cour ou terrasse.

*Télécharger l'application Truffaut +, voir p. 6-7

GENÉVRIER

Juniperus sp.

J F M A M J J A S O N D

0,50/3 m	0,50/1,50 m		P

Érigé ou étalé, ce conifère porte un petit feuillage souvent épineux. Les genévriers sont des plantes très diversifiées, rampantes, coniques ou formant une colonne. Les jeunes feuilles en forme d'aiguilles sont piquantes, les feuilles adultes forment des écailles imbriquées. Certains donnent des fruits comestibles (les baies de genièvre, qui aromatisent la choucroute ou sont distillées). Croissance assez rapide.

SOL Sec, calcaire, pierreux, même aride. Un bon drainage est le secret de la réussite.

EXPOSITION Bien ensoleillée, même très chaude. La mi-ombre est juste tolérée.

CULTURE Plantez de septembre à avril et arrosez les jeunes plantes. Paillez s'il fait très froid. Épandez un engrais spécial conifères les 4 premières années en avril. Inutile de tailler.

ESPÈCES ET VARIÉTÉS Il existe 60 espèces.

- ***Juniperus chinensis*** 'Kaizuka' (syn. var. *torulosa*), de 2 à 4 m, à port semi-étalé, vert vif, fructification globuleuse abondante ; 'Stricta' (de 2 à 3 m), conique, bleu argenté, à branches érigées.
- ***Juniperus communis***, le genévrier commun, au feuillage vert à revers argenté ; 'Compressa' (de 80 cm à 1 m), à port en colonne très dense, croissance lente ; 'Depressa Aurea' (de 0,50 à 1 m), étalé, dont le feuillage doré se teinte de bronze en hiver ; 'Green Carpet' (de 30 à 40 cm), à port étalé, prostré, feuillage vert foncé bleuissant en hiver ; 'Hibernica' (syn. 'Stricta'), 3 m, en colonne compacte, vert bleuté à reflets argentés ; 'Repanda' (2 m), couvre-sol, vert foncé ; 'Sentinel' (3 m), en colonne très étroite d'un vert bleuté intense, qui contraste bien avec les pousses rouge pourpré.
- ***Juniperus horizontalis*** (de 50 cm à 1,20 m), très tapissant. Il n'aime pas les sols calcaires ou très secs et demande du soleil pour bien se colorer en hiver ; 'Bar Harbor' (20 cm), vert bleuté ; 'Blue Chips' (50 cm), bleu très lumineux ; 'Glauca' (30 cm), bleu acier ; 'Hugues' (de 80 cm à 1 m), à port étalé et feuillage vert glauque avec les extrémités gris argenté ; 'Limeglow' (de 30 à 50 cm), à port étalé, feuillage jaune vif qui passe au bronze doré en été ; 'Wiltonii' (15 cm), bleu argenté.
- ***Juniperus* x *media*** est un hybride très rustique, idéal en sol calcaire et au soleil ; 'Blaauw' (1,50 m), au feuillage très doux, bleu grisâtre ; 'Gold Coast' (de 1 à 2 m), étalé, doré ; 'Mint Julep' (de 1 à 2 m), étalé, vert vif ; 'Old Gold'(1 m), à port étalé, doré en toute saison ; 'Plumosa Aurea' (1,50 m), aux branches recourbées, feuillage doré, port étalé.
- ***Juniperus* x *pfitzeriana*** (2 m) s'étale très largement. Il existe en versions dorée, ' Aurea', et bleutée, 'Glauca'.

Juniperus horizontalis

- ***Juniperus procumbens*** 'Nana' (10 cm), très compact, couvre-sol, vert pomme.
- ***Juniperus sabina***, très étalé. Son feuillage dégage une odeur désagréable. Il résiste à la sécheresse ; 'Blue Danube' (1 m), vert-gris bleuté ; 'Buffalo' (30 cm), très tapissant, vert brillant ; 'Tamariscifolia' (de 50 cm à 1 m), bien étalé, vert brillant. Il est sensible à la rouille.
- ***Juniperus scopulorum*** 'Skyrocket' (3 m), à la forme très fuselée (40 cm de diamètre), bleuté ; 'Wichita Blue' (3 m), compact, à port dressé d'un bleu acier.
- ***Juniperus squamata***, le genévrier écailleux (de 50 cm à 1 m), très rustique, au port étalé, feuilles écailleuses ; 'Blue Carpet' (50 cm), bleu argenté ; 'Blue Spider' (40 cm), rampant, ramifié, bleuté ; 'Blue Star' (30 cm), arrondi, bleu lumineux, assez piquant ; 'Blue Swede' (de 1 à 2 m), à port irrégulier, vert glauque aux nuances violettes en hiver ; 'Loderi' (1 m), conique, compact, gris bleuté, à croissance lente ; 'Meyeri' (3 m), bleu glauque à violet, au port étagé.
- ***Juniperus virginiana***, le genévrier de Virginie ; 'Blue Arrow' (de 3 à 5 m), une colonne très étroite d'un beau bleu acier ; 'Grey Owl' (de 1 à 2 m), à port étalé irrégulier gris-vert, très fructifère.

CULTURE EN POT Dans un pot de 20 cm au moins (pour un arbuste de 30 cm), dans une bonne terre de jardin additionnée de 30 % de sable.

UTILISATIONS Couvre-sol en bordure ou sur talus, isolé, massif, potée.

Juniperus communis

Juniperus squamata

LAURIER DE MONTAGNE

Kalmia latifolia

J F M A M **J J** A S O N D

Hauteur	Largeur	Exposition	
0,30/3 m	0,30/1,80 m		P

Ce délicat arbuste, très rustique, forme des fleurs d'une rare délicatesse, à regarder de près. Les feuilles, alternes ou opposées, sont lancéolées, lustrées. Les fleurs en coupe plate, avec des étamines rayonnées, sont réunies en généreux bouquets. Croissance lente.

SOL Acide, frais, humifère, assez poreux. La terre de bruyère pure convient bien.

EXPOSITION Mi-ombre, à l'abri des vents.

CULTURE Plantez au printemps. Paillez et arrosez en été. Supprimez les fleurs fanées afin de favoriser la floraison de l'année suivante. Ne taillez pas.

ESPÈCES ET VARIÉTÉS Il existe 10 espèces. *Kalmia angustifolia* (1 m), aux bouquets de fleurs roses en juin, feuillage et fleurs très toxiques pour le bétail ; 'Rubra', à fleurs rose foncé. *K. latifolia* (de 3 à 4 m), rose en juin, résiste à la sécheresse ; 'Minuet' (1 m), bouquets de fleurs rose tendre marquées d'une couronne pourpre ; 'Olympic Fire' (2 m), à gros boutons rouges, fleurs roses, feuilles à bord ondulé ; 'Pink Charm' (2 m), boutons rose foncé, fleurs rose intense, veinées de bordeaux. *K. polifolia*, le kalmie de marais (de 30 à 60 cm), petit buisson aux feuilles étroites, opposées et coriaces, vert foncé lustré. Petites fleurs rose pourpré en mai-juin.

CULTURE EN POT Dans un pot de 30 à 35 cm en tous sens, dans de la terre de bruyère pure.

UTILISATIONS Bac sur la terrase, massif, isolé, haie libre.

BARBE DE SERPENT NOIRE

Ophiopogon planiscapus 'Nigrescens'

J F M A M **J J A** S O N D

Hauteur	Largeur	Exposition	
25/30 cm	25/30 cm		V

Cette plante vivace rhizomateuse pousse en touffe. Feuilles persistantes presque noires, étroites, en lanières plus ou moins arquées, donnant un port souple. La floraison en épis de petites fleurs d'un bleu plus ou moins intense évolue en baies toxiques.

SOL Frais, surtout en situation ensoleillée, riche, ni trop lourd ni trop calcaire.

EXPOSITION Soleil, mi-ombre ou ombre.

CULTURE Aucun soin particulier, pas de maladies. Protégez des escargots et des limaces. Divisez les grosses touffes au début du printemps pour les dédoubler.

ESPÈCES ET VARIÉTÉS Le genre affiche 67 espèces, à ne pas confondre avec les liriopes qui leur sont proches. *Ophiopogon japonicus*, le muguet du Japon (de 20 à 25 cm), petite touffe de feuilles vert foncé brillant, fleurs rose lilas de juin à août, suivies de baies bleues ; 'Minor' (de 10 à 15 cm), forme naine et plus compacte ; 'Minor Variegata' (de 10 à 15 cm), à feuillage panaché, fleurs crème. *O. planiscapus*, l'herbe aux turquoises (de 20 à 30 cm), feuilles linéaires, arquées, vert foncé ; 'Black Dragon' (15 cm), les feuilles naissent vertes, puis se colorent de pourpre foncé presque noir, fleurs blanches ombrées de lavande ; 'Niger' (syn. var. *nigrescens*), de 20 cm, feuilles noires, fleurs blanc violacé, fruits violets.

CULTURE EN POT Facile, dans un pot de 20 cm de diamètre au moins, dans un mélange de terreau de tourbe et de terre de bruyère.

UTILISATIONS Massif, bordure, potée.

HELXINE

Soleirolia soleirolii

J F M **A M** J J A S O N D

Hauteur	Largeur	Exposition		Rusticité
3/5 cm	20/50 cm		V	-8/-12 °C

Cette plante vivace tapissante forme une touffe compacte de toutes petites feuilles rondes. Le coussinet dense fait penser à une mousse. La plante s'étend doucement pour constituer un tapis homogène qui se pare de minuscules fleurettes blanches.

SOL Humifère, frais. En terre lourde, allégée par un peu de compost ou de terreau.

EXPOSITION Mi-ombre, ombre.

CULTURE Plante très peu rustique souvent cultivée en intérieur ou en véranda. En dehors des jardins de climats doux, protégez du gel qui la fait noircir. Entre mars et septembre, arrosez régulièrement. Chaque printemps, apportez un peu de matière organique pour soutenir la fertilité du sol. Facile à bouturer ; en mars-avril, il suffit de détacher quelques brins feuillés pour les replanter.

ESPÈCE ET VARIÉTÉS À côté de l'espèce à feuilles vertes, quelques variétés offrent des nuances de feuillage permettant de planter un petit camaïeu vert : 'Argentea', à feuilles vert grisé ; 'Aurea', à feuilles dorées ; 'Variegata', vert panaché de blanc crème.

CULTURE EN POT Très facile, dans une terrine plate, large et peu profonde, dans un terreau riche et bien drainé à base d'écorce et de tourbe. C'est aussi une plante de terrarium.

UTILISATIONS Couvre-sol à l'ombre, potée.

TIARELLE

Tiarella cordifolia

J F M A M J J A S O N D

20/40 cm | 30/60 cm | V

Cette ravissante vivace couvre-sol forme un tapis assez compact et florifère. Les rhizomes développent des feuilles palmées vert brillant, devenant rougeâtres en hiver. Les grappes de fleurs étoilées blanches, très légères, vaporeuses, s'épanouissent en abondance.

SOL Riche, plutôt frais, humifère et bien drainé en hiver. Un peu d'humidité stagnante est acceptée en été.

EXPOSITION Une lumière toujours tamisée. L'ombre dense est bien supportée.

CULTURE Plantez entre septembre et avril (de 5 à 7 pieds/m²). Paillez avec du compost en été et arrosez bien par temps sec. Engrais inutile. Divisez les vieilles touffes après la floraison.

ESPÈCES ET VARIÉTÉS Il existe 8 espèces. *Tiarella cordifolia* (20 cm), la touffe s'étend par ses rhizomes, formant un couvre-sol très homogène de feuilles lobées vertes qui évoluent au pourpre brun à l'automne, fleurs vaporeuses, blanches, d'avril à juin. *T. wherryi* (20 cm), non rhizomateux, forme une touffe de feuilles palmées vert clair nervuré de brun, grappes légères de fleurs blanc rosé en mai-juin.

- **HYBRIDES :** 'Mint Chocolate' (30 cm), feuilles très découpées vert clair, fortement marquées de chocolat au niveau des nervures, fleurs blanches ; 'Pink Skyrocket' (30 cm), à fleurs rose pâle ; 'Sugar and Spice' (35 cm), feuillage vert nervuré de pourpre brun, fleurs rose tendre ; 'Tiger Stripe' (40 cm), aux feuilles vertes maculées de brun.

CULTURE EN POT Dans un pot de 18 cm de profondeur pour une jeune touffe (puis 25 cm l'année suivante), dans un terreau pour géraniums additionné de 25 % d'amendement organique et de deux pincées d'engrais à décomposition lente pour plantes fleuries.

UTILISATIONS Sous-bois, bordure, au pied d'un arbre, talus ombragé, bord de bassin.

ÉPHÉMÈRE DE VIRGINIE

Tradescantia x andersoniana

J F M A M J J A S O N D

30/40 cm | 30/70 cm | V

Cette solide vivace renouvelle en permanence ses fleurs d'un jour. Robuste et très rustique, elle forme une touffe dense et large de feuilles alternes, lancéolées, étroites, de 20 à 35 cm de long. Les fleurs, triangulaires, à 3 pétales, sont groupées en petits bouquets.

SOL Assez riche, humifère, frais, mais bien drainé sans jamais se dessécher.

EXPOSITION Lumineuse, sans soleil direct.

CULTURE Plantez d'octobre à mars (environ 6 pieds/m²) et arrosez bien. Rabattez la touffe en novembre. Divisez les vieux sujets au printemps. De mai à septembre, bouturez des pousses latérales en plongeant la base dans de l'eau.

ESPÈCES ET VARIÉTÉS Il existe 75 espèces. De nombreuses espèces sont des plantes d'intérieur. Dans les jardins, on cultive couramment 2 espèces. *Tradescantia* x *andersoniana* (40 cm), surtout représenté par ses cultivars : 'Domaine de Courson', pétales blanc rosé, tachés de rose carminé ; 'Innocence', blanc pur à étamines jaune d'or ; 'Isis', bleu intense assez foncé ; 'J.C. Weguelin', bleu lavande à œil blanc ; 'Karminglut', rouge carmin ; 'Osprey', bleu très pâle à œil plus foncé ; 'Pauline', mauve, à étamines bleu indigo ; 'Sweet Kate', feuilles étroites jaune d'or, fleurs violettes ; 'Valour', violet ; 'Zwanenburg Blue', grandes fleurs bleu soutenu. *T. virginiana*, l'éphémère de Virginie.

CULTURE EN POT Dans un pot de 25 à 30 cm en tous sens, dans un terreau pour géraniums.

ENVAHISSANTE

Supprimez rapidement les fleurs fanées pour que la plante n'essaime pas et limitez la croissance des rhizomes qui sont assez vite envahissants.

DANS UN PATIO À L'OMBRE, VOUS POUVEZ AUSSI CULTIVER

Acer palmatum (érable du Japon) ➲ p. 226 ★ *Alchemilla mollis* (alchémille) ➲ p. 682 ★ *Camellia japonica, C.* x *williamsii* (camélia) ➲ p. 272 ★ *Dicksonia antarctica* (fougère arborescente) ➲ p. 298 ★ *Fatsia japonica* (aralia du Japon) ➲ p. 287 ★ *Helleborus orientalis* (hellébore oriental) ➲ p. 425 ★ *Hosta* 'Carnival', 'Golden Medaillon', 'Halcyon', 'Loyalist', 'Undulata Albomarginata', 'Wide Brim'... (cultivars réussissant bien en pot) ➲ p. 182 ★ *Hydrangea petiolaris* (hortensia grimpant) ➲ p. 354 ★ *Hydrangea quercifolia* (hortensia à feuilles de chêne) ➲ p. 253 ★ *Muscari* ➲ p. 427 ★ *Polystichum polyblepharum* (fougère) ➲ p. 549 ★ *Schizophragma hydrangeoides* (faux hortensia grimpant) ➲ p. 186 ★ *Vaccinium corymbosum* (myrtille) ➲ p. 860

Une *h*aie sur terrasse

La terrasse a parfois besoin, comme le jardin, d'une ceinture végétale pour la délimiter, la souligner, l'embellir, l'abriter des regards et du vent. Cette mini-haie n'est pas forcément composée des mêmes plantes que sa grande sœur...

Une haie pour la terrasse, c'est quoi ?

C'est une petite haie qui protège un patio, une courette, une terrasse, ou même un grand balcon. Si elle est petite par la taille, son rôle est tout aussi important qu'une grande haie : séparation, brise-vue, brise-vent, décoration ... **1**

Une haie ultramince

Que faire quand il faut se protéger de la vue et que l'on n'a pratiquement pas d'espace pour accueillir une haie ? Le brise-vue simple est une solution... mais si on veut de la verdure ? Découvrez le brise-vue végétal ... **2**

Ceratostigma griffithii

Astuce de paysagiste : repousser les limites

Que planter en limite de terrasse pour avoir l'impression que l'espace est plus grand qu'il n'est en réalité ? Les paysagistes ont bien évidemment plusieurs astuces dont une qu'ils gardent en général jalousement pour eux ! ... **3**

C'est bon pour la planète : Une zone de récupération de l'eau

La terrasse est souvent une surface imperméable. La haie de pleine terre est alors son complément idéal, pour récupérer l'eau de pluie ... **4**

La haie suspendue

Sur un balcon ou une terrasse d'immeuble, le principal problème, c'est le poids des contenants et de la terre. Concevez votre haie, dès le départ, en ayant ces contraintes en tête : contenants, terreau, le choix est suffisamment vaste pour que vous fassiez le bon ... **5**

Une haie qui résiste à la pollution

Les plantes de ville n'ont pas la vie facile : elles doivent surmonter des pics de chaleur en été, l'ombre souvent et surtout la pollution. Toutes ne sont pas armées pour cela. Faites le bon casting ... **6**

IDÉES

→ POURQUOI PAS... Une haie mobile ? Déplacer sa haie au gré de l'ensoleillement ou des besoins... 7

→ POURQUOI PAS... Une haie de bordure ? Quand il n'est pas nécessaire de protéger la terrasse de la vue, une simple bordure suffit... 8

Les Plantes idéales

★ **Arbustes à fleurs de dimensions restreintes :** Chaenomeles speciosa (cognassier du Japon) ; Cotoneaster spp. (cotonéasters arbustifs) ; *Fuchsia magellanica* 'Riccartonii' (fuchsia arbustif) ; Mahonia aquifolium (mahonia à feuilles de houx) ; *Prunus* x *cistena* (prunier des sables) ; *Weigela florida* (weigélia).

★ **Arbustes à feuillage peu encombrant :** *Fargesia spp.* (bambou cespiteux) ; *Lonicera nitida* (chèvrefeuille de haie) ; *Pittosporum tenuifolium* (pittospore à petites feuilles).

LES RÈGLES DE BASE

1. Évitez, sauf cas particulier, les haies pleines qui donnent un effet « muraille » et écrasent visuellement un espace déjà restreint.

2. Sur une terrasse de toit, évitez les haies trop hautes. Les vents peuvent être violents, car rien ne les arrête en hauteur. Et même si la haie doit jouer un rôle de brise-vue, une hauteur de 1,50 m est généralement suffisante, car on est souvent assis à cet endroit.

3. Évitez de ne planter que des persistants qui peuvent assombrir la terrasse. Mélangez 1/3 d'espèces caduques et 2/3 de persistants.

4. Gardez la haie compacte en ne la laissant grandir que de 30 cm au maximum par an.

et Si

· Ma haie de *Lonicera nitida* a tendance à verser ? 9

· Je veux planter au pied de ma haie ? 10

Une haie sur terrasse

1 Une haie pour une terrasse, c'est quoi ?

C'est une haie qui, le plus souvent, prend peu de place en épaisseur, car la surface d'une terrasse est en général assez réduite. Elle n'est pas forcément très haute non plus, pour ne pas assombrir le lieu. C'est aussi une haie qui doit être impeccable, car le moindre défaut se voit tout de suite. Les bases dégarnies, les trous, les plantes qui s'ouvrent en vieillissant, les brindilles sèches n'ont pas leur place ici !

Une haie de terrasse doit être impeccable.

2 La haie ultramince

Il arrive parfois que l'on ne soit séparé des voisins que par un mince grillage et que l'on n'ait pas assez d'espace pour installer une haie. La parade consiste à planter au pied de la clôture une ou des plantes aux longues tiges souples et à « habiller » le grillage en tressant ses branches entre les mailles. Le cotonéaster, aux tiges souples, fines et qui se taillent facilement, au feuillage persistant, est l'une des espèces qui se prêtent le mieux à ce tressage. Il faut conduire les tiges au fur et à mesure de leur croissance dans les mailles du grillage. Vous pouvez aussi faire pousser du lierre à larges feuilles (*Hedera canariensis*) qui constituera une clôture opaque en 4 ou 5 ans et dont l'épaisseur ne dépassera pas 30 à 40 cm au maximum. Certaines pépinières vendent le grillage déjà habillé de sa plante « tressée » et en pot.

3 Astuce de paysagiste : repousser les limites

Cerner un petit espace par une haie verte très nette diminue visuellement la surface, mais planter sur le pourtour des essences à la floraison légère et bleutée fait paraître l'espace beaucoup plus grand qu'il n'est en réalité. C'est un peu ce qui se passe quand on regarde un paysage : dans le lointain, les teintes des différents horizons deviennent de plus en plus bleutées au fur et à mesure qu'ils s'éloignent. Plantez des caryoptéris, des pérovskias, des verveines de Buenos Aires, des *Vitex agnus-castus*, des *Hydrangea serrata* 'Blue Bird', des plumbagos arbustifs (*Ceratostigma griffithii*).

Hydrangea serrata 'Blue Bird'

4 C'est bon pour la planète : Une zone de récupération de l'eau

Une haie qui borde une terrasse, c'est obligatoirement plusieurs mètres carrés de terre qui récupèrent toute l'eau de pluie qui tombe sur le revêtement imperméable et l'absorbent. Cette eau ne partira pas engorger inutilement le réseau d'assainissement ou ne ruissellera pas dans la rue. À l'heure où le bétonnage excessif de certaines zones a conduit à des drames, il est important de garder en tête que nos jardins doivent pouvoir absorber l'eau venue du ciel : chaque fois que c'est possible, il faut laisser de la terre perméable autour de nos constructions.

5 La haie suspendue

Sur une terrasse suspendue, la haie sera obligatoirement en pot. Il faut faire attention à la surcharge de poids sur le bâti. Choisissez des contenants aussi légers que possible. Les pots en plastique sont un bon choix, mais il existe aussi des sacs très résistants, décoratifs et encore plus légers. Ils sont munis de solides poignées pour pouvoir être déplacés facilement une fois pleins. Pour le substrat, achetez du terreau spécifique pour plantes en bacs ou faites votre propre mélange, à base de terreau universel (50 %), de perlite (30 %) et d'amendement organique (20 %). La perlite est un matériau blanc extrêmement léger, issu d'une roche volcanique siliceuse, concassée en particules de 5 mm environ et dotée d'un pH neutre. L'autre avantage est qu'elle ne se tasse pas (à la différence de la vermiculite), vous n'aurez donc pas à craindre un phénomène d'asphyxie racinaire au bout de 4 ou 5 ans.

6 Une haie qui résiste à la pollution

Les plantes des villes sont exposées à la poussière, à l'ozone, aux dioxydes de soufre et de carbone (SO_2 et CO_2). En s'accumulant sur les feuilles, ces polluants créent un écran qui réduit la photosynthèse et, par conséquent, la croissance des plantes. Les plantes à feuillage coriace, facilement lavé par les pluies, résistent donc en général mieux. Plantez en priorité : *Aucuba japonica* (aucuba), *Mahonia aquifolium*, *Cotoneaster franchetti*, *C. lacteus*, mais aussi *Spiraea* x *arguta*, *S. thunbergii*, *S.* x *vanhouttei* (spirées), *Symphoricarpos albus*, *S.* x *chenaultii* (symphorine), *Forsythia* 'Mikador' et 'Mindor' (forsythias compacts).

et Si

9 Ma **haie** de *Lonicera nitida* a tendance à **verser** ?

Cet arbuste pousse tout autant en largeur qu'en hauteur et ses tiges sont assez fines. Il ne faut pas que l'épaisseur de la haie dépasse 60 cm afin qu'elle conserve une bonne tenue.

Taille du *Lonicera nitida*

10 Je veux planter au **pied** de ma **haie** ?

Choisissez des bulbes, qui n'empièteront pas sur la terrasse. Les plus petits et les plus précoces (muscaris, perce-neige, crocus, iphéions, tulipes botaniques) n'ont pas un système racinaire important et ne feront pas concurrence aux plantes de la haie. De plus, ils entrent en dormance quand leur feuillage jauni, vers avril, moment où les racines de la haie se remettent en activité.

Ipheion

Idées

7 Pourquoi pas... une haie mobile ?

Il est possible de créer une haie que vous pourrez déplacer au gré de vos besoins, en plantant des arbustes dans des bacs à roulettes (de 30 cm de haut au minimum). Cette méthode a aussi l'avantage de permettre de pousser au soleil des plantes qui manquent de lumière. Vous pouvez aussi utiliser des jardinières sur roulettes, équipées de treillages. Vous aurez alors la possibilité de cultiver des plantes grimpantes de vigueur moyenne, comme des clématites (essentiellement celles à grandes fleurs), des lierres à petites feuilles, des dipladénias (pour l'été)...

8 Pourquoi pas... une haie de bordure ?

Pour être belle, une bordure (en général inférieure à 50 cm de haut) doit être dense, nette, très rectiligne. Toutes les plantes ne s'y prêtent pas. Le buis est bien évidemment le premier candidat, mais plusieurs parasites tendent à provoquer le dessèchement des feuilles. Essayez les petites hébés, la santoline, le thym...

La petite histoire

Le fuchsia de Magellan (Fuchsia magellanica), très apprécié en Europe et parfois utilisé pour faire de petites haies, pose de graves problèmes dans certaines régions tropicales, dont l'île de la Réunion, où il compte parmi les espèces invasives les plus redoutables.

COGNASSIER DU JAPON

Chaenomeles speciosa

J F M A M J J A S O N D

0,50/1 m | 0,80/1,20 m | C

Cet arbuste épineux, très buissonnant, est apprécié pour sa belle floraison colorée très précoce. Les branches sont souples, étalées, et les feuilles, alternes, ovales, dentées, vert foncé et lustrées. Les fleurs d'un joli coloris rose pourpre s'épanouissent avant les feuilles. Les fruits d'automne en forme de coings sont odorants et comestibles en gelée. Ils persistent longtemps sur les branches après la chute des feuilles.

SOL Ordinaire, moyennement calcaire.

EXPOSITION Soleil doux, mi-ombre.

CULTURE Plantez en automne. Taillez les branches disgracieuses après la floraison. Sur les arbustes palissés, rabattez les rameaux à quelques yeux de la branche principale en mai.

ESPÈCES ET VARIÉTÉS Il existe 6 espèces. *Chaenomeles japonica*, à la floraison franchement rouge. *C. speciosa* 'Falconnet Charlet' (2 m), fleurs doubles orange saumoné ; 'Hot Fire' (Minvesu), 1,50 m, fleurs rouge foncé ; 'Nivalis' (1,50 m), boutons verdâtres, fleurs blanc pur ; 'Rubra', rouge vif ; 'Umbilicata' (1,50 m), orange. *C.* x *superba*, le croisement entre les deux espèces précédentes, a donné naissance à de nombreux cultivars : 'Cameo' (1,20 m), rose orangé semi-double, port étalé ; 'Crimson and Gold', étalé, cramoisi à étamines jaune d'or ; 'Elly Mossel', rouge feu, assez compact ; 'Flocon Rose', blanc mêlé de rose tendre, semi-érigé ; 'Nicoline', à grandes fleurs parfois semi-doubles rouge brillant ; 'Pink Lady', rose saumoné ; 'Stanford Red', rouge foncé, à port évasé.

Chaenomeles japonica

Chaenomeles x *superba*

CULTURE EN POT Dans une caisse à orangerie de 30 cm de côté dans un mélange à parts égales de terreau de plantation et de terreau pour rosiers.

UTILISATIONS Isolé, bac, bordure de massif, palissé le long d'un mur.

PRUDENCE

Évitez de planter les variétés épineuses à proximité des terrains de jeux fréquentés par les enfants.

COTONÉASTER ARBUSTIF

Cotoneaster sp.

J F M A M J J A S O N D

0,50/1,50 m | 0,60/0,80 m | C/P

De culture très facile, ces arbustes buissonnants rustiques sont à recommander aux débutants. À port dressé ou étalé, les cotonéasters portent des feuilles alternes, entières, ovales, de longueur variable selon les espèces. Les fleurs simples à 5 pétales, blanches ou roses, dépassent rarement 1 cm de diamètre. Les fruits en drupes colorées sont très appréciés des oiseaux.

SOL Très tolérants, les cotonéasters poussent partout, même dans le calcaire.

EXPOSITION Soleil ou mi-ombre légère. Évitez les expositions trop ventées.

CULTURE Plantez toute l'année les sujets en conteneur. Inutile de fertiliser. En mars, taillez juste pour équilibrer et harmoniser la silhouette des arbustes.

Cotoneaster franchetii

Cotoneaster lacteus

ESPÈCES ET VARIÉTÉS Il existe environ 280 espèces. L'offre proposée par les pépiniéristes s'est réduite, en raison de la sensibilité de certaines espèces au feu bactérien. *Cotoneaster franchetii* (2 m), port souple, à feuillage semi-persistant par temps froid, velouté, argenté au revers, fruits rouge orangé, convient bien pour les haies. *C. lacteus* (3 m), buissonnant aux rameaux arqués, persistant, très florifère, à fruits rouges.

MELLIFÈRES

Les cotonéasters attirent les insectes. Évitez de les planter trop près d'une habitation.

CULTURE EN POT Dans un pot d'un diamètre égal à la moitié de la hauteur de la plante, dans un terreau universel.

UTILISATIONS Bac sur balcon ou terrasse, massif d'arbustes et de vivaces, haie.

BAMBOU

Fargesia sp.

J F M A M J J A S O N D

2/3 m | 0,80/1,50 m | P

Vidéo « Cultiver le fargesia »*

Fargesia nitida

Ces bambous très élégants forment des touffes au port semi-retombant. Anciennement appelés *Sinarundinaria*, ils portent désormais le nom de *Fargesia*. Ils se caractérisent par des petites feuilles de 6 à 10 cm de long et des cannes qui plient naturellement. Peu traçants (on les qualifie de « cespiteux »), ils forment des touffes qui ondulent sous la brise.

SOL Frais et fertile, enrichi de fumier.

EXPOSITION Mi-ombre ou ombre légère dans un lieu frais et humide. La résistance au froid est exceptionnelle : – 25 °C.

CULTURE Plantez en automne ou au printemps. Nettoyez la touffe en hiver pour éliminer les enveloppes des chaumes et les cannes desséchées. Apportez une généreuse fumure organique (fumier décomposé, fertilisant avec algues) au départ de la végétation.

ESPÈCES ET VARIÉTÉS La nomenclature botanique internationale reconnaît 82 espèces.

- ***Fargesia dracocephala*** 'Blue Dragon' (3 m), chaumes vert bleuté ; 'Green Dragon' (3 m), cannes ombrées de pourpre, port compact, souple, idéal à mi-ombre ; 'Red Dragon' (de 4 à 5 m), les jeunes cannes rouge pourpre jaunissent à maturité.
- ***Fargesia ferax*** (syn. *F. angustissima*), de 4 à 5 m, touffe compacte aux jeunes chaumes violacés qui jaunissent petit à petit.
- ***Fargesia murielae***, le bambou parapluie (de 3 à 4 m), est aussi appelé *Arundinaria*. Touffe dense au port retombant, très résistant au froid ; 'Bimbo' (1 m), forme naine, cannes jaunes ; 'Jumbo' (4,50 m), cannes jaunes, feuillage léger ; 'Super Jumbo' (3,50 m), plus touffu et plus compact que le précédent.
- ***Fargesia nitida*** (de 3 à 6 m), en touffe compacte semi-retombante ; 'Great Wall' (3 m), jeunes cannes jaunes évoluant vers le rouge brique ; 'Jiuzhaigou' (de 3 à 4 m), les jeunes chaumes verts engainés de rose virent au rouge pourpre ; 'Red Panda' (de 2 à 3 m), chaumes rouges, feuillage fin.
- ***Fargesia robusta***, parfois appelé *Thamnocalamus* ; 'Pingwu' (3 m), port érigé, les gaines jaune crème éclairent les chaumes vert foncé.
- ***Fargesia rufa*** (de 2 à 3 m), port souple semi-retombant, longues feuilles étroites, jeunes chaumes blanchâtres.
- ***Fargesia scabrida*** 'Asian Wonder' (de 2 à 3 m), port érigé, les chaumes verts prennent une teinte violacée ou gris-bleu en vieillissant.

CULTURE EN POT Dans un pot de 40 cm en tous sens, dans un bon terreau de rempotage.

UTILISATIONS Touffe isolée, arrière-plan de massif, haie, bac sur terrasse.

Fargesia murielae

PAS DE SOLEIL

Évitez de placer ces bambous en plein soleil, car la végétation se fait alors plus éparse.

FUCHSIA DE MAGELLAN

Fuchsia magellanica

J F M A M **J J A S** O N D

0,60/0,80 m | 1/2 m | C | -10 °C

Vidéo « Cultiver un fuchsia »*

Cette espèce de *Fuchsia* est rustique dans les régions littorales. Très élégant avec ses fleurs rouges, cet arbuste forme des buissons souples, gracieux, très florifères. Les feuilles, opposées, ovales, de 2 à 6 cm de long, montrent des nuances rouges au revers. Les fleurs tubulaires, pendantes, rouge foncé, sont nuancées de rose pâle.

SOL Humifère, léger, riche, bien drainé.

EXPOSITION Soleil doux, mi-ombre.

CULTURE Plantez au printemps. Pour constituer une haie, comptez un pied tous les 60 à 80 cm. En fin d'automne, rabattez toutes les tiges à 10 cm du sol. Hivernez en véranda s'il fait froid.

ESPÈCES ET VARIÉTÉS Il existe un peu plus de 110 espèces de fuchsias. Seul *Fuchsia magellanica* (2 m) est rustique : 'Alba' (2 m), aux fleurs blanc ombré de mauve ; 'Riccartonii' développe des fleurs rouge et violet pourpré ; 'Tricolor' (1,20 m), à feuille maculée de blanc et de pourpre, fleur rouge et violet pourpré ; 'Variegata' (1 m), feuille panachée de blanc, fleur rouge et violet.

CULTURE EN POT Dans un pot de 25 cm en tous sens, dans un mélange à parts égales de terreau de feuilles, de terre de bruyère et de terre de jardin. Rempotez tous les 2 ou 3 ans.

UTILISATIONS Petites haies fleuries, potées.

***Télécharger l'application** Truffaut +, **voir p. 6-7**

CHÈVREFEUILLE DE HAIE

Lonicera nitida

J F M A **M J** J A S O N D

0,60/1,20 m | 0,60/0,80 m | P

Ce dense arbuste aux petites feuilles ovales, vert foncé, plus claires au revers, porte des fleurs tubulaires blanc crème, suivies de baies bleu-violet brillant. Son faible développement en fait un bon sujet pour la culture en bac, à la différence des autres chèvrefeuilles.

SOL Tout sol drainé.

EXPOSITION Soleil ou mi-ombre.

CULTURE Plantez en automne ou au printemps, arrosez en été. Comptez 50 cm de distance entre les pieds pour les sujets plantés en haie. Taillez les rameaux juste après l'hiver, en éliminant le bois âgé.

ESPÈCE ET VARIÉTÉS *Lonicera nitida* est idéal en haie basse ; 'Baggesen's Gold', à feuillage plus ou moins doré selon la saison ; 'Elegant', aux rameaux arqués qui conviennent à la conduite en haie libre ; 'Maigrün', compact, évasé, aux feuilles plus larges, vert clair brillant très rustique.

CULTURE EN POT Dans un contenant de 50 cm en tous sens, dans un terreau universel, avec 20 % d'amendement organique.

UTILISATIONS Haie, bacs sur terrasse.

MAHONIA À FEUILLES DE HOUX

Mahonia aquifolium

J F **M A** M J J A S O N D

0,80/1,20 m | 1,50 m | P

Cet arbuste persistant porte des feuilles épineuses ressemblant à celles du houx, vert foncé, virant au brun pourpré en hiver. Les minuscules fleurs, très précoces, en bouquets, sont jaune d'or et parfois parfumées. Elles sont suivies par de petits fruits bleu-noir.

SOL Neutre ou calcaire, frais, sans humidité excessive.

EXPOSITION Mi-ombre de préférence, mais il accepte aussi le soleil ou l'ombre.

CULTURE Plantez en automne ou au printemps. Taillez après la floraison pour conserver une forme régulière et harmonieuse à la touffe.

ESPÈCES ET VARIÉTÉS Il existe 45 espèces. *Mahonia aquifolium* résiste au froid, au vent et à la pollution. Croissance rapide, très drageonnant. Fleurs souvent odorantes, en mars-avril, en grappes pyramidales de 10 cm ; 'Apollo' (1 m), au port globuleux plus trapu (1 m de large), feuillage plus large et d'un vert plus brillant, floraison jaune foncé. Il convient en bac ; 'Undulata' (de 1,50 à 2 m), plus touffu, à port arrondi et croissance lente. Ses feuilles épineuses, ondulées, sont brun rougeâtre en automne. *M.* x *wagneri* 'Pinnacle' (1,20 m), feuilles cuivrées au printemps, puis vert mat, fleurs jaune vif, fruits noirs.

CULTURE EN POT Dans un pot de 30 cm de diamètre, dans un mélange à parts égales de terreau universel et de terre de jardin.

UTILISATIONS Isolé, massifs d'arbustes, haies défensives ou non, bacs.

PITTOSPORUM À PETITES FEUILLES

Pittosporum tenuifolium

J F **M A** M J J A S O N D

1/1,50 m | 0,60/1 m | P | -12 °C

Buissons compacts, les pittosporums portent des feuilles alternes, entières, ovales, épaisses et luisantes, vert foncé. Ils se parent de fleurs blanches ou jaune verdâtre parfumées. Leur croissance est relativement lente.

SOL Fertile, profond, bien travaillé, drainé, même sec, pas trop calcaire.

EXPOSITION Chaude, à l'abri des vents forts.

CULTURE Plantez au printemps et paillez le pied. Protégez en hiver. Les premières années, pincez les jeunes pousses. Taillez en fin de saison les rameaux échevelés sur la touffe.

ESPÈCES ET VARIÉTÉS Il existe 200 espèces. *Pittosporum tenuifolium* porte des petites feuilles ondulées sur les bords, les fleurs en clochette ont un parfum de miel ; 'Abbotsbury Gold', au feuillage vert jaunâtre ; 'Elisabeth', vert foncé bordé de rose ou de rouge ; 'Emerald Dome', en boule compacte ; 'Golf Ball, forme globuleuse naine, à feuillage vert-jaune ; 'Green Elf', érigé, compact, à rameaux noirs et feuilles grisâtres ; 'Irene Patterson', à feuillage gris marginé de crème ; 'Purpureum', à feuilles pourpres ; 'Silver Queen', aux feuilles vert clair marginées de crème ; 'Tom Thumb', nain (1 m), pourpre ; 'Variegatum', aux feuilles vert clair marginées de blanc.

- **HYBRIDES** : 'Mahii', à port compact et feuilles ondulées, ressemblant à *P. tenuifolium.*

CULTURE EN POT Dans un pot de 30 cm en tous sens, dans un bon terreau de plantation bien drainé, enrichi d'un fertilisant organique.

Pittosporum tenuifolium 'Abbotsbury Gold'

PRUNIER DES SABLES

Prunus x cistena

J F M A **M** J J A S O N D

1/12 m	1 m		C

Les dimensions réduites et la croissance lente de cet arbuste en font un bon sujet pour une haie de terrasse. Feuilles caduques, d'abord rouge pâle lorsqu'elles sont jeunes, puis brun foncé. Fleurs simples, blanches, suivies de petits fruits (des drupes) pourpres presque noirs à l'aspect de cerises. Ils sont comestibles, mais peu goûteux.

SOL Ordinaire, frais à pas trop sec.

EXPOSITION Dégagée, en plein soleil.

CULTURE Laissez sans taille et apportez un engrais organique à l'automne. Il est exposé aux maladies courantes des pruniers, en particulier la moniliose et la criblure. Faites les deux traitements préventifs d'usage à la bouillie bordelaise, un après la chute des feuilles, l'autre au gonflement des bourgeons au printemps.

ESPÈCES Le genre rassemble 400 espèces. Le prunier des sables est un hybride *Prunus cerasifera* 'Nigra' x *P. pumila*.

CULTURE EN POT Par ses dimensions et sa croissance modérée, on peut le cultiver en bac sur les terrasses dans un terreau riche additionné d'un quart de terre végétale pour donner du corps au substrat.

UTILISATIONS En isolé, dans les haies libres ou en grand bac.

WEIGÉLIA

Weigela florida

J F M A **M J** J A S O N D

1/3 m	1/12 m		C

Cet arbuste rustique, vigoureux, au port souple, porte des feuilles opposées, elliptiques, de 6 à 12 cm de long. Les fleurs en clochettes tubulaires sont en bouquets. La taille adulte s'obtient en 5 ou 6 ans.

SOL Consistant, neutre, frais, drainé.

EXPOSITION Mi-ombre ou soleil doux.

CULTURE Plantez à l'automne, arrosez et paillez. Ne laissez pas le sol se dessécher pendant la floraison. Taillez après la floraison l'ensemble des pousses florifères à 20 cm.

ESPÈCES ET VARIÉTÉS Il existe 7 espèces. *Weigela florida* (de 2 à 3 m), floraison rose en mai-juin avec une légère remontée en septembre; 'Alexandra' (syn. 'Wine & Roses'), de 1,50 à 2 m, feuillage pourpre foncé, fleurs rose foncé; 'Jean's Gold' (syn. 'Newzako'), 2,50 m, feuillage doré, fleurs rose cramoisi; 'Monet' (syn. 'Verweig'), 60 cm, feuille panachée de crème et de bronze, fleur rose violacé, cultiver à mi-ombre; 'Pink Poppet' (80 cm), rose mauve, floraison remontante; 'Tango' (de 80 cm à 1 m), buissonnant, feuilles bordées de crème, fleurs roses; 'Victoria' (1 m), jeune feuille marron bronze, fleur rose intense.

- **HYBRIDES** : 'Bristol Ruby' (de 2 à 3 m), rouge vif; 'Campbell' (syn. 'Bokrashine'), feuilles bronze chocolat, fleurs rose pourpre; 'Candida' (2,50 m), à grandes fleurs blanc pur, belle couleur d'automne; 'Carnaval' (syn. 'Courtalor'), 1,50 m, très florifère, rose; 'Kosteriana Variegata' (1,50 m), panaché de blanc ivoire, fleurs roses, pour la mi-ombre; 'Magical Rainbow' (syn. 'Kolmagira'), de 1,50 à 2 m, feuille panachée qui se teinte de rouge, fleur rose; 'Nana Variegata' (1 m), feuille panachée de jaune, fleur rose et blanc; 'Noami Minor Black' (60 cm), feuille pourpre presque noir, fleur rose carmin; 'Red Prince' (2 m), port équilibré, fleur rouge tonique; 'Rosabella' (4 m), vigoureux, à fleurs roses; 'Ruby Queen' (1,20 m), feuillage pourpre, floraison remontante rouge; 'Stelzneri' (de 2 à 2,50 m), fleur rose nuancé.

CULTURE EN POT Dans un pot de 30 cm en tous sens, dans un mélange à parts égales de terre de jardin et de terreau pour rosiers.

UTILISATIONS Isolé, haie libre, massif, bac.

Weigela florida

Weigelia florida 'Pink Poppet'

POUR UNE HAIE EN TERRASSE, VOUS POUVEZ AUSSI UTILISER

★ *Abelia spp.* (abélia) ➲ p.384 ★ *Chamaecyparis spp.* (faux cyprès, variétés compactes) ➲ p. 624 *Choisya ternata* (oranger du Mexique) ➲ p. 275 ★ *Escallonia* x ➲ p. 251 ★ *Euonymus* (fusain) ➲ p.177 ★ *Hibiscus syriacus* (althéa) ➲ p. 441 ★ *Hydrangea macrophylla* (hortensia) ➲ p. 177 ★ *Hypericum* 'Hidcote' (millepertuis arbustif) ➲ p. 457 ★ *Ligustrum japonicum, L. ovalifolium* (troène) ➲ p. 377 ★ *Photinia* x *fraseri* 'Nana', 'Little Red Robin' (photinia compact) ➲ p. 377 ★ *Ribes* (groseillier et cassissier) ➲ p. 866 et 868 ★ *Ribes sanguineum* (groseillier à fleurs) ➲ p. 177 ★ *Rosmarinus officinalis* ➲ p. 813 ★ *Viburnum tinus* 'Eve Price' (laurier-tin) ➲ p. 281

Une terrasse pour y vivre

Autrefois, la terrasse était un espace où prendre l'air ; désormais, elle est devenue une pièce à part entière, et entièrement à part dans le sens où elle est à l'extérieur. Durant la belle saison, elle est aussi importante que le salon le reste de l'année.

À chacun sa terrasse

Terrasse d'appartement ou de maison, en rez-de-chaussée et faisant le lien avec le jardin, elle est devenue une véritable pièce à vivre à ciel ouvert, au charme et à l'ambiance incomparables ... 1

Une terrasse pour toute l'année (ou presque)

Abriter une terrasse par une couverture amovible, c'est pouvoir profiter de ce petit coin de tranquillité une grande partie de l'année, sauf pendant la période hivernale ... 2

Une terrasse changeante

Décorez prioritairement la terrasse avec des plantes en pots ou en bacs que vous pourrez déplacer à loisir pour changer le décor selon les circonstances saisonnières et vos envies ... 3

Installer une pergola

Facile à monter – il en existe des modèles en kit très pratiques –, la pergola apporte la hauteur et le volume qui manquent souvent aux grandes terrasses ... 4

Faire oublier les contours de la terrasse

En rez-de-jardin, la terrasse assure le lien entre l'intérieur de la maison et le véritable jardin. Sachez habiller ses abords pour les faire se fondre et donner l'impression de continuité ... 5

Lanternes et photophores

Dès la tombée du jour et pour toute la durée des longues soirées entre amis, les photophores et les lanternes apportent leur douce lumière qui constitue l'ossature de la terrasse de nuit ... 6

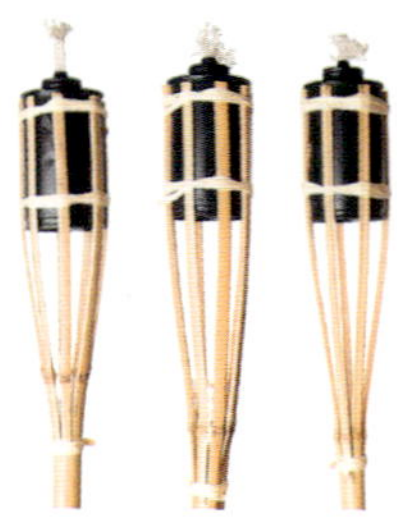

IDÉES

→ POURQUOI PAS... Créer une ambiance bistrot sur ma terrasse ? 7

→ POURQUOI PAS... Une terrasse sans gazon, mais qui ne soit pas triste ? 8

et Si

· Je dois créer une ambiance au tout dernier moment ? 9

· Je veux un peu d'ombre douce ? 10

Les Plantes idéales

Toutes les plantes de terrasse conviennent, à choisir selon vos envies et l'exposition de la terrasse. Nous vous recommandons particulièrement :

Chamaerops humilis (palmier nain) → p. 337 ; *Choisya ternata* (oranger du Mexique) → p. 275 ; *Hydrangea macrophylla* (hortensia) → p. 252 ; *H. paniculata* → p. 456 ; *Lavandula stoechas* (lavande papillon) → p. 314 ; *Musa basjoo* (bananier du Japon) → p. 343 ; *Nerium oleander* (laurier-rose) → p. 242 ; *Olea europaea* (olivier) → p. 885 ; *Phormium spp.* (lin de Nouvelle-Zélande) → p. 632; *Trachelospermum jasminoides* (jasmin étoilé) → p. 281 ; *Trachycarpus fortunei* (palmier moulin) → p. 344.

NOS CONSEILS

1. Prévoyez une alimentation électrique avec prise de terre pour les luminaires, le barbecue ou la pierrade, un parasol chauffant...

2. Installez un coin cuisine d'été avec un point d'eau (évier), pourquoi pas un réfrigérateur, à exposition abritée des vents et des précipitations, pas trop éloigné de la cuisine.

3. Choisissez du mobilier d'extérieur pliable, facile à ranger.

4. Pensez à un revêtement de sol non glissant et peu salissant pour limiter l'entretien (par exemple, des lames en composite) ou prévoyez un tapis d'extérieur. Veillez à ce que le sol soit parfaitement stable.

5. Sur une terrasse de plus de 50 m², cassez l'aspect linéaire en plantant des îlots de végétation. Créez deux niveaux différenciés par deux revêtements de sol distincts.

6. Limitez les espèces à feuillage caduc ; les persistantes demandent moins de nettoyage et donnent une végétation permanente.

1 À chacun sa terrasse

Coin détente

Peu importent les dimensions de votre terrasse, sachez que, pour y installer confortablement un coin à manger ou pour y prendre l'apéritif entre amis, il faut disposer d'un espace de circulation de 1 m de large tout autour de la table et des chaises. Toujours pour circuler avec aisance, évitez toutes les plantes qui sont dangereuses ou simplement désagréables. La meilleure des terrasses bénéficie d'une exposition à l'est ou au sud-est, car la lumière y est suffisante pour les plantes sans que la chaleur soit trop intense ; toutefois, sauf à faire construire sa maison, on hérite la plupart du temps des lieux en l'état. Alors si ce n'est pas le cas pour la vôtre, consolez-vous, il reste mille possibilités pour faire de votre terrasse un coin à vivre bien agréable.

2 Une terrasse pour toute l'année (ou presque)

Pour prolonger l'usage de votre terrasse, et aussi pour en jouir à l'abri, il est conseillé de la couvrir. Les stores bannes fixés aux murs sont motorisés et repliables sur eux-mêmes, pas besoin de les ranger. Vous pouvez opter pour une solution plus légère, les claies en métal recouvertes de canisses ou de brandes à remiser en hiver. Si vous avez la patience de faire pousser des grimpantes, vous pouvez les habiller par une couverture végétale. Claustras, treilles, pergolas, parasols, toiles tendues et velums viennent compléter les propositions.

Un coin salon sur une terrasse en bois, ombragée par une voile

3 Une terrasse changeante

L'un des avantages de la terrasse est de ménager une place importante aux plantes en pots et en bacs. Ce qui vous permet de changer à volonté le décor, simplement en déplaçant à loisir les pots et en complétant éventuellement par quelques achats. Avant de remplir les contenants, pensez à équiper les plus lourds de plateaux à roulettes pour les déplacer facilement. Dans les contenants fixes (grosses poteries ou jardinières scellées), prenez l'habitude de cultiver dans des conteneurs enterrés et surfacez avec un paillage décoratif : il suffit d'un simple escamotage de plantes en conteneurs pour changer d'ambiance.

4 Installer une pergola

Sur une terrasse, le sol est stable et bâti, ce qui simplifie considérablement la pose d'une pergola en kit. Il suffit de fixer solidement les quatre montants. Sur une petite terrasse, choisissez une pergola étroite pour y faire courir une ou deux plantes grimpantes. Vous pouvez l'adosser à un mur, à la manière d'un treillage plus conséquent, ou la poser dans un endroit bien dégagé. Si votre terrasse offre une belle surface, vous pouvez placer une grande pergola carrée, de 2,50 m de côté ; sous la toile que vous tendrez pour figurer le plafond, vous placerez deux grands transats pour le repos ou un petit coin à manger.

Une pergola habillée de roses

5 Faire oublier les contours de la terrasse

Une terrasse d'immeuble est délimitée par les lignes strictes de sa périphérie, qu'on peut faire oublier en dessinant des sinuosités dans les plantations si on le désire. Au contraire, on peut s'y appuyer si on prend le parti d'un décor graphique. Lorsqu'elle est de plain-pied, il faut obligatoirement soigner la transition vers le jardin. Pour un rendu plus flou, une sorte de « fondu enchaîné », plantez des espèces tapissantes, rampantes et étalées : leur port viendra mordre naturellement sur les parties construites, les dalles... Pour un même résultat, faites des présentations de potées en utilisant des contenants aussi différents que possible en taille et volume, et donnez une impression de désinvolture végétale.

6 Lanternes et photophores

Quelques halos de lumière douce dispensés par des photophores, des lanternes, affinent l'ambiance nocturne. Choisissez de gros modèles, car l'intensité dispensée par les bougies est relativement faible. Faites des présentations décalées en hauteur, sur des supports, et concentrez les photophores pour un effet de masse. Complétez l'ambiance par les guirlandes électriques à disposer autour des troncs des arbres, pour faire des ciels de lumière ou pour habiller des boules d'osier vendues pour former les topiaires, à accrocher en hauteur. Pensez à courir les soldes début janvier pour profiter des bons prix sur les décorations lumineuses de Noël.

Idées

7 Pourquoi pas... créer une ambiance bistrot sur ma terrasse ?

Pour planter un décor plein de charme, donnez un thème à la petite scène que vous installez sur votre terrasse. Il suffit de quelques accessoires et de peu d'éléments de mobilier pour y parvenir. Par exemple, choisissez la touche « bistrot » avec simplement une table rectangulaire ou ronde au piètement en fonte et au plateau en marbre, quatre chaises de bois dépareillées, chinées dans une brocante, une carafe publicitaire et ses verres assortis, et la classique ardoise sur laquelle vous avez écrit le menu de la soirée.

8 Pourquoi pas... une terrasse sans gazon, mais qui ne soit pas triste?

La première idée qui vient à l'esprit est d'utiliser du gazon artificiel : il se pose comme de la moquette, et ces dernières années, les progrès dans ce domaine ont été spectaculaires. Mais vous préférez peut-être le naturel. Vous pouvez poser du gazon en plaque, dans un caisson de 10 cm de hauteur, pas plus, pour ne pas dépasser le poids moyen autorisé au mètre carré dans les habitats collectifs. Sans oublier de prévoir un arrosage automatique indispensable dans ce cas de figure.

et Si

9 Je dois créer une ambiance au tout dernier moment?

Une invitation tardive ? Vite, il est temps de soigner la terrasse à la dernière minute. Ne chargez pas le décor, installez simplement une jolie plante de beau volume et placez-la en bonne place (demain, vous pourrez la déplacer) : elle monopolisera les regards. Achetez un *Chamaerops humilis* de 1 m de diamètre, un bananier, comme *Musa basjoo*, l'un des plus rustiques, ou un laurier-rose de 1,25 m au moins et bien ramifié. En automne, vous trouverez un bel exemplaire de *Acer palmatum,* au feuillage coloré.

10 Je veux un peu d'ombre douce?

Vous pouvez choisir un écran continu pour avoir une ombre pleine ; dans ce cas, portez votre choix sur des voiles d'ombrage légers, soit en coton (ils ont le charme des matériaux naturels, mais laissent passer l'eau), soit en toiles ayant subi un traitement déperlant, c'est-à-dire imperméables. Dans les deux cas, ne les placez pas bien à l'horizontale, sans quoi l'eau de pluie s'accumule en grandes poches, mais légèrement de biais pour que les gouttes glissent. Plus élégant, le velum triangulaire, qui fait penser à la voile d'un bateau, de couleur, facile à poser. Pour toutes ces options, choisissez des toiles traitées anti-UV pour une plus grande longévité.

Une Collection de plantes en pot

Superbes, mais de culture trop délicate pour être cultivées en pleine terre, les espèces présentées sont toutes des plantes à bulbes ou à tubercules

1

2

3

4

5

6

7

8

1. PLANTE ANANAS

Eucomis bicolor

J F M A M J J **A S** O N D

30/50 cm · 15/20 cm · B · -5 °C

Cette vivace bulbeuse développe une inflorescence ressemblant à un ananas, d'une centaine de petites fleurs en étoile. Elle se prête bien à la culture en pot, dans un contenant de 30 cm en tous sens, dans un mélange de terre de jardin, de terreau de feuilles et de sable.

2. GENTIANE ACAULE

Gentiana acaulis

J F M A **M J J** A S O N D

5/10 cm · 20 cm · V

Elle forme un tapis vert vif surmonté de fleurs en trompette bleu profond, à la gorge plus claire. Plantez-la dans un pot de 15 à 20 cm en tous sens, dans un mélange de terre de bruyère et de terreau d'écorce. Arrosez une ou deux fois par semaine et rempotez chaque année.

3. PLÉIONE

Pleione formosana

J F M **A M** J J A S O N D

10/20 cm · 20/30 cm · B · 0 °C

La pléione est une orchidée semi-rustique aux fleurs en trompette, rose clair chez l'espèce type, que l'on peut réussir au jardin ou en pot. Les hybrides sont plus faciles. Optez, par exemple, pour *Pleione formosana* 'Claire' (photo), mauve à rose foncé. À cultiver dans un pot de 10 à 12 cm en tous sens, dans un substrat spécial orchidées, additionné de terreau léger. Ne laissez pas la motte sécher au printemps, mais réduisez les arrosages en fin d'été. L'hiver, conservez-la dans un emplacement abrité, de préférence à l'extérieur, ou en serre froide.

4. ISMÈNE

Hymenocallis festalis

J F M A M **J J A S O N** D

40/80 cm · 20/40 cm · B · 5 °C

Ces bulbeuses ne réussissent en pleine terre que sur la Côte d'Azur. Elles développent de grandes feuilles rubanées, et de longues hampes portant chacune une ombelle de fleurs blanches à 6 pétales. En véranda, il leur entre 18 et 25 °C. Plantez en mai en laissant le bulbe affleurer la surface. Faites un apport d'engrais pour plantes en pot tous les 15 jours en été. En hiver, maintenez entre 8 et 12 °C.

5. SABOT-DE-VÉNUS

Cypripedium x hybridum

J F M **A M J** J A S O N D

20/30 cm · 15/20 cm · B · -10 °C

Cette orchidée terrestre étant une plante protégée, de plus en plus de variétés horticoles sont proposées à la vente. Les débutants préféreront les hybrides. 'Ulla Silkens' est vigoureux. Il lui faut 3 à 4 mois à 6 °C au maximum, et pas plus de 27 à 28 °C l'été, avec une amplitude thermique de 10 °C au moins entre le jour et la nuit. Plantez-le dans un substrat très drainant, mais gardant l'humidité.

6. FREESIA

Freesia x hybrida

J F M A M J **J A S O** N D

20/40 cm · 10/20 cm · C · 5 °C

Des fleurs originales au parfum subtil, à cultiver en pot en raison de leur frilosité. Plantez après les gelées une dizaine de cormus dans un pot de 25 cm en tous sens, dans un terreau sableux, très poreux. Arrosez l'été.

7. LIS SAINT-JACQUES

Sprekelia formosissima

J F M A M J **J A** S O N D

30/40 cm · 15/20 cm · B · 0 °C

Cette bulbeuse aux fleurs ressemblant à des orchidées, rouge vif lumineux, porte de longues feuilles vert vif apparaissant après la hampe florale. Plantez au printemps, dans un pot de 14 cm de diamètre et 12 cm de profondeur. Arrosez deux fois par semaine en période de végétation, chaque jour par temps chaud. Réduisez les apports d'eau dès la fin de la floraison.

8. NÉRINE

Nerine bowdenii

J F M A M J J A **S O N** D

40/60 cm · 10/20 cm · B · 0 °C

On apprécie cette bulbeuse pour sa longue floraison tardive. Elle forme une hampe rigide qui porte une dizaine de fleurs roses aux pétales étroits. Le feuillage apparaît après les fleurs et persiste tout l'hiver. Cultivez-la dans un pot de 30 cm, dans un mélange de sable, terreau d'écorce et terre de jardin.

Des arbres lilliputiens

SUR LES BALCONS, ILS SERVENT D'ÉCRAN, APPORTANT LEUR NOTE DÉCORATIVE ET LEUR ORIGINALITÉ GRAPHIQUE, LORSQU'ILS SONT FORMÉS EN BONSAÏS OU EN NIWAKI, C'EST-À-DIRE TAILLÉS EN NUAGES.

PETIT ARBRE OU BONSAÏ, QUELLE DIFFÉRENCE ?

À la différence d'un arbre de petites dimensions, un bonsaï doit sa petite taille et sa forme à une série de pratiques culturales ... 1

Laurus nobilis formé sur tige

FORMER UNE PLANTE SUR TIGE

C'est assez facile, il suffit de la faire pousser en retenant seulement une pousse principale, et avec un peu de suivi ... 2

LA TAILLE EN NUAGE

Les arbustes et les arbres formés en nuages apportent une douceur et une originalité qui témoignent du soin apporté par le jardinier ... 3

Le coin du curieux : Les différentes formes de bonsaïs

Tous les bonsaïs ne se ressemblent pas, petit tour d'horizon des formes les plus classiques ... 4

LA TAILLE D'ENTRETIEN DES BONSAÏS

Pour encourager un bonsaï toujours plus dans sa forme contournée et ses dimensions réduites, la taille des tiges est obligatoire... 5

La petite histoire

Le mot « bonsaï », traduit littéralement du japonais, signifie « plante cultivée sur un plateau ou dans un pot ». Pourtant ce sont les Chinois qui sont à l'origine de ces drôles de petits arbres ... 6

IDÉES

→ POURQUOI PAS... Une Collection de bonsaïs d'extérieur ? 7

→ POURQUOI PAS... Former son bonsaï soi-même ? 8

BONSAÏS D'INTÉRIEUR SORTIS POUR LA BELLE SAISON

et Si

- Mon bonsaï a besoin d'être rempoté ? 9
- Je dois tailler mon rosier tige ? 10

Les Plantes idéales

Nous avons choisi des espèces d'arbres de petit développement et des plantes formées sur tige, ce qui les distingue des arbustes qui forment plusieurs tiges, ou des formes contraintes pour obtenir des arbres miniatures, telles que bonsaïs et niwakis, sans oublier les fruitiers nains.

★ **Une roseraie sur le balcon :** rosiers tiges et pleureurs 'Botticelli', 'Emera', 'Excelsa', 'Léonard de Vinci', 'Iceberg', 'Marie Curie', 'The Fairy'...

★ **Une touche de fleurs :** *Argyranthemum frutescens* (anthémis sur tige).

★ **Un petit arboretum :** *Pinus parviflora* syn. *P. pentaphylla* (pin du Japon) ➔ p. 282 ou p. 300 ; *Salix caprea* 'Kilmarnock' (saule nain pleureur), *S. integra* 'Hakuro Nishiki' (saule crevette) ; *Styphnolobium japonicum* 'Pendula' (sophora du Japon pleureur) ; *Ulmus* 'Jacqueline Hillier' (orme nain).

NOS CONSEILS

1. *Sur un balcon, où l'espace est compté, optez pour des cultivars fastigiés ou colonnaires.*
2. *Choisissez des espèces à croissance lente pour limiter les tailles.*
3. *Prenez en compte la hauteur du contenant pour estimer le rendu final.*
4. *À moins de vouloir créer un effet particulier, la hauteur du pot doit varier entre un quart et un tiers de la hauteur de la plante à partir de la surface de la terre.*
5. *Surélevez les potées de bonsaïs, le regard doit se porter à hauteur du tronc, souvent très décoratif à lui seul.*
6. *Supprimez en permanence les rejets et les bourgeons qui poussent de la base et sur le tronc.*

Des *a*rbres lilliputiens

1 Petit arbre ou bonsaï, quelle différence ?

Dans la nature, lorsque les conditions sont difficiles, certains arbres qui s'adaptent aux vents forts, aux sols maigres, aux froids extrêmes se développent lentement ; ils prennent la forme de plantes contournées, tordues, au feuillage et aux dimensions réduits. Chacun a vu de ces pins accrochés à flanc de falaise. Les bonsaïs en sont l'expression exacerbée par la main de l'homme. Un bonsaï est donc un arbre décoratif, de petites dimensions, formé et entretenu dans cet aspect bien particulier par des tailles répétées des rameaux et des racines, et par des ligatures. C'est la seule différence entre un bonsaï et son équivalent présent dans la nature ou produit en pépinière par des méthodes classiques. Ce n'est en rien une espèce différente.

Anthémis sur tige

2 Former une plante sur tige

C'est facile, ce n'est qu'une affaire de temps et de soins réguliers. Pour « monter sur tige », il suffit de sélectionner une seule tige verticale parmi la végétation de l'arbuste ou de l'arbre issu de semis ou de bouture, et de supprimer toutes les autres. Si elle est trop peu robuste, on peut la tuteurer. Ensuite, il faut l'ébrancher et l'ébourgeonner jusqu'aux ramifications qui constitueront la tête. Par la suite, ébourgeonner en permanence et supprimer tous les rejets, et tailler la tête pour former la couronne. Pratiquement tous les ligneux se prêtent à cette formation, on peut aussi bien obtenir un romarin qu'un camélia sur tige. Pour gagner du temps, les pépiniéristes préfèrent semer des porte-greffes et greffer en tête la variété intéressante, comme chez les rosiers.

3 La taille en nuage

Le niwaki rappelle par certains côtés l'art du bonsaï ; il s'en distingue, car il ne s'agit pas ici de miniaturiser les plantes, mais de tailler leur houppier (la végétation) en masses distinctes pour intégrer l'arbre dans un décor d'inspiration zen. Les arbres sont élevés en pleine terre, puis souvent placés dans un grand pot ou un bac, et leurs racines ne sont jamais taillées. Le plus souvent, ce sont des conifères, mais de nombreux arbustes persistants, fleuris ou non, se prêtent à cette technique – pittosporum, filaire, laurier-tin, azalée ou olivier. La taille d'entretien consiste à couper tout ce qui dépasse de la forme initiale.

4 *Le coin du curieux : Les différentes formes de bonsaïs*

De l'observation d'arbres sculptés par la nature, les Japonais ont défini 5 formes de base, suivant la forme et l'orientation du tronc. Chokkan, ou tronc droit formel, dressé et régulier, Moyogi ou Tachiki, ou droit informel, au tronc sinueux, Shakan, au tronc incliné à 45°, Han-kengai, ou semi-cascade, à la végétation pleureuse, et Kengai, en cascade, comme les fameux pins qui se laissent couler des falaises. De ces catégories sont déclinées 16 formes secondaires, selon que le tronc est simple ou double, plus ou moins incliné, noueux, traversé par une pierre, dénudé et à l'aspect de bois mort, enroulé, montrant des racines aériennes...

Chokkan

Tachiki

Han-kengai

5 La taille d'entretien des bonsaïs

La taille d'entretien peut se faire à tout moment pendant la période de croissance. Elle se pratique au sommet et à la périphérie du bonsaï où se concentre l'essentiel de la croissance de la plante. À l'aide de ciseaux pour bonsaï, coupez les pousses qui ont dépassé la forme et la hauteur voulues, autant de fois que nécessaire. Contrairement aux arbres caduques, les conifères doivent être pincés à la main, sinon les feuilles sèchent au niveau des coupes. Il suffit de saisir les pousses entre le pouce et l'index, et de les casser délicatement. On peut pratiquer la défoliation des caducs, c'est-à-dire retirer les feuilles pendant la période de croissance pour les obliger à produire de nouvelles branches : elles porteront des feuilles de dimensions plus réduites.

IDÉES

7 POURQUOI PAS... UNE COLLECTION DE BONSAÏS D'EXTÉRIEUR ?

À l'inverse des bonsaïs d'intérieur qu'il faut protéger du froid, les espèces d'extérieur hivernent au froid, à l'exception de certaines essences méditerranéennes (grenadier, myrte, olivier…). Le choix se fait entre essences caduques (orme, charme, lagerstroemia, pommier, ginkgo…) et persistantes (pins, genévriers, houx, buis…). Le choix est très large.

8 POURQUOI PAS... FORMER SON BONSAÏ SOI-MÊME ?

Parmi la multitude des essences disponibles pour faire son bonsaï, choisissez une espèce qui s'y prête, comme le pin blanc du Japon, *Pinus pentaphylla*. À partir d'une plantule issue de semis, taillez en mars-avril en supprimant un tiers à la moitié de la longueur des chandelles, c'est-à-dire les tiges vertes herbacées qui ne portent pas encore d'aiguilles formées. Fin août, supprimez les bourgeons en surnombre à l'extrémité des branches et, en novembre formez la silhouette en taillant délicatement pour l'aérer. Au printemps, taillez de nouveau les extrémités. Commencez à ligaturer.

6 La petite histoire

Environ 1000 ans av. J.-C., les Chinois avaient mis au point des techniques permettant la culture de petits arbres en pot, les pun sai. Mais ce sont les Japonais qui érigeront ces pratiques en art à part entière. En Europe, ces curieux petits arbres sont rapportés par les explorateurs au XIXe siècle, mais le grand public ne les découvre qu'en 1878, lors de la troisième Exposition universelle de Paris. Et c'est beaucoup plus récemment que l'engouement pour les bonsaïs s'est développé, suite aux floralies internationales du parc floral de Paris dans le bois de Vincennes, en 1969.

Pinus parviflora style Shakan

et Si

9 Mon bonsaï a besoin d'être rempoté ?

À chaque sujet sa fréquence de rempotage ; en moyenne, tous les 2 ans pour les essences de croissance rapide, tous les 3 à 5 ans pour les moins rapides. Mais dans tous les cas, vérifiez en dépotant délicatement : le rempotage est nécessaire lorsque les racines s'enroulent autour de la masse racinaire. Intervenez en milieu de printemps, avec un mélange pour bonsaï.

Dépotez le bonsaï, dégagez et démêlez les racines, puis taillez-les à un tiers de leur longueur.

10 Je dois tailler mon rosier tige ?

Taillez en fin d'hiver. Pour une forme pleureuse, coupez les anciennes charpentières afin de dégager le centre de l'arbuste et épointez les longs rameaux retombants à 30-40 cm du sol. Pour un rosier érigé, faites comme pour un rosier buisson : taillez au-dessus de chaque ramification à 2, 3 ou 5 yeux, selon la vigueur de la variété.

Des arbres lilliputiens

ANTHÉMIS

Argyranthemum frutescens

J F M A **M J J** A S O N D

0,70/1,20 m	50/70 cm	☀	V	0/-5 °C

Ce sous-arbrisseau frileux porte une multitude de marguerites colorées. L'anthémis forme un buisson érigé au feuillage vert bleuté très découpé. Les fleurs en capitules de 3 à 5 cm de diamètre sont portées en bouquets gracieux.

SOL Sableux, profond, bien drainé, même calcaire, caillouteux ou pauvre.

EXPOSITION Fort soleil et grande chaleur.

CULTURE Plantez ou sortez les potées en mai. En mars, rabattez d'un tiers la touffe. Ôtez les fleurs fanées. Multiplication facile par bouturage des tiges feuillées à la fin de l'été ou en mars-avril. L'anthémis se prête à la culture sur tige.

ESPÈCES ET VARIÉTÉS Il existe 24 espèces. *Argyranthemum gracile* 'Chelsea Girl' (60 cm), compact, blanc à cœur jaune. Pour les massifs, on cultive surtout des hybrides. 'Butterfly' (50 cm), jaune, simple ; 'Daisy Crazy' (50 cm), série aux nombreuses variétés à fleurs simples ou doubles, de toutes les couleurs ; 'Jamaica Primrose', buissonnant, simple, jaune vif, peut être formé en tige ; 'Mary Cheek' (40 cm), double, rose ; 'Petite Pink' (30 cm), compact, feuilles fines, fleurs rose à cœur jaune ; 'Vancouver' (1 m), rose, double.

CULTURE EN POT Dans un pot de 20 cm en tous sens, dans un terreau pour géraniums, avec une poignée de fertilisant organique.

UTILISATIONS Massifs, potées et jardinières.

PODOCARPUS, PIN DES BOUDDHISTES

Podocarpus sp.

J F M A M J J A S O N D

2/5 m	1/2 m	☀/◐	P	-5/-7 °C

Ces conifères se caractérisent par des feuilles souvent aplaties, disposées en spirale. Ce sont des arbres dioïques. Les fleurs mâles sont jaunes ou rouges, les fleurs femelles sont vertes, en cône. Lorsqu'un plant mâle est à proximité, les plants femelles portent des fruits charnus, rouges comme ceux de l'if.

SOL Riche, humifère, frais, profond, bien travaillé, de préférence légèrement acide.

EXPOSITION Plein soleil ou mi-ombre légère, à l'abri du gel et des vents froids.

CULTURE Plantez au printemps, arrosez les premiers étés. Paillez le sol en hiver.

ESPÈCES ET VARIÉTÉS Il existe 107 espèces. *Podocarpus falcatus* (classé aujourd'hui dans le genre *Afrocarpus*), 10 m, au feuillage allongé vert foncé. *P. macrophyllus* est l'espèce la plus couramment présentée en bonsaï. *P. nivalis* (2 m), arrondi, compact, à feuilles linéaires rigides, vert bronze, est le plus courant et se décline en une vingtaine de cultivars. *P. salignus* (5 m) est un arbre colonnaire élégant à feuillage fin, gris-vert, devenant gris brun avec l'âge et dont l'écorce brun rouge s'exfolie.

CULTURE EN POT Dans les zones fraîches, cultivez le podocarpus en bac qui sera hiverné dans une véranda maintenue juste hors gel.

UTILISATIONS Sujet isolé, haie, bac sur terrasse.

Podocarpus macrophyllus

ROSIERS TIGES ET PLEUREURS

Rosa sp.

J F M A M **J J A S O** N D

0,70/2 m	0,50/2 m	☀	C

Les rosiers tiges et pleureurs sont obtenus par greffage en tête des autres variétés sur un tronc de hauteur variant de 40 cm à 1,20 m. Ils prennent ainsi une allure de petit arbre.

SOL Ordinaire, humifère et pas trop calcaire.

EXPOSITION Soleil.

CULTURE Tuteurez, car les vents forts peuvent faire casser le point de greffe.

ESPÈCES ET VARIÉTÉS

- 'Botticelli' : floraison précoce, abondante et ininterrompue, grosses fleurs parfumées de 10 cm à 50 pétales. Excellente résistance aux maladies. Remontant.
- 'Excelsa' : en juin, le rosier se couvre totalement de généreux bouquets retombants de pompons rouges, de 1 à 2 cm de diamètre, d'un cramoisi vif, très spectaculaire. Sarmenteux d'origine, il se conduit bien sur tige. Non remontant.
- 'Iceberg' (syn. 'Fée des Neiges') : profusion de fleurs de 4 à 8 cm de diamètre, en bouquets sur toute la longueur de la tige, d'un blanc très pur ne passant pas au soleil, légèrement parfumées. Remontant.
- 'The Fairy' : pompons roses aux corolles doubles, de 2 à 3 cm de diamètre, avec les pétales ondulés, en bouquets. Rose clair, ils couvrent tout l'arbuste. Remontant. Greffé sur tige, c'est un beau rosier pleureur.

CULTURE EN POT Difficile, mieux vaut cultiver des rosiers miniatures (➔ p. 573).

UTILISATIONS Massif, isolé.

SAULE ARBUSTIF

Salix sp.

J **F** **M** A M J J A S O N D

Hauteur	Largeur	Exposition	Rusticité
1,50/3 m	1/2 m	Soleil	C

Ces arbrisseaux compacts, au port pleureur ou conduits sur tige, se parent d'une belle floraison hivernale. Très rustiques, les saules arbustifs développent des rameaux souvent colorés de jaune ou de rouge. Les chatons précoces (fleurs mâles), argentés, duveteux, sont superbes. Le feuillage, alterne, souple, allongé, est vert clair ou gris argenté. La croissance est assez lente.

SOL Profond, frais, ou même humide, lourd et bien riche.

EXPOSITION Soleil doux, pas trop chaud.

CULTURE Plantez en automne. Arrosez bien et paillez les premiers étés. Supprimez le bois mort en hiver. Traitez plusieurs fois au printemps et en automne avec de la bouillie bordelaise pour éviter les taches noires sur les feuilles. Taillez sévèrement les saules à chatons après la floraison.

ESPÈCES ET VARIÉTÉS *Salix caprea* 'Kilmarnock' (syn. 'Pendula'), le saule marsault pleureur (de 1,50 à 3 m), une forme mâle qui se couvre, en février, de chatons argentés aux étamines dorées, les rameaux retombant jusqu'au sol. *S. integra* 'Hakuro-Nishiki' (de 2 à 3 m), un petit arbre greffé sur tige, aux feuilles rose saumon et vert au printemps, puis vert et crème. Mieux vaut ne pas l'exposer au soleil, idéal en bac.

CULTURE EN POT Dans un pot de 35 cm en tous sens au minimum, dans un mélange par moitié de terreau universel et de terre de jardin.

UTILISATIONS Rocaille, potées sur balcon, massifs, sujet isolé (pleureur).

SOPHORA DU JAPON

Styphnolobium japonicum

J F M A M J J A **S** **O** N D

Hauteur	Largeur	Exposition	Rusticité
1/3 m	1/2 m	Soleil	C

Surtout cultivé dans sa forme à port pleureur, cet arbre élégant est caduc et rustique. D'une croissance rapide et régulière, son tronc tortueux et crevassé est décoratif. La floraison est rarement observée en culture chez cette espèce. Les autres sophoras sont plus frileux, mais appréciés pour leurs fleurs.

SOL Riche et bien drainé, plutôt frais.

EXPOSITION Bien dégagée, ensoleillée, en situation chaude de préférence.

CULTURE Plantez en automne, tuteurez, arrosez et paillez.

VARIÉTÉS Pour la culture en bac, optez pour 'Dot' (2 m), au port semi-pleureur et aux rameaux spiralés, ou 'Little Baby' (50 cm), à petites feuilles et branches tortueuses.

CULTURE EN POT Dans un grand bac de 40 cm en tous sens, dans un mélange de terreau et de terre de jardin.

UTILISATION Isolé.

ORME

Ulmus minor 'Jacqueline Hillier'

J F **M** A M J J A S O N D

Hauteur	Largeur	Exposition	Rusticité
1/2,50 m	1/2 m	Soleil	C

Ce superbe arbre champêtre a été décimé par une maladie cryptogamique : la graphiose. Il existe heureusement des espèces et des hybrides récents qui résistent à la maladie. Cette variété arrondie, compacte, à croissance lente, ressemble à un bonsaï naturel.

SOL Riche, profond, frais, humifère.

EXPOSITION Ensoleillée ou à l'ombre légère.

CULTURE Plantez en automne, tuteurez, arrosez et paillez. Supprimez et brûlez les rameaux secs.

ESPÈCES ET VARIÉTÉS Outre *Ulmus minor* 'Jacqueline Hillier', parmi les ormes résistant à la graphiose, il faut ajouter *U.* 'Sapporo Autumn Gold' (syn. *U.* Resista), mais c'est un arbre d'une douzaine de mètres de haut.

CULTURE EN POT Dans un bac de 25 cm en tous sens, dans toute bonne terre de jardin. Rempotez tous les 2 ans.

UTILISATIONS Isolé, associé à des conifères nains, dans un jardin japonais.

POUR DES ARBRES LILLIPUTIENS, VOUS POUVEZ AUSSI UTILISER

★ *Acer palmatum* (érable du Japon) ➲ p. 286 (bonsaï d'extérieur) ★ *Eriobotrya japonica* (néflier du Japon) ➲ p. 883 ★ *Ginkgo biloba* 'Mariken' (arbre aux 40 écus) ➲ p. 298 (bonsaï d'extérieur) ★ *Ilex crenata* (houx japonais) ➲ p. 305 ★ *Juniperus chinensis, J. rigida* (genévrier) ➲ p. 639 ★ *Lagerstroemia indica* (lilas des Indes) ➲ p. 229 (bonsaï d'extérieur) ★ *Morus alba* 'Pendula' (mûrier pleureur) ➲ p. 229 ★ *Prunus incisa* 'Pendula' (cerisier à fleurs pleureur nain) ➲ p. 564 ★ ★ *Punica granatum* (grenadier) ➲ p. 297 (bonsaï d'extérieur) ★ *Syringa microphylla* (lilas à petites feuilles sur tige) ➲ p. 488 ★ *Taxus baccata* (if) ➲ p. 305 (bonsaï d'extérieur) ★ *Wisteria floribunda* (glycine du Japon en arbre et bonsaï d'extérieur) ➲ p. 291 ★ *Wisteria sinensis* (glycine de Chine en arbre et bonsaï d'extérieur) ➲ p. 357

Volubiles et sarmenteuses

ELLES POUSSENT À GRANDE VITESSE, COUVRENT LES ÉLÉMENTS À FAIRE OUBLIER AU JARDIN, CRÉENT DES SÉPARATIONS LÉGÈRES ET SONT GÉNÉRALEMENT TRÈS GÉNÉREUSES EN BELLES FLEURS : LES PLANTES VOLUBILES, ON LES ADORE.

ATTACHER SANS ÉTRANGLER

Ce serait un comble d'étrangler les étrangleuses, et surtout préjudiciable à leur développement. Prenez le réflexe d'attacher « flottant » ... **1**

LA TAILLE D'ENTRETIEN DES PLANTES GRIMPANTES

Une si belle vigueur demande à être canalisée : les grimpantes doivent être taillées tous les ans, mais aussi au cours de l'année ... **2**

CHOISIR DES SUPPORTS

Plus discrets une fois qu'ils sont recouverts par les plantes volubiles, les supports contribuent pourtant pleinement à l'aspect décoratif. Prenez le temps du choix ... **3**

C'est bon pour la planète : Habiller les murs

Habiller les murs de végétation crée une climatisation naturelle avec un effet rafraîchissant en été et une protection thermique en hiver (pour les feuillages persistants) ... **4**

ATTENTION AUX PUCERONS !

Vous n'êtes pas le seul à apprécier les plantes sarmenteuses et volubiles, les pucerons sont aussi « accros » à ces plantes au caractère accrocheur ... **5**

La petite histoire

Le treillage a d'abord été un support fonctionnel pour la culture de la vigne avant de devenir l'élément décoratif qu'on connaît ... **6**

IDÉES

→ POURQUOI PAS... Une petite Pergola pour ombrager la terrasse ? 7

→ POURQUOI PAS... Conserver une Cobée d'une année sur l'autre ? 8

Les Plantes idéales

Les plantes volubiles et sarmenteuses ont un développement étonnant.

★ **Les pérennes à retrouver tous les ans :** *Actinidia kolomikta* (kiwi arctique) ; *Clematis* x *hybrida* 'Arctic Queen', 'Blue Light', 'Crystal Fountain', 'Franziska Marie', 'Joséphine', 'Marie Curie', 'Patricia Ann Fretwell', 'Saphyra indigo', 'Success Candy', etc. (clématites à grandes fleurs) ; *C. tangutica.*

★ **Des vivaces pour le Sud à cultiver en annuelles dans les régions froides :** *Cobaea scandens* (cobée) ; *Ipomoea indica, I. purpurea* (ipomée volubilis) ; *Mandevilla laxa, M. splendens* (dipladénia volubile) ; *Thunbergia alata* (Suzanne aux yeux noirs) ; *Tropaeolum peregrinum* (capucine des Canaries).

NOS CONSEILS

1. Limitez la hauteur des plantes à celle d'un homme adulte (1,80 m), l'entretien s'en trouve facilité et vous éviterez l'effet de masse de la végétation.

2. Utilisez toujours des panneaux ajourés, comme des claustras, pour laisser passer la lumière et l'air. Ne dressez pas de rideau de végétation plein.

3. Habillez les panneaux de séparation côté sud ou ouest avec des plantes exigeant du soleil et côté nord ou est avec des espèces qui s'accommodent de l'ombre.

4. Variez les hauteurs et les modèles de panneaux (types de mailles) autant que les espèces végétales, de manière à éviter toute monotonie dans le décor.

5. Ménagez un espace d'au moins 5 cm entre le mur et le treillage pour permettre aux tiges volubiles de s'entortiller naturellement. De plus, pour les espèces caduques, vous n'aurez pas de mal à nettoyer cet espace.

6. Plantez des grimpantes annuelles et faites-les monter sur une colonne (métal ou treillage) ou un tipi (bambous) pour donner ponctuellement du relief au balcon ou à la terrasse.

et Si

- Ma clématite a brutalement fané ? 9
- Je veux conserver un *mandevilla* pendant l'hiver ? 10

Volubiles et sarmenteuses

1 Attacher sans étrangler

Les plantes volubiles s'enroulent à leur support par l'extrémité de leurs tiges qui l'enlacent. Mais cela ne suffit pas à les guider comme vous le voulez pour habiller les claustras. Vous devez les attacher, surtout au départ de la croissance, puis par la suite. Vous devez trouver l'équilibre : maintenir sans pour autant léser les tiges, ce qui se produit lorsque l'on serre trop les liens. Avec la croissance en épaisseur, les tiges sont rapidement étranglées et apparaissent au niveau du contact de future zones de rupture : les tiges cassent net. Quel que soit le lien utilisé (raphia, fil de plastique, lien métallique habillé de plastique...), laissez toujours flotter un peu les rameaux.

Ne serrez pas les liens pour ne pas étrangler la tige.

2 La taille d'entretien des plantes grimpantes

Les plantes volubiles annuelles ne réclament pas de taille de formation ni de floraison, mais peuvent être contenues par des tailles en vert ou des pincements tout au long de la période de croissance, de juin à septembre. Par contre, les espèces pérennes doivent être taillées. Rappelons le principe de base applicable aux arbustes fleuris : les espèces à floraison printanière sont taillées au plus tard l'automne qui précède les fleurs, et les espèces à floraison estivale, de préférence en automne et au plus tard en début de printemps pour ménager la production de fleurs.

3 Choisir des supports

Les plantes grimpantes ont besoin d'un support pour ne pas s'effondrer sous le poids de leur propre végétation. Même les plus robustes, le temps qu'elles forcissent suffisamment. Pour les guider, le treillage est un moyen aussi efficace qu'élégant. Les matériaux sont variés ; préférez les matières naturelles, comme le bois, l'osier, les branchages divers... Certains sont rigides, avec des formes et des dimensions fixes, d'autres sont extensibles et peuvent se régler en largeur et sont plus souples d'emploi. D'autres modèles sont couplés avec une jardinière du même matériau, qui accueille la plante ; ils sont très pratiques pour se plier à l'agencement, pour dresser, par exemple, une séparation végétale sur une terrasse.

Les tiges volubiles s'enroulent toutes seules.

Pour les espèces puissantes, donnez un support solide.

Un treillage, poour couvrir un mur rapidement.

4 *C'est bon pour la planète : Habiller les murs*

Certains jardiniers sont réticents à l'idée de faire courir des plantes sur la façade de leur maison. En effet, une vielle idée reçue continue de courir, selon laquelle les plantes grimpantes sont responsables de l'humidité sur les murs. Rien de plus faux, bien au contraire : elles protègent les façades des intempéries. De plus, l'habillage des murs contribue à la climatisation naturelle des habitations, apportant de la fraîcheur en été et une protection thermique en hiver, pour peu que vous ayez choisi des espèces à feuillage persistant.

5 Attention aux pucerons !

Les pucerons noirs ou cendrés affectionnent particulièrement les extrémités des nouvelles tiges en pleine pousse, et elles sont nombreuses chez les plantes volubiles. En cas de grande infestation, le plus simple est de les couper, cela contribue à la taille en vert, d'une certaine manière. Les petites attaques sont facilement jugulées par un insecticide d'origine végétale. Par la même occasion, vous lutterez contre les thrips, qui adorent les grandes fleurs des bignones.

6 La petite histoire

Dès l'Antiquité (vers 2000 av. J.-C.), on utilisait des cadres de bois avec des mailles en losanges pour servir de clôture et de support à la vigne. Par la suite, ce dispositif a pris une autre dimension ornementale dans les jardins des villas patriciennes de l'Empire romain. Au IIe siècle ap. J.-C., l'empereur Hadrien (76-138) fit construire des gloriettes en treillis qui constituèrent les prémices des trompe-l'œil. Mais c'est à partir du XIVe siècle que l'art du treillage a pris son essor en Europe, dans les jardins des châteaux et des demeures bourgeoises. Après une période d'oubli, les treillages exceptionnels sont de nouveau au goût du jour et connaissent leur âge d'or entre 1895 et la Première Guerre mondiale. C'est la grande période de maisons spécialisées telles Tricotel, Bocquet, Sanguineti et Barbier.

Idées

7 Pourquoi pas... une petite pergola pour ombrager la terrasse ?

Le plus pratique, pour éviter les gros travaux, est de choisir une pergola autoportante, c'est-à-dire une structure qu'il suffit de poser directement au sol. Il est vivement recommandé de la fixer par des pattes métalliques, surtout si la terrasse est ventée, car avec la végétation, le volume offre une certaine prise au vent. Les plantes grimpantes sont alors cultivées dans de grands pots ou en bac, car elles sont en place pour de nombreuses années, à placer contre un des pieds de la pergola.

8 Pourquoi pas... conserver une cobée d'une année sur l'autre ?

Dans les pays chauds, comme son Pérou natal, la cobée est une plante vivace vigoureuse qui peut dépasser 10 m. Dans nos contrées, elle est essentiellement cultivée en annuelle, et pourtant, on aimerait bien la conserver d'une année sur l'autre. C'est le cas dans les jardins de climats doux ne connaissant pas le gel : on peut couper au ras son feuillage endommagé en fin de saison, pailler correctement le pied et elle repart de la souche. Ailleurs, la culture en pot donne des plantes moins développées, de près de 2 m, qu'il est facile d'hiverner au frais, à 8 °C, dans l'attente du printemps. Vous pourrez la conserver plusieurs années de cette façon.

et Si

9 Ma **clématite** a brutalement **fané** ?

Elle présente les symptômes caractéristiques du dépérissement, causé par un champignon pathogène, *Phoma clematidina,* qui touche surtout les espèces et variétés à grandes fleurs. Il se développe à la faveur d'une plaie, envahit les vaisseaux conducteurs de la sève et fait flétrir rapidement la plante, qui semble manquer d'eau. Aucun traitement n'est connu à ce jour, mais en coupant les tiges malades, même au ras de la plante, il y a de fortes chances que votre clématite reparte sur de nouveaux bourgeons sains, situés sur la souche.

10 Je veux **conserver** un *mandevilla* pendant l'**hiver** ?

Mandevilla

Le *mandevilla* est une plante frileuse qui résiste à – 3 °C seulement, pour de courtes expositions, et en dehors des jardins du Sud, la culture en pot s'impose. Avant l'hiver, il est indispensable de le rentrer, au moins dans une véranda non chauffée ou, mieux encore, dans une pièce à 16 °C, jusqu'au retour du printemps. Pendant tout ce temps, arrosez peu, simplement pour que la motte ne se dessèche pas trop. Rendez-vous en mars-avril pour le rempotage annuel et la taille de reformation, pour préparer un été éclatant.

Volubiles et sarmenteuses

CLÉMATITE

Clematis sp.

J	F	M	**A**	**M**	**J**	**J**	**A**	**S**	**O**	N	D

Hauteur	Largeur	Exposition	
3/10 m	2/5 m	☀	C/P

Vivaces herbacées ou plantes grimpantes ligneuses, les clématites développent des tiges volubiles qui s'enroulent à leur support avec des vrilles. Les feuilles, opposées, sont simples ou composées, d'aspect variable selon les espèces. Les fleurs de 2 à 20 cm de diamètre, étoilées, en clochette ou tubulées, offrent une très large palette de coloris. Floraison du début du printemps à l'automne selon les espèces et les variétés.

SOL Bien travaillé, profond, frais, fertile. Terrain argilo-siliceux idéal.

EXPOSITION Les fleurs au soleil, le pied à l'ombre, protégé par des plantes couvre-sol ou une tuile. L'est convient très bien.

CULTURE Plantez en automne ou au printemps, en posant la motte de racines à plat sur le sol et non pas verticalement comme d'ordinaire. Taillez en hiver à 40 cm du sol les espèces à grandes fleurs et au début de l'été, entre 50 et 60 cm du pied, les clématites à petites fleurs précoces. Éliminez complètement la moitié des tiges âgées. Palissez les jeunes pousses au fur et à mesure de la croissance si elles sont mal orientées.

ESPÈCES ET VARIÉTÉS Il existe plus de 370 espèces.

- *Clematis alpina,* la clématite des Alpes (de 3 à 4 m), petites fleurs bleu violacé en clochettes pendantes au printemps ; 'Frances Rivis' (3 m), fleurs bleues à centre blanc.
- *Clematis* x *cartmanii* 'Avalanche' (de 4 à 5 m), une multitude de fleurs blanches à centre jaune de 7 à 8 cm de diamètre, feuilles persistantes ; 'Early Sensation' (de 3 à 4 m), fleurs de 7 à 8 cm, blanc à cœur vert.
- *Clematis cirrhosa,* la clématite de Noël (de 2 à 3 m), feuillage persistant finement découpé, floraison en corolles de 6 à 10 cm, de novembre à mars selon les régions et les cultivars, fructification plumeuse décorative, rusticité – 10 °C ; 'Freckles', crème éclaboussé de rose pourpre ; 'Jingle Bells' (de 4 à 5 m), petites fleurs pendantes blanc crème ; 'Landsdowne Gem', pourpre foncé ; 'Winter Parasol', crème tacheté de rose.
- *Clematis* x *diversifolia* 'Blue Boy' (de 2 à 3 m), petite fleur pendante en forme de lanterne largement ouverte, bleu lavande, de juillet à septembre.
- *Clematis integrifolia* 'Aliobushka' (syn. 'Aljonushka'), de 1,50 à 2 m, plante herbacée à petite fleur en clochette pendante rose à étamines roses. Elle peut être utilisée en couvre-sol ; 'Arabella' (2 m), fleurs bleu violacé à cœur crème de 7 à 10 cm de diamètre ; 'Durandii' (2 m), port souple, fleurs en étoiles bleu vif à cœur crème ; 'Inspiration' (syn. 'Zoin'), de 1,50 à 2 m, fleur rose violacé à cœur d'or ; 'Miranda' (1,50 m), floraison généreuse bleu foncé à cœur blanc.
- *Clematis* x *jackmanii* (de 3 à 5 m), aux fleurs bleues, de juillet à septembre ; 'Blue Angel', bleu ciel ; 'Comtesse de Bouchaud', rose ; 'Tie Dye', violet marbré de blanc.
- *Clematis macropetala* (3 m), floraison précoce en mars-avril, petites fleurs en clochettes ; 'Markham's Pink' (de 2 à 3 m), fleurs semi-doubles de 4 à 5 cm, roses.
- *Clematis texensis* 'Gravetye Beauty' (de 2 à 3 m), fleur à 4 sépales rouges, qui forme une étoile à plein épanouissement ; 'Mienie Belle' (syn. 'Zomibel'), de 1,50 à 2 m, fleur pendante en clochette étroite rose nuancé, qui s'ouvre en étoile à 5 branches au cœur chamois ; 'Princesse Diana', fleurs de 5 à 7 cm rose vif avec une bande médiane carmin ; 'Princesse Kate' (de 2 à 3 m), très nombreuses fleurs blanc et rose de 5 à 6 cm de diamètre.
- *Clematis viticella,* la clématite italienne ; 'Justa' (de 1 à 1,50 m), plante compacte aux fleurs de 6 à 8 cm, bleu lavande, de juillet à septembre ; 'Madame Julia Correvon' (3 m), fleurs rouge foncé de 5 à 7 cm, de juillet à novembre.

• **HYBRIDES À GRANDES FLEURS À GRAND DÉVELOPPEMENT** (de 2 à 3 m) :

- **Floraison en juin-juillet :** 'Marie Sklodowska Curie', à fleurs doubles de 10 à 15 cm, blanc pur.

Clematis cirrhosa

Clematis texensis 'Princess Diana'

*Télécharger l'application Truffaut +, voir p. 6-7

Clematis 'Alaina'

› Floraison de juin à septembre-octobre : 'Anna Louise', à fleurs de 10 à 15 cm violet foncé veiné de rouge ; 'Barbara Harrington', plante vigoureuse aux fleurs de 10 à 12 cm, rouge pourpré ; 'Blue Light', fleur double de 10 à 15 cm, bleu clair ; 'Bonanza', très vigoureuse (jusqu'à 5 m), fleurs de 8 à 12 cm violet clair à étamines blanches ; 'Burma Star', fleurs violettes de 10 à 12 cm ; 'Dr Ruppel', fleurs de 18 à 22 cm roses marquées d'une bande longitudinale rouge cerise ; 'Ernest Markham', fleurs de 12 à 15 cm rouge pourpre ; 'Fond Memories', fleurs de 12 à 15 cm blanc ombré de rose avec le cœur violet ; 'Franziska Marie', fleurs doubles, violettes, de 10 à 15 cm ; 'HF Young', fleurs de 15 à 20 cm bleu intense ; 'Josephine', fleurs très doubles de 10 à 15 cm de diamètre, rose clair avec une bande médiane rouge violacé ; 'Legend Violine', mauve violacé strié de plus clair au milieu de chaque pétale ; 'Madame Lecoultre' (syn. 'Marie Boisselot'), fleurs de plus de 20 cm de diamètre, blanc pur ; 'Multiblue', fleur de 10 à 15 cm, double, bleu foncé ; 'Nelly Moser', fleur de 15 à 20 cm rose clair strié de plus foncé ; 'Niobe', fleurs de 15 à 20 cm rouge brun foncé ; Petite Sirène' (syn. 'Little Mermaid'), fleurs semi-doubles de 10 à 12 cm rose saumoné à cœur jaune, sépales pointus ; 'Piilu', fleurs doubles au printemps, de 8 à 12 cm de diamètre, roses avec une bande longitudinale carmin ; lors de la remontée, les fleurs sont simples ; 'Pink Fantasy', fleurs de 10 cm rose tendre saumoné légèrement veiné ; 'Princesse Alexandra', fleurs simples ou semi-doubles de 15 à 20 cm rose tendre ; 'Sunset', fleurs de 12 à 16 cm de diamètre, rose violacé marqué d'une bande écarlate ; 'Syrena', fleurs rouge foncé à pourpre de 12 à 15 cm ; 'The President', fleurs bleu foncé de 15 à 18 cm ; 'Ville de Lyon', fleurs de 10 à 12 cm de diamètre, rouge pourpre, nervurées.

Clematis 'Syrena'

- **HYBRIDES À PORT COMPACT :**

› Floraison en mai-juin : 'Innocent Glance' (2 m), fleurs doubles de 15 cm, rose tendre ombré de plus foncé sur le bord des pétales.

› Floraison en juin-juillet : 'Destiny' (2 m), aux très nombreuses fleurs blanches de 10 cm de diamètre.

› Floraison remontante : 'Alaina', très compacte, fleurs de 15 cm rose violacé à cœur jaune ; 'Arctic Queen', fleurs doubles, blanches, de 12 à 15 cm ; 'Bourbon', fleurs de 10 à 15 cm rouge intense ; 'Cezanne', plante compacte aux fleurs de 10 cm bleu lavande à cœur d'or ; 'Crystal Fountain', fleurs de 10 à 15 cm bleu lilas avec un généreux pompon étoilé de stigmates blancs, au centre ; 'Patricia Anne Fretwell', les fleurs très doubles, d'au moins 15 cm, se parent de diverses nuances de rose ; 'Rebecca', fleurs de 10 à 15 cm rouge foncé ; 'Saphyra indigo', fleurs bleu violacé de 8 à 10 cm de diamètre ; 'Success Candy', fleurs de 10 à 15 cm rose vif avec une bande médiane plus foncée ; 'The Vagabond', fleurs de 18 à 22 cm violettes avec une bande centrale rouge ; 'Yukikomachi', nombreuses fleurs de 12 à 15 cm blanc ombré de bleu.

CULTURE EN POT Dans un bac de 30 cm en tous sens, dans un tiers de tourbe brune et deux tiers de terreau de feuilles.

UTILISATIONS Treillage, clôture, pylône, arceau, habillage des arbres et des arbustes, bac sur terrasse.

Clematis 'Crystal Fountain'

Volubiles et sarmenteuses

KIWI D'ORNEMENT

Actinidia kolomikta

J F M A M **J** J A S O N D

3/5 m	3/4 m		C	-15 °C

Cette liane volubile se pare d'un très étonnant feuillage pointé de rose. Feuilles, alternes, oblongues, de 15 à 20 cm de long. Fleurs blanches, de 2 à 5 cm de diamètre, à 5 pétales, parfumées en juin. Fruits comestibles rares en octobre-novembre, petits et peu savoureux.

SOL Fertile, profond, frais, mais bien drainé, enrichi en humus. Il craint les excès d'humidité et les sols très calcaires.

EXPOSITION Le long d'un mur clair, mais non brûlant pour que le feuillage se colore. Un climat humide est favorable.

CULTURE Plantez au printemps, paillez tout de suite le pied. En hiver, supprimez une partie des rameaux lorsque la végétation devient trop touffue. Apportez un engrais complet en automne et au printemps. Inutile de traiter.

ESPÈCES ET VARIÉTÉS Il existe 75 espèces. *Actinidia arguta* est appelé « kiwi de Sibérie » ou « kiwaï » ➔ **p. 668**

CULTURE EN POT Dans un grand bac de 40 cm en tous sens au minimum, dans une terre riche et bien drainée, non calcaire.

UTILISATIONS Couvre-mur, clôtures.

CONSEIL

Préférez les situations abritées, car les gelées tardives endommagent la plante. Palissez les rameaux au fur et à mesure de leur croissance pour qu'ils couvrent bien leur support.

COBÉE GRIMPANTE

Cobaea scandens

J F M A M J J **A S O** N D

5/10 m	3/5 m		V

Cette vivace spectaculaire est surtout cultivée en annuelle. Elle porte des feuilles alternes, à 4 folioles oblongues de 10 cm de long, et des cloches parfumées, retombantes, de 3 à 5 cm de long, vert crème, qui virent au pourpre.

SOL Frais, souple, riche en humus.

EXPOSITION Chaude et ensoleillée.

CULTURE Semez en avril à la maison 3 graines par godet de 8 cm. Plantez en juin. Fertilisez à l'engrais liquide deux fois par mois durant la végétation.

ESPÈCE ET VARIÉTÉ Il existe 18 espèces. *Cobaea scandens* est la seule cultivée ; 'Alba', à fleurs blanc crème.

CULTURE EN POT Dans un pot de 20 cm en tous sens au minimum, dans une terre de jardin normale, sans apport d'engrais.

UTILISATIONS Habillage saisonnier d'une clôture ou d'un grillage. Excellente en jardinière sur balcon ou terrasse, pour décorer une rambarde ou une petite pergola.

TAILLE

Dans le Midi, vous pouvez conserver la plante d'une année sur l'autre après avoir taillé les rameaux d'un bon tiers après la fin de la floraison.

FRÉMONTIA

Fremontodendron californicum

J F M A **M J** J A S O N D

3/6 m	1/3 m		C	-5/-10 °C

Cet arbuste semi-rustique se cultive palissé le long d'un mur au sud. Il porte des feuilles alternes, largement découpées, au revers brun clair, et développe des rameaux aux écailles duveteuses, grisâtres. Fleurs en coupe plate de 4 à 6 cm de diamètre, jaune d'or.

SOL Sableux, assez pauvre, neutre.

EXPOSITION Chaude et ensoleillée, palissé sur un mur au sud ou au sud-ouest.

CULTURE Plantez au printemps, palissez les tiges au fur et à mesure de leur développement. Ne laissez pas le sol sécher durant la floraison. Paillez en hiver et couvrez la ramure avec un voile d'hivernage si des gelées sont annoncées.

ESPÈCES ET VARIÉTÉS Il existe 2 espèces. *Fremontodendron mexicanum*, plus rare, aux fleurs ombrées de rouge. Croisé avec *F. californicum*, il a donné l'hybride 'Californian Glory', aux grandes fleurs jaune citron.

CULTURE EN POT Dans un pot de 40 cm en tous sens, dans un mélange par tiers de terreau d'écorce, de sable et de tourbe brune.

UTILISATION Habillage d'un mur aveugle.

BORD DE MER

Le frémontia ne craint pas les embruns. Il réussit bien en Bretagne. Ailleurs, cultivez-le dans une véranda au nord, pour une ambiance tempérée.

IPOMÉE, LISERON BLEU

Ipomoea sp.

J	F	M	A	M	**J**	**J**	**A**	**S**	O	N	D

Hauteur	Largeur	Soleil	Pot	Rusticité
2/3 m	2/10 m	☀	P	-5/-10 °C

Ipomea indica

Annuelles ou vivaces volubiles, les ipomées se caractérisent par des feuilles alternes de 5 à 20 cm de long, simples, en forme de cœur ou découpées. Les fleurs, en coupes ou tubulaires, sont solitaires ou réunies en bouquets. Les espèces les plus décoratives étant d'origine tropicales, on les cultive comme des annuelles.

SOL Léger, riche et sain, bien travaillé. Apportez un fertilisant organique à base de fumiers et d'algues lors de la plantation dans une terre pauvre ou compacte.

EXPOSITION Plein soleil et chaleur. Un support orienté au sud est la meilleure garantie de succès. Quasiment insensible au vent, l'ipomée apprécie le bord de mer.

Ipomoea alba (syn. *Calonyction aculeatum*)

CULTURE Semez en mars-avril sous abri, après avoir fait tremper les graines dans de l'eau durant 24 heures. Repiquez les jeunes plants individuellement dans un pot assez grand (12 cm) et mettez-les en place de mi-mai à juin. Ensuite, il n'y a plus rien à faire, la plante s'accrochant d'elle-même sur son support. Dans le Midi, considérez la plante comme vivace, mais protégez-la avec un voile d'hivernage.

ESPÈCES ET VARIÉTÉS Il existe au moins 500 espèces. *Ipomoea (Mina) lobata* (de 3 à 5 m), aux épis dressés de fleurs tubulaires orange vif et jaune. *I. nil*, l'ipomée bleue (2,50 m), annuelle à fleurs estivales bleu pur. Cette plante est souvent utilisée dans les croisements destinés à créer des cultivars aux teintes originales. C'est le cas de 'Scarlet O'Hara' (3 m), aux fleurs bordeaux marquées d'une étoile rouge vif avec le cœur blanc. *I. purpurea*, le volubilis (de 2 à 3 m), aux bouquets de fleurs en coupes rose magenta ; 'Carnavale di Venizia' (2 m), fleurs blanches striées de bleu ou de rose ; 'Kniola's Black Night' (de 2 à 2,50 m), pourpre foncé presque noir à cœur blanc ; 'Light Blue Star' (2 m), bleu ciel strié de plus foncé, cœur blanc ; 'Milky Way', blanc à macules bleues. *I. quamoclit* (de 3 à 6 m), aux fleurs écarlates en tube fin ; 'Cardinal' ne dépasse pas 1,50 m. *I. tricolor*, le volubilis des jardins (de 3 à 5 m), aux coupes bleues de 12 cm de diamètre ; 'Scarlet O'Hara', rouge.

CULTURE EN POT Dans un pot de 30 à 40 cm en tous sens, dans un bon terreau de rempotage bien drainé, avec 20 % de fertilisant organique.

UTILISATIONS Décoration saisonnière de grillage, clôture, tonnelle, arceau ou d'un treillage, grande potée.

Ipomoea purpurea 'Milky Way'

DIPLADÉNIA

Mandevilla sp.

J	F	M	A	M	J	**J**	**A**	**S**	**O**	N	D

Hauteur	Largeur	Soleil	Pot	Rusticité
2/6 m	2/3 m	☀	P	0 °C

Mandevilla sanderi

Cette grimpante tropicale fleurit très longtemps, même en pot. C'est une plante volubile à tiges ligneuses. Les feuilles, opposées, simples, ovales, de 10 à 20 cm de long, sont coriaces et lustrées. Les bouquets de fleurs en entonnoirs roses à gorge jaune, de 6 à 8 cm de long, se ferment la nuit.

SOL Riche, consistant, bien drainé.

EXPOSITION Chaude, en plein soleil.

CULTURE Plantez en mai. Taillez court les pousses volubiles début avril, fertilisez souvent.

ESPÈCES ET VARIÉTÉS Il existe 191 espèces reconnues par la nomenclature botanique internationale.

- *Mandevilla* x *amabilis* (4 m), à feuilles rugueuses et gaufrées, fleurs roses à cramoisies et cœur jaune ; 'Alice du Pont', rose plus soutenu.
- *Mandevilla boliviensis* (de 3 à 4 m) se distingue par ses feuilles lisses, vernissées et une abondance de fleurs blanches à cœur jaune.
- *Mandevilla laxa* (syn. *M. suaveolens*), le jasmin du Chili (3 m), plante volubile assez frileuse, à fleurs blanches parfumées.

...

*Télécharger l'application Truffaut +, voir p. 6-7

- › *Mandevilla sanderi* (de 50 à 60 cm), port érigé et compact, feuilles coriaces vernissées, existe en diverses nuances de rose et en blanc ; 'Bella' est rouge.
- › *Mandevilla splendens* (3 m), liane volubile à feuilles ovales, lisses et à grandes fleurs en cornets roses qui est utilisée dans les croisements des formes horticoles de dipladénias.
- • **HYBRIDES :** plusieurs espèces de *Mandevilla* ont été hybridées pour obtenir des plantes plus résistantes, plus florifères et offrant une large palette de coloris.
- › La collection « Diamantina » se caractérise par sa grande diversité, avec des plantes très naines (20 cm) dans la série 'Rubis', avec des spécimens compacts (30 cm) dans la série 'Jade', dans la série 'Opale', avec quelques coloris inédits, où 'Citrine' est le seul hybride horticole à fleurs jaunes. La série 'Tourmaline' propose diverses nuances de rose dans une végétation souple, tandis que la série 'Agathe' réunit des plantes franchement volubiles et de grande taille (blanc et rouge).
- › La collection « Sundaville » regroupe des plantes buissonnantes à port semi-retombant (de 50 à 60 cm), qui existent en une dizaine de nuances de rouge et de rose tels 'Cream Pink', rose pâle à cœur rouge, ou l'étonnant 'Red Star', rouge strié de blanc, et des formes volubiles (de 4 à 5 m), rouges, roses ou blanches. La série 'Rio' se décline en 6 cultivars dans les tons roses, rouges ou blancs.

CULTURE EN POT Dans un pot de 30 cm en tous sens, à changer dès que les racines tapissent les parois du contenant, dans un mélange à parts égales de terre de bruyère et de terre de jardin. Sortez les pots en mai.

UTILISATIONS Décoration saisonnière sur rambarde, pylône, rampe d'escalier, grillage ou treillage. Potées sur balcon.

SUZANNE AUX YEUX NOIRS

Thunbergia alata

J F M A **M J J A S** O N D

1,50/3 m | 1/2 m | P | 0 °C

Appelée aussi « sourire de Zanzibar », cette plante d'Afrique tropicale, aux tiges de 2 à 4 m de long, s'acclimate à l'extérieur, en situation bien abritée. Elle est le plus souvent cultivée en annuelle. Les feuilles, opposées, de 5 à 8 cm de long, sont triangulaires. Les fleurs jaune orangé à cœur noir, de 3 à 4 cm de diamètre, se renouvellent sans cesse.

SOL Consistant, riche, humifère, drainé.

EXPOSITION Chaude, ensoleillée ou mi-ombragée, à l'abri du vent fort.

CULTURE Semez à l'intérieur en mars, repiquez en godet. Sortez les plants à la mi-mai. Rabattez les tiges fanées pour stimuler la refloraison. Palissez au fur et à mesure de la pousse. Arrosez bien. Rabattez la touffe en automne.

ESPÈCES Il existe une centaine d'espèces. *Thunbergia grandiflora* (de 5 à 10 m), aux entonnoirs bleus de 5 à 8 cm, réussit sur la Côte d'Azur.

CULTURE EN POT Dans un pot de 25 cm de large et 30 cm de profondeur, dans un terreau pour géraniums additionné de 20 % d'amendement organique. Hivernez en véranda.

UTILISATIONS Décoration des massifs (tuteuré ou sur un petit treillage), plante d'intérieur.

CAPUCINE DES CANARIES

Tropaeolum peregrinum

J F M A M **J J A S O** N D

2/2,50 m | 1/2 m | A | 3 °C

Cette plante annuelle grimpante ne ressemble pas aux capucines classiques. Les feuilles sont lobées, d'un beau vert frais, les fleurs jaunes en été, légèrement planes, en forme de papillon.

SOL Terreau ou terre de jardin, frais et drainé.

EXPOSITION Plein soleil pour une floraison abondante.

CULTURE Semez en mars-avril, la capucine des Canaries ayant besoin de 13 à 15 °C pour bien pousser. Faites des poquets de 3 à 5 graines, espacés de 30 cm, à 5 mm de profondeur. Au stade de 4 ou 5 feuilles, éclaircissez pour laisser un plant tous les 30 cm. Vous pouvez aussi faire un semis à l'intérieur, au chaud, dès mars. Maintenez la terre tout juste humide.

ESPÈCE Seule l'espèce botanique est disponible.

CULTURE EN POT Un pot de 25 cm de diamètre est suffisant pour mener la culture à son terme, dans un terreau enrichi de fumier décomposé.

UTILISATIONS Par sa croissance rapide, idéale pour couvrir les pergolas, les treillages.

D'AUTRES GRIMPANTES POUR UN BALCON OU UNE TERRASSE

★ *Actinidia deliciosa* 'Belle de Chine', Minkigold', 'Minkimâle', 'Pollichina', 'Solo' ➲ p. 832 ★ *Hedera helix* 'Buttercup', 'Ivalace', 'Sagittifolia', 'Shamrock' ➲ p. 276 ★ *Jasminum nudiflorum* (jasmin d'hiver) ➲ p. 482 ★ *Lathyrus odoratus* (pois de senteur) ➲ p. 163 ★ *Lonicera* x *brownii* (chèvrefeuille en trompette) ➲ p. 354 ★ *Passiflora spp.* (passiflore) ➲ p. 356 ★ *Rosa spp.* (rosiers grimpants) ➲ p. 358 ★ *Schizophragma hydrangeoides* (faux hortensia grimpant) ➲ p.186 ★ *Solanum jasminoides* (morelle faux jasmin) ➲ p. 356

1. DIPLADÉNIA
Mandevilla sanderi

2. CLÉMATITE
Clematis 'Pink Fantasy'

3. PASSIFLORE
Passiflora jilekii

4. CHÈVREFEUILLE
Lonicera caprifolium

Un mur végétal

LES GRANDS MURS TRISTES EN VILLE LAISSENT LA PLACE À DE GRANDES FAÇADES ENTIÈREMENT RECOUVERTES DE VÉGÉTATION CASCADANTE. L'IDÉE EST RÉCENTE, ET ON N'A QU'UNE HÂTE, C'EST DE S'EN INSPIRER POUR RÉALISER LE MUR VÉGÉTAL À LA MESURE DE NOS ENVIES ET DE NOS COMPÉTENCES.

POURQUOI FAIRE UN MUR VÉGÉTAL ?

Outre la grande originalité qui ne manquera pas de surprendre vos invités, le mur végétal participe à faire revenir la nature en ville, avec tous les avantages pour l'environnement qui lui sont liés ... **1**

COMPRENDRE LES RUDIMENTS DE LA TECHNIQUE

La technique du mur végétal est inédite, ce mode de culture est très particulier et demande à être exposé avant de se lancer dans sa création ... **2**

LA PLANTATION SUR TOILE

Assez souple question mise en place, mais très technique, la plantation sur toile est l'une des solutions à adapter par le particulier ... **3**

LES MODULES POUR LES PARTICULIERS

Les fabricants ont pensé à simplifier la technique du mur végétal et l'ont adaptée aux jardiniers amateurs sans aucune compétence dans le domaine ... **4**

Ou à faire soi-même ?

La petite histoire

La verticalité dans la nature, ça existe, des plantes qui poussent dans des endroits impossibles aussi, mais outre cette source d'inspiration, d'où vient l'idée du mur végétal ? ... **5**

Le coin du curieux : Des plantes qui poussent sans terre ?

Des plantes sans terre, on avait du mal à imaginer que ce serait possible en dehors des laboratoires. Après les cultures à grande échelle, l'hydroponie s'est banalisée pour le jardin d'ornement ... **6**

IDÉES

→ POURQUOI PAS... Un mur d'aromatiques ? 7

→ POURQUOI PAS... Un mur Végétal dans mon salon ? 8

Les Plantes idéales

Presque toutes les plantes d'extérieur qui rampent et qu'on peut laisser retomber, qui poussent plutôt lentement, pour limiter l'entretien par la taille, peuvent convenir. On peut ainsi préconiser quasiment toutes celles citées pour « Masquer la terre »,

➔ p. 140.

★ **Sont bien adaptées aussi :** *Acaena* 'Blue Haze' ; *Ajuga* 'Burgundy Glow' (bugle à feuillage multicolore) ; alchemilla mollis (alchémille) ; *Centranthus ruber* (valériane rouge) ; *Hypericum cerastioides* (millepertuis compact).

Nos conseils

1. *Choisissez bien l'emplacement. Il est plus facile de réussir un mur végétal à l'ombre (légère) qu'en plein soleil. De même, donnez un emplacement à l'abri des vents violents.*

2. *Choisissez la technique en fonction de votre budget et de vos capacités d'entretien. Selon l'ambition de votre projet, faites appel à un professionnel spécialisé.*

3. *Ne plantez que des espèces rustiques (non gélives) et à feuillage persistant dans un assortiment aussi large que possible. Bannissez les annuelles.*

4. *Installez les plantes qui ont besoin de lumière dans la partie supérieure du mur, les plantes d'ombre dans le tiers inférieur.*

5. *Pensez à l'accessibilité des plantations ; en effet, il faut prévoir de remplacer entre 10 et 20 % des végétaux chaque année.*

6. *Supprimez très régulièrement les parties fanées, flétries ou pourries afin de maintenir une bonne esthétique, mais surtout, pour empêcher toute contamination éventuelle. Ne laissez pas les plantes atteindre les tuiles ou les gouttières.*

et Si

- Je rêve d'un mur végétal, mais sans aucun entretien ? 9
- Les plantes se gênent ? 10

Un mur végétal

1 Pourquoi faire un mur végétal ?

De la nature en ville, plus il y en a, mieux on se porte. Les grands murs végétaux sont un repère pour toute une microfaune. Si vous prenez soin d'y placer quelques fleurs mellifères, vous ferez le bonheur des insectes butineurs. Ces taches de végétation apportent leur contribution aux corridors de la biodiversité en ville, faits d'une mosaïque continue de lieux plantés, balcons, terrasses, petits et grands jardins.

2 Comprendre les rudiments de la technique

On distingue deux modes de culture. Le premier est la culture hydroponique : les plantes poussent sur un support inerte (pouzzolane, laine de roche, sphaigne, billes d'argile, fibre de noix de coco, tissu horticole...). Dans la seconde technique, elles poussent plus classiquement sur un substrat de tourbe, de compost, d'argile, de zéolithe... Ensuite, il faut prendre en compte le « contenant » : poches de feutre, modules en plastique, cages métalliques grillagées... Les plantes en place sont alors alimentées (et arrosées) par une solution nutritive, distribuée à l'aide d'une petite pompe, en circuit fermé.

Les plantes sont accrochées dans la toile.

Un système modulaire avec trous de plantation.

3 La plantation sur toile

C'est la technique mise au point par Patrick Blanc (voir *La petite histoire*) ; elle repose sur l'hydroponie. Les plantes sont disposées dans une double couche de feutre qui joue le rôle de substrat, les racines vont s'y ancrer. Une pompe amène une solution nutritive dans la partie haute du dispositif, qui retombe par gravité et pour partie reste à disposition des racines, piégée dans le feutre par capillarité. L'excédent est recueilli dans un bac et remonté par pompage. Tout le dispositif – tuyaux, goutteurs, raccords – est caché sous la première couche de feutre. Le sandwich de feutre est agrafé sur une plaque de bois traité pour une bonne étanchéité ou de PVC, et le tout fixé au mur sur des tasseaux ou des profilés métalliques.

4 Les modules pour les particuliers

Depuis la plantation sur toile, on a fait mieux pour les particuliers, grâce à la fourniture de modules à assembler, en largeur et en hauteur. Certains sont en matière plastique et présentent des alvéoles préformées qui peuvent accueillir des plantes en godets de 7 ou 9 cm. Souvent, ils sont déjà garnis d'un substrat spécifique prévu pour la position verticale sans se tasser et d'un système de ferti-irrigation intégré. D'autres modèles se présentent comme des cages grillagées garnies de sphaignes prêtes à recevoir les plantes. Enfin, signalons que certaines entreprises fournissent des modules déjà prêts à poser, plantes comprises. Précisons, pour conclure, que ces dispositifs sont assez coûteux.

5 La petite histoire

C'est à Patrick Blanc que nous devons le développement du mur végétal. Ce botaniste et chercheur du CNRS s'est inspiré des étages de végétation qu'il étudiait dans la forêt tropicale. Il a créé son premier mur « sur nappe », à la Cité des Sciences et de l'Industrie en 1986. Mais le succès est venu en 1994 après la présentation de plusieurs exemples au Festival des jardins de Chaumont-sur-Loire. Dès les années 2000, de nouveaux procédés et de nouvelles techniques se sont développés et sont aussi vulgarisés aujourd'hui.

6 Le coin du curieux : Des plantes qui poussent sans terre ?

La culture hydroponique telle que nous la connaissons date de la fin du XIXe siècle. L'idée était de décomposer en laboratoire les besoins nutritifs que les plantes satisfont grâce à la terre, et la meilleure des façons était de supprimer la terre, précisément. Mais c'est surtout pendant la Seconde Guerre mondiale que les Américains réalisent l'intérêt de faire pousser des légumes pour leurs troupes stationnées dans des îles volcaniques du Pacifique, où les sols sont chiches. Depuis, elle s'est généralisée en horticulture et en maraîchage sous serre pour faire pousser des fleurs et des légumes. Elle est désormais remplacée par l'aéroponie, qui repose sur la vaporisation des éléments nutritifs.

IDÉES

7 Pourquoi pas... Un mur d'aromatiques ?

Vous pouvez envisager un mur végétal thématique et, pourquoi pas, le rationaliser en y cultivant un assortiment de plantes aromatiques. À portée de main, elles ne demandent qu'à être cueillies pour gagner la cuisine. Centrez votre choix sur les plantes herbacées et écartez les petits arbrisseaux ligneux. Assortissez les sauges officinales, il en existe plusieurs variétés, les menthes, le choix est encore plus grand dans les nuances de saveurs (chocolat, ananas, basilic, citron...). Faites un petit choix de basilics (pourpre, citron, cannelle, thaï...), complétez par de la ciboulette, du périlla de Nankin, et pensez à placer tout ça à hauteur d'homme pour les cueillettes.

8 Pourquoi pas... Un mur végétal dans mon salon ?

La technique du mur végétal a été rapidement transposée pour la déco, sous la forme de cadres végétalisés de taille bien plus modeste, qu'il suffit d'accrocher et de garnir. Plus que jamais, choisissez des plantes rampantes et retombantes, et ne fichez pas des plantes dressées qui se retrouvent perpendiculaires au mur (l'effet visuel est désastreux), et qui, pire encore, se redressent vers le haut en poussant !

et Si

9 Je rêve d'un **mur** végétal, mais sans **aucun** entretien ?

C'est un rêve accessible grâce à la stabilisation. Ce procédé consiste à remplacer la sève des plantes par une solution à base de glycérine. Ainsi, la plante traitée conserve son aspect éternellement, le seul vieillissement est à mettre au compte de la poussière. Quelques entreprises spécialisées proposent des modules de murs végétaux ainsi traités. Votre rêve est donc possible, mais accessible aux gros budgets : il faut compter quelques centaines d'euros par mètre carré !

10 Les **plantes** se **gênent** ?

Comme on l'a évoqué, le mur végétal n'échappe pas à un certain entretien, même s'il vit en circuit fermé. Rançon du succès, si vos plantes se développent bien, il arrive un moment où elles se gênent. La concurrence vaut surtout pour la place, car question ferti-irrigation, les minéraux sont en quantités suffisantes pour toutes. Vous devrez tailler pour réduire celles qui peuvent l'être (réduisez de moitié la longueur de la végétation) ou en supprimer d'autres pour gagner de la place. En outre, certaines meurent, à vous de voir s'il faut les remplacer toutes.

LAMPOURDE

Acaena 'Blue Haze'

J F M A M J J A S O N D

5 cm	0,75/1 m		V	-15 °C

Cette plante vivace, tapissante à retombante, vigoureuse, s'étend largement par ses nombreux rhizomes. Les feuilles bleu-gris, aux folioles arrondies, donnent une végétation dense. Inflorescences violettes, fleurs brunes, globuleuses, suivies en automne d'akènes rouges, épineux.

SOL Léger, frais à pas trop sec.

EXPOSITION Soleil à mi-ombre.

CULTURE Cette plante rustique pousse sans soin particulier. Apportez simplement un peu de compost en surfaçage à l'automne. Limitez l'expansion des touffes en arrachant délicatement les tiges enracinées à sa périphérie.

VARIÉTÉ Le genre rassemble 150 espèces. La variété 'Blue Haze' est l'une des plus prisées, pour le contraste entre son feuillage bleuté marginé de bronze.

CULTURE EN POT Très facile, elle est envisageable pour utiliser la plante en retombante, par exemple pour garnir le pied des arbustes et des petits arbres cultivés en bac.

UTILISATION Couvre-sol.

BUGLE

Ajuga reptans

J F M A M J J A S O N D

5/15 cm	30/60 cm		V

Cette vivace à feuillage persistant est l'un des couvre-sols les moins exigeants. Avec ses tiges rampantes qui s'enracinent d'elles-mêmes, le bugle forme un tapis très dense de feuilles oblongues de 5 à 6 cm de long, disposées en rosettes. Les fleurs en épis dressés sur une tige rigide durent très longtemps.

SOL Frais, humide, pas trop compact.

ARROSAGE

Ne laissez pas la terre se dessécher en période hivernale sinon le feuillage se crispe et perd ses belles couleurs.

EXPOSITION Lumière toujours tamisée. L'ombre même assez dense est acceptée.

CULTURE Plantez toute l'année (de 6 à 9 pieds/m²) et traitez contre les limaces. Multiplication par division de la touffe au printemps ou en automne.

ESPÈCES ET VARIÉTÉS Il existe 71 espèces et de nombreuses sous-espèces et variétés naturelles. On cultive essentiellement *Ajuga reptans*, la bugle rampante (de 10 à 15 cm), et ses cultivars : 'Atropurpurea', à feuillage pourpre presque noir ; 'Burgundy Glow', panaché de crème, de rose et de vert ; 'Catlin's Giant' (20 cm), jeunes feuilles bronze qui verdissent, abondante floraison bleue ; 'Elmblüt', feuillage pourpre très foncé, gaufré ; 'Multicolor' (syn. 'Rainbow'), feuilles tachées de pourpre, crème et rose ; 'Rosea', feuillage vert, fleurs roses ; 'Valfredda' (syn. 'Chocolate Chip'), le feuillage vert foncé brunit par temps froid, végétation dense.

CULTURE EN POT Dans un contenant de 15 cm de profondeur au minimum, par exemple une jardinière de 40 cm pour 2 pieds, dans un terreau riche.

UTILISATIONS Couvre-sol en sous-bois ou dans les massifs d'arbustes, talus ombragé, jardinière. Associez le bugle aux petites bulbeuses de printemps qui perceront au travers de ses feuilles.

ALCHÉMILLE, MANTEAU DE NOTRE-DAME

Alchemilla mollis

J F M A M J J A S O N D

2/40 cm	30/80 cm		V

Vigoureuses, très rustiques, les alchémilles développent des feuilles palmées, vert clair, souvent duveteuses, sur lesquelles l'eau se concentre en gouttelettes qui brillent comme des perles. Floraison vaporeuse en bouquets de minuscules corolles jaune verdâtre.

SOL Toute bonne terre de jardin assez souple, riche et qui reste bien fraîche.

EXPOSITION Du soleil doux à l'ombre légère, l'alchémille pousse partout.

CULTURE Plantez au printemps et apportez un bon engrais complet au départ de la végétation. Ne laissez pas le sol sécher en été. Divisez les touffes en fin de saison tous les 3 à 5 ans.

ESPÈCES Il existe plus de 400 espèces. *Alchemilla mollis* (40 cm), aux fleurs en grappes dressées au-dessus du feuillage arrondi, denté.

CULTURE EN POT Dans une jardinière de 25 cm de profondeur au minimum plutôt qu'un pot, car la plante s'étend en largeur, dans un mélange à parts égales de terreau universel et de terre légère.

UTILISATIONS Bordure, sous-bois, talus, jardinière, massif avec des bulbeuses.

> **ENVAHISSANTE**
>
> Surveillez la croissance, car l'alchémille devient vite envahissante.

VALÉRIANE ROUGE, VALÉRIANE DES JARDINS

Centranthus ruber

J F M A **M J J A S** O N D

50/90 cm | 60/90 cm | V

Cette solide vivace rustique et buissonnante, de culture très facile, pousse même dans les anfractuosités des murs. Les tiges érigées portent des feuilles opposées, lancéolées, glauques, de 5 à 8 cm de long, qui dégagent une odeur désagréable lorsqu'on les froisse. Les hampes florales sont terminées par des bouquets légers de corolles étoilées, odorantes.

SOL Indifférent, même pauvre, pierreux, sec et calcaire, surtout pas trop humide.

EXPOSITION Plein soleil, même chaud.

CULTURE Plantez en automne (de 4 à 6 pieds/m^2). En coupant les fleurs dès leur flétrissement, vous pouvez parfois obtenir une remontée en fin d'été. Divisez les touffes au printemps. Coupez les fleurs fanées pour éviter qu'elles n'égrènent. Rabattez toute la végétation en octobre.

ESPÈCE ET VARIÉTÉS Il existe 11 espèces et presque autant de sous-espèces. *Centranthus ruber* (60 cm) est la seule cultivée ; 'Albus', à fleur blanche ; 'Coccineus', rose carminé.

CULTURE EN POT Dans un pot de 20 cm de côté dans une terre de jardin sableuse.

UTILISATIONS Massif, fleur coupée, rocaille, mur fleuri, talus aride, potée.

MILLEPERTUIS COMPACT

Hypericum cerastoides

J F M A **M J** J A S O N D

10/15 cm | 30 cm | V | -10 °C

C'est une plante vivace ligneuse, au port étalé. Feuilles persistantes, entières, vertes. Les fleurs simples, d'un jaune éclatant, montrent un toupet d'étamines proéminentes.

SOL Indifférent, drainé ou caillouteux.

EXPOSITION Plein soleil.

CULTURE Plante peu rustique, mais très robuste, poussant dans les éboulis et les terres caillouteuses des Alpes, réclamant peu de soin. Au jardin, apportez un peu d'engrais organique une fois par an, épointez éventuellement le pourtour de la touffe pour donner un peu de densité à la végétation. Pas d'excès d'eau et d'arrosage sur le feuillage pour éviter la rouille.

ESPÈCE Seule l'espèce botanique est disponible, que les jardiniers anglais nomment « moût de Saint-Jean ».

CULTURE EN POT Facile. Donnez un terreau riche, arrosez une fois par semaine et laissez bien ressuyer entre deux passages.

UTILISATIONS Rocailles, talus, potées, en retombante.

POUR UN MUR VÉGÉTAL, VOUS POUVEZ AUSSI UTILSER

★ *Arabis caucasica* (corbeille-d'argent) p. 396 ★ *Aubrieta* (aubriète) p. 397 ★ *Aurinia saxatilis* (syn. *Alyssum saxatile*), corbeille-d'or p. 263 ★ *Bergenia* (plante des savetiers) p. 193 ★ *Campanula carpatica, C. portenschlagiana, C. poscharskyana* (campanule rampante) p.397 ★ *Carex morrowii, C. oshimensis* (laîche) p. 624 ★ *Fragaria vesca* (fraisier) p. 850 ★ *Geranium* x *cantabrigiense* (géranium vivace) p. 174 ★ *Hedera helix* (lierre) p. 276 ★ *Heuchera* (heuchère) p. 276 ★ *Hosta* (cultivars de petite taille) p. 182 ★ *Iberis sempervirens* (thlaspi) p. 398 ★ *Lamium maculatum* 'Beacon Silver', 'White Nancy' (lamier) p. 548 ★ *Lobelia* x *hybrida* (lobélie cascade) p. 399 ★ *Vinca major* (pervenche) p. 149

Une toiture végétale

UN TOIT VÉGÉTALISÉ, ON EN PARLE DE PLUS EN PLUS, CE N'EST PAS SEULEMENT ORIGINAL ET BEAU À VOIR, C'EST AUSSI UN BON MOYEN D'AMÉLIORER L'ISOLATION DES HABITATIONS. MAIS PAS QUESTION D'IMPROVISER : SA CONCEPTION ET SA RÉALISATION SONT TECHNIQUES, ET SI ON NE SE SENT PAS DE LE FAIRE SOI-MÊME, IL FAUT LE DÉLÉGUER À UN PROFESSIONNEL SPÉCIALISÉ.

LES TROIS TYPES DE TOITURES VÉGÉTALISÉES

Selon leur destination, on distingue trois types de toitures végétalisées : extensive, à la portée de tous, semi-extensive ou extensive, qui réclament davantage le savoir-faire d'un professionnel ... **1**

LE CHOIX DES PLANTES

Toutes les plantes ne conviennent pas à la végétalisation des toitures, les bonnes candidates n'ont pas seulement des dimensions réduites ... **2**

QUEL ENTRETIEN FAUT-IL PRÉVOIR ?

Même très originale, cette forme de culture s'apparente au jardinage, et elle n'échappe pas à l'entretien ; heureusement, il est réduit à sa plus simple expression ... **3**

Repiquez suffisamment dense.

La petite histoire

La toiture végétalisée telle que nous l'entendons aujourd'hui trouve ses origines dans les années 1960 et 1970 en Allemagne et en Suisse, dans l'aménagement des premiers écoquartiers. ... **4**

La parfaite étanchéité est la base de la technique.

UNE BONNE BASE

Même recouverte de végétaux, une toiture reste une toiture : elle doit permettre un bon écoulement des eaux de pluie. La couche sur laquelle poussent les plantes doit être drainante ... **5**

C'est bon pour la planète : Gestion de l'eau

L'intérêt esthétique des toitures végétalisées se double d'un bénéfice pour l'environnement, plus précisément en termes de gestion du cycle de l'eau ... **6**

IDÉES

→ POURQUOI PAS... Des bulbes d'espèces sauvages sur ma toiture ? 7

et Si

- Je n'ai vraiment pas envie de m'occuper de l'arrosage ? 8
- La végétation devient plus clairsemée ? 9
- J'ai peur que des petites bestioles envahissent ma maison ? 10

Les Plantes idéales

★ **Les plantes qui jouent les tapis :** *Cerastium tomentosum* (céraiste) ; *Jovibarba hirta* (joubarbe) ; *Sedum spp.* (orpin, toutes les formes tapissantes) ; *Sempervivum spp.* (joubarbe) ; *Thymus lanuginosus* (thym laineux).

★ **Des plantes pour donner un peu de volume :** *Delosperma cooperi* (pourpier vivace) ; *Euphorbia myrsinites* (euphorbe de Corse) ; *Festuca amethystina, F. glauca* (fétuque glauque) ; *Thymus spp.* (thym d'ornement).

NOS CONSEILS

1. Dans tous les cas, inquiétez-vous de la faisabilité du projet, auprès de votre syndic pour une habitation collective et d'un professionnel pour un projet personnel. Pensez à l'accessibilité de la toiture pour permettre son entretien.

2. Assurez-vous de l'étanchéité et de l'écoulement de l'eau. L'étanchéité doit même être renforcée par la mise en place d'une bâche en PVC (comme celle utilisée pour les bassins) ou, mieux, une membrane d'étanchéité (bitume élastomère SBS/APP).

3. Renseignez-vous sur la capacité de charge de la toiture, sachant que 1m^2 de toiture végétalisée pèse entre 150 et 600 kg selon le type d'aménagement.

4. Posez un géotextile (100 g/m^2) sur le film étanche afin de prévenir tout risque de percement lors des travaux de plantation.

5. Prévoyez un substrat très drainant, avec une granulométrie grossière et une capacité de rétention en eau réduite.

6. Assurez-vous que la pente du toit soit au minimum de 2 à 3 %, soit 2 à 3 cm par mètre. Sur les toitures en pente de plus de 15 %, stabilisez le substrat par un quadrillage de carreaux de 50 cm de côté en linteaux en bois ou en aluminium.

1 Les trois types de toitures végétalisées

De l'herbe, simplement

La toiture **extensive** a une faible épaisseur de substrat, entre 3 et 12 cm. Ceci pour éviter l'installation des graminées imposantes, gourmandes en eau. Elle est indiquée pour les toitures existantes, légèrement en pente, et ne nécessite aucun entretien, sauf des arrosages en cas de grande sécheresse. Elle est faite généralement d'un mélange de mousse et de sédums. La version **semi-intensive** a une épaisseur de substrat de 15 cm le plus souvent (et jusqu'à 30 cm), elle nécessite un système d'arrosage au goutte-à-goutte, mais elle accueille une plus grande variété de végétaux, y compris de petits légumes et de fleurs. Enfin, la toiture **intensive** est un véritable jardin poussant sur 30 cm et plus de substrat, souvent dans des bacs profonds.

2 Le choix des plantes

Carré d'orpins

La préférence va évidemment à toutes les essences sobres, l'arrosage étant la grande préoccupation de ce mode de culture, en même temps que le poids du substrat imbibé à prendre en compte. On pense en premier aux Crassulacées (*Crassula, Chiastophyllum, Echeveria, Sedum, Sempervivum*...) et à certaines graminées (fétuque glauque) ou autres plantes sobres (*Acaena, Euphorbia* particulièrement pour la moitié nord du pays). Contrairement à une idée reçue, toutes les plantes de garrigue sont à proscrire : elles doivent leur adaptation au sec à leur système racinaire développé et profond, incompatible avec la faible épaisseur de substrat.

Joubarbes et sédums

Un tapis de sédums variés

Grille pour évacuer l'eau superflue

3 Quel entretien faut-il prévoir ?

Inutile de fertiliser ces toitures : la décomposition des débris végétaux en place produit les éléments nutritifs. De plus, l'engrais favorise l'installation de végétations indésirables. Moins il est épais, plus le substrat a besoin d'eau : un système d'arrosage automatique est indispensable. Désherbez à la main et, les 2 premières années, éliminez les feuilles mortes et autres débris végétaux accumulés. Les années suivantes, envisagez deux passages par an pour ce nettoyage.

4 *La petite histoire*

Jadis, dans les campagnes, on plantait des joubarbes sur le toit des maisons ; elles étaient censées protéger la maisonnée de la foudre, et la petite plante en tire d'ailleurs son nom Jovibarba, ou barbe de Jupiter, dieu du ciel et maître des éclairs. Plus prosaïquement, une fois bien installée sur un toit de lauze ou de chaume, la joubarbe renforce la protection et l'étanchéité de la couverture. On était loin de se douter de l'utilisation qu'on ferait bien plus tard de plantes sur les toitures. Cette culture originale a été adoptée en France, où elle est apparue dans les années 1990. C'est surtout à partir des années 2000 qu'elle a quitté son statut d'originalité pour être reprise plus largement, et tous les ans, elle progresse, notamment à la faveur des normes de constructions HQE (Haute Qualité Environnementale). Aujourd'hui, la France est un des leaders mondiaux de cette technique, à égalité avec l'Allemagne : le cap de 1,3 million de mètres carrés a été dépassé dans notre pays.

5 Une bonne base

Le substrat doit être très drainant. Signalons que le poids supportable par une toiture végétalisée s'entend toujours pour un substrat imbibé, évidemment. La composition standard est de 70 % de graviers, sables grossiers et pouzzolane, 30 % de matières organiques (terreau et compost). Le substrat est posé sur une couche drainante de billes d'argile, de pouzzolane ou de brique concassée de 3 cm d'épaisseur. Sur cette couche, vous pourrez choisir d'installer la végétation par semis – il faut alors tabler sur un délai de 3 mois à 1 an –, en plantant des godets ou des mottes, le délai passe de 3 à 6 mois, en rouleaux ou en caissettes pré-cultivés, l'effet est immédiat.

Des rouleaux pré-plantés permettent de couvrir instantanément une grande toiture.

6 C'est bon pour la planète : Gestion de l'eau

Une toiture végétalisée, c'est moins d'eau de pluie dans le réseau pluvial des villes, et moins d'eau à traiter avant de la relâcher dans le milieu naturel. En effet, l'eau de pluie captée repart ensuite directement dans l'atmosphère, par le procédé d'évapotranspiration propre aux plantes. C'est aussi une contribution à la production d'oxygène par la photosynthèse. La toiture végétalisée joue également le rôle de régulation des micropoussières en ville. Enfin, c'est un avantage pour l'isolation thermique, donc moins de chauffage, et phonique, donc plus de confort.

La toiture végétalisée, une façon de plus de faire revenir la nature en ville.

IDÉES

7 Pourquoi pas... Des bulbes d'espèces sauvages sur ma toiture ?

Voilà qui apporte une petite touche de fraîcheur et de couleur saisonnière. Disséminez des bulbes, des cormes, des rhizomes d'espèces dites « botaniques », qui ont l'avantage d'être en place à demeure, sans besoin de les dédoubler. Plantez des alliums, des narcisses cyclamineus, des iphéions, des cyclamens de Naples, des crocosmias, des tulipes botaniques, des *Anemone blanda*...

et Si

8 Je n'ai vraiment pas **envie** de m'occuper de l'**arrosage** ?

Si vous êtes intéressé par les progrès techniques, vous pouvez adopter les nouveaux systèmes, en beaucoup plus perfectionnés, inspirés des bacs à réserve d'eau sur lesquels sont cultivées les plantes. L'eau de pluie est captée par le substrat, l'excédent est stocké dans la partie basse faisant office de réservoir, géré par un programmateur et redistribué aux plantes par capillarité les jours suivants.

9 La **végétation** devient plus **clairsemée** ?

Quelques plages dégarnies dans le tapis de végétation peuvent facilement être restaurées. Par semis, si vous êtes patient, ou sinon, par la plantation de micro-mottes, le bouturage (c'est très facile pour toutes les Crassulacées, il suffit de bouturer des extrémités directement dans le substrat, au printemps) ou encore en taillant de petites pièces dans un rouleau ou une caissette déjà poussée pour un ravaudage végétal.

10 J'ai peur que des petites **bestioles** envahissent ma **maison** ?

Lors de la conception, protégez les ouvertures, prises d'air, cheminées, fenêtres de toit avec une grille fine et taillez régulièrement les végétaux tout autour pour éviter la prolifération des indésirables dans la maison (fourmis, araignées...).

Une toiture végétale

CÉRAISTE, OREILLE-DE-SOURIS

Cerastium sp.

J F M **A M J** J A S O N D

15/20 cm	20/60 cm		V

Cette vivace tapissante, appelée parfois « corbeille-d'argent », forme un couvre-sol au feuillage velouté. Les feuilles, opposées, lancéolées, grisâtres et duveteuses, de 1 à 3 cm de long, sont entièrement recouvertes par la floraison en bouquets de corolles étoilées.

SOL Indifférent, même sec ou calcaire, à condition qu'il soit bien drainé.

EXPOSITION Plein soleil, même aride.

CULTURE Plantez en automne (de 6 à 9 pieds/m^2). Divisez les touffes de plus de 5 ans au printemps.

ESPÈCES ET VARIÉTÉS Il existe un peu plus de 200 espèces et bon nombre de sous-espèces. *Cerastium biebersteinii* (20 cm), à feuillage blanchâtre, laineux, floraison gracieuse, blanche, de mai à juillet. *C. tomentosum*, le céraiste cotonneux (20 cm), à petites feuilles blanches et velues, très florifère ; var. *columnae* (15 cm), forme plus compacte à feuilles argentées.

CULTURE EN POT Dans un pot de 30 cm de large et 20 cm de profondeur, dans une terre de jardin assez sableuse.

UTILISATIONS Rocaille, muret, escalier, dallage, auge, jardinière ; en toiture végétalisée.

POURPIER VIVACE

Delosperma cooperi

J F M A M J **J A S** O N D

8/15 cm	60/80 cm		V	-5/-7 °C

Cette plante succulente en coussinet présente des feuilles étroites, plus ou moins longues, de 1 à 5 cm, de couleur vert glauque à bleuté. Dans nos régions, la floraison a lieu essentiellement au milieu du printemps, plus rarement l'été. Le pourpier se couvre alors de fleurs en capitules de 3 à 8 cm de diamètre, aux coloris variés, souvent dans les tons chauds. La floraison est fugace, une quinzaine de jours.

SOL Drainé, sec ou modérément humide.

EXPOSITION Plein soleil obligatoirement, pour une floraison abondante.

CULTURE Elle est très simple, cette plante étant une grande frugale. Taillez de moitié en fin d'été pour préparer la pousse de printemps. Apportez par la même occasion une poignée de compost. Aucun arrosage et surtout pas en été où la plante est en repos végétatif, cela favoriserait son pourrissement.

VARIÉTÉS Elles sont très nombreuses, au moins pour les cultivars horticoles. Vous pourrez les choisir en bouton ou en fleur, rouges, roses, fuchsia, violettes, blanches… Les nuances sont variées également.

CULTURE EN POT Dans un terreau ordinaire. Pensez à la couche de drainage en fond des pots.

UTILISATIONS Massifs, bordures dans les jardins secs, potées.

EUPHORBE DE CORSE

Euphorbia myrsinites

J F **M A M J** J A S O N D

15/25 cm	30/60 cm		V

C'est une vivace persistante, courte, aux rameaux rampants, couverts de feuilles charnues, bleutées, disposées en spirale. Des bouquets de fleurs vert-jaune, très lumineux, apparaissent à la pointe des tiges. Cette euphorbe est une plante très rustique, qui montre une excellente résistance à la sécheresse ; elle est bien adaptée à une toiture végétalisée.

SOL Poreux, profond, frais, mais bien drainé l'hiver. Le calcaire est bien toléré.

EXPOSITION Ensoleillée, même chaude, mais pas aride.

CULTURE Plantez entre septembre et mars. Ne laissez pas les fleurs monter en graines, sinon elles se ressèment un peu partout.

ESPÈCE On ne cultive que l'espèce type.

CULTURE EN POT Dans un pot de 15 cm en tous sens, dans un substrat pas trop riche.

UTILISATIONS Massif, avec des arbustes ou des vivaces, couvre-sol, bordure, bouquet.

SÈVE IRRITANTE

Portez des gants pour éviter tout contact avec la sève, qui peut être irritante.

FÉTUQUE BLEUE

Festuca glauca

J F M A M **J J** A S O N D

Hauteur	Largeur	Exposition	Type
15/40 cm	15/40 cm	☼	V

Cette très jolie herbe ornementale est également dénommée *Festuca ovina* 'Glauca'. Elle est constituée d'une touffe de feuilles très fines, retombantes, au coloris bleuté. Du centre émergent des inflorescences en épillets qui s'inclinent avec élégance sous le souffle du vent.

SOL De nature neutre, plutôt sec et pas trop riche.

EXPOSITION Plein soleil.

CULTURE Nettoyez la touffe après la floraison. La multiplication se fait par semis et division des touffes.

ESPÈCES ET VARIÉTÉS Il existe plusieurs centaines d'espèces. *Festuca amethystina*, la fétuque améthyste (40 cm), feuillage glauque à reflets violacés. En mai-juin, les épillets sont nettement teintés de violet. *F. glauca*, la fétuque bleue (30 cm), forme un coussin de feuillage persistant, linéaire, glauque, floraison en épillets gris violacé en juin-juillet ; 'Aprilgrün' (30 cm) a le feuillage vert bronze et fleurit plus tôt, en mai ; 'Azurit' (15 cm), feuillage bleu argenté ; 'Elijah Blue' (40 cm), vigoureux, feuillage très fin, bleu soutenu ; 'Uchte' (de 30 à 40 cm), feuillage bleu-vert à reflets argentés.

CULTURE EN POT Dans un pot de 20 cm en tous sens, dans une bonne terre de jardin associée par moitié à du terreau de rempotage à base d'écorce.

UTILISATIONS Massif, rocaille, toiture végétalisée.

JOUBARBE

Jovibarba hirta

J F M A M J **J A** S O N D

Hauteur	Largeur	Exposition	Type
5/8 cm	10/15 cm	☼	V

Ces plantes succulentes à la silhouette graphique sont idéales pour les toitures végétales, murs et murets. Les conseils de culture sont les mêmes que pour les *Sempervivum* ci-dessous dont elles sont très proches, au point de porter le même nom vernaculaire et d'être considérée par certains botanistes comme faisant partie du même genre. Elle supporte allégrement la sécheresse et le calcaire. On apprécie chez *Jovibarba hirta*

les rosettes vert tendre, rouges à l'extrémité, qui deviennent entièrement rouges à l'automne. Petites fleurs jaune pâle, en clochette, sur des tiges épaisses. Elle s'étend par ses stolons pour former de larges coussins.

JOUBARBE

Sempervivum sp.

J F M A M **J J A** S O N D

Hauteur	Largeur	Exposition	Type
5/15 cm	20/50 cm	☼	V

Cette vivace succulente est souvent appelée « artichaut des murs ». La joubarbe forme des rosettes de feuilles épaisses, pointues, très serrées, qui la font ressembler à des petits artichauts ouverts. Une grande variété dans les formes et les couleurs caractérise les *Sempervivum*. Les fleurs étoilées sont en bouquets sur des tiges dressées. Les rosettes meurent après la floraison, mais sont remplacées par des rejets.

SOL Léger, sableux, même sec et calcaire.

EXPOSITION Très lumineuse, aride.

CULTURE Plantez au printemps (de 9 à 16 pieds/m²). Aucun entretien. Séparez les rosettes.

ESPÈCES ET VARIÉTÉS La nomenclature botanique internationale reconnaît actuellement 33 espèces. *Sempervivum arachnoideum*, la joubarbe toile d'araignée (10 cm), couverte de filaments blancs semblables à une toile d'araignée, fleurs roses. *S. calcareum*, la joubarbe du calcaire (5 cm), grosse rosette de feuilles triangulaires vert et pourpre, fleurs blanches à cœur rose. *S. ciliosum*, la joubarbe ciliée (10 cm), rosette aux feuilles ornées de petits poils blancs soyeux, fleurs jaunes en juillet-août.

CULTURE EN POT Dans un pot de 14 cm de diamètre et de 10 à 12 cm de profondeur, dans une terre pauvre, légère, sableuse.

UTILISATIONS Bordure, rocaille, muret, dallage, toiture, auge, potée.

Sempervivum arachnoideum

Sempervivum calcareum

SEDUM, ORPIN

Sedum sp.

J F M A **M J J A S O** N D

5/40 cm | 15/60 cm | plein soleil | V

Vidéo « Cultiver un sédum »*

Sedum anacampseros

Ces vivaces succulentes, au port tapissant, portent des feuilles charnues, ovoïdes ou plates, parfois colorées de bronze. Les fleurs, en étoiles, à 5 pétales, sont portées en bouquets terminaux.

SOL Sec, léger, bien drainé, plutôt sableux.

EXPOSITION Chaude, aride, plein soleil.

CULTURE Plantez au printemps, en améliorant le drainage du sol par du sable grossier. Aucun entretien ensuite. Divisez les grosses touffes dégarnies et peu florifères après la floraison.

ESPÈCES ET VARIÉTÉS Il existe environ 500 espèces. Les sédums tapissants (de 5 à 20 cm) s'étalent généreusement en largeur.

- *Sedum acre,* l'orpin brûlant ou le poivre des murailles (5 cm), forme un coussin à fleurs étoilées jaune brillant de mai à juillet ; 'Elegans', à feuillage doré.
- *Sedum aizoon,* l'orpin aizon (de 30 à 40 cm), forme une touffe globuleuse et dense, vert tendre, qui porte des inflorescences dressées, jaune foncé, en juillet-août. Elles exhalent un parfum de miel. Une plante de sol très sec.
- *Sedum album,* l'orpin blanc (10 cm), forme un tapis compact de petites feuilles ovoïdes ; 'Coral Carpet', au feuillage brun rouge en hiver, fleurs roses en juin-juillet ; 'Murale' (5 cm), tapissant, feuillage pourpre, fleurs blanc rosé.
- *Sedum anacampseros,* l'orpin des infidèles (20 cm), port semi-prostré au feuillage vert bleuté. Fleurs mauves à pourpres en juillet-août.
- *Sedum cauticola* 'Lidakense' (de 8 à 10 cm), port étalé, comportement drageonnant (étalement 30 cm), feuillage arrondi, glauque marqué de rose pourpre, corymbes de fleurs rouge carminé en août-septembre ; 'Robustum' (20 cm) forme un coussin compact dont le feuillage rougit en automne, fleurs rose foncé.
- *Sedum cyaneum* 'Rosenteppich', caduc, à feuilles bleutées et fleurs rose rougeâtre.

BOUTURAGE

Si vous tentez la multiplication par bouturage de feuilles, laissez-les sécher 1 ou 2 jours avant de les piquer dans du sable, sans les enterrer. Cela permet d'éviter les dégâts de la pourriture.

Sedum kamtschaticum

Sedum acre

Sedum spathulifolium

Sedum cauticola

- *Sedum kamtschaticum,* l'orpin du Kamtchatka (de 10 à 25 cm), port couvre-sol, feuillage semi-persistant, crénelé, vert soutenu. Fleurs en étoiles jaune orangé de mai à juillet ; 'Variegatum' (15 cm), à feuillage panaché ; 'Weihenstephaner Gold' (10 cm), compact et très florifère.
- *Sedum lydium* (10 cm), tiges prostrées aux feuilles vertes rougissant sur le bord, toutes petites fleurs blanches de juillet à septembre.
- *Sedum oreganum,* l'orpin de l'Oregon (de 5 à 10 cm), forme des petits coussins de feuillage vert qui se couvrent de fleurs jaunes de juin à août.
- *Sedum palmeri,* l'orpin de Palmer (de 15 à 20 cm), les tiges semi-érigées portent des feuilles plates et charnues en rosette, vert glauque qui rougit en hiver. Floraison mellifère dès février-mars, en étoiles jaunes.
- *Sedum rupestre* (syn. *S. reflexum*), l'orpin réfléchi (de 10 à 15 cm), port étalé, fin feuillage charnu, persistant, fleurs jaunes de juillet à

*Télécharger l'application Truffaut +, voir p. 6-7

septembre ; 'Angelina' (10 cm), feuilles en forme d'aiguilles vert acide, virant au bronze en automne ; 'Blue Spruce' (20 cm), les tiges pourpres portent des feuilles bleu argenté qui rougissent en hiver ; 'Chocolate Ball' (10 cm), les feuilles marron au printemps tendent vers le pourpre en fin de saison, port en coussin ; 'Cristatum' (15 cm) forme un coussin compact d'aspect crispé vert qui évolue au rouge orangé en automne ; 'Winter Lemon' (20 cm) forme un coussin de feuillage jaune citron qui devient doré en hiver.

- *Sedum sexangulare,* l'orpin de Bologne (de 5 à 10 cm), les tiges rampantes forment un tapis compact qui se pare de nuances orangées en hiver. Fleurs jaune d'or en juin-juillet.
- *Sedum sieboldii,* l'orpin de Siebold (de 10 à 20 cm), port rampant, rameaux grêles aux feuilles plates, arrondies, glauques marquées de rouge. Fleurs rose foncé de septembre aux gelées ; 'Mediovariegatum', aux feuilles marquées d'une tache jaune au centre.
- *Sedum spathulifolium* (de 5 à 10 cm), les tiges rampantes, rouges, portent des petites rosettes de feuilles vert argenté et des fleurs jaunes de mai à juillet ; 'Cape Blanco', une rosette de feuilles argentées, poudreuses, à fleurs jaunes ; 'Purpureum', au feuillage pourpré, fleurit jaune.
- *Sedum tetractinum,* l'orpin de Chine (10 cm), port globuleux, feuilles arrondies vertes, qui prennent une teinte rouille sous l'action du froid ; 'Coral Reef', aux tiges retombantes et fleurs jaune taché de rouge en mai-juin.

CULTURE EN POT Dans un pot de 12 cm en tous sens, dans une bonne terre de jardin calcaire, allégée par 20 % de sable.

UTILISATIONS Bordure de massif, muret, dallage, rocaille, jardinière, auge fleurie, toiture végétalisée.

Sedum palmeri

THYM D'ORNEMENT

Thymus sp.

J F M A **M J J A S O** N D

5/15 cm | 20/40 cm | ☀ | P

Ce sous-arbrisseau est l'une des plantes aromatiques les plus utilisées, mais il a aussi des qualités ornementales. La plante est vivace à souche ligneuse, très ramifiée, à port couvre-sol, portant des petites feuilles linéaires, vert grisâtre, très odorantes. Les fleurs, blanches ou roses, portées en bouquets terminaux, se succèdent de mai à octobre, attirant irrésistiblement les abeilles.

SOL Léger, sableux, plutôt sec, même caillouteux, pauvre et calcaire.

EXPOSITION Chaude, en plein soleil, même dans un endroit assez aride.

CULTURE Semez au printemps, en pépinière. Repiquez en place 5 semaines après la levée, tous les 20 cm. Le bouturage est possible en juillet. Rajeunissez les vieux sujets par division des touffes en avril. Inutile d'arroser ni de fertiliser. Protégez de l'humidité en hiver. Rabattez les touffes qui se dégarnissent à la fin de l'été et homogénéisez la forme générale. Cueillez les jeunes pousses de préférence le matin. Le thym parfume les soupes, les sauces, les légumes, les grillades… Son infusion est digestive, calmante et expectorante. Les pousses fleuries peuvent décorer les plats. Conservées au congélateur, les tiges de thym ne perdent pas leur parfum.

ESPÈCES ET VARIÉTÉS Il existe environ 350 espèces, dont beaucoup sont des hybrides naturels.

- *Thymus* x *citriodorus,* le thym à odeur de citron, a une saveur très agréable. Il produit une jolie floraison rose de juin à août ; 'Aureus' (15 cm), à feuillage doré, fleurs rose mauve ; 'Bertram Anderson' (15 cm), feuillage panaché de jaune quasiment entièrement doré au printemps et en hiver, fleurs rose pourpré ; 'Silver Queen' (20 cm), à feuilles panachées de blanc crème, fleurs rose lilacé.

Thymus pulegioides

- *Thymus praecox,* le serpolet couché (de 8 à 10 cm), plante couvre-sol formant un tapis régulier de petites feuilles aromatiques, qui se couvre de fleurs roses de juin à août ; 'Abiflorus', à fleurs blanches ; 'Coccineus', à fleurs rouges ; 'Minor' ne dépasse pas 5 cm, fleurs roses ; 'Pseudolaginosus', rampant, à feuilles duveteuses.
- *Thymus pulegioides* (syn. *T. lanuginosus*), le thym laineux (5 cm), plante gazonnante, aux rameaux totalement étalées, garnis de toutes petites feuilles persistantes, vert clair, recouvertes d'une pilosité blanche, floraison rose en juillet-août. Très rustique.

CULTURE EN POT Très facile, en pot ou en jardinière. Pensez à déposer une bonne couche de drainage dans le fond des contenants (graviers billes d'argile, tesson de terre cuite…).

UTILISATIONS Murets, dallages, rocaille sèche, toiture végétalisée, potées.

POUR UNE TOITURE VÉGÉTALE, VOUS POUVEZ AUSSI UTILISER

★ *Acaena* 'Blue Haze', ➲ p.676 ★ *Aethionema armenum* 'Warley Rose' ➲ p.396 ★ *Artemisia schmidtiana* 'Nana' ➲ p. 465 ★ *Dorycnium hirsutum* ➲ p. 617 ★ *Echeveria gibbiflora* 'Metallica' (écheveria artichaut) ➲ p. 618 ★ *Genista hispanica* (genêt d'Espagne) ➲ p. 209 ★ *Gypsophila repens* (gypsophile rampante) ➲ p. 329 ★ *Hypericum olympicum* (millepertuis du mont Olympe) ➲ p. 145 ★ *Hyssopus officinalis* (hysope) ➲ p. 518 ★ *Santolina chamaecyparissus* (santoline) ➲ p. 280 ★ *Tanacetum haradjanii* ➲ p. 619

Le *potager*

Hyacin

démarrer un potager

Le meilleur emplacement

Il faut de préférence une surface plane avec un point d'eau à proximité. Si vous n'avez pas le choix, faites des terrasses plates.

- Évitez le point le plus bas du jardin, qui reçoit toute l'eau et où l'air froid stagne.
- Ne l'installez pas sur de la terre de remblai. Si vous n'avez pas le choix, faites des carrés surélevés (d'au moins 30-40 cm de haut), que vous remplirez de bonne terre.
- Une exposition idéale d'ensoleillement correspond à 6 heures au minimum de soleil par jour.
- Éloignez-le des arbres qui donnent de l'ombre. Leurs racines, à la recherche de nourriture et d'humidité, concurrencent aussi celles des légumes.
- Installez une haie (noisetier, aronia, laurier-sauce, groseillier, cassissier), pour le protéger des vents dominants. Ou bien installez des canisses.
- L'idéal est un endroit situé pas trop loin de la maison pour pouvoir y aller facilement.

Potager surélevé

Quelles dimensions ?

N'ayez pas, la première année, les yeux plus gros que... les bras ! Commencez par une petite surface – entre 20 et 50 m² –, juste pour vous initier et voir si vous avez le temps et l'envie de cultiver cette surface. L'année suivante, en fonction de vos résultats, vous l'augmenterez. On compte en général 100 m² pour 4 personnes, pour avoir des légumes plus ou moins en continu toute l'année. Prévoyez alors 1 heure de travail tous les 2 jours en moyenne. Pour un potager nourricier, il vous faut 300 m², et pour un potager autosuffisant, comptez 500 à 600 m².

Le potager prend de la hauteur

Le potager en hauteur permet de s'affranchir des contraintes de manque d'espace et de terre. Il peut prendre des formes multiples.

- Le potager en carrés, destinés aux débutants, à l'initiation des enfants.
- Les planches surélevées, parfaites quand la terre d'origine n'est pas très bonne ou quand on a mal au dos.
- La culture sur buttes, pour certains légumes à cycle long (choux, citrouilles...), quand la terre du potager n'est pas très riche.
- Le potager en bac ou en sac, pour les urbains.

Circuler dans le potager

Les allées du potager sont ses « artères ». Les principales sont les grands axes, qui en desservent le cœur, passant entre les carrés. Vous devez pouvoir conduire et tourner la brouette facilement : comptez 1,50 à 2 m de large. Viennent ensuite les allées intermédiaires,

Conseil du Jardinier

Clore le potager

Une jolie clôture n'a pas qu'un rôle de barrière. Elle protège aussi le potager et sa terre plus ou moins à nu durant les mois creux, et sert de support à une multitude de fleurs durant la belle saison. Rien ne vous interdit non plus de vous en servir comme de tuteur, sur son côté bien exposé, pour les petits pois et les haricots grimpants, ou de faire courir un potimarron tout du long, si la place au sol est comptée.

dans les endroits où vous allez moins souvent : 1 m est suffisant. Enfin, les allées « mobiles » sont très pratiques. Ce sont des planches en bois que vous déplacez pour marcher sur les carrés entre les rangs de légumes, au fil des saisons. Recouvrez les allées d'écorces de pin, posées sur un feutre, pour éviter les mauvaises herbes.

L'arrosage au plus juste

Le plus pratique est de prévoir des tuyaux poreux, reliés au robinet, lui-même muni d'un minuteur ou d'un programmateur. Vous ne perdrez pas d'eau, puisque chaque goutte ira au pied des plantes. Les systèmes de goutte-à-goutte sont parfaits pour les grosses plantes, comme les citrouilles, qui couvrent des mètres carrés. Les goutteurs se bouchent avec le calcaire de l'eau. Il faut les déboucher en les faisant tremper dans du vinaigre, par exemple.

Abri de jardin

Ranger et travailler au potager

Aucun potager ne peut se passer d'un abri de jardin. Ne le prévoyez pas trop petit : 10 m^2 est une taille minimale, puisque c'est là que vous entreposerez les outils manuels et à moteur, le matériel, éventuellement la brouette, les produits (terreaux, engrais, amendements, sable, billes d'argile, paillage en sac...), le petit matériel, les gants, sécateurs, cloches, tuteurs, liens, pots, miniserre... Attention, il est préférable de conserver toutes vos graines dans un endroit plus sec, comme le garage.

Prévoyez aussi une miniserre ou un châssis. Cela vous permettra, en début de saison, de démarrer les semis 3 semaines en avance, d'acclimater les semis les plus délicats ou les plants achetés en jardinerie, sans qu'ils s'étiolent. En pleine saison, les tomates seront heureuses dans la miniserre de ne pas avoir trop de pluie, les aubergines de profiter de quelques degrés supplémentaires. En fin de saison, les aromatiques en pot joueront les prolongations.

Tunnels et cloches rendent les mêmes services, mais à moindre échelle.

Rames et tuteurs sont indispensables, aussi bien pour les légumes grimpants que pour les fleurs du potager, qui ne doivent pas s'affaler sur les légumes.

Les différentes terres

- Une bonne terre de potager est sombre (riche en humus), grumeleuse, restant fraîche, mais jamais détrempée.
- La terre franche désigne la terre idéale. Elle est composée d'environ 65 % de sable, 15 % d'argile, 10 % d'humus, 10 % de calcaire et son pH est neutre ou très légèrement acide.
- La terre végétale est un terme assez générique qui désigne la couche supérieure d'un sol, née, au fil des siècles, de la décomposition de la matière organique. Elle peut provenir d'un jardin, d'un champ...
- Le compost est le produit plus ou moins décomposé (dans l'année passée) de la matière organique végétale. Ce n'est pas une terre, on ne peut pas planter dedans. C'est un amendement de la terre, riche en humus, à ajouter à petites doses.
- Les amendements sont des produits naturels qui améliorent la structure et les propriétés physiques de la terre, à ne pas confondre avec les engrais, éléments minéraux qui ne servent qu'à nourrir la plante.

La grelinette

Le couteau désherbeur

Bêchage ou pas ?

- **Avantages :** Décompacte et aère les terres lourdes ou tassées.
- **Inconvénients :** Détruit une partie de la microfaune (le motoculteur encore plus). Déstructure les terres légères. Enterre de la matière organique non décomposée. Est fatigant.

On peut ne pas bêcher, mais il faut tout de même désherber et décompacter le sol avec une grelinette, fourche-bêche à deux manches qui préserve le dos et qui ne perturbe pas l'ordre des différentes couches. Le travail à la grelinette est dix fois plus rapide qu'un labour à la bêche ! Il faut aussi conserver un paillage protecteur.

Limiter le désherbage

La principale technique pour limiter le désherbage, c'est le paillage. Mais il faut tout de même, avant d'étendre son paillage, procéder à un dernier et méticuleux désherbage. Si les annuelles s'arrachent à la binette, les vivaces, qui ont souvent des racines pivotantes ou très développées, demandent plus de travail. Utilisez des outils qui plongent profondément dans la terre, comme la gouge à asperges, le couteau désherbeur ou le fer de la bêche. Sous les allées, avant d'épandre des cailloux, posez un feutre perméable.

Jardiner avec la Lune ?

C'est principalement la lune ascendante et descendante qui importe : tous les jours, à la même heure, la Lune est un peu plus bas (par rapport à un point que l'on se fixe de manière arbitraire) ou un peu plus haut. On sème, greffe en lune ascendante. On plante, bouture, repique, taille en lune descendante.

Gardez cependant en tête que, si la météo n'est pas favorable, mieux vaut attendre que de suivre le calendrier lunaire.

Conseil du Jardinier

Pailler : le pour et le contre

Pour : Empêche la terre de croûter quand il pleut et maintient sa souplesse. Retarde ou empêche les mauvaises herbes de pousser. Retient l'humidité du sol.

Contre : Consomme de l'azote, au détriment des plantes (qui souffrent alors de faim d'azote). Abrite les limaces.

Pailler

Les meilleurs paillis pour le potager sont le compost, la paille, la paillette de chanvre, les broyats ligneux, les tontes de gazon. Ces dernières sont à mettre sous un paillage de débris ligneux, de paille ou de feuilles mortes, car elles apportent de l'azote.

Nourrir les légumes

Mieux vaut nourrir la terre et lui donner une structure souple, qui retient l'eau et les nutriments, et la rendre humifère, plutôt que de nourrir les plantes avec des engrais de synthèse. Pour cela, il faut lui apporter du compost ou du fumier à l'automne, après les récoltes. Les vers de terre les enfouissent durant l'hiver et finissent de les décomposer. Au printemps, on apporte une fine couche de compost très mûr et tamisé ou de fumier très décomposé. Mieux vaut semer une parcelle avec des engrais verts (colza fourrager, fenugrec, féverole, luzerne, mélilot, moutarde, navette, phacélie, radis fourrager, sainfoin, trèfles, vesce), que de la laisser nue.

Arroser en économisant l'eau

L'eau de pluie, gratuite, ni chlorée ni calcaire, est idéale pour les plantes. Selon les régions, on en récupère de 40 à 80 m^3 pour 100 m^2 de toiture, ce qui permet d'assurer, si les pluies sont bien réparties dans l'année, l'arrosage d'un jardin de 200 m^2. Le plus simple est d'installer une cuve de 200 à 800 l au pied de la descente d'eau de pluie, sur un socle de 50 cm, pour pouvoir poser l'arrosoir sous le robinet. Il faut aussi adapter sur la gouttière un collecteur filtrant à double position été/hiver, qui puisse évacuer le trop-plein vers le réseau. Vous pouvez opter pour des cuves à plus grande contenance, de 1 000 ou 1 500 l, ou pour une citerne à enterrer en polyéthylène renforcé, à partir de 3 500 l, équipée d'une pompe. Habillez les cuves extérieures avec des treillis et des plantes grimpantes. Ne récupérez pas l'eau de toits goudronnés, ou recouverts de matériaux d'étanchéité bitumés (qui libèrent des hydrocarbures), ni en bardeaux de bois (qui libèrent des tanins).

La rotation des cultures

La technique est dérivée de l'agriculture et du maraîchage à grande échelle (elle prend alors le nom d'« assolement »). Elle s'applique aussi, avec plus de souplesse, à la culture des légumes dans nos potagers.

Le principe

Pratiquer la rotation des cultures, c'est ne pas cultiver deux fois de suite un même légume au même endroit. On peut attendre de 1 à 4 ans avant de faire revenir ce légume au même endroit. Cela évite d'installer un milieu favorable et récurrent pour les maladies ou les parasites et empêche que la terre s'appauvrisse en certains éléments prisés des mêmes plantes. En effet, toutes ne consomment pas les mêmes éléments minéraux, et leurs racines n'explorent pas les mêmes couches, ni le même volume de terre. Les Fabacées (pois, haricots, lentilles, vesce, trèfle…) ont, de plus, la propriété d'absorber l'azote de l'air et de le stocker, avec l'aide de « bonnes » bactéries, dans des nodules (visibles à l'œil nu), au niveau des racines. Les cultures suivantes profitent donc de cet enrichissement en azote (si l'on a pris soin de couper les plantes et de laisser leurs racines se décomposer en terre).

Méthode n° 1 : par type de légumes

Sur un carnet, notez les légumes que vous voulez cultiver par type : **légumes racines** (radis, carottes, betteraves, navets…), **légumes feuilles** (salades, choux, épinards, poireaux, poirées…), **légumes fruits** (aubergines, tomates, courgettes, courges, concombres…), et **légumes grains** (haricots, pois, pois chiches…). Et faites se suivre, sur un même endroit de votre potager, les types de légumes, en cultivant toujours les légumes feuilles (qui aiment l'azote) après une culture de légumes grains (qui sont des Fabacées et qui stockent donc l'azote dans le sol).

Fauchage de la phacélie

Méthode n° 2 : par besoin de nutriments

Il est logique de faire suivre un légume sobre par un légume plus « gourmand », pour équilibrer les prélèvements de nutriments.

- **Les gourmands** : tous les légumes fruits (tomate, poivron, concombre, aubergine, courgette, courge, melon...) ainsi que les artichauts, cardon, fenouil, fraisier, maïs, poireau, pomme de terre.
- **Les moyennement exigeants** : carotte, salades, épinards...
- **Les sobres** : les Fabacées (pois, haricot, fève, lentilles...) ainsi que les choux de Bruxelles, ail, échalote, oignon, mâche, navet, radis.

Méthode n° 3 : par famille

Alterner les familles de plantes a l'avantage de terriblement gêner les parasites, puisqu'ils ont souvent une prédilection pour une famille de plantes dans son entier.

La vesce, un engrais vert qui fixe l'azote dans le sol

- **Alliacées** : ail, oignon, échalote, ciboule et ciboulette, poireau.
- **Apiacées** : carotte, persil, cerfeuil, céleri.
- **Brassicacées** : tous les choux, radis, navet, roquette.
- **Cucurbitacées** : courge et courgette, concombre, cornichon, melon.
- **Fabacées** : tous les haricots et le pois, lentilles, trèfle, luzerne, mélilot.
- **Solanacées** : tomate, pomme de terre, aubergine, poivron et piment.

Conseil du Jardinier

Et dans les petits potagers ?

Si la rotation des cultures peut s'appliquer dans un potager classique, où les parcelles mesurent plus de 10-15 m^2, elle n'est pas nécessaire dans un petit potager de quelques mètres carrés. Le potager en carrés en est l'exemple type : les insectes passent d'une case de 30 cm de côté à une autre, quoi que l'on fasse. Pas la peine donc de s'astreindre à une rotation des cultures !

Le joker indispensable, les engrais verts

Les engrais verts sont des plantes que l'on sème sur une parcelle de terre que l'on ne cultive pas ou plus. Ces plantes à croissance rapide poussent vite, elles empêchent les mauvaises herbes de s'implanter et protègent la terre de la battance due à la pluie et au soleil ainsi qu'à l'érosion due au vent. On les arrache ou les fauche bien avant leur maturité, puis on les laisse se décomposer au sol. Les vers de terre se chargent de les enfouir petit à petit et elles enrichissent alors le sol en humus. La terre, ameublie en profondeur, nettoyée et enrichie, est alors prête pour une culture de légumes. Comme avec les légumes, il est bon, avec les engrais verts, de pratiquer la rotation et de changer de famille à chaque fois. Moutarde, colza et radis fourrager sont des Brassicacées ; trèfle, vesce et mélilot sont des Fabacées ; blé, orge et avoine sont des Poacées. La phacélie, un engrais vert très répandu, est de la famille des Hydrophyllacées (ou Boraginacées selon une classification différente).

Une alternative à la rotation des cultures ?

Vous pouvez vous passer de la rotation des cultures, mais il y a plusieurs critères à remplir. Vos planches de culture doivent être de petite taille (moins de 3-4 m^2) ; vous ne devez pas avoir eu de graves problèmes de maladies l'année précédente, vous devez pratiquer la diversité végétale (cultiver un maximum d'espèces, légumes et fleurs confondus) et mélanger toutes ces plantes ; vous devez apporter chaque année à l'automne une bonne brouette de compost mûr sur 2 ou 3 m^2 et pailler en permanence au pied des légumes, pour continuer à enrichir la terre en humus.

Les petits problèmes

DES TACHES ? DES PETITES BÊTES À SIX PATTES ? PAS DE QUOI PANIQUER, LEUR PRÉSENCE EST INHÉRENTE À LA VIE MÊME DU POTAGER… MAIS PAS QUESTION DE SE LAISSER DÉBORDER !

LE MILDIOU, REDOUTABLE

Tiges marquées de brun, feuilles tachées de jaune qui sèchent, fruits marbrés… le mildiou a touché les tomates ou les pommes de terre. Ce champignon (le *Phytophthora*) n'est actif que lorsque l'air est très humide et la température en dessous de 25 °C. S'il fait chaud et sec, son évolution est ralentie. Il se développe en présence d'eau sur le feuillage pendant une longue durée (orages du soir ou rosées persistantes, arrosage par aspersion). Quand l'attaque est bien visible, il est trop tard. Agissez préventivement.

Mildiou sur une tomate

- Choisissez des variétés tolérantes au mildiou : tomates 'Bali', 'Fandango', 'Ferline', 'Pyros', 'Tango' ; pommes de terre 'Apollo', 'Eden', 'Blanche', 'Désirée', 'Galante', 'Juliette', 'Jeannette', 'Mona Lisa', 'Samba'.

Mildiou sur une feuille de pomme de terre

- Arrosez au pied.
- Ne plantez pas trop serré, effeuillez partiellement.
- Supprimez les parties malades dès que vous les apercevez.

LES PARASITES ACCEPTABLES

Les pucerons noirs sont spectaculaires sur les extrémités des pousses de fève, sur les haricots, artichauts, petits pois, rhubarbe et même les dahlias, mais ils ne représentent pas un danger majeur. Si le jardin abrite de la biodiversité, ils sont vite enrayés. Et l'on s'en débarrasse facilement. Plantez de la capucine, attaquée en premier, et coupez les pousses atteintes. Leurs prédateurs naturels sont la coccinelle et ses larves, les syrphes et, surtout, les guêpes parasites. La plante attaquée émet une substance, appelée « allomone », qui attire les petites guêpes solitaires. Les femelles repèrent alors les pucerons et pondent un œuf dans les plus gros.

Pucerons rouges

Pucerons verts

Pucerons noirs

1. Dégâts des altises sur une feuille de chou

2. Doryphore

3. Limace

Les oiseaux

Les oiseaux soulèvent les semis, à la recherche de vers, chipent les petits fruits à peine mûrs et picorent les tomates quand ils ont soif. Installez des bains d'oiseaux, cela devrait résoudre le problème des tomates, et des filets sur les petits fruits. Ils sont de toute manière beaucoup plus utiles que nuisibles ,et l'on peut considérer que cette part prélevée est le salaire de leur travail de nettoyeurs de chenilles et limaces.

Les limaces

Les limaces restent, dans certains jardins et certaines années, un fléau récurrent. Les pièges à bière sont contestés : ils enivrent les hérissons qui deviennent alors vulnérables mais, surtout, attirent les limaces à des dizaines de mètres à la ronde. Les prélèvements manuels au petit matin (sous des tuiles) restent très efficaces, ainsi que le Ferramol®, un concentré de phosphate de fer, mais qu'il faut renouveler dès qu'il est humidifié.

Les nouveaux ravageurs

- **Sur la pomme de terre** : *Ralstonia solanacearum*. Cette bactérie du sol, autrefois connue sous le nom de *Pseudomonas solanacearum*, est la cause de la pourriture brune de la pomme de terre. Il n'y a pas de lutte possible. Il est important de choisir des plants sains.
- **Sur le poireau** : *Phytomyza gymnostoma*. La mineuse du poireau est apparue en Alsace en 2003.

3 agresseurs à avoir à l'œil

1. **L'altise**, poinçonneur des choux, navets, tomates, pommes de terre. Pas d'excès d'azote, qui donne des feuilles tendres prisées de l'altise.
2. **Le doryphore** sur la pomme de terre, l'aubergine, la tomate. Favorisez ses prédateurs naturels (coccinelles et larves, oiseaux). Ramassez-les à la main.
3. **La piéride du chou.** Les purins de chou, de feuilles de tomate, de tanaisie ont un effet répulsif. Combinez-les avec un filet anti-insectes à mailles très fines, fastidieux à poser, mais très efficace. En cas d'infestation majeure, une pulvérisation de *Bacillus thuringiensis* élimine les chenilles.

Les larves de cette petite mouche creusent des galeries. La lutte repose sur deux pratiques : une élimination minutieuse des déchets de culture et la mise en place de voiles (maille minimale de 0,8 mm) pendant les périodes de vol et de ponte, d'avril à juin et de fin août à fin novembre.

- **Sur la tomate** : *Tuta absoluta*. La mineuse de la tomate est arrivée en Corse en 2008. Les chenilles de ce papillon de 1 cm de large creusent des galeries dans les tiges, les feuilles, les fruits. Brûlez les déchets, éliminez les mauvaises herbes (datura, morelle), posez des filets, appliquez du *Bacillus thuringiensis* le soir.
- **Sur l'oignon (et le poireau)** : *Bactericera tremblayi*. Les piqûres de nutrition des larves du psylle de l'oignon dessèchent le feuillage et produisent un miellat toxique qui brûle les feuilles. Brûlez les plantes atteintes et les déchets.

L'armoire à pharmacie

- **Fongicides** : à base de cuivre (bouillie bordelaise, contre le mildiou) ou de soufre (contre l'oïdium).
- **Anti-chenilles** : le *Bacillus thuringiensis*.
- **Insecticides** : à base d'huile paraffinique et/ou de savon noir.

Le pyrèthre est un insecticide végétal extrait d'une fleur (*Tanacetum cinerariifolium*). Le terme « pyréthrines » désigne les six composés actifs contenus dans cette poudre (à ne pas confondre avec les pyréthrinoïdes, produits de synthèse). Le pyrèthre est admis en bio, mais il détruit sans distinction, comme un insecticide chimique. Si sa rémanence est bien moindre que celle des produits de synthèse (en 12 minutes, en plein soleil, la moitié de la quantité pulvérisée est dégradée), il n'en reste pas moins à manier avec précaution : s'il est « peu toxique » sur les animaux à sang chaud, il est actif sur tous les organismes aquatiques.

Tanacetum cinerariifolium, fleur dont on extrait le pyrèthre

Chrysopes et coccinelles sont des prédateurs des pucerons

Un potager sans pesticides, c'est possible ?

Oui, bien sûr, il est possible d'avoir un potager sans pesticides de synthèse, il en existe d'ailleurs de nombreux exemples. Les légumes ne seront ni plus gros ni probablement meilleurs, mais ils seront exempts de résidus. Il faut prévoir une perte de récolte par rapport à un potager traité chimiquement. Cette perte n'est pas chiffrable, car elle dépendra des années. Elle peut aller de presque rien à... 100 % pour un même légume. La parade est de cultiver le plus de diversité possible, pour toujours avoir de quoi se rattraper.

Les auxiliaires du jardinier

La lutte biologique limite un parasite en introduisant dans le milieu son prédateur naturel, qui devient un auxiliaire du jardinier. On parle de prédateurs quand ce sont des insectes ou acariens qui s'attaquent à d'autres insectes ou acariens. L'exemple le plus connu reste la coccinelle, ou plutôt ses larves, ou encore la chrysope, dévoreuses de pucerons. Le syrphe dévore le puceron cendré du chou, en particulier. On parle de parasites quand ces organismes pondent à l'intérieur ou à la surface de l'hôte ciblé, et que la larve se nourrit de son contenu.

Les bons amis

Le hérisson consomme chaque nuit, lors de sa chasse, une centaine de hannetons, mille-pattes, scarabées, araignées, vers de terre, escargots et limaces. Il s'attaque aussi occasionnellement aux serpents, lézards, jeunes rongeurs et batraciens. Ne lui donnez jamais de lait pour l'attirer, cela le rend malade.

Crapauds et grenouilles mangent des larves, des vers, des araignées, des cloportes, des limaces, des chenilles, des mille-pattes et des fourmis.

Installation d'un filet anti-insectes

À droite : Préparation d'extrait fermenté d'ortie

La grande utilité des filets anti-insectes

Ces filets spéciaux ont de très petites mailles (moins de 1 mm). Pour lutter par exemple contre la mouche du poireau, posez un filet sur des arceaux au-dessus de vos cultures (sans que le filet touche les feuilles), pour l'empêcher d'approcher les légumes et d'y pondre. Placez le voile d'avril à juin et de fin août à fin novembre (période de vol et de ponte des mouches). Ces filets sont aussi efficaces pour protéger les petits fruits des oiseaux. La finesse des mailles empêche aussi que les oiseaux se prennent les pattes dans les filets.

Les extraits de plantes, bien utiles

Les purins de plantes sont sortis de l'anonymat quand l'administration a tenté de les interdire en 2006 (avec le purin d'ortie). Depuis, ils n'ont toujours pas plus de statut officiel, mais sont classés dans ce que l'on appelle les PNPP (Produits naturels peu préoccupants). Ils ont au passage pris le nom d'« extraits fermentés », plus acceptable que le mot « purin ». Leur composition exacte étant complexe (et variable), elle n'a jamais été analysée en profondeur. Ces extraits agissent aussi comme des stimulateurs, en rendant les plantes plus résistantes aux agressions : c'est ce qu'on appelle l'effet « éliciteur ». Les extraits de plantes, selon les espèces, ont un effet insectifuge (absinthe, ortie, rhubarbe, tanaisie), insecticide (ail, fougère aigle), fertilisant (consoude, ortie), fongicide (ail, prêle), stimulant (consoude, ortie). Si l'effet est réel, il n'est pas aussi mesurable que celui des produits chimiques, car il est variable en fonction du stade de développement des plantes (à la fois celles qui sont traitées et celles qui sont appliquées), de la saison, de la météo, de l'intensité de l'attaque des pathogènes…

plantations et semis potagers

Les techniques classiques de semis pour chaque type de légumes

Semis sous châssis froid

Aubergine, carotte, céleri, cerfeuil, chicorée, laitue, mâche, navet, persil, poireau, poirée, radis rond, tomate sont enterrés à 0,5-1 cm de profondeur. Betterave, chou, concombre, cornichon, courgette, épinard, melon, oignon, potiron, radis long, salsifis, à 2 cm. Petits pois, haricots, fève, à 3 cm. Le terreau de semis a été conçu pour être léger, fin, drainant, mais retenant ce qu'il faut d'eau, et indemne de tout agent pathogène, car les plantules sont très sensibles. Il n'est pas très riche, les graines renfermant assez de réserves pour germer.

- **Semis en place** : se fait là où vont pousser les légumes.
- **Semis en pépinière** : se fait dans un coin abrité du jardin, en pleine terre ou sous châssis froid.

Les hybrides F1, des formules 1

Ces variétés sont issues du croisement de parents choisis pour leurs qualités. On marie des caractères complémentaires : rendement et précocité, ou qualité gustative et résistance aux maladies. Ces variétés offrent des qualités supérieures à celles des parents (effet dit « d'hétérosis »). Les récoltes sont homogènes, trop groupées pour certains jardiniers. Il faut alors semer en plusieurs fois, toutes les 2 semaines, par exemple. Petit inconvénient : les graines issues des F1 donnent des plantes différentes de celle qui les a portées, offrant les caractères des grands-parents.

- **Semis en ligne** : les graines sont régulièrement espacées dans un sillon tracé bien droit.
- **Semis à la volée** : les graines sont dispersées, d'un geste large de la main ou du bras.

Semis en ligne, au cordeau

*Télécharger l'application Truffaut +, voir p. 6-7

Des plants greffés, est-ce utile ?

Aubergine, courgette, tomate, poivron, basilic, melon, concombre, pastèque sont parfois proposés en plants greffés. Ils sont plus chers, mais présentent beaucoup d'avantages.

- Ils sont plus vigoureux, car le système racinaire est meilleur.
- Ils produisent plus (parfois jusqu'à 75 % en plus), et plus bas sur la tige.
- Les fruits sont plus gros.
- La durée de récolte est prolongée.
- Ils sont plus résistants aux maladies.
- Ils demandent moins de chaleur.

Éclaircissage de carottes

L'éclaircissage

Éclaircir consiste, dans un semis levé, à supprimer à la main les plants en excès et les moins vigoureux, pour que ceux qui restent aient la place de se développer. Cela permet aussi d'avoir des plants régulièrement espacés. On parle de « démariage » quand il s'agit de semis en poquets et de graines en glomérules (poirée ou betterave). Éclaircissez 3 ou 4 semaines après les semis.

- Arrosez quelques heures avant.
- Éclaircissez le soir ou par temps couvert, jamais en plein soleil.
- Arrosez ensuite copieusement en pluie fine autour des racines.

Une technique spéciale, le poquet... pourquoi ?

Le semis en poquet consiste à planter 2 ou 3 grosses graines dans le même trou (les trous sont en général faits en ligne). Il se pratique pour les haricots, pois, capucines, soleils, poirées, courges, melons. Après la levée, on ne conserve que la plantule la plus vigoureuse. On peut couper les indésirables avec des ciseaux, si la terre est lourde et que l'on ne veut pas déranger les racines de la plantule restant en place. Les plants supprimés, s'ils ne sont pas trop chétifs, peuvent aussi être déterrés et repiqués un peu plus loin. Le semis en poquet permet d'avoir une ligne homogène.

Démarrer avec des plants, le pour et le contre

Pour : On s'épargne la délicate étape du semis, des arrosages, désherbages, éclaircissages, repiquages.On n'a pas à investir dans du matériel (terreau, pots, caissettes...). On gagne au moins 3 semaines. Les plants proposés sont sains.

Contre : Pour le même budget, on a dix fois moins de plants. La gamme des variétés proposées est moins large que celle des graines. Il faut parfois acheter des barquettes comprenant plus de plants que l'on aurait voulu. Certaines plantes ne s'achètent pas en plants, mais se sèment uniquement : carottes, radis, par exemple.

Le repiquage dans les règles

Le repiquage permet, comme l'éclaircissage, de donner aux jeunes plantules plus de place pour qu'elles se développent vigoureusement. Au contraire de l'éclaircissage, où la plante reste sur place, dans le repiquage, la plantule est transportée ailleurs dans de la bonne terre. On peut repiquer quand les plantules ont deux vraies feuilles (les cotylédons ne sont pas des feuilles, mais des organes de réserve destinés à nourrir la plantule tant que les racines ne sont pas assez développées). On peut effectuer plusieurs repiquages de suite, pour fortifier les plantes. Procédez par un jour pluvieux ou couvert, jamais en plein soleil. Arrosez quelques heures avant en pluie fine. Il vous faut un transplantoir ou une fourchette. Il faut soulever les plants par en dessous (ne pas tirer sur les tiges !) ; conservez autant de terre que possible autour des racines et replantez immédiatement dans du terreau fin et humide. On peut repiquer en pot, en terrine, en pleine terre dans un coin protégé du potager ou à l'emplacement définitif. Terminez toujours en arrosant en pluie fine.

Les plantes compagnes

La monoculture n'est pas naturelle. Si l'on veut un potager avec le moins de problèmes possible, il faut mélanger les plantes, mais toutes ne vont pas ensemble. Découvrez les bons mariages.

Le principe

Une « plante compagne » est une espèce qui favorise une autre espèce végétale (on parle souvent d'allélopathie). On parle aussi de culture associée ou de compagnonnage. Parmi les associations les plus pratiquées : carotte et poireau, contre la mouche de la carotte et de la teigne du poireau ; tomate et basilic qui repoussent la mouche blanche ; carotte et radis semés en mélange, les radis étant récoltés bien avant les carottes. Les interactions entre les plantes sont multiples : fertilisation, action répulsive sur des parasites, rôle de plante relais. Dans ce dernier cas, par exemple, la réintroduction de l'inule visqueuse ainsi que d'autres plantes de la garrigue dans les oliveraies favorise la présence d'hyménoptères parasitoïdes de la mouche de l'olive, en les abritant pendant l'hiver. Ce compagnonnage donne des récoltes plus belles, mais aussi plus généreuses, car il permet de produire davantage sur une même surface.

Maïs et tagètes

Soucis pour éloigner les insectes

Les règles d'un bon compagnonnage

- Associez des familles d'espèces différentes, pour optimiser la consommation des éléments minéraux et perturber les parasites en dissimulant leurs plantes hôtes dans une masse de couleurs, de textures, de parfums, de formes.
- Associez des légumes aux racines différentes, pour rationaliser l'espace et explorer toutes les strates du sol.
- Associez les espèces en fonction du temps de croissance ou des exigences (croissance lente ou rapide, de petite taille, aimant l'ombre ou grande avide de soleil, protection contre le vent...).

Les trois sœurs

L'association de la courge, du maïs et du haricot, pratiquée de manière ancestrale par les Amérindiens, est connue sous le nom des « trois sœurs ». C'est un bel exemple de plantes compagnes qui s'offrent mutuellement fertilisation (haricot), support (maïs) et paillage (courge).

Une méthode empirique

La manière dont les plantes s'influencent les unes les autres est encore très mal connue. On lit souvent que l'odeur des aromatiques repousse les insectes. C'est très certainement bien plus complexe que cela. On sait, par exemple, que les exsudats racinaires sécrétés par les plantes varient selon l'espèce et qu'ils stimulent des communautés microbiennes différentes. Et que ces exsudats permettent de retarder ou d'activer la croissance des plantes voisines. Certaines interactions sont en revanche bien connues, par exemple l'effet nématicide des tagètes.

Tableau des associations

LÉGUME	AROMATIQUE/FLEUR À ASSOCIER	LÉGUME COMPAGNON	À ÉCARTER DE
Artichaut	lavande	aubergine, choux, courgette, fève, haricot, laitue, oignon, pois, radis, tomate	-
Aubergine	œillet d'Inde, souci	artichaut, haricot, piment, tomate	pomme de terre
Betterave	ail, aneth	céleri, choux, haricot, laitue, navet, oignon, pois, radis	asperge, épinard, fève, maïs, poireau, pomme de terre, tomate
Carotte	ail, aneth, œillet d'Inde, souci	oignon, poireau, pois, radis, salades, tomate	menthe
Choux	aneth, cosmos, mélisse, menthe, œillet d'Inde, romarin, sauge, thym	artichaut, bette à carde, betterave, carotte, céleri, concombre, cresson alénois, épinard, haricot nain, laitue, mâche, melon, pois, pomme de terre, tomate	ail, fenouil, fraisier, radis
Concombre	ail, aneth, basilic	épinard, maïs, oignon, pois, radis, salades	courgette, pomme de terre
Courgette	basilic	-	-
Épinard	ail	toutes les Fabacées, asperge, céleri, chicorée, choux, concombre, fraisier, melon, navet, poireau, pois, pomme de terre, radis	betterave, laitue
Fraisier	ail, cerfeuil, ciboulette, pyrèthre, thym	épinard, oignon, poireau, radis	choux
Haricot	capucine, carvi, persil, sarriette	betterave, concombre, courges, épinard, maïs	ail, ciboulette, oignon, poireau
Oignon	ail, aneth, cerfeuil	carotte, concombre, salades, tomate	haricot, poireau, pois
Poireau	ail	carotte, épinard, fraisier, tomate	betterave, haricot, pois
Poivron	œillet d'Inde	carotte, tomate	betterave, choux
Pomme de terre	ail, capucine, coriandre, lavande, mélisse, souci	choux, haricot, mâche, pois	ail, betterave, carotte, céleri, courges, oignon, poireau, tomate
Radis	menthe, persil	carotte, cresson, fraisier, haricot, salades, tomate	cerfeuil, citrouille, courges, courgette, hysope, pomme de terre
Salades	aneth, cerfeuil, souci	toutes les Fabacées, betterave, choux, concombre, épinard, oignon, radis, tomate	céleri, cresson, persil
Tomate	basilic, œillet d'Inde, persil, souci	asperge, carotte, céleri, choux, épinard, oignon, poireau, salades	aneth, betterave, maïs, oseille, pomme de terre

- **Les plantes que l'on peut associer à presque tout** : agastache, arroche, cerfeuils musqué et tubéreux, coqueret du Pérou, estragon, lavande, livèche, oseille, pourpier.
- **Les plantes qu'il faut cultiver seules** : angélique, pissenlit, rhubarbe.

récoltes et bienfaits des légumes

En matière de récolte, il n'y a pas de règle commune à tous les légumes. Chacun a ses particularités. L'important est de récolter à un stade où les qualités gustatives seront optimales et/ou la durée de conservation la plus longue.

Récolter au bon stade

• Légumes qui se récoltent au fur et à mesure des besoins : mâche, salade à couper, cresson de jardin, aromatiques, choux de Bruxelles.
• Légumes qui se récoltent quand les feuilles jaunissent : ail, oignon, échalote, haricot à écosser, betterave (feuilles de la base), pomme de terre, potiron, citrouille.
• Légumes qui ne se récoltent qu'à pleine maturité : tomate, melon.
• Légumes qu'il vaut mieux récolter jeunes : courgette, haricot vert, pâtisson, petits pois, radis, chou chinois, concombre.
• Légumes qui se récoltent avant que les bourgeons floraux n'éclatent : chou-fleur, brocoli.
• Légumes qui se récoltent quand les écailles du pourtour s'entrouvrent : artichaut.

Faire blanchir avant de congeler

Blanchir consiste à ébouillanter les légumes lavés et coupés quelques minutes, avant de les plonger dans l'eau glacée. Les légumes se conservent congelés plus longtemps ainsi et ils conservent leurs qualités gustatives.

- **Haricots entiers** : 3 min ; coupés : 2 min.
- **Maïs** : 7 min pour les petits épis, 9 pour les moyens et 10 pour les gros.
- **Aubergine** : ne pas blanchir, faire revenir avant dans l'huile l'olive.
- **Poivron, piment, tomate, oignon, herbes** : pas de blanchiment.
- **Petit pois** : 1 min 30.
- **Courgette, asperge** : 3 min.

Conseil du Jardinier

Le meilleur mode de conservation

- En pleine terre (plusieurs mois) : carotte, poireau, chou pommé.
- Le silo (plusieurs mois) : carotte, navet, chou-rave, betterave.
- En cave (plusieurs mois) : pomme de terre, potiron.
- Dans la cuisine, à l'air libre, quelques jours, où ils peuvent finir de mûrir si nécessaire : tomate, melon.
- Pendus au cellier, ou dans la cuisine : piment séché, ail, oignon en tresse.
- Au cellier, pièce fraîche et peu éclairée, 2-3 jours, emballés dans des torchons : aubergine, courgette, poivron.
- Au réfrigérateur, lavés, dans des sacs en plastique, 2-3 jours : haricot, salade, poirée, radis ; chou rouge (15 jours).

Les légumes qui se récoltent à plusieurs stades

- **Oignon** : en vert (balle de golf) et pour la conservation (balle de tennis).
- **Poivron** : pas encore mûr, il est vert, puis il devient rouge, orange ou jaune selon la variété.
- **Ail** : en vert ou en sec.
- **Carotte** : de la taille d'un gros crayon, en primeur, ou pour la conservation.

Valeur nutritive des principaux légumes

LÉGUMES	VERTUS	RICHE EN...	CONSEILS
Aubergine	Digeste et peu énergétique	Vitamines C, B et E et fibres	Cuire à la vapeur plutôt qu'à la poêle (elle devient très grasse).
Betterave	Énergétique et tonique	Fibres, vitamines B et C et minéraux K, P, Mg	Cuire à la vapeur ou au four, plutôt qu'à la poêle.
Carotte	Diurétique et apéritive	Fibres, minéraux vitamines B et C	Plus digeste cuite que crue, conserver en silo ou congeler.
Céleri	Diurétique	Minéraux, oligoéléments, fibres, vitamines B et C	Cru, finement râpé, il est très digeste, mais peut aussi se cuire.
Chou	Reconstituant, stimule les intestins paresseux	Fibres, vitamines C et E, provitamine A, minéraux	Pour qu'il soit plus digeste, cuire d'abord à l'eau, puis à la vapeur.
Concombre	Diurétique et rafraîchissant, très peu calorique	Minéraux (fer et calcium), vitamine C	Pour qu'il soit plus digeste, éliminer les graines.
Courgette	Faiblement énergétique, apéritive, très digeste	Minéraux Ca et Mg, vitamines C et B9, fibres	Consommer crue, râpée, pour profiter de toutes ses vertus.
Épinard	Faiblement énergétique, antianémique	Vitamine B9, minéraux Fe, P, et K	Déconseillé aux personnes souffrant de problèmes rénaux.
Haricot vert	Diurétique, tonique, très digeste, peu énergétique	Fibres, minéraux Mg, K et Ca, vitamines C et B9	Faites-le cuire à la vapeur pour préserver sa richesse minérale.
Melon	Diurétique, laxatif, rafraîchissant	Vitamine C, fibres, provitamine A, minéraux	Si vous avez les intestins fragiles, évitez de le servir glacé.
Navet	Utile dans la prévention de certains cancers	Fibres, vitamines C et B, minéraux, oligoéléments	Il est plus digeste récolté jeune et blanchi préalablement à la cuisson.
Poireau	Diurétique, laxatif faiblement énergétique	Fibres, minéraux K et Fe, vitamine E, provitamine A	Pour les laver, fendez-les en deux et passez-les rapidement sous l'eau.
Pois	Stimule le transit intestinal	Fibres, vitamines (C, E), minéraux (potassium)	Cueillir les petits pois jeunes et les préparer rapidement.
Poivron	Apéritif, faiblement énergétique	Vitamine C surtout, provitamine A, fibres	Il est plus digeste pelé, après l'avoir plongé dans l'eau bouillante.
Pomme de terre	Diurétique, nourrissante, très digeste	Vitamines B et C, minéraux K, Fe et Mg	Hormis frite, la pomme de terre ne fait pas grossir.
Potiron	Faiblement énergétique, digeste	Provitamine A, vitamines C et B, fibres	Essayez-le sucré (flan, tarte, confiture).
Radis	Faiblement calorique, diurétique	Vitamine C, minéraux K, S et Ca	Pourquoi pas cuit rapidement à la poêle, en rondelles !
Salades	Diurétiques, apéritives, rafraîchissantes	Vitamines C et B, provitamine A, minéraux	Marier aux laitues et scaroles, roquette, mâche ou pourpier.
Tomate	Apéritive, faiblement calorique	Vitamines C et E minéraux K, Mg et P	Peler, épépiner les tomates pour ne pas irriter les intestins sensibles.

Le potager

pour tous les goûts et toutes les envies

Le potager classique

LE POTAGER CLASSIQUE EST EN FAIT CE QUE L'ON APPELAIT AUSSI LE POTAGER FAMILIAL. IL A CLAIREMENT UNE FONCTION NOURRICIÈRE POUR LA TRIBU DÉSORMAIS ÉLARGIE, FAMILLE, AMIS, ET MÊME VOISINS, CAR C'EST UN EXCELLENT PRÉTEXTE À SOCIABILISER...

CLASSIQUE, C'EST QUOI ?

Le potager classique est destiné à ceux qui veulent avant tout nourrir leur famille de produits frais toute l'année. Il fournit une gamme aussi complète que possible de légumes (et de petits fruits) ... **1**

LA PLANCHE DE CULTURE

C'est la base du potager classique. Rien à voir avec le bois, la planche est juste l'unité de culture de votre potager, un rectangle de terre spécialement travaillé. Découvrez cette préparation, gage de succès ... **2**

SERRE ET CHÂSSIS : LE PLUS

S'affranchir (un peu) des aléas de la météo, des fins ou des débuts de saison imprévisibles, cultiver des légumes exotiques, mettre à l'abri ses plantes les plus fragiles... c'est ce que vous permettent serres et châssis. Choisissez les meilleurs modèles ... **3**

C'est bon pour la planète : Bac à compost obligatoire !

Un potager, classique qui plus est, sans bac à compost? Impensable. Et c'est même tout un coin à compost qu'il faut installer ... **4**

CULTIVER EN LIGNE ET SEMER AU CORDEAU ?

Est-ce si important de tout faire pousser en rang d'oignons? Le jardinage n'étant pas une science exacte, rien n'est obligatoire, mais découvrez les raisons qui ont fait que des générations de jardiniers avant vous ont préféré aligner sagement leurs rangs de légumes ... **5**

QUELLE EST LA SURFACE OPTIMALE PAR PERSONNE ?

Ne préjugez pas de vos forces, de la lassitude liée aux travaux répétitifs, de l'élasticité de votre emploi du temps. Ne cultivez que la surface exacte dont vous aurez besoin pour nourrir votre famille ... **6**

IDÉES

→ POURQUOI PAS... Des tuyaux Microporeux comme solution au problème de l'arrosage ? 7

→ POURQUOI PAS... Un coin à Orties... est-ce si farfelu, dans un potager qui se respecte ? Pas tant que cela. On peut en faire du purin, qui est un revitalisant.

LES FLEURS SONT BIENVENUES DANS UN POTAGER CLASSIQUE.

et Si

- Mon potager est le long d'une route ? 8
- Ma terre est très humide ? 9
- Mon terrain est en pente ? 10

Les Plantes idéales

Le potager classique est un potager de rendement. On doit pouvoir récolter, beaucoup et longtemps, des légumes primeurs, des légumes tardifs et des légumes qui se conservent.

★ **Légumes à forts rendements :** carotte 'Nanco F1' ; haricot beurre 'Fructidor' ; tomate 'Delizia F1'.

★ **Légumes précoces :** asperge 'Super d'Argenteuil'; chou cabus 'Altess F1', 'Tête de Pierre F1'; pomme de terre 'Altesse' ; navet 'Demi-long de Croissy' (peut se forcer).

★ **Légumes d'automne :** chou cabus 'Précoce de Louviers'.

★ **Légumes d'hiver :** chou de Milan 'Alaska F1', 'Milan de Pontoise' ; poireau 'Armor F1'.

★ **Légumes qui se conservent :** courge 'Butternut', 'Sucrine du Berry' ; échalote 'Elisor', 'Jermor' (précoce), 'Mikor' (tardive, chair blanc rosé) ; haricot vert 'Contender' (idéal en conserve) ; ail 'Edenrose' ; betterave 'Crapaudine', 'Globe', 'Nobol'.

LES RÈGLES DE BASE

1. *Faites analyser la terre au départ, pour connaître, entre autres, son taux d'humus.*
2. *Prévoyez des brise-vent si votre potager est exposé.*
3. *Rendez-le fonctionnel : plan logique, circulations aisées, accès à l'eau facilité, coin compost accessible, cabanon proche de la maison.*
4. *Divisez-le en planches pas trop larges, plus pratiques.*

Le potager classique

1 Classique, c'est quoi ?

Ce potager familial vise à offrir une autonomie la plus large possible en matière de légumes (et de petits fruits). L'idéal est de produire suffisamment pour pouvoir conserver en frais, congeler, sécher ou faire des bocaux qui permettront de se nourrir toute l'année. Il faut alors prévoir que la période de récolte sera très demandeuse (en temps et en travail). Rien ne sert de produire beaucoup si c'est pour jeter ensuite !

2 La planche de culture... à quoi ça sert ?

C'est la technique traditionnelle des jardiniers depuis des générations. Le potager est organisé en une succession de rectangles de terre de 1 mètre de large, séparés le plus souvent par des allées d'herbe. Ce mètre de largeur (qui peut aller jusqu'à 1,20 m) permet de désherber de chaque côté sans avoir à marcher sur la terre, ce qui compacterait le sol. Les planches peuvent être délimitées par des (vraies) planches en bois, posées verticalement. La terre peut aussi être surélevée par rapport au niveau du sol, en petite butte. La planche en butte est très utile en sol argileux, car elle permet un bon drainage de la terre.

Si, toutefois, vos planches de culture étaient plus larges, il faudrait poser en leur milieu une planche en bois de 25-30 cm de large pour pouvoir marcher les pieds au sec et sans tasser le sol au pied des légumes.

Ces légumes, installés dans une planche de 1,20 m de large, peuvent être facilement désherbés de chaque côté, puisque la largeur d'un bras tendu est d'environ 60 cm.

3 Serre et châssis : le plus

Les protections des légumes vont du plus simple (le voile, la cloche), au plus sophistiqué (la serre chauffée). Entre les deux, il existe toute une panoplie de matériel pour protéger vos cultures. Les minitunnels en plastique sont un bon compromis : légers, facilement stockables, déplaçables, ils permettent les semis précoces, la mise à l'abri des jeunes plants au printemps, celle des aromatiques fragiles en automne, pour une récolte prolongée. Les châssis permanents doivent être prévus avec une partie suffisamment haute (80 cm), pour accueillir facilement les pots à protéger.

4 *C'est bon pour la planète : Bac à compost obligatoire !*

Il vous faut au moins deux bacs à compost de 1 m^3 chacun (trois serait même mieux). L'endroit doit être à l'ombre pour ne pas que le compost se dessèche. L'aire devant les bacs doit être dégagée, pour une manipulation aisée. Vous allez recycler tous les débris végétaux du potager, mais aussi du jardin. Il vous faut un broyeur (les petits modèles électriques sont tout à fait suffisants) pour broyer les rameaux, les débris trop gros (trognons de choux). L'idéal est même de prévoir une petite aire pour faire sécher les tontes de gazon et les mauvaises herbes avant le compostage.

Le devant du bac s'ôte pour prélever le compost mûr.

5 Semer au cordeau et cultiver en ligne ?

La culture en ligne n'est bien sûr pas obligatoire, mais elle présente quelques avantages sérieux par rapport à la culture en mélange.

- Lorsque l'on sème, il est plus facile de répartir les graines sur une ligne droite et d'arriver à les espacer correctement.
- Quand vient le moment d'éclaircir (supprimer les plants trop serrés, car même avec de la bonne volonté, il arrive que les graines soient trop petites pour être bien espacées du premier coup), la ligne droite facilite le travail.
- Enfin, au moment du désherbage des très jeunes plants, on repère bien mieux les indésirables et le travail est plus rapide.
- Pour arroser au goutte-à-goutte (➔ ci-contre), l'installation du tuyau est facilitée.

Il n'y a qu'un seul inconvénient à la culture en ligne : les légumes sont beaucoup plus visibles pour les insectes parasites qui les repèrent vite.

LA HAIE, UTILE, OUI... MAIS!

Les haies d'arbustes font de bons brise-vent, mais leurs racines font également une lourde concurrence à celles des légumes. Elles assèchent, entre autres, beaucoup le sol en surface. Elles font aussi de l'ombre aux légumes. Comptez une zone inutilisable de 4 m de large au pied d'une haie.

Les semis en ligne s'entretiennent facilement.

IDÉES

7 Pourquoi pas... les tuyaux microporeux ?

Fabriqués dans une matière qui laisse suinter l'eau en très fines gouttelettes, ces tuyaux offrent un arrosage à bas débit, au goutte-à-goutte. Il suffit de faire serpenter le tuyau au pied des végétaux, en ligne droite ou en courbe, selon les besoins. On le relie ensuite à un tuyau d'arrosage, par un raccord classique. On n'arrose ainsi que le pied des plantes, sans mouiller le feuillage, et l'on évite les maladies fongiques. Pour réduire l'évaporation, il est bon d'installer un paillis par-dessus, ce qui n'empêchera nullement le tuyau de remplir son rôle.

Le tuyau microporeux n'arrose que les racines.

6 Quelle est la surface optimale par personne ?

Cela dépend de la nature du sol, du climat et de l'exposition. On peut cependant donner une fourchette de 25 à 50 m^2/personne, pour obtenir de quoi s'approvisionner toute l'année en légumes frais. On récolte, par exemple, par mètre carré environ 3 kg de haricots verts ou de 4 à 6 kg de tomates, de 1 à 2 kg de fraises, de 8 à 12 laitues, 15 courgettes, 400 radis, ou encore 200 carottes. Ces chiffres ne sont qu'indicatifs et s'entendent pour une terre préparée, fertilisée et arrosée en été. Tout ce qui peut contribuer à cultiver en hauteur (treillis, rames, pergolas) augmente le rendement au mètre carré.

et Si

8 Mon **potager** est le **long d'une route** ?

Il y a risque de pollution si c'est un axe passant. Si vous avez de la place, plantez une haie persistante et mélangée, qui protégera un peu.
Sinon, installez une barrière de brande épaisse, par exemple.

9 Ma **terre** est très **humide** ?

Vous pouvez faire des planches (des rectangles de terre) surélevées, en petites buttes de 25-30 cm de haut. Le drainage sera ainsi grandement amélioré.
Certains légumes aiment les sols humides – c'est le cas des pois, des haricots, des pommes de terre, des épinards, des salades, de la mâche. Prenez des variétés résistantes au mildiou, plus actif dans les terres humides.

10 Mon **terrain** est en **pente** ?

Il vous faut créer des terrasses, pour obtenir des surfaces plates.
La culture sera plus aisée, et l'eau d'arrosage ne ruissellera pas en asséchant les légumes du haut et en noyant ceux du bas.

Le potager en carrés

LE POTAGER EN CARRÉS PERMET À CEUX QUI N'ONT JAMAIS CULTIVÉ DE LÉGUMES DE S'INITIER AU POTAGER. FACILE À MAÎTRISER, FACILE À ENTRETENIR, GARANT DE RÉCOLTES, C'EST UN POTAGER LUDIQUE.

UN POTAGER EN CARRÉS, C'EST QUOI ?

C'est un potager destiné à ceux qui ne veulent pas faire de lourds travaux, mais qui veulent récolter de quoi améliorer l'ordinaire et faire le plein de saveurs. Les légumes sont cultivés dans des carrés de terreau ... 1

AVANTAGES ET INCONVÉNIENTS

Les avantages d'un potager en carrés sont nombreux et, pour certains jardiniers, les inconvénients, à côté, sont peu de chose. Mieux vaut quand même les connaître pour ne pas être déçu ... 2

L'IMPORTANCE DU TERREAU ET DES ENGRAIS

Le potager en carrés, c'est une culture intensive. C'est l'équivalent, à une échelle très réduite, d'une production maraîchère. Découvrez quel terreau et quels engrais vont vous assurer une production satisfaisante ... 3

LA ROTATION DES CULTURES

La rotation des cultures, c'est la succession, au même endroit, de légumes très différents, pour limiter les parasites et l'épuisement du sol en certains éléments. Mais est-ce nécessaire pour le potager en carrés ? ... 4

La petite histoire

Ce type de potager, en carrés, n'est pas arrivé par hasard, à n'importe quel moment chez nous... S'il a eu tant de succès, il y a une raison. Découvrez son histoire ... 5

UN CARRÉ D'AROMATIQUES

Quelles plantes aromatiques valent vraiment la peine d'être cultivées dans votre potager en carrés ? Et quelles sont celles qu'il vaut mieux mettre ailleurs, ou tout simplement acheter ? ... 6

LES DIFFÉRENTS TYPES DE CARRÉS

Plusieurs options s'offrent à vous, à fabriquer vous-même ou à trouver dans le commerce. Quels en sont les avantages et les inconvénients ? ... 7

IDÉES

→ POURQUOI PAS... **Une Miniserre pour Prolonger les récoltes ?** Pas besoin d'investir. Prenez un vieux tuyau d'arrosage et coupez deux longueurs de 2 m chacune (pour un carré de 1,20 m de côté)… 8

Les Plantes idéales

Idéalement, il faut des légumes à cycle court, c'est-à-dire qui se sèment et se récoltent en moins de 3-4 mois. De plus, ils ne doivent pas être trop encombrants.

★ **Tous les légumes primeurs** sont bienvenus : céleri géant à côtes 'Géant doré' ; carotte 'Presto F1' ; scarole 'Grosse bouclée' ; pomme de terre 'Belle de Fontenay'.

★ **Ceux à cycle court** permettent des récoltes répétées toute l'année : scarole d'hiver 'Cornet d'Anjou' ; frisée d'été à cœur jaune 'Dorana'; mesclun ; radis 'De 18 jours'; épinard 'Lagos' (semis en mars, récolte en mai).

★ **Les aromates** occupent aussi une place de choix : oseille 'Large de Belleville' ; ciboule ; ciboulette 'Danoise'.

★ **On privilégie les légumes ayant le plus de goût :** parmi les tomates, le choix va vers 'Marbonne F1' (type 'Marmande') ou 'Pixel F1' (type « cœur de pigeon ») ; pour les pommes de terre, on choisit la 'Ratte', à faible rendement, mais savoureuse.

LES RÈGLES DE BASE

1. *Choisissez un endroit ensoleillé avec au moins 4 à 5 heures de soleil par jour. Sinon, le choix de légumes va être vraiment pauvre.*
2. *Préférez une hauteur d'au moins 30 cm ; 40 cm de haut, c'est encore mieux.*
3. *N'épandez pas le terreau directement sur la terre, installez au fond du carré une bâche qui laisse passer l'eau.*
4. *Ne lésinez pas sur la qualité du terreau. Un bon terreau, qui va durer plusieurs années, est la base du succès.*
5. *Inspectez tous les jours votre carré potager… ou presque.*

et Si

- Je n'ai qu'un balcon ? 9
- Mes légumes ont des maladies ? 10

1 Un potager en carrés, c'est quoi ?

C'est un potager de petite taille, où les légumes sont cultivés dans des carrés de 1,20 m de côté (deux longueurs de bras), dans des cadres de 25-30 cm de haut remplis de bon terreau meuble. Les carrés sont subdivisés en cases de 30 ou 40 cm de côté, matérialisées par des ficelles ou des bambous. Dans chaque case, on cultive entre 1 et 16 légumes d'une même espèce.

Minipotager ne veut pas dire minilégumes. Ce sont des légumes classiques, mais choisis pour leur rapidité de croissance et de récolte, et que l'on cueille très jeunes et tendres. Les légumes, dans une même case, se succèdent donc très vite et on laisse rarement une case vide. On peut jeter un bref coup d'œil chaque jour et éliminer les problèmes dès qu'ils se posent (insectes, mauvaises herbes...). C'est une méthode souple et adaptable à chacun, car on peut s'occuper d'autant de carrés que l'on veut.

2 Avantages et inconvénients

Le potager s'installe partout, même sur une terrasse. Il n'y a jamais de gros travaux à effectuer. On récolte presque en continu. Mais les récoltes sont peu abondantes et certains légumes sont impossibles à cultiver de cette manière. Les légumes se renouvelant souvent, il faut toujours des graines ou des plants d'avance.

La perlite allège et aère les terreaux, tout comme la pouzzolane.

3 L'importance du terreau et des engrais

Pour un carré de 1,20 m de côté et de 30 cm de haut, comptez environ 430 l de mélange. Ne lésinez pas sur la qualité du terreau, ingrédient de base. Pour éviter qu'il se tasse sous l'effet des arrosages répétés, apportez 20 l de pouzzolane de petit calibre. Apportez aussi un seau (10 l) de compost bien mûr et tamisé, et deux seaux (20 l) de bonne terre de jardin (pour l'argile qui retient l'eau). Il ne vous reste plus qu'à trouver 380 l de bon terreau maraîcher, en vente en jardinerie.

Pour ce qui est des engrais, il vous faudra en apporter dès le premier mois, quand les légumes en place auront consommé les réserves du terreau et du compost. Choisissez des engrais organiques complets, bio de préférence, et suivez les indications de la marque pour les doses.

La rotation des cultures, très importante en pleine terre, ne joue pas beaucoup sur 1 m² de sol.

4 La rotation des cultures

Faire se succéder, au même emplacement, au cours de la saison, des légumes de familles différentes, aux besoins, aux maladies et aux parasites différents présente plusieurs avantages : le cycle des parasites, souvent inféodés à une même famille, est brisé par le changement de légumes, les racines explorent des couches de terre différentes, et les légumes n'ont pas les mêmes besoins nutritifs. Mais l'expérience montre que, dans un carré aussi petit, la rotation des cultures n'a pas vraiment lieu d'être. Plantez et semez donc ce que bon vous semble, au moment où vous en avez envie.

5 La petite histoire

Le premier à avoir pensé à ce type de potager est l'Américain Mel Bartholomew. En 1976, cet ingénieur civil prend sa retraite. Pour occuper son temps, il s'inscrit à un potager collectif. Mais il constate que les gens abandonnent vite dès qu'on leur demande des travaux fastidieux (bêchage, désherbage...). Il a alors l'idée géniale de ramener la culture des légumes dans des carrés de 1,20 m de côté. Il publie un livre, Square Foot Gardening en 1982, qui sera vendu à plus de 1 million d'exemplaires ! En France, c'est un article de Jean-Paul Collaert en 1998 qui lance la méthode.

6 UN CARRÉ D'AROMATIQUES

Si vous voulez dédier un carré aux seules aromatiques, divisez-le en 4 carrés :

- Dans le premier, vous planterez ce que vous consommez souvent (ciboulette, persil, basilic, par exemple).
- Dans le deuxième, ce qui se trouve moins facilement dans le commerce (coriandre, sarriette..).
- Réservez le troisième carré aux goûts étonnants (*Mertensia,* au goût d'huître, *Stevia rebaudiana,* au vrai goût de sucre et de réglisse).
- Enfin, le quatrième carré peut accueillir des fleurs comestibles et qui servent d'aromates (capucines aux boutons poivrés, œillets d'Inde aux pétales épicés), ou pour la décoration des salades (soucis, pensées).

7 LES DIFFÉRENTS TYPES DE CARRÉS

- **Le carré en bois brut, du commerce ou fait maison.** Il faut que le bois soit naturel, non traité. Utilisez des planches d'au moins 3 cm d'épaisseur ; en dessous, le carré se fragilise vite. Assemblez les planches par des coins, des cornières, des tasseaux. Préférez les vis aux clous, qui rouillent et se déchaussent. Tapissez les parois intérieures avec un voile géotextile agrafé. On trouve dans le commerce des potagers à trois étages, décoratifs et pratiques pour les légumes aux racines pivotantes et/ou profondes. Vous pouvez peindre le carré, pour qu'il devienne décoratif. Essayez de trouver des peintures naturelles pour l'extérieur, à l'huile de soja et aux pigments minéraux.
- **Le carré en osier** est décoratif dès son installation, mais il vieillit mal. Au bout de 2 ans, il commence à se tasser, l'osier se défait et casse.
- On trouve aussi des **carrés surélevés** dans le commerce.
- **Le potager en toile de bâche** est facile à mettre en œuvre, même sur un balcon, mais la hauteur est limitée et l'on ne peut y cultiver que des légumes aux racines superficielles : radis, roquette, salades, mesclun...

Un carré de 50 cm de haut

Un carré de 25 cm de haut

Un carré à 3 étages

IDÉES

8 POURQUOI PAS... UNE MINISERRE POUR PROLONGER LES RÉCOLTES ?

Pas besoin d'investir. Prenez un vieux tuyau d'arrosage et coupez deux longueurs de 2 m chacune (pour un carré de 1,20 m de côté). Enfoncez des fers à béton de 50 cm de long (pour un carré de 30 cm de haut) aux quatre coins. Glissez les extrémités des tuyaux dans ces fers. Vous avez alors la structure de votre minitunnel. Il ne vous reste plus qu'à l'habiller avec un voile d'hivernage ou une feuille de plastique épais. Vous fixerez les bords dans la terre, avec des sardines, pour ne pas que le vent soulève la toile.

et Si

9 Je n'ai qu'un **balcon** ?

Il existe des carrés de 60 x 60 cm, avec 4 cases, ou de grandes jardinières sur pied, qui peuvent aussi faire l'affaire.

10 Mes **légumes** ont des **maladies** ?

Coupez les feuilles atteintes dès que vous les voyez. Et si le plant est très affecté, arrachez-le et remplacez-le.

⚠ LES LÉGUMES À ÉVITER

Les légumes vivaces ou à cycle trop long, ceux qui sont envahissants sont *a priori* à éviter, car ils ne sont pas dans l'esprit du potager en carrés : des récoltes rapides et une succession de saveurs. Ne plantez pas d'artichaut, d'asperge, de cardon, de chou de Bruxelles, de fraisier, de menthe, de petits pois, de pomme de terre, de potiron, de topinambour...

Le potager au naturel

MÊME LES POTAGERS QUI NE SE DISENT PAS NOMMÉMENT « ÉCOLOGIQUES » EMPRUNTENT CERTAINES TECHNIQUES PROPRES AU POTAGER NATUREL. ALORS, AUTANT BIEN LES CONNAÎTRE !

Vidéo « Un poulailler carré potager »

DES POULES AU POTAGER ?

Avant de courir acheter une poule, sachez exactement ce qui vous attend. C'est un animal qui demande des soins quotidiens et du matériel ... **2**

UN POTAGER AU NATUREL, C'EST QUOI ?

C'est bien plus qu'un endroit où l'on cultive des légumes sans traiter. Découvrez l'univers bien à part d'un potager écologique, ses règles... et ses arrangements avec la nature ... **1**

C'est bon pour la planète et la biodiversité : Les engrais verts

Les engrais verts, ces cultures destinées à être coupées jeunes, broyées ou non, puis enfouies ou laissées au sol ont plus d'un tour dans leur sac : ils enrichissent la terre, en améliorent la structure, éloignent les mauvaises herbes et empêchent l'érosion due au vent et à la pluie ... **3**

RÉCOLTER SES GRAINES, EST-CE POSSIBLE ?

C'est possible... C'est souhaitable parfois, c'est aussi à éviter dans certains cas ! Comment éviter les fausses économies, comment vous faciliter la vie en récoltant au bon moment les bonnes graines ? ... **5**

PAS DE TRAVAIL DU SOL, DU PAILLAGE

Cela vous tenterait un potager dont vous n'auriez pas à bêcher le sol ? C'est possible pour presque toutes les terres, moyennant quand même certaines conditions. Découvrez vite le zéro bêchage ... **4**

LE COMPOST... OBLIGATOIRE !

Le compost, c'est la cheville ouvrière de tout bon jardin et surtout de tout bon potager. C'est une petite usine en soi de production d'humus, cette matière qui vaut de l'or quand on est jardinier ... **6**

*Télécharger l'application Truffaut +, voir p. 6-7

IDÉES

→ POURQUOI PAS... Un mélange de légumes de tradition, si bons, et de variétés F1, qui résistent si bien aux maladies ? **7**

→ POURQUOI PAS... Utiliser du guano de chauve-souris ?

LE POTAGER AU NATUREL, C'EST AVANT TOUT UN POTAGER VIVANT !

et Si

· Mes légumes sont malades ? **8**

· J'installais une ruche ? **9**

Les Plantes idéales

Le potager au naturel accueille des variétés anciennes… tout comme les nouvelles sélections résistantes aux maladies (plus besoin de traitements, même naturels) et celles qui sont certifiées 100% bio (AB).

★ **Parmi les variétés traditionnelles :** carotte 'De Colmar' (pour l'hiver), 'Longue lisse de Meaux' (qui reste en terre l'hiver), 'Nantaise améliorée 2 ou 3' (variété d'été) ; batavia 'Dorée de printemps' (classique, pour les cultures de printemps).

★ **Parmi les hybrides résistants aux maladies les plus courantes :** concombre 'Bereket F1' ; courgette 'Astia F1' (résiste à l'oïdium, compacte, production étalée) et 'Tarmino F1' (gros rendement) ; épinard 'Symphonie F1' (culture de printemps et d'été) ; haricot vert 'Novirex' (nain, extra-fin, demi-hâtif, résistant aux virus et à l'anthracnose).

★ **Parmi les graines et plants AB :** poireau 'Bleu de Solaise' (poireau d'hiver classique, très résistant au froid) ; pomme de terre polyvalente 'Agila' (précoce, résistante au mildiou et à la gale) ou 'Monalisa' (peau et chair jaunes, précoce à demi-précoce, peu sensible aux maladies, excellent rendement).

LES RÈGLES DE BASE

1. *Bannissez les traitements chimiques et privilégiez les traitements préventifs.*

2. *Évitez aussi les traitements naturels. Ce sont des biocides, et ils ne font pas la différence entre parasite et insecte utile.*

3. *Mélangez les légumes entre eux et avec les fleurs, pour les dissimuler aux yeux des prédateurs et des insectes.*

4. *Soignez la terre avant les plantes : le moins de bêchage possible, du paillage en abondance.*

5. *Prévoyez la « part du pauvre » : insectes, oiseaux et petite faune vont prélever leur dû. Il faut compter un peu plus de plants que dans un potager classique.*

1 Un potager au naturel, c'est quoi ?

C'est un endroit où l'on cultive de quoi se nourrir, produire des légumes et des petits fruits, pour soi, sa famille et ses amis, en utilisant des produits les plus naturels possible, voire pas de produits. Les traitements préventifs y sont préférables aux traitements curatifs. Les produits de synthèse (dits « chimiques ») sont presque tous proscrits car, n'étant pas biodégradables à 100 %, ils laissent des résidus sur les plantes, dans les légumes et dans le sol. C'est un potager où l'on nourrit la terre avant de nourrir les légumes, où l'on protège la biodiversité animale et végétale, où le jardinier ne domine pas la nature et les plantes, mais essaie de comprendre leur fonctionnement, pour en obtenir le meilleur. C'est une manière de jardiner durable, qui préserve les ressources en eau.

Paillis de copeaux de bois

2 Des poules au potager ?

Oui, si vous répondez par l'affirmative : pouvez-vous vous en occuper 365 j/an, ou passer le relais à des voisins fiables ? Les poules mangent et boivent tous les jours. Il faut au moins 20 m² d'herbe par sujet pour gratter la terre et au minimum deux poules, car ce sont des animaux grégaires. Pouvez-vous investir dans un abri où elles seront protégées de l'humidité, du froid et des prédateurs ? Oui ? Alors n'hésitez plus, lancez-vous !

3 C'est bon pour la planète : Les engrais verts

Quand semer des engrais verts ? Quand vous avez une parcelle que vous ne comptez pas cultiver, mais que vous ne voulez pas laisser nue, pour ne pas l'exposer à l'érosion et aux mauvaises herbes, quand la terre s'est appauvrie et que les rendements ne sont plus ce qu'ils étaient, quand vous souhaitez améliorer la structure de votre terre qui semble manquer d'humus (elle est claire) ou qui est trop argileuse. Comment procéder ? Semez au printemps ou à l'automne de la moutarde, de la phacélie, du sarrasin, du ray-grass, du seigle fourrager, du trèfle, du mélilot... Selon les espèces, vous les faucherez après 6-8 semaines ou 4-5 mois et laisserez les vers de terre les enfouir dans le sol.

4 Pas de travail du sol, du paillage

Pour la plupart des terres, le bêchage n'est pas une obligation. Il détruit une partie des vers de terre et de la microfaune, enfouit la végétation, qui a alors du mal à se décomposer par manque d'oxygène, et enterre la couche superficielle du sol, la plus riche en humus. Quant au motoculteur, il tasse la terre par son poids, détruit sa structure par ses lames, qui tournent trop vite, et fait croûter le sol. Il est préférable de pailler le sol, d'épandre du compost maison au printemps et à l'automne, de pratiquer le compostage de surface (on laisse les débris végétaux plus ou moins broyés se décomposer en surface – c'est aussi une sorte de paillage). Pour planter, on aère le sol avec la grelinette, une sorte de fourche-bêche à deux manches qui permet de travailler le dos droit. En revanche, vous bêcherez pour décompacter un sol tassé avant culture ou une terre argileuse, qui tirera profit ensuite du gel hivernal qui fait éclater les mottes.

La phacélie se sème en mars, fleurit 8 à 10 semaines plus tard et se fauche ensuite.

5 Récolter ses graines, est-ce possible ?

Tous les légumes ne se reproduisent pas à l'identique. Oubliez les variétés F1, stériles, ou qui donnent des graines différentes des parents. Ne récoltez pas celles des courgettes, qui peuvent s'hybrider avec des courges non comestibles. En revanche, vous pouvez récolter les graines de haricots, persil, thym, coriandre, cresson alénois, laitue, tomates, pois. Il y a de fortes chances que vous obteniez des légumes semblables aux parents (ce n'est jamais garanti à 100 %).

Le choix du porte-graines (plant sur lequel on récolte les graines) est important pour sélectionner les meilleurs futurs plants et reproduire leurs qualités à la génération suivante. Un bon porte-graines doit être vigoureux, sain et fidèle à la variété à reproduire. On peut aussi sélectionner des plantes dont on apprécie les qualités (précocité, goût, grosseur des légumes, résistance).

6 Le compost... obligatoire !

Pour qu'un compost soit riche, il faut qu'il se décompose vite et bien... Broyez les matériaux dans la mesure du possible. Ils doivent être variés et complémentaires : pour cela, alternez des couches de matériaux riches en carbone (« bruns », comme les copeaux de bois, les feuilles mortes, les tiges sèches de graminées) et de matériaux riches en azote (« verts », comme les tontes d'herbe, les déchets végétaux de cuisine, les mauvaises herbes...). Il faut aussi un tas d'au moins 1 m^3, que vous retournerez pour homogénéiser la matière, tous les 2-3 mois. Laissez-le à l'ombre et gardez-le humide, mais pas détrempé.

IDÉES

7 Pourquoi pas... un mélange de légumes de tradition et de variétés F1 ?

Dans un potager au naturel, les variétés anciennes ou rares sont les bienvenues : on peut cultiver des crosnes, de l'épinard-fraise ou du chou Daubenton. Mais il ne faut pas négliger les variétés modernes, et surtout les F1, souvent sélectionnées sur leur résistance aux maladies. Elles assurent de belles récoltes sans traitements. La betterave 'Grenade F1' vous évitera par exemple la redoutable rhizomanie. Cette maladie est causée par un virus transmis à la betterave par un champignon du sol, présent dans les régions de culture betteravière : *Polymyxa betae*. Les racines deviennent fibreuses et immangeables.

Dans les catalogues de graines, dénichez en priorité celles qui sont proposées en bio. Ce sont des variétés aussi bien anciennes que modernes. Vous trouverez, par exemple, des laitues pommées bio, comme 'Novappia', une amélioration moderne de 'Appia', aux feuilles lisses vert clair, à la grosse pomme bien serrée, très précoce, ou 'Pommée de Pologne', une variété ancienne pour une production d'été et d'automne, qui ne monte pas en graines, aux feuilles épaisses mais tendres.

Les haricots se reproduisent assez fidèlement.

Installez la ruche au soleil, au sud-est, dans un endroit abrité.

et Si

8 Mes légumes sont malades ?

Supprimez les feuilles ou les plantes malades et traitez avec des extraits fermentés de prêle (reminéralisant), de tanaisie ou d'ail (répulsifs anti-insectes), d'ortie (engrais azoté), ou à la bouillie bordelaise, pour tout ce qui est attaque fongique (mildiou, oïdium, rouille...). Repassez plusieurs fois, tous les 15 jours, pour éliminer un maximum de spores. Contre les attaques de chenilles, utilisez *Bacillus thuringiensis*.

9 J'installais une ruche ?

Une fois les voisins prévenus, la loi respectée et la déclaration auprès des services vétérinaires faite, portez votre choix vers des abeilles non agressives, comme les races caucasica ou carniolienne. Il faut compter environ 5 m^2 pour un rucher couvert et les distances de sécurité sont définies par le préfet.

Le potager du moindre effort

Moindre effort n'est pas synonyme de laisser-aller, loin de là. Il s'agit tout simplement de mettre en œuvre un ensemble de techniques et de choisir des légumes un peu moins exigeants que les autres.

Le potager du moindre effort, c'est quoi ?

C'est un petit potager qui ne demande pas de travaux de force et qui produit sans demander des heures de labeur. Les personnes à mobilité réduite et celles qui ont le dos fragile l'apprécieront. ... 1

Des outils adaptés

La gamme des outils est suffisamment vaste pour trouver des outils ergonomiques, légers et surtout qui font le travail avec le moins d'effort possible. À vous d'adopter ceux qui vous conviennent ! ... 2

C'est bon pour la planète : Le compostage au sol

Ne plus avoir à faire de voyages jusqu'à la poubelle ou la déchetterie, chargé de sacs de mauvaises herbes ou de débris du potager... quel gain de temps ! Pour cela, adoptez le compostage de surface, qui consiste à étaler vos déchets organiques à même la terre. La matière organique est ainsi immédiatement disponible pour les micro-organismes du sol ... 3

Les carrés surélevés

« Si tu ne viens pas à la terre, la terre viendra à toi ! », telle pourrait être la devise des carrés surélevés qui mettent le sol à portée du jardinier. De 20 cm de haut à plus de 1 m, trouvez votre solution ... 4

Le paillage, meilleur allié du zéro effort

Sous le mot de « paillage » se cache une multitude de techniques aux résultats assez différents. Pailler pour travailler moins ensuite, cela ne se fait pas au hasard. Découvrez le vrai paillage du paresseux ! ... 5

Une récolte facilitée

Certains légumes ont été sélectionnés pour se détacher plus facilement, pour être plus visibles dans le feuillage ou pour se récolter au gré des besoins (**➔ notre sélection ci-contre**). Il existe aussi des techniques qui facilitent les choses ... 6

IDÉES

→ POURQUOI PAS... L'arrosage au goutte-à-goutte, qui apporte l'eau exactement au pied des plantes ? 7

→ POURQUOI PAS... Quelques accessoires astucieux pour se faciliter la vie ? 8

UN POTAGER QUI DEMANDE PEU DE TRAVAIL, CELA NE S'IMPROVISE PAS...NE S'IMPROVISE PAS.

et Si

· Je veux des fruits ? 9

· Je veux arrêter de cultiver une ou deux planches pendant un an ou deux ? 10

Les Plantes idéales

Certains légumes demandent moins de travail que d'autres. Il y a mille façons d'économiser ses efforts.

★ **Les légumes qui ne se taillent pas :** melon 'Cézanne' ou 'Pancha' ; tomate 'Mandarine', tomate cerise 'Poire rouge' ou 'Yellow Pear Shaped' ; courgette 'Verte non coureuse des maraîchers'.

★ **Les variétés qui se récoltent facilement :** haricot vert 'Facila', dont les gousses se détachent seules à la récolte ; laitue à couper 'Feuille de chêne Galiano', qui se récolte au gré des besoins ; haricot 'Marbel', dont les gousses sont en haut, bien visibles.

★ **Les légumes qui poussent tout seuls :** la roquette, la mâche, qui se ressèment seules.

★ **Les légumes vivaces**, qui reviennent d'une année sur l'autre : la rhubarbe, la livèche, le poireau perpétuel.

★ **Les légumes qui blanchissent tout seuls** : céleri 'Golden Spartan'.

LES RÈGLES DE BASE

1. *Favorisez au maximum la faune du jardin et la microfaune du sol : ce sont eux qui vont faire une partie du travail à votre place (travailler la terre, vous débarrasser des parasites...).*

2. *Choissez avec soins vos espèces et variétés. La culture des pommes de terre, par exemple, reste très demandeuse d'efforts... Et tous les haricots ne requièrent pas la même attention.*

3. *Ne faites pas l'impasse sur le paillage, même si, au départ, c'est un travail en soi (fabrication ou achat, préparation de la terre, épandage...).*

1 LE POTAGER DU MOINDRE EFFORT, C'EST QUOI ?

C'est un potager où vous allez faire travailler les habitants du jardin à votre place. Pour cela, le paillage est indispensable, car il faut préserver la structure de la terre **(➲ 4 et 5)**. C'est aussi un potager où tout est judicieusement pensé : la surface, les circulations, la hauteur des planches de culture. Enfin, prenez quelques heures à la fin de l'hiver pour choisir, acheter ou adopter des variétés qui vous demanderont un minimum de travail.

Le paillage, votre meilleur ami

2 DES OUTILS ADAPTÉS

Investissez dans des outils qui vont changer votre manière de travailler. La fameuse grelinette, cette fourche-bêche à deux manches, permet de décompacter le sol en restant le dos bien droit. La rotogriffe, plus légère, travaille sur le même principe, avec une sorte de guidon que l'on tourne, et décompacte 40 cm^2 de terre sur 20 cm de profondeur en un mouvement.

Aiguisez toutes vos lames (outils coupants, bêche), pour qu'elles rentrent dans la terre sans effort. Pour les cisailles, choisissez des modèles légers, aux lames recouvertes de téflon, sur lequel la sève ne colle pas.

3 *C'est bon pour la planète : Le compostage au sol*

Laisser la matière organique au sol, aux bons soins des micro-organismes qui vont la décomposer et l'enfouir sur place, est une technique plutôt proche du paillis, malgré son appellation admise par tous de « compostage au sol ». En effet, le processus de dégradation de la matière organique n'est pas le même que pour le compost en tas (où il y a fermentation avec hausse des températures). Ce sont d'autres organismes qui dégradent la matière. Mais au final, le sol s'enrichit. On laisse à terre les feuilles mortes, les fanes de légumes, les pieds de tomates, de haricots, de courges (découpés au sécateur), les déchets de cuisine (cachés sous la paille, car ils ne sont pas esthétiques). Gardez quand même de quoi faire un tas de compost pour disposer d'humus à mélanger à la terre des semis et repiquages.

4 LES CARRÉS SURÉLEVÉS

Ils n'existaient quasiment pas il y a vingt ans... ils ont maintenant envahi les jardineries. On en trouve de toutes les hauteurs. Les plus courants sont ceux de 20-30 cm de haut, destinés aux potagers en carrés **(➲ page 720)**. Vous pouvez vous-même en construire avec des planches, des fers à béton et des équerres qui les maintiendront. Si vous avez mal au dos, des carrés de 40 cm de haut font déjà une belle différence. Vous devrez peut-être vous faire aider pour le seul vrai travail fastidieux : les remplir de bonne terre de jardin. Sachant que 1 m^3 de terre pèse entre 1 et 2 tonnes selon le type de terre, son humidité... une aide, professionnelle ou non, sera la bienvenue. Mais, une fois cela fait, vous n'aurez plus à y revenir.

Pour les personnes à mobilité réduite, il existe des carrés surélevés spécialement conçus pour qu'une chaise ou un fauteuil roulant puisse se glisser en dessous. La hauteur sous bac peut être adaptée de 60 à 75 cm et leur surface varie de 60 x 60 cm à 60 x 90-95 cm. Il faut compter entre 200 et 300 € selon la taille.

40 cm de haut : idéal pour les enfants

Vidéo « Cultiver un carré potager surelevé »*

Un bac pour jardiner debout

***Télécharger l'application** Truffaut +, **voir p. 6-7**

5 Le paillage, meilleur allié du zéro effort

Tous les légumes se paillent, sauf les bulbes (oignon, ail, échalote) qui risquent de pourrir. On les couvre d'une épaisseur de matière organique qui varie selon le type de légumes : ceux à cycle court (radis, mesclun, épinard...) ont une couche peu épaisse, qui se dégrade vite ; ceux à cycle plus long (choux, poireaux, courges, tomates) reçoivent une couche plus épaisse de matériaux plus coriaces (feuilles mortes, paillettes de lin, de chanvre...). Le paillage ne s'étale pas n'importe comment, il faut prendre quelques précautions avant :

- bien désherber la terre ;
- attendre que le sol soit réchauffé (avril) ;
- étaler une couche de compost très mûr (2-3 cm, directement sur la terre) avant le paillage, pour éviter la faim d'azote, et griffer légèrement.

Pour les légumes qui se buttent, ne paillez qu'après le dernier buttage.

6 Une récolte facilitée

Une fois que l'on a choisi ses variétés faciles à récolter (➔ page 727), on peut mettre en œuvre différentes techniques pour simplifier la récolte.

- Faites des allées où vous passerez facilement avec la brouette, d'au minimum 1,50 m de large.
- La largeur de vos planches de culture ne doit pas dépasser 1,20 m, pour que vous puissiez atteindre le milieu (la longueur d'un bras est d'environ 60 cm), sans avoir à marcher sur la terre.
- Entre les carrés ou les planches de culture, disposez des planches en bois de 30 cm de large, pour marcher facilement et rester au sec.
- Palissez tout ce qui grimpe : potimarrons, pâtissons, melons, courgettes, tomates, haricots, concombres, pois...
- Veillez à conserver la terre meuble (paillage, binages), pour arracher facilement les racines.

Idées

7 Pourquoi pas... L'arrosage au goutte-à-goutte ?

Le goutte-à-goutte est parfait pour les tomates, les concombres, les courgettes et les haricots, qui ne doivent pas manquer d'eau. Il faut des goutteurs et des microtuyaux raccordés à un tuyau principal, lui-même relié à un programmateur et à une arrivée d'eau. On dispose les tuyaux au sol et on y pose les raccords. Veillez à bien les reboucher. On installe ensuite un goutteur par pied. Posez un filtre avant l'arrivée d'eau si votre eau est très calcaire, car les goutteurs se bouchent vite. Si c'est le cas, faites-les tremper dans du vinaigre blanc une nuit.

8 Pourquoi pas... Quelques accessoires astucieux ?

Ces petits accessoires ou outils facilitent le quotidien : genouillères, petit banc de jardin déplaçable à volonté, seau en toile pour regrouper les petits outils, boîte porte-outils pour brouette, baquet léger en plastique pour les mauvaises herbes, sécateur à poignée tournante si vous avez mal aux articulations des mains...

Ceinture porte-outils

et Si

9 Je veux des fruits ?

Cassis

Privilégiez les petits fruitiers aux racines non traçantes. Le cassissier, le groseillier resteront sagement à leur place des décennies. Mais les framboisiers sont des vagabonds qui obligent le jardinier à les arracher et à les repiquer souvent. Les ronces s'aventurent aussi partout et font beaucoup de bois mort qu'il faut tailler à chaque printemps... à éviter aussi. Pour les pommiers et poiriers, préférez les formes libres qui se taillent pas ou peu.

10 Je veux arrêter de cultiver une ou deux planches pendant un an ou deux ?

La solution de facilité, ce sont les engrais verts. Cela vous permet de ne pas laisser la terre à nu, de l'enrichir, d'éviter l'invasion des mauvaises herbes et l'érosion. Cela permet aussi de « casser » le cycle des parasites des légumes. Semez les phacélie, sarrasin, colza, vesce, mélilot, trèfle, et fauchez quand la culture atteint 15-20 cm. Laissez la matière organique en paillage sur le sol. Changez d'espèce au prochain semis d'engrais vert, quelques mois plus tard.

Les inratables du potager

Un potager de légumes inratables, c'est quoi ?

C'est un potager qui donne des légumes, quel que soit votre niveau. Il est destiné aux débutants, aux élèves des écoles, aux enfants, à ceux qui n'ont pas la main verte ... **1**

Bien débuter, c'est mettre toutes les chances de son côté

Pour réussir, les légumes doivent démarrer vigoureusement : semis à la bonne date, bon terreau, repiquage soigneux. Un bon démarrage, c'est deux tiers de la réussite ... **2**

Des petits pois F1

Les F1, un gage de succès ?

Pourquoi acheter des variétés dites « F1 » ? Sont-elles vraiment les « formules 1 du jardin » et tiennent-elles leurs promesses ?... **3**

Quelle surface ?

N'ayez pas les yeux plus grands... que vos bras ! Faites des planches ou des carrés (1,20 m de côté, pas plus, soit deux fois la longueur d'un bras), pour faciliter les travaux ... **4**

C'est bon pour la planète : L'association fleurs-légumes

Cette asociation présente plus d'un avantage : leurrer les parasites, masquer l'odeur des légumes, diffuser des répulsifs anti-insectes dans l'air et le sol. Des méthodes naturelles qui participent à la réussite des récoltes ... **5**

Ne pas se laisser envahir

Certains légumes (et fruits) sont tellement « inratables » qu'ils en deviennent envahissants. Découvrez ceux qui repartent seuls et plus vigoureux chaque année, et ceux qui se ressèment abondamment ... **6**

Crosnes

IDÉES

→ POURQUOI PAS... Mélanger les **légumes** pour les dissimuler aux prédateurs ?

→ POURQUOI PAS... Les **bonnes associations** de légumes qui s'entraident ? 7

20 m² se gèrent très facilement et sont suffisants pour réussir ses légumes.

et Si

- Je veux jardiner avec la Lune : est-ce une garantie de succès ? 8
- Je veux réussir des légumes un peu difficiles ? 9

Les Plantes idéales

★ Les légumes « inratables » sont ceux qui sont **résistants**, que ce soit aux maladies (pomme de terre 'Désirée'), à la sécheresse (qui ne montent pas en graines dès le premier coup de sec, comme la laitue à couper 'Grenadine'), au froid (laitue 'Appia'), à la chaleur (laitue 'Divina') ou aux conditions climatiques difficiles (haricot 'Skipper').

★ Il y a aussi ceux qui sont « **pratiques** » : à longue période de cueillette (haricot 'Oxinel'), qui repoussent régulièrement quand on les coupe (poirée 'Verte à couper'), qui poussent tout seuls (mélisse, tétragone, pourpier…), qui se conservent sans difficulté (potiron 'Rouge vif d'Étampes'), qui sont souples d'utilisation, c'est-à-dire qui ont une large plage de semis (mâche 'Gala'), qui se forcent sans couverture de terre (endives 'Crenoline' et 'Zoom F1').

Nos commandements

1. *La terre reste la clé du succès. Excepté le pourpier qui pousse sur du sable, tous les légumes préfèrent une terre à potager grumeleuse, sombre, fertile.*
2. *Essayez le maximum de variétés : vous finirez par trouver celles qui poussent bien chez vous.*
3. *N'éliminez pas les variétés anciennes, résultat de siècles de sélection empirique sur un territoire précis.*
4. *N'éliminez pas les nouvelles introductions, résultat de décennies de sélection scientifique.*
5. *Faites les semis en fonction de la saison… et de la météo.*
6. *Repiquez par temps gris.*
7. *Veillez à ce que les grands légumes ne fassent pas d'ombre aux petits ou abritent ceux qui craignent le soleil.*
8. *Prévoyez un accès à l'eau facile.*
9. *Ayez les mauvaises herbes à l'œil. Elles aussi sont… inratables !*

1 Un potager de légumes inratables, c'est quoi ?

C'est un potager qui vous donnera des récoltes, quel que soit votre niveau ou quel que soit le temps que vous pouvez lui consacrer. On privilégie donc le résultat et non la quantité. Mais il existe suffisamment de légumes et de variétés pour ne rien céder sur la diversité et les saveurs. Et ce type de potager, qui aide à prendre confiance, est souvent la première étape avant un potager plus classique.

2 Bien débuter, c'est mettre toutes les chances de son côté

Il y a une règle intangible : un plant qui démarre mal ne rattrape jamais son retard et donne des légumes de piètre qualité. Il faut donc soigner le semis, s'assurer que le plant aura suffisamment de lumière si on démarre en intérieur, qu'il ne restera pas trop longtemps dans son godet. Si vous achetez des plants, ce qui permet de s'affranchir de la délicate étape des semis, il vous faudra les repiquer au jardin dans les 2 jours qui suivent l'achat, au maximum. Car les plaques, les barquettes ou les godets n'ont pas assez de terreau pour assurer la survie des plantes au-delà de ce délai.

3 Les F1, un gage de succès ?

Les variétés F1 sont des hybrides dont les qualités sont supérieures à celles des deux parents, déjà choisis pour leurs caractéristiques intéressantes. Elles répondent à des besoins précis, même en conditions un peu difficiles : résistance aux maladies, lenteur à monter en graines, précocité, rendements, taille des plantes, plantes sans graines, meilleure conservation... Le jardinier est donc gagnant. Il y a peu d'inconvénients, mais il faut les signaler : les graines coûtent plus cher, et l'avantage hybride n'étant transmis qu'à la première génération, les graines obtenues ne donnent pas les mêmes résultats.

4 Quelle surface ?

Un petit potager est facile à réussir, du moins quand on débute. Pas la peine donc de voir grand. Vous pouvez fort bien commencer par un potager en carrés (➔ page 720) ou une simple planche de terre de 1,20 m de large et de 5 m de long, par exemple. L'idéal est de surélever un peu la terre, cela permet un meilleur drainage en cas de fortes pluies. Vous pouvez retenir la terre par des planches en bois d'une vingtaine de centimètres de haut ou la façonner en butte. Si votre terre d'origine n'est pas idéale, vous pouvez rapporter de la bonne terre et/ou du terreau, qui resteront meubles et dans lesquels il sera facile de planter, de semer, d'extraire les mauvaises herbes et de récolter. Cela permet aussi de planter à proximité des arbres et des arbustes (côté soleil !), là où leurs puissantes racines feraient une concurrence déloyale aux légumes.

5 *C'est bon pour la planète et la biodiversité : L'association fleurs-légumes*

Les fleurs sont l'assurance santé du potager. Elles attirent les insectes pollinisateurs qui vont ensuite butiner sur les fleurs des légumes. Par les composés aromatiques qu'elles dégagent, par leur volume et leurs couleurs, elles dissimulent ou leurrent les insectes parasites des légumes, qui ont plus de mal à atterrir sur leurs plantes de prédilection. Certaines libèrent aussi dans le sol des composés qui perturbent le cycle des nématodes, parasites des plantes. On trouve le tagète bien connu, mais aussi la pervenche de Madagascar, le cosmos, la moutarde blanche, l'armoise, le lupin blanc, le trèfle violet...

Cosmos

Un seul topinambour donne, en 3 ans, une touffe de 1 m de large et 2,50 m de haut !

Le pourpier se ressème même entre deux dalles !

6 Ne pas se laisser envahir

Certains légumes sont tellement inratables… qu'une fois au potager, ils prennent leurs aises !

- Le plus connu est le fameux **topinambour**. Un seul tubercule (parfois même une épluchure de tubercule jetée sur le tas de compost) redonne une plante ! Réservez-le donc au fond du potager, loin des autres légumes, car non content de donner des touffes à la largeur impressionnante, il monte à plus de 2,50 m et fait de l'ombre aux légumes moins hauts que lui.
- **Le pourpier** qui, lui, ne dépasse pas 15 cm de haut, est tout aussi redoutable. Bien qu'annuel, il se ressème absolument partout. C'est une excellente « plante à salade », mais il produit bien plus que ce que l'on consomme. Ne le laissez donc pas monter en graines.
- Vivaces, les **crosnes** sont des tubercules. S'il en reste quelques-uns en terre après la récolte, les pieds repartent de plus belle au printemps suivant.

IDÉES

7 Pourquoi pas… Les bonnes associations ?

Il ne faut pas rechercher uniquement les affinités chimiques entre les légumes (tagètes et tomates en sont l'exemple type). Il faut aussi viser les associations qui gagnent de la place (maïs et haricot…), ou entre légumes à cycle long et à cycle court (carottes et radis sur un même rang…).

Tagètes et tomate

et Si

8 Je veux jardiner avec la Lune ?

Le jardinage avec la lune n'est pas une science, mais une somme de constatations empiriques, parfois même contradictoires, rassemblées au fil des ans par les jardiniers. Ce n'est pas une garantie de succès. Si vous désirez suivre un calendrier lunaire, conservez votre bon sens : la météo ou votre emploi du temps priment : s'il pleut des cordes et si la Lune suggère de semer ce jour-là, différez vos semis. Ne repiquez pas en pleine canicule, même si c'est un jour favorable. Et quand l'unique journée où vous avez le temps de planter ou semer est un nœud lunaire (où, traditionnellement, on s'abstient de jardiner), plantez et semez !

9 Je veux réussir des légumes un peu difficiles ?

C'est l'équation impossible : comment ne pas rater des légumes difficiles ? Comment récolter des melons, du céleri branche, des choux-fleurs… ?

- Évitez la phase semis et achetez du plant. Certains légumes aux lointaines origines tropicales demandent tellement de chaleur au départ qu'il est difficile de leur donner ce qu'ils exigent, surtout dans la moitié nord du pays : c'est le cas des melons, du coqueret du Pérou, des aubergines.
- Échelonnez vos semis. Sachant que les légumes ont une date optimale de semis, différente d'une région à l'autre.
- Documentez-vous : les carottes, par exemple, sont faciles à obtenir quand on sait qu'elles aiment les terres légères, sableuses, sans cailloux et que leur germination peut être très longue.
- Investissez dans une miniserre : cela change tout pour les tomates, les aubergines, les melons, les piments et poivrons !

Saveurs d'antan

Découvrir les saveurs qui faisaient le quotidien de nos ancêtres, c'est un peu comme ouvrir une fenêtre sur le passé. Une expérience sensorielle magique !

Le potager aux saveurs d'antan, pour qui ?

Ce type de potager plaira aux nostalgiques d'autrefois, mais aussi aux gastronomes, aux curieux ... **1**

Des fraises au goût d'autrefois

Vous souvenez-vous des fraises d'autrefois, dont la « queue » se détachait en laissant un grand trou ? Et quel goût ! Ces fraises existent encore, à vous de les dénicher ! ... **2**

Les légumes perdus... et retrouvés

Certains légumes, parce qu'ils répondaient à un besoin, parce qu'ils nourrissaient, parce qu'ils étaient adaptés à une région, ont connu de belles heures... avant de disparaître. Les revoici ! ... **3**

Les légumes condiments

Les épices lointaines étaient chères. Tout légume qui apportait aussi du goût, qui rehaussait celui des autres était précieux. Découvrez ces succédanés d'épices exotiques... **4**

Céleri branches

Les racines de jadis

On parle d'un temps où General Motors n'avait pas encore inventé le « Frigidaire » (1918). Les racines étaient donc prisées pour leur longue conservation... À redécouvrir ... **5**

Navet 'Boule d'Or'

Les herbes aromatiques du Moyen Âge

La gastronomie médiévale témoigne d'une utilisation raffinée des herbes aromatiques qui accompagnaient les épices dans les plats de viandes, dont le gibier. Elles étaient aussi reconnues pour leurs vertus médicinales ... **6**

L'origan servait à renforcer le goût de la bière médiévale.

IDÉES

→ POURQUOI PAS... Cultiver des « mauvaises herbes » aux saveurs d'antan ? 7

→ POURQUOI PAS... Faire entrer quelques fleurs médicinales au potager ? 8

CABANON, BORDURES DE CHÂTAIGNIER, ÉPOUVANTAIL, TOUT ICI FLEURE BON LA NOSTALGIE !

et Si

· Je veux les meilleurs haricots pour les conserves ? 9

Les Plantes idéales

★ Le potager d'antan, ce sont avant tout des **légumes qui se conservent** : beaucoup de courges (giraumon 'Turban', pâtisson 'Croblanc', potiron 'Bleu de Hongrie'), des légumes racines (panais 'De Guernesey', radis 'Rose d'Hiver de Chine', chou-rave, rutabaga, salsifis, scorsonère, topinambour), des légumes qui apportent du goût (oignon 'Keravel', roquette 'Sauvage', poireau perpétuel).

★ **Les tomates** ne sont lentement apparues en France que vers 1700. Parmi les anciennes variétés : 'Ananas', 'Andine Cornue', 'Merveille des Marchés', 'Noire de Crimée', 'Cœur de Bœuf'...

NOS CONSEILS

1. *Il n'y a aucun diktat dans la sélection des légumes d'autrefois, mais choisir une période donne un fil conducteur bien utile. Avant ou après Christophe Colomb, par exemple, ou bien les légumes de la Renaissance, le potager de la fin du XIXe siècle...*

2. *Si le potager est d'autrefois, rien n'exige que vous vous priviez des techniques, des produits et du matériel d'aujourd'hui. Il existe des engrais bio performants, des outils modernes efficaces et ergonomiques...*

3. *N'appliquez pas toutes les méthodes d'autrefois. Certaines étaient extrêmement toxiques, comme la décoction de tabac contre les insectes et spécialement les pucerons, qui donnait une solution à la nicotine, capable d'empoisonner toute une famille !*

1 Le potager aux saveurs d'antan, pour qui ?

Il n'est pas seulement réservé aux nostalgiques du bon vieux temps ! Il est destiné avant tout aux curieux, aux gourmets avides de nouvelles saveurs et de recettes originales. Tous ces aficionados des goûts d'autrefois devront être aussi débrouillards, car de nombreuses espèces et variétés ne sont pas disponibles facilement. On arrive cependant à trouver son bonheur entre les catalogues des spécialistes, les livres et les magazines de jardinage, les fêtes et bourses aux plantes, Internet et de plus en plus de jardineries !

2 Des fraises au goût d'autrefois

- La 'Capron Royal' remonte à 1623. Sa chair ferme et blanche rappelle la fraise des bois avec, en plus, un goût musqué, beurré.
- 'Sans Rivale' (1937) est acidulée, moelleuse, très sucrée et remonte.
- Mais pour beaucoup, la meilleure reste 'Frau Mieze Schindler' (nom actuel, 'Framberry'). Cette exceptionnelle création allemande de 1925 donne des fruits rouge foncé à la pulpe rose, à la saveur douce et sucrée, au parfum de fraise des bois. Elle ne se conserve pas : n'en profitent que ceux qui la cultivent !

4 Les légumes condiments

Voici le calendrier de plantation de votre massif de condiments anciens.

- Fin février à mi-mars : plantez les échalotes ('Demi-longue', échalote grise).
- Février-mars : plantez l'ail rose, tardif, une variété dite « de printemps ».
- Début mars : plantez les oignons 'Jaune Paille des Vertus', l'oignon blanc, l'oignon rouge.
- Mars-avril : semez du persil tubéreux.
- Avril : semez du piment d'Espelette.
- Mi-avril à début juin : plantez du céleri branche.
- Septembre-octobre : plantez du raifort, de l'ail violet (climat doux) et de l'ail blanc (climat tempéré).

3 Les légumes perdus... et retrouvés

- **Le panais**, consommé de tout temps, est tombé en désamour au XVIIIe siècle, à l'arrivée de la pomme de terre. La mode des légumes anciens l'a remis sur la sellette au début de ce siècle.
- **L'ail rose de Lautrec** a disparu dans les années 1950. Mais, au milieu des années 1960, des agriculteurs se sont mobilisés pour qu'il obtienne le Label rouge. On en produit aujourd'hui entre 400 et 800 t/an.
- **Le melon 'Petit gris de Rennes'**, qui est adapté aux climats froids et peu ensoleillés, était cultivé au début du XXe siècle, mais il a été détrôné, dans les années 1950, par des melons plus gros. Ces melons sont petits, mais excellents et très juteux. Heureusement, la mode des fruits et légumes rares, et surtout adaptés à leur climat, l'a remis sur le devant de la scène.

Pâtissons

Panais

5 Les racines de jadis

Si les légumes racines avaient tant d'importance avant la Première Guerre mondiale, c'est qu'ils se conservaient jusqu'à la période critique d'avril-mai. Voici les principaux.

- La betterave, au goût sucré, fort, terreux, avec des notes de mousse et d'humus. Cuite, elle a un goût fondant et sucré.
- Le persil tubéreux, à la saveur verte du persil, relevée d'une touche de navet.
- Le topinambour, au goût d'artichaut, en moins fibreux.
- Le salsifis, qui rappelle le cœur d'artichaut, en plus sucré.
- Le rutabaga, un navet en plus fort, avec une note de chou-fleur.
- Le radis long d'hiver, le radis noir en moins piquant.

6 LES HERBES AROMATIQUES DU MOYEN ÂGE

Toute plante à la saveur marquée était bienvenue pour masquer les odeurs de viande un peu fortes.

- **Les notes vertes** : persil, poirées, épinards.
- **Les notes anisées** : fenouil, carvi, aneth.
- **Les notes fraîches** : menthe, basilic, cerfeuil (herbes et graines).
- **Les notes chaudes**, proches des parfums de la garrigue : romarin, rue, sarriette, origan, marjolaine, hysope.
- **Les notes médicinales** : livèche, sauge officinale, laurier.

Rue

Livèche

IDÉES

7 POURQUOI PAS... CULTIVER DES « MAUVAISES HERBES » AUX SAVEURS D'ANTAN ?

Au Moyen-Âge, de nombreuses plantes aujourd'hui oubliées étaient cultivées dans les jardins ou ramassées.

- Fraîches, en salades : la grande mauve (*Malva sylvestris*), le pourpier (*Portulaca oleracea*), le plantain lancéolé (*Plantago lanceolata*), qui se mange jeune.
- En quiches ou gratins : la consoude (*Symphytum officinale*), l'arroche (*Atriplex hortensis*).

Mention spéciale au maceron (*Smyrnium olusatrum*), autrefois très apprécié et dont la culture s'est perdue. On utilisait ses racines charnues crues ou cuites, ses jeunes pousses, pétioles et feuilles comme le céleri, ainsi que ses jeunes inflorescences.

Arroche (*Atriplex hortensis*)

Bleuets et coquelicots

8 POURQUOI PAS... FAIRE ENTRE QUELQUES FLEURS MÉDICINALES AU POTAGER ?

On surnommait le souci la « fiancée du soleil », car la fleur s'ouvre et se referme en fonction des mouvements du soleil. Semez-le en avril-mai, directement en pleine terre.

Le bleuet et le coquelicot se sèment dès juillet, pour une floraison l'année suivante. On peut semer en avril mais, sauf saison exceptionnelle, les plantes seront un peu moins belles. Quant à la sauge officinale, plantez-la plutôt au printemps, sauf si votre sol est très drainant. Quelques feuilles fraîches frottées sur la peau apaisent les piqûres d'ortie ou de moustiques. Pratique au jardin !

Sauge officinale

et Si

9 Je veux les **meilleurs** haricots pour les **conserves** ?

- 'Castandel', rustique, résistant aux maladies, productif et s'adaptant à tout climat et sol. Belles gousses sans fil, adaptées à la congélation et aux bocaux.
- 'Delinel', productif et résistant à l'anthracnose et à la mosaïque. Longues gousses fines et sans fil qui se congèlent ou se stérilisent très bien.
- 'Contender', une variété traditionnelle bonne pour les conserves mais pas pour la congélation.

Délices du Sud

Il n'y pas de mal à se faire du bien : retrouver les parfums du Sud, les plats pleins de saveurs de l'été… Ce potager vous emmène tout droit au pays du soleil et des cigales !

Qui peut en profiter ?

Ceux qui habitent le Sud… et les autres ! Le potager du Sud, c'est avant tout un potager généreux, qui produit. Vous allez pouvoir régaler votre famille, vos amis, vos voisins. **… 1**

Le secret du fenouil officinal

Vous croyez connaître le fenouil officinal, au feuillage plumeux et qui sent l'anis ? Il n'a pas que son feuillage à offrir, il a encore quelques secrets qu'il ne dévoile qu'aux gastronomes curieux ! **… 2**

C'est bon pour la planète : Cultiver les courgettes sur butte

Les buttes, petits monticules de terre bien recouverts de paillage, permettent d'offrir une terre riche et toujours fraîche, tout en restant bien drainée. Et les fruits peuvent mûrir face au soleil **… 3**

Réussir son basilic

Cultiver du basilic, oui… mais si c'est pour obtenir les grandes feuilles molles et presque insipides des plants du supermarché… merci bien ! Découvrez tous les trucs qui vont booster la saveur de votre basilic **… 4**

Jeunes feuilles de betterave pour lemesclun

Comment obtenir des melons partout

Les melons, c'est le graal des jardiniers. Si, dans le Sud, ils poussent presque tout seuls, c'est une autre histoire dès que l'on passe la frontière virtuelle de Valence. Quelques conseils vont vous y aider **… 5**

Les règles d'un mesclun réussi

Saviez-vous que le vrai mesclun est originaire de la région de Nice ? Et qu'il obéit à des règles très strictes dont l'origine remonte à plusieurs siècles ? **… 6**

Pourpier

La roquette apporte juste la note d'amertume qu'il faut au mesclun.

IDÉES

→ POURQUOI PAS... Produire des tomates à sécher, comme en Italie ? **7**

→ POURQUOI PAS... Les piments les plus « hot » du monde ? **8**

RIEN DE MIEUX QUE DE MÉLANGER LES VARIÉTÉS DE TOMATES POUR NE JAMAIS S'EN LASSER.

et Si

- Je veux des laitues qui ne montent pas en graines trop vite ? **9**
- Je veux du céleri dans un coin très sec ? Le céleri aime l'humidité… et je n'en ai pas ! **10**

Les Plantes idéales

Ce sont les légumes traditionnels du Sud, sélectionnés empiriquement ou par les professionnels pour résister à la sécheresse, à la chaleur, ne pas monter en graines trop vite :

★ **Artichaut** 'Violet de Provence' ★ **Aubergine** 'Black Pearl F1', greffée ; 'De Barbentane' ★ **Céleri à côte** 'D'Elne', très productif ★ **Courge** 'Longue de Nice' ; potiron 'Musqué de Provence', variété ancienne exigeante en chaleur, coureuse, de 6 à 9 kg ★ **Fenouil bulbeux** 'Doux de Florence', facile ; 'Tauro F1', précoce, ne monte pas en graines ★ **Fève** 'Aguadulce', très hâtive et productive ; 'De Séville', semis de printemps ★ **Laitue grasse** 'Craquante d'Avignon' ; 'Craquerelle du Midi' ; 'Rougette de Montpellier', production de fin d'hiver ★ **Oignon** 'Bronzé d'Amposta', brun, chair rose, très gros bulbe plat, pour les régions au climat chaud ★ **Poivron** 'Cléor F1', long, triangulaire, jaune à maturité, très précoce, assez rustique, chair très parfumée ; piment 'Doux d'Espagne', très gros fruit, vert puis rouge, productif ★ **Tomate** 'Andine Cornue', variété ancienne, gros fruit allongé, pointu, précoce, saveur exceptionnelle, à tuteurer.

NOS CONSEILS

1. *Apportez régulièrement du compost, pour augmenter le taux d'humus dans le sol et ainsi retenir l'eau.*
2. *Paillez toutes vos cultures.*
3. *Cultivez à l'ombre des arbres les légumes demandant de la fraîcheur : salades, épinard, roquette, bette, cresson, oseille, choux, menthe, persil, ciboulette, cerfeuil, pois, radis.*
4. *Donnez chaleur et soleil au basilic, thym, romarin, origan, tomate, pour un maximum de saveur.*

1 Qui peut en profiter ?

Les gourmets, mais aussi les jardiniers ingénieux. Ces légumes du Sud demandent quasiment tous du soleil, il faut donc concevoir un plan où les grands ne font pas d'ombre aux petits (sauf aux salades, radis...). Il faut aussi mettre toutes les techniques en œuvre pour ne pas gaspiller une goutte d'eau.

2 Le secret du fenouil officinal

Tout le monde connaît le fenouil aux feuilles anisées, si facile à cultiver, surtout en terre un peu fraîche. Mais saviez-vous que son pollen se récolte aussi ? C'est une épice majeure en Toscane, où elle est appelée « épice des anges » et saupoudrée sur les volailles et les légumes. Ses minuscules grains dorés dégagent un puissant parfum de miel anisé, infiniment plus délicat que ses feuilles ou ses graines. Elle est considérée à la fois comme une épice et un exhausteur de goût, car elle magnifie tout ce qu'elle touche, salé ou sucré. À moins de le récolter soi-même, ce produit est très coûteux et presque introuvable d'ailleurs. Cueillez les fleurs à maturité et mettez le bouquet tête en bas dans un sachet en papier que vous suspendrez une semaine dans un endroit sec. Conservez les grains tombés dans un bocal hermétique.

4 Réussir son basilic

En matière de parfum, les conditions de culture du basilic ont plus d'impact que la variété elle-même. Des recherches à l'université de Nottingham ont montré que le basilic cultivé à 25 °C contenait trois fois plus d'arômes que celui cultivé à 15 °C. Dans le Sud, pas de souci. Plus au nord, mettez vos plants sur l'étagère la plus haute de la serre ou sur un appui de fenêtre.

3 *C'est bon pour la planète : Cultiver les courgettes sur butte*

Les buttes, petits monticules de terre appelés aussi « billons », sont idéales pour les gros légumes gourmands, tels que les choux, les citrouilles, les courgettes. Elles offrent en effet un beau volume de terre humifère naturellement drainante. On les paille pour maintenir l'humidité.

5 Comment obtenir des melons partout

Dans le Sud, pas de problème. Ailleurs, il est conseillé de leur offrir l'abri d'une petite serre démontable, qui va leur apporter de précieuses calories en plus. Choisissez des melons greffés, bien plus résistants aux aléas climatiques. 'Savor F1', par exemple, à l'écorce semi-brodée, résiste à l'éclatement et est réputé pour la qualité de sa chair. Tentez aussi le 'Petit Gris de Rennes', semé en pot début mars, planté dehors après la mi-mai et taillé à 3 feuilles. Arrosez tous les soirs.

Idées

7 Pourquoi pas... produire des tomates à sécher ?

Traditionnellement, en Italie, ce sont les 'San Marzano Lungo', 'Roma' et 'Principe Borghese', plus petite, qui sont utilisées. Mais on peut aussi tenter les 'Saint Mar', 'Jersey Devil', 'Cornue des Andes' ou 'St Jean d'Angély'. S'il fait 40 °C au soleil, comme en Tunisie, vous pouvez les sécher naturellement. En climat frais, utilisez le four doux, préchauffé à 100 °C. Étalez les tomates sur la plaque. Saupoudrez avec un peu de sucre et de fleur de sel. Ajoutez thym, romarin, ail, puis mettez au four 2 heures. Retournez les tomates et laissez dessécher encore 2 ou 3 heures, jusqu'à ce qu'elles soient bien ridées.

8 Pourquoi pas... les piments les plus « hot » du monde ?

Officiellement, le piment le plus fort est 'Carolina Reaper', dont la force est juste sous la bombe d'autodéfense. Mais si vous ne voulez pas aller si loin, tournez-vous vers 'Des Oiseaux' (ou 'Pili-pili'), tout petit fruit rouge au goût brûlant, qui sèche très bien ; 'Gorria', piment d'Espelette, fruit conique, rouge, pas trop fort, charnu, ou 'Impala F1', au long fruit vert puis rouge au goût puissant et subtil.

6 Les règles d'un mesclun réussi

Le mot « mesclun » vient du provençal *mescla*, « mélanger ». Le mesclun aurait été inventé par les moines franciscains du monastère de Cimiez, près de Nice. Dans cette région chaude, il est probable que les moines semaient régulièrement de la salade et la cueillaient jeune pour ne pas qu'elle monte en graines. Quand ils éclaircissaient les semis, ils récupéraient les jeunes feuilles et complétaient avec des herbes sauvages. Pour respecter la règle de l'authentique mesclun niçois, il faut 7 plantes, dont la roquette et le cerfeuil. C'est un mélange étonnant de saveurs qui se mettent en valeur mutuellement :

- **piquantes** : mizuna, roquette, cresson alénois ;
- **douces** : cerfeuil, pourpier, laitue, mâche ;
- **amères** : scarole, pissenlit, trévise ;
- **typées** : épinard, jeunes feuilles de betterave, tétragone.

et Si

9 Je veux des **laitues** qui ne montent pas en **graines** trop vite ?

Arrosez régulièrement, choisissez une variété adaptée à la saison et sélectionnée pour sa résistance à la chaleur, ombrez-les par des légumes plus grands, échelonnez vos semis et consommez-les jeunes.

10 Je veux du **céleri** dans un **coin très sec** ?

Trichez et cultivez de la livèche, une plante venue du Moyen Âge et dont les feuilles et les graines sentent le céleri à s'y méprendre. C'est une jolie plante vivace qui peut monter à 1,50-2 m en fleur.

Le potager fleuri

Le potager fleuri va souvent de pair avec un jardin de campagne, de curé ou de cottage, des mots qui recouvrent tous un joyeux mélange ordonné de fleurs et plantes en tout genre.

Le potager fleuri, pour qui ?

Pour tous ceux qui aiment la fantaisie, la couleur, l'ordre gentiment bousculé. Mais ne vous y trompez pas, un beau potager fleuri demande autant de soins qu'un potager tiré au cordeau ! ... 1

Les fleurs qui soignent les autres plantes

Quand on abandonne les biocides chimiques (pesticides, fongicides), on s'aperçoit que la nature prend le relais et offre non pas l'équivalent, trop brutal pour le jardinage naturel, mais de quoi limiter sérieusement les dégâts ... 2

Tagète

Tanaisie

Les légumes fleurs

Les légumes eux-mêmes peuvent assurer le spectacle, avec leurs fleurs aussi belles que les autres, et comestibles en plus. Découvrez ces légumes indispensables dans un potager fleuri ... 3

Haricots d'Espagne

C'est bon pour la planète : *Des fleurs pour attirer les abeilles*

Si la lavande est emblématique des fleurs à abeilles... il n'y a pas qu'elle ! Allez chercher pollen et nectar pour ces pollinisatrices chez les belles mauvaises herbes, les fleurs des prés, les vivaces ornementales ... 4

Un coin de fleurs à bouquets

Une étude vient de montrer que les fleurs ont un effet positif sur le sentiment de bonheur. Non seulement pour la personne qui en reçoit, mais aussi pour celle qui en offre... C'est le moment de semer du bonheur ! ... 5

Zinnias

IDÉES

→ POURQUOI PAS... Cultiver de la Phacélie, fleur anti-mauvaises herbes ? **6**

→ POURQUOI PAS... Cultiver des fleurs Comestibles ? **7**

DIFFICILE DE DIRE OÙ S'ARRÊTE LE MASSIF FLEURI ET OÙ COMMENCE LE POTAGER !

et Si

· Je veux du parfum ? Le parfum, c'est la 3D du jardin. Mais pas besoin de lunettes stéréoscopiques... le nez suffit ! Chacun n'étant pas né égal en matière d'olfaction, mais voici des plantes qui feront l'unanimité. **8**

Les Plantes idéales

Tous les légumes du potager fleuri sont classiques, faciles à cultiver, capables de supporter une (légère) concurrence des fleurs. Certains sont même décoratifs en eux-mêmes, grâce à leurs fleurs (haricot d'Espagne, aux fleurs orange, cardons, angélique).

★ **Les fleurs adaptées :** ce sont des fleurs non toxiques, aux racines peu traçantes, de préférence des annuelles, pas trop hautes pour ne pas faire d'ombre. Si elles sont mellifères et/ou pollinifères, c'est encore mieux (bourrache, hysope, menthe pouliot).

NOS CONSEILS

1. *Ne sacrifiez pas le rendement : un potager fleuri est avant tout un endroit où l'on produit des légumes pour nourrir sa famille. Sinon, c'est un jardin bouquetier.*
2. *Ne plantez pas les fleurs au hasard, jouez avec la couleur et la texture des légumes : poireaux gris-bleu et zinnias jaunes ou orange se mettent mutuellement en valeur ; sauge hormin et carottes forment un duo contrasté ; dahlias pompons pourpres et choux toscans bleutés sont splendides ensemble.*
3. *Choisissez des fleurs utiles à la vie du potager : fleurs mellifères, pollinifères, répulsives contre les insectes, attractives pour les insectes auxiliaires...*
4. *Plantez-les de telle manière qu'elles ne nuisent pas à la croissance des légumes, qu'elles ne leur fassent pas d'ombre, qu'elles ne gênent pas le passage de la brouette ou du tuyau d'arrosage.*
5. *Évitez les mélanges de graines, qui donnent un résultat assez désordonné.*

1 Le potager fleuri, pour qui ?

Pour ceux qui veulent jardiner naturellement, mais aussi pour ceux qui sauront trouver l'équilibre entre la place dédiée aux fleurs et la culture des légumes. Pour donner un ordre de grandeur, on considère que la surface occupée par les fleurs ne doit pas excéder 20 % de la superficie totale du potager.

2 Les fleurs qui soignent les autres plantes

Pour les fleurs, il y a mille manières de prendre soin des légumes.

- **Les fleurs qui éloignent les parasites**, comme les tagètes, dont l'action nématicide est maintenant bien connue. Mais ils ne sont pas les seuls, les cosmos ont aussi cet effet.
- **Les fleurs qui attirent les auxiliaires** (chrysopes, petites guêpes, syrphes et coccinelles, adultes ou larves), qui se nourrissent de parasites, dont les pucerons. Les Ombellifères (Apiacées) sont leurs plantes d'atterrissage préférées. Plantez du fenouil officinal ou de l'aneth, plus petit, ou la ravissante annuelle aux ombelles blanches, *Ammi visnaga*.
- **Les fleurs qui protègent du soleil trop chaud**, qui fait « couler » les fleurs des melons, concombres, courgettes : les hautes annuelles comme les cosmos ou les dahlias, les lavatères, les amarantes.

3 Les légumes fleurs

Fleur de courgette

On mange les feuilles, les racines, les tiges des légumes, mais aussi leurs fleurs : artichaut 'Camus de Bretagne', choux-fleurs 'Amsterdam F1', qui se récolte du printemps à l'automne, 'Clovis F1', résistant au froid et qui se récolte l'hiver, ou 'Merveille de Toutes Saisons', une variété traditionnelle d'été et d'automne. Dans la famille des choux à fleurs, on trouve bien sûr également les brocolis et le chou 'Romanesco', qui est un chou-fleur aux florettes en forme de fractales. Il y a aussi les fleurs qui sont décoratives, comme celles du haricot d'Espagne 'Pickwick' *(Phaseolus coccineus)*. Quant aux fleurs de courgettes, sachez que la variété 'Gabbiano F1' est spécialement destinée à la récolte de courgettes « fleurs ».

4 *C'est bon pour la planète : Des fleurs pour attirer les abeilles*

Il n'y a pas que la lavande qui attire les abeilles. Elles ont une prédilection pour les espèces rustiques et les « mauvaises herbes », plus riches en pollen et nectar que les fleurs sophistiquées. N'arrachez pas tous les pissenlits, laissez des orties dans un coin retiré du potager, accueillez l'achillée, le serpolet, les pâquerettes et le sainfoin entre les légumes ou en bordures des carrés. Vous pouvez aussi semer dans les planches inoccupées des mélanges de fleurs des prés – trèfle, réséda, bleuet, coquelicot, luzerne – qui composent de très jolis tapis colorés. Enfin, en limite de potager si vous avez de la place, plantez les asters, campanules, roses trémières, muscaris, myosotis, l'arabette (ou corbeille d'argent), le mélilot blanc, les hellébores. Pour la haie, adoptez l'épine-vinette, le houx commun, le cognassier, le troène, le seringat, le laurier-tin, le lierre et le chèvrefeuille pour la fructification.

Sainfoin

5 Un coin de fleurs à bouquets

Dispersez vos fleurs entre les légumes, le long ou entre les planches, contre la clôture ou regroupez-les dans un carré, où elles entreront dans le cycle de rotation des cultures, au même titre que les légumes. Préférez les annuelles, dont les racines concurrencent moins les légumes. Semez des achillées, des mufliers (choisissez les grands, ceux de 60-80 cm, pas ceux pour potées), des pois de senteur (à semer le long des grillages à mi-ombre), des zinnias géants (à fleurs simples, de 40-45 cm de haut), des soucis. Dahlias et cosmos prennent de la place, écartez-les des légumes d'au moins 1,50 m.

Dahlia

IDÉES

6 Pourquoi pas... Cultiver de la phacélie, fleur anti-mauvaises herbes ?

La phacélie est un engrais vertqui ameublit le sol, renouvelle les éléments nutritifs de la terre et qui est très efficace contre les mauvaises herbes, puisqu'elle arrive même à étouffer le chiendent. Elle est, de plus, mellifère et attire les abeilles par centaines. Elle est donc parfaite pour préparer la terre du potager. Semez de fin mars à la mi-mai, et quand elle est presque à hauteur de genoux, arrachez-la. Utilisez-la comme paillage autour des premiers plants que vous avez semés ou que vous repiquez comme les tomates ou les choux. Vous gagnerez du temps et économiserez du travail.

7 Pourquoi pas... Cultiver des fleurs comestibles ?

Fleur de *Feijoa sellowinia*

Cultivez les fleurs aux notes aromatiques, comme les capucines et les hémérocalles, poivrées, la lavande, camphrée, la camomille, médicinale, la ciboulette, aillée ; celles qui tirent sur le côté fruité, comme les agastaches, un peu orangées, les bégonias au goût de pomme verte, les feijoas au goût de marshmallow à la menthe ! Et si vous voulez cristalliser des fleurs dans le sucre, cultivez des violettes, du jasmin et du chèvrefeuille.

et Si

8 Je veux du parfum ?

On parle ici de parfums qui se détectent à 2 m, comme celui du lis blanc ou du phlox paniculé 'Windsor' (au soleil pour que le parfum diffuse), ou bien qui sont immédiatement perceptibles quand on frôle le feuillage, comme celui des agastaches, de la plante curry (*Helichrysum italicum*), en sol très drainé. En bordures, choisissez des œillets (à acheter en plants fleuris, pour en tester le parfum qui n'est pas toujours présent, ni de la même intensité) et des aubriètes.

Agastaches

⚠ À ÉVITER AU POTAGER

Datura : il est considéré comme un psychotrope hallucinogène, déclenchant des hallucinations visuelles et auditives, avec risque d'arrêt cardiaque. Même à petite dose, ses effets sont très désagréables (assèchement complet de toutes les muqueuses).

Aconit : c'est la fleur la plus toxique de France, et il n'y a pas d'antidote !

Colchique : il produit un alcaloïde très toxique, la colchicine.

Datura

Aconit

Colchique

1

2

3

4

LE Potager fleuri

1. **CAPUCINE** (*Tropaeolum majus*)
2. **BOURRACHE** (*Borage officinalis*)
3. **SOUCI** (*Calendula officinalis*)
4. **ŒILLET** (*Dianthus spp.*)
5. **AMARANTE** (*Amaranthus tricolor 'Joseph's Coat'*)
6. **GAILLARDE VIVACE** (*Gaillardia aristata 'Arizona Sun'*)
7. **VIOLETTE CORNUE** (*Viola cornuta*)

5

6

7

8

9

8. **GLAÏEUL NAIN** (*Gladiolus x colvillei* 'The Bride')

9. **COSMOS** (*Cosmos bipinnatus*)

10. **POIS DE SENTEUR** (*Lathyrus-odoratus*)

11. **PIVOINE HERBACÉE** (*Paeonia lactiflora*)

12. **REINE-MARGUERITE** (*Callistephus sinensis*)

13. **MUFLIER** (*Antirrhinum majus*)

10

11

12

13

Un potager en ville

LES POTAGERS URBAINS SONT UN PHÉNOMÈNE DE SOCIÉTÉ. ILS ENVAHISSENT LES PETITS JARDINS, JARDINS PARTAGÉS, TOITS-TERRASSES, BALCONS ET REBORDS DE FENÊTRES. NOUS SOMMES DE PLUS EN PLUS NOMBREUX À VOULOIR VERDIR LA VILLE.

UN POTAGER URBAIN, C'EST QUOI ?

C'est un potager qui subit des contraintes particulières liées à la ville. Et bien souvent, le jardinier est un actif qui n'a pas énormément de temps à consacrer à ses plantes, mais qui tient à récolter quand même ! ... **1**

OPTIMISER LA SURFACE AVEC UN POTAGER SUSPENDU

Comment ne pas perdre de précieux mètres carrés ? Comment même en trouver quelques-uns en plus ? Il y a des solutions : occuper l'espace en 3D ! ... **2**

UN POTAGER DESIGN

En ville plus qu'ailleurs, le potager design trouve sa raison d'être. Il doit alors répondre à deux objectifs *a priori* contradictoires : produire et offrir un cadre de qualité ... **3**

LA RÉSERVE D'EAU, UNE BELLE ÉCONOMIE

L'eau de ville a augmenté de 4 % en moyenne par an au cours des 20 dernières années. Elle devient un bien précieux. Récupérer l'eau de pluie est un plus ... **4**

C'est bon pour la planète : La culture sur botte de paille

Jardin urbain, terrasse, toit... il y a souvent des dalles impossibles à ôter. Pour ne pas perdre l'espace, mettez en œuvre cette technique de production qui nous vient des États-Unis ... **5**

IDÉES

→ POURQUOI PAS... Des légumes qui poussent sans beaucoup de soleil ? 6

→ POURQUOI PAS... Mélanger jardin potager et fleurs ? 7

Les Plantes idéales

★ Dans un jardin urbain, où l'on a pratiquement tout sous les yeux, on cultive volontiers des **légumes au feuillage décoratif**, comme le basilic 'Dark Opal', la laitue 'Lollo rossa sanguine', la poirée 'Bright Light', ou aux fleurs ou aux fruits intéressants comme : le chou brocoli 'Romanesco', l'aubergine blanche, le poivron 'Sweet Ingrid'.

★ Certaines plantes peuvent même **structurer le jardin par leur silhouette**, comme le laurier-sauce en topiaire, l'artichaut 'Lancelot F1', le chou frisé 'Starbor', le cardon 'Plein blanc' ou la sauge officinale.

★ Les légumes, les aromatiques ou les petits fruits qui se grappillent sur la plante ou se **cueillent au gré des besoins** sont les bienvenus : tomate cerise 'Black Cherry', fraisiers, ciboulette 'Staro'.

LES RÈGLES DE BASE

1. *Gardez votre jardin le plus net possible, car tout est visible toute l'année.*
2. *Rentabilisez chaque mètre carré.*
3. *Ne vous privez pas d'une petite serre ou d'un châssis pour avancer ou prolonger les récoltes.*
4. *Soignez encore plus la terre que pour un potager classique, car sur une surface plus petite, la culture est plus intensive.*
5. *Ici, encore plus qu'ailleurs, bannissez tout ce qui se termine en « cide » : insecticides, herbicides, fongicides. En effet, vous rapportez toujours d'infimes traces de ces pesticides sous vos semelles, ce qui finit par produire une vraie pollution de vos tapis, moquettes, rideaux...*

et Si

- Je veux cultiver des petits fruits ? 8
- Je veux en savoir plus sur les jardins partagés ? 9

1 Un potager urbain, c'est quoi ?

C'est un petit potager, contraint par l'espace (bâtiments voisins, ombres portées, racines des arbres, terrasse...). La terre n'y est pas forcément bonne, car le potager est souvent récent, installé à l'emplacement d'une ancienne terrasse, d'une pelouse. Il se peut même qu'il n'y ait pas de terre et qu'il faille cultiver en pot. Il doit produire un peu de légumes frais tout au long de l'année. On recherche la fraîcheur, le goût, l'originalité, l'esthétique plus que la quantité.

2 Optimiser la surface avec un potager suspendu

Vous n'avez pas assez de place au sol ? Investissez les surfaces verticales ! L'abri de jardin ou la tonnelle, par exemple, servent de support aux courges et aux melons. Ne craignez pas que les fruits tombent sous leur propre poids, le pédoncule se renforce au fur et à mesure de la croissance en suspension. Et si, juste avant la récolte, vous craignez quand même la chute des fruits, vous pouvez les installer dans des petits hamacs en filet, que vous clouerez sur le bois du cabanon. Le mur du garage, habillé de treillages, peut accueillir les concombres et les haricots à rames. Les branches des arbustes bas peuvent soutenir les tomates cerises.

Les rebords de fenêtre accueilleront les légumes qui se cultivent en pot (poivron, basilic, laitue, aromatiques).

Vous n'avez plus de surfaces verticales à planter ? Créez-en ! Trois perches de noisetier de 2,50-3 m de haut, fixées en tipi, vont soutenir les pois. Les tomates acceptent de pousser sur des filets, tendus en toile de tente.

3 Un potager design

Votre imagination est votre guide, mais si vous cherchez l'inspiration, vous trouverez de nombreux exemples de potagers design dans les livres et sur Internet : lignes géométriques, matériaux modernes, formes non traditionnelles, couleurs vives. Mais gardez en tête quelques règles immuables : il faut une profondeur de terre d'au moins 30 cm, l'eau doit s'écouler librement, les allées être praticables (au moins 1,50 m de large). Presque tous les légumes exigent de 6 à 8 heures de lumière directe par jour. Et dernière règle : ne multipliez pas les matériaux dans un petit espace, mais assortissez-les.

4 La réserve d'eau, une belle économie

Si vous récupérez l'eau du toit d'un cabanon, sachez que tous les matériaux ne restituent pas la même quantité. On parle de coefficient de perte : ardoises 0,95, tuiles 0,90, toit ondulé 0,80, toit plat 0,60. Ainsi, les ardoises récupèrent plus d'eau qu'un toit plat, qui favorise l'évaporation de l'eau.

5 *C'est bon pour la planète : La culture sur botte de paille*

On sème ou plante dans des bottes de paille de blé dont on a déclenché artificiellement le processus de décomposition, par apport d'eau et d'azote (fiente de poule, sang séché, purin d'orties...). On arrose ensuite régulièrement et la paille se décompose petit à petit sous l'action des bactéries. La botte va tenir ainsi 2 ans, offrant aux cultures un milieu à chaleur constante (20 °C), drainant et aéré, et de la matière organique à profusion. Puis elle va peu à peu se composter en son centre. On s'en sert alors pour couvrir et enrichir le sol.

IDÉES

6 Pourquoi pas… Des légumes qui poussent sans beaucoup de soleil ?

La mi-ombre, pour les légumes, commence à partir de 3-4 heures seulement de soleil par jour, ce qui est assez peu. Bonne nouvelle : vous aurez moins à arroser, et laitues, épinards et roquette monteront moins vite en graines sous l'effet de la chaleur. Oubliez les légumes fruits (tomate, aubergine, courgette, poivron, courge) et tournez-vous vers les légumes feuilles : laitue, épinard, roquette, bette à carde, cresson, oseille, choux (tous, même les chinois) et les racines (radis, betterave, navet, panais). Pensez aussi aux aromatiques : menthe, persil, ciboulette, cerfeuil, mélisse, livèche.

7 Pourquoi pas… Mélanger jardin potager et fleurs ?

Privilégiez les fleurs comestibles (agastache, hysope, capucine, violette et pensée, fuchsia, bégonia) et celles à longue floraison (*Salvia microphylla*, gaura, coréopsis, rudbeckia, benoîte, knautia, penstémon, scabieuse, campanule des murs, valériane rouge ou blanche, cosmos, érigeron, gaillarde).

et Si

8 Je veux cultiver des petits fruits ?

Les petits fruitiers sont faits pour les jardins urbains par leur taille, bien évidemment, mais aussi par leur affinité avec la mi-ombre : cassis, framboises, fraises (surtout les fraises des bois ou alpines), myrtilles, mûres, rhubarbe… Pensez aussi au cognassier (si possible proche du type sauvage, tellement plus parfumé), qui peut pousser dans un coin du jardin à mi-ombre, ainsi qu'aux amélanchiers, qui donnent de savoureuses petites baies, même avec 4 heures de soleil par jour. Ils ne dépassent pas 3 m de haut et guère plus de large. Si vous ne disposez que d'une terrasse ou d'un balcon, *Amelanchier laevis* et *A. canadensis* peuvent être cultivés dans un grand bac de 50 cm de côté. Les fruitiers nains occupent peu d'espace, mais ils ne sont pas forcément ceux qui demandent le moins de soins et d'arrosages.

9 Je veux en savoir plus sur les jardins partagés ?

Le terme de « jardin partagé » englobe les jardins familiaux, d'insertion, éducatifs, collectifs, communautaires… Leurs statuts sont tous différents mais, ils ont une valeur commune, liée au partage (espace, projet, activités, récoltes…).

Un potager suspendu

Pourquoi la gourmandise serait-elle réservée aux seuls possesseurs de jardin ? Ceux qui n'ont qu'une terrasse, voire un balcon, ont le droit aussi de récolter des légumes tout frais. À eux le potager suspendu !

Qu'est-ce qu'un potager suspendu ?

C'est la revanche de ceux qui n'ont pas de place au sol, ou pas de terre ! C'est l'imagination laissée libre de choisir n'importe quel contenant, tant qu'il a le bon volume et un trou au fond et de l'accrocher où cela lui plaît ... **1**

Avantages et inconvénients

Pour ne pas susciter de faux espoirs... autant pouvoir peser le pour et le contre avant de se lancer, de bricoler d'ingénieux systèmes et de rapporter des sacs entiers de terreau potager... **2**

Le problème de l'écoulement de l'eau

Certains potagers suspendus s'arrosent par le dessus et l'eau descend par gravité sur les différents contenants. Cette solution qui peut paraître ingénieuse n'est pas forcément la bonne. Découvrez pourquoi ... **3**

Les différentes structures pour les légumes non grimpants

La contrainte stimule l'imagination ! Sans aller jusqu'aux fameux jardins suspendus de Babylone, trouvez votre propre système, le compromis acceptable entre l'esthétique et le pratique ... **4**

Quel terreau utiliser ?

Dans ce type de potager si éloigné de la pleine terre, votre meilleur allié sera le terreau. Ne pensez pas que des apports d'engrais suffisent. Les qualités physiques du terreau sont aussi importantes ... **5**

Tous les légumes ne demandent pas le même volume de terre

Il est bon d'avoir une idée de l'importance du volume de terre nécessaire à chaque type de légume. Et curieusement, les plus volumineux en feuillage ne sont pas les plus demandeurs en terreau ... **6**

Radis et carottes font partie des légumes peu gourmands en terre.

IDÉES

→ POURQUOI PAS... **Récupérer une palette ?**
Ces palettes en bois destinées au transport sont souvent jetées avec les encombrants. Avec un peu d'ingéniosité, on peut en récupérer une et en faire un minipotager suspendu très acceptable. **7**

UNE RÉCUP DE CANALISATIONS PVC ORIGINALE !

et Si

· Je veux éviter que le terreau se tasse ? **8**

· Je veux aussi des fleurs ? **9**

Les Plantes idéales

Légumes à cycle assez court et n'ayant pas besoin d'une grande profondeur de terre, comme les salades, les radis, le mesclun, le cresson alénois.

★ **Tomates cerises à port compact :** 'Cerise jaune', 'Candy Tom', 'Clémentine', 'Groseille rouge', 'Heartbreakers', 'Tumbling Tom Red'...

★ **Tomates à fruits moyens et poussant bien en pot :** 'Cascade', 'Totem'...

★ **Aromatiques annuelles** (sarriette annuelle, cerfeuil, coriandre, aneth), bisannuelles (persil), vivaces à développement moyen (estragon, thym, oseille, ciboule et ciboulette)

★ **Petits fruits comme les fraisiers.** Testez la toute nouvelle variété 'Framberry', qui produit des fruits ronds, rouge foncé, brillant, à la chair rosée, à la saveur de framboise et de fraise des bois.

★ **Variétés non coureuses de courgettes :** 'Tarmino', 'Gabbiano', plants bio, 'Floridor' aux fruits ronds et jaunes, plants bio.

★ **Haricots nains :** 'Velour', 'Argus', 'Oxinel'...

NOS CONSEILS

1. *Prévoyez des éléments facilement démontables en fin de saison, car dans les petits espaces, des dizaines de pots ou contenants vides ne sont pas esthétiques.*

2. *Veillez spécialement à la qualité du terreau, importante dans de petits contenants.*

3. *Prévoyez un engrais organique complet, sans quoi, les récoltes seront pauvres.*

4. *Si vous partez, demandez impérativement à quelqu'un de passer, car ce type de potager ne reste pas longtemps sans eau.*

Un potager suspendu

1 Qu'est-ce qu'un potager suspendu ?

Il s'agit d'une méthode de culture hors-sol, où les légumes sont étagés. On peut le mettre en œuvre partout, du moment que les légumes bénéficient d'un ensoleillement correct (4 à 5 heures de soleil par jour) et d'eau régulièrement. Il s'impose dans les petits jardins, sur les terrasses ou les balcons de ville bien exposés, où il sera possible de planter contre les murs et de palisser sur un treillage. Ce potager permet de produire autant, voire plus, qu'un potager horizontal, à superficie égale.

3 Le problème de l'écoulement de l'eau

Un potager suspendu est la plupart du temps posé sur une surface dure, terrasse, balcon... Il arrive qu'il soit impossible de laisser l'eau s'écouler librement. Pensez-y dès la conception du potager, avant même de mettre tout en œuvre. Des soucoupes ou des bacs de récupération de l'eau sont indispensables. Certains systèmes proposent un arrosage par le haut, l'eau s'écoulant ensuite d'un pot, d'une gouttière dans un autre. L'idée pourrait paraître astucieuse. Elle présente un inconvénient majeur : les plantes du bas reçoivent une eau extrêmement chargée en minéraux. Même si la culture est de courte durée, la concentration en minéraux peut atteindre un seuil toxique. On s'aperçoit de ce déséquilibre quand les bords des feuilles brunissent. Il faut alors lessiver le terreau en le passant plusieurs fois sous l'eau claire. Les nouvelles feuilles qui poussent ne doivent alors pas avoir des bords brunis.

2 Avantages et inconvénients

Les plus : un gain de place (là où il fallait 8 m^2 de surface au sol pour une seule espèce de légume, 1 m^2 au sol suffit) ; pas de désherbage ; pas d'eau gaspillée ; possibilité de cultiver n'importe où sans terre; les arrosages vont directement aux pieds des plantes sans éclaboussures sur les feuilles et il y a moins de maladies ; on jardine en hauteur, sans mal de dos ; la récolte est facilitée.

Les moins : on ne peut pas tout cultiver, artichaut, cardon, topinambour, maïs ne sont pas adaptés, car trop grands ; il faut être un peu bricoleur pour installer ces drôles de contenants ; l'arrosage devra être plus suivi que dans un potager classique car les contenant se dessèchent assez vite.

Poire-melon en suspension

Fraisiers en paniers suspendus

4 Les différentes structures pour les légumes non grimpants

La seule limite à votre imagination, en matière de structures et de contenants... c'est le bon sens ! Il faut des contenants individuels d'au moins un litre, percés dans le fond. Les matériaux légers sont les plus pratiques : sacs en toile épaisse, bouteilles et pots en plastique. Fixez-les de telle manière que le niveau de la terre soit horizontal, et de 4-5 cm en dessous du bord du pot, sinon vous allez avoir des difficultés à arroser efficacement. Ne surchargez pas la structure porteuse, le terreau mouillé est lourd. 70 l à peine humides pèsent déjà plus de 20 kg !

5 Quel terreau utiliser ?

Il faut du terreau riche. Mais même les terreaux qui contiennent déjà des engrais sont appauvris au bout d'un mois de culture. Vous ne récolterez rien (ou pas grand-chose), et surtout pas des cultures dites « longues » (plus de 4 mois) sans apports d'engrais. Choisissez un engrais organique bio, à apporter toutes les deux semaines, ou un engrais à diffusion retard, que vous appliquerez tous les 2 ou 3 mois.

6 Tous les légumes ne demandent pas le même volume de terre

- Parmi les plus exigeants : la courge, 60 l/pied, la pastèque, 40 l ; l'aubergine, la courgette et le melon, 30 l ; la blette et le chou, 25 l ; le concombre, 20 l.
- Viennent ensuite les légumes un peu moins exigeants en terre – 15 l leur suffisent : haricot, poivron, chou-fleur, pomme de terre.
- Puis les légumes qui demandent moins de 10 l : basilic, laitue, persil, poireau, fève, navet, oignon, pois, persil…
- Enfin, les champions toutes catégories, avec moins de 3 l : betterave, radis, mâche, roquette, ail, épinard, carotte, scarole.

Aubergines

Betteraves

Idées

7 Pourquoi pas… récupérer une palette ?

Une palette fait un charmant potager suspendu. Pour cela, mettez-la d'abord à plat. Clouez un feutre horticole sur la face arrière et le fond (la partie sur laquelle reposera la palette une fois debout), pour empêcher la terre de s'échapper. Puis clouez par-dessus un contreplaqué pour bien maintenir le feutre. Retournez la palette de l'autre côté et remplissez de bon terreau. Tassez en remuant la palette de temps en temps. Il vous faut environ deux sacs de 60-70 l pour la remplir. Redressez ensuite la palette doucement et plantez à travers les lattes. En bas, placez les salades, le persil, la ciboulette. En haut, vous planterez tomates et courgettes. Si nécessaire, complétez avec un surplus de terreau.

Aromatiques en palette

Petit potager suspendu en matériaux de récupération

et Si

8 Je veux **éviter** que le **terreau** ne se tasse ?

Le terreau en partie inférieure va avoir tendance à se tasser sous le poids des légumes et du terreau de la partie supérieure. Il faut donc l'enrichir un peu plus en éléments qui vont le stabiliser. Ajoutez des billes d'argile (5 l pèsent environ 2 kg) ou, encore plus léger, de la perlite. Ce matériau blanc léger qui ne se tasse pas (à la différence de la vermiculite) est une roche volcanique siliceuse, concassée en particules de 5 mm environ. Son pH est neutre. Ajoutez au terreau de 30 à 50 % de perlite.

9 Je veux **aussi** des **fleurs** ?

Plantez ou semez des fleurs faciles et à petit développement racinaire : capucines, qui retombent gracieusement (pas les géantes, trop envahissantes), pensées ou petites violas qui bouchent tous les trous, lobélias, qui poussent à la mi-ombre induite par les autres légumes et enfin, tagètes, fleuris tout l'été.

Un potager vertical

Il peut arriver que l'on manque de place au sol, que l'on veuille cultiver encore plus de légumes sur une même surface, ou tout simplement que les légumes demandent des supports. On met alors en œuvre une culture à la verticale.

Le potager vertical, c'est quoi ?

C'est une culture de légumes qui occupe les plans verticaux. Les légumes poussent en pleine terre ou en gros pot posé au sol (à la différence du potager suspendu) ; ils ont donc besoin de supports pour se hisser ... 1

Les structures

Pour faire grimper les légumes, tout support suffisamment solide, haut et sans danger convient : clôtures et pylônes, grillages et treillages, fils tendus, perches. Mais tous ne se valent pas ... 2

Les murs, une situation à part

Le mur peut sembler l'endroit naturel pour faire pousser des légumes grimpants. Mais ce n'est pas toujours une bonne idée. Les contraintes sont souvent bien plus nombreuses que les avantages. Découvrez-les ! ... 3

Le tipi à haricots

Arriver à attirer les enfants au potager... pourquoi pas, avec cette structure en tente d'Indien ! Il existe plusieurs modèles de tipi... Découvrez comment faire une jolie cachette de verdure en quelques semaines ! ... 4

Et pour les fruits lourds ?

Comment des fruits qui pèsent de 500 g à plusieurs kilogrammes peuvent-ils rester suspendus dans le vide quand la plante court ou grimpe sur des supports verticaux ? Il faut parfois les aider ; découvrez comment ... 5

Haricots grimpants : bien poser les rames

Les haricots qui poussent sur des rames ont des avantages : grosse production, récolte facilitée. Mais poser des rames solides qui tiennent la saison ne s'improvise pas. C'est simple, encore faut-il le faire dans les règles ... 6

Un légume grimpant tropical, la chayote

Pour changer des haricots, pois, concombres, melons, potirons en tous genres, découvrez ce légume tropical généreux qui arrive même à produire ses fruits chez nous en été et qui lance des tiges de 5 m ! ... 7

IDÉES

→ POURQUOI PAS… **Un épinard grimpant ?**
L'épinard de Malabar, alias *Basella alba*, est plus une curiosité qu'un légume de base chez nous. Mais il produit abondamment (ses tiges peuvent mesurer 10 m de long !). À essayer pour s'amuser **8**

Les Plantes idéales

★ **Tous les haricots à rames :** 'Soissons', à cosse verte et gros grains blancs, 'Tarbais', à gros grain blanc, pour le cassoulet ; 'Ramdor', très gros rendement, belle couleur ; 'Melissa', mangetout à gousses pourpres sans fil ni parchemin ; 'Phénomène', mangetout assez tardif, que l'on on peut aussi écosser ; 'Fortex', mangetout précoce, très productif.

★ **Pois :** 'Roi des Conserves', à grains ronds qui restent très fins.

★ **Toutes les courges** pas trop lourdes, comme le potimarron et les pâtissons.

★ **Les melons.**

★ **Les tomates,** dont certaines montent à plus de 2 m de haut.

★ **Les cornichons.**

LES RÈGLES À RESPECTER

1. *Installez une structure solide. Le poids du feuillage et des fruits est bien sûr à prendre en compte, mais il faut aussi penser au poids de l'eau sur les feuilles quand il pleut et surtout à la prise au vent, très importante.*

2. *Ne surdosez pas les engrais azotés, car ils vont développer bien trop de feuillage (souvent au détriment des fruits) et charger le support.*

3. *Pensez toujours à l'aération, primordiale pour conserver un feuillage sain. Au besoin, si le feuillage est trop dense, supprimez quelques feuilles.*

et Si

- Je veux des fruits grimpants ? **9**
- Je veux une tour à pommes de terre ? **10**

1 Un potager vertical, c'est quoi ?

C'est un potager où poussent de nombreux légumes grimpants. Cela résulte d'un choix de légumes ou d'une contrainte, le manque de place au sol. Quelles que soient les raisons qui poussent à produire en hauteur, c'est toujours une manière de cultiver qui donne de belles plantes et de belles récoltes. La lumière et le soleil atteignent mieux le feuillage, l'air circule bien, le feuillage est éloigné du sol humide, il y a beaucoup moins de maladies. De plus, les arrosages se font aux pieds des plantes, les feuilles inférieures ne sont pas éclaboussées. La récolte est plus facile, surtout pour les jardiniers qui ont mal au dos. Mais l'atout majeur d'une culture en hauteur, c'est le gain de place. Un potimarron peut par exemple occuper au sol plus de 15 m^2. En hauteur, il n'aura plus besoin que de 2 m^2, au maximum.

2 Les structures pour faire grimper les légumes

Toute structure suffisamment solide pour supporter le poids du feuillage, des récoltes et, surtout, la prise au vent est adaptée : une clôture grillagée a l'avantage de laisser l'air circuler, un treillage peut convenir s'il est décollé du mur de 10 cm, pour l'aération. Évitez les pylônes trop hauts, la récolte va être difficile !

Culture de pois mangetout contre un grillage

3 Les murs, une situation à part

On pourrait penser que les murs sont un bon support, solide et sain, pour faire pousser des légumes. Ce n'est pas si simple ! La terre aux pieds des murs n'est pas toujours bonne. Ce peut être de la terre de remblai, il peut y avoir des restes de ciment pris en masse. Elle est souvent sèche, car un peu abritée de la pluie. Quand vous voyez qu'elle n'est pas bonne, il faut creuser au moins sur 30 cm et la remplacer. De plus, un mur exposé au sud ou à l'ouest peut s'avérer trop chaud pour certaines cultures, comme les haricots ou les pois – et au contraire excellent pour les melons, par exemple. Enfin, si les légumes sont plantés trop près du mur, l'aération n'est pas optimale. Il faut installer des fils tendus ou un treillage, à 10-15 cm du mur.

Rames de forme originale

4 Le tipi à haricots

Faites grimper des haricots sur 5-6 perches (noisetier) de 2 m de haut, enfoncées dans le sol, sur un cercle de 80 cm de diamètre et reliées à leur sommet par une ficelle solide. Cela forme la structure d'une tente (laissez deux perches plus écartées, pour l'entrée du tipi, si vous avez des enfants). Plantez, vers la mi-mai, au pied de chaque perche, 3 haricots, dans un même trou de 6 cm de profondeur (poquet). Quand les haricots auront deux vraies feuilles, supprimez, dans chaque poquet, les plants les plus faibles. On peut aussi faire un tipi avec un piquet central et 6 ficelles tendues en oblique.

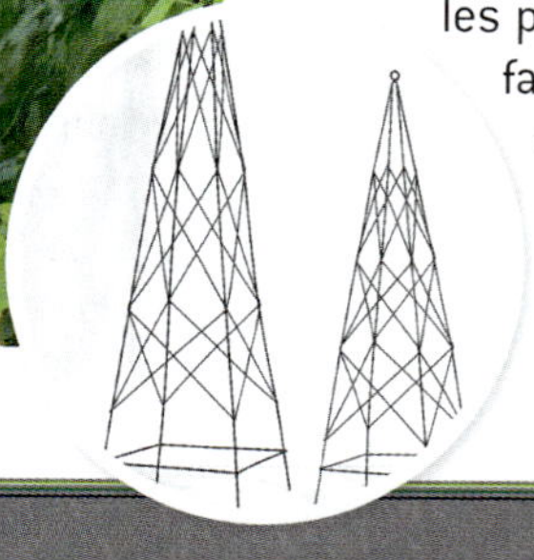

5 Et pour les fruits lourds ?

La nature étant bien faite, si vous laissez les fruits lourds se former sur des tiges en hauteur, les tiges et le pédoncule vont se renforcer naturellement (on ne parle pas dans ce cas des potirons de compétition de plus de 50-100 kg, qui doivent pousser à terre !). En revanche, n'essayez pas de soulever de terre un potiron de plusieurs kilogrammes, ou même un gros melon ayant poussé à terre, pour accrocher sa tige en hauteur. Il y a de fortes chances qu'elle rompe sous le poids. Si vous craignez que les melons ou les potirons soient trop lourds, fabriquez de petits hamacs avec des filets.

6 Haricots grimpants : bien poser les rames

Commencez par faire deux sillons de 20 cm de large et 6-8 cm de profondeur, en parallèle, espacés de 50 cm. La terre doit être débarrassée des mauvaises herbes et des cailloux, affinée. Arrosez abondamment les sillons. Enfoncez obliquement les rames de 2,10 m de haut (cannes de Provence, bambous, perches de châtaignier ou de noisetier) tous les 40 cm, au milieu du sillon. En vis-à-vis, dans l'autre sillon, posez d'autres cannes. Enfoncez-les profondément (au moins 25-30 cm), pour qu'elles résistent au vent. Reliez-les deux par deux avec du fil de fer. Posez une rame horizontale sur les sommets en croix, pour rigidifier l'ensemble. Maintenez-la avec du fil de fer. Déposez 5-6 haricots au pied de chaque rame, recouvrez d'un peu de terre. Quand ils lèveront (cela demande moins d'une semaine), vous les butterez un peu. Ils grimperont ensuite tout seuls sur les perches.

IDÉES

8 Pourquoi pas... un épinard grimpant ?

L'épinard de Malabar, ou baselle (*Basella alba*) est originaire du sud de l'Asie. Ses jeunes pousses sont succulentes, légèrement mucilagineuses. On l'ajoute aux soupes. *Basella alba* demande du soleil, un sol riche, et un support solide et large, car il pousse vite et peut atteindre 10 m de long.

Épinard de Malabar

7 Un légume grimpant tropical, la chayote

Originaire du Mexique et proche cousine de nos potirons, *Sechium edule* est une plante grimpante cultivée traditionnellement dans tous les pays chauds. Elle prend le nom de « christophine » aux Antilles, « chouchou » à la Réunion, « sosoty » à Madagascar ou encore « mirliton » en Haïti. On plante le fruit entier dans un gros pot de 40 cm de large (en pleine terre dans le Midi). Il va germer et former une plante qui développera des tiges pouvant monter jusqu'à 5 m de haut. La chayote est une plante très sensible au froid, il vaut donc mieux la cultiver sous serre en climat frais. Elle s'accroche grâce à des vrilles sur le support qu'on lui donne (mais peut aussi ramper sur le sol comme une courge). Vous pouvez la palisser sur un grillage solide : un plant peut donner de 20 kg de fruits (au nord de la Loire), à plus de 100 kg dans des conditions tropicales. En octobre, si les plantes sont en pleine terre, coupez les tiges et déterrez les chayotes pour les replanter en pot, à l'abri du gel, en serre fraîche ou en véranda. La chayote se mange cuite et a un peu le goût de la pomme de terre nouvelle.

Chayote

et Si

9 Je veux des fruits grimpants ?

Tournez-vous vers le kiwi ou le raisin. Attention, il faut souvent deux pieds de kiwis pour avoir des fruits (un mâle et un femelle) et chaque pied peut couvrir 20 m² (ou plus !).

10 Je veux une tour à pommes de terre ?

Cela consiste à cultiver des pommes de terre dans des caisses, un sac à gravats percé, ou du grillage en rouleau et apporter de la terre au fur et à mesure, jusqu'à monter « une tour » de terre.

Le balcon gourmand

C'EST BIEN CONNU, UN VRAI JARDINIER TROUVE AUSSI BIEN SON PLAISIR DANS QUELQUES POTS QUE DANS DES CENTAINES DE MÈTRES CARRÉS. CELUI DES VILLES ARRIVERA À ORGANISER UN MINI-POTAGER TRÈS HONORABLE SUR LE PLUS PETIT DES BALCONS. QUESTION DE PASSION !

LE BALCON GOURMAND, C'EST QUOI ?

C'est un minipotager entièrement en pots, en bacs, en sacs, tous de dimensions assez réduites. Le but n'est pas ici le rendement, mais de produire de quoi améliorer l'ordinaire et lui apporter saveurs et goûts... **1**

L'IMPORTANCE DES BRISE-VENT

Dans les étages élevés, sur des balcons découverts ou traversants, les vents peuvent poser problème. Ils cassent les plantes mais, surtout, les dessèchent d'autant plus vite que les pots sont petits. Organisez la riposte... **3**

INSTALLER LES LÉGUMES EN FONCTION DU SOLEIL

Sur un balcon, l'ombre est souvent un problème. Installez vos légumes en fonction du nombre d'heures d'ensoleillement, pour maximiser vos chances de réussite... **5**

LES DIFFÉRENTS TYPES DE BACS

L'important est bien souvent d'alléger au maximum le poids total du potager et éventuellement de choisir des contenants qui se rangent facilement l'hiver venu, car la place est comptée sur le balcon... **2**

ALLÉGER LES POTS

Les balcons et le béton dont ils sont faits sont calculés pour supporter une charge maximale par mètre carré. Il est important de ne pas surcharger inutilement la structure. Voici quelques astuces... **4**

Cassis

DES PETITS FRUITS EN POT

Plus que les fruitiers nains, les petits fruits acceptent de vivre en pot, moyennant un terreau et des arrosages adaptés. Installez votre verger de poche et profitez de quelques récoltes pleines de saveur... **6**

C'est bon pour la planète et la biodiversité : Attirer les abeilles

En ville aussi, les pollinisateurs sont nécessaires pour avoir des fruits. Attirez les abeilles sauvages ou domestiques sur votre balcon ... **7**

Bourrache

IDÉES

→ POURQUOI PAS... **Un Olivier en pot ?** Pour former des boutons floraux, les oliviers ont besoin de lumière durant la croissance et, en hiver, de températures nocturnes entre -1 °C et +7 °C, comme souvent sur un balcon de ville. Cultivez deux variétés différentes pour assurer bonne mise à fruits.

Les Plantes idéales

Les légumes choisis sont ici à petit développement.

★ **Légumes racines :** betterave 'Plate d'Égypte', carotte 'Marché de Paris' et 'Short N' Sweet'; radis 'Gaudo', rond, très précoce, production régulière.

★ **Légumes fruits :** aubergine 'Picola' F1, concombre 'Dar', courgette 'Bush Baby F1', compacte, non coureuse, fruits striés.

★ Légumes feuilles : batavia 'Mini Green améliorée F1'.

★ **Courges :** 'Patty Green F1', pâtisson vert, miniplante non coureuse (récolter les fruits très jeunes et les confire).

★ **Piment doux** 'Sweet Sunshine', plante compacte aux petits fruits allongés rouge orangé, ne se cultive qu'en pot ; **piment fort** 'De Cayenne', fruits longs, rouges, à la saveur brûlante.

★ **Tomates cerises :** 'Apeticio F1', petits fruits ovales, rouges, en grappes, graines AB, ou 'Candytom', naine, entretien facile, ne se taille pas, fruit rouge de type cerise, 10 g, 'Clémentine', petit fruit de 5-6 g, jaune, ne se taille pas, graines AB ; 'Heartbreakers', plante naine, compacte, fruit de type cerise en forme de cœur.

★ **Tomates grappes :** 'Cascade F1', plante naine, greffée, ne se taille pas, fruits de type grappe, allongés, charnus ; 'Totem F1', compacte, naine, port déterminé, ne se taille pas, fruit rond, rouge, de 50 à 60 g.

et Si

· Je veux une jardinière spéciale salades ? **8**

· Je veux une jardinière décorative et comestible ? **9**

LES RÈGLES DU BALCON GOURMAND

1. *Prévoyez un arrosage très régulier, quotidien en été, voire deux fois par jour en période de canicule.*

2. *Apportez des engrais tous les mois à partir de mai : en pot, il ne peut y avoir de récolte sans fertilisation.*

3. *Plantez en fonction du nombre d'heures d'ensoleillement.*

1 Le balcon gourmand, c'est quoi ?

C'est avant tout un minipotager qui ne donne pas de gros rendements, mais qui fait la part belle aux saveurs, aux découvertes. Les quelques degrés supplémentaires dus à la ville permettent de cultiver des plantes un peu frileuses comme les agrumes, les feijoas. En été, sur un balcon au sud, tentez la passiflore comestible, *Passiflora edulis*. Elle est autofertile et fructifie facilement, donnant les délicieux fruits de la passion. Sur un balcon, on récolte tardivement les aromatiques, les tomates, les physalis et l'on sème un peu plus tôt qu'à la campagne. Vous privilégierez les légumes à cycle court, que vous récolterez quand ils sont encore tout petits (les betteraves, par exemple, sont récoltées quand elles sont grosses comme une balle de tennis, les courgettes quand elles atteignent 10 cm de long). Vous dégustez ainsi ce que vous ne trouverez jamais sur le marché.

2 Les différents types de bacs

- Sacs en toile, de 3 l à plus de 300 l, en tissu géotextile résistant, souples, transportables, légers. On plante directement dedans.
- Sacs de terreau à découper (et percer si ce n'est pas fait), posés à terre, à plat, et dans lesquels on plante directement.
- Carrés potagers en bois, à 4 ou 9 cases.
- Potagers surélevés.
- Jardinières en plastique.
- Contenants récupérés mais non pollués...

3 L'importance des brise-vent

Un bon brise-vent n'est pas plein, sinon, l'air passe par dessus et redescend en tourbillonnant et l'effet est aussi destructeur qu'un vent de plein fouet. Et en cas de tempête, la prise au vent est trop forte, surtout dans les étages élevés. Il doit au contraire filtrer l'air. Un filet à mailles fines, un treillage sur lequel poussent des plantes, de la brande, des canisses font de parfaits brise-vent. Vous pouvez aussi, si le balcon est assez grand, installer une rangée de pots accueillant des bambous. Choisissez des *Fargesia sp.*, qui ont des tiges fines, ne tracent pas et restent des années en pot, formant des touffes denses qui filtrent le vent et abritent des regards. Ils montent à 2 m. Pour une touffe de bambou adulte de 40 cm de diamètre, prenez un pot de 70 cm de haut et 50 cm de large.

Potager sur une terrasse protégée par des canisses

Tout un potager... dans un bidon de récup' ou dans des bacs

4 Alléger les pots

Demandez à votre syndic pour avoir les caractéristiques de la construction de votre immeuble. Un balcon est en général calculé pour un minimum de 350 kg/m2. La terre mouillée pèse environ 1,7 kg/l. Autrement dit, le contenu d'une jardinière de 40 litres pèsera près de 70 kg, et pas loin de 140 kg pour 80 litres. On frôle les 300 kg pour une jardinière en terre cuite de 100 × 40 × 40 cm. La même jardinière, en plastique, remplie partiellement de billes d'argile (1/3 de billes et 2/3 de terre), ne pèse plus qu'environ 80 kg. À cela, ajoutez le poids des plantes et celui des personnes.

5 Planter en fonction du soleil

Nombre d'heures d'ensoleillement/jour nécessaires en fonction des légumes

3-4 H	4-6 H	6 H	PLUS
menthe, persil	céleri	fraises	melon
Livèche	salade	courgette	tomate
Roquette	radis	poivron, piment	aubergine
Cresson	épinard	courges	
Laitue	ail, oignon, échalote	poireau	
Poirée	haricot, pois	carottes	
	basilic	concombre	
	choux		
	fraises des bois		

6 Des petits fruits en pot

Dans un pot de 30cm en tous sens, vous pouvez faire pousser des cassissiers, des groseilliers, des myrtilliers. Dans un panier suspendu de 25-30 cm ou dans une tour à fraisiers, vous installerez de 4 à 8 pieds de fraisiers. Pensez aussi aux fruits de climat doux, comme les kumquats, les citronniers ou les combavas, qui donnent des récoltes non négligeables, même en région parisienne. En revanche, évitez framboisiers et ronces comestibles, au développement trop important. Vous pouvez cultiver un figuier en pot : choisissez une variété comme 'Brown Turkey', qui produit des figues fleurs de taille moyenne (40 à 45 g) et des figues d'automne plus petites (30 à 35 g), moins allongées, sans col. C'est une variété extrêmement résistante au froid, très répandue dans le nord-est de la France. Elle peut pousser en pot moyennant des interventions de taille.

Potée de groseiller à maquereau

7 *C'est bon pour la planète : Attirer les abeilles*

Veillez à offrir aux abeilles des fleurs variées et sur une longue période. Dès le mois de mars, installez primevères, muscaris, myosotis, arabette (ou corbeille-d'argent), hellébores. En été, thym, lavande, menthe, marjolaine, romarin, sauge prendront le relais. La bourrache, parce qu'elle est très riche en nectar, attirera fortement les abeilles. En automne, asters, campanules, roses trémières et bruyères assureront la présence des butineurs. Cultivez quelques pieds d'impatiens de l'Himalaya, qui sont parmi les fleurs les plus visitées. Leurs corolles se renouvellent en permanence pratiquement jusqu'aux gelées. Récupérez quelques graines en fin d'été pour les ressemer d'une année sur l'autre. Sachez aussi que les rhododendrons, le laurier-tin, les clématites sont mellifères. Disposez une petite soucoupe peu profonde où les abeilles viendront boire au cœur de l'été.

et Si

8 Je veux une **jardinière** spéciale **salades** ?

Mélangez persil, ciboulette, estragon avec du mesclun, de la mâche, de la roquette et des salades à couper feuilles à feuilles.

9 Je veux une jardinière **décorative** et **comestible** ?

Associez des poirées à cardes colorées, rouges, jaunes ou blanches, avec des variétés de piments à fruits décoratifs.

Le potager des enfants

QUOI DE MIEUX QU'UN COIN SPÉCIALEMENT DÉDIÉ AUX ENFANTS, OÙ ILS APPRENDRONT MILLE CHOSES, ET EN PREMIER ; LA PATIENCE, LE SENS DE L'EFFORT, DU TRAVAIL RÉCOMPENSÉ, LE CYCLE LENT DES SAISONS, CELUI DU VIVANT…

LE POTAGER DES ENFANTS, C'EST QUOI ?

Ce n'est pas forcément un potager au sens strict. Ce sont quelques mètres carrés de (bonne) terre, où ils feront leurs expérimentations, leurs erreurs, observeront les mauvaises herbes pousser … **1**

À CHAQUE ÂGE, SES PLAISIRS

On n'aborde pas le potager de la même manière à 5 ans et à 12 ans. Pour qu'ils s'intéressent à la culture des légumes, il faut « coller » à leur développement intellectuel, sensoriel, psychologique … **2**

CONSEILS POUR SÉCURISER LE POTAGER

Le potager des enfants, c'est aussi un terrain de jeux et un lieu de vie. Sans tomber dans la paranoïa, il faut le sécuriser, comme on le fait dans la maison, et éliminer les dangers potentiels … **3**

QUELLES TOMATES POUR LES ENFANTS ?

A priori… toutes. Mais pour débuter, mieux vaut choisir celles que leurs petites mains saisiront facilement et celles qui seront tellement sucrées qu'elles concurrenceront les bonbons … **4**

Des tomates « bonbons »

DES FLEURS À BOUQUETS POUR MAMAN

Le petit coin de fleurs à couper, c'est le premier pas vers le reste du jardin, la composition des massifs, les associations de couleurs et de textures, les parfums. On prépare la suite de l'apprentissage ! … **5**

Rudbeckias

IDÉES

→ POURQUOI PAS... Des Semis rigolos ? Dans des coquilles d'œufs, des boîtes à œufs, des petits rouleaux de papier journal... 6

→ POURQUOI PAS... Cultiver une plante qui aurait exactement le goût du Chewing-gum ? 7

MIEUX QUE LE BAC À SABLE... LE CARRÉ POTAGER !

et Si

- Je veux faire du potager un lieu d'apprentissage ? 8
- Je veux créer un panier suspendu à fraises ? 9

Les Plantes idéales

★ Il faut des légumes qui **poussent vite** : les radis plaisent aux enfants, même si ce ne sont pas les plus faciles à produire, quoi qu'on puisse lire ! Faites-leur cultiver les radis au printemps, dans une terre que vous tiendrez toujours fraîche. Sans quoi, ils vont vite piquer !

★ **Toutes les salades** doivent avoir une grande place dans le potager des enfants. Ils apprennent avec elles à semer, repiquer, arroser...

★ **Les haricots**, qui poussent vite, peuvent être semés à l'intérieur, et la manière dont leur grosse graine germe est très pédagogique. Faites grimper des haricots à rames sur des branches de noisetier reliées à leur sommet par une ficelle. Quand tiges et feuilles atteindront le sommet, les enfants auront un tipi indien.

★ **Les tomates cerises.**

★ **Les petits pois** : les enfants les adorent. Ils craignent la chaleur, il faut les semer après les gelées pour une récolte en juin. Préférez les variétés hâtives ridées, plus résistantes aux froids printaniers, à récolter début juin.

★ Pensez aussi au **maïs** (à pop-corn), amusant avec ses épis en poupées.

NOS CONSEILS PRINCIPAUX

1. Suggérez, n'imposez rien ! Rien de tel qu'un travail fastidieux pour détourner à jamais les petits anges du jardin !

2. Ayez un œil sur les arrosages, du moins au début, pour qu'ils obtiennent des résultats encourageants.

3. Donnez-leur des tâches immédiatement valorisantes : aller cueillir la ciboulette et le persil, arracher une salade juste avant de manger, redresser une plante qui s'affale avec un tuteur...

1 Le potager des enfants, c'est quoi ?

C'est avant tout un potager qui va leur donner l'envie de jardiner, maintenant, mais aussi dans 5, 10 ou 20 ans ! Il faut qu'ils en gardent un souvenir de réussite, de saveurs, de parfums, d'amusement. C'est donc le coin de terre où ils vont faire leurs expériences. Il faut toute une gamme de légumes : des espèces faciles et rapides à réussir, des légumes étonnants, des choses bonnes à grappiller sur place... Il est probable qu'au début, parents ou grands-parents vont avoir un œil dessus, pour éviter qu'il ne sèche totalement.

2 À chaque âge ses plaisirs

Suivez le développement de l'enfant pour mieux l'intéresser aux plantes, à leurs goûts, leur diversité, leur évolution, leur finalité...

- **Les 2-5 ans** : ils sont impatients et n'ont qu'une notion incertaine du temps qui passe. Ils aiment toucher, mettre à la bouche. C'est l'apprentissage du goût : salades, fraises, tomates cerises, aromatiques sont pour eux.
- **Les 5-7 ans** : ils comprennent le rythme des saisons et appréhendent bien le temps qui passe. Ils aiment découvrir et comprendre : présentez-leur les différents types de légumes, à feuilles, à racines, à fruits, à graines. Faites-les semer au printemps, puis quand ils auront compris la germination, faites-les planter.
- **Les 7-9 ans** attendent le résultat. Le potager en carres est fait pour eux (➲ p. 758). Ils peuvent même faire le plan de leur minipotager. Laissez-les expérimenter, tester et découvrir le cycle des légumes, se confronter à leurs échecs et leurs succès.

Facile d'apprendre à compter jusqu'à 10 avec une plaque de semis !

3 Conseils pour sécuriser le potager

La meilleure manière d'éviter les dangers, c'est de les écarter d'office, mais aussi de prendre le temps d'expliquer pourquoi on le fait !

- **Pas de plantes toxiques** (datura, digitale, morelle, aconit...). Ditez-leur quelles sont les plantes dangereuses, ce qui est mauvais et ce qui ne l'est pas.
- **Les outils de jardin** sont rangés dans le cabanon. Initiez-les à leur maniement et montrez-leur les dangers dès qu'ils sont en âge de comprendre.
- Dans le cabanon, mettez **hors tension** tous les outils de jardinage.
- **Pas d'échelle** à leur portée, contre un arbre ou un mur. Ils ont vite fait d'y grimper !

- **Offrez-leur des outils adaptés** et de qualité (petite bêche, griffe à main, plantoir), des gants...
- **Pas de produits chimiques** dangereux à leur portée. Initiez-les plutôt aux extraits fermentés d'ortie, de tanaisie, de prêle...
- **La porte ou la grille** du jardin doit pouvoir se fermer à clé (surtout pour les petits, qui peuvent échapper à la surveillance).
- **Le soleil** est aussi dangereux au jardin que sur la plage. Les risques d'insolation sont importants chez les enfants de moins de 5 ans. Pas de jardinage au pic de l'été et de la journée, chapeau obligatoire et eau ou jus de fruits frais à volonté !

4 Quelles tomates pour les enfants ?

Les tomates cerises semblent faites pour les enfants, car elles sont plus faciles à réussir que les grosses tomates. Choisissez, par exemple, une variété très productive comme 'Super Sweet 100', qui va leur offrir des centaines de petites billes rouges. Certaines variétés de tomates cerises sont tellement sucrées que l'on dirait des bonbons. C'est le cas de 'Cerise Jaune'. Les plantes naines en pot sont parfaites aussi pour les enfants, juste à leur taille ('Candytom', par exemple).

5 Des fleurs à bouquets pour maman

Mélangez aux légumes des fleurs que les petits pourront cueillir pour offrir à maman : zinnias, dahlias, reines-marguerites, cosmos, rudbeckias, capucines s'installent facilement. Pensez aussi aux amarantes, qui font de somptueux bouquets. Parmi les vivaces, installez des pivoines et des asters, qui rythment les saisons.

Idées

6 Pourquoi pas... des semis rigolos ?

L'imagination n'a pas de limite : une graine peut germer dans une coquille d'œuf, une boîte à œufs, un pot de yaourt, une barquette en plastique, des rouleaux faits avec du papier journal, des tubes en carton. L'important est de leur faire comprendre par ce biais les règles d'un semis réussi : un trou de drainage pour évacuer l'eau, un volume de terre qui doit être proportionné au nombre de graines un terreau de semis de qualité, qui doit être propre et fin.

7 Pourquoi pas... une menthe chewing-gum ?

La menthe coq n'est pas une menthe, même si le parfum de ses feuilles froissées est si mentholé qu'on a l'impression de sentir un chewing-gum ! *Tanacetum balsamita* est une vivace facile, de 60 cm de haut. Ses fleurs jaunes se réunissent en petits capitules groupés à la façon de la tanaisie. En hiver, seules quelques feuilles basales subsistent. Les jeunes feuilles fraîches accompagnent les petits pois ou une bonne soupe de légumes. Elles supportent la cuisson, mais pas la congélation ni la déshydratation.

et Si

8 Je veux faire du **potager** un **lieu d'apprentissage** ?

Au potager, on n'apprend pas seulement à cultiver des légumes. Vous pouvez, sans qu'ils s'en aperçoivent, faire comprendre aux enfants les mathématiques (compter les graines, les mettre à intervalles réguliers, leur faire mesurer les carrés potagers, diviser un plant en 2, en 4, diviser un sachet de graines...), l'orthographe (leur faire écrire les étiquettes), la biologie (étudier le cycle de l'eau ou de la graine), l'astronomie (les laisser repérer le nord, le sud, la course du Soleil, celle de la Lune la nuit), l'histoire (celle des légumes médiévaux, puis importés du Nouveau Monde est passionnante)...

9 Je veux un **panier suspendu** à **fraises** ?

Les enfants apprécieront de pouvoir cueillir des fraises si facilement. Il faut un panier suspendu d'au moins 25-30 cm de large, pour pouvoir y installer 3 ou 4 plants. Choisissez deux ou trois variétés qui produisent tout l'été, comme 'Annabelle', 'Mara des bois' et 'Charlotte'. Soignez le terreau : prenez du terreau pour potager auquel, un mois environ après la plantation de printemps, vous ajouterez de l'engrais pour fraisiers. Il ne peut y avoir de production avec ce type de contenant sans un apport régulier d'engrais (toutes les 3 semaines entre juin et septembre).

Le potager du voyageur

Le potager du voyageur permet de faire un tour du monde des saveurs sans quitter son jardin. C'est une véritable ouverture sur le monde, car il oblige à aller chercher des graines et des plants hors des sentiers battus. Belles rencontres en perspective !

Le potager du voyageur, pour qui ?

Il est destiné aux curieux, à ceux qui veulent expérimenter, tenter de nouvelles choses, découvrir de nouveaux goûts et qui n'ont pas peur éventuellement de l'échec, toujours nécessaire à l'apprentissage ... **1**

Deux herbes exotiques faciles à cultiver : la ciboulette chinoise et le périlla

La ciboulette chinoise (*Allium tuberosum*) est une vivace à la saveur d'ail, mais en plus fin et plus subtil. Le périlla (*Perilla frutescens*) a un goût unique dont les Asiatiques raffolent. À découvrir ! ... **3**

Les choux chinois... faciles quand on connaît leur secret

Pourquoi rate-t-on si souvent ses premiers choux chinois ? Pourquoi certains les réussissent-ils aussi facilement que des salades ? Découvrez le secret des choux chinois ... **2**

Chou chinois pak-choï

Une salade exotique, la claytone de Cuba

Les feuilles grassouillettes de cette petite plante font penser à celles du pourpier (elle est d'ailleurs de la même famille), mais avec une saveur de cresson ou d'épinard. On la cueille quand les autres salades marquent le pas, en automne ... **4**

Poire-melon

En direct de l'Amérique du Sud... poire ou melon ?

On appelle ce drôle de fruit « poire-melon » ou « pépino ». Cette Solanacée originaire d'Amérique du Sud est donc la cousine inattendue des piments, tomates, pommes de terre et aubergines ... **5**

Cultiver son poivre, c'est possible !

Vous savez cultiver du forsythia ? Vous saurez cultiver un buisson de *Zanthoxylum piperitum*, qui donne en septembre-octobre les baies de poivre du Sichuan. À plus de 70 € le kilo... ça vaut la peine ! ... **6**

IDÉES

→ POURQUOI PAS... Deux légumes encore à découvrir, le Yacon et l'Oca du Pérou ? 7

→ POURQUOI PAS... Réhabiliter une « mauvaise herbe » prisée en Asie, la bardane ? 8

QUITTE À CULTIVER DES LÉGUMES INHABITUELS, AUTANT CHANGER AUSSI LE PLAN DE SON POTAGER !

Les Plantes idéales

Le potager du voyageur accueille tous les légumes et plantes aromatiques du monde qui arrivent à pousser chez nous, en pleine terre ou en pot, moyennant ou non un abri, une serre ou une véranda.

★ Parmi les légumes qui pousseront en **pleine terre** : les choux chinois, pé-tsaï et pak-choï, le daïkon, radis asiatique, la moutarde chinoise *(Brassica juncea)*, la coriandre, le cornichon 'Russe', à gros fruits, pour conserver « à la russe », le yacon, l'ocra.

★ Parmi ceux qui auront **besoin d'un abri**, en début ou fin de cycle : le basilic 'Thaï', la poire-melon.

★ Et ceux qu'il vaut mieux **cultiver en pot** pour pouvoir les rentrer en véranda chauffée dès fin août : la chayotte, ou christophine, la verveine citronnelle *(Aloysia citrodora)*, la citronnelle *(Cymbopogon citratus)*, l'okra, ou gombo *(Abelmoschus esculentus)*. Le gombo est une annuelle, mais il demande tant de chaleur (25-30 °C), qu'il vaut mieux le laisser en véranda.

LES RÈGLES À RESPECTER

1. *Installez votre potager du voyageur dans le coin le plus abrité du jardin, plein sud, car la majorité de ces légumes ont besoin de chaleur.*

2. *Certains ont aussi besoin d'une longue période de maturation : prévoyez un abri, un châssis ou une petite serre pour les abriter des premiers froids.*

3. *Travaillez la terre pour qu'elle soit souple, aérée, grumeleuse, humifère. Ce type de terre qui se réchauffe vite plaît aux légumes exotiques.*

et Si

- Mon climat est un peu froid pour toutes ces exotiques ? 9
- Je veux réchauffer mon sol ? 10

1 Le potager du voyageur, pour qui ?

La culture des légumes des autres pays demande de la curiosité, de la persévérance, une certaine ouverture d'esprit et un peu d'organisation aussi, car il faut souvent chercher les graines et plants dans des circuits parallèles, trouver la documentation pour se renseigner sur les besoins de culture.

2 Les choux chinois... faciles quand on connaît leur secret

Quand on cultive le pé-tsaï et le pak-choï pour la première fois, il n'est pas rare de les louper, car ils sont pleins de paradoxes. Ils n'aiment pas la chaleur, mais ne germent bien que dans un sol réchauffé ; une bonne exposition au soleil est primordiale, mais ils n'aiment pas l'air sec ! Trouver la bonne période de semis est donc un casse-tête. Même si le sachet de graines indique une période de semis de juillet à août, oubliez juillet et même la première moitié d'août. Semez après le 15-20 août, quand le sol est le plus chaud, mais que les températures sont sur la pente descendante. Ayant des racines superficielles, ils ne résistent pas à la sécheresse et ont besoin d'une bonne hygrométrie de l'air. Un manque d'eau ou un air trop sec provoquent la nécrose de la pomme, à laquelle ils sont très sensibles.

3 Deux herbes exotiques faciles à cultiver : la ciboule chinoise et le périlla

- Le semis de **ciboule chinoise** se fait à l'automne ou en mars, sous châssis. Repiquez en place au stade 6 feuilles, à mi-ombre, en sol frais et bien drainé. Les grosses touffes se divisent au printemps ou en automne. Vous récolterez quelques mois après la plantation.
- Le **périlla** se cultive comme du basilic : semez en avril, sous abri, des graines trempées 24 heures dans l'eau. Exposez la terrine au soleil, pour faciliter la levée. Repiquez en godets au stade 2 ou 3 feuilles. Plantez au jardin après le 15 mai. Utilisez-le à petite dose, comme la menthe ou le basilic. Sa saveur anisée, un peu astringente, est un mélange de basilic, poivre, mélisse, gingembre et cannelle. C'est ce que les Asiatiques appellent le « goût shiso ».

Ciboule chinoise

Périlla

4 Une salade exotique, la claytone de Cuba

Claytonia perfoliata est une annuelle de 20 cm de haut qui se sème d'avril à août en place ou jusqu'en octobre sous abri. Le plus simple est de semer clair, en lignes ou à la volée, puis d'éclaircir. On laisse un plant tous les 25-30 cm. Évitez de laisser fleurir la plante car, les feuilles deviennent plus dures et moins goûteuses. On consomme les feuilles et les tiges, crues ou cuites.

Claytone de Cuba

5 En direct de l'Amérique du Sud... poire ou melon ?

Solanum muricatum, le melon-poire, est cultivé en pot en climat frais à tempéré, pour pouvoir être rentré sous serre à partir de mi-septembre et terminer la maturation de ses gros fruits. Plantez-le au printemps dans du terreau riche et aéré. L'idéal est de lui donner des températures atteignant 25 à 28 °C la journée et 14 °C la nuit. Arrosez très régulièrement, le sol ne doit pas dessécher. Nourrissez-le comme un pied de tomate et veillez à ne pas abuser de fertilisation azotée, néfaste pour la production, car la plante développe alors sa végétation au détriment de sa fructification.

Le yacon, proche parent des tournesols et des topinambours, donne aussi en fin de saison de jolis soleils jaunes.

6 Cultiver son poivre, c'est possible !

De quoi avez-vous besoin pour cultiver le poivre du Sichuan ? D'un pied de *Zanthoxylum piperitum* (on le trouve parfois au rayon bonsaï des jardineries pour moins de 20 €), de 5-6 m^2 au soleil ou à mi-ombre, d'une terre normale… et d'une bonne paire de gants, car l'arbuste (3 m de haut et de large adulte) a de solides épines, sur et sous les nervures des feuilles ! À part des arrosages réguliers la première année, il ne demande rien de spécial. Les minuscules fleurs jaune verdâtre apparaissent en avril. La plante est autofertile, mais la fécondation est bien meilleure quand elle a plus de 3-4 ans et porte de nombreux bouquets. Récoltez les graines et leurs enveloppes en octobre (avec des gants et des manches longues), quand les baies s'ouvrent. Ce sont les enveloppes des baies qui sont aromatiques. Les graines, très dures, n'apportent pas autant de saveur que les enveloppes et ne se mangent pas.

Idées

7 Pourquoi pas… Deux légumes à découvrir, le yacon et l'oca du Pérou ?

- Le **yacon** *(Smallanthus sonchifolius)* est une Astéracée vivace d'Amérique du Sud dont les tubercules sont croquants et sucrés. Cultivez-la comme le topinambour, mais prenez une grosse bêche pour déterrer les tubercules en octobre, ils pèsent plus de 1 kg chacun !
- Les petits tubercules de l'**oca** *(Oxalis tuberosa)*, fins, un peu acides, se cuisent comme la pomme de terre nouvelle. Plantez-les en avril, à 10 cm de profondeur, buttez au fur et à mesure de la croissance, en gardant 30 cm de tige dégagée. Quand les tiges se couchent, recouvrez-les de terre, car les tubercules se forment au niveau des nœuds des tiges.

Yacon

Oca

8 Pourquoi pas… Réhabiliter une « mauvaise herbe » prisée en Asie, la bardane ?

La bardane, une plante bisannuelle, pousse sur les terres calcaires, sur les bords de chemin, pelouses, berges de cours d'eau et friches. Ses jeunes pousses et ses feuilles servent à faire des soupes ou se cuisent et s'utilisent comme des épinards ; ses jeunes racines (moins de 2 cm de long) sont tendres, crues ou cuites. Elles ont la consistance du salsifis avec un goût qui évoque l'artichaut.

et Si

9 Mon climat est **un peu froid** pour toutes ces **exotiques** ?

Le climat froid est un obstacle, mais les journées courtes à l'automne sont aussi handicapantes. Investissez dans une petite serre, un chauffage d'appoint et une lumière artificielle. L'idéal est d'avoir une véranda accolée à la maison, en général plus spacieuse, plus chaude et plus aérée qu'une petite serre.

10 Je veux **réchauffer** mon **sol** ?

Les légumes exotiques ont souvent une longue saison de croissance. L'important est qu'ils démarrent vite une fois en terre. Pour cela, réchauffez le sol avant leur plantation. Le mieux est de façonner le massif un peu en pente (quelques degrés suffisent), la face exposée vers le sud. Posez ensuite une bâche plastique noire au sol 2 semaines avant la plantation. Les mauvaises herbes vont faner, et le plastique noir va accumuler quelques calories supplémentaires bienvenues. Le paillis d'ardoises noires agit de manière similaire et peut rester en place toute la saison, contrairement au plastique, qui finit par asphyxier la terre s'il n'est pas retiré.

Potager haut en couleurs

En matière de légumes, la nature aussi est inventive ! Mettez un zeste d'originalité dans votre potager avec ces légumes en couleurs qui ne ressemblent pas aux autres...

1

2

3

4

5

6

7

8

9

1. CHOU-FLEUR 'GRAFFITI F1' ET 'VITAVERDE F1'
2. TOMATES 'GREEN ZEBRA'
3. COURGETTES 'ORELIA F1'
4. POMMES DE TERRE 'VITELOTTE'
5. POIVRON 'VIOLET MAVRAS F1'
6. CAROTTES 'DEEP PURPLE F1', 'DE CHANTENAY' ET 'MELLO YELLOW'
7. TOMATES 'PURPLE CALABASH'
8. CONCOMBRE 'LEMON BOY'
9. PÂTISSON ORANGE
10. PETITS POIS MANGETOUT 'SHIRAZ'
11. MELON 'CANARI JAUNE'
12. TOMATES CERISES 'POIRE JAUNE'

10

11

12

LÉGENDES DES PICTOGRAMMES

Hauteur — Largeur — Période de semis/plantation — Période de récolte — soleil — Mi-ombre — ombre

AIL

Allium sativum

J	F	M	A	M	J	J	A	S	O	N	D

Hauteur	Largeur	Exposition
40/60 cm	20/25 cm	soleil

Originaire d'Asie centrale, l'ail et une vivace qui forme un bulbe divisé en caïeux. Il porte de longues feuilles plates, vert grisâtre, partant de la base. Fleurs globuleuses blanc rosé.

SOL Meuble et minéral, sans humidité ni fumures non décomposées, qui font pourrir les bulbes.

CULTURE Choisissez des semences certifiées et non des caïeux d'ail de consommation, qui peuvent avoir des virus. Plantez les caïeux à 2 ou 3 cm de profondeur, en automne, dans les sols gardant peu l'humidité, ou au printemps (une gousse plantée correspond à une tête récoltée). Attendez 4 ou 5 ans avant de replanter au même endroit.

RÉCOLTE Arrachez les bulbes lorsque les feuilles jaunissent. Laissez ressuyer quelques jours sur le sol par beau temps afin d'améliorer la conservation, puis suspendez en bottes ou en tresses dans un lieu sec et aéré.

Ail vert

Vidéo «Planter de l'ail»

VARIÉTÉS

- **PLANTATION DE PRINTEMPS** : 'Rose de Lautrec', demi-hâtif, de longue conservation, s'adapte aux sols lourds et résiste à l'humidité, pour le Sud.
- **PLANTATION D'AUTOMNE** : 'Germidour' (violet), récolte très précoce et gros rendement; 'Messidrome' (blanc), de culture très facile; 'Thermidrome' (blanc), pour les régions froides; 'Edenrose', parfait à tresser.

CULTURE EN POT Difficile. Mais quelques gousses mises en terre vous donneront de l'ail vert. Plantez-en 5 ou 6 dans un pot de terreau installé dehors au soleil. Arrosez peu. Récoltez quand les tiges font une vingtaine de centimètres.

Ail 'Germidour'

ARROCHE DES JARDINS

Atriplex hortensis

J	F	M	A	M	J	J	A	S	O	N	D

Hauteur	Largeur	Exposition
0,80/1,50 m	60/90 cm	mi-ombre

Arroche 'Blonde'

Également connue sous les noms de « Bonne-Dame » ou « Belle-Dame », l'arroche est une annuelle originaire d'Asie centrale, aux feuilles tendres qui rappellent l'épinard et que l'on consomme. Elle développe une touffe de grandes feuilles très larges, en forme de fer de hallebarde. Ses minuscules fleurs verdâtres, estivales, forment une longue grappe au sommet de la plante.

SOL Frais, profond, consistant, humifère.

CULTURE Semez en place, de manière échelonnée, de mars à août. Arrosez copieusement en cas de sécheresse. Désherbez soigneusement le sol. Pincez pour empêcher les plantes de monter en graines.

RÉCOLTE Coupez les feuilles bien développées, environ 2 mois après le semis. La cueillette peut se prolonger tout l'été si vous espacez les semis et taillez la plante.

VARIÉTÉS 'Blonde', à feuilles vert clair; 'Rouge' ('Atropurpurea'), aux feuilles pourpres, qui est aussi très décorative.

CULTURE EN POT Possible, mais les plantes sont moins hautes et moins fournies qu'en pleine terre.

*Télécharger l'application Truffaut +, voir p. 6-7

ARTICHAUT

Cynara scolymus

J F M A M J J A S O N D

Hauteur	Largeur	Exposition
1/1,50m	0,80/1,20m	

Probablement dérivé du cardon, l'artichaut forme une touffe à tige robuste, portant de grandes feuilles grisâtres, profondément découpées, retombantes, cotonneuses et blanchâtres en dessous. Les tiges sont terminées par des gros capitules, qui constituent la partie comestible, avant que s'épanouissent les fleurs, bleu violacé, très décoratives. Les oiseaux apprécient ses graines.

SOL Léger, profond, frais et riche en humus, plutôt acide. Effectuez un double bêchage afin d'ameublir le sol en profondeur avant la mise en culture. Un apport de compost chaque année est conseillé.

CULTURE Ne vous lancez pas dans le semis, trop aléatoire, et qui risque de donner des plantes très épineuses. Plantez des œilletons (rejets munis de bourgeons) à 1 m de distance au printemps, sur un emplacement assez dégagé et peu exposé au gel. Très résistant aux embruns, l'artichaut réussit bien sur le littoral atlantique. Après la récolte et avant les gelées, coupez les tiges qui ont fleuri au-dessus de leur point de naissance. Pour l'hiver, liez les feuilles et buttez les pieds, sans recouvrir le cœur. Protégez ce dernier avec de la paille, car l'artichaut est frileux. Il craint encore davantage l'humidité et

Artichaut en fleur

il faut retirez les protections s'il pleut. Découvrez le pied fin mars. Pour faire grossir la tête, percez la tige horizontalement.

RÉCOLTE Coupez les capitules avec 15 cm de pédoncule lorsqu'ils ont atteint une taille suffisante, mais avant qu'ils commencent à épanouir leurs fleurs. Le point de maturité est atteint lorsque les écailles de la tête se cassent facilement dès qu'on les courbe vers l'arrière. Les tout petits artichauts (jusqu'à 10 cm) peuvent être cueillis pour être consommés crus.

VARIÉTÉS Elles diffèrent suivant la taille et la couleur de la tête (verte ou violette); 'Camus de Bretagne' est l'un des plus productifs, mais il est assez frileux; 'Lancelot F1', proche du précédent, est très productif, adapté au potager urbain; 'Vert de Laon', au gros capitule à fond charnu; 'Violet de Provence', à la petite fleur violette, se consomme cru dans le Midi.

CULTURE EN POT Dans de grands bacs (50 cm en tous sens, au minimum) ou de grands sacs.

ASPERGE

Asparagus officinalis

J F M A M J J A S O N D

Hauteur	Largeur	Exposition
1/1,50 m	50/60 cm	

Asperge 'Super d'Argenteuil'

L'asperge forme un buisson touffu au feuillage plumeux, sauvage dans les lieux sablonneux. Ses fleurs jaunâtres de mai à août donnent des baies rouges sur les pieds femelles. Ce sont les turions (jeunes pousses tendres) que l'on mange.

SOL Léger, profond, sablonneux.

CULTURE Mieux vaut réserver cette culture aux grands potagers. Elle demande un gros travail préparatoire, mais reste en place au moins 10 ans. Préférez aux semis hasardeux, la plantation de griffes (rhizome muni de ses racines) en mars dans des tranchées de 25 cm de profondeur. En automne, cassez les buttes avec la bêche. Protégez du froid par un paillage. Coupez le feuillage en fin de saison et brûlez-le.

RÉCOLTE Coupez les turions avec une gouge lorsqu'ils pointent du sol et sont encore très tendres, se cassant facilement entre les doigts. Après la récolte, apportez du compost bien mûr.

VARIÉTÉS Les asperges vertes sont moins exigeantes quant au sol et aux soins; 'Super d'Argenteuil', blanche, vigoureuse, hâtive et productive, tendre, d'un bel aspect et de bon calibre; 'Burgundine', violette, se comporte en culture comme une asperge verte, mais est plus tendre; 'Lima', verte, est très productive.

CULTURE EN POT Impossible.

AUBERGINE

Solanum melongena

J F M A M J J A S O N D

0,80/1,50 m | 40/70 cm

Aubergine 'De Barbentane'

Aubergine 'Blanche Ronde à Œufs'

L'aubergine est une plante herbacée touffue, aux feuilles ovales, souvent épineuses, d'un vert grisâtre. Les petites fleurs violettes donnent les fruits charnus cylindriques ou ovoïdes pourpre/noir, violets ou blancs que l'on consomme.

SOL Riche, souple, très humifère, frais, dans un lieu abrité, car l'aubergine est très sensible au froid (au minimum 15 °C).

CULTURE Semez à l'intérieur, en godets, de janvier à avril. Repiquez lorsque les plants ont développé 3 feuilles. Plantez en place en avril-mai dans le Midi, pas avant fin mai ailleurs. Dans les régions les plus chaudes, il est possible de semer en plein air en avril pour repiquer le plant en place en juin. Taillez en éliminant les pousses latérales, puis en pinçant au-dessus de la deuxième fleur. Pincez les 3 ou 4 rameaux latéraux qui poussent ensuite à une feuille au-dessus de la seconde fleur. Ne gardez que 8 à 10 fleurs par pied pour obtenir de gros fruits. Traitez contre les pucerons dès qu'ils apparaissent.

RÉCOLTE Cueillez les aubergines environ 5 mois après le semis, lorsqu'elles ont atteint leur complet développement, les fruits étant alors bien colorés.

VARIÉTÉS Elles diffèrent par la forme (longue ou ronde) et la couleur du fruit (violette, blanche ou marbrée). Préférez des pieds greffés dans les régions froides. 'Avan F1', précoce et très résistante, a des fruits allongés, pourpres, précoces ; 'Black Pearl F1', greffée, excellent rendement, plutôt pour le Sud ; 'Blanche ronde à œufs', fruits blancs ovoïdes, très décoratifs ; 'Bonica F1', hybride de l'Inra, résistant aux virus, précoce, aux fruits ovoïdes à chair ferme ; 'De Barbentane', aux fruits en massue, violet foncé, productive, demande un climat assez chaud, mais se cultive bien en pleine terre ; 'Picola F1', idéale pour la culture en pot, petits fruits violets ; 'Ronde de Valence', fruits violets, pour le Sud ; 'Violetta di Firenze', gros fruits violets striés de blanc, pour le Sud.

CULTURE EN POT Possible si on nourrit bien la plante et qu'on n'oublie pas d'arroser.

Aubergine 'Violetta di Firenze'

Aubergine 'Picola F1'

BETTERAVE ROUGE

Beta vulgaris

J F **M A M J J A S O N** D

Hauteur	Espacement	Exposition
40/70 cm	30/40 cm	soleil

Betterave 'Plate d'Égypte'

Betterave 'Crapaudine'

Betterave 'Globe'

La betterave forme une touffe de feuilles larges et arrondies, épaisses, vert foncé luisant. À partir de la même plante, la sélection a permis d'orienter l'usage des betteraves (fourragères, potagères ou sucrières), mais aussi d'obtenir deux légumes totalement différents, la betterave et la poirée. C'est la racine des betteraves, charnue, tendre, au goût sucré, que l'on consomme. Il en existe des formes à la racine blanche, jaune ou rouge, ronde ou fusiforme.

SOL Profond, souple, léger, même salé (littoral), mais sans fumure fraîche. Évitez les sols trop calcaires.

CULTURE Semez en place de mi-mars à mi-juin, en lignes. Éclaircissez à 20 cm. Dans les régions aux gelées tardives, semez sous abri en mars, puis repiquez après les froids, lorsque les plants ont développé de 3 à 5 feuilles. Arrosez l'été.

RÉCOLTE Les betteraves rouges précoces se récoltent dès que la racine atteint 10 cm de diamètre. On arrache les variétés tardives fin octobre et on les effeuille pour les conserver jusqu'en avril, en cave ou en silo.

VARIÉTÉS 'Cardeal F1', la plus sucrée ; 'Chioggia', à la chair blanc et rouge en cercles concentriques ; 'Crapaudine', longue, rugueuse, à la chair très sucrée, de bonne conservation ; 'Globe', ronde, à la chair bien rouge, produit en été et en automne ; 'Grenade', résistante à la rhizomanie (maladie virale) ; 'Nobol', ronde, à la chair foncée, ne monte pas en graines ; 'Plate d'Égypte' (ou 'Noire d'Égypte'), à la racine aplatie qui se forme au ras du sol, résiste bien à la chaleur et à la montée en graines, la plus précoce, puisqu'un semis de début mars peut donner une première récolte en mai.

CULTURE EN POT Possible dans un emplacement bien ensoleillée (mais les racines doivent rester au frais). Prévoir un contenant de 20 cm de diamètre et de profondeur au minimum.

CARDON

Cynara cardunculus

J F M A **M** J J A S **O N** D

Hauteur	Espacement	Exposition
1,50/2 m	1/1,50 m	soleil

Ce grand chardon, d'origine méditerranéenne, développe des feuilles grisâtres, très découpées, portées par des pétioles larges et charnus, comestibles. Les fleurs, estivales, en capitules, ressemblent à des artichauts, mauve bleuté.

SOL Riche, humifère, souple et profond.

CULTURE Semez des poquets de 5 graines en place, en mai. Conservez seulement le plus beau plant. Blanchissez les cardons 3 semaines avant la récolte en entourant la plante de paille, d'un film de paillage noir ou de journaux.

RÉCOLTE Dès les premières gelées, coupez les plantes à la base et consommez immédiatement ou arrachez avec la motte et mettez en jauge à la cave dans du sable ou une terre légère. Les pieds peuvent aussi être laissés en place pour une récolte échelonnée, dans les régions où les hivers ne sont pas trop rudes. Occupez le sol entre les cardons avec des cultures intercalaires (radis, laitue, épinard, carotte primeur).

VARIÉTÉS Les cardons épineux, plus difficiles à éplucher, au goût plus prononcé que les non-épineux ; 'Blanc amélioré' et 'Plein blanc inerme' sont les plus cultivés.

CULTURE EN POT Déconseillée, car la plante est volumineuse et piquante.

CAROTTE

Daucus carota

J F M A M J J A S O N D

25/35 cm | 10/15 cm

Vidéo « Semer les carottes »*

Carotte 'Short n' Sweet'

Carotte 'Blanche Demi-longue des Vosges'

La carotte forme une racine pivotante charnue, comestible, généralement rouge-orangé. Les feuilles, fines et très découpées, exhalent une odeur caractéristique. Les petites fleurs blanches en ombelles forment souvent une fleur centrale plus grande, pourpre foncé. Les fruits, couverts d'arêtes aiguës, dégagent au froissement une odeur très aromatique.

SOL Léger, sableux, profondément ameubli, assez humifère, mais sans fumure organique fraîche. La qualité du sol est primordiale et influence de façon prépondérante la saveur. Profitez du bêchage d'automne pour incorporer du sable grossier et du compost bien décomposé dans les sols lourds. Éliminez soigneusement les pierres pour éviter la formation de racines fourchues.

CULTURE Les semis de carottes lèvent en 10 à 20 jours. Elles n'apprécient pas les apports d'azote. L'association avec des radis, qui poussent beaucoup plus vite, est idéale.

Carottes précoces et d'été : effectuez les premiers semis en place sous châssis ou sous tunnel, à partir de fin février, pour une récolte 2 mois et demi plus tard. Il est plus facile de semer directement en pleine terre, en ligne, à partir de fin mars, en échelonnant les semis, pour récolter 3 mois après.

Carottes tardives : semez entre fin mai et mi-juin pour récolter 5 ou 6 mois plus tard. Éclaircissez une première fois lorsque les jeunes plants ont développé 2 ou 3 feuilles, puis à nouveau une quinzaine de jours plus tard. Conservez de 3 à 5 cm d'espacement entre chaque carotte.

RÉCOLTE Arrachez les racines au fur et à mesure des besoins, dès qu'elles ont commencé à se former. On peut aussi consommer les petites carottes arrachées lors de l'éclaircissage, elles sont très tendres. Laissez reposer les variétés tardives 2 ou 3 jours sur le sol après l'arrachage, pour améliorer leur conservation. Coupez les fanes et rentrez les racines en cave.

VARIÉTÉS Elles diffèrent suivant la période de récolte, qui peut être précoce (carottes primeurs), estivale ou automnale. Certaines carottes à la racine jaune ou blanche, souvent teintée de vert ou de violet, généralement considérées comme des carottes « fourragères », sont parfaitement consommables – elles sont même plus rustiques que les variétés rouges –, mais leur saveur est bien plus forte.

- **CAROTTES PRÉCOCES** : elles se récoltent d'avril à août ; 'Marché de Paris 4', aux racines rondes de type « grelot », très savoureuses, que l'on peut congeler et qui se cultive bien en bacs ; 'Maestro F1', inratable, se cultive en toute saison ; 'Presto F1', très adaptée au potager en carrés.
- **CAROTTES D'ÉTÉ** : elles se récoltent de juillet à septembre ; 'Nanco F1', cylindrique, très productive, régulière, pour une récolte de longue durée ; 'Nantaise améliorée' (demi-longue), excellente et productive ; 'Rothild', longue, régulière, excellente saveur ; 'Tip-Top', demi-longue, inratable ; 'Touchon' (demi-longue), à la racine allongée, cylindrique, sans cœur et très ferme, idéale à manger crue et inratable.
- **CAROTTES D'AUTOMNE** : elles se récoltent de septembre à décembre ; 'De Colmar', à racine longue et cylindrique, ne craint pas le froid et se conserve très bien ; 'De Chantenay', à racine demi-longue, réussit bien partout ; 'Longue lisse de Meaux' peut rester en terre l'hiver.

Certaines variétés originales sont à découvrir : 'Blanche demi-longue des Vosges', racine blanche ; 'Deep Purple F1', racine violette ; 'Goldfinger', racine jaune d'or ; 'Mello Yellow F1', racine jaune vif ; 'Short n'Sweet', très courte.

CULTURE EN POT Possible pour certaines variétés demi-longues, ou grelot.

MOUCHE DE LA CAROTTE

Pour lutter contre la mouche de la carotte, utilisez des phéromones proposées en capsules dans votre jardinerie, le piège devant être placé à proximité des légumes à protéger. Associez des poireaux aux carottes.

*Télécharger l'application Truffaut +, voir p. 6-7

CÉLERI À CÔTES

Apium graveolens var. dulce

J F M A M J J A S O N D

40/80 cm | 20/30 cm

Céleri à côtes 'Géant Doré Amélioré'

Cette plante bisannuelle est cultivée pour ses pétioles comestibles (les côtes). Le céleri forme une touffe de grandes feuilles découpées en segments vert foncé, munies d'un large pétiole charnu. Sa floraison estivale en ombelles blanches est insignifiante.

SOL Frais, mais bien drainé, meuble, riche en humus, pas trop calcaire.

CULTURE Semez sous châssis au début du printemps. Repiquez, puis mettez en place 2 mois plus tard. Arrosez en cas de sécheresse. Ne lésinez pas sur la matière organique, car le céleri est très gourmand. Blanchissez en liant les feuilles, puis en buttant le pied 15 jours avant la récolte ; cela évitera la pourriture. Cette plante épuisante ne doit être recultivée au même endroit qu'après 4 ou 5 ans.

RÉCOLTE Coupez les plantes au ras du sol entre 6 et 7 mois après le semis.

VARIÉTÉS 'À couper', variété de céleri vivace, inratable ; 'D'Elne', aux côtes rondes et lisses, bien charnues, très productif, pour le Sud ; 'Géant doré', à côtes épaisses, striées, feuillage vert doré, précoce ; 'Golden Spartan', qui blanchit facilement.

CULTURE EN POT Impossible.

CÉLERI-RAVE

Apium graveolens var. rapaceum

J F M A M J J A S O N D

40/80 cm | 20/30 cm

Céleri-rave 'Monarch'

Le céleri-rave est de la même espèce que le céleri à côtes, mais il s'agit d'un type distinct, développé par la sélection horticole, qui forme une grosse racine charnue que l'on consomme.

SOL Frais, riche en humus, profond, sans pierres pour que la pomme se forme bien.

CULTURE Semez sous abri de février à avril. Repiquez au stade 2 feuilles, puis 5 feuilles. Habillez le plant lors du repiquage. Mettez en place fin mai. Le principal ennemi de cette plante est la mouche du céleri, qui mine les feuilles. La lutte est difficile. Protégez les plants par un voile horticole. Paillez pour éviter la ponte des œufs à côté des plantes. En cas d'attaque, coupez et brûlez toutes les feuilles abîmées.

RÉCOLTE Arrachez les racines du céleri-rave à partir de la fin de l'automne, dès qu'elles sont bien tubérisées ; conservez-les dans un lieu frais et aéré.

VARIÉTÉS 'Ibis', aux grosses boules rondes et blanches, précoce ; 'Monarch', très rustique, à grosse racine ronde, résistant à la septoriose (maladie du feuillage sévissant en conditions chaudes et humides).

CULTURE EN POT Résultats décevants.

CERFEUIL TUBÉREUX

Chaerophyllum bulbosum

J F M A M J J A S O N D

1/1,50 m | 60/80 cm

Cette bisannuelle rustique forme un tubercule renflé au goût sucré. Le cerfeuil tubéreux forme une touffe imposante aux feuilles finement divisées, qui se développe à partir d'une racine charnue, brun clair, courte et pointue, en forme de cône.

SOL Frais, bien aéré et humifère, mais sans humidité stagnante ni fumure fraîche.

CULTURE Semez en place, de septembre à novembre, la levée se produira en février. N'arrosez pas trop pour ne pas favoriser la fonte des semis. Vous pouvez aussi semer en février-mars des graines stratifiées dans du sable humide depuis la fin de l'été.

RÉCOLTE Arrachez les racines dès le début de juillet, lorsque les feuilles jaunissent. Laissez ressuyer sur le sol quelques jours, après avoir coupé les feuilles. Conservez en cave ou en silo jusqu'au printemps.

ESPÈCE Seule l'espèce type est cultivée, aucune amélioration n'ayant été réalisée.

CULTURE EN POT Pas conseillée, rendements trop faibles.

CHAMPIGNON DE PARIS

Psalliota campestris

J F M A M J J A S O N D

Mise en place toute l'année, récolte 1 mois plus tard

Hauteur	Espacement	Exposition
5/10 cm	15/20 cm	

Il s'agit d'une espèce proche du rosé des prés. Son chapeau et son pied, qui porte un anneau, sont blancs, tandis que les lamelles passent avec l'âge du rose au brun.

SOL Un substrat à base de fumier pailleux décomposé, à haute teneur organique.

CULTURE Un endroit obscur, maintenu entre 13 et 16 °C est indispensable. Le mycélium, ou « blanc », est inoculé au substrat, qui est ensuite recouvert d'une couche de terreau (le gobetage), nécessaire au développement de la fructification.

RÉCOLTE Le champignon de Paris commence à produire environ un mois après la mise en place de la terre de gobetage. Après une pause de 1 ou 2 semaines, d'autres poussées surviennent.

ESPÈCES Outre le champignon de Paris, plusieurs autres espèces de champignons, originaires de nos régions ou d'Extrême-Orient, peuvent être cultivées : le pleurote en huître *(Pleurotus ostreatus)*, le pleurote corne d'abondance *(Pleurotus cornucopiae)*, la strophaire *(Stropharia rugoso-annulata)*, le shiitake, ou « lentin du chêne » *(Lentinus edodes)*, le coprin chevelu *(Coprinus comatus)*, la pholiote du peuplier *(Agrocybe aegerita)* et le pied-bleu *(Lepista nuda)*.

KITS DE CULTURE

Les champignons sont vendus en kits prêts à cultiver. Simples d'emploi, ils sont assez productifs et plaisent beaucoup aux enfants.

CHICORÉE FRISÉE, SCAROLE

Cichorium endivia

J F M A M J J A S O N D

Hauteur	Espacement	Exposition
10/35 cm	20/40 cm	

Cette chicorée forme une touffe compacte, arrondie, dont l'aspect des feuilles diffère beaucoup selon les catégories et les nombreuses variétés. Les petites fleurs bleues, estivales, sont portées par une longue hampe velue. Ces salades annuelles sont appréciées pour leur saveur légèrement amère.

SOL Argileux, riche, compact, humifère. Les sols trop légers, sableux, pauvres, secs sont peu favorables à la chicorée.

CULTURE À l'extérieur, semez de mai à mi-juillet en pépinière. Vous faciliterez la levée en couvrant les semences avec 1 cm de terreau tamisé. Plombez ensuite le sol avec le dos du râteau. Repiquez dès que les plants atteignent 5 cm, en prenant soin de ne pas enterrer la base des feuilles ni le cœur. Il faut que la levée soit rapide (moins de 48 heures), sinon les chicorées ont tendance à monter en graines. Le sol doit être suffisamment réchauffé (de 16 à 18 °C) et soigneusement préparé. Maintenez une bonne humidité en permanence. La culture hâtive, avec un semis entre février et avril sous abri chauffé, est assez délicate à réussir pour un amateur.

Chicorée frisée

Chicorée scarole

RÉCOLTE Les chicorées se récoltent entre 3 et 4 mois après le semis, dès qu'elles ont formé une pomme de taille suffisante. Il est bon de les blanchir en posant dessus une cloche opaque (attention à la pourriture par temps humide) ou en les couvrant d'une feuille de plastique noir utilisée pour le paillage. La saveur est alors plus douce.

VARIÉTÉS On distingue deux types principaux :

- **CHICORÉES FRISÉES,** (*Cichorium endivia* var. *crispum*), aux feuilles très découpées : 'Dorana', frisée d'été à cœur jaune ; 'Grosse pommant seule', résiste bien à la chaleur et ne monte pas trop vite en graines ; 'Minerva', production d'hiver, résiste au froid.
- **CHICORÉES SCAROLES** (*Cichorium endivia* var. *latifolium*), aux feuilles larges et entières, serrées les unes contre les autres : 'Géante maraîchère race Samy', très volumineuse, pour la fin de l'été et l'automne ; 'Grosse bouclée', variété ancienne au cœur très serré, bien blanc, hâtive, qui se cultive mieux sous tunnel ou sous châssis, récolte de mai à juillet ; 'Ronde verte à cœur plein', pour les récoltes tardives, supporte le froid.

CULTURE EN POT Vous pouvez cultiver ces salades dans un bac de 25 cm en tous sens. Arrosez fréquemment. Fertilisez avec un engrais organique liquide tous les mois.

CHICORÉE SAUVAGE

Cichorium intybus

J F M A M J J A S O N D

30/60 cm | 20/50 cm

Chicorée sauvage 'Pain de Sucre'

Commune sur le bord des chemins, la chicorée sauvage forme une rosette de feuilles larges ou découpées comme celles du pissenlit. Des tiges raides portent, en été, des capitules de fleurs bleu clair.

SOL Compact, riche, profond, pH neutre.

CULTURE Les chicorées sauvages se sèment en place de juin à août, la 'Pain de Sucre', d'avril à août, Éclaircissez à 20 cm, les jeunes plants éliminés pouvant être repiqués avec succès. Aucun entretien.

RÉCOLTE Les chicorées sauvages se récoltent entre 6 et 10 mois après le semis.

VARIÉTÉS La sélection de la chicorée sauvage a produit plusieurs types.

- **CHICORÉE ITALIENNE,** dont les feuilles colorées se consomment en salade : 'Rossa di Chioggia', à pommes rouge vif, très serrées.
- **CHICORÉE DE TYPE « PAIN DE SUCRE »,** produisant des feuilles en pomme allongée, un peu comme les scaroles en cornet : la variété 'Pain de sucre', à la pomme volumineuse, bien croquante, se garde tout l'hiver.

CULTURE EN POT Possible dans un terreau enrichi par 20 % de fertilisant organique à base de fumier ou d'algues. Maintenez le substrat humide en permanence. .

CHOU BROCOLI

Brassica oleracea var. italica

J F M A M J J A S O N D

50/70 cm | 60/80 cm

Chou brocoli 'Marathon F1'

Annuel ou bisannuel, ce chou, appelé aussi « brocoli à jets », est une variété horticole qui ressemble au chou-fleur, en plus coloré. Ses feuilles épaisses et charnues entourent de grosses inflorescences formées de petits boutons séparés ou de petites pommes compactes.

SOL Riche, frais et profond, légèrement argileux, mais bien drainé.

CULTURE Semez en pépinière de mars à juillet, puis repiquez en pleine terre, entre la sixième et la huitième semaine après la levée. Arrosez régulièrement par temps sec.

RÉCOLTE Coupez les inflorescences, selon les variétés, entre l'automne de l'année du semis et le printemps suivant. Récoltez en continu sur plusieurs semaines, au fur et à mesure des besoins. Après la première récolte, cueillez les rejets secondaires qui se développent. Les brocolis se congèlent bien.

VARIÉTÉS Les brocolis sont presque tous des hybrides F1, plus vigoureux; 'Burbank F1', de culture très facile, à petites pommes blanches, de février à avril; 'Marathon F1', vert, variété de toute saison, à pomme vert bleuté, très compacte; 'Miranda', vert à grosse pomme violette, très décoratif, récolte de septembre à novembre; 'Romanesco', très vigoureux, à grosse pomme composée de boutons verts, en pyramide.

CULTURE EN POT Possible en pot de 30 cm avec un terreau riche et un arrosage régulier.

CHOU DE BRUXELLES

Brassica oleracea var. gemmifera

J F M A M J J A S O N D

0,80/1,20 m | 50/70 cm

Chou de Bruxelles 'Diablo F1'

Ce chou bisannuel donne le long de la tige, à l'aisselle des feuilles, des bourgeons en forme de petits choux pommés, serrés les uns contre les autres. Les feuilles, de 30 à 40 cm de long, sont à l'horizontale.

SOL Frais et profond, plutôt argileux. Si le sol est trop riche en azote, les pommes s'agrandissent trop. Ce chou supporte les situations froides et ventées.

CULTURE Semez en pépinière de mars à mi-avril pour récolter en automne, de fin avril à début juin pour une production en hiver ou au printemps. Repiquez en pleine terre un mois après le semis. Arrosez bien. Supprimez les feuilles abîmées ou malades, qui pourraient favoriser l'apparition de maladies. Pour hâter la récolte, pincez les pieds dès qu'ils mesurent de 60 à 70 cm de haut.

RÉCOLTE Prélevez les pommes le long de la tige, de bas en haut, à mesure de leur développement. Les choux de Bruxelles sont plus savoureux après une faible gelée.

VARIÉTÉS Toutes sont proches. Citons pour une production hâtive : 'Jade Cross F1', semis de mars à juin, récolte d'octobre à décembre, très productif. De mi-saison : 'Diablo F1', très productif, semis en mai-juin, récolte en novembre-décembre.

CULTURE EN POT Sans intérêt.

1

2

Les Choux à la mode de chez nous

1. CHOU D'ORNEMENT 'TOKYO'
2. CHOU 'ROMANESCO'
3. CHOU CHINOIS PÉ-TSAI
4. CHOU BROCCOLI
5. CHOU-FLEUR
6. CHOU 'RED ROUGE'
7. CHOU FRISÉ

3

4

5

6

7

8. CHOUX DE BRUXELLES

9. CHOU KALE 'NAGOYA WHITE'

10. CHOU KALE NAIN 'GREEN KURLED'

11. CHOU ROUGE 'RODÉO F1'

12. CHOU-FLEUR 'VITAVERDE'

13. CHOU DE MILAN 'MANON F1'

14. CHOU KALE ROUGE 'PEACOCK'

CHOU CABUS

Brassica oleracea var. capitata

J F M A M J J A S **O** N D

20/35 cm | 40/60 cm

Le chou cabus développe de larges feuilles de 20 à 40 cm de long, un peu épaisses, lisses, plus ou moins ondulées, vert tendre ou glauque, mais aussi pourpre violacé (choux rouges). Ses fleurs jaunes, à 4 pétales, portées en panicules, donnent des fruits minces et allongés renfermant de petites graines rondes.

SOL Le chou préfère les climats humides, les terres fraîches, profondes, argileuses et humifères, même calcaires.

CULTURE Pour une récolte d'été et d'automne, semez en pépinière à la fin de l'hiver (février-mars) ou au printemps (d'avril à juin), suivant les régions. La mise en place a lieu environ un mois après le semis. Pour la culture d'hiver, semez fin août-début septembre, puis repiquez en pépinière dès que les plants ont développé 3 feuilles. Plantez en place en octobre ou au printemps et récoltez en mai-juin suivant. Pour éviter que les jeunes choux repiqués ne montent en graines, laissez-les ressuyer 2 jours sur le sol avant de les mettre en terre. Fractionnez les semis sur plusieurs mois pour des récoltes étalées dans le

Chou à pomme pointue 'Poët F1'

temps. Cultivez sous filet pour éviter la piéride du chou ; protégez contre la mouche et la noctuelle avec une collerette.

RÉCOLTE Attendez que le cœur ait formé une pomme bien serrée. Vous pouvez les conserver plusieurs semaines dans un lieu sec et frais.

VARIÉTÉS Les hybrides F1 présentent l'avantage de produire régulièrement et de former des pommes très serrées.

- **CHOUX À POMME RONDE :** 'Altess F1', variété précoce, récolte de printemps ; 'Caïd F1', variété d'hiver ; 'Marché de Copenhague', variété précoce d'été ; 'Neuropa F1', à grosse pomme, parfait pour la choucroute, variété d'automne ; 'Tête de pierre', très précoce, pour les cultures de printemps et d'été.

Chou rouge 'Red Sky'

- **CHOUX À POMME POINTUE** (f. *acuta*) : 'Caraflex F1', variété de printemps et d'été ; 'Hispi F1', pour l'automne ; 'Poët F1', pour la fin du printemps ; 'Précoce de Louviers', à pomme conique ferme, peut se semer dès janvier sous abri, récolte été et automne.
- **CHOUX ROUGES** (f. *rubra*) : avec leur pomme pourpre violacé, on peut les utiliser comme plantes ornementales, à l'effet graphique garanti. Citons 'Red Sky', pour une récolte d'été ; 'Autoro F1' et 'Rodeo F1', pour une récolte d'été et automne.

CULTURE EN POT Sans problème, avec les variétés à petit développement, dans un contenant de 25 cm de diamètre au minimum.

Chou à pomme ronde 'Caïd F1'

chou rouge 'Tête de Nègre'

CHOU CHINOIS

Brassica pekinensis var. chinensis,
Brassica rapa var. pekinensis

J F M A M J J A S O N D

20/35 cm | 40/60 cm

Pak-choï

On qualifie de « choux chinois » deux plantes distinctes, de la famille des Brassicacées, le pak-choï et le pé-tsaï (qui ressemble plus à une poirée).

SOL Frais, riche en matière organique, bien drainé. L'excès d'humidité est néfaste au pé-tsaï.

CULTURE Semez en place en juillet-août. Éclaircissez les pak-choï à 20 cm, et les pé-tsaï, à 30 cm.

RÉCOLTE Dès que les feuilles sont suffisamment formées.

VARIÉTÉS Pé-tsaï : 'Jade Pagoda', 'Early Jade Pagoda', 'Tip-Top', 'Winter Giant'. Pak-choï : 'Joy Choi F1', 'Taï Sai', disponible en AB.

CULTURE EN POT Possible dans un contenant de 30 cm ; le pé-tsaï a tendance à monter en graines.

Pé-tsaï

CHOU FRISÉ

Brassica oleracea var. acephala

J F M A M J J A S O N D

20/35 cm | 40/60 cm

Chou kale 'Redbor F1'

Ces choux sont des formes non pommées du chou commun, moins courantes et plus proches de la plante sauvage. Leurs feuilles, à la fois comestibles et décoratives, vertes ou parfois pourpres, atteignent 40 à 50 cm de long, sur des tiges pouvant mesurer 1,50 m. Ils sont très appréciés des Anglo-Saxons, qui les connaissent sous le nom de *kale*. Très résistants au froid, ils sont moins gourmands que les choux pommés.

SOL Frais, riche, calcaire, bien drainé, pas trop meuble.

CULTURE Les semis peuvent se faire toute l'année, suivis d'un repiquage en godets et d'une plantation en pleine terre.

RÉCOLTE Prélevez les feuilles tout l'hiver, une à une, à partir de la base de la tige, lorsqu'elles sont suffisamment développées. Les feuilles sont plus tendres si elles sont cueillies après une gelée.

VARIÉTÉS 'Palmier', très ornemental, tige de près de 2 m de haut, terminée par un bouquet de feuilles frisées vert foncé presque noir ; 'Redbor F1', au feuillage frisé pourpre foncé ; kale 'Reflex F1', assez compact, non gélif, production d'automne et d'hiver ; kale 'Westlandse Winter', semis de mi-avril à juin ; 'Vert nain', aux feuilles tendres, variété hâtive, à récolter début d'hiver, après les gelées qui en améliorent le goût.

CULTURE EN POT Possible, dans un pot de 30 cm au minimum, en optant pour des variétés à faible développement, comme 'Vert Nain'.

CHOU DE MILAN

Brassica oleracea var. bullata

J F M A M J J A S O N D

20/35 cm | 40/60 cm

Chou de Milan 'Serpentine F1'

Cette sélection se reconnaît à ses feuilles gaufrées ou cloquées formant une pomme serrée. Ces choux résistants au froid permettent des récoltes d'hiver.

SOL Riche, profond, bien drainé. La terre ne doit jamais se dessécher.

CULTURE Semis de février à avril sous abri, pour les variétés à production d'automne ; repiquage en place en mai. Semis en mai-juin, en pleine terre, et repiquage au stade 4 feuilles, pour les variétés d'automne et d'hiver.

RÉCOLTE Coupez au ras du sol lorsque la pomme est formée, de 2 à 7 mois après la plantation.

VARIÉTÉS 'Serpentine F1', le plus précoce, pour une récolte d'été ; 'Emerald F1' et 'Manon F1', pour une récolte d'été et d'automne ; 'Gros des Vertus', très productif, récolte en fin d'automne, pomme ronde, légèrement aplatie ; 'Othello F1', récolte d'automne et d'hiver ; 'Milan de Pontoise' et 'Renton F1', récolte d'hiver, résistent au froid ; 'Alaska F1', spécial grand froid, récolte d'hiver ; 'Bloemendaalse Gele' est une variété à pomme pointue vert-jaune, à la chair tendre, très appréciée en Allemagne, pour une récolte d'automne.

CULTURE EN POT Possible dans un contenant de 25 cm de diamètre, avec un terreau au pH neutre.

CHOU-FLEUR

Brassica oleracea botrytis

J F M A M J J A S O N D

30/50 cm | 40/60 cm

Cette étonnante annuelle de la famille des Brassicacées développe de larges feuilles ondulées de 30 à 40 cm de long, lobées, fortement nervurées, entourant un organe pré-floral (le méristème) hypertrophié, formé de petites ramifications charnues, le plus souvent blanches, que l'on consomme.

SOL Riche, frais et fertile, assez humifère. Le chou-fleur a besoin d'un climat humide, pas trop chaud (zones maritimes).

CULTURE Les variétés hâtives de printemps se sèment de fin septembre à début octobre sous abri ; repiquez et hivernez sous châssis froid, plantez à bonne exposition, en mars. Les choux-fleurs d'été se sèment en avril ou en mai sur un sol bien réchauffé, à bonne exposition, ou en terrine sous abri, pour une mise en place courant mai. Les choux-fleurs d'automne semés à la mi-juin sont plantés en place environ un mois et demi plus tard. Le chou-fleur étant une plante volumineuse, espacez chaque plant de 60 cm. Les choux-fleurs préfèrent les régions à hiver doux. Ailleurs, il faut les protéger du froid avec de la paille, des feuilles sèches ou des voiles d'hivernage.

RÉCOLTE Coupez la tige des choux-fleurs sous la pomme, entre 4 et 10 mois après le semis selon les variétés, lorsque la tête est bien compacte. Attention, si vous attendez trop, la pomme prend une teinte rosée. Pour la faire blanchir, cassez une feuille et couvrez-la afin qu'elle ne se trouve pas exposée au soleil direct.

VARIÉTÉS 'Merveille de toutes saisons', variété traditionnelle, aux pommes bien blanches et compactes, récolte d'été et d'automne ; 'Graffiti F1', à la grosse pomme violette, très décorative, pour une récolte d'été et d'automne, peut se congeler facilement. Il existe aussi de nombreux hybrides F1 : 'Amsterdam', pour une récolte du printemps à l'automne ; 'Clovis', à grosse pomme ronde, pour une récolte d'hiver, résiste au froid ; 'Nautilus', à pomme d'un blanc très pur, précoce, pour la production estivale ; 'Multihead', idéal pour la culture en pot ; 'Cheddar', à pomme orange clair, culture rapide ; 'Susana' pomme vert foncé, récolte d'été et d'automne ; 'Vitaverde', pomme verte, récolte d'été.

CULTURE EN POT Délicate, mais possible avec des variétés compactes (comme 'Multihead'), dans un contenant de 30 cm en tous sens, dans un terreau enrichi de fertilisant organique.

Chou-fleur 'Clovis F1'

Chou-fleur 'Graffiti F1'

CULTURES DÉROBÉES

Profitez de l'espace disponible au moment de la plantation pour faire une culture intercalaire de salade et de radis, ce qui vous permet d'occuper le terrain de façon plus rationnelle.

CHOU-RAVE

Brassica oleracea var. gongylodes

J F M A M J J A S O N D

30/40 cm | 30/40 cm

Chou-rave 'Blanc hâtif de Vienne'

Cette variété de chou forme une tige renflée, sphérique, verdâtre ou rouge, que l'on consomme, et qui pousse juste au-dessus du niveau du sol. Les feuilles et les fleurs sont celles d'un chou non pommé. C'est une plante assez décorative.

SOL Frais, profond, un peu argileux et humifère, restant bien frais durant l'été.

CULTURE Semez en pépinière, entre mars et juillet, pour profiter d'une récolte échelonnée. Repiquez en place entre 5 et 6 semaines après la levée.

RÉCOLTE Lorsque la tige est bien renflée, environ 3 ou 4 mois après le semis. Il ne faut pas trop attendre, car la tige se lignifie rapidement et devient filandreuse.

VARIÉTÉS 'Blanc hâtif de Vienne', très précoce, vert clair ; 'Blaro', violet, très hâtif, se conserve bien ; 'Quickstar F1', pour les semis sous abri, vert pâle, chair moelleuse et tendre, sans fibres.

CULTURE EN POT Très aisée, dans un contenant de 20 cm de diamètre. Ne laissez pas le terreau se dessécher.

CONCOMBRE

Cucumis sativus

J F M A M J J A S O N D

0,30/2 m | 2/3 m

Concombre long

Cette Cucurbitacée annuelle rampante ou grimpante donne deux types de fruits cylindriques, allongés, parfois épineux, à la saveur différente (concombres et cornichons). Ses tiges sont munies de vrilles et de poils raides, et ses petites fleurs sont jaunes.

SOL Humifère, se réchauffant vite et bien drainé. Évitez l'humidité stagnante et le froid.

CULTURE Semez en poquets, de février à avril, en godets à l'intérieur. Repiquez un mois plus tard en godets individuels. Plantez fin mai, puis pincez au-dessus de la deuxième feuille. Coupez les deux branches obtenues à 3 ou 4 feuilles, et les suivantes, une feuille au-dessus des fruits. Vous pouvez les palisser sur des rames ou des fils tendus.

RÉCOLTE Cueillez les fruits 3 ou 4 mois après le semis, lorsqu'ils ont atteint un bon calibre.

VARIÉTÉS Les concombres varient selon leur forme et leur couleur, verte, jaune ou blanche. Ils peuvent être plus ou moins épineux ; certaines sélections ont fait disparaître l'amertume et même les pépins.

⚠ SENSIBLES À L'OÏDIUM

Concombres et cornichons étant particulièrement sensibles à l'oïdium, ne mouillez pas le feuillage lors de l'arrosage et prévoyez un traitement spécifique dès l'apparition d'un feutrage blanchâtre sur les feuilles et les tiges.

- **CONCOMBRES LONGS :** 'Bereket F1', très résistant aux maladies ; 'Gynial F1', aux fruits sans amertume, longs, cylindriques, lisses, vert foncé brillant, variété très productive supportant bien les fortes chaleurs ; 'Mira F1', à fruits striés longitudinalement et au goût différent ; 'Vert long maraîcher', classique et très productif, aux longs fruits un peu épineux, de bonne qualité.
- **CONCOMBRES DEMI-LONGS :** 'Breso F1', précoce, aux fruits sans amertume, vert foncé, production de longue durée ; 'Le G7énéreux', à la saveur douce, pouvant être utilisé comme cornichon, très productif ; 'Travito F1', fruit jaune à chair blanche.
- **FORMES COURTES :** 'Dar', très compact, fruit rayé de blanc, adapté à la culture en pot ; 'Lemon', fruit jaune de la taille d'un gros citron, chair blanche et douce ; 'Mini Stars F1', concombre cocktail, fruits de 8 à 10 cm, sans amertume ; 'Picolino F1', mini-concombre sans amertume.

CULTURE EN POT Possible dans une jardinière de 30 cm, sur un treillage.

Concombre 'Lemon'

CORNICHON

Cucumis sativus

J F M A M J J A S O N D

0,30/2 m | 2/3 m

Cornichon 'Pazano F1'

Les cornichons sont des petits concombres, sélectionnés pour leurs fruits à la saveur plus ou moins piquante, et que l'on cueille avant maturité. Ils sont destinés à être conservés dans du vinaigre avec des épices variées.

SOL Humifère et bien drainé, jamais détrempé.

CULTURE Semez en place en mai, quand le sol est bien réchauffé, en poquets distants de 60 cm. On peut les palisser.

RÉCOLTE Cueillez les cornichons quand ils atteignent 4 à 6 cm de long.

VARIÉTÉS Il existe de nombreux hybrides dits « gynoïques » qui ne portent pratiquement que des fleurs femelles, et par conséquent plus de fruits, et aussi des variétés parthénocarpiques, qui sont autofertiles, car le fruit est produit sans fécondation. 'Ceto F1', gynoïque, fruit court, très productif ; 'Diamant F1', résistant aux maladies et aux virus ; 'Fin de Meaux', au fruit long, fin et cylindrique, d'un beau vert foncé ; 'Miniature White', petit fruit blanc crème ; 'Parigyno F1', résistant aux maladies, très productif ; 'Pazano F1', autofertile, petit fruit, résistant ; 'Russe', gros fruit pour les conserver « à la russe » ; 'Vert petit de Paris', aux petits fruits courts et renflés, d'une grande finesse.

CULTURE EN POT Possible dans un pot de 30 cm, mais n'espérez pas une importante récolte.

COURGE

Cucurbita sp.

J	F	M	A	M	J	J	A	S	O	N	D

20/40 cm | 2/3 m

Ces vigoureuses plantes annuelles de la famille des Cucurbitacées peuvent dépasser 2 m de long. Les tiges rampantes ou grimpantes sont munies de vrilles. Les grandes feuilles palmées, lobées, souples et velues, atteignent 40 cm de diamètre. Les fleurs, jaunes, unisexuées, sont portées sur le même pied. Elles donnent des fruits de formes et de couleurs diverses, dont certains se consomment et d'autres ne sont cultivés que pour leur aspect décoratif.

SOL Très riche, humifère et bien drainé.

CULTURE Semez en place en mai, en poquets, dans un trou rempli de compost ou d'un mélange de terreau et de fumier décomposé. Vous pouvez aussi semer en godets à l'intérieur, de mars à avril, pour repiquer en place courant mai. Pincez les tiges à 3 ou 4 feuilles et ne conservez pas plus de 6 fruits par pied. Couvrez le sol d'un paillis ou d'herbe coupée, pour éviter aux fruits de s'abîmer au contact direct avec la terre. Arrosez bien.

RÉCOLTE Après 3 ou 4 mois, les fruits sont cueillis dès qu'ils ont atteint une taille respectable et que tiges et feuilles commencent à se dessécher. Conservez-les à 10 °C, car ils sont très sensibles au froid. Dans de bonnes

Pâtisson

conditions, vous pouvez en consommer tout l'hiver. Les pâtissons se récoltent environ 2 mois après le semis.

ESPÈCES ET VARIÉTÉS Il existe trois espèces majeures de courges. On les cultive toutes à peu près de la même façon, mais une fois en cuisine, elles n'ont plus rien de commun :

- ***CUCURBITA MAXIMA*** **:** les plus savoureuses. Cette espèce a donné la majorité des meilleurs potirons, à la chair riche et dense (➔ p. 796). Ces plantes sont peut-être un peu moins résistantes au froid que *C. pepo*, mais leur saveur est de loin bien meilleure.
- ***CUCURBITA PEPO*** **:** les plus jolies. Cela prête souvent à confusion, mais la citrouille classique de Halloween est une *C. pepo* ('Jack o'Lantern', par exemple), et sa chair est bien moins bonne, plus aqueuse et plus fibreuse que celle des *C. maxima*. Elle est surtout bonne à évider.

Dans ce groupe, il y a aussi beaucoup de courges que l'on cueille très jeunes et encore tendres comme les courgettes (➔ ci-contre) ou les pâtissons, fruits aplatis et festonnés, blancs ou jaunes : parmi ces derniers, citons 'Croblanc', très productif, à fruits blancs ; 'Disco', variété non coureuse, résistant au mildiou, fruit blanc, dentelé ; 'Patty Green F1', mini-plante non coureuse, à petits fruits vert clair, à récolter jeunes pour les confire.

On trouve aussi les courges spaghetti, dont la chair après cuisson se transforme en filaments : 'Spaghetti végétal' ou 'Tivoli F1' ; 'Longue de Nice', fruit pouvant atteindre 1 m, qui peut se consommer jeune, comme une courgette, ou à maturité.

- ***CUCURBITA MOSCHATA*** **:** les courges musquées, les plus « tropicales ». Ce troisième groupe très distinct provient des zones tropicales d'Amérique centrale. Ces plantes sont spécialement adaptées à un climat chaud, humide, comme celui de nos régions du Sud-Ouest.

Parmi celles-ci, 'Butternut', à chair fondante ; 'Musquée de Provence', très vigoureuse, énormes fruits côtelés, vert et orange, chair épicée ; 'Sucrine du Berry', fruits en forme de poire, saveur prononcée.

CULTURE EN POT Possible uniquement avec les variétés à petit développement (comme le pâtisson 'Patty Green F1').

Courge 'Butternut'

Courge 'Spaghetti végétal'

COURGETTE

Cucurbita pepo

J F M A M J J A S O N D

30/40 cm | 1/3 m

La courgette est une plante rampante annuelle de la famille des Cucurbitacées, aux grandes feuilles lobées, disposées en rosette basale, et formant une grosse touffe. Les fleurs, estivales, jaunes, en cornet, comestibles, donnent des fruits variés, longs ou arrondis, verts ou jaunes.

SOL Profond, léger, humifère, se réchauffant rapidement et bien drainé. Exposition chaude et lumineuse, dégagée.

CULTURE Semez en place, en poquets, à partir de mars, courant mai, ou en godets, en avril, pour repiquer 6 semaines plus tard. La culture en pot offre l'avantage de mettre les jeunes plants hors d'atteinte des limaces. Arrosez généreusement par temps sec, mais sans mouiller le feuillage, pour éviter l'oïdium.

RÉCOLTE Cueillez les courgettes immatures, environ 2 mois après le semis. Plus on récolte et plus la plante produit. Les courgettes mûres renferment des graines et possèdent une peau dure.

VARIÉTÉS Elles varient selon que les fruits sont allongés ou ronds, verts ou jaunes ; 'Astia F1', compacte, production étalée, résiste à l'oïdium ; 'Bush Baby F1', à fruits striés, compacte, non coureuse, idéale en pot ; 'Cora F1', pour les cultures précoces ; 'Defender', fruit panaché vert clair, vert foncé et jaune ; 'Diamant F1', très productive et de bonne qualité ; 'Gabbiano F1', pour la récolte de courgettes « fleurs » ; 'Gold Rush F1', non coureuse, fruit allongé, d'un beau jaune d'or, chair crème ; 'Lorea F1', variété semi-tardive, vert très pâle ; 'Orelia F1', fruit jaune vif ; 'Précoce maraîchère', pour une production en primeur, fruit vert clair marbré de crème ; 'Ronde de Nice', fruit rond vert clair, marbré ; 'Splendor F1', feuillage marbré, demi-hâtive, de culture facile, aux rendements exceptionnels ; 'Tarmino F1', fruit vert très foncé, résiste aux maladies, gros rendement ; 'Verte noire maraîchère', fruit vert très foncé, variété traditionnelle, précoce, non coureuse.

CULTURE EN POT Très facile, en pot de 30 cm de diamètre au moins, dans un terreau très riche.

Courgette 'Lorea F1'

Courgette 'Tarmino F1'

Courgette 'Gold Rush F1'

Courgette 'Ronde de Nice'

1

2

3

4

Des Courges c'est pas bête

1. GOURDE (*C. pepo*)
2. COURGE (*C. pepo*)
3. COURGE COU-TORS (*C. pepo*)
4. POTIRON 'ROUGE VIF D'ÉTAMPES' (*C. maxima*)
5. COURGE 'HUICHA' (*C. pepo*)
6. PÂTISSONS (*C. pepo*)
7. CITROUILLE 'MAGICIAN' (*C. pepo*)

5

6

7

8. COURGE MUSQUÉE DE PROVENCE (*C. moschata*)

9. COURGE 'CAMÉLÉON' (*C. pepo*)

10. COURGE 'BONNET TURC' (*C. maxima*)

11. COLOQUINTE 'LITTLE INDIAN' ((*C. pepo*))

12. COURGE MUSQUÉE (*C. moschata*)

13. COURGES DE SIAM ((*C. pepo*)

14. PÂTISSON BLANC ((*C. pepo*)

CROSNE DU JAPON

Stachys affinis

J F M A M J J A S O N D

30/40 cm | 15/20 cm

Cette vivace est une plante herbacée dont les tubercules blanc nacré, que l'on consomme, sont formés d'une succession d'anneaux charnus. Les tiges portent des feuilles opposées, ovales, gaufrées, qui rappellent la menthe. Fleurs roses, très rares.

SOL Léger, sableux, sec, bien aéré.

CULTURE Plantez les tubercules à 10 cm de profondeur et à 40 cm de distance, en poquets de 3 ou 4, en mars et avril. Arrosez bien par temps très sec.

RÉCOLTE Les tubercules sont consommables environ 8 mois après la plantation, lorsque les feuilles se dessèchent. Arrachez-les au fur et à mesure des besoins pendant tout l'hiver. Les crosnes se ramollissent rapidement et ne doivent pas être conservés trop longtemps.

ESPÈCE Seule l'espèce type est cultivée.

CULTURE EN POT Sans intérêt.

ÉCHALOTE

Allium ascalonicum

J F M A M J J A S O N D

20/30 cm | 10/15 cm

Cette vivace bulbeuse offre une saveur plus fine que l'oignon. Elle produit de nombreux caïeux allongés, le plus souvent rose violacé, enveloppés d'une tunique protectrice brune, épaisse. Les feuilles, étroites, tubulaires, vert glauque, se développent en touffe. Elles sont très odorantes lorsqu'on les froisse.

SOL Léger, plutôt sableux, bien ameubli, sans humidité ni fumure organique fraîche. Évitez les engrais azotés qui nuisent au bon développement du bulbe.

CULTURE Plantez les caïeux d'octobre à janvier pour l'échalote ordinaire, en février-mars pour les autres variétés. C'est une plante peu épuisante pour le sol, mais comme toutes les Alliacées (oignon, poireau...), elle ne devrait revenir au même endroit que tous les 3 ou 4 ans.

RÉCOLTE Arrachez les touffes lorsque les feuilles jaunissent, à partir du mois de juillet, et laissez ressuyer quelques jours sur le sol, d'abord au soleil, puis à l'ombre, en vue d'améliorer la conservation. Placez en bottes suspendues dans un local sec et bien aéré.

VARIÉTÉS 'Elisor', demi-longue, gros bulbe, forte végétation, saveur douce ; 'Jermor', longue, type cuisse de poulet, précoce, chair blanc rosé ; 'Mikor', type Jersey, demi-longue, tardive, chair blanc rosé, longue conservation ; 'Zebrune', jaune longue, type échalion.

CULTURE EN POT Sans intérêt.

ENDIVE

Cichorium endivia

J F M A M J J A S O N D

20/30 cm | 15/30 cm

C'est la chicorée de Bruxelles qui produit, après forçage, l'endive ou « chicon », dont on mange les feuilles serrées blanchies.

SOL Profond, riche, compact, pH neutre.

CULTURE Semez de début mai à mi-juin. Éclaircissez à 40 cm, les jeunes plants éliminés pouvant être repiqués avec succès. Aucun entretien. Pour obtenir des endives, arrachez en automne les plantes avec leur racine pivotante. Laissez les racines sur le sol pendant quelques jours, recouvertes de leurs feuilles qui les protègent. Éliminez à la main les feuilles extérieures, en prenant soin de laisser le cœur intact. Pour la préparation au forçage, coupez les feuilles et taillez le cœur en pointe ou horizontalement à 4 ou 5 cm. La longueur de la racine est ramenée à 20 cm. Placez-les dans une tranchée (forçage en pleine terre), serrées les unes contre les autres. Recouvrez le collet de 10 cm de terreau, puis de la même épaisseur de compost et enfin de feuilles ou de paille. Le forçage en cave consiste à placer les racines dans des bacs ou des caissettes remplis de terre légère.

RÉCOLTE Prélevez les endives entre 3 et 5 semaines après le début du forçage. Il est recommandé de faire plusieurs cultures, à 15 jours d'intervalle, afin d'étaler la production.

VARIÉTÉS 'Crenoline F1', forçage sans couverture de terre ; 'Monroe F1', chicons ombrés de rouge pourpre ; 'Topscore F1', variété mâle stérile dont chaque graine produit une racine ; 'Witloof de Bruxelles' donne des endives bien serrées après un forçage traditionnel ; 'Zoom F1' donne des endives de 6 ou 7 cm de diamètre, plutôt courtes, qui pomment sans couverture de terre, simplement protégées d'un plastique noir opaque placé à environ 20 cm au-dessus du collet.

CULTURE EN POT Seul le forçage est possible en pot, pas la culture elle-même.

ÉPINARD

Spinacia oleracea

J F M A M J J A S O N D

20/30 cm | 15/30 cm

Plante annuelle souvent cultivée en bisannuelle, l'épinard forme une rosette de feuilles larges, épaisses et un peu charnues, souvent cloquées, riches en fibres.

SOL Humifère, frais, enrichi par un bon engrais azoté à action lente.

CULTURE Faites des semis échelonnés en place de mars à juin pour les variétés précoces et en août et septembre pour les autres. Couvrez les graines avec 2 cm de terreau. Éclaircissez à 10-15 cm. Les plantes se développent vite et produisent à l'automne, puis lors de la reprise de la végétation, au printemps suivant. L'épinard n'aime pas la chaleur. Pour éviter les virus, mieux vaut ne pas récolter les graines.

Épinard 'Monstrueux de Viroflay'

RÉCOLTE Prélevez les feuilles dès qu'elles sont assez développées, entre 45 et 60 jours après le semis. À la fin de la culture, rabattez les touffes au ras du sol.

VARIÉTÉS 'Géant d'hiver', aux larges feuilles résistantes au froid, productif et rustique, se cultive en fin de saison ; 'Lagos F1', pour une culture de printemps et d'été ; 'Matador', culture de printemps ; 'Monstrueux de Viroflay', aux grandes feuilles charnues et croquantes, à semer tard, car il monte vite en graines, culture de printemps et d'été ; 'Symphonie F1', résistant aux maladies et aux virus, culture de printemps et d'été.

CULTURE EN POT Possible dans un pot de 25 cm de profondeur, dans un terreau toujours frais.

Épinard 'Géant d'hiver'

FENOUIL

Foeniculum dulce

J F M A M J J A S O N D

50/80 cm | 40/80 cm

Fenouil 'Doux de Florence'

La base élargie des pétioles du fenouil cultivé, qui s'emboîtent les uns dans les autres, forme un faux bulbe blanc charnu. Les feuilles sont plumeuses et les petites fleurs jaunes donnent des grains allongés, parfumés. On consomme les bulbes, au goût d'anis, mais aussi les feuilles et les graines.

SOL Riche et humifère, bien préparé, sous climat assez chaud et ensoleillé.

CULTURE Semez en place d'avril à juillet, éclaircissez à 20 cm. Dans les régions froides, semez à l'intérieur en godets en mars, pour repiquer après les gelées. Les variétés tardives se sèment dans le Midi en juillet-août. Tuteurez et buttez. Arrosez pour éviter la floraison et favoriser la formation du bulbe.

RÉCOLTE Le bulbe se cueille 3 mois après le semis. Les variétés précoces se récoltent de fin juillet aux gelées ; les tardives, de décembre à mars. Le fenouil se mange frais, mais peut se congeler. Les très jeunes feuilles font des salades. Les grains se prélèvent avec l'ensemble de l'ombelle, lorsqu'ils s'en détachent facilement.

VARIÉTÉS 'Doux de Florence', tardif, gros bulbe arrondi ; 'Tauro F1', le plus précoce, ne monte pas en graines.

CULTURE EN POT Déconseillée.

FÈVE

Vicia faba

J F M A M J J A S O N D

0,30/1 m · 30/50 cm

Fève 'D'Aguadulce'

Cette annuelle frileuse de la famille des Fabacées produit de très gros haricots à grains plats et charnus. Elle forme une touffe de feuilles aux nombreuses folioles. Les fleurs donnent de longues gousses épaisses, vertes, brunes à maturité, aux grosses graines plates.

SOL Frais, profond, humifère, consistant, un peu calcaire, jamais très sec.

CULTURE Semez en place, en février-mars, tous les 25 cm, en poquets sur des lignes distantes de 40 cm. Pensez à faire tremper les graines au préalable. Dans le Midi, on peut semer d'octobre à février. Pincez au-dessus de la dixième feuille pour éliminer les pucerons. Buttez les plants de 15 cm de haut. Le tuteurage est recommandé.

RÉCOLTE Cueillez les gousses vertes, dès avril en climat doux (semis d'automne). Vous pouvez les prélever jeunes et les consommer comme les haricots verts, ou immatures, crues ou cuites.

VARIÉTÉS 'D'Aguadulce', classique, productive, grosses graines blanches, résiste au nord de la Loire ; 'De Séville', précoce, pour les semis de printemps, gros grains blanc verdâtre.

CULTURE EN POT Possible dans des pots de 30 cm de profondeur au moins. Tuteurage fortement recommandé.

HARICOT À ÉCOSSER

Phaseolus vulgaris

J F M A M J J A S O N D

0,50/4 m · 0,40/1 m

Haricot à écosser 'Soissons'

Cette plante annuelle produit des gousses longues et étroites, vertes, jaunes ou parfois violettes. Les variétés à écosser sont sélectionnées pour produire des graines volumineuses que l'on consomme sèches ou fraîches.

SOL Riche, léger, frais, pas trop acide.

CULTURE Semez en poquets de 3 à 5 graines, ou sur buttes, de mi-mai à mi-juin. Éclaircissez à 40 ou 50 cm. Tuteurez les variétés à rames. La fertilisation doit être pauvre en azote.

RÉCOLTE Les haricots en grains frais sont cueillis entre 90 et 110 jours après le semis ; les grains secs, après 120 à 140 jours. On récolte les gousses quand elles commencent à s'affiner, à se dessécher comme du parchemin et à s'ouvrir un peu.

VARIÉTÉS

- **HARICOTS NAINS :** 'Borlotto', cosse et grains rouge et blanc, très productif ; 'Chevrier', le flageolet classique, sec ou frais ; 'Coco Nain Blanc', cosse verte, grain blanc, arrondi ; 'Flavert', variété très productive de flageolets verts ; 'Lingot', la variété classique du cassoulet, se consomme sec ; 'Michelet' et 'Mogex', cosse jaune, grain blanc, sec ou frais.
- **HARICOTS À RAMES :** 'Soissons', cosse verte à gros grains blancs ; 'Tarbais', gros grain blanc, surtout pour le cassoulet.

CULTURE EN POT Possible pour les variétés naines, en contenants de 30 cm de diamètre.

HARICOT D'ESPAGNE

Phaseolus coccineus

J F M A M J J A S O N D

0,50/4 m · 0,40/1 m

Ce haricot grimpant est apprécié pour sa végétation vigoureuse et ses fleurs écarlates ou bicolores rouge et blanc écarlate, très décoratives. On consomme les jeunes gousses ou les graines, fraîches ou sèches, comme celles du haricot à écosser.

SOL Frais, riche et profond.

CULTURE Semez en poquets distants de 50 cm, de mi-mai à fin juin. Faites tremper les graines avant le semis. Évitez d'apporter de la fumure fraîche. Paillez le pied. Tuteurez sur un tuteur solide. Arrosez abondamment. Éliminez les tiges volubiles mal placées.

RÉCOLTE Cueillez les gousses lorsqu'elles ont 20 cm de long environ, au fur et à mesure des besoins.

VARIÉTÉS On cultive l'espèce type, ou 'Pickwick', variété naine à fleurs rouges.

CULTURE EN POT Possible avec 'Pickwick' ; pour l'espèce type, grimpante, il faut un bac de 40 cm de large au minimum.

HARICOT VERT, HARICOT BEURRE

Phaseolus vulgaris

J F M A M J J A S O N D

0,40/3 m | 0,40/1 m

Haricot vert nain 'Cupidon'

Ces haricots nains ou grimpants mesurent de 40 cm à 3 m de haut. On distingue les haricots verts filet, les mangetout et les haricots beurre.

SOL Riche, léger, frais.

CULTURE Très sensible au froid, le haricot exige une situation chaude et ensoleillée. Semez en place, de fin avril à juillet, en poquets de 3 à 5 graines espacés de 40 cm. Pour obtenir une bonne végétation, la température moyenne doit dépasser 10 °C. Espacez les haricots à rames de 70 cm, les nains de 40 cm. Buttez environ 3 semaines après la levée (qui se produit en 5 à 8 jours). Arrosez bien par temps sec, surtout à partir de la floraison.

RÉCOLTE Entre 60 et 80 jours après le semis, les gousses (filets) se récoltent très jeunes ou un peu plus développées. Les gousses de haricots beurre se récoltent jeunes. Pincez la pousse terminale des variétés à rames.

VARIÉTÉS Les variétés de haricots sont divisées en plusieurs groupes.

- **HARICOTS VERTS NAINS À FILETS :** ils sont récoltés jeunes, tous les 2 ou 3 jours, avant que se forme une membrane dure (parchemin) ; 'Aiguillon', graines AB ; 'Argus', résiste aux maladies, graines AB ; 'Calypso', extrafin, demi-hâtif, port bien dressé ; 'Cupidon', gousses vert clair, sans fil, faciles à récolter, graines AB ; 'Delinel', très longues gousses, peut se consommer en mangetout ; 'Divinel', production échelonnée, très goûteuse ; 'Fin de Bagnols', croissance rapide ; 'Gourmandel', grosse production sans fil ; 'Novirex', extrafin, demi-hâtif, résistant aux virus et à l'anthracnose ; 'Olympus', extrafin, production échelonnée, résistant aux maladies ; 'Oxinel', très longues gousses, sans fil, récolte échelonnée ; 'Talisman', précoce, sans fil, idéal pour la congélation ; 'Triomphe de Farcy', gousses tachetées, variété classique un peu dépassée, mais très goûteuse et riche en antioxydants.
- **HARICOTS MANGETOUT :** la paroi de la gousse reste tendre en se développant. Ce sont des haricots assez gros mais tendres ; citons 'Contender', nain classique, hâtif, rustique et productif, à très longues gousses sans fil, idéal en conserve ; 'Fortex', à rames, précoce, très productif ; 'Melissa', à rames, gousses pourpres sans fil ni parchemin ; 'Phénomène', à rames, assez tardif, on peut aussi l'écosser ; 'Processor', nain, très productif, grain blanc ; Velour', nain, gousses pourpres d'une grande finesse, récolte facile.

Haricots mangetout

Haricot vert nain 'Triomphe de Farcy'

- **HARICOTS BEURRE :** ce sont des mangetout à gousses jaunes ; 'De Rocquencourt', nain, variété classique à graines noires ; 'Fructidor', nain, productif, sans fil, résiste à l'anthracnose ; 'Merveille de Venise', à rames ; 'Ramdor', à rames, très gros rendement, belle couleur.

CULTURE EN POT Seulement les variétés naines, dans un pot de 25 cm de diamètre au minimum.

Haricot beurre 'Ramdor'

LAITUE

Lactuca sativa

J F M A M J J A S O N D

20/30 cm | 20/30 cm

Laitue pommée 'Divina'

La laitue est une annuelle dont les feuilles forment une pomme (laitues pommées, romaines, batavias) ou non (laitues à couper).

SOL Frais et humifère, à mi-ombre, pas de luminosité excessive.

CULTURE Semez en place entre 12 et 15 °C, et éclaircissez à 20 cm, ou en pépinière, puis repiquez un mois et demi plus tard (repiquage flottant). Sablez la surface pour éviter la pourriture du collet.

- **LAITUES DE PRINTEMPS** : semez en février et mars sous abri (tunnel, châssis froid).
- **LAITUES D'ÉTÉ ET D'AUTOMNE** : semez de fin mars à juin en pleine terre.
- **LAITUES D'HIVER** : semez en août et septembre. Prévoyez une protection.
- **LAITUES ROMAINES** : semez de mars à juin.
- **LAITUES À COUPER** : semez de mars à fin août, en place. Pour éviter qu'elles ne montent en graines, ne les éclaircissez pas.

La laitue craignant la sécheresse, arrosez copieusement durant les chaleurs. Peu épuisante pour le sol, elle peut être replantée au même endroit, si la terre est riche et fertilisée.

RÉCOLTE Les laitues pommées et les romaines se récoltent à point, lorsque le cœur est bien formé. Plutôt que d'arracher la plante, coupez-la au collet. De nouvelles pousses se développent ensuite. Il est possible de les consommer quelques semaines plus tard. Les feuilles des laitues à couper se cueillent au couteau dès qu'elles ont suffisamment poussé. Arrosez après chaque récolte pour obtenir une bonne repousse des feuilles.

VARIÉTÉS Il en existe une multitude, classées en plusieurs catégories.

- **LAITUES POMMÉES** : à feuilles lisses ou cloquées, serrées autour du cœur.

> Classiques, de culture facile : 'Du Bon Jardinier', rustique, feuilles vertes ombrées de rouge ; 'Express', graines AB, laitue de printemps, pomme blonde ; 'Merveille des 4 saisons', rustique, c'est la laitue du débutant, feuilles vertes rougeâtre ; 'Reine de Mai', rustique, pour le printemps, pomme bien serrée, verte ombrée de rouge.

> Pour cultiver sous abri : 'Gotte Jaune d'Or', petit calibre, culture rapide et précoce.

> Résistent à la chaleur : 'Augusta', feuillage vert, grosse pomme aplatie ; 'Divina', résiste aux maladies, culture facile ; 'Grosse Blonde Paresseuse', classique, feuilles blondes, production d'été et d'automne.

> Résistent au froid : 'Appia', culture facile, toutes saisons, gros calibre ; 'Merveille d'hiver', classique, rustique, culture facile, feuilles vertes gaufrées, pomme dense ; 'Val d'Orge', classique, culture facile, pas très productive, feuilles blondes ; 'Verpia', très gros calibre, variété d'automne.

> Très précoce : 'Novappia', plants AB, amélioration de 'Appia', feuilles lisses vert clair, grosse pomme bien serrée.

- **LAITUES BATAVIAS** : aux feuilles découpées et même frisées.

> Culture facile : 'Blonde à Bord Rouge', classique ; 'Rossia', feuillage vert ombré de rouge, très rustique, pour l'été et l'automne.

> Culture toute l'année : 'Admiration', blonde ; 'Rouge Grenobloise', classique, très rustique, feuilles vert rougeâtre croquantes.

> Culture en pot : 'Mini Green améliorée', naine à feuilles vertes croquantes.

> Ne monte pas en graines : 'Great Lakes', type 'Iceberg'.

> Résistent à la chaleur : 'Iceberg', variété américaine aux feuilles claires, tendres, mais croquantes ; 'Kamikaze', feuilles rouges ; 'Pierre Bénite', classique, feuilles frisées, pour l'été et l'automne, ne monte pas en graines ; 'Sierra', feuilles ondulées teintées de rouge ; 'Blonde de Paris', classique, culture tardive ; 'Reine des Glaces', pour le printemps et l'été, croissance rapide, très rustique.

> Résiste au froid : 'Atoll', résiste aussi à la chaleur, très croquante ; 'Laura', feuilles vertes à pomme compacte.

> Résistent aux maladies : 'Dorée de Printemps', classique, culture de printemps ; 'Florine', variété à pomme ouverte, résiste aux pucerons, feuilles vertes, gros volume.

- **LAITUES ROMAINES** : aux grosses pommes verticales à côtes croquantes.

> Culture facile : 'Grise Maraîchère', pomme érigée et volumineuse, à très grosse côte centrale, récolte d'été, feuilles vert foncé.

> Résistent au froid : 'Blonde Maraîchère', très productive, pomme allongée, ne monte pas, feuilles épaisses, croquantes, récoltes d'été et d'automne ; 'Verte Maraîchère', classique, précoce, récoltes de printemps et d'automne, feuilles épaisses, pomme allongée.

Laitue romaine 'Grise Maraîchère'

Laitue 'Feuille de Chêne Grenadine'

- **SALANOVA** : nouveau type de laitues multifeuilles très originales ; 'Aquino', feuilles lisses vertes, épaisses et croquantes ; 'Duplex', feuilles frisées, rouges ; 'Exact', feuilles frisées, vertes ; 'Seurat', feuilles lisses rouge foncé, épaisses et croquantes.
- **LAITUES GRASSES** : traditionnellement cultivées dans le Midi ; 'Craquante d'Avignon' et 'Craquerelle du Midi', culture facile et résistent à la chaleur et à la sécheresse ; 'Rougette de Montpellier', production de fin d'hiver ; 'Sucrine', classique, monte en graines assez facilement.
- **LAITUES À COUPER** : ne pomment pas, leur feuillage repousse après avoir été coupé ; 'Feuille de Chêne Blonde', feuilles très découpées, supporte la chaleur, mais monte rapidement en graines ; 'Feuille de Chêne Grenadine', feuilles rouge foncé, cœur bien rempli, plus lente à monter en graines et plus résistante aux maladies que les laitues à couper rouges traditionnelles, de type 'Bowl' ; 'Lollo Rossa Sanguine', feuilles rouges, frisées, plante très décorative ; 'Red Salad Bowl', culture en toutes saisons.

CULTURE EN POT Facile, dans un contenant de 20 cm. Les laitues à couper se cultivent bien en panier suspendu.

MÂCHE

Valerianella locusta

J F M A M J J A S O N D

10/30 cm | 10/20 cm

Cette salade forme une rosette serrée de feuilles, vert blond ou foncé. La tige, divisée en deux, porte des bouquets de petites fleurs bleu pâle.

SOL Consistant, frais mais bien drainé, assez riche en humus.

CULTURE Roulez le sol avant le semis. Semez clair en place de fin juillet à octobre. Les semis à partir de septembre sont destinés à une récolte de printemps. Échelonnez les semis pour étaler la récolte. Dispersez les graines dans des sillons de 2 ou 3 cm de profondeur, espacés de 20 cm. Plombez vigoureusement. Éclaircissez à 10 cm. La mâche passe l'hiver en terre, avec une couverture de paille pour éviter que le sol durci par le gel n'empêche la récolte. Ne la laissez pas monter en graines, elle peut devenir envahissante. Supprimez les feuilles jaunes ou abîmées. Le semis en association avec d'autres légumes lui donne l'ombre dont elle a besoin.

Mâche 'À Grosses Graines'

CULTURE DÉROBÉE

La mâche appréciant l'ombre, elle peut être semée sous des arbres fruitiers ou en culture intercalaire avec des choux, des oignons, des carottes, des navets. Comme elle aime les sols durs, ne labourez pas avant le semis.

RÉCOLTE Arrachez les rosettes dès qu'elles sont bien formées et avant que les fleurs paraissent. Les feuilles restent tendres pendant la floraison, mais elles prennent une note d'amertume.

VARIÉTÉS 'À grosses graines', précoce, vigoureuse, feuilles larges, tendres, vert foncé, culture d'automne, facile ; 'Gala', compacte, précoce, feuilles rondes, culture facile, très souple d'utilisation, jusqu'au printemps ; 'Ronde Verte Maraîchère', très précoce, production importante, pour l'automne et l'hiver ; 'Verte de Cambrai', classique, tardive, résiste au froid ; 'Verte de Louviers', précoce, très rustique, feuilles en forme de cuiller.

CULTURE EN POT Facile, dans un terreau léger, bien arrosé.

MAÏS SUCRÉ, MAÏS DOUX

Zea mays var. saccharata

J F M A M J J A S O N D

1,50/2,50 m | 30/50 cm

Maïs 'Ramondia F1'

Le maïs est une graminée géante de croissance rapide, aux longues feuilles linéaires. Les fleurs mâles terminent les tiges, tandis que les fleurs femelles forment les épis latéraux, entourés d'une spathe caractéristique.

SOL Riche et profond. Prévoyez une préparation complète du sol avec bêchage avant d'entreprendre la culture.

CULTURE Semez en place, en poquets à 2 cm de profondeur et à 40 cm de distance, en mai-juin, lorsque le sol s'est bien réchauffé, ou sous abri. L'éclaircissage est obligatoire. Buttez le pied pour assurer une végétation vigoureuse. Des arrosages copieux sont nécessaires, ainsi qu'une fertilisation à l'engrais liquide. Ne le cultivez pas à proximité des maïs agricoles, pour éviter toute pollinisation indésirable.

RÉCOLTE Prélevez les épis lorsque les grains sont bien formés mais encore tendres, la spathe étant encore verte.

VARIÉTÉS 'Albina F1', grains blancs, très tendres ; 'Fraise', décoratif, s'utilise uniquement en pop corn ; 'Ramondia F1', très sucré, culture rapide ; 'Rustler', longs épis au goût sucré. Citons un maïs décoratif : 'Du Japon Arlequin', épis aux grains de couleurs variées, destinés à faire des bouquets secs.

CULTURE EN POT Possible avec des variétés très courtes, en contenant de 25 cm.

MELON

Cucumis melo

J F M A M J J A S O N D

25/35 cm	1,50/2 m	

Le melon est une plante vigoureuse de la famille des Cucurbitacées, aux tiges rampantes ou grimpantes, munies de vrilles qui portent des feuilles tachetées. Les petites fleurs jaunes donnent de gros fruits d'aspect très variable.

SOL Riche, bien fumé, profond, frais. Une situation chaude, en plein soleil, est indispensable pour obtenir des melons bien sucrés. Attention aux excès d'humidité.

CULTURE Semez en poquets de février à avril, en godets, en serre ou à la maison. Plantez à la mi-mai. Dès que les plants ont formé 3 ou 4 feuilles, pincez au-dessus de la deuxième feuille, puis pincez chacune des deux branches obtenues au-dessus de la troisième feuille. Pincez aussi ces nouvelles branches à 3 feuilles, leurs pousses porteront les fruits. Pincez ensuite à 2 feuilles au-dessus des fruits et coupez toutes les nouvelles pousses pour favoriser le grossissement des melons. Laissez grossir les fruits sur une tuile ou un pot, pour qu'ils ne reposent pas sur la terre, au risque de pourrir. Arrosez régulièrement par temps chaud et sec, de préférence au goutte-à-goutte ; évitez d'arroser par aspersion et de mouiller les plantes, pour limiter les risques de cladosporiose, maladie très courante du melon. Amendement organique obligatoire.

Melon type Galia

RÉCOLTE Les fruits sont cueillis après 4 ou 5 mois de culture, lorsqu'ils sont mûrs, parfumés, ce qui dépend des variétés et des régions ; leur couleur s'éclaircit alors et une crevasse se forme autour du pédoncule.

VARIÉTÉS Elles diffèrent selon la forme et la couleur du fruit, rond ou allongé, vert pâle, vert foncé ou jaune, à pulpe orangée, blanche, verte ou rosée. Les variétés F1 constituent de bonnes améliorations.

Les plants greffés (souvent sur courge) :

> sont plus résistants aux virus et aux champignons pathogènes : verticilliose, corky root, fusariose, nématode... ;

> supportent mieux des températures trop élevées ou trop basses, ainsi que la sécheresse ;

> sont plus vigoureux.

Ils ne se taillent pas. Il ne faut pas enterrer le point de greffe. Supprimez tous les départs de végétation en dessous du point de greffe.

- **TYPE CHARENTAIS :** 'Aliénor F1', écorce lisse, résistant aux maladies ; 'César F1', écorce brodée, ne se taille pas, qualité gustative ; 'Charentais Cantaloup', classique, dépassé par les hybrides F1 ; 'Jerac F1', écorce lisse, précoce, très résistant aux maladies ; 'Savor F1', écorce semi-brodée, résiste à l'éclatement, réputé pour la qualité de sa chair.
- **TYPE GALIA :** 'Galia F1', écorce brodée jaune, chair verte ; 'Masada F1', écorce très brodée jaune, chair verte, très résistant aux maladies.
- **TYPES DIVERS :** 'Canari jaune', fruit ovoïde, écorce lisse, jaune vif, chair molle, idéal pour les jus de fruits, les sorbets ou les confitures, très longue conservation comparable à celle des courges ; 'Petit Gris de Rennes', variété ancienne, petits fruits, production dans toutes les régions ; 'Sucrin de Tours', écorce brodée, graines AB, variété ancienne, demi-hâtive, chair ferme.

CULTURE EN POT Possible, en pot de 25 cm et avec des apports d'engrais liquide hebdomadaires.

NAVET

Brassica rapa

J F M A M J J A S O N D

20/40 cm	10/20 cm	

Navet 'Des Vertus Marteau'

Cette bisannuelle de la famille des Brassicacées forme une racine charnue, globuleuse ou allongée. Les feuilles duveteuses et rêches sont découpées en plusieurs segments. Les fleurs, à 4 pétales en croix, jaune pâle, forment une grande inflorescence assez lâche.

SOL Fertile, frais, très humifère, profond.

CULTURE Semez sous abri en février-mars ou en place d'avril à septembre. Les navets d'hiver se sèment en plein été. Éclaircissez à 10 cm de distance sur le rang. Traitez contre les altises en été. La mouche du navet détruit les racines.

Navet 'De Nancy'

Quand un pied est atteint, il faut l'arracher et le jeter. Mettez ensuite en place une longue rotation dans la culture (plus de 3 ou 4 ans). Pour prévenir ce parasite, maintenez le sol humide et évitez les fumures fraîches. Plantez entre les rangs de navets des aromatiques (thym, romarin, mélisse ou hysope).

RÉCOLTE Entre 60 et 80 jours après le semis, lorsque les racines ont atteint une taille suffisante. Récoltez entre fin octobre et début novembre les navets à conserver l'hiver. Laissez-les ressuyer une journée sur le sol. Coupez ensuite les feuilles au-dessus du collet et gardez les racines en cave, dans du sable sec.

VARIÉTÉS Elles diffèrent par la forme (long, demi-long, rond ou plat) et la couleur de la racine (blanche, violacée ou jaune) : 'Demi-long de Croissy', classique, cylindrique, blanc, peut se forcer ; 'Blanc dur d'hiver', conique, blanc, précoce, pour les semis tardifs d'automne ; 'De Nancy à feuille entière', rond, blanc à collet violet, précoce ; 'Des Vertus Marteau', long, blanc, tendre, ne pas trop laisser grossir la racine ; 'Jaune boule d'or', rond, peau et chair jaunes, pour les récoltes d'automne, saveur particulièrement sucrée ; 'Rouge plat hâtif à feuille entière', plat, très précoce, pour les récoltes de printemps.

CULTURE EN POT Possible pour les variétés plates, dans un pot de 30 cm de profondeur.

Navet 'Rouge plat hâtif à feuille entière'

OIGNON

Allium cepa

J F M A M J J A S O N D

1 m (fleurs) | 15/20 cm

Vidéo « Planter des oignons »*

L'oignon est une plante vivace à bulbe unique, globuleux, recouvert de tuniques de couleurs variables. Il porte de longues feuilles creuses, très odorantes lorsqu'on les froisse. La hampe florale est surmontée d'une grosse tête globuleuse formée de petites étoiles blanches.

SOL Plutôt pauvre et léger. L'oignon craint les terres argileuses, l'humidité en excès et la fumure fraîche. Il donne les meilleurs résultats dans des terres siliceuses ou silico-argileuses, sans fumier.

CULTURE Tous les oignons se multiplient bien par semis, mais on peut aussi planter des bulbes d'oignons blancs de février à avril, à 10 cm de profondeur et d'espacement. Semez de février à avril selon les régions. Dans les zones où l'hiver n'est pas trop rigoureux, semez d'août à septembre, en pépinière, pour repiquer en place à l'automne dans les régions à climat très doux, ou au début du printemps ailleurs, après avoir conservé le jeune plant sous châssis ou tunnel.

RÉCOLTE Mûrissent d'abord les oignons blancs primeurs en juin, puis les autres variétés, pour finir à partir de septembre avec les oignons jaunes. Pour ces derniers, lorsque les feuilles ont fané, les bulbes sont arrachés et laissés à ressuyer quelques jours sur le sol pour en améliorer la conservation. Il faut ensuite les garder dans un local sec, dans des cagettes, après avoir coupé les feuilles. Vous pouvez aussi constituer des bottes en tressant les feuilles. Les oignons multipliés par semis se conservent mieux que ceux qu'on a plantés en petits bulbes ; ces derniers, en revanche, atteignent un calibre plus important.

VARIÉTÉS Les très nombreuses variétés d'oignons se différencient par la taille, la couleur, le goût et la précocité.

- **OIGNONS BLANCS :** généralement hâtifs, ils donnent plutôt des petits bulbes ; 'Blanc de Rebouillon', tardif, produit les cébettes (semis de printemps) ou de très gros oignons en fin de saison ; 'Blanc de Vaugirard', très résistant au froid, gros bulbes pour les semis d'été qui se récoltent au printemps ; 'Extra hâtif de Barletta', très précoce, pour les climats doux ; 'Hâtif de Paris', gros bulbes plats, résistant au froid, pour les récoltes de printemps ; 'Très hâtif de la reine', très précoce, pour les climats doux.
- **OIGNONS ROUGES :** doux, ils se conservent peu de temps ; 'Bronzé d'Amposta', chair rose, très gros bulbe plat, pour les climats chauds ; 'Rouge de Brunswick', plat, tardif, rustique, excellente conservation, pour les récoltes d'automne ; 'Rouge de Florence race Simiane', long, doux, à récolter en vert, idéal en salade ; 'Rouge pâle de Niort', rond, plat, hâtif, ne se conserve pas longtemps.
- **OIGNONS JAUNES :** ils se conservent mieux que les autres ; 'Jaune paille des Vertus', classique, rond, graines AB, précoce, productif ; 'Keravel', rond, type oignon de Roscoff, très savoureux, variété ancienne ; 'Sturtgarter Riesen', rond, type oignon de Mulhouse, excellent rendement, tous terrains, récolte d'été ; 'Turbo', rond, amélioration de 'Sturon', rendement plus élevé, saveur soutenue.
- **OIGNON PERPÉTUEL :** 'Rocambole', l'oignon de Catawisa, dont les bulbes au goût d'échalote sont produits sur les tiges. Vivace et rustique, il reste en place plusieurs années.

CULTURE EN POT Peu satisfaisante.

Oignon 'Jaune paille des Vertus'

*Télécharger l'application Truffaut +, voir p. 6-7

OSEILLE

Rumex acetosa

J F M A M J J A S O N D

Hauteur	Espacement	Exposition
20/30 cm	20/30 cm	

L'oseille est une vivace herbacée formant une rosette de feuilles ovales, un peu charnues, de saveur acide. Les petites fleurs dioïques, d'un vert rougeâtre, sont réunies en longues grappes dressées qui atteignent 1 m de haut.

SOL L'oseille apprécie les terres lourdes et argileuses, très humifères. Elle est parfaitement adaptée aux sols acides. Pas de soleil direct en été.

CULTURE Semez en pépinière de mars à juin, en recouvrant les graines de 1 cm de terreau fin. Repiquez un plant tous les 20 cm lorsqu'il a développé 4 ou 5 feuilles. L'oseille peut rester plusieurs années au même endroit. Divisez les touffes en avril. Supprimez les fleurs pour prolonger la production. Ne laissez pas l'oseille monter en graines, car elle est envahissante.

RÉCOLTE Récoltez les feuilles au fur et à mesure des besoins, dès qu'elles ont une taille suffisante (10 cm et plus).

VARIÉTÉS 'Large de Belleville', classique, la plus cultivée ; 'Rouge' (le nom exact est 'Bloody Dock'), feuilles pointues aux nervures rouge vif, ajoute un aspect décoratif.

CULTURE EN POT Facile, dans un pot de 30 cm de diamètre et de profondeur.

PANAIS

Pastinaca sativa

J F M A M J J A S O N D

Hauteur	Espacement	Exposition
0,80/1,50 m (fleurs)	15/20 cm	

Le panais est une solide plante à grosse racine charnue pivotante, ressemblant à une carotte, et à feuilles fines, composées.

SOL Riche, frais, lourd, profond, bien fumé. Il préfère les climats doux.

CULTURE Préparez avec soin et profondément le sol. Semez assez clair en place, de mars à juin, en couvrant les graines de 1 cm de terreau. Éclaircissez à 15 cm lorsque le plant a 4 feuilles.

RÉCOLTE Arrachez les racines 4 mois environ après le semis. Elles peuvent aussi passer l'hiver en terre. Curieusement, leur saveur devient plus sucrée après les gelées.

VARIÉTÉS 'De Guernesey' est la variété la plus classique, à longues racines blanches. Des hybrides F1 d'origine anglaise ont un rendement élevé : 'Gladiator F1', 'Palace F1'.

CULTURE EN POT Sans intérêt.

⚠ IRRITANT

Le panais, et d'autres végétaux comme le céleri, contient des furanocoumarines - des substances photosensibilisantes. Le contact de ces légumes avec la peau, combiné à une exposition au soleil, peut parfois entraîner une irritation cutanée appelée "phytophotodermatite".

PISSENLIT

Taraxacum officinale

J F M A M J J A S O N D

Hauteur	Espacement	Exposition
5/15 cm (fleurs)	15/25 cm	

Cette plante herbacée à racine pivotante forme une rosette étalée de feuilles divisées en lobes aigus. La hampe florale unique porte un capitule aux ligules jaune d'or, se transformant en boule plumeuse.

SOL Riche et profond, même les terres lourdes.

CULTURE Semez en place de mars à juin, en recouvrant les graines de 1 cm de terreau. La levée se produit en 15 jours. Éclaircissez à 15 cm sur le rang. On peut aussi le diviser. Il est extrêmement rustique.

RÉCOLTE Les feuilles sont plus tendres et moins amères au début du printemps. Mieux vaut blanchir avec un buttage de terre légère.

VARIÉTÉS 'À cœur plein amélioré', grosses touffes compactes, fournies ; 'Vert de Montmagny amélioré', feuillage foncé très découpé.

CULTURE EN POT Sans intérêt.

LE PISSENLIT SAUVAGE

Si vous préférez le goût du pissenlit sauvage, arrachez au printemps quelques pieds avec la racine. Coupez des tronçons de 5 ou 6 cm et plantez-les verticalement à 5 cm de profondeur, recouverts de pralin. Espacez les boutures de 10 à 15 cm, arrosez copieusement.

POIREAU

Allium porrum

J F M A M J J A S O N D

40/60 cm	10/30 cm	

Poireau 'Bleu de Solaise'

Cette vivace de la famille des Alliacées qui est cultivée comme une annuelle produit toute l'année. Le poireau forme une tige cylindrique épaisse, en partie enterrée, terminée par un bouquet de feuilles plates engainantes, en forme de gouttière, d'un vert bleuté. Les fleurs en ombelles sphériques apparaissent la seconde année de culture.

SOL Aéré, humifère et assez frais. Le poireau redoute la présence de fumier frais.

CULTURE Semez sous châssis ou à bonne exposition dès la fin de l'hiver pour repiquer en mai et récolter d'août à novembre. Avant le repiquage, laissez faner les plants pendant 2 ou 3 jours sur le sol. Cette opération a pour but de les endurcir. Coupez partiellement les feuilles et les racines avant de mettre les plants en terre. Cette taille des racines, que l'on nomme « habillage », aide à la reprise. En pépinière, semez en mai, repiquez en août pour récolter de l'hiver au printemps les variétés résistantes au froid. Semez en place à bonne exposition, vers la mi-août, pour récolter en juin de l'année suivante. Cette culture donne des poireaux assez fins, appelés « poireaux baguettes ». Buttez les poireaux avant l'hiver, en ramenant la terre autour du pied pour blanchir le fût. Le poireau est un légume épuisant pour le sol qui ne doit revenir à la même place que tous les 5 ans environ.

RÉCOLTE Arrachez les poireaux lorsque les feuilles sont suffisamment développées, avant que la tige ne commence à monter. Ils peuvent être déterrés à l'automne et conservés dans la cave, mais beaucoup de variétés acceptent de passer l'hiver en terre. Dans ce cas, les poireaux peuvent être récoltés au fur et à mesure des besoins, si le sol n'est pas gelé. Un mulch bien épais de paille ou de feuilles permet de récolter par tous les temps, mais il faut vérifier que ce paillis est suffisamment aéré pour éviter l'apparition de la pourriture par temps humide.

VARIÉTÉS 'Armor F1', variété demi-tardive de culture facile pour les récoltes d'automne et d'hiver, très résistant au froid ; 'Blaugrüner', poireau d'hiver, très résistant au froid, peu sensible à la teigne, amélioration de 'Bleu de Solaise' ; 'Bleu de Solaise', variété classique, poireau d'hiver, très résistant au froid, graines AB ; 'Electra', précoce, productif, fût de grosseur moyenne, graines AB, pour les récoltes d'été et d'automne ; 'Malabare', variété classique, poireau d'automne et d'hiver, très résistant au froid ; 'Monstrueux de Carentan', variété classique, poireau d'automne et d'hiver, graines AB ; 'Portura', poireau d'automne et d'hiver à fût long.

Le poireau perpétuel *(Allium ampeloprasum)* est un légume ancien dont on coupe les feuilles, qui repoussent ensuite.

CULTURE EN POT Sans intérêt.

Poireau 'Monstrueux de Carentan'

POIRÉE, BETTE

Beta vulgaris

J F M A M J J A S O N D

40/70 cm	30/40 cm	

Poirée à cardes rouges

Cette bisannuelle donne des racines (les betteraves) ou des pétioles comestibles. À partir de la même plante, la sélection a permis d'obtenir deux légumes totalement différents. Les variétés cultivées pour leur pétiole charnu sont appelées « bettes » ou « poirées ».

SOL Profond, souple, léger, même salé (littoral), mais sans fumure fraîche.

CULTURE Semez en place d'avril à mi-juin, en lignes. Éclaircissez à 20 cm. Dans les régions aux gelées tardives, semez sous abri en mars, puis repiquez après les froids, lorsque les plants ont développé de 3 à 5 feuilles. Arrosez l'été.

RÉCOLTE Coupez-les de juillet aux gelées.

VARIÉTÉS

- **POIRÉES OU « BETTES À CARDE »,** dont on consomme le pétiole élargi, mais aussi le limbe des feuilles : 'Blonde à Carde Blanche', variété classique, résiste bien à la chaleur, large côté blanche ; 'Bright Lights', cardes jaunes, orange, roses, pourpres, rouges ; 'Verte Race d'Ampuis', amélioration de la 'Verte à Carde Blanche' grosse production.
- **BETTE À COUPER** : 'Verte à couper' est appelée aussi « bette épinard ». C'est une plante sans carde, dont les feuilles sont coupées comme des épinards, plusieurs fois dans la saison. Récolte facile, repousse régulière, récolte de l'été à l'automne.

CULTURE EN POT Possible en bac de 40 cm.

POMME DE TERRE

Solanum tuberosum

J	F	M	A	M	J	J	A	S	O	N	D

40/60 cm | 40/50 cm

Cette plante à tubercules de la famille des Solanacées est le légume le plus consommé dans le monde. Originaire des Andes, la pomme de terre est une plante vivace, mais non rustique, formant un buisson touffu. Les tiges, souterraines, développent des tubercules charnus. Les feuilles sont composées de 3 à 5 paires de folioles ovales, gaufrées, de dimensions hétérogènes. Les fleurs, blanches ou violacées, de 2 ou 3 cm de diamètre, donnent des baies vertes et globuleuses, toxiques.

SOL Humifère, léger, profond, sablonneux, peu calcaire. Les terres lourdes sont acceptées si elles ne sont pas trop humides. Les pommes de terre font partie des rares légumes à tolérer la fumure fraîche. La plante craint les gelées printanières et l'eau stagnante. Elle apprécie les situations aérées et bien ensoleillées.

CULTURE Plantez les tubercules entiers ou coupés en deux, déjà germés, de fin avril à juin, lorsque les froids ne sont plus à craindre. Utilisez toujours des plants certifiés afin de ne pas propager de graves maladies. Stockez les plants non germés à la cave pendant 4 à 5 semaines (entre 5 et 7 °C) pour que les germes se développent. Les plants germés sont vendus en clayettes fermées, et les plants germés dressés, dans des clayettes ouvertes, où ils sont disposés sur un seul niveau, germes vers le haut. Ils garantissent une grande régularité de germination et une récolte plus précoce d'environ 2 semaines. Une température moyenne supérieure à 10 °C permet une levée en une dizaine de jours. Il est aussi possible de planter dès le début avril sous tunnel plastique. Placez les tubercules entre 10 et 15 cm de profondeur, espacés de 30 à 50 cm, les variétés tardives moins serrées que les précoces. Buttez le pied dès que les plants atteignent 15 cm de haut pour éviter que les tubercules ne s'oxydent à l'air et deviennent impropres à la consommation. Le buttage protège aussi du mildiou. La pomme de terre est assez exigeante en eau au début de sa végétation. Traitez obligatoirement contre le mildiou avec une décoction de prêle additionnée de macération de consoude (5 %). Coupez les pousses envahies par les doryphores et brûlez-les.

RÉCOLTE Arrachez les pommes de terre juste avant la floraison, les variétés hâtives (pommes de terre primeurs) entre 2 et 3 mois après la plantation, et les autres, entre 4 et 5 mois. La récolte doit s'effectuer par beau temps. Comptez de 1 à 2 kg par plante. Laissez les tubercules ressuyer toute une journée sur le sol, si possible à mi-ombre, pour éviter les brûlures.

Plants de pomme de terre

Adulte et larve de doryphore

Ramassage des pommes de terre

Vidéo « Planter des pommes de terre »*

Buttage des pommes de terre

*Télécharger l'application Truffaut +, voir p. 6-7

Conservez-les en cave à l'abri de la lumière pour éviter que les tubercules ne verdissent et développent une substance toxique, la solanine. Si la température du local de conservation dépasse 8 °C, des germes apparaissent : il faut les éliminer à la main.

VARIÉTÉS Elles sont très nombreuses (environ 120 sont répertoriées au catalogue officiel des variétés de pommes de terre, dont une trentaine représentent 90 % de la production), qui diffèrent par la taille, la forme, la couleur, la précocité et la qualité de la chair, ferme ou farineuse. Les pommes de terre les plus courantes sont à peau et à chair jaunes, mais les variétés à peau rouge comptent parmi les plus savoureuses. Il existe également des pommes de terre à peau violet foncé et à chair violacée, qui conservent leur couleur à la cuisson, comme 'Vitelotte'.

VARIÉTÉS HÂTIVES, PRÉCOCES, PRIMEURS, TARDIVES

- LES VARIÉTÉS HÂTIVES se développent plus vite que la moyenne des autres variétés (moins de temps entre plantation et récolte). Ce ne sont pas des primeurs, mais des légumes qui poussent vite.
- LES VARIÉTÉS PRÉCOCES arrivent tôt en saison ; le moment n'est pas exactement déterminé, mais c'est le tout début de la saison, lorsqu'on voit arriver les légumes du Sud cultivés sans abri.
- LES LÉGUMES PRIMEURS arrivent un peu avant (2 ou 3 semaines) le début de la saison, car ils sont cultivés sous abri ou selon des techniques spéciales. On parle de cultures forcées. À ne pas confondre avec culture hors saison, qui vient souvent d'un pays étranger plus chaud ou de l'hémisphère Sud.
- LES VARIÉTÉS TARDIVES arrivent tard en saison (pour diverses raisons, souvent car ils ont besoin de la chaleur d'arrière-saison ou de jours qui raccourcissent...).

- **POMMES DE TERRE DITES « POLYVALENTES »** : à chair « fondante » assez fine, se délitant légèrement à la cuisson, un peu farineuse. Ces variétés sont adaptées aux pommes rissolées, en robe des champs, gratins, potages, pommes sautées. 'Agila', plants AB, précoce, résistante au mildiou et à la gale, peau jaune ; 'Altesse', peau et chair jaunes, précoce, sensible au mildiou, très productive ; 'Chérie', peau rouge clair, chair jaune pâle, demi-précoce, sensible au mildiou, bon rendement ; 'Élodie', peau et chair jaunes, précoce à demi-précoce, sensible aux maladies, très grosse production ; 'Monalisa', peau et chair jaunes, précoce à demi-précoce, peu sensible aux maladies, excellent rendement, plants AB ; 'Nicola', peau et chair jaunes, maturité moyenne, assez sensible au mildiou ; 'Sirtema', peau et chair jaunes, très précoce à précoce, sensible au mildiou.

Pomme de terre 'Charlotte'

- **POMMES DE TERRE À CHAIR TENDRE** : à chair assez farineuse et se désagrégeant à la cuisson, à réserver plutôt pour les frites, purées, pommes au four, potages. 'Bintje', variété classique, peau et chair jaunes, demi-précoce, sensible aux maladies ; 'Blue Belle', peau jaune à marques violettes, demi-tardive, assez sensible aux maladies, bonne conservation ; 'Claustar', peau et chair jaune pâle, demi-précoce, assez sensible au mildiou, très bon rendement ; 'Désirée', peau rouge, chair jaune, demi-tardive, très peu sensible aux maladies, bon rendement ; 'Kerpondy', peau et chair jaunes, demi-tardive à tardive, peu sensible aux maladies, bonne production ; 'Rosabelle', peau rouge pâle, chair jaune, précoce, assez sensible au mildiou ; 'Samba', peau et chair jaunes, demi-précoce, assez peu sensible aux maladies, rendement moyen ; 'Spunta', peau et chair jaunes, demi-précoce, assez peu sensible aux maladies, rendement important ; 'Vitelotte', peau violet foncé presque noir, chair violette, farineuse.

Pomme de terre 'Vitelotte'

- **POMMES DE TERRE À CHAIR FERME** : à chair peu ou pas farineuse, aqueuse à modérément aqueuse et ne présentant pas de délitement lors de la cuisson. Idéales pour les pommes sautées, rissolées, les salades, bref pour toutes les recettes qui nécessitent une très bonne tenue à la cuisson. 'Amandine', peau et chair jaunes, plants AB, précoce, chair ferme, assez sensible au mildiou, faible conservation ; 'Belle de Fontenay', peau et chair jaunes, très précoce, forte sensibilité au mildiou, production limitée ; 'Charlotte', peau et chair jaunes, demi-précoce, assez peu sensible aux maladies, bonne production, plants AB ; 'Franceline' ou 'Charlotte rouge', peau rouge violacé, chair jaune, ferme et fine, assez peu sensible aux maladies, demi-saison ; 'Pompadour', peau et chair jaunes, demi-tardive, rendement correct, sensible aux maladies, bonne conservation ; 'Ratte', peau et chair jaunes, demi-tardive, rendement faible, forte sensibilité aux maladies, chair savoureuse ; 'Roseval', peau rouge, chair jaune, demi-tardive, sensible aux maladies, production moyenne, variété ancienne (1950) un peu dépassée.

CULTURE EN POT Pas adaptée.

POTIRON

Cucurbita maxima

J	F	M	A	M	J	J	A	S	O	N	D

20/40 cm | 2/3 m

Potiron 'Rouge vif d'Étampes'

Souvent appelé à tort « citrouille », le potiron *(Cucurbita maxima)* s'en distingue par son gros pédoncule cylindrique ou obconique, mou, souvent crevassé à l'extérieur, tandis que chez la citrouille *(Cucurbita pepo)*, le pédoncule, qui s'élargit à l'extrémité, présente des côtes saillantes. Le potiron développe des tiges rampantes ou grimpantes munies de vrilles. Les feuilles atteignent 30 cm de long. Les fleurs jaunes s'épanouissent en été sur le même pied. Elles donnent des fruits arrondis qui, chez certaines variétés, peuvent peser plus de 200 kg, à l'écorce dure, jaune, orangée, crème ou bigarrée. Le potimarron et le giraumon sont de la même espèce. Il s'agit d'une plante cultivée de longe date, comme en témoignent des graines de potiron découvertes dans des sites archéologiques au Pérou et datées de 1 800 ans avant J.-C.

SOL Très riche, humifère, profond et bien drainé.

CULTURE Semez en place en mai, en poquets, dans un trou rempli de compost ou d'un mélange de terreau et de fumier frais. Vous pouvez aussi semer en godets à l'intérieur, de mars à avril, pour repiquer en place courant mai. Buttez la tige rampante le plus près possible des fruits afin que celle-ci s'enracine et favorise le développement du fruit. Pincez les tiges à 3 ou 4 feuilles et ne conservez pas plus de 3 fruits par pied. Glissez une petite planche de bois sous les fruits ou couvrez le sol d'un paillis pour éviter aux fruits de s'abîmer au contact direct avec la terre. Il est possible de marcotter les tiges, en les recouvrant de terre près de chaque fruit lorsqu'il se développe. Cette technique renforce l'enracinement de la plante et, par conséquent, sa nutrition, et donne des fruits plus gros.

Potimarron

Giraumon

RÉCOLTE Après 3 ou 4 mois, cueillez les fruits dès qu'ils ont atteint une taille respectable et que tiges et feuilles commencent à se dessécher. Pour une meilleure conservation, une semaine avant la récolte, placez le fruit sur la tranche et, lors de la récolte, conservez au minimum 5 cm de pédoncule avec le fruit. Conservez-les à 10 °C, car ils sont sensibles au froid. Dans de bonnes conditions, vous pouvez en consommer tout l'hiver. L'amande des graines de potiron est comestible, avec un délicieux goût de noisette.

VARIÉTÉS La variabilité du potiron a permis de créer d'innombrables variétés.

- **GIRAUMONS :** appelés aussi « bonnet turcs », ils donnent des fruits de couleurs variées, en forme de turban, décoratifs, à consommer en potage. Comme le potiron 'Turban'.
- **POTIMARRONS :** ils ont une chair ferme et sucrée, et leur goût rappelle la châtaigne ;'Doux vert d'Hokkaïdo', graines AB, plante coureuse, fruit vert strié d'orange, bonne conservation ; 'Uchiki Kuri', productif, précoce, fructification régulière.
- **POTIRONS**
  - **Les plus savoureux :** 'Bleu de Hongrie' (ou 'Nagydobosy Sütökok'), fruit de 4 à 8 kg, très bonne conservation, chair de grande qualité ; 'Galeux d'Eysine', écorce brodée, originale, de 5 à 10 kg, chair sucrée.
  - **Les classiques :** 'Jaune gros de Paris', fruit de 15 à 50 kg, charnu, se conserve bien ; 'Rouge vif d'Étampes', précoce, fruit de 5 à 15 kg, se conserve tout l'hiver.
  - **Le plus gros :** 'Atlantic Giant', variété pour les concours, est le plus gros fruit du règne végétal. Le record est détenu par un fruit de 1 054 kg, obtenu par Beni Meier en Suisse le 12 octobre 2014 ; le record de France est de 646,5 kg, obtenu par Mehdi Daho le 6 octobre 2013.
  - **Les plus petits** (pour la culture en pot) : 'Baby Bear', orange, fruit de 12 à 15 cm, 'Baby Boo', blanc, nombreux fruits de 5 à 8 cm.

CULTURE EN POT Possible pour le potimarron, dans un pot de 30 cm au moins, ou pour les minipotirons.

Potiron 'Baby Bear'

PORTE-GREFFES

Des hybrides interspécifiques entre *Cucurbita maxima* et *Cucurbita moschata* ont été réalisés au Japon (on les appelle *kabocha*). Ils sont très utilisés en France comme porte-greffe du melon, car ils résistent aux maladies du sol et acceptent de pousser dans les terres froides.

POIS, PETIT POIS

Pisum sativum

J F M A M J J A S O N D

0,50/3 m | 0,50/1,20 m

Pois mangetout

Le pois est une plante herbacée de la famille des Fabacées dont les tiges souples grimpent grâce aux vrilles formées par le pétiole des feuilles. Ces dernières, opposées, ovales, sont composées de 1 à 3 paires de larges folioles glauques. Les grandes fleurs blanches donnent des gousses allongées et renflées, aux graines rondes, vertes.

SOL Riche, frais, profond, humifère et aéré. Le pois redoute la sécheresse.

CULTURE Semez en place, en lignes ou en poquets, en octobre (climats doux) ou de février à avril les variétés à grains ronds, et de mars à juin, les variétés à grains ridés, plus tardives mais plus sucrées. Enterrez les graines de 2 ou 3 cm et espacez les plants de 30 à 40 cm. Buttez 3 semaines après la levée. Les pois à rames sont conduits sur des rameaux branchus d'environ 2 m de haut.

RÉCOLTE 3 mois après le semis, cueillez les gousses immatures entières (mangetout) ou dont les graines sont encore tendres. Les pois à grains se cueillent après 100 à 120 jours. Ils sont meilleurs lorsqu'ils sont ramassés jeunes. Les pois récoltés lorsque les graines sont mûres et dures donnent les « pois cassés », savoureux et très énergétiques.

VARIÉTÉS Classement selon la végétation.

- **POIS MANGETOUT OU POIS « GOURMANDS » :** leur gousse ne forme pas de parchemin (paroi interne dure), ce qui permet de manger la gousse et les graines; 'Carouby de Maussane', demi-nain, grains bruns tachetés de violet; 'Golden

Pois nain 'Petit Provençal'

Pois nain à grains ridés 'Merveille de Kelvedon'

Sweet', grimpant, gousse jaune clair, à récolter très jeune; 'Shiraz', demi-grimpant, gousse violette.

- **POIS À GRAINS RONDS :** ces variétés sont plus rustiques, mais moins savoureuses que celles à grains ridés; 'Petit provençal', nain, hâtif, rustique, classique; 'Roi des conserves', à rames, à grains ronds qui restent très fins.
- **POIS À GRAINS RIDÉS :** 'Karina', nain, hâtif, résiste aux maladies, graines AB; 'Merveille de Kelvedon', nain, assez précoce, graines AB, variété classique; 'Téléphone', nain, variété classique.

CULTURE EN POT Sans intérêt.

FIXATEUR D'AZOTE

Le pois fourrager est une plante intéressante comme engrais vert car il fixe bien l'azote de l'air sur ses racines (comme la plupart des Fabacées), ce qui fertilise la terre. En raison de cette propriété particulière des pois, il est inutile de leur apporter des engrais azotés durant la période de culture.

POIVRON

Capsicum annuum

J F M A M J J A S O N D

60/80 cm | 30/40 cm

Cette plante annuelle tropicale de la famille des Solanacées forme une touffe bien ramifiée, aux feuilles ovales, molles, vert foncé. Les petites fleurs blanches donnent de gros fruits charnus verts, jaunes, rouges ou orange. Le poivron est doux, contrairement au piment dont la saveur est forte ou brûlante **(➔ p. 812).**

SOL Humifère, bien frais, riche, souple, dans un environnement très chaud. Il craint le vent.

CULTURE Semez en godets au chaud (à la maison ou en serre) en février-mars, pour repiquer sous châssis en avril. Mise en place fin mai ou début juin. Fertilisez régulièrement en été, avec des engrais liquides ou foliaires (pour tomates). Dans les régions froides, il est bon de le tailler pour limiter le nombre de fruits par pied et ainsi avancer la maturité de ceux qui restent. Procédez de juin à septembre.

RÉCOLTE Entre 5 et 6 mois après le semis, dès que les fruits sont formés, et même encore verts. Ils sont plus savoureux et plus digestes si vous les laissez se colorer et parvenir à complète maturité.

VARIÉTÉS Il en existe de toutes les couleurs. Les hybrides F1 représentent de réelles améliorations. 'Cléor F1', long, triangulaire, jaune à maturité, très précoce, assez rustique, chair très parfumée; 'Doux d'Espagne', très gros fruit, vert puis rouge, productif; 'Esterel F1', très gros fruit, vert ou rouge à maturité, résiste au virus de la mosaïque du tabac; 'Lamuyo F1', demi-précoce, très gros fruit à chair épaisse, vert puis rouge, bonne résistance aux virus; 'Lipari F1', vigoureux, fruit en forme de corne, de grande qualité gustative, vert puis rouge; 'Petit Marseillais', petit fruit quadrangulaire, vert puis jaune orangé, supporte bien la sécheresse, bon comportement en pot, se sèche bien; 'Snackor F1', fruit conique, orange, graines AB, plante compacte convient bien en pot; 'Sonar F1', s'adapte bien partout, précoce, vigoureux, fruit rectangulaire, rouge vif à maturité; 'Sweet Sunshine', compact, petit fruit allongé rouge orangé, à cultiver en pot uniquement; 'Très long des Landes', croissance rapide, fruit étroit, vert foncé puis rouge; 'Valdor F1', plante vigoureuse, fruit jaune brillant; 'Violet Mavras F1', fruit très foncé, presque noir; 'Yolo Wonder', graines AB, tardif, fruit vert foncé, à consommer de préférence cru.

CULTURE EN POT Possible dans un pot de 20 cm au minimum, dans un terreau maintenu humide, avec une fertilisation tous les 15 jours.

Poivron 'Sonar F1'

POURPIER POTAGER

Portulaca oleracea

J F M A M J J A S O N D

5/10 cm	20/30 cm	

Cette annuelle rampante forme des feuilles charnues, gris argenté, de 3 à 6 cm de long, qui se mangent en salade. Le pourpier est parfois baptisé « porcellane » ou « porchane ».

SOL Léger, pauvre, plutôt sableux.

CULTURE Semez en place de mai à août, éclaircissez à 20 cm. Sous les climats doux, il se ressème tout seul. Échelonnez les semis afin de pouvoir récolter du pourpier jusqu'aux gelées.

RÉCOLTE Après 2 ou 3 mois, pour une consommation immédiate.

VARIÉTÉ 'Doré à larges feuilles', à la saveur plus douce que le pourpier sauvage.

CULTURE EN POT Possible dans une jardinière bien drainée, à mi-ombre.

RADIS

Raphanus sativus

J F M A M J J A S O N D

10/25 cm	5/15 cm	

Cette plante annuelle de la famille des choux forme des racines charnues, le plus souvent de petite taille, rondes ou longues. Ses feuilles velues sont découpées en segments allongés, celui de l'extrémité étant arrondi. Les fleurs, à 4 pétales blancs veinés de violet, donnent des fruits oblongs et boursouflés renfermant de grosses graines brunes toutes rondes.

SOL Léger et frais, humifère, sans cailloux. Le terreau forestier pur convient bien.

CULTURE Semez en place, sous châssis ou sous tunnel, de février à avril, ou en plein air, de mars à fin septembre, selon les variétés. Couvrez les graines avec 0,5 cm de terreau fin, éclaircissez à 3-5 cm. Éliminez les mauvaises herbes. Maintenez le sol frais par des arrosages très fréquents, sans quoi les racines deviennent creuses et piquantes. On peut les semer en culture intercalaire avec des laitues ou des carottes.

RÉCOLTE Les radis à forcer et précoces se récoltent après 3 ou 4 semaines; les radis de tous les mois, après 5 à 7 semaines. Les radis d'été sont arrachés environ 2 mois après le semis, et les radis d'hiver, à peu près 3 mois après la levée, juste avant les gelées. Récoltez tôt, sans laisser aux radis le temps de trop grossir pour éviter qu'ils creusent. Les radis sortis de terre quelques minutes seulement avant d'être consommés sont beaucoup plus savoureux.

VARIÉTÉS

- **RADIS HÂTIFS** : appelés aussi « radis à forcer », ils se caractérisent généralement par de très petites feuilles, tandis que leur racine conserve une taille normale; on peut les démarrer très tôt sous abri; 'De 18 jours', demi-long, graines AB; 'Gaudo', rond, très précoce, production régulière; 'Gaudry 2', rond, très précoce, graines AB; 'Pernot', demi-long, variété classique, lent à creuser.
- **RADIS DE TOUS LES MOIS** : ils sont destinés à la culture en pleine terre.

Radis hâtif 'De 18 jours'

Daïkon

- **PRODUCTION TOUTE L'ANNÉE :** 'Apache F1', demi-long, saveur douce ; 'Pepito F1', demi-long ; 'Flamboyant 2 race Patricia', demi-long, graines AB.
- **NON PIQUANTS :** 'Flamboyant 5', demi-long, croissance rapide ; 'Fluo F1', très précoce, croquant, demi-long, ne creuse pas, très souple d'utilisation ; 'Kocto F1', demi-long, très précoce, culture facile ; 'National 2', rond, variété classique.
- **NE CREUSE PAS :** 'Raxe', rond, tout rouge, saveur légèrement piquante, graines AB.
- **CULTURE FACILE :** 'Rond écarlate hâtif', rond, croissance rapide.
- **RADIS ORIGINAUX, DE COULEUR :** 'Jaune d'or ovale', hâtif, écorce jaune ; 'Malaga', rond, violet à chair blanche ; 'Rond blanc', rond, tout blanc.
- **RADIS D'HIVER :** 'Rose d'hiver de Chine', à racine cylindrique rose vif, chair blanche un peu piquante.
- **RADIS ASIATIQUES :** aussi appelés « daïkon », pour les semis de juin à fin septembre ; ils donnent de longues racines blanches à la saveur douce ; 'Ilka', globuleux, rouge, atteint 13 cm de diamètre, pour semis de plein été ; 'Omny F1', à longue racine blanche (30 cm), croissance rapide, saveur douce.

CULTURE EN POT Possible pour les radis ronds et demi-longs à forcer, dans un pot de 25 cm de profondeur minimale.

RADIS NOIR

Raphanus sativus var. niger

J F M A M J J A S O N D

20/30 cm	10/15 cm	

Ce cousin du radis commun est doté d'une grosse racine pivotante à la peau noire, rugueuse, et d'une pulpe d'un blanc pur. Ses feuilles découpées forment une touffe dense à la base de la plante. Sa saveur est plus forte que celle du radis commun.

SOL Riche, profond, léger, bien drainant, largement enrichi en terreau.

CULTURE Semez en place de mi-juin à août. Éclaircissez à 6-10 cm. Arrosez bien lors des fortes chaleurs. Paillez pour garder la fraîcheur.

RÉCOLTE Arrachez les racines de la mi-septembre à novembre, avant les gelées. Laissez-les ressuyer une journée sur le sol, puis coupez les feuilles. Conservez les radis noirs dans un lieu frais, sec et aéré, ou en silo. Vous les garderez plus longtemps en les enfouissant dans une caisse de sable fin, placée à la cave.

VARIÉTÉS 'Gros long d'hiver de Paris', long, chair très ferme, excellente conservation ; 'Noir gros rond d'hiver', racine sphérique, chair un peu piquante, très bonne conservation.

CULTURE EN POT Impossible, car les racines sont trop longues.

RHUBARBE

Rheum rhaponticum

J F M A M J J A S O N D

0,80/1,50 m (fleurs)	0,70/1,30 m	

La rhubarbe forme une touffe de feuilles arrondies, de 30 à 50 cm de diamètre, au limbe mince, vert foncé, portées par un pétiole rougeâtre, épais et charnu. Elle produit en mai-juin, mais de façon épisodique, une hampe florale pouvant atteindre 1,50 m, portant de grosses grappes de fleurs blanches et verdâtres. Les feuilles sont toxiques.

SOL Plutôt acide, frais, humifère ; pas trop de chaleur.

CULTURE Plantez quelques éclats de grosses racines charnues au printemps ou en automne. Semez au printemps ou en été, en godets, et repiquez en place de septembre à mars. Arrosez et paillez le sol par temps chaud et sec ; apportez un paillage organique à l'automne. On peut la multiplier par division de la touffe en automne. Bien qu'elles soient très décoratives, coupez les tiges florales lorsqu'elles apparaissent, pour ne pas épuiser les pieds.

RÉCOLTE Les pétioles se récoltent de façon éparse, dès qu'ils sont suffisamment développés, en privilégiant les jeunes pousses.

VARIÉTÉS 'Victoria', au pétiole vert, est la variété la plus courante.

CULTURE EN POT Difficile, car c'est une plante très vigoureuse.

ROQUETTE

Eruca sativa

J F M A M J J A S O N D

Hauteur	Espacement
20/30 cm	20/30 cm

Cette annuelle qui pousse très vite, de la famille des Brassicacées, comme les choux, fait une excellente salade, au goût prononcé. La roquette forme une touffe de feuilles charnues et découpées, lobées, à l'odeur assez forte.

SOL Sans exigence affirmée, plutôt frais, léger, fertile, humifère, bien décompacté.

CULTURE Semez en place, de mars à août ; la levée demande entre 10 et 15 jours à 15 °C. Échelonnez les semis et arrosez bien par temps sec pour retarder la montée en graines.

RÉCOLTE Coupez les feuilles dès que leur taille est suffisante, entre 6 et 8 semaines après le semis. Récoltez les feuilles en fin d'après-midi quand la teneur en nitrates est la plus faible. Prélevées sans arracher la plante, elles repoussent abondamment et se récoltent jusque tard à l'automne si l'on pose un voile d'hivernage.

VARIÉTÉS 'Cultivée' est une sélection de la forme sauvage, au goût plus raffiné, graines AB, culture toute l'année ; 'Feuille de Chêne douce' a une saveur moins piquante ; 'Sauvage' a un goût plus prononcé que 'Cultivée', des feuilles plus petites et une croissance plus lente, graines AB.

CULTURE EN POT Sans intérêt.

RUTABAGA

Brassica napus var. napobrassica

J F M A M J J A S O N D

Hauteur	Espacement
40 cm	40 cm

Ce chou bisannuel est le résultat d'un croisement obtenu au Moyen Âge entre un chou et un navet. Haut de 40 cm, il est doté d'une grosse racine tubéreuse comestible.

SOL Profond, riche, frais, sans cailloux.

CULTURE Semez en place d'avril à juin. Éclaircissez à 25 cm lorsque le plant est bien formé. Arrosez par temps sec, désherbez. Éliminez les feuilles jaunes ou abîmées.

RÉCOLTE Au fur et à mesure des besoins, de fin août à mars. Conservez les racines dans un lieu aéré et abrité du gel.

VARIÉTÉS 'Blanc Géant de Vendée', aux racines tendres ; 'Champion', à collet rouge, chair jaune, rustique ; 'Jaune à Collet Vert', grosse racine sphérique à chair jaune.

CULTURE EN POT Sans intérêt.

SALSIFIS

Tragopogon porrifolius

J F M A M J J A S O N D

Hauteur	Espacement
0,25/1 m (fleurs)	10/15 cm

Le salsifis est une plante herbacée à la racine charnue, blanche, que l'on consomme et qui renferme un latex blanc rougissant à l'air. Les feuilles, longues et étroites, sont réunies en touffe à la base de la plante. Les fleurs, d'un bleu violacé, en gros capitules terminaux, donnent des fruits à aigrette plumeuse qui forment une grosse boule duveteuse comme chez le pissenlit.

SOL Léger, profond, frais et humifère.

CULTURE Semez en place de mars à mai, en recouvrant les graines de 2 cm de terreau. Éclaircissez à 10 cm. Maintenez le sol frais pendant l'été par des arrosages réguliers et un paillage.

RÉCOLTE Arrachez les salsifis d'octobre à avril, avant que la plante monte en fleurs, ce qui se produit de mai à juillet. Dès que le salsifis monte, cassez le sommet des hampes florales entre les doigts. Pour faciliter l'arrachage pendant l'hiver, recouvrez le sol autour des plants, avec des feuilles mortes ou de la paille, afin de les protéger du gel.

VARIÉTÉS 'Blanc amélioré', précoce, aux longues racines fusiformes, tendres et savoureuses ; 'Mammouth', aux longues racines épaisses, de bonne qualité.

CULTURE EN POT Sans intérêt.

SCORSONÈRE

Scorzonera hispanica

J F M A M J J A S O N D

0,40/1 m (fleurs)	15/20 cm	

La scorsonère est une plante vivace, cultivée comme annuelle ou bisannuelle. Elle forme une rosette dressée de feuilles lancéolées, effilées au sommet. Les fleurs jaune clair sont réunies en capitules terminaux. La racine longue et épaisse, que l'on consomme, est protégée par une écorce assez rude au toucher.

SOL Léger, profond, souple, humifère, dans un lieu assez chaud et lumineux.

CULTURE Semez en février-mars pour une récolte à l'automne, ou de mars à août pour une récolte d'hiver en bisannuelle, en couvrant les graines de 2 cm de terreau. Éclaircissez à 10 cm quand les plants ont 3 à 5 feuilles. Maintenez le sol frais par des arrosages réguliers en été.

RÉCOLTE Arrachez les racines à l'automne de la première année ou, pour les semis d'août, au cours de la deuxième saison, après la floraison. Les scorsonères sont alors beaucoup plus grosses. À la différence de celles du salsifis, les racines de la scorsonère ne deviennent pas ligneuses. Arrachez-les avec une fourche-bêche pour ne pas les abîmer.

VARIÉTÉ 'Géante Noire de Russie', aux racines cylindriques régulières, longues et de bonne saveur, est la plus répandue.

CULTURE EN POT Sans intérêt.

TÉTRAGONE

Tetragonia teragonioides

J F M A M J J A S O N D

15/20 cm	0,60/1 m	

'Tétragone Cornue'

Excellent succédané de l'épinard pour l'été, la tétragone est une plante herbacée à tiges étalées, rampantes, portant des feuilles charnues, triangulaires, d'un vert foncé mat. Les petites fleurs, verdâtres, donnent un fruit cornu à la texture ligneuse.

SOL Léger, frais, humifère, même calcaire.

CULTURE Semez en pleine terre, en place, en avril-mai, en poquets de 4 ou 5 graines espacés de 60 cm. La levée étant difficile, faites tremper les graines dans de l'eau tiède pendant 24 heures avant de les semer. Cela favorise la sortie du petit germe. Après la levée (de 8 à 10 jours), ne conservez qu'un seul plant. Dans les régions froides, vous pouvez semer sous abri en mars, pour mettre en place mi-mai. Pour éviter la montée en graines, pincez l'extrémité des tiges et arrosez copieusement. On surnomme la tétragone « épinard d'été », car elle est plus lente à monter en graines que ce dernier et supporte mieux la chaleur. Un légume à croissance rapide (radis, salade à couper) peut occuper le même terrain avant que la tétragone soit développée. Attention, la sécheresse rend les feuilles plus dures, moins savoureuses.

RÉCOLTE Environ 3 mois après le semis et jusqu'aux gelées. Coupez l'extrémité tendre des tiges et cueillez feuille à feuille au fur et à mesure des besoins.

VARIÉTÉ 'Tétragone cornue', aux larges feuilles en forme de losange.

CULTURE EN POT Sans intérêt.

TOPINAMBOUR

Helianthus tuberosus

J F M A M J J A S O N D

2/3cm	40/60 cm	

Pousses de Topinambour

Cette vivace rhizomateuse se montre productive, mais très envahissante ; elle développe des tubercules charnus bosselés, au goût prononcé d'artichaut. Les grandes tiges portent de larges feuilles ovales. Les capitules de fleurs jaunes brunâtres ressemblent à ceux du tournesol, en plus petits.

SOL Tous, même les plus ingrats.

CULTURE Plantez les tubercules en avril, à 10 cm de profondeur, tous les 60 cm.

RÉCOLTE Les tubercules se récoltent à partir d'octobre, au fur et à mesure des besoins. Ils peuvent passer l'hiver en terre.

VARIÉTÉS Les rares variétés diffèrent par la forme et la couleur du tubercule, qui peut être bosselé ou allongé, brun ou violet.

CULTURE EN POT Déconseillée.

TOMATE

Lycopersicon esculentum

J F M A M J J A S O N D

0,80/1,50 m | 0,60/1 m

Cette annuelle frileuse de la famille des Solanacées forme un buisson touffu, au feuillage très odorant. Elle développe une abondance de tiges couvertes de poils glanduleux, portant des feuilles de 20 cm de long, composées de nombreuses folioles, d'un vert grisâtre. Fleurs en étoiles jaunes.

SOL Profond, humifère, modérément humide. Les terrains trop riches en azote diminuent la saveur des fruits et la productivité. Les sols légers sont favorables aux cultures précoces, les sols lourds conviennent mieux aux tomates tardives. Soleil et chaleur (au minimum 10 °C), à l'abri des vents dominants, sont indispensables.

CULTURE Semez en godets, à la maison, en février-mars. Repiquez sous abri en godets, lorsque les plants ont 5 ou 6 feuilles et maintenez la culture au chaud (de 15 à 18 °C). Mettez en place les plants de 12 et 15 cm, lorsqu'il ne gèle plus. Les cultures précoces seront protégées par un film plastique (housse à tomates). Plantez profond ou en oblique pour stimuler la formation des racines. Le trou peut être rempli de compost bien décomposé. Tuteurez les jeunes plantes, fertilisez avec un engrais « tomates » durant la croissance. Éliminez toutes les pousses qui se développent à l'aisselle des feuilles (gourmands). Conservez la tige principale et taillez au-dessus du quatrième ou du cinquième groupe de fleurs. La taille concerne toutes les variétés qui prennent un développement important et qui ont de nombreux gourmands, donc principalement les gros fruits, mais il existe des tomates cerise qu'il vaut mieux tailler un peu, ne serait-ce que pour ne pas être envahi.

RÉCOLTE Cueillez les tomates dès qu'elles sont bien colorées. Il faut compter de 4 à 5 mois après le semis avant la première récolte. En fin de saison, vous pouvez prélever les tomates vertes pour les laisser mûrir au chaud, enveloppées dans du papier journal. Les tomates se conservent sous forme de sauces, de coulis ou de jus, cuisinés avec les fruits bien mûrs. Ces préparations peuvent être stérilisées ou congelées. On fait aussi d'excellentes confitures avec les tomates vertes, qui peuvent également être confites.

Tomate 'Rose de Berne'

Tomate 'Cœur de Bœuf'

VARIÉTÉS Il existe plus de 1 700 variétés de tomates, mais le catalogue officiel n'en compte que 200 environ. Les plants greffés produisent plus et sont plus résistants en conditions difficiles. On distingue les tomates à gros fruits, les tomates cerises et les tomates grappe.

• TOMATES À GROS FRUITS

- **Variétés anciennes :** 'Ananas', jaune orangé, tardive, sans graines, idéale en salade, plant greffé ; 'Andine cornue', gros fruit allongé, rouge orangé, pointu, précoce, saveur exceptionnelle, nécessite un solide tuteur ; 'Cœur de bœuf', très gros fruit, très charnu, forme irrégulière, quasiment pas de pépins, à farcir ; 'Merveille des marchés', de mi-saison, gros fruit rond, régulier, culture facile, la chair tient bien à la cuisson ; 'Noire de Crimée', gros fruit, très foncé, excellente saveur, sensible aux maladies, plant greffé ; 'Rose de Berne', gros fruit rond, rouge pâle, plante vigoureuse, production assez limitée.
- **À découvrir :** 'Green Zebra', gros fruit, variété de mi-saison, fruit de calibre moyen, vert clair strié de plus foncé, idéale en salade ou pour la confiture ; 'Kakao F1', amélioration de 'Noire de Crimée', gros fruit plat rouge évoluant vers le chocolat, faible productivité, graines AB ; 'Purple Calabash', gros fruit, forme originale « en quartiers », peau rouge violacé foncé, variété tardive, vigoureuse, chair parfumée.
- **Plants greffés :** 'Beefmaster F1', très gros fruit, aplati et côtelé, idéale pour farcir ; 'Marbonne F1', amélioration de 'Marmande', gros fruit côtelé, chair juteuse et goûteuse, production moyenne, graines AB.
- **Pour la culture en bac :** 'Cauralina F1', gros fruit, type 'Cœur de bœuf', production homogène, chair ferme, très productive sur plant greffé.
- **Culture facile :** 'Corazon F1', type 'Cœur de Bœuf', très gros fruit, très charnu, forme irrégulière, chair fondante quasiment sans pépins, plante très productive, plant greffé.
- **Résistent au mildiou :** 'Cornabel F1', amélioration de 'Andine cornue' sur le plan de la productivité et de la résistance aux maladies, saveur moins marquée, pour les salades, plant greffé ; 'Delizia F1', gros fruit type 'Marmande', légèrement côtelé, charnu, plante productive ; 'Dona F1', gros fruit bien rond, charnu, ferme, régulier, plante résistante aux maladies, productive ; 'Fandango F1', précoce, gros fruit rond en grappe, lisse, ferme, très bonne résistance aux maladies, idéale en salade ; 'Fantasio F1', gros fruit rond, régulier, plante vigoureuse, très bonne résistance aux maladies, rendement important ; 'Maestria F1', gros fruit charnu, régulier, d'une très bonne qualité gustative, plante vigoureuse, plant greffé.

Tomate-cerise 'Apeticio F1'

Tomate 'Noire de Crimée'

Tomate-cerise 'Mirabelle blanche'

Vidéo « Semer des tomates »*

Tomate 'Indigo Rose'

- **Classiques** : 'Montfavet 63/5 F1', variété traditionnelle, fruit rond en grappe, bon rendement et saveur bien affirmée ; 'Saint-Pierre', variété classique, fruit rond, forte production, nette sensibilité au mildiou, graines AB.
- **Très gros fruit** : 'Gourmandia F1', très gros fruit charnu, type 'Cœur de Bœuf', idéale à farcir, chair fondante, pratiquement sans pépins ; 'Liguria F1', type 'Cœur de Bœuf', grosse production, fruit semi-sphérique, côtelé, chair consistante ; 'Supersteack F1', très gros fruit rond, aplati et côtelé, chair consistante, grosse vigueur, pour farcir.

• TOMATES CERISES

- **Pour la culture en pot** : 'Apeticio F1', petits fruits ovales, rouges, en grappes, graines AB ; 'Candytom', plante naine, entretien facile, ne se taille pas, fruit rouge de type cerise (10 g) ; 'Harmony F1', grappes de fruits ronds « cocktail » (30/40 g), très goûteux ; 'Heartbrakers', plante naine, compacte, fruit de type cerise en forme de cœur ; 'Hundred and Thousands', plante compacte à port naturellement retombant, très nombreux petits fruits ronds, ne se taille pas ; 'Pepe F1', précoce, longue grappe de petits fruits (15/20 g) ronds, rouge vif, forte teneur en sucre ; 'Tumbling Tom Red', port retombant, fruit rouge, pour suspension. Tomate groseille 'Groseille rouge' *(Solanum pimpinellifolium)*, port rampant, très nombreux petits fruits (1/2 g) sucrés comme des bonbons, plante résistante au mildiou, idéale en suspension.
- **Ne se taillent pas** : 'Cerise jaune', petit fruit jaune en grappe généreuse ; 'Clémentine', petit fruit (5/6 g) jaune, convient bien en pot, graines AB ; 'Gartenperle', port retombant pour suspension, fruit rond de bonne saveur ; 'Gold Nugget', fruit jaune orangé (15/25 g), chair très sucrée, production moyenne, graines AB.
- **Type cocktail** : 'Prune noire', variété ancienne, fruit ovoïde (20/30 g) rouge pourpre foncé, chair ferme, grosse production ; 'Yellow Pearshaped F1', fruit jaune en forme de poire, grosse production, ne se taille pas.
- **Culture facile** : 'Black Cherry', fruit rouge pourpre très foncé, mi-saison, résiste au mildiou, excellente saveur ; 'Super Sweet 100', la référence dans la catégorie, grosse production, petit fruit (10/15 g) en longue grappe, plant greffé.
- **Excellente saveur** : 'Gardener's Delight', précoce, fruit de bon calibre (20/30 g), grosse production, saveur très parfumée ; 'Mirabelle blanche', variété précoce, longue grappe de tout petits fruits (5 g) jaune clair à la saveur acidulée ; 'Pixel F1', type tomate prune ou « cœur de pigeon » (25/30 g), forme olivette, chair ferme, bonne saveur ; 'Sungold F1', petit fruit rond (15 g), jaune orangé, saveur sucrée, longue grappe, forte production.

• TOMATES GRAPPES

- **Culture facile** : 'Agora F1', très précoce, productive, résiste à l'éclatement.
- **Culture en pot** : 'Cascade F1', plante naine, greffée, fruits allongés, charnus, ne se taille pas ; 'Totem F1', plante compacte, naine, port déterminé, ne se taille pas, fruit rond, rouge (50/60 g).
- **Résistent au maladies** : 'Capriccio F1', tomate « prune » (mini Roma), très productive, excellente saveur, graines AB ; 'Lemon Boy F1', variété demi-tardive, fruit jaune orangé, saveur douce bien sucrée, plante vigoureuse et résistante, pour les salades ; 'Premio F1', fruit régulier, rond, excellente qualité gustative ; 'Trésor F1', variété précoce, fruits, ronds, réguliers, de calibre moyen, supporte tous les climats.
- **Très productives** : 'Cristal F1', calibre moyen, chair ferme, bonne qualité gustative ; 'Fournaise F1', très précoce, calibre moyen, fruit rond, excellente qualité gustative, idéale en salade ; 'Pyros F1', variété classique, fruit arrondi, plante compacte, plutôt tardive.
- **À découvrir** : 'Indigo Rose', rouge lavé de pourpre violacé, grande richesse en anthocyanes, tardive à petits fruits (30/50 g) ; 'Noire russe', pourpre foncé, mi-saison, fruit de calibre moyen, charnu, chair douce, très goûteuse, variété précoce.
- **Classique** : 'Reine de sainte Marthe', mi-saison, fruit rond, aplati, un peu côtelé, chair de bonne qualité.
- **Pour les conserves et la congélation** : 'Roma F1', fruit allongé, ferme, inutile de tailler, grosse production.

CULTURE EN POT Dans un contenant de 20 cm au minimum, en tuteurant les plants, en maintenant le substrat humide et en fertilisant régulièrement.

LA 'TOMTATO'

Des plants de tomates greffés sur une pomme de terre : c'est la variété hybride 'Tomtato'® ; dans le même pot, on récolte des pommes de terre, puis des tomates ! Très ludique, mais il ne faut pas s'attendre à de grosses récoltes.

***Télécharger l'application** Truffaut +, **voir p. 6-7**

Des Tomates à toutes les sauces

1. TOMATES 'ANDINE CORNUE'
2. TOMATES 'NOIRE RUSSE'
3. TOMATES 'GREEN ZEBRA'
4. TOMATES 'CERISE JAUNE SUNGOLD F1'
5. TOMATES 'PREMIO F1'
6. TOMATES 'INDIGO ROSE'
7. TOMATES 'ROMA STRIPED'

1

2

3

4

5

6

7

8

9

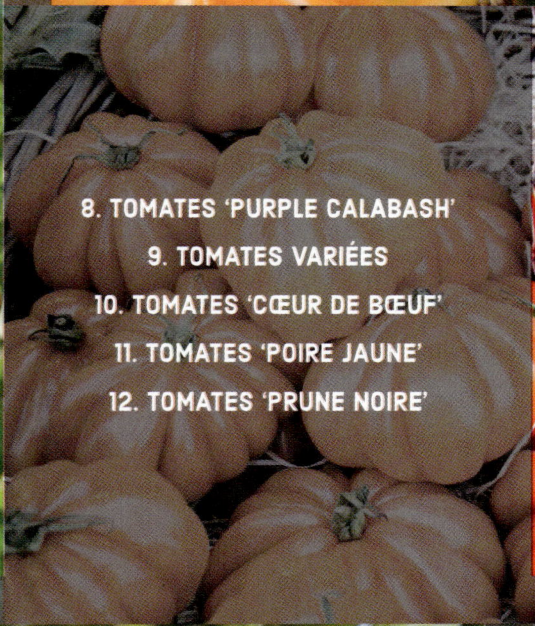

8. TOMATES ‘PURPLE CALABASH’
9. TOMATES VARIÉES
10. TOMATES ‘CŒUR DE BŒUF’
11. TOMATES ‘POIRE JAUNE’
12. TOMATES ‘PRUNE NOIRE’

10

11

12

Les plantes condimentaires

ANETH

Anethum graveolens

J F M A M J J A S O N D

40/60 cm	30/40 cm	

L'aneth est une plante herbacée qui exhale dans toutes ses parties un subtil arôme anisé. Ses feuilles sont divisées en segments étroits et allongés. Ses ombelles de petites fleurs jaunes produisent en fin de saison des graines aromatiques ovales, brun clair.

SOL Léger, profond, bien drainé, assez sec. Il a besoin de chaleur.

CULTURE Plantez l'aneth à l'abri des vents forts. Semez en place en avril-mai, éclaircissez à 25 cm. Sarclez régulièrement le sol par temps chaud et paillez les pieds d'aneth avec des coques de cacao, de la paillette de lin ou de l'écorce broyée.

RÉCOLTE Les feuilles se récoltent à complet développement, avant la floraison. Prélevez les graines d'août à octobre. Les feuilles fraîches ou séchées apportent aux salades, aux soupes ou aux légumes une note aromatique originale. Les graines séchées aromatisent le vinaigre ou les cornichons.

VARIÉTÉS 'Tetra Goldkronne', touffue. 'Feruleaf', feuillage très fin, plus trapu (50 cm).

CULTURE EN POT Dans un contenant de 25 cm.

ANGÉLIQUE OFFICINALE

Angelica archangelica

J F M A M J J A S O N D

1,50/2 m	1/1,50 m	

L'angélique officinale est une grande plante herbacée au feuillage penné et aux folioles dentées. Toutes ses parties dégagent au froissement une forte odeur aromatique. Les ombelles peuvent atteindre 30 cm de diamètre. C'est une plante qui vit en général 3 ans.

SOL Riche, frais, profond, consistant.

CULTURE Semez de juillet à septembre, ou en mars-avril en place. Les graines doivent être semées le plus rapidement possible, car leur faculté germinative est assez brève. La levée se produit en 3 semaines. L'angélique se ressème seule, jusqu'à devenir envahissante dans les terrains richement fumés.

RÉCOLTE Les jeunes tiges se récoltent très tendres (en mai) pour être confites au sucre. Les feuilles s'utilisent en infusion. Récoltez la racine (pour les infusions) après la floraison. Les grains d'angélique parfument les liqueurs.

ESPÈCE On n'utilise que l'espèce type, appelée « herbe aux anges ».

CULTURE EN POT Déconseillée.

BASILIC

Ocimum basilicum

J F M A M J J A S O N D

30/40 cm	20/30 cm	

Vidéo «Planter du baslic»*

Le basilic est une plante herbacée aux tiges assez grêles, portant des feuilles ovoïdes, entières ou dentées, vertes ou pourpres. Fleurs en épis pourpre rosé, dans le courant de l'été.

SOL Léger, assez riche, humifère, frais.

CULTURE Installez le basilic à l'abri du vent et du froid. Dans le Midi, semez en pleine terre, en avril-mai ; ailleurs, à l'intérieur, en mars-avril avec repiquage en godets et mise en place en mai-juin. Mais le semis est délicat, préférez les petits plants si vous n'êtes pas expert. Ne laissez pas le sol s'assécher. Ne mettez pas trop d'engrais pour concentrer les saveurs. Pincez pour conserver une touffe compacte. Vaporisez les feuilles lors des fortes chaleurs et ombrez légèrement.

RÉCOLTE Cueillez les feuilles le matin de bonne heure lorsqu'elles sont bien fraîches, tout l'été. Elles parfument les salades et les crudités, les sauces et la soupe au pistou. En séchant, elles perdent de leur parfum, il est donc préférable de les congeler pour les conserver.

*Télécharger l'application Truffaut +, voir p. 6-7

Basilic en fleurs

ESPÈCES ET VARIÉTÉS

- **À DÉCOUVRIR :** 'Anis', au parfum franchement anisé ; *Ocimum obovatum*, ou basilic 'Grec' ; 'Indonésien', au fort parfum citronné ; 'Siam Queen', à l'arôme de réglisse ; 'Thaï'.
- **CLASSIQUES :** 'Genovese' ; 'Grand Vert', à grandes feuilles arrondies ; 'Marseillais', à grandes feuilles vertes ; 'Pistou'.
- **DÉCORATIVES :** 'Dark Opal', presque noir ; 'Red Rubin', pourpre foncé ; 'Variegatum', à feuilles panachées ; 'Opal,' à feuilles violet foncé ; 'Purple Ruffles', à longues feuilles pourpres.
- **FLORIFÈRES :** 'Cannelle' ; 'Citron' ('Mrs. Burns') ; 'Fin Vert' ('Fino Verde')
- **À GRANDES FEUILLES :** 'Mammouth' ('À Feuilles de Laitue').

CULTURE EN POT Très facile, surtout les variétés à petites feuilles.

Basilic à feuilles pourpres

CERFEUIL COMMUN

Anthriscus cerefolium

J F M A M J J A S O N D

30/70 cm | 20/40 cm

Le cerfeuil est une plante herbacée annuelle aux feuilles délicatement ciselées et à la fine saveur. Les minuscules fleurs blanches, en ombelles de 5 à 7 cm de diamètre, apparaissent en été.

SOL Léger, sableux, restant frais l'été. Évitez le soleil direct.

CULTURE Semez en place de mars à début septembre, en recouvrant les graines avec 1 ou 2 cm de terreau. Semez le cerfeuil à l'ombre pour éviter qu'il ne monte trop vite en graines.

RÉCOLTE Prélevez les feuilles entre 4 et 6 semaines après le semis. Aromatique à l'état frais, le cerfeuil perd ses qualités au séchage. On l'ajoute en fin de cuisson pour préserver son arôme, délicat mais pas très stable.

VARIÉTÉS 'Cerfeuil Commun', à feuilles plates, le plus utilisé ; 'Cerfeuil frisé', dont la saveur est moins marquée.

CULTURE EN POT Facile en pot ou jardinière de 20 cm.

CIBOULE

Allium fistulosum

J F M A M J J A S O N D

30/60 cm | 15/20 cm | P

La ciboule est une plante herbacée formant une touffe assez compacte de longues feuilles cylindriques vert clair. Ses tiges creuses et tendres dégagent un fort parfum d'oignon. Fleurs en ombelles sphériques, de juin à septembre.

SOL Fertile et frais, souple, poreux, pas trop humide mais humifère.

CULTURE Semez en place en mars-avril ou en juillet, en enterrant les graines sous 1 ou 2 cm de terreau. Plombez. Éclaircissez à 10 cm. Vous pouvez aussi diviser les touffes en octobre, et planter tous les 20 cm. La ciboule réussit mieux en culture annuelle ou bisannuelle, les jeunes plantes étant plus savoureuses.

RÉCOLTE Prélevez les jeunes feuilles au fur et à mesure des besoins.

VARIÉTÉS 'Ciboule commune blanche', la plus courante ; 'Ciboule commune rouge' et 'Ciboule Saint-Jacques' sont moins courantes, mais très proches.

CULTURE EN POT Facile, dans un contenant de 20 cm.

Les plantes condimentaires

CIBOULETTE

Allium schoenoprasum

J F M A M J J A S O N D

20/30 cm | 15/20 cm | P

La ciboulette est une plante herbacée formant des touffes de feuilles creuses, effilées, très odorantes au froissement et à la saveur très délicate. Les fleurs, rose violacé, en ombelles sphériques, sont estivales.

SOL Frais, souple, fertile, consistant.

CULTURE Divisez les touffes importantes en octobre ou plantez de jeunes plants au printemps. Vous pouvez aussi semer en place ou en pot au printemps. Taillez la ciboulette après la floraison.

RÉCOLTE Les feuilles se récoltent à tout moment. Coupez-les fréquemment pour que la plante ne monte pas en graines. La ciboulette s'utilise de préférence fraîche, mais elle peut se faire sécher.

VARIÉTÉS

- **CLASSIQUE :** 'Danoise', la plus commune.
- **POUR LA CULTURE EN POT :** 'Polyvit', plante vigoureuse à très grandes feuilles ; 'Prager', à feuilles courtes, de 10 à 15 cm.
- **RÉSISTE À LA MONTAISON :** 'Staro', très grandes feuilles, ne jaunit pas.

CULTURE EN POT Très facile. Évitez les bacs à réserve d'eau.

CORIANDRE

Coriandrum sativum

J F M A M J J A S O N D

30/80 cm | 20/30 cm

La coriandre est une plante herbacée au feuillage finement découpé. Les fleurs, blanc pur, en ombelles, donnent en fin de saison des petits fruits ronds, parfumés. Le feuillage et les graines sont très aromatiques.

SOL Léger, souple, friable, humifère.

CULTURE Semez en place en avril-mai, en recouvrant les graines de 1 cm de terreau. Éclaircissez à 20 cm. Fertilisez un mois après la levée. Binez et sarclez.

RÉCOLTE Coupez les feuilles dès qu'elles sont suffisamment développées. Stockez les grains, de couleur brun clair à maturité, d'abord dans un local bien sec, puis en boîtes hermétiques ou en bocaux. Dès que vous voyez des grains de coriandre épars sur le sol, c'est le moment de les récolter.

ESPÈCE On ne cultive que l'espèce type, *Coriandrum sativum.*

CULTURE EN POT Possible en jardinière, mais ne laissez pas le terreau se dessécher.

ESTRAGON

Artemisia dracunculus

J F M A M J J A S O N D

40/90 cm | 30/60 cm

L'estragon est une plante vivace buissonnante, dont les tiges raides et dressées portent des feuilles plates, étroites, un peu épaisses, à l'odeur très caractéristique.

SOL Léger, frais, humifère, jamais humide.

CULTURE Divisez les touffes ou plantez de jeunes sujets au printemps. L'estragon craint les grands froids : coupez les tiges à l'entrée de l'hiver et couvrez les souches avec de la paille ou un lit de feuilles sèches.

RÉCOLTE Coupez les tiges nouvelles selon les besoins, tout l'été. L'estragon s'utilise de préférence frais, car il perd son arôme au séchage, mais on peut le conserver dans du vinaigre ou de l'huile.

ESPÈCE Seul l'estragon commun est intéressant, mais il ne produit pas de graines. 'Estragon de Russie', que l'on peut semer, est inodore et sans saveur.

CULTURE EN POT Facile dans un pot de 20 cm, dans un substrat bien drainé.

FENOUIL DOUX

Foeniculum vulgare var. azoricum

J F M A M J J A S O N D

1/2 m	25/40 cm	

Le fenouil doux est une plante herbacée bisannuelle qui développe un feuillage très aromatique au parfum anisé. Les feuilles sont très découpées, les fleurs en ombelles jaunes. Le fenouil doux est plus vigoureux que le fenouil bulbeux, cultivé comme légume.

SOL Léger, sableux, sec, bien drainé.

CULTURE Semez sous abri en mars-avril ou en place de mai à août. Éclaircissez à 20 cm. Supprimez les tiges fanées.

RÉCOLTE Prélevez les jeunes feuilles fraîches au fur et à mesure des besoins. On fait de la liqueur avec les graines.

ESPÈCE *Foeniculum vulgare* ou « fenouil amer », forme sauvage dont on utilise surtout les graines.

CULTURE EN POT Déconseillée.

HYSOPE

Hyssopus officinalis

J F M A M J J A S O N D

30/50 cm	20/30 cm		P

L'hysope est un sous-arbrisseau aux feuilles opposées, étroites et allongées, très parfumées. En été, ses fleurs bleu lavande forment d'étroits épis.

SOL Sec, pauvre, voire aride, et calcaire.

CULTURE Semez en place ou plantez des jeunes sujets au printemps. Désherbez et arrosez durant la croissance.

RÉCOLTE Les feuilles et les sommités fleuries se récoltent suivant les besoins.

ESPÈCE On n'utilise que l'espèce type, dans sa forme blanche (f. *alba*) ou rose (f. *rosea*), ou la sous-espèce *aristatus.*

CULTURE EN POT *Hyssopus subsp. aristatus* se cultive bien dans un pot de 30 cm.

LAURIER-SAUCE

Laurus nobilis

J F M A M J J A S O N D

5/10 m	2/4 m		P

Ce petit arbre porte des feuilles coriaces au parfum très marqué. Le laurier prend une silhouette conique. Les feuilles, alternes, ovales, vert foncé, sont très odorantes lorsqu'on les froisse. Fleurs jaunes, en mai.

SOL Profond, sec, léger, même calcaire.

CULTURE Plantez au printemps à l'abri des vents du nord. Bouturez les pousses demi-aoûtées en fin d'été. On peut aussi multiplier par marcottage à l'automne. En hiver, protégez les jeunes plants en les entourant de paille. L'humidité stagnante est souvent plus à craindre que le gel (surtout en pot).

RÉCOLTE Les feuilles de laurier-sauce se récoltent au fur et à mesure des besoins, tout au long de l'année. On peut les faire sécher.

VARIÉTÉ On cultive essentiellement *Laurus nobilis* dans sa forme type ; 'Aurea' est une forme ornementale à feuillage doré.

CULTURE EN POT Possible en bac, mais le laurier est très sensible au gel.

Les plantes condimentaires

MARJOLAINE

Origanum majorana

J	F	M	A	M	J	J	A	S	O	N	D

30/60 cm	20/40 cm		P

Cette vivace frileuse donne des feuilles parfumées et des fleurs mellifères. La marjolaine est surtout cultivée comme une annuelle. Les tiges, dressées, rouges, portent des petites feuilles arrondies, ovales, d'un vert grisâtre assez original. Fleurs estivales minuscules, groupées en panicules blanches ou roses.

SOL Léger, sec, pauvre, plutôt calcaire.

CULTURE Semez en avril sous abri et repiquez en place 6 semaines plus tard. Dans le Midi, semez en place en mai. Éclaircissez tous les 10 cm.

RÉCOLTE Les feuilles se récoltent le matin, au fur et à mesure des besoins.

ESPÈCES Il existe 20 espèces. La véritable marjolaine « à coquilles » *(Origanum majorana)* est plus odorante que l'origan *(Origanum vulgare)*, moins frileux.

CULTURE EN POT Possible dans un pot de 30 cm de diamètre.

MÉLISSE

Melissa officinalis

J	F	M	A	M	J	J	A	S	O	N	D

60/80 cm	30/50 cm	

Cette vivace porte des feuilles à l'odeur de menthe et de citron. La mélisse est une plante herbacée à feuilles opposées, gaufrées, qui dégagent au froissement une odeur fraîche et piquante. De juin à septembre, les fleurs, blanc rosé, sont portées en petits bouquets très discrets.

SOL Frais et fertile, consistant, humifère.

CULTURE Installez au soleil non brûlant dans la moitié nord, mi-ombre au sud. Semez en place au printemps ou divisez les très grosses touffes en fin de saison. Arrosez par temps très chaud et sec. Ne laissez pas l'eau stagner dans le sol en hiver. La mélisse étant très envahissante, ne la laissez pas se propager et taillez-la assez court dès que les fleurs parviennent à plein épanouissement.

RÉCOLTE Coupez les jeunes pousses lorsqu'elles sont encore tendres, au fur et à mesure des besoins.

ESPÈCES ET VARIÉTÉS Il existe 3 espèces. La forme à feuilles dorées *Melissa officinalis* 'Aurea', très décorative, possède les mêmes propriétés et un bon parfum.

CULTURE EN POT Facile.

MENTHE

Mentha spp.

J	F	M	A	M	J	J	A	S	O	N	D

30/80 cm	20/50 cm	

Menthe verte

Ces vivaces rhizomateuses exhalent une forte odeur fraîche, tonique. De nombreuses espèces de menthes poussent spontanément en Europe. Ce sont des plantes herbacées à souche traçante, portant des feuilles opposées, gaufrées, très odorantes. Les fleurs, estivales, en épis, sont rose lilacé.

SOL Riche, humifère, humide, lourd.

Menthe poirée

CULTURE Plantez des jeunes plants au printemps ou divisez les touffes à la fin de l'été. Arrosez par temps chaud. Les menthes sont envahissantes, cultivez-les en jardinière pour éviter qu'elles ne se propagent partout.

RÉCOLTE Cueillez les jeunes pousses selon les besoins, de préférence le matin avant le plein soleil. Les feuilles s'utilisent fraîches ou séchées pour parfumer les sauces et les boissons (menthe verte) ou les desserts, les salades de fruits et les compotes (menthe poivrée).

ESPÈCES ET VARIÉTÉS Il existe 25 espèces.

- **MENTHE À FEUILLES VERTES** *(Mentha rotundifolia),* vigoureuse, mais moins parfumée que les autres espèces.
- **MENTHE POIVRÉE** (*Mentha* x *piperita*), à l'odeur très pénétrante due à sa grande richesse en menthol; 'Bergamote' ou 'Menthe citron', au parfum d'agrumes.
- **MENTHE POULIOT** *(Mentha pulegium),* à port rampant, très odorante. Est aussi utile comme couvre-sol.
- **MENTHE VERTE** *(Mentha spicata),* à feuilles plates ou crépues, saveur douce.

CULTURE EN POT Très facile. Conseillée pour éviter l'envahissement.

PERSIL

Petroselinum crispum

J F M A M J J A S O N D

20/30 cm | 15/20 cm

Le persil est une plante herbacée bisannuelle luisante, aux feuilles triangulaires très découpées. La seconde année, en été, apparaissent des hampes florales formées de minuscules étoiles verdâtres.

SOL Fertile, frais, riche en humus et de consistance légère, un peu calcaire.

CULTURE Semez en place de mars à août, en recouvrant les graines avec 1 ou 2 cm de terreau tamisé. Éclaircissez à 7-10 cm lorsque les plants ont développé 4 feuilles. Maintenez le sol légèrement humide en permanence, mais sans détremper. Fertilisez avec un engrais minéral. En hiver, couvrez le persil d'une cloche pour continuer la récolte. La levée du persil étant souvent très lente (3 semaines), faites tremper les graines une nuit avant le semis.

RÉCOLTE Cueillez les feuilles au fur et à mesure des besoins.

Persil plat

VARIÉTÉS

- **PERSIL PLAT :** 'Commun', très parfumées; 'Titan', très vigoureux; 'Géant d'Italie', le plus parfumé, à grand développement.
- **PERSIL FRISÉ :** 'Frisé', aux feuilles crispées, d'aspect plus décoratif; 'Clivi', aux feuilles qui ne jaunissent pas, 'Moss Curled', résistant au froid.

CULTURE EN POT Très facile, en pot ou jardinière, dans un emplacement abrité.

ORIGAN

Origanum vulgare

J F M A M J J A S O N D

50/60 cm | variable

Cette petite plante vivace de 50 à 60 cm de haut mêle des senteurs mentholées, poivrées, de citron vert et de thym. Ses tiges peu ramifiées portent de petites feuilles ovales; de petites fleurs roses apparaissent l'été.

SOL Tout sol bien drainé.

CULTURE Semez sous abri au printemps. Désherbez soigneusement. Supprimez les tiges sèches au printemps.

RÉCOLTE Au fur et à mesure des besoins, tout l'été. Les feuilles séchées gardent leur parfum.

VARIÉTÉS 'Aureum', l'origan doré, à feuilles jaune d'or, port étalé; 'Compactum', en coussins arrondis de 30 cm de diamètre; 'Heiderose', buissonnant, à fleurs roses.

CULTURE EN POT Possible dans un contenant de 20 cm de profondeur.

Persil frisé

LE PERSIL TUBÉREUX

Le *Petroselinum var. radicosum* forme une racine fusiforme, blanche, utilisée cuite dans les pot-au-feu.

PIMENT

Capsicum annuum

J F M A M J J A S O N D

60/80 cm | 30/40 cm

Piment de Cayenne

Cette plante annuelle buissonnante, qui porte des fruits à la saveur brûlante, atteint 80 cm. Ses fleurs solitaires, blanc verdâtre, apparaissent en été à l'aisselle des feuilles de 4 à 6 cm de long, ovales, vert foncé.

SOL Riche, frais et bien drainé, humifère, souple, se réchauffant vite au printemps.

CULTURE Trouvez-lui un emplacement chaud et ensoleillé, abritée. Semis sous abri à 20 °C en mars. Repiquage en godet, plantation en place dès que tout risque de gel est écarté. Faites un bon apport de matière organique décomposée avant la plantation, puis deux arrosages à l'engrais liquide « tomates » un mois après la plantation et à la formation des fruits. Tuteurez les piments au fur et à mesure de leur développement, désherbez, paillez. Conservez de 12 à 15 fruits par pied, ensuite étêtez la plante, ébourgeonnez.

RÉCOLTE Les piments se récoltent dès qu'ils commencent à se colorer. On peut les consommer verts. Plus le fruit est mûr, plus il est fort. Conservez longtemps séché, congelé, dans le vinaigre, dans l'huile d'olive ou en purée.

VARIÉTÉS Il existe une multitude de variétés qui se différencient par leur couleur ou par la dimension des fruits. 'Des Oiseaux', ou 'Pili-pili', tout petit fruit rouge au goût brûlant, se sèche très bien ; 'De Cayenne', fruit long, rouge, à la saveur brûlante, réussit bien en pot ; 'Gorria', piment d'Espelette, fruit conique, rouge, pas trop fort, charnu ; 'Impala F1', long fruit vert puis rouge au goût puissant mais subtil.

CULTURE EN POT Sans problème dans un contenant de 20 à 30 cm, mais la production est moins abondante. Fertilisation obligatoire.

RAIFORT

Cochlearia rusticana

J F M A M J J A S O N D

50/80 cm | 40/70 cm

Cette solide vivace développe une racine pivotante charnue au goût de moutarde forte. Les feuilles de la base sont très grandes, plissées, dentées. Fleurs blanches, en panicules, de juin à août.

SOL Frais, humifère, bien aéré, de préférence profond et sans cailloux.

CULTURE Bouturez des tronçons de racines de 5 à 10 cm de long, au printemps, espacés de 40 cm. Maintenez le sol frais durant l'été par un bon paillis. Supprimez les hampes florales. Le raifort forme une belle touffe décorative dans un massif de vivaces. C'est une plante épuisante pour le sol, qui ne doit pas revenir au même emplacement avant 5 ou 6 ans. Attention, il peut être envahissant.

RÉCOLTE Les racines sont arrachées à partir de la deuxième année, en dehors de la période de floraison.

VARIÉTÉ On cultive l'espèce type ou 'Variegata', à feuilles panachées.

CULTURE EN POT Déconseillée.

ROMARIN

Rosmarinus officinalis

J F M A M J J A S O N D

0,60/1,50 m | 1/2 m | P | -15 °C

Cet arbuste buissonnant forme une touffe érigée ou étalée, aux feuilles opposées, de 3 à 5 cm de long, linéaires, coriaces, blanchâtres en dessous. Les fleurs bleues, printanières, attirent les abeilles.

SOL Léger, même pauvre, aride, très calcaire, mais sans excès d'humidité.

CULTURE Plantez des jeunes plants au printemps ou semez d'avril à juin, pour repiquer en automne en place. Bouturage à l'étouffée à la fin de l'été. Abritez les jeunes romarins des fortes gelées et de l'humidité hivernale. Les sols trop riches et l'arrosage nuisent à la qualité de l'arôme du romarin et provoquent une sensibilité au froid qui lui est souvent fatale.

RÉCOLTE Prélevez les jeunes rameaux toute l'année au fur et à mesure des besoins. Ceux qui sont coupés avant la floraison sont généralement plus parfumés.

VARIÉTÉS 'Albus', à fleurs blanches ; 'Baie d'Audierne', compact, érigé, assez résistant à l'humidité ; 'Corsican Blue', à port retombant, très étalé ; 'Erectus', compact, à port dressé ; 'Pointe du Raz', prostré, assez résistant au froid ; 'Tuscan Blue', à port érigé, fleurs d'un bleu très foncé.

CULTURE EN POT Très facile, dans un contenant de 20 cm au minimum.

SAFRAN

Crocus sativus

J F M A M J J A S O N D

5/15 cm | 5/7 cm

Cette vivace bulbeuse produit une poudre aromatique sur ses stigmates. Les feuilles, linéaires, sont issues de la base. Les fleurs, violet lilacé, portent trois carpelles au style filiforme et des étamines aux anthères d'un rouge-orangé très vif.

SOL Léger, bien drainé, mais assez frais.

CULTURE Plantez les cormus de juin à septembre, à 15 cm de profondeur. Binez pendant la croissance. Fertilisez avec un engrais pour bulbes à fleurs juste après la floraison. Ne laissez pas les cormus plus de 5 ans à la même place.

RÉCOLTE Coupez les fleurs à plein épanouissement et retirez délicatement les stigmates qui seront rapidement séchés dans un local aéré ou pendant 15 à 20 minutes dans un four à 130 °C. Il faut environ 150 fleurs pour obtenir 1 g de safran !

ESPÈCE Pour le safran, on cultive uniquement le *Crocus sativus* type.

CULTURE EN POT Dans un pot de 15 cm au moins et un sol sableux.

SARRIETTE

Satureja spp.

J F M A M J J A S O N D

20/40 cm | 15/20 cm

Annuelles ou vivaces bien touffues, les sarriettes sont des plantes herbacées à tiges poilues, de section carrée, et aux feuilles opposées, étroites, très odorantes et mellifères. Floraison de juillet à octobre en épis bleutés.

SOL Léger, sec, pauvre, plutôt calcaire. La sarriette des montagnes (vivace) préfère une terre plus pauvre que sa cousine annuelle.

CULTURE Au printemps, semez en place la sarriette des jardins. Éclaircissez à 20 cm. Divisez ou plantez la sarriette des montagnes en automne.

RÉCOLTE Les feuilles se cueillent de préférence le matin.

ESPÈCES Il existe 30 espèces. La sarriette des jardins *(Satureja hortensis)*, annuelle, est originaire de l'est de la Méditerranée ; la sarriette des montagnes *(Satureja montana)*, vivace, spontanée sur les coteaux arides du Midi, à la saveur plus prononcée.

CULTURE EN POT La sarriette des jardins pousse bien en pot dans un terreau souple et drainé.

SAUGE OFFICINALE

Salvia officinalis

J F M A M J J A S O N D

40/60 cm	30/40 cm		P

Sauge officinale

La sauge est un sous-arbrisseau à souche ligneuse, dont les feuilles, allongées, duveteuses, d'un vert grisâtre, sont très odorantes. Fleurs bleu lilacé, en grappes.

SOL Souple, riche, plutôt sec et filtrant.

CULTURE Plantez des jeunes sujets au printemps ou divisez les vieilles touffes. Bouturez sous abri en été. Il faut renouveler le pied régulièrement. Pour obtenir un meilleur arôme, cultivez la sauge dans une terre calcaire, pauvre et sèche, et ne l'arrosez pas trop, surtout au début du printemps.

RÉCOLTE Coupez les jeunes pousses toute l'année, mais de préférence avant la floraison. Leur parfum est plus agréable une fois que les feuilles sont séchées.

VARIÉTÉS Il existe des variétés ornementales à feuilles panachées.

CULTURE EN POT Très facile, dans un contenant de 20 cm au moins.

THYM, SERPOLET

Thymus spp.

J F M A M J J A S O N D

20/40 cm	20/40 cm		P

Thym commun

Souvent appelé « farigoule » ou « farigoulette » dans le Midi, le thym est une plante vivace à souche ligneuse, très ramifiée, à port couvre-sol, portant des petites feuilles linéaires, vert grisâtre, très odorantes. Les fleurs blanches ou roses en bouquets terminaux se succèdent de mai à octobre, attirant irrésistiblement les abeilles.

SOL Léger, sableux, plutôt sec, même caillouteux, pauvre et calcaire.

CULTURE Semez au printemps, en pépinière. Repiquez en place 5 semaines après la levée, tous les 20 cm. Le bouturage est possible en juillet. Rajeunissez les vieux sujets par division des touffes en avril. Inutile d'arroser ni de fertiliser. Protégez de l'humidité en hiver. Rabattez les touffes qui se dégarnissent à la fin de l'été et homogénéisez la forme générale. Le thym attirant beaucoup les insectes butineurs, plantez-le dans un endroit éloigné des zones passagères. Les cultivars de thym-citron peuvent être utilisés comme couvre-sol entre les dalles ou sur les escaliers de jardin.

RÉCOLTE Cueillez les jeunes pousses de préférence le matin. Congelées, les tiges de thym ne perdent pas leur parfum.

ESPÈCES ET VARIÉTÉS Il existe 350 espèces.

- **THYM À ODEUR DE CITRON** (*Thymus* x *citriodorus*)0, à la saveur très agréable ; 'Archer's Gold', 'Aureus', 'Bertram Anderson' sont des formes à feuillage doré.
- **SERPOLET** *(Thymus serpyllum)*, ou thym sauvage, une petite plante rampante à la saveur fine et prononcée.

CULTURE EN POT Très facile, dans une jardinière bien drainée.

VERVEINE CITRONNELLE

Aloysia triphylla

J F M A M J J A S O N D

1/2 m	0,60/1,50 m		0 °C

Cet arbuste frileux porte de longues feuilles étroites, un peu rugueuses, au parfum prononcé de citron. Fleurs minuscules en septembre, groupées en panicules rose lilas.

SOL Frais et fertile, non calcaire, humifère.

CULTURE Semez en pépinière sous abri au printemps, repiquez, puis installez en place après les gelées. Bouturez les tiges en fin d'été. Hivernez en véranda. Rempotez la verveine citronnelle vers la mi-octobre et installez-la dans une véranda qui sera maintenue tout l'hiver entre 10 et 18 °C. Vous pourrez ainsi l'utiliser toute l'année.

RÉCOLTE Les feuilles de la verveine citronnelle sont cueillies fraîches au fur et à mesure des besoins. Il est possible de les faire sécher, tout en conservant leur arôme.

ESPÈCES Il existe 37 espèces, mais sous nos latitudes, on cultive uniquement *Aloysia triphylla.*

CULTURE EN POT Très facile, dans un contenant de 20 cm au minimum.

1. BASILIC À FEUILLES POURPRES *(Ocimum basilic)*

2. THYM COMMUN À FEUILLES PANACHÉES *(Thymus vulgaris)*

3. CIBOULETTE *(Allium schoenoprasum)* **ET PERSIL** *(Petroselinum crispum)*

4. HYSOPE *(Hyssopus officinalis)*

5. MENTHE, SAUGE, ESTRAGON ET JEUNES POUSSES D'ÉPINARDS EN TRAIN DE SÉCHER

6. ANGÉLIQUE *(Angelica archangelica)*

Les *fruitiers*

Quels fruitiers choisir ?

Choisir la bonne forme

- Vous voulez de l'ombre ? Les grands arbres, ou « **hautes-tiges** », forment un tronc de 1,80 m de haut et plus, et conservent leur silhouette naturelle.
- Vous voulez de la production ? Les arbres moyens, ou « **demi-tiges** », ont un tronc de 1,50 m, et les formes « **semi-libres** », comme les fuseaux, quenouilles et gobelets, offrent le bon rapport volume/production.
- Vous avez peu de place ? Les palmettes (palmette Verrier, U, U double, losange...) sont des arbres taillés que l'on appuie sur un mur pour former des espaliers ou sur des armatures (« contre-espaliers »). Il faut les tailler régulièrement.

Mirabelles sur leur branche

Choisir selon sa région

- En Bourgogne et Rhône-Alpes : cassis 'Noir de Bourgogne' ; châtaigne 'Dorée de Lyon'.
- En Alsace, Lorraine et Franche-Comté : 'Quetsche d'Alsace', 'Mirabelle de Metz', 'Mirabelle de Nancy' ; noisetier 'Merveille de Bollwiller'.
- En Aquitaine et Midi-Pyrénées : chasselas de Moissac, prune d'Ente (pruneau d'Agen), 'Reine-Claude de Moissac'. Le Tarn-et-Garonne est l'un des premiers départements producteurs de pommes. Y réussissent aussi les noyers (les noix du Périgord) et les poiriers, surtout en Gironde.
- En Île-de-France : la cerise de Montmorency, le raisin 'Chasselas Doré de Fontainebleau', la groseille 'Versaillaise Blanche', la poire 'Comtesse de Paris'...

Attention à certains « faux amis » comme la figue 'Verte d'Argenteuil' (ou blanche) qui nécessitait un palissage sur un mur bien abrité. Il en est de même pour les pêchers, dont Montreuil était une zone de production célèbre.

Pommier en palmette

Zoom sur les fruits sauvages

La tendance « retour au naturel » dans les jardins a permis la redécouverte d'espèces décoratives et succulentes. *Amelanchier lamarckii* forme un nuage de petites étoiles blanches en avril, suivies en été par des baies pourpre noir sucrées. Le cormier *(Sorbus domestica)* fleurit blanc d'avril à juin et produit des minipommes ou des minipoires à consommer blettes comme les nèfles. Le cornouiller mâle *(Cornus mas)* fleurit jaune en février sur les rameaux nus. Il porte en septembre des fruits rouge vif, les cornouilles, au goût aigrelet à maturité, que l'on consomme en compote.

Cornouilles

Conseil du Jardinier

Choisissez des variétés résistantes

Optez pour des variétés résistantes aux maladies si vous ne voulez pas traiter. Les pommiers 'Fiorina', 'Akane' et 'Ariane' sont très peu sensibles à la tavelure ; les groseilliers à maquereau 'Invicta' et 'Rokula' sont rarement atteints par l'oïdium ; le framboisier 'Marastar', très productif, est résistant aux maladies. Le pêcher 'Charles Roux' est réputé peu sensible à la cloque et au monilia. Le poirier 'Beurré Hardy' montre une bonne résistance aux maladies. La vigne 'Aladin', plus tardive que les autres, se récolte fin septembre et octobre et ne se traite jamais.

Pêches 'Charles Roux', peu sensible à la cloque

Les fruitiers du Sud

L'abricot, notamment la variété 'Rouge du Roussillon', et la pêche sont les fruits rois, tout comme l'olivier, l'amandier et le figuier. La douceur climatique de la Corse et des Alpes-Maritimes permet la culture des agrumes comme le citron de Menton, le clémentinier (clémentine de Corse) et le kumquat *(Fortunella margarita)*. Certains jardins très abrités du littoral réussissent à faire mûrir des avocats. On y trouve aussi des fruits inhabituels comme le jujubier 'De Provence'.

Les fruitiers des quatre saisons

Nashis

- **Floraisons de printemps.** Les amandiers ouvrent la saison dès janvier dans les zones abritées, suivis par les pêchers, qui rosissent fin février. Avril offre la blancheur éphémère des cerisiers et, en fin de mois, le blanc rosé des pommiers. Le cognassier *(Cydonia oblonga)*, aux grandes corolles blanc rosé similaires à celles du néflier *(Mespilus germanica)* et le nashi *(Pyrus pyrifolia*, poire asiatique*)*, blanc rosé, offrent aussi de magnifiques@ floraisons.
- **Délices et ombrages d'été.** Si les premières fraises se dégustent en mai, juin et juillet, l'apogée des petits fruits vient ensuite avec les framboisiers, groseilliers, myrtilliers. Vigne et kiwi recouvrent avec vigueur la terrasse. Les plus grands fruitiers, cerisier, châtaignier, noyer, accueillent un salon de jardin sous leur ramure.
- **Flamboiement de l'automne.** La vigne tient la vedette avec son feuillage multicolore, tandis que le cerisier et le châtaignier se parent d'un or cuivré.
- **Étonnantes richesses de l'hiver.** Dans le Sud, arbousiers et citronniers fleurissent, et les kakis dénudés laissent admirer leurs gros fruits orange, qui attendent le gel pour blettir et perdre leur astringence.

Les fruitiers intégrés au jardin

- Les mûres sans épines et les tayberry habillent généreusement les grillages et palissades.
- La vigne et le kiwi, volubiles, habillent tonnelles et pergolas.
- Le fraisier des bois constitue un excellent couvre-sol et forme un tapis de feuillage homogène.
- Les arbustes à petits fruits s'associent aux grandes vivaces : achillée, chou marin géant *(Crambe cordifolia)*, cimicifuga *(Actaea)*, *Delphinium*, gaura, *Helenium*, leucanthème, lupin, lysimaque, pavot, phlox, pigamon *(Thalictrum)*, salicaire, soleil vivace, et même graminées.

Planter dans les règles

La plantation est l'étape la plus importante dans la vie de votre arbre fruitier. D'elle dépendra la vitesse de croissance, de mise en fruits et l'état sanitaire de l'arbre. Il est donc plus qu'important de la soigner !

La bonne distance

À quelle distance les uns des autres faut-il planter les arbres fruitiers ? Pour un pommier, poirier, cerisier ou un prunier de plein-vent, 5 m ; les fuseaux s'installent à 2,50 m les uns des autres, les cordons à 1,50 m et les palmettes à 1 m. Pour les petits fruits, prévoyez des espacements de 80 cm au minimum – 1 m est idéal. Pour les actinidias (kiwis), qui sont extrêmement vigoureux, comptez un plant tous les 4 ou 5 m. Si la place ne manque pas, prévoyez un peu plus ; les fruits recevront ainsi plus de soleil et seront plus savoureux.

Jeunes pruniers en jauge

Choisir le bon emplacement

- **Choisissez des emplacements dégagés** pour installer vos fruitiers. Seuls les framboisiers et les myrtilliers se contentent d'une demi-journée de soleil pour fructifier.
- **Ne mettez pas vos fruitiers en concurrence** avec d'autres plantes. Si vous plantez des fruitiers sur gazon, décapez ce dernier sur un cercle de 1 m de rayon autour du pied de l'arbre. Cette simple précaution permettra au jeune végétal de pousser plus vigoureusement, car toute l'eau d'arrosage lui bénéficiera.
- **Ne plantez pas la même espèce** à la mort d'un arbre fruitier, même si vous enlevez le maximum de racines. Des germes de maladies risquent de rester en terre et de contaminer le jeune plant. En outre, le sol est probablement épuisé. Choisissez des arbres d'ornement, pour jouer l'alternance, ou encore un fruitier d'une autre espèce : un pommier après un prunier, par exemple.

Préparation du trou de plantation

Anticiper la plantation

- **Planifiez votre plantation.** La période de plantation idéale s'étend de novembre à mars pour les arbres vendus à racines nues ou en mottes prêtes à planter, et de février à avril pour les sujets en conteneurs. Cette présentation convient surtout aux petites formes, car les arbres-tiges élevés en conteneurs n'ont pas toujours la croissance attendue.
- **Si vous ne pouvez pas planter juste après l'achat ou la réception des arbres,** entreposez-les dans une jauge (tranchée creusée dans un coin de jardin), où vous coucherez légèrement les plantes en les recouvrant d'une terre légère ou de tourbe blonde pour les protéger du gel éventuel.
- **Préparez les trous de plantation** dès septembre pour une plantation automnale ou hivernale. Ne mélangez pas la terre du dessus, riche et de couleur foncée, avec celle du dessous.
- **Apportez une dose copieuse d'engrais** organique complet et éliminez toutes les racines de mauvaises herbes vivaces.
- Les arbres fruitiers demandent une couche d'environ 30 cm de profondeur de terre meuble et riche. **Ne creusez pas trop profondément** (pas plus de 50 cm) afin que l'eau de pluie ne se concentre pas dans la terre ameublie, ce qui nuirait aux racines.

Bon à savoir : les racines toxiques

- Les racines de cerisiers dégagent dans le sol des substances toxiques pour les autres essences. Si vous plantez derrière un cerisier, votre nouvelle plantation risque de s'en ressentir pendant plusieurs années. Cultivez d'abord du gazon.
- Quant aux noyers, réputés produire de la juglone, un composé toxique, il faut savoir que le noyer commun en produit assez peu (contrairement au noyer noir et au noyer cendré) et que toutes les plantes ne réagissent pas toutes de manière identique : pomme de terre, poivron ou tomate y sont très sensibles, haricot, maïs et oignon... très peu !

Préparer le trou de plantation

- **Creusez** un trou de plantation plus grand que la future motte de racines ; ameublissez sur 40 cm de large et sur un rayon de 1 m.
- **Inspectez le chevelu** des racines et supprimez celles qui sont abîmées, noires ou déchiquetées.
- **Préparez du pralin**, cette boue organique liquide que l'on trouve en poudre dans le commerce, et laissez tremper les racines 20 minutes dans un grand seau. Enrobées par une fine pellicule de pralin, les nouvelles racines se forment plus vite.

Planter

- **Installez la motte** pour qu'elle ne soit ni trop enterrée ni trop superficielle. N'enterrez jamais le point de greffe (le renflement). Dans le cas contraire, des racines vigoureuses surgiront à ce niveau (affranchissement) et entraîneront une croissance démesurée des arbres et une mise à fruits faible ou nulle.
- **Glissez la terre** fine entre les racines, et terminez par un **copieux arrosage** qui va combler les vides. L'arbre doit tenir droit tout seul. Installez un **tuteur**, s'il s'agit d'un arbre-tige ou **palissez** les formes plantées sur l'armature sans serrer le lien. L'arbre doit tenir tout seul et résister à un léger mouvement de traction vers le haut

Préparer un trou de plantation

Les premières années

- **Arrosez** les 2 premières années ; vous pourrez ensuite vous en dispenser à condition de pailler le sol au pied des arbres. Ce paillage consiste en une couche de 10 cm de compost grossier, de fumier pailleux ou de tontes de gazon. Dessous, la terre reste fraîche, et les mauvaises herbes ont moins tendance à pousser.
- **Évitez de piétiner** à l'aplomb des arbres, car c'est là que se développe la majorité des racines nourricières. **Binez** superficiellement si le sol est tassé en veillant à ne pas abîmer les racines.
- **Surveillez les liens** des tuteurs qui ne doivent pas entamer l'écorce.

l'entretien au quotidien

L'état sanitaire de vos fruitiers (et donc la qualité de la récolte) dépend grandement de la régularité de l'entretien. Passer souvent inspecter vos arbres vous permet aussi d'intervenir sans attendre en cas de problème.

Les bons gestes

- **Surveillez les attaches.** Elles ne doivent pas étrangler les branches ou le tronc. Il faut les renouveler tous les hivers. Vous aurez sûrement à changer l'étiquetage au bout de quelques années, car l'expérience montre que les étiquettes s'abîment et que la mémoire peut faire défaut, surtout si l'on est un peu collectionneur. Or, rien n'est plus désagréable que de ne pas pouvoir se souvenir du nom d'une variété délicieuse que tout le monde vous réclame.

Veillez à ce que le pied de l'arbre ne soit pas colonisé par l'herbe.

- **Exposez les fruits au soleil** en éliminant les pousses en surnombre. Coupez les jeunes rameaux au-dessus de la quatrième ou cinquième feuille à partir de la base. Ce pincement aère l'arbre et stimule la future production fruitière.
- **Veillez** à ce que le pied de l'arbre ne soit pas colonisé par l'herbe ou d'autres plantes au moins les 3-4 premières années. Il est préférable que les racines n'aient pas de concurrence au début de leur installation.

L'entretien des fruitiers en pot

- **Installez-les** au soleil et à l'abri du vent. Le vent inhibant la floraison, protégez les fruitiers du balcon des forts mouvements d'air.
- **Fertilisez** généreusement. La formation de fruits exige de la part de la plante une importante dépense d'énergie, d'où la nécessité de bien la nourrir. Les engrais « fraisier », « tomate », « agrumes » conviennent à la plupart des espèces fruitières.
- **Rempotez** tous les 2 ans dans un pot stable (poterie épaisse, bois, béton). En moyenne, un bac de 40 à 50 cm de haut et de large permet d'accueillir la plupart des fruitiers qui supportent la culture en pot.

Fruitiers au milieu du jardin

Conseil du Jardinier

Le stockage

Les fruits de garde (pommes, poires, kiwis, raisin...) se stockent dans une pièce spéciale appelée « fruitier », saine, sombre, fraîche, bien aérée ou à défaut, sur des étagères dans un coin de garage. Les fruits ne doivent pas se toucher et le local doit être bien ventilé. Les fruits étant accessibles, il vous sera facile de les contrôler (passez tous les 2 ou 2 jours) et de consommer en premier ceux qui s'abîment. Les fruits secs (noix, noisettes, amandes) peuvent être conservés tels quels dans des paniers en osier.

La récolte

- **Les fruits rouges** se récoltent mûrs, se consomment rapidement ou se congèlent.
- **Les pommes** se cueillent au moment où la peau se couvre d'une pellicule cireuse, et quand elles se détachent de l'arbre, entre début septembre et fin octobre selon la variété.
- **Les poires** sont cueillies en soulevant leur pédoncule, puis laissées à mûrir, sauf les variétés précoces qui se mangent rapidement, car leur chair blettit et devient cotonneuse.
- **Le raisin** cueilli avec un bout de sarment peut se conserver plusieurs semaines si on laisse tremper la tige dans un verre d'eau.

Les traitements

Si votre jardin accueille suffisamment de biodiversité (insectes utiles, flore variée), l'équilibre s'instaure vite entre les insectes nuisibles et leurs prédateurs, et vous n'avez en principe pas ou peu à traiter, surtout si vous éliminez rapidement tout ce qui vous paraît malade. Cependant, si vous devez intervenir, utilisez les deux principaux produits bio antifongiques, la bouillie bordelaise et le soufre. Notez cependant que leur concentration peut finir par nuire au sol et aux plantes.

Mise en place d'une souche de chrysopes dans un pommier

Une protection raisonnée

- Les arbres fruitiers sont, avec les rosiers, les plantes du jardin les plus sensibles aux **ravageurs** et aux **maladies**. En disséminant les espèces fruitières dans le jardin, au milieu des fleurs et dans les massifs, plutôt qu'en les regroupant dans un verger, vous allez réduire tout naturellement la gravité des infestations, car le risque principal provient de la concentration des foyers de contamination.
- Décelez la présence d'ennemis insidieux comme les vers des fruits (mouches et carpocapses) en installant dans les arbres des **« pièges à phéromones »**. Ces petites structures en carton sont imprégnées de la substance que sécrètent les insectes femelles pour attirer les mâles. Ces derniers se précipitent vers ces odeurs qu'ils captent de très loin et ils viennent se coller sur la plaque de glu judicieusement placée dans le piège. Attention, ne laissez jamais de plaques de glu à l'air libre car les oiseaux de petite taille peuvent s'y coller les ailes.
- Renforcez préventivement la vigueur de vos arbres en les arrosant avec de l'extrait fermenté de prêle, de tanaisie, d'ortie.

Les ennemis et maladies des fruitiers

LES FRUITIERS SONT CERTAINEMENT LES PLANTES QUI DEMANDENT LE PLUS DE VIGILANCE SANITAIRE, CAR ON LEUR DEMANDE BEAUCOUP... ET TOUS LES ANS !

Balanin

Les fruits sont vidés de leur contenu. Un orifice de sortie bien rond apparaît nettement. Les fruits contaminés peuvent chuter précocement.

Responsable Ce charançon dépose ses œufs à l'intérieur de certains fruits secs.

Gravité Une forte infestation compromet sensiblement la récolte.

Conditions favorables Les attaques sont plus importantes après des hivers doux.

Précautions Vers la fin de l'été, les larves s'enterrent. Travaillez le sol au pied des arbres en automne pour faire remonter les nymphes à la surface afin que le gel ou les oiseaux insectivores les détruisent.

Traitement préventif En période de récolte, ramassez chaque jour noisettes et châtaignes véreuses. Brûlez-les avant que les larves ne s'enterrent dans le sol pour s'y transformer en adultes. Il n'existe aucun traitement curatif.

Période Juin à septembre.

Plantes sensibles Noisetier, châtaignier.

Carpocapse

Les fruits attaqués présentent un minuscule orifice d'où s'échappe une sciure humide. Le centre du fruit est parcouru par une galerie occupée par la chenille du carpocapse. Les fruits fortement creusés peuvent tomber prématurément.

Responsable Le papillon pond ses œufs au printemps sur les feuilles et les jeunes fruits. Les chenilles roses pénètrent dans les fruits, vivent de la pulpe, puis se réfugient sur les écorces pour l'hiver.

Gravité Les fruits abîmés restent consommables (compote, confiture).

Conditions favorables En culture intensive, les attaques sont plus importantes.

Précautions Les fruits tombés doivent être rapidement ramassés et détruits.

Traitement naturel Disposez des « pièges à carpocapses » à base de phéromones dans les arbres. Des traitements aux huiles en hiver permettent de détruire l'insecte qui s'abrite sous les écorces.

Plantes sensibles Pommier, poirier, noyer, châtaignier, cognassier, prunier.

Période Juin à septembre.

Cloque

Les jeunes feuilles se déforment et prennent des couleurs vives (rouge violacé). Les parties attaquées se dessèchent et tombent prématurément.

Responsable Cette redoutable maladie est due à un champignon parasite microscopique (*Taphrina deformans*).

Gravité Les jeunes pêchers peuvent dépérir, surtout les variétés naines en bacs. La récolte est souvent réduite.

Conditions favorables Un temps froid et humide à l'apparition des jeunes feuilles.

Précautions Ne plantez pas d'arbres sensibles. Ramassez les feuilles à l'automne pour limiter les contaminations. Nourrissez et arrosez les arbres.

Traitement préventif Dès l'apparition des jeunes feuilles, appliquez trois ou quatre fois, à une semaine d'intervalle, un fongicide « anticloque » à base d'oxychlorure de cuivre.

Traitement naturel Coupez et brûlez les pousses atteintes, ensuite se développeront de nouvelles pousses.

Plantes sensibles Pêcher, prunier, amandier, nectarine, brugnon.

Période Mars à juin.

Hoplocampe

Les fruits ne grossissent pas et on remarque un orifice parfaitement rond cerclé de noir. Les fruits atteints tombent prématurément.

Responsables Ce sont des sortes de petites mouches à 4 ailes, les hoplocampes. elles visitent les arbres fruitiers lors de la floraison et pondent leurs œufs à la base des sépales. Les chenilles pénètrent à l'intérieur des jeunes fruits, qu'elles dévorent. Une même chenille passe successivement dans 3 à 5 fruits. On les appelle parfois « vers cordonniers ».

Gravité Les attaques sont généralement limitées.

Conditions favorables Les printemps plutôt secs après un hiver doux.

Précautions Les fruits atteints doivent être ramassés et détruits.

Traitement naturel Ne vous inquiétez pas outre mesure des attaques d'hoplocampe qui peuvent constituer un moyen d'éclaircissage naturel. Pour les limiter, supprimez tout de même le paillis durant l'hiver et bêchez légèrement le sol pour exposer les cocons au gel et aux oiseaux.

Plantes sensibles Pommier, poirier et prunier.

Période Avril à septembre.

La larve du balanin parasite les noisettes.

Monilia sur une pomme 'Canada'.

Une poire déformée par la tavelure.

Maladie criblée

Sur les feuilles, des points rouges à violacés apparaissent. Progressivement, ces petites taches se nécrosent et tombent, formant de nombreuses perforations. Sur les fruits, des taches brunes sont nettement visibles et une goutte de gomme s'écoule parfois. Les fruits très atteints sont déformés, inconsommables. Sur le pêcher, des dessèchements de rameaux sont possibles.

Responsable Cette affection, due à un champignon *(Coryneum)*, s'attaque aussi bien aux feuilles qu'aux fruits.

Gravité En cas de forte attaque sur les fruits, la récolte peut être compromise.

Conditions favorables Par temps doux, lors des périodes pluvieuses.

Précautions Évitez les arrosages sur le feuillage. Désinfectez les outils de taille.

Traitement naturel Ramassez et brûlez les feuilles atteintes. Sur le pêcher, éliminez les rameaux atteints.

Plantes sensibles *Prunus*, autres arbres fruitiers à noyaux.

Période Mars à juin.

Moniliose

Une tache arrondie apparaît et se couvre progressivement d'une moisissure beige. Les fleurs se dessèchent, se regroupent en « paquets », interdisant la formation des fruits. Parfois, des rameaux feuillés se dessèchent. Des écoulements de gomme apparaissent à leur base.

Responsable Ces champignons microscopiques peuvent infecter les fleurs au printemps, dessécher les rameaux et coloniser les fruits, les faisant pourrir.

Gravité Les fruits sont inconsommables, la récolte peut être anéantie.

Conditions favorables Une forte humidité. Une blessure permet la contamination d'un fruit. La moniliose se développe parfois pendant le stockage.

Précautions Éclaircissez quand les jeunes fruits sont trop nombreux.

Traitement naturel Éliminez les fruits desséchés ou tombés et ceux restés sur l'arbre, en coupant une courte section du rameau où ils étaient accrochés. Supprimez les rameaux malades lors d'une taille normale d'hiver.

Plantes sensibles Arbres fruitiers, cerisiers et pruniers à fleurs.

Période Mars à octobre.

Mouche des fruits

En apparence saines, les cerises sont colonisées par un asticot qui se nourrit de la pulpe autour du noyau. Les pêches et les abricots infestés pourrissent.

Responsable La plus célèbre est la mouche de la cerise, *Rhagoletis cerasi*. Les adultes volent à partir de la mi-mai et pondent dans les cerises matures qui deviennent véreuses.

Gravité La récolte est compromise.

Conditions favorables Les printemps et des étés chauds. Les attaques sont plus sévères dans le Sud.

Précautions Plantez des variétés précoces dans les régions où sévissent les mouches des fruits. Brûlez les fruits véreux tombés.

Traitement naturel Installez début mai des pièges à phéromones, 3 ou 4 pour un grand cerisier.

Plantes sensibles Cerisiers (variétés tardives), pêchers, abricotiers, oliviers.

Période Fin mai à fin juin.

Tavelure

Les jeunes fruits sont maculés de petites taches brun olivâtre, puis se déforment et se crevassent. Les feuilles attaquées se couvrent de taches vert olive et peuvent tomber prématurément.

Responsable Un champignon du genre *Venturia* est à l'origine de cette maladie.

Gravité La récolte est parfois compromise. Les arbres défeuillés pendant l'été sont fortement affaiblis.

Conditions favorables Les printemps pluvieux après un hiver doux.

Précautions Ramassez les feuilles tombées au sol, ainsi que les fruits tavelés, qu'il faut brûler. Plantez des cultivars résistants.

Traitement naturel En automne, arrosez les feuilles tombées avec une solution cuprique pour tuer les spores et décomposer les feuilles. Supprimez les rameaux malades. Taillez pour favoriser la circulation de l'air dans la ramure.

Plantes sensibles Pommiers, poiriers.

Période Mars à juin.

Les fruitiers

pour tous les goûts et toutes les envies

Un mur fruitier

La culture adossée à un mur permet un gain de place au potager. Une technique appréciable lorsqu'on dispose d'un petit jardin ou d'une terrasse. Et avec le gain de chaleur qu'elle apporte, à vous les belles récoltes de bons fruits !

Des fruitiers palissés, pourquoi ?

Le palissage d'un arbre fruitier consiste à le cultiver dans un plan, adossé à un mur ou au milieu du jardin. Associée à l'arcure, cette technique est synonyme de récoltes abondantes, de gain de place et d'aspect décoratif ... **1**

L'arcure des rameaux fruitiers offre de meilleures récoltes.

Les fruitiers palissés, quel entretien ?

Ébourgeonnage, taille en vert, pincement, effeuillage : les gestes sont simples, mais indispensables pour avoir de bons fruits et des récoltes généreuses. L'avantage des arbres palissés est dans leurs dimensions réduites qui permettent de travailler à hauteur d'homme ... **2**

Toujours plus de fruitiers !

Encore plus de raisins, de kiwis, de mûres, grâce au marcottage par couchage. Cette technique de multiplication permet de produire facilement des plants de nombreuses espèces fruitières aux rameaux souples... **3**

Tailler le kiwi

Des récoltes généreuses de kiwis, cela passe par la plantation de plants mâles et femelles, mais aussi par la taille fruitière des plants. Sans quoi ce fruitier vigoureux consacre son énergie à produire des feuilles, et encore des feuilles... et moins de fruits ... **4**

Le coin du curieux : Le sexe des kiwis

Moins mystérieux que celui des anges, le sexe des kiwis est facile à déterminer. C'est d'autant plus important que vous devez planter des mâles et des femelles pour que la fécondation s'opère. Sauf chez les variétés autofertiles ... **5**

Tailler le poirier

Chez le poirier, tout est affaire d'équilibre entre l'importance de la fructification et la végétation de l'arbre. Il faut savoir anticiper pour avoir des récoltes régulières chaque année et limiter le phénomène d'alternance de production ... **6**

Une vigne bien taillée

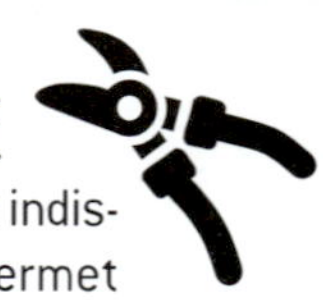

La taille fruitière de la vigne est indispensable tous les ans. Elle permet de produire le sarment porteur des grappes qui seront vendangées en fin d'été et de favoriser son successeur pour l'année suivante. Par bonheur, elle est très simple ... **7**

IDÉES

→ POURQUOI PAS... Créer une tonnelle Ombragée et gourmande avec une vigne ou un kiwi ? **8**

→ POURQUOI PAS... Associer une liane fruitière avec un rosier grimpant vigoureux ?

LES FRUITIERS PALISSÉS, UN HABILLAGE GOURMAND POUR LES MURS.

et Si

- Mon poirier donne peu de fruits ? **9**
- De grosses gouttes pleurent de ma vigne ? **10**

Les Plantes idéales

Le mur de fruitiers est un bon apprentissage de la culture fruitière, en variant espèces faciles comme la mûre et plus techniques commme le poirier. Kiwi et vigne font progresser vite dans sa compréhension.

Toutes les variétés de :

★ Kiwi *(Actinidia deliciosa)*

★ Mûre *(Rubus fruticosus)*

★ Poirier *(Pyrus comunis)*

★ Vigne *(Vitis vinifera)*

NOS DIX COMMANDEMENTS

1. *Choisissez une exposition optimale.*
2. *Plantez dans un sol riche, profond et frais.*
3. *Prévoyez une armature solide.*
4. *Plantez de préférence en automne.*
5. *Arrosez abondamment (le déploiement de la ramure « à plat » augmente la surface d'exposition au soleil, d'où un besoin d'eau supplémentaire).*
6. *Taillez (c'est indispensable pour respecter la forme et favoriser la mise à fruits).*
7. *Optez pour un palissage qui n'étrangle pas (ne pas trop serrer les ligatures et, surtout, les remplacer chaque année en hiver).*
8. *Traitez à titre préventif (au moins de la bouillie bordelaise pour le poirier et la vigne).*
9. *Pincez, ébourgeonnez et taillez en vert.*
10. *Effeuillez pour favoriser la maturité.*

1 Des fruitiers palissés, pourquoi ?

En cultivant un fruitier « à plat », dans un plan, on favorise son exposition au soleil, on aère sa végétation et on limite la pullulation de parasites et le développement des maladies. Enfin, on gagne en confort de travail, sur des arbres et arbustes à portée de main. Cette façon culturale, associée à une taille fruitière et à quelques pratiques comme l'arcure, offre aussi des récoltes plus généreuses.

L'arcure est une ancienne technique arboricole consistant à courber les rameaux vers le bas, en les arquant et les maintenant par des liens. En contrariant ainsi la circulation naturelle de la sève, on privilégie la production de bourgeons à fruits.

Vigne palissée.

2 Les fruitiers palissés, quel entretien ?

- **L'ébourgeonnage** consiste à supprimer tous les départs non désirés par la taille fruitière : gourmands, bourgeons surnuméraires, rameaux en doublons...
- **La taille en vert** se fait en fin de printemps et en été, elle vise à réduire la longueur des rameaux pour concentrer la sève dans une moins grande portion des tiges.
- **Le pincement** se fait au-dessus des bourgeons retenus ou des bouquets de fruits pour leur donner plus de sève.
- **L'effeuillage** permet d'apporter aux fruits un meilleur ensoleillement. À pratiquer un mois avant la récolte.

La taille en vert pour modérer l'exubérance du kiwi.

3 Toujours plus de fruitiers !

Quelques fruitiers peuvent se multiplier végétativement par bouturage ou par marcottage et reproduire fidèlement les caractéristiques de la variété. Le marcottage par couchage est particulièrement facile à réaliser pour les plantes sarmenteuses.

En automne, il suffit de coucher un rameau souple pour l'amener au contact du sol, de le maintenir par une agrafe formée en U dans un morceau de fer, fichée dans la terre, et de l'enterrer sur 20 à 30 cm de long dans un mélange de terre et de terreau ou de tourbe. Sevrez l'année suivante en fin d'automne.

4 Tailler le kiwi

En hiver, et jusqu'à mi-mars, coupez à 2 yeux au-dessus de la partie de la liane qui a porté les fruits et taillez également à 2 yeux les pousses latérales, non fructifères, pour favoriser la production de coursonnes fertiles. Pour limiter la vigueur de la plante et équilibrer la végétation, réduisez de moitié la longueur des tiges principales. Pendant la période de croissance, pincez les jeunes pousses au-dessus de la 4e ou 5e feuille. Les rameaux qui naissent des bourgeons axillaires suite à ce pincement seront à leur tour pincés au-dessus de la 2e feuille. Enfin, taillez au-dessus des bouquets de fruits pour favoriser leur grossissement.

5 *Le coin du curieux : Le sexe des kiwis*

Certaines plantes comme le kiwi sont dioïques, c'est-à-dire que des plants portent des fleurs femelles et d'autres plants des fleurs mâles. Il faut donc planter les deux pour que la fécondation s'opère, un plant mâle pour cinq femelles chez le kiwi. Seule l'observation des fleurs permet de distinguer les sexes. Les mâles montrent de longues étamines jaunes très poudreuses au centre des pétales, les femelles exhibent 20 à 30 styles disposés autour de l'ovaire.

Les liens de palissage

Attachez les rameaux jeunes et tendres avec des liens de raphia lâches.
Pour les tiges lignifiées, choisissez des modèles réglables en diamètre pour adapter le serrage. Préférez les liens munis d'un collier de serrage en mousse qui ne blessent pas la plante, sinon insérez un morceau de toile de jute.

La taille trigemme du poirier se pratique en hiver.

6 Tailler le poirier

Le poirier fructifie en 3 ans ; la taille doit en tenir compte. En hiver, sur une pousse à bois dépourvue de ses feuilles, taillez à 3 yeux, c'est-à-dire laissez 3 bourgeons – c'est la taille dite « trigemme ». La portion restante sur l'arbre est appelée « coursonne ». L'œil situé à son extrémité va recevoir beaucoup de sève au printemps et démarrer pour donner une nouvelle pousse à bois. Le deuxième va en recevoir moins, il se développera peu et portera un bouquet de feuilles, des plis se forment à sa base (sauf chez les arbres vigoureux, chez qui il peut se développer en rameau à bois également).

L'hiver venu, la coursonne a donc 2 rameaux à bois et une petite formation triangulaire pointue, à la base ridée : le dard. La suite de la taille vise à transformer le dard en bourgeon floral. On taille de nouveau à 3 yeux, car si le dard, qui est un organe instable, reçoit trop de sève, il évolue en rameau à bois. L'année suivante, lorsque le dard a donné un bourgeon à fleurs, taillez juste au-dessus pour lui donner le plus de sève possible.

7 Une vigne bien taillée

La vigne fructifie sur des rameaux de l'année, portés par du bois d'un an ou plus. Donc, tout rameau ayant porté des raisins n'en portera plus et doit être supprimé. Le mode de taille varie selon les cépages et les régions viticoles. Mais au jardin amateur, on la simplifie pour la résumer à une taille à 2 yeux, en laissant 2 gros bourgeons à la base du sarment taillé. Celui de la base donnera le sarment pour renouveler la végétation, celui du sommet le rameau porteur des grappes.

Au cours de la saison, on complète la taille fruitière par un ébourgeonnement. Il consiste à éliminer toutes les pousses en surnombre. Pratiquez des pincements pour limiter la croissance en longueur des sarments et favoriser ainsi leur vigueur et celle des fruits. Intervenez en juin, avant l'épanouissement des fleurs. Réduisez le sarment remplaçant à 50 cm de long et tailler à 2 feuilles au-dessus de la deuxième grappe pour le sarment fructifère.

Un mois avant la maturité, supprimez les feuilles qui ombrent les grappes pour parfaire la maturation.

La taille de la vigne est obligatoire tous les ans.

Idées

8 Pourquoi pas... Créer une tonnelle ombragée et gourmande avec une vigne ou un kiwi ?

Avec des tailles régulières et un support adapté, car la vigne et le kiwi sont vigoureux, on peut dresser rapidement une tonnelle fruitière.

- Ancrez solidement le support dans le sol.
- Respectez les distances de plantation : 3 m entre deux pieds de vignes et 3 à 5 m pour le kiwi.
- Limitez la hauteur à 1,80 m pour faciliter la taille et la récolte.
- Un seul pied est suffisant pour la vigne, il doit disposer de 5 m^2 sur la tonnelle.
- Planter un mâle au milieu de 4 femelles chez le kiwi. Placez les deux premières femelles côte à côte puis le mâle et les deux autres femelles à la suite.

et Si

9 Mon **poirier** donne **peu de fruits** ?

Votre poirier a besoin d'un autre sujet d'une variété complémentaire pour sa pollinisation.

10 De grosses **gouttes** pleurent de ma **vigne** ?

Ce n'est pas grave, au contraire. Au printemps, le flux de sève montante est plus abondant avec la reprise de la croissance. De grosses gouttes de sève tombent des coupes de taille pendant une quinzaine de jours.

Un mur fruitier

KIWI, SOURIS VÉGÉTALE

Actinidia deliciosa

J F M A M J J A **S O N** D

Hauteur	Largeur	Exposition	Rusticité
6/8 m	6/10 m	Soleil	-10 °C

Vidéo « Planter un actinidia »*

Cette liane vigoureuse croît de 3 à 5 m par an, et dès la troisième ou quatrième année de plantation, les rameaux de l'année précédente donnent en juin des fleurs parfumées, blanc crème, puis jaune chamois. Les pieds femelles portent en fin de saison de nombreux fruits ovoïdes, bruns.

SOL Profond et frais, humifère, perméable et pas trop calcaire, dans un emplacement aéré, mais abrité des vents forts.

CULTURE Plantez au moins un plant mâle pour 5 femelles – ou des variétés autofertiles. Les abeilles sont indispensables pour la pollinisation. Enrichissez les trous de plantation de fumier décomposé et d'engrais de fond. Paillez les pieds les 3 premiers hivers. Palissez les tiges au fur et à mesure en les attachant sur un support solide (treillage, mur, pergola, tronc d'arbre), sans trop serrer. Elles s'enrouleront autour du support. Arrosez bien d'avril à juillet, plus faiblement en août et en septembre. Dès la troisième année, apportez chaque automne une bonne dose de fertilisant organique, en alternance avec un engrais complet pour arbres fruitiers.

TAILLE En décembre-janvier, coupez à 2 yeux de la base les rameaux qui ont beaucoup fructifié. Réduisez les tiges secondaires des deux tiers. Attention, une taille trop tardive provoque des écoulements de sève qui nuisent à la croissance. Rajeunissez un actinidia âgé en rabattant les branches au-dessus d'une ramification vigoureuse.

RÉCOLTE Comptez entre 20 et 60 kg par pied adulte. Récoltez les kiwis encore verts, ils mûriront 3 semaines plus tard. Ils se conservent plus d'un mois au frais (5 °C)? en cave. Soyez patient, il faut souvent plusieurs années après la plantation avant d'obtenir la première récolte.

VARIÉTÉS

- **MÂLES :** 'Minkimâle', pour polliniser 'Minkigold'; 'Pollichina', pour polliniser 'Belle de Chine'; 'Tomuri', pour polliniser 'Hayward'.
- **FEMELLES :** 'Belle de Chine', chair jaune, vigueur faible (3 m); 'Hayward', gros fruits, maturité début novembre, variété assez sensible au gel; 'Minkigold', forme compacte, chair jaune.
- **AUTOFERTILES :** 'Jenny'; 'Solissimo', à gros fruits; 'Solo', à petits fruits.

CULTURE EN POT Possible dans un bac de 40 cm, mais la fructification n'est pas garantie.

MÛRE

Rubus fruticosus

J F M A M J J **A S O** N D

Hauteur	Largeur	Exposition
1/3 m	2/5 m	Soleil / mi-ombre

La mûre des jardins n'est autre qu'une ronce améliorée par les sélections horticoles, au point que certaines variétés ont même perdu leurs épines ! Les feuilles, composées de 5 à 7 folioles dentées, sont épineuses au revers. Floraison estivale en coupes blanches à 5 pétales.

SOL Riche, frais, humifère, consistant (argileux), dans un lieu abrité des vents. La ronce redoute les sols secs.

CULTURE Très facile. Plantez de novembre à mars, dans un sol enrichi en fumier, en espaçant chaque pied de 3 ou 4 m. Taillez à 30 cm du sol après la mise en place. La première année, conservez de 3 à 5 tiges vigoureuses, que vous palisserez sur un support au cours de leur croissance (mur, fils de fer, treillage, pergola ou balustrade sur balcon). L'été, arrosez régulièrement et paillez avec du compost ou du fumier, que vous enfouirez en automne, lorsqu'il sera bien décomposé. En hiver, rabattez au ras du sol les rameaux qui ont fructifié. Palissez en éventail les nouvelles tiges vigoureuses qui remplaceront les rameaux éliminés. Multipliez par marcottage.

RÉCOLTE Cueillez les fruits bien mûrs, bien noirs, sinon ils ont une saveur trop acide. Comptez de 3 à 4 kg par pied.

VARIÉTÉS Les ronces horticoles produisent des fruits beaucoup plus gros que les ronces sauvages, mais aussi moins savoureux.

- **ÉPINEUSE :** 'Reuben', variété remontante qui se récolte de mi-juillet à fin octobre, fruits d'excellente qualité.

*Télécharger l'application Truffaut +, voir p. 6-7

'Jumbo'

- **SANS ÉPINES** : 'Jumbo', sélection très vigoureuse, aux gros fruits noirs, récolte au milieu de l'été. Ne pas la planter seule (autofertilité moyenne) ; 'Navaho', conseillée comme variété pollinisatrice, récolte mi-juillet, fruits d'un calibre moyen ; 'Thornfree', feuillage denté ornemental, réussit bien à l'ombre, récolte jusqu'en septembre, fruits rouges, puis noirs.
- **TAYBERRY**, hybride de mûre et de framboise : 'Medana', plant AB, port semi-grimpant, fruits rouges, tiges épineuses.

CULTURE EN POT Déconseillée.

Tayberry

POIRIER

Pyrus communis

J F M A M J **J A S O** N D

7/10 m | 3/5 m

Palmette Verrier de poirier

Le poirier s'est répandu en Europe occidentale dès les temps préhistoriques. Les Romains déjà ont créé de nombreuses variétés par la pratique du greffage. On cultive désormais cet arbre très rustique sur tous les continents, en climat tempéré, jusqu'à 1 000 m d'altitude. Il forme un arbre arrondi, aux feuilles alternes de 8 à 10 cm de long, ovales, rougissant à l'automne. En avril, les fleurs simples, blanches, à 5 pétales et étamines rouges, sont portées en bouquets.

SOL Plutôt acide, riche, profond et frais. Le poirier n'aime pas les terrains secs ou trop calcaires (dans lesquels il risque de souffrir de chlorose ferrique), ni l'humidité stagnante. Étant donné sa floraison précoce, évitez au poirier les situations gélives, les contrebas frais et humides, et les emplacements très ventés.

CULTURE Toutes les formes fruitières conviennent au poirier. C'est l'arbre le plus facile à conduire en formes plates. Vous pouvez aussi acheter un arbre déjà formé.

- **PORTE-GREFFE** : une large palette est disponible, notamment le franc et le cognassier, mais aussi l'aubépine, le cormier et même le néflier du Japon. Le franc de poirier (issu de graines de poirier commun) réussit en sol un peu calcaire et sec. Il convient aux formes libres, mais sa mise à fruits est très lente et il donne des fruits assez petits. Le cognassier s'emploie en sol riche, non calcaire, même humide, surtout pour les formes palissées. Il ne convient pas à certaines variétés, comme 'Williams'. On distingue 3 types de cognassiers. Le cognassier de Provence, le plus vigoureux, résiste mieux à la chlorose et à la sécheresse. Sa mise à fruits est rapide et il permet la production de fruits assez gros et de bonne qualité. Le cognassier BA 29 (sélection Inra) convient particulièrement aux 'Williams'. Le cognassier d'Angers est moins vigoureux, mais sa mise à fruits est plus précoce et sa productivité le rend attractif. Il est idéal dans les régions au climat tempéré.

Poirier nain

- **PLANTATION** : de préférence à l'automne, en dehors des périodes de fortes pluies. Apportez en fumure de fond une brouette de compost bien décomposé (ou 5 kg de fumier déshydraté) par arbre, ainsi que 3 ou 4 poignées d'engrais de fond à action lente. Dans un sol calcaire, ajoutez de la magnésie (de 50 à 80 g par arbre), car le poirier y est vite carencé en magnésium. Placez un tuteur avant la plantation afin de ne pas abîmer les racines de l'arbre par la suite. Donnez de 20 à 30 l d'eau lors de la plantation, puis arrosez régulièrement et copieusement durant les premiers étés. Limitez les effets de la sécheresse en posant un paillage.
- **FERTILISATION** : l'année de la plantation, apportez au printemps un engrais universel (une poignée suffit), puis en automne, dès

la deuxième année, un engrais pour fruitiers riche en phosphate et en potasse. Dans les sols pauvres, apportez à l'automne une brouette de compost bien décomposé à l'aplomb de la ramure. En sol vraiment acide, apportez chaque automne de la chaux agricole hydratée, à raison de 50 à 100 g/m². Griffez légèrement pour ne pas blesser les racines.

- **ÉCLAIRCISSAGE** : fin mai, ne conservez que 2 jeunes fruits par bouquet sur les arbres formés. Privilégiez les plus gros, situés à la périphérie du bouquet, et non ceux du centre comme chez le pommier. Sur les formes libres, l'éclaircissage est réalisé naturellement par l'arbre lui-même.

Éclaircissage des poires

PETITS PROBLÈMES

- **CÉCIDOMYIE DES POIRETTES** (ou mouche des galles) et **HOPLOCAMPE DU POIRIER** : des petites mouches pondent sur les boutons floraux et leurs larves creusent une galerie dans les jeunes fruits, qui tombent avant maturité.
- **PSYLLE DU POIRIER** : les piqûres des larves de l'insecte entravent la croissance de l'arbre et l'affaiblissent; des taches noires apparaissent sur les feuilles, qui ont tendance à tomber prématurément. Vous pouvez surveiller les jeunes pousses et déloger les larves au jet d'eau ou pulvériser du savon noir à 2 %. Une pulvérisation d'huile de paraffine en fin d'hiver tend à décourager les psylles de revenir pondre.
- **PUCERON CENDRÉ DU POIRIER** : les feuilles se déforment, s'enroulent et se crispent. Détruisez les œufs avec un traitement à l'huile bio. Dès que vous détectez des pucerons, traitez au savon noir.
- **FEU BACTÉRIEN** : cette redoutable maladie bactérienne est heureusement rare. Certaines variétés très sensibles (comme la 'Passe-Crassane') ont été interdites pour limiter la propagation de la bactérie. Toutefois, il est bon d'en connaître les symptômes afin d'agir rapidement le cas échéant. Les feuilles présentent des taches brunâtres, les boutons floraux se dessèchent et noircissent, ainsi que les rameaux, qui semblent avoir été brûlés. Une sève jaunâtre, virant au brun, s'écoule des parties atteintes. Il n'existe pas de traitement curatif, si ce n'est de couper les parties atteintes et de continuer à surveiller l'arbre pour brûler toute autre partie malade (ou tout l'arbre s'il semble attaqué dans son entier). Ne replantez pas de fruitier au même endroit. Il faut agir à titre préventif : désinfectez tous les outils à l'alcool à brûler ou à l'eau de Javel et traitez en mars-avril à la bouillie bordelaise (avec modération) ou avec une décoction de prêle ou d'argile.

'Beurré d'Anjou'

- **LA TAVELURE** : c'est une maladie cryptogamique dont les symptômes sont des fruits couverts d'un feutrage brun olivâtre, qui se déforment et se crevassent. En cas de contamination, ramassez toutes les feuilles tombées au sol et brûlez-les sans tarder. Traitez à la bouillie bordelaise (20 g/l) au débourrement. À titre préventif, pulvérisez régulièrement une macération d'ortie ou une décoction de prêle.

TAILLE Comme pour le pommier, taillez le poirier en hiver, de décembre à février, lorsque les boutons à fleurs, bien charnus et arrondis, sont aisément reconnaissables et différenciables des simples bourgeons foliaires, petits et pointus, et des dards, triangulaires et ridés à la base.

- **TAILLE DE FORMATION** : pour les formes libres, elle est très succincte, juste un équilibrage des rameaux. Pour les formes palissées, elle vise à conserver la silhouette et à obtenir un allongement progressif des branches, sur lesquelles naîtront les rameaux latéraux, porteurs de fruits.

VARIÉTÉ À POLLINISER	VARIÉTÉ POLLINISATRICE
Beurré d'Aremberg	Dr Jules Guyot, Doyenné du Comice, Williams
Beurré Hardy	Conférence, Dr Jules Guyot, Doyenné du Comice, Williams
Comtesse de Paris	Louise Bonne d'Avranches
Conférence	Beurré Hardy, Dr Jules Guyot, Doyenné du Comice, Louise Bonne d'Avranches, Williams
Conseiller à la Cour	Louise Bonne d'Avranches, Williams
Curé	Louise Bonne d'Avranches
Docteur Jules Guyot	Beurré Hardy, Conférence, Doyenné du Comice, Williams
Doyenné du Comice	Beurré Hardy, Conférence, Dr Jules Guyot, Williams
Duchesse d'Angoulême	Beurré d'Anjou, Louise Bonne d'Avranches
Épargne	Louise Bonne d'Avranches
Louise Bonne d'Avranches	Beurré Hardy, Comtesse de Paris, Conférence, Dr Jules Guyot
Marguerite Marillat	Comtesse de Paris, Williams
Williams	Beurré Hardy, Conférence, Dr Jules Guyot, Doyenné du Comice
Williams Duchesse	Conférence, Williams
Williams Rouge	tous sauf Louise Bonne d'Avranches

'Williams Rouge'

'Beurré Hardy'

'Conférence'

- **TAILLE DE FRUCTIFICATION :** on peut pratiquer une taille de fructification simplifiée sur les formes palissées (cordons, palmettes) ou semi-libres (gobelet, fuseau). Plus précoces que les pommiers, les poiriers se taillent en premier. Chez les grandes formes libres (tiges, demi-tiges), la taille est superflue, sauf pour un vieil arbre, sur lequel vous pouvez éliminer chaque année une ou deux branches âgées, si elles peuvent être remplacées par dejeunes rameaux bien placés. Réalisez la taille en vert, les pincements et les ébourgeonnements en juillet.

RÉCOLTE Lorsque les fruits se détachent facilement de l'arbre. Appuyez avec le doigt sur le pédoncule de la poire et soulevez le fruit pour le prélever en douceur. Comptez entre 20 et 30 kg par arbre adulte, de 10 à 15 kg par arbre palissé.

VARIÉTÉS

- **ÉTÉ :** 'Beurré d'Anjou' ; 'Bon Chrétien Williams' (ou simplement 'Williams'), récolte de fin août à mi-septembre, consommation immédiate ; 'Docteur Jules Guyot', récolte et consommation de juillet à septembre, très peu sensible à la tavelure ; 'Épargne', variété très ancienne (1600), mûre en juillet ; 'Williams Rouge', mûre fin août-début septembre.
- **AUTOMNE :** 'Beurré d'Aremberg' ou 'd'Hardenpont', mûre en octobre-novembre, juteuse et sucrée ; 'Beurré Hardy', récolte début septembre, consommation jusqu'à fin octobre, résiste à la tavelure ; 'Conférence', récolte de mi-septembre à début octobre, consommation jusqu'à fin octobre, très peu sensible à la tavelure ; 'Conseiller à la Cour', mûre mi-octobre ; 'Doyenné du Comice', récolte à partir de mi-août, consommation jusqu'en décembre ; 'Duchesse d'Angoulême', résistante à la tavelure, d'octobre à mi-décembre ; 'Louise Bonne d'Avranches', récolte de fin août à mi-septembre, consommation jusqu'au début de l'automne, résistante à la tavelure ; 'Marguerite Marillat', mûre mi-septembre, résistante à la tavelure, juteuse et parfumée ; 'Williams Duchesse', maturité septembre-octobre.
- **HIVER :** 'Comtesse de Paris', mûre à partir de fin novembre ; 'Curé', maturité à partir de décembre-janvier, poire à cuire pouvant être plantée en altitude.

'Louise Bonne d'Avranches'

- **POIRIER NAIN :** 'Garden Gem', autofertile, fructifie vite et est très décoratif, idéal pour la culture en terrasse. Fructifie fin septembre, fruits mûrs mi-octobre.
- **POIRIERS D'ORNEMENT** **(➲ p. 231)** **:** *Pyrus salicifolia* 'Pendula', le poirier pleureur ; *P. calleryana* 'Chanticleer'.

POLLINISATION

Les poiriers étant le plus souvent autostériles, une bonne fructification nécessite la présence proche de deux variétés à la pollinisation compatible.

CULTURE EN POT Seules les variétés naines peuvent s'en accommoder, 'Garden Gem' ou 'Garden Pearl', par exemple, dans un pot de 40 cm.

'Doyenné du Comice'

VIGNE

Vitis vinifera

J F M A M J J A **S O** N D

3/6 m | 3/4 m

Vigne cultivée en serre

La vigne réussit bien en pleine terre au sud d'une ligne Nantes-Beauvais-Laon-Strasbourg et en dehors des régions montagneuses. Dans le Nord, vous pouvez récolter du raisin en palissant la vigne contre un mur exposé plein sud. L'arbuste forme un tronc (cep) qui produit des tiges volubiles (sarments) portant de grandes feuilles palmées, découpées. En mai-juin, les fleurs en grappe irrégulière (thyrse) sont verdâtres et très nombreuses.

SOL Bien drainé, mais profond, même pauvre, caillouteux, aride ou calcaire, dans un emplacement chaud et abrité des vents forts.

CULTURE Depuis les ravages du phylloxéra à la fin du XIXe siècle, la vigne est obligatoirement greffée sur différents porte-greffes résistants et adaptés aux divers types de sol. Ils sont le résultat de croisements de diverses vignes américaines dont *Vitis riparia* et *V. berlandieri*.

- **PLANTATION** : en automne. Incorporez au sol, pour chaque cep, 3 ou 4 poignées d'engrais pour arbres fruitiers et 2 kg de fumier composté. Après la plantation, taillez au-dessus de 2 gros yeux, afin d'obtenir le départ de 2 sarments. Conservez seulement le plus vigoureux et palissez-le sur un tuteur.
- **FORME** : le cordon vertical est la plus simple, idéale pour garnir une façade ou un mur élevés. Il consiste en une seule charpentière verticale, sur laquelle s'insèrent des branches secondaires, espacées de 20 cm. Allongez chaque année le cordon d'une hauteur de 50 à 60 cm. Le cordon horizontal est idéal pour un mur peu élevé. Il en existe plusieurs types. Pour obtenir la forme simple ou unilatérale, allongez le cordon chaque année de 30 à 50 cm. Pour obtenir le cordon bilatéral, à 2 bras de même hauteur ou de hauteur différente (treille à la Thomery), sélectionnez 2 yeux opposés, puis procédez comme pour le cordon simple pour allonger chaque bras.

PETITS PROBLÈMES Contre le mildiou de la vigne (taches d'huile sur les feuilles, duvet blanc au revers) et la pourriture grise, ou botrytis (moisissure des grains par temps humide), pulvérisez de la bouillie bordelaise dès les premiers symptômes. Contre les guêpes qui attaquent les raisins mûrs, ensachez les grappes, placez des pièges à insectes remplis d'eau sucrée au miel et supprimez les nids.

TAILLE Les grappes se développent sur les rameaux de l'année, qui poussent à partir d'yeux fertiles portés sur le bois de l'année précédente. Éliminez chaque année les sarments qui ont fructifié. Taillez les coursons (pousses latérales), afin de rapprocher le plus possible la production de la charpentière. Opérez de fin février à début mars, en coupant au-dessus du deuxième œil pour le 'Chasselas Doré de Fontainebleau' et du troisième ou du quatrième œil pour la plupart des autres variétés.

- **ÉBOURGEONNEMENT** : en mai et en juin, supprimez au sécateur ou au greffoir toutes les pousses en surnombre qui mesurent plus de 15 cm de long.
- **PINCEMENT** : en juin, coupez les sarments portant des fruits à 2 ou 3 feuilles au-dessus des premières grappes. Pincez les rameaux de remplacement 15 jours après.
- **INCISION ANNULAIRE** : pour obtenir des grappes plus grosses et plus précoces, après la floraison, supprimez un anneau d'écorce de 3 à 5 mm de large, juste sous la grappe inférieure d'un rameau.
- **CISELAGE** : en juillet, éclaircissez les grains se trouvant au centre des grappes.

RÉCOLTE Lorsque les grains sont bien gorgés et sucrés, coupez la grappe avec un sécateur. Comptez entre 2 et 4 kg par cep conduit en gobelet, jusqu'à 10 kg sur un cordon vertical, le double sur une treille.

ANTI-GELÉES

Pour que votre vigne échappe aux gelées, taillez-la durant la première quinzaine de mars en région parisienne (dès la fin février dans le Sud), lorsque la végétation a déjà démarré.

Treille de vigne

'Alphonse Lavallée'

'Chasselas Doré de Fontainebleau'

VARIÉTÉS

- **RÉCOLTE HÂTIVE** (août et juillet dans le Midi) : 'Ora', le plus précoce, blanc, variété quasiment sans pépins obtenue par l'Inra. Peu vigoureux, il convient bien à la culture en gobelet.
- **RÉCOLTE EN SEPTEMBRE** (août et septembre dans le Midi) : 'Alphonse Lavallée', rouge, culture de préférence palissé ; 'Chasselas Doré de Fontainebleau', blanc, longue grappe, grain moyen, jaune d'or, chair fondante, juteuse, sucrée (début septembre) ; 'Chasselas Rose Tramontaner', rosé, grappe moyenne, grain rond, rose, chair croquante, juteuse, parfumée, à palisser sur un mur ; 'Dattier de Beyrouth', blanc, grain oblong, goût de muscat, pour climat chaud et ensoleillé (fin septembre). Sensible au mildiou et à l'oïdium, il convient en culture sur pergola ; 'Philipp', rouge, grain presque noir en forme d'olive, bonne résistance aux maladies, végétation volubile, pour pergola et treillage (mi-septembre) ; 'Sultanine', blanc, sans pépins, s'utilise beaucoup pour faire des raisins secs, sensible aux maladies, (mi-septembre).
- **RÉCOLTE FIN SEPTEMBRE À DÉBUT OCTOBRE** : 'Fanny', blanc, bonne résistance aux maladies cryptogamiques, à palisser ; 'Muscat d'Alexandrie', blanc, grande vigueur, convient à la formation de treilles, pour régions au climat doux. Sensible aux maladies et aux acariens, très résistant à la sécheresse (fin septembre) ; 'Muscat de Hambourg', rouge, grosse grappe allongée, grain moyen, ovoïde, noir, chair juteuse, sucrée, musquée, productif.
- **RÉCOLTE OCTOBRE** (fin septembre dans le Midi) : 'Italia', blanc, taille très longue obligatoire, très sensible au mildiou et à l'oïdium. Idéal pour tonnelle et pergola, a besoin d'une longue saison ensoleillée ; 'Katharina', rouge, à palisser sur un mur bien exposé (grand besoin de soleil), bonne résistance aux maladies cryptogamiques (début octobre).
- **VARIÉTÉS DE L'INRA TRÈS RÉSISTANTES AUX MALADIES** : 'Aladin', grains noirs croquants et musqués sur une grosse grappe (septembre) ; 'Amandin', grains blancs, très productif, (octobre) ; 'Perdin', récolte hâtive, à grosses grappes de grains dorés, très productif et adapté au Nord.

CULTURE EN POT À réserver aux variétés à petit développement (comme 'Perdin'), dans un pot de 30 cm.

'Fanny'

'Aladin'

Les fruitiers en forme libre

On parle de forme libre ou de fruitiers de plein vent par opposition aux arbres fruitiers formés en gobelet, en fuseau, en cordon, en pyramide… C'est la présentation la plus courante dans les jardins et les vergers.

Qu'entend-on par forme libre ?

Forme libre ne signifie pas pour autant que les arbres sont laissés dans leur forme naturelle, ni que ce sont forcément de gros et grands arbres. Ils sont taillés pour se présenter sur un tronc plus ou moins haut surmonté de la ramure … 1

Planter un fruitier de plein vent

Un arbre fruitier est en place pour des dizaines d'années, il est important d'apporter du soin à sa plantation. L'automne reste la meilleure saison … 2

Éviter les parasites et les maladies

Vus du sol, certains fruitiers de plein vent paraissent bien hauts et difficiles, sinon impossibles, à traiter. Mais on peut recourir à des mesures préventives … 3

C'est bon pour la planète : Les insectes butineurs

Leur rôle est déterminant pour le rendement au verger comme au potager. Les accueillir au jardin et les épargner est le meilleur investissement pour le jardinier désireux de faire de belles récoltes … 4

Tailler le cerisier

Comme tous les arbres fruitiers à noyaux, à l'exception du pêcher, le cerisier réclame le moins d'intervention possible, question taille. Toutefois, on est obligé de l'entretenir par une taille douce … 5

Le coin du curieux : Tout un monde de cerises

On connaît tous les termes désignant les diverses cerises : guignes, griottes, bigarreaux, merises ou simplement cerises. Par contre, on est bien moins à l'aise lorsqu'il s'agit de les différencier et de décrire … 6

L'élagage d'hiver

Dans la vie d'un arbre fruitier arrive le moment où il faut l'élaguer pour alléger sa silhouette. Un geste utile, qu'on peut faire soi-même pour les sujets moyens et qu'on déléguera à un professionnel pour les grands arbres, comme les châtaigniers ou les grands pommiers … 7

IDÉES

→ POURQUOI PAS... Une allée Ombragée par des arbres fruitiers ? 8

→ POURQUOI PAS... Un Verger dans un Champ de fleurs ? 9

et Si...

- Mes abricotiers, cerisiers et pruniers ne produisent qu'une année sur deux. J'ai raté quelque chose ? 10
- Les fruits de mon châtaignier sont vides ; pourquoi ? 11

Les Plantes idéales

Les fruitiers courants de nos jardins sont, la plupart du temps, proposés en forme libre, certains sont également vendus dans d'autres formes fruitières. Toutes les espèces retenues ici sont de grands classiques.

Toutes les variétés de :

- ★ Abricotier *(Prunus armeniaca)*
- ★ Cerisier *(Prunus cerasus)*
- ★ Châtaignier *(Castanea sativa)*
- ★ Cognassier *(Cydonia oblongua)*
- ★ Kaki *(Diospyros kaki)*
- ★ Néflier commun *(Mespilus germanica)*
- ★ Noyer *(Juglans regia)*
- ★ Prunier *(Prunus* x *domestica)*
- ★ Les principales variétés de pommier *(Malus communis)*

NOS CONSEILS

1. *Prévoyez des espaces suffisants entre les arbres.*
2. *Préférez les demi-tiges aux hautes tiges (récolte moins périlleuse, entretien plus aisé).*
3. *Évitez les situations trop ventées (le vent inhibe la floraison et nuit à la pollinisation).*
4. *Prévoyez un élagage hivernal pour structurer et alléger la silhouette.*
5. *Pensez au traitement d'hiver, la plus simple des protections antiparasitaires.*
6. *Pour l'aspect décoratif, intégrez les grands arbres fruitiers au jardin ornemental.*
7. *Taillez les arbres à noyaux avec modération.*
8. *Étayez les arbres trop lourdement chargés.*
9. *Soyez prudent lors de la récolte sur les plus hautes branches.*

Les fruitiers en forme libre

1 Qu'entend-on par forme libre ?

C'est un arbre dont on conserve une silhouette naturelle à la ramure. Il est multiplié par greffage. Selon la hauteur du tronc (qui dépend du porte-greffe choisi), on distingue :

- **la haute-tige,** de 1,80 à 2 m, à planter tous les 7 à 12 m selon les espèces ;
- **la demi-tige,** de 1,20 à 1,50 m, à planter tous les 6 à 10 m selon les cas ;
- **la basse-tige,** au tronc court, de 40 à 80 cm, pour laquelle il faut laisser un espacement de 5 à 10 m.

3 Éviter les parasites et les maladies

Parmi les systèmes les plus efficaces figurent les bandes de glu à poser autour du tronc des arbres, à 1 m de haut environ : les insectes venus du sol, fourmi, perce-oreille et autres indésirables attirés par les fruits mûrs, s'y engluent. Pour les insectes venus du ciel, des pièges à phéromones suspendus dans les arbres servent de leurre. Les hormones sexuelles attirent les insectes qui sont piégés, une fois encore par une couche de glu.

Les rubans et les effaroucheurs contre les oiseaux sont toujours efficaces : plus ça brille, plus c'est effrayant. Enfin, insistons sur le traitement d'hiver et de début de printemps à la bouillie bordelaise contre les champignons pathogènes.

Bien orientés par rapport au soleil, les pièges colorés sont plus visibles.

2 Planter un fruitiere de plein vent

L'automne reste la meilleure période. Pendant que la terre est encore chaude, l'arbre produit de nouvelles racines pour une bonne reprise au printemps. Pour les arbres à racines nues, le pralinage est vivement conseillé. Pensez au préalable à habiller les racines, c'est-à-dire à réduire leur longueur, et à faire de même pour la partie aérienne et favoriser ainsi un bon équilibre. Choisissez le bon emplacement qui permet de respecter les distances de plantation, bien exposé et, surtout, à l'abri des vents forts. Dans les régions les plus ventées, tuteurez solidement, en positionnant bien le tuteur face au vent. Ce conseil vaut, en particulier, pour les arbres greffés en tête, le point de greffe se révélant une zone de moindre résistance.

L'habillage des racines, pour supprimer celles qui sont abîmées.

Placez le tuteur avant de reboucher le trou de plantation.

4 *C'est bon pour la planète : Les insectes butineurs*

Attirer les insectes butineurs, abeilles en tête, revient pour l'essentiel à planter les espèces mellifères. Semez des vivaces et des annuelles partout où c'est possible dans le jardin (il existe des mélanges dans le commerce), préférez la phacélie lorsque vous semez un engrais vert au potager, plantez des arbustes, comme les lavandes, les lauriers-tins, les céanothes, les cotonéasters, l'oranger du Mexique, les pittosporums, l'éléagnus, et des arbres d'ornement, comme l'acacia, le sureau noir, l'aulne glutineux ou l'érable champêtre, le tilleul, les pommiers d'ornement.

5 Tailler le cerisier

Un cerisier livré à lui-même devient rapidement imposant et produit de longs rameaux verticaux. Mais cet arbre supporte mal les tailles sévères, on peut le constater à la gomme qui s'écoule au niveau des coupes. On doit intervenir sur des arbres jeunes en réduisant d'un tiers la longueur des rameaux durant les premières années, puis en coupant les extrémités des rameaux porteurs de fruits. Enfin, il faut supprimer en permanence le bois mort et les rameaux qui poussent au centre de l'arbre pour l'aération.

Idées

8 Pourquoi pas... une allée ombragée par des arbres fruitiers ?

Seulement si vous plantez le cheminement d'un seul côté, car avec une allée plantée des deux côtés, chaque arbre fruitier n'aura qu'une face ensoleillée, donc moins de fruits.

9 Pourquoi pas... un verger dans un champ de fleurs ?

Semez un mélange pour prairie fleurie entre vos arbres fruitiers, la profusion de fleurs annuelles qui se ressèment toutes seules attire les insectes butineurs et est agréable à l'œil.

6 *Le coin du curieux : Tout un monde de cerises*

Par sélections et hybridations à partir de deux cerisiers sauvages, le cerisier doux (notre merisier) et le cerisier acide, provenant d'Asie du Sud-Ouest, on a obtenu plus de 600 variétés dont nous dégustons les bons fruits. Le cerisier acide est à l'origine des amarelles, à jus clair, et des griottes, à jus foncé et acidulé ; le cerisier doux, *Prunus avium*, a donné les bigarreaux, à chair ferme, et les guignes, à chair molle, tous deux à fruits sucrés. Enfin, le croisement entre les deux espèces a produit un type intermédiaire, les *dukes,* ou cerises anglaises.

Bigarreau

Griotte

Cerise anglaise

7 L'élagage d'hiver

L'élagage sert à équilibrer la silhouette d'un fruitier ou à rajeunir un arbre vieillissant. On le pratique entre octobre et mars, lorsque l'arbre est en repos végétatif, et de préférence dès septembre pour les pruniers et les cerisiers, qui cicatrisent moins bien. Comme pour toute taille, veillez à faire des coupes en biseau, pour éviter que l'eau se dépose sur la surface des coupes. On peut alors mastiquer seulement les plus grosses branches, celles dont le diamètre est de 12 à 15 cm. Une scie égoïne suffit pour les petites branches accessibles, pour les plus grosses et les plus hautes, une petite tronçonneuse à chaîne montée sur un manche télescopique est très pratique.

et Si

10 Mes **abricotiers, cerisiers et pruniers** ne produisent quasiment **qu'une année sur deux.** J'ai raté quelque chose ?

Ces espèces fruitières (ainsi que les poiriers et les pommiers) sont accoutumées à ce phénomène d'alternance. Pour la limiter, plantez des variétés qui y sont moins sujettes et pratiquez l'éclaircissage : le trop grand nombre de fruits en est un des facteurs responsables (mais pas le seul).

11 Les **fruits** de mon **châtaignier** sont **vides** ; pourquoi ?

La pollinisation du châtaignier est dite « dichogame » (décalage de maturité entre les étamines et les stigmates). Chez cette espèce, il s'agit de « protandrie » : les organes mâles (anthères) libèrent leur pollen avant que les stigmates des pistils ne soient réceptifs. Lorsque les insectes pollinisateurs sont insuffisants, le châtaignier produit des bogues vides.

ABRICOTIER

Prunus armeniaca

J	F	M	A	M	**J**	**J**	**A**	S	O	N	D

4/6 m | 3/4 m

L'abricotier fleurit au début du printemps.

L'abricotier est très ornemental, avec son feuillage vert brillant, sa floraison mi-mars, blanc rosé, parfumée, et ses beaux fruits jaune orangé.

SOL Terre chaude et saine. L'abricotier s'accommode bien du calcaire et des terres caillouteuses, mais il supporte mal l'humidité. Il craint les gelées printanières et doit être planté à l'abri des courants d'air froid.

CULTURE Plantez d'octobre à mars. L'abricotier doit être greffé pour produire de beaux fruits. Tous les abricotiers étant autofertiles, vous pouvez planter une seule variété, mais pour prolonger le plaisir incomparable de croquer des abricots bien juteux sur l'arbre, il est préférable d'en associer plusieurs, aux époques de maturité différentes.

- **PORTE-GREFFES** : le franc convient le mieux aux sols calcaires et secs. Il donne des fruits un peu plus petits et plus tardifs. Très productif, il est idéal dans le Midi. Le prunier Myrobolan convient pour tous les sols, même calcaires, mais pas trop secs. Il est déconseillé avec 'Canino' et 'Rouge du Roussillon'. Le franc de pêcher est adapté à un sol perméable, profond, mais sans calcaire. De bonne longévité, il produit de gros fruits colorés. Il est idéal pour 'Bergeron', 'Luizet' et 'Polonais'.

PETITS PROBLÈMES

- **ALTERNANCE** : les abricotiers sont soumis à une forte alternance (fructification une année sur deux) due à un repos naturel de l'arbre après une année de production excédentaire. Pour éviter ce phénomène, il suffit d'éclaircir les jeunes fruits au printemps (quand ils mesurent de 15 à 20 mm de diamètre), en ne conservant qu'un abricot tous les 7 à 8 cm.
- **DÉPÉRISSEMENT BACTÉRIEN** : *pseudomonas syringae* pv. *syringae* les fait littéralement sécher sur pied. Il faut couper les parties atteintes et les brûler, et désinfecter tous les outils. Pour éviter la maladie, plantez les abricotiers en situation abritée et soyez attentif au choix du porte-greffe, en fonction du terroir, puis évitez les excès d'azote et les à-coups dans la fertilisation.
- **VERTICILLIOSE** : évitez de planter un abricotier sur un ancien potager ou de faire une culture intercalaire de légumes ; à titre préventif, macération d'ortie ou de prêle.

TAILLE Très modérée, en novembre ou en fin d'été, car il ne supporte pas bien les blessures. Équilibrez les arbres pour qu'ils conservent une silhouette harmonieuse. Supprimez les parties mortes ou malades. Mastiquez les plaies pour éviter la formation de gomme.

RÉCOLTE Cueillez à la main les abricots lorsque les fruits se tachent de rouge et exhalent un fort parfum. Comptez environ 60 kg par arbre adulte.

VARIÉTÉS Toutes les variétés proposées sont présentées par ordre de maturité à l'intérieur de chaque catégorie et sont autofertiles.

> **AUTOFERTILES**
>
> Les abricotiers étant par nature autofertiles, il est inutile d'en planter deux sujets à proximité l'un de l'autre, comme pour la plupart des autres arbres fruitiers.

- **RÉSISTENT AU FROID** : 'Précoce de Montplaisir', variété ancienne, floraison tardive, très hâtive (récolte fin juin), petit fruit très goûteux ; 'Garden Aprigold', variété naine, floraison tardive, maturité juillet ; 'Bergeron', vigoureux, chair acidulée, sensible à la moniliose et aux maladies bactériennes, maturité fin juillet-début août ; 'Luizet' (ou 'Suchet'), à éviter dans le Midi, gros fruit de bonne qualité, peu productif, maturité juillet ; 'Hargrand', savoureux, excellente vigueur, assez tolérant aux maladies, maturité deuxième quinzaine de juillet ; 'Pêche de Nancy', variété ancienne, floraison précoce, fruit ovale à la chair très parfumée, récolte de mi-juillet à début août ; 'Tardif de Tain', vigoureux, productif, excellent, idéal pour les régions du nord de la Loire, maturité première quinzaine d'août.
- **POUR LE MIDI** : 'Canino', un peu frileux, très savoureux, grosse production, maturité fin juin à début juillet ; 'Polonais', gros calibre, productif, vigueur moyenne, assez tolérant aux maladies, maturité fin juillet, idéal pour les bocaux ; 'Rouge du Roussillon', fruit de calibre moyen, chair fondante, sensible à la moniliose, maturité deuxième quinzaine de

'Luizet'

'Rouge du Roussillon'

'Pêche de Nancy'

juillet ; 'Royal' (ou 'Royal Muscat'), très gros fruit à chair jaune, assez molle, mais très sucrée, craint le froid, maturité début août, peut être palissé.

- **HYBRIDE D'ABRICOTIER ET DE PRUNIER :** 'Cot'n Candy', grande vigueur, idéal pour les régions septentrionales, chair blanche extrêmement sucrée. N'est pas autofertile, mais doit être pollinisé par 'Luizet' ou 'Bergeron', maturité courant juillet.

CULTURE EN POT Réservée aux variétés naines (comme 'Garden Aprigold', qui ne dépasse pas 1 m de haut). Prévoyez un contenant de 50 cm de large et 40 cm de profondeur.

Jeune abricotier formé en quenouille

CHÂTAIGNIER

Castanea sativa

J	F	M	A	M	J	J	A	**S**	**O**	**N**	D

Hauteur	Largeur	Exposition
15/20 m	5/7 m	soleil

Bogues de châtaignier

Cet arbre imposant produit des fruits entourés d'une bogue épineuse. Rustique, à la ramure ample et arrondie, le châtaignier est doté d'une grande longévité. Il porte des feuilles ovales, dentées, vert brillant, de 20 à 30 cm de long, qui deviennent roux doré en automne. En juin-juillet, ses chatons blonds contrastent avec le vert lustré du feuillage. Les fruits apparaissent en automne et mûrissent lentement. Le châtaignier a besoin d'un été chaud et très ensoleillé pour produire une belle récolte. Installez cet arbre dans un endroit bien abrité du jardin.

Châtaignier commun

CHÂTAIGNE ET MARRON

On donne le nom de "marron" au fruit non cloisonné comprenant une seule graine. Une bonne variété produit 90 % de marrons.

SOL Riche, léger, profond, sain, acide.

CULTURE Plantez en automne. Tuteurez les jeunes sujets et fertilisez au printemps. Détruisez les arbres attaqués par la maladie de l'encre et ne replantez pas de châtaignier à cet endroit. La taille consiste simplement en un équilibrage hivernal pour la formation de la ramure. Le recépage des vieux sujets est possible. Les problèmes éventuels sont le balanin et le carpocapse.

RÉCOLTE Ramassez les fruits qui tombent naturellement sur le sol. Pour conserver les châtaignes plusieurs mois, laissez-les tremper une journée dans une bassine d'eau froide. Égouttez les fruits à l'abri du soleil et disposez-les dans du sable sec.

VARIÉTÉS 'Belle Épine', gros fruit allongé, chair parfumée, tendre et savoureuse, très productive, résistante aux maladies, végétation tardive, récolte mi-octobre ; 'Bouche de Bétizac', création Inra, gros fruit, récolte fin septembre-début octobre, résiste au chancre ; 'Maraval', gros fruit triangulaire, vigoureux, mise à fruits rapide (fin septembre-début octobre).

CULTURE EN POT À éviter, sauf sous forme de bonsaï.

'Marron de Lyon'

CERISIER

Prunus cerasus

J F M A **M J J** A S O N D

6/12 m	3/6 m	☀

Cet arbre du genre *Prunus* comme les abricotiers, les pêchers… pousse dans toutes les régions. Grâce à sa floraison tardive, très rarement détruite par le gel, il fructifie abondamment chaque année. Les cerisiers actuels sont issus de sélections de *Prunus cerasus* et de *P. avium*, parfois d'hybrides de ces deux espèces. Ces arbres ne viennent vraiment bien qu'en formes libres : tige, demi-tige, gobelet ou fuseau.

SOL Léger, profond, même caillouteux ou calcaire, mais pas trop humide. Au soleil non brûlant, à l'abri du vent violent pendant la floraison.

CULTURE Plantez d'octobre à mars. Pour les arbres tiges, installez un tuteur avant la mise en place, afin de ne pas abîmer les racines. Au fond du trou de plantation, déposez un seau de fumier composté, plus 3 ou 4 poignées d'engrais pour arbres fruitiers. Ajoutez de 50 à 80 g de sulfate de magnésium, notamment en sol calcaire, où se produit souvent une carence. Vous pouvez aussi utiliser un engrais pour rosiers, riche en magnésie. Les cerisiers doivent être greffés pour bien fructifier.

- **PORTE-GREFFE** : le franc de merisier *(Prunus avium)* convient aux grands arbres sur tige, en sol frais, mais bien drainé. La mise à fruits est assez lente (de 7 à 8 ans), mais les récoltes sont très importantes. Le cerisier Sainte-Lucie *(P. mahaleb)* est adapté aux petites formes, en sol sec et calcaire. La mise à fruits est rapide (de 4 à 5 ans), mais les récoltes sont moyennes.
- **FERTILISATION** : au printemps, apportez un engrais azoté nitrique par griffage, avant la floraison, puis après la formation des fruits, un engrais complet pour arbres fruitiers. Dès la quatrième année, faites un second apport en automne, au cours du bêchage, que vous pouvez remplacer un an sur deux par un seau de fertilisant organique à base de fumiers et d'algues. Dans les sols non calcaires, pratiquez le chaulage tous les 3 ou 4 ans en automne, à la dose de 4 ou 5 poignées par arbre, à enfouir par un léger griffage.

PETITS PROBLÈMES Le cerisier est très sensible au chancre bactérien, maladie qui empêche les bourgeons de bien se développer. Les feuilles jaunissent, s'enroulent, puis se dessèchent sur l'arbre. Cette maladie entraîne un dépérissement généralisé assez rapide qui peut conduire à la mort du cerisier. Seule la bouillie bordelaise a une (petite) action bactéricide. Les pucerons noirs du cerisier envahissent parfois les jeunes pousses au début du printemps et provoquent une crispation des feuilles et un arrêt rapide de la végétation. Traitez au savon noir. La larve de la mouche des cerises se développe à l'intérieur des fruits dans le courant du printemps. Elle est plus virulente sur les variétés tardives.

TAILLE Le cerisier supporte mal la taille. Il réagit en produisant de la gomme qui s'écoule des plaies et l'affaiblit.

- **TAILLE DE FORMATION** : un an après la plantation, taillez en hiver pour former une charpente aérée, bien équilibrée et ouverte au centre, avec 4 ou 5 branches maîtresses. Réduisez la longueur des charpentières d'un tiers chaque année, fin août, jusqu'à ce que l'arbre soit bien ramifié.
- **TAILLE DE FRUCTIFICATION** : inutile. Si le cerisier ne fleurit pas, pincez les pousses en été pour provoquer des ramifications.

RÉCOLTE Lorsque les fruits sont très colorés, cueillez-les avec les pédoncules. Un arbre adulte peut fournir de 50 à 200 kg de fruits selon son importance.

VARIÉTÉS On distingue trois types de cerisiers : les griottes, petits fruits rouges peu charnus, les guignes, un peu plus grosses, généralement très parfumées, et les bigarreaux, encore plus gros, à chair ferme et savoureuse.

- **BIGARREAUX DE PRINTEMPS** : 'Burlat', gros fruit rouge foncé, chair sucrée, variété vigoureuse, très productive, récolte fin mai-début juin. Pollinisateurs : 'Bigalise', 'Van', existe en palmette ; 'Moreau', vigoureux et précoce, très gros fruit rouge foncé brillant, chair ferme et sucrée, maturité fin mai-début juin. Pollinisateurs : 'Napoléon', 'Marmotte'. Existe en palmette ; 'Early Van Compact', port trapu, ne dépasse guère 4 m de haut à 10 ans. Récolte première quinzaine de

Griottes

Bigarreau 'Géant d'Hedelfingen'

Bigarreau 'Napoléon'

Bigarreau 'Cœur de Pigeon'

juin. Pollinisateurs : 'Burlat', 'Napoléon' ; 'Canada Giant', rustique et vigoureux, très gros fruit à chair ferme et sucrée, récolte juin. Pollinisateur : 'Géant d'Hedelfingen' ; 'Summit', très gros fruit à chair demi-ferme, sucrée, récolte en juin. Taille de formation nécessaire, existe en palmette. Pollinisateurs : 'Géant d'Hedelfingen', 'Sunburst' ; 'Van', très gros fruit rouge foncé brillant, chair ferme, sucrée, récolte seconde quinzaine de juin. Sensible à la moniliose et au chancre bactérien. Pollinisateurs : 'Burlat', 'Napoléon', 'Sweetheart'.

- **BIGARREAUX D'ÉTÉ :** 'Cœur de Pigeon' (syn. 'Gros Coeuret'), gros fruit pointu, rouge clair, chair ferme, croquante et sucrée. Récolte fin juin. Autofertile, mais meilleure fructification s'il est proche de 'Napoléon' ou 'Burlat' ; 'Lapins', autofertile, récolte fin juin-début juillet. Taille de formation nécessaire. Pollinise toutes les autres variétés ; 'Reverchon', peu productif, mais très gros fruit rouge foncé noirâtre, à chair ferme et sucrée. Existe en palmette. Récolte fin juin-début juillet. Pollinisateur : 'Géant d'Hedelfingen' ; 'Noir de Meched', pourpre foncé, croquant, savoureux, récolte fin juin-début juillet. Pollinisateurs : 'Géant d'Hedelfingen', 'Summit' ; 'Napoléon', variété ancienne, port souple, gros fruit jaune rosé, coloré de rouge, chair ferme, sucrée et croquante, récolte en juillet. Pollinisateurs : 'Burlat', 'Géant d'Hedelfingen', 'Van'. Existe en palmette ; 'Marmotte', floraison précoce, gros fruits rouge sombre à chair ferme et sucrée. Récolte en juillet. Pollinisateurs : 'Burlat', 'Reverchon' ; 'Géant d'Hedelfingen', variété ancienne de forte vigueur, gros fruit conique rouge violacé, chair croquante, sucrée et juteuse. Maturité mi-juillet. Pollinisateurs : 'Napoléon', 'Reverchon', 'Summit' ; 'Starkgold', autofertile, gros fruits, jaune d'or, très fermes, qui n'intéressent pas les oiseaux. Maturité seconde quinzaine de juillet.
- **GRIOTTES :** 'Anglaise Hâtive', fruit moyen, rouge vif, chair juteuse, sucrée et acidulée. Autofertile, maturité première quinzaine de juin ; 'Belle Magnifique' (syn. 'Belle de Châtenay'), variété ancienne, autofertile, fruit rouge vif, chair acidulée. Récolte mi-juillet. Bon pollinisateur des bigarreaux ; 'Cerise de Montmorency', fruit rond, rouge clair, chair juteuse et acidulée, récolte fin juin-mi-juillet. Sensible à la moniliose.
- **GUIGNES :** 'Early Rivers', variété ancienne, gros fruits, rouge vif, chair juteuse et sucrée. Maturité fin mai-début juin. Pollinisateurs : 'Burlat', 'Géant d'Hedelfingen'.
- **VARIÉTÉS NAINES :** 'Scharö', variété naturellement naine, de type griotte, maturité juillet, autofertile, peut se cultiver en pot.

CULTURE EN POT Les variétés à petit développement greffées sur le cerisier Sainte-Lucie *(Prunus mahaleb)* se prêtent bien à la culture en pot de 40 cm. La fructification est plus précoce qu'en pleine terre si le pot est placé à l'abri des vents froids. Rempotez ou surfacez chaque année, en hiver, avec un terreau enrichi de 20 % de fertilisant organique à base de fumiers et d'algues. L'arbre est casanier, maintenez-le dans le même emplacement. Un déplacement de quelques mètres peut inhiber la floraison et annuler la récolte. Ne le placez pas sous abri, car le cerisier nécessite une période froide de dormance hivernale pour induire sa floraison.

COMMENT CHOISIR ?

Pour obtenir de bonnes récoltes dans un grand jardin, regroupez plusieurs variétés qui se pollinisent mutuellement. Un pollinisateur suffit à féconder de 8 à 10 arbres de la même variété s'ils se trouvent à moins de 25 m à la ronde. Dans un petit jardin, plantez une seule variété autofertile, comme 'Griotte de Montmorency' ou 'Bigarreau Summit'.

Sous un climat froid, préférez les cerisiers conduits sur tige (greffés en tête sur un merisier, par exemple) aux fuseaux ou aux demi-tiges, plus fragiles.

COGNASSIER

Cydonia oblongua

J F M A M J J A **S O** N D

4/5 m | 2/3 m

Ce petit arbre rustique est le fruitier ayant subi le moins de modifications dans sa forme et sa saveur par rapport à l'espèce botanique *(Cydonia oblongua)*. Il porte de jolies fleurs et des fruits jaunes très parfumés. Son feuillage est vert foncé brillant, duveteux, puis jaune vif ombré de rouge l'automne. Les fleurs, blanc rosé, en mai, sont suivies, en septembre-octobre, par de gros fruits côtelés, parfumés, jaune d'or.

SOL Frais, riche, profond, bien drainé, de préférence peu calcaire.

CULTURE Plantez de novembre à mars, à l'abri du vent. Arrosez bien par temps sec. Paillez avec du fumier décomposé au printemps. La taille est superflue si l'arbre est bien formé. Équilibrez-le en hiver, éliminez les tiges âgées, aérez le centre.

RÉCOLTE De 50 à 80 kg par arbre de 10 à 15 ans. Cueillez les coings le plus tard possible, juste avant les gelées, car les fruits ne mûrissent et ne grossissent que sur l'arbre.

VARIÉTÉS 'Champion', arbre de taille moyenne, fruit moyen, chair tendre et juteuse, parfait pour les confitures ; 'Monstrueux de Vranja ou 'Géant de Vranja', culture facile, gros fruit, jaune vif, chair jaune blanchâtre, parfumée, maturité octobre-novembre.

CULTURE EN POT À déconseiller.

FRUIT À CUIRE

Le coing n'est jamais consommé cru. Ses tanins lui donnent trop d'astringence et sa chair dure et très granuleuse le rend immangeable avant cuisson.

KAKI, PLAQUEMINIER

Diospyros kaki

J F M A M J J A S O **N D**

8/12 m | 3/5 m

'Sharon'

Cet arbre imposant et ornemental se pare en automne de fruits ressemblant à des tomates. Appelé aussi « plaqueminier du Japon » cet arbre au port étalé, à l'écorce gris pâle, se desquamant avec l'âge, de croissance relativement lente, résiste bien au froid. Il se singularise par le coloris automnal orange pourpré de ses grandes feuilles vert foncé luisant. Les fruits, globuleux, orange vif, de 5 à 8 cm de diamètre, restent très tard sur l'arbre, après la chute des feuilles. Leur saveur est un peu âcre en raison de la présence de tanins.

CLIMAT

Bien que parfaitement rustique, le kaki a besoin d'un été long et chaud pour bien fructifier. Réservez-le aux régions du Midi ou utilisez-le comme arbre d'ornement, à planter isolément.

SOL Profond, riche en matière organique et bien drainé.

CULTURE Plantez en automne dans un endroit chaud et abrité des vents dominants. Tuteurez le jeune arbre. Arrosez par temps sec. Dès septembre, étayez les branches lourdement chargées de fruits. En hiver, taillez uniquement pour aérer le centre et laisser pénétrer l'air et le soleil.

RÉCOLTE Pas avant la mi-novembre. Les fruits ne sont consommables que devenus presque blets, après le passage d'une petite gelée annulant le côté astringent dû aux tanins présents dans le jeune fruit et un séjour au fruitier. Ils se conservent un peu plus d'un mois.

VARIÉTÉ 'Fuyu', non astringent. 'Sharon', non astringent, ne nécessite pas de blêtissement.

CULTURE EN POT À éviter.

NÉFLIER COMMUN

Mespilus germanica

J F M A M J J A S **O N** D

Hauteur : 3/6 m | Étalement : 3/5 m

Ce petit arbre très rustique est l'une des espèces fruitières les moins exigeantes. Originaire du sud-est de l'Europe et du nord de la Perse, le néflier a été introduit dans notre pays sous le règne de Charlemagne. Il est parfois appelé « néflier d'Allemagne ». Il épanouit en mai de jolies coupes blanches ou roses.

SOL Toutes les terres arables conviennent.

CULTURE Plantez d'octobre à mars, tuteurez les 3 premières années et fertilisez au printemps. Un paillis organique maintiendra le sol frais en été. La taille est inutile, les fleurs naissant à l'extrémité des rameaux de l'année précédente. Rajeunissez les arbres adultes tous les 6 ou 7 ans, en dégageant leur centre.

RÉCOLTE Après une gelée qui ramollit le fruit (il devient blet), en le rendant moins astringent. La nèfle est meilleure un mois après la récolte, après stockage dans un local frais et sec.

VARIÉTÉ 'À Gros Fruits', très productif, est le plus cultivé pour l'usage fruitier.

CULTURE EN POT À déconseiller.

À L'ABRI

Plantez le néflier au pied de grands arbres qui l'abriteront sans compromettre sa production.

NOYER

Juglans regia

J F M A M J J A **S O** N D

Hauteur : 15/25 m | Étalement : 6/8 m

Cet arbre au port ample atteint un grand développement, malgré une croissance lente. Il est très rustique, mais sa floraison précoce, en avril-mai, est souvent compromise par des gelées tardives. Les feuilles, alternes, composées de nombreuses folioles, se colorent en automne. Les fruits sont enveloppés d'une coque très dure.

SOL Profond, frais, humifère, bien drainé, même calcaire. Le noyer ne tolère pas les sols très argileux, froids et humides.

CULTURE Plantez en automne, en incorporant au sol un bon engrais de fond. Les 5 premières années, apportez en avril un engrais complet organique, riche en azote. Dans un sol acide (pH inférieur à 6,5), chaulez en avril tous les 3 ou 4 ans, à raison de 200 à 400 g de chaux éteinte par mètre carré de frondaison. Arrosez copieusement par temps chaud et sec. Traitez préventivement contre les pucerons et l'anthracnose, maladie qui se manifeste par des grandes taches brunâtres, cernées de gris, sur les feuilles et les fruits. Pour un bon résultat, faites trois pulvérisations totales en mars et avril, à 15 jours d'intervalle. Multipliez le noyer par greffage en fente en avril ; le porte-greffe est un noyer franc semé un an plus tôt. Le noyer ne supporte pas la taille. Si nécessaire, équilibrez la forme et nettoyez l'arbre en août ou en septembre.

RÉCOLTE Dès septembre pour la consommation immédiate, en octobre si vous désirez les conserver. Un noyer de 10 ans donne jusqu'à 20 kg de noix fraîches, soit 15 kg de noix sèches.

VARIÉTÉ 'Franquette', gros fruit à coquille fine. L'arbre résiste bien aux printemps froids. Récolte entre le 10 et le 20 octobre.

CULTURE EN POT À déconseiller.

BESOIN D'ESPACE

Prévoyez beaucoup d'espace dans votre jardin pour accueillir un noyer. Il lui faut au moins de 15 à 20 m de diamètre de terrain bien dégagé et un emplacement abrité des vents froids et desséchants du nord et de l'est. Ne le plantez pas trop près de la maison, car il dispense beaucoup d'ombre.

Les fruitiers en forme libre

POMMIER

Malus communis

J F M A M J **J A S O** N D

6/10 m | 3/5 m | ☀

Ce petit arbre arrondi est le fruitier le plus cultivé dans toute l'Europe du Nord. L'espèce est probablement originaire d'Asie centrale. Elle aurait été introduite dès la préhistoire en Europe, où elle s'est naturalisée. Très cultivé dans l'Ouest, le pommier s'adapte aux climats plus froids et plus chauds, puisqu'il réussit sous toutes les latitudes, de Madrid à Oslo. C'est un petit arbre à la ramure régulière, sphérique, très décoratif fin avril-début mai par sa floraison blanc rosé et, à la fin de l'été et en automne, lorsque les fruits commencent à se colorer. On le cultive en forme libre comme palissé.

SOL Riche et frais, consistant, bien drainé, même calcaire, mais jamais détrempé.

CULTURE Pour réussir, il y a certains conseils à retenir.

- **PORTE-GREFFE** : les variétés de pommiers sont toujours proposées greffées. Le porte-greffe le plus courant pour les formes libres (tige, demi-tige, fuseau) est M 106. Idéal en sol humide, il craint la sécheresse. Moyennement vigoureux, il convient aux formes petites et moyennes. M 111 s'emploie pour les fuseaux et les arbres de plein-vent, sur sol sec. Assez vigoureux, il est insensible au puceron lanigère. Le franc est issu du semis des pépins. Très vigoureux, il est parfait pour les sols pauvres, mais sa mise à fruits est lente. On l'utilise pour les formes libres. Pour les cordons, palmettes, espaliers, le M 9 convient en sol humide, le M 26 pour les terres bien drainées ; ce sont des porte-greffes peu vigoureux.

Palmette horizontale

- **PLANTATION** : procédez entre fin novembre et début mars, en dehors des périodes de gel ou de fortes pluies. Apportez une bonne fumure de fond, soit par arbre 20 kg de fumier ou de compost bien décomposé (ou 5 kg de fumier séché), et 3 ou 4 poignées d'engrais de fond à action lente et progressive. Posez un tuteur avant la mise en place, afin de ne pas abîmer les racines de l'arbre.

Jeune pommier

Palmette en V

'Reine des Reinettes'

'Belle de Boskoop'

'Jonagold'

Arrosez abondamment (20 l au minimum).

- **POLLINISATION** : la plupart des pommiers étant autostériles, c'est-à-dire incapables de féconder leurs fleurs avec leur propre pollen, plantez plusieurs variétés différentes pour obtenir une pollinisation croisée. 'Golden Delicious', 'Idared' et 'Reine des Reinettes' comptent parmi les meilleurs pollinisateurs. Vous pouvez également planter des pommiers à fleurs, comme 'Evereste', qui sont aussi d'excellents pollinisateurs polyvalents.
- **APPORTS D'ENGRAIS** : pour une bonne croissance, apportez chaque printemps, dès la deuxième année, un engrais organique riche en azote (de 50 à 70 g pour un arbre palissé, de 100 à 200 g pour un arbre en tige). Enfouissez un engrais « fruits » à l'automne pour assurer une bonne fructification l'année suivante (respectez les doses indiquées sur l'emballage du produit). Dans un sol acide, apportez chaque automne de la chaux agricole hydratée (de 500 g à 1 kg pour 10 m^2).
- **ÉCLAIRCISSAGE** : limitez l'alternance qui se produit chez certaines variétés en ne conservant, fin mai, que 2 fruits par bouquet (coursonne). Pour pratiquer l'éclaircissage, attendez que l'arbre se soit débarrassé naturellement des fruits mal formés.

PETITS PROBLÈMES En janvier, débarrassez l'écorce des lichens et des mousses avec une brosse métallique. Fin février, pulvérisez de la bouillie bordelaise, à titre préventif, contre les principales maladies. En mars, au gonflement des bourgeons, appliquez un traitement total, suivi en avril par deux autres pulvérisations au moment de l'éclatement des bourgeons (débourrement) et lors de la chute des pétales floraux. En mai, renouvelez le traitement total lors de la formation des fruits. Ces traitements préventifs protègent très efficacement le pommier contre la plupart des ravageurs et des maladies. Pour piéger le carpocapse, ensachez les fruits ou posez des bandes de glu autour des troncs. Évitez tout traitement 15 jours avant la récolte. En octobre, pour protéger du chancre, traitez à l'oxychlorure de cuivre dès que les premières feuilles sont tombées, puis 2 ou 3 semaines après. Afin d'éviter la propagation de la moniliose – maladie assez fréquente chez le pommier, qui se traduit par la formation d'une grande tache ronde, brun clair, et d'anneaux concentriques de coussinets beiges –, ramassez les pommes tombées à terre et celles qui restent momifiées sur l'arbre. Brûlez-les ou enterrez-les immédiatement (50 cm de profondeur).

TAILLE Opérez en fin d'hiver, lorsque les différents bourgeons sont bien reconnaissables et avant qu'ils éclatent.

- **TAILLE DE FORMATION** : elle permet d'obtenir une silhouette équilibrée et de respecter les formes palissées. Pour les tiges ou demi-tiges, supprimez tout rameau naissant à même le tronc, sous les charpentières. Égalisez la longueur des branches principales. Éliminez les rameaux mal placés ou se dirigeant vers le centre de la frondaison. Pour les fuseaux et gobelets, taillez aux deux tiers de leur longueur les pousses verticales situées en haut de la ramure, coupez de moitié les pousses obliques et ramenez au tiers les pousses horizontales. L'obtention de formes palissées s'effectue à partir d'un scion (une jeune greffe d'un an), qui est soumis à des interventions répétées durant 2 ou 3 ans. Le plus simple est de vous procurer dans une jardinerie des palmettes ou des cordons déjà formés et de veiller à leur conserver une belle silhouette année après année grâce à la taille de fructification.
- **TAILLE DE FRUCTIFICATION** : sur le pommier (et le poirier), on pratique entre mi-décembre et mi-février la taille dite « trigemme », c'est-à-dire à 3 yeux (bourgeons). Le principe consiste à réduire au maximum la longueur des pousses secondaires, de manière qu'elles forment leurs fruits au plus près des charpentières. Pour opérer efficacement et sans difficulté, coupez toutes les pousses latérales en ne laissant que 3 yeux. Lorsqu'il y a un bouton à fruit (plus gros, plus rond), taillez juste après afin que le maximum de sève se concentre dessus, ce qui vous garantira une production de qualité. Allongez les branches charpentières de la longueur d'un sécateur (25 cm environ), en …

… coupant une année sur un œil dirigé vers la droite et la suivante sur un œil orienté vers la gauche, ce qui permettra d'obtenir au final une branche bien droite.

RÉCOLTE Un pommier adulte produit en moyenne de 15 à 50 kg de fruits. Pour les variétés d'été et d'automne, cueillez les pommes en faisant tourner le fruit sur lui-même, dès qu'elles commencent à tomber au pied de l'arbre. Pour les variétés d'hiver, laissez-les mûrir le plus longtemps possible sur l'arbre, mais rentrez-les obligatoirement à l'abri, juste avant les gelées.

VARIÉTÉS

- **POMMES DE MI-SAISON** (se récoltent en septembre et se conservent jusqu'en décembre, voire février) : 'Belle de Boskoop', pour climat froid et humide, gros fruit un peu acide ; 'Cox Orange', gros fruit jaune strié de rouge orangé, chair sucrée ; 'Elstar', fruit moyen, jaune strié de rouge, chair parfumée, sucrée, acidulée ; 'Grand Alexandre', énorme fruit, jaune verdâtre strié de rouge, chair fondante, juteuse et acidulée ; 'Jonagold', gros fruit, jaune strié de rouge orangé, chair juteuse, sucrée, acidulée et parfumée ; 'Melrose', fruit gros à moyen, jaune strié de rouge, chair parfumée, juteuse et sucrée, à consommer à maturité ; 'Reine des Reinettes', fruit moyen, jaune strié de rouge, chair sucrée, parfumée, bonne conservation, autofertile ; 'Royal Gala', fruits charnus, croquants.
- **POMMES TARDIVES** (se récoltent en octobre et se conservent plusieurs mois) : 'Ariane', très rustique, résiste à la tavelure ; 'Belle Joséphine', rouge, juteuse, acidulée et croquante ; 'Calville Blanche d'Hiver', gros fruit conique, jaune, chair fine, tendre, acidulée, finement parfumée, très sensible aux maladies ; 'Golden Delicious', gros fruit, jaune d'or, chair parfumée et sucrée ; 'Granny Smith', gros fruit, vert clair brillant, chair croquante, très acidulée et parfumée ; 'Reinette du Mans', fruit moyen, jaune clair, chair ferme, sucrée, parfumée, autofertile ; 'Reinette Blanche du Canada', gros fruit, jaune verdâtre, chair ferme, parfumée, bonne conservation ; 'Reinette Grise du Canada', gros fruit aplati, rugueux? brun, chair ferme et parfumée, bonne conservation ; 'Starking', gros fruit allongé, rouge violacé, chair fine, juteuse, sucrée, très parfumée.
- **PETIT JARDIN OU BAC** : 'Maypole', 'Villandry', pommiers colonnaires ; 'Garden Sun', pommier nain.
- **POMMIERS D'ORNEMENT À FRUITS COMESTIBLES** (➲ p. 230) : 'Evereste', *Malus* x *hupehensis*, 'John Downie', 'Red Sentinel'.

CULTURE EN POT Possible pour les pommiers greffés sur des porte-greffes à petit développement. Privilégiez les pommiers colonnaires ou nains.

'Reine des Reinettes'

'Reinette Grise du Canada'

PRUNIER

Prunus x domestica

J F M A M **J J A S** O N D

6/8 m | 3/4 m

Le prunier cultivé résulte de l'hybridation de plusieurs espèces européennes et asiatiques de *Prunus*. Les anciens Égyptiens le cultivaient déjà. Il réussit mieux en climat continental, car il aime les saisons bien tranchées, mais il pousse partout. Il est planté surtout en formes libres. Le prunier porte des feuilles alternes, ovales, pointues, de 8 à 10 cm de long. Les fleurs, blanches, en coupe à 5 pétales, sont très précoces (dès fin mars). Outre le vrai prunier, le genre compte aussi la mirabelle, la quetsche et la reine-claude.

SOL Léger, profond, drainant, riche, un peu acide, sans humidité stagnante.

CULTURE Toutes les variétés de pruniers doivent être greffées.

- **PORTE-GREFFE** : le plus couramment utilisé est le Myrobolan, dont il existe diverses sélections. Il s'adapte bien à tous les sols, même relativement humides, mais se montre incompatible avec les prunes japonaises. Le prunier de Damas (sélection P 1869) convient aux sols lourds et calcaires. Le prunier franc est parfois utilisé pour les mirabelles et les reines-claudes.
- **PLANTATION** : de novembre à mars. Placez un tuteur avant la mise en place de l'arbre, afin de ne pas abîmer les racines. Au fond du trou de plantation, déposez un bon seau de fumier déshydraté et 2 ou 3 poignées d'engrais pour arbres fruitiers ou de corne torréfiée.

- **ENTRETIEN** : arrosez beaucoup après la plantation (de 30 à 50 l), puis régulièrement au cours des premiers étés. Paillez chaque année avec du fumier ou du compost bien décomposé. Les pruniers ont un enracinement superficiel, il faut donc éviter de bêcher profondément au pied, mais on peut couvrir le sol tout autour avec des plantes tapissantes. Retirez les drageons dès qu'ils se forment. Soutenez par des étais les branches trop chargées de fruits. Supprimez les fruits abîmés dès leur apparition, pour éviter que des maladies ne se propagent à l'ensemble de la récolte.
- **FERTILISATION** : le prunier est très exigeant en potassium. Un apport de fumier en automne et d'engrais pour arbres fruitiers au printemps est très bénéfique.

TAILLE Il faut éviter de couper sévèrement les pruniers qui craignent ces interventions. Une fois formés, ils en demandent moins que les autres fruitiers. Les formes les plus fréquentes sont les pleins-vents et les gobelets. Les pruniers réussissent mal en palmette.

- **TAILLE DE FORMATION** : formez une charpente équilibrée, avec le centre bien aéré, en intervenant l'hiver sur les jeunes arbres.
- **TAILLE DE FRUCTIFICATION** : sur les arbres de plein-vent, la taille est inutile. Supprimez seulement le bois mort et, tous les 6 ou 7 ans, aérez le centre. Sur les fuseaux, effectuez une taille légère sur toute la périphérie de l'arbre chaque année, en février ou en mars, pour réduire le volume.

FRUCTIFICATION

Même si nombre de pruniers sont autofertiles, il est préférable de planter côte à côte plusieurs variétés se pollinisant mutuellement. Si, malgré la présence d'une variété pollinisatrice à proximité, votre prunier fructifie peu, tout en se montrant très vigoureux, incorporez à l'automne un engrais phosphaté (de 200 à 400 g par arbre) et du sulfate de potasse (de 500 g à 1 kg par arbre). En revanche, pas de matière organique.

RÉCOLTE Lorsque les fruits sont bien colorés et se détachent aisément de l'arbre. Comptez de 20 à 120 kg par arbre adulte.

VARIÉTÉS Il existe plus de 600 variétés de pruniers, mais une vingtaine seulement est couramment cultivée. Les mirabelliers sont des arbres qui ne dépassent guère 6 m, à port étalé. Ils produisent des fruits jaunes, fermes et sucrés, à petit noyau. Les pruniers reines-claudes forment des arbres plus grands, à port élancé. Ils portent des fruits verts, dorés ou rougeâtres, pruineux, à chair ferme très parfumée, mûrs à la mi-saison. Les quetschiers sont de grands pruniers (plus de 7 m) qui produisent des fruits violets, allongés, à chair ferme et noyau plat, moins sucrés que les mirabelles ou les reines-claudes, mais parfaits pour les pâtisseries. Les pruniers japonais sont des sélections bien adaptées au climat méditerranéen. Les pruniers d'Ente sont destinés à la production de pruneaux.

- **VARIÉTÉS AUTOFERTILES** : 'Jojo', variété naine, résistante à la sharka ; 'Mirabelle de Nancy', petits fruits jaune d'or ambré coloré de rose ; 'Reine-Claude de Bavay' ; 'Reine-Claude d'Oullins', assez précoce, gros fruits sphériques vert-jaune. Variété vigoureuse idéale en plein-vent ; 'Stanley', type quetsche, bon pollinisateur ; 'Thames Cross', vigueur moyenne, gros fruit ovale, jaune doré, tardif.
- **VARIÉTÉS AUTOSTÉRILES** : 'Quetsche d'Alsace', fruits moyens, ronds, violets ; 'Reine-Claude Dorée', ('Reine-Claude Verte'), petits fruits vert doré en août, délicieux.

CULTURE EN POT Possible avec un prunier nain, comme 'Jojo'.

'Golden Japan'

Questsche d'Alsace

Reine-Claude verte

'Mirabelle de Nancy'

Un Verger au naturel

Les cultures fruitières sont pérennes, elles sont en place pour des années au jardin. Aussi, il est important de veiller en permanence au bon état sanitaire des arbres et des arbustes fruitiers, et d'anticiper les problèmes. Tout cela avec un comportement irréprochable pour l'environnement.

Variétés anciennes, oui, mais pas toutes !

La mode est aux variétés anciennes, locales ou régionales, mais il faut les reconsidérer avant de les adopter ... **1**

Les pièges à phéromones

Attirer les insectes parasites pour mieux les piéger, c'est le mode opératoire des pièges à phéromones. Ils ont fait leurs preuves ... **2**

C'est bon pour la planète : Un sol sain pour des arbres robustes

Des fruitiers robustes pouvant se défendre seuls face aux parasites, cela commence par un sol nourricier en bon état ... **3**

Les auxiliaires

Les ennemis de nos ennemis sont nos amis, la lutte biologique passe par l'équilibre entre les populations d'insectes ... **4**

Verger bio, les bons gestes

Des engrais organiques, une bonne maîtrise des arrosages, l'utilisation de traitements préventifs compatibles et la destruction des parties malades : la culture biologique au verger repose sur quelques gestes et réflexes simples ... **5**

Multipliez les hôtels à insectes auxiliaires à proximité des fruitiers.

Le coin du curieux : Les traitements, c'est bio ou pas bio ?

La bouillie bordelaise, certains disent qu'il faut la bannir du jardin, pourtant, il est bien indiqué sur les emballages qu'elle est autorisée en culture biologique. Qu'en est-il ? ... **6**

IDÉES

- POURQUOI PAS... Un jardin gourmand totalement bio (potager fleuri avec arbres fruitiers) ? 7
- POURQUOI PAS... Un Verger fleuri de fleurs sauvages avec des ruches ? 8

LÉGENDE PHOTO SEULEMENT SI BESOIN

et Si

- J'ai peu de fleurs et de fruits, alors que j'apporte du compost tous les ans ? 9
- Je veux mettre des engrais verts au pied de mes arbres fruitiers ? 10

Les Plantes idéales

La précaution élémentaire pour limiter les traitements est de planter les variétés fruitières les plus résistantes aux maladies. Ce ne sont pas toujours les plus anciennes.

★ Abricotier 'Hargrand', 'Polonais' ★ Cassissier 'Andega' ★ Cerisier bigarreau 'Bigalise' ★ Châtaignier 'Belle épine' ★ Figuier (toutes les variétés) ★ Fraisier 'Charlotte', 'Ciflorette', 'Cigaline', 'Cirafine', 'Mamie' ★ Groseillier 'Rolan' ★ Poirier 'Conférence', 'Docteur Jules Guyot' ★ Pommier 'Ariane', 'Harmonie' ★ Vigne Ampelia®

NOS CONSEILS

1. *Plantez un nombre d'espèces et de variétés différentes aussi important que possible pour favoriser la biodiversité.*
2. *Choisissez les variétés naturellement résistantes aux maladies, lorsqu'elles existent.*
3. *Multipliez les « hôtels à insectes auxiliaires » à proximité des fruitiers.*
4. *Plantez des arbustes à petits fruits sauvages pour attirer les oiseaux et les insectes.*
5. *Adoptez des formes libres pour réduire les tailles au minimum et limiter les invasions parasitaires.*
6. *Supprimez le bois mort, les feuilles malades, coupez les chapelets de pucerons sur les jeunes pousses au printemps.*
7. *Ne traitez qu'en cas de besoin et avec des produits bio.*
8. *Fertilisez les arbres avec des engrais naturels.*
9. *Choisissez des espèces et des variétés bien adaptées à la région pour limiter les arrosages au strict minimum.*
10. *Ne plantez pas trop serré et évitez que les arbres soient trop touffus (l'air doit circuler pour diminuer les risques de maladies cryptogamiques).*

1 Variétés anciennes, oui mais pas toutes !

Il ne faut pas parer les anciennes variétés fruitières de toutes les qualités, pas plus qu'il ne faut repousser les nouvelles obtentions : un bon verger est un mélange des deux catégories (cela vaut aussi pour les légumes du potager).

Pour bien comprendre le bien-fondé des variétés locales, il faut se replacer dans le contexte de l'époque. Une bonne variété était avant tout celle qui donnait des fruits se conservant bien. Et quelquefois, elle se révélait sensible aux maladies. Donc, se renseigner avant de les adopter.

Poire 'Docteur Jules Guyot', une variété créée en 1870 qui reste très appréciée aujourd'hui.

2 Les pièges à phéromones

Les phéromones sont des hormones sexuelles propres à chaque espèce d'insecte et de papillon. Le principe des pièges est astucieux : il s'agit de placer de « l'odeur sexuelle femelle » dans une cupule pour attirer les mâles et les piéger sur des supports enduits de glu, sur lesquels ils restent collés et meurent. Il suffit de les accrocher dans les arbres fruitiers, aux périodes correspondant aux vols des insectes pendant leur période de reproduction. À compléter avec les pièges chromatiques, chez qui c'est une couleur qui sert d'attractif (jaune pour la mouche du cerisier, bleu pour les thrips).

Piège à phéromones

3 *C'est bon pour la planète : Un sol sain pour des arbres robustes*

Le sol sert de réserve pour l'arbre, qui y puise l'eau et les éléments nutritifs dont il a besoin. Jardiner bio revient à soigner la bonne santé du sol.

Les éléments nutritifs sont assimilables par les plantes seulement sous leur forme minérale. Ils proviennent de la transformation de la matière organique. En clair, lorsque vous apportez du compost ou du fumier, ils ne sont pas directement utilisables. Ce travail est celui de tout un ensemble de micro- et de macro-organismes ,et se passe dans les 4 à 6 cm superficiels du sol, dans ce que les spécialistes des analyses de sols appellent la « fraction humique ». L'humus est le siège de cette transformation, mais il a aussi la capacité de retenir les éléments minéraux et de les tenir à disposition des plantes qui les puisent au fur et à mesure. On peut le comparer à une éponge nutritive. Il faut donc favoriser la vie sous toutes ses formes dans le sol, les formes visibles (vers de terre, cloportes, collemboles...) comme les invisibles. Pour cela, il faut fournir de la matière organique, aérer superficiellement par des griffages.

Collembole

Cloporte des murs

4 Les auxiliaires

Tout le monde connaît l'exemple de la coccinelle dévorant les pucerons et leurs larves, mais d'autres auxiliaires sont disponibles pour protéger vos fruitiers. Contre l'araignée rouge qui s'en prend à vos fraisiers ou vos groseilliers, faites appel à un autre acarien, *Phytoseiulus persimilis*. Contre le hanneton et l'otiorhynque qui dévorent les feuilles des arbres et des arbustes, apportez un nématode ami, *Heterorhabditis bacteriophora*, un petit ver microscopique très efficace. Enfin, contre le terrible carpocapse, la chenille des fruitiers, vous pouvez compter sur un autre nématode, *Steinernema feltiae*.

5 VERGER BIO, LES BONS GESTES

Il existe une **bonne façon d'arroser** les arbres, peu de jardiniers le savent. Contre le tronc et dans un diamètre qui correspond grosso modo à celui de la couronne de l'arbre se situent les grosses racines, déjà lignifiées, qui n'absorbent pas grand-chose, sinon rien. Les racines jeunes et fonctionnelles se situent à l'aplomb de la végétation : c'est là que vous devez apporter l'eau, et pour ne pas qu'elle s'échappe, façonnez une double cuvette, dont le bord intérieur sera donc à ce niveau.

C'est aussi à cet endroit que vous apporterez les engrais, et encore là que vous grifferez pour les faire pénétrer, délicatement afin de ne pas léser les radicelles.

- Choisissez les **bonnes formulations d'engrais** complets, « fruits », « tomates » ou « fraisiers », les trois conviennent bien à l'ensemble des fruitiers.
- Redécouvrez le **blanc arboricole** (lait de chaux), à badigeonner en hiver sur le tronc et les charpentières pour détruire les formes de résistance des insectes.
- Utilisez des produits **à base d'huile blanche** pour les traitements insecticides.

Le blanc arboricole : à redécouvrir contre les insectes.

6 *Le coin du curieux : Les traitements, c'est bio ou pas ?*

Deux traitements par des composés chimiques sont compatibles avec le jardinage biologique. Le soufre, principalement utilisé contre l'oïdium, et la bouillie bordelaise, dont il faut rappeler qu'elle est efficace seulement en préventif contre la plupart des autres champignons pathogènes. Dans tous les cas, il faut respecter les doses prescrites et surtout ne pas faire d'excès, comme on a pu en faire en agriculture, car les deux sont des polluants du sol et de l'eau à forte dose.

IDÉES

7 POURQUOI PAS… UN JARDIN GOURMAND TOTALEMENT BIO ?

Rien n'interdit d'intégrer des arbres fruitiers à un potager fleuri, au contraire, surtout si vous avez un petit jardin. La grande gagnante sera la pollinisation, qui va profiter de cette proximité.

8 POURQUOI PAS… UN VERGER FLEURI DE FLEURS SAUVAGES AVEC DES RUCHES ?

Très bonne idée, sachez toutefois qu'il faut respecter des distances pour l'installation des ruches. Elle peut varier entre 20 et 100 m du voisinage.

Pommier en palmette dans un potager fleuri.

et Si

9 J'ai peu de **fleurs** et de **fruits**, alors que j'apporte du **compost tous les ans** ?

Justement, il faudrait apporter moins de compost, car vos arbres fruitiers souffrent sans doute d'un excès d'azote. Rééquilibrez en apportant un engrais riche et phosphore et en potassium, le premier favorise les fleurs et les fruits, le second leur grossissement.

10 Je veux mettre des **engrais verts** au pied de mes **arbres fruitiers** ?

Évitez les Fabacées (trèfle, luzerne, féverole…), ces engrais verts enrichissent le sol en azote, et ce n'est pas conseillé pour les fruitiers. Une fois fauchés et broyés, il faut les enfouir par un griffage léger dans les premiers centimètres du sol. Soyez délicat pour ne pas léser les radicelles des arbres fruitiers.

Des fruitiers dans un petit jardin

ON A BEAU AVOIR PEU DE PLACE, CE N'EST PAS UNE RAISON POUR SE PASSER DES BONS FRUITS DU JARDIN. IL FAUT FAIRE PREUVE D'ASTUCE, D'UN PEU DE RIGUEUR ET DE BONS CHOIX DANS LES ESPÈCES, ET LE TOUR EST (PRESQUE) JOUÉ. À NOUS LES CONFITURES !

DES PALMETTES SUR LES MURS OU LES CLÔTURES

La palmette est une forme de fruitiers qui offre des récoltes correctes avec un bon gain de place. Pour les pommiers et poiriers, en priorité ... **1**

LA TAILLE D'ÉQUILIBRAGE

Dans un petit jardin où la place est comptée, la taille d'équilibrage pour contenir la végétation est indispensable

... **2**

La petite histoire

*Un **fruitier nain** est une variété dont le développement naturel ne dépasse pas 30 ou 40 % de l'espèce type. Une manière d'envisager la culture fruitière en pot, y compris sur les terrasses, pour de petites récoltes amusantes*

... **3**

LA CLOQUE DU PÊCHER

Les pêchers nains ne sont pas épargnés par cette maladie qui se manifeste sur les grands arbres. À traiter avec le même sérieux ... **4**

DES CULTURES ASTUCIEUSES

Un bon jardinier se reconnaît aussi à la bonne gestion de l'espace disponible. Chez les fruitiers, pensez à utiliser la surface avec des espèces en buisson étalé pour optimiser la place au sol ... **5**

Le coin du curieux : Comment greffer un groseillier sur tige ?

Une astuce pour gagner de la place est de cultiver en hauteur des groseilliers greffés, par exemple. De plus, c'est très décoratif et assez simple à réaliser ... **6**

IDÉES

→ POURQUOI PAS... Des Cordons de Pommiers comme bordures fruitières ? **7**

→ POURQUOI PAS... Créer une Arche fruitière ? **8**

POMMIER EN CORDON

et Si

- Mon petit jardin est assez ombragé. Quels fruits puis-je espérer ? **9**
- Mon cerisier nain commence à prendre de l'ampleur. Comment le tailler ? **10**

Les Plantes idéales

Les plantes qui suivent sont caractérisées par un petit développement, au point qu'on peut aussi les cultiver en pot sur les balcons ou les terrasses. Pensez également aux plantes grimpantes comme le kiwi.

★ Abricotier 'Garden Aprigold' ★ Amandier 'Garden Prince' ★ Arbousier 'Atlantic' ★ Cassissier (toutes les variétés) ★ Cerisier Bigarreau 'Early Van Compact' ; Cerisier 'Noir de Meched' ; Cerisier nain 'Scharö' ★ Citronnier (toutes les variétés) ★ Figuier 'Ice Crystal', 'Osborn Prolific' ★ Fraisier (toutes les variétés) ★ Groseillier greffé sur tige ★ Kiwi 'Belle de Chine', 'Minkigold', 'Minkimâle', 'Pollichina' ★ Kumquat ★ Mandarinier ★ Myrtillier (toutes les variétés) ★ Oranger 'Tarocco' ★ Pêcher nain 'Bonfire' ; brugnon nain 'Garden Beauty' ★ Poirier nain 'Garden Gem' ★ Pommier nain 'Garden Sun', 'Maypole', 'Villandry', pommiers colonnaires ★ Prunier 'Jojo'

NOS CONSEILS

1. *Réservez aux fruitiers la partie la plus ensoleillée du jardin.*
2. *Abritez les fruitiers nains des vents dominants.*
3. *Optimisez l'occupation du terrain avec des fraisiers et des myrtilliers en couvre-sol.*
4. *Pratiquez une taille d'équilibrage régulière pour maintenir les proportions et la compacité.*
5. *Surveillez les invasions parasitaires et intervenez (manuellement) dès les premiers symptômes.*
6. *Ne laissez pas les arbres fruitiers nains manquer d'eau pendant les périodes de fortes chaleurs.*
7. *N'hésitez pas à adopter la culture en pot pour limiter le développement de la plante.*

1 Des palmettes sur les murs ou les clôtures

- **La palmette à la diable.** La première année, taillez le scion (un fruitier d'un an en simple baguette verticale) à 60 cm du sol et conservez 2 à 5 yeux. Palissez en éventail les rameaux obtenus. La deuxième année, taillez les charpentières des deux tiers de leur longueur et palissez les rameaux de façon à couvrir le plus de surface possible.
- **Les palmettes en U simple et en U double :** on les trouve déjà formées dans le commerce, mais les experts peuvent s'essayer à leur formation. La première année, taillez à 20-30 cm de haut en gardant 2 yeux opposés. En août, palissez les extrémités des rameaux ayant poussé en les coudant délicatement et en les attachant sur le support. Pour un double U, l'année suivante, formez 2 branches sur chaque bras en taillant à 2 yeux opposés, qui donneront un rameau chacun. Courbez-les à leur tour. Pour la forme équilibrée de l'ensemble, laissez 30 cm entre chacun des rameaux verticaux.

Des arbres formés dans un plan, quel gain de place !

2 La taille d'équilibrage

Maintenir des arbres dans des proportions raisonnables, en préparant la production fruitière, c'est une préoccupation au verger, encore plus sensible dans les petits jardins. Rappelons que les opérations de taille des arbres à pépins se font en hiver et que les fruitiers à noyaux sont élagués en septembre, car ils cicatrisent moins bien. La taille consiste à aérer le centre de l'arbre, à équilibrer sa charpente (les trois ou quatre charpentières doivent s'orienter harmonieusement dans l'espace, vues de haut), à supprimer les branches qui se croisent, en surnombre ou qui poussent mal, et à ôter le bois mort, mais aussi à anticiper le nombre et le poids des fruits à venir, et à raccourcir les branches pour éviter de leur faire produire du bois en trop grande quantité.

Tous les ans, taillez pour équilibrer vos fruitiers.

3 *La petite histoire : Des fruitiers nains pour les pots*

Les premiers fruitiers qu'on peut qualifier ainsi sont dus à l'Anglais Thomas Rivers, à partir de 1850. Il voulait disposer dans ses serres des fruitiers qu'il trouvait dans le sud de la France ; pour cela, il envisagea de les cultiver en pot.

En greffant sur porte-greffe nanifiant et en taillant les racines, il obtint des arbres de 45 à 60 cm de haut, lorsqu'ils étaient maintenus en pot, et dépassant à peine 1,50 m en pleine terre. Mais il fallut attendre 1964 pour que les États-Unis offrent aux jardiniers ce qui était jusqu'alors une fantaisie luxueuse.

4 La cloque du pêcher

Cette maladie, qui touche aussi l'abricotier et l'amandier, se traite préventivement, car lorsqu'elle est déclarée, il est déjà trop tard. Comme le champignon se développe à partir de 10 °C, il faut agir avant. Faites une première pulvérisation d'oxychlorure de cuivre à la chute des feuilles, une deuxième dès que la température dépasse 10 °C et une troisième au gonflement des bourgeons, lors du réveil de la végétation.

Seule la prévention est efficace contre la cloque.

5 DES CULTURES ASTUCIEUSES

Pour optimiser l'utilisation du terrain, vous pouvez planter des myrtilliers sauvages (à la différence des variétés américaines à gros fruits, ils poussent de manière étalée) et autant de fraisiers que vous pouvez, sans oublier les fraisiers des bois. Laissez courir le métulon, une culture annuelle au potager, pour ses fruits au goût de melon et de concombre.

Métulon

Pour les tout petits jardins, les petits fruitiers.

6 *Le coin du curieux : Comment greffer un groseillier sur tige ?*

Le porte-greffe est fourni par le groseillier doré, *Ribes aureum*, qui se présente sous la forme d'une tige unique, issue de semis ou de bouture, de 50 cm à 1 m de haut. En juin-juillet ou en septembre, faites une greffe en écusson en tête, autrement connue sous le nom de greffe en « T ». Toutefois, après la reprise de la greffe, vous aurez encore 2 ans d'interventions pour obtenir un groseillier bien formé. On peut aussi l'acheter tout prêt en jardinerie.

IDÉES

7 POURQUOI PAS... DES CORDONS DE POMMIERS COMME BORDURES FRUITIÈRES ?

Des pommiers formés en cordons, simples ou doubles, voilà une haie basse toute trouvée pour délimiter le potager. Et pour occuper intelligemment la surface, plantez des fraisiers à leur pied, ils auront suffisamment de lumière.

8 POURQUOI PAS... CRÉER UNE ARCHE FRUITIÈRE ?

Les jeunes rameaux des pommiers ou des poiriers sont souples et malléables, il suffit de les guider sur des arceaux ou sur une tonnelle pour constituer une ambiance gourmande pleine de charme. Avec comme départ, la plantation sur les côtés d'arbres en palmettes, pour la tonnelle. Plus simple encore, il suffit de guider les lianes d'une vigne en pied ou de kiwi, à la manière d'une treille.

et Si

9 Mon petit **jardin** est assez **ombragé**. Quels fruits puis-je espérer ?

Tournez-vous surtout vers les fruits des sous-bois. Plantez le myrtillier sauvage à la place des myrtilliers des jardins, les fraisiers des bois et les variétés approchantes comme 'Reine des Vallées', 'Mara des bois' ou 'Charlotte'. Tentez les framboisiers, mais si le framboisier sauvage supporte bien l'ombre dense, les variétés pour les jardins sont moins productives à l'ombre qu'en plein soleil.

10 Mon **cerisier nain** commence à prendre de **l'ampleur**. Comment le tailler ?

Tous les 3 ou 4 ans, le cerisier nain a besoin d'être ramené à des dimensions plus modestes. En septembre, supprimez 30 cm de la longueur des branches, ôtez le bois mort, comme tous les ans, et les branches qui se croisent.

FRAISIER

Fragaria vesca

J F M A **M J J A S O** N D

20/40 Cm | 15/30 Cm

Si les fraises à gros fruits n'ont été introduites du Chili qu'en 1714, la fraise des bois figurait dans les potagers au Moyen Âge et les Romains en faisaient des masques de beauté. Le fraisier forme une touffe de feuilles portées par un long pétiole souple et composées de 3 folioles dentées. Les fleurs blanches, à 5 pétales, forment après fécondation un réceptacle charnu ponctué de grains (akènes) qui sont en fait les véritables fruits.

SOL Riche, souple, bien drainé, plutôt acide et humifère. L'apport d'un fertilisant organique est conseillé à la plantation.

CULTURE Pour réussir le fraisier, respectez les conseils suivants :

- **PLANTATION** : supprimez les mauvaises herbes et incorporez 5 kg/m^2 de compost (ou 500 g de fumier en granulés) et un engrais pour fraisiers. Plantez à l'automne pour obtenir une production dès la première année. Distance de plantation : de 30 à 40 cm, sur des rangs distants de 50 cm. N'enterrez pas le cœur du fraisier.
- **ENTRETIEN** : apportez un engrais pour fraisiers au démarrage de la végétation, renouvelez la fertilisation après la première récolte en juin et en juillet, et en automne. Très gourmand en eau, le fraisier doit être paillé et arrosé régulièrement pendant les fortes chaleurs estivales. Les arrosages en pluie aident à lutter contre l'araignée rouge par temps sec. Supprimez les stolons, ou filets, ces longues pousses qui s'enracinent à leur extrémité et développent un jeune plant.

ÉVITER LES MALADIES

Pour bénéficier d'une production régulière tout en évitant la dégénérescence due aux maladies, remaniez complètement votre plantation tous les 3 ans. Achetez des plants certifiés indemnes de virus et changez à chaque fois l'emplacement de la culture.

RÉCOLTE Comptez 1,5 kg/m^2, entre 400 et 700 g seulement pour les fraises des bois. Prélevez les fraises lorsqu'elles sont bien colorées, en coupant le pédoncule.

VARIÉTÉS Il existe une multitude d'obtentions classées selon leur fructification.

- **FRAISIERS NON REMONTANTS À FRUITS PETITS À MOYENS**
  - Variétés anciennes : 'Fraise des Bois', *Fragaria vesca*, espèce indigène, petits fruits très parfumés, chair rose ; 'Capron Royal', feuillage abondant et décoratif, chair blanche, goût de fraise des bois, culture facile. C'est une variété ancienne de fraisier musqué *(F. moschata).*
- **« FRAISE-FRAMBOISE »** : 'Framberry', ou 'Frau Mieze Schindler', fruit arrondi, crevassé, chair rose, très sucrée, fragile. Nécessite d'être pollinisée par 'Senga Sengana'.
- **FRAISIERS NON REMONTANTS À GROS FRUITS**
  - Très précoces (15 mai au 15 juin) : 'Gariguette', la plus précoce, culture sous abri recommandée, très productive ; 'Ciflorette', fruit rouge orangé, oblong, plants AB ; 'Surprise des Halles', variété ancienne (1929), rustique, culture facile.
  - Pour la culture en pot : 'Darselect', demi-précoce, rustique, juteuse et parfumée.
- **FRAISIERS REMONTANTS** (de fin mai à début juillet, puis de mi-août à octobre)
  - Pour pot et suspension : 'Fragoo', fleurs roses, très décoratif ; 'Vivarosa', fleurs roses, port souple, très décoratif.
  - Gros fruits : 'Nova Gento', fruit énorme, chair ferme, sensible aux maladies ; 'Rabunda', supporte bien la chaleur.
  - Résistant aux maladies : 'Charlotte', productif, fruit très goûteux, une des variétés les plus cultivées ; 'Cirafine', très tolérant à l'oïdium, fruits savoureux, plants AB.
  - Saveur de fraise des bois : 'Mara des Bois', petit fruit, mais la référence côté gustatif, très productif.
  - Produit jusqu'aux gelées : 'Reine des Vallées', c'est la « fraise des bois des 4 saisons », petits fruits très parfumés, ne produit pas de stolons. Idéal en bordure ; 'Des 4 Saisons Suprême', proche de la fraise des bois.

CULTURE EN POT La fraise produit bien en suspension ou dans de grandes jarres percées. Utilisez un terreau riche et prévoyez un bon drainage. Faites des apports d'engrais réguliers.

MYRTILLE, AIRELLE

Vaccinium spp.

J F M A M J **J A S O** N D

0,50/1,50 m | 0,50/1 m

Les myrtilles des jardins, à grosses baies bleu-noir, sont des petits arbustes caducs, dont le feuillage devient doré à rouge cuivré en automne. Fleurs en grappes, en mai.

SOL Très acide et humifère (pH de 4 à 5,5), bien drainé, sans humidité stagnante. La terre de bruyère pure convient.

CULTURE Sans problème si elle est installée à l'abri des vents secs et de la forte chaleur.

- **PLANTATION** : d'octobre à mars. Dans un sol acide, apportez du terreau d'écorce bien décomposé. En terrain alcalin, creusez une fosse de 50 à 60 cm de profondeur et tapissez les bords d'un feutre jardin. Posez au fond un lit de cailloux de 10 cm d'épaisseur, puis remplissez le trou de 2/3 de terre de bruyère et 1/3 de terreau forestier bien décomposé ou de tourbe brune acide.
- **ENTRETIEN** : arrosez souvent en été et paillez. La troisième année, mettez un engrais pour rhododendrons en automne et du sulfate d'ammoniaque au printemps par griffage.

TAILLE Laissez l'arbuste pousser les 3 premières années suivant la plantation, puis rajeunissez la ramure en taillant au ras du sol les branches qui ont fructifié. Une pousse ne produit pas plus de 3 ou 4 ans. Conservez 6 ou 7 charpentières.

RÉCOLTE De 2,5 à 10 kg par plant. Les fruits ne mûrissant pas tous en même temps, procédez à des cueillettes successives, lorsque les myrtilles sont d'un bleu pruineux foncé.

VARIÉTÉS Les myrtilles à gros fruits sont des hybrides de l'espèce américaine *Vaccinium corymbosum.* Atlantic', gros fruit, port compact, récolte de fin juillet à début août ; 'Blue Crop', gros fruit, feuillage semi-persistant, fort rendement, récolte juillet ; 'Blue Pearl', port érigé, gros fruit parfumé, feuillage semi-persistant, maturité à partir de fin juillet ; 'Patriot', port érigé, belle couleur du feuillage à l'automne, très gros fruit se récoltant dans la seconde quinzaine de juillet. Autofertile, craint les gelées printanières.

CULTURE EN POT Possible dans un pot de 30 à 40 cm rempli de terre de bruyère.

1

2

3

1. FRAISE 'NOVA GENTO'
2. FRAISE 'CHARLOTTE'
3. FRAISIER EN FLEURS
4. FRAISE 'GARIGUETTE'
5. FRAISE 'MARA DES BOIS'
6. MYRTILLES DES JARDIN

➔ Retrouvez les autres fiches plantes p. 832, 833, 842, 848, 850, 860, 866, 868, 875, 876, 882, 884, 886

4

5

6

Une haie fruitière

ORGANISER LE JARDIN, SE CACHER D'UN VOISIN OU MASQUER QUELQUE ÉLÉMENT DISGRACIEUX, C'EST LE RÔLE DE LA HAIE. ET SI ON L'ENVISAGEAIT GOURMANDE, CROULANT SOUS DE BONS FRUITS ?

TAILLER LES ARBUSTES À PETITS FRUITS

Le cassissier et le groseillier se taillent de la même manière ; pour le framboisier, la taille est différente selon qu'il est remontant ou non ... 1

PALISSER LES FRAMBOISIERS

Le palissage, c'est plus de fruits, plus gros, plus faciles à récolter et moins de maladies, grâce à une végétation mieux aérée ... 2

Cassis

BOUTURER LES ARBUSTES À PETITS FRUITS

Le bouturage des petits fruitiers est la façon la plus économique pour avoir toujours plus de plants dans son jardin

... 3

C'est bon pour la planète et la biodiversité : Pour les oiseaux aussi

La haie fruitière est aussi un garde-manger pour les oiseaux. Il va falloir arbitrer entre votre gourmandise et la leur ... 4

ÉLIMINER LES REJETS DES FRAMBOISIERS

Le framboisier, si on le laisse faire, prend toujours plus ses aises. Évitez de laisser libre cours à son côté envahissant

... 5

UN POMMIER EN CORDON, EST-CE ACCESSIBLE ?

Il est joli, il prend peu de place et est finalement plutôt facile à cultiver. Adoptez le pommier en cordon ... 6

ATTENTION À L'OÏDIUM !

La végétation un peu confinée de la haie fruitière est une terre d'accueil pour l'oïdium. On le déteste, mais on sait le combattre facilement ... 7

IDÉES

→ POURQUOI PAS... Des pommiers palissés en cordon sur une clôture ? 8

→ POURQUOI PAS... Une haie de cassissiers ? 9

Les Plantes idéales

Un résultat rapide, un entretien limité qui n'a rien à voir avec celui d'une haie classique, c'est la promesse tenue par ce choix de fruitiers.

- ★ Cassissier *(Ribes nigrum)*
- ★ Framboisier *(Rubus idaeus)*
- ★ Goji *(Lycium barbarum)*
- ★ Groseillier *(Ribes rubrum)*
- ★ Noisetier *(Corylus avellana)*

Nos conseils

1. *Ne plantez pas trop serré pour favoriser la fructification et limiter les risques de maladies.*
2. *Mélangez bien les espèces pour la biodiversité et les variétés pour l'échelonnement des récoltes.*
3. *Taillez régulièrement pour maintenir la forme et le volume de la haie fruitière.*
4. *Protégez la récolte contre les oiseaux par des filets.*
5. *Éliminez bien les rejets (drageons) pour ne pas transformer la haie fruitière en fouillis inextricable.*
6. *Posez un tuyau microporeux le long de la haie pour un arrosage économique.*
7. *Vérifiez chaque année l'état des armatures (poteaux et fils de fer).*
8. *Faites attention aux épines des framboisiers, gojis, groseilliers à maquereau.*

et Si

· Mes framboises sont véreuses ? 10

· Je ne récolte que des noisettes vides et percées d'un petit trou ? 11

1 Tailler les arbustes à petits fruits

Taillez en période de repos végétatif, de préférence en fin d'hiver.

- Chez le **cassissier**, les fruits sont portés par les rameaux âgés de 2 ans et, au bout de 4 ou 5 ans sans taille, les rendements chutent. Pour assurer le remplacement de la végétation, supprimez les tiges de 3 ou 4 ans en les coupant au ras et conservez le plus possible de rameaux de 1 ou 2 ans.
- Chez le **groseillier**, les fruits sont sur les tiges âgées de 2 ou 3 ans. Coupez-les au ras. Évitez que les groseilliers soient trop touffus, sinon la production est amoindrie. Toutes les pousses conservées sont rabattues à environ 30 à 40 cm du sol, pour favoriser le développement important de nouvelles tiges.
- Chez les **framboisiers** non remontants, après la récolte, coupez au ras les tiges ayant fructifié en conservant de 6 à 8 tiges par touffe que vous palissez sur des fils de fer tendus horizontalement à 40, 80 et 120 cm du sol. Réduisez chaque tige à 90 cm de haut, de façon à palisser les tiges sur le second fil de l'armature. Chez les remontants, en septembre, supprimez les tiges sèches ayant porté des fruits en les taillant au ras. Chez les autres ayant fructifié, supprimez les extrémités ayant produit ; l'année suivante, en juin-juillet, elles porteront des framboises sur la partie restante.

On coupe au ras du sol les tiges des framboisiers ayant fructifié.

2 Palisser les framboisiers

Retenez le palissage en éventail, c'est le plus simple. Plantez des piquets de bois à chaque extrémité du rang, tendez des fils de fer tous les 40 cm en hauteur, sur trois étages, soit à 40 cm, 80 cm et 1,20 m du niveau du sol. Plantez les framboisiers tous les 1,20 à 1,50 m. Choisissez 6 à 8 rameaux parmi les plus beaux et supprimez tous les autres, ainsi que les rejets. Disposez-les en éventail sur les fils de fer, de manière homogène. Ne serrez pas trop les liens, les rameaux doivent légèrement coulisser sur les fils de fer.

Le palissage des framboisiers discipline leur végétation.

3 Bouturer les arbustes à petits fruits

- **Le framboisier.** À l'aide d'une bêche, sortez un plant de terre en récupérant le plus de radicelles possible. Coupez des tronçons de 10 cm dans la racine principale, en vous assurant que chacun possède au moins un bourgeon. Déposez-les sur un lit de sable humide dans une caissette, à plat, le bourgeon tourné vers le haut, à 15-20 °C. Au printemps, replantez lorsque les jeunes feuilles sont visibles.
- **Le cassissier et le groseillier.** En février, dans des rameaux nus, faites des boutures de 20 cm portant 4 bourgeons au moins. Plantez directement en place définitive par groupe de 3 boutures en laissant 1 ou 2 bourgeons hors du sol. Arrosez en été.

4 *C'est bon pour la planète et la biodiversité : Pour les oiseaux aussi*

On s'en doute, de bons petits fruits gorgés de sucre, ça attire la convoitise des oiseaux. Si la haie est importante, laissez faire, il y a suffisamment de fruits pour eux et pour vous. Si elle est plus limitée, placez des filets protecteurs avant que les fruits soient mûrs et laissez-en quelques-uns après la récolte. En fin d'automne, soyez plus généreux, laissez davantage de pommes, d'arbouses, de poires....

5 Éliminer les rejets des framboisiers

Qui le croirait ? Le framboisier est presque une mauvaise herbe. Il produit de nombreux drageons et ressort un peu partout, même dans les allées du potager. Pas d'autre solution que de vous en débarrasser avec une bêche et à la main. Consolation, c'est encore une source de jeunes plants, qu'il suffit de récupérer et de mettre en place directement en terre en automne.

6 UN POMMIER EN CORDON, EST-CE ACCESSIBLE ?

Achetez un arbre déjà formé, en cordon simple ou double, qui se présente sur un tronc court de 80 cm duquel partent un ou deux bras horizontaux, sur un étage ou à double étage.

Plantez un piquet tous les 2,50 m en laissant 40 cm du mur si les pommiers sont adossés ou du bord de l'allée s'ils sont destinés à habiller un cheminement. Faites une plantation classique, comme pour tout fruitier (habillez et pralinez les racines, laissez le point de greffe au-dessus du niveau du sol, formez une cuvette d'arrosage...). Tendez ensuite un fil de fer à la hauteur du tronc, sur lequel vous attacherez le ou les bras, en faisant des attaches lâches.

7 ATTENTION À L'OÏDIUM !

C'est un feutrage blanc qui se développe à la surface des feuilles, d'abord en petites taches aux contours flous, puis en grandes plages si on ne fait rien. Il finit par faire sécher le feuillage, qui tombe. Pour le limiter, arrosez toujours au pied sans éclabousser le feuillage ; pour lutter contre lui, pulvérisez du soufre liquide et recommencez si nécessaire.

Oïdium sur un groseillier.

Pommier palissé en cordon sur une clôture.

Framboisiers palissés en cordon.

Haie de groseilliers.

IDÉES

8 POURQUOI PAS... DES POMMIERS PALISSÉS EN CORDON SUR UNE CLÔTURE ?

Transposez la plantation des pommiers en cordon, cette fois en conduisant les arbres sur une clôture basse ou moyenne qui remplacera avantageusement le support fait de poteaux et de fil de fer. Un moyen simple pour obtenir une haie pleine de charme.

9 POURQUOI PAS... UNE HAIE DE CASSISSIERS ?

Conduisez vos cassissiers en palmette en éventail. Choisissez 3 à 5 branches bien formées, palissez jusqu'au sommet de l'armature (en vous inspirant du palissage en éventail du framboisier). Supprimez les pousses de la base. L'année suivante, taillez toutes les pousses latérales à 3 ou 4 yeux qui porteront les rameaux fructifères.

et Si

10 Mes **framboises** sont **véreuses** ?

Les dégâts sont dus au ver de la framboise *(Byturus tomentosus)*. Au plus tard 2 semaines avant l'ouverture des fleurs, placez des pièges attractifs contenant un liquide odorant rappelant le parfum des fleurs de framboisiers, dans lesquels ils se noient.

11 Je ne **récolte** que des **noisettes vides** et **percées** d'un petit trou ?

Le balanin *(Curculio nucum)* est passé avant vous. Sa larve dévore l'intérieur des fruits pour se développer. L'année suivante, griffez le sol au pied des noisetiers pour exposer aux oiseaux les larves, qui vivent un temps dans le sol. En été, tendez un drap sous les fruitiers, agitez le feuillage pour faire tomber les formes adultes et détruisez-les. Il semble que certaines variétés anciennes comme 'Merveille de Bollwiller' à la coque plus dure soient moins sensibles.

CASSISSIER

Ribes nigrum

J F M A M J **J** A S O N D

Hauteur	Largeur	Exposition
1/1,50 m	0,80/1 m	soleil

'Black Down'

Cet arbuste bien équilibré donne des baies noires au parfum unique. Originaire des régions s'étendant des Pyrénées à l'Asie centrale, le cassissier pousse spontanément dans les bois frais du nord-est de l'Europe. Il est cultivé depuis le XVIe siècle. Voisin du groseillier à grappes, il en diffère par ses fruits noirs au goût acide et plutôt âcre. Le feuillage, très aromatique quand on le froisse, est palmé, divisé en 3 lobes. Floraison en clochettes rougeâtres, en avril.

SOL Assez lourd, frais et plutôt profond.

CULTURE Très facile, similaire à celle du groseillier à grappes. Plantez au moins deux variétés différentes pour une bonne fécondation des fleurs. Comptez un pollinisateur pour 4 plants. Faites un bon apport de matière organique à la plantation. Binage, sarclage et arrosage par temps sec. Il est possible de faire des boutures ligneuses, de 20 à 25 cm, en automne : enfoncez-les dans le sol en laissant seulement 2 bourgeons dépasser.

TAILLE En février, supprimez le tiers des rameaux (les plus vieux) et conservez une forme harmonieuse en gobelet ouvert.

RÉCOLTE À complète maturité, dès que les premiers fruits bien colorés tombent. Comptez entre 3 et 5 kg par pied.

VARIÉTÉS Des variétés autofertiles, de culture facile, ont remplacé les traditionnelles 'Géant de Boskoop' et 'Noir de Bourgogne' qui nécessitaient de se polliniser mutuellement : 'Andega', obtenu par l'Inra, forme un buisson vigoureux et très résistant à l'oïdium. Longues grappes de grosses baies acides de calibre moyen, en sirop et confiture. Récolte mi-juillet ; 'Black Down', valeur sûre, produit de nombreuses grappes de fruits moyens et fermes, maturité fin juillet.

CULTURE EN POT Facile, dans un contenant de 30 cm de côté.

'Caseille'

'Noir de Bourgogne'

FRAMBOISIER

Rubus idaeus

J F M A M **J J A S O** N D

Hauteur	Largeur	Exposition
1,50/2 m	1/3 m	soleil, mi-ombre

Vidéo « Planter un framboisier »

Originaire des sous-bois et des lisières des régions montagneuses d'Europe occidentale, le framboisier forme une touffe très drageonnante. Le feuillage caduc est porté par des tiges légèrement épineuses. Rustique, il est cultivé dans les jardins depuis la Renaissance, et surtout depuis le XVIIIe siècle. De longues années de patientes sélections ont permis de l'améliorer considérablement. Aujourd'hui, c'est un fruit d'une rare délicatesse qu'il est plaisant de déguster au jardin.

SOL Pas trop lourd, frais, riche, bien drainé, plutôt humifère, voire calcaire.

CULTURE Malgré sa fâcheuse tendance à devenir envahissant, le framboisier est accessible au débutant.

- **PLANTATION** : de novembre à février, dans un sol propre, débarrassé du liseron. Installez les pieds en lignes orientées nord-sud, afin d'éviter toute ombre portée. Distance de plantation : de 40 à 50 cm sur le rang, 1,20 m entre les rangs. Attachez les branches souples sur des fils de fer tendus horizontalement tous les 50 à 60 cm entre des piquets de châtaignier espacés de 2,50 m. Vous pouvez aussi les palisser sur un grillage pour obtenir une haie fruitière.
- **ENTRETIEN** : arrosez en été. Paillez en automne, avec des feuilles mortes et du compost. Incorporez le paillis dans le sol à

*Télécharger l'application Truffaut +, voir p. 6-7

'Fall Gold'

la fin de l'hiver, en ajoutant 2 poignées de poudre d'os par plante. Renouvelez la plantation tous les 7 ou 8 ans, avec des drageons ou de nouveaux plants sélectionnés.

TAILLE Toute l'année, supprimez les drageons en surnombre. Chez les framboisiers non remontants, rabattez au ras du sol après la récolte tous les rameaux ayant fructifié et les tiges en excès. Conservez 10 tiges par mètre linéaire. Pour les framboisiers remontants, rabattez en hiver l'extrémité des tiges qui ont produit en automne. La partie inférieure fructifiera en juillet et sera coupée au ras du sol ensuite.

RÉCOLTE Elle dure environ un mois pour les framboisiers non remontants. Comptez entre 3 et 4 kg par pied. Détachez délicatement les framboises de leur pédoncule lorsqu'elles sont bien colorées.

VARIÉTÉS Il existe deux types de framboisiers.

- **LES NON-REMONTANTS :** ils fructifient en juin-juillet, sur les pousses de l'année précédente. 'Malling Promise', début juin à début juillet, variété incontournable pour la qualité de ses fruits et son excellente rusticité, très drageonnant ; 'Black Jewel', fruit pourpre foncé, presque noir, goût particulier, plante très résistante au froid, juillet.
- **LES REMONTANTS :** ils fructifient en juillet, puis en septembre.
  - **Pour les régions froides :** 'Autumn Bliss', appelé aussi 'Blissy', gros fruit rouge vif, rustique, vigoureux, précoce.
  - **Fruit jaune :** 'Fallgold', ou 'Fall Gold', autofertile, fruit jaune ambré, nécessite un sol bien drainé (sensible à l'asphyxie des racines).
  - **Classique :** 'Héritage', dont les fruits se congèlent bien.
  - **Sans palissage obligatoire :** 'Marastar', très gros fruit d'excellente qualité, rusticité à toute épreuve.
- **HYBRIDE FRAMBOISE-MÛRE :** 'Glen Coe', cultivar hybride, fruit rond, pourpre, presque noir, goût associant la framboise et la mûre, non épineux. Taille de toutes les tiges à 10 cm du sol en hiver.

CULTURE EN POT À éviter, car le framboisier drageonne trop.

VER DES FRAMBOISES

On dit que planter des myosotis entre les rangs de framboisiers permet de lutter préventivement contre le ver des framboises, un petit coléoptère qui pond dans les fleurs et dont les larves blanches consomment la chair des fruits.

'Zeva'

'Magnific Delbard'

GROSEILLIER À GRAPPES

Ribes rubrum

J	F	M	A	M	**J**	**J**	**A**	S	O	N	D

1/1,50 m	0,80/1 m	

Cet arbuste buissonnant porte des grappes de fruits translucides. Cultivé depuis le XVe siècle, le groseillier à grappes n'est pas épineux comme le groseillier à maquereau. Ses feuilles palmées, lobées, sont aromatiques. La floraison en mai, en grappes insignifiantes, évolue en petites baies rouges, dorées, blanches ou rarement noires.

SOL Non calcaire (pH de 5,8 à 6,8), bien drainé, pas trop sec, mais plutôt siliceux, profond, bien préparé. Il redoute la chaleur et la sécheresse.

CULTURE Si vous suivez ces conseils, sans problèmes.

- **PLANTATION** : d'octobre à mars, assez profondément (après avoir praliné les racines pour les variétés vendues à racines nues).
- **ENTRETIEN** : en juin et en juillet, protégez vos groseilliers sous des filets contre la gourmandise des oiseaux dans certaines régions.

TAILLE Les fruits se forment surtout sur les pousses de 1 et 2 ans. Ne laissez qu'une dizaine de tiges principales sur chaque pied, renouvelées par tiers tous les ans. En février, rabattez les tiges principaux tiers de leur longueur. Les rameaux latéraux seront coupés à 2 ou 3 yeux. En été, pincez ces pousses au-dessus de la cinquième feuille. Le bouturage se fait à bois sec, en hiver.

RÉCOLTE Cueillez les grappes en plusieurs fois, dès que les fruits sont bien colorés. Comptez de 5 à 8 kg par pied.

VARIÉTÉS (par ordre de maturité). Les groseilliers à grappes sont tous considérés comme autofertiles.

- **PRÉCOCES (de fin juin à début juillet) :** 'Jonkheer van Tets', rouge, maturité fin juin, très productif, sensible à l'oïdium ; 'Junifer', floraison tardive, productif, culture facile, donne de gros fruits sucrés rouge vif, fin juin ; 'Versaillaise Rouge' est rouge fin juin, idéale pour les confitures.
- **DE MOYENNE SAISON** (à partir de mi-juillet) : 'Red Lake', rouge clair, donne mi-juillet des fruits sucrés. Il faut le palisser ; 'Rolan', rouge à la mi-juillet, résiste bien aux maladies ; 'Versaillaise Blanche' produit mi-juillet de longues grappes de fruits translucides blancs à la saveur fruitée, acidulée.
- **TARDIVES** (août) : 'Gloire des Sablons' produit vers le 20 août des groseilles d'un rose translucide, sucrées et parfumées. Convient en climat froid.

CULTURE EN POT Possible dans un pot de 30 cm, mais la fructification est moins abondante. Les groseilliers greffés sur tige se comportent très bien en pot.

GROSEILLIER À MAQUEREAU

Ribes grossularia var. uva-crispa

J	F	M	A	M	J	**J**	**A**	S	O	N	D

0,80/1,20 m	70/80 Cm	

Très cultivé dans le nord de l'Europe depuis le XVIe siècle, le groseillier à maquereau est issu du croisement de deux espèces originaires d'Europe et d'Afrique du Nord, encore spontanées dans les bois et les montagnes d'Écosse, de France et du Caucase. C'est un arbuste buissonnant, aux feuilles dentées et pubescentes, accompagnées d'une épine à la base du pétiole. La floraison printanière, discrète, blanc-vert, produit des fruits ovales, de 2 ou 3 cm de long, verts, blancs, jaunes ou rouges selon les variétés.

SOL Frais, meuble, mais consistant et riche, pas trop calcaire ni trop sec. Le groseillier à maquereau redoute les fortes chaleurs et la sécheresse. Il apprécie les climats frais (le Nord et les régions montagneuses).

CULTURE Sans problème si vous plantez d'octobre à mars, après avoir enrichi les trous de

plantation avec du fumier déshydraté ou du compost bien décomposé, et une poignée d'engrais riche en potasse (engrais pour fraisiers). Enterrez la motte profondément, tassez bien et arrosez (10 l au minimum). Les groseilliers à maquereau forment des touffes, à espacer de 2 m en tous sens. Soufrez en mars, binez et arrosez en été. Multiplication par bouturage à bois sec, en hiver.

TAILLE Les rameaux de 2 ans sont les plus productifs. La première année, en février, rabattez à mi-hauteur les 4 ou 5 rameaux partant de la base, pour leur donner de la vigueur. Chaque année, façonnez par la taille une touffe équilibrée avec des branches d'égale longueur. Supprimez les rejets superflus à la base, aérez le centre de la touffe pour que chaque branche soit espacée de 10 cm au moins. Pincez les extrémités pour qu'elles se ramifient. Tous les 5 ans, rajeunissez les branches principales en les coupant à ras ou au-dessus d'un gros bourgeon tourné vers l'extérieur. Elles seront remplacées par des rejets vigoureux, nés à la base de la touffe.

RÉCOLTE Lorsque les fruits bien colorés se détachent facilement de leur support. Comptez de 3 à 4 kg par pied.

VARIÉTÉS

- **PRÉCOCE** : 'Captivator', fruit rouge en juin et en juillet, productif, savoureux.
- **TARDIVE** (fin juillet, début août) : 'Resistanta', fruit assez gros, jaune verdâtre, très productif.
- **SANS ÉPINES** : 'Freedonia', non épineux, fruit rouge ; 'Spine Free', quasiment sans épines, fruit rouge.
- **RÉSISTANT AUX MALADIES** : 'Hinnomaki', fruit rouge.

CULTURE EN POT À déconseiller.

GOJI, LYCIET

Lycium barbarum

J F M A M J J **A S O** N D

Hauteur	Largeur	Exposition
1/3 m	1/3 m	

Le goji est un arbuste de la famille des Solanacées, très ramifié, aux rameaux souples légèrement épineux. Les feuilles sont lancéolées, ovales ou elliptiques, de 3 à 5 cm de long. Les fleurs ont une corolle pourpre et sont portées par un pédicelle ; entre août et octobre, elles évoluent en baies pendantes, rouges à plus ou moins orangées, ovales, à saveur un peu âpre. Ce sont elles qui ont fait connaître le fruitier depuis quelques années dans notre pays.

SOL Pauvre, sec et bien drainé, même calcaire.

CULTURE La plante a peu d'exigence, sa culture est facile et elle supporte bien les embruns des jardins de bord de mer. La taille de fructification est inutile, mais entre octobre et mars, vous pouvez la tailler pour la reformer, sans quoi l'arbuste prend rapidement une allure dégingandée. Rustique (–22 °C), l'arbuste peut être cultivé presque partout et se comporte bien en altitude.

ESPÈCE Seule l'espèce botanique est cultivée.

CULTURE EN POT Dans une terre de jardin additionnée de terreau et de sable (30 % en tout).

POUR UNE HAIE FRUITIÈRE VOUS POUVEZ UTILISER AUSSI

★ Arbousier (*Arbutus unedo* 'Atlantic', 'Compacta', 'Roselily' ➲ p. 882) ★ Feijoa (*Acca sellowiana*) ➲ p. 882 ★ Poirier (*Pyrus communis*, variétés proposées en palmette ➲ p. 230) ★ Pommier (*Malus communis*, variétés proposées en cordon, surtout à 2 étages ➲ p. 230) ★ Vigne (*Vitis coignetiae* ➲ p. 230)

NOISETIER

Corylus avellana

J F M A M J J A **S O** N D

Hauteur	Largeur	Exposition
4/5 m	2/4 m	

Ce grand arbuste très rustique forme un buisson très décoratif, aux fruits à coque dure. Son feuillage, alterne, arrondi, denté, jaunit joliment en automne avant de tomber. La floraison, très précoce (de fin décembre à début mars), peut être compromise par les froids. Le noisetier produit dès la sixième année.

SOL Léger, même pauvre ou rocailleux, peu calcaire, surtout pas argileux ni humide.

CULTURE Plantez en automne de préférence deux variétés différentes qui vont se polliniser mutuellement, améliorant la production. En février, supprimez les rejets en surnombre ainsi que les tiges les plus vieilles, mal placées ou sèches. Dégagez bien le centre de l'arbuste pour l'aérer. Le marcottage par buttage est la méthode de multiplication la plus efficace. Les pieds mères sont buttés au printemps, les marcottes sevrées en automne.

RÉCOLTE De 7 à 12 kg par arbre adulte. Cueillez les noisettes lorsqu'elles se détachent elles-mêmes de leur involucre. Laissez-les sécher dans un local aéré, puis conservez-les dans un endroit frais.

VARIÉTÉS 'Longue d'Espagne', gros fruit allongé, variété productive (septembre) ; 'Merveille de Bollwiller', fruit rond à la coque dure, très résistant au froid.

CULTURE EN POT Un jeune sujet peut rester 3 ou 4 ans dans un pot de 30 à 40 cm.

NOISETIERS DÉCORATIFS

Les noisetiers à feuilles pourpres ('Maxima Purpurea'), vert et pourpre ('Red Majestic') ou à rameaux tortueux ('Contorta'), surtout utilisés pour l'ornement, donnent aussi des fruits comestibles.

Le jardin des agrumes

LE RÊVE EST À LA PORTÉE DE TOUS, CELUI D'ADMIRER DE BEAUX AGRUMES ET LEURS FRUITS CHARGÉS DE PROMESSES GOURMANDES. SEULE CONDITION : APPORTER TOUTE LA CHALEUR DONT ONT BESOIN CES FRUITIERS DES PAYS CHAUDS.

Un jardin d'agrumes, pour qui ?

Tous les agrumes peuvent être cultivés à l'extérieur dans les jardins de climats doux ; pour les autres, il reste la solution de la culture en pot et en bac, à protéger en hiver. De rares espèces peuvent être placées dans la maison ... **1**

La petite histoire : La découverte de la clémentine

*La **clémentine** est le fruit du hasard, celui de la nature, puis celui de la rencontre avec un homme, le père Clément ...* **2**

Vidéo « Cultiver des agrumes en pot »*

Quel est l'entretien courant ?

Les agrumes poussent, fleurissent et fructifient en continu du moment qu'ils ont de la chaleur, de l'eau et une bonne fertilisation. Dans nos régions, le repos hivernal est de mise ... **3**

La taille, pas très compliquée !

On ne peut pas faire de bêtise en taillant les agrumes, tout au plus se priver de la prochaine production de fleurs et de fruits. La taille est à la portée du débutant ... **4**

Rempoter les agrumes

Le rempotage est indispensable, tous les ans au printemps pour les petits sujets, tous les 3 ans pour les plus gros, à condition de faire un surfaçage et un bon suivi de la fertilisation ... **5**

C'est bon pour la planète : Traiter au jet d'eau

Les cochenilles farineuses s'invitent tous les ans, il suffit de les déloger avec un jet d'eau puissant, en insistant sous les feuilles, pour se passer de produit de traitement ... **6**

Le coin du curieux : Un fruit particulier, l'hespéride

Le jardin des Hespérides évoque les pommes d'or à cueillir lors du onzième des travaux d'Hercule. La définition des botanistes est tout autre ... **7**

Citrons verts

*Télécharger l'application Truffaut +, voir p. 6-7

IDÉES

→ POURQUOI PAS... Une Collection d'agrumes, sur le balcon, dans une véranda ou au jardin ? 8

→ POURQUOI PAS... Des agrumes à l'intérieur ? C'est aussi décoratif que des plantes vertes ! 9

et Si

· Le citronnier que j'ai obtenu en semant des pépins ne fructifie pas ? 10

· Les feuilles de mon citronnier jaunissent ? 11

Les Plantes idéales

Les agrumes regroupent plusieurs genres aux mêmes besoins culturaux. Vous choisirez, selon la chaleur disponible :

- ★ Citronnier *(Citrus limon)*
- ★ Clémentinier *(Citrus clementina)*
- ★ Kumquat *(Citrus japonica)*
- ★ Mandarinier *(Citrus deliciosa)*
- ★ Oranger *(Citrus sinensis)*
- ★ Pomelo *(Citrus paradisi) et* Pamplemoussier *(Citrus maxima)*

Et aussi : ★ Bigaradier *(Citrus aurantium)*, ★ Calamondin *(Citrus mitis)* ★ Cédratier *(Citrus medica)* ★ Combava *(Citrus hystrix)* ★ Poncire *(Poncirus trifoliata)*

NOS DIX COMMANDEMENTS

1. *Donnez-leur de la chaleur, mais pas de soleil brûlant.*
2. *Ne plantez jamais trop profond (le collet doit se trouver en surface).*
3. *Ne plantez rien au pied des agrumes (les racines sont en grande partie superficielles).*
4. *Ne les exposez pas au gel, ce sont des plantes plus frileuses qu'on ne le dit.*
5. *Cultivez les agrumes en pot dans les régions où les risques de gel sont importants.*
6. *Hivernez hors gel, mais pas dans la maison.*
7. *Évitez le manque d'eau à partir de la formation des fruits.*
8. *Arrosez à l'aplomb de la ramure (et non directement au pied) pour ne pas humidifier excessivement le tronc et le pivot.*
9. *Fertilisez régulièrement les agrumes, car ce sont des plantes hyperactives.*
10. *Surveillez bien l'apparition des cochenilles.*

1 Un jardin d'agrumes, pour qui ?

Les agrumes peuvent être plantés en pleine terre dans les zones où les gelées sont inexistantes ou légères et peu durables ; les résistances au froid annoncées s'entendent pour de courtes expositions nocturnes avec un réchauffement dans la journée qui suit. En hiver, on peut apporter une petite protection avec un voile d'hivernage. Partout ailleurs dans le pays, on les cultive en pot, il suffit de leur assurer un hivernage hors gel, dans une véranda ou une remise, avec une petite source de lumière. À de rares exceptions près, les agrumes ne sont pas adaptés à la culture à l'intérieur de la maison.

2 *La petite histoire : La découverte de la clémentine*

Le clémentinier, issu du croisement naturel entre un mandarinier et un oranger doux (Citrus sinensis), aurait été découvert au début du XXe siècle par l'abbé Clément (Vincent Rodier, 1829-1904, de son nom civil), religieux agronome, dans un semis de mandariniers près d'Oran en Algérie. La clémentine a été officiellement décrite pour la première fois en 1902 dans la Revue Horticole.

Supprimez tous les départs inutiles.

3 Quel est l'entretien courant ?

Les agrumes sont exigeants en fertilisation, en eau et en chaleur ; ces trois conditions remplies, ils poussent sans interruption. En pleine terre, apportez un engrais organique en automne puis en fin de printemps, arrosez dans une large cuvette, à l'aplomb de la couronne pour les gros sujets.

Pour les plantes en pot, l'hivernage doit se faire idéalement autour de 8 °C, pour entraîner une floraison printanière généreuse ; contrairement à une idée reçue, il ne faut pas les hiverner au chaud.

Les seuls parasites sérieux sont les cochenilles, qui entraînent la fumagine à leur suite. On peut ignorer les attaques de mineuse.

4 La taille, pas très compliquée !

En pleine terre ou en pot, taillez les agrumes régulièrement pour aérer le centre de la plante. Supprimez le bois mort, les rameaux qui se croisent et ceux tournés vers l'intérieur de la plante pour un résultat clair et allégé. Réduisez de moitié la longueur des tiges après la récolte, à tout moment de l'année.

À partir de juin et jusqu'à fin septembre, la mineuse se développe sur les jeunes rameaux de l'année qu'elle déforme : sa larve dévore l'épaisseur du limbe. Coupez les rameaux atteints, c'est sans conséquence pour la suite du développement de la plante.

5 Rempoter les agrumes

Tous les ans, à la sortie de l'hiver, rempotez dans un pot plus grand en utilisant un terreau fertilisé, riche, comme un mélange pour agrumes du commerce. Pour les sujets plus importants, faites un surfaçage en remplacement du rempotage (qu'il faudra faire au moins tous les 3 ans). Griffez délicatement, car les racines sont superficielles, ôtez le plus possible d'ancienne terre sur quelques centimètres de hauteur et apportez un terreau tout neuf. Trois mois plus tard, reprenez les fertilisations par arrosage avec un engrais spécial agrumes.

6 *C'est bon pour la planète et la biodiversité : Traiter au jet d'eau*

Les cochenilles farineuses sont nombreuses à l'aisselle des feuilles et au revers, mais elles sont très peu accrocheuses, tout juste posées. Il est très facile de les déloger avec un jet d'eau un peu puissant et de les faire tomber au sol où on finit de les noyer par un arrosage abondant qui profite aussi à l'agrume. À renouveler autant de fois que nécessaire, entre juillet et septembre.

7 *Le coin du curieux : Un fruit particulier, l'hespéride*

En botanique, une hespéride est un fruit particulier, une baie caractérisée par le développement important des poils de l'endocarpe (épiderme interne) qui deviennent succulents (il faut comprendre remplis de suc) ; chez les agrumes, ils sont délicieux à manger.

De beaux citronniers comme dans les villas italiennes.

et Si

10 Le citronnier que j'ai obtenu en semant des pépins ne fructifie pas ?

Les citronniers issus de semis mettent plusieurs années pour fleurir et fructifier. Pour réduire le délai, on les greffe, le stress induit par le greffage provoque une mise à fleurs plus rapide. Mais vous avez peut-être fait un semis à partir du fruit d'un hybride stérile : dans ce cas, il n'y a rien à faire que profiter du beau feuillage.

11 Les feuilles de mon citronnier jaunissent ?

Il est normal que les feuilles du citronnier jaunissent avant de tomber, mais le phénomène est accentué au moment de la fructification. La plante épuise ses réserves pour permettre le grossissement et la maturation des citrons. Après la récolte, taillez et fertilisez.

Des feuilles de citronniers jaunies, c'est normal en période de fructification.

IDÉES

8 Pourquoi pas... une collection d'agrumes ?

La diversité de formes des fruits et de leur couleur, et les multiples originalités incitent à la collection. Laissez de côté les agrumes les plus courants pour cultiver une main de Bouddha, aux étranges fruits digités, un « flying dragon », un drôle de *Poncirus* aux branches tortueuses et au feuillage d'automne flamboyant, ou un citron caviar *(Citrus australasica)*, la nouvelle coqueluche des chefs cuisiniers, pour ses fruits violets allongés, renfermant des « billes » de pulpe.

Le caviar du jardin

9 Pourquoi pas... des agrumes à l'intérieur ?

Les agrumes apprécient peu les ambiances sèches et peu lumineuses des intérieurs ; seuls deux d'entre eux s'en accommodent, le calamondin, ou oranger d'appartement, et le kumquat, mais ils sont bien plus beaux à l'extérieur. Pensez à les bassiner de temps en temps ou au moins à les brumiser, et donnez-leur le plus de lumière possible, mais pas de soleil derrière une baie vitrée.

Kumquat en intérieur.

BIGARADIER

Citrus aurantium

J F M A M J J A S O N D

Hauteur	Largeur	Exposition	Sol	Rusticité
3/6 m	2/4 m	☀	P	3/5 °C

Le bigaradier, ou « oranger amer », est un bel arbre au feuillage persistant. Ses feuilles sont grandes, ailées, pointues, coriaces et lustrées, d'un beau vert. Ses fleurs blanches, abondantes et très parfumées, sont suivies, en décembre-janvier, par des fruits ronds à légèrement aplatis, lisses puis légèrement piquetés, rugueux ou bosselés. Ils ont beaucoup de pépins.

SOL Frais et riche, légèrement calcaire.

CULTURE Autrefois largement utilisé comme porte-greffe pour les autres agrumes, il a été délaissé, car il est très sensible au virus de la tristeza. Assez bonne rusticité (– 9 °C).

RÉCOLTE Cueillez à maturité. Les fruits peuvent rester des mois sur l'arbre sans perdre leur goût.

VARIÉTÉS Il existe quelques variétés peu répandues comme 'Bouquetier de Nice' ou 'Séville' et l'étonnant 'Bizaria', une chimère entre l'orange amer et le cédrat, aux fruits bicolores.

CULTURE EN POT Juste pour les petits sujets.

UTILISATIONS

En isolé, pour l'ornement, formé sur tige ou en touffe. Les fruits servent à concocter la marmelade d'orange, chère aux Anglais, et le vin d'orange. La fleur est distillée pour les pâtisseries, les infusions et pour donner le néroli, utilisé en parfumerie.

CALAMONDIN

x *Citrofortunella mitis*

J F M A M J J A S O N D

Hauteur	Largeur	Exposition	Sol	Rusticité
1/3 m	1/1,50 m	☀	P	0 °C

Appelé aussi *Citrus mitis*, cet arbuste est un hybride de kumquat et de *Citrus*. Compact, il porte des feuilles alternes, oblongues, brillantes et coriaces. Les fleurs, blanches, parfumées, apparaissent toute l'année. Elles donnent des petits fruits non comestibles, ronds, orange vif, plus abondants au cœur de l'hiver.

SOL Enrichi de fumier décomposé, souple, profond, bien drainé, plutôt acide.

CULTURE Hormis sur la Côte d'Azur, il faut l'hiverner en véranda et le sortir de mai à octobre. En pot, laissez la terre sécher entre deux arrosages. Utilisez une eau non calcaire pour éviter la chlorose. Au printemps et en été, donnez de l'engrais pour agrumes tous les quinze jours et un produit antichlorose si les feuilles jaunissent. Une fois par mois, inspectez les tiges et le revers des feuilles pour détecter la présence de cochenilles.

RÉCOLTE Les fruits sont purement décoratifs.

ESPÈCE ET VARIÉTÉS Il n'existe qu'une seule espèce, x *Citrofortunella mitis*. 'Tiger', à feuilles panachées de blanc, et 'Variegata', à feuilles ponctuées de blanc et fruits striés de vert, sont plus fragiles que l'espèce type.

CULTURE EN POT C'est le mode de culture le plus courant. Le calamondin est le meilleur agrume pour la culture à l'intérieur. Rempotez chaque année en mars et taillez légèrement à ce moment pour bien équilibrer la ramure.

CÉDRATIER

Citrus medica

J F M A M J J A S O N D

Hauteur	Largeur	Exposition	Sol	Rusticité
4/5 m	2/3 m	☀	P	0 °C

Ce petit arbre porte des branches épineuses lavées de pourpre de 10 à 15 cm de long, persistantes, alternes, ovales, lancéolées, à l'extrémité arrondie. petites grappes de fleurs parfumées, à 5 pétales, blanches suivies de gros fruits jaunes.

SOL Riche, léger, bien drainé, peu calcaire.

CULTURE Le pied d'un mur au sud est une situation idéale. Protégez du gel, arrosez bien en été. Comme le cédratier fructifie sur des rameaux de l'année, supprimez au printemps les pousses qui ont produit et les brindilles desséchées ou inutiles. En septembre et après la fructification, apportez un engrais complet pour agrumes. Éclaircissez-le chaque année pour favoriser la fructification. Attention aux cochenilles et aux acariens, surtout sous abri.

RÉCOLTE Cueillez les fruits dès qu'ils sont bien colorés. Ils se gardent 3 semaines à l'air libre ou dans le bac du réfrigérateur.

ESPÈCE ET VARIÉTÉ On ne cultive que l'espèce. Citons aussi 'Limetta' (citron doux).

CULTURE EN POT Il doit être cultivé en bac de 30 à 40 cm de profondeur et rentré en hiver.

CURIOSITÉ

'Main de Bouddha' (*Cedrus medica* var. *sarcodactylis*) présente des fruits étonnants et décoratifs en forme de mains, très parfumés. Ne pas exposer au gel (au minimum 5 °C).

CITRONNIER

Citrus limon

J F M A M J J A S O N D

Hauteur	Largeur	Exposition	Type	Rusticité
2/6 m	1,50/4 m	☀	P	-5/-6 °C

Vidéo « Cultiver un citronnier »*

Originaire du Cachemire, le citronnier a été diffusé par les Arabes dans tout le bassin méditerranéen. Il est cultivé en France depuis 1648. Les feuilles, alternes, persistantes, de 5 à 10 cm de long, ovales, aromatiques, sont épineuses à la base (stipule). Les fleurs, parfumées, blanches, solitaires ou en petits bouquets, s'épanouissent à toute époque de l'année. Les fruits, qui se forment même chez les jeunes sujets, sont ovoïdes, couverts d'une écorce épaisse, jaune ou verte, très aromatique.

SOL Léger, souple, fertile, bien drainé, assez riche.

CULTURE Plantez au printemps ou sortez les potées lorsque les gelées ne sont plus à craindre. Apportez un engrais spécial pour agrumes avant la première floraison, puis en septembre. Arrosez les sujets en pot, tous les 2 jours en été, et fertilisez-les à l'engrais liquide deux fois par mois. Partout ailleurs que dans le Midi, hivernez les citronniers dans la véranda, entre 5 et 12 °C.

TAILLE En raison de la vigueur du citronnier, la taille est indispensable pour favoriser la fructification et conserver une forme compacte à l'arbuste. Environ un mois après l'apparition de chaque nouvelle pousse, réduisez sa longueur à 20 cm en coupant au-dessus d'une feuille. Comptez 4 ou 5 interventions par an.

RÉCOLTE Cueillez les citrons au fur et à mesure qu'ils mûrissent, lorsqu'ils se détachent aisément de la branche. Le citron peut rester plus d'un mois sur la plante en conservant toutes ses propriétés. Une fois cueilli, il se conserve 2 semaines environ, dans un endroit sec et aéré.

> **OUBLIÉ UNE TAILLE ?**
>
> Vous pouvez provoquer la formation de nouvelles ramifications en coupant les jeunes pousses au niveau d'un groupe de feuilles (couronne).

ESPÈCES ET VARIÉTÉS Outre des variétés de *Citrus limon*, le citronnier, citons quelques espèces proches.

- Citronnier 'Quatre Saisons' : buisson épineux portant des fruits presque toute l'année.
- Citronnier panaché *(Citrus limon* 'Albo-variegata') : fruits tachés et striés de vert, feuilles striées de crème ou de jaune. Surtout décoratif.
- Citron vert, le limettier *(Citrus aurantiifolia)* : assez frileux, fruits verts à la saveur bien particulière.
- Citron des Antilles : variété de citron vert cultivée aux Antilles, pour la culture d'intérieur de préférence.
- Citron 'Meyer' *(Citrus* x *meyeri)* : sans doute un croisement de citronnier avec un oranger, chair orange peu acide, surtout décoratif.
- Citron caviar *(Citrus australasica)* : ses fruits allongés verts ou pourpres renferment des petites billes translucides croquantes et juteuses. Plante frileuse.

CULTURE EN POT En bac de 30 à 40 cm, dans un terreau « agrumes » de qualité ou un mélange par moitié de terre de jardin et de terreau pour rosiers.

CITRON VERT, LIMETTIER

Citrus aurantiifolia

➔ **Citronnier**

COMBAVA

Citrus hystrix

J F M A M J J A S **O N** D

Hauteur	Largeur	Exposition	Type	Rusticité
2/3 m	1,50 m	☀	P	-4/-5 °C

C'est un petit arbre de 3 à 4 m, aux rameaux épineux portant des feuilles doublement ailées facilement identifiables, d'un beau vert. Il fleurit en avril et remonte à fleurs en juillet, en donnant de nombreuses petites fleurs blanc rosé. Les fruits sont petits, ronds, reconnaissables à leur épiderme vert fortement crevassé présentant des circonvolutions. La pulpe est verdâtre, acide, peu juteuse, mais on apprécie l'arome du zeste en cuisine, très parfumé et subtil.

SOL Frais et riche.

CULTURE Sa limite est imposée par le thermomètre, car cet agrume est frileux ; il résiste à de courtes expositions de – 4 à – 5 °C. En dehors des climats les plus cléments du sud de la France, il est conseillé de se contenter de la culture en pot ou en bac et de protéger les plantes en hiver. Il faut les hiverner à 8-10 °C pas plus, car une période de froid est propice à une bonne floraison à la suite.

RÉCOLTE Le combava se cueille quand il est vert foncé.

ESPÈCE Seule l'espèce botanique est proposée.

CULTURE EN POT Donnez un terreau riche, terreautez, surfacez en début de printemps les années où vous ne pouvez pas rempoter. Protégez par un voile d'hivernage.

KUMQUAT

Citrus japonica (syn. Fortunella japonica)

J F M A M J J A S O N D

Hauteur	Largeur	Exposition	Sol	Rusticité
2/3 m	1/1,50 m	soleil	P	-10 °C

Ce petit arbre est le seul agrume dont on consomme les fruits avec la peau, car son épiderme ne contient pas d'acide. Le kumquat est un hybride naturel, souvent planté à titre ornemental, qui donne des fleurs blanches, parfumées, plus tardives que celles des autres *Citrus* (d'avril à juin). Ses petits fruits orangés ont une saveur un peu acide, mais agréable.

SOL Léger, humifère et enrichi de sable.

CULTURE Plantez au printemps au pied d'un mur bien exposé ou en bac afin de pouvoir le rentrer en hiver dans une véranda maintenue hors gel. Équilibrez la forme après la floraison. Ne faites pas de coupe trop sévère. Fertilisez à trois reprises d'avril à juin (engrais « agrumes »).

RÉCOLTE Dès que les fruits se détachent sans difficulté. Vous pouvez les laisser sécher à l'air libre dans du sucre.

ESPÈCES *Citrus japonica* donne des fruits ronds ; *C. margarita*, des fruits longs. Le limequat est un hybride de citron vert et de kumquat.

CULTURE EN POT Dans un pot de 40 cm en tous sens, dans un substrat riche et bien arrosé. Protégez des courants d'air.

> **FROID**
>
> Un kumquat adulte supporte - 10 °C, mais les fruits tombent à partir de la première gelée.

MANDARINIER, CLÉMENTINIER

Citrus reticulata, C. clementina

J F M A M J J A S O N D

Hauteur	Largeur	Exposition	Sol	Rusticité
3/5 m	1/3 m	soleil	P	-6/-12 °C

C'est l'agrume le plus facile à réussir dans les régions froides. Ces arbres se déclinent en différents groupes variétaux, notamment les clémentiniers, à port érigé, aux fruits doux et sans pépins, et les satsumas, à port retombant, très résistants au froid, un peu plus acides, cultivés en Corse. Les véritables mandarines sont plus grosses et garnies de pépins. Les fleurs blanches, parfumées, apparaissent en même temps que les fruits.

SOL Léger, poreux, frais l'été, humifère.

CULTURE Plantez au printemps ou sortez les pots en mai. Utilisez comme porte-greffe *Poncirus trifoliata*. Rustique partout en France, il résiste aux maladies et est parfait pour le clémentinier. Paillez le sol en été. Fertilisez. Équilibrez et aérez la ramure après la première pousse de printemps, pendant la floraison. Supprimez les rameaux morts ou abîmés. Le mandarinier se ramifiant beaucoup, il faut l'éclaircir tous les ans en dégageant le centre. Pour que les fruits grossissent et ne tombent pas, coupez les tiges feuillées qui les accompagnent.

RÉCOLTE Cueillez les fruits lorsqu'ils sont bien formés et se détachent de la branche. La coloration n'est pas signe de maturité, mais d'exposition au froid.

VARIÉTÉS 'Clemenules', clémentine productive ; 'D'Èze', mandarine très sucrée ; 'Fine', clémentine assez précoce ; 'Satsuma Owari', un peu acide, sans pépins.

CULTURE EN POT Sans problème, dans un substrat bien drainé. Plantez les sujets adultes dans un bac de 40 cm en tous sens. Hivernez en véranda.

> **MANDARINIER CHINOIS**
>
> Il s'agit d'un hybride de bigaradier (*Citrus aurantium*) que l'on nomme souvent, à tort, *Citrus* x *myrtifolia*.

ORANGER

Citrus sinensis

J F M A M J J A S O N D

Hauteur	Largeur	Exposition	Sol	Rusticité
4/6 m	2/3 m	soleil	P	-7/-8 °C

Ce petit arbre au port arrondi est le fruitier le plus cultivé dans le monde. Originaire du sud-est de l'Asie, l'oranger fut introduit par les Arabes dans le sud de l'Europe vers l'an 1000. L'orange douce apparut au XVIe siècle, grâce aux Portugais qui la rapportèrent de Sri Lanka et de Chine. On construisit alors des grandes verrières (orangeries), afin de pouvoir le cultiver dans nos régions.

SOL Non calcaire, consistant, mais bien drainé, riche, humifère.

CULTURE Plantez au printemps ou sortez les bacs quand tout risque de gelée est écarté. Le bigaradier, ou orange amer *(Citrus aurantium)*, résistant à la gommose et au phytophthora, est le meilleur porte-greffe de l'oranger. Citrange

ORNEMENT

Il est rare que l'été soit suffisamment long et ensoleillé pour récolter de bonnes oranges en France. Utilisez l'oranger et le bigaradier (moins frileux) comme arbres en bac pour l'ornement.

'Troyer' (hybride d'oranger et de *Poncirus*) convient aussi. Paillez l'été, fertilisez. Éliminez le bois mort pour laisser passer l'air et la lumière, et veillez au bon équilibre de la ramure (qui doit rester sphérique). Offrez-lui un engrais complet au printemps et un engrais « fruits » ou « agrumes » à l'automne.

RÉCOLTE Cueillez à complète maturité, lorsque les fruits se détachent quasiment seuls de la branche. Conservation des fruits frais jusqu'à un mois au réfrigérateur.

VARIÉTÉS 'Navel', gros fruit à la saveur très douce, arbre vigoureux, floraison au printemps, maturité à la fin de l'automne; 'Sanguine', appelé aussi 'Sanguinelli', fructification à la fin de l'hiver, fruit et chair rouge; 'Tarocco', plant AB, vigueur moyenne, convient bien en bac, fruit ovale à chair sanguine, récolte à la fin de l'automne.

CULTURE EN POT Réalisez un mélange composé de 50 % de terre non calcaire, 25 % de sable grossier ou de perlite et 25 % de terreau pour rosiers. De novembre à mars, il doit être placé à une température comprise entre 5 et 12 °C, donc dans une véranda ou une serre froide. Rempotez en février tous les 2 ou 3 ans. Quand le bac est trop gros, surfacez tous les ans au printemps.

Orange douce

POMELO, PAMPLEMOUSSE

Citrus x paradisi

J F M A M J J A S O N D

3/7 m	2/4 m		P	-7/-8 °C

Le vrai pamplemoussier, *Citrus maxima*, donne d'énorme fruits, piriformes, très acides, à peine comestibles. Les pamplemousses que nous consommons sont les fruits du pomelo, hybride de pamplemoussier et d'oranger. C'est le plus productif de tous les *Citrus*.

SOL Profond, sableux, mais frais, riche, bien amendé en matière organique.

CULTURE Plantez au printemps, pas trop profondément pour éviter la pourriture du collet. Paillez en été. Un mois après la plantation, taillez les jeunes pousses de moitié pour équilibrer la silhouette et constituer une charpente solide.

RÉCOLTE Cueillez les fruits quand ils sont colorés et se détachent bien. Ils se conservent sur la plante plus de 2 mois, 15 jours cueillis.

VARIÉTÉS 'Blond', à chair jaune; 'Pink Marsh', à chair rose, sucrée; 'Shambar', à chair rose; 'Star Ruby', à chair rouge.

CULTURE EN POT Possible dans un grand bac, mais fructification rare.

CRAINT LE FROID

Cet agrume est réservé aux régions méditerranéennes : exigeant de la chaleur pour amener ses fruits à maturité, le pomelo souffre dès -5 °C. Il ne doit pas être trop exposé au gel. D'octobre à mai, hivernez-le en véranda, entre 5 et 15 °C.

PONCIRUS, ORANGER TRIFOLIÉ

Poncirus trifoliata

J F M A M J J A S O N D

3/5 m	2/4 m		C

Cet arbuste épineux est proche des *Citrus*, mais il porte un feuillage caduc. Pouvant former un petit tronc, il est redoutable par ses épines acérées de 3 à 5 cm de long, portées sur les rameaux aplatis et anguleux. Les feuilles, alternes, vert sombre, sont composées de 3 à 5 folioles. Les fleurs blanc pur, de 3 à 5 cm de diamètre, agréablement parfumées, apparaissent avant les feuilles. Les fruits globuleux, de 3 à 5 cm de diamètre, jaune pâle en automne, ne sont pas comestibles. Le *Poncirus* est rustique dans toute la France, mais assez peu employé.

SOL Sec, profond, siliceux, assez pauvre, bien drainé. Amendez les sols calcaires avec de la tourbe pour éviter la chlorose.

CULTURE Plantez au printemps et paillez immédiatement le pied. Arrosez bien les jeunes plants la première année. Taillez à volonté, même pour former une haie d'aspect géométrique. Apportez un engrais pour agrumes à action lente au départ de la végétation.

RÉCOLTE Les fruits sont purement décoratifs.

ESPÈCE Il n'existe qu'une seule espèce, *Poncirus trifoliata*.

UTILISATIONS Essentiellement en haie défensive, de préférence de forme libre, pour bénéficier au maximum de sa floraison et de sa fructification. Il est surtout utilisé comme porte-greffe des *Citrus*, en raison de sa bonne résistance au froid.

Les fruits du soleil

La taille de fructification du pêcher

Chez certaines espèces, pas de bonnes récoltes sans une taille fruitière destinée à préparer la formation des fruits. C'est le cas chez le pêcher ... 1

L'éclaircissage des fruits

Trop de fruits, c'est aussi des fruits trop petits. La seule solution est d'en supprimer une partie après leur formation ... 2

Planter un olivier sur butte

Le premier ennemi de l'olivier, avant le froid, c'est l'excès d'eau dans le sol. Le meilleur moyen d'éviter le problème est de planter l'arbre sur une petite butte ... 3

Tailler le figuier

La taille, voire l'élagage, est la garantie de récoltes généreuses, surtout lorsqu'elle est doublée de la taille en vert pour limiter son feuillage important ... 4

Tailler l'olivier

Cet arbre est exubérant : il faut le tailler pour des cueillettes aisées, à portée de main, et pour un parfait état sanitaire, mais aussi pour accentuer son allure décorative ... 5

Le coin du curieux : Les mystères de la sexualité du figuier

La figue est un faux fruit, la fécondation de l'arbre, une suite d'étapes qui longtemps est restée un mystère ... 6

Le bouturage en crossette du figuier

La seule façon de multiplier fidèlement le figuier est de manière végétative (le semis est inopérant, il donne une grande proportion de figuiers sauvages). La greffe est impossible, car le bois est creux et poreux. Le bouturage et le marcottage sont les plus avantageux ... 7

IDÉES

→ POURQUOI PAS... Un Verger Méditerranéen ? **8**

→ POURQUOI PAS... Renforcer mes fruitiers avec des mycorhizes ? **9**

LÉGENDE PHOTO SEULEMENT SI BESOIN

et Si

- Mon amandier fleurit toujours bien, mais je ne récolte jamais d'amandes ? **10**
- Mon figuier porte des fruits qui flétrissent sans jamais parvenir à maturité ? **11**

Les Plantes idéales

Les fruits du soleil sont caractérisés par leur haute teneur en sucres et en arômes. À part de rares exceptions, toutes les espèces fruitières sont de culture très facile.

★ Amandier (*Prunus amygdalus*)
★ Arbousier (*Arbutus unedo*)
★ Feijoa (*Acca sellowiana*)
★ Figuier (*Ficus carica*)
★ Figuier de Barbarie (*Opuntia ficus-indica*)
★ Néflier du Japon (*Eriobtrya japonica*)
★ Olivier (*O.leaeuropaea*)
★ Pêcher, nectarinier (*Prunus persica*)

NOS DIX COMMANDEMENTS

1. *Du soleil oui, mais aussi de l'eau : ne lésinez pas sur l'arrosage (sauf pour l'olivier, le jujubier, le figuier de Barbarie ou le grenadier).*
2. *Une arrière-saison chaude, sèche et longue est nécessaire pour que la plupart de ces fruits parviennent à maturité.*
3. *Un sol très drainant est obligatoire.*
4. *Abritez les plantes du vent (par des brise-vent) et surtout des gelées tardives.*
5. *Faites des apports de matière organique à chaque automne.*
6. *Attention à la mouche méditerranéenne des fruits (pièges à phéromones).*
7. *Un traitement préventif est obligatoire pour la cloque du pêcher.*
8. *Vous rendrez les plantes plus résistantes à la sécheresse en enrichissant le sol avec des mycorhizes.*
9. *Installez l'avocatier dans un emplacement où il ne gèle pas du tout.*
10. *L'éclaircissage des fruits est obligatoire pour certaines espèces.*

1 La taille de fructification du pêcher

Le pêcher ayant tendance à produire beaucoup de bois supprimez d'abord tout le bois mort et les rameaux qui ont porté des fruits, car ils n'en porteront plus. Intervenez en février-mars, lorsque les boutons floraux sont facilement repérables. Coupez toutes les pousses à bois à 2 yeux. Les rameaux les plus vigoureux peuvent être taillés à 3 yeux. Pour les rameaux mixtes, portant à la fois des yeux à bois et des boutons floraux, conservez 2 yeux à la base, ils serviront à remplacer la végétation l'année suivante. Choisissez les 3 premiers bouquets floraux et coupez au-dessus de l'œil à bois situé juste après, il servira de tire-sève. Enfin, supprimez tous les yeux à bois inutiles, qui ne font pas partie des bouquets floraux, pour réserver la sève aux futurs fruits.

2 L'éclaircissage des fruits

Intervenez lorsque les premiers petits fruits tombent d'eux-mêmes au sol. Utilisez un sécateur ou, mieux, une épinette, un sécateur à lame fine, pour ne pas blesser les fruits retenus. Chez le pêcher, laissez 3 à 6 fruits par rameau mixte et un seul pour les bouquets de mai. Chez la vigne, si la taille a été correcte, il ne doit rester que 2 grappes par coursonne, sinon rectifiez.

3 Planter un olivier sur butte

L'olivier pousse sur une souche large et peu profonde, sur laquelle naissent de nombreuses petites racines fonctionnelles, à la différence des autres arbres à l'enracinement profond. Pour lui épargner les excès d'eau dans les sols lourds, il suffit de le poser sur une butte de terre de 40 cm et de ménager une cuvette autour pour l'arrosage.

Obtenir des fruits gros et sucrés, c'est aussi le but de la taille.

Un olivier bien taillé.

On dit qu'un oiseau doit pouvoir traverser un olivier sans s'arrêter.

4 Tailler le figuier

On peut couper les branches du figuier à n'importe quel niveau, il repart avec vigueur pour donner des rameaux fructifères. Toutefois, des tailles trop superficielles provoquent un grand nombre de départs porteurs de nombreux fruits, mais de petit calibre. À l'inverse, une coupe sévère entraîne une réaction de l'arbre qui donne beaucoup de végétation au détriment de la fructification. L'idéal est de couper de un tiers à deux tiers de la longueur de toutes les branches. Cette technique vaut pour les variétés unifères (une seule récolte par an) qui donnent des fruits sur les rameaux de l'année. Chez les variétés bifères, on opère de même, mais sur la moitié des branches à la fois, au risque de se priver d'une grande partie de la récolte. Une fois les fruits visibles, faites une taille en vert. Coupez au-dessus de la 2e feuille de la dernière figue pour concentrer la sève au niveau des fruits.

5 Tailler l'olivier

La taille doit se faire en fin d'hiver, après la récolte. Le plus simple est d'associer la taille en gobelet et la taille dite « en cascade ». La première vise à éclaircir le centre de l'arbre de toute sa végétation – on dit qu'un oiseau doit pouvoir traverser un olivier bien taillé sans s'arrêter. Les rameaux fructifères ployant sous le poids des olives, les branches prennent un port pleureur. Cette arcure naturelle a un gros avantage, elle provoque la formation de nombreux rameaux fructifères sur la face supérieure des branches. Mais au fil des ans, de cascade en cascade, la végétation a tendance à s'éloigner de l'arbre, il faut donc la ramener plus près du tronc par la taille. Pour cela, supprimez tous les rameaux ayant porté des olives et qui n'en donneront plus. Enfin, en permanence, ôtez les rejets de la base et sur les charpentières.

6 *Le coin du curieux : Les mystères de la sexualité du figuier*

La figue n'est pas un fruit (les véritables fruits sont les petits grains contenus dans la chair), mais un sycone. Quelquefois les figues se développent de manière parthénocarpique (sans fécondation) ; d'autres fois, la fécondation se fait par l'intermédiaire d'une guêpe lilliputienne, le blastophage *(Blastophaga psenes)*, la seule à avoir accès aux fleurs en passant par l'opercule visible à la base des figues. Le développement des vrais fruits se fait par les femelles blastophages qui en sortant de leur hibernation (dans les figues dites « mâles ») se sont couvertes de pollen, qu'elles vont déposer en été dans les figues que nous consommons et qui sont dites « femelles ».

7 LE BOUTURAGE EN CROSSETTE DU FIGUIER

En fin février-début mars sur du bois sec, ou en fin d'été sur du bois semi-aoûté, prélevez des boutures de 15 cm environ, en laissant un petit segment du rameau porteur. Placez-les dans un substrat léger, moitié terreau, moitié vermiculite, par exemple, sous un abri léger tel un tunnel plastique, en veillant à saturer l'atmosphère ambiante par des arrosages réguliers. Laissez à l'ombre, pour éviter la surchauffe, en aérant de temps en temps au besoin. Au bout de 3 mois, quand les premières racines sont visibles, supprimez l'abri. Conservez les boutures jusqu'au rempotage ou la plantation définitive au printemps ou à l'automne suivant.

Un plant bouturé de figuier

IDÉES

8 POURQUOI PAS... UN VERGER MÉDITERRANÉEN ?

Un verger sans une goutte d'eau, c'est possible en plantant des jujubiers, des grenadiers, des amandiers et des feijoas, par exemple. Et toujours en plein soleil.

9 POURQUOI PAS... RENFORCER MES FRUITIERS AVEC DES MYCORHIZES ?

Les mycorhizes sont des champignons microscopiques qui vivent en symbiose avec les racines. Ils favorisent l'absorption des éléments nutritifs et de l'eau par les racines, ce qui rend la plante plus résistante à la sécheresse. En retour, ils bénéficient des sucres de la photosynthèse produits par les arbres et arbustes. Il est utile de « mycorhizer » certaines espèces méditerranéennes pour une meilleure résistance à la sécheresse, en apportant les préparations du commerce au moment de la plantation.

et Si

10 Mon **amandier fleurit** toujours bien, mais je ne récolte **jamais d'amandes** ?

Si sa floraison n'est pas exposée au froid, il a besoin d'une variété pollinisatrice pour une bonne fécondation.

Variété à polliniser	Variété pollinisatrice
'Ardéchoise', 'Sultane', 'Texas'	'Princesse'
'Princesse'	'Ardéchoise', 'Texas'

11 Mon **figuier** porte des **fruits** qui **flétrissent** sans jamais parvenir à maturité ?

Il s'agit d'un caprifiguier, encore appelé « figuier mâle » (ce qui est faux sur le plan botanique) ou « figuier sauvage » qui donne des fruits non consommables, à la différence des figuiers domestiques qui produisent les bonnes figues délicieuses.

Fleurs d'amandier.

Le plaisir des amandes fraîches.

AMANDIER

Prunus amygdalus (P. dulcis)

J F M A M J J A **S O N** D

Hauteur	Largeur	Exposition	Rusticité
6/8 m	3/4 m	☀	-10 °C

Ce petit arbre, très cultivé dans les régions méditerranéennes, est l'un des plus précoces à fleurir. Les feuilles, lancéolées, sont très étroites. Sa splendide floraison, rose ou blanche, dès février, craint les gelées printanières. Les fruits, ovoïdes, veloutés, gris-vert, ont besoin de chaleur pour faire mûrir l'amande qu'ils renferment.

SOL Perméable, léger, pierreux, calcaire.

CULTURE Plantez en automne, à l'abri des vents froids. L'amandier doit être greffé sur franc de pêcher pour la culture en sol sain et non calcaire, sur franc d'amandier pour les terres calcaires et sèches. Faites deux apports d'engrais complet pour arbres fruitiers au printemps et à l'automne. Épandez du fumier décomposé au printemps. Arrosez l'été par temps chaud. Pour une bonne pollinisation, plantez au moins deux variétés compatibles côte à côte.

TAILLE Dans le Midi, formez l'amandier en gobelet, sur un tronc de 80 à 90 cm. Ailleurs, palissez-le en palmette à la diable contre un mur exposé plein sud. Supprimez les pousses qui ont porté des fruits.

RÉCOLTE Comptez de 8 à 12 kg de fruits à coque sèche ou 50 kg à coque verte. Cueillez les amandes fraîches à la main, entre 10 et 25 jours avant la maturité complète. Gaulez les amandes sèches.

VARIÉTÉS 'Ardéchoise', vigoureux, résistant au froid, mais floraison précoce, production moyenne, fruit à coque demi-tendre, très résistant aux maladies, maturité septembre, récolte septembre. Pollinisateur : 'Princesse'; 'Princesse' (syn. 'Pistache'), variété ancienne, floraison précoce, fructification tardive, maturité fin août, récolte dès juillet (en vert), coque tendre, ouverture facile, apprécié des oiseaux. Pollinisateurs : 'Texas' et 'Ardéchoise'; 'Sultane' (syn. 'À la Dame', 'Dame de Provence' ou 'Ronde'), variété ancienne, production moyenne, fruit à coque tendre, récolte dès juillet (en vert), maturité mi-septembre. Pollinisateur : 'Princesse'.

CULTURE EN POT Possible pour l'amandier nain 'Garden Prince', autofertile.

ARBOUSIER

Arbutus unedo

J F M A M J J **A S O N D**

Hauteur	Largeur	Exposition		Rusticité
3/6 m	2/4 m	☀	P	-8 °C

Vidéo «Cultiver un arbousier»*

Cet arbuste très ramifié, l'un des rares fruitiers à feuillage persistant, porte en hiver des fruits comestibles et colorés. Commun dans les jardins de la moitié sud de la France et du littoral atlantique, l'arbousier forme un buisson compact. Les feuilles elliptiques sont légèrement dentées sur les bords, luisantes sur le dessus. Les rameaux et le tronc se parent d'une écorce rougeâtre. Les fleurs, mellifères et semblables à des clochettes de muguet, apparaissent fin août. Elles laissent la place à de petites boules rouges, qui ressemblent à des fraises rouge orangé de 3 cm de diamètre, comestibles, savoureuses à maturité. Les fruits ne sont mûrs qu'après une année passée sur la plante.

SOL Tout convient, même les terres calcaires, si elles sont bien drainées.

CULTURE À la plantation, procédez à une taille de formation, puis laissez pousser l'arbuste en forme libre. Pour une haie, espacez les pieds d'environ 1 m. Les premières années, en cas de grosses gelées, couvrez le pied avec de la paille.

RÉCOLTE Quand elles sont bien rouges et légèrement ramollies.

VARIÉTÉS 'Atlantic', compact (2 m), fleurs blanches; 'Compacta', port compact (de 1 à 2 m), gros fruit orangé, à protéger du froid (–10 °C), convient pour la culture en bac; 'Perle Rose', à gros fruits sphériques, rouge-orangé.

CULTURE EN POT Possible pour les variétés très compactes.

*Télécharger l'application Truffaut +, voir p. 6-7

FEIJOA, GOYAVIER DU BRÉSIL

Acca sellowiana

J F M A M J J A **S O** N D

Hauteur	Largeur	Soleil		Rusticité
2/3 m	1/3 m		P	-5 °C

Cet arbuste frileux est à la fois décoratif par ses fleurs et utile par ses fruits. Buissonnant, le feijoa a des feuilles opposées, ovales, grisâtres. En juin-juillet, il épanouit des fleurs rouge et blanc, suivies en automne de fruits au parfum d'ananas qui mûrissent difficilement.

SOL Riche, bien drainé, argilo-calcaire.

CULTURE Il lui faut une exposition chaude et très ensoleillée, sinon les fruits ne mûrissent pas bien. Dans les zones à hivers froids, cultivez-le comme un agrume, en bac, à l'extérieur et dans une serre froide en hiver. Palissez-le contre un mur chaud dans l'Ouest. Il réussit en pleine terre sur la Côte d'Azur. Pour une bonne pollinisation, groupez plusieurs sujets différents. Supprimez les pousses à la base des plants greffés. En mars-avril, rabattez des deux tiers les pousses secondaires. Éclaircissez les fruits.

RÉCOLTE De 5 à 20 kg par sujet âgé de plus de 5 ans. Les fruits restent verts à maturité. Ils e conservent 2 mois.

VARIÉTÉ 'Coolidge', autofertile, port buissonnant, abondante fructification, fruit plus gros que sur l'espèce type, maturité octobre et novembre.

CULTURE EN POT Possible en bac.

COCHENILLES

Après la récolte des fruits, traitez préventivement les feijoas contre les cochenilles avec un insecticide huileux.

FIGUIER DE BARBARIE

Opuntia ficus-indica

J F M A M J J **A S** O N D

Hauteur	Largeur	Soleil		Rusticité
1/3 m	1/2 m		P	0 °C

Ce grand cactus arbustif donne des fruits épineux à la saveur douce. Originaire d'Amérique centrale, cet oponce forme un tronc ligneux portant des raquettes arrondies, plates, épineuses et charnues. Au printemps, le bord des raquettes se pare de très belles fleurs en coupe jaune orangé, qui donnent des fruits ovoïdes de 5 à 10 cm de long, fortement épineux, jaune orangé.

SOL Sec, sableux, pauvre, très poreux, caillouteux et aride, même calcaire.

CULTURE Plantez au printemps au soleil, même brûlant, dans un substrat léger une raquette qui va servir de bouture. Inutile d'arroser et de fertiliser. Cultivez le figuier de Barbarie en pot dans les régions froides et hivernez-le entre 5 et 12 °C dans une véranda. Coupez les parties mortes ou sèches. Rajeunissez régulièrement la plante, qui se dégarnit petit à petit.

RÉCOLTE À pleine maturité, lorsque les fruits sont bien colorés. Brossez-les pour enlever les épines, fines, mais redoutables.

ESPÈCE L'espèce type seulement.

CULTURE EN POT La plante peut vivre de nombreuses années dans un substrat sableux, mais il est rare qu'elle produise des fruits.

CHALEUR NÉCESSAIRE

La production fruitière n'est possible que sur les talus secs de la Côte d'Azur ou de la Corse.

NÉFLIER DU JAPON

Eriobotrya japonica

J F M **A M J** J A S O N D

Hauteur	Largeur	Soleil		Rusticité
3/5 m	2/4 m		P	-5 °C

Ce petit arbre frileux, appelé aussi « bibacier », ou « loquat », est surtout cultivé pour son aspect ornemental. Il est rustique, mais ses fruits gèlent à – 5 °C. Son feuillage ovale, gaufré, disposé en rosette, est très décoratif. Les fleurs, automnales, blanches, sont parfumées et utilisées en parfumerie dans les notes de tête. Il est autofertile.

SOL Tout sol plutôt consistant, assez riche, profond ; un peu de calcaire est bien toléré.

CULTURE Plantez au printemps près d'un mur bien exposé, à l'abri des vents froids. Arrosez abondamment en cas de sécheresse. Paillez toute l'année. Fertilisez. Éclaircissez les fruits. Après la fructification, éliminez les pousses ayant produit. Équilibrez la forme.

RÉCOLTE D'avril à juin, cueillez les fruits bien mûrs.

VARIÉTÉ Préférez les plants greffés sur cognassier de Provence (les semis ne fructifient qu'après 8 à 10 ans). 'Coppertone', à floraison rose, est une plante surtout ornementale.

CULTURE EN POT Conseillée, excepté dans le Midi et l'Ouest, où il réussit bien en pleine terre.

FIGUIER

Ficus carica

J	F	M	A	M	J	J	A	S	O	N	D

6/10 m | 3/5 m | -15 °C

Vidéo « Cultiver un figuier »*

Cet arbre opulent est une curiosité végétale dont les vrais fruits sont les grains. Doté d'une grande longévité, le figuier est ornemental par son grand feuillage découpé, vert brillant foncé. On consomme le réceptacle charnu de l'inflorescence (sycone), les véritables fruits étant les minuscules grains (akènes) contenus dans la chair. Le figuier est fécondé par le blastophage, une toute petite guêpe qui se développe à l'intérieur du sycone.

SOL Léger, plutôt sec, pauvre, calcaire.

CULTURE Plantez au printemps, de préférence le long d'un mur au sud dans les régions fraîches. Arrosez abondamment quand les fruits commencent à grossir. Paillez le pied avec du compost ou un paillis pas trop compact. Bouturez en crossette, en août, un rameau muni d'un œil terminal.

PETITS PROBLÈMES Mouche noire des figues (Lonchaea aristella), cochenille du figuier (Ceroplastes rusci), teigne du figuier.

TAILLE Dans le Nord, l'hiver suivant la plantation, conduisez le figuier en cépée, en rabattant le jeune arbre à 3 yeux au-dessus du sol. Ensuite ,équilibrez la ramure et dégagez bien le centre. La taille de fructification, surtout utile dans le Nord, a pour but de favoriser la ramification, les figues se développant sur les pousses d'un an ou sur les bourgeons de l'année. En avril, pincez l'extrémité des rameaux. En mai, supprimez au sécateur les pousses qui démarrent à l'aisselle des jeunes figues. En septembre, après la récolte, supprimez les pousses qui ont fructifié. Dans le Midi, après la récolte des « figues-fleurs » des variétés bifères, supprimez en août une partie des pousses de l'année portant des figues d'automne. Cela favorise le développement de nouvelles pousses qui vont porter en fin de saison les figues-fleurs, qui passent l'hiver sur l'arbre à l'état embryonnaire et mûrissent en juillet. En limitant la production, la taille évite l'épuisement de l'arbre.

CONTRE LE FROID

Sous un climat froid, limitez la hauteur du figuier à 3 m et protégez-le en liant les branches, en les entourant d'un paillasson et en enveloppant le tout de plusieurs couches d'un voile d'hivernage en matière synthétique laissant passer l'air.

RÉCOLTE Cueillez les figues bien colorées, à la peau souple, lorsqu'elles se détachent bien. Dans le Nord, un figuier palissé produit de 10 à 20 kg de fruits. Dans le Midi, on récolte entre 50 et 100 kg.

VARIÉTÉS On distingue deux types.

- **FIGUIER UNIFÈRE** : une récolte en automne. 'Rouge de Bordeaux', maturité de mi-août à mi-septembre. Arbre vigoureux et productif, petite figue ronde à la peau presque noire et chair très rouge d'un goût intense.
- **FIGUIERS BIFÈRES** : deux récoltes, les figues-fleurs mûrissent en juillet-août à l'extrémité des rameaux et des figues d'automne sont produites à l'aisselle des feuilles. 'Brown Turkey', juillet et septembre-octobre, arbre de moyen développement, fruit d'automne allongé, de taille moyenne, brun clair. N'a pas besoin du blastophage pour fructifier; 'De Dalmatie', juillet et début septembre. L'arbre, qui pousse vite, porte de grosses figues à la peau fine jaune clair à maturité. Très charnue, sa chair est brun rosé; 'Ice Crystal', cultivar original par sa silhouette compacte (de 1,50 à 2,50 m) et ses feuilles très découpées. Fruit rouge foncé d'excellente qualité gustative. Variété bien adaptée au nord de la Loire; 'Madeleine des Deux Saisons', fin juin et fin août, arbre de vigueur moyenne qui résiste bien au froid. Figue de petit calibre, peau dorée à maturité, chair rose et juteuse.
- **BIFÈRES LES PLUS PRODUCTIFS** : 'Blanche d'Argenteuil', variété ancienne, juillet et septembre (seconde récolte difficile dans la région parisienne), arbre vigoureux, rustique et productif. Figue de calibre moyen à peau jaune verdâtre, brillante, qui se détache facilement, chair blanche, juteuse; 'Goutte d'Or', début juillet et fin août, arbre vigoureux, rustique, productif. Gros fruit allongé, vert doré à brun foncé, chair juteuse, brun clair; 'Noire de Caromb', mi-juillet et début septembre. Arbre très productif, figue allongée, à la peau rouge foncé presque noire et chair rouge, saveur très prononcée; 'Osborn Prolific', juillet et septembre, arbre très fertile, rustique et résistant au froid. Grosses figues jaunes avec des reflets marron-violet, chair rose et sucrée. Variété adaptée au nord de la Loire et à la côte atlantique ainsi qu'à la culture en pot et aux petits jardins de ville. Dans les régions les plus froides, la plante ne fructifiera qu'une fois (en septembre). La mise à fruits est assez rapide (environ 2 ans après la plantation), même si l'arbre pousse assez lentement.

CULTURE EN POT Possible, jusqu'à 5 ou 6 ans. Le figuier en bonsaï parvient à fructifier.

Figue 'Blanche d'Argenteuil'

Figue 'Ice Crystal'

*Télécharger l'application Truffaut +, voir p. 6-7

OLIVIER

Olea europaea

J	F	M	A	M	J	J	A	S	O	N	D

Hauteur	Largeur	Exposition		Rusticité
5/10 m	3/4 m	☀	P	-10 °C

Caractéristique des régions méditerranéennes, l'olivier porte des feuilles persistantes, allongées, coriaces, gris argenté. Les petites fleurs blanches apparaissent à l'aisselle des feuilles, d'avril à juin. Les fruits mûrissent entre septembre et décembre.

SOL Profond, bien drainé, calcaire, même pauvre, sec et caillouteux.

CULTURE À la plantation, faites un apport de matière organique et d'engrais de fond. Maintenez le point de greffe à 5 cm au-dessus du sol. Bien que l'olivier soit résistant à la sécheresse, il apprécie les premières années après la plantation des arrosages réguliers, qui lui permettent de développer un bon système racinaire. Dans les sols consistants, il est préférable d'arroser une ou deux fois par mois en fonction des pluies. Dans une terre pauvre et très poreuse, arrosez par petites quantités, mais plus souvent. Ménagez une cuvette au pied de l'arbre pour bien retenir l'eau. Les premières années, désherbez autour du tronc à la main, sans travailler le sol en profondeur, pour ne pas abîmer les racines, assez superficielles.Taillez tous les ans au début du printemps pour supprimer les branches grêles et stériles. Attention à l'humidité, plus redoutable en hiver que le gel. L'olivier est susceptible aussi de souffrir des attaques de

POLLINISATION

Les oliviers sont souvent autostériles. Plantez des pollinisateurs, comme 'Cayon' (10 % de l'oliveraie) du côté du vent dominant pour favoriser le transport du pollen.

l'œil de paon, un champignon qui provoque des taches concentriques sur les feuilles, ou de la cochenille noire de l'olivier, capable d'envahir des rameaux entiers de l'arbre, qui se couvre ensuite de fumagine.

RÉCOLTE Les olives de table se récoltent vertes, dès fin septembre ; on peut les récolter à la main, les gauler ou secouer l'arbre.

VARIÉTÉS Ne figurent ici que des variétés pour la consommation des fruits, les variétés à huile n'ont pas été retenues.

- **OLIVES À CONSOMMER VERTES** : 'Aglandau', très résistante au froid ; 'Picholine du Gard', arbre assez frileux, résiste aux parasites.
- **OLIVES À CONSOMMER NOIRES** : 'Grossanne', grand arbre résistant bien au froid, fruit à la saveur très fine.

CULTURE EN POT L'olivier supporte bien les transplantations, mais s'accommode mal d'un pot trop petit. Prévoyez au départ un pot de 30 cm de diamètre et un rempotage tous les 2 ou 3 ans. À terme, il faudra le placer dans un bac à orangerie et rempoter tous les 3 ans. Protégez l'olivier des froids vifs en le couvrant complètement (y compris le pot) d'un voile d'hivernage. Il est possible de le conduire en bonsaï, son tronc torturé faisant merveille pour cette utilisation.

Vidéo « Planter un olivier »*

***Télécharger l'application** Truffaut +, **voir p. 6-7**

PÊCHER, NECTARINE, BRUGNON

Prunus persica

J F M A M **J J A S** O N D

3/5 m | 2/4 m

Ce petit arbre au port ample, de la famille des Rosacées, porte des fruits juteux, duveteux ou lisses. Originaire d'Extrême-Orient, le pêcher a gagné l'Occident *via* l'Égypte et la Perse, d'où son nom botanique. Les feuilles étroites, recourbées, atteignent 15 cm. Les fleurs, très précoces (dès février), roses, sont portées en petits bouquets.

SOL Léger, profond, bien drainé, même sec et caillouteux, mais non calcaire.

CULTURE Les variétés de pêchers doivent être greffées.

- **PORTE-GREFFE** : le franc de pêcher, vigoureux, est le plus utilisé en sol sain, profond et non calcaire. En sol lourd et humide ou même calcaire, le prunier Saint-Julien, qui donne des fruits plus petits, convient bien, surtout dans le Nord. En sol sec et calcaire, utilisez l'amandier, idéal dans le Midi. Les hybrides pêcher-amandier (GF 557 ou GF 677) sont plus adaptés au Sud-Ouest. Vigoureux, ils conviennent dans les sols calcaires, mais n'aiment pas du tout les sols trop humides.
- **ENTRETIEN** : à l'inverse d'un pommier, qui fructifie sans soins, un pêcher ne peut prospérer s'il est abandonné à lui-même. Son espérance de vie sera limitée à une dizaine d'années. Il a besoin d'arrosages, surtout au moment de la formation des fruits. Quand ces derniers atteignent la taille d'une noisette, Il faut en supprimer une partie pour permettre à ceux qui restent de bien grossir. On laisse en général un fruit tous les 15 cm sur la branche. Un pincement est également nécessaire. Taillez les pousses qui portent des fruits, à 5 feuilles au-dessus des pêches. L'effeuillage permet d'améliorer la coloration des fruits, en supprimant toutes les feuilles qui les masquent.
- **FERTILISATION** : apportez un engrais pour arbres fruitiers chaque année au printemps et une fumure organique en automne.

CLIMAT

Plantez-le à l'abri des gelées, en raison de la précocité de la floraison et du caractère frileux de l'arbre. Il aime la chaleur et réussit bien dans le Sud. Dans les régions du Nord, mieux vaut le palisser contre un mur exposé au soleil. Il craint le vent et les gelés tardives.

PETITS PROBLÈMES La cloque du pêcher est l'affection la plus courante, avec la maladie criblée. Lors d'un printemps froid et humide, la cloque se traduit par la teinte rose des feuilles toutes jeunes, encore pliées. Elles prennent un aspect gaufré, puis s'enroulent sur elles-mêmes, avant de tomber. Les rameaux s'arrêtent de pousser, se déforment et se tordent. Le traitement préventif est la meilleure option, car quand la maladie et déclarée, il est déjà trop tard. Faites une pulvérisation de bouillie bordelaise à la chute des feuilles, une autre début mars, avant la naissance des feuilles, et une troisième au gonflement des bourgeons (c'est aussi préventif contre la moniliose et la maladie criblée, ou corynéum, qui se manifeste par des taches circulaires grisâtres sur les feuilles, entourées d'un halo rouge, dont le centre se nécrose).

TAILLE Le pêcher est l'arbre fruitier à noyau le plus exigeant en matière de taille, en raison de son mode de fructification, qui entraîne la formation de beaucoup de bois mort. En effet, les rameaux qui portent des pêches meurent quelques semaines après avoir fructifié.

- **TAILLE DE FORMATION** : pour les formes libres (tige, fuseau, gobelet), assurez un port équilibré avec de 3 à 5 charpentières robustes, et le centre aéré. Taillez au départ de la végétation, plus court sur les arbres peu vigoureux. Pour les formes palissées, créez une palmette « à la diable », en provoquant de nombreuses ramifications par la taille régulière des pousses latérales. Veillez à ce qu'il n'y ait jamais d'axe central et palissez en éventail toutes les ramifications.
- **TAILLE DE FRUCTIFICATION** : elle favorise une production abondante et le remplacement des rameaux qui ont fructifié par de nouvelles pousses portant des boutons floraux.

RÉCOLTE Lorsque les fruits, bien colorés, souples au toucher, se détachent bien de l'arbre. Comptez de 20 à 25 kg par arbre palissé et de 40 à 60 kg par plein-vent.

LE LANGAGE SPÉCIFIQUE DU PÊCHER

Connaître les principaux organes à fruits du pêcher est important.

LE BOUQUET DE MAI est un rameau faible et court, comportant un seul bourgeon foliaire (ou œil à bois) et 4 ou 5 boutons floraux. Conservez-le intact.

LA CHIFFONNE est un rameau peu vigoureux, muni de boutons floraux sur toute sa longueur et d'un œil à bois au sommet.
Elle est conservée le temps d'une fructification, puis éliminée.

LE RAMEAU À BOIS porte des petits bourgeons pointus (yeux à bois) qui évolueront en une pousse feuillée s'ils éclosent.
Taillez les rameaux à bois au-dessus du deuxième œil à partir de la base.

LE RAMEAU MIXTE associe des yeux à bois et des boutons floraux.
Conservez-le intact et éclaircissez les fruits après leur formation.
Mais ce n'est pas utile si l'arbre est vigoureux.

LE RAMEAU GOURMAND, très poussant, porte uniquement des yeux à bois.
Taillez-le après le quatrième ou le cinquième œil. Arquez-le afin de diminuer sa vigueur.

VARIÉTÉS Les pêches sont duveteuses, les brugnons sont des pêches à peau lisse, à la chair ferme, qui adhère au noyau. Les nectarines sont des brugnons à noyau libre. Toutes les variétés sont autofertiles.

• **FRUITS À PEAU DUVETEUSE**

> **Juin et juillet :** 'Amsden', chair blanche, gros fruit, rouge lavé de jaune, chair de bonne qualité, maturité fin juin-début juillet. Existe en palmette ; 'Charles Ingouf', arbre très productif, chair blanche, fruit rouge foncé, noyau adhérent, maturité juillet ; 'Dixired', chair jaune, gros fruit arrondi, rouge très coloré, noyau semi-adhérent, maturité juillet ; 'Redwing', chair blanche, gros fruit rouge foncé, floraison précoce, maturité seconde quinzaine de juillet ; 'Springtime', chair blanche, fruit rouge clair, maturité début juin, sensible au froid et à la cloque.

> **Fin juillet à début août :** 'Grosse Mignonne', gros fruit arrondi, rouge vif lavé de blanc, chair de très bonne qualité, maturité fin juillet-début août, variété assez rustique. Existe en palmette ; 'Redhaven', chair jaune, fruit de calibre moyen, rouge sur fond jaune, chair au goût musqué, noyau libre, maturité fin juillet.

> **Août :** 'Madeleine de Courson', chair blanche, très gros fruit avec mamelon, jaune et rouge ; 'Peento Jalousia', pêche plate, noyau quasi absent, chair blanche, sucrée et fondante, sensible à la moniliose, plante rustique.

> **Fin août à début septembre :** 'Reine des Vergers', gros fruit rose-rouge cramoisi, chair fondante, acidulée, maturité septembre.

Pêcher demi-tige

Existe en palmette ; 'Sanguine de Savoie', fruit de calibre moyen, rouge pourpre, chair rouge, juteuse, sucrée, parfumée, maturité septembre, arbre rustique ; 'Saturne' : pêche plate, chair blanche, fruit jaune et rouge, maturité fin août, rustique.

• **FRUITS À PEAU LISSE**

> **Juillet :** 'Crimson Gold', nectarine, chair jaune, gros fruit, sensible aux gelées printanières ; 'Nectared 6', nectarine, chair jaune, très productif, récolte juillet, sensible à la moniliose.

> **Mi-juillet à début août :** 'Cardinal', brugnon, chair jaune, récolte fin juillet, sensible à la cloque ; 'Fantasia', nectarine, chair jaune, récolte échelonnée dans les trois premières semaines d'août ; 'Morton', brugnon, chair blanche, récolte mi-juillet, floraison précoce.

> **Fin août à début septembre :** 'Nectarose', nectarine, chair blanche, récolte fin août.

• **PÊCHERS DÉCORATIFS** 'Pink Peachy' et 'Taoflora', à fleurs doubles roses.

CULTURE EN POT Seules les formes naines acceptent de pousser en pot. Les variétés naines actuelles offrent une floraison remarquable, comme la nectarine 'Garden Beauty', à fleurs rouges, doubles. Les fruits sont d'un beau calibre, mais de maturité tardive. Ces arbres peu encombrants ne nécessitent aucune taille. Parmi les pêchers nains, citons aussi 'Bonfire'.

Nectarine

'Grosse Mignonne'

POUR LES FRUITS DU SOLEIL, VOUS POUVEZ AUSSI CULTIVER

★ Abricotier 'Canino', 'Polonais', 'Rouge du Roussillon', 'Royal', 'Tom Cot' ➲ p. 842
★ Fraisier 'Mamie', 'Rabunda' ➲ p. 861
★ Grenadier (*P. granatum*) ➲ p. 297 ★ Jujubier (*Z. jujuba*) ➲ p. 297 ★ Vigne 'Dattier de Beyrouth', 'Italia', 'Muscat d'Alexandrie' ➲ p. 836

Un Verger sans souci

Les tailles, l'arrosage, les maladies et les parasites à surveiller, c'est un peu trop pour certains jardiniers qui ont peu de temps (ou moins d'envie) à consacrer à un de leurs loisirs préférés. Pour eux, on a imaginé un jardin sans contraintes.

La taille simplifiée, c'est quoi ?

Pas facile de s'y reconnaître dans tous les bourgeons et organes du poirier et du pommier. Heureusement, il y a la taille simplifiée... **1**

Tuteurer les arbres nouvellement plantés

Des arbres parfaitement ancrés dans le sol, c'est la garantie de fruitiers costauds et moins exposés aux maladies et aux troubles physiologiques ... **2**

Le nettoyage généralisé

Prévenir les maladies et les parasites, ça commence par un bon nettoyage des fruitiers ... **3**

La caseille, un hybride délicieux

À découvrir pour les jardins sans problèmes, car ses variétés sont autofertiles ... **4**

La petite histoire

*Selon la légende, la **framboise**, appréciée des dieux de l'Olympe, serait née sur les pentes du mont Ida, d'où son appellation Rubus idaeus : ronce de l'Ida* ... **5**

La pollinisation des variétés autofertiles

Certaines variétés se suffisent à elles-mêmes pour donner des récoltes abondantes. Plus besoin de planter deux sujets ... **6**

Bigarreau 'Cœur de pigeon', autofertile.

IDÉES

→ POURQUOI PAS... Un jardin fruitier qui se récolte facilement ? 7

→ POURQUOI PAS... Des vignes Saines et sans maladies ? 8

Les Plantes idéales

Des fruitiers qui se taillent peu ou pas, des variétés résistantes aux principales maladies et épargnées par les parasites, des plantes sobres : le choix qui suit est pensé pour laisser du temps libre au jardinier.

★ Abricotier 'Hargrand', 'Luizet', 'Pêche de Nancy', 'Précoce de Montplaisir', 'Rouge tardif', 'Rustique des Pyrénées', 'Tardif de Tain' ★ Cassissier 'Black Down' ★ Cerisier bigarreau 'Cœur de pigeon', 'Lapins', 'Sunburst', Cerisier 'Belle Magnifique', 'Royale' ★ Cognassier 'Monstrueux de Vranja' ★ Figuier 'Brown Turkey' ★ Framboisier 'Autumn Bliss', 'Glen Ample', 'Marastar' ★ Groseillier 'Junifer' ★ Kiwi 'Solissimo', 'Solo' ★ Mûre 'Thornfree' ★ Néflier commun ★ Noisetier 'Merveille de Bollwiller' ★ Noyer 'Franquette' ★ Pommier 'Reine des Reinettes', 'Reinette du Mans' ★ Prunier 'Thames Cross'

NOS CONSEILS

1. *Privilégiez les formes peu encombrantes et semi-libres (fuseau, gobelet, quenouille).*
2. *Cultivez des espèces rustiques adaptées à vos sol et climat.*
3. *Acceptez l'irrégularité des récoltes annuelles.*
4. *Achetez des arbres déjà formés et non des scions, qui demandent une taille de formation importante.*
5. *Choisissez une exposition au soleil et à l'abri du vent.*
6. *Plantez toujours 2 variétés différentes de poiriers et pommiers, pour assurer une bonne pollinisation. Pour les autres espèces, optez pour des variétés autofertiles.*
7. *Plantez à l'automne pour une bonne reprise et respectez des distances de plantation « confortables ».*
8. *Pratiquez toujours des traitements préventifs à la bouillie bordelaise.*

et Si

- Je rêve d'une bouillie bordelaise qui ne tache pas ? 9
- Je veux conserver les fruits récoltés le plus longtemps possible ? 10

1 La taille simplifiée, c'est quoi ?

C'est une taille systématique à 3 yeux de tous les rameaux latéraux pour les pommiers et les poiriers. Raccourcissez la longueur des branches charpentières à 25 cm (on parle dans le langage jardinier de la « longueur du sécateur »). Taillez au-dessus d'un œil dirigé vers l'extérieur.

2 Tuteurer les arbres nouvellement plantés

Il faut plusieurs années à l'arbre fruitier pour bien s'ancrer dans le sol. Pendant ce temps, soumis aux vents forts, il reste vulnérable. C'est encore plus vrai dans les sols meubles. Pour assurer, une fois pour toutes, la plantation, vous avez intérêt à apporter un bon tuteurage. Le tuteurage devrait, dans l'idéal, se faire lors de la plantation et laisser l'arbre assez libre ; ne pas l'immobiliser. Choisissez un tuteur de diamètre et de hauteur en adéquation avec le fruitier. Un tuteur simple pour des troncs de diamètre inférieur à 8-10 cm (hauteur mesurée à 1 m du sol), un tuteur multiple ou un tuteur planté en oblique, au-delà. Préférez ceux du commerce, ils sont en bois imputrescible, le plus souvent en acacia ou en châtaignier. Enfoncez-le profondément dans le sens contraire à celui du vent : l'arbre doit pouvoir « s'adosser » au tuteur. Utilisez des fixations non blessantes **(➲ p. 830 « Les liens de palissage »**

Des liens lâches évitent les blessures des tiges.

Ramassez et détruisez tous les fruits tombés au sol.

3 Le nettoyage généralisé

Un bon nettoyage des déchets du jardin permet de limiter les formes de résistance des champignons, des ennemis des cultures et des parasites, sous lesquels ces indésirables passent l'hiver. Ratissez toutes les feuilles mortes. Vous pouvez les mettre à composter si vous faites un compostage dans les règles de l'art, à savoir charger au moins 1 m^3 de déchets pour que se produise le coup de feu (augmentation brutale de la température pendant quelques jours) qui stérilise tout. Sinon, brûlez-les. Par contre, ne mettez pas les fruits malades ou momifiés que vous cueillerez sur l'arbre ou que vous ramasserez au sol. Curetez le gui, en coupant les touffes au ras, le plus tôt possible, puis en creusant suffisamment en profondeur pour éliminer son suçoir, et enfin recouvrez d'un produit cicatrisant. Les avis sont plus partagés sur le brossage des troncs pour éliminer les mousses et lichens, ils sont considérés comme de petits écosystèmes utiles pour la biodiversité plus que comme des réservoirs de parasites.

4 La caseille, un hybride délicieux

La caseille, *Ribes* x *nidigrolaria,* est un hybride créé il y a une quarantaine d'années en Allemagne, fruit du croisement entre un cassissier et un groseillier à maquereau. C'est un arbuste plus vigoureux que le cassissier et dépourvu d'épines. La floraison précoce, en avril, est suivie de gros fruits réunis en grappes de 3 ou 4 gros grains. La récolte se fait grain à grain pendant tout le mois de juillet, à condition de planter des variétés différentes, toutes autofertiles, pour étaler la production, 'Anita' en premier' suivie de 'Josta' et enfin de 'Rita'. Un mois bien rempli.

La caseille, à découvrir sans attendre.

5 La petite histoire

À l'époque des dieux de l'Olympe, la framboise était blanche. La nymphe Ida, fille du roi de Crète et nourrice de Zeus, voulut un jour cueillir ces fruits pour nourrir son protégé. Mais elle s'égratigna le sein aux épines de l'arbuste. Aussitôt, les fruits prirent la couleur de son sang. Pline a rapporté que les Anciens croyaient que le mont Ida en Crète était le lieu d'origine du framboisier et le seul endroit où il poussait.

6 La pollinisation des variétés autofertiles

La pollinisation est le processus qui apporte un grain de pollen porté par l'étamine (l'élément mâle) au contact du stigmate surmontant l'ovaire contenant l'ovule (l'élément femelle) pour que la fécondation se fasse. C'est souvent le travail d'insectes comme les abeilles, mais pas seulement. La plupart des arbres fruitiers ont besoin d'une pollinisation croisée. De plus, pour des récoltes abondantes, il faut que les deux éléments proviennent de variétés différentes et complémentaires. C'est pourquoi on parle toujours de variété pollinisatrice, en regard de la variété qu'on désire cultiver, qui doit se trouver entre quelques dizaines et une centaine de mètres de distance. Certaines variétés fruitières sont autofertiles, une plante peut être alors fécondée par son propre pollen. Il n'est, dans ce cas, pas nécessaire de planter une autre variété pollinisatrice à proximité. Des variétés intéressantes pour les petits jardins ou pour les jardiniers qui veulent se simplifier la vie.

Idées

7 Pourquoi pas… un jardin fruitier qui se récolte facilement ?

De petits arbres compacts, à hauteur de jardinier, à la fois pratiques pour tous les gestes culturaux et décoratifs, c'est possible avec les formes en gobelet et en fuseau. La première donne des sujets composés d'une dizaine de branches charpentières, laissant un vide au centre de la plante, rappelant la forme d'un verre à pied. La seconde offre des arbres sur un axe central portant de nombreuses branches secondaires équilibrées pour laisser passer la lumière et l'air, et assurer une circulation de sève homogène.

Poirier nain.

8 Pourquoi pas… des vignes saines et sans maladies ?

L'Inra (Institut national de la recherche agronomique) a pensé aux amateurs en créant, en 1988, la gamme Ampelia®, des vignes d'agrément pour la production fruitière familiale, ne nécessitant pas de traitements. Cultivez 'Perdin', pour ses raisins blancs et ronds, adapté à toutes les régions, à vendanger en août-septembre. Complétez par 'Aladin' (noir) et 'Amandin' (blanc), deux raisins rustiques mais fructifiant tard, à préconiser pour la Bretagne et le sud de la Loire. Pour les récoltes plus tardives, fin août-fin septembre, plantez 'Candin', un raisin blanc à gros grains.

et Si

9 Je rêve d'une **bouillie bordelaise** qui ne **tache pas** ?

La bouillie bordelaise est indispensable en préventif pour les fruitiers, mais elle a un gros défaut, elle tache, d'autant plus qu'il faut la laisser ruisseler sur les branches et le tronc. Sa version incolore est une bonne alternative : elle est composée de cuivre et d'hydroxyde de cuivre. Idéale pour les treilles, les pergolas et les fruitiers nains en pot.

10 Je veux **conserver** les fruits **récoltés** le plus longtemps possible ?

À défaut de disposer d'un véritable fruitier – le local prévu pour la conservation des fruits de garde –, étalez vos pommes, poires… dans des cagettes, en prenant soin qu'elles ne se touchent pas. Choisissez uniquement des fruits sains, irréprochables. Placez-les à l'obscurité, dans un endroit frais et ventilé, et faites le tri périodiquement pour éliminer les fruits abîmés.

Le fruitier de garde.

annexes

Le dictionnaire du jardin

LE LANGAGE DU JARDINIER UTILISE BIEN SOUVENT DES MOTS OU DES EXPRESSIONS QUI REBUTENT LE NÉOPHYTE, LUI ENLEVANT TOUTE ENVIE DE SE CONSACRER PLEINEMENT À SON LOISIR, PAR PEUR DE NE PAS FAIRE LE BON GESTE. VOICI, POUR COMPRENDRE ET ENTREPRENDRE, LA TRADUCTION DE CE VOCABULAIRE UN PEU SINGULIER.

A

- **Acaule :** désigne une plante qui n'a pas de tige, comme les pâquerettes, les pissenlits ou les violettes.
- **Acclimater :** adapter une plante à un climat ou à un lieu de culture (appartement, serre, véranda) différent de celui dont elle est originaire.
- **Acide phosphorique :** terme usuel pour l'anhydride phosphorique (P205). Cette substance nutritive pour les plantes est désignée par la lettre P dans les engrais.
- **Acidité :** état d'un sol pauvre en calcaire, dont la réaction chimique révèle un pH inférieur à 6,5. C'est le cas, par exemple, de la tourbe ou de la terre de bruyère. L'inverse d'acidité est alcalinité.
- **Acidophile :** qualifie une plante qui aime les sols acides, comme les rhododendrons, les bruyères, les fougères, etc.
- **Ados :** technique culturale consistant à incliner la terre d'un massif, au pied d'un mur exposé au soleil, pour entreprendre des cultures précoces.
- **Adventice :** plante qui apparaît dans une culture, sans avoir été semée. C'est le cas des « mauvaises herbes ».
- **Adventif :** caractérise l'apparition d'un organe sur une partie inhabituelle de la plante. C'est le cas, par exemple, des racines aériennes des philodendrons.
- **Affranchissement :** propriété d'un végétal greffé de produire des racines, au-dessus du point de greffe. Cela entraîne l'apparition de rejets ou « gourmands » indésirables. Ce phénomène est très fréquent chez les rosiers.
- **Aiguillon :** terme exact désignant les « épines » des rosiers ou des cactus. L'aiguillon ayant une origine épidermique, il peut être facilement détaché.
- **Aisselle :** point de jonction entre le pétiole d'une feuille et la tige.
- **Alcalin :** on dit aussi basique. Désigne un sol dont le pH est supérieur à 7,5. C'est souvent l'indication d'une terre calcaire. À l'opposé, on parle de sol acide.
- **Alpine :** plante dont l'origine est montagnarde. Elle présente souvent un développement plus faible que celui de la même espèce cultivée en plaine.
- **Alternance :** phénomène fréquent sur les arbres fruitiers qui, après une année d'abondante récolte, donnent l'année suivante une production plus faible.
- **Alterne :** se dit des feuilles ou des différents organes des plantes disposés de façon isolée sur l'axe de la tige. C'est le cas des plantes de la famille des rosacées. L'antonyme est : opposé.
- **Ameublir :** action de travail d'un sol pour faciliter la pénétration de l'air et de l'eau. L'« ameublissement » d'une terre passe par le labour.
- **Angiospermes :** sous-embranchement du règne végétal qui renferme les plantes dont les graines sont contenues dans un fruit fermé. L'antonyme est : gymnosperme.
- **Anguillule :** synonyme de nématode, il s'agit d'un ver parasite microscopique rencontré souvent dans le sol.
- **Annuel :** caractérise les plantes dont le cycle végétatif complet se déroule sur une même année. Les annuelles sont semées au printemps et meurent à l'automne, comme les cosmos, les pétunias, les soucis, les némophiles, etc.
- **Anthère :** partie renflée de l'étamine d'une fleur où se trouve le pollen.
- **Anticipé :** rameau qui se développe à partir d'un œil axillaire, le plus souvent après un pincement. C'est la deuxième ramification d'une branche secondaire durant la saison de végétation.
- **Anticryptogamique :** produit destiné à combattre les maladies provoquées par des champignons. On dit aussi fongicide.
- **Aoûté :** se dit d'une jeune pousse d'arbre ou d'arbuste qui passe de l'état herbacé qu'elle avait en naissant à l'état ligneux (bois dur). Cette période coïncide avec la fin du mois d'août.
- **Apical :** désigne le bourgeon à l'extrémité d'une tige. C'est lui qui assure l'allongement de la pousse.
- **Arable :** qualifie une terre que l'on peut facilement travailler pour la cultiver.
- **Arcure :** opération culturale qui a pour but d'inverser le sens de circulation de la sève afin de ralentir la vigueur d'un rameau. On pratique l'arcure sur les arbres fruitiers et les rosiers grimpants, en dirigeant la branche vers le bas.
- **Are :** mesure de superficie des parcelles de terrain, équivalant à $100\ m^2$.
- **Arille :** enveloppe charnue ou velue entourant certaines graines, comme celles des if, passiflore, fusain, saule, etc.
- **Aromatique :** se dit d'une plante dont les propriétés odorantes sont utilisées en cuisine, en parfumerie, en cosmétologie ou en phytothérapie.
- **Associé :** se dit d'une culture dans laquelle on associe deux végétaux dont la vitesse de croissance est différente, ce qui permet de récolter le premier avant le complet développement du second.
- **Assolement :** ou rotation des cultures. Technique consistant à ne jamais planter de manière consécutive les mêmes plantes dans la même parcelle.
- **Autofertile :** se dit d'une plante, en général une variété fruitière, dont les fleurs sont capables d'assurer elles-mêmes leur fécondation.
- **Autostérile :** terme inverse du précédent, le pollen ne pouvant féconder la fleur qui l'a produit. C'est le cas chez beaucoup d'arbres fruitiers, notamment poiriers et pommiers. Il est nécessaire, pour obtenir une production fruitière, de croiser entre elles des variétés différentes.
- **Auxiliaire :** qualifie les insectes utiles au jardinier, comme les coccinelles par exemple. On parle aussi d'auxiliaire pour les plantes utilisées par greffage lors de la formation des tiges des arbres fruitiers ou de certains rosiers.
- **Axillaire :** se dit des pousses qui se développent latéralement sur un axe. Les rameaux secondaires sont axillaires. Les yeux axillaires désignent les bourgeons latents situés à la base des feuilles.
- **Azote :** élément fertilisant primordial désigné par la lettre N dans les engrais. L'azote agit sur

la croissance et le développement des tiges et des feuilles. Seule la forme nitrique de l'azote est assimilable par les plantes.

B

- **Baie :** fruit charnu dont les graines sont disposées en désordre à l'intérieur de la pulpe. Ce fruit est dit « indéhiscent » car il ne s'ouvre pas. C'est le cas du raisin, de la groseille et de la myrtille.
- **Baliveau :** arbre de 3 à 4 ans, non encore formé, qui mesure entre 1,50 m et 2 m de haut. Le tronc possède des branches latérales régulièrement réparties.
- **Basicité :** qualité d'un sol dont le pH est supérieur à 7,5 indiquant, en général, la présence forte de calcaire. On dit également terre alcaline ou basique.
- **Basse-tige :** végétal greffé sur une tige mesurant moins de 1 m de hauteur. C'est le cas de nombreux arbres fruitiers qui présentent un port buissonnant, et sur lesquels la récolte est plus facile. Mais ils sont aussi moins vigoureux.
- **Bassiner :** action de pulvériser de l'eau, en pluie fine ou en brouillard, sur le feuillage des végétaux pour augmenter l'hygrométrie ambiante et leur apporter un peu de fraîcheur.
- **Bâtonnet :** présentation d'un engrais ou d'un insecticide sous forme d'un petit bâton que l'on pique dans la terre et qui diffuse lentement son principe actif.
- **Batte :** outil formé d'une pièce de bois plate emmanchée en oblique, qui permet de tasser la couche superficielle de la terre, après un semis.
- **Béquiller :** labourer superficiellement le sol, avec une bêche ou une fourche-bêche, sans toucher aux racines des végétaux. Le « béquillage » sert à aérer le sous-sol et à enfouir un engrais dans un massif d'arbres ou d'arbustes déjà planté.
- **Biner :** opération qui consiste à casser la croûte superficielle d'un sol tassé, à l'aide d'un outil appelé binette. À ne pas confondre avec « sarcler », dont le but n'est que de trancher les mauvaises herbes pour nettoyer un terrain.
- **Biodégradable :** se dit d'un produit qui peut être détruit par des agents naturels, comme la pluie, l'air, les bactéries.
- **Biologique :** se dit d'un produit, d'une substance ou d'un élément d'origine naturelle, obtenu sans transformation artificielle. La culture biologique prône l'utilisation exclusive d'éléments naturels.
- **Biotope :** milieu naturel défini, à l'intérieur duquel se développent des espèces bien spécifiques. Une rocaille, un bassin, un potager, un verger, peuvent constituer des biotopes, dans lesquels on ne trouvera que certaines espèces animales.
- **Bisannuelle :** se dit d'une plante dont le cycle végétatif s'effectue sur deux années calendaires. C'est le cas des pensées, des pâquerettes, des myosotis, etc. Ils sont semés en juillet et fleurissent de l'automne jusqu'au printemps suivant.
- **Blanchiment :** action qui consiste à placer un végétal à l'abri de la lumière pour qu'il s'étiole et perde sa couleur naturelle pour blanchir. On réalise cette opération sur les chicorées frisées, les cardons, les endives, les pissenlits, etc.
- **Blet :** état d'un fruit dont la maturité est dépassée. La chair se ramollit et change de couleur. Le goût en est alors altéré, mais les kakis et les nèfles se consomment de préférence blets.
- **Bois :** nom de la partie constituant l'écorce d'un tronc. Par extension, on nomme « œil à bois », un bourgeon qui produira un rameau lignifié ou « aoûté ».
- **Borner :** opération qui consiste à tasser la terre autour d'un plant lors du repiquage. Le « bornage » s'effectue avec les doigts ou le plantoir.
- **Bouillie :** préparation d'un produit antiparasitaire dilué dans de l'eau. La plus connue est la « bouillie bordelaise », obtenue par un mélange de sulfate de cuivre et de lait de chaux, destinée à lutter contre le mildiou, la tavelure, la rouille, la cloque, etc.
- **Bouquet de mai :** rameau très court sur lequel se développent de nombreux bouquets de fleurs. Il se dessèche après avoir produit, laissant un vide sur la branche. On le rencontre souvent sur le pêcher. Un nombre important de bouquets de mai indique un manque d'azote dans le sol.
- **Bourgeon :** en arboriculture, c'est une jeune pousse de l'année. On désigne plutôt par le nom d'« œil » l'organe couvert d'écailles qui pousse au printemps.
- **Bourrelet de greffe :** excroissance des tissus se formant lors de la cicatrisation d'une greffe. Un bourrelet de greffe enterré provoque l'« affranchissement ».
- **Bourse :** renflement charnu situé au point d'insertion du pédoncule des fruits, courant sur pommiers et poiriers. Il constitue souvent le départ de nouveaux organes fertiles.
- **Bouton à fruit :** bourgeon de forme arrondie qui se transforme en fleur puis en fruit. On dit aussi bouton à fleur.
- **Bractée :** feuille souvent colorée et spectaculaire, à ne pas confondre avec les pétales d'une fleur. Elle accompagne d'ailleurs une floraison plutôt insignifiante. C'est le cas des poinsettias, des clérodendrons, des bougainvillées, etc.
- **Brise-vent :** accessoire permettant de couper l'action d'un vent destructeur. Ce peut être une haie végétale, une clôture, une palissade en bambou, en brande, en canne de Provence, etc.
- **Brumisation :** ou bassinage. Action de pulvériser de l'eau en fin brouillard, afin d'augmenter l'hygrométrie d'une pièce.
- **Buissonnant :** se dit d'un végétal très ramifié, au port trapu et touffu, dont la forme rappelle celle d'un buisson.
- **Bulbille :** petit bulbe se formant sur les tiges, à l'aisselle des feuilles ou près d'un bulbe âgé. Il sert à multiplier la plante. On en trouve sur la tulipe, le lis, la ficaire, etc. À ne pas confondre avec les caïeux qui se développent à l'intérieur du bulbe.
- **Butter :** action de former une butte au pied d'une plante pour lui assurer une meilleure assise (haricots, poireaux), la protéger du froid (artichauts, rosiers), favoriser la production de radicelles et de tubercules (pommes de terre) ou de turions (asperges), ou pour blanchir certains légumes (pissenlits).

C

- **Caduc :** se dit d'un végétal qui perd ses feuilles en automne. Par extension on dénomme « caducs » l'ensemble des arbres dont le feuillage tombe à cette époque. L'antonyme est : persistant.
- **Caïeux :** petit bulbe se développant à l'intérieur d'un bulbe ancien et qui sert à multiplier la plante. L'ail, l'échalote produisent des

caïeux. À ne pas confondre avec les bulbilles qui se développent à l'extérieur du bulbe.

- **Calcicole :** se dit d'une plante qui apprécie les terres calcaires.
- **Calcifuge :** se dit d'une plante qui ne supporte pas les sols calcaires. Les plus connues sont les plantes de terre de bruyère. On dit aussi acidophile.
- **Capillarité :** phénomène physique permettant aux liquides de remonter dans des tubes très fins. La sève remonte par capillarité dans les vaisseaux des tissus d'une plante.
- **Capitule :** forme d'inflorescence composée d'un réceptacle portant de minuscules fleurs serrées les unes contre les autres et entourées de bractées souvent colorées, formant l'involucre. Les plantes appartenant à la famille des Composées présentent des fleurs en capitule.
- **Carence :** absence d'une substance vitale dans le sol, qui entraîne un dérèglement de la végétation se traduisant souvent par l'apparition de taches blanchâtres sur le feuillage.
- **Cépée :** ensemble de rejets sortant d'une même souche. Par extension, on appelle souvent cépée, un ensemble de plantes placées assez serré pour donner l'impression d'une même touffe (cépée de bouleaux, par exemple).
- **Cerner :** opération qui consiste à creuser une tranchée autour d'un arbre, en général à l'aplomb de la ramure, pour remplacer la terre qui ne convient pas, pour couper les racines et provoquer le développement d'autres racines plus proches de la base du tronc, en vue de le transplanter ou pour modifier la végétation d'un sujet trop vigoureux.
- **Cespiteux :** se dit d'un végétal touffu qui s'étend sur le sol grâce à des rhizomes courts et serrés. On dit aussi gazonnant. C'est le cas de nombreuses plantes utilisées en couvre-sol.
- **Chaleur de fond :** expression qui désigne le chauffage du sol d'un coffre couvert d'un châssis ou d'une tablette à multiplication dans une serre.
- **Charpentière :** branche principale d'un arbre qui constitue l'ossature, c'est-à-dire la charpente de cet arbre. Ce terme est très utilisé dans les formes fruitières où elles sont soumises à la taille.
- **Chaton :** inflorescence unisexuée en épi pendant, dont les organes de reproduction sont enfermés dans des écailles. On rencontre des chatons sur les noisetiers, les bouleaux, les saules, etc.
- **Chauler :** action d'appliquer de la chaux sur un sol en vue de modifier sa structure. Le « chaulage » corrige le pH des terres acides, décoagule les sols argileux ou fertilise les terrains siliceux.
- **Chevelu :** définit l'ensemble des racines fines et ramifiées d'une plante, formant une sorte de chevelure.
- **Chiffonne :** branche grêle rencontrée sur les arbres fruitiers à noyaux (souvent sur le pêcher). Elle porte des boutons à fleur, mais est dépourvue d'œil à bois.
- **Chlorophylle :** pigment de couleur verte que l'on trouve dans la plupart des végétaux. Elle capte l'énergie lumineuse pour synthétiser les matières minérales puisées dans la terre par les racines, en les combinant avec l'eau et le gaz carbonique pour en faire des éléments organiques assimilables par la plante.
- **Clone :** plante multipliée par voie végétative, reproduisant systématiquement les mêmes caractères génétiques que la plante-mère dont elle est issue.
- **Coffre :** ensemble de quatre planches posées en carré ou en rectangle que l'on recouvre d'un châssis.
- **Collet :** partie de la plante comprise entre la tige et les racines et située à la surface du sol ou légèrement enterrée.
- **Cône :** fruit de forme conique constitué d'écailles renfermant les graines, que l'on trouve sur les conifères, le houblon ou certains palmiers (cycas).
- **Contenant :** terme générique utilisé pour désigner les pots, les bacs, les jardinières servant à la culture des végétaux.
- **Conteneur :** récipient en plastique dans lequel une plante est continuellement élevée, subissant des rempotages successifs au fur et à mesure de sa croissance.
- **Cordon :** forme fruitière constituée d'une ou de deux branches charpentières coudées à l'horizontale et maintenues sur un support. Courant chez le pommier.
- **Cormus :** appellation donnée au bulbe de certaines plantes, comme le crocus ou le glaïeul, entouré d'une enveloppe dont l'épaisseur est variable.
- **Corolle :** enveloppe interne de la fleur formée par les pétales, souvent très colorée et décorative.
- **Corymbe :** inflorescence constituée de pédoncules disposés à des étages différents, mais se terminant tous à la même hauteur. Il est caractéristique de la floraison des Rosacées.
- **Cosse :** autre nom de la gousse des Légumineuses (petits pois, haricots…).
- **Coulure :** résultat de la non-fécondation d'une fleur entraînant sa chute prématurée et l'absence de fructification.
- **Coursonne :** rameau taillé court et porteur des boutons à fruit que l'on trouve sur les branches charpentières.
- **Crampon :** racine aérienne produite par certains végétaux grimpants comme le lierre, servant à assurer le maintien de la plante sur son support.
- **Croisement :** on dit aussi hybridation. Action de marier entre elles deux espèces d'un même genre en vue d'obtenir une descendance portant tout ou partie des caractères des parents.
- **Cryptogamique :** terme utilisé pour les maladies transmises par un champignon parasite. On lutte contre elles avec un fongicide ou un produit anticryptogamique.
- **Cultivar :** nom donné à une plante issue d'une sélection horticole et non d'une manière naturelle. Dans le langage courant, les cultivars sont la plupart du temps appelés variétés.
- **Cuvette :** creux aménagé au pied des arbres nouvellement plantés et destiné à recevoir et à concentrer l'eau d'arrosage.

D

- **Dard :** bourgeon intermédiaire entre l'œil à bois et le bouton à fruit. Pointu et allongé, il est ridé à sa base. Il doit être accompagné d'un autre œil, utilisé comme tire-sève, pour évoluer en bouton à fruit.
- **Débourrement :** période à laquelle se produit l'éclatement du bourgeon, au début du printemps.
- **Déchaussé :** se dit d'une plante qui a été soulevée de terre par les mouvements du sol dus au gel.

- **Découpe :** opération consistant à couper verticalement une pelouse le long d'une allée, d'un massif, d'un arbre, afin d'obtenir un contour bien délimité.
- **Défoncement :** action de retourner le sol sur une profondeur égale à deux fers de bêche au moins.
- **Défricher :** action qui consiste à éliminer une végétation constituée de plantes sauvages. Le défrichement peut être manuel, chimique ou mécanique.
- **Dégénérescence :** vieillissement d'une culture qui est restée trop longtemps à la même place. La dégénérescence peut aussi être d'origine virale.
- **Déhiscent :** se dit d'un organe qui libère seul ce qu'il contient. Certaines gousses ou siliques s'ouvrent seules pour laisser échapper leurs graines.
- **Démarier :** action qui consiste à éliminer les plants en surnombre dans un semis. On dit aussi éclaircissage.
- **Demi-tige :** forme fruitière dont le tronc n'excède pas 1,40 m de hauteur.
- **Dépérissement :** accident physiologique sur tout ou partie d'un végétal. Il se traduit par un rabougrissement des feuilles et par l'affaiblissement des rameaux.
- **Désherbant :** produit chimique utilisé pour la destruction des mauvaises herbes. On distingue les désherbants sélectifs, spécifiques à une plante ou à une famille de plantes et les désherbants totaux qui détruisent tout type de végétation.
- **Dicotylédones :** classe botanique dans laquelle sont regroupées les plantes dont les graines possèdent deux cotylédons.
- **Dioïque :** se dit d'une plante dont les pieds qui portent les organes mâles sont distincts des pieds portant les femelles.
- **Diviser :** opération de multiplication des plantes à souche vivace qui consiste à couper l'ensemble de la touffe pour obtenir plusieurs morceaux, chacun pourvu de racines et de bourgeons.
- **Dormance :** terme appliqué à certaines graines qui ne peuvent germer immédiatement après leur semis. Il est également employé pour les bourgeons qui, bien que formés, ne se développent pas.
- **Drageon :** tige formée par un œil situé sur une racine. Séparé du pied-mère, il se conduit comme une plante autonome.
- **Drainage :** action de drainer un terrain, c'est-à-dire d'évacuer les eaux du sous-sol, au moyen de canalisations enterrées qui rejoignent un collecteur central.
- **Dresser :** opération qui consiste à niveler un sol avant de le mettre en culture, en éliminant les cailloux et autres débris.
- **Dru :** se dit d'un semis ou d'une végétation épaisse et serrée.
- **Drupe :** appellation d'un fruit charnu contenant un noyau. La cerise, la prune, l'abricot, la pêche, sont des drupes.

E

- **Éborgner :** opération qui consiste à supprimer les yeux situés sur une plante ou un rameau et jugés inutiles.
- **Ébourgeonner :** action pratiquée en arboriculture fruitière qui consiste à éliminer un bourgeon inutile ou mal placé, en vue de favoriser le développement d'une autre production.
- **Éboutonner :** opération visant à supprimer des boutons floraux en vue de privilégier la croissance d'autres boutons mieux placés, ou de ramifications, pour avoir de plus grandes fleurs.
- **Ébrancher :** opération qui consiste à supprimer certaines parties d'une branche, voire la branche entière.
- **Écaille :** terme employé pour définir une feuille rudimentaire rencontrée sur certaines parties d'une plante, d'un rhizome, d'une tige aérienne. Il définit également l'enveloppe rigide des bourgeons, les feuilles charnues et libres de certains bulbes ou le calice des fleurs en chaton.
- **Écheniller :** action de supprimer les branches les plus hautes d'un arbre à l'aide d'un échenilloir. C'est aussi le fait de récolter manuellement des chenilles sur les arbres.
- **Écimer :** opération qui consiste à couper la partie supérieure d'une tige en vue de provoquer l'étoffement de la plante.
- **Éclaircissage :** opération pratiquée sur les arbres fruitiers qui consiste à supprimer les fruits en surnombre pour que ceux restant puissent se développer correctement. L'éclaircissage ou démariage est également pratiqué sur les semis pour enlever les plants en trop.
- **Éclat :** morceau de plante obtenu par division d'une souche vivace.
- **Écussonner :** opération qui consiste à pratiquer le greffage simple d'un écusson, c'est-à-dire d'un œil porté par un petit morceau d'écorce, sous l'écorce d'un porte-greffe.
- **Effeuiller :** pratique culturale par laquelle on enlève les feuilles situées au-dessus d'un fruit pour qu'il reçoive un ensoleillement maximal.
- **Élaguer :** action de couper une partie de la ramure d'un arbre pour lui donner un meilleur équilibre, alléger sa forme ou réduire ses dimensions.
- **Embryon :** germe d'une plante contenu dans une graine et qui se développe au cours de la germination.
- **Émergé :** se dit d'une plante aquatique dont une partie des organes se développe au-dessus de la surface de l'eau.
- **Émonder :** opération qui consiste à couper l'extrémité des rameaux d'un arbre ou d'un arbuste pour l'aérer ou limiter son développement.
- **Émousser :** action d'éliminer la mousse qui recouvre le tronc d'un arbre.
- **Empattement :** partie élargie d'un végétal à partir de laquelle naît un rameau, une branche ou une pousse.
- **Émulsion :** préparation faite avec de l'eau et un produit non soluble mais qui doit être utilisé sous forme liquide.
- **Enfouir :** action d'intégrer dans le sol un produit, une matière ou de recouvrir ceux-ci par un peu de terre.
- **Engazonner :** opération qui consiste à ensemencer un terrain avec des graminées en vue d'obtenir un gazon.
- **Enherber :** action de semer de l'herbe qui peut être constituée de graminées à gazon, mais aussi d'autres espèces en vue d'obtenir un tapis végétal.
- **Enjauger :** action de placer en jauge des végétaux dès leur réception, avant leur plantation définitive.
- **Enracinement :** développement des racines dans le sol. Il peut être pivotant (les racines s'enfoncent à la verticale) ou traçant (les racines sont horizontales).

- **Enrichir :** opération destinée à améliorer la qualité d'un sol, par l'apport de matières fertilisantes qui lui font défaut.
- **Enrobé :** se dit d'une graine enveloppée dans une gangue d'argile pour augmenter son diamètre et faciliter le semis ou dans un produit phytosanitaire, afin de la protéger des maladies.
- **Ensacher :** action de placer un fruit dans un petit sac de papier pour le protéger de l'attaque de parasites, des intempéries et favoriser son développement.
- **Ensemencer :** action de mettre des graines dans de la terre ou de les épandre sur le sol. Le mot semis est plus souvent utilisé pour ce geste.
- **Ensiler :** opération de mise en silo des végétaux, en général des légumes, en vue de les conserver l'hiver.
- **Entaille :** incision longitudinale de l'écorce pratiquée sur certains arbres fruitiers, pour leur éviter de former de la gomme ou limiter la montée de la sève.
- **Entre-nœud :** partie située entre deux feuilles sur une tige. Des intervalles réguliers sont signe de bonne santé.
- **Épandage :** opération de dispersion très régulière d'un produit sur le sol. S'applique surtout aux engrais.
- **Épi :** inflorescence dont tous les constituants sont fixés sur un pédoncule commun et vertical. Il peut être simple (blé) ou composé (saule, peuplier).
- **Épiphyte :** se dit d'une plante qui vit sur un autre végétal, se servant de celui-ci comme support mais sans se nourrir au détriment de son hôte.
- **Érigé :** synonyme de dressé verticalement. S'utilise surtout pour les arbres.
- **Espacement :** distance à respecter entre deux végétaux dans une culture qui doit tenir compte du développement futur des espèces plantées.
- **Espalier :** forme de plantation d'un arbre fruitier palissé contre un mur.
- **Espèce :** terme botanique définissant une plante particulière que l'on trouve naturellement. Il suit toujours le nom de genre et précède le nom de la variété.
- **Essence :** terme utilisé pour qualifier un genre ou une espèce quand on parle des arbres fruitiers ou ornementaux.
- **Étêter :** opération qui consiste à couper la tige d'une plante ligneuse pour réduire sa croissance ou la faire ramifier. Pour les plantes herbacées, on utilise plutôt le terme pincer.
- **Étiolé :** se dit d'une plante décolorée, dont les feuilles ont pris une couleur blanche parce qu'elles ont été privées de lumière. On dit aussi blanchiment.
- **Étouffée :** technique utilisée pour le bouturage qui consiste à placer la bouture dans un espace complètement fermé avec une atmosphère très humide.

F

- **F1 :** symbole désignant la première génération de plantes issues d'une hybridation. Les hybrides F1 sont tous semblables et ont une croissance homogène.
- **Faculté germinative :** capacité pour une graine de germer. Sa durée varie selon les espèces, de quelques mois à plusieurs milliers d'années !
- **Fane :** désigne les feuilles et les tiges de certains légumes comme les carottes.
- **Fastigié :** port d'une plante en forme de pyramide étroite et élancée. Concerne principalement les arbres.
- **Faux bourgeon :** nom donné à un rameau né d'un œil axillaire après une taille en vert ou un pincement.
- **Fécondation :** désigne la reproduction sexuée d'une plante, après que le pollen soit entré en contact avec le pistil.
- **Fertile :** se dit d'une terre apte à être cultivée et capable de fournir une abondante production.
- **Fertiliser :** action d'apporter un engrais pour améliorer la fertilité d'un sol.
- **Feuillaison :** période au cours de laquelle naissent les feuilles sur les arbres.
- **Flèche :** rameau vertical situé au sommet des conifères, qui constitue la pousse d'allongement de ces arbres.
- **Flétrissement :** dessèchement du feuillage ou des rameaux, dû à un accident végétatif ou à un parasite. S'il provient d'un manque d'eau, on le nomme fanaison.
- **Fleuron :** nom donné à chaque élément constitutif d'une inflorescence.
- **Florifère :** désigne la capacité pour une plante de produire de nombreuses fleurs.
- **Foliacé :** qualifie une production végétale qui a l'aspect d'une feuille.
- **Foliole :** partie d'une feuille composée portée par un pétiole commun.
- **Fongicide :** produit de traitement utilisé pour la lutte contre les maladies dues à des champignons (cryptogamiques).
- **Forçage :** opération qui consiste à produire des plantes en avance sur leur période de végétation normale.
- **Fourche-bêche :** outil de labour constitué de quatre dents plates effilées.
- **Frais :** se dit d'un sol qui conserve son humidité même par temps sec.
- **Franc :** désigne un arbre ou un arbuste issu de semis en pépinière. Un franc de pied est un sujet non greffé.
- **Franche :** se dit d'une terre qui convient à la plupart des plantes d'un jardin. Son pH est en général assez neutre.
- **Frondaison :** désigne l'ensemble du feuillage d'un arbre.
- **Fronde :** désigne la feuille d'une fougère, porteuse ou non des organes de reproduction (les spores).
- **Fructifère :** qualifie la capacité d'un végétal de produire de nombreux fruits.
- **Fumer :** action d'apporter du fumier au sol pour améliorer sa fertilité. Par extension, ce terme s'applique à tout apport d'engrais organique ou minéral.
- **Fumure :** terme qui indique le volume d'engrais incorporé au sol pour le fertiliser. La fumure de fond est enfouie profondément, la fumure de couverture est incorporée par un griffage superficiel.
- **Fuseau :** forme fruitière dont les branches charpentières sont conduites en oblique, leur longueur diminuant au fur et à mesure que l'on s'approche du sommet.
- **Fût :** désigne la partie verticale du tronc d'un arbre exploitée en scierie.
- **Futaie :** désigne une forêt constituée de grands arbres au tronc bien droit.

G

- **Gaine :** désigne la base d'une feuille qui enveloppe la tige sur laquelle elle naît.
- **Gale :** maladie provoquée par un champignon, se traduisant par l'apparition de taches et de boursouflures sur l'épiderme.
- **Galle :** excroissance sur une feuille ou la partie d'un tronc. Elle est provoquée par l'attaque d'un insecte, d'un acarien, d'un nématode ou d'un champignon.
- **Gazonnante :** se dit d'une plante qui se développe en largeur plus qu'en hauteur. On dit également couvre-sol.
- **Gélif :** qualificatif d'un végétal qui ne résiste pas au gel et qui doit être protégé.
- **Genre :** terme botanique pour désigner un ensemble d'espèces présentant des caractères communs.
- **Germination :** phénomène qui désigne le développement d'une graine.
- **Glabre :** caractère d'un végétal dont tous les éléments sont lisses, sans poil.
- **Globuleux :** qualifie une plante, une fleur, un fruit de forme sphérique.
- **Glomérule :** inflorescence très serrée réunie en forme globuleuse.
- **Gobelet :** forme fruitière, sans tige centrale, dont les branches charpentières sont conduites en forme évasée.
- **Godet :** contenant de petites dimensions utilisé pour la culture de jeunes plantes pendant un temps très court.
- **Gourmand :** production végétale qui se développe sur une branche principale d'un arbre, sur le tronc ou sous le point de greffe. À supprimer car il épuise inutilement la plante porteuse.
- **Gousse :** fruit de la famille des légumineuses à l'intérieur duquel toutes les graines sont attachées du même côté.
- **Grappe :** inflorescence sur laquelle toutes les fleurs sont situées le long d'un axe principal sans aucune régularité. Ce terme désigne aussi l'ensemble des grains de raisin réunis sur le même axe.
- **Griffer :** action de passer une griffe sur le sol en vue de l'ameublir.
- **Grimpant :** désigne une plante qui monte le long d'un support quelconque par ses propres moyens. Par opposition, les plantes qui demandent à être palissées sont dites sarmenteuses.
- **Gymnospermes :** groupe botanique dont les plantes ont des graines portées par des écailles au lieu d'être enfermées dans des ovaires.

H

- **Habiller :** opération qui consiste à supprimer une partie du feuillage et des racines d'une plante lors de la plantation.
- **Hampe :** désigne une tige non ramifiée porteuse d'une fleur située en extrémité.
- **Hâtif :** qualificatif pour désigner un végétal qui produit tôt en saison. Le synonyme est : précoce.
- **Hauban :** désigne un câble qui soutient verticalement un arbre fraîchement planté. Le haubanage est l'opération qui consiste à placer des haubans.
- **Haute-tige :** forme fruitière dont le tronc mesure entre 1,80 et 2 m de hauteur.
- **Hectare :** mesure de surface (ha) correspondant à 100 ares (a) ou 10 000 m^2.
- **Herbacé :** qualificatif d'une plante qui a la texture d'une herbe. Il caractérise les végétaux qui n'ont pas de tiges ligneuses.
- **Herbier :** collection de plantes que l'on fait sécher pour les conserver.
- **Herboriser :** opération qui consiste à recueillir des plantes dans la nature, en vue de constituer un herbier.
- **Hivernage :** opération qui consiste à rentrer des plantes fragiles dans un local, pour les protéger du froid et des intempéries pendant la mauvaise saison.
- **Hormone :** substance élaborée par un être vivant ou un organe agissant directement sur le fonctionnement physiologique. L'hormone de bouturage stimule l'émission de racines sur une bouture.
- **Huile :** produit liquide et gras utilisé pour le traitement des arbres fruitiers, en dehors de leur période de végétation.
- **Humidification :** opération qui consiste à rendre un substrat humide, par arrosage, par pulvérisation, ou par imbibition.
- **Humus :** produit résultant de la décomposition de matières organiques.
- **Hybridation :** action de croiser deux plantes pour obtenir une nouvelle variété possédant les caractères des deux parents.
- **Hybride :** désigne une plante issue du croisement de deux plantes de caractères différents du point de vue génétique. Son nom est toujours précédé d'un « x ».
- **Hydroponique :** désigne une technique de culture sans sol, dans une solution nutritive, sur un support inerte. Synonyme de hydroculture.

I

- **Imbibé :** qualificatif d'un sol gorgé d'eau. Le terme détrempé indique que la terre est saturée en eau.
- **Immergé :** qualifie un végétal qui se développe entièrement sous l'eau.
- **Imperméable :** terre qui ne permet pas la circulation de l'eau. Elle est souvent argileuse et collante.
- **Inciser :** opération qui consiste à pratiquer une incision superficielle, horizontale ou verticale, lors d'un marcottage aérien, pour limiter la croissance d'un végétal ou éviter les écoulements de gomme.
- **Indéhiscent :** qualifie les fruits qui ne laissent pas échapper leurs graines.
- **Indigène :** qualifie une plante qui pousse spontanément dans un pays donné.
- **Inerme :** qui ne possède pas d'épines.
- **Inflorescence :** disposition des fleurs composées sur une plante.
- **Insecticide :** produit de traitement destiné à détruire les insectes. Il peut être spécifique d'une espèce ou polyvalent.
- **Insectivore :** animal qui se nourrit d'insectes tels que le hérisson ou la taupe.
- **Intensive :** culture dont le rendement est élevé par rapport à la surface occupée.
- **Interfécondation :** phénomène qui nécessite le croisement de deux variétés fruitières distinctes pour obtenir une fécondation et une fructification. On dit aussi fécondation croisée.
- **Involucre :** ensemble de bractées partant d'un même point qui accompagne les fleurs ou les inflorescences.

- **Irrigation :** action d'apporter de l'eau au moyen de canaux ou de sillons, sur une culture qui nécessite d'en avoir de grandes quantités.

J

- **Jachère :** opération culturale qui consiste à laisser une parcelle de terre sans culture pendant une ou plusieurs saisons.
- **Jardinière :** contenant de forme variable utilisé pour la plantation de divers végétaux sur un balcon, une terrasse, un rebord de fenêtre ou en appartement.
- **Jauge :** trou ou tranchée de trente à quarante centimètres de profondeur, destiné à recevoir des végétaux en attente de leur plantation définitive.
- **Jaunissement :** décoloration progressive du feuillage qui devient jaunâtre. Il est dû à une carence ou à une maladie.
- **Jet :** pousse verticale non ramifiée, âgée d'un an. Lorsqu'elle est issue d'un greffage, on l'appelle scion.

K

- **Kaolin :** nom donné à une roche de couleur blanche, friable et douce, qui rend les terres collantes et lourdes.
- **Kermès :** nom donné à une cochenille que l'on trouve essentiellement sur les arbres, notamment le chêne et les fruitiers. On lutte contre elle avec des produits huileux appliqués en hiver.
- **Kyste :** protection arrondie qui renferme des spores ou des cellules reproductrices en attente de conditions climatiques favorables à leur dispersion.

L

- **Labelle :** pétale très développé chez une orchidée, en forme de lèvre allongée.
- **Lacinié :** qualifie l'organe d'un végétal (une feuille, en général) qui est découpé en mèches fines irrégulières.
- **Lambourde :** nom donné à un rameau grêle et ridé portant à son extrémité un bouton à fruit. Synonyme de brindille couronnée. Elle est très fertile.
- **Lancéolé :** se dit d'un organe végétal allongé, ovale et terminé par une pointe.
- **Latent :** caractérise un œil qui ne se développe pas, qui est en attente.
- **Latéral :** qualifie un organe végétal situé sur le côté de son support. Le mot axillaire est plutôt utilisé pour les yeux.
- **Lavé :** se dit de la couleur d'une fleur lorsqu'elle est de faible intensité. L'antonyme est : saturé.
- **Lessivé :** qualifie un sol qui a perdu ses éléments minéraux par ruissellement de l'eau ou par porosité importante.
- **Levée :** définit le moment où le germe d'une graine sort de terre.
- **Liber :** tissu interne des plantes produisant la sève élaborée. À base cellulosique, le liber est souvent fibreux.
- **Lichen :** végétal formé par l'association d'une algue et d'un champignon.
- **Liège :** partie externe protectrice, formée par l'écorce de certains arbres comme le chêne-liège, par exemple.
- **Ligaturer :** opération qui consiste à réunir ou à serrer deux parties avec un lien. Se pratique lors d'une greffe.
- **Ligneux :** qualificatif d'une partie végétale qui a la consistance du bois. L'antonyme est : herbacé.
- **Lignification :** phénomène traduisant le passage de l'état herbacé à celui de ligneux. Elle se produit en général au mois d'août d'où le synonyme aoûtement.
- **Ligule :** excroissance en forme de petite langue, située à l'endroit où la feuille engaine la tige chez les graminées.
- **Limbe :** caractérise la partie plate et charnue d'une feuille ou d'un pétale.
- **Limon :** nom donné à une terre très fine, friable, compacte quand elle est humide, fertile, créée par l'érosion de l'eau ou le transport éolien.
- **Lit de semences :** se dit de la préparation d'un sol ou d'une terrine de semis, dont la surface est finement émiettée, pour y déposer les graines.

M

- **Maculé :** qualifie des feuilles qui portent des taches dont on ne peut définir le contour avec précision.
- **Mâle :** se dit d'une fleur qui ne renferme que des organes mâles (étamines). Le contraire est une fleur femelle.
- **Marbrure :** maladie virale des arbres fruitiers à noyaux, se traduisant par des traits décolorés sur le feuillage ou par des taches annulaires plus claires.
- **Marcescent :** se dit d'un feuillage qui fane en automne, pour ne se détacher des branches qu'au printemps suivant, avec l'apparition des nouvelles feuilles.
- **Matière organique :** produit issu de la décomposition d'êtres vivants. La matière organique apporte de l'humus.
- **Maturité :** stade atteint par un fruit lorsqu'il devient comestible ou bon à récolter. On distingue la maturité physiologique, stade où le fruit se détache de l'arbre, de la maturité gustative, moment où la saveur du fruit est la meilleure.
- **Mellifère :** plante que les abeilles visitent en vue de produire du miel.
- **Méristème :** tissu cellulaire situé à l'extrémité des tiges qui assure leur croissance en longueur. Il est possible de bouturer ce méristème pour reproduire des plantes identiques au pied-mère.
- **Meuble :** qualificatif d'une terre souple, friable, facile à travailler.
- **Microclimat :** zone de superficie restreinte dont les conditions climatiques sont différentes de celles environnantes.
- **Microgranulé :** minuscule granulé dont le diamètre est au maximum d'un demi-millimètre. Il permet une meilleure répartition et une meilleure assimilation.
- **Micro-organisme :** être microscopique présent dans le sol. Certains transforment des matières organiques en matières minérales, d'autres sont pathogènes.
- **Miellat :** déjection due aux pucerons, cochenilles, et autres insectes piqueurs-suceurs, collante et à saveur sucrée qui attire les fourmis et entraîne le développement d'un champignon à texture charbonneuse : la fumagine.

- **Minéralisation :** transformation de la matière organique en éléments minéraux directement assimilables par les racines des plantes.
- **Mixed-border :** plate-bande faite de plantes vivaces dont l'effet décoratif est proche de celui de la végétation naturelle.
- **Mixte :** produit phytosanitaire composé d'un insecticide et d'un fongicide offrant une grande polyvalence.
- **Monder :** opération qui consiste à couper les haies ou les plantes, en hauteur. Synonymes : écimer ou tailler.
- **Monocarpique :** plante qui ne fleurit qu'une fois et meurt ensuite, comme les annuelles ou les bisannuelles.
- **Monocotylédone :** plante dont la graine ne renferme qu'un seul cotylédon et qui, en général, ne se ramifie pas.
- **Monoculture :** terme utilisé en agriculture pour désigner une culture unique sur une parcelle donnée.
- **Monoïque :** qualificatif d'une plante qui porte à la fois des fleurs mâles et des fleurs femelles sur le même pied. Le contraire est dioïque.
- **Montée en graines :** phénomène dû à un semis trop précoce, à une chaleur excessive ou à un temps orageux, aboutissant à la fin du cycle végétatif d'une plante.
- **Mosaïculture :** technique de plantation permettant de réaliser des motifs décoratifs ou des dessins précis, à partir de plantes différentes, en jouant sur les couleurs des fleurs ou des feuillages.
- **Motte :** morceau de terre compact formé par le tassement. Les plantes vendues en motte sont des végétaux dont les racines sont entourées d'une gangue de terre globuleuse et compacte.
- **Mouillant :** produit additif d'un traitement, utilisé pour que celui-ci recouvre mieux les organes des plantes.
- **Mulch :** appellation d'origine anglaise désignant les déchets de tonte du gazon.
- **Mulching :** opération qui consiste à étaler de la paille, des écorces de pins ou de la tourbe au pied des végétaux dans un massif. Synonyme : paillage. Qualifie aussi certains modèles de tondeuses qui coupent l'herbe très finement, ce qui ne nécessite pas de ramassage.
- **Mutation :** indique une variation brutale dans la descendance d'une plante, ou dans sa végétation. Elle peut être utilisée pour créer de nouvelles variétés.
- **Mycélium :** partie végétative d'un champignon, la plupart du temps constituée de filaments blanchâtres.
- **Mycose :** maladie provoquée par des champignons. On parle plus souvent de maladie cryptogamique.

N

- **Nain :** qualifie un végétal plus petit que la taille normale. Les plantes peuvent être nanifiées artificiellement à partir de produits réducteurs de croissance.
- **Naturalisation :** opération qui consiste à acclimater une espèce étrangère aux conditions climatiques d'un pays. Par extension, toute plante qui arrive à se propager dans un jardin est dite naturalisée.
- **Nécrose :** affection des tissus végétaux provoquée par la mort des cellules.
- **Nectar :** liquide sucré sécrété par une glande dite nectaire ou nectarifère située dans les fleurs ou dans certaines feuilles.
- **Neutre :** sol qui n'est ni acide ni alcalin. Sur l'échelle des pH, la « neutralité » est située à 7. On dit qu'une terre est neutre quand son pH est entre 6,5 et 7,5.
- **Nitrification :** stade de transformation de l'azote organique en azote nitrique sous l'action de bactéries. On parle également de cycle de l'azote.
- **Nivellement :** opération qui consiste à aplanir un sol pour le mettre de niveau.
- **Nodosité :** renflement observé sur les racines des légumineuses, dû à la présence de bactéries vivant en symbiose avec la plante : les rhizobium. Ces dernières aident à fixer l'azote de l'air.
- **Nœud :** renflement situé sur une tige et placé au niveau d'une ramification ou au point d'articulation d'une feuille.
- **Non-remontant :** qualifie une plante qui ne fleurit ou ne fructifie qu'une seule fois dans l'année.
- **Nouaison :** époque végétative où le fruit se forme, avec un grossissement du pédoncule et un gonflement de l'ovaire.
- **Nu :** qualifie en général les racines d'un végétal commercialisé dont le système racinaire est à l'air libre.
- **Nuisible :** qualifie tous les agents qui portent préjudice à une culture et, plus généralement, au jardin. Certains parasites appelés à tort nuisibles, comme les taupes ou les vers, sont en réalité de précieux auxiliaires pour le jardinier.

O

- **Œil :** nom donné à un bourgeon qui va se développer pour former une branche ou une fleur. Dans ce dernier cas, on parle plus souvent de bouton.
- **Œilletonner :** opération qui consiste à détacher les rejets se développant à la base de la touffe principale d'une plante, les œilletons, pour la multiplier.
- **Oignon :** autre nom donné au « bulbe ».
- **Ombelle :** inflorescence en forme de parasol dont les constituants sont tous attachés en un même point et s'alignent ensuite à la même hauteur.
- **Ombrager :** action qui consiste à placer un matériau au-dessus d'une plante pour lui apporter de l'ombre.
- **Onglet :** morceau de rameau conservé au-dessus d'une greffe en écusson et utilisé pour servir de tuteur à l'œil greffé après son développement.
- **Opposé :** qualificatif utilisé pour indiquer une position face à face.
- **Opus :** assemblage utilisé pour constituer un dallage. L'*opus incertum* est fait de dalles non taillées et de formes irrégulières. À l'inverse, l'*opus* romain est constitué de dalles taillées, aux formes régulières, carrées ou rectangulaires.
- **Ordre :** division du classement botanique, placée entre la classe et la famille.
- **Organique :** qualifie une matière provenant de la décomposition d'un être vivant et qui forme de l'humus.
- **Osmose :** terme utilisé pour indiquer un échange entre deux solutions de densité différente, séparées par une membrane, la moins concentrée allant toujours vers la plus concentrée.
- **Ovaire :** partie souvent renflée située en bas du pistil et contenant les ovules. Après

fécondation, les ovaires donnent les fruits, et les ovules, les graines.

- **Ovicide :** produit de traitement destiné à détruire les œufs des insectes.
- **Ovoïde :** qualifie un organe végétal (feuille ou fruit) qui a la forme d'un œuf.
- **Oxygénant :** qui apporte de l'oxygène. C'est le cas de certaines plantes mises dans les bassins pour favoriser la vie de la faune aquatique.

P

- **Paillage :** pratique culturale qui consiste à placer au pied des végétaux, une couverture faite de paille, d'écorces de pins, de tourbe, de feuilles mortes, etc., en vue de les protéger temporairement du froid ou de la sécheresse. On appelle cette couverture paillis, à ne pas confondre avec le mulch qui est une protection permanente.
- **Paillasson :** natte de paille tressée utilisée pour protéger les cultures d'une forte insolation en été, du gel en hiver.
- **Palisser :** opération qui consiste à orienter les branches d'un végétal dans une direction déterminée. Le palissage est surtout pratiqué en arboriculture fruitière pour donner aux arbres des formes bien particulières.
- **Palmé :** qualifie une production végétale (en général une feuille) disposée comme les doigts d'une main ouverte, aux bords lobés et légèrement découpés.
- **Palmette :** forme fruitière palissée pour être conduite « à plat » le long d'une armature ou d'un mur. Il existe de très nombreuses formes de palmettes.
- **Panaché :** qualifie une production végétale qui présente deux couleurs différentes. À ne pas confondre avec « panachure », maladie virale se traduisant par une décoloration de la plante.
- **Panicule :** inflorescence de forme triangulaire dont les ramifications se raccourcissent vers le sommet.
- **Parer :** couper avec un outil très tranchant une plaie inégale pour permettre sa cicatrisation rapide et empêcher le développement de parasites.
- **Pédicelle :** nom donné au support d'une fleur sur la hampe florale, dans les inflorescences composées.
- **Pédoncule :** nom donné au support d'une fleur ou d'un fruit, lorsqu'ils sont solitaires. On parle aussi de hampe pour la fleur et de queue pour le fruit.
- **Pelté :** qualifie un organe végétatif en forme de pelle ou de bouclier.
- **Penné :** qualificatif qui s'applique aux feuilles composées dont les folioles sont bien réparties autour de l'axe.
- **Pépinière :** lieu de culture des plantes d'ornement : arbres, arbustes, conifères. Par extension, tout lieu où l'on multiplie et élève des jeunes plantes.
- **Pérenne :** qualifie une plante dont la durée de vie s'étale sur plusieurs années.
- **Péricarpe :** partie du fruit qui entoure et protège la graine.
- **Perméable :** s'applique à un sol qui se laisse traverser par l'air et l'eau.
- **Persistant :** qualifie un végétal qui conserve son feuillage en toute saison.
- **Pesticide :** terme générique sous lequel sont réunis les produits destinés à combattre les ennemis du jardin : insecticides, fongicides, herbicides, rodonticides, acaricides, etc.
- **Pétiole :** nom donné au support d'une feuille. On dit aussi queue.
- **pH :** signifie potentiel Hydrogène. Il s'agit d'une échelle de notation pour indiquer le taux d'acidité ou d'alcalinité d'un sol. Elle va de 0 (le plus acide) à 14 (le plus alcalin). La valeur 7 correspond à une terre neutre.
- **Photosynthèse :** opération par laquelle une plante synthétise la matière organique sous l'influence de la lumière. On dit aussi assimilation chlorophyllienne.
- **Phréatique :** qualifie une nappe d'eau souterraine alimentée par les ruissellements de l'eau de pluie.
- **Pied :** indique la partie de la plante située juste au-dessus du collet. Par extension, on applique ce nom à toute jeune plante à repiquer.
- **Pied-mère :** plante servant de souche de base pour la multiplication végétative.
- **Pincement :** action qui consiste à supprimer une partie d'une tige ou d'un rameau pour les faire ramifier.
- **Piqueter :** opération qui consiste à poser des piquets pour réaliser un alignement ou obtenir un niveau précis.
- **Pistil :** organe femelle des plantes situé au centre d'une fleur.
- **Pivotant :** qualifie le système racinaire d'une plante qui s'enfonce profondément dans le sol, à la verticale.
- **Placage :** opération consistant à poser des plaques ou des rouleaux de gazon sur un sol pour réaliser une pelouse.
- **Planche :** se dit d'une surface déterminée, destinée à une culture précise.
- **Plant :** jeune plante issue d'un semis et destinée à être repiquée ou replantée.
- **Plante grasse :** végétal dont les tissus sont gorgés de suc et que l'on cultive dans le jardin ou la maison.
- **Plantule :** qualifie une jeune plante issue de la germination d'une graine.
- **Plate-bande :** planche plane et décorative dans laquelle sont plantées des fleurs saisonnières, en général de plusieurs espèces différentes. Elle est adossée à un mur ou placée le long d'une allée.
- **Plein vent :** forme fruitière naturelle, haute tige ou demi-tige, dont la ramure est laissée libre et non taillée.
- **Pleine terre :** qualifie une plante cultivée directement dans le sol du jardin.
- **Plomber :** opération qui consiste à tasser un semis avec le dos du râteau.
- **Poil absorbant :** fibre unicellulaire située à l'extrémité des racines qui sert à pomper l'eau et les sels minéraux.
- **Pollinisation :** méthode par laquelle le pollen d'une étamine est porté sur le pistil d'une fleur pour la féconder.
- **Pommé :** qualifie un végétal dont les feuilles constituant le cœur sont très serrées les unes contre les autres et forment une masse arrondie comme une pomme.
- **Poquet :** qualifie un semis par lequel on dépose de trois à cinq grosses graines dans un même trou.
- **Port :** désigne la silhouette générale d'un végétal. Il peut être étalé, rampant, fastigié, pleureur, retombant, grimpant.
- **Porte-graines :** nom donné à une plante cultivée pour la récolte de graines.
- **Pousse :** jeune rameau en cours d'évolution, et plus généralement pour tous ceux nés dans la même année.

- **Pouvoir germinatif :** indique la quantité de graines qui se développent dans un échantillon donné.
- **Pralinage :** opération qui consiste à tremper les racines d'un végétal dans un mélange de bouse de vache, de terre et d'eau pour favoriser son implantation.
- **Précoce :** qualifie une végétation qui est en avance sur la saison normale.
- **Prédateur :** agent végétal ou animal qui se développe aux dépens d'un autre dont il se nourrit.
- **Préventif :** se dit d'un traitement qui est pratiqué avant l'arrivée du mal.
- **Prolongement :** rameau situé à l'extrémité d'une branche principale et qui assure son allongement.
- **Pseudo-bulbe :** renflement en forme de bulbe, situé à la base d'une tige, notamment chez les orchidées.
- **Pubescent :** qualifie un organe couvert de poils fins et doux formant un duvet.
- **Pulvérulent :** qualifie un produit qui a la consistance de la poudre.
- **Pustule :** excroissance en forme de bouton ou de vésicule qui se manifeste sur une plante à la suite d'une attaque parasitaire ou d'une maladie.
- **Pyriforme :** qui est en forme de poire.

Q

- **Quadrangulaire :** qui possède quatre angles. Ce terme est utilisé pour les plantes de la famille des Labiées dont les tiges ont une section carrée.
- **Quenouille :** forme fruitière basse-tige ressemblant à un fuseau mais avec des branches plus étalées.
- **Queue :** synonyme de pédoncule, chez les fruits, ou de pétiole, chez les fleurs.
- **Quinconce :** désigne une plantation de cinq végétaux mis en carré avec l'un d'eux, placé au centre.

R

- **Rabattre :** opération qui consiste à couper une branche ou un rameau sur son empattement pour provoquer le départ de nouvelles pousses.
- **Race :** ensemble de cultivars présentant les mêmes caractères végétatifs.
- **Rachis :** nom donné à l'axe qui porte, de chaque côté, des ramifications courtes ou les folioles d'une feuille composée.
- **Radicant :** qualifie un végétal qui produit des racines adventives comme le lierre.
- **Radicelle :** petite racine située à l'extrémité des grandes, couverte de poils absorbants et faisant partie du chevelu.
- **Radiculaire :** qui a un rapport avec les racines : système radiculaire.
- **Rafraîchir :** opération qui consiste à couper net et proprement un organe pour mettre ses tissus à nu. Elle se complète avec la pose d'un cicatrisant.
- **Rajeunir :** action de supprimer de vieux rameaux pour favoriser la croissance des jeunes pousses.
- **Rame :** tuteur ramifié utilisé pour le support de plantes grimpantes.
- **Rameau :** pousse secondaire située sur une branche principale. Il est à bois lorsqu'il porte des feuilles, à fruits lorsqu'il est couvert de fleurs et de fruits.
- **Ramification :** désigne la division d'une tige ligneuse en deux départs latéraux, après taille ou pincement.
- **Ramille :** pousse fine et grêle située à l'extrémité d'un rameau.
- **Rampant :** qualifie un végétal qui s'étale sur le sol. Synonyme de couvre-sol.
- **Ramure :** ensemble constitué par toutes les branches d'un arbre.
- **Rayon :** synonyme de sillon, c'est une raie que l'on trace dans le sol pour y effectuer un semis en ligne.
- **Recéper :** opération qui consiste à couper un arbuste ou un arbre le plus près possible du sol pour le rajeunir.
- **Rechausser :** action de replacer dans le sol, en appuyant légèrement dessus, une plante qui a été soulevée par les mouvements successifs du gel et du dégel.
- **Régénération :** action qui consiste à faire des entailles dans un vieux gazon pour éliminer le feutrage constitué par l'enchevêtrement des racines et des feuilles. On dit aussi scarification.
- **Régulateur :** produit destiné au ralentissement de la croissance des végétaux.
- **Rejet :** pousse vigoureuse venant sur la souche d'une plante ou à proximité. On dit aussi drageon ou gourmand.
- **Rejeton :** jeune pousse venant sur la souche ou la tige principale d'une plante, utilisée pour la multiplication. Synonyme de œilleton.
- **Remontant :** qualifie un végétal dont la production de fleurs ou de fruits est étalée dans la saison. À ne pas confondre avec le terme grimpant.
- **Repiquage :** opération qui consiste à transplanter une plante issue d'un semis.
- **Repos :** période d'arrêt de la végétation qui coïncide avec l'hiver pour la plupart des végétaux, mais qui peut aussi se situer après la floraison comme chez les bulbes ou les plantes d'appartement.
- **Reprise :** indique le stade où une plante manifeste sa croissance après avoir été transplantée, bouturée, repiquée, greffée ou rempotée.
- **Répulsif :** produit utilisé pour éloigner les animaux de certaines cultures ou de produits phytosanitaires qui sont dangereux pour eux.
- **Résistance :** phénomène rencontré chez certains parasites qui deviennent moins sensibles à l'action des produits de traitement utilisés contre eux.
- **Ressuyage :** action de laisser sécher sur le sol des végétaux que l'on vient d'arracher, pour que la terre qui les entoure puisse s'éliminer rapidement.
- **Retardé :** se dit d'une culture pratiquée à contre-saison grâce à des techniques de mise au froid ou de dosage d'éclairage. On parle également d'engrais retard lorsque ses éléments fertilisants se libèrent progressivement et offrent une durée d'action prolongée.
- **Rétention :** qualifie la capacité d'un sol à retenir l'eau qu'il contient.
- **Réticulé :** qualifie un organe végétal couvert de lignes entrecroisées comme les mailles d'un filet.
- **Retombant :** qualifie le port descendant d'une plante aux rameaux souples. Synonyme de pleureur.
- **Rhizome :** tige située au ras du sol ou souterraine, horizontale, ressemblant à une racine et qui sert à la propagation de la plante.

- **Rotation des cultures :** technique qui consiste à alterner les cultures pour qu'une même plante ne soit pas cultivée deux fois de suite au même endroit.
- **Roulage :** opération qui consiste à passer un rouleau sur le sol pour le tasser.
- **Rustique :** qualifie une plante qui s'adapte aux conditions climatiques sous lesquelles elle est cultivée.

S

- **Sagitté :** qualifie des feuilles en forme de fer de lance ou de flèche.
- **Samare :** nom donné à un fruit sec dont le péricarpe est allongé et se termine par une graine.
- **Saprophyte :** qualifie un élément qui se nourrit de matières en décomposition.
- **Sarclage :** action d'éliminer les mauvaises herbes avec une binette, un sarcloir ou une subraclette.
- **Sarmenteux :** qualifie le port volubile d'une plante aux longs rameaux souples.
- **Sauvageon :** nom donné à un jeune arbre qui pousse naturellement et dont on ne connaît pas l'origine.
- **Scarifier :** on dit aussi régénérer. Cette opération consiste à couper l'enchevêtrement des racines et des feuilles d'une pelouse et à éliminer une partie de la mousse qui l'a envahie.
- **Scion :** tige unique, rarement ramifiée, d'une plante greffée depuis un an.
- **Secondaire :** qualifie une production qui vient sur un organe principal.
- **Sécrétion :** produit liquide et visqueux émis par certains végétaux, comme le latex ou la gomme.
- **Sélection :** méthode de tri de sujets présentant des caractères bien précis dans une lignée de végétaux.
- **Semence :** terme utilisé pour désigner les graines ou les tubercules. On parle aussi de graines de semence, lorsqu'il s'agit de graines spécialement destinées au semis.
- **Semi-aoûté :** qualifie un rameau qui se trouve à un stade intermédiaire entre l'état herbacé et l'état lignifié.
- **Semi-double :** qualifie une fleur dont le nombre de pétales est supérieur à la moyenne mais qui possède encore ses organes sexuels (étamines et pistil).
- **Sensibilité :** indique l'aptitude d'une plante à résister ou non à une maladie. L'antonyme est : résistance.
- **Sépale :** organe végétatif ressemblant souvent à une petite feuille et qui entoure le bouton floral.
- **Sessile :** se dit d'un organe qui ne possède pas de pétiole ou de pédoncule.
- **Sevrage :** opération qui consiste à séparer du pied-mère une marcotte aérienne ou une greffe par approche.
- **Silique :** fruit sec et allongé, s'ouvrant verticalement ; les graines apparaissent contre la cloison centrale.
- **Silo :** construction formée par l'entassement de légumes racines recouverts de paille, de terre et d'une feuille plastique pour empêcher l'eau de s'infiltrer.
- **Simple :** qualifie une fleur qui possède un nombre normal de pétales. Lorsqu'elle en a davantage elle est dite semi-double ou double. On utilise également ce mot pour désigner une plante sauvage utilisée à des fins médicinales.
- **Spadice :** inflorescence dont le rachis charnu, simple ou ramifié, présente des fleurs directement insérées sur lui.
- **Spathe :** membrane enveloppant complètement une inflorescence.
- **Spécifique :** qui a une action précise et bien déterminée. On parle de produit spécifique ou de parasite spécifique.
- **Spontané :** qualifie une plante qui pousse naturellement, sans qu'on l'ait semée. On dit aussi indigène.
- **Spp. :** abréviation de *species plurima*, signifiant qu'il y a plusieurs espèces dans un même genre.
- **Stigmate :** extrémité collante et visqueuse du pistil qui reçoit les grains de pollen lors de la fécondation.
- **Stipe :** nom donné au tronc de certains végétaux, dont le diamètre reste constant sur toute la hauteur.
- **Stipulaire :** qualifie les yeux ou les organes disposés à la base des feuilles. On dit aussi axillaire.
- **Stipule :** petite feuille ou écaille située à la base de certaines feuilles et qui, parfois, se transforme en épine.
- **Stolon :** production rampante émise par certaines plantes, pouvant s'enraciner pour reproduire une nouvelle plante.
- **Stratification :** opération qui consiste à placer des graines dans du sable humide pour faire ramollir le tégument afin qu'elles germent plus facilement.
- **Style :** partie du pistil qui prolonge l'ovaire et porte le stigmate.
- **Subspontané :** qualifie un végétal qui a été introduit artificiellement dans un lieu donné et qui s'y comporte ensuite comme une plante indigène.
- **Substance active :** agent efficace à la base des produits phytosanitaires.
- **Substrat :** mélange de différents matériaux sur lequel on cultive les plantes.
- **Succulente :** végétal gorgé de suc. Synonyme de plante grasse.
- **Suffrutescent :** nom donné à un végétal de petite taille ou au port rampant.
- **Sujet :** synonyme de porte-greffe.
- **Support de culture :** appellation officielle des amendements, terreaux et substrats divers vendus dans le commerce.
- **Surfacer :** opération qui consiste à remplacer la terre de surface dans un contenant, lorsqu'il est impossible de retirer la plante de ce contenant.
- **Systémique :** qualifie un produit qui est absorbé par une plante et véhiculé ensuite par la sève. Très utile contre les insectes piqueurs ou suceurs et certaines maladies cryptogamiques.

T

- **Taille :** opération consistant à couper des parties d'un végétal pour lui donner une forme ou faciliter sa mise à fruits.
- **Tallage :** phénomène de croissance en largeur et en épaisseur des graminées vivaces qui constituent la pelouse. Il est favorisé par les tontes successives.
- **Talon :** empattement d'un rameau.
- **Tardif :** se dit de ce qui est en retard par rapport à la moyenne de végétation.
- **Tégument :** nom donné à l'enveloppe d'une graine. On dit aussi périsperme.
- **Terminal :** qualifie ce qui est placé à l'extrémité d'un rameau.

- **Terreau :** produit provenant de la décomposition de matières organiques. Il est utilisé comme matériau de base dans les substrats et les amendements.
- **Terreautage :** action d'épandre du terreau à la surface d'une pelouse ou d'une culture pour augmenter la quantité de matières organiques sur la surface du sol.
- **Terrine :** récipient rectangulaire en terre cuite, peu profond, utilisé pour les semis ou le repiquage de plantes fragiles.
- **Tesson :** morceau de poterie cassée utilisé pour constituer un drainage au fond d'un contenant.
- **Tête :** extrémité de la pousse terminale d'une plante ou cime d'un arbre.
- **Tire-sève :** pousse située à l'extrémité d'un rameau, souvent laissée lors de la taille, et servant à faciliter la circulation de la sève dans les organes végétaux qui sont placés en dessous.
- **Tissu :** nom donné à l'ensemble des cellules ayant une même fonction.
- **Tomenteux :** qualifie un organe végétal, bouton, feuille, tige, etc., couvert de poils denses, doux au toucher.
- **Tontine :** enveloppe faite de paille, de toile de jute ou d'un filet plastique à mailles très fines, destinée à maintenir la motte de terre autour des racines d'un arbre qui vient d'être arraché.
- **Topiaire :** art de la taille des végétaux selon des formes définies.
- **Touffe :** plante en rosette émettant plusieurs rejets pour former une masse compacte et homogène.
- **Toxine :** substance toxique émise par certaines plantes vénéneuses.
- **Traçant :** qualificatif attribué à un végétal qui pousse uniquement en largeur et émet des stolons, des rhizomes.
- **Transplantation :** opération qui consiste à déplacer un végétal d'un point à un autre ou à mettre en terre une jeune plante cultivée dans un godet.
- **Trigemme :** qualifie le principe de taille à trois yeux des arbres à pépins.
- **Trilobé :** qualificatif attribué aux feuilles qui possèdent trois lobes.
- **Tropisme :** phénomène de déplacement des organes d'une plante en fonction des conditions ambiantes. On distingue le géotropisme qui caractérise les racines attirées vers le bas en raison de la pesanteur et le phototropisme indiquant l'inclinaison des tiges vers la lumière.
- **Tubercule :** nom donné à une tige ou une racine renflée, comportant les réserves nutritives utilisées pour la multiplication ou la consommation.
- **Tubéreux :** qualifie un organe végétal renflé comme un tubercule.
- **Tubulé :** qualifie une production végétale qui a la forme d'un tube.
- **Tunique :** feuille modifiée servant d'enveloppe fine chez les bulbes.
- **Turbiné :** qualifie une production végétale qui a la forme d'une toupie.
- **Turgescent :** se dit du gonflement des tissus et des cellules d'une plante qui provoque la rigidité de ses organes.
- **Turion :** pousse souterraine naissant sur la souche des plantes dont la partie aérienne n'est pas vivace, comme chez les asperges. Sur les espèces ligneuses, on parle de rejet ou de drageon.
- **Tuteur :** pièce de bois, de métal ou de plastique destinée à servir de soutien aux tiges aériennes d'une plante haute.
- **Type :** nom donné à une plante qui réunit l'ensemble des caractères qui ont servi à définir une espèce particulière.

U

- **Uniflore :** qualifie une plante qui ne porte qu'une seule fleur.
- **Unilatéral :** qualifie un organe qui n'est situé que sur un seul côté.
- **Unisexué :** qualificatif attribué aux fleurs qui ne portent qu'un seul sexe.
- **Urne :** feuille parfois très décorative, ayant pris la forme d'un récipient conique ou cylindrique chez certaines plantes carnivores. Synonyme de ascidie.

V

- **Variation :** indique une modification des caractères d'une plante. On parle aussi de mutation lorsqu'elle est brutale.
- **Variété :** nom donné à une plante qui varie légèrement de l'espèce type. Lorsqu'elle est obtenue artificiellement, on parle de cultivar. Si elle ne peut être multipliée que par mode végétatif, on l'appelle clone.
- **Vasculaire :** qualifie un organe qui possède des vaisseaux.
- **Végétatif :** se dit de tout ce qui a rapport avec la vie des plantes. Le système végétatif est l'ensemble des organes servant à la croissance du végétal. La multiplication végétative désigne les méthodes ne faisant pas intervenir les sexes, comme dans le bouturage, le marcottage, la division, etc.
- **Végétation :** indique l'ensemble des végétaux réunis dans un même lieu. On parle aussi de la période de végétation qui est celle durant laquelle les plantes se développent.
- **Vénéneux :** qualifie les végétaux qui possèdent des caractères toxiques.
- **Vernaculaire :** qualifie les appellations locales de certaines plantes. On parle de nom vernaculaire.
- **Verruqueux :** qui porte des verrues.
- **Virose :** se dit d'une maladie provoquée par un virus.
- **Vivace :** plante qui vit plusieurs années sur place et fructifie plusieurs fois.
- **Volée :** technique de semis qui consiste à éparpiller les graines au hasard, avec un large mouvement du bras et de la main.
- **Volubile :** qualifie les plantes sarmenteuses dont les tiges s'enroulent d'elles-mêmes sur leur support.
- **Vrille :** feuille transformée en spirale qui permet à une plante sarmenteuse de s'accrocher sur son support.

X-Y-Z

- **Xérophile :** qualifie un végétal qui apprécie les terrains secs.
- **Xérophyte :** nom donné à une plante qui croît dans les sols peu arrosés.
- **Xylophage :** qualificatif attribué aux insectes qui se nourrissent du bois, tels que les termites, les scolytes, etc.
- **Zoné :** qualifie un organe végétal qui présente des bandes rectilignes ou circulaires bien délimitées.

Le dictionnaire des mots botaniques

Le langage botanique utilise des termes, préfixes et suffixes, empruntés au latin ou au grec ancien. Ils ont une signification qui permet souvent d'avoir une idée précise sur certains aspects ou particularités de la plante. Nous vous proposons un bref dictionnaire des mots qui sont le plus couramment employés.

A

- **Acaulis :** dépourvu de tige.
- **Acidus :** acide.
- **Aculeatus :** piquant, pointu.
- **Acuminatus :** terminé en pointe fine.
- **Aestivalis :** d'été.
- **Albus :** blanc.
- **Alpestris :** de la montagne.
- **Alpinus :** des Alpes.
- **Alternifolius :** à feuilles alternes.
- **Altus :** élevé.
- **Amabilis :** décoratif, agréable.
- **Amoenus :** charmant, joli.
- **Angularis :** anguleux.
- **Angustifolius :** à feuilles étroites.
- **Annuus :** annuel.
- **Aquaticus :** aquatique.
- **Aquifolius :** à feuilles pointues.
- **Arborescens :** à forme arbustive.
- **Arboreus :** en forme d'arbre.
- **Arenarius :** vient du sable.
- **Argenteus :** argenté.
- **Arvensis :** des champs.
- **Atro- :** préfixe signifiant foncé.
- **Aurantiacus :** de couleur orange.
- **Aureus :** doré.
- **Auriculatus :** en forme d'oreille.
- **Australis :** du Sud.
- **Autumnalis :** de l'automne.
- **Avium :** des oiseaux.
- **Azureus :** bleu ciel.

B

- **Barbatus :** avec une barbe.
- **Bellus :** beau, élégant.
- **Blandus :** plaisant, doux.
- **Brachy- :** préfixe signifiant court.
- **Bracteatus :** qui porte des bractées.

C

- **Caeruleus :** de couleur bleue.
- **Caespitosus :** qui pousse en touffe.
- **Calcareus :** qui aime le calcaire.
- **Callianthus :** à belles fleurs.
- **Campestris :** des plaines.
- **Candicans :** de couleur blanchâtre.
- **Candidus :** de couleur blanc pur.
- **Canescens :** blanchissant.
- **Caninus :** des chiens.
- **Cardinalis :** de couleur rouge écarlate.
- **Carneus :** de couleur chair.
- **Caulescens :** à tige développée.
- **Chloro- :** préfixe signifiant vert.
- **Chryso- :** préfixe signifiant or.
- **Cinereus :** de couleur cendrée.
- **Coccineus :** de couleur rouge cochenille.
- **Communis :** commun, ordinaire.
- **Compactus :** trapu.
- **Cordatus :** en forme de cœur.
- **Crenatus :** qui est bordé de crans.
- **Cristatus :** en forme de crête.
- **Cyaneus :** de couleur bleu foncé.

D

- **Dealbatus :** blanchâtre.
- **Dentatus :** qui possède des dents.
- **Digitatus :** en forme de doigt.
- **Dulcis :** doux.

E

- **Edulis :** qui est comestible.
- **Elatus :** grand, élevé.
- **Elegans :** élégant.
- **Erectus :** droit, érigé.
- **Erythro- :** préfixe signifiant rouge.
- **Excelsus :** élevé, haut.

F

- **Falcatus :** en forme de faux.
- **Fasciatus :** fascié, aplati.
- **Fastigiatus :** érigé.
- **Flavus :** de couleur jaune clair.
- **Flore pleno :** à fleur pleine.
- **Floribundus :** florifère.
- **Foetidus :** qui a une odeur désagréable.
- **Fragrans :** qui est parfumé.
- **Fructuosus :** fertile, fructifère.
- **Frutescens ou fruticosus :** buissonnant.
- **Fulgens :** étincelant, brillant.

G

- **Gallicus :** brillant.
- **Giganteus :** géant, très grand.
- **Glabratus :** sans poils, glabre.
- **Glaucus :** de couleur vert bleuté.
- **Globosus :** en forme de sphère.
- **Glutinosus :** qui est visqueux.
- **Gracilis :** fin, élancé, fragile.
- **Grandiflorus :** à grandes fleurs.
- **Grandifolius :** à grandes feuilles.
- **Graveolens :** à odeur désagréable.
- **Griseus :** de couleur grise.
- **Gymno- :** préfixe signifiant qui est nu.

H

- **Helio- :** préfixe signifiant soleil.
- **Helix :** en forme de spirale.
- **Hiemalis :** qui pousse en hiver.
- **Hispidus :** qui possède des poils durs.
- **Hortensis :** des jardins.
- **Humilis :** peu élevé, bas.

Le dictionnaire des mots botaniques

I-L

- **Imbricatus :** superposé.
- **Inermis :** sans épines.
- **Insignis :** célèbre, remarquable.
- **Laciniatus :** découpé en fines lanières.
- **Lacteus :** de couleur blanc laiteux.
- **Laevigatus :** qui est lisse.
- **Lanatus :** laineux.
- **Lanceolatus :** en forme de lance.
- **Lati- :** préfixe signifiant large.
- **Lineatus :** avec des rayures, strié.
- **Litho- :** préfixe signifiant pierre.
- **Lutescens :** de couleur jaunâtre.
- **Luteus :** de couleur jaune.

M

- **Macro- :** préfixe signifiant grand.
- **Majalis :** du mois de mai.
- **Major :** très grand.
- **Majus :** grand.
- **Maritimus :** du bord de mer.
- **Maximus :** très grand.
- **Mega- :** préfixe signifiant grand.
- **Micro- :** préfixe signifiant petit.
- **Minimus :** très petit.
- **Minor :** petit.
- **Mollis :** qui est mou ou doux.
- **Multiflorus :** à nombreuses fleurs.
- **Muralis :** qui pousse sur les murs.

N

- **Nanus :** qui est nain.
- **Natans :** aquatique, qui flotte.
- **Niger :** de couleur noire.
- **Nitidus :** brillant.
- **Nivalis :** qui pousse près de la neige.
- **Nobilis :** noble.
- **Nutans :** incliné, penché, courbé.

O

- **Ob- :** préfixe signifiant retourné.
- **Obovatus :** de forme ovale.
- **Obtusus :** d'aspect anguleux.
- **Odoratus :** parfumé.
- **Officinalis :** médicinal.
- **Oppositifolius :** à feuilles opposées.
- **Orbiculatus :** de forme ronde.
- **Ovatus :** de forme ovale.

P

- **Pachy- :** préfixe signifiant épais.
- **Palmatus :** en forme de main ou de palme.
- **Palustris :** qui pousse dans les marais.
- **Parvi- :** préfixe signifiant petit.
- **Peltatus :** en forme de bouclier.
- **Pennatus :** en forme d'aile.
- **Penta- :** préfixe signifiant cinq.
- **Perennis :** qui est vivace.
- **Platy- :** préfixe signifiant large.
- **Poly- :** préfixe signifiant nombreux.
- **Praecox :** qui est précoce.
- **Pratensis :** des prés, des prairies.
- **Pseudo- :** préfixe signifiant faux.
- **Pubescens :** duveteux, poilu.
- **Pumilus :** petit, nain.
- **Pungens :** piquant.
- **Purpureus :** de couleur pourpre.

R

- **Racemosus :** à fleurs en grappe.
- **Radicans :** qui s'enracine.
- **Repens ou reptans :** qui est rampant.
- **Reticulatus :** réticulé.
- **Rhodo- :** préfixe signifiant rose.
- **Rhytido- :** préfixe signifiant plissé.
- **Rigidus :** raide, rigide.
- **Robustus :** vigoureux, robuste.
- **Roseus :** de couleur rose.
- **Rotundi- :** préfixe signifiant rond.
- **Rubens :** de couleur rougeâtre.
- **Rugosus :** ridé, rugueux.
- **Rupestris :** qui pousse dans les rochers.

S

- **Saccharinus :** comme de la canne à sucre.
- **Sagitifolius :** à feuilles en forme de flèche.
- **Sanguineus :** de couleur rouge sang.
- **Sarmentosus :** sarmenteux.
- **Sativus :** qui est cultivé.
- **Scandens :** grimpant.
- **Semperflorens :** toujours fleuri.
- **Sempervirens :** toujours vert.
- **Sessilis :** qui n'a pas de tige.
- **Speciosus :** remarquable, très beau.
- **Spectabilis :** spectaculaire.
- **Spin- :** préfixe signifiant épine.
- **Splendens :** brillant, splendide.
- **Stellatus :** en forme d'étoile.
- **Striatus :** strié, rayé.
- **Suaveolens :** parfumé, odorant.
- **Sub- :** préfixe signifiant sous.
- **Suffruticosus :** qui a les caractères d'un sous-arbrisseau (presque arbustif).
- **Sylvaticus :** des forêts, des bois.

T

- **Tenellus :** délicat, mince, gracile.
- **Tenuis :** fin, grêle, tenu.
- **Terminalis :** en extrémité, terminal.
- **Tinctorius :** pour la teinture.
- **Tomentosus :** à poils longs et soyeux.
- **Tri- :** préfixe signifiant à trois.
- **Triacanthus :** à trois épines.

U-V

- **Umbellatus :** en forme d'ombelles.
- **Uni- :** préfixe signifiant à un.
- **Utilis :** qui est utile.
- **Variabilis :** qui est variable.
- **Variegatus :** de couleur panachée.
- **Vernalis ou vernus :** du printemps.
- **Violaceus :** de couleur violette.
- **Virginalis :** qui est vierge.
- **Viridiflorus :** à fleurs vertes.
- **Vulgaris :** commun, répandu, banal.

X-Z

- **Xanthus :** de couleur jaune.
- **Xero :** qui est sec.
- **Zebrinus :** zébré, à rayures.

Index

LES CHIFFRES EN GRAS RENVOIENT AUX THÈMES QUI FONT L'OBJET D'UN DÉVELOPPEMENT IMPORTANT DANS L'OUVRAGE.

A

Index

B

Index

D

E

Index

F

G

H

Index

I

J

K

L

M

Index

P

Index

U

V

W

X-Y-Z

Crédits photographiques

ABRÉVIATIONS : H = HAUT, B = BAS,
M = AU MILIEU, G = GAUCHE, D = DROITE, PAYS. = PAYSAGISTE.

© Agence MAP/Mise Au Point 41b GWI/F. Emonds ; 46bg D. Bernardin ; 140b K. ; 191m H. Jariwala ; 200bd GWI/F. Toskana ; 203m GWI/R. Shiell ; 217g GWI/D JOLLIFF ; 256(3) GWI/D. Gould ; 267m GWI/M. Thornhill ; 299(8) GWI/L. A Heusinkveld ; p.303h GWI/J. Lambert ; 328g GWI/G. Stokoe ; 353m Minier/Pineau ; 438dh GWI/C. Fairweather ; 465gb GWI/I. Anderson ; 481dh GWI/E. Gabriel ; 514gb GWI/L. Lambert ; 522(4) GWI/D. Bown ; 531h G. Lane ; 571db M. Fowler ; 582d GWI/C. Jenkins ; 617m GWI/Geoff du Feu ; 645dm GWI/A. James ; 660m GWI/M. Tres ; 667gh GWI/W. Clevitt ; 671(4) I. Borsuchenko ; 691bd GWI/MBP Plants ; 694hd Mise au Point ; 695hd TwilightArtPictures ; 709g MNStudio ; 783(6) P. Fauchère ; 797mb GWI/B. Hoffman ; 851m BasPhoto ; 865g GWI/P. Smith ; 865db K. Keifer ; 866mh D. Brochard ; 884g H. Larsson.

A. Guerrier 29h, 46md, bd, 129m, 133md, 137g, 212gb, 232(6), 253dh, 263g, 287b, 295g, 373mg, 558m, 589dm, 686bg, 689h, 691h, 740-741, 776bg, mh, 782(4), 783(4). **A. Kubacsi** 26b, 42d, 115md, 165b, 170g, 176(1), 183d, 200hg, 224m, 258-259, 292(3), 294d, 324db, 358(1d), 386mb, 423db, 438m, 455dh, 484mh, mb, d, 511d, 521d, 522(1), 583md, 595(3), 625, 765(7), 782(5), 783(1), 783(3), 803m. **A. Jones** 233 (8), 266g. **A. Descat** 16hd, 31b, 126-127, 128d, 129h, 140h, 140m, 140-141,143h, 147m, 149db, 152hd, 154g, 174d, 190bd, 201(4), 211m, 214-215,218dh, 222m, 232(2), 236h, 247mb, 252gh, 272mb, 305g, 347(7), 358(6), 376g, 386g, 470h, m, 475d, 486d, 488d, 505d, 536hd, 550(3), 571dh, 572d, 590(3), 594g, 608g, 619g, 639g, 650m, 654(1,5,8), 704(5), 751d, 770m, 772 m,d, 773g, 774-775,777m, 778g, 779g, 784hd, 785bg, 790bd, 791m, 792m, 800d, 818gb, 831g, 833d, 855d, 861(1, 4), 873db, 884m, 891h. **Botanic Images Inc.** 336mb, 373b, 539(4, 5), 591(9), 133mg, 605bd, 606mh. **C. Nichols** 10h, 11hg, 15hd, 20h, 29b, 30, 32h, 34b, 39h, b, 45b, 55h, 57h, 115bg, 119h, 126h (Pays. J.-L. Felizia, 128g, 133b, 135b, 137g, 139(8), 150b, 156b (Pays. Butter Wakefield), 187(1), 198b, 198-199, 204-205, 214b, 236b, 237h, 239m, 256(5), 271db, 272g, 275gb, 278-279, 279g, 287h, 292-293, 294mh (Pays. C. O'Donoghue), 300-301, 306h, 322gb, 323db, 335g, 392h, 392-393, 429g, 431gh, 460b, 464g, 465d, 467m, 484g, 505m, 552h, 650h, 655(10), 680dh, 687, 722, 726, 828h-830g (Pays. C. Matthews), 831m, 114h, 525gd, dh, 714, 130-131, 150-151 (Pays. Avant Gardener), 153b, 154-155, 178-179, 302mh (Pays. M. Semini), 380-381, 383bd, 544gb, 555mh, 626m, 629h, 634-635, 637m, 710, 740, 171g, 294mb, 462h, 754, 413dh, 348-349. **Floramedia** 612b, 620bd, 573dg, avec GWI 260m3, 384g, 654(3), 738(3), 775(1), 782(3), 345gb, 405gm, 454dh, 517d, 521g, 775(5), 798hd. **F. Buffetrille** 147hg, 277g, 306b, 311d, 325gb, 332bd, 542h, 544db, 631h, 653g, 721h, 776hd, 796d, 804(7), 861(5), 514dh, 595(2), 854d, 859g, 881m. **. Lamarque** 536hg, 367gb, 412g. **F. Didillon** 34h, 88g, 115hd, 168g, 255gh, 271g, 318(5), 549m, 617g, 738(5), 766mb, 769hg, 769hm, 791g, 848dh, 803g, 841b2, b3, 27hd, 196mb, 322gh, 578dh, 783(7), 787db, 800m. **F. Tournay** 35b, 135hg, 147g, 162hd, 188g, 191b, 225h, 246g, 261b, 338h, 346(1), 385g, 465m, 523(6, 11), 551(6), 617d, 619d, 87h3, 341b. **F. Strauss** 15bg, 16bg, 24, 50h, 58b, 60db, 63h, 65h, 68b2, 69hg, hd, 72h, b, 73b, 74hd, 76b2, 77h, 79hd, 80h, 81h, 82h, bd, 83b, 91h1, 91b2, 97b, 109b3, 126b, 180h, 216g, 224db, 237b, 341m, 373h, 404d, 418h, 478(4), 491(2), 492-493, 524h, 525gh, 525dm, db, 529h, 530h, 532h, 533m, b, 538g, 542-543, 544gh, gb, 544m, dh, 554g, d, 556d, 558g, 558-559, 560g, mh, mb, d, 561mg, md, b, 717h, 720d, 732hg, hd, 750bd, 759bd, 840m, dh, 856m, 858g, 872d, g, 880m, 888h, 888-889, 890g, 891b, 687bg, 703, 123g, 158h, 160b, 166-167, 206m, 279gh, 280d, 292(2), 302g, 323g, 395gh, 443gh, 503h, 550(1g),550(1d), 550(5d), 566m, bd, 568dh, db, 569m, b, 574d, 576m, 578g, 578dm, db, 579g, 582g, 584m, 586gh, gb, d, 587b, 590(2), 592-593, 595(4), 597m, 602bd, 604m, dh, db, 605h, bg, bm, 614 gh, m, d, 615gb, gh, 620m, 622hg, hd, mg, mm, md, 623h, 623b, 626bd, 632h, 636g, 637b, 644m, 653d, 655(9), 656m, 658gh, 659db, 660g, 661m, 669gb, 670d, 689bg, 690d, 752-753, 755, 795d. **G. Marsault** 181h, 184g, 211gh, 286dh, 351g, 439m, 487gh, 489g, 522(2), 684mh, 27md, 32bm, 572g, 176(2), 1763h, 275d, 565dh. **GWI** 502 ; A Graham 628dh, 830d ; A. James 645dm ; A. Jone 584h, 158bd, 414m, 706-707m, 734-735 ; B. Hoffman 797mb ; Botanic Images Inc 246d, 254g, 295db, 537bd, 775, 545h(7), 739(6), 797mb ; C. Fairweather 438dh ; C. Jenkins 582d ; C. Lavis-Jones 257(7), 547d ; C. Niele 451h, 774(2), 784m, 130h, 138(1), 204h, 353d, 412db, 864g, 864dh, 88d, 404g, 407dm, 700h, 754bd ; D. Bown 522(4) ; D. Gould 256(3) ; D JOLLIFF 217g ; Dr Gary Brown 218g, 42g ; E. Crichton 676dh, E. Gabriel 481dh ; 550(2) ; F. Emonds 41b ; Flowerphotos : C. Sharp 46h, 439d, 810bg, 782(1), S. Reed 522(5), S. Bishop 408db ; F. Davis 208d, 865dh, 700b ; F. Toskana 200bd ; Geoff du Feu 617m ; G. Lane 214h, 428db ; G. Delacroix 539b1,2, 135hd, 138(4), 175hm, 177(7), 186d, 192d, 197h, 257(10g), 295dh, 318(2, 6), 341h, 351dh, 382g, 414g, 441g, 516gb, 575m, 592bm, 630g, 633d, 685d, 775(2), 38bd, 175d, 203gh, 438db, 551(7), 629b, 738(7), 774(1) ; G. Harper 446(4), 573gh, 669m, 358(5), 408m ; G. Stokoe 328g ; I. Anderson 465gb ; J. Dracup 74hg, 132, 133hg, 691bg, 623m, J. Lilly 134m, 350gh, 541d, 610dh, 616g, 654(4), 752h, 121b, 480g, 769g, m ; J. Martin 222bd, 256(4), 318(3), 319(9), 380b, 434h, 523(8), 510g ; J. Lambert p.303h ; J. Swithinbank 56h, 68b3, 437d, 662h, 523(10) ; J. Need 232(4), 570g ; K. Howchin 504d, 677h ; L. A Heusinkveld 299(8) ; L. Lambert 514gb ; L. Thomas 281m, 286g, 335db, 486g, 591(6), 237md, 385dh, 596d ; L. Every 290b, 316d, 338m, 268h, 509m, 551(8), 133hd, 192m, 231g, 492b ; Longhouse Plants 200hd, 459g, 5505g ; MBP Plants 691bd ; M. Hughes-Jones 32bd, 176(3b), 265g, 286db, 329g, 340g, 359(7), 373md, 476m, 496m, 510dh, 541m, 590(4), 597d, 618m, 639m, 775(3), 447(8), 459m, 550(4), 691bd ; M. Thornhill 267m ; M. Tres 660m ; N+R Colborn 187(2), 203d, 313gh, 335dh, 523(13), 588d, 685g, 91h3 ; N. Appleby 249d, 515(2), 483gh, 697bg ; P. Lane 49b, 212m ; P. Smith 865g ; R. Shiell 203m ; R. Tamblyn 340d, 346(2) ; R. Isaac 35h, 253bm, 759bg, 812g ; S. Chesterman 136d, 398g ; S. Hauser 176(4), 196d, 253bg, 256(2,9), 326m, 329m, 352m, 469g, 510db, 580g, 602h, 615d, 655(6), 737h, 640m ; T. Jennings 264d, 632b ; T. Cooper 247g, 500-501, 637h ; W. Clevitt 667gh. **J. Durand** 31h, 32bg, 93b, 114b, 129b, 184d, 198m, 200bg, 318(1, 7), 395gm (Pays. C. Bamford), 443m, 447(10), 522(7), 589g, 770d, 778m, 858dh, 602m, 697h, 713bg, 738(1). **J.-Y. Grospas** 169b, 233(9), 260m2, 3463d, 443dh, 488g, 854mh, 195m. **L. Cole** 170m, 420b, 654(2). Marly Jaimes 516d, 694hg, 667d, 858db. **Minier** avec Sylvain 233(10), 252gb, 351m ; avec Pallier Yvon 33h, 272d, 273g, 277d, 281d, 376m, 378gb, 380h, 391gb, 400d, 431gb, 464d, 467g, 475gb, m, 477m, 517g, 573m, 624d, 639d, 644d, 841b1, 849m. **N. Pasquel** 16bm, 17bg, 36d, 40bd, 57b, 59, 61b, 62, 67m, 75g, 89m, 90h, b, 92(3), 93h1, 161hg (Pays. Institute of Technology Blanchardstown), 175hg, 178m, 184m, 252d, 302mm, 368b, 391gh, 401d, 402-403 (Pays. L. Water Gardens), 464m, 509gb, 628db, 629m, 631b, 642h, 652gb, 656b, 659g, dh, dm 1, 2, 3, 667gb, 739(5), 740m, 774(4), 782(7), 802g, 606mb, 692 (Pays. Stone), 737mg, 166m, 187(4), 25710d, 313gb, 385m, 442, 443db, 542bg, 546g, 671(3), 805(6) ; avec AC 38 bg, 116(1, 2), 121hd (Pays. RB Végétal), 123d, 138(2) (Pays. J. et W. Hartley), 152g, 157b (Pays. H . Williams), 161hd (Pays. Darmet), 225b (Pays. F. Chaboud), 270d, 271dh (Pays. O. Kirk Garden Design), 282m (Pays. T. Awai), 282-283, 284, 306-307 (Pays. R. Myers), 311m, 340mh, 509gh, 555g (Pays. Delage de Luget, J. Cierniak), 557g, 645g-652gh (Pays. R. Clare-Wills), 672hd (Pays. L. Chetwood et Collins), 746b (Pays. Fox Aralia Garden Design), 797dh (Pays. M. Balston et M.-L. Agius), 650-651 (Pays. M. Harvey). **N. Johnson** 115bd, 422g. **N. et P. Mioulane** 27bg, 33b, 38h, 40h, bg, 50b, 52b, 64g, d, 68b1, 69b, 71m, 79m, b, 8b1, 2, 84gh, gb, 87h1, 2, 89b, 91h2, 91b, 921, 2, 93h2, 91b1, 3, 95b, 107g, 115hg, 118h, 120, 142g, 144gh, 146d, 147hd, 157h, 165h, 180m, 203gb, 207m, 207dh, 224g, 232(1), 234m, 249g, 280g, 288g, 294g (Pays. R. Watkinson), 300(2), 302mb, 326db, 334d, 337m, 343m,

345m, 350d, 355g (Globe Planter), 358(4, 8), 379d, 387g, d, 391d, 394, 428g, 443gb, 446(3), 455m, 459dh, 463(4), 475gh, 480d, 481db, 486mb, 487db, 489d, 512-513, 518d, 532b, 539b3, 545m, 547gh, 548g, 563g, 564d, 566h, 568g, 569h, 571g, 573dh, 581d, 584bg, 591(8), 595(1), 598g, 599mh, 607m, 608m, 618g, 624g, 631m, 642b (Pays. A. Risser), 644g, 647d, 649d, 652d, 655(7), 664g, 666d, 669d, 672-673 (Pays. K. Ishihara), 686hg, 739(1), 742d, 743bg (Pays. N. Boardman & S. Gelly), 746h, 750h, 759m, 760-761 (Pays. R. Allen), 768bd, 770-771d, g, 772g, 777d, 782(6), 788m, 792g, 688, 856-857, 788d, 148g, 181b, 377g, 379gb, 405dh, 407dh, 417g, 508m, 695hg, 717b, 774(3), 775(6), 856h, 859d, 864db, 873gh, gb, 880b, 699bg. **Noun** 83h, 134d, 212gh, 374d, 429db, 458m, 459db, 625m, 647g, 690g, 693h, 697bd, 698b, 730, 748m, 765(11), 765(8), 766d, 779m, 783(2), 787g, 790hd, 514db, 275gh (Globe Planter), avec Didillon 579dh, avec Gaëlle 701, 160h, 733h, 699bd, 78b1, 2, 3, 81b, 143b, 218db. **O. D'Arcy** 765(10); avec 186g, 328dh, 468d, 496d, 519g, 547m. **Pasquel et Mioulane** 594dmbd, 687h, 699h, 702, 756-757. **P. Nief** 206db, 695hm, 794dh, 783(6). **Pierre Aversenq** 217db, 840g. **R. Shiell** 574g, 575gh. **R. Coates** 375m, 273d, 272mh; avec GWI 138(3), 253bd, 309g, 316m, 775(4), 818gh, 41h, 266dh, 428dh, 564g, 669gh. **S. Hauser** 260b2, 317g, 430dh, 618d, 665db, 562m. **S. Bonneau** 782(2), 180b, 684g. **T. Jennings** 169m, 358(2). **T. Dupaigne** 410-411, 158-159, 168bd, 178g, 268-269, 285h, b (Pays. L. Sagne), 323dh, 573gb, 698h (Pays. Berdoula), 754h, 51bg-111m (Pays. G. Quemper), 117, 118(2), 122, 334gb, 351db, 410h, 865dm. **T. Sims** 357h, b, 467d, 318(4), 171d; GWi 143m, 146m, 148d, 187(3), 190h, 206dh, 210mb, 244(1), 256(1), 261h, 276g, 315m, 337g, 346(6), 35b, 384d, 396d, 397m, 400g, 423m, 457d, 474gh, 477d, 518m, 548m, 590(1, 5), 738(4), 774(6), 375d, 48d, 183m, 251d, 455db, 469d, 482g, 487gm, 523(9), 606g, 622b, 625g, 666g. **V. Albouy** 98m, 207db, 395gb, 854mb. **Y. Monel** 157m, 188-189, 190bg, 228d, 268m, 315g, 156m, 472dh, 819.

DR : 28, 77m, 77b, 98g, d, 99g, m, d, 100g, m, d, 101g, m, d, 102g, m, d, 103g, m, b, 104 h, m, b, 105g, m, d, 106g, m, d, 107m, d, 137m, 144gb, d, 145g, d, 148m, 162g, 162bd, 163b, g, 173m, 182h, 182bd, 183g, 185d, 186m, 192g, 193g, 193d, 195d, 196g, 202g, 202d, 209d, 210mh, 211gb, 212d, 213db, 220g, 226g, 226d, 228g, 230d, 238g, 239g, 240m, 240d, 241m, 241d, 242g, 242dh, 242db, 243d, 248d, 249m, 250g, 250m, 251m, 252m, 254d, 255m, 255db, 264g, 265m, 265d, 267g, 267d, 281g, 290 h, 291d, 298(2) 310dh, 311g, 312g, 312dh, 314m, 319(8), 324g, 331b, 342g, 342m, 342d, 343d, 354m, 374m, 375g, 377dh, 377db, 378m, 378d, 379m, 383m, 385db, 396g, 406g, 406m, 406d, 423dh, 424mh, 428m, 440g, 444g, 454m, 466d, 504g, 511g, 530b1, 2, 3, 687hd, 693b, 718 h, 721b, 768 hg, 780m, 781bg, 785 hm, 787dh, 788g, 791d, 793d, 796g, 796mh, 796mb, 797mh, 799m, 801m, 806g, 807m, 808d, 832gh, 833gh, 833gb, 833m, 834g, 834d, 835g, 835mh, 835mb, 836g, 842g, 843d, 845d, 848db, 849d, 850g, 850m, 851dh, 851db, 866mb, 867g, 867mb, 867d, 874m, 875m, 876d, 877g, 877m, 883g, 887mh, 887mb, 887d.

© Biosphoto pages 10b Michael/FocusOngarden/Flora Press; 14b M. Gunther; 17hd S. Cordier; 22bg T. Bertani; 22h RHS/RHS; 36g J.-P. Ferrero; 37b J.-P. Delobelle; 37h X. Pasco; 44d P. Pittorino; 47 P. Sabonnadière; 53h J.-C. N'Diaye; 63b Rustica/F. Marre; 56b D. Delfino; 71h J. Douillet; 111h3 Derek St Romaine/Garden Collection; 111h1 JurateBuiviene; 263m J. Manuel Borrero; 274gh J.-Y. Grospas; 276mh H. Clauzing/Visions Pictures; 308 gh M. Schindler/Flora Press; 320-321 M. Harpur; 332-333 A. Le Toquin; 343g E. Lattes; 345db Visions Botanical/Visions Pictures; 388b J. Héras; 392b M. Garrett/Garden Collection; 430db D. C. Robinson/Science Photo Library; 446 (7) L. Rebelle; 469m J. Breton; 470-741 A. Lawson; 487dh C. Fruhinsholz; 531m M. Bolton; 540g Juniors; Flora Press : 576-577, 604g, 672b H. Noack, 553-553 Edition Phönix, Becker/FocusOnGarden : 642-643; 600d Photoshot/M. Warren; 607g M. Lefèvre; 638d C. Thouvenin; 660d C. Balcaen; 678b Vincent M. & E. Studler; 852-853 Garden Collection/Modeste Herwig. **Biosphoto/GAP** 11m E. Borkowski; 11md Thornhill; p 12d A. Maxine; 274d M. Bolton; 251g S & O; 305m L. Clapp; 315d M. Winwood; 345gh T. Alamy; 352g R. Bloom; 364h J. Buckley; 366h Fhf GreenMedia; 418-419 P. Bergdah; 483gb Edwards Heather; 526b N. Browne; 531b G. Strong; 600m FhF GreenMedia; 602-603 J. S. Sira; 612-613 J. Ingram; 633m D. Dixon; 862-863 J. Glover. **Par photographes : B. Renevey** 680db, 681d; **F. Bidault** 61h, 826-827. **A. Petzold** 13g, 20bg; 527, 575d, 680dm, 71b, 82bg, 89h, 97h, 109h, 367d, 674m, 675g. **B & G Médias** 18b; 19b; 22bd; 820h, 823b, 52h, 58h, 63m, 67h1, 2 et 3, 74b, 76b1 et 3, 86, 87b, 110, 460-461. **E. Borkowski** 434-435, 661g. **F. Didillon** 15 hg, 447(13), 487gb, 502d, 536-537, 656-657, 224dh, 229g, 230g, 248gb, 345dh, 379gh, 382d, 518g, 565db. Friedrich Strauss 73h, 276d, 526h, 529b, 562g, 563m, 564m, 575gb, 584-585, 609gh,620-621,645db. **F. Strauss** p. 14h, 18h, 23h. **Garden Collection** : A. Lawson 232(3), 509d; **L. Eddison**: 118(3), 119b. **Gardenpix/N. Stocken Tomkins** 85, 828-829, 678-679, 118(1). **G. Kidd/ Science Photo Library** 11bd; 240g, 376d. **G. Le Scanff & J.-C. Mayer** 21g, 51bd, 109b1, 508d, 112. **H. Curtis** 640d, 372g, 383h. **H. Verspieren/Digitalice** 171m, 254m. **H. Lenain** 244-245, 372d, 498d. **J.-J. Etienne** 21d;26h, 820b, 821b, 822h et b. **J.-M. Groult** 76h,94m, 96b1 et 2, 499d, 79hg. **Lamontagne** 13md; 262g, 675m. **M. Chatelain** 65b, 108, 234-235. **NouN** 11hd; 13hd; 19h; 51md, 94h, 139(9), 222h, 222-223, 274gb, 358(1g), 370-371, 388-389, 448-449, 533h, 545b, (Globe Planter). **P. Greboval** 681g, 678h. **P. Giraud** 515(1), 675d, 51hd, 362d, 364-365. RHS - Royal Horticultural Society/RHS: 109b2, 202m, 674d. **Rustica/C. Hochet**: 67b, 84d. **S. Lapouge** 17bm; 20bd; 93h3, 111b. **V. Meunier** 70h, 111h2, 678b (Vincent M. & E. Studler). **Visions Pictures** 276mb, 458d, 507gh (Visions Botanical), 556g et m, 619m, 661d, 591(7) (Ramon van der Reijden). **Y. Avril** 23b; 96h, 270g.

© Catherine Delvaux 709d, 803.

© Digitalice 33m, 70b, 609gb, 626-627, 771d.

© Catherine Maillet 247mh.

O. Ploton © Arch. Larousse 288dh et db, 289m et b, 485h et b, 687md, 689bd, 728bg, 733md, 733b, 784g, 798g. Avec Alix Marnat 490 (1 à 7), 491 (1, 3, 4, 5, 6, 7).

© Serge Schall 243g, 538dh et db, 628g, 881h.

© Shutterstock 12g Zbigniew Guzowski; 27hg Amit Erez; 27bd Bertold Werkmann; 43 Iriana Shiyan; 44g Pavel Mikoska; 45hg MMCez; 46h Erni; 48g Vladyslav Starozhylov; 51hg Mark Caunt; 53b MarjanCermelj; 54g Dariusz Gora; 54d Hui Boon; 55b Ozgur Coskun; 95h Claude Balcaen; 116h Kiev.Victor; 124-125 perlphoto; 130b Maja H.; 138 alybaba; 138 Valeria73; 138 Suwan Waenlor; 139 Taina Sohlman; 142m Fenlin; 142dh funkyfrogstock; 142db almaje; 146g AKI's Palette; 149g Ken Schulze; 150h Delpixel; 152bd Boris Stroujko; 153h ladywewa; 154d Jamie Hooper; 156h scenery2; 158bg kamnuan; 161b Vilor; 163g Bildagentur Zoonar GmbH; 163m pjhpix; 164m riekephotos; 164b Ruud Morijn Photographer; 165m Tatiana Ermakova; 166h Shutterstock; 166b Sarycheva Olesia; 169h kospet; 170d Soleina; 172hg Debu55y; 172bg Olga Lipatova; 172m Bildagentur Zoonar GmbH; 173g Elliotte Rusty Harold; 173d apple2499; 174g Ken Schulze; 175bg Rudmer Zwerver; 175bm nikolay100; 176(5) Julietphotography; 176(6) Aungkul Intaraprasong; 177(8) Sever180; 177(9) LianeM; 178d Richard Griffin; 182m Bildagentur Zoonar GmbH;

Crédits photographiques

182hd DaneeShe; 185hg Bufo; 185bg Iriana Shiyan; 188m StudioZ; 188d Madlen; 191h R(Szatkowski; 193m Simone Andress; 194g Cora Mueller; 194m sarra22; 194d ChWeiss; 195hg Henrik Larsson; 195bg Kefca; 196mh Ruud Morijn Photographer; 197b Andrew Fletcher; 198h tea maeklong; 201(1) M.M.; 201(3) Niranjan Gaikwad; 204b Ortis; 206g Gajus; 207 dm Carlos Neto; 208gh Txanbelin; 208gb ChameleonsEye; 209g Elena Leschenko; 209m Brian Maudsley; 210g Jacqui Martin; 210d neil hardwick; 211d LHamilton; 213g Taiftin; 213dh Christian Musat; 216d Andrew Koturanov; 219g Aleksey Sagitov; 219dh Christian Musat; 219 dm Branko Jovanovic; 219db KPG Payless2; 220d KPG Payless2; 221g Aleksander Bolbot; 221dh Erick Margarita Images; 221db Mps197; 222bg Elena Elisseeva; 226m Melinda Fawver; 227m Shi Yali; 227d Heller Joachim; 231d flaviano fabrizi; 232(5) Milosz_M; 233(7) Andriy Solovyov; 234b s74; 238h Nicolette_Wollentin; 238db AnneMS; 239d patjo; 241g Mirko Rosenau; 244(3) Konrad Weiss; 246m Starover Sibiriak; 247 mm picturepartners; 247d Roger Hall; 248gh DTraves; 250d Debu55y; 255gb Sheila Fitzgerald; 255dh Erena.Wilson; 256(6) Soliton; 257(8) buuton; 257(11) slowfish; 258h Soili Jussila; 258m richpav; 258d haraldmuc; 260b LianeM; 260d CoolR; 262d Olga Chudinovskykh; 263d Martin Fowler; 264mh Radka Palenikova; 264 md Starover Sibiriak; 266m Denis Rozhnovsky; 266db Leonid S. Shtandel; 268b Robert Eastman; 278g AN NGUYEN; 278m SusaZoom; 279dh Vahan Abrahamyan; 280m alybaba; 282h JPL Designs; 282bg Arne Bramsen; 289h junjun; 291g Marty Metcalf; 292(1) Nicolette(Wollentin; 296g joloei; 296d JIPEN; 297g Galina Mikhalishina; 297d ermess; 299(7) LianeM; 300(1) ICHAILAO; 300(3) komkrit Preechachanwate; 300(4) Asier Romero; 302d CTatiana; 303b oh_warinee; 304h Lostry7; 304b grafxart; 308gb Bildagentur Zoonar GmbH; 308d OPIS Zagreb; 309mh Don Long; 309mb Artesia Wells; 309d Linda George; 310g S Curtis; 310db LensTravel; 312db Gertan; 313d Luke Barnard; 314d ZanozaRu; 316g Margrit Hirsch; 317m Peter Etchells; 317d Kenneth Keifer; 320h de2marco; 320m Slavko Sereda; 320d TV; 322d Simon Bratt; 324dh Skorpionik00; 325gh ecspelliarmus; 326g Skorpionik00; 326dh Lamyai; 326g Stocksnapper; 327dh Svetlana Ileva; 327db Wollertz; 328db Bildagentur Zoonar GmbH; 329d Celebrian; 330m A.R. Monko; 330dh Inomoto; 330db John Swithinbank; 331h wjarek; 331m zprecech; 332h Paul Cowan; 332m Stephen Orsillo; 332bg Gertan; 334gh Mirko Rosenau; 334 gm Kathryn Willmott; 336g ribeiroantonio; 336mh wasanajai; 336d Artesia Wells; 337d Sue Smith; 338bg DK Arts; 338bd Jiang Hongyan; 340mb Lostry7; 344h Mariusz S. Jurgielewicz; 344b Karoline Cullen; 346g Angelo Giampiccolo; 346(4) Captiva55; 346(5) Angel DiBilio; 348h docent; 348m Sphinx Wang; 348bg AN NGUYEN; 348bd Asia Glab; 350 gm Phant; 352d Elena Blokhina; 353g cristalvi; 354g Lapis2380; 354d Irina Borsuchenko; 355mh fotofred; 355mb Sinelev; 355d Maxal Tamor; 356g ConstanzeK; 356d kukuruxa; 358(3) fpdress; 360h phstudio; 360m NRT; 364b iko; 367gh NinaMalyna; 368h Mikkel Bigandt; 369(3) marilyn barbone; 369(2, 3 et 4) dabjola; 370h Aleksander Bolbot; 370b zprecech; 374g Dario Lo Presti; 378gh shihina; 383bg Kostenko Maxim; 386mh Artush; 386d Pefkos; 388h stanga; 390gh Steve Degenhardt; 390gb LianeM; 390dh mathom; 390db Juergen Faelchle; 392m Scisetti Alfio; 396m mr_coffee; 397g LianeM; 397dh Christian Musat; 397db Svetlana0187; 398m FreeBirdPhotos; 398d Flegere; 399g haraldmuc; 399m Olga Selyutina; 399d mahout; 401g LianeM; 402h NuntekulPhotography; 402b Diana Taliun; 405gh dossyl; 405gb bmnarak; 405 dm Bildagentur Zoonar GmbH; 405db zprecech; 407db topimages; 408g Lyudmyla Kharlamova; 408dh vladimir salman; 409d dabjola; 410m Eric Isselee; 410b Jasminka KERES; 412dh Antonina Potapenko; 413g Rey Kamensky; 413db Martin Fowler; 414d LensTravel; 415m T.W. van Urk; 416g TOMO; 417m Sergei Drozd; 418b LiliGraphie; 420h bikeriderlondon; 421h Sandra van der Steen; 421m Sarycheva Olesia; 421b Cousin_Avi; 422mh photolike; 422mb SNEHIT; 422d Poly Liss; 423g K. Kolygo; 424g,mb Irina Borsuchenko; 424d Liga Lauzuma; 425g Artesia Wells; 425m EQRoy; 426g JIPEN; 426d John A. Anderson; 427g Christian Musat; 427m dashingstock; 427d ZanozaRu; 429dh RomanK; 430g Irina Borsuchenko; 432g Valesca Hogeboom; 432dh Michael G McKinne; 432 dg Starover Sibiriak; 433g LesiChkalll27; 433m PeterVrabel; 434bg Scisetti Alfio; 434bd Andrew F. Kazmierski; 436dh Hamik; 436db OlgaPonomarenko; 437gh Alis Photo; 437gb Jiab Ja; 438g patjo; 439g kawephoto; 440m Dariusz Gora; 440d Bildagentur Zoonar GmbH; 441dh LensTravel; 441db Charlott Callaghan; 444m Birute Vijeikiene; 444d Volker Rauch; 445g Cio; 445dh Bohbeh; 446(1) Sita123; 446(2) SJ Allen; 446(5) T & S STEVENSON; 446(6) Monika Pa; 447(9) Bildagentur Zoonar GmbH; 447(11) s74; 447(12) Andrea Mangoni; 448h ChameleonsEye; 448b Smileus; 450dh vvoe; 450 dm Elena Elisseeva; 451b Radka Palenikova; 452g Sarah Marchant; 452dh Radka Palenikova; 452db Michele Paccione; 453gh BestPhotoStudio; 453 gbetm Bildagentur Zoonar GmbH; 454g flaviano fabrizi; 455g mr_coffee; 456g Martin Fowler; 456m Debu55y; 456d Peter Turner Photography; 457m Peter Etchells; 458g Christian Davidson; 460h Annaev; 460m Diana Taliun; 463(1) photowind; 463(2) Lijuan Guo; 465gh Ina Raschke; 466gb anmo; 468g LianeM; 470b Auhustsinovich; 472db LensTravel; 473gh risteski goce; 473gm S1001; 473gb Vahan Abrahamyan; 473dh PRILL; 473db Kwanbenz; 474gb lcrms; 476g Kevinr4; 476d Ileana_bt; 477g Bobkeenan Photography; 478(1) LanKS; 478(2) vivanm; 478-479 mitzy; 481gb januszt; 482m Lijuan Guo; 482d Tukaram Karve; 483m adina munteanu; 492h Jose Luis Vega; 494g flaviano fabrizi; 494m Maxal Tamor; 495gh Kostyantyn Ivanyshen; 495 gm Oksana Shufrych; 495mb Michal Ninger; 495d Bernhard Richter; 497g HHelene; 497m seramo; 497d mubus7; 498g SNEHIT; 498m Bildagentur Zoonar GmbH; 499g siloto; 499m danielo; 500hd Svetlana Lukienko; 500bg Binh Thanh Bui; 500bd Maciej Czekajewski; 503m Photography Cornwall; 503b goodcat; 503d Elena Blokhina; 504m Mary Terriberry; 505g V. J. Matthew; 506g Ottochka; 506d Galina Gutarin; 507gb Julietphotography; 507d MM Photos; 508g KPG Payless2; 511m Gl0ck; 512(1) schankz; 512(2) Thanakorn Hongphan; 512(3) Michiel de Wit; 515(3) Damian Money; 515(4) JASON STEEL; 516gh Daniel Brigginshaw; 519m Sari ONeal; 519d olenaa; 520g Kostyantyn Ivanyshen; 520d Irina Borsuchenko; 521m HHelene; 522(3) L. Siekierski; 523(12) CBCK; 524b 10 FACE; 528h Master-L; 529m Savo Ilic; 534-535 Stefano Carnevali; 537bg Ivonne Wierink; 540m Istanbul_image_video; 540d kaitong.yepoon; 542bd Melica; 546m Olha Lavrenchuk; 546d dekzer007; 549g Eugene Kalenkovich; 549d Manfred Ruckszio; 552m Pattanawit Chan; 552bg TunedIn by Westend61; 552bd Kuttelvaserova Stuchelova; 555mb Pefkos; 555d nito; 558b vareennik; 561h Agnes Kantaruk; 562d Sonia Sorbi; 563d Birute Vijeikiene; 565g Birute Vijeikiene; 566bg joloei; 566-567 Udo Kroener; 570m Bildagentur Zoonar GmbH; 570d haraldmuc; 572m kukuruxa; 576h ukmooney; 576bg TunedIn by Westend61; 576bd brizmaker; 579db olenaa; 580m JIPEN; 580d Johnson76; 581g Johnwoodkim; 581m KPG Payless2; 583g alybaba; 583d Bildagentur Zoonar GmbH; 584bd Morphart Creation; 587h EQRoy; 588g photolike; 588m Bildagentur Zoonar GmbH; 589dh ukmooney; 589db haraldmuc; 592h Simone Andress; 592m somyot pattana; 592bg Natalia Klenova; 592bd Kazakov Maksim; 594dh kitzcorner; 596gh moomsabuy; 596gb Jody.; 597g Julia Kuleshova; 598m Zigzag Mountain Art; 598d Lindsay Douglas; 599g Neirfy; 599mb david muscroft; 599d yoshi0511; 601h Florin C; 606d AN NGUYEN; 607d Lijuan Guo; 608d Marchenko Olga; 609d Natasha Riha; 610g Noppharat46; 610db Fogflow; 611g Becky Sheridan; 611dh fatgallery; 611db Skyprayer2005; 612h ItsAngela; 614gb Olena Solonko; 616m Icealex; 616d Sebastien Coell; 620h cynoclub; 620bg haraldmuc; 626h Tao Jiang; 626bg Dn Br; 633g Leigh Trail; 634h LensTravel; 634m Delpixel; 634b yevgeniy11; 636d Kitigan; 638mh Astronautas; 638mb oroch; 641h Bildagentur Zoonar GmbH; 641b Simone Andress; 645dh Simone Andress; 646hg Vahan Abrahamyan; 646bg Elzbieta Sekowska; 648g Andrew M. Allport; 648m Alena Brozova; 649g Jorge Salcedo; 649m Fragolini; 650b szefei; 656h niceregionpics; 658 gb 1, 2, 3 caramelina; 658d Banana Republic images; 664m g215; 664dh Elena Eliseeva; 664dm Rudmer Zwerver; 664db; 668m Winning7799; 668d loflo69; 670g Lost Mountain Studio; 671(1) AN NGUYEN; 671(2) Kevinr4; 674g komkrit Preechachanwate; 676g Skyprayer2005; 676db D. Kucharski K. Kucharska; 677b Auhustsinovich; 680g Zvonimir Atletic; 680m InavanHateren; 682g Starover Sibiriak; 682m Grigorii Pisotsckii; 682d Bildagentur Zoonar GmbH; 683g vblinov; 683m Ruud Morijn Photographer; 683dh Taina Sohlman; 683db Migren; 684mb tatianaput; 684dh J and S

Photography; 684db CeperaT; 694bg SDeming; 694bm HelloRF Zcool; 694bd Mise au Point; 696 h alybaba; 696 bg Fabio Sacchi; 696 bd Dimijana; 702 b Volodymyr Baleha; 706 h Alison Hancock; 706 bd Muellek Josef; 706bg Madlen; 707b Elena Elisseeva; 710bg Binh Thanh Bui; 710 h sanddebeautheil; 710 bm Egor Rodynchenko; 710 bd Nattika; 712 h Ivonne Wierink; 713 bm sanddebeautheil; 713bd Dutourdumonde Photography; 714h Eric Isselee; 714m oksana2010; 714bd Pack-Shot; 716h sanddebeautheil; 716m Susan Marie Sullivan; 718b JIANG HONGYAN; 718-719 Alison Hancock; 720g Lithiumphoto; 720m Alison Hancock; 722h Malchus Kern; 722bd sanddebeautheil; 724h Alexander Raths; 725bg Swellphotography; 726hg Moskwa; 726hd Alex Staroseltsev; 726bg Tim UR; 726bm Anna Kucherova; 726bd Dionisvera; 728bm Malivan-Iuliia; 728bd Peter Zijlstra; 729hg wjarek; 729bg fotovapl; 729(1d) tim08; 729(2d) MarkMirror; 729(3d) successo images; 729(4d) B Brown; 730h Roman Samokhin; 730m LianeM; 730bg Africa Studio; 730bd Sandra van der Steen; 732bg Hellen Sergeyeva; 733 mg tchara; 734hg Imageman; 734hd Tatiana Volgutova; 734m Sponner; 734b Binh Thanh Bui; 736h Wolfgang Eichentopf; 736bd Skyprayer2005; 737 md vaivirga; 737bg Igor Grochev; 737bm Bildagentur Zoonar GmbH; 737bd Skorpionik00; 738(2) ueuaphoto; 738(6) Anukool Manoton; 739(3) Heliosphile; 740h Tim UR; 740bg MichaelJayBerlin; 743h GoodMood Photo; 743bd Imran's Photography; 744h Tamara Kulikova; 744m Peter Turner Photography; 744bd Maks Narodenko; 744-745 Bplanet; 747hg Vlad Teodor; 747hd Arina P Habich; 747m Stolyevych Yuliya; 747b Praiwun Thungsarn; 748b Christian Jung; 748-749 holwichaikawee; 750bg Stephane Bidouze; 751g ArthitOnline; 751b Krishnadas; 752b oksana2010; 756h Africa Studio; 756m IrinaK; 756bg Jiri Hera; 756bd Quang Ho; 758 h,b ISchmidt; 759h Ilike; 760h SOMMAI; 760m Lubava; 762g Kobnoy; 762m EQRoy; 762d Terrance Emerson; 763mh Aliwak; 763mb Dream Master; 763b valzan; 764(1) Bobkeenan Photography; 764(2) Baloncici; 764(3) hofhauser; 764(6) Elena Dijour; 765(9) Dar1930; 765(12) AAlex81; 766g Pack-Shot; 766mh Andrej Andic; 767bg Pack-Shot; 767mh Philip Bird LRPS CPAGB; 767d Diana Taliun; 768hd Athapet Piruksa; 769bm vaivirga; 769bd Steve Buckley; 770g Arina P Habich;; 773m Ubonwan Poonpracha; 774(7) psv; 777hg siraphat; 777bg forestmavka; 778d ajlatan; 779d lanych; 780g Anne Greenwood; 781h Tatiana Volgutova; 781bm Vadym Zaitsev; 781bd joloei; 783(5) Arina P Habich; 785d Maria Bobrova; 786g TMsara; 786m jaap posthumus; 786d azure; 787m jdwfoto; 789g bonchan; 789d Gorawut Thuanmuang; 790g Kei Shooting; 792d 13Smile; 793g stevemart; 793m Sever180; 794g azure; 794mb Alison Hancock; 795g Buquet Christophe; 797g Jozef Sowa; 797db Preeyaporn Suwannarat; 799g Tristan Scholze; 799d stockfotoart; 800g EQRoy; 801g joannawnuk; 801dh LianeM; 801db Ilija Kordic; 802dh Quanthem; 802db Videowokart; 804(1) picturepartners; 804(2) Photographee.eu; 804(3) EQRoy; 804(4) TFoxFoto; 804(5) Daniel Cviatkov Yordanov; 804(6) Peter Turner Photography; 805(2) thodonal88; 805(3) GWI/Dave Bevan; 805(4) Elena Dijour; 805(5) Daniel Zuckerkandel; 806m magnetix; 806d igordabari; 807gh stoonn; 808g optimarc; 808m Denis and Yulia Pogostins; 809g Mariusz S. Jurgielewicz; 809m Kwanjitr; 809d LianeM; 810g Karen Kaspar; 810m Richard Peterson; 810hg Littleaom; 811g Bildagentur Zoonar GmbH; 812mh Jarva Jar; 812mb wasanajai; 813g Polina Shestakova; 813m vainillaychile; 814g Whiteaster; 814m Thomas Francois; 815(2) Marta Jonina; 815(3) designelements; 815(4) Sarin Kunthong; 815(5) teleginatania; 815(6) Ingrid Maasik; 816h Cristina Negoita; 816b images72; 817gh Zvonimir Luketina; 817gb Nikolina Mrakovic; 817dh Fotokostic; 817dm Natalia Davydenko; 817db leungchopan; 818d yuris; 819m Kenneth Keifer; 819b Christian Jung; 821h Fotokostic; 823h Sheyda Allahverdiyeva; 828b Dmytro Balkhovitin; 831d Alex Ionas; 832gh kukuruxa; 832d Fabio Pagani; 835db Ortodox; 837dh Soru Epotok; 838 Dionisvera; 838-839 Catalin Petolea; 840db gorillaimages; 841h wiktord; 843mh Max Lindenthaler; 843mb KPG Payless2; 844g Roman Vanur; 846g SSokolov; 846dh Cristina Negoita; 846db Ohm2499; 847g marcovarro; 847mh kosam; 847mb Peter Hulla; 847d Auhustsinovich; 848g Dja65; 849g Alexander Mazurkevich; 852g D. Kucharski K. Kucharska; 852d Vitaliy Hrabar; 855g Third key; 856b haraldmuc; 861(2) Kotchasi Charoensuk; 861(6) JoannaTkaczuk; 862h rodimov; 862m laura.h; 862bg Kovaleva-Ka; 862bd Glenn Price; 866d yuris; 867mh Krzysztof Slusarczyk; 868h Pi-Lens; 868b yuris; 869g Ingrid Balabanova; 869dh Vlad Siaber; 869db Henrik Larsson; 870h GoodMood Photo; 870b www.BillionPhotos.com; 870 871 Marco Ossino; 873dh picturepartners; 874g mr_coffee; 874d ananaline; 875g MNStudio; 875d Sayan Puangkham; 876g Karin Hildebrand Lau; 876m Candus Camera; 878h Kovaleva-Ka; 878m Valeniker; 878b Maks Narodenko; 878-879 Saida Shigapova; 880h Roxana Bashyrova; 881b Aleksandar Grozdanovski; 882gh majo1122331; 882gb ANCH; 882m goghy73; 882d Maja H.; 883m ellepistock; 883d Meg McFarlain; 884d Deyan Georgiev; 885g aerogondo2; 885dh nndrln; 885db alybaba; 886 Kenneth Keifer; 887g belizar; 888m Hurst Photo; 888bg Imageman; 888bd Sandra van der Steen; 890dh Dutourdumonde Photography; 890db Rafomundo.

© Thinkstock 45hd InVision_Photography; 60g bulentozber; 60dh pgaborphotos; 134g loflo69; 149dh MykolaIvashchenko; 172d svetik2263; 201(2) ChiccoDodiFC; 207g PepeBaeza; 227g Linjerry; 229d s96serg; 234h ksena32; 236m Fotoindy; 237 mg Amawasri; 244(2) ntdanai; 244(4) Robyn Mackenzie; 260(1m) jojoo64; 260(1b) iosifbudau; 277m maljalen; 282bd MyFortis; 292(4) joloei; 298(1g) mtreasure; 298(1d) MiaZeus; 298(3) Kenneth Keifer; 298(4) Peter Cox; 298(5) fotokris; 298(6) Alessandro Zocchi; 299(7) MiaZeus; 305d EdnaM; 325d Ewa Walicka; 330g Zoonar RF; 347(8) Denira777; 347(9) Bridget Lazenby; 360b TEXTUREW; 360 _ 361 deetone; 362g Aleksandr Girik; 363h Zoonar RF; 363b Anatoliy Samara; 366b Photos.com; 395d Jim Mills; 407g GinaRothe; 409g ShinichiroSaka; 409m gsermek; 415g rdparis22; 415d barbun; 416m Viesinsh; 416d Holcy; 417d Jupiterimages; 425d ayvengo; 431d Birute Vijeikiene; 433d Nicolas McComber; 436g ChViroj; 445db rbiedermann; 450g Zoonar RF; 450db Michiaki Omori/amanaimagesRF; 457g Svetlana-Cherruty; 462b Rvo233; 463(3) Liane Matrisch; 466gh joloei; 472g MEHMET CAN; 472m Liane Matrisch; 474d mtreasure; 478(3) ronstik; 481gh redchanka; 483d oksix; 48mh AndreiAzanfirei; 492m Nasaruddin Bin Abdul Muttalib; 494d Anna maria Kmi?ska; 496g yogesh_more; 500hg KasiaJanus; 541g randimal; 548d Kalichka; 557d ChamilleWhite; 600g Zoonar RF; 601b Marek Mierzejewski; 602bg Eric Hood; 630dh KathrynWillmott; 630db evkr; 638g Olgunia; 640g Holcy; 646hd Roksana Bashyrova; 646bd ian600f; 647m doji1989; 662b shellhawker; 668g Liane Matrisch; 707h Poliuszko; 712b IvonneW; 714bg odyphoto; 716b Iurii; 721m, 721b izaokas sapiro; 722bg ouchi_iro; 724b _Vilor; 725hg dextorTh; 725 mg MIMOHE; 725hd andreusK; 725bd tchara; 730bm Frans Rombout; 732bd Hans-Walter Untch; 736bg Tamara Kulikova; 739(2) Udo Feinweber; 739(4) ekina; 744bg 2002lubava1981; 748h Nicola Gordon; 752m Tuned_In; 760b jopelka; 763hg vainillaychile; 763hd msk.nina; 764(4) vainillaychile; 764(5) photos_martYmage; 768bg DLeonis; 771m dancingfishes; 773d Dorling Kindersley; 776bd typo-graphics; 780d bhofack2; 794mh ermine; 798bd Aamulya; 807gb photoncatcher; 811hg Zoonar RF; 811bg maunzel; 812d BasieB; 813d precinbe; 815(1) nerika; 828m Tuned_In; 835dh John Hardin; 836d wjarek; 837gh Jupiterimages; 837gb Design Pics; 837db LisaEPerkins; 842m fotokostic; 842d Alexandr Pakhnyushchyy; 843gh BobWes; 843gb yaelxy; 844d mashimara; 845g Denny Thurston; 845m Slawomir Fajer; 850d marvellousworld; 851g Nel_Dragon; 854g asiantiger247; 861(3) asiantiger247; 866gh cbr600rr; 866gb masterovoy; 877d rbiedermann.

Si, en dépit du soin apporté par l'éditeur pour identifier les détenteurs des droits iconographiques, des erreurs ou des omissions devaient persister, l'éditeur garantit qu'il effectuera toute correction nécessaire dans les prochaines éditions.

Remerciements

Nous tenons à remercier les paysagistes et les propriétaires de jardins qui nous ont permis de présenter leurs réalisations dans cet ouvrage :

Jardins Abbaye de Chaalis, Oise (573gb) • Cerney House Gardens, Angleterre (57h) • Conservatoire Botanique de Brest, Finistère (338h, 341b) • Exbury garden, Angleterre (190 bg) • Feibusch Garden, États-Unis (236b) • Jardin Botanique Alpin du Lautaret, Hautes-Alpes (258-259) • Jardin Botanique de l'Université de Strasbourg, Bas-Rhin (225h) • Jardin botanique d'Hermann Hesse, Allemagne (683h) • Jardin d'Anne Fontaine, Loiret (268-269, 334gb) • Jardin d'Anne-Marie à Lardy, Essonne (178m) • Jardin d'Australie, Domaine du Rayol, Var (132b) • Jardin de Berchigranges, Vosges (114b) • Jardin de la Villa Fort, Grasse (114h) • Jardin de M. Imbert, Essonne (118[2]) • Jardin de Mme Thinard, Paris (410h) • Jardin de Paolo Pejrone, Italie (275gb) • Jardin de Viels Maisons, Aisne (154g, 214-215) • Jardin de Villandry, Indre-et-Loire (300[2], 306h) • Jardin de Villiers Baugy, Cher (156) • Jardin des Asters, Yvelines (351db) • Jardin du Château de Villuers, Essonne (157m) • Jardin du peintre André Van Beek, Saint-Paul (38bg, 152g) • La Grenouillère, Yvelines (410-411) • La Petite Rochelle, Orne (218dh) • Le Clos du Roi, Val-d'Oise (140-141) • Jardin d'André Eve, Loiret (117) • Jardin de la Louve, Vaucluse (300-301) • Jardin exotique de Roscoff, Finistère (332-333) • Jardins de Roquelin, Loiret (323db, 708-709, 720-721) • Nymans, Angleterre (392-393) • Old Thatch Gardens, Angleterre (214b) • Painswick Rococo Garden, Angleterre (380-381, 383bd) • Parc d'Orléans, Loiret (698-699) • Parc et jardin, Château de La Roche-Jagu, Côtes d'Armor (373mg) • Parc floral de Haute-Bretagne, Ille-et-Vilaine (282-283, 284, 340mh) • Parc floral Vincennes, Paris (26b) • Parc Terra Botanica, Maine-et-Loire (685h) • Peckover House, Angleterre (55h) • Pettifers Garden, Angleterre (505m) • Rickyard Barn Garden, Angleterre (130-131) • Stone Lane Gardens, Angleterre (466gb) • The Rou Estate, Corfu 204-205 • Villa Giuseppina, Italie (544gb) • Whatley Manor, Angleterre (392h) • Wisley Garden, Angleterre (123d) • Woodchippings, Angleterre (150b).

Truffaut Amiens
Pôle Jules-Verne
Passage du Rayon-Vert
80330 Longueau

Truffaut Angoulême*
C. Cial Auchan
16400 La Couronne

Truffaut Arcueil
C. Cial La Vache Noire
Place de la Vache-Noire
94748 Arcueil

Truffaut Aubagne
Z.I. Les Paluds
Route de Gémenos
13400 Aubagne

Truffaut Avignon
Voie rapide Avignon-Carpentras
84700 Sorgues

Truffaut Baillet-en-France
Rue de Paris
RN 1 – Direction « La Croix Verte »
95570 Baillet-en-France

Truffaut Barentin*
Zone de la Carbonnière
Avenue de l'Europe
76360 Barentin

Truffaut Beaucouzé
Route de Nantes
Échangeur de Beaucouzé
49070 Beaucouzé

Truffaut Blois Sud
Z.A.C. des Perrières
41350 Saint-Gervais-la-Forêt

Truffaut Bry-sur-Marne
C. Cial Les Armoiries
Parking Ikea
94360 Bry-sur-Marne

Truffaut Buchelay
12, rue du Lot – A13, sortie 13
ZA Les Closeaux
78200 Buchelay

Truffaut Cabriès
Z. Cial Plan de Campagne
13480 Cabriès

Truffaut Caen-Rots
C. Cial Cora
Dir. Bayeux-Cherbourg
14980 Rots

Truffaut Carquefou
Parc de la Charmelière
Route de Thouaré
44470 Carquefou

Truffaut Cergy
A 15 (sortie 13)
Route de Courcelles
95650 Puiseux-Pontoise

Truffaut Châtenay-Malabry
72, avenue Roger-Salengro
92290 Châtenay-Malabry

Truffaut Cholet
Parc d'activités de l'Écuyère
2, rue de la Nouvelle-Écosse
49300 Cholet

Truffaut Colmar
RN 83, 2, route de Strasbourg
Z. Cial de Houssen
68125 Houssen

Truffaut Colomiers
RN 126, sortie n°6
Z.A.C. du Perget
RN 124 (sortie 6), route d'Auch
31770 Colomiers

Truffaut Coutevroult
La Mare aux Poissons
D 406, entre Coutevroult
et Bailly-Romainvilliers
77580 Coutevroult

Truffaut Deauville
Route de Paris
14800 Deauville

Truffaut Fourqueux
Saint-Germain-en-Laye
Z.A. du Pince Loup
78112 FOURQUEUX

Truffaut Grigny
La Plaine Basse, RN 7
91350 Grigny

Truffaut Herblay
RN 14, La Patte d'Oie
95480 Pierrelaye

Truffaut Ivry-sur-Seine
5, rue François-Mitterrand
94200 Ivry-sur-Seine

Truffaut Jardinerie d'Isneauville*
100, route de Neufchâtel
76230 Isneauville

Truffaut Jardinerie Jullien*
200, route de Paris
76220 Gournay-en-Bray

Truffaut La Rochelle*
C. Cial Beaulieu
Rue du 11-Novembre
17285 Puilboreau-Beaulieu

Truffaut La Ville-du-Bois
RN 20
91620 La Ville-du-Bois

Truffaut Le Chesnay
C. Cial Parly 2
78150 Le Chesnay

Truffaut Le Mans
C. Cial Carrefour
Rue Robert-Collet
72100 Le Mans

Truffaut Les Ulis
Z.I. de Courtaboeuf
22, avenue des Andes
91940 Les Ulis

Truffaut Lorient*
C. Cial Keryado K2
À proximité de Carrefour
56100 Lorient

Truffaut Mauguio
C. Cial Fréjorgues Ouest
Rond-point de l'aéroport
77, rue Hélène-Boucher
34130 Mauguio

Truffaut Mérignac
Domaine de Pelus
7, rue Hipparque
33700 Mérignac

Truffaut Metz
Centre Commercial Waves Actisud
1, chemin de la pie-grièche
57160 Moulins-les-Metz

Truffaut Mulhouse
Pôle 430 - à côté de Cora
rue de la Forêt
68270 Wittenheim

Truffaut Nantes
258, route de Vannes
44700 Orvault

Truffaut Nîmes
Z.A.C. du Mas des Abeilles
30900 Nîmes

Truffaut Orléans
Route de Sandillon
45650 Saint-Jean-le-Blanc

Truffaut Pacé
C. Cial Opéra
Zac de la Giraudais
35740 Pacé

Truffaut Paris 13^e^
85, quai de la Gare
75013 Paris

Truffaut Paris Grand Stade
Quartier Stade de France
2, rue Jesse-Owens
93200 La Plaine-Saint-Denis

Truffaut Pau
Z.A.C. du Mail
Route de Bordeaux
64140 Lons

Truffaut Plaisir
Z.A. Sainte-Apolline, RN 12
78370 Plaisir

Truffaut Ponthierry
RN 7
77310 Saint-Fargeau-Ponthierry

Truffaut Quimper*
7, rond-point de Gutenberg
Lieu-dit de Kervilier
29000 Quimper

Truffaut Rennes
Centre Alma, allée d'Ukraine
35048 Rennes

Truffaut Rosny-sous-Bois
C. Cial Domus
16, rue de Lisbonne
93110 Rosny-sous-Bois

Truffaut Saint-Malo
C. Cial Cora
Le Moulin du Domaine
35430 Saint-Jouan-des-Guérets

Truffaut Saint-Maximin
C. Cial Cora, RN 16
60740 Saint-Maximin

Truffaut Saint-Quentin
C. Cial Cora
02100 Saint-Quentin

Truffaut Servon
Ferme de Servon
3, rue Georges-Truffaut
77170 Servon

Truffaut Toulouse
Les Jardins de Balma
Route de Lavaur
31130 Balma

Truffaut Tours
C. Cial Auchan
5, rue du Professeur-Maupas
37170 Chambray-les-Tours

Truffaut Trégueux
Zac du rond-point de Brezillet
À côté de Cinéland
22950 Trégueux

Truffaut Vélizy-Villacoublay
Face C. Cial Vélizy 2
41 bis, avenue de l'Europe
78140 Vélizy-Villacoublay

Truffaut Villeparisis
Route de Villevaudé
RN3 Sortie D105
77270 Villeparisis

* Partenaires indépendants

Photogravure : IGS-CP, 16 L'Isle d'Espagnac
Imprimé en Roumanie par G. Canale & C. SA, Bucarest
Dépôt légal : mars 2016
315618/01 - 11029437 - janvier 2016

L'année du jardinier

JUILLET

INDISPENSABLE

- Arrosez les massifs de fleurs, les arbres et arbustes nouvellement plantés, de préférence le soir, « à la fraîche ». Limitez les arrosages sur la pelouse, si elle jaunit, elle reverdira en septembre.
- Tondez la pelouse souvent, pas trop court.
- Divisez et replantez les grosses touffes d'iris.
- Désherbez soigneusement allées et massifs.
- Semez en place les légumes d'automne : épinard, mâche, navet, radis noir…

À FAIRE

- Pulvérisez régulièrement sur la vigne de la bouillie bordelaise.
- Buttez les haricots pour économiser l'arrosage.
- Semez les bisannuelles (myosotis, pâquerette).
- Taillez les tomates en ne laissant que trois ou quatre bouquets de fleurs sur la tige principale.
- Palissez les plantes grimpantes sans les étrangler.
- Fertilisez une fois par semaine toutes les plantes en pots sur le balcon.
- Surveillez l'apparition d'oïdium sur les asters, phlox, rosiers, mahonias et la vigne.

SI VOUS AVEZ LE TEMPS

- Effeuillez la vigne pour exposer les grappes au soleil, ce qui améliorera la qualité du raisin.
- Semez du cerfeuil et du persil à l'ombre.
- Plantez les bulbeuses d'automne (colchique).
- Taillez les pousses trop longues de vigne vierge.

AOÛT

INDISPENSABLE

- C'est le bon moment pour acheter et planter les nouvelles variétés d'iris.
- Arrosez quotidiennement le jardin et le balcon si la température dépasse les 25 °C.
- Taillez les rosiers non remontants (anciens), en réduisant de moitié les pousses défleuries.
- C'est l'époque idéale pour tailler les haies régulières.
- Installez un système d'arrosage automatique sur le balcon (goutte-à-goutte) et programmez celui du jardin avant de partir en vacances.

À FAIRE

- Complétez les massifs avec des plantes d'arrière-saison : reine-marguerite, célosie…
- Binez pour décroûter la surface du sol, ce qui permet à l'eau d'arrosage de bien pénétrer.
- Taillez la lavande après avoir récolté les fleurs, mais sans trop réduire le feuillage.
- Plantez tous les types de choux et les poireaux.
- Cessez pour un mois les apports d'engrais dans les jardinières et les potées du balcon.
- Taillez les *Actinidia* (kiwi) en coupant toutes les pousses latérales à quatre feuilles.

SI VOUS AVEZ LE TEMPS

- Nettoyez les plantations d'artichauts.
- Bouturez les arbustes à feuillage persistant.
- Tuteurez les grandes vivaces d'automne (phlox, asters, hélianthus), ainsi que les dahlias et les glaïeuls.
- Éliminez régulièrement les fleurs fanées pour prolonger la durée des massifs.

SEPTEMBRE

INDISPENSABLE

- Rénovez les vieilles pelouses (scarification, fertilisation, aération), semez les nouvelles.
- Remplacez les fleurs d'été déjà fanées par des plantes plus tardives, ou même d'automne.
- Effectuez la toilette générale de rentrée dans tout le jardin et sur le balcon. Désherbez bien.
- Plantez les vivaces rustiques et les bisannuelles.
- C'est le début des grandes récoltes. Préparez le local de conservation des fruits à pépins.
- Désormais, il fait plus froid, les arrosages doivent s'effectuer le matin.

À FAIRE

- Terminez les boutures d'arbustes.
- Bouturez les pélargoniums et les fuchsias.
- Taillez court les arbustes d'été défleuris.
- Arrachez les ronces à ras du sol avec un coupe-souche.
- Plantez conifères et rhododendrons.

SI VOUS AVEZ LE TEMPS

- Greffez, avant le 15 septembre, les fruitiers et les rosiers que vous aimez.
- Effeuillez les tomates pour les faire mûrir.
- Achetez les premiers bulbes de printemps, en commençant pas les espèces les plus précoces. Semez les annuelles rustiques (nigelle, pavot, coquelicot…).
- Plantez des fraisiers sur un film de paillage.
- Installez un système d'éclairage dans le jardin.

FRUITS — FLEURS & ROSIERS — PELOUSE — LÉGUMES